《中国政党制度年鉴》编委会

中国政党制度年鉴

2007

中央社会主义学院中国政党制度研究中心 编

编辑说明

一、《中国政党制度年鉴》是国内第一部关于中国政党制度的专业性年鉴。它记录和反映的是本年度内执政党建设理论和实践研究、政党制度理论创新和实践发展、参政党建设理论和参政能力建设的基本情况。鉴于目前国内关于执政党研究的理论和实践成果十分丰富，本年鉴突出介绍了政党制度和参政党的情况。

二、本年鉴以马克思列宁主义、毛泽东思想、邓小平理论和“三个代表”重要思想为指导，深入贯彻落实科学发展观，力争全面、客观地反映中国共产党领导的多党合作和政治协商制度的理论研究动态、实践成果、政党和政党制度建设情况。

三、本年鉴在首部年鉴（《中国政党制度年鉴·2006》）的基础上，吸收了有关专家和学者的建议，设立了中国政党制度研究，执政党研究，参政党研究，重要文献，政党活动纪要，政党组织、政党人物，研究机构、学术会议、学术人物，参政议政案例选，政党活动大事记和附录共十个栏目。

四、本年鉴中的研究机构是指专门从事政党和政党制度研究的学术团体和部门；学术会议是指与政党和政党制度研究相关的学术会议；学术人物是指在政党和政党制度研究领域有较高社会知名度的学者和专家。欢迎社会各界积极推介有关政党制度的研究成果、研究机构、学术会议和学术人物，我们将按标准收入年鉴。

五、鉴于中国政党制度的学科体系尚未规范，有关这方面的研究成果散见于各个学科之中，给资料收集工作带来很大困难，加上我们的学术水平和编辑能力所限，疏漏和不足之处在所难免，恳请广大读者不吝赐教，以便我们在今后的编辑工作中努力改进，使之不断完善。

中央社会主义学院中国政党制度研究中心

2008 年 8 月 1 日

目 录

中国政党制度研究

执政党研究

参政党研究

重要文献

政党活动纪要

政党组织　政党人物

研究机构　学术会议　学术人物

参政议政案例选

政党活动大事记

附　录

中国政党制度研究

中国政党制度研究述评

2007年国内学术界关于中国政党制度的研究，同2006年相比，不论是在论文的数量上还是在质量上都有了明显的提高，人们将研究的重心逐渐由对我国政党制度基本情况的介绍和对多党合作方针政策的阐释转移到对政党制度面临的现实问题和政党制度理论的研究上来，研究领域不断拓宽、研究内容日益丰富、研究成果显著增多、研究队伍迅速壮大。就总体而言，本年度关于中国政党制度的研究，以政党关系和谐为重点、以协商民主为热点、以解决多党合作中存在的现实问题为难点、以政党制度理论研究为突破口、以《中国的政党制度》（白皮书）的发表为动力，提出了一系列新观点和新建议，取得了可喜的研究成果。

一、多党合作制度的历史必然性和现实合理性

关于多党合作制度的历史必然性、现实合理性和优越性的研究，一直是多党合作制度领域研究的一个重点内容。同以往的研究相比，主要有三个显著特点：一是从政治文明发展的进程和中国特色政治发展道路的高度，对多党合作的历史必然性和现实合理性进行了深入分析，将多党合作制度放到整个政治制度的大系统中进行研究；二是同以往的陈述历史事实相比，增加了理论研究的深度；三是研究的重心由历史必然性逐步向现实合理性转移。

（一）多党合作制度与中国特色社会主义政治发展道路

庄聪生在《论中国特色社会主义政治发展道路》（《前进论坛》2007年第6期）一文中认为，中国特色社会主义政治发展道路可以形象地概括为：在这条道路上，邓小平理论、“三个代表”重要思想和科学发展观是“方向盘”，中国共产党的领导是“驾驶员”，人民群众广泛积极的参与是强大的“发动机”，作为载体的三项基本政治制度是“红旗车”，选举民主和协商民主是两条“快车道”，社会主义民主法制建设是安全运行的“交通规则”，目标是实现党的领导、人民当家作主和依法治国的有机统一。中国特色社会主义政治发展道路的显著特点是，既能广泛发扬民主又能实现高度集中；充满生机活力又富有效率。坚持走中国特色社会主义政治发展道路需要把握的重要原则：一是要始终立足于我国的基本国情，使这条道路越走越实；二是要积极稳妥地推

进政治体制改革，使这条道路越走越宽。三是要善于吸收和借鉴人类文明成果，使这条道路越走越活；四是要推进民主政治的制度化建设，使这条道路越走越稳。坚持走中国特色政治发展道路，必须不断完善人民代表大会制度、共产党领导的多党合作和政治协商制度、民族区域自治制度，加强基层自治组织和民主管理制度的建设，进一步推进我国社会主义民主的制度化、规范化和程序化，以更加健全的制度来保障人民群众的有序政治参与，真正行使人民当家作主的权利，从而使中国特色社会主义政治发展道路具有深厚的群众基础和可靠的力量源泉，使中国特色社会主义事业永远立于不败之地。

李小宁在《坚持中国特色政治发展道路是我国多党合作制度建设的发展方向》（《人民政协报》2007 年 12 月 4 日）一文中认为，一个国家的政治发展道路，是在一定社会历史条件下，由各种政治力量相互作用的合力所形成的历史轨迹，具有历史必然性。确立和实行中国共产党领导的多党合作和政治协商制度（简称多党合作制度），是中国社会历史发展和政治发展的必然结果，是中国共产党和中国人民政治智慧的结晶。坚持中国特色社会主义政治发展道路，是我国多党合作制度建设坚定不移的发展方向。坚持走中国特色政治发展道路，进一步加强多党合作制度建设，必须坚持中国共产党的领导、人民当家作主和依法治国的有机统一；必须坚持不断完善多党合作和政治协商的内容、方式、程序，发挥民主党派和无党派人士参政议政和民主监督的作用；必须坚持中国共产党和各民主党派在多党合作和政治协商的长期实践中形成的一系列重要政治准则；必须坚持从我国的国情出发，借鉴人类政治文明的有益成果，绝不照抄照搬别国政治制度和政党制度的模式，绝不搞西方式的多党制和议会制。

秦德君在《中国政治发展中的政制安排——论走中国特色社会主义政治发展道路》（《上海市社会主义学院学报》2007 年第 6 期）一文中认为，中国政治发展与政制发展构成了一种互动性关联。本文从国家政制层面，对中国政治发展道路进行分析，提出了一种政治解释模式。认为中国特色社会主义政制架构主要表现在：一是政党制度，即中国共产党领导的多党合作制；二是政权制度，即人民代表大会制度；三是民主制度，主要是政治协商制度；四是基层自治制度，主要是民族区域自治制度和基层群众自治制度；五是和平统一制度，“一国两制”。这五方面，构成了中国现代化政治发展的政制架构，也是“中国特色”最本质的内容。开创 21 世纪中国社会主义新境界，就要坚持、完善并发展这些政制架构，在更高历史起点上，推进中国现代化政治发展。

张津凤、岳臻在《中国政党制度是中国特色社会主义政治发展道路的重要实现方式》（《天津市社会主义学院学报》2007 年第 4 期）一文中认为，中国特色社会主义政治发展道路与我国政党制度具有本质的一致性。中国的政党制度能够充分体现党的领导这一社会主义民主的核心因素；能够提供合理有序的政治参与渠道；能够充分体现民主与法治的内在契合；可以培育和巩固具有中国特色的政治文化。

黄梅在《坚持多党合作制度　走中国特色社会主义政治发展道路》（《江苏省社会主义学院学报》2007 年第 4 期）一文中认为，中国共产党领导的多党合作和政治协商制度，反映了人民当家作主的社会主义民主本质，代表和维护了最广大人民群众的根本利益，有利于解放和发展社会生产力，有利于维护社会稳定促进社会和谐发展，是人民实现有序政治参与的重要法治途径，是坚持中国特色社会主义政治发展道路的重要内容。

王东勤在《走中国特色的政治发展道路与我国的政党制度》（《天津市社会主义学院学报》2007 年第 2 期）一文中认为，坚持和完善中国共产党领导的多党合作和政治协商制度是坚持走中国特色的政治发展道路的必然选择，也是坚持走中国特色的政治发展道路的重要内容。坚持党的领导、人民当家作主与依法治国有机统一是我国社会主义政治文明建设必须遵循的基本方针，是我国社会主义政治文明建设的最本质特征，也是坚持走中国特色的政治发展道路的基本要求。

唐展风在《多党合作与社会主义政治文明建设》（《党政干部论坛》2007 年第 3 期）一文中认为，多党合作体现了社会主义政治文明的内在规定性，即体现了党的领导、人民当家作主和依法治国三者的统一。多党合作是社会主义政治文明建设的基本途径，表现为，多党合作是社会主义政治意识文明建设的基本途径、是社会主义政治制度文明建设的基本途径、是社会主义政治行为文明建设的基本途径。

（二）多党合作制度的历史必然性

李金河在《中国政党制度的历史探索》（《中央社会主义学院学报》2007 年第 4 期）一文中认为，中国共产党领导的多党合作和政治协商制度，是中国近现代政治文明转型的历史选择，是马克思列宁主义多党合作理论同中国革命具体实践相结合的产物，是中国共产党和中国人民政治智慧的结晶，是世界政党和政党制度史上的伟大创造。这一独具中国特色的社会主义政党制度模式的产生，绝不是偶然的，而是近代中国在引进政党和政党制度后，在经历了多党制、两党制、一党制模式的实践失败后，逐渐形成和发展起来的，是中国共产党同民主党派共同奋斗的伟大成果，是适合中国国情的崭新的政党制度模式。

刘秀珍在《中国特色政党制度确立的必然性》（《山西高等学校社会科学学报》2007 年第 11 期）一文中认为，在中国近代历史上，曾有过多党制的尝试，也有过一党统治的实践，但都因不符合中国国情而最终被历史所淘汰。我国现在实行的政党制度，即中国共产党领导的多党合作和政治协商制度的确立，一方面是历史做出的公正抉择，另一方面又是我国的国情所使然。

曹丰平在《中国特色政党制度是历史发展的必然》（《团结》2007 年第 4 期）一文中认为，当今的中国政党制度不是哪一个历史人物刻意制造的，也不是现今执政党的权宜之计，而是中国社会发展的历史必然。中国近代自从政党产生后，前人曾经苦苦地探索和实践过“多党制”和“一党制”，历史证明都行不通，只有中国共产党领导的多党合作制，经过了半个世纪的风雨，最终证明是符合中国国情的政党制度。

刘红梅在《我国社会主义政党制度契合我国的文化传统》（《前进论坛》2007 年第 9 期）一文中认为，中国社会特有的文化传统——“和合”，对中国政党制度的创立和不断发展有着深刻的影响；中国共产党领导的多党合作和政治协商制度，蕴含着中华传统文化极其丰富的“和合”内涵，是中国共产党人政治智慧的结晶；中国共产党领导的多党合作和政治协商制度在于“和而以进”、“和而以兴”。

李程程在《中国特色政治文化与政党制度》(《湖北省社会主义学院学报》2007 年第 5 期)一文中认为，任何国家政党制度的产生和生长都依赖于其生存的政治土壤——本国政治文化。依赖于公民也包括政党自身对这一政治文化的认同。同时政党制度反过来对政治文化产生影响。在全球化的背景下，中国现行政治文化政党制度面临挑战。处于领导地位、执政地位的中国共产党必须加快经济发展步伐，争取民心，整合各种政治文化；稳定民心，推进民主政治建设；适应民心，建设中国特色政治文化，巩固和发展中国共产党领导的多党合作制度。

(三) 多党合作制度的伟大独创性

张献生在《世界政党制度中一种独特的类型》(《理论前沿》2007 年第 11 期)一文中认为，衡量不同政党制度类型的标准和依据，既包括可以实际执政的政党的数量，还包括取得、掌握执政权的方式和政党之间的关系。中国共产党领导的多党合作，不是一党制或一党制的亚类型，也不是多党制，而是一种独特的政党制度类型。

高放在《中国不是多党制?》(《中国新闻周刊》2007 年 22 期)一文中提出，我国实行的是新型的社会主义多党制。社会主义理应继承资本主义文明的积极成果，开创出更高于资本主义的社会主义文明的新形态。社会主义是以社会化劳动为基础，由劳动人民掌权的社会形态。劳动人民内部包括工人、农民等众多阶层，他们之间的利益、要求和信念大同小异，甚至大同中异，难于都由一个政党来充分代表、完全包揽，所以社会主义国家的政党制度理应也是多党制。俄国十月革命胜利后，布尔什维克党就曾经与左派社会革命党实行联合执政，到 1920 年以后俄国才形成一党专政的体制。第二次世界大战后共产党领导的社会主义国家大都是实行一党制的权力过度集中的苏联模式，国家权力缺少制约，公民权利难以维护，这正是东欧八国和苏联、蒙古发生剧变的深层原因。我国从 1949 年建国起就没有照搬苏联一党制的政党制度模式，而是实行共产党领导的多党合作制。毛泽东主席指明：社会主义国家的形式，“一党制或者是在工人阶级革命政党领导下的多党制”，“因为各国不同的政治条件和经济条件，都会有所差别”。这就在理论上肯定了我国实行的是社会主义多党制。目前我国的多党制不是西方那种多党平等竞争、轮流执政的体制，而是坚持共产党是领导执政的党，各民主党派都是参政党，并没有在野党。我国各政党之间不存在你争我夺，而是和衷共济，共同致力于构建社会主义和谐社会。只有社会主义多党制进一步完善，才能有效抵制西方资本主义多党制的消极影响，避免重蹈苏联东欧败亡的覆辙。

李羚在《中国特色社会主义政党制度对世界政治文明的贡献》(《中国政协理论研究》2007 年第 3 期)一文中认为，中国特色政党制度对世界政治文明的贡献主要体现在以下几个方面：第一，政党体制的独特性，是对世界政党制度的丰富。第二，政党制度开创了新型的政党监督机制。第三，政党制度开创了政党沟通社会的新机制。第四，政党制度是中国政体的重要组成部分。

陈惠丰在《论我国多党合作和政治协商制度的内涵、特点、文化渊源及中国民主政治的发展走向》(《中国人民政协理论研究会会刊》2007 年第 2 期)一文中认为，多党合作和政治协商制度扎根于中国土壤，具有深厚的思想文化渊源，体现了中华民族的优秀文化传统，有鲜明的特点：(1) 在这一制度中活动的政党不同于西方政党；(2) 中国各政党有着共同的奋斗目标；(3) 中国共产党与各民主党派和党外人士长期合作 (4) 中国共产党执政、各民主党派和各界代表人士广泛参政；(5) 政治协商是中国多党合作的实现方式和运行机制，也是中国的一种重要民主形式。

柴宝勇，朱其剑在《历史必然与价值内涵：合作性政党制度是民主政治的一种实现形式》(《理论探讨》2007 年 3 期) 一文中认为，政党制度是实现民主政治的重要形式，那种认为只有竞争性的政党制度才是民主政治的实现形式和发展趋势的观点是错误的。从政党制度的形成根源、民主政治的本质内涵看，合作性政党制度也是民主政治的一种实现形式。并提出合作性政党制度和竞争性政党制度各有其优劣，并非是民主政治发展程度和发展阶段的区别，因此不存在谁取代谁的问题。但是，在合作性政党制度下对于执政党的监督就成为民主政治发展中需要解决的一个关键性问题。

龚志宏在《竞争性　垄断性　合作性——中国政党制度的百年回顾与展望》(《理论导刊》2007 年第 2 期) 一文中认为，20 世纪的中国历经竞争性、垄断性、合作性三种政党制度。清末民初竞争性政党制度的兴起与衰亡、国民党统治时期垄断性政党制度的形成与破灭和合作性多党合作制度的产生，是中国近现代社会历史发展的必然结果。

(四) 多党合作制度的现实合理性

袁廷华在《中国特色政党制度与国体的适应性研究》(《社会主义研究》2007 年第 6 期) 一文中认为，中国共产党领导的多党合作和政治协商制度形成和发展是中国近现代历史发展的必然结果，也是由我国人民民主专政国体的性质所决定的。人民民主专政从根本上规定了我国政党制度的核心价值和制度要素，从而形成了与西方政党制度相区别的我国社会主义政党制度。适应人民民主专政国体和政体的要求，为巩固人民民主专政服务，是我国社会主义政党制度确立和发展的内在逻辑。

龙志贵在《论我国社会主义政党制度的现实基础》(《湖湘论坛》2007 年第 6 期) 一文中认为，一个国家的政党制度的存在与发展，都是与它的一定的社会历史和经济、政治、文化基础相适应的。中国共产党领导的多党合作和政治协商制度，是我国社会主义的一项基本政治制度，也是具有中国特色的社会主义政党制度。它的形成与发展，不仅是中国近代社会历史发展的必然要求，也是我国现阶段经济、政治、文化和社会基础的现实要求。以公有制为主体、多种所有制经济共同发展是我国政党制度存在和发展的经济基础，社会主义时期阶级、阶层的新变化是我国政党制度存在和发展的社会基础，先进文化与民族文化的有机结合是我国政党制度存在和发展的文化基础，坚持四项基本原则是我国政党制度存在和发展的政治基础。

孙信在《中国多党合作制度体现了社会主义民主的本质要求》(《人民政协报》2007 年 12 月 4 日) 一文中认为，中国共产党领导的多党合作和政治协商制度，体现了中国政治制度的特点和优势，反映了人民当家作主的社会主义民主的本质，具有巨大的优越性和强大的生命力。在新世纪新阶段，坚持和完善中国共产党领导的多党合作和政治协商制度，能够扩大各界人士有序的政治参与，能够拓宽社会利益表达的渠道，能够实现广泛的民主监督，能够保持安定团结的政治局面，维护社会稳定，能够有效进行社会整合，促进社会和谐发展，最终实现中国共产党的领导、人民当家作主和依法治国的有机统一。

陈升东在《论中国政党制度的可持续发展》（《岭南学刊》2007 年第 6 期）一文中认为，中国政党制度的可持续发展的原因在于：它不仅是中国现代化的必需，也是实现中国现代化的根本政治保障。中国政党制度的可持续发展力受到各种因素制约，其中政治制约因素，主要是该制度设计和运行中的民主与监督的力度不够，并由此衍生的不良后果。从巩固和壮大最广泛的统一战线角度看，增强中国政党制度的可持续发展力至少需要同步强化党内民主与党外民主，实现政治协商程序化、民主监督刚性化和参政议政实效化。

吴成九在《浅议政党制度的选择必须适合本国国情》（《传承》2007 年第 7 期）一文中认为，政党制度的水平决定政治制度的健康发展程度。不稳定的政党制度能使一部很好的宪法失去作用，稳定的政党制度能有力地促进政治制度的发展。一个国家选择怎样的政党制度，应根据该国的国情做出合理的选择。西方国家选择两党制或多党制符合西方国家的国情，促进了其政治制度的健康发展；共产党领导的多党合作制度符合我国的国情，对我国政治制度的优化和发展将起到积极的推动作用。

熊必军在《我国多党合作制度适应性的制度分析》（《广东省社会主义学院学报》2007 年第 2 期）一文中认为，任何政治制度价值与功能的实现都有赖于合理的制度结构和良好的制度安排。我国多党合作制度的制度结构具有合理性、合法性、现实性，是适应中国社会政治生活的政党制度，政治协商、参政议政、民主监督构成了我国多党合作制度的制度安排。因此，在我国的政治生活中，制度结构已经适应了我国社会历史的发展，确立了我国政党制度的基本模式，是不需要改变的，这是制度的形式合理性、程序合理性和合作规律性。但社会发展的持续性及人的有限理性要求要不断进行制度变革与创新，才能适应社会的发展趋势，同时也增强政党制度适应性的基本要求，因此，加强我国社会主义民主政治建设，主要是加强我国多党合作制度中的制度安排，完善政治协商、参政议政、民主监督等各项制度，强化我国多党合作制度的适应性，以应对国际、国内各种复杂的环境，克服我们的局限性，更好的推进我国的民主政治建设。

徐东辉在《我国社会主义政党政治进一步发展的基础》（《科学社会主义》2007 年第 1 期）一文中认为，现代政党政治源于西方资本主义国家，但社会主义国家的国情表明社会主义民主政治建设同样需要发展政党政治。在当前发展社会主义政治文明、构建社会主义和谐社会的过程中，我国的社会主义政党政治必然会有进一步的发展。中国共产党对社会主义阶段民主党派的政治性质和作用的科学分析，是我国社会主义政党政治进一步发展的理论基础；我国历史和现实的社会结构要求有社会主义的政党政治；政党之间的政治与法律关系、政党政治活动的目标也为我国政党政治的进一步发展创造了条件。

二、多党合作制度与和谐社会建设

多党合作制度与和谐社会建设是2006年多党合作研究的重点内容，由于研究得比较深入，本年度关于这方面的研究不是很多。在原有研究的基础上，学者们对政党制度与和谐社会的关系、多党合作制度在构建和谐社会中的作用和从构建和谐社会的要求出发，如何完善多党合作制度等问题进行了进一步探讨。

（一）多党合作制度与和谐社会的关系

李燕奇在《和谐的政党关系与社会主义和谐社会——兼论政党关系和谐是多党合作制度的本质属性》（《新视野》2007年第1期）一文中认为，促进和谐的政党关系，坚持和完善中国共产党领导的多党合作和政治协商制度，是构建社会主义和谐社会的重要内容，也是构建社会主义和谐社会的必然要求；和谐的政党关系与中国共产党领导的多党合作和政治协商制度这两者之间，从根本上分析是完全一致的。中国共产党领导的多党合作和政治协商制度所体现的就是一种和谐的政党关系，换言之，在中国，和谐的政党关系是通过多党合作和政治协商制度表现出来的。构建和谐的政党关系，要在坚持的前提下，努力完善、丰富和发展中国共产党领导的多党合作和政治协商制度。

李俊在《党际和谐：构建社会主义和谐社会的题中之义》（《湖北行政学院学报》2007年第1期）一文中认为，从理论上讲，和谐社会构建应当包括党际和谐，这是由政党的社会属性、当代中国的政治架构以及中国政党制度的政治作用所决定的。从现实层面而言，党际关系的统一面又为实现党际和谐提供了可行性支撑。在中国政治发展水平的客观规定下，推进党际和谐的关键是要不断完善当代中国政党制度，而当代中国政党制度最本质的特征决定了完善的关键在于不断加强和改善党的领导，推进党的现代化。中国共产党现代化是实现党际和谐的根本要求。

朱益飞在《中国政党制度与构建社会主义和谐社会》（《湖北省社会主义学院学报》2007年第2期）一文中认为，中国政党制度是和谐社会系统中的一个要素，它与社会主义和谐社会之间是相互联系、相互影响的，政党制度自身就是和谐的，它与和谐社会都体现了“和而不同”的中国古代文化精髓，都体现了以人为本的精神。二者具有内在的一致性。中国政党制度在构建和谐社会中的重要作用主要体现在以下方面：中国政党制度具有强大的利益表达和利益整合功能，能够促进社会和谐有序发展；中国政党制度是社会主义民主政治的主要内容，它是和谐社会的重要保证。

李金凤在《从和谐社会的构建看中国特色政党制度的合理性》（《甘肃社会科学》2007年第1期）一文中认为，中国共产党领导的多党合作与政治协商制度是适合中国政治生态平衡而产生和发展起来的一种社会主义政党制度，有其历史和现实的合理性。这种合理性的根本所系则在于多党合作与政治协商制度与生俱来的多方面的政治优势。这些政治优势的总体特征就是和谐性，中国特色政党制度以它的形式、机制和共识的统一体现了一种具有和谐性质和特点的政治文明，并示范、实施和促进着和谐社会的构建。

徐宗倚在《试论以“政党和谐”促进“社会和谐”》（《贵州社会主义学院学报》2007 年第 1 期）一文中认为，《中共中央关于构建社会主义和谐社会若干问题的决定》指出，务必处理好包括政党关系、民族关系、宗教关系、阶层关系、海内外同胞关系在内的“五大关系”。“政党关系”是起到“纲举目张”效应的，把握好、落实好、体现好、发展好中国共产党领导的多党合作，就是处理好了“政党关系”，是以“政党和谐”促进“社会和谐”的题中之义。

（二）多党合作制度在构建和谐社会中的作用

王远启在《我国政党制度在构建社会主义和谐社会中的重要作用》（《湖南省社会主义学院学报》2007 年第 4 期）一文中认为，我国经济社会发展进入“矛盾凸现期”，中共中央适时提出了构建社会主义和谐社会的战略举措。在构建和谐社会过程中，必须充分发挥我国政党制度的重要作用。因为：我国政党制度适合中国国情，有利于夯实和谐社会的经济基础；我国政党制度保持了中国政局的稳定，为构建和谐社会提供了政治制度保证；我国政党制度有利于政党关系的良性互动，为构建和谐社会提供了政党关系的理想模式；我国政党制度有利于实现社会各阶层广泛的政治参与，促进社会和谐。

钱晓云在《多党合作：和谐社会机制的重要政治基石》（《上饶师范学院学报》2007 年第 1 期）一文中认为，中国共产党领导的多党合作和政治协商制度，是社会主义中国的一项基本政治制度。它是马克思主义政党理论和统一战线学说与我国具体实际相结合的产物，是由我国具体历史条件和现实条件所决定的。这一和谐发展的政党制度科学体现了社会主义的政治优势，是社会主义中国构建和谐社会所要求的民主政治的根本保证。中国共产党实行的多党合作制，是适合中国国情的社会主义新型政党制度，它科学体现了各政党之间的和谐关系，在我国社会主义政体运行中发挥着独特的优势。第一，多党合作是一种地位明确、稳固的政党制度；第二，多党合作是一种党派之间互相监督和广泛合作的政党制度；第三，多党合作是以政治协商方式实现的政党制度。

刘雪岩在《充分发挥政党制度优势　构建社会主义和谐社会》（《江苏省社会主义学院学报》2007 年第 4 期）一文中认为，中国特色政党制度作为我国一项基本政治制度，在构建和谐社会中具有独特的优势。发挥我国政党制度在构建和谐社会中的优势，要以营造安定团结的政治局面为前提，以中国特色政党制度的不断完善与发展为保证，以正确处理执政党与参政党的关系为核心，以加强和改善党的领导为关键。

高旺在《中国特色政党制度的适应性与和谐社会的构建》（《中国青年政治学院学报》2007 年第 3 期）一文中认为，政党制度在维护政治稳定和社会和谐中具有重要的作用。中国共产党领导的多党合作制度不仅与中国传统文化和现阶段的社会结构相适应，而且也与现代化的任务、目标相适应。当前的中国，在坚持党的领导的前提下，充分发挥民主党派的功能，有利于和谐社会的构建。

邱尚琪在《中国政党制度在构建和谐社会中的独特作用》（《晋中学院学报》2007

年第2期）一文中认为，中国共产党领导的多党合作和政治协商制度在构建社会主义和谐社会中具有独特的作用：执政党与参政党之间良好的党际关系，为构建和谐社会提供了政治保障；中国政党制度建构了“和而不同”的资源体系，为构建和谐社会提供了智力支持；作为社会主义监督体系的一部分，民主党派的政党监督能为构建和谐社会保驾护航。

张衍霞在《多党合作在构建社会主义和谐社会中的积极作用》（《山东电大学报》2007年第1期）一文中认为，中国共产党领导的多党合作制度是符合中国国情的政党制度，这一制度创建了适合中国政治和谐发展的基本格局和适合中国政治和谐发展的运行机制。发挥多党合作在构建社会主义和谐社会中的作用，一是要加强参政机制建设，提高参政议政的能力和水平。二是要完善执政党与参政党的政治协商机制；三是要完善民主党派的民主监督机制。

（三）完善多党合作制度　构建和谐社会

王彩玲在《构建和谐社会与中国政党制度创新》（《天津社会科学》2007年第2期）一文中认为，构建和谐社会对中国政治发展和政党制度创新提出了新的重大课题。中国政党制度作为中国政治发展的一项基本政治制度，具有政治民主化功能，其发展和完善是构建和谐社会的客观要求，也是构建和谐社会的重要内容之一。中国特色政党制度所蕴含的政治参与和民主监督是当前利益整合的重要途径，对解决构建和谐社会面临的现实困境具有重要作用。充分发挥我国政党制度的民主化功能，不断释放其优越性，在构建和谐社会中具有基础性作用，这就对我国政党制度的创新与完善提出了更高的要求。目前政党制度创新可从突出程序设计、推进制度化建设、扩大政治包容度和优化党际关系等方面进行。

邓正康在《发展多党合作事业　促进和谐社会建设》（《中央社会主义学院学报》2007年第4期）一文中认为，中国共产党领导的多党合作和政治协商制度是我国的一项基本政治制度。多党合作与构建社会主义和谐社会有着密切的内在联系，发展多党合作事业是和谐社会建设的内在要求。在和谐社会建设的过程中，中国共产党要高度重视和努力做好多党合作制度建设、密切政党关系和充分发挥民主党派在和谐社会建设中的优势等工作，更好地促进和谐社会的建设。

李玉霞在《和谐社会构建与我国政党制度之探微》（《中共云南省委党校学报》2007年第10期）一文中认为，中国的政党制度既不同于西方国家的两党或多党竞争制，也有别于一些国家实行的一党制，而是中国共产党领导的多党合作和政治协商制度。这一政党制度不仅是我国的一项基本政治制度，而且以它强大的生命力和突出的政治优势，为构建和谐社会提供强有力的政治保证，使中国共产党领导的多党合作与政治协商制度在构建和谐社会进程中有了更加突出的政治意义。

齐春雷在《和谐社会构建中的中国政党关系》（《重庆社会主义学院学报》2007年第3期）一文中认为，中国政党关系对于我国当前进行的和谐社会构建具有无可替代的积极意义，然而尚处于较低阶段的和谐，还有待于向更高阶段的和谐发展。和谐的政党关系依赖于民主政治发展所提供的政治生态环境，要在民主政治发展的大进程、执政党和参政党建设良性互动中寻求动态的发展和平衡。

李瑞华在《论我国政党制度与构建社会主义和谐社会的关系》（《和田师范专科学校学报·汉文综合版》2007 年第 5 期）一文中认为，政党制度是现代国家政治结构的核心，决定着一个国家的政治内容和政治方向。一个国家选择哪种类型的政党制度，不仅关系到该国哪个阶级阶层来执掌国家政权，关系到该国各政党在国家政治生活中的地位、作用以及相互关系，也关系到这个国家能否长治久安与和谐发展。中国共产党领导的多党合作和政治协商这一具有中国特色的政党制度，以其强大的生命力和政治优势赢得了各党派人士的广泛认同，是当代中国政治结构的核心，也是建设社会主义和谐社会，实现社会长期稳定发展的基础。

虞花荣、周志平在《论我国政党制度与社会主义和谐社会构建》（《社会科学论坛》2007 年第 4 期）一文中认为，和谐社会是民主法治的社会，构建社会主义和谐社会要求我国政党制度充分发挥其利益整合和化解社会矛盾的功能，充分发挥其政治整合和保持社会稳定的功能。坚持和完善我国政党制度，促进社会主义和谐社会的构建要求：加强党的阶级基础和扩大党的群众基础；拓展民主党派的组织基础和增强利益表达功能。完善我国政党制度过程中应注意：新阶层的政治参与必须坚持以科学发展观为指导，绝不能盲目迷信西方的多党制。

董青在《论中国特色政党制度在构建社会主义和谐社会中的作用》（《科学文汇》2007 年第 11 期）一文中认为，建立有效的协调各利益主体关系的机制，合理处理各阶层利益关系，化解社会矛盾，调动一切积极因素，是构建社会主义和谐社会的重要内容。中国特色的政党制度以其巨大的包容性、凝聚力，将成为表达和协调多元利益关系的重要的制度化机制。第一。有利于最大限度地扩大政治体系对政治参与的容量，为各利益主体政治参与提供有效途径。第二，有利于利益主体多元化和政治参与扩大化时的社会稳定。第三，有利于决策的科学化、民主化。坚持和完善中国特色的政党制度，促进社会主义和谐社会的构建，一是要树立和落实科学发展观，提高政党制度运作的有效性；二是要坚持共产党的领导，自觉维护共产党的领导和执政地位；三是要进一步加强参政党自身建设。

刘赞、刘青锋在《我国建设和谐社会的政治支撑逻辑研究——以我国特色的政党制度为着力点分析》（《消费导刊》2007 年第 10 期）一文中认为，和谐社会的建设是一个系统的工程，必须要有很多的不同方向的力量形成合力，进而促进其建设和发展。而和谐社会的政治支撑就成为其一个重要并关键的支撑点。如何开发和整合政治这个支撑点的最大功效就是一个新的课题。在建设和谐社会的新语境下，必须坚持和发展我国特色的政党制度。进而阐述在新的历史条件下，我们必须站在建设社会主义和谐社会的高度，从执政党、参政党两个主要方面以及其他方面不断解决新问题，不断完善和加强中国共产党领导的多党合作和政治协商制度，促进和谐社会的建设。

熊芳在《多党合作制度的利益整合功能与和谐社会构建》（《十堰职业技术学院学报》2007 年第 5 期）一文中认为，社会和谐是中国特色社会主义的本质要求，利益整合是构建社会和谐的关键，我国的多党合作这一政党制度具有利益整合的独特优势。应该坚持和完善多党合作制，更好地发挥多党合作的利益整合功能，促进社会主义和谐社会的构建。

三、政党关系和谐

胡锦涛同志在全国第20次统战工作会议上强调："正确认识和处理中国共产党和民主党派的关系，保持和促进我国政党关系和谐，是发展社会主义民主政治、建设社会主义政治文明的重要内容，也是构建社会主义和谐社会的重要内容。""政党关系和谐"命题的提出，是中国共产党对社会主义民主政治建设与和谐社会建设的深刻认识，也是中国共产党对我国多党合作制度的新的把握。命题提出后，在理论界产生了巨大反响，党际关系和谐由此成为2007年政党制度理论研究的最大热点。专家和学者们紧紧围绕政党关系和谐这一命题，对政党关系和谐的内涵、政党关系和谐与中国共产党领导与执政、政党关系和谐与和谐社会、如何促进政党关系和谐等问题进行了深入探讨，取得重大成果。

（一）政党关系和谐的内涵

张献生在《我国多党合作中的政党关系》（《重庆日报》2007年5月29日）一文中认为，我国政党制度的基本特征是共产党领导、多党派合作，共产党执政、多党派参政。共产党与民主党派的领导与被领导、执政与参政和互相监督，构成了我国多党合作中基本的政党关系。正确认识和把握多党合作中的政党关系，对于坚持走中国特色社会主义政治发展道路，具有十分重要的作用。

刘红凛在《政党关系和谐的基本内涵与当代要求》（《理论探讨》2007年第4期）一文中认为，政党关系和谐或和谐的政党关系，是诸多政党关系中的一种，而且是政党关系的良好状态或理想状态。这种关系是在政党围绕执掌与参与国家政权、社会管理等政治实践过程中，政党间相互作用、相互影响、相互促进而形成的一种积极的关系状态。从政治本质上看，政党关系和谐的基本内涵包括六个方面的内容：首先，各政党要承认和尊重矛盾与差异，正确对待和处理矛盾与差异，这是和谐的基础。其次，各政党之间要有共同的政治基础。在我国，各政党都是以坚持四项基本原则为基本原则，以建设中国特色社会主义、实现中华民族的伟大复兴等为共同的政治目标的。第三，政党关系和谐要求各政党有一个共同的行为准则与"游戏规则"。第四，政党关系和谐有一个程度问题，以不破坏共同的政治基础为底线，合作大于竞争与冲突，否则就会导致分裂；同时，政党合作以保留各自的特点与差异为边界，否则，就会走向融合，化为一体。第六，各政党要配合得当、优势互补，充分发挥各自的政治优势，达到政党政治功能的最优化与最合理化，共享政治发展的成果与利益，促进政党间共同、协调发展。

杨爱珍、顾文浩在《民主政治视野下的党际关系和谐》（《科学社会主义》2007年第4期）一文中认为，在民主政治视野中讨论党际关系和谐，应该体现其时代的特征和国情的特色。民主政治是党际关系和谐的风向标，在民主政治缺失的环境下，我国党际关系曾经出现过紧张态势；随着社会主义民主政治的发展，我国党际关系的和谐程度越来越高，并呈现出现代特点。我国党际关系和谐的原则主要有：长期共存、荣辱与共的原则；差别的原则；利益的原则；民主和法治的原则。要保持和促进我国政党关系的和谐，就必须推进我国政治文化和政党体制的发展，发展民主的政治文化，融合社会主义核心价值体系的现代政治文化是带动我国党际关系和谐的火车头，加强制度建设，高质量的政党制度是提供党际关系和谐发展的优质高速公路。

顾文浩在《略论我国的党际关系和谐》（《广东省社会主义学院学报》2007 年第 2 期）一文中认为，党际关系和谐的内涵主要是指中国共产党与八个民主党派之间的互动关系。“长期共存、互相监督；肝胆相照、荣辱与共”的十六字方针，是分析我国多党合作制度下党际关系的指导原则，也是研究我国党际关系和谐的逻辑起点。和谐的党际关系，要求执政的共产党和参政的各民主党派在共同的政治目标下，各自履行好自己的职责，充分发挥各自的作用。对于不同意见，通过协商研究，经过整合，最终达成一致，形成更高层次上的和谐。共产党在与各民主党派的合作共事中，应体现出高度的真诚，真正让各民主党派知无不言、言无不尽，放开心声地建言献策，民主监督。各民主党派要增强自身的党派意识和责任感，不断提高参政议政的水平，充分反映各自所联系群众的政治要求和具体利益，帮助共产党保持先进性，执好政。总之，真正和谐的党际关系是各政党之间相互配合，真诚合作，良性互动，互相促进的关系。

华南、蔡之国在《构建中国特色的和谐政党关系》（《福建省社会主义学院学报》2007 年第 4 期）一文中认为，和谐的政党关系是和谐政治、和谐国家的根基。和谐政党关系的基本内涵主要有以下几个方面：（1）求同存异，和而不同，尊重并正确处理政党之间的矛盾与差异，是和谐政党关系的前提和基础。（2）共同的政治基础，是和谐政党关系的必要条件。（3）共同遵守的行为准则，是和谐政党关系的基本保证。（4）相互作用、相互影响、相互促进、配合得当，是政党和谐的基本内容。中国特色的和谐政党关系的实现途径：（1）坚持中国共产党的领导，促进多党派合作。（2）提高党的执政能力，发挥民主党派参政议政的作用。（3）推进政党建设，加强法治和民主监督。

李超在《略论我国“政党关系和谐”的科学内涵》（《天府新论》2007 年第 6 期）一文中认为，政党关系和谐是构建社会主义和谐社会的重要内容和必然要求，是我国社会主义政党制度的内在机制和政治优势，是坚持和完善我国社会主义政党制度的持续过程。

李少莉在《促进政党关系和谐　构建社会主义和谐社会》（《工会论坛》2007 年第 5 期）一文中认为，政党和谐是和谐社会理论中蕴含的最新命题。和谐的政党关系应该是建立在互相尊重、互相信任，政治权利上平等、党派间相对独立的基础上的党际关系。“长期共存、互相监督、肝胆相照、荣辱与共”十六字方针，是中国共产党同各民主党派合作的基本方针。其中蕴含着丰富的“和谐”思想精髓。

缪新亚在《“构建”政党和谐的几点思考》（《上海市社会主义学院学报》2007 年第 6 期）一文中认为，在中国特色政党制度的框架内，中国共产党是一元化的领导核心，中国共产党和各民主党派共同组成多元化的结构。这种结构，可以把它看成一种精密和谐的“伞架”结构：中国共产党就好比是“伞轴”、“伞心”，各民主党派好比是“伞骨”。整个“伞面”就是由“伞骨”连接起来的政党体制。这种结构稳固、合理、实用，充分体现了和谐的原则，充分蕴含着“和”与“合”的精髓，充分体现了古今“和合”理念的哲学思想。

石媛在《我国多党合作制度中的几个基本关系探讨》(《河北省社会主义学院学报》2007 年第 3 期) 一文中认为，我国多党合作制度的最大特色是执政的中国共产党与参政的各民主党派之间具有多重关系。一是领导与被领导的关系，实质是中国共产党对民主党派的政治领导；二是执政与参政的关系，中国共产党是执政党，掌握着国家政权并负责组织政府，处于执政主体地位。而各民主党派是拥护共产党领导的参政党，即参加国家政权的党。三是平等的友党关系；四是合作与监督的关系。

孙照红在《和谐：多党合作党际关系的本质特征》(《江苏省社会主义学院学报》2007 年第 1 期) 一文中认为，在中国共产党领导的多党合作和政治协商制度下，中国共产党和八个民主党派之间形成了多党合作的党际关系模式。它是一种和谐的党际关系模式。从历史来看，多党合作是中国政治逐渐走向和谐的产物；从现实来看，多党合作是团结和谐的党际关系模式；从结构来看，多党合作与中国社会结构和谐统一；从功能来看，多党合作是中国更加和谐的必然之路。

贾小明在《互相促进：执政党建设与参政党建设关系思想的继承和创新》(《广州社会主义学院学报》2007 年第 4 期) 一文中认为，“互相促进”思想孕育于毛泽东、邓小平、江泽民，成于胡锦涛，经历了一个比较长的发展演进过程。坚持执政党建设与参政党建设互相促进是坚持“长期共存、互相监督、肝胆相照、荣辱与共”方针的必然要求，是加强中国共产党领导的多党合作和政治协商制度建设的新要求，是加强执政党的执政能力建设和先进性建设的内在要求，是实现我国政党关系长期和谐、构建社会主义和谐社会的一项重要内容和要求。

（二）政党关系和谐与中国共产党领导与执政

陈喜庆在《当代中国党际领导关系研究》(《管理世界》2007 年第 4 期) 一文中认为，当代中国党际领导关系是我国政治生活中的基本关系。本文从领导科学角度研究当代中国党际领导关系，提出了一些新的见解：(1) 中国共产党在当代中国党际领导关系中居于领导地位，取决于特质、实力和贡献这三大关键条件。(2) 由于当代中国党际领导关系中领导者与被领导者组织上都是独立的，因而这种领导就其范围而言是政治领导；就其实施领导主体而言，是中国共产党党委政治领导和集体政治领导。(3) 在全面分析总结各种领导方法基础上，提出了当代中国党际领导中的 5 种基本方法，即民主协商法、率先垂范法、联谊交友法、照顾利益法和教育引导法。这项研究对于丰富发展领导理论，提高当代中国党际领导的科学化水平，推进多党合作事业，具有重要价值。

卢先福在《加强执政能力建设　促进政党关系和谐》(《前线》2007 年第 3 期) 一文中认为，处理好政党关系是执政党加强执政能力建设的重要任务。促进政党关系的和谐，促进政党关最重要的就是坚持和完善共产党领导的多党合作和政治协商制。就执政党而言，就是要保持和发展党的先进性，不断提高协调政党关系的能力。重点是加强多党合作的制度建设，贯彻“长期共存、互相监督、肝胆相照、荣辱与共”的“十六字”方针，加强同民主党派的合作共事，巩固同党外人士的联盟。

刘晓峰在《关于政党和谐与科学执政的思考》（四川省社会主义学院学报2007年第4期）一文中认为，政党之间关系的和谐，是社会安定有序的基本条件，是构建和谐社会的政治保证。坚持和完善中国特色社会主义政党制度，发挥好参政党的作用，构建和谐的政党关系，是实现科学执政的题中应有之意。坚持与时俱进是中国共产党的理论品质，也是促进各政党关系和谐的关键。各级共产党组织和民主党派必须坚持理论上、思想上、行动上的与时俱进，不断在政治文明建设中贯穿科学执政与政党和谐，在提高执政参政能力中促进政治文明建设，加强和改善政党关系，推进执政理念和执政方式更加科学。

胡洪彬在《政党关系和谐与中国共产党执政合法性基础的拓展》（《湖北省社会主义学院学报》2007年第6期）一文中认为，政党关系和谐有助于提高党的执政绩效；政党关系和谐有助于克服腐败，维护社会公正；政党关系和谐有助于促进社会利益的整合；政党关系和谐有助于扩大公民有序的政治参与。当前我国政党关系发展中的问题主要有：党的部分地方领导及民主党派成员对参政议政在国家政治生活中的地位和重要性缺乏必要认识；多党合作缺乏具体的制度保障；我国社会主义初级阶段民主政治发展还不够充分。进一步促进政党关系和谐，拓展中国共产党执政合法性基础，一是要努力强化政党之间的和谐意识；二是不断推进国家政治体制改革与完善；三是维持中国共产党的领导与各民主党派独立性的平衡。

李统书在《构建和谐的政党关系》（《前沿论坛》2007年第11期）一文中认为，构建和谐政党关系必须正确认识和把握四个根本问题：科学发展观是政治基础；民主法治是制度保障；党内和谐是基本前提；党的执政能力是决定因素。

（三）和谐政党关系与和谐社会

丁俊萍、赵光元在《我国政党制度的和谐特征及其在构建和谐社会中的作用》（《学术论坛》2007年第12期）一文中认为，我国的政党制度是中国共产党领导的多党合作和政治协商制度，是以和谐为内在特征的具有中国特色的社会主义政党制度，无论从历史、实践、理论的维度来考察，还是从制度张力和政治的合理性、包容性、协调性的角度来审视，我国的政党制度都蕴涵、践行、体现着和谐因素。这一制度在其形成和发展的过程中孕育着和谐，奠定了党际和谐的历史基石。中国共产党与各民主党派在协调合作、共商国事的进程中追求着和谐，践行着党际和谐的基本理念。我国政党制度所赖以建立的基本理论蕴涵着和谐，体现着党际和谐的理论根基。党际和谐成为我国政党制度的内在特征。这一制度由于根植制度本身的合作、和谐、协商理念，以及由这种政党制度所派生出来的运行机制和方式，而在构建社会主义和谐社会中发挥着独特而重要的作用。继续保持和进一步发挥我国政党制度在构建和谐社会中的特色和优势，需要进一步坚持和完善这一制度。

李燕奇在《和谐的政党关系与社会主义和谐社会——兼论政党关系和谐是多党合作制度的本质属性》（《新视野》2007年第1期）一文中认为，促进和谐的政党关系，坚持和完善中国共产党领导的多党合作和政治协商制度，是构建社会主义和谐社会的重要内容，也是构建社会主义和谐社会的必然要求。所谓政党关系和谐是多党合作制度的本质属性，就是说，政党关系和谐是多党合作制度本身所要求的、所必须体现的，而且决定着这个制度的其他诸方面。在现实中也的确如此，多党合作制度本身已经深刻地体现和反映了当今中国政党关系的和谐性，是构筑和谐的政党关系的制度保障。这一制度设计把和谐的内涵和精髓寓于政党关系之中，以团结、合作、和谐、协商、包容取代了西方政党制度无法摆脱的互相倾轧和互相攻击的弊端。具体地分析，这一本质属性所要求的多党合作制度的和谐性主要体现在如下方面：首先，追求和谐是多党合作制度建立的目的。其次，体现和谐是多党合作制度的本质要求和根本内容。第三，在实践中不断实现和谐是多党合作制的重要特征。

丁青在《政党关系的和谐是构建和谐社会的重要保证》（《中国人民政协理论研究会会刊》2007年第2期）一文中认为，中国共产党提出的构建社会主义和谐社会的理论，既是对中国传统文化中和谐思想的有益借鉴，也是对当代中国发展的经验总结。构建社会主义和谐社会，是中国处于体制转轨、社会转型这一特殊历史时期经济社会发展的必然要求，是中国共产党为推进中国特色社会主义伟大事业作出的重大战略选择。而确立和谐的政党关系，与构建社会主义和谐社会是相辅相成的。追求和谐是中华民族的理想目标，也是中国执政党和参政党共同的价值取向。政党关系和谐是当代中国政党制度的本质属性，是构建和谐社会的巨大优势。和谐的政党关系源于中国共产党是执政党，而各民主党派是接受共产党的领导、共同致力于社会主义建设事业的亲密友党和参政党；和谐的政党关系源于利益和目标的高度一致性，共同的利益和共同的目标是中国共产党与各民主党派合作与协商的政治基础；和谐的政党关系源于既借鉴了人类政治文明的有益成果，又坚持了走中国人民自己选择的政治发展道路。和谐的政党关系源于“共产党领导的多党合作”的政党制度，是一种包容差异的制度安排，是增强中华民族凝聚力和向心力的政治纽带。

李金河在《当代中国政党关系和民主政治的新发展》（《观察与思考》2007年第21期）一文中认为，发扬民主，促进政党关系、民族关系、宗教关系、阶层关系、海内外同胞关系的和谐，对于增进团结、凝聚力量具有不可替代的作用。在政党关系方面，中国共产党要加强同民主党派合作共事，支持民主党派人士更好履行参政议政、民主监督的职能，选拔和推荐更多优秀党外干部担任领导职务。致公党中央副主席万钢、无党派人士陈竺分别被任命为科技部和卫生部部长，成为1972年傅作义辞去水利部长35年来首位出任国务院部委正职的民主党派和无党派人士。这两次的人事任命，是中国政党关系和社会主义民主政治的新发展，具有重要的指标性意义。它表明：第一，中国多党合作和政治协商制度得到进一步的完善。第二，执政党的治理理念和干部人事制度有了新的发展。第三，中国的民主政治发展迈上了一个新的台阶。第四，对党和国家领导制度的改革和创新提出了新要求。

郭大良在《正确认识和处理政党关系　积极推进多党合作事业发展》（《江苏省社会主义学院学报》2007年第1期）一文中认为，中国共产党领导的多党合作和政治协商制度是我国的一项基本政治制度。正确认识和处理我国的政党关系，必须科学判断民主党派的历史定位，处理好中国共产党和各民主党派的领导与被领导、执政与参政、合作与监督之间的关系，贯彻共产党与各民主党派“长期共存、互相监督、肝胆相照、荣辱与共”的方针，从而进一步加强共产党对民主党派的政治领导，积极推进多党合作事业的发展。

崔利宏、秦瑞芳在《和谐社会视域中的政党关系研究》（《河北学刊》2007 年第 5 期）一文中认为，当代中国独具特色的政党关系是社会主义政治文明发展的重大成果，创造了世界政党制度发展历史上的崭新模式。构建社会主义和谐社会，首先需要政党关系的和谐。实现政党关系的和谐，需要强化和谐的政治理念，处理好坚持执政党的领导与发扬社会主义民主的关系，以及执政党建设与参政党建设的相互促进。

蔡永飞在《论中国特色政党关系的现实意义和发展趋势》（《广州社会主义学院学报》2007 年第 1 期）一文中认为，中国特色政党关系主要是领导和接受领导、合作共事、互相监督三方面关系。这种政党关系是近代以来中国社会运动客观规律的反映，体现了中国国家利益的需要。坚持和完善中国共产党领导的多党合作和政治协商制度，发展和完善中国特色政党关系，应强化政党概括和表达民意的职能，强化参政党对执政党的监督作用，进一步加强多党合作和政治协商制度的制度化、规范化和程序化建设。

刘保明在《论和谐政党关系与构建社会主义和谐社会》（《黑龙江省社会主义学院学报》2007 年第 4 期）一文中认为，构建和谐社会最根本的是构建和谐的政治关系，和谐的政治关系需要发展民主政治。政党关系和谐是构建和谐社会的重要政治基础。政党关系和谐有利于激发社会活力，为构建和谐社会汇聚人心、凝聚力量。政党关系和谐是多党合作制度的本质属性，多党合作制度为正确处理我国政党关系提供了基本依据和规范。巩固和实现我国政党关系长期和谐，根本在于走中国特色社会主义政治发展道路，关键在于坚持和完善中国共产党领导的多党合作和政治协商制度。

徐红明、张津凤在《和谐文化——政党关系和谐的文化基础》（《天津市社会主义学院学报》2007 年第 3 期）一文中认为，文化是导引政党关系和政党行为的深层因素。和谐文化，是一种以崇尚和谐、追求和谐为价值取向，融思想观念、理想信仰、价值体系、思维方式、行为规范、社会风尚、制度体制为一体的文化形态，其内容包括多元统一、兼容共生、协调有序、充满活力和大众共享等方面。和谐文化可以实现社会各阶级、阶层在政治、精神上的和谐，使之“各尽所能、各得其所而又和谐相处”。政党关系和谐是指执政党与参政党整体之间各司其职、各尽其责、平等交流、相互合作、共同进步。因此，和谐文化对政党关系和谐有重要影响。可以说，和谐文化是政党关系和谐的文化基础。从作为其文化基础的和谐文化来看，和谐文化建设的过程也并不是一帆风顺的，在建设的过程中还会出现一些新的矛盾、新的问题，因此，保持和促进我国政党关系和谐就需要不断建设和谐文化，营造和谐的文化环境。

王建在《论和谐视野中的党际关系》（《学术论坛》2007 年第 10 期）一文中认为，“党际和谐”这个概念在现阶段的提出，有着深层次的社会缘由。现阶段的中国所经历的深刻的变革推动着中国的政治发展，从当代中国政治发展的宏观需求角度观察党际和谐在中国社会发展中的作用。党际和谐有利于实现利益整合，有利于扩大有序的政治参与，有利于决策的科学化与民主化。

郭明利在《论以“政党和谐”促进“社会和谐”》（《乌蒙论坛》2007年第5期）一文中认为，“政党和谐”的两层含义：一是执政党、参政党各自党内的和谐；二是执政党、参政党之间的和谐。一方面构建社会主义和谐社会，关键在党。必须充分发挥党的领导核心作用，坚持立党为公、执政为民，以党执政能力建设和先进性建设推动社会主义和谐社会建设，为构建社会主义和谐社会提供坚强有力的执政能力的政治保证。另一方面，作为参政党的各个民主党派来讲，作为在政治、组织上相对独立的政治党派，他们应当自觉接受共产党的主张和领导，才能实现各自党派内部的高度团结与和谐。

郑晓云在《构建中国特色的和谐政党关系》（《贵州民族学院学报》2007年第3期）一文中认为，政党关系的和谐是构建社会主义和谐社会的重要政治基础。在特定的国情背景下，我国的政党制度必须具有强大的社会整合力，中国共产党是社会整合的中坚力量，各民主党派的合作扩大了社会整合的边界与活力。中国的政局要稳定，社会要和谐，都离不开中国共产党党内和谐，中国共产党与民主党派的关系和谐，民主党派内部及民主党派之间关系和谐。中国共产党与各民主党派风雨同舟的历史基础、团结合作的政治基础及现实基础，已具备构建和谐政党关系的成熟条件，民主党派要在共产党领导下，找准自己在政治格局中的历史方位，和而不同，当好挚友和诤友，着眼于社会主义政治文明的推进，围绕发展这个第一要务，保持和促进政党关系的和谐，为建设中国特色的社会主义，实现中华民族的伟大复兴，形成合力，不辱使命，与时俱进，作出贡献。

杨雪燕在《中国政党制度的“和合”的传统文化》（《福建省社会主义学院学报》2007年第1期）一文中认为，中国共产党领导的多党合作和政治协商制度作为我国基本政治制度和政党制度深深根植于中华大地，具有其深厚的历史文化渊源，体现中华民族优秀传统文化中的“和合”思想内涵。要充分挖掘中国共产党领导的多党合作和政治协商制度“和合”传统文化的独特优势，在构建社会主义和谐中发挥重要作用。

（四）如何促进政党关系和谐

楼志豪在《关于构建我国和谐政党关系若干问题的思考》（《福建省社会主义学院学报》2007年第1期）一文中认为，在我国，政党关系是政治领域和社会领域中涉及党和国家工作全局的重大关系，是构建和谐社会的政治基础。构建和谐的政党关系具有广泛而坚实的历史基础、政治基础和现实基础。共产党和民主党派性质、纲领、基础及地位和作用方面存在着差异。承认和尊重这种差异，并将这种差异控制在合理的范围之内，才能保持政党之间的和谐，否则将损害政党和谐的政治基础。要加强和改善共产党对多党合作和民主党派的领导，正确处理党的领导和尊重民主党派的关系、与发扬民主的关系、与充分发挥党外人士作用的关系。共产党要协助民主党派加强以思想建设为核心、组织建设为基础、制度建设为保障的自身建设。

蒋正华在《学习贯彻全国统战工作会议精神　努力构建和谐政党关系——在学习贯彻第20次全国统战工作会议精神专题研讨班上的发言》（《前进论坛》2007年第10

期）一文中认为，和谐政党关系是构建和谐社会、维护党和国家兴旺发达和长治久安的重要政治基础。现代政治的鲜明特色之一是政党政治。政党关系是一个国家和社会中事关全局的重大政治关系，没有政党关系和谐，就没有国家政治局面的稳定与社会和谐。和谐是一种规范、一种状态，也是一个过程。政党关系和谐是社会和谐的重要政治基础。社会矛盾的发展必然反映为政党关系的冲突，政党关系的紧张也会导致社会不安定。世界上因为政党关系不和谐陷入对抗，从而导致政局动荡、生灵涂炭、百业凋零的现象屡见不鲜。因此，国家的政局要稳定，社会要和谐，政党关系必须和谐。实现我国政党关系和谐，根本在于坚持走中国特色社会主义政治发展道路，关键在于坚持和完善中国共产党领导的多党合作和政治协商制度。农工党要进一步增强接受中国共产党领导的自觉性和坚定性，加强自身建设，提高履职能力，为促进政党关系长期和谐而努力。

王继宣在《合作型政党制度中和谐政党关系构建》（《江苏省社会主义学院学报》2007 年第 3 期）一文中认为，从运行机制的角度区分当代世界各国的政党制度，可以分为竞争型政党制度与合作型或叫非竞争型政党制度两大类型，它们是资本主义政党制度与社会主义政党制度这两种不同性质的政党制度的动态反映。中国共产党领导的多党合作和政治协商制度，既是社会主义性质的政党制度，又是非常典型的合作型政党制度类型。而作为合作型政党制度典型代表的我国政党制度，无论是从逻辑上说，还是从历史的角度考察，本身既已为和谐政党关系的构建提供了根本的前提和基础，也潜藏着某些导向不和谐关系的因素和可能；但是，同时，这个制度本身又包含着克服这些不和谐因素产生与发展的基本条件和现实途径。伴随着社会主义市场经济的发展和社会主义政治文明建设进程，我国这一合作型政党制度的自我完善和发展的过程，就是和谐政党关系的构建过程，反过来说也一样，合作型政党制度中和谐政党关系的构建，其前提、基础和根据，其问题、矛盾的产生和存在及其获得解决的条件与途径，都可以由这一合作型政党制度类型自身及其自我完善来提供，这也是我们这一独具特色的政党制度的独特优势。

许奕锋在《促进政党和谐的运行机制探究》（《重庆社会主义学院学报》2007 年第 3 期）一文中认为，正确处理共产党和民主党派的关系，应建立和完善政党政治活动和谐运行的运行机制，主要包括：（1）建立与完善表达机制，以保证利益表达和政治诉求渠道的畅通。（2）建立和完善共识机制，以追求政治参与的有效性。（3）建立和完善决策机制，集思广益，以增强决策科学性。（4）建立和完善协调机制，发挥优势，以促成各方利益的协调；（5）建立和完善监督机制，以改善监督环境，提升监督水平。

杨爱珍、顾文浩在《当代中国政党互动模式研究》（《新视野》2007 年第 4 期）一文中认为，政党制度就是一定规则下的政党的排列组合、政党互动的方式。我国政党制度的显著特征就是我国政党互动模式的反映，政党互动的模式折射了政党制度的性质和政治结构的状态。政治结构是各政党、利益集团等在国家政治生活中的地位、作用及其相互间制约平衡的综合反映。我国政党互动的特点是：主导性、主动性、和谐性。政党互动缺少在国家制度层面上的规范，“荣辱与共”与民主党派主动性的关系研究不够和参政党的代表性问题在互动中日益凸现是我国政党互动中的主要障碍。完善当代中国政党互动模式一是要以渐进的方式来完善我国政党互动的模式和机制；二是要坚持执政党建设和参政党建设互相促进。

廖继红在《试论中国政党关系和谐性的提升》（《重庆社会主义学院学报》2007年第3期）一文中认为，政党关系和谐是指一定政党制度下作为政党政治行为主体的各个党派之间尤其是执政党与非执政党之间相互关系的和谐性、稳定性和有序性，它标志着一种政党制度的成熟程度，反映一个国家政治的进步状态，是国家稳定、经济发展和社会和谐的重要保障。共产党领导的多党合作的制度设计，创立了一种与西方竞争性政党关系有着根本区别的和谐的政党关系，是世界政党关系和谐的典范。加强政党价值目标体系建设，在新的历史条件下，增强政党理念认同政党目标一致是政党关系和谐的根本；进一步开发政党功能是政党关系和谐的重要条件；加强政党建设，规范政党体制是政党力量的源泉。

贾小明在《怎样认识和促进政党关系和谐》（《中央社会主义学院学报》2007年第2期）一文中认为，政党关系和谐是中国特色社会主义政治发展道路的重要特征，坚持走中国特色社会主义政治发展道路是保持和促进政党关系和谐的根本保证。政党关系和谐是理念和谐、制度和谐、实践和谐、发展和谐和政党建设和谐等多方面的统一。促进政党关系和谐要以理论创新引导和谐、以制度建设保障和谐、以科学发展检验和谐、以政党建设提升和谐。

王彩玲在《论政党和谐及其实现途径》（《中国人民大学学报》2007年第6期）一文中认为，政党和谐包括党内和谐与党际和谐两个层次。共同的理想信念是党内和谐的基础，高度的团结统一是党内和谐的表征，充分的党内民主是党内和谐的保障，党性与个性的辩证统一是党内和谐的原动力。差异性是党际和谐的前提，共同理想是党际和谐的基础，相对稳定、不断优化的党际关系模式是党际和谐的保障，促进民主是党际和谐的价值目标。加强政党制度建设，在政治实践中促进各政党的成熟与发展，是当前促进政党实质和谐的主要途径。

刘蓉宝在《论社会主义和谐党际关系的构建——发挥统一战线在构建和谐党际关系中的优势》（《湖南行政学院学报》2007年第4期）一文中认为，我国党际关系是在中国共产党领导的多党合作和政治协商的政党制度基础上形成和发展起来的。党际关系和谐是社会主义和谐社会在共产党和民主党派之间以及各民主党派之间关系上的要求和体现。构建社会主义和谐党际关系是中国政治发展的必然要求。统一战线的工作理念、机制和方法，对增强参政党对执政党的政治认同具有独特的作用。统一战线的凝聚、协调、沟通等功能，能协调党际关系，化解矛盾，既提高共产党的执政基础，又推进多党合作的良性发展。

齐春雷在《略论当代中国政党制度下的政党关系》（《江苏省社会主义学院学报》2007年第3期）一文中认为，中国政党制度具有党际和谐的内在机理和优势，通过执政党和参政党之间的和谐运转、良性互动，才能将政治体系中的多种力量汇聚成强大合力。但目前政党关系尚处于一种低级阶段的和谐状态，有待于向更高水平的和谐发展。积极发展和谐的政党关系，当下应着重认识、处理好三对关系：一是在执政党的领导与参政党的独立性之间保持平衡；二是在“团结合作”和“互相监督”之间找准平衡；三是在执政和参政之间保持平衡。

王树臣在《我国多党合作制内部的政党和谐关系》（《中共中央党校学报》2007年第4期）一文中认为，我国社会主义性质的政党关系具有和谐的思想基础、事业基础、方法基础和利益基础。同时也存在方针与措施的不对称、理论与实践的不对称、空间与活力的不对称的问题。构建我国社会主义性质的政党和谐关系，处理好领导与合作的关系是构建政党和谐关系的前提；提高政党能力是构建政党和谐关系的保障；建立良好的政党互动渠道是构建政党和谐关系的途径。

马利在《多党合作制度与党际民主》（《中央社会主义学院学报》2007第5期）一文中认为，中国共产党领导的多党合作制度具有光荣的发展历史和突出的先进性。党际民主是这一政党制度的主要民主内涵，包含着丰富的内容和优秀的制度资源。但在实践中，党际民主及其相关制度安排的优势尚未得到充分发挥。进一步坚持和完善多党合作制度，发展和扩大党际民主，对于发展社会主义民主政治，建设社会主义政治文明，具有重要的现实意义。

刘红凛在《政党关系和谐与当代中国政党制度建设》（《当代世界与社会主义》2007年第3期）一文中认为，政党关系是一个国家和社会中事关全局的重大政治关系。政党关系和谐是政党关系的一种良好状态或理想状态，其本质在于和而不同、求同存异，配合得当、各尽所能，功能优化、利益共享，各得其所、彼此满足，协调发展、共同繁荣。新时期，我国的政党制度与政党关系和谐面临着新的发展需求，需要按照社会主义民主政治与和谐社会建设的要求来认识我国的政党制度与政党关系。

桑玉成在《政治发展与我国政党关系的长期和谐》（《上海市社会主义学院学报》2007年第1期）一文中认为，实现我国社会主义政党关系的长期和谐，既是我国政治发展的目标，也是我国政治发展的任务。随着社会主义经济的发展以及由此而推动的政治发展，我们有必要理顺并正确处理党政关系、党际关系、党群关系、党内关系、党与宪法法律的关系、党与党章党规的关系、党与社会的关系、党与世界的关系等八大关系，从而推进我国社会主义政党关系的长期和谐。

丁俊萍、程铁军在《中国特色政党制度视野中的党际和谐》（《党的文献》2007年第4期）一文中认为，“党际和谐”这个概念在现阶段的提出，有着深层次的社会缘由。现阶段中国所经历的深刻变革推动着中国的政治发展。从当代中国政治发展的宏观需求角度观察党际和谐在中国社会发展中的作用，主要有：和谐的党际关系使中国政党制度具有很强的利益整合功能；党际和谐有利于扩大公民有序的政治参与；党际和谐有利于决策优化。

赵宬斐在《中国特色政党制度中主体间调适性问题探析》（《云南行政学院学报》2007年第5期）一文中认为，中国特色政党制度中的主体际关系可以从四个层面来了解和把握：一是政治上的领导和接受领导的关系；二是法律地位上的平等关系；三是在国家政权和政治生活中是执政党与参政党的关系；四是组织上的独立关系，即各政党都独立自主地处理内部的事物。严格遵守宪法和有关程序是主体间调适的关键，从发展状况来看，主体之间互相调适，必须在宪法的框架下，依照有关程序对主体权力关系进行规范性限定，依照有关程序对主体行为进行规范性界定，依照有关程序对主体之间民主协商进行规范性调整。

构建和谐社会中的当代中国政党问题课题组在《加强政党制度建设　促进政党关系和谐》（《新视野》2007 年第 3 期）一文中提出，在新世纪新阶段，中国共产党提出了构建社会主义和谐社会的重大战略任务，这同时也赋予了我国政党制度和政党关系以崭新的时代课题。为了巩固和发展我国和谐的政党关系，并以政党关系的和谐促进整个社会的和谐，应大力加强政党制度建设，充分发挥我国政党制度的多党派合作、协商型民主和诤友式监督的内在优势，在团结合作中巩固和发展我国和谐的政党关系，在政治协商中巩固和发展我国和谐的政党关系，在互相监督中巩固和发展我国和谐的政党关系，始终不渝地走中国特色社会主义政治发展道路。

四、多党合作制度的价值与功能

多党合作制度作为适合我国国情的一项基本政治制度，有其存在的必然性和合理性，自然有其存在的价值。但其价值体现得如何，最终还得看其功能的发挥状况，价值和功能密不可分。本年度关于多党合作制度功能的研究，以《中国的政党制度》（白皮书）的发表为标志，取得了重大进展。白皮书首次将多党合作制度功能概括为政治参与、利益综合、社会整合、民主监督和政治稳定五大功能，这既是对政党制度功能研究的概括和总结，同时也为进一步开展政党制度功能的研提供了基本依据。

李金河在《民族性与现代性的统一——中国政党制度发展的价值取向》（《中央社会主义学院学报》2007 年第 3 期）一文中认为，政党制度是民主政治发展的产物，是全球化、现代化的结果。政党制度又体现为政党服从、服务于社会发展要求的过程。任何政党制度都有民族性、现代性两个方面，都是普适性与特殊性的结合。政党制度中民族性与现代性的关系由背离、疏离走向高度统一，这是政党政治发展的价值取向和内在逻辑。近代以来，中国政党制度的发展忠实地体现了这一历史逻辑，未来中国政党制度的发展更要自觉地坚持这一价值取向。

杨绪盟在《中国特色政党制度的双重价值内容》（《广州社会主义学院学报》2007 年第 1 期）一文中认为，中国特色政党制度作为一种政治制度，反映了一定的价值；价值的内容可以分为基础性价值和工具性价值两类。其中，基础性价值包括社会主义、和谐与公正、有序与自由三个部分内容，是整个价值内容的核心部分；工具性价值主要有四个方面：发展的价值，保障性价值，规范性价值，整合的价值。工具性价值是基础性价值的自然延伸。

熊必军在《我国多党合作制度结构的制度分析》（《天津市社会主义学院学报》2007 年第 3 期）一文中认为，西方国家的两党制和多党制的政党制度结构都是平行结构，相互之间为并列关系，不存在领导与被领导的关系。在我国，由于历史的原因，形成了共产党领导、多党派合作，共产党执政、多党派参政的多党合作型政党制度，它的政党制度结构是一种主次、交叉结构，具有制度结构的均衡性与稳定性、制度结构的合法性、制度结构的效率性。

梁丽萍在《论我国政党制度的和谐结构与和谐功能》（《理论探索》2007 年第 6

期）一文中认为，我国政党制度在我国社会发展中具有强大的生命力，其根本原因在于，这一制度与我国社会的政治、经济和文化结构具有内在的契合性与和谐性，适应我国构建社会主义和谐社会的客观需要。我国政党制度能够提供构建和谐社会所必需的社会整合、政治民主和政治稳定功能，是构建和谐社会的重要制度保障。

胡士平、李兆凯在《当代中国政党制度与动态有序的政治稳定——基于二者关系的学理分析》（《天津市社会主义学院学报》2007 年第 1 期）一文中认为，政党制度是政党在进行政党活动时必须遵循的政治规则，也是实现政党活动井然有序的重要保证。当代中国政党制度是实现动态有序政治稳定的制度保障，动态有序的政治稳定是促使当代中国政党制度不断完善和优化并驱使其发挥预期功能的目标指向，动态有序的政治稳定的实现要求当代中国政党制度具有更为强大的合法化能力。

齐卫平、姚晔在《试论中国特色社会主义制度下政党资源的整合》（《理论学刊》2007 年第 7 期）一文中认为，中国特色社会主义制度下政党的资源价值主要体现在：政党在当代中国政治生活中具有实现社会政治稳定的功能性价值；政党在当代中国政治生活中具有实现低代价的政策优化价值；政党在当代中国政治生活中具有实现全社会其他政治资源整合的效用放大价值。中国特色社会主义制度下政党资源在其发展的过程中，更是体现了鲜明的独有特征：即同质性特征；共命运特征；互补性特征；合作性特征和共生性特征。中国特色社会主义制度下政党资源整合的实现途径主要有：中国特色社会主义制度下政党资源的整合必须坚持以中国共产党为核心，以马克思主义理论为指导，以统一战线为平台，以执政党政策制定的程序化为依归。

王庆兵在《利益整合：政党制度发展的首要功能》（《天津社会科学》2007 年第 1 期）一文中认为，政党制度对政治发展有着重要的影响。政党在一定程度上反映了社会利益的差别，从功能上讲，政党制度必然承载着社会利益分化的压力，但是，从政治发展的绩效来看，评价政党制度的关键就是看其在政治发展中能否最大限度地对分化的社会利益进行整合并达成一致。因此，一个成熟的政党制度，其首要功能就是能够整合分化的社会利益。具体表现就是：在横向上能将社会群体加以融合，在纵向上能把不断产生的新的经济阶层加以同化。

邹谨在《小康社会的政治生态变化与当代中国政党制度的功能优化》（《西南大学学报·人文社会科学版》2007 年第 1 期）一文中认为，小康社会的政治生态变化，要求当代中国政党制度进行必要的调适。必须优化当代中国政党制度的政治民主化功能、政治稳定功能、社会整合功能、社会利益表达功能和意识形态教育功能。

张冠生在《中国政党制度的社会整合效应》（《中央社会主义学院学报》2007 年第 4 期）一文中认为，当中国的经济与社会发展成就成为世界关注的热点时，当中国的进步和意义需要用“北京共识”来确认以提醒中国也提醒世界时，支撑这种进步的社会整合机制，形成这种整合机制的政党制度及其适用性，理所当然地成为人类进步的重要经验，成为世界政治文明进程的一份宝贵资源。我们从人类政治文明成果中领受了一些思想和制度资源，转化成了中国改革开放的一份动力。同时，我们也通过自己的创新过程，向人类政治文明进程回赠了一份独特的思想和制度资源。这份资源与西方世界民主模式向“协商民主”方向的进化合流，促进了协商民主从主权国家走向国际社会的进程。

五、多党合作制度的创新问题

随着改革开放不断推进和深化，尤其是所有制结构和生产关系的不断调整，当代中国社会群体分化日益明显，社会分层发生重大变迁。社会阶层结构的变化和社会政治参与愿望的增强，要求多党合作制度必须适应新形势、新情况，不断进行制度创新。对此，研究者们对新的历史条件下，如何进行政党制度的创新，进行了深入探讨。

甄小英在《增强我国政党制度的包容力 实现多党合作制度可持续发展》（《马克思主义与现实》2007年第4期）一文中认为，中国在社会大变动中，迫切需要一个拥有巨大包容性和强大整合力的政党制度，为各阶级阶层包括新社会阶层和利益群体提供体制内、制度化、畅通的政治参与渠道，并对社会利益进行有效整合。中国共产党领导的多党合作制度需要适应我国社会阶级阶层变化，自觉增强政党制度的包容力。首先需要注意解决各民主党派的趋同倾向问题；其次需要注意发挥参政党的利益代表功能。

胡本良在《论在我国政党制度下推进公民有限政治参与》（《四川行政学院学报》2007年第5期）一文中认为，当前我国的政治参与存在着参与趋势扩大和参与制度滞后的矛盾，而要解决这一矛盾，有必要借鉴技术主义和平民主义的经验，鼓励人们进行有限政治参与，即要积极开发和利用现有制度资源，充分发挥政党的政治参与功能。我国的政党制度可以为人们提供充分的参与渠道，但目前这一制度在引导人民群众的参与方面优势仍然没有充分发挥出来。因此，要以制度建设为基本取向，不断完善这一制度。作为执政党的共产党要不断完善党内民主并带领实现社会民主，作为参政党的民主党派要加强自身建设并逐步担任国家领导职务。

金勇兴在《社会分层变迁中群体利益表达与政党制度创新》（《江苏省社会主义学院学报》2007年第5期）一文中认为，在当代中国社会分层变迁中，不仅展示了社会利益的多样化和复杂化的过程，而且出现了不同群体利益格局新调整。由于不同群体利益表达渠道存在比较单一、流于形式、难以操作和不平衡发展的缺陷，这势必要求政党制度创新来有效地拓展不同群体利益表达渠道。一是要有一定政党组织形式来代表群体利益；二是要有完善的政党制度安排来引导群体利益表达渠道；三是要有健全的政党制度功能来化解诸多社会矛盾。因此，要进一步完善政党制度安排和健全政党制度功能，从而进一步实现政党制度创新。制度创新主要包括：（1）政党平等协商制度（2）政党民意收集制度；（3）政党民意表达制度；（4）政党跟踪时效制度；（5）政党奖惩贯彻制度。

吴桂韩在《试析中西方现代政党制度对政治参与的影响》（《厦门特区党校学报》2007年第1期）一文中认为，政党政治和政治参与都属于政治民主化的范畴。当今世界多数国家都实行政党政治，政党在政治中处于核心位置。政党制度对政治参与的影响，不仅因为政党制度不同而有所不同，即便是相同政党制度的国家之间也存在着差异。西方的政党制度对政治参的影响主要表现在以下几个方面：（1）政党为公民的政治参与提供了平台。(2) 政党为公民的政治参与降低了成本。(3) 政党为公民政治参与简化了程序。(4) 政党为公民的利益表达和利益聚合创造了条件。中国现代政党制度对政治参与的影响主要表现为：(1) 中国的政党制度有利于增强政治参与的全民性。(2) 中国的政党制度有利于拓宽公民政治参与的渠道。(3) 中国的政党制度有利于扩大有序的政治参与。(4) 中国的政党制度有利于提高公民政治参与的实效性。由于西方原生型政党的产生背景决定着西方政党制度必然具有两面性：一是民主性，二是功利性。政党既是公民民主参与政治的通道，也是公民实现特定利益的渠道。这种两面性，使得西方政治参与表面上是轰轰烈烈的民主，实质上是争夺特定利益的拉锯战。我国的政党制度，能够使广大人民在共产党的领导下，通过参与国家政权和管理社会公共事务，能够有效地实现当家作主的权利，所以，这种政党制度不仅使人民群众有政治参与的广阔空间，也能够最大限度地调动广大人民群众政治参与的积极性。

我国社会阶层结构的变化对政党制度的挑战及策略

梁修才、梁艳丽在《我国社会阶层结构的变化对政党制度的挑战及策略》(《重庆社会主义学院学报》2007 年第 3 期) 一文中认为，改革开放以来，随着所有制结构和生产关系的不断调整，我国社会阶层分化日益明显，阶层结构发生了重大的变迁。阶层结构的变化给我国的政党制度带来了十分复杂的影响和前所未有的挑战。面对挑战，我们应当选择各种有效的应对策略。一是坚持中国共产党的领导地位，强化党的政治权威；二是适应阶层结构变化，扩大中国共产党和各党派的社会基础；三是改革和完善党的执政方式，加强多党合作，发挥政党的利益整合功能；四是协商确定各党派发展对象，合理有序地扩大队伍。

朱昔群在《政党政治市场与政党制度的变迁》(《广州社会主义学院学报》2007 年第 1 期) 一文中，从政治市场模型和政党的功能出发，说明了不同政党制度相对于政治体系运行的效率以及政党制度相对于不同历史条件和国情的适应性。认为，我们不主张西方那样的多党制，但是并不妨碍我们可以吸收其政党制度中的一些工具性的经验，建立起执政党和参政党的自我革新机制。在不太严格的意义上，一党制和多党制也被称作非竞争性的政党体制和竞争性的政党体制。对政党体制的这种分类有利于帮助人们认清政党作为民主工具的本质：民主和政治的革新是要靠政治组织和从政人员之间的良性竞争来维护的。事实上，采用多党制，从而保持政党间的竞争并不是实现民主的唯一途径，不合时宜地滥用竞争性的政党制度导致危及政治稳定的先例在世界政党史上并不鲜见。通过在执政党和参政党的官员产生过程和决策过程中引入竞争机制，采用考试、选举等方式来选择从政人员，在公共决策中走群众路线，让有关专家和相关利益集团参与决策，同样能在一定程度上达到实现民主和提高政治体系的支持度和效率的效果。

王淑华在《牢固树立科学发展观　充分发挥我国政党制度的优势》(《陕西社会主义学院学报》2007 年第 2 期) 一文中认为，政党制度作为社会主义民主政治的重要体现，在国家政治生活中发挥着重要作用。我国政党制度的显著特点是“一党领导、多党合作，一党执政、多党参政”，是一个体现着领导与被领导、执政与参政关系的政治结构。无论是从地位和作用上看，还是从各政党的实际力量来看，作为执政党的中国共产党与作为参政党的八个民主党派组成的这个制度，是一个不均衡的结构。但是，“民主党派享有宪法规定的权利和义务范围内的政治自由、组织独立和法律地位平等”，我国政党制度“一与多”，又是一个均衡的政党政治结构。如何做到均衡与非均衡的有机统一，既是一个重大的理论问题，更是一个现实的实践课题。为此，必须按照科学发展观的要求，加强执政党和参政党建设，促进我国政党制度的可持续与协调发展，充分发挥其优势。

沈艳在《不断完善中国特色的政党制度　推进社会主义政治文明进程》（《四川省社会主义学院学报》2007 年第 2 期）一文中认为，中国政党制度作为社会主义政治文明建设的一项重要内容，它的完善和发展将会影响到政治文明的发展进程和和谐社会政治生态环境的构建。面向未来的发展，结合现实中的问题，加强我国政党制度的建设，既是多党合作发展的需要，也是推动社会主义政治文明建设的有效途径。

王琪在《加强党的执政能力建设与完善我国政党制度》（《山西科技》2007 年第 3 期）一文中认为，自上世纪 80 年代以来，随着我国经济社会的变革和国际政治的风云变幻，客观上对我国政党制度以及党的执政能力的发展提出了新的考验：如何坚持和完善有中国特色的政党制度，如何加强党的执政能力建设，如何在加强共产党执政能力建设的同时推进我国政党制度的完善。文章认为现阶段加强党的执政能力建设与坚持和完善我国政党制度是相辅相成的，应同时推进、互相促进、共同发展。

刘红凛在《加强多党合作，促进执政能力建设》（《中国政协理论研究》2007 年第 3 期）一文中认为，在发展社会主义民主政治、构建社会主义和谐社会的新的历史时期，多党合作与党的执政能力建设具有十分密切的关系，领导多党合作的能力是党的执政能力的重要方面。多党合作是加强党的执政能力建设的强大助力，有利于巩固党的执政地位，扩大党的群众基础，丰富党的执政资源，改善党的执政方式，优化党的执政环境，使党的决策更加科学化民主化。

单联民、李星在《论坚持中国共产党的领导是多党合作的最高原则》（《中央社会主义学院学报》2007 第 2 期）一文中认为，坚持中国共产党在多党合作中的核心领导地位，是中国历史发展的必然选择，是适合中国国情的，也是各民主党派的自觉选择。中国共产党的先进性、代表性和广泛性决定了其在多党合作制中的核心地位，不论过去、现在还是将来，都必须坚持中国共产党是多党合作中的最高领导。只有坚持这一原则，多党合作才能始终保持正确的发展方向，才能不断巩固和发展，社会主义事业才能最终得以实现。

温敬元在《论健全中国共产党的执政体制——以政党政治的基本架构为视角》（《中共福建省委党校学报》2007 年第 11 期）一文中认为，中国共产党的执政体制是指中国共产党与国家政权机关、民主党派和社会（民众）之间相互关系及其职权划分的制度设计与安排。同时，还包括党内各种关系的制度设计与安排。它主要包括四部分：党内体制、党政体制、党际体制和党群体制。因此，健全中国共产党的执政体制，就是要理顺党政关系、党与民主党派之间的关系、党与人民群众之间的关系以及党内关系，并使之不断走向制度化、规范化和程序化的轨道。

李建中在《论中国共产党的现代化与多党合作制建设》（《上海市社会主义学院学

报》2007 年第 2 期）一文中认为，在我国现代化事业快速推进的过程中，社会阶层的不断分化、公民民主意识的持续提高、传媒作用的日渐增强，向中国共产党提出了执政党现代化的严肃课题。中国共产党只有以执政党现代化为目标，以民主化为最高价值追求，以坚持和完善多党合作制为主要实现途径，在认真总结历史经验和借鉴西方发达国家有益做法的基础上，不断推进多党合作制的法律建设和程序制度建设，才能巩固并扩大执政的社会基础，提高执政的能力和水平，增强执政的合法性。

顾文浩在《政治文化建设与我国政党制度的巩固》（《湖北省社会主义学院学报》2007 第 3 期）一文中认为，任何政党制度都产生并生长在一定的政治文化环境之中，一种政党制度的设定，必然受到一定的政治文化的影响和规定；而一种政党制度一旦形成并稳定下来，也会反作用于政治文化，两者相辅相成，相互作用。中国共产党领导的多党合作和政治协商制度的建立，就是社会主义政治文化、资本主义政治文化和封建主义政治文化相互激荡、博弈的结果。我国的政治文化对共产党领导的多党合作制度具有强大的支撑作用，但也存在着一些消极的、有害的因素。我们要加强政治文化建设，推进政治文明的发展，巩固和完善中国特色政党制度。

张卫东在《浅论改革开放后多党合作制度的机制创新》（《内蒙古农业大学学报·社会科学版》2007 年第 4 期）一文中认为，政治协商是多党合作制发展完善的首要环节，参政议政机制是多党合作制发展完善的基本环节，民主监督是发展完善多党合作制的根本保证，健全和完善民主党派自身建设机制，保持民主党派旺盛的生命力是多党合作制的一个重要方面，它关系到多党合作制度的前途和命运。

来朋珍在《中国共产党的创新力与当代中国政党制度》（《社科纵横》2007 年第 12 期）一文中认为，中国共产党领导的多党合作和政治协商制度，是具有鲜明中国特色的当代中国政党制度，是先进的中国共产党人以马列主义多党合作理论为指导，结合中国具体国情，在中国创立的一种全新的合作型政党制度。中国共产党首创的中国共产党领导的多党合作和政治协商制度这一当代中国政党制度不仅创造了一种新型的政党制度，还赋予政党、政党关系以新内涵，赋予政党制度功能以新的实现形式，从而体现了中国共产党强大的创造力。在这一拥有强大创新能力的政党的领导下，相信中国特色社会主义事业一定会取得更大、更辉煌的成就。

六、多党合作制度与协商民主

自《中共中央关于加强人民政协工作的意见》提出“人民通过选举、投票行使权利和人民内部各方面在重大决策之前进行充分协商，尽可能就共同性问题取得一致意见，是我国社会主义民主政治的两种重要形式”后，围绕协商民主问题的争论一直是国内理论界的一个焦点。同 2006 年关于这一问题的研究相比，2007 年的研究取得了重大进展。尽管仍然存在着协商民主是不是我国的发明创造、我国政协中早已存在的政治协商是否可以概括为协商民主、西方的“协商民主”在转译过来后译成“协商民主”是否合适等概念上的争议，但学者们更多的则是对协商民主的内涵、西方协商民主与我国协商民主的联系和区别、我国的协商民主（政协民主）与选举民主（人大民主）

的关系等问题进行了深入探讨。大多数学者认为，西方的协商民主同我国的协商民主既有区别又有联系，可以将我国早已存在的政治协商的民主形式概括为中国式的协商民主，要借鉴吸收西方协商民主中的有益成分，丰富我国协商民主的内容和形式，完善多党合作制度和人民政协组织形式，使我国的选举民主和协商民主紧密结合，充分保障人民当家作主的权利，促进党和政府决策的民主化与科学化。

（一）关于协商民主

陈家刚在《从协商民主看政治协商》（《中国政协理论研究》2007 年第 2 期）一文中认为，在某种意义上，协商民主是 20 世纪后期在西方兴起的一种新的民主理论范式，是西方民主思想发展的最新成果，标志着西方民主政治发展的新阶段。协商民主是指政治共同体中的自由、平等公民，通过参与立法和决策等政治过程，赋予立法和决策以合法性的治理形式。其核心概念是协商或公共协商，强调思考、对话、讨论、辩论和审议。协商民主是对间接民主、代议民主和远程民主的完善和超越，是民主政治的发展方向，是当代民主的核心所在。协商民主的意义在于，通过参与、表达和深思，促进合法决策，形成决策的过程是说服而非强制；培养出健康民主所必需的公民美德，促进不同文化间的沟通与理解，并奠定社会信任的基础；强调公民对于公共利益的责任，改变了重视自由而忽视平等的传统，同时也是对个人主义和自利道德的矫正；有效控制行政权力的非民主取向，规范并建构现代的公共行政，使决策过程中的社会知识最大化。

金安平、姚传明在《“协商民主”不应误读》（《中国政协理论研究》2007 年第 3 期）一文认为，协商民主引进到我国后，出现了被误读的现象。主要表现为：一是基本概念上的误读。所谓西方协商民主中的“协商”（deliberation），从词义上看，实际上包含着“慎思”（consideration）和“讨论”（discussion）两个方面的含义，deliberation（或 deliberative）这个单词在此前的译著中，多翻译成“审议”或“慎议”，意为“审慎地讨论”，这基本上符合 deliberation 两个方面的含义，将西方的协商民主翻译为“审议民主”更为合适。二是理论定位上的误读。协商民主是边缘而非主流，是理想而非现实。三是基本内容上的误读。协商民主既非与“选举”相对立，也不是代议民主的替代品。

张献生、吴茜在《坚持、完善和发展我国社会主义协商民主》（《中国政协理论研究》2007 年第 3 期）一文中认为，社会主义协商民主是中国共产党和各民主党派等共同创造的新型民主形式，具有特定的内涵及实现形式，在我国社会政治生活中具有重要的地位和作用。在研究协商民主时，既不能因为西方学术界首先提出而刻意回避这个词汇，甚至混淆概念；也不能跟着西方协商民主理论亦步亦趋，而忽略本土资源和中国特色。应正确区分西方协商民主与我国协商民主的不同性质和内涵，立足总结我国协商民主的实践经验，借鉴吸收西方协商民主理论的有益成分，坚持、完善和发展具有中国特色的社会主义协商民主。

虞崇胜、王洪树在《协商民主在中国的理论创新与实践探索》（《中国政协理论研究》2007 年第 2 期）一文中认为，基于对选举民主的反思和现代社会政治发展的要求，协商民主于20世纪80年代在西方社会逐渐获得了复兴和发展。参照协商民主的理念反观中国的民主政治发展，不难发现，中国的政治协商与协商民主虽有较大差异，但也有很多异曲同工之处。中国的政治协商理念和实践先于西方协商民主理论而产生，但与西方协商民主理论又有着某些共同之处。一方面，中国政治发展的现实条件、承担的历史责任和基本的政治理念，共同决定了中国民主政治发展的程序选择必须以协商为价值偏向；另一方面，协商民主的理念虽然主要源于对西方选举民主的反思，但其中某些精神也能够为中国的民主政治发展提供某些借鉴和参考。因此，探讨中国政治协商的内在精神，比较中西方协商民主理论和实践的异同，既有利于丰富协商民主理论，推动协商民主的发展，同时又可以升华中国的政治协商理论，推进中国民主政治的良性发展。

陶富源、王平在《协商民主：中国民主政治的一大特色》（《理论参考》2007年第9期）一文中认为，中国的协商民主在长期的实践中积累了丰富的经验。主要有：一是中华人民共和国宪法是协商民主的政治基础，是最高权威，是协商活动的根本准则；二是协商制度的创新和建设是协商民主得以实施的基本平台和重要保证；三是协商以共存为基本前提，以合作为基本价值，以发展为共同目标；四是以参与为基本动力；五是坚持以民主集中制为根本组织原则和活动方式，坚持协商民主与表决民主的统一。

徐春萍在《协商政治：中国民主政治建设的主导性战略选择》（《武汉学刊》2007年第1期）一文中认为，随着改革开放的深入，在社会结构的多元分化对民主政治提出更为本质的利益要求和参与要求的形势下，民主政治的程序设计应逐渐提上日程。我国人民民主专政的国体及中国共产党领导体制的内在规定性，统一战线理论与多党合作和政治协商制度的思想和制度传承，以及中国传统“和”、“合”、“中”政治文化在传习过程中对政治制度和政治行为产生的持久影响等多种因素，为现阶段进一步将传统的政治协商制度向更完善的协商性民主发展奠定了政治、社会和文化基础，也决定了以公共协商为核心价值理念的协商性民主而非竞争性民主，可能成为当今中国多元社会中民主政治发展的主导性战略选择。发展协商政治，把商议性民主镶嵌入开明的权威政治框架内部，不仅是必要的，而且是可能的。

程浩在《中国协商式民主实证研究》（《中共中央党校学报》2007年第3期）一文中认为，协商式民主的概念形成和理论发展肇始于20世纪80年代及以后的西方政治学。中国协商式民主实践，从1949年筹备建立新中国，到当下就关系国计民生的重大问题在中国共产党领导下进行广泛协商，经过了长期探索，积累了丰富经验，取得了明显成效。坚持并完善协商式民主形式，既反映了当代世界民主理论和实践发展的大趋势，又符合中国社会主义民主政治的本质要求，是发展社会主义民主政治，建设社会主义政治文明的必然要求。

刘彩霞在《协商式民主是中国特色社会主义民主的重要形式》（《理论学习》2007年第9期）一文中认为，协商式民主是中国共产党对民主形式的伟大创造，是中国共产党对马克思主义民主理论的丰富和发展，为人类政治文明提供了一种新型的民主形式。这种民主形式主要体现在中国共产党领导的多党合作和政治协商制度之中，具体有四种实现途径，即政治协商、民主监督、参政议政、合作共事。

别业超在《发展协商民主》（《政策》2007 年第 5 期）一文中认为，选举民主和协商民主是我国社会主义民主的两种重要形式，人民政协是实现协商民主的主要渠道，在新中国 50 多年的发展历程中，协商民主的成功实践，为社会主义社会的发展和现代民主政治的发展提供了有益的经验，为人类文明进步做出了积极的贡献。

王洪树在《政治协商：协商民主的一种独特理论探索》（《科学社会主义》2007 年第 3 期）一文中认为，政治协商作为中国民主政治的重要形式之一，其基本内涵和指导理论与协商民主在根本价值理念上有相通之处。政治协商和协商民主在理论探索上可以互相借鉴。这既有利于丰富协商民主理论，也有利于为中国民主政治发展提供理论参考。

孙照红在《选举民主和协商民主：中国特色的双轨民主模式》（《唯实》2007 年第 7 期）一文中提出，民主是带有普世性的价值目标。选举民主和协商民主都是实现民主目标的重要模式。选举民主是最直观、普遍的民主模式，人民代表大会制度是中国选举民主的核心制度载体；政治协商是具有中国特色的、基础性的民主模式，政治协商制度是中国协商民主典型的制度安排。二者相辅相成，共同构成了具有中国特色的双轨民主模式。

虞崇胜、何志武在《选举民主与协商民主的互动效应分析》（《学习与实践》2007 年第 1 期）一文中认为，选举民主与协商民主作为两种重要的民主形式，它们在实践中并不是截然分开的，而是能够互动双赢的。在新的历史时期，根据中国的具体国情，加强和完善以人大制度为载体的选举民主和以人民政协为载体的协商民主形式，同时大力促进两种民主形式的互动，对于我国的政治文明建设和政治体制改革将产生积极的影响。在政治层面，其互动效应能够促进政治现代化与政治稳定；在社会层面，其互动效应能够能够促进社会和谐与繁荣；在文化层面，其互动效应能够培育公民文化，促进传统优秀文化的传承与转化。

（二）关于我国“协商民主”与西方“协商民主”的关系

浦兴祖在《“协商民主”若干问题初探》（《工会理论研究》2007 年第 4 期）一文中认为，我国“协商民主”与西方“协商民主”的关系，就相异点而言，至少有三：一是理论（概念）出现的背景不同；二是理论与实践的先后有别；三是所依托的文化传统相异。就相同相通点而言，至少有二：一是在一定程度上均重视协商讨论的优势；二是在一定程度上均需弥补选举民主所可能出现的不足。西方在长期的政治运作中逐渐觉察到选举民主的弱点与不足，并试图以“协商民主”弥补之。我们的选举民主目前还不到位，但也显现了逐步加强的趋向。正是在逐步加强的过程中，选举民主在我国也可能会逐步暴露出某些“过犹不及”的弱点与不足，这是需要注意的。我们强调“两种民主形式”，使用“协商民主”的理论概念，有利于共同加强选举民主与协商民主，也有利于以后者弥补前者所可能出现的不足。

陈家刚在《从协商民主看政治协商》（《中国政协理论研究》2007 年第 2 期）一文中认为，由于历史背景、文化传统和政治体制的不同，政治协商与协商民主存在着很大的差异，但是，二者在价值诉求、参与机制、权力制衡等方面具有一定程度的相似性。其差异主要有：首先，协商民主是20世纪后期，在西方自由民主政治基础上兴起或者说复兴的一种民主理论范式和政治实践。而政治协商制度是中国共产党领导中国人民根据革命历史和现实国情在政治生活中的伟大创造，是我国的一项基本政治制度。其次，协商民主强调政治生活的主体平等性，协商民主的参与者是平等的政治主体。参与协商过程需要机会平等、资源平等和能力平等。而政治协商中各民主党派更多是提供咨询和建议。协商民主具有多样的表现形式：市镇会议、特设论坛、公共领域、工厂民主、陪审团、自愿团体，以及控制整个社会的协商宪政和司法实践等。政治协商制度则强调作为社会各阶层、党派、团体的政治代表性，政治参与和利益表达的制度平台是中国人民政治协商会议。其相似性主要是：首先，公共利益诉求是协商民主和政治协商共有的价值追求，二者都承认多元的社会现实。其次，二者都承认政治决策的利益相关者具有平等参与政治决策的权利。

金安平、姚传明在《“协商民主”不应误读》（《中国政协理论研究》2007年第3期）一文认为，西方“协商民主”的基本原则与中国政治中的协商因素差异主要是：第一，理想与现实的差异。西方的协商民主更多的只是一种直接民主理想的复兴，而中国的政治协商制度则是一套人为设计的现实的制度安排，是“老一代领导人的伟大构想”。第二，“协商”目的不同。西方协商民主理论的提出是为了平等地保障公民的政治权利以及更大程度地赋予决策的合法性。中国共产党与民主党派的协商合作，实际上是一个集思广益、兼容并蓄的过程，其目的是为了决策的科学性，以完善共产党的执政建设。第三，中国的民主政治中协商的实现和西方“协商民主”实现的前提条件不同。第四，协商的理念、范围、程序不同。

牛旭光在《协商民主与人民政协》（《中国政协理论研究》2007年第2期）一文中认为，在我国，协商民主与西方兴起的协商民主相比，二者既有相通之处也有重要区别。区别主要有四点；第一，从理论基础看，西方的协商民主是立足于西方政治文化、理论和实践而提出的一种民主决策和治理形式，我们的协商民主则是在马克思主义理论指导下、立足于中国政治文化和政治实践的一种民主形式；第二，从参与主体看，西方的协商民主强调参与者是全体公民，我们的协商民主的参与者则是各党派、团体和界别的代表人士；第三，从协商内容看，西方的协商民主侧重于公共行政和公共政策的协商，我们的协商民主则主要是就国家大政方针和有关国计民生的重大问题进行协商；第四，从公开程度看，西方的协商民主强调有关信息和内容的完全公开化，我们的协商民主目前还只有一定的公开性。这些区别，有的是实质性的，但更多的是非实质性的，是不影响民主的性质的。我们所谈论或探讨的中国式的协商民主虽然不可能完全套用西方的模式，但同样作为协商民主，必然会有一些共性，有一些共同的规则，有一些共同的要求，有一些共同的规律性的东西，因此是可以互相学习和借鉴的。

（三）关于人民政协与协商民主

牛旭光在《协商民主与人民政协》（《中国政协理论研究》2007年第2期）一文中认为，人民政协与协商民主具有天然的联系。第一，从政协的性质看，人民政协除了作为最广泛的统一战线组织之外，还是多党合作和政治协商的重要机构，是我国政治生活中发扬民主的重要形式。在一定意义上，它就是一个民主协商的机构。第二，从政协的组成看，人民政协包括了我国所有合法党派、各主要人民团体，以及各族各界的代表人物，而且它随着社会的发展进步不断调整其组成单位或界别。这种包容性体现了协商民主的特点。第三，从政协的特征看，人民政协具有广泛代表性、党派合作性和民主协商性等特征，这些特征也都符合协商民主的要求。第四，从政协的主题看，团结和民主是人民政协的两大主题。在政协所展示的民主是统一战线范围的民主，是以批评、建议为主要形式的民主，是协商式的民主。第五，从政协的职能看，人民政协的主要职能是三项，但最基础的职能是政治协商。政治协商就是民主协商，其他两项职能都是在协商基础上发展起来的，都与协商密不可分。第六，从政协委员的产生方式看，政协不同于人大，政协委员是按界别协商产生的。第七，从政协的活动方式看，人民政协由界别组成，根据界别的特点和要求开展活动，是政协履行职能的重要特色，其实质还是协商式的。第八，从政协在决策中的作用看，“中国共产党和各级政府就大政方针以及政治、经济、文化、社会生活中的重要问题，在决策之前和决策执行过程中在人民政协进行协商，广泛听取各方面意见，集思广益，这是中国共产党和各级政府实现决策科学化和民主化的重要环节。”

施翔、陈作玲在《人民政协中的协商民主及协商制度完善》（《黑龙江社会科学》2007年第2期）一文中认为，协商民主作为我国民主的两种重要形式之一，在我国主要通过人民政协的中国共产党领导的多党合作和政治协商制度体现出来。人民政协在我国民主政治中所发挥的作用和协商民主的政治价值有契合之处，但作为政治协商的政治和组织形式在向作为协商民主机构转化的过程中，在协商民主制度建设上还有待完善。成熟的协商民主理论是能够通过建立恰当的制度设计而实现。当协商无法达成共识时，人们就应通过具有明晰规则的正式制度来保证政策的实施。决定性的制度必须能够聚合各种不同的观点，而不仅仅是完成认知或建构性任务。完善政协中的协商民主制度，从功能性的政治协商走向制度化的协商民主，是中国民主政治发展的一个重要方向，是社会主义政治文明建设取得实质性进展的必要途径。人民政协中协商民主制度的完善要做到：协商形式程序化；协商制度法制化；协商主体平等化；协商机构专门化。

王学军在《论协商民主与政协制度建设》（《广东省社会主义学院学报》2007年第2期）一文中认为，诞生于西方政治哲学语境中的协商民主，是对选举民主、票决民主的修正，对代议民主、远程民主的超越，主张决策过程中不同利益群体之间持续的对话、协商和沟通，以有效化解利益纷争、提升民意质量、达致基本共识并实现政策的合法性。协商民主理论作为晚近兴起的理论，为我国政协制度建设提供了一个崭新的研究视角和分析进路。基于协商民主的理论视界，应当合理设置界别，完善参政议政程序，推进“透明政协”建设，提升政协委员的政治责任感和公共理性。

熊水龙在《完善协商民主　促进科学民主决策》（《团结》2007年第5期）一文中认为，发挥人民政协协商民主要做到：提高对人民政协协商民主重要性的认识，营造协商民主良好氛围；真正把一些重大事项纳入人民政协政治协商的范畴，推动协商民主落到实处；加强制度建设，完善协商民主机制；加强人民政协自身建设，提高协商民主水平。

杨绍德在《协商民主与人民政协》（《贵州社会主义学院学报》2007 年第 4 期）一文中认为，协商民主是一种民主管理范式，也是当代西方民主理论和实践的最新发展和重要成果之一。我国已实行了半个多世纪的人民政治协商会议制度，可以说是一种新型的协商民主的民主形式。

许奕锋在《试论协商民主的“七化”——中国特色的民主形式研究》（《贵州社会主义学院学报》2007 年第 1 期）一文中提出，中国的协商民主是从人口众多的大国实情出发，做到：价值人本化；主体广泛化；特质柔性化；方式多样化；决策科学化；导向文明化；渠道网络化。

施翔在《论人民政协中的协商民主及协商制度》（《学习与实践》2007 年第 1 期）一文中认为，人民政协制度是我国实行协商民主的政治形式和组织形式。人民政协的作用体现出协商民主所蕴涵的政治价值。现阶段，我国人民政协中的协商民主还不是完全意义上的协商民主，协商民主制度建设要做到：协商形式的程序化；协商制度的法制化；协商主体的平等化；协商机构的专门化。从功能性的政治协商走向制度化的协商民主，是中国民主政治发展的一个重要方向，是社会主义政治文明建设取得实质性进展的必要途径。

黄列、侯福同在《丰富民主形式　扩大政治参与——从协商民主的视角看人民政协的作用》（《团结》2007 年第 5 期）一文中认为，人民政协协商民主是中国共产党和中国人民在长期的革命和建设实践中创造出来的，参加政协的各党派、团体和各族各界人士以政治协商、民主监督、参政议政作为民主协商的基本途径。经过长期的实践探索，中国共产党领导中国人民已经成功地开辟了一条民主政治的新路，基本形成了一整套适合我国国情和社会主义发展要求的民主政治模式。当前，选举、协商（可能还包括监督）成了我国实现民主的基本形式。

孙淑义在《坚持和完善人民政协的民主协商》（《求是》2007 年第 5 期）一文中认为，体谅包容是人民政协民主协商的基本要求，广泛参与是人民政协民主协商的本质特征，注重程序是人民政协民主协商的重要保障。坚持和完善人民政协的民主协商需进一步加强中国共产党的领导，把握民主协商的“位”和“度”，要积极营造坚持和完善民主协商的社会氛围。

（四）关于多党合作与协商民主

王建明在《坚持协商民主实现中国社会主义政党关系和谐》（《社科纵横》2007 第 6 期）一文中提出，实现我国社会主义政党关系和谐，从根本意义上说，一靠优越的民主制度，二靠有效的民主形式。协商民主是中国社会主义民主形式，是中国社会主义民主政治的一大创造。坚持协商民主，对实现中国社会主义政党关系和谐有重大的积极影响。任世红在《我国政党制度的协商机制及其价值偏好》（《江苏省社会主义学院学报》2007 年第 2 期）一文中认为，政治协商是中国共产党领导的多党合作和政治协商制度的重要组成部分，是实行科学民主决策的重要环节，是中国共产党提高执政能力的重要途径。政治协商所蕴涵的协商民主是实现人民民主的基本形式之一，成为我国多党合作制度的核心理念和价值诉求。政治协商的程序主要包括五个步骤：一是制订规划；二是提前通报；三是集体研究；四是民主协商；五是意见反馈。

王继宣在《协商民主精神与政治协商制度》（《重庆社会主义学院学报》2007年第2期）一文中，从保障协商主体的自由、平等地位、从充分重视协商的程序及其制度性和规范性、从政治精英协商与社会大众协商互动、从强化民主党派民主监督职能和作用，从人民政协的性质、特点、职能、主题和工作方式等与协商民主的天然联系等方面，论述了充分汲取协商民主理论和实践的基本精神，提升我国政治协商质量和水平。

王庆兵在《协商民主与政党制度》（《学术探索》2007年第3期）一文中认为，在现实条件下，协商民主无法改变竞争性政党制度，也就不能替代竞争民主；同样，中国的政党制度也不可能按照协商民主的模式来改造，中国的民主也就不能按照协商民主的方向来行进。但是，无论是竞争性还是非竞争性政党制度，都能够从协商民主的理念中获得知识资源而不断得到补充和完善。

齐卫平在《制度界面的协商民主形式：多党合作和政治协商》（《上海市社会主义学院学报》2007年第5期）一文中认为，中国特色社会主义民主政治中，协商民主是一种重要的形式。发展协商民主，是当代中国进步和发展的时代要求。多党合作和政治协商作为协商民主的制度化形式，其价值在于它对党和国家重大决策的作用。多党合作和政治协商制度在充分发挥协商民主形式的作用方面，有着广阔的空间和巨大的平台。从制度界面深入研究多党合作和政治协商在发展协商民主中的现实问题，有着重要的理论价值和实践意义。

童庆平在《当代中国政党协商民主政治价值论》（《上海市社会主义学院学报》2007年第4期）一文中认为，政党协商民主一直存在于我国的国家政治生活中。当代中国政党协商民主是指中共与各民主党派和无党派人士之间的协商。在当代中国，发展政党协商民主对于完善国家政治制度、规范社会政治行为、塑造社会政治文化、提升公民政治素质都具有重要的价值。

（五）关于人民政协理论

李瑗在《马克思主义中国化的重大理论成果：人民政协理论的创新和发展》（《中国政协理论研究》2007年第3期）一文中提出，人民政协理论是中国特色社会主义理论的重要组成部分，是马克思主义中国化的重要理论成果之一。中共十六大以来，以胡锦涛为总书记的中共中央高度重视统一战线和人民政协工作，继承和发展了党的三代领导集体关于人民政协的思想理论，提出许多重要的新思想、新观点、新论断，成为新世纪新阶段开展人民政协工作的行动指南。

邓国雄在《人民政协在构建和谐社会中的独特作用》（《文史博览》2007年第12期）一文中提出，人民政协在构建社会主义和谐社会中具有独特的优势，因而人民政协在构建和谐社会中应发挥独特的作用。（1）充分发挥人民政协政治协商、荣辱与共的辅佐作用。（2）充分发挥人民政协民主监督、直言进谏的约束作用。（3）充分发挥人民政协的参政议政、出谋献策的参谋作用。（4）充分发挥人民政协围绕中心、服务大局的助手作用。（5）充分发挥人民政协调查研究、建言立论的智囊作用。（6）充分发挥人民政协团结各界、联系群众的渠道作用。(7) 充分发挥人民政协汇聚人心、凝聚力量的纽带作用。(8) 充分发挥人民政协体察民情、反映民意的桥梁作用。(9) 充分发挥人民政协广交朋友、汇聚群贤的联谊作用。(10) 充分发挥人民政协协调关系、化解矛盾的疏导作用。

黄福寿在《人民政协制度与当代中国的政治发展》(《当代世界与社会主义》2007年第6期) 一文中认为，人民代表大会制度和人民政协制度，是我国社会主义民主政治发展的两种重要形式，是当今中国政治发展的现实基础，决定了中国政治发展的基本走向。完善人民政协的政治协商，既是当代中国政治发展的现实要求，又符合世界民主理论和实践发展的大趋势，对有效实现人民当家作主具有重要的现实价值。从当代中国人民政协政治协商的实践模式看，应着重推进以下几个方面的完善和发展：(1) 明确协商政治主体在政协中的定位和作用。(2) 建立确定协商内容的民主协商机制。(3) 进一步完善政治协商的形式和程序。(4) 明确政协法律地位，增强政协制度效力。(5) 规范委员产生机制，探索委员专职化途径。

于秋兰在《试论政协制度在我国政治制度框架中的地位——以政协制度与政党制度的关系为分析重点》(《社会科学家》增刊，2007 年 11 月) 一文中认为，政协制度是以人民政协为主体而形成的政治制度，它在我国政治制度框架中的地位、特别是与政党制度的关系一直没有明确。历史上，政协一直是包括党派成员在内的社会精英参政的制度化渠道；现实中，人民政协在性质、职能和作用上都已经体现出独有的、不同于一般统一战线组织的制度特点和属性；而从推动社会利益有序表达、促进协商民主制度化的角度，确立政协制度作为国家基本政治制度的地位，形成两种民主形式 (选举民主、协商民主)、两个机构 (人大、政协)、两种制度 (人大制度、政协制度) 的相互对应，更加有利于推进社会主义政治文明建设。作者提出，在现实中，人民政协在性质、职能和作用上都已经体现出独有的制度特点和属性，事实上已经与政党制度区别开来，为更好发挥其作用，与它在我国政治体制的基本架构相适应，应当及时给予“正名”，承认它基本政治制度的地位。

何志武在《和谐社会视野中的人民政协制度功能刍议》(《中国政协理论研究》2007 年第 3 期) 一文中认为，从人民政协半个多世纪不平凡的发展历程中，可以看出人民政协制度发挥了民主和团结的重要功能。具体而言，就是政治协商、民主监督、参政议政。这三项主要职能是各党派团体、各族各界人士在中国政治体制中参与国事、发挥作用的重要内容和基本形式，体现了人民政协的性质和特点，是人民政协区别于其他政治组织的重要标志，具备中国政治的特色。人民政协制度除了有“政治协商、民主监督、参政议政”的基本功能外，它还具备两大新功能：社会主义民主政治的风向标、和谐社会的守望者。

七、多党合作制度法制化问题

多党合作制度法制化问题，是近年来政党制度研究中争论最大的问题之一，至今尚未形成比较一致的意见。2007 年关于政党制度法制化问题的研究主要表现为三个方面：

一是对近年来我国政党制度法制化问题的研究进行了梳理；二是介绍分析了国外政党制度法制化情况；三是对政党制度与民主宪政问题进行了深入研究。

徐新力在《我国政党法律制度研究现状述评》（《湖北行政学院学报》2007 年第 1 期）一文中，对国外政党立法的形式、政党立法的内容、我国需不需要制定政党法、我国政党立法模式和原则、中国政党法的内容结构的研究和争鸣情况进行了梳理。马力在《近年来我国政党法制化研究综述》（《思想战线》2007 年第 6 期）一文中，对关于政党法制化的宪法考察、关于制定专门的政党法和关于政党政治依法运行的若干问题的研究情况进行了介绍。他们都认为，随着我国民主法制社会建设的推进，学术界对于政党法制化的探讨较为活跃，虽然有一些问题还有待于近一步研究和探讨，但这些研究，对于加强我国政党法制化建设将起到积极的促进作用。

崔英楠在《政党政治的法治化探析》（《河北职业技术学院学报》2007 年第 1 期）一文中认为，利用各种法律形式规制政党的活动，是当今世界的大势所趋。规范政党活动的法制是一个包括宪法、政党法以及其他法律规范的体系。政党政治的法治化原则大体概括为自由平等独立公开诸原则。根据这些原则，法律保障政党自由成立、平等竞争和独立的地位，同时要求政党在民主和法治的轨道上活动。范前锋在《浅议我国“多党合作立法”的几个问题》（《江苏省社会主义学院学报》2007 年第 6 期）一文中提出，对我国多党合作立法的研究非常重要，政党关系不单纯是法律问题，也是政治问题。中国共产党制定的关于多党合作的许多具体政策不可能也没必要都转化为法律条文。因此，不能因为没有法律规定，就影响对党的多党合作政策的贯彻执行。我们研究政党立法问题，对各国的政党立法的优点可以参照，但不能照搬照抄。我国的多党合作立法，应有利于加强和改善中国共产党的领导和执政地位，有利于发挥民主党派参政议政的积极性。从民主党派来说，则要进一步加强参政议政的责任感和主动性。通过加强对多党合作立法问题的研究，归根结底要在坚持的基础上，使我国多党合作制度进一步得到发展和完善。

刘红凛在《当代中国政党制度的三个基本问题》（《探索》2007 年第 5 期）一文中认为，按照依法治国、建设社会主义法治国家的要求来规范政党制度与政党制度建设，实现政党制度的法治化，这是加强我国政党制度建设的基本方向，也是重要的制度保障。法治应该是一个具有明确内涵与外延的概念，它至少明确表达了以下意思：法治与人治相对，法治而非人治；法治不等于法律制度，法治社会不等于法律社会，法治化不等于法律化。政治学视野中的“法治”与法律视野中的“法治”、作为政治概念的法治与作为法律概念的法治具有不同的内涵。在政治学意义上，我们既可把法治理解为一种与人治相对的政治治理模式，也可理解为一种政治实践，还可从广泛意义上理解为具备良好德性的规则，即一套公开、普遍并且相对稳定的规则，这种规则包括习惯习俗、规章制度、法律制度等多种形式，但不等同于法律专业人士眼中的“法律”。从法律意义上看，法律专业人士不应该将法治概念随意扩大化而超越学科边界，不宜把法治理解为规则或习惯习俗，否则就犯了定义过宽的概念错误。从政治学意义上看，推行法治是为了科学制定、有效实行规则。政党制度属于政治制度、是个政治概念，从政治学意义上讲“政党制度法治化”，其要义在于：政党制度要适应我国民主法治发展的时代要求，把民主法治精神贯彻政党制度建设之中，改进与完善政党制度，不断提高我国政党制度的民主化、规范化、程序化、制度化水平，以良好的、完善的政党制度来规范我国的政党政治、促进民主政治发展。“政党制度法治化”不等于、也并不必然意味着要“政党制度法律化”，也并不必然意味着要制定政党法之类的专门法律来规范政党制度与政党行为，我们不宜把政治概念法律化、或从法律意义上讲“政党制度法治化、法律化”。制定政党法并不是当今世界政党政治的普遍现象与必然要求。

林娜、孙宇鹏在《多党合作和政治协商制度与软法规范》（《重庆社会主义学院学报》2007 年第 1 期）一文中认为，在中国特色的政治架构中，许多政治运作规则没有通过硬法加以确定，但是并不能因此断定我国的政治运作无规则可循。恰恰相反，在我国的政治运作层面，大量的软法存在及其得到的一贯实施和遵循发挥着越来越重要的作用。执政党和参政党规范本党组织和活动及党员行为的章程、规则、原则以及执政党的一些政策性规范都从属于软法的规范范围。多党合作和政治协商制度所具有的“软”性特征和其中大量存在的协商民主形式，充分体现了中国特色政治制度的优越性。作为软法规范形式之一的政党内部规范建设在中国特色政治制度中发挥着重要作用。

喻中在《在宪法与政党之间》（《现代法学》2007 年第 2 期）一文中提出，宪法与政党之间的内在关联是：一方面，宪法源于政党，宪法是政党活动的产物，不同文化背景之下的政党制度塑造了不同类型的宪法制度；另一方面，政党依赖于宪法，执政党的执政地位尤其依赖于宪法提供的正当性与合法性。在当代中国的语境下思考宪法与政党之间的关系，可以发现这样一个现实：中国宪法是中国共产党领导人民制定的，中国宪法是党的主张的法律化——这种判断，已经得到了承认，但是，中国共产党享有的执政地位对于宪法的依赖关系，却没有引起足够的重视；因此，应当认真对待“中国共产党依宪执政”这样一个重大的时代课题。

程媛在《政党制度与现代宪政》（《市场周刊·理论研究》2007 年第 2 期）一文中认为，政党、政党制度一向被看做是政治学的研究范畴，从宪法学角度对此进行阐述往往陷入政治学的窠臼之中。近来宪法学界对于我国政党制度宪法化或法制化的问题进行了研究和讨论，是宪政建设对政党制度的要求在法治层面的体现。作为近代民主政治的产物，政党制度是现代国家实现宪政的重要支柱之一。宪政秩序的建立要求政党制度必须纳入宪法体系；政党制度必须以民主政治为基石，并促进民主政治的发展；法治理念要求政党行为必须受到法律的有效规范；最终，政党制度要在宪政秩序规范下运行，以保障人权不受其侵害。中国的政党制度有其自身特点和优势，应当纳入法制化的进程。

八、多党合作思想和理论研究

理论是实践的指南，多党合作事业的蓬勃发展，迫切要求加强多党合作制度的理论建设。2007 年关于多党合作思想和理论的研究文章仍然不多，但同 2006 年相比，有了明显的增加。一方面学者们对部分中国共产党领导人的多党合作思想进行了深入的研究，为多党合作理论的创立积累了资料；另一方面对多党合作理论的构建，提供了一些有益的思路。

（一）多党合作思想

2007 年关于多党合作思想的研究，既有中国共产党历代领导人思想的整体研究，也有对中国共产党某一领导人的思想研究，其研究成果主要集中在对毛泽东多党合作思想的研究上，对毛泽东多党合作思想形成的历史分期，还存在不同的见解，需要进一步研究和探讨。

李建明在《论党的历代领导对多党合作理论的贡献》（《广西社会主义学院学报》2007 年第 4 期）一文中提出，党的历代领导毛泽东、邓小平、江泽民、胡锦涛从他们所处的时代出发，根据不同时期所面临的任务，对共产党领导的多党合作进行了重要的论述，为创新、丰富、发展和完善马克思主义的多党合作理论作出了重要贡献。毛泽东对多党合作理论的创新主要表现为：提出了“三大法宝”的论断；提出了党与党外人士团结合作的政策；提出了与民主党派“长期共存、互相监督”的八字方针。邓小平对多党合作理论的发展主要表现为：阐明了新时期民主党派的性质、地位和作用；把对民主党派工作的“八字方针”发展为“十六字方针”；指出多党合作是我国政治制度中的一个特点和优点；充分发挥民主党派的民主监督作用；江泽民对多党合作理论的丰富主要表现为：明确多党合作制度是我国的一项基本政治制度；明确了民主党派在我国国家政权中参政党地位；提出了我国政党制度的显著特征；提出了衡量我国政党制度的四条标准；推进民主党派参政议政制度化、规范化建设。胡锦涛对多党合作理论的完善主要表现为：提出把发展作为多党合作和政治协商的根本任务；进一步推进多党合作和政治协商的制度化建设；指出执政党建设和参政党建设互相促进；强调要实现我国政党关系的长期和谐。

陈朋在《毛泽东多党合作思想的系统化分析》（《学习与实践》2007 年第 11 期）一文中提出，毛泽东多党合作思想的产生有双重背景，从总体上看，毛泽东多党合作思想正是马克思主义政党关系基本理论和中国革命、建设的实践相结合的产物。马克思主义关于多党合作的基本思想是其产生的理论渊源；共产国际的帮助和第一次国共合作的推动是其产生的外部条件；民族生存的危机和宪政运动的发展是其产生的现实依据。毛泽东多党合作思想，经历了萌芽、形成、成熟和发展四个阶段。从中国共产党成立之初到 1935 年遵义会议召开前，是毛泽东多党合作思想的萌芽时期。1935 年遵义会议的召开到 1937 年 9 月抗日民族统一战线的正式确立，是毛泽东多党合作思想的形成时期。从全民族抗战初期多党合作统一战线正式建立到新政协会议的召开，毛泽东倡导的多党合作在实践上经受了各种考验，在多方面逐渐成熟，1949 年 9 月中国人民政治协商会议的召开，标志着毛泽东多党合作思想完全成熟。新中国建立后，毛泽东关于多党合作的思想得到了充实和发展。1957 年后，其多党合作思想出现了失误。毛泽东多党合作思想的主要内容包括：多党合作的政治基础；多党合作的基本方针；多党合作的重要原则；多党合作的主体形式。毛泽东多党合作思想的理论与实践的启发主要有：发展了马克思主义政党关系学说，推动了中国特色的新型政党制度的发展；

推动了中国革命的进程；促进了中国民主政治的发展。

戴安林在《民主革命时期毛泽东的多党合作思想论析》（《湖南社会科学》2007年第1期）一文中认为，民主革命时期毛泽东多党合作思想的发展大致经历了三个阶段：大革命和土地革命战争时期是形成思想阶段；抗日战争时期是思想成熟阶段；解放战争时期是思想进一步发展阶段。毛泽东多党合作思想的基本内容：共产党与其他党派合作的必要性和可能性；共产党与其他党派合作中的领导权问题；共产党与其他党派合作实现领导权的策略；共产党与其他党派合作的具体方针；共产党与其他党派合作必须坚持独立自主的原则；反对共产党和民主党派内部的错误倾向，坚持长期合作。毛泽东多党合作思想是马克思主义和中国革命具体实践相结合的光辉结晶，是中国近现代历史发展的必然产物，是毛泽东思想的重要组成部分，在中国革命和建设中发挥了巨大的作用。

姚静芬在《抗日战争时期毛泽东多党合作思想及其当代价值》（《湖北省社会主义学院学报》2007年第2期）一文中认为，在抗日战争时期得到发展并走向成熟的毛泽东多党合作思想，是毛泽东思想的重要组成部分，是马列主义统一战线理论在我国的具体运用，也是我们党多党合作制度建立和完善的重要指导思想。其主要内容包括：以共同抗日为前提，“精诚团结，共赴国难”；坚持独立自主，“以斗争为达到团结一切抗日势力的手段”；废止一党专政，实行“民主的联合政府”。其多党合作思想的当代价值主要表现为：为提高我党的执政能力提供了最初的案例；为建设社会主义政治文明提供了生动的教材；为构建社会主义和谐政治提供了基本的形式。

杭元祥在《努力把多党合作搞得更好更富有成效——学习胡锦涛总书记关于多党合作的重要论述》（《中国统一战线》2007年第11期）一文中提出，党的十六大以来，以胡锦涛同志为总书记的党中央坚持和发扬以毛泽东同志、邓小平同志、江泽民同志为核心的三代中共中央领导集体在多党合作中形成的优良传统，继往开来，与时俱进，紧紧围绕党和国家工作大局对多党合作事业的发展做出部署，在认真总结我国多党合作和政治协商理论成果和实践经验的基础上，着力推进多党合作和政治协商制度建设，提出了一系列新的理论观点和政策措施，是对多党合作制度建设和多党合作实践的生动反映和科学总结，是以胡锦涛同志为总书记的党中央治国理政重大战略思想的有机组成部分。胡锦涛总书记关于多党合作的重要论述的主要内容有：强调从社会主义政治文明建设的战略高度，坚持和完善中国共产党领导的多党合作和政治协商制度；强调从加强党的执政能力建设和党的先进性建设的战略高度，发展我国多党合作事业；强调从构建社会主义和谐社会的战略高度，巩固和发展我国社会主义政党关系，实现我国政党关系长期和谐；强调从促进科学发展、推进全面建设小康社会伟大事业的战略高度，充分发挥参政党的作用。学习胡锦涛总书记关于多党合作的重要论述，努力把多党合作搞得更好、更富有成效，必须坚持以邓小平理论和“三个代表”重要思想为指导，深入贯彻落实科学发展观，做好以下几个方面的工作：高举中国特色社会主义这面旗帜，坚定不移地走中国特色社会主义政治发展道路，坚持多党合作的政治方向；坚持多党合作的政治准则，巩固民主团结的政治局面，奠定多党合作的政治基础；坚持把科学发展、社会和谐作为多党合作和政治协商的根本任务，把握多党合作的重要内容；坚持推进多党合作和政治协商的制度化、规范化、程序化，提供多党合作的制度保障；坚持执政党建设和参政党建设互相促进，实现我国政党关系长期和谐，维护多党合作的政治格局。

（二）多党合作理论

2007年关于多党合作理论的研究，从宏观上看，学者们对多党合作理论的主要内容、基本框架和研究方法提出一些颇有见地的构想。从微观上看，学者们对建立多党合作理论的基本概念和具体问题进行了初步探讨，如关于中国共产党领导的多党合作和政治协商制度的含义，有的学者认为是特指我国的政党制度，有的学者认为包括我国的政党制度和人民政协组织形式。大家一致认为，创立中国特色政党制度理论，已经成为中国政党制度研究的重大课题和迫切任务。

袁廷华在《"中国共产党领导的多党合作和政治协商制度"含义辨析》（《重庆社会主义学院学报》2007年第2期）一文中提出，中国共产党领导的多党合作和政治协商制度作为我国一种政治实践和制度形式，已经有50多年的历史了，但作为一个政治概念，一直存在着不同的理解和认识。一种观点认为，中国共产党领导的多党合作和政治协商制度讲的是多党合作制度，即中国特色社会主义政党制度；一种观点认为，中国共产党领导的多党合作和政治协商制度讲的是政治协商制度，即中国人民政治协商会议制度。袁廷华认为，中国共产党领导的多党合作和政治协商制度作为我国一项基本政治制度，是由两项具体制度，即中国共产党领导的多党合作制度和中国人民政治协商会议制度组成的。全面、准确把握中国共产党领导的多党合作和政治协商制度的内涵，有利于充分认识我国这一基本政治制度所具有的丰富内涵和独创价值，有利于推进这一制度的完善和发展，有利于进一步开发这一基本政治制度的制度功能。

刘红凛在《当代中国政党制度的三个基本问题》（《探索》2007年第5期）一文中认为，作为一个完整的概念，"中国共产党领导的多党合作和政治协商制度"在概念内涵上包括密切关联、不可分割的三大要素：一是中国共产党的领导，二是多党合作，三是政治协商。而且这三大要素具有特定的思想内涵与内在关联性，缺少或忽视其一便不能完整、准确地理解其他要素乃至整个政党制度内涵。其中，第一个要素是"中国共产党的领导"，这是我国政党制度的核心内容与关键所在，是"多党合作"与"政治协商"的政治前提和政治基础。第二个构成要素是"多党合作"。这是中共领导下的、以政治协商为合作方式、以坚持四项基本原则为共同的政治基础、以"长期共存、互相监督、肝胆相照、荣辱与共"为方针、"以宪法为根本的活动准则"的"多党合作"。第三个构成要件是"政治协商"，表明了中国共产党对民主党派的领导方式。"多党合作"的方式是"政治协商"，而不是强制命令，各民主党派都是独立的合法政党，不是中共的一部分或变相的一个部门。因此，在政治协商中，各政党要尊重差别、相互尊重彼此的意见和建议，求同存异、以求共识。总之，只有把上述三大要素密切联系起来才能完整、准确地理解我国政党制度的概念内涵。

张素云在《中国特色社会主义政党理论的创新与发展》（《科学社会主义》2007年第1期）一文中认为，十六大以来中国特色社会主义政党理论的创新与发展的主要理论成果为：首先，确定多党合作和政治协商制度为建设社会主义政治文明的重要内容。其次，总结概括了多党合作和政治协商制度必须坚持和遵循的重要政治准则。再次，明确了新世纪新阶段发展多党合作和政治协商的根本任务。第四，明确规定充分发挥民主党派和无党派人士参政议政作用。第五，创新了民主党派民主监督的理论与政策。第六，进一步明确了加强和改善中国共产党对多党合作制度和政治协商制度的领导。中国特色政党制度理论新成果的指导地位与作用主要表现为：有利于维护社会稳定，构建社会主义和谐社会；有利于扩大党的群众基础，巩固党的执政地位；有利于实现全面建设小康社会的奋斗目标；有利于发展社会主义民主政治建设，推进社会主义政治文明建设；有利建构团结、和谐的政党关系。

沈贞伟在《论当代中国政党制度理论发展的特点与面临的挑战》（《福建省社会主义学院学报》2007 年第 4 期）一文中提出，当代中国政党制度理论的发展既具有一般政治理论发展的共性，又具有中国特色，它既是中国人民集体智慧的结晶，又是党的领袖政治思想的升华。其理论发展的特点主要有：一是在马列主义政党理论指导下与时俱进；二是在中国政治现代化张力中有序开放；三是在中国经济现代化变迁中丰富完善。其面临的挑战主要有：社会转型中意识形态分化的挑战；经济发展与政治参与对我国政党制度的挑战；体制转换中执政党和参政党面临的挑战和国际政治生态变化对当代中国政党制度的挑战。据此，文中提出了当代中国政党制度优化的路径，即发挥执政党意识形态的价值导向作用并增强其包容性，强化当代中国政党制度的社会利益表达和整合功能，加强政党政治理论与参政党理论的研究，进一步探求优化党际关系模式的理论。

王微音、叶青华在《加强多党合作制度的理论建设》（《丽水学院学报》2007 年第 1 期）一文中提出，我国政党制度的优势还没有得到充分的发挥，其中一个重要原因是理论建设的滞后，为此，要加强多党合作制度的理论建设。多党合作制度理论建设的主要内容是：一要深入阐释多党合作制度的特点和优势，使之更具说服力，更深入人心；二要进一步探索多党合作制度的制度化、规范化、程序化，使“三化”更加具体化，以指导多党合作的实践；三要深入探索党际关系理论，探索党对民主党派实行有效领导的原则、途径和方式，探索执政党与参政党之间的有序竞争、有效监督、平等协商、协调发展的途径，优化多党合作的运行机制；四要深入探索执政党党建理论，探究执政规律，提高执政能力，完善执政方式；五要深入探索参政党党建理论，提高参政能力，提高履行参政议政、民主监督职能的水平。文中还提出了坚持理论联系实际的研究方法，加强多党合作制度理论的教育和普及工作，使与我国政党制度相适应的政党文化得到广泛普及和认同。

刘宁宁在《中国特色政党制度及其理论建设问题研究》（《马克思主义与现实》2007 年第 6 期）一文中认为，研究中国特色政党制度理论，对于正确认识和处理中国共产党和民主党派的关系，巩固和发展中国共产党领导的多党合作的政治格局，实现我国政党关系的长期和谐稳定，坚定不移地走中国特色社会主义政治发展道路，具有重大理论意义和现实意义。推进中国特色政党制度理论建设之路径：一要要坚持走中国特色社会主义政治发展道路，推进中国特色政党制度的制度化、规范化和程序化；

二要加强对中国共产党与各民主党派关系的研究，努力提高合作能力和水平。

柴宝勇、王刚在《政党政治学：概念、框架与方法》（《理论探讨》2007 年第 3 期）一文中提出，长期以来，中国的政党政治学研究存在着在概念、理论、框架、方法等各方面的陈旧与落后。而建构具有中国特色的政党政治学既是提高政党执政和参政能力的需要，也是推进我国政治民主化和进行国际对话的需要。政党政治学是政治学的一个分支学科，是运用政治学的研究方法去分析政党的起源、发展、组织、功能等一般原理以及政党实际运作方式等具体范畴的学科。其框架应该包括概念、关系、制度、行为、文化、发展六个维度。应该采用科学的比较方法、历史与理论相统一的方法、规范与实证相结合的方法进行政党政治学研究，着力建构具有中国特色的政党政治学。

学术著作评介和论文摘要

一、学术著作评介

《政党和政党制度比较研究》(周淑真著，人民出版社 2007 年版)

全书共有四部分。第一、第二部分，从世界政党的起源、发展、类型、特征等方面做了动态的概述，反映了当代世界政党林林总总、形态各异的全貌；第三部分，对政党制度的类型与模式做了比较研究；第四部分，在叙述中国政党制度特色的同时，从历史和现实的结合上，考察分析了中外政党制度的特点，从而构建了中国政党学研究的基本框架。

本书具有以下几个特点：

第一，准确地对把握了政党和政党制度研究的热点和重点。冷战结束后，特别是苏联解体、东欧剧变以来，世界政党格局和政党体制发生了深刻的变化。一是世界政党数量增加，传统政党格局被打破；二是政党制度模式多样化；三是政党的社会政治基础面临重组；四是人们的价值观念发生了深刻的变化；五是经济全球化的加速发展，以民族和国家为基础的传统政治权力和决策影响力被削弱，非政治的地区化、国际化党派开始出现。这些政党和政党体制的摩擦变化新特点，对世界政治格局和政党制度都将产生重大影响，绝大多数的国家和政党都在努力探索适合本国国情的发展道路，把握政党和政党政治的热点和重点及 21 世纪世界政党政治的脉搏与走向，是具有宏观和战略的思考。

第二，对世界各种类型和模式的政党和政党制度以及相互之间的关系，作了比较研究，从而构建了中国“政党学”的基本框架。作者不仅从历史发展的纵向上，宏观地勾勒了当今世界主要类型的政党和政党制度的产生、变化和发展过程，规律及其特点等；而且从横向上，具体而又生动地比较了不同类型、模式政党制度的区别与联系及不同类型、不同模式的特点，既反映了政党与政党制度运行模式的共性，又突出了各国政党制度的个性。在比较分析中构建了中国“政党学”的基本框架。

第三，本书从理论和学术、历史和现实的结合上，探索政党和政党制度产生、发展和活动的一般规律。书中以大量生动、鲜活的事例，给读者展示了一幅当代世界政党政治多姿多彩的画卷，使读者在具体地感受这些历史与现实的同时，能深刻而又准确地把握这些政党现象背后的本质，从而开阔视野并借鉴其中有益的历史经验。

《中国政党政治研究（1905—1949）》（李金河著，中央编译出版社2007年版）

本书以中国第一个资产阶级政党的产生到国民党“一党专制”独裁统治在大陆的失败为历史脉络，以民初政党政治的实践为主要内容，以探讨民初多党制、国民党一党制失败的原因为研究重点，着力揭示中国政党政治发展演变的客观规律，以无可辩驳的历史事实昭示中国共产党领导的多党合作和政治协商制度产生的历史必然性。

本书有以下三个特点：

一是研究视角独特。本书同现有出版的关于中国政党政治的论著相比，具有独特的视野。现有关于中国政党政治的论著主要有三种类型：一是专门研究民初政党的，如张玉法先生的《民国初年的政党》等；二是专门研究国民党的，如茅家琦的《百年沧桑：中国国民党史》等；三是研究中国特色政党制度的，如萧超然先生主编的《当代中国政党制度论纲》等。而本书则是以1905至1949年中国政党的产生和发展为历史线索，以政党制度而不是政党为研究重点，着重分析了一党制和多党制在中国产生和失败的原因，客观上证明了中国特色政党制度产生的历史必然性。

二是观点新颖。如关于民初政党的数量问题，一直是困扰民初政党研究者们的一道难题，从数百到近百其说不一。谢彬先生在其所著的《民国政党史》一书中，得出的结论是“殆达三百有余”。丁世铎先生在《国事》刊物上发表的《民国一年来之政党》的文章中给出的结论是“为数几致近百”。杨立强先生认为有总计386个政团，其中最有明显政治色彩的社团271个。萧超然先生主编的《当代中国政党制度论纲》一书认为有388个政党。台湾著名学者张玉法先生在《民国初年的政党》中认为：政治性的党共计312个，其中具有突出性政纲者35个。本书根据民初的时间界定和政党的标准，对民初600多个政党和团体进行了逐一筛选，最终认定民初共有政党90个。再如，本课题改变了以往就政纲论政党的传统思维模式，对民初政党的经济来源进行了系统的考证，并阐明了其经费来源与政治主张的关系。

三是资料翔实。本书在借鉴有关研究成果的基础上，特别注重对第一手资料的收集，特别是南京中国第二历史档案馆存有的有关原始资料，为本课题的观点提供了有力的佐证，同时，还订正了一些错误之处。比如，张玉法先生在关于民初政党的例表中，就曾将褚辅成等领导的中华民国国民共进会和徐谦等领导的国民共进会混为一谈。

《多党合作思想史》（王小鸿著，中共中央党校出版社2007年版）

本书坚持历史唯物主义的立场方法，以马克思主义多党合作思想演进的历史为脉络，以不同历史阶段多党合作的思想为研究对象，结合多党合作相关的重要文献、历史事件和人物，全面系统地研究不同历史时期多党合作思想产生和发展的社会历史条件，以及不同历史时期的主要代表者马克思、恩格斯、列宁以及毛泽东、邓小平、江泽民、胡锦涛等的多党合作思想和活动，揭示了多党合作思想的发展特点和规律。

本书的最大特点是独创性，具体体现在三个方面：

第一，选题具有独创性。马克思主义的多党合作思想，源远流长，内容丰富，广泛分布于大量的经典文献之中，从而为这一思想的研究增加了一定的难度。目前，我国学术界关于这一领域的研究还比较薄弱，虽然有一些关于多党合作思想研究方面的著述陆续问世，但大都是关于某一方面、某一文献、某一阶段或者某一人物的多党合作思想的研究，在本书出版之前，尚无一本全面系统的研究著作问世。所以，该成果是系统论述多党合作思想的第一本专著，填补了多党合作研究中一个空白，开辟了一个新的研究领域。

第二，体例具有独创性。本书采用以代表性人物为线索的分期方法，能够清晰地展现各代领导者的多党合作思想，便于把握不同历史时期多党合作思想的发展水平。该书从马克思到胡锦涛，从德国、俄国到中国，从19世纪到21世纪，对不同时代、不同国家、不同领袖人物的多党合作思想作了系统梳理，发展脉络清晰，结合实际紧密，归纳概括全面。这对于深化多党合作理论研究，探讨多党合作思想的发展规律，推进多党合作理论、制度和工作创新，都是富有启示和裨益的。

第三，观点具有独创性。本书提出了许多创新观点，如：

本书第一次对于列宁多党合作思想的历史地位作出了客观的评价。指出在国际共产主义运动和世界政党制度的发展史中，列宁关于共产党领导的多党合作的思想与实践，是处于开拓者、拓荒者的地位的。这种地位意味着，一方面，它做出了一系列基础性、关键性的重大贡献；另一方面，它又不可避免地有着自身的局限性，甚至包含了一些探索中的失误。并且从这两个方面进行了认真的考察，从而对列宁的多党合作思想的历史地位作出了客观的评价。有专家认为：本书“对列宁多党合作思想的历史地位及其局限性的分析，给人以耳目一新之感”。

本书第一次对以胡锦涛同志为总书记的中共中央的多党合作思想进行了系统的梳理，并且在一些观点的阐述上形成了独到的见解。如本书对胡锦涛同志关于执政党与参政党在自身建设上要相互促进的思想的阐释新颖独到。

《中国特色社会主义政党制度》（张卫江主编，中央编译出版社2007年版）

本书力图从中国经济和社会发展的历史演进，建设有中国特色的伟大道路，发展社会主义民主，建设社会主义政治文明的战略高度，给读者展现中国特色社会主义政党制度建设的全貌，进一步阐明中国特色社会主义政党制度的历史必然性、伟大独创性和巨大优越性。

本书具有以下几个特点：

第一，明确提出了中国新型的政治制度和政党制度的孕育、形成和发展，有着内在的、不以人们的意志为转移的政治发展逻辑，特别是中国新民主主义革命与中国新型的政党制度——即中国共产党领导的多党合作和政治协商制度的关系。认为：新民主主义革命的对象和任务为新型政党制度的萌发和形成提供了基本的政治前提；新民主主义革命的动力为新型政治制度和政党制度的形成准备了阶级基础；新民主主义革命的前途和转变，为中国新型的政治制度和政党制度的形成和发展指出了明确方向；新民主主义革命的纲领为新型的政治制度和政党制度描绘了蓝图。

第二，依据社会主义初级阶段的基本国情，从中国特色社会主义经济、政治、文化和社会建设的四个维度，阐释我国政党制度的现实作用。认为：中国特色的社会主义政党制度，促进了我国社会生产力的持续发展，在经济和社会发展中发挥了重要作用；中国特色的社会主义政党制度，是与人民民主专政国家的国体相适应的政党制度，对于推进社会主义国家政权建设，增强党和国家的活力起到重要作用；中国特色社会主义政党制度是与中国特色社会主义文化相适应的政党制度，它所阐发的政治思想和政治理念是代表中国文化的前进方向的，是中国政治思想的宝贵精神财富；中国特色社会主义政党制度是社会稳定和和谐的重要基础和保障之一。它不仅保证了我国政治体制和政治格局的稳定，而且有利于形成全体人民各尽所能、各得其所而又和谐相处的局面。

第三，从人类政治文明多样性的角度，探讨中国特色社会主义政党制度在世界政党制度中的地位。认为：多样性是人类及其文明发展普适的自然法则，是人类政治文明多样性发展的基础和条件。在一个特定的地域里，有什么样的生产方式、什么样的文化背景，就有什么样的社会形态和政治文明。作为政治文明的表现形式，西方政党制度及其多样性的发展，是与西方的经济、政治、文化发展分不开的。中国特色社会主义政党制度是与中国的经济政治文化的发展分不开的，中国特色社会主义政党制度合乎人类政治文明的多样性。并断言：中国特色社会主义政党制度，要在世界政党政治文明的百花园中放射出更加灿烂的光芒，使这种制度在为中国人民谋幸福的历程中，为世界作出更大的贡献。

第四，坚持中国特色社会主义政治发展道路，明确提出划清“借鉴”和“照抄照搬”的界限。认为：世界各国的政治发展，特别是我国社会主义政治文明建设的实践表明：“借鉴”和“照抄照搬”的界限主要在于，是否从一个国家的基本国情出发，实现人类政治文明有益成果的本国化；是否汲取人类政治文明成果的合理内核，科学地消化吸收，批判地继承发展；是否采取正确的政治发展战略，循序渐进地发展本国的政治文明等等。

《多党合作的历史与现实》（李金河主编，中央编译出版社 2007 年版）

中国共产党领导的多党合作和政治协商制度，是中国社会历史发展的必然结果，是马克思主义政党理论和统一战线学说与中国革命和建设具体实际相结合的产物，是中国共产党和各民主党派共同奋斗的伟大成果。本书以多党合作的时间为线索，以不同时期多党合作的内容和形式为研究对象，以大量鲜活的历史资料为依据，生动客观地再现了中国共产党与各民主党派合作的历史和中国共产党领导的多党合作和政治协商制度形成和发展的过程。

本书具有以下几个特点：

第一，科学地阐明了多党合作的历史必然性。在新民主主义革命时期的政治舞台上，除了国共两大党之外，还陆续产生过一些小党派。这些小党派多介于国共两党之间，所以常被称为“中间党派”（其中绝大多数是民主党派），其社会基础主要是民族资产阶级、城市小资产阶级及其知识分子，以及其他爱国分子。由于其自身具有的软弱性、动摇性和散漫性的特点，因此不可能形成强大的独立的政治力量。由于蒋介石国民党实行了一党独裁的政策，民主党派从产生之日起，就遭到了国民党的分化瓦解和迫害，民主党派要生存和发展，只能同共产党合作。同时，由于中国革命的敌人异常强大，共产党要完成中国革命的任务，也必须团结包括民族资产阶级和小资产阶级在内的广大中间势力，与民主党派进行合作，为此，中国共产党做了大量的统战工作，从而形成了中国共产党领导的多党合作局面。

第二，客观地再现了中国共产党同民主党派合作的历程。中国各民主党派成立以后，在中国共产党影响帮助下，在与中国共产党团结合作的过程中，走过了一条从爱国主义走向新民主主义、从新民主主义走向社会主义，进而与中国共产党共同建设有中国特色社会主义的历史道路。合作的过程可以概括为历史源远流长，道路艰难曲折，内容丰富多彩，成就举世瞩目。

第三，全面总结了多党合作的优良传统。民主党派的优良传统是各民主党派同中国共产党在长期合作的历史实践中取得的成功经验的高度概括和科学总结，是民主党派宝贵的精神财富和独特的政治优势，是我国多党合作制度赖以健康发展的坚实基础。在新世纪新阶段，总结半个多世纪以来民主党派与中国共产党合作中所形成的优良传统，把其继承下来并发扬光大，是新一代民主党派成员开拓进取的精神动力，是民主党派完成时代赋予的历史使命的必然要求。多党合作的优良传统可以概括为五个方面：爱国主义的优良传统；争取民主的优良传统；求真务实的优良传统；团结合作的优良传统和自我教育的优良传统。

《中国特色政党制度的结构与价值》（杨绪盟著，中共中央党校出版社 2007 年版）

本书从一般的政治哲学理论出发，以结构主义和新价值多元主义为主要的分析依据，在“结构——价值”的基本框架下，把中国特色政党制度的结构、价值及二者的关系分别做了属性定位和系统论述。

本书具有以下特点：

其一，从不同的标准把中国特色政党制度的价值作了比较详细的分类表述。中国特色政党制度的价值内容可以按照不同的标准有诸多的分类方法，按照价值本身的层次，中国特色政党制度的价值可以分为两个部分，一是基础性价值，二是工具性价值。其中基础价值是整个价值的核心部分，是与制度最紧密的部分，决定了制度的本质；工具性价值是基础价值的自然延伸，是基础价值的合理表达。中国特色政党制度的基础价值包括社会主义价值、和谐与公正的价值、有序和自由等三部分。工具性价值则主要有四个方面：发展的价值，保障性价值，规范性价值和整合的价值。按照中国特色政党制度的功能来分类其价值内容，那么建设中国特色社会主义可以说是其总的功能性价值，进一步说，还可以把总价值分为政治价值、社会价值和文化价值。这些大的价值类别还可以进行细分，比如，中国特色政党制度的政治价值可以细化为四个方面：固化革命与建设成果；序化政治参与；优化政府运作；强化民主监督等。

其二，提出了政党制度的评价问题。对于包括政党制度在内的一切政治制度的评价，都应该有相统一的两个准绳，一是生产力标准，二是民主标准。从一定意义上说，生产力标准是一种基础标准，一种终极标准，同时也是一种比较容易客观衡量的标准；

民主标准则更多是一种精神标准、一种理想标准，同时也是一种不容意测量，具有比较大的相对性，因而是一种容易引起歧义的标准。评价政党制度的优劣，应该以生产力标准为主，当然也不能忽视民主标准的存在。在这样的指导思想下，本书认为，中国特色政党制度为中国特色社会主义的全面发展发挥了积极和巨大的作用，应该说，是目前阶段，最符合中国发展实践的政党制度。

本书作者认为，中国特色政党制度的先进性就在于正确把握了一元与多元的统一，准确度量了权威与民主的尺度，合理裁适了中国的历史传统与现实。在书中的最后部分，作者认为，如何发展或者完善中国特色政党制度，目前主要已不再是制度层面上的问题，作为一种基本的政治制度，保持其一定的“弹性”和一定的功能空间，是非常必要的；如果用各种各样的具体“制度”填满了这个基本制度，那么，制度的本来活力也就有窒息的危险。

二、论文观点摘要

《关于构建我国和谐政党关系若干问题的思考》（楼志豪，《福建省社会主义学院学报》2007 年第 1 期）

政党关系是我国政治领域和社会领域中涉及党和国家工作全局的重大关系。十六届六中全会强调，必须最大限度地激发社会活力，促进政党关系、民族关系、宗教关系、阶层关系、海内外同胞关系的和谐。本文就构建执政党和参政党和谐关系的问题，从执政党的视角加以分析和研究，提出若干政策建议。

一、政党关系和谐在构建社会主义和谐社会中的重要作用

政党关系和谐是社会和谐的重要政治基础。世界上绝大多数国家实行政党政治。政党制度是现代国家政治结构的核心；政党是现代国家政治体系中的主导力量，对国家和社会的发展稳定具有极其重要的作用。我国是一个拥有 13 亿人口的多民族的超大规模的社会，要求政党制度必须具有强大的社会整合力。共产党是社会整合的中坚力量；各民主党派的合作扩大了社会整合的边界与张力。可以说，中国的政局要稳定，多党合作这个政治格局必须稳定；中国的社会要和谐，共产党和民主党派的关系必须和谐。

政党关系和谐是发展社会主义民主政治的必然要求。民主政治是社会进步的重要杠杆，是实现社会和谐的重要内容。作为具有利益表达功能的政党，为社会各利益主体的政治参与提供了重要途径，是表达和协调现代社会多元利益关系的重要载体和平台。加强共产党和民主党派的团结合作，保持和促进政党关系和谐，有利于畅通利益表达渠道，扩大社会各界的有序政治参与，真正体现社会主义民主的广泛性、包容性和真实性。

政党关系和谐与中华文化的优秀传统一脉相承。中华“和合”文化是以统一和和谐为主导价值的文化，强调和衷共济，兼容并蓄。“和合”的内在精神是和谐而不千篇一律，不同而又不相互冲突；和谐以共生共长，不同以相辅相成。这是我国多党合作制度形成的文化背景和精神资源。实现共产党和民主党派关系和谐，既坚持多党合作

的基本原则，又尊重相互间差异、“和而不同”；既体现各自的特点又寻求共识、相异相合。

政党关系和谐是共产党提高执政能力的重要方面。执政党执政能力的一个重要方面，是看其能否驾驭、整合和凝聚各种社会政治资源和政治力量。政党是有组织的政治力量，掌握着大量的社会政治资源。处理好与其他政党的关系，实现政党关系和谐，本身体现的就是共产党的执政水平。共产党和各民主党派加强团结合作、构建和谐关系有着广泛而坚实的历史、政治和现实基础。

二、影响我国政党关系和谐的主要因素

辩证唯物主义告诉我们，矛盾是普遍存在的，差异也是矛盾。和谐是一个相对的概念，是以差异为基础的。承认和尊重差异，正确对待和处理差异，矛盾的双方就能和谐共处，共同发展；否则，矛盾的双方不仅难以和谐，在一定条件下甚至会走向对抗。和谐就是要把差异和矛盾控制在合理的范围之内。在我国多党合作制度中，共产党和民主党派是矛盾的两个方面。各自性质、纲领、阶级基础以及在国家政治生活中的地位和作用等方面的差异，正是多党合作存在的客观前提。试图否认或者扩大这些差异，都将严重影响我国和谐的政党关系。

目前影响我国和谐政党关系的因素主要有：

1. 否认或扩大共产党同民主党派各自性质、阶级基础和纲领的差异。共产党和民主党派之间在共同政治基础上的差异，具有客观现实性，是多党合作存在的理由。否认这种差异，或者使这种差异超出合理的范围，都会造成政党关系之间的不和谐。比如，民主党派是进步性和广泛性相统一的政党。否认其进步性，只强调其广泛性，就会模糊其政治纲领和奋斗目标，破坏其与共产党之间共同的政治准则，从而破坏多党合作的政治基础；否认其广泛性，只强调其进步性，甚至把进步性提高到不适当的程度，不仅会缩小其所联系的群众基础，甚至会把民主党派等同于共产党，从而动摇共产党在多党合作中的领导地位。共产党提出“三个代表”重要思想以后，有的民主党派成员提出民主党派也要成为“三个代表”。如果把民主党派自身建设的目标也确定为“三个代表”，因其性质与共产党失去了差异，也就失去了自身存在和发展的合理性，失去了接受共产党的领导并同共产党进行合作的基础和理由。这对于我国多党合作的政治格局，在理论上和实践上都有害的。

2. 否认或扩大共产党同民主党派在国家政治社会生活中地位和作用的差异。在我国的政党制度中，共产党是执政党，在国家政治社会生活中处于领导地位；民主党派是接受共产党领导的参政党，通过参加国家政权，参与国家大政方针和国家领导人选的协商，参与国家事务的管理，参与国家方针政策、法律法规的制定和执行，在国家政治社会生活中发挥着相应的作用。共产党领导，多党派合作，共产党执政，多党派参政是我国政党制度的显著特征。在实践中，有些中共领导干部把对民主党派政治领导的边界无限扩大，对民主党派，事无巨细都要过问，包办代替；有些民主党派成员认为，既然是政党就应该完全独立，忽视或否认共产党的领导地位。如果动摇了共产党的领导和执政地位，或者否认了民主党派的合作和参政地位，都会破坏我国和谐的政党关系。

3. 盲目照搬西方的政党制度。一个国家实行什么样的政党制度，是由该国的政治经济状况、民族文化传统和特定的社会历史条件等共同作用的结果。我国的政党制度是在中国的土壤上生长起来的，是适合中国国情的政党制度。西方敌对势力历来把改变我国的政党制度作为对我国进行西化、分化的重要突破口。一些同志习惯于用西方的政党理论和政党制度来衡量和评价我国的政党制度，认为政党就是要执掌政权，接受别的政党领导的就不是政党；认为“西方政党制度具有普适性”。无视我国基本国情和中国特色政治发展道路，盲目照搬西方国家两党制或多党制，将从根本上破坏共产党同民主党派间的和谐关系。

三、构建我国和谐政党关系的若干对策

和谐是一种规范、一种状态，也是一个过程。胡锦涛总书记在第20次全国统战会议上指出：“实现我国政党关系长期和谐，根本在于坚持走中国特色的政治发展道路，关键在于坚持和完善中国共产党领导的多党合作和政治协商制度。”

1. 坚持、加强和改善党对多党合作的领导。在构建和谐政党关系中，共产党居于领导和执政地位，是矛盾的主要方面，负有主要责任；民主党派处于被领导和参政地位，是矛盾的次要方面，负有重要作用。

坚持中国共产党对多党合作和民主党派的领导，是多党合作沿着正确方向前进，保持和促进政党关系和谐的根本保证。党的领导主要是政治领导，即政治原则、政治方向和重大方针政策的领导，贯彻党管干部的原则。没有正确的路线方针政策，党的政治领导无从体现；没有党管干部的原则，实现党的领导也就成为一句空话。只有改善党的领导，才能加强党的领导。改善党对多党合作和民主党派的领导，主要是改善党的领导方式。当前，要处理和解决好三个方面的关系：

一是党的领导与尊重民主党派的关系。民主党派作为政党，在接受共产党政治领导的前提下，享有处理其内部事务的权利。他们的自主性应当得到充分的尊重。要有所为，有所不为；有所不为，才能有所为。当前，要研究如何既加强党的领导，又充分尊重民主党派，明确哪些该管、哪些不该管，做到不越位、不错位。二是坚持党的领导与发扬民主的关系。在民主党派工作中，应当把坚持党的领导同发扬民主有机结合起来。要尊重民主党派组织及其多数成员的意见，要善于通过政治引导、充分协商的方式开展工作，注意把党的意图体现在民主党派的内部程序中，通过沟通、协商、协调、服务的方式来实现党的领导。在干部问题上，要在充分尊重民主党派组织及其成员意见并与民主党派协商一致的基础上，形成党委的决策建议。三是加强党的领导与充分发挥党外人士作用的关系。民主党派领导干部同中共干部一样，都是国家的干部。应当坚持照顾同盟者利益的原则，进一步创造条件，解决好党外人士的政治安排、实职安排问题。在任职条件上，民主党派成员可以比中共党员适当降低；在职务安排上，应适当增加正职；在履行职责方面，让他们有职有责有权，充分发挥其在国家政权和政治生活中的作用。处理以上三方面的关系，关键在于不断推进多党合作的制度化、规范化、程序化建设。

2. 支持和协助民主党派构建内部和谐关系。胡锦涛总书记在第20次全国统战工作会议上强调，构建我国和谐政党关系，一个很重要的方面就是支持参政党加强建设，使执政党建设与参政党建设相互促进。

加强参政党建设，构建民主党派内部和谐关系，要坚持参政党建设的目标和原则，这就是：坚持中国共产党的领导和发扬社会主义民主的原则，体现政治联盟的特点，体现进步性与广泛性的统一，努力把各民主党派建设成为与中国共产党密切合作、致力于建设中国特色社会主义的参政党。要以思想建设为核心、组织建设为基础、制度建设为保障。

以坚持走中国特色政治发展道路为主题，加强民主党派思想建设。当前，国际国内形势复杂多变，民主党派成员结构、组织状况也发生了很大变化，思想建设面临着很多新课题。民主党派作为政党，思想建设的主题就是认同和坚持中国特色政治发展道路。

以领导班子建设为重点，加强民主党派组织建设。要加强以领导班子建设、干部队伍建设和组织发展工作为主要内容的民主党派组织建设，重点是加强领导班子建设。要加强以民主集中制为主要内容的领导班子建设。要推动民主党派领导班子制定体现民主集中制的议事规则，按照“集体领导、民主集中、个别酝酿、会议决定”的原则，建立健全民主党派领导班子决策机制，增进领导班子内部的团结，全面提高领导班子的组织领导能力。要加强与干部人事制度改革相衔接的民主党派干部队伍建设。要继续坚持“三个为主”的原则，坚持质量优先。发展成员时，严格标准，严格程序，把好入口关；重视成员的教育和日常管理，着力提高他们的思想政治素质。

以制度化、规范化、程序化为主要内容，加强民主党派制度建设。我国政治建设的重点是加强制度建设。制度建设分为三个层面：一是确定制度的价值取向；二是在价值取向指导下建立制度；三是建立使制度运转起来的相配套机制，进行规范化、程序化建设。目前，加强民主党派制度建设的价值取向，即民主党派自身建设的目标和原则十分明确。要在这一目标和原则的指导下构建民主党派自身建设的制度体系。制度本身也是一项系统工程，包括系统及系统内的子系统及构成子系统的各种要素。各项制度建立以后，还要解决制度的运转问题，即机制和操作程序问题。在实践中，我们重视了制度要素的建设，而往往忽视了机制的建设和操作程序，使制度成为形式而难以真正落实。

《当代中国党际领导关系研究》（陈喜庆，《管理世界》2007 年第 4 期）

当代中国党际领导关系，是指中国共产党同各民主党派之间的领导与被领导关系，它是我国政治生活中的基本关系。全面深入研究当代中国党际领导关系，正确认识中国共产党的领导地位、领导范围、领导内容、领导方法等，既是一个富有新意的领导理论问题，又是一个重大的领导实践问题。开展对当代中国党际领导关系研究，有助于丰富发展领导理论，具有重要的理论意义；有助于推进当代中国党际领导的科学化进程，具有重要的实践意义；有助于解决当代中国党际领导关系面临的新情况新问题，具有重要的现实意义。

一、当代中国党际领导关系形成的原因

要正确理解在当代中国党际领导关系中为何居于领导地位的是中国共产党而非民主党派，就不能不首先研究分析当代中国党际领导关系的成因。

（一）党际领导关系的基本特征

领导关系是人类社会普遍存在的一种关系。可以说，有社会共同体就有领导关系。领导关系是由特定对象构成的领导者与被领导者的关系。这种领导关系按领导主体与客体（领导者与被领导者）的构成分析，最基本的类型有4种：一是个人对个人的领导；二是个人对集体的领导；三是集体对个人的领导；四是集体对集体的领导。党际领导关系属于集体对集体的领导。作为现代政党政治的产物，党际领导关系具有不同于其他领导关系的基本特征。一是领导者与被领导者都是政党；二是领导者与被领导者之间不存在组织隶属和上下级关系；三是这种领导是有限领导。

（二）党际领导关系的政党制度依赖

党际领导关系是与现代政党政治的产生与发展联系在一起的。政党及其相互关系又是与一定的政党制度联系在一起的。按照政党的执政方式所表现出来的政党关系，主要可以区分为垄断型、竞争型、合作型的政党关系结构，它们所赖以产生与发展的政党制度分别是一党制、多党制、多党合作制。一党制条件下形成的垄断型政党关系结构，不存在党际领导关系问题。多党制条件下形成的竞争型政党关系结构，不利于形成确定的党际领导关系。多党合作制条件下形成的合作型政党关系，有利于形成明确的党际领导关系。

（三）当代中国党际领导关系中共产党居于领导地位的关键条件

在中国党际领导关系中，共产党居于领导地位，各民主党派接受共产党的领导。为什么共产党领导各民主党派，而不是各民主党派领导共产党？中国历史和现实都证明，中国共产党的领导地位不是自封的，民主党派接受中共的领导也不是强加的，而是由以下关键条件决定的。一是由政党的先进性决定的。领导特质理论认为，领导者之所以成为领导者，在于其某些固有的特质，而这是成功领导者的基础。中国共产党在当代中国党际领导关系中居于领导地位，首先也是由共产党的特质决定的，这个特质就是其先进性。民主党派在当代中国党际领导关系中处于被领导的地位，是因为其同中国共产党相比不具有先进性的特质，而是进步性和广泛性的统一。二由政党的实力决定的。毛泽东讲过，领导权是力争来的。这个力就是实力。从历史过程看，共产党在党际领导关系中居于领导地位，是在其实力不断增强的过程中确立的。三是由政党的贡献决定的。按照合作博弈理论，合作收益分配是按合作各方的贡献来决定的。特质、实力、贡献是决定党际领导关系中最关键的条件。

二、当代中国党际领导的范围和内容

马克思主义领导科学理论认为，领导的本质是服务。新领导理论将领导者与被领导者看做是合作伙伴关系，要求领导者扮演“设计师”、“教师”、“仆人”等新角色，把整合价值、共启愿景、关注使命、强调意义看做是领导活动的核心要义。建立在统一战线和多党合作基础上的当代中国党际领导的范围与内容，体现着领导理论的要求。

（一）当代中国党际领导的范围和实施领导的主体

任何领导权都是有一定适用范围的，不及或超过都会产生严重后果。比如，前苏联共产党曾在国际共运中居于领导地位，但对其他主权国家共产党任意扩展领导权，干涉这些国家共产党的内部事务，造成了严重后果。中国共产党在中国特色社会主义事业中居于领导地位，其领导范围是政治、思想和组织领导，具体说来就是通过制定大政方针、提出立法建议、推荐重要干部、发挥党组织和党员作用来实现的。中国共产党在多党合作中同样居于领导地位，但由于中国共产党与民主党派是政治上的领导与被领导关系，因而在领导范围上与对其他方面的领导有所不同，在实施领导的主体上也有具体要求。

1. 中国党际领导是政治领导。这是中国共产党对民主党派的领导范围。这是因为中国共产党和各民主党派作为不同的政党，在组织上是独立的，在法律上是平等的，在行动上是自主的，不存在隶属关系和上下级关系。因此，中国共产党对民主党派的领导是政治领导，而不是组织领导。

2. 中国党际领导是党委政治领导。这是中国共产党对民主党派的领导主体。特别是，中共党委统战部与各民主党派不是领导与被领导的关系，而是受中共党委委托联系民主党派和开展民主党派工作的职能部门。中共党委统战部在民主党派工作中的主要职责：一是联络员，加强中国共产党与民主党派之间的联系；二是宣传员，向民主党派宣传中国共产党的路线、方针、政策；三是服务员，帮助民主党派反映和解决各种困难与问题；四是协调员，协调民主党派与中国共产党和国家有关方面、与其他民主党派以及某个民主党派内部关系。

3. 中国党际领导是党委集体政治领导。这同样是中国共产党对民主党派的领导主体。上世纪50年代民主党派中曾对中共基层党组织对民主党派基层党组织有无领导关系展开过讨论。60年代初，周恩来明确指出："共产党的领导是指党的集体领导，党的中央和党的各级领导机构（省、市、县委员会等）的领导。""个人都是平等的，如果从工作上说，大家都是人民的勤务员，彼此平等地交换意见，决不能个人自居于领导地位。个人离开了集体就无从起领导作用。"

（二）当代中国党际政治领导的内容

政治领导的概念很早就提出来了。1989年中共中央制定颁发的《关于坚持和完善中国共产党领导的多党合作和政治协商制度的意见》首次完整提出中国共产党对民主党派政治领导的内涵，即政治原则、政治方向和重大方针政策的领导。政治领导的内容具有宏观性、前瞻性、稳定性等特点。实现政治领导的标准，主要是被领导者接受领导者的政治主张，并努力落实到行动中。

1. 政治原则的领导。所谓政治原则，就是共同的基本政治原则或政治准则。中国共产党通过实施政治原则的领导，巩固发展与民主党派共同的政治基础。不同历史时期政治原则的内容有所变化。2005年，胡锦涛主持制定的中共中央《关于加强中国共产党领导的多党合作和政治协商制度建设的意见》在此基础上提出了6条政治准则，同时作为中国共产党对民主党派实施政治领导的具体内容，即：一是坚持以马克思列宁主义、毛泽东思想、邓小平理论和"三个代表"重要思想为指导，二是坚持中国共产党的领导，三是坚持社会主义初级阶段的基本路线、基本纲领和基本经验，四是坚持长期共存、互相监督、肝胆相照、荣辱与共的方针，五是保持宽松稳定、团结和谐的政治环境，六是坚持以宪法为根本活动准则。

2. 政治方向的领导。所谓政治方向，就是由共同奋斗目标决定的前进方向。中国共产党通过实施政治方向的领导，推动民主党派自觉为共同政治目标而奋斗。不同历史时期政治方向会有所不同。进入新世纪新阶段后，主要是全面建设小康社会，构建社会主义和谐社会。

3. 重大方针政策的领导。所谓重大方针政策，就是中国共产党与各民主党派在坚持共同政治原则、政治方向基础上，经过充分协商制定的基本方针政策。周恩来指出："起着领导作用的，主要是党的方针政策"。中国共产党通过实施重大方针政策的领导，保证共同政治原则的坚持和共同政治目标的实现。

政治领导诸内容之间是相互依存、相辅相成的关系，其中政治原则是基础，政治方向是目标，方针政策是保证。

（三）当代中国党际政治领导与必要的思想引导和组织帮助的关系

1. 政治领导与组织上的互相支持、互相帮助不矛盾。这是因为，多党合作是以双方的共同存在为前提的，多党合作水平是以双方自身建设水平为基础的。特别是中国共产党和民主党派是亲密友党，有互相帮助的责任和义务。在实践中，中国共产党在民主党派建立之初就给予了帮助，有的民主党派就是在中国共产党支持帮助下建立起来的。民主党派对中国共产党组织建设也给予了多方面支持和帮助。中国共产党的代表大会、全会等重要文件都听取民主党派的意见，中国共产党的党内教育活动也请民主党派给予帮助。

2. 政治领导与思想上的互相尊重、互相帮助不矛盾。这是因为，中国共产党与民主党派致力于实现共同目标，必须统一思想、扩大共识。实际上，政治领导与思想领导是密切相关、互为条件的，正像我们经常将政治思想工作放到一起讲一样，政治领导与思想领导在内容上也是相互包含的。同样，由于中共和各民主党派是亲密友党关系，因而不仅在组织上可以互相支持、互相帮助，在思想上也可以互相尊重、互相帮助。当然，中国共产党在帮助民主党派时应注意，民主党派不能在思想方面建设成为与中国共产党完全一样的政党，否则就失去了存在的意义。

三、当代中国党际领导的基本方法

领导行为理论认为，领导效能同领导者的行为和方法密切相关。美国著名领导学家柯维则进一步指出，现代领导者的才能就是其影响力，真正的领导者是能够影响别人、使别人追随自己的人物。现代领导者的影响力的主要来源有两个方面，一是权力性影响力，二是非权力性影响力。在当代中国领导关系中，中国共产党与民主党派在组织上是彼此独立的、平等的友党关系，而不是上下级关系；又因为民主党派是以知识分子为主体的干部性集团，受教育程度普遍很高，因而中国共产党对民主党派的领导更多的是透过软权力和非行政手段实现的。

（一）民主协商法

民主协商是党际领导关系特点决定的。中国共产党与民主党派在组织上是平等的，没有隶属关系和上下级关系，不能采取直接发号施令的方式实现自己的领导，必须寓领导于协商之中。民主协商的基本要求是，必须坚持协商于决策之前和执行过程之中，就国家经济社会发展和政党关系中的重大问题，通过中国共产党与民主党派直接协商和在人民政协中协商两种途径进行。协商过程是增进共识、统一思想的过程，实际上也是实现领导的过程。中国共产党的意志经过协商后也体现了民主党派的意愿，因而贯彻执行起来更加自觉。

（二）率先垂范法

率先垂范是实现领导的首要要求。领导，顾名思义，就是领而导之，其中“领”就是率领，“导”就是引导。因而领导本身就内含着以身作则、身先士卒、率先垂范的要求。榜样的力量是无穷的。领导者通过率先垂范，可以给被领导者树立榜样，从而对被领导者起到导向、示范、教育、激励等多重作用，自觉为实现共同目标而奋斗。特别是中国共产党与各民主党派协商确定的目标任务、方针政策，正是因为有了共产党员的模范作用，才使民主党派成员贯彻起来更加自觉和努力。

（三）联谊交友法

中国共产党对民主党派的领导，更多地体现为对其领导人的领导，进而通过其领导人实现对其组织和成员的领导。因此，民主党派领导人具有双重属性，就其与中国共产党关系而言是被领导者，就其与本党派成员关系而言是领导者，他们是中国共产党实现对民主党派领导的重要桥梁和纽带。而与民主党派领导人联谊交友，是中国共产党加强领导的有效方法。

（四）照顾利益法

党际领导关系是建立在利益基础上的。这种利益既有共同的总体利益，又有各自的具体利益。领导者要实现对被领导者的领导，就必须照顾被领导者的具体利益，满足被领导者合理的利益需求。领导者照顾被领导者利益的过程，实质上是领导者激励被领导者的过程。按照马斯洛的需要层次理论，民主党派的利益需求也有诸多方面，其中最主要的有 3 个方面：一是物质利益，如工作、生活条件等；二是精神利益，如赞扬、表彰、看望等；三是政治利益，如安排民主党派人士在人大、政府、政协和司法机关中担任职务。按照赫茨伯格的双因素理论，民主党派作为政党，照顾政治利益产生的激励作用更为显著。制定和完善政策是照顾利益的主要手段，这是因为任何政策本质上都是调节利益关系的。中国共产党制定的一系列涉及多党合作的政策，都体现了照顾民主党派利益的内容。

（五）教育引导法

领导者要实现对被领导者的领导，必须“对被领导者给予物质福利，至少不损害其利益，同时对被领导者给予政治教育”。这是因为，在统一战线和多党合作中存在着大量矛盾，既有物质利益方面的矛盾，又有政治见解、思想认识方面的矛盾，有些由物质利益引发的矛盾，也有一个思想上如何正确认识和对待的问题。所以，解决这些矛盾，仅靠照顾利益是不够的，必须辅以必要的教育引导，从而巩固领导者与被领导者团结合作的政治基础，为实现共同目标而奋斗。

《我国政党制度的和谐特征及其在构建和谐社会中的作用》（丁俊萍、赵光元，《学术论坛》2007 年第 12 期）

构建和谐社会，制度的作用不可或缺，政党制度更是至关重要。这是因为在现代政治活动中，政党是最活跃、最具影响力的政治主体，现代政治很难离开政党政治，但政党的政治地位、社会作用，政党执掌政权或参与政权方式、方法、程序等方面，都要遵循特定时间和地域范围内的有关政党运行的规范化、程序性的规定，即政党制度；同时也是因为构建和谐社会需要多种力量的参与，多种因素、多种制度的作用，其中政党制度不可替代。我国的政党制度是中国共产党领导的多党合作和政治协商制度。无论从历史、实践、理论的维度来考察，还是从制度张力和政治的合理性、包容性、协调性的角度来审视，我国的政党制度都蕴涵、践行、体现着和谐因素，党际和谐成为这一政党制度的内在特征。以和谐为内在特征的这一政党制度，在构建社会主义和谐社会的过程中发挥着重要作用。

一

中国共产党领导的多党合作和政治协商制度是我国的一项基本政治制度，是具有中国特色的社会主义政党制度。它的显著特征是中国共产党的领导，多党派合作。其政治优势在于：在中国共产党的领导下，在调动一切可以调动的积极因素、团结一切可以团结的力量的基础上，既能实现广泛的民主参与，集中各民主党派、各人民团体和各界人士的智慧，促进执政党和各级政府决策的科学化、民主化，又能实现集中统一，统筹兼顾各方面群众的利益要求；既能避免一党执政缺乏监督的弊端，又可避免多党纷争、互相倾轧造成的政治混乱和社会不稳定，用党际和谐来促进社会和谐。

（一）从历史维度看，我国的政党制度在形成和发展的过程中孕育着和谐，奠定了党际和谐的历史基石

中国共产党领导的多党合作和政治协商制度，是在中国共产党领导的波澜壮阔的新民主主义革命和局部的新民主主义社会建设实践中，经过长时期酝酿而逐步形成的。在新民主主义革命时期，在革命的不同阶段，建立了统一战线的相应的组织形式。其中，党际合作是统战工作的一个重要方面。1949 年 9 月中国人民政治协商会议第一届全体会议胜利召开，标志多党合作制度的形成。1956 年“长期共存，互相监督”方针的提出，标志我国多党合作制度的进一步确立。1957 年以后，多党合作经历了挫折和考验。粉碎“四人帮”后，中国共产党领导的多党合作和政治协商制度得到恢复和发展。2005 年 2 月颁发《中共中央关于进一步加强中国共产党领导的多党合作和政治协商制度建设的意见》，在总结多党合作和政治协商的历史经验和成功做法的基础上，进一步明确了多党合作和政治协商的原则、内容、方式、程序等，为坚持和健全完善中国特色社会主义政党制度指明了方向。

（二）从实践层面看，中国共产党与各民主党派在协调合作、共商国事的进程中追求着和谐，践行着党际和谐的基本理念

中国共产党与民主党派在革命、建设和改革的进程中，进行了富有成效的合作。在新民主主义革命时期，中国共产党与其他民主党派在反帝反封建、反对独裁、争取民主、谋求民族独立与发展的奋斗进程中，有着诸多共同的政治追求，因而结成统一战线，相互合作，在不同的战线上以不同的方式进行了艰苦曲折的斗争，为新民主主义革命的胜利作出了各自的贡献。新中国成立后，广大民众结束长期受奴役的地位和境地，获得了政治参与的权利和渠道。与此同时，各民主党派、各民主人士，在医治战争创伤、恢复国民经济、土地改革等新民主主义经济建设，进行反对国内外敌人的斗

争中，都发挥了重大的作用。改革开放以来，中国共产党非常注重同民主党派的合作共事，充分发挥民主党派在国家社会政治经济生活中的重要作用，各民主党派也以极大的政治热情投入到社会主义现代化建设的实践中。多党合作和政治协商的内容和形式日益丰富，围绕经济、政治、社会和文化等方面的议题，进行民主协商会、座谈会和情况通报会等多种形式的合作或协商；各民主党派已成为我国社会主义现代化建设中的一支重要力量。

（三）从理论视角看，我国政党制度蕴涵着和谐，体现着党际和谐的理论根基

中国共产党领导的多党合作和政治协商制度不仅源于马克思主义的政党理论，也符合我国的政治理论逻辑。社会主义国家政党制度的基本特征，是无产阶级政党处于领导地位。这是由社会主义国家的利益结构、社会主义国家的历史发展过程等因素决定的，也是由无产阶级政党的先进性质及其自身特点所决定的。在我国政党制度的构架内，中国共产党是执政党，在各政党中处于领导地位，各民主党派是参政党，在政治上接受中国共产党的领导。执政党与参政党的共同奋斗目标，都是建设中国特色社会主义。中国共产党和各民主党派之间在实现共同目标的基础上，实行一种长期共存、平等合作、民主协商、互相监督的关系，他们都享有宪法规定的权利和义务范围内的政治自由、组织独立和法律地位的平等。中国政党制度所规定的这种政党地位及其相互关系的安排，蕴涵着和谐的积极因素，使得中国的政党制度既不同于前苏联以及非洲一些民族独立国家的党政融为一体的一党制，也不同于西方国家具有在朝在野之分的多党制。中国政党制度中的这种合作与协商的政治架构，既体现了中华民族整体利益的一致性，又使得各方面各层次民众的利益和愿望能够得以充分地反映。这样，中国共产党和各民主党派之间的党际和谐，就奠定了中国社会在一致性和差异性的调整中达到和谐的政治基础。

二

我国政党制度在构建和谐社会中的作用，主要是基于中国共产党的领导和多党合作两个方面。仅就人民政协而言，《中国人民政治协商会议章程》规定，人民政协承担着政治协商、民主监督和参政议政三种功能。中国共产党领导的多党合作和政治协商政党制度，则因为中国共产党的领导地位、多党合作，根植制度本身的合作、和谐、协商理念，以及由这种政党制度所派生出来的运行机制和方式，而在构建社会主义和谐社会中发挥着独特而重要的作用。

（一）我国政党制度在构建和谐社会中的政治稳定作用

构建和谐社会，稳定的政治环境是至关重要的前提条件。没有稳定的政治环境，根本谈不上什么构建和谐社会。中国共产党领导的多党合作和政治协商制度，与人民代表大会制度和民族区域自治制度一起，构成了我国政治制度的基本框架，规定了我国政党、国家的组织和活动以及国家构成方式的基本原则，对我国的政治稳定起着重要的作用。我国政党制度所实行的中国共产党领导的、多党派合作的政党制度形式，以及作为我国政党制度活动载体的中国人民政治协商会议及其所特有的政治协商、民主监督和参政议政职能，构建了我国和而不同、政治资源兼容的政党资源体系，规范了我国政党行为的方式，促进了我国政治运行的民主、协调和高效，整合了我国各政党

的目标，保证了社会各阶层、各方面群众参与政治的有序化、制度化、规范化，保障了经济、政治和社会的良性运行和发展，维护了国家的政治稳定。所有这些，使我国的政党制度与其他两项基本制度一起，为我国正常而有序的政治运行与和谐社会的构建提供了强有力的政治保障和支撑作用。

（二）我国政党制度在构建和谐社会中的政治民主化功能

民主既是和谐社会的本质特征，也是构建和谐社会的基础。民主作为一种国家制度和上层建筑，要受一定的政治经济状况和历史文化传统等因素的共同作用，反映一定的社会价值取向和政治发展道路，中国共产党领导的多党合作和政治协商制度作为当代中国的一项基本政治制度，一方面，它为实现广泛的社会主义民主提供了政党制度框架；另一方面，在其政治运行过程中所展现的多党合作、政治协商、民主监督和参政议政的协商性方式和功能，不仅构成我国政治民主的重要组成部分，而且对我国政治生活其他方面的民主建设起着积极的推进作用，使执政党、人大、政府、其他社会团体内部和相互关系进一步民主化。

（三）我国政党制度在构建和谐社会中的政治组织和协调功能

构建和谐社会不是某个阶级、阶层、党派特有的事情，需要全社会的共同参与。与此同时，我国地域广阔，人口众多，各个地区间、各个民族间、各个阶层间的差别极大，各个群体间的利益关系、相互关系非常复杂，因此，不同人群的思想认识也就千差万别。特别是我国正处于社会转型期，各种矛盾竞相暴露，各种具体利益冲突相继产生。在这种情况下，构建和谐社会，就需要进行有序、有效的政治组织和协调。中国共产党领导的多党合作和政治协商制度因其自身的特点，在我国的政治组织和协调中承担着重要的作用。

三

历史和实践都证明，根植于现当代中国政治生态环境的中国共产党领导的多党合作和政治协商制度，是适合我国国情的政党制度，在包括构建和谐社会在内的中国特色社会主义建设中发挥着积极而重要的作用。但实践在发展，认识在深化，构建和谐社会也将面临诸多问题和挑战。继续保持和进一步发挥我国政党制度在构建和谐社会中的特色和优势，需要坚持和完善中国共产党领导的多党合作和政治协商制度。

（一）坚持“和而不同”的政党制度价值取向，借鉴“合法反对”中的合理因素，加强党派之间的互相监督，特别是各民主党派对中国共产党的监督

“和而不同”是我国优秀传统文化的重要思想观点之一，也是和谐社会的基本特征和重要表现。我国的政党制度也体现了“和而不同”的特征：“和”，就是在共同的政治基础上，各民主党派自觉接受共产党的领导，与共产党通力合作；“不同”，就是各民主党派都是独立的政党，有自己的政治纲领；“和而不同”，就是各政党以遵守宪法为根本前提，以团结合作为运作方式，以稳定和谐为价值追求，为建设中国特色社会主义和实现中华民族伟大复兴而共同奋斗。“和而不同”的价值取向，也是我国政党制度本质特征的重要体现，应予以坚持。同时，我们也应看到，各党派之间长期共存、相互合作的一个重要价值，也在于互相监督，特别是对执政党的监督。

（二）进一步加强多党合作和政治协商的制度化、规范化、程序化建设

首先，要加强对多党合作和政治协商的制度化、规范化、程序化建设的系统研究。因为提高多党合作和政治协商制度化、规范化、程序化水平的工作是一项渐进、系统的工程，它包括一套制度、规范、程序的构建和完善。其次，适时地将多党合作和政治协商中切实可行的、具有普遍意义的、又得到多党公认的做法和经验制度化、规范化或程序化。尤其在中国政党制度的框架内规范或制定执政党与参政党多党合作和政治协商的具体机制或体制，将民主党派的权利、民主党派参政议政的内容、形式、方法、程序等用适当的政策、制度予以明确确定。最后，各民主党派应该明确自身的独立主体地位与使命责任，强化自身的政治参与意识、参政能力，加强自身制度建设。

（三）适时推进我国政党制度的法制化

制度化、规范化、程序化是法制化的必然要求和重要内容，法制化是最高一级的制度化、规范化、程序化。适应我国依法治国的基本方略和构建和谐社会的需要，法制化成为进一步加强和完善我国政党制度的必然要求。法制建设不是一蹴而就的。但为了适应建设法治国家和构建和谐社会的需要，根据我国的实际情况，适时推进我国政党制度的法制化也是可以考虑的。

《中国特色政党制度与国体的适应性研究》（袁廷华，《社会主义研究》2007 年第 6 期）

中国共产党领导的多党合作和政治协商制度形成和发展是中国近现代历史发展的必然结果，也是由我国人民民主专政国体的性质所决定的。人民民主专政从根本上规定了我国政党制度的核心价值和制度要素，从而形成了与西方政党制度相区别的我国社会主义政党制度。适应人民民主专政国体和政体的要求，为巩固人民民主专政服务，是我国社会主义政党制度确立和发展的内在逻辑。

一、人民民主专政的理论与实践

人民民主专政的理论渊源是马克思的无产阶级专政理论。在马克思主义的理论体系中，无产阶级专政是作为阶级斗争的必然结果和通向共产主义社会的过渡时期的国家形态而提出来的。无产阶级专政是无产阶级的阶级统治，无产阶级专政同时是无产阶级民主，即由最大多数人享有的民主。马克思主义认为，在不同的国家里，无产阶级和劳动人民争取解放的具体革命道路是不同的，实现无产阶级专政的具体形式也是不相同的，不可能有一个适用于一切国家的固定不变的模式。每个国家的无产阶级究竟采取什么样的形式，只能根据各国的具体历史条件和国情来决定。在我国新民主主义革命时期，毛泽东根据中国半殖民地、半封建社会的历史现实和阶级状况，创造性地运用无产阶级专政的理论，提出了人民民主专政这一重要理论，为人民民主专政国家政权的建立，奠定了坚实的理论基础。

人民民主专政理论的形成，经过了一个长期酝酿和发展的过程。人民民主专政是无产阶级专政的一种形式，同时又有鲜明的中国特色，主要体现在以下三个方面：一是人民民主专政在发展进程中经历了两个阶段，即经历了新民主主义和社会主义这样两个互相衔接又性质不同的发展阶段。在新民主主义革命时期和新民主主义社会，中国共产党致力于建立的人民民主专政是在无产阶级领导下的一切反帝反封建的革命阶级

的联合专政。1949 年 9 月，中国人民政治协商会议第一届全体会议通过的具有临时宪法性质的《共同纲领》写道：“中国人民民主专政是中国工人阶级、农民阶级、小资产阶级、民族资产阶级及其他爱国民主分子的人民民主统一战线的政权，而以工农联盟为基础，以工人阶级为领导。”新中国成立以后，我们顺利地实现了由新民主主义向社会主义的伟大转变，人民民主专政也随之变成了社会主义性质国家制度。二是人民民主专政在阶级结构上实行最广泛的联盟。在新民主主义社会，我国人民民主专政是工人阶级领导的、以工农联盟为基础的包括城市小资产阶级、民族资产阶级在内的几个革命阶级的联合专政，也就是说，在工农联盟的基础上，工人阶级还与小资产阶级和民族资产阶级实行联盟，从而扩大了人民民主专政的阶级基础，把专政的对象限制在帝国主义的残余势力、买办资产阶级和封建地主阶级的范围内。这对于巩固新生的人民民主专政政权，团结一切可以团结的力量为新中国建设事业服务，具有重大的意义。同民族资产阶级结盟在无产阶级专政史上是一个创举。在无产阶级专政一般含义中，资产阶级是作为专政对象被排斥在国家政权之外的，而我国人民民主专政在对民族资产阶级在国家政权和国家政治生活中的地位的处理上，具有鲜明的特点。在社会主义社会，人民民主专政的阶级结构发生了重大变化，但人民民主专政仍然保持着广泛联盟的特点，在工农联盟基础上，工人阶级还要与为一切社会主义的劳动者、社会主义事业的建设者和拥护社会主义的爱国者实行广泛的联盟。三是人民民主专政在政治制度上实行人民代表大会的权力机关和人民政治协商会议的协商机构共存。人民代表大会制度是人民民主专政国家政权的组织形式，它由人民选举自己的代表组成全国人民代表大会和地方各级人民代表大会，并由人民代表大会产生各级国家机关，组成完整的国家机构，分工行使国家权力，体现了人民在国家政治生活中的主人翁地位。人民政协是中国人民统一战线组织，也是我国政治制度中发展社会主义民主的重要形式，是中国共产党联系各民主党派、各人民团体和无党派人士的重要桥梁和纽带，体现了我国社会主义民主具有广泛的阶级和群众基础。

综上所述，可以认为：人民民主专政既具有无产阶级专政的本质特征，又体现出与马克思主义经典作家所设想的无产阶级专政的不同特点，具有鲜明的中国特色。人民民主专政是阶级性与民主性的统一。人民民主专政具有鲜明的阶级属性，是工人阶级掌握和领导的政治制度和国家政权，其职能是对敌人实行专政，在人民内部实行民主。对人民而言，人民民主专政是民主的政治制度，实现工人阶级领导下的最广泛的人民民主，是人民民主专政的核心价值和本质规定。人民民主专政在人民内部实行广泛团结与合作，由此决定了中国共产党在人民民主专政条件下与人民内部不同阶级、阶层的政治组织及代表人士实行联盟并长期合作，从而形成中国共产党领导的多党合作和政治协商制度，成为人民民主专政的一个独创性特。对此，李维汉曾指出：“长期的多党合作，是人民民主专政的特点之一。”

二、人民民主专政与我国政党制度的设计

工人阶级的领导与广泛人民民主，是人民民主专政的两大基本规定性，我国政党制度的设计必须符合这两大基本规定性的要求，才能与人民民主专政的国体相适应，与人民代表大会制度相配套，以保证人民民主专政国家机器的正常运转，体现和维护人民民主专政的国体，由此决定了我国政党制度必然不同于西方国家的政党制度，而成为一种独创性的社会主义新型政党制度。

从新中国成立到1956年，是我国社会主义政党制度格局形成时期。我国政党制度的形成过程，实际上就是按照人民民主专政国体的性质和要求进行制度创造的过程。

1. 人民民主专政理论为我国政党制度提供了理论依据。人民民主专政在阶级结构上实行最广泛的联盟，这是在人民民主专政条件下实行多党合作的基本依据。人民民主专政的国家在人民内部实行团结与合作，从而决定和推动了政党的合作。民主党派及成员在各个历史时期都属于人民的范畴，在民主革命时期，他们是一定阶级、阶层的政治代表；进入社会主义社会后，我国仍然长期存在阶级差别，存在不同的社会阶层和社会集团，各民主党派所联系和代表的社会阶层或社会群体，也将长期存在，这就决定了在人民民主专政条件下多党合作的长期存在。

2. 人民民主专政为我国多党合作确立了共同的政治理念和价值目标。政党制度作为一项政治制度，是由价值体系、制度体系和程序体系共同构成的，共同的政治理念和价值目标，是政党合作的政治基础。在新民主主义向社会主义过渡时期，中国共产党与各民主党派以《共同纲领》为政治基础，为建设独立、民主、富强的人民民主专政的新中国而共同奋斗；在社会主义时期，中国共产党与各民主党派以社会主义初级阶段的基本路线为政治基础，为巩固人民民主专政、建设中国特色社会主义而共同奋斗。

3. 人民民主专政的国体决定了我国各政党在国家政治生活和国家政权中的地位。首先，人民民主专政的国体决定了中国共产党在国家政治生活和国家政权中的领导地位和执政地位。人民民主专政本质上是工人阶级领导各革命阶级和全体人民实行的阶级统治，这一统治必须由中国工人阶级的先锋队、中国人民和中华民族的先锋队共产党来实行领导。其次，人民民主专政的民主性质和联盟特点也决定了各民主党派参政的政治地位。在我国政党制度中，各民主党派所拥有的参政权利不是对共产党拥有的执政权的分割和分享，而是处于辅助地位，而这种参政权利又是相对全面的，广泛体现于人大、政府、司法机关以及人民政协中；这种参政权利具有长期稳定性，受到宪法和法律的确认和保障，不需要通过政党竞争来获取。

4. 人民民主专政的政体决定了我国政党制度的运作方式。国家政体是国家权力产生、运行所制定的一套原则和方式，国家政体不仅是国家政治制度的重要形式，而且也深刻影响着国家政治的发展。不同的政体，往往决定着该国政党活动方式和程序。我国实行的以民主集中制为原则的、议行合一的人民代表大会制度，是为了保障人民权力的至高无上性、统一性和完整性。由于我国不采取资本主义国家的三权分立和议会制，这就决定了我国政党制度的运作不采取政党竞争和轮流执政的方式，而是采取执政党与参政党之间的协商与合作、执政党与参政党在国家政权中合作的方式，具有鲜明特色的我国社会主义政党制度运行方式和参政党的政治参与机制。

三、我国社会主义政党制度对巩固人民民主专政的作用

我国社会主义政党制度对巩固人民民主专政的作用主要体现在两个方面：

第一，中国共产党的领导是我们事业胜利的根本保证。中国共产党的领导我国社会

主义政党制度区别于西方国家政党制度的一个显著特点。中国共产党的领导是在长期革命斗争的实践中形成的，也是由人民民主专政国体的性质所决定的。我国是工人阶级领导的人民民主专政的社会主义国家，工人阶级通过共产党来实现领导，这是我国国体的根本要求和内在规定。

坚持中国共产党的领导，是中国实现现代化的根本保证。我国是一个有着13亿人口的、多民族的、发展不平衡的超大规模的社会，我国经济、社会发展具有“后发”特征和赶超性质，因此，现代化的实现必须依靠上层建筑的强大力量，自上而下地推进改革和发展。中国共产党作为一个强大政党，为中国的现代化变迁提供了坚强的保证：一是引导和组织社会沿着现代化方向坚定不移地前进和持续发展；二是保持改革发展的路线和政策长期稳定并一以贯之地实施；三是以政治理想和共同目标凝聚社会，形成高度的政治认同和社会凝聚力，整合各种政治资源为实现现代化的目标服务；四是保持社会的稳定和秩序，保证政治发展的有序展开，有效地化解社会转型过程中激活的各种社会矛盾和冲突；五是在全球化条件下有效应对来自国际方面的各种影响或干扰，维护国家政治和经济安全。中国共产党的领导，是中国实现现代化的巨大政治优势。

第二，各民主党派、无党派人士的政治参与对巩固人民民主专政有着重要作用。各民主党派、无党派人士的政治参与也是我国人民民主专政国体的内在要求和本质规定。人民民主专政是人民民主的政治制度，各民主党派、无党派人士属于人民的范畴，他们参加国家政权，参与国家大政方针和国家领导人选的协商，参与国家事务的管理，参与国家方针政策、法律法规的制定与执行，是社会主义民主的重要体现。各民主党派、无党派人士政治参与的重要性在于：一是把不同社会群体及其政治参与要求纳入到体制内，扩大了人民民主专政的阶级基础和社会基础；二是体现了人民民主专政国家政权的民主性质和开放形象；三是增强了社会成员对我国政治制度的政治认同和主人翁责任感，从而增强了政治体系的凝聚力和向心力；四是广泛凝聚和调动了各种社会力量为建设中国特色社会主义服务；五是推进了决策的科学化和民主化，强化了体制内的民主监督机制，成为有利于中国共产党科学执政、民主执政和纠错的重要政治资源。保障参政党的地位和作用按照制度规定的要求在国家政权中得到充分实现，是实现社会主义民主的一个重要标志，也是开发我国政党制度政治功能的一个重要环节。

《民族性与现代性的统一——中国政党制度发展的价值取向》（李金河，《中央社会主义学院学报》2007 第 3 期）

政党在现代政治生活中的作用是无可替代的，政党是通过特定的政党制度来影响社会生活的，政党制度又是以特定的价值理念为蓝图建构起来的，因此，人们在考察政党制度时，就必须关注政党制度的建构及其价值取向的问题。作为现代社会制度的构造性成分，政党制度的生成、存在和发展也要受到特定的价值取向的影响。宏观考察世界各国特别是发展中国家政党制度的发展历程，我们发现，民族性和现代性的关系问题确实是决定政党制度价值取向的根本所在。

一、逻辑的推导：任何政党制度都内含民族性与现代性的对立统一

（一）民主与政党制度的现代性。所谓政党制度的现代性，主要是指政党制度应当具备的民主本质，亦即：政党、政党制度本身是民主政治发展的产物，是民主的工具和手段。政党、政党制度必须服务于民主而不能效忠于专制极权，这是政党、政党制度的历史宿命，是政党、政党制度赖以存续的合理性基础。民主与政党制度是共进退的，没有政党、政党制度支撑的民主是虚脱的，没有民主内容的政党、政党制度则是虚妄的。

政党政治、民主政治发轫于欧美并最早在这些地方发展、成熟起来，但这并不意味着政党政治、民主政治仅仅为欧美社会所独具。在市场化、现代化和全球化的共同支撑下，政党政治、民主政治已经并将继续证明自身价值的全人类性。从这个意义上讲，政党制度的现代性实际上也意味着政党制度存在的必然性和普遍性：一方面，市场需要民主，民主倚赖政党、政党制度；另一方面，政党、政党制度要服务于民主，服务于经济社会发展。

（二）文化与政党制度的民族性。文化是人的生活方式，不同民族的文化当然就是它们各自不同的生活方式。作为政治生活方式，作为文化的组成部分，政党制度在不同的地域、民族条件下当然会体现出特殊性的一面。所谓政党制度的民族性，就是本质上作为民主工具的政党制度，在不同民族、地域的社会生活中，影响民主化进程时由于时间与空间的差异而表现出的种种特性。

文化传统、政治发展的特性决定了政治制度特别是政党制度的民族性。文化传统、政治发展所蕴含及展现出来的兼容或支持现代化、民主化的价值取向，决定了政党制度的民主品质；文化传统、政治发展所蕴含的排斥现代化、民主化的价值倾向，则是政党制度所面临危机与挑战的渊薮。兼容或支持现代化、民主化的优质成分，对于丰富民主和政党政治的内容和形式有着重大贡献；排斥现代化、民主化的劣质成分，它们往往会造成政党制度的扭曲和蜕化，因而也从消极的层面上表现为政党政治的多样性。

（三）政党制度发展视野中的民族性与现代性。政党制度发展包括政党活动的制度化、政党制度的合法性和政党制度对政治参与扩大的适应性等几个方面。制度化是指政治体系在组织上和程度上获得价值和稳定性的过程，它代表着“社会组织和政治秩序的力量”。政党活动的制度化，意味着各政党不是作为体制外的破坏性力量，而是作为体制内的建设性力量发挥社会功能，同时，它也意味着政党组织内部的政治行为及其与社会之间的政治互动都要受到伦理的和法治的规范与制约。政党制度的合法性，是指政党制度自身的存续是以来自国家与公民社会共同的认同为基础的，它只能服务于民主，而不能服务于专制。政党制度对政治参与扩大的适应性，是指政党制度能够始终保持弹性与开放性，能够与时俱进，不断吸纳新的政治主体的政治参与，不断吸收全新形式的政治参与，同时，能够保证经济社会的稳定与协调发展。

市场化、民主化对于政党政治的最基本要求，就是权力受到制约、参与受到尊重，而权力受到制约的基础正是参与受到尊重。因此，市场化、民主化的过程基本上可以归结为政治参与发展的过程，而所谓政治的现代性、政党制度的现代性，也可以归结

为政党政治能够较好适应和引领政治参与发展的本质属性。在政党制度发展过程中，现代性成为政党和政党制度建构的首要目标，民族性则成为影响政党制度建构的关键环节。政党制度的现代性象征着民主这一普适性的价值，而后者应当也必须借助民族性、特殊性的形式才能得到充分的体现。从这个意义上讲，西方政党制度的民族性是西方社会现代化分别与西方文化传统、政治发展中积极与消极方面互动、糅合的结果，发展中国家和地区的政党制度则是这些地方的现代化进程与这些地区各民族文化传统、政治发展相结合的产物。

（四）政党制度发展必然体现民族性与现代性相统一的价值取向。民族性和现代性相统一的价值取向是现代政党制度建构和发展的必然选择。民族性体现的是一种政党制度的鲜明的民族特色和民族利益诉求的表达，现代性则体现了政党制度的时代精神和顺应时代潮流的发展方向。现代性中对于政党制度的制度化要求，保证了政党制度在进行政治活动中的规范性和有序性，从而避免造成大的政治动荡；现代性中的政治参与扩大的要求，既可以保障政党获得广泛的民意支持和政治认同，又可以使政党制度的设计有利于政治效率的提高，增强公民的政治效能感。

民族性和现代性是有机统一、密不可分的。政党制度的现代性要求摒弃民族性中的一些保守、落后和不合时宜的传统政治文化的影响。中国政治文化中固有的集权理念、朋党交恃、党同伐异的传统，如果没有现代性价值要求和制度制约，将会继续在现代化过程中成为中国政党制度的阻碍和毒瘤。同样，政党制度民族性的要求为政党制度的现代性提供了精神动力和文化源泉。移植于西方的政党和政党制度，如果不能充分地与中华民族的传统文化相结合，如果不能与中国社会相适应，那必将是建立在几个政治精英想象中的流水浮灯和空中楼阁。

任何一种成熟、完善和稳定有效的政党制度，其价值取向必然是自己特定的政治发展道路，必然是民族性和现代性的统一。离开了适应本国国情的政治发展道路，政党制度就失去了基础支撑力和向心力，离开了民族性，政党制度就失去了赖以存续的力量源泉；没有了现代性，政党制度则最终会陷入僵化、腐朽和衰败的境地，政党制度及其所主导的整个政治体系就无法有效应对复杂多变的国内外政治环境和时代发展对于政党制度提出的新的要求。

二、历史的校验：中国政党制度发展中现代性与民族性关系的演变

（一）现代性的努力——民国初年中国政党制度的肇始。辛亥革命后，中国的政治精英们仿效西方的政治制度特别是政党制度，开启了中国政党制度建构的先河。从当时主要政党的党章、政治主张以及政治活动的实践来看，具有民族性和现代性价值取向的政党还比较少见。就民族性而言，晚清及民国初年的所有政党都没有提出过具有明显民族主义的政治纲领和政治主张，因而也就无法正确地反映出中国社会的主要矛盾和中华民族的根本利益，自然得不到民众的支持和拥护。所谓的政党政治其实就是少数政治精英构建的海市蜃楼，面对袁世凯的复辟逆流，他们只能束手就擒，坐以待毙。就现代性而言，民国初年的政党政治属于新生事物，政党的政治活动根本没有明确的法律规范，更谈不上制度化了。当时，政党基本没有巩固的基层组织，没有数量较大的基层党员群体，政党的政治权威很有限，即使是有限的政治权威的合法性，也

仅仅来源和依靠于政党领袖的个人政治魅力和威望，政党的组织力量、动员能力和社会资源整合功能更无从谈起了。

（二）民族性和现代性的消长——南京国民政府时期的政党制度。南京国民政府时期的政党制度大致可以分为三个阶段：一是从1927年南京国民政府成立到1937年抗日战争爆发；二是从第二次国共合作到1945年抗日战争胜利；三是从国共内战爆发到中华人民共和国成立。从民族性方面看，1927年到1945年，体现得比较突出，1946年全面内战后，则完全丧失了；从现代性方面看，第一阶段则明显不足，抗战时期稍有起色，内战时期则完全走向了反面。

（三）民族性与现代性的统一——中国共产党领导的多党合作和政治协商制度。中国共产党不是民族主义的政党，但是，中国共产党自身的民族性却是毫无疑义的。中共一大的最低纲领明确地反映了中国共产党的民族性，宣示中国共产党要致力于中国反帝反封建的民主革命，要建设独立、自由的新中国。抗日战争时期，中国共产党明确地提出了抗日民族统一战线的主张，高举民族主义旗帜。抗日战争结束后，中共顺应民意，主张和平解决国共争端，建立各民主党派和无党派民主人士共同参加的联合政府。这样，执掌民族主义的旗帜的权力就从国民党手里转到了共产党的手中。

就现代性而言，中共在抗战时期的边区政府内部就有与党外人士合作的实践，那可以说是多党合作的雏形。抗战胜利后，在共同反对内战的基础上，中国共产党和民主党派、无党派人士结成了民主统一战线，这是多党合作的一种新形式，是新中国政党制度的肇始形式。

伴随第一次新政协的召开，中国共产党领导的多党合作和政治协商制度正式成为中国基本政治制度之一。此后，人民政协作为人民民主统一战线组织，继续存在和发挥着作用，并成为中国共产党领导的多党合作和政治协商制度的重要组织形式。特别是1989年12月30日颁布的《中共中央关于坚持和完善中国共产党领导的多党合作和政治协商制度的意见》和2005年3月20日颁布的《中共中央关于进一步加强中国共产党领导的多党合作和政治协商制度建设的意见》，为中国特色政党制度的巩固和发展提供了制度保证。

三、未来的走向：中国特色政党制度的完善和发展

民族性和现代性是有机统一、不可分割的。民族性赋予政党制度牢固和持久的政治基础和文化认同，现代性则赋予政党制度适应现代政治发展需要的能力。同时，政党制度现代性的要求也有助于克服民族性中由于那些传统政治文化带来的保守、消极和顽固的不利因素，进而实现中华民族的伟大复兴。但是，民族性和现代性的内容和要求不是固定和僵化的，应该随着时代和社会条件的变化而与时俱进。

新时期新阶段，民族性反映在政党制度的完善过程中，就是既要注意弘扬优秀传统文化，又要赋予其新的时代内涵。要积极发掘中国传统文化中的合理成分，使之与中国的现代政治发展相适应，特别是要赋予中国传统文化中的“大一统”、“和合”、“和而不同”等内容以新的时代内涵，把它作为中国特色政党制度的民族和文化支撑，增强全民族对中国传统文化特别是社会主义核心价值体系的认同。现代性的价值取向，要求中国特色政党制度在完善和发展过程中，要特别注意克服民族性中的消极不利因

素，进而实现政党制度现代化。

《从协商民主看政治协商》（陈家刚，《中国政协理论研究》2007 年第 2 期》）

随着 20 世纪后期协商民主理论在西方学术界的兴起，越来越多的中国学者开始将其引介到中国，并与本土政治实践联系在一起。在中国的政治实践中，最容易与协商民主联系在一起的就是政治协商制度。但是，在协商民主与政治协商关系的理解上，因为各种因素的影响，产生了简单地将二者等同起来的倾向；或者将协商民主等同于政治协商，从而有意无意地忽视否认协商民主实践的其他形式；或者将政治协商等同于协商民主，进而回避对国外协商民主理论的分析和批判，回避对人类政治文明有益成果的学习和借鉴。不管哪一种趋向，在理论和实践中都无益于中国的社会主义民主政治的发展和政治文明建设。厘清二者的关系，对于完善和发展我国的政治协商制度具有积极的意义。

一、在某种意义上，协商民主是 20 世纪后期在西方兴起的一种新的民主理论范式，是西方民主思想发展的最新成果，标志着西方民主政治发展的新阶段。

协商民主是指政治共同体中的自由、平等公民，通过参与立法和决策等政治过程，赋予立法和决策以合法性的治理形式。其核心概念是协商或公共协商，强调思考、对话、讨论、辩论和审议。协商民主是对间接民主、代议民主和远程民主的完善和超越，是民主政治的发展方向，是当代民主的核心所在。协商民主的意义在于，通过参与、表达和深思，促进合法决策，形成决策的过程是说服而非强制；培养出健康民主所必需的公民美德，促进不同文化间的沟通与理解，并奠定社会信任的基础；强调公民对于公共利益的责任，改变了重视自由而忽视平等的传统，同时也是对个人主义和自利道德的矫正；有效控制行政权力的非民主取向，规范并建构现代的公共行政，使决策过程中的社会知识最大化。

二、社会主义民主政治发展过程中创造了丰富的协商政治实践。中国共产党领导的多党合作和政治协商制度是国家层面比较成熟和完善的制度架构。

随着协商民主理论的兴起，协商实践也开始受到人们的关注。但是，这些实践不仅仅属于西方，在我国社会中，也存在着不同形式和不同程度的协商政治实践，例如政治协商制度、听证会、民主恳谈和社区议事会等。其中，具有较成熟和完善制度架构的就是以中国人民政治协商会议为平台的政治协商制度。政治协商能够充分发挥自身联系各党派、人民团体、社会各界和各民族等方面的优势，有利于促进社会各阶层、团体和党派的有序政治参与。政治协商制度的行为主体涵盖各党派、各民族、各团体、各阶层等社会各界、各方面人士。它们能够以人民政协为组织形式，充分表达各自所联系的群众的具体利益，使各种利益要求通过体制内的渠道经常地、畅通地反映到决策部门，从而有效地协调各种利益关系。政治协商有利于最大程度地包容和表达各种利益诉求。政治协商坚持求同存异，蕴涵着合作、参与、对话、妥协、包容的精神。政治协商坚持多数与少数相统一，既反映多数人的普遍愿望，又吸纳少数人的合理主张，既听取支持的、一致的意见，又听取批评的、不同的声音，从而能够比较全面地反映民众的利益诉求。

三、由于历史背景、文化传统和政治体制的不同，政治协商与协商民主存在着很大的差异，但是，二者在价值诉求、参与机制、权力制衡等方面具有一定程度的相似性。

在引介协商民主理论时，将 deliberative democracy 翻译成“协商民主”，既是因为该词能够相对表达参与主体的平等地位、对话和讨论、权力制约、批判性反思、妥协与共识等基本特征，也因为其更容易与本土话语对接，同时赋予本土话语以新的意涵。但也正因为此，再加上对中西方理论与实践多样性的认知差异，就使人们在理解协商民主与政治协商时，很容易将二者等同起来，从而在理论和实践中造成混淆。厘清政治协商与协商民主的关系，是当下理论和实践面临的共同话题。

1. 协商民主与政治协商存在着明显的差异

首先，协商民主是20世纪后期，在西方自由民主政治基础上兴起或者说复兴的一种民主理论范式和政治实践。协商民主适应了现代民主政治对实现公民与政府之间进行面对面对话与讨论的要求。而政治协商制度是中国共产党领导中国人民根据革命历史和现实国情在政治生活中的伟大创造，是我国的一项基本政治制度。政治协商制度在政治参与、政治协商和权力监督方面发挥着重要作用。

其次，协商民主强调政治生活的主体平等性，协商民主的参与者是平等的政治主体。参与协商过程需要机会平等、资源平等和能力平等。而政治协商中各民主党派更多是提供咨询和建议。协商民主具有多样的表现形式：市镇会议、特设论坛、公共领域、工厂民主、陪审团、自愿团体，以及控制整个社会的协商宪政和司法实践等。政治协商制度则强调作为社会各阶层、党派、团体的政治代表性，政治参与和利益表达的制度平台是中国人民政治协商会议。

2. 政治协商与协商民主同时也具有一定程度的相似性

首先，公共利益诉求是协商民主和政治协商共有的价值追求，二者都承认多元的社会现实。协商民主的参与者要求以公共利益为价值诉求，个人、团体等参与主体的偏好要围绕公共利益，或转变，或妥协。政治协商制度的参与党派、团体和社会人士的共同政治目标是“建设富强、民主、文明的现代化国家”。

其次，二者都承认政治决策的利益相关者具有平等参与政治决策的权利。协商民主和政治协商都承认利益相关者由于经济、社会和政治等因素的影响具有不同的利益倾向和偏好。因此，作为一种制度设计和程序安排，二者都能够使不同的利益主体、利益相关者可以程度不同地参与政治决策。

四、完善和发展中国人民政治协商制度，要坚持走中国特色社会主义政治发展道路，积极借鉴人类政治文明的有益成果，决不能照搬西方的政治制度模式。

随着社会经济的发展，我国社会利益主体日益多元、利益分化逐渐明显、利益冲突日益剧烈。作为我国重要的协商政治形式，中国人民政治协商制度必然要进一步加以完善和发展，这样才能够更好地代表自身所联系的广大群众并积极引导其参与政治生活，更充分地表达其利益需求，以及更有效地化解分歧、消除冲突。

第一，充分发挥人民政协的作用，构建并完善制度平台，形成多维的利益表达机制，利用现有法制框架的空间，是完善和发展政治协商制度的前提。第二，尊重和包容由于社会分化而产生的各种社会群体，反映并维护其利益。第三，增强政协制度参与主体的独立性，赋予更广泛的平等机会、资源，增强能力建设，实现参与过程的权利和话语平等权。第四，积极引导并促进各行为主体的参与、表达和对话。第五，加强权力监督和制约。通过协商民主这种治理形式加强监督，是在以权力制约权力这一监督机制之外，建构一种以社会制约权力的机制。

协商民主对于我国政治协商制度的建设具有积极的意义。但是，我们也必须清醒地认识到：第一，协商民主是建立在发达的自由民主之上的，它不是一种孤立的理论或实践，它深深植根于当代西方发达资本主义国家的政治现实。第二，制度的移植需要充分注意本国政治发展的特殊历史背景、文化传统、经济和社会发展水平等因素。第三，协商民主体现在不同领域和层面。国际、国家、公民社会等各个领域都存在着丰富的协商民主实践。第四，协商民主是一种平等的对话、讨论和妥协过程，协商并不仅仅局限于政策咨询或垂询。第五，中国社会主义民主政治建设是在党内民主、人民民主、基层民主和社会民主等不同的层次和领域同时展开的。我们在积极借鉴人类政治文明有益成果的同时，要坚持走中国特色的政治发展道路，尊重中国自己的优秀文化和传统，决不照搬西方民主政治的模式。

《“协商民主”不应误读》（金安平、姚传明，《中国政协理论研究》2007 年第 3 期）

中国的民主政治发展面临的压力不仅因为中国过去缺少民主的传统和文化，还在于在今天这样一个西方民主话语霸权时代，走出一条自己独特的民主发展道路是需要勇气、自信和智慧的。在这样的背景下，无论中国的政治家还是知识分子实际都面临着这样的矛盾：既渴望走出一条自己特色的社会主义民主政治道路以摆脱西方民主化的影响，又希望挖掘论证它与西方传统和成熟的民主理论的可能关联。deliberative democracy 作为西方政治学和民主理论中一个较为边缘的领域，在中国自被翻译成“协商民主”后立即成为“显学”即是证明。然而，“协商民主”讨论热潮的背后，并非仅仅是因为近几年译介了一批“协商民主”的著作，更深层的原因在于“协商民主”理论在中国所产生的“知音之感”和“共鸣”，是人们对中国式民主模式被认可和支持的渴望。正因为如此，国内研究人员才试图从协商民主论者所声称的“20 世纪 90 年代以来，民主理论明显走向了协商”中寻找中国特色民主的一般性、普适性的理论支持，并以“民主的本质是协商而非投票”去论证不以投票竞选为主要形式的中国特色民主道路的优越。但是，西方民主理论界真的出现了协商民主的理论转向吗？这种转向的本来定义是什么？中国的民主政治在哪些方面和多大程度上与西方的“协商民主”偶合因而产生了共鸣？这一理论在什么意义上给中国的民主政治建设以支持和启发？

一、西方“协商民主”怎样被误读？

1. 基本概念上的误读：此“协商”（consultation）非彼“协商”（deliberation）

所谓西方协商民主中的“协商”（deliberation），从词义上看，实际上包含着“慎思”（consideration）和“讨论”（discussion）两个方面的含义，deliberation（或 deliberative）这个单词在此前的译著中，多翻译成“审议”或“慎议”，意为“审慎地讨论”，这基本上符合 deliberation 两个方面的含义。但自 2001 年中央编译局的陈家刚博士将其翻译成“协商民主”之后，“协商”的译法开始流行起来，而误解也就开始产生。而中国人民政治协商会议，对外的标准翻译一直是 Chinese People's Political Consultative Conference（CPPCC）。consultation（或 consultative）意为咨询，这很符合中国政治协商会议在中国政治安排中的实际角色和作用。但咨询中所含有的角色地位问题与西方“协商”民主所要求的“平等、自由地讨论”的理念明显不同。另外，西方的“协商”民主更多的是一种理想追求，它属于价值层面的信念；而中国的“政治协商制度”则明显为实际运行的制度安排，属于经验层面的设计。因此，协商民主中的“协商”并不等同于中国政治协商会议中的“协商”。当然，我们也不能否认中国政治协商会议的制度安排中同样包含了一些协商民主所追求的理想因素，因此，才有利用了中国政治的本土性资源和按照中国的政治习惯，将“审议”（deliberative）翻译成协商的事情。

2. 理论定位上的误读：边缘而非主流，理想而非现实

自 deliberative democracy 被翻译成“协商民主”理论后，在中国立刻产生了很大的反响，而且这个反响的范围远远超出了学术界，出现全社会的“协商民主热”。大家普遍的印象和结论是，在西方，民主理论已经从“自由民主”转向了“协商民主”，并出现了取代之势。事实是，协商民主理论在西方政治科学理论中并没有成为主流理论，或者说民主理论并没有实现向协商民主理论的转型。实际上，“协商民主理论”在西方不仅面临着内部不同流派的广泛争论，而且，政治科学家对其一些关键主张和承诺的批评也从来没有间断过，在很多理论家看来，协商民主只不过是一个民主的神话和乌托邦。

3. 基本内容上的误读：既非与“选举”相对立，也不是代议民主的替代品

现在许多人都认为协商与选举是并列的一对，甚至认为前者是后者的替代，至少是补充。然而，协商并不是为了代替选举（投票），它只是指出了现实投票中的不足，以及改进的方向。“协商民主”也没有完全弥补“代议民主”的缺陷，因为协商民主只是通过列举代议民主的缺陷而声称其更加优越，但它无法证明在代议制下的所有问题都能够在协商民主下真实地得到解决，而且不会产生其他（在代议制下也许已解决的）新的问题。

二、西方“协商民主”的基本原则与中国政治中的协商因素差异

“审议（协商）民主”理论在中国之所以被误读，很大程度上是因为人们将一种理想的民主与一种现实的政体相混淆。也就是说，西方的“协商民主”理论更多的是被当做一种政治理想而非解释性的概念，它关注的是民主应当如何而非实际怎样的问题。然而，当西方的“协商民主理论”被译介到中国以后，协商民主广泛地被当做一种实际运行的政治制度，一种取代“自由民主”的新的政治发展道路。要对以上的误读正本清源，关键的是要理解协商民主的规范理想的性质以及支撑这一理想的基本理念与原则。而在这些理念和原则之间事实上是存在矛盾和冲突的。

协商民主中最大涵盖面的包容、所有参与者的平等、超越理性经济人的明理公民和协商全过程的公开性的原则和要求，即便是在目前比较成熟的民主社会都很难具备和做到，这就更凸显了“协商民主”的理想色彩。中国民主政治中的协商意识和协商元素还是和西方“协商民主”所要求和追求的一些理念和原则在精神上有相似之处，这也正是中国的翻译者愿意把“deliberative democracy”翻译成协商民主，以及翻译成协

商民主能够在中国引起广泛反响和某种心领神会的共鸣的重要原因。

新中国成立后建立的中国政治制度中的协商因素主要来自于对历史传统的尊重、对兼听则明政治经验的吸取、对中国共产党群众路线的坚持和对高度共识的重视。与西方协商民主的理念与原则在协商的目的、条件及价值追求上存在较大的差异，主要是：

第一，理想与现实的差异。西方的协商民主更多的只是一种直接民主理想的复兴，而中国的政治协商制度则是一套人为设计的现实的制度安排，是“老一代领导人的伟大构想”。这种理想与现实的差异表现在：西方协商理想与代议制民主的关系，不是否定西方的民主制，而是希望它能够在“应然”的推动力和“实然”的抗拒力的相互作用中不断走向完善；而中国的民主协商更多的是“否定式”的批评，是对革命的对象——专制制度的一种替代性的设计。

第二，“协商”目的不同。西方协商民主理论的提出是为了平等地保障公民的政治权利以及更大程度地赋予决策的合法性。中国共产党与民主党派的协商合作，实际上是一个集思广益、兼容并蓄的过程，其目的是为了决策的科学性，以完善共产党的执政建设。

第三，中国的民主政治中协商的实现和西方“协商民主”实现的前提条件不同。西方的协商民主理论家一般认为，只要协商民主的结构满足了包容、平等、明理、公开等条件，协商的理想就能实现。然而，由于西方学者长期生活在一个政治权利保障完备的社会，他们很容易将其他国家一些根本缺乏的“前提条件”视为理所当然。实际上，当他们在勾画协商理想的蓝图应该是什么样时，很显然已经预设了公民最基本的“自由”与“权利”，如果缺乏了这一前提预设，任何形式的协商最终都不可避免地沦为操纵民意的工具。中国社会主义初级阶段的性质，决定着我国各项制度建设以及公民权利与自由保障有待进一步完善和强化。在这一现实条件下，如果贸然地构建所谓的“协商民主”，或者把“协商民主”作为选举民主的替代，就会为各种反民主、非民主的“黑箱操作”提供理论支持。因此，中国的政治协商和协商民主的建设实际上是在沿着一条根本上不同于西方“协商民主”的方向发展。也正是在这个意义上，我们建议还是将西方的协商民主翻译为“审议民主”更为合适。

第四，协商的理念、范围、程序不同。这主要表现在中国目前的协商还仅仅是一种精英式与咨询式的协商。西方的“协商民主”，主张最大涵盖面的包容，即所有受到决策影响的公民都应当包括到协商的过程中；中国政治协商所要求的共识（制度中的民主协商），更多的指在共产党与民主党派和人民团体以及政治协商会议内部之间取得一致（达成共识），所以它仅仅是精英间的共识（协商）。政协委员的产生，不是由各界别的底层民众选举的，而是由各方面提名推荐，这就很难保证协商的参与者将不同民众的偏好都带入协商的过程。

三、结语

中国民主政治制度的协商元素与西方“审议民主”中协商成分的偶合，虽然一时间给中国带来了政治上和学术上的兴奋，但这背后却反映出中国对民主模式创新和对中国民主政治实践理论总结的缺失。中国的民主政治建设在吸取人类先进政治文明成果的前提下，存在着如何对待本土政治资源，并在对各种外来理论的比较和启发下对其进行总结和创造的问题。中国共产党领导的多党合作和政治协商制度，是党派团体之间进行民主合作的一种制度安排，它虽然将一批具有一定代表性的公民包容到决策的协商过程并与西方“审议”民主的某些要求相偶合，但这一民主模式基本上还是植根于中国独特的历史与现实的政治资源之上。因此，以西方审议（协商）民主为基本模式来改造和构建中国的民主模式，显然是做不到的。然而，这也并不否认一种规范理论所具有的指引和启示的功能。如果说西方的“审议民主”的理想可以为中国的民主政治建设提供某些借鉴和启发的话，中国的民主协商首先应该扩大协商主体，使参与制度化协商的人不再局限于政治、经济、文化、社会精英，还要扩大到普通老百姓；其次是拓宽协商渠道，除政治协商会议外还应该有更多的表达和参与的平台并在此基础上增加协商的内容和领域，使得民主协商既要体现国家形态上的民主，也要体现社会形态的民主；除此之外，还要明确协商的法律地位，使协商成为决策的必不可少的法律性程序，作为整个社会主义民主政治运行的原则而存在。

《“协商民主”若干问题初探》（浦兴祖，《工会理论研究》2007 年第 4 期）

在理论界，往往将“人民通过选举、投票行使权利和人民内部各方面在重大决策之前进行充分协商，尽可能就共同性问题取得一致意见，是我国社会主义民主政治的两种重要形式”分别简称为“选举民主”与“协商民主”。而“协商民主”，作为一个理论概念，是由西方学者于 20 世纪 80 年代率先提出的。我们所说的“协商民主”与西方提出的“协商民主”有何异同？再者，我们所说的“协商民主”与包容各民主党派及工会等团体在内的“人民政协”是什么关系？我们所说的“协商民主”与以人大民主为主的“选举民主”是什么关系？本文简要表述笔者对上述问题的一些初步见解。

一、我国“协商民主”与西方“协商民主”之关系

“协商民主”与西方“协商民主”理论之间，是怎样的一种关系？在我看来，两者异同并存。就相异点而言，至少有三：

（1）理论（概念）出现的背景不同。在西方，长期注重与实施选举民主与多数票决原则。有的政治学家甚至断言“民主就是选举”。随着选举民主的充分推行，其弱点也就不断暴露：政治家、政客出于各自所代表的特定利益集团的立场，固守偏好，唇枪舌剑，蛊惑人心，过度竞争，以争取多数、拉选票；选民大众则眼花缭乱，无所适从，不少人只得远离选举，厌倦政治，致使投票率常常在 50% 以下。所谓“多数人的决策”，实际上未必真的体现了多数人的意志。或者“多数人的决策”是不尊重少数人权利的产物。这些均对公共决策的合法性基础构成了负面影响。正是在这样的背景下，西方“协商民主”理论便竭力倡导全体公民平等地参与公开的协商讨论、倾听不同观点，转换自身偏好，在政治互动中达成共识。不难看出，西方的“协商民主”理论旨在以“协商”矫正选举民主“过犹不及”的弱点。在我国，选举民主推行的时间不长，其功能尚未得到充分发挥，自然也还谈不到矫正“过犹不及”的弊端。可以说，我们的选举民主中，各种不同利益主体的表达还不够，而不是固守己见；必要的适度的竞争尚缺乏，而不是竞争过度。显然，我们强调“两种民主形式”，使用“协商民主”的理论概念，其背景不同于西方。（2）理论与实践的先后有别。在西方，上个世纪八九

十年代已提出了“协商民主”的理论，然而至今还流于一种价值追求。他们要真正将“协商民主”付诸实践，尚有一系列不易克服的难题。在我国，协商民主在一定程度上早已是一种实际存在，并且是，先以人民政协这样的“协商民主”代行了人民代表大会的“选举民主”。但我们从理论上使用“协商民主”概念，却只是近年的事。不妨说，我们强调“两种民主形式”，使用“协商民主”的理论概念首先是对已有事实的一种概括。当然，同时也在于更好地发展选举民主与协商民主，使我国的整个社会主义民主不断向前推进。(3) 所依托的文化传统相异。一般来说，西方文化传统倾向于性恶论、个人主义、自由主义，具有刚性，追求竞争、喜好决斗、推崇互相制约等，这些恐怕不利于开展“协商民主”。而中国文化传统则倾向于性善论，富有柔性，崇尚兼容并蓄、兼听则明、和而不同、和衷共济、有容为大，倡导协商、协调、协和等，应当说这有利于发展“协商民主”。

就相同相通点而言，至少有二：(1) 在一定程度上均重视协商讨论的优势。我们是很早就重视协商的优势，认定政治也可以协商。1949 年召开中国人民政治协商会议的直接目的，就是为了通过协商，完成建国大业。1954 年 9 月第一届全国人大召开，人民政协代行全国人大职权结束后，作为统一战线组织仍将长期存在和发展。如今西方“协商民主”理论也强调协商讨论的优势，在这一点上与我们有着一定程度的相同相通之处。(2) 在一定程度上均需弥补选举民主所可能出现的不足。西方在长期的政治运作中逐渐觉察到选举民主的弱点与不足，并试图以“协商民主”弥补之。我们的选举民主目前还不到位，但也显现了逐步加强的趋向。正是在逐步加强的过程中，选举民主在我国也可能会逐步暴露出某些“过犹不及”的弱点与不足，这是需要注意的。我们强调“两种民主形式”，使用“协商民主”的理论概念，有利于共同加强选举民主与协商民主，也有利于以后者弥补前者所可能出现的不足。正是上述的相同相通之处决定了我们也可以使用“协商民主”的理论概念——虽然中央 5 号文件没有直接将我国的“第二种民主形式”称之为“协商民主”。我觉得，除了使用概念外，更应当注重吸取西方“协商民主”理论中对我们有启迪意义的某些成分。当然，是“吸取”、“启迪”，而不是生搬硬套。

二、我国“协商民主”与“政协民主”之关系

中央有关文件并没有将我国的“第二种民主形式”仅仅规定为人民政协的民主。本人的理解是，内含各民主党派及工会等团体的人民政协民主（不妨称之为“政协民主”）无疑是我国“第二种民主形式”（“协商民主”）的主要体现，必须高度重视，充分发挥其潜能。但它并不是“第二种民主形式”（“协商民主”）之全部。如若将“协商民主”完全等同于“政协民主”，那有可能忽视我国协商民主的其他各种具体形式，诸如，执政党与参政党在“政协外的协商”、基层民主恳谈会、各类听证会等等。全面理解与把握“协商民主”的内涵十分必要，如同政协民主是我国第二种民主形式（“协商民主”）的主要体现，但并非全部一样，人大民主是“我国第一种民主形式”（选举民主）的主要体现，但也并非其全部。“选举民主”同样还存在着其他一些具体形式。

三、我国“协商民主”与“选举民主”之关系

我国社会主义民主的两种重要形式之间，从总体上讲，是互相交融、互为补充、相

得益彰的关系。若聚焦到“协商民主”中的“政协民主”与“选举民主”中的“人大民主”之间的关系，则可作如下比较分析。

（1）互相交融。1949 年召开的第一次中国人民政治协商会议全体会议，由于在特定历史条件下代行全国人大的职权，是“协商民主”与“选举民主”、“政协民主”与“人大民主”互相交融的一个完美例证。即使在 1954 年后，“政协民主”与“人大民主”各有制度，各有机构，各自运行，但从“协商”与“选举”的视角看，亦仍是“你中有我，我中有你”。人大行使各项职权时也需要经过审议、协商的程序，而政协为了有效地运行，也需要通过选举产生自己的常委会等机构以及主席、副主席等领导成员。两种民主形式并非截然分开，而是互相交融的。当然，在“协商”与“选举”等多方面又是各有侧重的。（2）互为补充。由于政协与人大在多个层面上各有侧重，各具特点，因此可以使“政协民主”与“人大民主”互为补充，相得益彰。第一，按照制度设计，政协委员主要按各党派、各人民团体、各界别（条条）为单位产生，而人大代表主要按区域（块块）构成的选区或选举单位产生。这样，前者有利于从“条条”的角度表达民意，后者则有利于从“块块”的角度表达民意。这是一种很好的互补：可以从“条条”与“块块”的结合上全面表述民意。第二，按照宪法规定，人大是国家政权机构中的国家权力机关，政协则是统一战线组织而非国家政权机构。人大在政权内立法、决策与监督政府，政协在政权外“政治协商、民主监督、参政议政”。“内”、“外”角度的不同，便可产生“横看”与“侧望”、“当局者”与“旁观者”之间的互补。第三，客观事实表明，政协委员中各民主党派与无党派人士的比重一般在60% 以上，中共党员则占 40% 以下，而人大代表中中共党员一般占 70% 上下，各民主党派与无党派人士约占 30%。从人大与政协坚持与维护中国共产党的领导这一角度讲，也能构成很好的互补。政协可以更多地向执政党提供来自中国共产党以外的各种声音，从而有利于完善执政党的决策与领导；人大则更易于将执政党的主张与人民的意志统一起来，上升为国家意志，从而有利于执政党实现对整个国家的领导。（3）互不同质。在我国，每年人大、政协的“两会”同步举行，已成春天里的一大政治景观；日常的政治生活中，党委、人大、政府、政协也往往被称为“四套班子”。从“人大民主”与“政协民主”的关系看，这些都有利于发挥两种民主形式互为补充的优势。但是，并不因此可否认“政协民主”与“人大民主”之间客观存在的某些非同质性。

第一，从“权源”来看。人大代表的产生基于全体人民的普选，或由选民直接普选产生，或由普选产生的代表再选举产生上一级人大代表。政协委员是由有关党派、团体、界别协商、推荐产生的，也有的是被特邀而来的。在我国，只有基于普选产生的人大代表才从人民那里获得了国家权力的委托，具有正当的权源（权力来源），才可以理直气壮地代表人民直接参与行使国家权力。政协委员没有基于普选而获得国家权力的委托，因此，不能直接参与行使国家权力。这是政协与人大“非同质性”的一处重要表现。第二，从性质与功能来看。因为人大代表从普选中获得了人民关于国家权力的委托，有资格代表人民直接参与行使国家权力，所以，由人大代表所组成的人大理所当然地成为“国家权力机关”，具有代表人民直接行使国家权力的功能。也正因为政协委员没有基于普选而获得国家权力的委托，不能直接参与行使国家权力，因此，由政协委员所组成的政协也就不能成为“国家权力机关”，不具有直接行使国家权力的功能。第三，从与“执政”的关系来看。当今世界，所谓“执政党”，最根本的一个标志就是其党员在最重要的国家政权机关中占据优势，由此而实现对整个国家政权的支配、控制与引导。在总统制国家，以占据总统（国家行政首脑）职位作为执政党执政的标志；在议会制国家，以占据国会多数席位（自然亦获首相或总理职位）作为执政党执政的标志。在我国的宪政制度下，人民代表大会是国家权力机关，是国家政权机关中最重要的机关。哪个党的党员在人大中占多数、占优势，就是哪个党成为执政党的主要标志。基于历史与现实而形成的我国政党制度又决定了中国共产党是我国唯一执政党。

上述诸点表明，“政协民主”与“人大民主”之间存在某些非同质性。我们强调“两种民主形式”，强调“协商民主”、“政协民主”，并不意味着要将政协民主与人大民主完全“等质齐观”，更不是要淡化选举民主、人大民主。同样，我们指出“政协民主”与“人大民主”之间某些“质”的区别，也不是要贬低“政协民主”乃至“协商民主”。在当今中国，民主的发展也是“硬道理”。我们需要的是推进两种民主形式的共同发展，使“协商民主”与“选举民主”、“政协民主”与“人大民主”各见功效，各显特色，互相补充，相得益彰。

《坚持、完善和发展我国社会主义协商民主》（张献生、吴茜，《中国政协理论研究》2007年第3期）

在研究协商民主时，既不能因为西方学术界首先提出而刻意回避这个词汇，甚至混淆概念；也不能跟着西方协商民主理论亦步亦趋，而忽略本土资源和中国特色。应正确区分西方协商民主与我国协商民主的不同性质和内涵，立足总结我国协商民主的实践经验，借鉴吸收西方协商民主理论的有益成分，坚持、完善和发展具有中国特色的社会主义协商民主。

一、社会主义协商民主是中国共产党和各民主党派等共同创造的新型民主形式

在中国革命、建设和改革的长期实践中，中国共产党始终坚持和发展人民民主，走中国特色的社会主义政治发展道路，把实现人民当家作主作为社会主义民主政治的核心内容，建立了人民代表大会制度、中国共产党领导的多党合作和政治协商制度等新型民主制度，创造了共产党与各民主党派、各人民团体和各族各界人士实行民主协商的新型民主形式。中华人民共和国的成立，是我国协商民主的标志性成果。我国的协商民主作为一种理论形态虽然晚于西方，但作为一种政治实践已经有了半个多世纪的历史，是中国共产党贯穿于革命、建设和改革各个时期的一贯主张。

二、协商民主在我国社会政治生活中具有重要的地位和作用

协商民主作为我国社会主义民主的重要制度和形式，已经广泛运用于我国社会主义民主政治实践之中，在国家社会政治生活中具有不可替代的地位和作用。

第一，协商民主是实现人民当家作主的一条重要渠道。以“协商”为基本特征的多党合作和政治协商制度，是对以“选举”为基本特征的人民代表大会制度的延伸和补充，共同构成了人民行使当家作主权利的两条重要渠道。第二，协商民主是发扬社

会主义民主的一种重要形式。协商民主作为人民群众为党和国家科学决策出谋献策的重要方式，是参与社会政治事务管理的重要途径，是监督党和政府依法施政的重要渠道。我国的社会主义民主既离不开选举，也少不了协商，两者并行不悖、互相补充，共同体现社会主义民主的广泛性和真实性。第三，协商民主是推进社会主义政治文明的一个重要方面。在政治文明建设中，带有根本性的是政治制度建设。我国社会主义民主政治的基本框架中，人民代表大会制度是根本政治制度，中国共产党领导的多党合作和政治协商是基本政治制度。胡锦涛同志明确指出，发展社会主义民主政治，建设社会主义政治文明，最根本的就是坚持和完善人民代表大会制度，坚持和完善中国共产党领导的多党合作和政治协商制度。

三、社会主义协商民主具有特定的内涵及实现形式

我国社会主义协商民主根植于中国革命、建设和改革的实践，与中国共产党关于人民民主和多党合作理论、我国社会主义国家的性质、中国特色政治发展道路紧密结合在一起，从而形成了既体现人类社会民主发展的共性、又具有鲜明中国特色的丰富内涵和实现形式。

我国社会主义协商民主的内涵可以概括为平等讨论、求同存异、广泛参与、兼顾各方、优化决策五个方面。平等讨论，就是参与协商的主体是人民内部的不同政党、团体和各方面人士，在政治上是完全平等的，都在依法行使自己的民主权利，大家平等地商量、讨论共同性问题，不允许任何一方居高临下、以势压人。求同存异，就是协商建立在同与异辩证统一的基础上，以承认不同为前提，以取得共识为目的，协商中各种意见可以自由表达，不同观点可以充分讨论，尽可能在各种不同中找到共同，在尊重差异上寻求共识。广泛参与，就是协商民主不同于精英民主，其主体是广大的人民群众，无论哪个党派、哪种团体、哪方面人士，都享有参政的权利，都可以按照一定条件和程序参加有关问题的协商。兼顾各方，就是协商民主不简单履行多数决定原则，既服从多数、又尊重少数，既注重“面”、也看重“点”，尽可能地吸取各种意见和建议，努力照顾方方面面的利益需求。优化决策，就是协商的价值取向不在于赋予决策以合法性，协商作为决策的重要环节其本身也不是决策，而是通过集思广益、博采众长，提高决策的科学性、合理性，协商的结果只是决策的参考。

在长期实践中，我国社会主义协商民主形成了多种实现形式，主要有以下几种：

一是政治协商。这种协商主要发生在国家政治生活层面，由中国共产党主导，有两种基本方式；二是社会协商。这种协商主要发生在政府治理范畴，由政府及其职能部门组织，往往是就具体的公共决策听取社会各方面的意见，主要有公开听证、协商对话、决策咨询、媒体讨论等形式；三是基层协商。这种协商主要发生在社会自治领域，如乡村基层民主和城市社区自治。此外，在人大立法领域也存在一定程度的协商民主，主要体现为人大就立法所涉及的相关问题公开征求意见。

四、充分认识我国社会主义协商民主的基本特征

我国的社会主义协商民主与西方协商民主具有不同的理论基础、国情基础和政治基础，处在不同的社会政治环境中运行，从而形成了一些不同于西方协商民主、具有中国特色和社会主义规定性的基本特征。

一是主导性。在我国，中国共产党作为执政党，是中国特色社会主义事业的领导核心，也是发展社会主义民主政治的领导力量，在协商民主中发挥主导作用。二是辅助性。在我国，选举与协商都是社会主义民主的重要形式。其中，选举民主体现的是人民的选择和监督，行使的是国家权力，带有根本性，是一种硬权力，是主渠道，凡是人民代表大会和常委会集体作出的决定，都具有法律效力，必须贯彻执行；而协商民主体现的是人民的民主权利，具有广泛性，是一种软约束，是重要的辅助渠道，是人民意愿和利益的充分表达，是集思广益和优化决策，不具有国家权力的强制性质，是人民当家作主的延伸和拓展。三是高效性。我国的协商民主建立在民主集中制基础上，这种民主基础上集中、集中指导下民主相结合的协商民主，能够防止参与不众、决而不议的现象，有效避免各执一端、议而不决的局面，使协商真正富有成效。四是规范性。西方的协商民主目前主要还是一种理论形态，尚未形成完备的制度规范。我国的协商民主作为国家的民主制度，经过长期的实践和探索，在总结经验教训的基础上，已经初步形成了比较成熟的制度规范，逐步迈上了制度化、规范化的轨道。

五、坚持、完善和发展社会主义协商民主需要把握的原则

我国社会主义协商民主已经取得了重要进展，但与社会主义政治文明建设的要求相比，与人民群众日益增长的民主需求相比，还有待进一步丰富、完善和发展。总结半个多世纪的实践经验，坚持、完善和发展社会主义协商民主，需要坚持以下重要原则。一是既坚持中国共产党的领导，又充分尊重协商各方；二是既立足本国国情，又积极借鉴西方的有益经验；三是既与国家民主政治发展相协调，又与选举民主相衔接；既推进政治协商的制度建设，又发展其他类型的协商形式。

《增强我国政党制度的包容力　实现多党合作制度可持续发展》（甄小英，《马克思主义与现实》2007 年第 4 期）

一、坚持中国特色政党制度，走中国特色政治发展道路

中国共产党领导的多党合作和政治协商制度是中国共产党把马克思主义政党学说和统一战线理论与中国具体实际相结合的伟大创造，是中国共产党与中国人民政治经验与政治智慧的结晶。它是中国人民自主创建、“内部生成”的政党制度，既具有鲜明中国特色，又吸纳了人类共同的政治文明成果；既是历史的选择，更是走中国特色政治发展道路，构建社会主义和谐社会、全面建设小康社会的现实需要。这一政党制度，无论是在中华人民共和国的成立、从新民主主义向社会主义的过渡、在社会主义建设方面，还是在改革开放，建设中国特色社会主义伟大事业中，在凝聚力量，集中智慧，发展生产力，推进社会主义民主，保持社会稳定，整合社会利益，促进社会和谐方面，都发挥了极为重要的、不可替代的作用。

当前，我国正处在一个深刻的社会转型时期，改革发展进入关键阶段。经济体制改革的深化，社会结构的深刻变动，新社会阶层和各种利益群体的形成和发展，公民民主意识的增强，利益诉求和政治参与热情的空前高涨，给我国的发展进步带来巨大活力，也使我们面对种种新的矛盾和问题。在社会大变动中，迫切需要一个拥有巨大包容性和强大整合力的政党制度，为各阶级阶层包括新社会阶层和利益群体提供体制内、

制度化、畅通的政治参与渠道，并对社会利益进行有效整合，从而在推动民主发展的同时，保持社会的稳定，为经济社会发展提供活力和秩序。

中国特色政党制度的显著特征是“共产党领导、多党派合作，共产党执政、多党派参政”。这种“核心一元性”（共产党领导和共产党执政）与“结构多元性”（多党合作和多党参政）相统一的政党制度，就是一种有利于发挥强大社会整合力和不断增强政治包容力的政党制度。坚持好、完善好、发展好中国特色政党制度，对于实现中国特色社会主义的科学发展、和谐发展、和平发展具有重要的现实意义和深远历史意义。

二、适应社会阶级阶层变化，自觉增强我国政党制度的包容力

一个适应民主政治发展要求的政党制度，一定是一个政治包容力很强的政党制度。但是，随着社会经济的发展，社会阶级阶层及利益群体会不断变化，一些政党所依存和代表的阶级阶层或利益群体逐渐衰落，而新的社会阶层不断兴起；这些政党或者吸纳新的社会阶层成员，扩大或改变自己依靠或代表的社会力量，或者随着原来依靠的社会力量的衰落而衰落甚至退出历史舞台；新兴社会阶层的政治精英或者加入原有政党，或者成立代表自身利益的新的政党。如果政党制度的政治包容性强、制度化水平高，各政党会随着社会的变迁而兴衰更替，以适应民主发展的要求，但不会破坏政党运行的规则和秩序。一般讲，这样的社会比较稳定。反之，新社会势力的利益诉求和政治参与要求如果不能在现有政党体制内得到实现，就有可能在体制外进行表达，在体制外成立政党，这往往会打破原有政治秩序，甚至引发社会动荡。国外不少国家的政党格局就是随着本国社会结构的变化而不断调整变化的，这种适应性变化是经济结构和社会结构变化在政治上的反应，是各种社会力量兴衰、较量的结果，往往是自发实现的。

我国的政党格局是“共产党领导、多党派合作，共产党执政、多党派参政”。这个“多党派”指的是现在的八个民主党派，当然，中共高层和省市领导与民主党派进行的协商、座谈，还包括无党派人士。新中国成立半个多世纪以来，我国的社会结构也发生了很大变化。我国的政党制度在上述政党格局不变的情况下，实际上也在进行着与社会阶级阶层变化相适应的调整，不断增强着我国政党制度的政治包容力，以推动我国民主政治的发展。但是，与国外一些国家的做法不同，我们的这种适应性调整，不是采取一些政党的衰亡、一些新党的成立，或一些政党的联合或分裂等方式实现的，而是在政党格局不变的前提下，采取了一种民主党派的数量没变、名称没变，但八个参政党的社会基础、成员结构、性质和任务随着时代和社会变迁而进行适应性调整，即通过“不变形式，变内涵”的方式，增强我国政党制度的包容力。

三、认真解决影响我国政党制度包容力的一些问题，实现多党合作的可持续发展

在看到上述成绩的同时，也要看到，我国政党制度在适应社会结构变化，增强包容力，以实现可持续发展方面，还存在诸多需要继续解决的问题。下面就其中的两个问题谈几点粗浅看法。

1. 注意解决各民主党派的趋同倾向问题

建国初期，各民主党派共有 1 万多成员，现已达到 70 万。其中 90% 以上都是改革

开放后入党的。新成员占绝大多数，与民主党派的历史联系趋于淡化，有些民主党派原有的特点正在弱化。有的民主党派按照1996年各民主党派中央关于组织发展若干问题的座谈纪要，“以协商确定的范围和对象为主”的要求发展成员是比较困难的，甚至有的民主党派在对其基层组织发展成员情况进行了调查后发现，有些基层组织30%的成员是按照确定的范围和对象发展的，70%的成员是从其他范围和对象中发展的，结果形成了“倒三七”。这种状况，造成了各民主党派成员构成交叉重叠，有趋同倾向。此外，有些民主党派只强调其进步性，忽视其广泛性，在发展成员等方面也有与中共趋同倾向。上述趋同倾向，会弱化各民主党派的特色，实际上也会影响多党合作制度的政治包容力。解决上述问题，特别要注意以下几点：

首先，各民主党派应在保持传统特色的同时，寻找与时代变迁、社会结构变化的契合点。如致公党在保持侨界代表特色的同时，把“海归派”也作为发展的重点，逐步形成与历史传统相联系又反映时代特征的新特点，为其实现可持续发展带来了活力。其次，通过协商，确定各民主党派从新社会阶层发展成员的重点。新社会阶层人数已超过5000万，且政治参与热情很高。各民主党派可进行适当分工，确定对新阶层人员发展的重点。这样在保持历史特色基础上，会逐步形成新特点。第三，在共产党领导下，在致力于中国特色社会主义事业和祖国完全统一的实践中，各民主党派充分发挥各自的主动性，独立自主地处理内部事务，生动活泼地加强自身建设，创造性地开展各种活动，也会逐步形成各自的特色。

毛泽东1949年致黄炎培的信中，在称赞“民建发言人对白皮书的声明写得极好”的同时，特别提出“当使民建建立自己的主动性，而这种主动性是一个政党必不可少的”。毛泽东所讲的发挥政党的“主动性”，在今天仍然具有重要指导意义。解决这一问题，从执政党来讲，也需不断提高多党合作的能力，坚持和改善对参政党的领导。共产党对参政党的领导是政治领导，政治领导是“向导”、“引导”，是你在前面走，人家愿意跟着你走。领导不同于执政，也区别于一般的管理。我们过去所以发生党政不分、以党代政的问题，与理论上没有正确区分领导与执政的内涵、范围、方式等有关。在对参政党的领导中，也要防止事无巨细包办代替倾向的发生，要积极支持参政党独立处理内部事务，进一步发挥参政党的主动性。

2. 注意发挥参政党的利益代表功能

各民主党派是进步性和广泛性相统一的参政党，成员来自不同的社会阶层和群体，有着广泛的社会联系，负有更多地反映和代表他们所联系的各部分群众的具体利益和要求的责任。这是参政党的重要特点和优势，也是重要功能。各参政党加强与所代表阶层和群众的联系，及时、准确地反映他们的利益和要求，执政党在制定方针政策时才能更好地整合各方面的利益，做到统筹兼顾，科学决策，民主决策，实现社会利益的最大化。参政党只有很好地发挥利益代表功能，取得所代表阶层和所联系群众的信任，也才能更好地在他们中间宣传贯彻经过民主协商制定的党和国家的方针政策，并做好协调关系、化解矛盾的工作。这样不仅可增强我国政党制度的包容力，而且会增强决策的执行力。

从现实来看，各民主党派围绕党和国家的工作大局，就全社会关注的重大问题、热点问题，如“三农”问题、环保问题等进行调研，参政议政，热情很高，发挥了人才荟萃、智力密集的优势，提出了许多很好的意见建议，在参政议政方面确实发挥了很好的作用。当然，也出现了对同一问题进行重复调研、浪费资源的问题。这些问题可以通过中共与各民主党派、各民主党派之间加强沟通、协调等办法解决。相比之下，一些民主党派对代表本党成员和所联系群众的利益，确实重视不够。有的省对本省各民主党派进行了问卷调查，从调查结果看，各民主党派最不关心、认为最不重要的就是联系他们所代表的那部分群众。我们需要认真研究和分析产生上述问题的深层原因，进一步提高民主党派的参政党意识，加强政策引导、制度安排，完善干部选拔任用机制和参政党工作评估体系，建立激励机制，切实解决好这一问题。

孙　信　中央社会主义学院中国政党制度研究中心副秘书长、教授

执政党研究

执政党研究述评

2007 年国内学术界对执政党的研究，一方面是围绕贯彻落实科学发展观和构建社会主义和谐社会这两大战略部署，在加强党的执政能力建设、先进性建设、执政理论、执政规律以及党的思想、组织、制度、作风建设等方面，在前几年研究的基础上进一步深化和拓展；另一方面，围绕着学习贯彻党的十七大精神，着重突出以改革创新精神加强执政党建设，尤其是在党内民主、党内和谐、党的建设总体布局、党的未来发展、党的建设若干理论前沿问题研究等方面有了新的进展。总体来说，2007 年执政党理论研究呈现出几个比较鲜明的特点：一是内容丰富，涉及面广，党建研究领域和范围有了新的突破；二是突出了理论联系实际，执政党建设研究与现实联系密切，尤其是当前现实生活中与党的建设有关的热点问题成为研究的重点；三是在加强基础理论研究的同时，注重把基础理论研究同政策性阐释相结合。

一、科学发展观与党的建设

科学发展观创造性地回答了什么是发展、为什么发展、怎样发展的重大问题，是中国共产党带领全国人民推进社会主义现代化建设必须长期坚持的重要指导思想。同时，科学发展观对新世纪新阶段继续推进党的建设新的伟大工程具有重大指导意义。2007 年党建学术界就科学发展观与党的执政理念创新、以科学发展观指导新时期党的建设等问题作了深入研究。

（一）科学发展观是中国共产党执政理念的创新

执政理念是指执政党在执掌政权、掌理国家政事的过程中所依据的价值观念和原则，是执政党想问题、作决策、做工作的出发点和归宿点，对于实现党的执政目标、完成党的执政使命至关重要。韦有多在《“以人为本”是新一代中央领导集体执政理念的创新》（《马克思主义与现实》2007 年第 6 期）一文中提出，中国共产党的执政理念经历了从以政治为中心到以经济建设为中心，再到“以人为本”的三个发展阶段。以胡锦涛同志为总书记的党中央站在历史和战略高度，深刻指出科学发展观是发展中国特色社会主义必须坚持和贯彻的重大战略思想，深入贯彻落实科学发展观必须坚持“以人为本”，要始终把实现好、维护好、发展好最广大人民的根本利益作为党和国家一切工作的出发点和落脚点，尊重人民主体地位，发挥人民首创精神，保障人民各项权益，走共同富裕道路，促进人的全面发展，做到发展为了人民、发展依靠人民、发展成果由人民共享，进一步丰富了党的根本宗旨的内涵，也更加凸显了党的执政理念的创新。这些创新主要表现在：第一，“以人为本”的执政理念回答了执政的出发点或目标取向“为了谁”的问题。第二，“以人为本”的执政理念回答了执政的过程“依靠谁”的问题。第三，“以人为本”的执政理念回答了执政的成果或实际效果“惠及谁”的问题。汪永清撰文《把治国理念转化为制度、体制和机制》（《求是》2007 年第 24 期）提出，深入贯彻落实科学发展观，其中一项重要任务，就是要按照科学发展观的要求，改革阻碍生产力发展，影响实现、维护、发展最广大人民根本利益以及制约全面协调可持续发展的各种体制，尤其是行政管理体制，使体现科学发展观的制度得以形成和实施。在体制改革中，要着力抓好三项工作：一是合理确立公民、社会、政府的权界，以规则界定和调整政府与市场、政府与社会、政府与公民的关系。二是要减少行政层次，降低行政成本。从行政机构的设置，到行政机构的权限划分、责任分配、人员配备等，都应当有利于实现高效与便民，有利于做到寓管理于服务之中。三是进一步明确行政管理的价值。同时，还要按照科学发展观的要求，改革和调整不适应科学发展的工作方式，特别是要改革、调整政府管理方式。用法律思维方式认识、处理政府管理中的问题。真正把依法行政作为政府履行职责的基本准则。实现权力导向型管理方式向规则导向型管理方式的转变。完善对权力的制约和监督机制。杨俊英在《简述以人为本与党的执政理念创新》（《武汉大学学报·哲学社会科学版》2007 年第 1 期）一文中提出，复杂多变的国际形势和艰巨繁重的小康任务，都迫切要求我们党适应形势进行执政理念创新。坚持以人为本和党的执政能力建设有机结合起来，是实现党的执政理念创新的有效途径。当前我们党进行执政理念创新应准确把握以下三个重要原则：一是必须坚持“立党为公、执政为民”，充分体现亲民、爱民、富民的执政理念。二是必须坚持科学、民主和依法执政，充分体现以人为本的贯彻实践，它涵盖了真理尺度和价值尺度的统一。三是必须坚持求真务实，充分体现开拓创新、勤政高效、清正廉洁的执政理念。

（二）坚持用科学发展观指导党的建设

科学发展观的提出，对党的建设提出许多新的要求，学者们提出要用科学发展观指导新时期党的各方面建设。严书翰在《科学发展观对党的执政能力提出了新的更高的要求》（《前线》2007 年第 3 期）一文中认为，科学发展观反映了当代中国发展的阶段性特征，它要求执政党要不断提高驾驭全局把握中心的能力；科学发展观抓住了当前影响我国社会和谐的突出矛盾和问题，它要求执政党要不断提高引领和推进继续发展、科学发展的能力；科学发展观的核心是以人为本，即以最广大人民群众的根本利益为本，这要求执政党要不断提高统筹协调各方面利益关系、妥善处理社会矛盾的能力。李烈满在《深刻认识科学发展观对党的建设提出的新要求》（《红旗文稿》2007 年第 4 期）一文中提出，在新的历史条件下继续推进党的建设新的伟大工程，必须正确认识和把握科学发展观对党的建设提出的新要求，以保证党的建设沿着正确的方向前进。

概括地说，科学发展观对党的建设提出的新要求包括：一是科学发展观在治国理政方略上体现了党的先进性，对党的执政能力建设提出了新要求。二是科学发展观在指导思想上体现了党的先进性，对党的思想理论建设提出了新要求。三是科学发展观在党的组织路线上体现了党的先进性，对党的组织建设提出了新要求。四是科学发展观在党的宗旨上体现了党的先进性，对党风廉政建设提出了新要求。五是科学发展观对党的制度和机制建设提出了新要求。高新民撰文《科学发展观对党建的新要求》（《学习时报》2007 年 7 月 9 日）提出，胡锦涛今年在中央党校省部级干部进修班的讲话，对党的建设的相关论述分为两个层面：一是从开创中国特色社会主义新局面的视角来看，强调围绕贯彻落实科学发展观，对党提出了一系列新要求：要求党坚持社会主义初级阶段基本路线；要求全党树立以人为本的价值理念，坚持以实际行动体现党的宗旨；要求党善于领导社会主义民主政治；要求全党要转变思维方式。二是从落实科学发展观、全面建设小康社会的政治保障来看，搞好党的自身建设是当前的重要任务，为此对党的自身建设的各个方面作出了新部署。首先是加强党的思想理论建设，要深入学习马克思列宁主义、毛泽东思想、邓小平理论和“三个代表”重要思想，深入学习科学发展观，进一步树立解放思想、实事求是、与时俱进的思想路线。在社会价值观多元化的时代，需要确立社会主义核心价值体系，党的思想理论建设需要与之相应，与时俱进。同时，要切实加强党的组织建设，推进党内民主建设，全面加强党的作风建设，把反腐倡廉摆在更加突出的位置。詹永杰在《用科学发展观指导党的建设》（《求是》2007 年第 14 期）中提出，在党的建设中也要贯彻落实科学发展观，真正做到党的建设服务于科学发展观的深入贯彻落实，党的建设自身实现科学发展。在新的历史条件下，推进党的建设科学发展，是保持和发展党的先进性、使我们党始终走在时代前列的必然要求，也是解决当前党建工作中的突出问题的现实需要。要树立全面、协调、可持续发展的党建工作理念，树立以人为本的理念，树立成本效益的理念，树立服务大局的理念。用科学发展观来指导党的建设，努力实现党的建设科学发展，要求在探索实践中不断深化对党的建设科学发展规律的认识，正确把握党的建设各要素之间的内在联系，勇于创造，走出新路。当前重点应在以下几个方面下功夫：一是着力探索实践形式、内容、效益相统一的机制。二是着力探索实践党员、班子、组织相协调的机制。三是着力探索单位、行业、区域相统筹的机制。四是着力探索人力资源、手段、制度相衔接的机制。五是着力探索规划、执行、环境相协调的机制。

二、构建社会主义和谐社会与党的建设

中共十六届六中全会作出了《关于构建社会主义和谐社会若干重大问题的决定》，党的十七大进一步强调要加强以民生为重点的社会建设，这是中国共产党把马克思主义关于社会建设的基本思想、中国特色社会主义发展的根本规律以及社会主义现代化建设的实际需要有机统一起来，在新的实践中作出的新的理论概括，丰富和发展了中国特色社会主义理论。学术界围绕发挥党在构建社会主义和谐社会中的核心作用以加强党的执政能力建设、加快推进党内和谐以促进社会和谐以及要正确处理的几个关系

等重大问题进行了深入研究。

（一）在构建社会主义和谐社会中不断加强党的执政能力建设

党的十六届六中全会提出构建社会主义和谐社会关键在党，党的十七大进一步强调要充分发挥党在社会主义现代化建设中的领导核心作用，加快推进以改善民生为重点的社会建设。学者们对党在构建社会主义和谐社会中的关键作用作了研究。黄明哲撰文《构建社会主义和谐社会关键在党》（《福州党校学报》2007 年第2 期）认为，构建社会主义和谐社会关键在党，主要体现在：关键在于强化党的执政理念，关键在于坚持科学执政、民主执政、依法执政，关键在于坚持从严治党，关键在于不断增强党在全社会的影响力和凝聚力，关键在于建设一支善于治国理政的干部队伍，不断提高构建社会主义和谐社会的本领，关键在于以党内和谐促进社会和谐。郭永红在《构建社会主义和谐社会与党的执政能力建设》（《辽宁大学学报·哲学社会科学版》2007 年第2 期）中提出，加强党的执政能力建设是构建和谐社会的有力保证，提高我党建设社会主义和谐社会的能力是当务之急。为此，一要提高党正确处理和解决复杂的人民内部矛盾的能力。要有承认矛盾、不回避矛盾的辩证唯物主义态度，准确把握新时期人民内部矛盾的特点和规律，以对人民负责的态度认真处理矛盾，及时化解矛盾，从根本上减少人民内部矛盾的发生。二要提高党执政为民管理社会的能力。由过去那种主要依靠传统习惯和具有人格魅力的领导者管理，向依靠现代科学技术管理机构的制度与规则管理转变，以政策和规则来保证社会管理中的秩序；由原来集权式单一部门全面统筹管理的方式向各司其职、合理分工、互相合作的专业化管理方式转变；使公共事业管理由单位控制向社会管理转化，使被管理者由原来的单位人变为社会人，建立国家政府负责、社会协同、公众参与的多元化社会管理模式。三要提高党加强自身建设的能力。党的自身建设搞好了，执政能力提高了，党员干部的先进性增强了，构建社会主义和谐社会就有了坚强的组织保证。黄明哲撰文《构建社会主义和谐社会与加强党的凝聚力建设探讨》（《学习与实践》2007 年第 2 期），认为在构建社会主义和谐社会过程中，必须加强党的凝聚力建设这一新概念。如何随着时代的发展不断加强党的凝聚力建设，是一个执政党永无止境的重要课题，是构建社会主义和谐社会的迫切需要和必然要求。中国共产党的凝聚力，集中体现在它的性质的先进性、宗旨的崇高性、路线方针政策的正确性上，体现在它的各级党组织和广大党员的战斗堡垒作用和先锋模范作用上，体现在党的各级组织和人民群众的血肉联系、鱼水之情上。其基本特征主要体现在：一是科学的意识形态指导，二是先进的阶级性和崇高的宗旨，三是伟大的光辉业绩和勇于创新的精神，四是党的领袖和共产党员的模范作用。不断增强党在全社会的影响力和凝聚力是加强党的凝聚力建设的前提，从增强党的凝聚力要求出发加强党的执政能力建设是加强党的凝聚力建设的重要途径，加强惩治和预防腐败制度体系建设是加强党的凝聚力建设的关键，不断提高党的公信力是加强党的凝聚力建设重要途径，不断提升党的执政绩效是加强党的凝聚力建设的有效举措。

（二）以增进党内和谐促进社会和谐

党的十七大强调要“以增进党内和谐促进社会和谐”，这为我们构建社会主义和谐社会指明了方向，打开了新的视野。增进党内和谐，体现了党的本质属性的要求，是中国共产党领导人民建设和谐社会的前提；以增进党内和谐促进社会和谐，不仅是执政党的基本功能和历史责任，更是构建社会主义和谐社会的重要途径。卢先福在《着力增进党内和谐，以党内和谐促进社会和谐，提高领导和谐社会建设的本领》（《江南论坛》2007年第7期）中提出，构建社会主义和谐社会，要靠全体人民来共同建设，但关键是党的领导。不仅要加强党的执政能力建设和先进性建设，充分发挥党的领导核心作用；而且必须着力增进党内和谐，以党内和谐促进社会和谐。过去我们多是提党内团结，“党内和谐”是十六届六中全会《决定》提出的概念，它是对应于“社会和谐”来讲的。党内和谐是指党内关系的和谐，包括组织之间、成员之间关系协调融洽，各级党组织和广大党员的积极性创造性得到充分发挥，在党内形成又有集中又有民主、又有纪律又有自由、又有统一意志又有个人心情舒畅、生动活泼的局面。党内和谐的关键是各级领导班子和谐。增进党内和谐，必须坚持共同的政治目标、统一的组织原则和纪律、民主平等的相互关系和求真务实的作风。因此，这就必须通过加强党的思想、组织、作风和制度建设来实现。第一，做好理论武装工作，为党内和谐奠定思想基础。第二，加强党内民主建设，促进党内和谐。第三，建立科学高效的领导体制和工作机制，增进领导班子和谐。第四，深入开展党风廉政建设和反腐败斗争。耿洪彬撰文《以党内和谐促进社会和谐》（《长白学刊》2007年第3期）认为，以党内和谐促进社会和谐这一新命题的提出具有重大意义，进一步丰富了执政党建设理论，是中国共产党治党管党的重要理念和奋斗目标，进一步深化了政党和谐对社会和谐重要作用的认识，为实现全面建设小康社会的奋斗目标提供了根本保证。党是构建社会主义和谐社会的领导者和组织者，自觉维护党内和谐是确保社会和谐的关键所在。十六届六中全会《决定》明确了以党内和谐促进社会和谐的总要求，我们要以此为契机，营造氛围，构建机制，推动以党内和谐促进社会和谐建设的步伐。一是培育党内和谐文化。二是规范好党内关系。三是健全党内民主运行机制。四是健全防范腐败的体制机制，营造和谐的党群干群关系。

（三）党在构建社会主义和谐社会中要正确处理的若干关系

王峰在《构建社会主义和谐社会与执政党要处理好五个关系的思考》（《南华大学学报·社会科学版》2007年第5期）一文中提出，执政党在构建社会主义和谐社会进程中，需要处理好执政党与公共权力、执政党与人民群众、执政党与参政党、党政之间、党内关系等五个方面的关系。在执政党与公共权力的关系上，如何正确运用公共权力是执政党治国理政的第一要务。在构建社会主义和谐社会的转型时期，中国共产党必须使公共权力运作公开，这是权力监督制约的前提条件，也是贯彻公共权力，维护公共利益，监督权力运行始终的一项基本原则。同时，建立权力监督制约机制，解决权力过分集中问题。在执政党与人民群众的关系上，第一要切实加强党的教育，把执政为民作为提高群众工作能力的基本理念始终坚持；第二要突出工作重点，把创新群众工作理论、推动经济发展、推进民主进程、加强文化建设、协调社会利益、化解党群矛盾和处理突发性事件作为提高群众工作能力的重要内容；第三要坚持发展是第一要务，把实现好维护好发展好最广大人民的根本利益作为提高党的群众工作能力的根本出发点和落脚点认真落实；第四要尊重群众首创精神，把依靠人民群众的智慧和力量作为提高党的群众工作能力的基本途径积极探索；第五要总结工作规律，提高群众工作能力的方式、方法要不断创新；第六要把握主要环节，把提升基层党组织执行能力作为提高群众工作能力的着力点抓实抓好；第七要加强自身建设，始终把保持党的先进性作为提高群众工作能力的关键问题加以解决。在执政党与参政党的关系上，坚持中国共产党的领导是处理中国党际关系的前提。按照中国共产党总揽全局、协调各方的原则，需要进一步加强和改善共产党对各民主党派的领导，并支持各民主党派依照宪法和政协章程独立负责、协调一致地开展工作。在党政之间的关系上，要正确处理执政党和国家政权机关的关系，改变党政不分、以党代政的状况，关键是要科学地划分党和国家机关的职能。在党内的关系上，要以党内和谐促进社会和谐。和谐的党内关系对社会主义和谐社会的构建，起重要的示范和带动作用。和谐稳定的党内关系具有强大的功能作用。要努力营造党内相互信任、和谐共事的良好氛围，形成心齐、气顺、风正、劲足的良好局面，以党内和谐促进社会和谐。

三、党的建设的总体布局

党的十六大以来，以胡锦涛同志为总书记的党中央提出了一系列重大战略思想及其创新理论成果，包括了党的建设方面的战略思想和创新成果，其中最重要的是形成和提出了党的建设的总体布局这一科学概念。党的十七大对这一总体布局做了全面概括，这就是：把党的执政能力建设和先进性建设作为主线，坚持党要管党、从严治党，贯彻为民、务实、清廉的要求，以坚定理想信念为重点加强思想建设，以造就高素质党员、干部队伍为重点加强组织建设，以保持党同人民群众的血肉联系为重点加强作风建设，以健全民主集中制为重点加强制度建设，以完善惩治和预防腐败体系为重点加强反腐倡廉建设，使党始终成为立党为公、执政为民，求真务实、改革创新，艰苦奋斗、清正廉洁，富有活力、团结和谐的马克思主义执政党。2007 年党建理论界对党的建设这一总体布局进行了不同程度的研究，并取得了可喜的成果。

（一）党建总体布局的形成与内涵

梁妍慧撰文《党的建设总体布局的形成》（《学习时报》2007 年 8 月 20 日）认为，党的建设总体布局的形成，是中国共产党围绕“建设什么样的党，怎样建设党”这一重大问题，在不断认识执政党建设的特点的过程中，在不断明确党的建设的“重点”与“主线”的过程中，在不断继承发展创新的过程中，逐步完善和确立起来的。“党的建设总体布局”的形成与概括，完整地回答了“建设什么样的党，怎样建设党”这一重大问题，使新时期党的建设的总目标及其实现途径有了全面而科学的内涵。这样的“重点”与“主线”的布局，便找到了党的事业与党的建设相互联结的关节点，成为中国特色社会主义伟大事业与党的建设新的伟大工程的重要结合部。党的执政能力建设和先进性建设也离不开党的自身四大建设，并且要以党的自身四大建设为依托、为载体、为形式。党的四大建设就在先进性建设这一更高的层次上融为一体，从而突出了执政党建设的特点与要求。商志晓在《党的建设形成新的体系与布局》（《理论学刊》2006年第6期）中提出，党的建设形成了新的体系与布局，就在于自十六大以来，党的建设的要素（或内容）增加了，结构变化了（或内在关系调整了）。党的建设新增加的要素（内容），最引人注目的是先进性建设、执政能力建设。先进性建设与执政能力建设，不只是党的建设的新要素、新内容，而且是党的建设中地位突出、作用重大、处于较高层次的新要素、新内容。这两项建设，是我们党在党的建设方面最重要的理论创新成果和实践创新成果，它们的提出和推进，极大地丰富了党的建设的理论，拓宽了党的建设的视野，深化了党的建设的实践，提升了党的建设的境界。两项建设一经提出，就被纳入到党的建设体系之中，与原有的思想建设、组织建设、作风建设、制度建设等密切统一、紧密结合，构成了当前党的建设这样一个整体，形成了十六大以来党的建设新的体系。由于执政能力建设、先进性建设具有综合性、统括性，因此它们被纳入到党的建设体系之中，党的建设的结构就变得更复杂了、相互关系也多样性了，打破了党的建设原有内部要素之间的并列、直线的关系格局，呈现出带有立体、多样、丰富等特征的一种新的状态，使党的建设的布局有了新的调整，有了新的面貌。

（二）党建总体布局形成的重大意义

李君如撰文《党的建设总体布局理论的重大意义》（《浙江日报》2007年5月14日）认为，“党的建设的总体布局”这一新概念，是我们党在党的理论创新和实践创新中形成的重大成果。这个总体布局的鲜明特点是，不仅强调要全面加强党的建设，而且强调全面建设中要把握好的“重点”和“主线”。党的建设总体布局是连接党的各方面建设的枢纽，是连结党的事业与党的建设的枢纽。由此得出两点结论：一是加强党的思想、组织、作风和制度建设，必须以加强党的执政能力为重点、以加强党的先进性建设为主线，切实落实党的建设的各项举措；二是全面推进中国特色社会主义的经济、政治、文化、社会建设，关键在党，关键在坚持党的建设总体布局，有重点、有主线地全面加强党的建设，增强党的领导水平和执政能力，增强党的抵御风险和拒腐防变的能力，切切实实为人民执好政、掌好权。林尚立撰文《制度整合发展：中国共产党建设的使命与战略》（《毛泽东邓小平理论研究》2007年第4期）认为，十六大以来，党开始了新世纪党的建设的伟大工程，形成了有深刻内在逻辑联系的先进性建设和执政能力建设两大建设路径，其战略目标有两个：一是巩固党的执政；二是提高党领导国家建设和发展的能力。这两个目标相互依存、相互促进，让党在巩固党的领导与执政地位中全面提高党领导国家建设和发展的能力。今天的党建承担着推进国家建设的使命，党建与国家建设的紧密关系，要求党建既要贡献于自身的先进性和执政能力建设，又要贡献于国家建设和和谐社会建设。在这样的大格局下，党建必须是一种创造性的党建，而创造性的党建应该落实于制度的建设和制度创新。科学发展观的确立，将使党内民主建设所形成的制度资源有可能同时贡献于政党、国家和社会。这是因为，科学发展观为党的建设包括党内民主建设提供了两个价值前提：一是人本，这个价值前提要求党的建设必须落实于执政为民，落实于广大人民群众，尊重社会，尊重人民，尊重权利；二是创新，这个价值前提要求党的建设必须能够在新的战略框架下，进行必要的理论创新、制度创新和政策创新，并将这种创新在党、国家和社会建设的各个层面展开。有了创新，党的先进性建设和执政能力建设就有了巨大的理论空间和行动空间，制度整合发展的党建战略也就有了强大的动力和广泛的基础。实际上，将党的先进性建设和党的执政能力建设有机统一起来，就已经构成创造性党建的基本格局。只要把握其中的使命与战略，本着强党兴邦的使命以及执政为民、科学发展、和谐进步的理念，中国共产党的建设和发展就可以跃升到一个新水平。

（三）在党的建设中牢牢把握执政能力和先进性建设这条主线

蔡长水撰文《执政党建设必须牢牢把握一条主线》（《理论前沿》2007 年第 21 期）认为，党的十七大提出执政党建设必须以党的执政能力建设和先进性建设为主线，这反映了我们党对执政规律和执政党建设规律的认识更加深化、清晰，丰富和发展了执政党建设的理论，为推进党的建设新的伟大工程进一步指明了方向。执政党建设在任何阶段、在建设的各方面都要牢牢把握执政能力建设和先进性建设这条主线，它是永恒主题，是客观规律的反映。首先，从它在党的领导和党的建设理论所处的地位作用看，党的先进性、党的先进性建设是由党的性质和宗旨决定的。其次，从它同党的其他方面的建设的关系看，党的先进性和执政能力建设和党的其他方面建设不是彼此孤立的，而是紧密联系的。先进性建设和执政能力建设是总要求，是根本性建设。党的其他方面建设都要体现和围绕先进性建设和执政能力建设。党的方方面面的建设都是保证党的先进性建设和执政能力建设的增强和提高。这样，就构建了党的自身建设一个完整科学的系统工程。最后，从伟大的工程和伟大的事业的关系看，十七大提出“把推进中国特色社会主义伟大事业同推进党的建设新的伟大工程结合起来”，中国共产党发展的历史证明，党的建设和党的事业是紧密联系的。党的先进性建设和执政能力建设是伟大事业和伟大工程的联结点和根本保证。只有把党建设成为立党为公、执政为民、求真务实、改革创新、艰苦奋斗、清正廉洁、富有活力、团结和谐的马克思主义执政党，只有真正坚持科学执政、民主执政、依法执政的要求，改进领导班子思想作风，提高领导干部执政本领，改善领导方式和执政方式，健全领导体制，把各级领导班子建设成为坚定贯彻党的理论和路线方针政策、善于领导科学发展的坚强领导集体，才能实现伟大事业和伟大工程。张洪修在《党的建设总体布局中的执政能力建设》（《理论学刊》2007 年第 6 期）一文中提出，党的执政能力建设是党的建设总体布局的重要组成部分，在党的建设总体布局中处于关键地位。它体现着党的建设的前进方向和努力目标，也是党的建设的重点。党的执政能力建设，既是执政党自身建设的一个重要组成部分，又对党的思想、组织、作风、制度等其他各方面建设起牵头、管总作用。对于执政党来说，最重要、最根本的建设就是执政能力建设。就整个党而言，执政能力是与党的根本任务相联系的，要做到长期执政，科学地认识和把握执政规律是根本前提。加强党的执政能力建设，必须紧密结合贯彻落实科学发展观的实践进行。同时，加强党的执政能力建设的过程，既是不断提高党的执政能力的实践过程，也是不断把实践经验上升为理论、深入把握执政规律的过程。要把马克思主义执政理论与党执政的新的实践紧密结合起来，从党的执政理念、执政基础、执政方略、执政体制、执政方式、执政资源和执政环境等方面，不断完善我们党的执政理论体系，努力把党的执政能力建设建立在对客观规律的深刻认识和自觉运用的基础之上，这样才能切实提高党的执政能力建设的水平。

四、党的执政理论、执政规律

2007年，学术界在原有研究成果的基础上，继续对党的执政规律、执政理论和执政方式等重要问题进行研究。

（一）研究和构建中国共产党执政理论和执政学

中国共产党是我国长期执政的执政党，构建具有中国特色和中国政党特色的执政理论和执政学说，开始成为学者们关注的重要话题。王长江撰文《执政意识与执政党意识》（《中共福建省委党校学报》2007年第11期）提出，执政意识问题，是执政理论建设必须研究的一个基本范畴和一项重要内容。在执政问题上树立正确的意识，是科学执政、执好政的前提条件。什么是执政意识？通常的理解有两个方面。一是，从我们党是一个掌握着全国政权并长期执政的党这个角度讲，执政意识就是要有保证权力始终掌握在我们党手中的观念。二是，从对执政党党员的要求讲，即使手中不直接掌握权力，也应该充分认识到自己是执政党的一员，不要把自己混同于一般群众，而要处处从维护党的执政地位的高度来认识问题。这样的概念，基本意思是明确的。但是，作为一个科学概念，“执政意识”又是不准确的，在实践中存在一定缺陷，往往容易引起人们、特别是广大群众的误解、乃至质疑。首先，从用词本身的含义来说，“执政意识”只包含了掌握权力和握紧权力的意识，却没有包括权力属于谁、为谁执政的意识。其次，“执政意识”体现了对权力的关注，但对掌握权力运用权力必须承担的责任却没有相应体现。在党的建设的实践中，强调“权”而忽视“责”，恰是“执政意识”概念这种缺陷造成我们执政既缺乏科学性、民主性，也随心所欲、不依法办事的一个重要原因。所以，建议用“执政党意识”代替“执政意识”的概念。“执政党意识”的概念更能够比较科学、完整地体现本义。所谓执政党意识，简单地讲就是想问题，作决策，办事情，都从“我们是执政党”这个前提出发。执政党首先以手中握有权力为特征。但是，执政党站到这个位置上，是对公众作出了承诺的。掌握了权力的党必须负起执政的责任，努力促进国家的发展和社会的进步，促进人民利益的实现，才能牢固地掌握政权。所谓执政党，就应该是既有执政权力，又有执政责任的党。明确认识到执政党的这两个方面的特点，运用权力的同时又负起责任，对执政的认识才是全面的。这样一种既包括掌权意识、也包括责任观念的对自身“执政党”性质的认知，就叫做“执政党意识”。“执政党意识”具体包括民主意识、责任意识、危机意识、沟通意识、法治意识、服务意识等内容。树立“执政党意识”的基本要求主要有：首先，努力深化对党的十六大提出的两大历史性转变的思考。确切地说，两大历史性转变不是已经完成，而是正在进行过程中。使全党从认识上明确这种转变的重大意义，自觉地推进这一进程，是树立和强化执政党意识的一项必需而迫切的任务。其次，重视思维方式的转变。实现和推进两大历史性转变，没有思维方式的转变是不行的。在这方面，仍然有大量的工作要做。过去的很大教训，就是用革命党思维来思考建设问题，结果不是以斗争代替建设，就是用运动来搞建设。总结这些教训，不能只看问题本身，还要从思维方式上追根寻源。只有彻底摈弃革命党思维，才能避免重蹈历史覆辙。

陈小林在《构建21世纪中国共产党执政学》（《当代世界与社会主义》2007年第3期）一文中提出，中国共产党领导的宏大的执政实践活动需要科学的执政理论来指导，解决中国共产党执政中存在的问题迫切需要构建全新的执政理论，一些长期执政的大党、老党丧失政权的沉痛教训警示我们要构建全新的执政理论，构建充分反映当代马克思主义党建理论最新成果的21世纪中国共产党执政学，已经成为当务之急。构建中国共产党执政学，必须在马克思主义、毛泽东思想、邓小平理论和“三个代表”重要思想指导下，准确把握其学科定位和研究对象，即：中国共产党执政学是对中国共产党执政实践和执政规律进行系统研究的政治科学。它立足于描述中国共产党的执政历程，总结中国共产党的执政经验，揭示中国共产党执政的基本规律，确立中国共产党执政的基本理念，形成能有效地指导中国共产党执政实践而又较为系统、完整的执政理论体系。围绕“为谁执政、靠谁执政和怎样执政”这三个基本问题，21世纪中国共产党执政学的内容体系的基本框架包括12个方面的基本内容。（1）执政本质论。主要阐述中国共产党执政的理念、本质、特点及实现途径，说明中国共产党坚持为人民执政、靠人民执政。（2）执政目标论。主要阐述中国共产党执政的最终目标、中期目标和近期目标以及由此产生的路线、方针、政策等。（3）执政主体论。主要阐述中国共产党执政的主体是全体共产党员，执政骨干是各级领导干部。（4）执政基础论。主要阐述中国共产党执政的经济基础、政治基础、思想基础、阶级基础和社会基础。（5）执政经验论。主要梳理中国共产党由局部执政到全面执政再到长期执政的历史，总结中国共产党执政的经验教训。（6）执政体制论。主要阐述中国共产党如何健全执政体制，如何处理党与民主党派、党与国家、党与社会、党与人民的关系。（7）执政方式论。主要阐述中国共产党如何坚持科学执政、民主执政和依法执政的方式。（8）执政资源论。主要阐述中国共产党如何与时俱进，不断开发丰富执政的经济资源、政治资源、组织资源和文化资源。（9）执政风险论。主要阐述中国共产党在长期执政背景下面临的严峻风险和考验，提出防范执政风险的基本对策。（10）执政能力论。主要阐述中国共产党加强执政能力建设的时代背景、指导思想、总体目标和主要任务，突出执政能力建设是执政党的一项根本性建设。（11）执政作风论。主要阐述中国共产党如何加强作风建设，深入开展党风廉政建设和反腐败斗争。（12）执政环境论。主要阐述中国共产党如何开展政党外交、国家外交和民间外交，建立新型的党际关系和国家关系，不断优化中国共产党的执政环境。

刘红凛在《党的执政理论的历史发展与当代建构》（《求实》2007年第4期）一文中提出，中国共产党的执政理论先后经历了传统的执政观、传统向现代转变的执政观、现代执政观三个历史发展阶段，是一个在执政实践中不断丰富、发展、完善的理论体系。当代建构党的执政理论体系，就是要把马克思主义执政理论与党执政新的实践紧密结合起来，以党的执政能力建设为重点，从党的执政理念、执政基础、执政方略、执政体制、执政方式、执政资源和执政环境等方面进行努力，全面加强和改进党的思想、组织、作风和制度建设。一是执政理念，是执政实践的思想基础和精神支柱，是执政理论之“魂”，内容涉及执政的指导思想、执政本质、执政职能、执政使命等较为具体的内容和范畴，需要对党的性质、党的指导思想、执政功能、执政价值、执政权益等基本问题进行研究。二是执政方略，是执政理念的现实化，是治国理政的“行动纲领”，是整个执政理论之“纲”，内容涉及执政目标、执政道路、治国方略、执政战略等较为具体的内容和范畴。三是执政主体，是执政实践的现实主体，是执政实践的“内因”，内容涉及执政的直接主体、执政能力、执政作风（品格）、执政的间接主体等较为具体的内容和范畴。执政主体可以包括全党、党的各级组织、党的干部、党员。另外，人民当家作主的国家本质决定了党的执政权是人民委托的，人民群众也应该成为间接的执政主体；否则，难以解释党执政与人民当家作主的统一性。四是执政体制，即执政实践机制，也就是党执政的领导体制问题，重点是如何处理党内关系、党政关系、党与社会的关系问题。执政体制是广义上的，包括党自身工作机制，处理党政关系的“执政体制”，依法实施党对社会的政治领导，处理党群、党与政党关系的“施政体制”，执政的监督体制等内容。五是执政方式，包括党内领导方式、对政权的领导方式、对社会的领导方式等。六是执政条件，是执政实践的外在影响因素，包括党的自身建设、执政基础、执政环境、执政资源，涉及党执政的阶级基础、社会基础、法律基础、国际环境、国内环境、世界政党政治环境，以及政治的、经济的、文化的、现实的、历史的、国内的、国际的各种资源。七是执政绩效，是执政实践的成效，是执政实践之“果”，也是执政“合法性”的佐证，涉及执政政绩、执政效率、执政绩效的检验标准（内在）、执政成败的检验标准（外在）等，需要对执政实践成果及实现标志、执政党的规模与执政成本等进行研究。八是执政规律，是执政实践之“度”，其内容涉及世界政党执政的一般规律、各国共产党的执政教训、中国共产党的执政经验与发展规律、中国共产党执政的历史命运等。

姚桓、肖纯柏撰文《掌握科学方式方法　推动党建理论创新》（《党建》2007 年第 7 期）认为，理论创新是极为光荣艰巨的事业。在思想解放和思想混乱并存、理论繁荣与“理论泡沫”同在之际，理论工作者要与时俱进，大胆思考；更要在马克思主义基本理论指导下，坚持科学方式方法，把握正确方向，为党建理论创新作出贡献。具体应当做到：一是动力与标准——以实践的需要作为理论创新的动力，以实践的效果作为检验理论创新的标准，把握理论创新的正确方向。二是事实与价值——把握事实和价值的联系，从变化了的实际出发，坚持正确的价值取向，才能使党建理论创新有利于党和人民的事业。在对变化了的实际情况进行分析时，党建理论工作者必须坚持正确的价值取向，即站在党和人民根本利益的立场上去认识，把握共产党人的价值目标——坚持社会主义和追求共产主义，才能防止在纷繁复杂的现象前迷失方向，克服各种错误思潮的干扰，使党建理论创新真正有利于党和人民的事业。不重视事实是错误的，放弃共产党人根本的价值取向更是危险的。三是经验与理论——理论是经验的概括和提升，要把总结历史经验与现实经验、正面经验和反面教训结合起来，深化对执政党建设规律的认识，发展党建理论特别是执政党建设理论。四是个性与共性——重点研究中国的国情党情，同时积极借鉴人类政治文明的优秀成果，注意吸收外国政党治国理政的有益做法。五是问题与体系——党建理论的成熟和完善表现为形成完整的体系，只有从研究问题出发，逐步深入研究，才能构建理论大厦。现在，形成新体系的一些要求已经形成共识：要以马克思列宁主义、毛泽东思想、邓小平理论和“三个代表”重要思想为指导，以科学发展观为统领，抓住党的执政能力建设和先进性建设这个中心任务等等，把文献研究、调查研究和理论思考结合起来，抓住党政关系、党群关系、党内关系三个关键点，深入研究时代提出的新问题，包括：时代发展与执政党面临的历史性课题，党的领导核心作用的加强和领导方式、执政方式的改进，社会结构变化与党的阶级基础的巩固、群众基础的扩大，党内民主发展与党内和谐的实现、党的战斗力的加强，社会生活新变化、群众工作新特点与基层党组织的功能定位和改革思路，党管干部原则的落实和干部制度的改革，党员队伍变化和先进性建设长效机制的建立等等。

尹书博、叶春涛撰文《从“斗争哲学”到构建“和谐社会”：中共执政理念的新飞跃》（《党史文苑》2007 年第 6 期）认为，在中国共产党 86 年历史发展进程的不同时期，“斗争哲学”和构建“和谐社会”在我们党的政治哲学中占据着不同地位。“斗争哲学”作为一种基本的价值取向，长时期内曾是中国共产党人用以指导革命的思想基础，是中国共产党完成民主革命历史使命的必然选择。中共十一届三中全会以后，党首先从理念上开始对中国特色社会主义道路进行锲而不舍的探索，取得了巨大进展。特别是中共十六届六中全会通过的《中共中央关于构建社会主义和谐社会若干重大问题的决定》，标志着构建社会主义和谐社会已经成为党的基本执政理念，这是一个历史性的跨越，体现在以下方面：第一次明确提出了“社会和谐是中国特色社会主义的本质属性”的重要论断；第一次把“和谐”写入社会主义现代化的目标；构建和谐社会是正确认识和处理社会矛盾的新方法；系统地提出了构建社会主义和谐社会的执政方略。

（二）重视政党执政的一般规律研究

肖纯柏撰文《重视对政党执政的一般规律研究》（《党政论坛》2007 年 6 月）认为，中国共产党执政，既有自身的特殊性，也有与世界上其他执政党相同的共性，因此既要遵循政党政治的一般规律和执政党建设规律，又要考虑工人阶级政党的特殊性，探索共产党的执政规律。政党执政具有共同的规律可循：（1）执政党要赢得民众支持，必须不断提高人们的生活水平，但经济发展与执政地位的巩固不一定成正比。（2）执政党要扩大群众基础，但执政党的党员数量与执政基础不一定成正比。（3）执政党对公共权力的控制无处不在，但执政党与公共权力有一定的边界，政党可以通过各种符合法律规范的手段和途径对政府过程施加影响，但前提是不违背其内在逻辑，不改变权力的法理关系。（4）公民社会的成熟程度，与执政党的成熟程度成正比。执政党对公共权力的控制越合理，执政党在民众中威信就越高。

（三）提高和增强党执政的合法性

杨绍安、兰世惠撰文《为巩固党的执政地位全面开发执政资源》（《社会主义研究》2007 年第 5 期）提出，任何一个党在夺取政权以后，都必须广泛地开发执政资源，为从事执政并且能够长期执政创建深厚的坚实的基础。执政党执政资源的特征在于：一是阶级性，由于政党本身是有阶级性的，所以，执政资源必然服务于执政党所代表的阶级。二是全面性，执政资源既包括党内党外，也包括政治、经济、文化等各个方面。三是动态性，由于执政资源是具有时代特性，它必然随着执政党所处时代和社会环境以及任务的变化，而不断地变化。四是开放性，执政资源总是同社会环境保持着联系和交流，而且各个要素之间也相互影响，由此执政资源呈现出的是一个开放的体系。五是可开发性，执政资源蕴藏在社会的各个领域，同其他资源一样具有可开发性，而且执政党也必须开发新资源，才能保证执政的活力。执政资源的建设与开发，是党的执政能力建设和提升的必然要求，是党的建设的重要任务，直接决定着党的存在与发展。要始终围绕加强党的执政能力建设，以开拓创新的精神全面开发和丰富党的执政资源，巩固党的执政地位。第一，坚持和推动政治体制改革，建立完善的科学的政治体制，开发和扩大党执政的政治资源。第二，坚持经济建设的中心地位不动摇，发展生产力，推进经济建设，开发增强党执政的经济资源。第三，坚持“从严治党”的方针，推进党的自身建设，开发和扩大党执政的组织资源。第四，坚持先进文化的前进方向，发展有中国特色的社会主义文化，开发和扩大党执政的思想文化资源。第五，坚持党的宗旨，以各族人民的根本利益为出发点和落脚点，巩固党执政的群众资源。

于昆在《试析中国共产党政治资源的开发与保护》（《攀登》2007 年第 1 期）一文中提出，政治资源是执政党最直接最核心的资源。政治资源的流失必将导致执政党执政资源的短缺，影响政治系统功能的有效发挥。因此，执政党必须通过加强自身建设、增强政府权威，完善政治制度、加强制度创新，拓宽公民政治参与渠道、健全公民政治参与机制等途径，切实加强对党的政治资源的开发和保护。当前，中国共产党的一部分政治资源正面临着流失的困境，其主要原因是政府权威弱化、制度资源流失、公民政治参与冷漠等。对政治资源进行开发和保护，既是社会发展的需要，也是中国共产党获得执政合法性的迫切要求。为此必须做到：一是加强自身建设，增强政府权威。二是完善政治制度，加强制度创新，包括完善人民代表大会制度、建构与社会经济发展相适应的法律体系、改革和完善政治决策制度。三是拓宽公民政治参与渠道，健全公民政治参与机制。从拓宽公民政治参与渠道来看，（1）健全和完善人民团体和社会各种专业性群众组织，使公民能够通过各种人民团体和社会组织，变零散的利益要求为整体的组织利益诉求，以形成制约政府公共决策的社会制约机制。（2）充分利用大众舆论媒体及时性、公开性和广泛性的特点，不断完善大众传媒的组织机构，使之形成一个多层次、多渠道的新闻媒介网络，为我国公民表达意愿、参与国家政治生活提供便捷的途径。（3）大力加强电子政务建设，构建高效的电子政府，为公民有序的政治参与提供良好的平台和契机。从健全公民政治参与机制来看，除了要继续完善和健全人大组织机构与规范人大选举制度，以及中国共产党领导的多党合作和政治协商制度外，还要着重从以下几个方面进行：（1）建立必要的法律制度，用法律的形式对公民政治参与的内容、范围、方式予以规定并确定下来，使公民参政秩序化、规范化。（2）继续完善和发展基层群众自治制度。（3）健全监督机制，形成以社会公众为主体、大众媒介为向导、各项制度为保障的广泛的监督网，使公众能够参与社会事务、监督权力运作，有效地防止权力滥用等现象的发生。四是加强公民参政的具体制度建设。

牛余庆在《试论中国共产党执政合法性资源中心的转换》（《岭南学刊》2007 年第 3 期）一文中认为，根据执政合法性资源中心的不同，可以将中国共产党执政五十多年的合法性划分为三大类型：意识形态主导型、经济绩效主导型、和谐社会主导型。从建国到十一届三中全会以前这一段时期，党的执政合法性的类型基本上是属于意识形态主导型；从党的十一届三中全会后到党的十六大，党的执政合法性基本上属于绩效主导型；十六大后，党提出构建社会主义和谐社会，标志着党执政合法性资源中心转换为法律社会主导型的合法性资源体系。合法性资源中心的每一次转换都会给党和国家的发展带来巨大的影响，中国共产党之所以选择将未来合法性资源的中心放在和谐社会的构建上，是深入探索党执政规律的必然选择，符合现代民主社会发展的内在要求，是巩固执政合法性的内在要求。通过构建社会主义和谐社会，使主流意识形态始终占据主导地位、执政绩效明显、社会制度化水平提高，党执政合法性就会不断提升。构建社会主义和谐社会的过程，也是一个利益重组、结构调整的过程，如果处理不当就会带来社会发展的不稳定，降低执政的合法性。因此，在构建社会主义和谐社会中，执政党要着重处理好以下几个主要关系：一是执政理念与执政方式的问题。二是执政效率与执政公平的问题。三是发展好与发展快的问题。

于延晓撰文《论中国共产党执政的合法性》（《学习与探索》2007 年第 6 期）认为，中国共产党取得政权，获得民众的认可，这是一种历史的合法性，这标志着取得执政权阶段的结束，同时也是一个新阶段的开始。在新的历史阶段，党执政的合法性理论不应该再建立在历史合法性基础之上，那种认为“执政是历史的选择”必然就是“永久的选择”的观点是不可靠的，其说服力是很不够的，必须谋求观念的转变和基础的重构。政党执政的合法性实质上涉及的是执政权的合法性问题。执政权在中国是特殊的公权力，是权力范畴中最敏感、最核心的部分。所以，执政权与权利以及两者的关系涉及中国法治建设的关键问题。中国共产党提出要“依法治国，建设社会主义法治国家”，如果不解决执政权的来源问题，不规范执政权的运行和合理划分执政权与其他公权力的边界，就不能有效保障人民的权利，执政权就会受到挑战，法治国家的目标也不会实现。因此要以权力与权利的关系为路径来研究中国共产党执政的合法性，探求党执政的现实合法性基础等问题。在中国共产党执政的中国，要证明执政权的合法性，其中包括三方面内容：一是从实质要件上，即执政权来源于哪儿，解决的是执政权的本质问题；二是从形式要件上，即执政权怎样获得，解决的是执政权取得的方式问题；三是从执政权的运行要件上，即执政权如何运行，是否受制于权利，解决的是执政权的运行方向问题。

五、加强党的执政能力建设

加强执政能力建设，是我们党执政后始终面临和不断探索的一个重大课题。党的十六大尤其是党的十六届四中全会以来，学术界对党的执政能力建设研究和著述颇多，在很多问题上达成了共识。2007 年有一些论著对加强党的执政能力建设的对策措施和评价执政能力建设的标准等作了研究和探讨，进一步丰富了党的执政能力建设的研究成果。

王长江撰文《增强规避执政风险的能力》（《中国党政干部论坛》2007 年第 5 期）认为，规避执政风险的能力是一种很高超的执政能力。执政之所以有风险，是因为党掌握了权力。但是，政治学常识告诉我们，权力和责任是对等的。有多大权力，就要负多大责任。从政党政治发展的历史看，还没有哪一个光抓权力而不负责任的执政党能够长期执政。不科学、不负责任地使用权力，不可避免地会导致错误频仍，国家落后，失去发展机遇，最终使执政党的地位发生动摇。我们党是唯一的执政党。所以，一旦发生错误，不仅影响党自身的执政权威，而且整个国家和民族也要承担执政党失误带来的后果。从这个角度讲，增强我们党规避执政风险的能力，比之其他政党都更为重要、更为迫切。遗憾的是，在过去很长的时间里，我们对执政风险的问题是避而不谈的。究其原因，恐怕是因为对“规避”这个提法的理解过于消极，总认为它和我们执政党的身份不相称，有的甚至把它等同于“逃避责任”。这显然是一种误解。规避风险实际上是一种积极的作为。对执政风险保持足够的警惕，正是忧患意识的深刻体现。不愿正视执政风险，等到风险来了再想办法，穷于应付，才是真正的消极，恰恰说明执政能力不够强。应当指出的是，一提到规避执政风险，人们往往较多地关注决策和执行领域。其实，它所涉及的范围要大得多、广得多。例如，执政风险往往因权力过大导致滥用而产生。因此，从根本上说，发展民主才是规避和抵御风险的最可靠的途径。民主多一些，公共权力被认可的程度就要高一些，执政的合法性就要强一些。反之，缺乏民主，政党执掌的公共权力及其行为的被认可度较低，执政风险必然相对增加。可见，如何规避执政风险，应当作为科学执政、民主执政、依法执政的一个综合性和系统性的重大课题来研究。

梁道刚、李灵均在《关于党的执政能力的几个基础理论问题》（《探索》2007 年第 5 期）一文中认为，执政能力建设是党执政后的一项根本性建设。加强党的执政能力建设要求不断深化对党的执政能力问题的理论研究，尤其要加强有关执政能力的基础理论研究，因为基础理论研究是对策研究的根基和前提，对策研究是基础理论研究成果的应用和发展，基础理论研究的成果在某种程度上直接决定或者影响对策研究的成果。可持续执政、执政合法性和执政能力的生成机理等，是执政能力理论体系中的相关基础理论问题。从其内在相关性来看，实现可持续执政是执政党的本能政治追求，维护执政合法性是实现可持续执政的内在诉求，提升执政能力是维护执政合法性的根本要求，探讨执政能力的发生机理是提升执政能力的现实需求。从长远来看，关于党的执政能力的基础理论问题研究最终决定党的执政能力建设的实效性。因此，加强党的执政能力建设，必须深化对党的执政能力的相关基础理论问题的研究。政党的执政能力是执政党运用国家政权对社会进行统治和管理的能力。一个可检验的、无可非议的事实是，执政能力不是与生俱来的，也不是一成不变的。执政能力有其赖以产生的基本要素，有其生成的途径、方式及发展变化的动因与趋势。执政能力建设是一项非常复杂的政治系统工程。执政能力建设的复杂性和系统性源于执政实践活动的复杂性和系统性。在现代政治生活中，执政不是在执政党单独行动中实现的，而是在执政党与社会、国家三方有效互动中实现的。在通常的情况下，这三大要素在不同的时空条件下对执政能力形成和发展的影响和作用不同，因而并不意味着可以在任何时空条件下都对各个问题采取平均用力的办法，在更多的情况下是要根据具体历史条件的需要而对某些突出问题给予更多的关注，以期在某个理论突破点的带动下创新整个执政能力建设的理论体系。探究执政能力的发生机理是执政能力建设中的一项重要基础理论研究。立足于当代中国国情，把上述理论分析框架具体运用到中国共产党执政能力问题的研究中，揭示中国共产党执政能力的发生机理和发展变化的规律性，进而从宏观和微观两个层次上确定中国共产党执政能力建设的现实坐标定位，从而增强执政能力建设的实效性。

王丽华在《党的执政能力结构要素分析》（《中共云南省委党校学报》2007 年第 2 期）中认为，党的执政能力结构是一个多层次的，有机的体系结构，主要包括三个结构要素：一是主观方面的结构要素即执政党的意识形态，是执政能力的灵魂；二是组织方面的结构要素即执政党自身的组织肌体，是执政能力的载体；三是行为（活动）方式方面的结构要素即党的领导方式和执政方式，是执政能力体现的直接途径。因此，党的执政能力建设是一个系统工程，加强党的执政能力建设就是要加强执政能力结构三要素建设，三个构成要素相互联系、相辅相成，缺一不可，党的执政能力建设必须是对三个构成要素的共同、协调的建设。加强党的执政能力建设，必须不断加强和创新党的意识形态；必须不断加强党的自身组织肌体的建设，增强党执政的内在功力；必须转变党的领导方式和执政方式，实现科学执政、民主执政、依法执政。

彭芳在《增强党内民主的程序性，加强执政党的执政能力建设》（《法制与社会》2007 年第 6 期）一文中认为，加强党的执政能力建设是一项庞大的系统工程，影响和制约党的执政能力的因素有很多，其中党内民主缺乏程序性就是一个重要的因素。在我们社会主义国家，民主的本质就是人民当家作主，但人民当家作主并不意味着按照人民中的每一个人的意志来管理国家和社会事务，而是指按照人民中多数人的意志对国家和社会生活中的重大事项进行决定。但实行少数服从多数的原则必须遵循一定的规则才能运行，这些规则的具体化和规范化就是民主的程序化。民主的程序有些是约定俗成的，但更多的是由宪法和法律规定的。民主的程序一旦确定，就不能随意改变。民主的重要特征就是按程序办事，多数人的意志要通过程序才能表现和承认。党内民主程序，是指党的各级组织在处理党内政治生活时所必须遵循的方式和步骤，即用什么方法和形式去处理党内的政治生活以及处理党内政治生活必须遵循的先后顺序原则，方式和步骤共同构成了党内民主程序。尽管党章对党内民主也有个别程序上的规定，但从总体来看，这些程序规范既缺少详细、完备的方法和形式，又缺少严密、科学的顺序排列。长期以来，对党内民主的讨论，更多的是局限在理性思辨上，很少从程序规范的角度去探索建立党内民主的保障机制，而党章对党内民主规定又比较概括和原则化，因此造成了党内民主在实际执行中的走样。总结历史经验，在中国的民主化进程中，除了经济、社会的相应发展外，更需要加强将民主精神运用于实践的民主规则、民主程序及其相应的民主意识等的培养和建设。为提高党的民主水平，加强党的执政能力建设，必须增强党内民主的程序性建设。一是党内权力产生的程序。二是党内权力赋予的程序。三是党内权力的行使程序。四是党内权力终止的程序。

叶顺煌撰文《充分发挥人民团体的作用，努力增强党的执政能力》（《学会》2007年第5期）认为，我国的人民团体一般是指参加中国人民政治协商会议的工会、共青团、妇联、科协、青联、侨联、台联、工商联和不是政协参加单位的文联、社科联等组织，这是具有中国特色的人民团体，既不同于西方国家的非政府组织，也不同于我国的民间社会团体，更不同于以管理或营利为目的的行业性组织。其主要特点是接受中国共产党的领导、代表界别群众的利益、按照《章程》履行职能、在国家法律框架内公开活动、组织网络健全和联系广泛、品牌项目众多和比较活跃。我国的人民团体历来就有“党有号召、群团有行动”的政治宣言。如今，应当发挥人民团体在增强党的执政能力方面的作用：一是充分发挥人民团体是党和政府联系群众的桥梁、纽带的优势和作用，在构建社会主义和谐社会中有所作为。二是充分发挥人民团体人才济济、智力密集的优势和作用，在提高自主创新能力中有所作为。三是充分发挥人民团体网络健全、联系广泛的优势和作用，在建设社会主义新农村中有所作为。四是充分发挥人民团体交流活跃、交往方便的优势和作用，在服务祖国统一大业中有所作为。五是充分发挥人民团体根植民间、人多势众的优势和作用，在提高全民科学素质中有所作为。

六、党的思想、组织、制度、作风建设

党的十七大精辟阐述了党的建设总体部署，在突出党的执政能力建设和先进性建设主线的同时，强调加强党的思想建设、组织建设、作风建设、制度建设和反腐倡廉建设等五个方面，这使得新时期推进党的建设新的伟大工程的路径更加清晰完整。2007年党建学术界在以往研究的基础上，继续对党的思想、组织、制度、作风建设等方面作了大量研究，取得了不少有价值的学术成果。

（一）关于党的思想理论建设

王长江在《以改革创新精神全面推进党的建设新的伟大工程》（《中国特色社会主义研究》2007年第6期）中提出，我们党是一个非常善于理论思维的党，最突出的一点就是把马克思主义的基本原理和中国国情相结合，产生出我们自己的有中国特色的思想。党的十七大报告特别突出的就是提出了中国特色社会主义理论的问题，“我们开辟了中国特色社会主义道路，形成了中国特色社会主义理论体系”，这句话表明我们到现在已经对中国特色社会主义的理论体系大体上是个什么样子，对中国特色社会主义

的实践进行到了比较成熟的程度，有了一个总体认识。但是，十七大召开以前有一些杂音，怀疑我们的路是不是走错了，我们的路是不是有问题了。我们提出中国特色社会主义理论体系，提出我们坚持中国特色社会主义道路，就是对这些问题的非常有针对性的直截了当的回答。众所周知，传统的社会主义和现在所说的社会主义本质上有所不同，传统社会主义是计划经济的社会主义，而我们现在搞的是市场经济的社会主义。我们在不断探索，摸索什么是我们社会主义发展的动力，那就是"改革开放"。人要追求利益，利益需要通过市场交换来实现。由此我们终于走上了市场经济的道路，搞起社会主义的市场经济。诸如此类，改革开放过程中想没有问题那是不可能的，肯定会出现问题。怎么去认识这个问题，就有一个思想理论的问题，就有一个观念的问题，就有一个世界观的问题，说到底就是党的思想理论建设的问题。所以，我们必须加强党的思想理论建设，进一步把我们的理论推向完善，进一步扫除过去对马克思主义理解中僵化的东西，把马克思主义没有的东西强加上去的以及错误的观点。从这个角度加强思想建设，完善理论体系。从这样的角度看，十七大应该说对我们党的理论进行了新的概括，形成了中国特色社会主义理论体系，从这个角度讲，应该说它的意义是非常重大的。

万军在《意识形态与政党关系刍议》（《中共云南省委党校学报》2007 年第 2 期）一文中认为，意识形态是党的思想和理论上的旗帜，是党对现实政治环境提出的诸多挑战的反应和回答，代表了一个政党的基本理念和理论上的最高水平，同时，鲜明有力的意识形态一向是政党克敌制胜、争取民心的法宝之一。只有与时俱进，才能始终适应现实的发展，不断赢得群众的支持和拥护。因此，必须高度关注执政党的意识形态建设及成本。在实践中，有两种主要途径可以推进一个政党的事业，一是建立以暴力为后盾的强制性力量，另一个是依靠意识形态获取广泛的社会认同而产生的自觉服从的力量。有效的意识形态工作，可以最大限度地降低群体内部的摩擦，降低政策执行的成本，凝聚意志，团结精神，大大提高执政的效率。为了实现廉洁执政，高效执政，科学执政，要求我们要高度关注执政党的意识形态建设。同时，意识形态成本是执政党必须付出的执政成本之一。意识形态不是无偿的，它的形成、发展和维护都是需要付出艰辛努力的，这种努力不仅仅是思想上的探索，也需要物质、技术和组织上的整体配合，这就是意识形态成本。它贯穿于意识形态形成发展的全过程，和政治成本、经济成本、文化成本一样，是执政党必须付出的执政成本之一。在这一成本中，理论上的创新是首要的，要消耗执政党大量的时间、精力、财力、物力和人力，这是执政党意识形态构成的一个重要特点。意识形态建设必须放在执政党进行国家管理活动的大局中进行综合考虑，必须服从和服务于执政的总体考虑。对于一个成熟的执政党来说，意识形态建设和经济建设、政治建设、文化建设、社会建设一样，都应该是其整体治国方略中的一个有机的部分，应该有一个相对稳定并且合理的投入比例和投入机制。在全球化时代，执政党的意识形态走向灵活性、兼容性、中间性的偏好，阶级性、地区性、职业性等特质越来越少，适用于或者说取悦于普通大众的因素越来越多。这对中国共产党意识形态建设的启示：一是要坚持原则性，二是要突出包容性，三是要追求合理性，四是要重视合法性，五是要讲求实效性。

（二）关于党的组织建设

魏宏、王川等撰文《在发展党内民主中加强和改进党的组织建设》（《马克思主义与现实》2007 年第 1 期）认为，发展党内民主对党的组织建设具有重要价值作用。发展党内民主对党的组织建设提出了新要求：一是发展党内民主必须改革和完善党的领导体制。二是发展党内民主必须坚持民主与集中相统一。三是发展党内民主必须以民主制度建设为根本。四是发展党内民主必须坚持党员的主体地位和保障党员的民主权利。五是发展党内民主必须坚持以"群众公认"为干部工作的价值取向。但是必须看到，当前在发展党内民主中，党的组织建设存在一些问题，主要有：（1）常委会、全委会、党代会的职能错位。（2）党代表的产生、结构和作用发挥体现民主不够。（3）班子运转中集中有余民主不足。（4）制度机制建设滞后。（5）基层党组织建设与党员的要求差距较大。加强和改进党的组织建设，要以发展党内民主为主线，以党员平等关系和民主权利为基石，以改革和完善党的领导体制为突破口，以制度体系建设为保障，以充分调动党员积极性、创造性和增强党组织的生机与活力为目的，走出一条靠制度、靠机制发展党内民主的新路子，实现党内民主与党的组织建设互动、互促、互补。首先，规范党内权力配置，理顺党代会、全委会、常委会的权力关系。其次，改革和完善党的代表大会制度。第三，改革和完善党的委员会全体会议制度，逐步扩大全委会权力。第四，建立健全民主科学的决策制度体系。第五，建立健全严密高效的民主监督体系。第六，建立健全以"群众公认"为价值取向的干部工作机制。第七，建立健全以落实党员"选举权"为核心的选举制度。第八，以"人民满意"为价值取向切实加强基层组织建设。

陈飞虎在《新时期加强企业党建工作要把握的几个重要问题》（《理论前沿》2007 年第 1 期）一文中认为，面对新形势新任务，全面推进加强党的建设这一新的伟大工程，企业党建工作也必须与时俱进，积极探索发挥企业党组织政治核心作用的体制、机制、途径、方法，保证企业改革沿着正确的方向前进。企业党建工作要把握好几个重大问题：一是必须坚持党对国有企业的政治领导，确保国有企业正确的政治方向。二是必须坚持围绕企业生产经营中心任务，发挥党的政治核心作用。三是必须坚持按现代企业制度运作，把发挥党的政治优势与运用市场机制有机结合起来。四是必须坚持全心全意依靠工人阶级的方针，调动和保护职工群众的积极性和创造性。为此，要积极探索发挥企业党组织政治核心作用的途径：一要明确党组织参与重大决策的程序和方法。二要建立企业领导班子管理的新机制。三要以党的先进性建设为核心，以创建"四好"领导班子为载体，加强企业党的建设。

周放在《创新党的基层组织建设，构建城乡统筹的基层党建新格局》（《探索》2007 年第 6 期）一文中认为，创新党的基层组织建设，构建城乡统筹的基层党建新格局，其基本内涵是：在中国共产党党章和党建理论指导下，以统筹兼顾城市党的建设和农村党的建设为主线，以企业、农村、机关、学校、科研院所、街道社区、社会团体、新经济组织、新社会组织和其他基层单位为主要对象，以新型社区、"两新"组织、农民工党员、流动党员党建工作为重点，以建立健全与城乡统筹发展的经济社会体制相适应的基层党组织体系，建立健全城乡党的基层组织互帮互助、共建共享机制，构建城乡党建整体交融体制为目标的新型基层党建格局。构建这一新格局的总体思路是："固基筑屋，拆墙铺路，多元渐进，逐步融合"。具体路径及相关措施主要包括：第一，找准创新党的基层组织建设，构建城乡统筹的基层党建新格局的突破口。第二，抓住"组织建设的城乡统筹"这一重点，实现城乡党建资源的整合。第三，创新城乡基层党组织活动形式，逐步形成有利于城乡统筹基层党建工作的互动、联动机制。

邢孟军在《发挥"非公"经济领域党组织作用的路径选择》（《大连干部学刊》2007 年第 7 期）一文中提出，当前随着非公有制经济的快速发展，新社会阶层不断壮大，中国社会出现了一大批"非公"经济组织。非公有制经济是我国社会主义市场经济的重要组成部分，是党执政的重要基础，也是党建的重要领域。中国共产党要落实科学发展现、构建社会主义和谐社会、加强执政能力和先进性建设，就必须在"非公"经济组织中积极开发组织资源，充分发挥"非公"经济领域党组织作用。一要积极拓展党在"非公"经济领域的覆盖面。二要大力推进"非公"经济领域党员队伍建设。三要切实发挥"非公"经济领域党建工作的作用，包括：（1）积极履行监督职责，引导和监督"非公"经济组织遵守国家法律、法规，依法开展诚信经营活动。（2）强化参与决策能力。党组织要积极争取业主和管理层对党建工作的支持，通过建立健全职工代表大会、重大事项集体讨论、厂务公开等制度，搭建企业与党组织、业主与员工的交流沟通平台，为党务工作者参与企业决策提供制度保证。（3）主动搞好维权服务。党组织要不断强化"在服务中维权、在维权中服务"的意识，关心和维护各方的合法权益，协调处理好业主与职工之间的利益关系，关键是要引导业主树立合法用工、关心职工合法权益的意识。（4）切实发挥示范作用，以实际行动感召、取信、凝聚业主和员工，增强党组织的影响力和吸引力。

（三）关于党的制度建设

党的制度建设依然是 2007 年执政党建设中人们比较关注的问题，一些研究者对党内制度的运行机制和制度间的有效衔接等问题作了深入探讨。

蔡霞在《党内制度建设的几个重大问题》（《理论动态》2007 年 3 月 10 日）一文中认为，从不断推进党内民主的健康发展着眼，党内制度建设中还有一些迫切需要解决的重大问题必须提出来讨论和思考。首先，党内制度是一个完整的制度体系。党内民主制度必须是一整套制度安排，而不是某几项零散的条例、规定，至少包含四个层面：一是党内权力结构层面，着眼于正确处理党员民主权利与党内权力的关系，安排设置党内权力的合理构架，即党内的权力体制；二是党内运作机制层面，根据党内权力与权利的互动规律来设计一整套制度链，使各项规则之间有机结合、相互补充、配套衔接，形成规范的权力运行机制；三是保证党内权力运作各项规则能够实际操作的程序性规定；四是处理党内事务的具体工作规定和约束个人行为的纪律要求。党内制度建设，首先需要思考究竟构建一个什么样的党内制度环境。其次，必须正视解决党内权利与权力关系的严重不平衡问题。在党内权力授受方面，党内选举制度的不健全实际上限制了党员的民主权利。并且，党内缺乏对领导机关、领导干部的质询、审计、罢免的制度安排，因而一旦选举授权后，党员便事实上难以有效制约领导机关和党员干部。在党内决策方面，在党内制度中对党员权利只有原则表述而无明确的程序规定，结果党员参与党内事务就成了领导征求意见“发扬”民主的体现，而不是党员自身不可剥夺的权利，导致党员权利虚化。在党内监督方面，看起来党内监督的重点对象是明确的，但谁来监督他们却不明确，党内监督的主体是虚置的。第三，必须克服党内权力构架中的重大缺陷问题。由于制度缺项，在党内体制层面，导致党内权力关系倒置、权力配置失衡和权力限制失缺。第四，制度建设必须朝着形成健全的权力运行机制方向发展。需要根据党内权力与权利的互动规律来设计一整套制度链，使各项规则之间有机结合、相互补充、配套衔接，建立党内权力运行的科学机制，保证党员对党内权力运行的实际控制。这一权力运行机制，至少要包含三个方面的考虑：一是权力的公开透明运行，杜绝暗箱操作；二是权力在一定轨道上运行，防止权力运用无边界、无规矩；三是权力的公开透明和规范运行制度必须具有高度的刚性权威，防止制度的弹性化，使制度权威高于人的权威。同时，要做到权力的规范运行，还必须解决制度规定的程序建设问题。第五，坚持党内民主制度的价值理性与工具理性的统一。就制度的工具理性而言，党内制度的制定和实行是要减少党内协调成本，形成和维护党内的一定秩序。就制度的价值理性来说，党内民主制度的制定和实行，必须体现党员是党的事业的主人，党内一切权力归党员所有，党员通过直接或间接方式决定党内重大事务，控制党内权力。

任铁缨在《关于党内制度的衔接》（《理论动态》2007 年 3 月 10 日）一文中认为，一般来说，党的制度可分为三个层次，即根本制度、基本制度和具体制度，但无论哪个层次的制度最终都要涉及这样三方面的衔接，即党内单项制度内部结构的衔接、党内制度彼此之间的衔接、党内制度与党外制度相互的衔接。为此，加强党的制度建设，一是搞好党内单项制度内部结构的衔接。一般来说，党内单项制度内部结构至少应包括三个部分，即实体性、程序性和保障性规定。加强党内单项制度内部衔接，就是要在实体性、程序性、保障性等规定的自身找问题。在实体性方面，应防止可能的相互矛盾，在程序上要防止缺位，保障性规定也不可缺位。二是搞好党内制度彼此之间的衔接。尽管建立每项制度的初衷是好的，但其管用不管用，不能看每个单项制度，单项制度再好，但如果与其他制度撞车的话，不仅是不管用的，而且是有害的。这就首先要处理好党内上位法规与下位法规的衔接，同时，处理好党内同等制度间的衔接。三是党内制度建设要注意与党外制度的衔接。中国共产党作为执政党，其党内制度是党外制度建设的重要保证。同时，健全党外制度也有助于推动党内制度的建设。但既不能以党纪代替国法，也不能以国法代替党纪。党内制度与党外制度的衔接，还要善于把党内制度转化为国家法律法规，通过法定程序使那些经过实践检验、比较成熟的规定上升为国家法律法规，更好地用制度和法律规范权力运行。

王长江在《以改革创新精神全面推进党的建设新的伟大工程》（《中国特色社会主义研究》2007 年第 6 期）一文中提出，制度不是具体的要素，制度是制度要素之间相互连接形成的网络系统。从这个角度去观察，我们确实一直强调制度建设，但是实事求是地说，我们过去强调制度偏重于提要求，做规定，制定更多的条例。我们要看到，光有要素是不够的，今后制度建设的重点应当转移到制度体系的建设上来，就是怎么把它连起来，尤其是有机地连起来，这条太重要了。十七大报告在很多方面体现了下一步我们制度建设的重点是要把它有机地连起来这样的思想。十七大报告里关于制度建设方面的思想至少有三个特点：一是系统性，从反腐倡廉上凸显出来。二是全面性，在民主制度建设方面体现得非常突出。民主民主，就是它对权力运作的要求，既然是权力运作，那么你权力从何而来，来了由谁使用，使用后由谁监督，所有环节都应该体现民主。三是整体性。比如说监督，怎么监督？实际上是有不同的监督，监督与民主之间有密切的联系，但并不等于说所有的监督都是民主。实际上，监督有两层意思：一方面是把权力授给了你，我当然得监督你的权力运用了，要看着你的权力运作，这是民主监督。另一方面，我手里有了权，我要落实这个权力，我要运用这个权力，就要建立一个系统来执行，这叫执行系统，我需要能干的人来执行，这些人我来任命，我任命这些人怎么用，如果自己看不住，建立一个监督机构来监督，这是行政监督。行政监督是必要的，民主监督也是必要的，不能用行政监督来代替民主监督。所以这两种民主都要发展。从十七大报告里，这样一种整体性我们就看出来了，一方面集中监督非常明确地提出了巡视制度，巡视制度就是上面对下面监督，另一方面还要扩大民主监督，民主监督包括让权力运作在阳光下。这些思想都落到实处，我们的监督才是完全的，我们对权力的控制才是科学的，我们党才能真正地做到科学执政、民主执政、依法执政。

王立新在《党代会常任制实施的困境分析及对策建议》（《理论学刊》2007 年第 11 期）一文中认为，党的十七大报告明确提出，要“完善党的代表大会制度，实行党的代表大会代表任期制，选择一些县（市区）试行党代表大会常任制”，表明党代会常任制完全可能并有待于在党内民主建设中发挥更加重要的作用。党代会常任制是党内民主的核心制度，能够推动党内民主制度的全面建立，能够从根本上消除党内权力过分集中的现象，也有助于决策的科学化民主化。因此，实施党代会常任制的根本意义在于这是一项根本性的制度改革。但是，现在实施党代会常任制陷入了困境，试点效果不够理想。究其原因，一是思想认识尚未统一，二是传统体制阻力较大，三是基层推进动力弱小，四是成本较高效率较低。真正意义上的党代会常任制是围绕党代会年会制和党代表常任制两项核心制度而展开的系统的制度，具体包括：党代会年会制、党代表常任制、党代表任期制和轮换制、党代表和党员权利保障制度、党代表大会是同级党的最高权力机关制度、民主和竞争选举党代表制度、党委会和常委会向党代表大会报告工作制度、党代会对重大事项决策制度、党委会及常委会接受党代表大会监督制度、党代表与党员群众联系制度。上述制度紧密相联，不可分割，共同构成了党内民主制度的基本内容，构建了党内民主的制度基石。进一步把党代会常任制改革推行下去，有必要给改革注入强大动力：一是深入认识党代会常任制的民主意义和政治意义，增强改革的思想动力。二是建立以党委书记为首的领导小组，增强党代会常任制改革的上层动力。三是充分发动广大党员进行有序的党内政治参与，增强党代会常任制的下层动力。四是切实保障党员的民主权利。王树春撰文《党内监督领导体制与权力架构研究》（《黑龙江社会科学》2007 年第 1 期）认为，实践证明，党内监督的落实总是同科学合理的监督领导体制和权力架构联系在一起。党内监督的实现必须以强有力的领导体制为基础和支撑。中国共产党的监督领导体制，截至目前已形成以党内专门监督机关为核心的党内监督与党外监督相统一的监督体系。这套监督体系和制度对于保证党为人民掌好权、用好权，保证党的决策的民主化、科学化，保证党的先进本色曾经起到重大的历史作用。但这种体制在许多方面存在着不足和缺陷，包括监督关系不对称、监督权重不对称、监督方式和效率不对称。党内监督的实现不仅有赖于合理的领导体制的支撑，而且急需以党内权力的科学配置作保障。党的领导体制的实质是权力的科学配置，因此，实现党内监督很重要的是落实党内监督权。在现有体制下，党内监督权主要是指党员、党代表、党的组织和党的专门监督机关等监督主体，按照党规党纪所拥有的监督权力。这些监督主体在实践中也发挥了一定的监督作用，但在监督层次和深度上还存在不少缺陷，特别是在监督权能上还不尽合理，主要是：党员对党组织的监督失效、党的上下级组织之间监督失衡、党代会对党委会的监督失位。要克服这些不足，实现党内有效的监督，必须抓住以下关节点：一是切实落实党员民主监督权，包括评议权、质询权。二是充分发挥党代会对党委会、常委会的监督职责，强化党代会在全党中的决策和监督作用，赋予党代会以更大的权力，这个权力应包括重大问题的决策权、重要干部任免权、重大规划审议权、重要机构和领导人的罢免权。在条件成熟的情况下，应加快推进党代会常任制。三是改革创新党内监督领导体制。首先是实行“平行式”监督领导体制；其次是实行“制衡式”的监督领导体制。所谓“制衡式”的领导体制，就是在党内实行三权分立，即党代会行使决策权、党的委员会及其常委会行使执行权、党的纪检监察机关行使监督权，职权独立，各负其责，并在这一基础上成立三个委员会，即党的决策委员会、执行委员会、监督委员会；再次是实行半垂直式监督领导体制，即在中央一级必须保持中央委员会对纪律检查委员会的领导模式，从省以下实行垂直领导，即党的上级纪检监察机关直接独立领导党的下级纪检监察机关，党的下级纪检机关的人、财、物均隶属于党的上级监察机关。

（四）关于党的作风建设和反腐倡廉建设

反腐倡廉建设是党的十七大提出的党的建设新布局中一个重要组成部分，党建理论界对此作了研究。

刘益飞在《领导干部作风建设有赖于政治体制改革的推进》（《理论动态》2007 年 3 月 10 日）中认为，领导干部作风建设具有特殊重要的意义，领导干部的作风建设不好，整个党的作风建设就会形同虚设。政治体制改革的滞后是领导干部作风建设滞后和不力的一个重要原因。从一定的意义上说，有什么样的政治体制，就会有什么样的官员作风。譬如，在一个法制比较健全的政治体制下，官员的依法办事、求真务实的作风就会比较好；在一个民主的、权力监督包括舆论监督比较健全的政治体制下，官员的民主作风、廉洁自律作风就会比较好。反之，在缺乏民主、法制的政治体制下，要纠正官员的一些作风弊端，往往就很困难，或者是好一阵、坏一阵，难以从根本上解决问题。因此说，不积极推进政治体制改革，领导干部的作风问题很难从根本上得到解决。从推进领导干部作风建设的角度，以下的一些思路和措施是值得重视的：一是积极推进公共财政制度的建立。二是积极推进社会主义民主政治建设的进程。三是在政治体制改革中，还有许多举措与领导干部作风建设息息相关。只有坚持不懈地推进政治体制改革，领导干部作风的根本好转才会充满希望。

赵建春撰文《构建干部作风建设的长效机制》（《中共郑州市委党校学报》2007年第2期）认为，当前干部作风上存在的脱离群众、形式主义、官僚主义等问题，既有干部主观方面的原因，又有体制方面的原因。加强干部作风建设，要靠教育，更要靠体制和机制创新。要着力从制度和机制层面入手，努力构建干部作风建设的长效机制。一是从勤奋学习、提高素质抓起，构建干部理论学习和学习成效考核评价长效机制。二是从密切联系群众抓起，构建党员干部联系群众、服务群众的长效机制。三是从廉洁从政抓起，构建加强干部廉政管理的长效机制。四是从发扬民主抓起，构建作风建设、民主监督落实机制和科学的权力制约机制。五是从务求作风建设实效抓起，构建作风建设的考核、奖惩机制。

常光民、唐晓清在《健全执政党拒腐防变机制的思考》（《政治学研究》2007年第1期）中认为，腐败的滋生是一个综合性社会问题，防止和遏制腐败，需要系统地进行研究和科学设计。健全执政党的拒腐防变机制，就是运用系统论方法和控制论原理研究遏制腐败的重要探索和尝试。强调执政党拒腐防变中的“机制”建设，重点是揭示反腐败系统中各种要素的内在关系，把握党风廉政建设和反腐败斗争中各个环节的协调互补、制约互动关系，运用系统控制论原理研究建立防止和遏制腐败的体制、制度和环境氛围，充分开发反腐败动力资源，激发党内和整个社会反腐败的积极性主动性创造性，最大限度地发挥反腐败系统的整体功能和监控作用。执政党拒腐防变机制的功能和作用主要体现在系统整合、系统控制和系统运转动力三个方面：首先，拒腐防变机制是有机联系的整体，具有系统整合功能。第二，拒腐防变机制是有效控制的体系，具有系统监控功能。第三，拒腐防变机制是有序运转的体系，具有系统动力功能。构建执政党拒腐防变的运行监控机制，就是针对腐败产生的原因进行系统综合控制，形成不想腐败、不敢腐败、不能腐败的有效机制，从源头上遏制腐败。为此，一要健全执政权力运行监控机制。二要健全执政党拒腐防变的制度体系。三要健全执政党拒腐防变的文化氛围机制。四要建立执政党拒腐防变的动力机制，包括构建以党内民主为基础的执政党反腐败内在动力机制；构建人民群众积极参与的反腐败外在动力机制。五要建立充分调动各方面积极性的反腐败激励机制。

张书林在《论党内巡视制度》（《宁夏党校学报》2007年第6期）中认为，党内巡视制度具有重要的存在价值，它是一党执政体制下强化对执政党监督的重要方略，是完善现行纪检机构领导体制的重要举措，是推进党风廉政建设的重要法宝，是密切党群关系的重要途径，也是防止干部“带病提拔”的重要渠道。与其他的党内监督形式相比，党内巡视监督有自己鲜明的特点：其一，归属于自上而下的监督，是典型的上级对下级自上而下的监督。其二，着重于对“一把手”的监督。其三，着重于对权力运行的监督。其四，运作的规范性。党内巡视的运作是制度化、规范化、程序化的，是要严格按照规则和程序来操作的。其五，巡视时间的相对固定性。巡视组开展巡视工作的时间是相对固定的，也是比较长的。其六，巡视工作的连续性。其七，巡视方式的灵活性。为进一步加强党内巡视工作，必须做到：一是建立党内巡视工作责任制。二是建立党内巡视工作的保障机制，包括巡视组的职权保障、巡视工作的经费保障、巡视组工作人员的人身安全保障等。三是建立党内巡视中发现问题的处理机制。四是建立党内巡视公开制度，实行巡视的全程公开。五是建立党内巡视工作的长效机制，避免巡视的运动主义倾向。六是自上而下的党内巡视要与自下而上的党内监督相结合。七是加快巡视制度的体系化建设，形成完备的巡视制度群，以党的规范性文件的形式将党内巡视制度的运作纳入“党规党法”的轨道。

靳连芳撰文《“公款消费”居高不下的潜规则分析》（《中国党政干部论坛》2007年第7期）认为，在关注“公款消费”显问题中反映出的显规则缺失的同时，绝不能忽略“公款消费”居高不下中存在的潜规则。“公款消费”居高不下的潜规则，其关键词就是个“公”字，是通过堂而皇之的“公务”而达到满足个人或者少数人利益的一种彼此间心领神会的公权与私利的交换规则。主要体现为：一是“公款消费”的高低层次不再与简单的消费水平画等号，它演变成是当事人有能力、有本事、有地位的象征。二是“公款消费”是一些干部在纪律约束和实现自身利益博弈中所做的风险最小、收益最大的选择。所谓风险最小是指不用冒仕途发展的政治风险，收益最大则指可以获得多方面的实际利益，特别重要的是增加了个人发展的“私人筹码”。三是“公款消费”在众人对其拼命追逐欣赏的氛围中自觉不自觉地成为领导者的一种工作方式和方法。四是“公款消费”是在“公”字名义下搭建双方相互提供大到工作交往小到私事开绿灯的平台。五是“公款消费”的畸形膨胀源于人们在畸形心理的宣泄中达成了某种共识，公家的东西不吃白不吃、不拿白不拿。产生“公款消费”居高不下潜规则产生的原因包括历史的惯性作用、缺乏正确的权力观、产权主体地位某些方面虚化、政府某些部门权力无边、部门利益作祟等多方面。消除“公款消费”居高不下的潜规则需要多管齐下、综合治理。(1) 重塑各级干部人民公仆的形象。(2) 完善政府管理体制：一是合理界定各级政府的事财权，明确划分各级政府的公共支出责任。二是切实转变各级政府职能。切入点是切实变“部门行政”为“公共行政”。(3) 推进公共财政体制改革，使公共财政在阳光下运作，接受全体纳税人监督。(4) 堵塞公务消费漏洞，建立科学合理的制度。

七、党内民主与党内和谐

党内民主，是近年来党建理论界广泛关注的问题，取得了不少有价值的研究成果。党的十七大提出“人民民主是社会主义的生命”，这是中国共产党对人民民主重要性的最高概括。党内民主对人民民主具有重要的示范和带动作用。因此，发展党内民主，对推进人民民主，发展社会主义等具有重要作用。2007年，党建学术界对党内民主的结构和特性、党内民主建设面临的形势、党内民主与党内和谐关系以及发展党内民主的对策等重要问题做了深入研究。

（一）党内民主的结构和特性

郭金玲在《党内民主的结构论析》（《河南师范大学学报·哲社版》2007年第5

期）一文中提出，从自身结构上讲，党内民主应包括三个方面：党内民主意识、党内民主制度和党内民主行为。党内民主就是在三者的有机结合和相互促进中建立和发展起来的。在党内民主结构中，党内民主意识是党内民主的心理形态，是实施和发展党内民主的思想前提和心理动因；党内民主行为是运作层面的党内民主，是以民主意识引发和民主制度保障的党内民主，主要体现为党内民主的原则、方法和作风，是最具实践意义的党内民主；党内民主制度是党员的民主权利和党内民主原则得以实现和落实的保障，制度具有根本性、全局性、稳定性、长期性的特征，认识和发展党内民主首要的和根本的就是把党内民主看做是一种制度；就党内民主结构的三个层面而言，党内民主意识是核心，党内民主行为是关键，党内民主制度是保障。

苏伟在《民主的共性与党内民主及其发展关键》（《理论探索》2007 年第 4 期）一文中认为，与人民民主相较，党内民主具有以下特性：一是前提和归宿不同。人民民主的前提是人民群众对自己特殊利益的认定和追求，而党内民主的前提则不是共产党对自己特殊利益的认定和追求。党内民主的前提在于党对自己的服务对象——人民群众利益的认定与追求。因此，党内民主的终极目的，是最有效地维护人民群众的根本利益。二是体现的价值原则不同。人民民主体现的是“利益原则”，而党内民主体现的则是民主原则基础上的“科学原则”——遵循群众路线和民主集中制度，科学地揭示国情特点与社会发展规律，正确地制定党的章程、纲领和路线、方针、政策，并有效地贯彻实践之。三是保障体系不同。人民民主的保障体系是国家法律，党内民主的保障体系则是党规党法和党的纪律。四是党内民主还有着更高层次内容——民主化的党内组织生活。由此，发展党内民必须抓住三个关键：一是加强党内民主制度建设。二是努力实现党员群众主体与党内民主制度客体的统一。三是使党内组织生活和政治生活民主。

（二）发展党内民主的对策与措施

林尚立在《制度整合发展：中国共产党建设的使命与战略》（《毛泽东邓小平理论研究》2007 年第 4 期）一文中提出，中国共产党党内是有制度积累的，也是有制度规范的。现在面临的最大问题是：有制度，但制度运行不正常甚至不运行，结果，制度虚置甚至失效。产生这种状况的根本原因，就是党内民主不够。民主的动力来自人与制度的有机互动，来自权利与权力的有机互动。一旦权力成为组织的绝对主宰力量，制度就可能被虚置，权利就无法获得保障，相应地，民主的动力自然也就逐渐消退。所以，党内的权力监督不是通过完善集体领导层的决策程序就能够实现的，而是要通过制度的运行和整个党内的民主成长。民主成长所带来的“制度到位、权利到人”的效果，自然能够产生党内权力监督的组织氛围、监督力量与监督机制。权力一旦受到约束，制度的权威就能确立，制度的运行就有保障；制度一旦生效，制度所保障的权利就能落实到每个党员身上，党员就能回归组织，就能成为党内正常政治生活的建设者与维护者、规范运行党内权力的有力监督者。由此可以得出结论：创造性党建的现实落脚点就是通过有效的制度运行，全面激活党内民主；同时通过党内的民主建设，完善党内制度体系，使执政党真正成为全面制度化的政党。创造性党建的具体操作空间，就是科学定位党内民主并有效运行。科学定位党内民主，就必须解决党内民主与国家层面的政治民主、与社会层面的社会民主如何联系和协调的问题；有效运行党内民主，就必须解决党员参与、民主监督、民主选举、民主协商、民主决策的体制、机制与运行方式问题。

吴其良在《中国共产党党内民主发展的难点辨析》（《探索与争鸣》2007 年第 7 期）中提出，党内民主问题历来是中国共产党自身建设的一个重大问题。由于历史与现实的原因，在党内民主发展的过程中，也还存在着若干的难点问题需要我们去探讨和解决。考察中国共产党党内民主发展的历史与现状，党内民主的发展其难点主要在于：组织文化传统的制约、理论期待与实践的落差、发展战略的模糊、民主集中制的缺陷、实体民主与程序民主的脱节、发展动力的匮乏。

蔡霞撰文《关于发展党内民主的实践与思考》（《学习月刊》2007 年第 7 期）认为，十六大以来，我们党在发展党内民主上进行了一系列实践探索，其亮点包括：干部任用制度的改革、党代表大会常任制、实施党务公开、加强了权力的监督、试行票决制、健全全委会集体领导制度等等。过去，我们往往把党内民主看成一种民主原则，其实党内民主必须依靠一整套的制度安排来保障和实现。其核心是党员的民主权利和党内领导权力之间的关系如何达到相对平衡，使党员真正能够在党内作为党的事业的主人参与党内事务，对党内的权力能够控制和监督。党内民主的一整套制度安排，要形成结构合理、环环相扣、相互补充、配套衔接的制度链，作为党内政治生活的基本方式，否则，党内民主只能停留在口号、原则的层面上。整体推进党内民主，要把我们前面讲的实践探索中的亮点衔接起来，形成一整套的制度。从党内权力的角度讲，至少要考虑三个层面：一是党内权力构架，权力之间怎样配置；二是党内权力的运转机制；三是必须通过程序来落实。现在有些地方很流行权力运行的潜规则。潜规则说到底是权力意志规则，谁的权力大就按谁的意见办，权力意志取代了党内的正式制度，造成了党内人身依附、宗派关系等很不正常的现象。党内民主不仅仅是讲民主原则、民主作风、民主观念，很重要的是讲制度建设和制度改革，通过一整套党内的制度改革和制度建设，才能真正做到发展党内民主，保证我们党的肌体健康，使我们党真正成为一个具有时代特征，走在时代前列的政党。

张晓燕在《从十七大党代表选举看党内民主进程》（《共产党员》2007 年第 2 期）一文中提出，与往届党代表选举工作相比，十七大党代表选举工作的民主性和透明性特点更加鲜明和突出。一是适时对代表选举工作进行宣传，通过新闻媒体公布十七大代表选举工作的安排部署、程序方法及有关要求。二是扩大差额选举的比例，选举单位召开党代表大会或党代表会议进行正式选举时，代表候选人一般应多于应选名额的 15%，差额比例比十六大时增加了 5 个百分点，扩大了选举人的选择范围。三是增加了党代表人数，总数达到 2200 名，将比十六大增加 100 人。四是提高了生产和工作一线代表的比例，除中央直属机关和中央国家机关维持不变外，其他选举单位中生产和工作一线代表的比例，一般比十六大时相应提高 5 个百分点。五是首次特别规定省区市要有适当数量的新经济组织和新社会组织的党员代表。六是首次要求省区市在确定代表候选人预备人选之前，要向民主党派、工商联和无党派人士通报并听取意见。十七大代表选举工作启动阶段的上述特点，表明中央推进党内民主发展的决心和力度，也反映出党内民主发展的深度和广度取向：一是突显党务信息公开的适时性。二是不断扩大差额选举的比例和范围已经成为党内民主发展的大势所趋。三是拓宽党代表的广泛性和代表性的解决途径。四是表明党内事务不仅仅是党内的事情。中共中央发布《关于党的十七大代表选举工作的通知》中首次要求省区市在确定代表候选人预备人选之前，要向民主党派、工商联和无党派人士通报并听取意见，就是这一理念的具体体现。

（三）发展党内民主，促进党内和谐

学者们认为，党内和谐是由多方面内容组成的有机整体，它包含着思想和谐、组织和谐、作风和谐、制度和谐、利益和谐、行动和谐等要素，体现着党内所具有的共同的政治信仰、统一的组织原则、民主平等的人际交往等特点。党内民主与党内和谐既有密切的关联性，又有不同的内涵与质的规定性。

姚桓撰文《党内和谐的辩证法》（《北京支部生活》2007 年第 4 期），认为党内和谐，可以说是党的团结统一概念的扩展和延伸。同我们始终强调的党的团结统一相比，党内和谐是针对新形势下党内情况更为复杂、利益问题更为突出、利益关系更加多样的现实提出来的，有着时代赋予的新内容；党内和谐既是一种状态又是争取实现的目标和实现过程，它要求恰当地处理许多复杂问题，防止简单化、绝对化，呼唤科学的意识和辩证的思维。党内和谐不是一团和气，而是在坚持共同政治目标、价值追求与组织原则基础上的思想统一和行动一致。既要转变只有斗争才能解决矛盾、达到团结的思维方式，又不能放弃必要的党内斗争，实事求是地处理党内矛盾，坚持共同的政治目标、价值追求和组织纪律，是党内和谐最重要的政治思想和组织基础。党内和谐不是一潭死水，而是充满生机活力而又安定有序的良好状态，必须把党内民主作为激发党员积极性创造性的“酵母”，既强调“四个服从”，也重视“四个尊重”。党内和谐不是对党内复杂利益关系和党员个人利益的简单否定，而是创造整体利益高于一切又照顾局部利益和个体利益的利益融合机制。党内和谐不是党员思想觉悟水平和工作表现整齐划一的“无差别境界”，而是广大党员交流互动、共同提高的前进过程。党内和谐是党性与个性的辩证统一，在中国革命造就的第一代领袖集体中，每个人都具有坚强的党性，又有异常丰富、鲜明的个性，正是这一点使他们能够通力合作，相得益彰，共同领导革命取得了胜利。现在，发展社会主义市场经济对每个党员提出共同的党性要求，同时又为党员个性的发展提供了广阔的天地。共产党员应在党性原则的指导下，在为党的事业奋斗的实践中丰富、发展和完善自己的个性。这样，就能最大限度地发挥每个同志的特长，实现能力互补，形成合力，党内关系就会更加宽松和谐，广大党员就能共同前进。

黄明哲在《要重视增进党内和谐》（《理论动态》2007 年 3 月 20 日）中提出，党内和谐有以下几层意思：一是指上下级之间的和谐协调。二是指党内各级领导班子和谐协调。三是指党员服从党组织、党员同党员之间和谐协调。党内和谐是由多方面内容组成的有机整体，主要包含以下几个要素，即思想和谐、组织和谐、作风和谐、制度和谐、利益和谐、行动和谐。党内和谐的基本特征表现在全党有共同的政治信仰、

统一的组织原则、民主平等的人际交往以及党内关系存在着共同的物质利益，这些决定了党员个人行为的非个体化和全党行动的一体化。党内和谐对推进党的建设具有巨大的作用，包括凝聚功能、交流功能、激励功能、互补功能、协调和强制功能。我们要按照民主平等原则、公开公正原则、协商讨论原则、监督制约原则、集中领导原则，大力推进党内和谐建设：一是强化共同理想信念，夯实党内和谐的思想基础。二是深化党内民主，促进党内和谐。三是强化对党内权力的监督制约，确保党内和谐。四是加强党内制度建设，保障党内和谐。五是建设和谐领导班子，带动和促进党内和谐。六是构建消除不和谐因素的机制，增强消除不和谐因素的能力。七是坚持开展健康的党内思想斗争是增进党内和谐的有效举措。八是妥善处理好党内利益关系，防止既得利益集团的形成是增进党内和谐的必要手段。九是加强党内文化建设，增强党的感召力、凝聚力，促进党内和谐。十是增进党内和谐要继续加强党风廉政建设，不断提升反腐防腐能力。

陈训廷在《试论党内和谐建设》（《党建研究》2007 年第 2 期）中提出，党内和谐是和谐社会重要的组成部分，在构建和谐社会中起着重要的示范和带动作用，是提高执政能力、巩固执政地位的内在要求，是党永葆先进性的重要保证。在新的时代条件下，党内和谐不是单指党内的团结，而是与社会和谐密不可分、息息相关的，具有与建设和谐社会的要求相适应、相匹配的丰富内涵，并且有着更高的要求。构建和谐社会强调民主法治，党内和谐应更加注重民主集中制建设和扩大完善党内民主。构建和谐社会强调公平正义，党内和谐应更加注重党务公开、党内平等和干部使用的公道正派。构建和谐社会强调诚信友爱，党内和谐应更加注重党员的忠诚团结以及党员之间的互相尊重、互相关心、互相支持、互相帮助。构建和谐社会强调充满活力，党内和谐应更加注重坚持党的建设的与时俱进，创新工作机制，创新组织形式，创新活动方式，使党组织和广大党员永葆先进性。构建和谐社会强调安定有序，党内和谐应更加重视纪律的严肃性、制度的科学性和活动的规范性。构建和谐社会强调人与自然的和谐相处，党内和谐同理应更加注重党内与党外各种关系的和谐。

刘娅在《重视解决党的权力运行中的不和谐因素》（《理论动态》2007 年 8 月 10 日）中认为，实现党内和谐最根本的是各法定主体——领导主体、决策主体、选举主体和监督主体在权力运行中实现其权力和权益，即实现党的权力运行体制和谐。党的权力运行体制是指党内权力结构、权力行使、权力产生、权力监督等制度与机制的总和。近年来，党为增强权力运行体制和谐进行了积极探索，采取了废除领导干部终身制、差额选举、民主考任干部、减少领导干部副职、个别县市试行党代会常任制等重要举措，取得一定成效。然而，从权力实现方式即权力实现的方法、形式和程序考察，当前仍存在一些亟须改进的不和谐因素。其表现在：权力结构上，亟须改进领导主体的偏离；重大问题决策上，亟须改进决策主体的偏离；候选人产生上，亟须改进选举主体的偏离；权力监督上，亟须改进监督主体的偏离；权力运行中不和谐因素对党内和谐的影响。党的权力运行中，和谐的缺乏将影响并制约党内和谐和党的先进性的体现。为此，推进党的权力运行体制和谐，使党内各法定主体享有权力与权益是当前党的建设的当务之急。

八、近年来执政党建设若干前沿问题概述

改革开放尤其是进入新世纪以来，中国共产党的历史方位发生了根本性变化，面临着复杂多变的国际国内环境，党的建设中面临着许多亟待加以解决和研究的重大理论和实践问题。近些年来，从事政党理论研究的学者们对这些问题给予了很大关注，进行了多方面研究，提出了一些有价值的见解，许多见解已成为学者们乃至社会的共识。靳连芳在《执政党建设若干前沿问题述评》(《新视野》2007 年第 4 期) 和李俊在《中国共产党现代化研究述评》(《中共山西省委党校学报》2007 年第 3 期) 中，对这几年来党建研究中的一些前沿问题作了梳理和概括，这些问题主要包括：

(一) 关于党的利益问题

研究者一致认为，党的利益是客观存在的。从实践的层面看，巩固党的执政地位，就是党的利益的体现。坚持党的领导，让人们都同心同德地和党一起来建设社会主义，也是党的利益所在。坚持党的领导是党的利益所在，改善党的领导也是党的利益的要求。还有研究者从党的历史发展的角度进行了分析，党 80 多年的奋斗历程就是一部追求利益的历史。当然，党追求利益的结果是为了人民群众而不是党本身。那么，“党的利益”是什么？首先，党的利益主要体现为政治利益。其次，党作为组织的合法权益。这部分利益和人民利益没有什么直接联系，归党所有，为维持党的运作、发挥党的作用所必需。也有的研究者从纵向方面把党的利益划分为党在革命党时期的利益和党成为执政党以后的利益；或者划分为党的当前利益和长远利益。从横向把党的利益分为政治利益、经济利益、文化利益、社会利益。有研究者提出，“党的利益”无论作为一个概念，还是作为一个事实，都是存在的。问题不在于承认不承认党有利益，而在于如何处理好党的利益与国家利益、人民利益、集体利益、个人利益等等之间的关系。承认党的利益的客观存在，需要进一步回答党和人民利益之间的关系到底是什么？研究者一致认为，从马克思主义建党学说到我们党始终强调党除了人民的利益之外没有自己的特殊利益，这是从党的本质上、从党的整体上讲的。看不到这一点，我们就会模糊无产阶级政党的本质属性和党的最终奋斗目标。但是，看不到党的合法权益，看不到构成这个整体的每个个人，包括党员、党的组织、党的干部有自己的个体利益，也不是唯物主义者。承认党的利益客观存在，是党员和党的干部在市场经济中发挥作用的根本前提，才能真正做到把党的利益和人民利益的一致性作为追求的价值目标，也才有可能对党的利益进行规范。

(二) 关于党内潜规则问题

党内潜规则同样是党建现状中一个十分敏感的问题，之所以敏感，就在于潜规则从理论上与党规党法的显规则完全背道而驰，危害极大，但在实践中却有较大的存在空间。研究者认为，正视两者之间悖论的现实，研究党内的潜规则，有助于澄清党员混乱的思想和言行，真正确立显规则的权威性。研究者指出党内的潜规则得以存在并发生作用，有着共同的特点，即都是在革命战争年代适应阶级斗争环境和在计划经济条

件下所产生并长期沿袭下来的；都以维护“组织”和领导者的意志和权威为价值目标；都以权力高度集中的领导体制为支撑；都是在与党内民主制度的缺陷所产生的弊端相互作用下得到巩固并不断强化的。正是这样一套潜观念、潜规则，实际支配着一些领导者的行为，进而决定着一些组织的行为，损害着党内民主的运作方式和状态。目前，党内政治生活中存在着潜在错误观念显性化、潜在错误规则普遍化的倾向。党内的潜规则其实质就是权力意志规则，即凭借权力的强制性，去实施一定的利益意志，使他人的行为顺从自己的利益意志。党内潜规则实际上是权力的异化，它使公权变成了私权。潜规则不是无规则，而是有规则，但它以不敢公开为特征，以对抗、破坏显规则为手段，以谋取私利为目的。因此，要清除党内潜规则，一是要很好地执行党章规定、维护党章权威。二是以改革的精神推进党的制度建设，通过切实有效地发展党内民主，健全党内制度体系，规范权力运行，防止按潜规则搞暗箱操作。

（三）关于党的执政成本问题

有研究者提出，党执政的成本是指党在执政活动中的结果与实际代价之比。党的执政成本具有无形、隐蔽、不可再生等特点。也有论者提出，执政成本具有客观性、临界性和结构性三个特点。还有研究者认为，当前，淡薄的成本意识是执政成本过高的前提性诱因，软约束的财政预算是执政成本过高的关键性环节，膨胀的组织机构是执政成本过高的组织性因素，不科学的干部考核体系是执政成本过高的制度性原因。另有研究者认为，社会转型期我国体制上存在的弊端促发了执政成本的攀升；科学而有效的执政成本核算的欠缺，使得执政资源的无限制消耗无人问津；急功近利心理的驱动，片面追求个人政绩和不务执政实效，直接导致了执政成本上升。降低党的执政成本，一是要建立科学的执政成本检测机制。二是要切实注重科学有效的执政制度建设。三是鼓励和支持人民群众和社会的参与。

（四）关于善治理论下党的建设问题

有研究者指出善治理论对党的建设的影响是多方面的。首先，善治中公共管理主体的多元化，不仅是对政府权力的挑战，同时也是对执政党影响力的挑战。其次，善政是一个还政于民的过程，它要求有发达的市场经济和公民社会作为基础，强调公民有更多的社会参与，许多过去由政府来行使的权力要逐渐地变成由公民自己来行使。这就要求党和政府改变控制社会的方式，通过融入社会来领导和控制社会。再次，善治的基本要素即合法性、透明性、责任性、法治性、回应性、有效性、稳定、廉洁、公正和参与等，也应成为推动中国共产党改变执政方式，积极履行对公民的承诺，尽责守职，依法执政，依法治国的要素。最后，善治的网络治理理念有利于充分发挥社会多元主体尤其是第三部门在加强党的执政能力建设中的作用。借鉴善治理论加强党的建设的路径选择主要有：一是保证权力的适当分散性。二是具有足够的意识形态包容性。三是积极发展党内民主和人民民主。四是加强法治。

（五）关于政党现代化问题

学者们认为，党的现代化是当今世界各国政党在自身建设过程中面临的共同课题。

中国共产党的现代化是适应国际社会主义运动需要重新崛起的现实要求，是实现社会主义现代化的关键，是应对各种挑战的客观需要。当前，中国共产党现代化的制约因素主要有：经济上，我国经济发展的低水平决定了党的组织设置、组织机构以及活动方式、执政方式等“硬件”或“软件”的许多方面离现代化的要求都还存在一定的距离；政治上，具体领导制度、制度体制、领导方式和干部制度方面存在着弊病，加上专制思想的消极影响，使得党内民主制度不健全，权力过分集中，缺乏制度和法律的规范，特别是腐败问题十分严重；文化上，中国长期的封建主义文化传统的影响。另外，国际共产主义运动的低潮、西方思潮的冲击等等，也干扰着党员干部的思想、立场。许多学者认为，“三个代表”重要思想是推进党的现代化的行动指南，至于具体的操作，则有着各自不同的思考，代表性观点有：一是宏观层面的路径选择。有学者认为，公民社会、执政合法性和执政科学性、党的整合功能以及体制和机制问题，是贯穿党的现代化整个过程的四个最为重要的视角。也有论者认为党的现代化是一个系统工程，无论强调哪一方面都有可能失之偏颇，关键要找准贯穿于党的现代化进程始末的“主脉”。党与国家和党与社会这两对基本关系，是构成我们探索推进中国共产党现代化的两条“主脉”，党的具体结构、功能、机制和活动方式的改善，都是在这两条“主脉”上的展开。二是中观层面的路径选择。有研究者认为推进党的现代化要从七个方面入手，即推动和实现思想观念现代化、执政方式法制化、党群关系和谐化、党的决策科学化、党内关系民主化、党员干部素质知识化和党务管理信息化。还有论者提出，党的思想理论科学化是党的现代化的基础；党员干部素质知识化是党的现代化的根本；党的领导行为法制化是党的现代化的关键；党内生活民主化是党的现代化的核心；党的监督体系化是党的现代化的保证。另有学者认为，思想理论现代化是党的现代化的根本；完善领导方式和执政方式是关键；建设高素质的干部队伍是核心；激活党的基层组织是基石。也有论者认为从五方面着手：构建以“三个代表”重要思想为主线的新的党建理论体系；调整优化组织结构，探索新的组织生长空间和组织架构；健全制度体系，实现自身组织和活动的制度化、规范化；增强政治功能，重点是有效地整合意识形态、运作国家制度、动员群众和整合社会；加强党员队伍建设。三是微观层面的路径选择。有学者特别强调推进党的现代化必须创新政党文化。创新政党文化，体现在党的政治价值观上，最根本的一条就是要以人民群众的全局利益关系为归依，同时要照顾到各个阶层和公民个体的经济和政治权利。在这种价值观的指导下，紧紧围绕经济建设这个中心，促进国家权力人民化、民主化和制度化。另有论者认为加强党的科技建设是实现党的执政方式现代化的一个重要途径。还有学者提出，要建设一个现代化的中国共产党，就要认真总结和遵循共产党的执政规律；善于进行理论创新；注意认识和吸取外国政党，尤其是西方政党的建设经验和世界上一些长期执政的共产党丧失政权的教训。

学术著作评介和论文摘要

一、学术著作评介

《中国共产党科学发展思想研究》（陈洪波著，群言出版社2007年版）

发展既是一个实践问题，也是一个理论问题。科学发展观虽然在党的十六届三中全会通过的《中共中央关于完善社会主义市场经济体制若干问题的决定》中正式提出，但其思想基础早已存在。党的三代领导集体在领导中国革命、建设和改革开放实践中，积极探索中国科学发展之路，并提出了一系列重要思想。本书在以往研究的基础上对毛泽东、周恩来、陈云、邓小平、江泽民、胡锦涛科学发展思想进行了全面梳理，揭示科学发展观提出的必然性和重要性。这对于更好地树立和落实科学发展观，更好地发展中国特色社会主义事业，具有重要的理论和实践意义。该书坚持理论与实践相统一的方法，用辩证唯物主义的观点，站在历史的高度揭示三代中央领导集体科学发展思想的内涵与特征；分析了党的三代领导人科学发展思想的内在联系，深刻阐述了胡锦涛科学发展思想与毛泽东、周恩来、陈云、邓小平、江泽民科学发展思想一脉相承的关系。

《当代中国共产党人的行动哲学》（朱有志、贺培育等著，红旗出版社2007年版）

中国共产党在领导中国革命和现代化建设过程中，把马克思主义基本原理与中国实际结合起来，创造性地开辟出新民主主义革命和中国特色社会主义建设道路，实现了马克思主义中国化的三次历史性飞跃，形成了毛泽东思想、邓小平理论和“三个代表”重要思想这三大理论成果。在新的形势下，如何深入研究“三大理论成果”，从哲学的高度提升“中国经验”、“民族特色”，形成中国共产党人实践哲学的理论话语，仍是我们在构建马克思主义哲学新形态时所面临的一个迫切而重大的课题。本书力图在新时期对中国化的马克思主义哲学进行总结、概括和提升，体现了作者敏锐的思维触角和强烈的理论使命感。该书对我党的行动哲学作了八个方面的概述：实事求是：在务实中求真；经世致用：在特色中结合；与时俱进：在继承中创新；奋发图强：在竞争中发展；和而不同：在融合中自主；兼容并蓄：在开放中清醒；刚柔相济：在法制中尚德；以人为本：在和谐中奋进。这些不失为一种创新性思考，一次开拓性尝试。

中国共产党的哲学思想是开放性的体系，实践没有终结，认识也没有终结，在本书研究的基础上，这方面研究还有很大空间。

《十六大以来党的建设理论创新》（卢先福、宋福范等著，人民出版社 2007 年版）

中国共产党历来十分重视理论创新。党的十六大以来，以胡锦涛同志为总书记的党中央，高举马列主义、毛泽东思想、邓小平理论和“三个代表”重要思想伟大旗帜，紧紧围绕建设中国特色社会主义这个主题，不断总结新经验，分析新形势，解决新问题，在全面推进社会主义经济、政治、文化、社会和党的建设实践的同时，努力推进执政党理论创新，丰富和发展了马克思主义执政党建设理论。这一理论创新具有与实俱进（强烈的实践性）、与世俱进（突出的国际性）、与时俱进（鲜明的时代性）特点。本书紧扣新时期中国共产党理论创新的这三个重要特征，从党的建设的前提、党的建设的根本目的、党的建设的主线、党的建设的价值目标、党的建设的重点、党的思想理论建设、党的干部队伍建设、党员队伍建设、党的组织原则、党风廉政建设、党的制度建设等方面，对十六大以来党的建设理论创新成果进行了较为深入、系统、全面的总结和研究，具有一定的理论和实践价值。

《论党德》（杜建国、杨甫念主编，中共中央党校出版社 2007 年版）

中国共产党党德，就是中国共产党和共产党人的道德。中国共产党人的先进道德，集中体现在其所倡导的全心全意为人民服务的宗旨上。它弘扬了中国传统伦理美德，是中国共产党 80 多年革命和社会主义建设实践不断完善所形成的最有理想、最有信念、最贴近时代并一直为广大人民群众所拥护的道德伦理，是中国共产党人的世界观、价值观和人生观的道德结晶。本书综合采用多种研究方法，试图从历史的、政治的、社会的、伦理的层面解析党德的形成和发展过程，从党德的属性、标准、党德建设的意义、指导思想、指导原则、内容、途径措施、党德构建中的领袖论述、党德实践中的楷模举要、弘扬党德精神的新考验等方面多角度、多方位地系统研究党德的基本思想和基本内容，填补了党德研究的诸多理论空白，对今后党德研究将起到理论创新性、开拓性的作用。该书至少体现了以下几个特点：一是着眼探索，理论创新；二是理论联系实际，配合中心工作；三是文风朴实，颇有特色。

《党的执政能力建设和先进性建设》（石磊主编，宁夏人民出版社 2007 年版）

党的十六大以来，以胡锦涛同志为总书记的党中央作出了围绕党的执政能力建设和先进性建设，全面加强党的思想建设、组织建设、制度建设、作风建设的总体战略布局。本书在分别对执政党的历史使命、执政能力与先进性的关系、构建党的执政理论建设科学体系、执政能力和先进性建设的根本要求，以及执政能力和先进性建设面临的严峻挑战作了深入分析研究的基础上，提出构建社会主义和谐社会是加强党的执政能力和先进性建设的现实需要，科学执政是加强党的执政能力和先进性建设的努力方向，民主执政是加强党的执政能力和先进性建设的根本保证，依法执政是加强党的执政能力和先进性建设的必然要求，建设高素质的人才队伍是加强执政能力和先进性建设的关键，完善党的领导体制和工作机制是加强党的执政能力和先进性建设的重要环节，提高拒腐防变能力是加强党的执政能力和先进性建设的重大课题，提高应对国际局势的能力是对党的执政能力和先进性的综合考验。

《中国共产党治国思想研究》（牛玉峰等著，中共党史出版社2007年版）

中国共产党人治国思想研究是近年来兴起的一个热点课题。中国共产党三代领导集体及以胡锦涛为总书记的党中央的治国思想一脉相承，与马克思主义的治国思想一脉相承，与几千年中国传统的优秀治国思想也一脉相承。本书从马克思主义中国化理论创新的历史发展的纵向纬度，从中国共产党治国实践的横向纬度，全面地、系统地、完整地清理和探讨中国共产党三代领导集体和以胡锦涛为总书记的党中央的治国思想，既体现了中国共产党治国思想一脉相承的特点及内在的发展规律，又反映了与时俱进的时代内容和理论特色。该书在总论中国共产党治国思想的主要内容、基本框架与特点以及其形成和发展的社会历史条件的基础上，分别论述了中国共产党第一、第二和第三代中央领导集体的治国思想，对中国共产党三代中央领导集体治国思想进行了比较，并对治国思想发展的原因作了深入分析，对其中的经验作了简明总结。

《党的先进性建设研究》（奚洁人主编，人民出版社2007年版）

党的先进性建设，是十六以来党中央提出的一系列重大战略思想之一。本书主要阐述了加强党的先进性建设的时代要求、重大意义、科学内涵、实践主体、根本依据、目标任务、实现途径以及我们党加强先进性建设的实践历程、历史经验等基本问题；探讨了党的先进性建设与贯彻落实科学发展观、加强党的执政能力建设、构建社会主义和谐社会等重大战略思想的内在联系；总结了国际上社会主义国家执政党建设得失成败的经验教训；阐释了党的先进性建设是坚持和发挥党的领导核心作用、实现中华民族伟大复兴的根本保证。本书是一部较为全面系统地论述党的先进性建设重大战略思想的理论专著。

《党的先进性建设理论体系研究》（孙艺兵、孙志明等著，人民出版社2007年版）

党的十六大以来，马克思主义中国化取得了一系列创新成果，其中一项重要内容就是提出了党的先进性建设的科学命题并形成了一系列相互关联的理论观点和实践举措。根据胡锦涛总书记的有关重要讲话和党的十七大精神，本书从党的先进性建设的内涵特征及创新意义、党的先进性建设的重要地位与横向关联、党的先进性建设的指导思想和目标要求、党的先进性建设的路径选择与动态实现、党的先进性建设的检验标准与评价体系、党的先进性建设的未来趋势和历史使命等方面，对党的先进性建设理论体系进行了较为深入的研究，具有一定的理论价值和实践意义。本书与以往关于党的先进性建设的众多研究成果相比，具有全面性、深刻性、前瞻性等特点。

《共产党员先进性研究》（王正宁著，中共中央党校出版社2007年版）

先进性是马克思主义政党的本质特征，是马克思主义政党的生命所系、力量所在。党员是党的肌体的细胞和党的活动的主体，党的先进性最终要靠党员的先进性来体现，共产党员先进性，是党的先进性的重要基础。本书以邓小平理论和“三个代表”重要思想为指导，贯彻落实科学发展观，立足于新时期党的先进性建设实践，始终贯穿党的先进性建设这条主线，深入系统地论述了什么是共产党员先进性、为什么要保持共产党员先进性、如何保持共产党员先进性等重大理论和实践问题。该书较好地体现了历史与时代相统一，继承与发展相统一，理论与实践相统一，弘扬历史经验与实践创新相统一，研究中国共产党先进性与借鉴其他国家政党建设经验教训相统一。本书研究内容具有以下几个鲜明的特点：一是时代性、二是系统性、三是实践性。

《依法治国与依法治党》（俞可平主编，中央编译出版社 2007 年版）

国有国法，党有党规党法。在当代中国，国家的宪法法律与党章党规是内在统一的。建设社会主义法治国家，要求我们依法治国；治国必先治党，依法治国必须依法治党。本书首先在绪论部分总体上论述了依法执政、依法治党与宪政建设之间的关系，阐明了宪政建设对于执政党转变执政方式的极端重要性。正文部分共分两大部分：第一部分“执政方式转变的理论探讨”，主要阐述了执政党执政方式转变的必然性及其重要意义，探讨了执政党执政方式转变与宪政建设的内在关系，提出了加强党的执政方式转变与宪政建设的若干对策建议。第二部分“比较研究与宪政建设”，从比较政治的角度对执政党执政方式与宪政建设进行分析，对美国模式、俄国模式、德国模式、法国模式、日本模式和新加坡模式各自的特点进行了比较和总结。

《党内民主制度创新》（王长江主编，中央编译出版社 2007 年版）

近年来，处于改革前沿的地方和基层各级党组织在领导所在领域经济政治文化社会发展的同时，敢于直面问题，替党分忧，推进自身改革的探索和尝试如火如荼，展现出勃勃生机。四川省平昌县乡镇党委公推公选是党内民主潮流中的一朵浪花，但从思考的深度与实践的质量来看，无疑是走在了前面，反映了未来发展趋势，因而得到广大专家学者的认可，更得到广大党员、干部和群众的普遍认可。本书在实地调查研究的基础上对这一党内民主试点进行了全面、系统、深入的个案研究，并从比较的角度考察了各地基层党内选举制度创新的做法，最后从理论和国际视角对党内民主问题进一步深入分析，揭示了中国共产党党内民主基层制度创新的发展趋势。全书分为三大部分。第一部分，汇集了研究者从不同侧面对平昌实践的描述、分析和概括，以期人们对这一探索有比较全面的把握和了解。第二部分的五篇文章，则以平昌为引，与其他类似案例进行比较，作更加宏观的思考。第三部分，把平昌改革涉及的核心问题——党内民主问题，从理论和国际视角进一步进行分析，力求给人们一个更加广阔的观察视野。

《马克思主义党的学说和党的建设》（吴美华主编，中国人民大学出版社 2007 年版）

马克思主义党建理论是马克思主义的重要组成部分。就其理论体系而言，属于马克思主义三个组成部分之一的科学社会主义的范畴。就其学科地位而言，属于政治学中的政党范畴。深入研究马克思主义党建理论，是推动马克思主义理论研究和建设工程的需要，是加强执政党建设的需要。本书是普通高等教育“十一五”国家级规划教材。全书共分十二章，包括马克思主义党建理论的形成和发展、党的性质与宗旨、党的纲领和政治路线、党的思想路线、党的思想理论建设、党的根本组织原则和组织制度，党的干部队伍建设，党员队伍建设、党的基层组织建设、党的作风建设、党的制度建设、党的执政能力建设等，是党史党建专业本科生、硕士生以及党政干部学习研究党的学说与建设理论的一部较好教材。

《以党内和谐促进社会和谐》（高新民著，湖南人民出版社2007年版）

构建社会主义和谐社会是中国共产党站在历史的高度和全局的高度提出的一项重大战略部署。中国共产党在国家政治体制中处于核心领导地位，是构建社会主义和谐社会的倡导者和引领者，它对于和谐社会的建设负有义不容辞的历史责任。在当前的领导体制下，党的领导的成败决定和谐社会能否架构起来，构建和谐社会关键在党。这就决定了构建社会主义和谐社会必须首先实现党内和谐，并以党内和谐促进社会和谐。这样，以党内和谐促进社会和谐自然就成为一个崭新而重大的研究课题。该书从加强党的执政能力建设和先进性建设推进党内和谐的视角，阐述以党内和谐促进社会和谐的相关问题。一是分析什么是党内和谐，为什么要提出党内和谐，即党内和谐的含义和时代背景问题。二是探讨怎样促成党内和谐，主要围绕影响党内和谐的主要因素，分析党的建设存在的主要问题和改进党的建设的思路。三是探寻党如何改进对社会的领导方式，如何实现党内和谐到社会和谐的传导与转换，从而实现以党内和谐促进社会和谐的目标。

《党代会常任制理论与实践探索》（王长江、张晓燕、张荣臣著，中共中央党校出版社2007年版）

实行党代表大会常任制，是发展党内民主的一个重要环节。多年来，不少地方的党组织都在进行这方面的探索，并且积累了不少丰富的经验。浙江省台州市是最早进行党代会常任制试点的地方之一，也是坚持得最好、最有成效的地方之一。本书在论述和回顾了代表大会制度的由来、政党与代表大会制度，以及我们党探索党代表大会制度尤其是党代会常任制的历程后，对台州市试行党代会常任制经济政治文化背景作了深入分析，重点对台州市党代表任期制、党代会年会制、闭会期间代表作用的发挥、党代会代表选举、落实党代会职权问题、党代会常任制条件下的党内权力架构及其运作，以及党代会与社会民主的互动等问题进行了深入研究。本书的宗旨和特点非常明确，既不是为台州的党代会常任制歌功颂德，也不是为这一充满创新精神的尝试盖棺定论，而是把它作为推进党内民主的一个具有典型意义的案例，实事求是地进行研究分析，既充分肯定其方向，又不回避问题，对其中具有普遍意义的理论原则和可操作性措施进行深入探讨，为下一步党代会常任制在全国的推广提供一些有意义的借鉴。

《中国共产党民主执政研究》（卢文华著，人民出版社2007年版）

民主执政是改革和完善党的领导方式和执政方式，提高党的执政能力和领导水平的必然要求。该书在借鉴已有成果的基础上做了许多有益的探索，主要研究中国共产党如何坚持民主执政问题，提出应在中国特色社会主义民主政治制度的架构中来认识、实施和推进民主执政的观点，对民主执政的科学内涵、时代价值以及推进民主执政要正确认识和处理好民主执政与国家民主、民主执政与执政党党内民主、民主执政与执政党和参政党的党际民主、民主执政与基层民主这几个层面上的关系等进行了较为深刻的分析和阐述。

《执政党与社会整合》(王邦佐等著，上海人民出版社 2007 年版)

有效的社会整合是现代社会的基本表征，高效的社会整合是一切国家治理追求的基本目标。作为现代社会政治结构核心要素的执政党如何适应时代要求，寻求适当的转换路径，实现社会整合方式的革命性变革，在推进社会整合的过程中发挥应有的功能和作用，无疑对中国共产党提出了一个严肃而重大的历史课题。该书在回顾和比较中西方国家执政党社会整合历程和异同，尤其是 1949—1978 年中国革命化整合（政治运动）的经验教训基础上，分析了市场转型与社会变迁这一执政党社会整合的新背景，提出权威转型与合法性再造是执政党社会整合的新要求，意识形态认同是执政党社会整合的思想基础，组织重构是执政党社会整合的组织资源，制度建设是执政党社会整合的制度保障，“三个代表”重要思想和科学发展观是执政党实现社会整合、构建和谐社会的出发点和落脚点。

《中国共产党领导体制的历史演变》(阎颖著，中共党史出版社 2007 年版)

从广义上讲，中国共产党领导体制是指中国共产党对国家政权和社会实施领导的原则、方式、制度、结构和运行方式的总和，这一领导体制是否科学、完善，直接制约着党的执政能力的提高，甚至影响到党的执政地位是否稳固。对中国共产党领导体制的历史演变进行全面系统的梳理，是一项十分艰巨而有意义的事情。该书首先界定了中国共产党领导体制的基本内容，然后按照历史脉络回顾了中国共产党作为革命党领导体制的奠基、形成及局部地区的执政尝试，从革命党领导体制向执政党领导体制转型及其探索，对改革开放前党和国家领导体制作了深入评析，对新时期中国共产党领导体制的改革与完善问题作了深入研究，得出了若干启示。

《中国共产党理论探索成果研究（1949—1978）》(李曙新著，中共党史出版社 2007 年版)

中国共产党作为一个马克思主义政党，在长期的革命和建设中形成了一个优良传统，就是格外重视思想理论建设，始终坚持把党的先进性建立在以科学理论为指导的基础之上。本书主要研究社会主义建设前期（1949—1978）中国共产党理论探索的成果，认为中国共产党在这一时期的理论探索成果是全方位的，也是我们党的一笔宝贵的思想财富。该书将社会主义建设前期的中国共产党理论探索成果分为指导思想上的理论探索成果、经济建设指导思想上的理论探索成果、政治建设指导思想上的理论探索成果、思想文化建设指导思想上的理论探索成果，并进行了深入研究。同时，对社会主义建设前期中国共产党理论探索成果与邓小平理论的形成和发展的关系作了理性分析探讨，并在研究的基础上得出关于社会主义建设前期中国共产党的理论探索对当代中国共产党理论和实践的几点启示。

《中国共产党的历史方位与“三个代表”重要思想》（王向明主编，中国人民大学出版社 2007 年版）

在新世纪新阶段，科学判断中国共产党的历史方位及其变革，是保证党的理论、路线、方针、政策和全部工作既不割断历史，又不迷失方向，既不落后于时代，又不超越阶段，既要顺应时代潮流，又要遵循社会发展规律，从而推进我们党的事业前进的必然要求。“三个代表”重要思想就是在科学判断党的历史方位的基础上提出来的。本书紧紧围绕如何认识中国共产党的历史方位与“三个代表”重要思想的关系，对“三个代表”重要思想产生的历史起点与逻辑起点，其形成与发展的历史过程，其内在的与时俱进的创新品质、科学内涵及逻辑结构进行了全面系统的论述；对党的十六大以来我们党提出的科学发展观、构建社会主义和谐社会等一系列新的重大理论创新成果进行了深入阐述。

《中国共产党现代化建设论要》（马国钧著，中共中央党校出版社 2007 年版）

中国共产党自身建设的现代化，就是党适应执政党建设的一般规律和发展趋势，按照社会现代化的目标和程式的要求，进一步提升党的队伍素质和改革落后的运作机制，逐步实现党的指导思想现代化、队伍素质时代化、党内生活民主化和执政方式法制化，不断提高党的执政能力和领导水平。对党的自身现代化的理论和实践进行深入研究，对于新的历史条件下推进党的建设新的伟大工程具有重要意义。该书分绪论篇、队伍素质篇、党内民主篇、执政方式篇四大部分，对党的指导思想现代化、队伍素质时代化、党内生活民主化和执政方式法制化的内涵作了阐释，分别就党的建设与党的现代化、素质时代化的必然性、继续强化理论武装、努力提高党的队伍素质、积极优化党的队伍构成、党内民主的极端重要性、党内领导体制的民主化、党内民主运行的程序化、执政方式的科学化，担起领导人民执政的重任、推进党政职能分开的改革、发展我国政党政治的优势、密切党同人民群众的血肉联系等问题进行了深入研究。

《中国共产党执政资源论》（赵中源著，湖南人民出版社 2007 年版）

执政资源是执政党履行执政使命、提高执政效能、实现执政目标、巩固执政地位可资利用的各种有利因素和条件的总和。一个政党要取得并巩固执政地位，就必须不断开发和拓展自身的执政资源，这是一种必然的政治规定性。在新的历史条件下，中国共产党执政资源在不断富集的同时，也面临着一系列新的挑战。如何与时俱进地加强党的执政资源建设，是党在新时期必须认真面对和解决好的重大课题。本书在论述了执政资源的内涵、特点、构成要素和研究执政资源问题的意义及研究现状的基础上，对党的执政资源的体系及其变迁作了深入探讨，按照中共三代领导顺序对党的执政资源建设进行了纵向考察，对党的执政资源的优势与挑战作了评析，同时还介绍和分析了国外政党执政资源建设的经验教训，其中包括苏共崩溃、印度人民党下野、墨西哥革命制度党垮台的教训，越共、古共保持活力的主要经验，欧洲执政党执政的基本做法等。同时，提出了新时期党的执政资源建设的路径。

二、论文观点摘要

《推进党管干部的科学化进程》（王长江，《北京支部生活》2007 年第 4 期）

党要不要管干部？对于一个执政党来说，这是个不争的问题。然而，近年来，恰恰是在党管干部问题上，出现的用人腐败往往比其他腐败更加引人关注。这至少说明，在把党管干部原则与我们党科学执政、民主执政、依法执政的要求相统一方面，还存在相当程度的问题。深入思考这个问题，推进党管干部的科学化进程，显然已经成为当前执政党建设的重大而迫切的任务。我们党是执政党，执政党必须把自己的执政骨干输送到各级执政岗位上去，加强对他们的管理，这是天经地义的事情。从这个意义上讲，任何执政党都要管干部。党管干部的概括，反映了我们党对执政规律的深刻把握。党管干部就是把干部看做权力运作的主体，从执政党运用权力推动国家和社会发展的角度，对干部的使用、干部用权的全过程进行控制，保证执政党路线、纲领、方针、政策得到执行，保证党的执政目标得以实现。在这个意义上，党管干部就是党领导干部工作。同时，党管干部要与公众的选择权结合起来。向公众介绍推荐政治家、社会活动家、治国人才，是政党的一项特别重要的功能。不过，这种管干部的方式和公众的选择权之间有一条非常清晰的边界，那就是：政党可以运用各种手段对公众的选择施加影响，但不能代替公众进行选择。不管政党为公众提供了多少可供选择的人选，做出最后选择和决定的，依然是公众。这个边界是不能越过的。另外，党管干部管得是否科学、有效，说到底，就在于能不能既保持党对整个干部选择过程的有效控制，又不使公众的选择权失去意义，而不在于要么为了控制而架空公众的选择权，要么为了保证公众的选择权而架空党的领导。这是我们推进干部制度改革，让党管干部科学化所需要把握的基本原则和基本方向。这就要求在充分保证人民对干部的选择权的同时，加强党对人民选择的控制和引导。其次，从琐碎的人头管理中摆脱出来，更多地转向通过政策导向来保证干部队伍的质量。再次，加大对治国理政人才培养的力度，为公众提供充足的可供选择的干部资源。

《“党的一元化领导”探析》（王贵秀，《中国党政干部论坛》2007 年第 7 期）

“党的一元化领导”的提法和做法在经历过曲折变迁之后，实际上早已被否定了。但是，有些学者却认为否定得不妥，至少“党的一元化领导”这个提法在学理上还是科学的、合理的。我以为，“党的一元化领导”的词义本身含糊不清，很难避免以其名乱其实，陷入“党领导一切”、“党管一切”、“党政不分，以党代政”等的窠臼而不能自拔。如果对“党的一元化领导”进行历史考察，会更加清楚地看出否定“党的一元化领导”之说的合理性了。（1）民主革命时期，“党的一元化领导”问题出现伊始，就是同“党政不分，以党代政”、“党管一切”、“党领导一切”难分难解，紧紧联结在一起的。当时就强调，“党的一元化领导”，“应当表现在领导一切”。而且，在同一个时期，既有对“党政不分”、“党管一切”的否定，也有对“一元化领导”、“领导一切”的正面肯定，前后不一，相互矛盾。（2）建国后基本上沿袭了革命战争年代的那一套，并以党的文件的形式，明确把党的领导的“一元化”与“党政不分”相提并论，给予了正面的规定。然而，往往又感觉到，这是一个没有解决好的问题，疑虑重重。(3) 在“文革”时期，“党的一元化领导”问题的真相和实质表现得淋漓尽致。经过党的最高领导机关的“权威”阐释和发挥，反复告诫全党必须坚持和加强“党的一元化领导”，并强调“党的一元化领导”应体现在“工、农、商、学、兵、政、党这七个方面，党是领导一切的”，还一而再、再而三地把这一套规定写在党的总章程即党章之中。(4)“文革”结束以后，对于“党的一元化领导”虽然也有所肯定，至少没有明确加以否定，但是在提法的使用上却有所变化。这主要表现在提得越来越少，即使提到了，也往往在字里行间显示出有所保留，一度出现了比较复杂的局面。(5)“党的一元化领导”提法的实际被否定，从党的十二大开始至今的历届党章和政治报告，不再提及“党的一元化领导”和“党领导一切”。特别值得注意的是，“十二大”党章和报告不但没有再提“党的一元化领导”和“党领导一切”，反而破天荒第一次对党的领导做出了这样的概括：“党的领导主要是政治、思想和组织的领导”，用以取代“文革”中几届党章关于“党的一元化领导”的规定。这实际上表明，以党的全国代表大会这种最高领导机关的最高权威，对“党的一元化领导”和“党领导一切”给予了根本性、实质性的否定。

《“三个成为”与执政党的形象建设》(鄢小莉，《哈尔滨市委党校学报》2007 年第 3 期)

党的十六届四中全会提出，要使我们党成为立党为公、执政为民的执政党，成为科学执政、民主执政、依法执政的执政党，成为求真务实、开拓创新、勤政高效、清正廉洁的执政党，即“三个成为”。这“三个成为”是我们党执政史上第一次全面、系统、完整地阐述了执政党形象建设的大问题。如何搞好执政党的形象建设，我们可以从理念形象系统、行为形象系统和视觉形象系统三个角度对“三个成为”进行具体的分析。“三个成为”概括了执政党形象建设的三大问题，即理念形象系统，行为形象系统，视觉形象系统，分别回答了为谁执政、怎样执政和以什么样的形象执政的问题，而且这三个方面有着非常密切的内在联系。共产党的性质和宗旨决定了它立党为公，服务人民，大公无私。相信谁、依靠谁、为了谁，是否站在最广大人民群众立场上，这是区分唯物史观和唯心史观的分水岭，也是判断是马克思主义政党还是资产阶级政党的试金石。如果在这个理念上发生了偏差，执政党就会有丧失执政地位的危险。党的十六届四中全会的决议，明确地回答了这个重大原则问题，就是必须解决靠什么立党、为谁执政这样一个根本问题，也就是“必须坚持立党为公、执政为民，始终保持同人民群众的血肉联系”。使党“成为科学执政、民主执政、依法执政的执政党”，作为执政党形象建设的行为形象系统，就是要完善执政党的领导方式和执政方式，提高党的执政能力。科学执政、民主执政、依法执政三者关系是辩证统一的，科学执政是基本前提，民主执政是本质所在，依法执政是基本途径，三者相互联系、有机结合，构成了执政党执政方式的基本框架和基本行为准则，成为执政党的行为形象系统。使党“成为求真务实、开拓创新、勤政高效、清正廉洁的执政党”，作为执政党的视觉形象系统，是执政党的一面镜子，这主要是指执政党如何始终保持先进性、纯洁性的问题。

《“绝不允许形成（党内）既得利益集团”问题的历史与现实分析》（李坚，《理论探讨》2007 年第 3 期）

从当年毛泽东提到的“不要滋长（党内）官僚主义作风，不要形成一个脱离人民的贵族阶层”问题，到江泽民提到的“绝不允许形成（党内）既得利益集团”问题，两者共同形成了我们党自身建设中长期坚持的“反官僚化、反私利化”的历史命题。这一问题是我们党目前实践科学发展观道路上仍然必须继续破题的。当年我们党警觉这个问题，更多是出于政治道义的考虑。因为我们党刚刚建政，为避免和重蹈中国旧社会政权更迭的“历史周期率”的怪象，所以，毛泽东高度警惕由于党执政而可能对党员干部带来的权力变化，提出了“不要滋长（党内）官僚主义作风，不要形成一个脱离人民的贵族阶层”问题。也就是说，毛泽东破题的目光是从自觉总结和借鉴历史经验教训而来的。而今天，我们党警觉这个问题，则更多是出于政治科学的考虑。首先来看，政党政治是现代政治运行的重要形式。执政党在执政前，它可以代表一定的阶级、阶层和集团的利益，但成为执政党以后，它必须是代表和整合全社会民众的利益。其次来看，社会主义市场经济发展到今天，社会利益集团的出现已经是一个客观的事实，对社会公正已经形成挑战。因此，能否平衡和协调好各利益集团之间的关系以及矛盾冲突，将直接影响到我们党执政的民主化和科学化的实践。“科学发展观”的核心就是我们党要实现科学执政、为民执政和依法执政，打造和谐社会，实现社会公正。而要想做到这一点，其前提就是必须去抑制党内既得利益集团的形成。由此见，“科学发展观”的提出实质上是我们党自觉地把这一问题放到了一个政治科学的高度来继续破题。

《“网上纳谏”——民主执政新途径》（王守光，《中国党政干部论坛》2007 年第 8 期）

信息网络化时代互联网的迅速崛起，为各级领导干部有效利用互联网倾听民众呼声，体察民众意愿，采纳民众建议，开展“网上纳谏”，推进民主执政，无疑提供了更为广泛、更为集中、更为便捷的“快车道”和“直通车”。可以说，互联网既为党和政府科学执政、民主执政提供了新的有利条件，也为各级领导干部实施“网上纳谏”，拓展民主执政方式方法提供了新平台，开阔了新的视野，奠定了雄厚基础。“网上纳谏”，既是执政决策层顺应信息网络化趋势的必然选择，也是民主政治进一步发展的时代要求。高度重视并不断完善“网上纳谏”的新途径和新形式，必将为推进社会主义民主政治增添生机和活力。执政者在纳谏过程中，善于趋利避害，去伪存真，在运转方式、方法上提高科学化、规范化和法制化的程度，进一步建立健全和不断完善“网上纳谏”的制度机制。一是建立和完善民意实时反映机制。即要定期定时通过网络、电话、电视等多媒体信息渠道，集中公众的意见、建议、愿望和要求。二是建立和完善网上民意实时测验机制。即通过网民身份验证，开展网上民意测验和网络调研，保证反映民意结果的准确概率。三是建立和完善“网上进谏”表达机制。要求纳谏者具备包容网上进谏的宽阔胸襟，既要广纳“良言”，又要善纳“诤言”，鼓励进谏者敢于说真话、说实话。四是建立和完善上下沟通的互动机制。五是建立和完善“网上纳谏”的法制机制。即加强信息网络的法律和制度建设，为“网上纳谏”提供法律法规的制度支撑。

《执政伦理建设：执政党永葆先进性的伦理视角》（田芝健、王海稳、杨建春，《学习论坛》2007 年第 3 期）

执政伦理，包括执政党对自己的执政理念、执政行为、执政过程、执政结果等的合理性合法性正义性的追求和实践，是执政党在执政实践中所必须遵循的伦理道德规范，也是党在执政过程中应该表现出来的执政品质。加强执政伦理建设的基本要求主要有：一是从执政理念的层面看，以党的执政作风和执政伦理建设引领社会主义荣辱观教育，必须首先确立“执政为民”的理念，正确处理党群关系。二是从执政品质上分析，中国共产党加强执政伦理建设就要努力实践社会主义荣辱观，加强执政作风建设，不断在执政实践中体现和增进公平正义。三是从执政主体个体伦理建设角度出发，以党的执政伦理建设引导社会主义荣辱观教育，还必须有“自律”的道德修养意识。加强党的执政伦理建设的实现路径：第一，强化公仆意识，牢固树立马克思主义的世界观、人生观、价值观和正确的权力观、地位观、利益观。第二，树立科学、民主、法治意识，坚持科学执政、民主执政、依法执政、以德执政，完善党的领导方式和执政方式。第三，按照“求真务实、开拓创新、勤政高效、清正廉洁”的执政作风，塑造为民、务实、清廉、勤政的执政形象。第四，树立科学的政绩观，构建科学的执政绩效评价体系，做到权为民所用、情为民所系、利为民所谋。

《从政党认同的变迁规律看加强执政党建设的路径》（王庆兵，《中州大学学报》2007 年第 3 期）

政党认同代表了政党的社会基础，执政党政党认同的状况直接影响到执政地位的巩固和执政的连续性。从世界范围来看，无论发达国家还是发展中国家，在社会发展过程中，政党认同始终是动态的。因此，探索政党认同的变迁规律对于把握政党执政规律、强化执政党的建设都有重要的意义。政党认同（party identification）是指人们在心理上和思想上对某一政党的归属感。政党认同虽然具有稳定性，但是由于受多种因素的影响也处于变动之中。如何看待政党认同变迁基本上有两种不同的观点。一种认为，自 20 世纪 70 年代以来，政党认同趋于衰落并导致政党的危机；另一种观点认为，政党认同变迁是一种“新政治”发展的表现，政党认同变迁对政党的发展提出了新的要求。实际上，政党认同变迁在不同的国家和不同的政治制度中呈现出不同的特征，政党认同危机主要基于美国的选举事实，而对多数实行政党政治的国家而言政党认同仍然是影响选民政治行为的重要因素，尤其是在发展中国家，政党认同变迁同经济现代化和政治民主化进程紧密相连。因此，政党认同变迁是客观存在的，研究政党认同的变迁规律，不仅有助于了解发达国家政治发展的事实，而且对执政党自身建设、掌握执政规律都有深刻的意义。首先，政党认同是政党政治的普遍现象和普遍要求，执政党必须时刻把巩固政党认同摆在重要地位，也就是真正做到时刻把“人民满意不满意、拥护不拥护、赞成不赞成”作为执政的根本出发点和归宿，这不仅包含着执政价值取向问题，同时更是一种执政模式的实际运作成效问题。其次，执政党必须具有把握社会热点议题的能力。社会主义国家执政党必须在防止出现内部既得利益集团的同时，不断增强把握社会热点议题的能力，并形成公共政策落实到执政的过程中，从而不断巩固自身的政党认同基础。再次，执政党必须把握“新政治”现象对政党组织制度化的影响，使组织功能始终处于良性状况。

《党代表任期制蕴含的制度空间》（高新民，《学习时报》2007 年 12 月 24 日）

中国共产党第十七次全国代表大会提出实行党代表任期制，并写入党章。这是党的建设中的大事，也是中国政治生活中的大事。当然，建立与健全这一制度，还需要做大量工作。笔者以为，党代表任期制最具意义的地方，在于这一制度背后所蕴含的推动党内民主的系列制度设计。在系列制度中，下述内容是不可缺少的：党代表职责规定，这是最基本的制度；党代表基本权利与义务；党代表与选举人、选举单位的关系；党代表与委员会的关系。与党代表制度相关联，有几个属于观念性的问题要有所突破，有新的认识，才能有完善的党代表任期制。一是党代表在讨论重大问题时的表态、选举中的投票，究竟是反映个人意志还是反映选举人的意志？二是如何看待联名与“串联”？党代表提出议案、罢免、弹劾，都需要有联名签署，十七大还规定改进候选人提名方式，可以群众联名提名和党组织推荐相结合。而联名必然有“串联”，没有一定的“串联”是不可能联名的。党历来是反对“串联”的，视其为小组织活动。那么，如何区分正常的党员群众联名提名候选人、联名提出议案（包括罢免弹劾之类议案）与非正常的“串联”提出议案？区分的标准是什么？都需要有相应的解释，否则，一些联名提案就有可能被视为“串联”、小组织活动而无法进入程序，党代表的一些基本权利也无法兑现。三是党代表作用的发挥，取决于全党民主的发育程度。只有在党内民主真正有较大发展，选举制度、民主决策科学决策制度比较健全的情况下，党代表任期制才能取得较好效果。反之，缺少整体制度环境的支撑，党代表任期制的作用就难以充分体现。

《关于执政党建设若干重大问题》（戴焰军，《中共石家庄市委党校学报》2007 年第 7 期）

作为一个在市场经济和改革开放条件下长期执政的马克思主义政党，在自身建设中必然会遇到各种各样的理论和实践问题，这些问题主要包括：（1）执政党应该是一个什么样的党。这个看来似乎并不复杂的问题，实际上包含着非常深刻的意义。它标志着我们党在执政几十年后，通过不断总结党的自身建设的经验和教训，终于开始意识到党的历史方位的变化对党的建设在根本要求上的变化，并开始在党的建设的指导思想和总体思路上开始发生转变。执政党这个概念，是针对非执政党而言的。两者相比较，有许多不同，即党的任务和目标不同，党的活动方式不同，党的工作内容不同，党与国家及现行法律的关系不同，党体现自己功能的具体途径不同，党的自身建设要求不同。如此等等，我们都可以看出，作为执政党，在自身建设方面有着许多不同于革命时期的要求。在这里，虽然我们没有给执政党下一个明确的定义，但我们可以通过与革命党的比较来认识和了解执政党的基本特征，并更好地理解执政党应该是一个什么样的党这个问题的深刻内涵和重要意义。（2）党的建设面临的新情况。一是改革开放和发展市场经济对党拒腐防变的能力提出挑战。二是社会结构的变化对党强化自己的阶级基础和社会基础提出新要求。三是社会组织形式的变化和人们思想观念的变革及信息技术的发展对党员教育管理和党的意识形态工作提出新考验。四是发展社会主义市场经济，依法治国，推进社会主义民主政治建设对党的领导方式和执政方式提出新要求。(3) 从激励党员入手强化党保持先进性的动力机制。研究执政党建设问题，说到底就是探讨如何在新的社会历史条件下使我们这个马克思主义执政党不断增强自身先进性的问题。而广大党员和干部充分发挥积极性、主动性和创造性，也是党自身先进性的重要体现。从当前我们党的自身建设的现实情况来看，通过强化激励机制来调动这方面的积极性，并使其长期保持下去，是我们面临的根本任务。一要不断发展和扩大党内民主，保障党员在党内的各项民主权利，增强党员在党内的主人意识，调动党员的积极性。二要健全党内各种利益激励机制，调动党员的积极性。三要注意创造有利于调动党员积极性的社会环境和党内环境，发挥环境的激励作用。四要强化党员教育机制，坚定党员的理想信念。

《党的建设深化发展的几个问题》（商志晓，《中国党政干部论坛》2007 年第 6 期）

促进党的建设进一步深化发展，我们需要做好两方面工作。一项是“回头看”的工作，即“总结提炼提升”的工作，意在使十六大以来党的建设的理论创新成果得以科学概括、巩固完善并发扬光大，使十六大以来党的建设的实践经验得到系统归纳、提高升华并指导现实。另一项是“向前看”的工作，即“思考预见设计”的工作，是在现有基础上进一步明确和制定党的建设的基本任务、重点工作和重大举措，系统规划和全面部署党的建设新的伟大工程，形成面向未来的总的蓝图。这两项工作紧密相连、有机统一。做好这两项工作，需要我们结合党的建设的历史实践和现实要求，结合党的建设的主要目标和努力方向，结合党的建设取得的成就与面对的困难，结合党的建设既有机遇又有挑战的现实，综合分析，全面考察，系统把握。(1) 要突出先进性建设在党的建设中的主线地位，用以统领和带动党的各方面建设协调发展。党的先进性建设的主线地位，不仅要进一步明确，而且要切实得到加强。因为我们党当前要着力解决的根本问题是执好政、长期执政问题，而执好政、长期执政的关键则是保持和发挥好先进性。(2) 要准确把握党的执政能力建设的价值和意义，科学阐明执政能力建设与先进性建设的基本关系。明确党的执政能力建设的价值和意义，需要我们进一步揭示执政能力建设与先进性建设的基本关系。(3) 要把制度建设作为一项关系党的建设全局的综合性建设来对待，予以高度重视，使之得到进一步强化。(4) 有必要把“廉政建设”从作风建设中剥离出来，作为一项独立的建设内容纳入党的基础建设序列之中。(5) 需要总体把握并厘清党的各方面建设的内在联系，明确提出“党的建设新布局”问题并予以科学概括。

《用协商民主的方法进一步改善党群关系》（祝灵君，《学习时报》2007 年 12 月 24 日）

20 世纪 90 年代，在西方政治学界出现一种自称为“新”的民主理论——协商民主 (Deliberative Democracy)。赞成这种观点的学者认为，协商民主的核心是通过参与、协商实现个体偏好的改变，而自由民主或选举民主却只是偏好的表达和聚集；协商民主更容易实现公民之间的妥协，而选举民主却难以达成此目标。在我国，可以用协商民主的手段，在微观领域进一步改善党群关系。当前，党群关系总体上是好的，面临新形势、新任务，我们党积极改善党群关系，如强调依靠民主与法治手段来改善党群关系；通过实现党内民主与人民民主的互动来改善党群关系；通过扩大群众基础、巩固阶级基础的办法来巩固党群关系；通过反对官僚主义和官僚陋习的方法拉近与群众的距离；通过正确引领各种社会组织实现党与社会组织的和谐相处，等等。但是，改善党群关系不应该也不能仅仅成为一种停留在宏观层面上的思维、口号、目标，而应该在微观领域建立一种制度环境，让人民群众的利益有渠道表达，表达后有实际效果，从而在机制上保证党群关系的改善。因而，可以严格按照协商民主的相关程序，在微观领域建立一种党内民主或人民民主的制度环境，真正实现普通党员或普通群众的知情权、参与权、表达权、监督权，最终培养出人民的公民意识。严格按照科学程序在执政党与人民群众之间进行对话协商，不仅可以解决执政党政策产生的合法性问题，也可以解决政策执行的效率问题。因为，人民群众感受最深、最容易受影响的是党的路线、方针、政策的执行情况以及本场域的公共生活或公共政策，这些都是他们“最关心、最直接、最现实的利益问题”，因而，从某种程度上讲，民主协商比民主选举对基层群众更为重要。也正是由于这个原因，我们说，协商民主是进一步改善党群关系的有效方式。

《党员主体地位实现过程中的若干问题》（郭永东，《理论动态》2007 年 12 月 30 日）

党的十七大首次把“尊重党员主体地位”写进报告，应该说这是一个认识的升华，对推进党内民主建设、和谐社会建设以及我国民主政治建设将产生不可估量的影响。党员是党的一切活动的主体，是党内一切事务平等的参与者和责任者，在党内生活和党的社会实践中居于主动的地位，这就首先必须要有明确自觉的主体意识。主要表现为：党员应以始终把振兴党的事业视为自己的责任，把发挥主体作用视为神圣的权利，为人民服务不仅是党组织对党员的一种要求，更是党员自身的一种自觉行动和神圣责任，对党的事业自觉认同、自觉参与、自觉奋斗，实现自身价值。事实上，在很长一个时期内，在党的建设上很少实际地去强调党员的主体地位。从历史上看，有两个主要症结：一是在党的领导制度上权力过分集中，使得党员的主体地位和权利难以得到保障。二是在党的组织制度上片面强调服从。增强党员主体意识，必须学会用民主和法治的武器维护党员权利，关键要提高党员自身的民主和法治素质，增强党员平等意识、责任意识、权利意识、党章党规意识。实现党员主体地位必须从制度上予以保障，缺乏有效的制度保障，党员主体地位的实现充其量只能是有形无实。当前，在党员主体地位实现过程中，就制度保障而言，有两方面问题亟待解决：一是党员主体权利虚置问题。二是党内监督制度建设滞后问题。一方面，现行党内监督制度没有为保障和发挥党员监督作用提供充分的条件。另一方面，党内监督制度体系上存在以上级监督为主的体制性缺陷。同时，党员主体地位实现过程中还存在认识偏差问题。首先，在党员权利与义务关系上，缺乏对党员权利保障的主动认知，片面强调党员义务、党员责任多，落实党员权利少。其次，忽视对党员参政议政的热情的培养。第三，缺乏对推进我国社会民主政治进程迫切性的认识，这些都亟待在将来的党内民主建设中予以解决。

《作为部分的政党还是作为整体的政党》（虞崇胜、郭小安，《中共福建省委党校学报》2007 年第 11 期）

自从政党出现之后，有关政党“到底代表谁的利益”即政党的执政基础一直是人们关注的焦点。在中国，围绕“党到底代表谁的利益”的争论更是异常激烈，不论是在理论界还是在现实生活中，有关这方面的争论从未停止过。例如：中国共产党执政后还是无产阶级政党吗？工人阶级作为先进阶级和领导阶级，为什么在改革中却成了牺牲品，它现在还是领导阶级吗？吸纳新兴阶层特别是私人企业主阶层进入到党内是否会改变党的根本属性？“三个代表”重要思想中提出“中国共产党代表中国最广大人民的根本利益”，是否意味着党从无产阶级政党转变成了“全民党”，而“全民党”还是真正意义上的政党吗？它是否违背了马克思主义政党理论的基本精神？众所周知，一开始，政党是作为部分意义出现的，而在资产阶级统治权不断得到巩固和强化后，政党的正面功能开始不断得到彰显，并逐渐在资产阶级民主制度中获得一席之地，在政治运作过程中逐渐地向整体意义上政党转化。从一定意义上讲，政党既是部分的，也是整体的，是部分与整体的辩证统一。从短期来看，政党的功能是夺取政权，这时候的政党是部分的政党，否则没有获取政权的必要，而一旦获取政权，政党必须由部分的政党向普遍的政党转化，也就是说，政党可以是部分的政党，但执政党一定是整体性的，它必须以普遍的利益为价值取向，获取政权只是其手段。政党制度的有效运行有赖于部分与整体之间的合理转化。由此得出的启示是：（1）中国共产党是按照马克思主义政党观建立和发展起来的。但是，中国共产党在领导人民获取政权后，并且已经从革命党转变为执政党后，党的执政基础也必须按照现代政党的一般规律，完成由“部分向整体的转化”。（2）“无产阶级政党”是在中国共产党作为革命党时期的定位，而随着中国共产党转变为执政党之后，代表无产阶级的政党必然要向代表全体人民利益的政党转化，所以，改革开放后国有企业改革引发的工人下岗等现象并不是说党所代表利益的变化和转移，而是说中国共产党作为执政党，其政策应更具全局性，广泛性和普遍性。它代表的不仅仅是某一个阶级的利益，而是全体人民的利益。（3）中国共产党作为执政党，在改革的过程中不断吸纳各个阶层，特别是新兴阶层的精英分子进入党内，既符合政党由部分向整体转化的普遍规律，也符合政治现代化的一般规律。（4）“三个代表”重要思想中提出的“中国共产党代表中国最广大人民的根本利益”，这并不意味着党从无产阶级政党转变为“全民党”，也并不违背马克思关于政党的经典定义。

《执政伦理建设：执政党永葆先进性的伦理视角》（田芝健、王海稳、杨建春，《学习论坛》2007 年第 3 期）

执政伦理，包括执政党对自己的执政理念、执政行为、执政过程、执政结果等的合理性合法性正义性的追求和实践，是执政党在执政实践中所必须遵循的伦理道德规范，也是党在执政过程中应该表现出来的执政品质。共产党执政理论当然包括执政伦理问题。加强执政伦理建设，对保持党的先进性，淳化党风政风和社会风气，巩固党的执政地位具有重要意义。执政伦理建设的基本要求是：第一，从执政理念的层面看，以党的执政作风和执政伦理建设引领社会主义荣辱观教育，必须首先确立“执政为民”的理念，正确处理党群关系。第二，从执政品质上分析，中国共产党加强执政伦理建设就要努力实践社会主义荣辱观，加强执政作风建设，不断在执政实践中体现和增进公平正义。第三，从执政主体个体伦理建设角度出发，以党的执政伦理建设引导社会主义荣辱观教育，还必须有“自律”的道德修养意识。加强党的执政伦理建设的实现路径，一是要强化公仆意识，牢固树立马克思主义的世界观、人生观、价值观和正确的权力观、地位观、利益观。二是要树立科学、民主、法治意识，坚持科学执政、民主执政、依法执政、以德执政，完善党的领导方式和执政方式。三是要按照“求真务实、开拓创新、勤政高效、清正廉洁”的执政作风，塑造为民、务实、清廉、勤政的执政形象。四是树立科学的政绩观，构建科学的执政绩效评价体系，做到权为民所用、情为民所系、利为民所谋。

《完善党政领导干部政绩考核体系的几点思考》（毕力夫，《中国党政干部论坛》2007年第1期）

近年来，我国干部考核评价工作逐渐步入规范化的轨道，干部队伍建设成绩斐然。尽管如此，目前部分党政领导干部在政绩观上仍然存在一些问题。这同政绩考核的内容不够全面、考核工作缺乏法律保障和监督、考核评价标准不够科学等有很大关系。因此，完善党政领导干部政绩考核体系就显得尤其重要。第一，设立多元考核主体，确保考核的公正、公开、透明。针对上级组织、人事部门作为单一政绩考核主体产生的封闭式的“官考官”的考核机制，应该设立多元考核主体，破除党政领导干部政绩考核中的执行者虚位困局，实行上级组织、民众和中介机构这三个考核主体对党政领导干部政绩进行考核。第二，健全考核内容，完善全面的考核评价指标体系。应当围绕经济发展这一中心，按照科学合理、客观公正、权责统一的原则设置考核内容和标准，使之综合反映经济社会和人与自然的全面发展情况，考核评价指标体系应包括经济建设、社会发展、精神文明建设等多个方面的内容。第三，建立政绩成本的科学分析机制。对政绩成本进行分析，是指不仅要看取得的政绩，而且要看创造政绩的目的和为谁创造政绩，并对为取得政绩所付出的投入和代价进行计量和对比，切实避免不必要的浪费和不计成本的重复建设、资源浪费和环境破坏。考核政绩时，一要看经济成本，二要看社会成本，三要看资源和环境成本。第四，建立健全政绩考核的制度保障体系和监督机制。应该把党政领导干部政绩考核的内容、方式和标准法律化、制度化，真正做到有章可循、有法可依、按章办事。要建立一整套严密的组织监督和广泛的民主监督相配套的有效制度，把制度约束与群众监督、社会监督和舆论监督结合起来，使形式主义得到及时遏制。

张衍前　中央社会主义学院中国政党制度研究中心副教授，博士
韩　冰　中共中央党校党建部博士研究生

参政党研究

参政党研究述评

2007年，参政党研究呈现出两大特点，一是围绕参政党建设和履行参政党职能这两大传统课题，在前几年研究的基础上进行了深化和拓展；二是围绕参政党存在与发展面临的现实问题进行探讨，更加注重基础理论的研究。在此基础上，形成了2007年参政党研究的几个焦点问题，即参政党的代表性；政治交接；参政议政与民主监督；自身建设。

一、参政党的代表性

对基础理论更加关注是2007年参政党研究的一大特色，在对民主党派性质、地位与作用已经形成共识的基础上，学术界对民主党派的代表性问题进行了研究，并在此基础上更加强调民主党派在中国社会发展和政治发展中的地位与作用。

（一）民主党派的利益代表功能

研究者们一致认为，利益代表是政党的基本属性之一，在我国现有政治架构内，作为参政党的各民主党派是特定阶层和群体进行利益表达的重要渠道之一，在利益代表方面具有重要优势。袁廷华在《论民主党派政治参与的双重功能》（《中央社会主义学院学报》2007年第6期）中指出，我国各民主党派自成立之日起，就具备了作为一定阶级、阶层利益代表的属性，发挥着代表这些阶级、阶层参政的功能。沈艳在《对民主党派代表性的思考》（《团结报》2007年8月18日）一文中认为，民主党派的利益代表性是指各民主党派是代表其成员及其所联系的群众的利益，负有代表和反映他们利益诉求的责任，为中国特色社会主义事业的发展提供智力支持和决策参考。这是民主党派发挥其参政党功能的内在要求，也是民主党派增强自身凝聚力和吸引力的重要因素。黄天柱在《参政党的利益代表功能与和谐社会构建》（《江苏省社会主义学院学报》2001年第1期）一文中分析：从利益代表者与利益代表对象之间的关系来看，我国各民主党派之间已经形成了相对稳定的组织发展分工范围和分工活动重点，确定了与相关阶层的对应关系；从利益代表的方式与途径来看，各民主党派可以通过组织化的方式对各种需求进行压缩或凝聚，把各种特殊需求变成综合需求；从利益代表者自身的特点来看，我国八个民主党派现有成员70多万，其中绝大多数是中高级知识分子，有强烈的社会责任感和忧患意识。这三个方面构成了参政党在利益代表方面的优势。因此，对民主党派所具有的利益代表功能不应有任何顾虑，也不必过度担心参政党会因为“利益代表”而沦为“利益集团”，因为参政党所代表的“部分”是组成“全体”的部分，而不是对抗“全体”的部分，这部分人的利益是社会整体利益的组成部分，参政党将这部分人的利益诉求充分表达出来有利于执政党和政府更全面地了解社会利益结构，以实现全社会利益的最佳整合。

尽管民主党派在利益代表上有着特殊的优势，但在实践中并未得到很好的体现。特别是随着世情、国情、党情的深刻变化，不可避免地给民主党派的发展带来一些影响，产生一些新问题，成为影响民主党派代表性的重要原因。黄天柱在《参政党的利益代表功能与和谐社会构建》（《江苏省社会主义学院学报》2007 年第 1 期）一文中在分析其调研结果的基础上指出，我国各民主党派对于“利益代表”问题，在认识上还不十分统一，在实践中也未能有效体现。从认识方面来看，部分民主党派成员对民主党派的利益代表功能持谨慎态度；从实践方面来看，参政党在履行职能过程中与其联系对象之间缺少应有的联系。杨爱珍在《当代中国政党互动模式研究》（《新视野》2007 年第 4 期）一文中也分析了民主党派代表性问题所遭遇的理论与实践的困惑。她认为，民主党派参政议政角度雷同，缺少特色；各民主党派与自己所联系的那部分群体缺乏沟通机制，政党对自己所联系的群体的利益诉求不敏感，所在群体对自己的政党认知度不高，这两个方面使民主党派的代表性弱化了。张瑞琨在《民主党派代表性问题研究》（《广州社会主义学院学报》2007 年第 4 期）一文中也认为，与我国社会经济结构的变化和社会主义民主政治建设的要求相比，民主党派代表性存在弱化现象，主要原因在于民主党派组织发展的视野不宽、政党意识不强，趋同倾向明显、参政党的政党功能发挥不够，人才比较优势弱化、代表人物的代表性有待进一步增强。顾金喜、林奇凯的《民主党派利益代表机制研究》（《福建社会主义学院学报》2007 年第 2 期）一文更是认为，目前参政党代表的利益群体界限逐渐模糊，各民主党派皆以人民群众的共同利益为己任，这样的价值取向一方面混淆、模糊了各民主党派自身的独特性，另一方面导致民主党派对本党派所联系的群众利益的忽视，在参政议政中失去了最关键的目标群体，也就导致了民主党派参政议政中趋同的现象，这对民主党派是个潜在危机。沈艳在《对民主党派代表性的思考》（《团结报》2007 年 8 月 18 日）一文中分析了影响民主党派代表性的因素，她认为主要表现为这样几个方面，一是民主党派界别特色有趋同化现象，二是民主党派参政功能呈虚浮化态势，三是民主党派成员入党动机存在功利化倾向，四是民主党派基层组织呈松散化状态。

为了更好地实现参政党的利益表达功能，研究者普遍强调，要在价值层面遵循社会整体利益优先的原则，在工具层面强调制度建设的重要性。袁廷华在《论民主党派政治参与的双重功能》（《中央社会主义学院学报》2007 年第 6 期）一文中指出，利益代表与为社会公共利益服务同为民主党派的重要功能，必须坚持代表具体利益与为社会公共利益服务的统一。为了强化民主党派的利益代表功能，要建立健全参政党与其代表对象的联系机制和参政党的利益聚合机制，要坚持组织发展的重点分工，保持各自的优势和界别特色，同时适应时代发展要求，吸收符合条件的新的社会阶层代表加入民主党派，扩大民主党派的利益代表范围。黄天柱在《参政党的利益代表功能与和谐社会构建》（《江苏省社会主义学院学报》2001 年第 1 期）中认为，民主党派利益代表功能的运行必须将一部分人民群众的利益与追求社会利益最大化有机统一起来，并在制度上和机制上确保参政党利益代表功能的实现。顾金喜、林奇凯的《民主党派利益代表机制研究》（《福建社会主义学院学报》2007 年第 2 期）一文也强调要竭力完善民主党派利益代表机制的相关制度建设，如信息质量保障机制、评价奖励机制等等。

（二）民主党派的社会基础

民主党派具有利益代表功能，那么民主党派究竟代表谁？也就是说，民主党派的社会基础是什么？随着中国社会结构的变化，这个问题越来越成为参政党研究中的一个重要理论与实践问题，也是一个热点和难点问题。学术界在坚守民主党派是“社会主义劳动者、社会主义事业建设者、拥护社会主义的爱国者的政治联盟”这一基本判断的基础上，对民主党派的社会基础问题进行了进一步思考，并给出了不同的答案。

在民主党派究竟代表谁的问题上，一种观点认为，民主党派的参政行为具有公共特征，因而代表的是人民群众的共同利益；另一种观点则强调民主党派是一部分社会群众具体利益的代表，应从代表具体利益的要求出发，强化民主党派的利益代表机制。如顾金喜、林奇凯的《民主党派利益代表机制研究》（《福建社会主义学院学报》2007 年第 2 期）、黄天柱的《参政党的利益代表功能与和谐社会构建》（《江苏省社会主义学院学报》2007 年第 1 期）都提出了“利益代表机制”问题，但前者在强调民主党派要明确利益代表的目标群体前提下，注重被表达群体的多元化，而后者则更强调在遵循社会整体利益优先的原则基础上，代表特定群体的利益。顾金喜、林奇凯认为，要加强或改善参政党利益代表机制，必须厘清观念，明晰各民主党派利益代表的群体界限，实现利益代表的特色化，同时保持利益代表机制的多元化，任何一个民主党派在表达利益诉求时应尽量表达更多群体的利益，实现被表达群体的多元化，坚决避免自代表现象，即使是民主党派也应该坚持立党为公，而不是为私或者谋求私人利益。黄天柱认为，代表特定群体的利益是民主党派保持自身特色、体现民主党派进步性与广泛性相统一的特点的重要途径，因而要加强“参政党代表机制”建设。所谓参政党代表机制，指的是各民主党派利益代表功能的各种实现方式的总和，其核心是回答和解决“代表谁”、“以什么样的内容来体现代表”、“以什么样的方式和途径来实现代表”等问题。杨爱珍也在《当代中国政党互动模式研究》（《新视野》2007 年第 4 期）一文中表达了相似的观点，她认为，如果民主党派的代表性是全方位的，什么都能表达，其结果就是政党的代表性弱化了，政党的特色黯淡了。

在民主党派究竟代表谁，是代表“部分”还是代表“全体”这个问题上，袁廷华独辟蹊径，在《论民主党派政治参与的双重功能》（《中央社会主义学院学报》2007 年第 6 期）中指出，我国民主党派的政治参与具有双重功能，既代表其成员和所联系的社会群众的具体利益，同时又协助中国共产党为实现和维护社会公共利益服务。对利益代表功能而言，进入新时期后，民主党派的利益代表功能呈现出两大新特点，第一，集中反映了一部分知识分子的利益、愿望和要求；第二，集中反映各自成员和所联系的界别群众的具体利益、愿望和要求。张瑞琨在《民主党派代表性问题研究》（《广州社会主义学院学报》2007年第4期）一文中也指出，不管是改革开放之初“两者”的政治联盟还是现在“三者”的政治联盟，民主党派都是“两者”和“三者”的一部分，不是全部，也不是大部分，是具有一定特殊性且与民主党派有历史联系的那部分。同时，民主党派是以知识分子为主体的政党，民主党派也代表着知识分子群体的利益、愿望和要求，但是，民主党派中的知识分子也有一定的特殊性，他们从社会联系上看具有广泛性、在思想观念和行为方式上具有“公共知识分子”的特点。因此，民主党派一方面反映和代表各自所联系群众的具体利益和要求，代表特殊群体的特殊利益，但同时又由于其知识分子的属性，所提的意见和建议大量的还是超越界别、党派、团体的界限，体现了具体利益与根本利益的统一。

（三）民主党派的代表性与新的社会阶层

随着我国社会结构的变化，新的社会阶层开始形成，他们的政治诉求与利益诉求也日益清晰地呈现出来。作为新生的社会力量，如何有效吸纳他们的政治参与，使他们在现有政治体制之内发挥积极作用，成为研究者们日益关注的课题。在民主党派究竟代表谁这个理论难题尚未破解之时，相当多的研究者研究了民主党派的社会基础与新的社会阶层进行对接的可能性，希望通过这种方式既解决民主党派的社会基础问题，又解决新的社会阶层的有序政治参与问题。

浦兴祖在《现有政治实体与新生社会阶层的“对接”——关于民主党派社会基础的一点思考》（《上海市社会主义学院学报》2007年第3期）一文中指出，实现民主党派与新的社会阶层的“对接”，不仅能使民主党派拥有独特的社会基础，提高参政党发挥政党功能的动力与活力，而且可以使新的社会阶层在现成的政治实体内有序开展本阶层的利益诉求和政治参与。浦兴祖认为，“一部分社会主义劳动者、社会主义建设者和拥护社会主义的爱国者”中就包含着“新的社会阶层”，因而让民主党派“主要”表达这些阶层的诉求是可行和稳妥的政治选择。从民主党派承续历史传统与适应社会新发展考虑，应当更加明确地将民主党派的社会基础定位于作为“工人阶级一部分”的知识分子与“新的社会阶层”。与此同时，由于民主党派有八个，新的社会阶层有多种，不同民主党派的社会基础之间，不同民主党派与新社会阶层的关系也可以甚至也应当有所区别，而不宜趋同。因此，执政党应再次推动八个民主党派通过协商，根据各自的历史传统，进一步细化各党派的社会基础，并在党派发展成员时充分体现这点。

赵德金在《论参政党参政能力的提高——以理顺政治体系的关系为视角》（《广州社会主义学院学报》2007年第4期）一文中认为，新的社会阶层已成为参政党社会基础的重要组成部分，这一阶层中的一部分人加入参政党有利于参政党作用的发挥，有利于中国特色政党制度的坚持、完善和发展，因此，参政党应增强其对新社会阶层政治参与的吸纳功能，依据各参政党历史形成的特色，在新的利益群体里寻找空间。可通过协商大胆地、有计划地把具有广泛代表性的进步分子吸纳进参政党，把新的社会利益群体作为发展阵地。

杨爱珍在《当代中国政党互动模式研究》（《新视野》2007年第4期）一文中也强

调民主党派要使自己有足够动力，就要在吸纳新的社会力量时，在党内界别结构发生变化的情况下做到保持特色与创新发展有机统一，也就是要重视政党的代表性问题。

张瑞琨在《民主党派代表性问题研究》（《广州社会主义学院学报》2007 年第 4 期）一文中指出，要增强民主党派的代表性，需要解放思想，拓宽视野，增强参政党在新型经济社会组织中发展成员的吸纳能力；要创新工作方法，善于发现体制外的人才，做好新的社会阶层人士的工作。

（四）民主党派的地位与作用

与参政党的代表性和社会基础密切相关，理论界对民主党派的性质、地位与作用进行了更深入的思考，认为民主党派应该作为政党而存在，强调民主党派的政党性质，主张民主党派要积极发挥参政党的功能。

关于民主党派的参政党地位。郑宪在《民主党派在我国政治生活中的地位》（《学习时报》2007 年 11 月 19 日）一文中指出，民主党派是参政党的政治地位，由我国人民民主专政国体的内在要求所决定，又是根据各民主党派在我国政治生活中的实际作用确立的。“参政党”概念的提出，创造性地回答了一个重要的理论和现实问题，使中国的民主党派有了明确的政治地位和制度保障；同时也使中国共产党作为执政党和领导党更充分地获得了政党理论层面和逻辑层面上的说明和支持（有他党存在）。孙照红在《民主党派的性质、地位和作用辨异——“雷同论”、“非党论”、“西化论”、和“摆设论”错误剖析》（《江苏省社会主义学院学报》2007 年第 6 期）一文中，剖析了关于民主党派性质、地位与作用的几种错误观点：第一，雷同论，认为民主党派就是中国共产党的延伸；第二，非党论，认为民主党派不是政党；第三，西化论，认为民主党派是“参与执政”、“联合执政”的政党；第四，摆设论，淡化民主党派的作用。孙照红认为，应该对这些错误观点认真剖析，澄清误解，纠正错误，走出误区，正确理解民主党派的性质，明确民主党派的参政党地位，更好地发挥参政党作用，团结一致共同建设和谐社会。陈奇文在《关于我国政治体制中确定各民主党派为“参政党”的若干思考》（《湖北社会主义学院学报》2007 年第 2 期）一文中则从正面肯定把民主党派定位为“参政党”的重要意义。陈奇文认为《中共中央关于坚持和完善中国共产党领导的多党合作和政治协商制度的意见》首次把民主党派在政治体制中的地位确定为“参政党”，是马克思列宁的政党理论与中国实际相结合的最优选择，是中国政治体制建设的最优选择，是民主党派自身发展进步的重要标志，也是中国共产党对于民主党派不断进步给予肯定的最优选择，是社会主义政治文明建设中要求实现“和谐的政治局面”的最优选择之一，同时也是赋予给各民主党派的重要历史使命。欧振宝在《论中国参政党的历史地位》（《蚌埠党校学报》2007 年第 2 期）一文中认为，中国参政党的概念是在建设有中国特色社会主义的伟大实践中产生的。中国参政党是伟大的中华人民共和国的缔造参与者，是当代中国政治格局的支撑者和拥护者，是中国特色社会主义“四个文明”的创造者，是实现“一国两制”和平统一祖国方针的促进者。

关于民主党派的作用。对于民主党派的历史功绩，宋连胜、王海胜在《试论中国民主党派对新民主主义革命的贡献》（《学习与探索》2007 年第 5 期）一文中指出，中国民主党派在新民主主义革命过程中，反抗帝国主义的侵略、争取民族解放，反对国民党的独裁统治、争取民主自由，参加解放战争，与共产党合作建国，为新民主主义革命的胜利做出了卓越的贡献。民主党派由其政党性质和特殊的历史地位所决定，在反帝反封建斗争中与共产党相比表现出自身的特点：斗争形式主要是进行言论宣传；斗争区域主要是国统区大中城市；对国民党态度经历了拥护、怀疑、反对的变化过程；理论体系不完备，指导思想不统一；政治态度分歧，组织形式松散；革命目的是建立资产阶级民主制度。田牧在《民主党派在筹建新中国中的历史贡献》（《湖北广播电视大学学报》2007 年第 3 期）一文中认为，新中国的成立，除中国共产党的正确领导、人民力量的壮大、人民解放军的英勇善战外，民主党派对中国时局的分析，提出了实行民主原则，在政治上积极支持和响应中共的方针、号召以及在军事上开展各种活动积极配合中共的武装斗争等，对新中国的成立作出了极大的贡献，起了不可忽视的重要作用。

对于民主党派的现实贡献，研究者们主要基于和谐社会建设来讨论。李俊在《论中国参政党的功能性价值与和谐社会构建》（《上海市社会主义学院学报》2007 年第 2 期）一文中认为，构建社会主义和谐社会不仅是中国共产党的一项重要执政使命，也是八个民主党派的重要参政任务。中国参政党在构建社会主义和谐社会的实践中扮演着重要角色，发挥着独特的作用。参政党功能在和谐社会构建中的实践价值主要表现在三个方面：利益表达功能在维护社会稳定中的价值；政治民主功能在推进社会民主中的价值；决策参考功能在促进经济社会协调发展中的价值。李志平在《试论中国参政党的基本特性及其主要作用》（《学习与探索》2007 年第 6 期）一文中指出，中国参政党的主要作用是合力作用、协商作用、监督作用、纽带作用。这些作用的发挥，使中国共产党和各民主党派在政治运行中形成了合力，使中国的社会主义民主政治获得了重要的发展动力，能帮助中国共产党实现科学执政、民主执政、依法执政，扩大各界人士有序的政治参与，拓宽社会利益表达渠道，促进了社会和谐有序的发展。张焕金在《民主党派在构建社会主义和谐社会中的角色定位及重要作用》（《黑龙江省社会主义学院学报》2007 年第 3 期）一文中认为，民主党派作为与中国共产党密切合作的参政党，理应积极为和谐社会的构建贡献自己的参政智慧，发挥自己的参政作用。民主党派的政治态度、民主党派的行为方式、民主党派与中国共产党共同缔造的政党制度，使民主党派可以在和谐社会构建中发挥示范作用。民主党派能够在促进科学决策、畅通民意渠道、凝聚群众力量等方面成为构建和谐社会有为的建设者。民主党派可以通过发挥民主监督作用、协调和化解社会矛盾的功能、强化社会的包容性等优势，成为构建和谐社会的有力推动者。

二、政治交接

新世纪新阶段，政治交接是民主党派面临的两大历史性课题之一。能否解决好这一课题，不仅事关民主党派自身建设和发展方向，而且事关中国共产党领导的多党合作和政治协商制度的坚持和完善，事关统一战线事业的长远发展。特别是 2007 年，各民主党派在组织上完成换届，政治交接也随即成为理论界和实际工作部门一个备受关注的话题。《团结报》连续发表《筑牢多党合作事业可持续发展的根基》、《深刻认识政治交接的政治内涵》、《正确把握政治交接学习教育活动的基本原则》、《正确处理政治交接学习教育活动的几个关系》、《大力推进以坚持走中国特色社会主义政治发展道路为主题的“政治交接学习教育活动”》等评论员文章，纵论推进民主党派政治交接。虽然与整个参政党研究的弱势相联系，理论界对政治交接的探讨要落后于自身建设的需要与发展，但对民主党派政治交接意义、内涵和途径的研究还是取得了一定的成果，对推进民主党派政治交接的实践具有一定的指导意义。

（一）政治交接的意义

为什么要推进政治交接？其重要性和必要性在哪里？理论界对这些问题的回答一般都从两个角度来进行，一是从民主党派自身发展的角度来讨论政治交接的必要性；二是从政治文明的高度来分析搞好政治交接的重要性。《筑牢多党合作事业可持续发展的根基——论推进民主党派政治交接》（《团结报》2007 年 8 月 2 日）一文从推进多党合作可持续发展、全面建设小康社会的高度分析政治交接，认为推进民主党派政治交接，是以邓小平理论和“三个代表”重要思想为指导，深入贯彻落实科学发展观、全面建设小康社会和构建社会主义和谐社会的必然要求，是发展社会主义民主政治、建设社会主义政治文明的必然要求，是实现新世纪新阶段统一战线和多党合作事业可持续发展的必然要求。王功安在《论民主党派政治交接的长期性和重要性》（《湖北社会主义学院学报》2007 年第 6 期）一文中指出，推进民主党派的政治交接，这是中国共产党与各民主党派总揽全局、着眼长远、与时俱进作出的重大决策，是一项不但惠及各民主党派，而且是关系到党和国家工作全局，关系到中国特色社会主义事业的长远发展的战略举措，也是一项重要的战略任务。吴幼英在《搞好政治交接，坚持走中国特色社会主义政治发展道路》（《上海市社会主义学院学报》2007 年第 5 期）一文中也表达了相似的观点，认为搞好政治交接是时代的需要，是多党合作事业发展的内在要求，直接关系到民主党派自身发展方向，关系到多党合作事业与统一战线的长远发展。

从民主党派的存在与发展的角度，王琳在《浅谈民主党派政治交接》（《团结报》2007 年 5 月 12 日）一文分析了政治交接的重要意义。该文认为，政治交接是一个政党不断延续其政治理念、政治生命的必然要求，是保持其政治优势、继承优良传统的必然需要。中国共产党在号召党员学习中共党史、继承党的优良传统、加强党的自身建设、保持先进性教育方面为民主党派树立了榜样。政治交接是民主党派换届工作的重要组成部分，是组织换届的重要保障。民主党派也必须搞好政治交接，这是保持进步性的必然要求。田继万在《开展政治交接学习教育活动是民主党派的内在需要》（《四川省社会主义学院学报》2007 年第 4 期）一文中则肯定了政治交接学习教育活动的重要性，其逻辑前提也是政治交接是事关民主党派存在与发展的战略任务。作者认为，开展政治交接学习教育活动，是民主党派继承优良传统，践行多党合作，履行参政党职能，加强自身建设的内在需要，必须切实抓好。作者指出，政治交接是一项长期的战略任务，求知、求才、求识、求道，不可能毕其功于一役。古往今来，知识改变命运，文化提升品位，学习涵养性灵，读书盛，国运兴。一个重视学习教育的政党，是充满希望，富有生命力的政党，一个善于学习教育的政党，是能够与时俱进，永葆青春的政党。

（二）政治交接的内涵

政治交接作为一项长期的战略任务，其内涵是与时俱进的。理论界在讨论政治交接的内涵时，重点探讨了当前民主党派政治交接的时代内涵和民主党派的优良传统，认为坚持中国特色政治发展道路是当前民主党派政治交接的主题。

关于政治交接的时代内涵。何鲁丽在《坚持中国特色政治发展道路，搞好政治交接》（《团结》2007 年第 1 期）一文中指出，民革中央对换届工作提出了总体要求，并把政治交接概括为五个方面的内容，这五个方面内容是衡量换届工作是否成功的重要政治标准，其中最重要的就是坚持中国特色政治发展道路，其核心是坚定不移地坚持中国共产党的领导，使民革老一辈在长期革命、建设和改革实践中形成的坚持中国共产党领导、与中国共产党亲密合作的优良传统和报效国家、无私奉献的高尚风范薪火相传、发扬光大，保证多党合作事业得到巩固和发展。《大力推进以坚持走中国特色社会主义政治发展道路为主题的“政治交接学习教育活动”》（《团结报》2007 年 7 月 26 日）一文回顾了政治交接这一概念的历史演变，该文认为，政治交接是 1996 年底各民主党派中央酝酿 1997 年换届有关政策过程中提出来的，明确当时推进政治交接的任务是做到“三个延续与发展”，即：着眼于各民主党派政治纲领更好地延续与发展，着眼于民主党派与中国共产党亲密合作关系更好地延续与发展，着眼于民主党派老一代领导人的坚定政治信念、优秀品质和优良作风更好地延续与发展。2002 年换届时，各民主党派中央强调巩固和发展政治交接成果，就是要明确并自觉遵循参政党建设的目标和原则。2007 年换届，各民主党派中央强调推进政治交接，核心是提高坚持走中国特色社会主义政治发展道路。《深刻认识政治交接的时代内涵——二论推进民主党派政治交接》（《团结报》2007 年 8 月 4 日）一文则明确了政治交接的内涵，认为经过 10 年的发展和深化，政治交接的内涵可以如下概括：重点是继承和发扬民主党派老一辈长期与中国共产党团结合作形成的政治信念、优良传统和高尚风范，关键是增强接受中国共产党领导的自觉性和坚定性，核心是坚持走中国特色社会主义政治发展道路，目的是巩固多党合作和政治协商的政治基础，推动和实现我国统一战线和多党合作事业的可持续发展。吴幼英在《搞好政治交接，坚持走中国特色社会主义政治发展道路》（《上海市社会主义学院学报》2007 年第 5 期）一文中也指出，做好政治交接，在不同历史时期有着不同的时代要求和具体内容，其内涵与时俱进，随着时代的发展和形势的变化不断丰富完善，从最初的继承优良传统，到后来的加强参政党建设，再到当前的走中国特色社会主义政治发展道路，我们对政治交接的意义、内涵和要求的认识在不断深化，民主党派在社会主义四个文明建设中所能起到的作用也越来越明晰。

关于政治交接的核心是坚持中国特色政治发展道路。《深刻认识政治交接的时代内涵——二论推进民主党派政治交接》（《团结报》2007 年 8 月 4 日）一文指出：始终坚持走中国特色社会主义政治发展道路，这是一个根本性问题。政治发展道路对一个国家的民主政治建设、政治制度的发展起着方向性、规定性的作用。中国特色社会主义政治发展道路，是近代以来中国人民经过艰辛探索、反复实践，最终选择的一条正确道路，是符合中国国情，能够为国家富强、民族振兴、人民幸福和社会和谐提供根本保障的政治发展道路，是一条推动和实现我国统一战线和多党合作事业可持续、健康发展的政治发展道路。始终坚持走中国特色社会主义政治发展道路，是各民主党派几十年来在与中国共产党风雨同舟、患难与共的历程中，取得的最基本、最广泛、最深刻的共识。《大力推进以坚持走中国特色社会主义政治发展道路为主题的“政治交接学习教育活动”》(《团结报》2007 年 7 月 26 日) 一文也指出，中国特色社会主义政治发展道路深深植根于中华民族的历史和文化的深厚土壤，产生于中国共产党领导中国人民为争取民族独立和国家富强而进行的伟大斗争实践，发展于改革开放和建设中国特色社会主义的进程之中。这条政治发展道路，在理论上坚持以马克思列宁主义、毛泽东思想、邓小平理论和“三个代表”重要思想为指导，全面贯彻落实科学发展观；在政治上坚持中国共产党的领导；在制度上坚持社会主义制度，实行人民代表大会制度、中国共产党领导的多党合作和政治协商制度、民族区域自治制度；在目标上坚持社会主义民主政治建设，努力实现共产党的领导、人民当家作主和依法治国的有机统一。民主党派推进政治交接，必须把坚持走中国特色社会主义政治发展道路作为根本出发点和落脚点。吴幼英在《搞好政治交接，坚持走中国特色社会主义政治发展道路》(《上海市社会主义学院学报》2007 年第 5 期) 一文中则更具体地强调，搞好政治交接，坚持中国特色政治发展道路，最核心的内容是自觉接受中国共产党的领导。

关于民主党派的优良传统。何鲁丽在《坚持中国特色政治发展道路，搞好政治交接》(《团结》2007 年第 1 期) 一文中指出，坚持中国特色政治发展道路，是民革的立党之本，也是我们的历史使命。在中国特色政治发展道路的形成和坚持的过程中，包括民革在内的各民主党派做出了重大贡献，坚持中国特色政治发展道路我们责无旁贷。中国特色政治发展道路的形成和坚持，凝聚着民主党派的智慧和力量，特别是老一辈民主党派领导人，为之付出了大量心血，进行了不懈努力，作出了重大贡献。坚持中国特色政治发展道路，已经形成为民主党派优秀传统的核心。我们继承传统、发扬传统，最根本的，就是要继承这一优良传统的核心和实质，在坚持中国特色政治发展道路上决不能有丝毫的动摇。《深刻认识政治交接的时代内涵——二论推进民主党派政治交接》(《团结报》2007 年 8 月 4 日) 指出，民主党派的优良传统，概括起来主要有五个方面：一是自觉学习和运用毛泽东思想、邓小平理论和“三个代表”重要思想，坚持以科学的理论指导自己的工作和行动；二是自觉接受中国共产党领导，始终与中国共产党风雨同舟，患难与共；三是热爱祖国，甘于为国家牺牲一切的崇高爱国情怀；四是坚持围绕中心、服务大局，认真履行参政议政、民主监督职能；五是开展自我教育，自己提出问题，自己分析问题，自己解决问题。这些优良传统是民主党派老一辈在与中国共产党团结奋斗、经历许多重大历史事件的过程中形成的，是民主党派弥足珍贵的政治财富。没有这些优良传统，就没有民主党派的今天，就没有多党合作事业的发展；丢掉这些优良传统，民主党派就会失去本色、失去根基。民主党派推进政治交接，就要把传承和发扬老一辈的优良传统作为重点，教育引导广大成员从统一战线和多党合作历史的学习中不断深化对优良传统的认识，从老一辈的言传身教中不断增强对优良传统的理解和把握，从工作和实践中不断赋予优良传统新的时代内涵，体现新的时代精神。

（三）政治交接的途径

政治交接是各民主党派自身建设的主线，是一项长期的战略任务，落实政治交接任务是一个长期的动态的过程，必须与时俱进，丰富其内容和形式。理论界肯定了2007年各民主党派开展的政治交接学习教育活动，认为这不失为搞好政治交接的一条重要途径。此外，理论界还围绕新一代代表性人士的政治引导、领导班子建设等方面推进政治交接进行了讨论。

开展坚持中国特色政治发展道路的教育活动。2007年，各民主党派在全国范围内开展了以坚持中国特色政治发展道路为主题的“政治交接学习教育活动”，为领导层换届作思想政治准备。这是经过实践检验的行之有效地推进政治交接的途径之一，理论界对此进行了观察与思考。何鲁丽在《坚持中国特色政治发展道路，搞好政治交接》（《团结》2007年第1期）一文中指出，要以换届工作中突出政治交接的主线，进行坚持中国特色政治发展道路的教育为契机，在全党范围内开展一次坚持中国特色政治发展道路的教育活动。在教育活动中，要从理论和实践的结合上，深入认识和把握中国特色政治发展道路的主要内涵和基本特征，深刻认识坚持中国特色政治发展道路的历史必然性和现实必要性。《大力推进以坚持走中国特色社会主义政治发展道路为主题的“政治交接学习教育活动”》（《团结报》2007年7月26日）一文也认为，开展以坚持走中国特色社会主义政治发展道路为主题的“政治交接学习教育活动”是推进政治交接的重要途径。文章指出，通过民主党派自主、自觉、自为的学习教育活动，能够创新民主党派思想政治建设的手段，有效推进新老交替基础上的政治交接，把培养和选拔代表人士与全面提升民主党派成员的思想理论水平有机地结合起来，实现政治信念、思想观念的继承和发扬，坚定走中国特色社会主义政治发展道路的信念，进一步延续同中国共产党亲密合作、荣辱与共的关系，为中国特色社会主义事业作出更大贡献。

努力提高政治交接学习教育活动的实效，是研究者们积极思考的一个问题。蒋树声在《做好政治交接重在薪火相传》（《群言》2007年第6期）一文中指出，在教育实践活动中，要着重做好两个方面的工作，一是温故，深入体会历史，继承和发扬前辈领导人久经考验后锤炼而成的政治信念、优良传统和高尚风范；一是知新，认真学习两个“5号文件”，把握当前的时代特点和任务要求，为我们的传统增添新的时代精神和内涵。身处多样、多元、多变时代的年青一代，继承和发扬老一辈民主党派领导人与中国共产党风雨同舟的优良传统，保持政治方向不变、优良传统不变、优势和特色不变，是政治交接第三个阶段的重点任务，也是教育实践活动要实现的重大目标。《准确把握政治交接学习教育活动的基本原则——三论推进民主党派政治交接》（《团结报》2007年8月7日）一文指出，以坚持走中国特色社会主义政治发展道路为主题的“政治交接学习教育活动”，是一项民主党派自主开展、多层次推进的系统工程，既要靠学习教育来提高，又要靠实践锻炼来深化。在学习教育活动中需要把握好几个基本原则，有重点分步骤地进行。在学习教育活动中，必须始终坚持以科学理论为指导，要始终坚持以邓小平理论、“三个代表”重要思想和十六大以来中共中央提出的一系列重大战略思想统一认识；要运用这些重大战略思想中所蕴含的立场、观点和方法来把握政治交接的内在规律，丰富学习教育活动的内容和形式，创新学习教育活动的方法和途径，使教育活动的努力方向和检验标准更加明确，各项工作更加深入、有效。同时，学习教育活动必须以领导班子和骨干队伍为重点，把思想政治工作贯穿始终，始终围绕履行参政党职能来开展，坚持民主党派自觉、自主、自为地开展。《正确处理政治交接学习教育活动的几个关系——四论推进民主党派政治交接》（《团结报》2007 年 8 月 9 日）一文也指出，在领导班子成员新老交替基础上实现政治交接，在具体工作中，需要采取实实在在、行之有效的方法，开展政治交接学习教育活动要正确把握和处理好几方面的关系：继承与发展的关系、内容与形式的关系、换届工作与学习教育活动的关系、领导班子成员和骨干队伍与广大成员的关系。

加强领导班子建设，做好换届工作。何鲁丽在《坚持中国特色政治发展道路，搞好政治交接》（《团结》2007 年第 1 期）一文中指出，换届要以制度为保障，按照民主集中制原则，以政治交接为着眼点来实现人事上的新老交替，按照中国共产党的干部路线和“党管干部”的原则，紧密依靠中共各级党委和统战部门，把政治素质好、能力高的人选拔到领导岗位，形成政治坚定、朝气蓬勃、奋发有为、广大党员信任和满意的新一届领导班子。吴幼英在《搞好政治交接，坚持走中国特色社会主义政治发展道路》（《上海市社会主义学院学报》2007 年第 5 期）一文中指出，政治交接最主要是要努力学习，切实加强自身建设，建设一个与中国共产党同心同德、风雨同舟的参政党的坚强领导班子和一支有力、有效、有为的骨干队伍。该文还认为，在政党制度确立之后，政党的领袖人物对政党制度的坚持与完善具有重要作用，因此，民主党派的领袖人物经过选拔、选举走上领导岗位之后，还需要做好三个方面的工作，一是加强自我学习和修养；二是接受老一辈的言传身教；三是加强实践锻炼，从而提高自己的思想水平和领导能力，从一般意义上讲，这是政治交接的关键，所以加强民主党派的领导班子建设和骨干队伍建设是搞好政治交接的关键。蔡达峰在《关于民主党派领导班子建设的思考》（《团结报》2007 年 12 月 21 日）一文中指出，民主党派领导班子建设是参政党组织建设的关键，是参政党政治交接和自身建设的重中之重。民主党派领导班子是一级组织的总指挥部和代表，在民主党派组织中具有突出重要的地位和决定性的作用，它的领导意识、领导能力和领导作风，直接影响和决定了整个组织在社会中的地位和作用。

加强新一代代表性人士的培养选拔工作。于小英在《关于民主党派新一代代表人士的政治引导问题》（《四川省社会主义学院学报》2007 年第 4 期）一文中强调，进入新世纪，培养和选拔新一代代表人士，顺利完成民主党派的新老交替和政治交接，是关系到多党合作事业能否顺利发展的重大而迫切的战略性问题。目前民主党派的换届已经完成，针对参政党新一代代表人士的特点和思想状况，切实做好他们的政治培训和政治引导工作，非常重要。

三、参政议政和民主监督

参政议政和民主监督是参政党在国家政治生活中发挥作用的基本途径，是参政党存在价值的重要体现方式，更好地履行参政议政与民主监督职能不仅事关民主党派的存在与发展，还关系着中国特色社会主义民主政治的成熟程度，理论界对此基本形成了共识。在此共识的基础上，研究者们对如何在机制上保证参政议政的成效，如何充分发挥民主监督的作用进行了讨论。

（一）参政议政

参政议政是参政党的基本职能之一，是多党合作的主要内容。2007 年对参政议政的讨论，主要集中在如何完善参政议政机制、如何开拓参政议政的空间这些问题上，形成了“参政党参政议政工作机制完善的前提是制度完善”、“开拓民主党派参政议政和社会服务工作相结合的新思路”、“参政议政是民主党派基层组织的一项重要任务”等重要观点。

关于新时期参政议政的特点。研究者们从不同角度分析了新时期民主党派参政议政工作的特点，为建立健全参政议政工作机制的必要性提供了论证。比较有代表性的观点如下：

曹蓉的《参政党履行职能的运行模式和特点》（《四川省社会主义学院学报》2007 年第 3 期）一文从参政议政运行模式的角度讨论了参政议政的特征。作者认为，参政议政的运行模式及其作用主要体现在以下几个方面：一是在人民代表大会中发挥着重要作用；二是在各级政府和司法机关担任领导职务发挥作用；三是在政协中发挥着重要作用；四是在调研考察、建言献策上发挥作用。中国参政党参政议政的特点是：以宪法为准则；以“一个参加三个参与”为基本点；以“发展”为第一要务；渠道多种、形式多样，相互渗透、相得益彰。

孙萍在《关于参政党参政议政工作机制建设的思考》（《中央社会主义学院学报》2007 年第 5 期）一文中认为，新时期民主党派参政议政呈现出如下新特征：第一，科学发展观已经成为参政党参政议政的指导思想；第二，社会主义市场经济体制的建立和完善是民主党派参政议政的重要内容；第三，政治文明建设已成为参政党参政议政的重要内容；第四，对弱势群体的保护已成为参政党关注的热点问题；第五，提高拒腐防变和抵御风险的能力，成为参政党参政议政关注的重点问题。

关于建立健全参政议政机制。对建立健全参政议政机制的必要性、参政议政机制的重要内容，建立健全参政议政机制的原则、保障和途径，研究者们都进行了分析，并提出了可操作性的意见。虽然研究者们对参政议政机制的具体构成并未形成一个一致的结论，但对健全参政议政机制的必要性却表现出一致的肯定态度。

孙萍在《关于参政党参政议政工作机制建设的思考》（《中央社会主义学院学报》2007 年第 5 期）一文中认为，建立健全参政议政工作机制，是进一步发挥多党合作制度优越性、推动社会主义政治文明建设的需要，是进一步提高参政党参政议政工作水平和质量的需要。完善民主党派的参政议政工作机制，意味着要完善民主党派参政议政的组织及其各个方面、各个环节，并使之从整体上构成一个有机的、相互关联的制度系统。为此，参政党要从完善领导机制、完善运行机制、完善调查研究机制、完善参政议政人才机制、完善参政议政激励机制等多方面着手，执政党要为参政党参政议政工作机制建设提供保障，支持民主党派加强工作机制建设。同时，参政党参政议政工作机制完善的前提是制度完善，所以，要建立良性、高效的民主党派参政议政工作机制，必须坚持和完善中国共产党领导的多党合作和政治协商制度、人民代表大会制度和其他具体制度，并在此基础上规范参政议政的议题和内容、规则和程序、范围和层次，使参政议政的内容具体化、职责明确化、工作制度化；要把民主协商真正纳入决策程序，并形成制度；要完善协商座谈会制度，建立相应的会议制度和规则。

梁旺礼在《关于参政党参政议政机制建设的研究与思考》（《山西社会主义学院学报》2007 年第 2 期）一文中认为，逐步建立适应我国民主政治建设、符合多党合作制度要求、有利于调动各民主党派、无党派人士参与国家政治生活积极性的参政议政机制，是发扬社会主义民主、调动一切积极因素、维护国家和谐稳定政治局面、保证党的方针政策贯彻落实、实现科学发展的有效措施和重要保障，应进一步建立和完善组织协调机制、参政议政骨干队伍建设机制、信息搜集机制、调查研究机制、集体研讨和科学论证机制、意见建议反映和询问机制、工作保障机制、参政议政激励机制等八项机制。关于建立健全参政议政机制的原则，作者认为，参政议政机制建设要坚持多党合作的政治准则，要牢牢把握发展这个根本任务，要与参政党自身建设结合起来。

鲁平、管红霞等人在《落实科学发展观发挥参政党作用》（《河北省社会主义学院学报》2007 第 2 期）中指出，参政议政是参政党的组织行为，随着科学发展观的进一步贯彻落实，参政议政工作的深入开展，必然要求建立健全参政议政的工作机制，提高参政议政的组织化水平，以充分发挥民主党派群体合力、智力优势。作者认为，目前应当建立六个机制：一是领导负责机制；二是工作运行机制；三是组织网络机制；四是组织协调机制；五是信息反馈机制；六是绩效考核机制。

关于开拓参政议政工作的广度和深度。健全的机制是履行参政议政职能的重要保障，但开拓参政议政的广度和深度却是民主党派更好地发挥参政党作用的核心内容之一。研究者们从不同角度讨论了这个问题，无论结论是否正确，对参政党职能的履行无疑都具有重要意义。

龙长启在《开拓民主党派参政议政和社会服务工作相结合的新思路》（《贵州社会主义学院学报》2007 年第 1 期）一文中从社会服务职能与参政议政职能互补的角度，探讨了以社会服务工作开拓参政议政空间的可能性。作者认为，民主党派要搞好参政议政工作，就需要深入基层，开展大量的调查研究活动，获取更多更深入的信息，因此，如何与县级以下建立畅通的联系渠道，掌握来自基层反映的情况，提高调研质量是提高参政议政能力必须解决的问题。如果把参政议政和社会服务结合起来，就能为参政议政开展调研铺就平台，有利于民主党派提出可行性的建议。通过社会服务，民主党派还可以和各级政协建立可靠的联系，更好地利用政协这个平台开展参政议政工作。

黄望朝的《参政议政是民主党派基层组织的一项重要任务》（《河北省社会主义学院学报》2007 年第 1 期）、杨健的《对新时期基层民主党派参政议政工作的思考》（《江苏省社会主义学院学报》2007 年第 2 期）等文探讨了充分发挥基层组织作用，提高参政议政水平的问题，主张在民主党派基层组织中充分发挥参政议政作用。黄望朝认为，多年来，参政议政是民主党派基层组织的一项重要任务这一命题始终没有得到明确肯定，这必然会影响到基层组织以及广大成员参政议政作用的发挥，进而影响到参政党整体功能的发挥。因此在新形势下要重视对这一问题的研究，突破惯性思维和固有观念的束缚，在理论和实践上积极进行新的探索。他还指出，参政议政是参政党的组织行为，不是一些成员的个人行为，如果作为参政党基础的基层组织不开展参政议政工作，参政党的参政议政就会成为空中楼阁。开展参政议政工作也是加强基层组织建设的需要，这一方面体现了参政党的基本职能，使之有别于一般的社会团体；另一方面也丰富了基层活动的内容，增强了基层的活力。因此，面对新形势、新任务、新要求，应该从理论上明确参政议政是民主党派基层组织的一项重要任务，旗帜鲜明、大张旗鼓的动员、组织全体基层组织和广大成员积极参与到参政议政工作中，充分发挥民主党派参政议政工作的整体功能，使参政议政工作有更广泛的基础、更丰富的内容、更宽阔的视角、更高的水平。

谢浩的《在统一战线新阶段加强参政党建设的探讨》（《广东工业大学学报·社会科学版》2007 年第 1 期）一文从提高参政议政水平角度谈了自己的看法。作者认为，民主党派要搞好参政议政必须做到以下几点，第一，参政议政要有超前意识。第二，参政议政要有独到之处，不搞一般化。第三，参政议政要切实际，不做表面文章。第四，在构建社会主义和谐社会中发挥参政党的独特作用。

（二）民主监督

民主党派的民主监督是加强和改善党的领导的重要途径，是推动新时期社会主义民主政治建设的重要力量，充分发挥民主党派的民主监督职能必将推动当前我国社会主义和谐社会的构建，对此，理论界已经形成了共识。虽然依然存在着民主监督是否需要法律化的争论，但关于民主监督的性质的看法，是政治监督、是监督权力而不是权力监督的声音占据主流。虽然对民主监督的必要性和重要性进行了充分肯定，但实然与应然之间的差距仍然吸引着研究者的理论兴趣，民主监督弱化的现象，成为 2007 年关于民主监督研究的一大热点。因此，寻找影响民主监督作用发挥的原因，破解民主监督职能履行不足的迷局，成为研究者们的主要任务。

关于正确理解民主党派的民主监督职能。正确理解民主监督的性质、地位与作用既是民主党派更好地履行民主监督职能的前提，也是研究者们对民主监督进行理性思考的一个逻辑起点。在这个问题上比较有代表性的观点如下：

杜宜瑾在《如何正确履行民主党派的民主监督职能》（《团结报》2007 年 2 月 3 日）一文中指出，民主监督是一种政治监督，具有极强的政治性，因此对民主监督，必须坚持坚定正确的政治方向。民主监督是有边界的，必须在宪法与法律范围内活动，必须以四项基本原则为基础，必须在中国共产党领导的多党合作与政治协商制度框架下进行。同时，党派民主监督是有组织地进行的，它是一种有组织的民主（如中国共产党召开的座谈会、各类监督员履行监督职能、政协委员参加政协的活动、有组织的调研考察、向中国共产党和政府的有组织的建议意见），是有序的政治参与，必须遵循一定的程序，严格依法办事，而不是随心所欲。

任宝祥在《民主监督三题》（《中央社会主义学院学报》2007 年第 1 期）一文中认为，民主监督是民主党派的一项基本政治职能，是我国社会主义政党制度赋予民主党派的民主权利，民主监督是监督权力而不是权力监督、要制度化而不要法律化、要敢于监督还要善于监督。

章明在《试论当前民主党派民主监督存在的问题及改进对策》（《江苏省社会主义学院学报》2007 年第 6 期）一文中认为，民主党派的民主监督，作为其自身的一项基本职能，在国家政治生活中具有不可替代的重要作用。民主监督相对于其他监督方式，其特点和优势在于：它不是靠权力的威慑和制衡，而是靠意见、建议、批评、靠真知灼见来以理服人的政治监督，不具惩罚措施，属于非权力监督范畴；政治层次较高、民意体现较广，又具有一定的组织形式。在监督体系中更具有广泛性，权威性和理性思考，对共产党和公共权力的监督和制约能够起到其他监督所达不到的作用，具有较大的影响力。

影响民主党派民主监督作用发挥的原因。研究者们认为，制约我国民主党派监督效能发挥的原因是多方面的，其中既有主观原因又有客观原因，既有内部原因又有外部原因，既有历史原因又有现实原因。章明的《试论当前民主党派民主监督存在的问题及改进对策》（《江苏省社会主义学院学报》2007 年第 6 期）、沈建乐的《民主党派监督的现实考量》（《宁夏党校学报》2007 年第 5 期）、黄根喜的《简论加强和完善民主党派监督机制》（《市场周刊》2007 年 10 月号）、任宝祥的《民主监督三题》（《中央社会主义学院学报》2007 年第 1 期）、崔会敏的《略论构建和谐社会进程中民主党派的民主监督作用》（《重庆社会主义学院学报》2007 年第 3 期）、张书燕的《试论我国民主党派民主监督职能》（《法制与社会》2007 年第 5 期）等文章都从民主监督的主客体条件、民主监督的制度条件等方面分析了民主监督弱化的原因。

章明在《试论当前民主党派民主监督存在的问题及改进对策》（《江苏省社会主义学院学报》2007 年第 6 期）一文中认为，民主党派的民主监督具有很强的政治意义和优越性，是社会主义政治民主的体现，但如果不能得到充分的贯彻落实，那只能是一直处于一种“应然”状态，而不是“实然”。当前民主监督之所以薄弱，主要存在以下几个方面的问题：第一，监督的主客体方面。作为监督客体的党政领导，特别是有些基层干部，觉得受监督就是对其不信任，监督成了对人“不信任”的代名词。一些领导干部虽然口头上重视民主监督，但实际上认为民主监督可有可无。作为监督主体的民主党派，自身定位不准，导致监督意识不够强。第二，监督的机制方面。在制度上，更多强调的是被监督者的自觉性和监督者的积极主动性，机制方面的问题主要表现在获取的监督信息与监督所要的信息不对称、缺乏与权力监督和社会监督的横向合作等。第三，监督的内容方面。当前的民主监督有陷入“事务监督”的趋势，监督一般问题多、重大问题少。

沈建乐在《民主党派监督的现实考量》(《宁夏党校学报》2007 年第 5 期)一文中认为，从中国的实际情况出发，民主党派的监督作用应该是十分巨大的，事实上，其作用的发挥也已收到一定成效。但就其总体而言，民主党派的监督还没有十分到位，监督失效的问题还比较严重，监督虚位性问题不同程度地客观存在。究其原因，首先在于民主党派内的部分同志虽有参政议政意识和倾向，但民主监督的思想明显缺乏，观念十分淡薄。有些民主党派人士还往往担心监督行为影响人际关系，甚至会重蹈中共历史上“反右”的覆辙，因而不愿意认真进行监督。其次在于一些党员干部政治素质、思想素质不高，陷入认识上的种种误区，不愿自觉接受民主监督，加之缺乏有效的约束机制，监督存在随意性，制约了民主党派民主监督效能的发挥。

崔会敏在《略论构建和谐社会进程中民主党派的民主监督作用》(《重庆社会主义学院学报》2007 年第 3 期)一文中认为，目前民主党派的民主监督还存在着很多不尽如人意的地方，如监督的主体与客体的信息不对称；监督的渠道不多；监督的具体行为多，宏观行为少；被动监督多，主动监督少；理论上讲的多，付诸实践的少；形式的东西多，产生实际效果少等。因此，查找民主监督的制约因素，澄清一些理论认识上的误区，已成为建设和谐社会中一个不容回避、急需解决的现实问题。当前制约民主监督的作用发挥的因素有三个方面：第一，社会监督体系中政党监督的地位与作用定位失衡，现阶段的中国共产党和人民政府接受党派政治监督的意识有待于进一步提高。由于受传统认识模式的影响，人们对接受民主党派的政治监督仍缺少必要的心理准备，对政党监督的必要性重视不足。第二，合作型政党体制条件下民主监督的机制有待于创新，民主监督缺乏行之有效的激励机制、科学合理的运行机制、坚强有力的保障机制。第三，民主党派自身民主监督的积极性有待提高。

关于强化民主监督的途径。在分析制约民主监督作用发挥的原因的基础上，研究者们还从改善民主监督的政治环境、完善民主监督的运行机制、提高民主党派民主监督的能力等方面，探讨了强化民主监督的途径。研究者们注意到民主党派的民主监督作为我国整个监督体系的重要组成部分，与其他监督方式是相辅相成、相互促进的关系，提出了要加强民主监督与其他监督方式的互动性，推动民主监督向纵深发展的新观点。

章明在《试论当前民主党派民主监督存在的问题及改进对策》(《江苏省社会主义学院学报》2007 年第 6 期)一文中提出的民主监督改进对策是：第一，制度层面上，建立健全民主党派民主监督的机制，使其规范化、制度化、程序化。第二，善于借力，找好平台，搞联合监督，从而提升民主监督效果。把民主党派的民主监督同党内监督、法律监督、舆论监督、群众监督相联系，取长补短，搞“大监督”。具体办法是，和人大的监督合作，把民主党派的民主评议结果作为人大评价一府两院工作的重要参考，从而使软监督产生硬效力；与舆论监督结合，利用党派的媒体以及与新闻媒体合办专栏或节目，反映群众呼声；与群众监督结合，以党派名义举办各种调研会、座谈会等，收集和讨论社会上的热点、难点以及老百姓比较关心的问题，再以党派名义反映出去，还可以开通网站、信箱、热线电话等，直接倾听群众呼声，减少监督盲区；与共产党党内监督、行政监督结合，在条件允许的情况下，积极组织党派成员参加中国共产党及政府组织的有关反腐保廉等检查组，或者担任共产党党风监督员，从中发挥应有作用。第三，畅通知情渠道，建立健全民主议政机制。第四，进一步加强民主党派自身建设，增强民主监督意识。

沈建乐在《民主党派监督的现实考量》（《宁夏党校学报》2007 年第 5 期）一文中认为，要提高民主监督的效能，中共要提高对民主监督的思想认识，创新民主党派的监督体制，营造有利于民主党派开展民主监督的政治环境；民主党派要自觉提高监督能力，改进民主党派监督运作机制。从改进民主监督制度化建设上讲，首先，要建立监督制约机制，要从制度上着手，确保民主党派提出批评、进行举报的自由，为监督提供制度保证。其次，要建立监督的运行机制，对民主监督的范围、内容、方式、程序以及建议或意见的采纳落实、及时反馈、检验效果办法等作出明确的具有可操作性的规定。再次，要建立监督的保护机制。要在相关层面制定民主党派成员行使民主权利的保护措施，使正常的民主监督免受不应有的干扰和伤害，使实施监督者的权利得到切实保护。最后，要建立监督的激励机制。对在履行民主监督中作出突出贡献的党派成员，对自觉接受监督、积极改进自身工作的部门，都应给予表彰和奖励。

黄根喜在《简论加强和完善民主党派监督机制》（《市场周刊》2007 年 10 月号）一文中认为，从制度内部寻找民主党派民主监督的突破口，将民主监督的意识、内容、形式、程序、反馈、保障等制度化、程序化、规范化，在总结经验的基础上重塑民主党派监督机制，是克服民主党派实行民主监督的随意性和软弱性的根本途径。为充分发挥民主监督的作用，还要增强监督意识，转变监督观念；明确监督内容，提高监督实效；规范监督形式，扩大监督范围；健全监督体系，形成监督网络。

王汝锋在《高校民主党派实施民主监督职能作用探讨》（《甘肃高师学报》2007 年第 6 期）一文中认为，要提高民主党派实施民主监督的效率和力度，宽松和谐的政治环境是前提条件，深刻清醒的政治责任是民主党派的根本要求，纳谏容异的开明胸襟是促进民主监督的关键因素，整合有效的联系机制是促使民主监督作用的力量强化，畅所欲言的沟通渠道是实施民主监督的基本条件，监督队伍的基础建设是提高民主监督效率的有效措施。作者认为，民主党派是参政党，是非权力机构，面对这种现实，民主党派要履行好民主监督的职能必须借助外力，形成外部机制，以强化民主监督的力度，这就是要借助“人大”和“政协”这两大政治平台，让“监督机构”和“舆论机构”形成合力，并且建立联系机制，把我国根本政治制度与基本政治制度联系起来规范化、程序化，让权力监督的“刚性”与民主监督的“柔性”相结合，做到刚柔相济，扬长避短，相互协作，加强配合。

任宝祥在《民主监督三题》（《中央社会主义学院学报》2007 年第 1 期）一文中认为，为了搞好民主党派的民主监督，一靠扩大社会主义民主，二靠完善工作机制。必须切实提高对民主监督重要性和必要性的认识，不断扩大民主党派的政治参与，加强和完善监督机制，同时积极探索和创新监督形式，拓宽监督领域。

崔会敏在《略论构建和谐社会进程中民主党派的民主监督作用》（《重庆社会主义学院学报》2007 年第 3 期）一文中认为，需要通过中共党委的领导核心作用，建立接受民主监督的约束机制，以提高接受民主监督的自觉性。同时，要进一步完善和理顺我国合作型政党体制条件下民主监督的机制。因此，第一要正确处理好共产党的绝对领导与民主党派的相对独立性之间的平衡。这是完善我国民主监督机制的前提和基础。第二要突破陈旧观念，大胆借鉴西方社会政治监督的优秀成果。这是完善我国民主监督机制的一条有效途径。第三要依法治国，加强民主监督的法律化、制度化建设。这是完善我国民主监督机制的重要保障。

四、自身建设

加强自身建设是民主党派存在和发展的重要条件，也是参政党研究的一个重要课题。和过去相比，2007 年的民主党派自身建设理论更加突出了“和谐”这个维度，以游洛屏为代表，提出了“和谐参政”概念，开辟了民主党派自身建设的新领域，确立了民主党派自身建设的评价标准（《和谐参政是新阶段参政党建设的重要内容》，载于《中央社会主义学院学报》2007 年第 1 期）。在此基础上，承接关于民主党派代表性的争论，培养政党意识和提高参政能力成为 2007 年民主党派自身建设理论研究的两大热点。

（一）和谐参政是新阶段参政党建设的重要内容

在构建和谐社会过程中，参政党也负有重要的责任，可以发挥重要的作用，这已经成为理论界的共识。在此共识的基础上，研究者们把自身建设落脚于参政行为，认为规范和鼓励民主党派的政治参与，既保证民主党派参政的有序性，又提高民主党派参政的主动性，应该成为参政党自身建设的重要内容。

和传统的参政党理论把民主党派自身建设归结为思想建设、组织建设、制度建设相比，游洛屏创造性地提出了“和谐参政是参政党建设的重要内容”的重要论断，对新阶段民主党派搞好自身建设具有指明方向的意义。作者敏锐地捕捉到政治文化与参政党实践对民主党派的影响，把和谐的政治文化建设与实践活动纳入到民主党派自身建设的视野。在《和谐参政是新阶段参政党建设的重要内容》（《中央社会主义学院学报》2007 年第 1 期）一文中，游洛屏认为，和谐参政是民主党派面临的新课题，是新阶段参政党建设的重要内容。为此，要从建设和谐的理论、建设和谐的制度、建设和谐的政治文化、建设和谐的组织以及建设和谐的实践活动等方面推动参政党的自身建设。

与游洛屏“和谐参政”的理念相呼应，研究者们从参政理念、功能开发、参政态度等角度分析了自身建设如何为改善参政方式履行参政职能服务这一新课题。何虹在《树立正确的参政理念　不断提高自身素质和理论水平》（《吉林省社会主义学院学报》2007 年第 4 期）一文中也把培养正确的参政理念纳入到自身建设范围，该文认为，民主党派参政议政能力和水平的高低，一方面取决于中共各级党委、政府和有关部门进一步提高对多党合作的认识程度和为民主党派创造知情出力条件的程度；另一方面也取决于民主党派自身思想、机制和队伍建设所达到的程度。前者是外部条件，后者是内部基础。从内部基础看，民主党派需要树立正确的参政理念，即要强化主人翁意识，切实提高自身素质；增强参政党意识，拥护中国共产党的领导，维护中国共产党的权威；树立大局意识，坚持正确的政治方向；坚持求真务实的意识，真正做到“参政为民”；培养超前的意识，具有政治预见、科学预测的品格和素质。

但彦铮在《论民主党派的政治参与功能与自身建设》（《中央社会主义学院学报》2007年第1期）一文中认为，加强参政党政治参与功能的开发是当前民主党派自身建设的核心。作者认为，民主政治建设的核心是公民的有序政治参与，其中，最为关键和重要的是民主党派在现有制度框架内，围绕参政议政、民主监督、服务社会、利益表达、协调关系等职能加强自身建设，强化民主党派的政治参与功能的开发。民主党派的思想建设、组织建设、制度建设都要围绕强化政治参与功能开发来进行，实现参政党政治参与的民主化、程序化、制度化、规范化，形成执政党、参政党与国家政权的合理关系，促进政治文明建设，为构建和谐社会做出应有的贡献。

姚小远在《略论民主党派增强参与政治活动的主动性》（《上海市社会主义学院学报》2007年第2期）一文中指出，开展政治协商、民主监督和参政议政是体现中国共产党领导、多党派合作，中国共产党执政、多党派参政优越性的三大职能。作为我国政治生活中的重要力量，民主党派在开展这三大职能活动过程中不但大有可为，而且更应该有参与的主动性。作为与执政党亲密合作的参政党，民主党派在政治协商中应有主人翁地位的理念，主动地与执政党就经济社会发展中的各种问题开展协商。在民主监督中同样应有主人翁的想法和责任心，主动参与到各项监督活动中去。在参政议政中更应有参政的主动性，不仅在参政的领域方面争取有所拓展，更应在竞争力增强方面有所表现。民主党派参与政治活动的主动性增强了，对于社会主义物质文明、政治文明和精神文明必将起到良好的作用。杨爱珍《当代中国政党互动模式研究》（《新视野》2007年第4期）一文中也认为，民主党派是政党，应该具有政党所具备的一般职能，能够在利益表达和整合中发挥作用。作为现代政党中的参政党，提升适应性、自主性、凝聚性是很重要的。

（二）强化参政党意识

民主党派具有利益代表功能，是政党，是中国的参政党，这是中国政治生活中的客观事实。但是，民主党派政党意识不高，怀疑或否定民主党派政党属性的现象依然影响着民主党派的政党认同，影响着民主党派积极性的发挥。鉴于此，研究者们主张强化民主党派的参政党意识，使民主党派真正作为参政党而存在。由于民主党派的参政党地位，论者一般把“参政党意识”和“政党意识”同义使用，并把参政党意识与坚持中国共产党的领导统一起来，如何虹在《树立正确的参政理念，不断提高自身素质和理论水平》（《吉林省社会主义学院学报》2007年第4期）一文中认为对民主党派来说，维护共产党的领导地位与强化参政党意识两者是密不可分的，是辩证统一的。

参政党意识的内涵。理论界对参政党意识的探讨各有其侧重的角度，形成了各种不同说法，有的论者认为参政党意识是为实现政党纲领而应具备的一种责任感和使命感；有的认为是接受中国共产党领导的意识、多党合作的意识、履行参政议政和民主监督职能的意识、坚持社会主义方向的意识、政党组织和政治行为规范化意识；有的论者认为参政党意识是各党派的基本的政治主张并努力提倡和为之奋斗的基本思想；有的论者讨论了参政党意识的构成要素，认为包含政治意识、民主意识、责任意识、忧患意识、大局意识和进步意识六个方面；还有论者认为参政党意识主要包括政治目标、政治原则、组织程度和政治责任等意识等等。目前虽然对参政党意识的内涵尚未达成一致共识，尚未形成规范性的结论，但这种开放的讨论空间，对民主党派在进行自身建设的过程中，更多地注意到参政党意识问题，无疑具有较强的指导意义。比较有代表性的观点如下：

杨雪燕在《强化参政党意识是新时期参政党自身建设的首要任务》（《贵州社会主义学院学报》2007 年第 3 期）一文中指出，政党意识是党员对本党性质、宗旨、政治地位、历史责任以及党的纲领和任务的自我认识，是党员政治觉悟和党性的集中体现，对政党的成员起着凝聚力和感召力的作用，是维系成员的精神纽带。结合参政党政治联盟特点和历史使命，增强参政党各级组织和成员的参政党意识，主要强化八大意识：政治意识、创新意识、发展意识、法律意识、责任意识、特色意识、和谐意识、团结意识。

申亚力在《关于参政党政党文化构建的思考》（《中央社会主义学院学报》2007 年第 6 期）一文中认为，所谓政党意识指的是每个政党成员应有的自我确认。政党成员应明确认识本党不同于其他组织的理念与特性，这主要体现在政党的纲领、宗旨和组织方式上。对于参政党来说，政党意识主要包括政治目标意识、政治原则意识、组织意识和政治责任意识。与这种观点相似，赵蕙兰在《参政党意识建设路径初探》（《福建省社会主义学院学报》2007 年第 3 期）一文中也认为，参政党意识内涵包含了政治责任意识、履行职能意识、组织纪律意识和独立自主意识等四个方面。

陈维新在《参政党政党意识的内涵》（《团结报》2007 年 1 月 20 日）一文中指出，参政党的政党意识应包括如下内容：第一，参政议政和民主监督意识，即参政党及其成员对履行参政党职能、巩固参政党地位的责任感和使命感的主体意识。第二，政党组织和政治行为规范意识，其中成员对组织的凝聚力、向心力是政党意识的集中表现，坚持四项基本原则是民主党派政党意识的灵魂所在。

姜刚杰在《我国参政党建设目标及路径研究》（《贵州社会主义学院学报》2007 年第 1 期）一文中指出，参政党的政治参与主体意识是其在参与国家政治生活中表现出来的政治责任感和积极主动精神。但是，在现实生活中民主党派成员的这种主体意识并不强，许多成员加入民主党派时就没有认为自己是在政治上“入党”，更多地认为是参加群众团体，自然对参政议政工作重视不够等等，必然影响参政的质量和效果。民主党派在建设中国特色社会主义事业中肩负着自己的责任，起着不可替代的重要作用。因此，必须强化参政主体意识，使广大成员增强事业心和使命感。

强化参政党意识的重要性。申亚力在《关于参政党政党文化构建的思考》（《中央社会主义学院学报》2007 年第 6 期）一文中认为，政党意识是政党文化的核心要素，是政党的灵魂，其意识的强弱，决定着政党的朝气与活力，决定着其作用发挥的大小，决定着在社会上的影响程度，决定着其政治任务和政治目标的实现，也决定着其能否长期存在和发展。参政党作为具有进步性与广泛性相统一的社会主义建设事业的一支重要力量，必须始终保持自身的进步性，才能与执政党一道共同致力于中国特色社会主义事业，因而在构建进步的政党文化过程中，增强政党意识就显得尤为重要。

杨雪燕在《强化参政党意识是新时期参政党自身建设的首要任务》（《贵州社会主义学院学报》2007 年第 3 期）一文中指出，随着我国民主政治建设的深化推进、多党合作制度建设的发展和巩固，民主党派作为我国参政党的政治力量在国家政治生活和各项建设事业中的地位和作用日益重要，加强参政党能力建设、强化参政党意识的重要性和紧迫性也日益突出，强化参政党意识已成为参政党自身建设中的首要任务。强化民主党派参政党意识是当前国际国内形势发展的客观要求，是坚持和完善中国共产党领导的多党合作和政治协商制度的迫切需要，是执政党加强执政能力建设和先进性建设的现实要求，是适应参政党自身新变化新特点的必然选择。每一个参政党的组织和成员具有一种强烈的参政党意识来指导自己参政议政的社会实践，使参政党有别于一般的社会团体和群众团体，并在加强自身建设和提高履行职能中发挥作用，党派成员的政治素质就会提高，参政党组织活力就会增强，参政党功能就会得到充分发挥，党领导的多党合作和政治协商制度就会得到进一步巩固和完善。

张瑞琨在《民主党派代表性问题研究》（《广州社会主义学院学报》2007 年第 4 期）一文中指出，参政党的政党意识是决定政党的作为及社会影响力、社会认同度的重要方面，也是体现参政党代表性的重要方面。当前必须要强化参政党的政党意识，强化政党的表达和沟通功能，把参政党及其成员所联系的群众的意见综合起来，通过参政党的渠道反映到我国的政治体系之中。何虹在《树立正确的参政理念，不断提高自身素质和理论水平》（《吉林省社会主义学院学报》2007 年第 4 期）一文中认为，民主党派必须具有强烈的政党意识，充分意识到民主党派是参政党，不是一般社会团体、学术团体或行业组织。如果民主党派不参政议政，不参与民主监督，不发挥政党职能，民主党派就没有存在的价值和意义，也就有愧于人民，有负于时代，最终只能名存实亡。

强化参政党意识的途径。杨雪燕在《强化参政党意识是新时期参政党自身建设的首要任务》（《贵州社会主义学院学报》2007 年第 3 期）一文中指出，要在加强参政党自身建设中不断强化参政党意识。首先，强化参政党意识，执政党和参政党都要负起重要责任。其次，强化参政党意识必须紧跟时代步伐，做到解放思想，实事求是、与时俱进。再次，强化参政党意识要积极投身于建设中国特色社会主义伟大事业，并在实践中不断锻炼和增强。政党意识不可能在书斋里面培养出来，只有在实践中才能培养和形成参政党党员必备的政党意识。最后，强化参政党意识必须加强制度建设，坚持和完善中国共产党领导的多党合作和政治协商制度。

申亚力在《关于参政党政党文化构建的思考》（《中央社会主义学院学报》2007 年第 6 期）一文中认为，增强参政党政党意识，首先就要增强目标意识。具体地说，增强目标意识，就是要增强坚持走中国特色社会主义道路的信心，更加明确参政党的历史地位和作用，明确肩负的历史责任和任务，充分调动其成员的积极性，最大限度地发挥参政党作用；就是要把加快推进社会主义现代化，实现祖国完全统一，建设富强、民主、文明的社会主义国家作为参政党始终不渝的追求。其次要增强原则意识，增强接受中国共产党领导的自觉性和坚定性。第三要增强组织意识，坚持组织原则，即民主集中制原则。第四要增强责任意识，切实履行参政党和民主党派成员的职责。

（三）加强参政能力建设

随着中国共产党加强执政能力建设的步伐不断加快，各民主党派的参政能力建设也成为民主党派在新时期的重要任务，日益受到理论界的关注。提高民主党派的参政能力，不只关系到参政党自身，更是坚持和完善我国多党合作制度、发展社会主义民主的需要，是对执政党提高执政能力的有力支持，是全面建设小康社会、实现中华民族伟大复兴的需要。正是基于这种理解，加强参政能力建设日益成为民主党派的自觉选择，也成为参政党理论研究的一个前沿问题。

关于参政能力的内涵。对参政能力理解的差异往往导致参政能力建设路径选择的差异，因此，准确认识参政能力的内涵，成为加强民主党派参政能力建设的逻辑起点。在这个问题上，延续着2006年的理解差异，研究者们依然存在着分歧。一部分研究者从广义上理解，把参政能力建设的目标主体定位为参政党整体，认为参政能力应该是民主党派作为参政党而存在的能力，是政党的整体素质，它是一个系统，是一个复合结构，因此“参政能力”实际上是“参政党能力”，提高参政能力也是一个复杂的系统工程。另一部分研究者则从狭义上理解，把参政能力理解为履行参政议政职能的能力，因而常常把“参政能力”与“参政议政能力”同义使用，这样，民主党派加强参政能力建设的目标主体就更侧重于民主党派成员个体和民主党派的领导班子，落脚点则在提高履行职能的水平，而相对忽略了履行职能的约束条件与支持条件。

从广义上理解参政能力的代表作有张惠康、黄天柱的《参政党能力建设动力机制研究》（《中央社会主义学院学报》2007年第5期）、何从新的《如何认识和加强参政党能力建设》（《四川省社会主义学院学报》2007年第4期）、何虹的《树立正确的参政理念，不断提高自身素质和理论水平》（《吉林省社会主义学院学报》2007年第4期）、九三学社广西区委会，广西社会主义学院联合课题组的《关于加强民主党派参政能力建设的探索》（《中央社会主义学院学报》2007年第2期）、张存生的《浅谈我国民主党派的参政能力建设》（《湖北省社会主义学院学报》2007年第2期）等文。需要说明的是，这类观点虽然在参政能力是一个复合结构上达成共识，但对参政能力这个复合结构的构成要素的看法却也存在分歧，主流的看法是参政能力由政治把握能力、参政议政能力、民主监督能力、合作共事能力和组织协调能力组成，但也有研究者认为在这五种能力之外，还有着其他构成要素。同时，对这五种构成要素的理解，以及五种构成要素之间的关系，也存在着细微的差异。张惠康、黄天柱认为，所谓参政党能力是指我国各民主党派通过履行参政议政、民主监督等职能，协助执政的中国共产党推动国家经济、政治、文化、社会全面发展的能力。参政党能力应该是一个矢量概念，它不仅有方向，而且有结构、有大小。从方向来看，在推动国家经济、政治、文化、社会全面发展的过程中，参政党能力是一种辅助性能力，即参政党履行职能的前提是接受中国共产党的领导，其对国家经济、政治、文化和社会发展的推动作用主要是通过协助中国共产党更好地执政这样一种间接的方式来实现的。从结构来看，参政党能力本身是一个复合型概念，包含了参政党有效履行职能所需要的各种能力，包括政治把握能力、参政议政能力、民主监督能力、合作共事能力和组织协调能力等。从大小来看，参政党能力的高低，应当体现在是否推动及多大程度上推动国家经济、政治、文化和社会的发展上。参政党能力的方向、结构和总量相辅相成，缺一不可。只有坚持正确的方向，参政党的建设和发展才不会偏离甚至脱离规范的政治运行轨道和健康的政治生活状态。但是，如果一味强调参政党能力的方向，强调参政党的辅助性和补充性作用，而不讲参政党能力的高低，参政党就有可能变成一种摆设。只有不断优化参政党能力的结构，使各种能力实现均衡发展，才可能使参政党的各项职能都能得到有效履行。参政党能力建设，就是各民主党派不断规范参政党能力方向、优化参政党能力结构、提升参政党能力总量的能动过程，其内在动力是参政党职能对参政党能力的要求与参政党的实际能力之间的矛盾。九三学社广西区委会，广西社会主义学院联合课题组也认为，参政能力是指民主党派在中国共产党领导下，在国家政治生活中参与决策、参与管理、参与执行、参与监督的本领，它是一种综合能力，是政治、知识、制度、思维、素质、才干等因素的有机结合，主要包括：政治把握能力、建言献策能力、民主监督能力、组织领导能力和合作共事能力等五个方面。在这五个能力中，政治把握能力是前提，建言献策能力、民主监督能力是核心，组织领导能力、合作共事能力是保障。该文还认为，参政能力的主体是参政党这个整体，而从微观层面看，参政能力是由每个参政党成员的能力构成的，但绝不是简单的个体能力的相加。所以，加强民主党派参政能力建设主要是指加强民主党派整体的能力，同时，也要注重民主党派每个成员的能力培养。

与上述观点略有差异，何虹、张存生等论者则对参政能力的构成要素进行了自己的排列组合。何虹认为，民主党派的参政能力建设包括不断提高认识、熟悉社会主义市场经济规律的能力；不断提高参政议政、参与发展社会主义民主政治的能力；不断提高参与繁荣发展社会主义先进文化的能力；不断提高合作共事、共同构建社会主义和谐社会的能力；不断提高正确判断国际局势、正确把握政治方向的能力等五个方面的内容，涉及民主党派参加国家政权建设的能力、参与推动经济社会发展的能力、参与协调社会利益和动员社会力量的能力、参与发展社会主义民主政治和先进文化的能力等方面，是对民主党派的整体参政能力、各级民主党派组织的参政能力及其成员、干部的参政素质和参政能力的总体要求。张存生认为，民主党派的参政能力主要包括政治把握能力、建言献策能力、参政议政和民主监督能力、合作共事能力、求真务实能力、组织协调能力等，是一个相互联系、相互作用、辩证统一的整体，其中，政治把握能力是前提，建言献策能力、参政议政和民主监督能力是核心，合作共事能力和求真务实能力及组织协调能力是保障。

宫高芹、袁景华的《加强民主党派参政议政能力建设》（《唯实》2007 年第 5 期）、吉秀华的《论参政党的参政议政能力建设》（《广西社会主义学院学报》2007 年第 4 期）等文讨论了狭义的参政能力建设。这部分论者并未旗帜鲜明地提出“参政能力”就是“参政议政能力”，有的也认为“参政议政能力”是“参政能力”的重要组成部分，但是，“参政议政能力建设”这样的表述在逻辑上却隐含了“参政议政能力”等同于“参政能力”的判断，因为对参政党而言，能够和思想建设、组织建设、制度建设等问题在逻辑上并列，并成为自身建设一个大类和重要组成部分的实际上是参政党能力建设或者参政能力建设，而参政议政能力还不足以独立构成自身建设的一个大的组成部分，我们可以把“参政能力”和“参政党能力”置于“建设”之前，而不宜把“参政议政能力”置于建设之前，除非两者等同。所以，如果一定要用“参政议政能力建设”这样的表述，就意味着承认“参政能力”或者“参政党能力”就是“参政议政能力”。可贵的是，从狭义上论述参政能力的这部分论者，如吉秀华的《论参政党的参政议政能力建设》一文，对“参政议政”这一概念进行了厘定，从广义和狭义上对“参政议政”的内涵进行了分析，无论正确与否，都表明了作者的科学态度。

对“参政能力建设”的内涵的理解上的分歧，一方面说明了参政党研究更加注重学理性、力求摆脱文件语言和文件注释的角色，致力于在理论上更加深化和严谨的活跃局面，另一方面也说明了参政党研究在基础理论上的薄弱。对“参政议政能力建设”、“参政能力建设”、“参政党能力建设”这些概念的混用，表明了参政党理论建设的缺位，也表明了科学的研究方法对参政党研究日益重要。

关于加强参政能力建设的必要性。参政能力建设是民主党派自身建设一个比较薄弱的环节，这构成了加强参政能力建设的紧迫性，而中国共产党执政能力的提高、多党合作的深化、民主政治的发展、和谐社会的构建则构成了加强参政能力建设的内在价值。从这两个方面，研究者对民主党派加强参政能力建设的必要性达成了共识。张惠康、黄天柱在《参政党能力建设动力机制研究》（《中央社会主义学院学报》2007年第5期）一文中认为，由于参政党履行职能的根本宗旨是帮助中共执好政，维护中共的执政权和执政地位，参政党能力是一种辅助性能力，因此，衡量参政党能力是否与参政党职能的要求相适应，其主要标准是参政党能力是否与执政党能力相适应。但从我国政党政治的实际运作看，参政党能力与执政党能力之间存在着明显的不平衡状况。这种不平衡状况正日益成为制约我国政党制度健康、持续发展的一个瓶颈，同时也十分不利于执政党能力的进一步提升。从这个意义上讲，加强参政党能力建设，提高参政党自身的素质和水平，已成为一项刻不容缓的任务，它不仅是参政党加强自身建设、更好履行职能的需要，也是进一步加强中国共产党执政能力建设的需要。

何从新在《如何认识和加强参政党能力建设》（《四川省社会主义学院学报》2007年第4期）一文中认为，发展社会主义民主政治，建设社会主义政治文明，对执政党加强执政能力建设提出了时代要求，在这样一个大背景下，自然会对参政党提高参政能力提出新的要求，这不仅能促进执政党的执政能力建设，也能真正有利于建立和谐的政党关系，促进和谐社会建设。因此，参政党能力建设应摆上参政党建设的突出位置。

张存生在《浅谈我国民主党派的参政能力建设》（《湖北省社会主义学院学报》2007年第2期）一文中认为，参政党的参政能力建设既是自身建设的题中应有之义，也是自身建设中当前需要解决的首要问题。当前加强参政党参政能力建设的迫切性表现在：第一，从民主党派对参政能力建设的理论探索来看，民主党派对参政能力的探索与中国共产党对执政能力的探索相比，无论是理论探索时间，还是理论思考起点及完备程度都是远远不及的。第二，从民主党派履行参政党职能的实践情况来看，在各项工作实践中还存在着与所肩负的历史使命和政治责任不太适应，与参政党地位和形势发展的要求不太适应的问题，阻碍了各民主党派参政作用的发挥。

蔡碧玉、黄国雄在《民主党派参政能力建设思考》（《重庆社会主义学院学报》2007 年第 1 期）一文中指出，为适应多党合作的需要，在中国共产党加强执政能力建设的同时，作为参政党的民主党派必须加强参政能力建设，提高党派整体参政水平，从而实现同执政党在更高层次、更高水平上的合作共事。

关于参政能力建设的途径。由于对“参政能力”的内涵的理解的差异，参政能力建设的路径选择和思考维度也千差万别。比较具有共识的观点在于必须从加强理论建设、创新参政方式、完善参政机制、培养参政人才等方面入手进行重点部署，加强落实，为各民主党派参政能力建设进一步取得实效，为各党派整体参政水平的进一步提高创造条件。在此共识基础上，还形成了一些比较有价值的观点和比较新颖的观察角度，如有的论者强调加强科学发展观的指导，有的论者强调文化建设的重要性，有的论者注重从政治社会化的角度探讨参政能力建设的途径，还有论者提出民主党派的“话语权”问题等等。

研究者们认为，加强参政能力建设要提高贯彻科学发展观的能力，抓住自身建设这个关键。何从新在《如何认识和加强参政党能力建设》（《四川省社会主义学院学报》2007 年第 4 期）一文中认为参政党能力建设主要靠参政党自身建设来推动，并突出“能力”在“参政党自身建设”各项工作中的位置。为此，要使加强参政党能力建设成为政治交接的过程，深入学习，深入调研，加强培训，始终坚持中国特色社会主义政治发展道路，以科学发展观统领参政党能力建设各项工作；要使加强参政党能力建设成为贯彻民主集中制的过程；要使加强参政党能力建设成为完善参政党建设制度和内部机制的过程。鲁平、管红霞等人在《落实科学发展观，发挥参政党作用》（《河北省社会主义学院学报》2007 第 2 期）一文中也认为，参政党要提高贯彻科学发展观的能力，牢牢抓住加强自身能力建设这个关键，要加强自身能力建设，其中理论武装是前提，求真务实是基础，考核机制是保证。张存生在《浅谈我国民主党派的参政能力建设》（《湖北省社会主义学院学报》2007 年第 2 期）一文中认为，要坚持以科学发展观为指导，切实加强民主党派参政能力建设。第一，要加强学习，努力提高民主党派成员的整体素质。第二，要搞好调查研究，不断提高参政议政水平。第三，要加强自身建设，增强民主党派的凝聚力和战斗力。

研究者们强调，要提高民主党派加强参政能力建设的主动性和自觉性。张惠康、黄天柱在《参政党能力建设动力机制研究》（《中央社会主义学院学报》2007 年第 5 期）一文中从理论上探讨了激发参政党加强能力建设积极性的动力机制。作者认为，参政党职能对参政党能力的要求与参政党的实际能力之间的矛盾是参政党能力建设的内在动力，只是从参政党能力建设的内在驱动上说的，还不等于说这就是参政党能力建设的现实推动力量。要想使这个内在动力变成现实推动力量，还需要有相应的机制来激发。总的来看，可以激发参政党能力建设内在动力的力量主要来自于两个方面：一方面来自于参政党内部，可以称之为内部动力机制；另一方面来自于参政党外部，可以称之为外部动力机制。内部动力机制可以分为两种：一种是自上而下的推动机制，这种机制依托于党派组织的层级制结构以及民主集中制这一根本组织制度，主要通过自上而下的命令和自下而上的服从的形式实现，可以称之为命令—服从机制。还有一种则是自下而上的推动机制，可以称之为为党内民主机制，即把民主的基本原则和精神运用到参政党的党内生活中来，确保在参政党内部的政治生活中，全体成员一律平等地直接或间接地决定和管理党内事务。外部动力机制主要包括执政党对参政党的推动机制、参政党之间的竞争机制、参政党与其联系对象之间的利益代表机制三种。蔡碧玉、黄国雄的《民主党派参政能力建设思考》（《重庆社会主义学院学报》2007 年第 1 期）一文则从发挥民主党派成员个体积极性的角度，主张通过推进理论创新，激发参政能力建设主动性。作者认为，新时期的民主党派要进一步提高参政能力，就必须推进理论创新，逐步建立比较完整、具有特色的政党理论体系，并以其教育、引导功能，增强民主党派广大成员的政党意识和参政意识，激发他们的参政热情，提高他们参与能力建设的主动性。

研究者们认为，加强参政能力建设必须从完善机制上来保证。蔡碧玉、黄国雄在《民主党派参政能力建设思考》（《重庆社会主义学院学报》2007 年第 1 期）一文中强调，要完善工作机制，保证参政能力建设有序性。作者认为，加强民主党派参政能力建设，是一项长期性、系统性、经常性的工作，有赖于一个科学、完善的运转机制和体制作保障，保证民主党派参政能力建设的有序性。当前民主党派的参政能力建设，急需完善和落实领导工作机制、机关工作机制和评价激励机制。王彦飞的《论多党合作制度中的参政机制建设》（《重庆社会主义学院学报》2007 年第 4 期）一文认为，参政党的参政机制是其发挥参政作用、履行参政职能的技术支持和制度保障。完善参政机制，要自觉增强参政党意识，充分发挥参政议政、民主监督的主观能动性；要以制度创新为突破口，加强政党制度建设，使参政议政、民主监督制度化、规范化、程序化；要以提高参政能力为支撑，实现参政党的自身价值。

创新参政方式，构建参政能力建设实践平台；加强人才培养，形成参政能力建设人才库也是研究者们普遍关注的问题。蔡碧玉、黄国雄的《民主党派参政能力建设思考》（《重庆社会主义学院学报》2007 年第 1 期）、何从新的《如何认识和加强参政党能力建设》（《四川省社会主义学院学报》2007 年第 4 期）等文章都表达了参政党能力建设需要培养一批合格的建设者这个命题。蔡碧玉，黄国雄还论述了创新参政方式在参政能力建设中的重要作用。作者认为，参政能力是一种极具社会性的实践能力，它必须在社会实践中特别是社会政治实践中得以锻炼、提高，并通过广泛性、社会性的实践活动得以体现和实施。因此，民主党派加强参政能力建设，就必须根据宪法精神和国家法律所赋予的权利，充分结合中国国情的实际情况，不断地创造和开拓新的、更加有效的参政方式，从而开通多渠道的参政途径，构建多层次的能力建设实践平台，为更广泛的民主党派成员参政能力的提高创造实践锻炼的机会，促进民主党派整体参政能力的提高。袁树平在《新世纪民主党派参政能力建设的新思路》（《湖北省社会主义学院学报》2007 年第 1 期）一文中则强调民主党派独立自主地开展参政实践对参政党能力建设的重要性。作者认为，加强民主党派成员的参政能力建设，是统一战线工作的重要一环，应切实提高认识，把民主党派工作摆在各级党委工作的重要位置；支持民主党派按照各自的章程独立负责、协调一致地开展工作；发挥各民主党派政治协商的重要职能；增强民主监督的实效性，积极拓展实现监督的形式；推动民主党派参政议政职能的发挥，突出其主体作用。

还有论者用系统论的方法探讨了加强参政能力建设的途径。赵德金在《论参政党参政能力的提高——以理顺政治体系的关系为视角》（《广州社会主义学院学报》2007 年第 4 期）一文中认为，参政党参政能力的提高是一个系统工程，这个工程的突破口就是要理顺参政党与其他政治体系的关系。目前参政党与其他政治体系的关系基本处于和谐状态，参政党参与国家权力机关、行政机关、人民政协、在利益群体中都能发挥作用。但参政党参政能力要想得到提高，必须进一步理顺其与其他体系的关系。概言之，就是要适当提高参政党成员在国家机关中担任正职实职的比例，适当放宽人民政协的权限，把新出现的利益群体作为新的发展阵地。该作者还在《从政治文化视角论参政党建设》（《天水行政学院学报》2007 年第 1 期）一文中分析了参政党建设的政治文化向度。作者认为，政治文化对社会成员是否关注并认同参政党的参政起着指导作用，政治文化对参政党参政能否正常运行起着精神支撑作用，因此，新时期提高参政党参政能力应该注重从政治文化层面来把握，参政党的自身建设应以政治文化的转型与创新为路径选择，改变公众对参政党认知不足的现状，并从家庭教育、学校教育和大众传媒几个方面来实现。魏晓文、丁堃、葛丽君等在《系统论视角下的参政党参政能力建设研究》（《中央社会主义学院学报》2007 年第 3 期）一文中从系统论的视角，对参政党参政能力建设的系统约束条件、新形势下参政党参政能力建设的系统动力学机制、参政党的参政能力要素以及参政党参政能力建设的基本思路和途径进行了分析，作者认为，民主党派要加强参政能力建设，第一，共产党要不断加强制度建设，优化参政环境；第二，参政党应根据环境要求修正自己的行为规则，不断提高适应能力；第三，参政党要整合他组织与自组织力量，不断完善组织能力。

民主党派的“话语权”是关于参政能力建设中一个比较新颖的提法。张革成在《关于民主党派话语权的几点思考》（《四川省社会主义学院学报》2007 年第 3 期）一文中指出，在新的历史时期，民主党派运用好话语权有极其特殊的意义。在许多时候和许多领域，民主党派的话语权成了公民话语权的传输渠道和放大工具，这正是民主党派履行职能的有效手段和有力武器，集中体现了我国广泛的人民民主。因此，民主党派在构建和谐社会、推进民主政治建设的新形势下，必须努力适应政治文明建设和广大人民群众利益诉求的要求，积极寻求开拓话语权市场，充分发挥话语权的作用，以维护好、发展好、实现好最广大人民群众的根本利益。运用好话语权也是民主党派存在的要求。实践证明，民主党派驾驭话语权能力的强弱直接决定民主党派社会影响力的大小，影响着民主党派的价值追求。充分利用现有的政治格局，积极有效地运用好话语权，是民主党派生存和发展的需要。

（四）自身建设的其他理论与实践问题

进入新世纪新阶段，国际国内形势发生了复杂而深刻的变化，民主党派自身建设也面临着许多新情况新问题。在新的历史时期的新形势新任务面前，作为在中国共产党领导下的参政党，要努力加强自身的建设，以思想建设为核心，以组织建设为基础，以制度建设为保障，提高民主党派自身的生命力和战斗力，带动和督促广大党派成员与执政党一起与时俱进，增强使命感、责任感和危机意识，共同承担起历史赋予的神圣使命，已成为理论界的共识。围绕着民主党派的自身建设，研究者们对新时期民主党派理论建设、思想建设、后备干部队伍建设、领导班子建设、基层组织建设等问题进行了探讨，并提出了参政党的政治文化建构和新时期参政党建设的着力点等新问题。

关于自身建设的内容。一般而言，民主党派自身建设的内容可以概括为思想建设、组织建设和制度建设等方面，但随着实践的发展，制约民主党派参政作用发挥的新情况新问题不断出现，研究者在自身建设的传统问题之外，还注意到理论建设、形象建设、文化建设等问题的重要性，注意到自身建设实践中切入点把握的问题，因而对这些问题给予了积极的关注。

钮小明的《从实践层面探索参政党自身建设问题——略论加强参政党自身建设的六个着力点》（《四川省社会主义学院学报》2007 年第 3 期）一文分析了当前“加强参政党自身建设的六个着力点”，认为“必须坚持中国特色社会主义政治发展道路，努力搞好政治交接”、“必须切实加强领导班子建设”、“必须着眼于全面落实科学发展观，为推动经济社会又好又快发展献计出力”、“必须把握时代特征，永葆与时俱进的精神风貌，不断创新工作方法，务求工作实效”、“必须切实加强基层组织这个参政党的细胞建设”、“必须以对事业高度负责的精神，切实加强后备干部队伍建设”是当前参政党建设要把握的六个重要方面，只要紧紧抓住这六个着力点，切实加强参政党的自身建设，就一定能够打造和磨砺出一支政治坚定、团结民主、组织有序、活跃向上的参政党队伍，为履行好参政党职能奠定坚实的基础，为发挥参政党作用提供可靠的保障。

姚宪华、吕继贤在《要进一步加强民主党派自身建设》（《山西社会主义学院学报》2007 年第 3 期）中认为，加强民主党派自身建设，需要从思想建设、组织建设、作风建设、制度建设、形象建设五个方面入手。就形象建设而言，应当着重抓好以下工作：领导代表形象、团结展示形象、素质衬托形象、业绩创造形象、宣传扩大形象。

申亚力在《关于参政党政党文化构建的思考》（《中央社会主义学院学报》2007 年第 3 期）一文中把文化建设纳入参政党自身建设的重要内容。作者认为，政党文化是一个政党延续发展的重要标识，是政党建设的重要内容。所谓政党文化，是指政党所具有的为全体党员或部分社会成员所认同的意识形态、行为准则、制度规范，以及全体党员对政党所具有的情感态度。参政党自身建设的过程，实际上是政党文化积淀、政党文化构建的过程。为了参政党更好地发挥作用，要始终保持参政党政党文化的进步性，并以政党文化建设来促进和推动参政党的自身建设。为此，必须增强政党意识，构建参政党政党文化的核心要素；必须加强参政党党风党纪和制度规范建设，树立参政党参政理念，完善和改进参政方式，构建参政党政党文化外化形态。

关于思想建设。由于 2007 年是换届年，思想建设的研究主要集中于政治交接中的理论与实践问题。除此之外，研究者们对民主党派的指导思想、民主党派的进步性、思想政治工作的方法创新也多有论述。比较有代表性的观点主要集中在理论建设和思想政治工作方法创新等问题上。

部分研究者把理论建设纳入思想建设的内容，着力探讨了民主党派理论建设的意义、途径和原则等问题。张献生在《我国民主党派理论建设之我见》（《黑龙江省社会主义学院学报》2007 年第 1 期）一文中指出，加强民主党派理论建设是发挥民主党派主动性，坚持与中国共产党长期合作，突出自身的特点和优势，建设适应新世纪新阶段要求的参政党的需要。要把明确民主党派的性质、特点和发展规律，明确实现其政党功能的途径和方式，明确与中国共产党实行长期稳定合作的方向和目标作为理论建设的着眼点和着力点。在理论建设中，还要把握理论建设的重要原则，即要以邓小平理论和"三个代表"重要思想为根本指针、要以民主党派的长期实践为基本根据、要以中国共产党的理论建设为重要借鉴。陈宗兴在《参政党理论建设的实践与思考》（《人民政协报》2007 年 9 月 11 日）一文中也认为，思想理论建设是参政党建设的根本，是坚持和完善我国社会主义政党制度的必然要求，是提高解决自身问题能力的必然要求，是建设适应新世纪参政党的必然要求。参政党理论建设，是一项政治性、政策性很强的工作，必须坚持以下原则：坚持以邓小平理论、"三个代表"重要思想和科学发展观为指导；坚持中国共产党领导的多党合作和政治协商制度；坚持解放思想、实事求是、与时俱进的思想路线；坚持民主党派进步性与广泛性相统一。

关于如何进行思想建设，其他比较有代表性的观点还有：介健美、罗大玉的《关于做好高校民主党派成员思想政治工作的探索与思考》（《西南科技大学学报》2007 年第 5 期）、王建康的《进一步加强民主党派思想建设》（《团结报》2007 年 11 月 10 日）等文。介健美、罗大玉认为做好高校民主党派成员思想政治工作是高校共产党组织实现对民主党派基层组织和成员领导的基本途径，作者在分析高校民主党派成员的思想政治特点的基础上，提出了做好民主党派成员思想政治工作的途径、方法。作者认为，做好高校民主党派成员的思想政治工作要融于教学、科研、管理工作中，把它看做学校整体工作的一个有机组成部分，统一部署、统一落实，并坚持"民主化"的方法，以平等的心理互动、广泛的民主参与、经常的协商沟通、真诚可信和自我教育的原则做好思想政治工作。还要善于利用网络等现代化的手段。王建康认为，当前民主党派的思想建设要与"搞好政治交接"的主题教育活动相结合、与加强地方组织领导班子建设相结合、与作风建设工作相结合，强化政党意识、强化政治责任、强化发展理念、强化机制创新。

关于领导班子建设。领导班子建设是参政党建设的重要内容，对这个问题的探讨研究者们不仅阐释了其重要性，还提出具体的建设途径。形成了"领导班子建设不是只建设领导班子，其作用最终要落实到对其下属各级组织和成员的引导和带动力上，落实到使组织不断进步发展上"、"民主党派领导干部应具备精神感召能力"等观点。

蔡达峰在《关于民主党派领导班子建设的思考》（《团结报》2007 年 10 月 27 日）一文中指出，民主党派领导班子建设是参政党组织建设的关键，是参政党政治交接和自身建设的重中之重。民主党派领导班子是一级组织的总指挥部和代表，在民主党派组织中具有突出重要的地位和决定性的作用，它的领导意识、领导能力和领导作风，直接影响和决定了整个组织在社会中的地位和作用。一个合格的民主党派领导班子，表现为政治工作上的稳定性与创造性，这取决于成熟的思想和信念，因此领导班子要高度重视学习、重视学习优良传统。随着社会和成员的变化，需要民主党派领导不断探索新思路，提高领导工作的有效性，这种探索就是民主党派历史和文化的延续和发展。一届民主党派领导班子是特定阶段的机构，不能仅仅只对自己所在时代的本阶段工作负责，所以，无所积累的领导其实是不称职的，创新需要智慧，探索源自思考，思考基于长期学习而培养起来的敏锐眼光与扎实理论。领导班子建设不是只建设领导班子，其作用最终要落实到对其下属各级组织和成员的引导和带动力上，落实到使组织不断进步发展上，因此，党派领导班子还要根据自身特点，建立科学高效的管理体制和工作机制，坚持民主集中制原则、坚持联系基层制度、加强个人监督。

周珉在《以增强素质和提高能力为核心，加强党外代表人士队伍建设》（《江苏省社会主义学院学报》2007 年第 3 期）一文中认为，党外干部是干部队伍的重要组成部分，是民主党派、无党派人士的代表人物，是多党合作和政治协商制度的施行者和推动者。党外干部要从三个方面加强自身建设：常修为官之德，不断提高思想和精神境界；常思学习之要，不断提高政策理论水平；常怀进取之志，不断提高实际工作能力。

周洪宇在《民主党派领导干部应具备精神感召能力》（《团结报》2007 年 9 月 1 日）一文中认为，对于民主党派领导干部尤其是新一代党外代表人士来说，除了具备政治把握能力、参政议政能力、组织协调能力和合作共事能力这四种能力以外，还应具备精神感召能力，加强道德人格的精神修养。民主党派领导加强精神感召能力建设，既需要组织的领导和引导，更需要个人的自觉修炼。

王江燕在《参政党组织建设的理论与实践》（《广州社会主义学院学报》2007 年第 4 期）一文中认为，领导班子建设是组织建设的关键，抓好领导班子建设，是民主党派必须始终高度重视的任务。加强领导班子建设要着重做好加强理论学习、贯彻好民主集中制和大力培养后备干部三大重点工作。切实实行集体领导，健全规章制度，完善好分工职责、议事规则，规范适合党派特点的民主集中制实施办法，规范主委办公会、常委会、全委会合理规模等一系列现实中存在的矛盾和问题。民主党派基层领导要强化学习和培训，努力提高政治素养、知识素养和能力素养，形成团结合作、求真务实、无私奉献、勤勉清廉的良好作风。

学术著作评介和论文摘要

一、学术著作评介

《论中国民主党派的政治交接》（王佐书，人民出版社2007年版）

支持民主党派在新老交替基础上搞好政治交接，对于坚持和完善中国共产党领导的多党合作和政治协商制度具有重大战略意义，也直接关系到各民主党派自身光荣传统的继承、发扬。政治交接是民主党派必须做好的头等大事，其质量和水平如何，决定了民主党派履行职能的能力和水平，本书正是第一部系统深入研究民主党派政治交接这一重大理论与实践问题的专著。作者着眼于民主党派政治交接的理论基础、政治交接的内涵及民主党派建设的诸多层面进行研究和思考，视野开阔，体现了作者深厚的理论修养和丰富的实践经验，对于相关问题的研究具有宏观、战略、前瞻意义，对民主党派搞好政治交接，更好地发挥参政党作用具有较强的指导意义。

全书共四编、十四章。第一编为“民主党派政治交接的基础知识”，由第一到第五章组成。作者从“政党和政党制度”、“统一战线”、“政治制度”、“经济制度”、“基本国策和发展战略”等方面介绍与阐释了一个合格的民主党派成员在政治交接和思考问题与开展工作中必须具备的基础知识，对民主党派成员提高自身政治思想素质和综合素质具有很强的指导意义。第二编即第六章，系统介绍和阐述了“民主党派的政治交接”，对政治交接的基本要素、内容、特点、意义进行了深入的探讨，对民主党派和中共中央在民主党派政治交接中应该注意的问题进行了分析，从理论上深化了民主党派政治交接的理论认识。这部分内容既是全书讨论的中心，又是引出全书问题的起点，在某种程度上也规定了本书的结构和基本内容。第三编由第七、八、九、十章组成，探讨了如何“建设高素质的参政党”问题，涉及思想建设、组织建设、作风建设、制度建设等方面，把民主党派要提高参政议政能力、政治把握能力、合作共事能力和组织协调能力渗透其中，虽然是老话题，但对很多问题如“对民主党派成员进行思想教育应当注意的几个问题”、“民主集中制”、“岗位责任制”、“民主党派的思想作风、学风、领导作风、工作作风、干部生活作风”等问题的探讨都富有新意，多有创新。第四编由第十一、十二、十三、十四章组成，重点讨论“培养优秀的民主党派领导干部队伍”，为培养民主党派领导干部提供了良好的理论参照。

《中国参政党建设的理论与实践》（孙瑞华编著，中央编译出版社 2007 年版）

本书是中共北京市委统战部组织编写并出版发行的北京统一战线系列培训教材之一，作者针对参政党建设理论研究较为薄弱的现状，以中国参政党建设为研究对象和研究内容，力求从理论和实践的双重角度，重点研究和回答什么是中国的参政党建设，以及如何加强中国的参政党建设等问题，进而探讨、总结、归纳中国参政党建设的基本规律，试图构建比较完整、系统的中国参政党建设理论体系，力图指导中国参政党建设的实践。总体上看，该书有如下特征：

第一，突出了时代主题。推进以坚持走中国特色社会主义政治发展道路为主题的政治交接，是中国共产党与各民主党派的共同意志，是推动和实现参政党建设可持续发展的内在必然要求，是时代托付的历史重任，是形势赋予的时代主题。本部教材从“政治交接是参政党建设的主线”、“参政党建设的成就和经验”、“体现参政党建设的时代主题”、“把握参政党建设规律”、“在实现政治交接中提升能力”等多个方面，系统论述了新世纪新阶段，参政党推进坚持走中国特色社会主义政治发展道路为主题的政治交接的必然性和必要性，鲜明突出了当代中国政治发展的时代主题。第二，体现了时代要求。2005 年，《中共中央关于进一步加强中国共产党领导的多党合作和政治协商制度建设的意见》颁布和第 20 次全国统战工作会议召开，中国共产党提出了“使执政党建设和参政党建设相互促进，更好地统一于多党合作、共创伟业的历史进程中”这样一个新的建设要求。该书从“参政党建设的理论依据”、“执政党建设的与时俱进”、“世界政党政治的变革潮流”、“参政党的结构性变化”、“体现参政党建设的时代主题”、“营造宽松和谐的建设环境”等多个层面，立足执政党建设与参政党建设相互促进的实践，总结执政党建设与参政党建设相互促进的经验，提出了加强执政党建设与参政党建设相互促进的新举措，突出体现了当代中国政党建设相互促进、和谐发展这一新的时代要求。第三，政治方向明确。该书以马克思主义、毛泽东思想、邓小平理论、“三个代表”重要思想和科学发展观为指导，自觉运用辩证唯物主义和历史唯物主义的立场、观点和方法，紧密联系中国政党建设的实际，分析和解答中国参政党建设中的理论问题和实践问题。既不以西方政党政治作为衡量的标准和定位的坐标，也没有简单地拒绝比较分析；既重视共性及一般规律的研究，又立足于我国社会主义政党建设的具体实际；既坚持马克思主义的指导，又不搞僵化的教条主义，准确把握了研究的正确方向。第四，紧密联系实际。开展中国参政党建设理论的研究，最终目的是要通过全面的分析、比较和研究，认清参政党建设的政治方位，认清参政党建设的自身优势和存在的不足，理性地总结参政党建设的成功经验和失败教训，从探索参政党建设带有普遍性的规律出发，最后落脚到“建设一个什么样的参政党以及如何建设参政党”这个重大的历史性课题的回答上。该书努力体现了这一研究目的。例如在对参政党建设大量鲜活的第一手资料的把握上，在对参政党建设最新信息和动态的了解与掌握上，在对参政党建设中面临的新问题、新情况的分析及其解决对策上，该书一方面对参政党建设的成绩进行了客观评价，另一方面也对参政党建设存在的问题进行了分析；一方面注重从理论上研究和把握参政党建设的规律，另一方面则分析参政党建设的具体实践，并力求将理论与实践有机结合起来，探求参政党保持生机和活力的途径，探索更加科学全面的建设方法，使研究结果既体现规律性，又具有针对性。

二、论文观点摘要

《坚持中国特色政治发展道路　搞好政治交接》（何鲁丽，《团结》2007 年第 1 期）

在中国现代历史的发展中，全国各族人民在中国共产党领导下，在长期的革命、建设和改革开放事业中，坚持把马克思主义基本原理与中国实际相结合，走出了一条符合中国国情、具有中国特色的政治发展道路。进入新世纪，中共中央新一届领导集体进一步推进马克思主义中国化，着眼于全面建设小康社会、构建社会主义和谐社会，全面推进中国特色社会主义的经济建设、政治建设、文化建设和社会建设，提出了以人为本的科学发展观，使中国特色政治发展道路的内涵更加丰富、更加明确。这一政治发展道路，植根于中华民族五千年历史和文化的深厚土壤，产生于中国共产党和中国人民为争取民族独立和国家富强而进行的伟大斗争实践，发展于中国特色社会主义进程之中，是一条充分体现社会主义性质，能够为国家富强、民族振兴、人民幸福和社会和谐提供根本保障的政治发展道路。它的主要内涵是：以马克思列宁主义、毛泽东思想、邓小平理论和“三个代表”重要思想为指导，坚持中国共产党的领导，坚持社会主义制度，坚持人民民主专政，实行由人民代表大会制度、中国共产党领导的多党合作和政治协商制度、民族区域自治制度构成的政治制度，不断发展社会主义民主，实现政治体制的自我改革和自我完善。

坚持中国特色政治发展道路，是我国近现代历史发展的必然，是把我国建设成为富强、民主、文明、和谐的社会主义现代化国家的根本保证，是参政党的历史责任。首先，历史证明，中国特色政治发展道路，是保证我国走向富强、民主、文明、和谐的唯一正确的政治选择。第二，坚持中国特色政治发展道路符合我国国情，为我国社会主义生产力的发展和社会主义民主的发展，建设社会主义和谐社会，提供了发展方向、制度框架和领导核心的坚强保证。第三，在中国特色政治发展道路的形成和坚持的过程中，包括民革在内的各民主党派作出了重大贡献，坚持中国特色政治发展道路我们责无旁贷。

要把坚持中国特色政治发展道路、搞好政治交接，作为换届工作的主线，并带动和促进在民革全党范围内开展坚持中国特色政治发展道路的教育。为落实这一工作思路，首先要明确换届工作的实质和核心是政治交接。第二，要以换届工作中突出政治交接的主线，进行坚持中国特色政治发展道路的教育为契机，在全党范围内开展一次坚持中国特色政治发展道路的教育活动。第三，参政议政是参政党的基本职能，认真履行好参政议政职能，发挥好参政党作用，既是坚持中国特色政治发展道路的内在要求，也是参政党坚持中国特色政治发展道路的重要体现，民革作为参政党，要以参政议政的实际成果来体现坚持中国特色政治发展道路的信念和决心。

《参政党在中国特色社会主义建设中的政治责任》（游洛屏，《中央社会主义学院学报》2007 年第 5 期）

任何一个政党要承担起历史赋予的使命，都要不断加强自身建设。在中国特色社会主义建设中，民主党派不断发展的过程，也是不断加强自身建设的过程。进入新世纪新阶段，民主党派要更好地坚持中国特色政治发展道路，进一步发挥参政党作用，为构建和谐社会服务，就必须明确参政党在中国特色社会主义建设中的政治责任，这是当前参政党建设的重要课题。参政党在中国特色社会主义建设中的政治责任主要包括：

（一）维护共产党的领导和执政地位，坚持多党合作的政治格局。共产党的领导权问题是统一战线的根本问题。坚持党对统一战线的领导，就要坚持党的基本路线和基本纲领，贯彻党的方针和政策，使之成为统一战线成员的共识和自觉行动。没有共产党的领导，就没有统一战线的巩固和发展，当然也就没有多党合作的巩固和发展。自觉接受共产党的领导，维护共产党的执政地位，是民主党派参政意识成熟的重要标志。

（二）反映社情民意，维护安定团结的政治局面，构建和谐社会。民主党派是各自所联系的一部分社会主义劳动者、社会主义建设者和拥护社会主义的爱国者的政治联盟。民主党派作为政治联盟，既有进步性，又有广泛性，是进步性和广泛性的统一。民主党派要发挥参政党的作用，必须充分反映广大成员及所联系群众的意见建议，让执政党听到各方面的声音，使决策进一步科学化、民主化。随着社会主义市场经济的发展，不同阶层、不同群体，在根本利益一致的基础上，各自具体的利益也更加明显。民主党派在参政议政中，在维护人民根本利益的前提下，将更多地代表广大成员和所联系群众的利益，从而使参政议政更显出特色。这将有利于维护社会安定团结的政治局面，有利于构建和谐社会。

（三）加强对广大成员的思想政治工作，坚持正确的政治方向。在社会主义市场经济的发展过程中，政治社会化的形式和途径发生了重大的变化。政治社会化的责任将更多地由社会来承担，特别是政党组织在这方面的责任将更加明显。民主党派要积极开展思想政治工作，把广大成员和所联系群众的思想认识统一到党的方针政策上来，把广大成员和所联系群众的力量凝聚到中国特色社会主义建设事业中来。民主党派组织要认真做好思想政治工作，既不能因为成员中出现不同意见和思想认识问题，就怀疑他们的政治觉悟；也不能因为成员中错误的政治观点属于个别现象，就任其蔓延发展。要及时做好深入细致的思想政治工作，坚持团结——批评——团结的方针，对一般性的模糊认识，要在加强正面引导中予以宽容，容许保留看法并在实践中提高思想认识；对深层次的思想问题，更多的是要推动广大成员积极投身于中国特色社会主义建设，让他们在实践中提高思想认识；对错误的观点则必须旗帜鲜明地进行批评和纠正。要通过深入细致的思想政治工作，保证民主党派组织正确的政治方向。

（四）组织有序的政治参与，促进社会主义民主政治发展。发展社会主义民主，是共产党始终不渝的奋斗目标，也是民主党派始终不渝的奋斗目标。随着改革开放的不断深化和社会主义市场经济的深入发展，我国社会阶层结构和利益结构发生了深刻变化，产生了新的社会阶层，各阶层的具体利益也出现了新的变化。在此基础上，人们的参政意识普遍提高，参政愿望更加迫切。我国是法治的国家，政治参与必须是有序的，是在共产党领导下，遵守法律和制度，通过正常渠道进行的。发挥民主党派的参政作用，可以有效扩大有序的政治参与，为各方面提供畅通的利益表达渠道。组织有序的政治参与，包括两方面的内容：一是利益表达，即代表广大成员和所联系群众的利益，在研究他们意见建议的基础上，形成政策性的建议；二是向广大成员和所联系的群众宣传党和国家的方针政策，使他们了解党和国家的方针政策，把他们的思想认识统一到党和国家的方针政策上来。

（五）围绕中心、服务大局，共同致力于中国特色社会主义。建设中国特色社会主义是包括各政党在内的全中国人民的共同理想。要实现这个目标，民主党派在发挥参政党的作用过程中，必须围绕中心、服务大局。要建设中国特色社会主义，必须坚定不移地以经济建设为中心。这就是全党全国的大局。民主党派要发挥参政党作用，离不开这个中心，离不开这个大局。只有围绕这个中心，服务这个大局，民主党派才能找准位置，才能发挥作用。

《如何正确履行民主党派的民主监督职能》（杜宜瑾，《团结报》2007 年 2 月 3 日）

中国共产党与民主党派实行相互监督，即中国共产党接受民主党派的监督，民主党派接受中国共产党的监督。民主党派的民主监督是监督体系的重要组成部分，是政治监督，必须在四项基本原则基础上进行。具体说来，主要可以理解为：第一，民主监督有准则，民主监督不能滥用。民主监督是有边界的，必须在宪法与法律范围内活动，必须以四项基本原则为基础，必须在中国共产党领导的多党合作与政治协商制度框架下进行。同时，党派民主监督是有组织地进行的，它是一种有组织的民主，是有序的政治参与，必须遵循一定的程序，严格依法办事，而不是随心所欲。第二，民主监督的目的是坚持和完善中国共产党的领导，是为了加强合作，它与西方在野党对执政党的“监督”有着本质的区别。西方的在野党是以揭露为主，目的在于夺得政权。我们则是为了一个共同的目标，提出建设性意见。西方是以破为主，我们则是以立为主。第三，民主监督的主要内容一般不包含宪法和法律法规的制定。民主监督的主要内容不包括宪法和法律法规的制定，通常所说的科学决策和民主决策“坚持协商于决策之前和决策执行过程之中的原则”，这里的决策之前指的是政策层面的制定，而不是法律层面的制定。对于法律制定层面的问题应属于国家权力机关。第四，民主监督是“权利”，不是“权力”。民主党派的民主监督“权利”，属于宪法规定的一种监督权利，是一种“义务性”权利。这种“义务性权利”，对被监督者是否很好地接受了这种批评、建议，不具有强制性，对监督者是否履行到位，这种监督也不具有法律强制性。第五，不能搞民主监督法律化。第六，民主监督具有不可替代的独特作用。第七，民主监督不能与舆论监督相混。第八，共产党对民主党派的监督是多党合作的重要形式。共产党对各民主党派的监督，是政治监督。这种政治监督包括政治、组织、思想等方面领域。政治方面，各民主党派必须坚持共产党的领导，必须坚持四项基本原则。共产党在政治上通过了解，帮助民主党派及其成员在政治上不断进步，特别是帮助把握好政治原则、政治方向和重大方针政策；组织方面，帮助民主党派加强组织建设，选好、配好、培养好干部队伍。这些干部不仅要做党派工作，而且不少要被推荐参加国家政权，参政议政、民主监督；思想方面，共产党要加强和做好民主党派的思想引导工作。确保民主党派在思想上能跟上时代步伐，与时俱进。

《论民主党派政治参与的双重功能》（袁廷华，《中央社会主义学院学报》2007 年第 6 期）

在中国特色社会主义政党制度中，民主党派的政治参与具有双重功能，即对其成员和所联系的社会群众的利益代表功能、协助中国共产党为实现和维护社会公共利益服务的功能。利益代表是政党的基本属性之一，我国各民主党派自成立之日起，就具备了作为一定阶级、阶层利益代表的属性，发挥着代表这些阶级、阶层参政的功能。进入新时期后，民主党派的利益代表功能呈现出两大新特点，第一，集中反映了一部分知识分子的利益、愿望和要求；第二，集中反映各自成员和所联系的界别群众的具体利益、愿望和要求。民主党派作为一部分社会主义劳动者、社会主义建设者和拥护社会主义爱国者的政治联盟，除了具备对其成员和所联系的群众的利益代表功能外，还具有协助中国共产党为实现和维护社会公共利益而服务的功能，这是由政党的一般特性、由合作型政党制度和知识分子的特质决定的。在新世纪新阶段，随着我国多党合作制度的发展，强化参政党政治参与的这双重功能，是提高参政党参政议政能力与水平的重要途径，为此，要适应社会发展要求，强化民主党派的利益代表功能；要从服务大局的要求出发，强化民主党派为社会公共利益服务的功能；要坚持代表具体利益服务于社会公共利益的统一。

《现有政治实体与新生社会阶层的“对接”——关于民主党派社会基础的一点思考》（浦兴祖，《上海市社会主义学院学报》2007 年第 3 期）

独特的社会基础，对于一个政党而言是至关重要的。有了特定的社会基础，一个政党才有其“根”，才有其“原动力”。我国的各民主党派在建国前与建国初，各有其具体的社会基础，因为社会基础的差异，才会导致多个政党的存在，才会有“多党”间的合作。进入新时期后，各民主党派的社会基础不可避免地发生了重大变化，其与中国共产党之间的差异性明显缩小，一致性明显增大，甚至可以说，作为民主党派新的社会基础的“一部分社会主义劳动者”尤其是“工人阶级的一部分（即知识分子）”，本当也属于中国共产党的阶级基础与社会基础。这样，民主党派与中国共产党的社会基础趋于同质，这样，虽然执政的共产党出于保持党际“互相监督”等方面的考量而坚持让民主党派与中国共产党“长期共存”，但民主党派本身却已在一定程度上缺失了独特的“根”和“原动力”，从而一定程度上削弱了其在中国共产党之外作为独立政党存在的根基与理由、在“多党合作”之中发挥功能的动力与活力。因此，撇开历史上执政党内左的思想抬头而错误对待民主党派这一因素，各民主党派社会基础的变化，也使其在一段时间内在中国政治舞台上的地位与功能受到削弱。因此，各民主党派应增强其“政党”特征，有效发挥其“政党”——“参政党”功能，以有利于切实开发多党合作的政治资源和制度资源，适应构建和谐社会之需要。中国共产党作为工人阶级的先锋队，虽然要代表最广大人民利益，但是并不会把新的社会阶层这样一个“新生政治实体”作为自己“主要”的社会基础，如果没有现成的政治实体去“主要”代表他们，新的社会阶层迟早会在现成政治实体之外寻找属于自己的政治代表，甚至可能演变为新生政党，这将引发中国政治舞台的复杂局面。这样，一方面是新社会阶层需要能够“主要”代表自己特殊利益的政治代表，另一方面是各民主党派需要拥有自己更为明确具体的社会基础，那么让现成的政治实体即民主党派与新的社会阶层进行对接，让民主党派（至少是某些民主党派）“主要”表达这些新阶层的诉求，把新阶层作为自己的社会基础，不失为一种可行与稳妥的政治选择。这不仅使民主党派与中国共产党之间同质化现象减弱，也使不同民主党派之间呈现出一定的独特性与差异性，提高民主党派作为政党存在的动力与活力，提高多党合作的活力与成效，也有利于新的社会阶层在现成政治实体内有序展开本阶层的利益诉求与政治参与。

《民主党派在我国政治生活中的地位》（郑宪，《学习时报》2007 年 11 月 19 日）

民主党派在国家政治生活中处于什么样的地位，能够发挥什么样的作用，不仅对于民主党派来说是一个十分重要的问题。而且也会直接影响多党合作制度的运作和发展。所以科学界定民主党派的性质地位以及在国家政治生活中的作用是坚持和完善中国政党制度的一个重要理论问题。1989 年 12 月 30 日，中国共产党颁发了《中共中央关于坚持和完善中国共产党领导的多党合作和政治协商制度的意见》，第一次明确了各民主党派在国家政权中的地位，把与中国共产党长期合作的民主党派定位为“参政党”。“参政党”概念的提出，创造性地回答了一个重要的理论和现实问题，使中国的民主党派有了明确的政治地位和制度保障；同时也使中国共产党作为执政党和领导党更充分地获得了政党理论层面和逻辑层面上的说明和支持（有他党存在）。民主党派是参政党的政治地位，由我国人民民主专政国体的内在要求所决定。工人阶级的领导和广泛的人民民主，是人民民主专政的两大基本规定性，各民主党派作为各自所联系的一部分社会主义劳动者、社会主义建设者和拥护社会主义的爱国者的政治联盟，属于人民的范畴，他们参加国家政权，参与国家大政方针和国家领导人选的协商，参与国家事务的管理，参与国家方针政策、法律法规的制定与执行，是人民民主即社会主义民主的重要体现。民主党派参政党的定位又是根据各民主党派在我国政治生活中的实际作用确立的。中国的多党合作制度，有着漫长的历史。在抗日战争、解放战争时期，多党合作已经形成初步的格局。从建国时起，我国各民主党派的代表人物活跃在国家政治舞台上，十一届三中全会以来，随着各个领域的拨乱反正，统一战线工作和民主党派的活动得到了迅速的恢复和发展，民主党派在国家政治生活中的作用越来越大。

《参政党能力建设动力机制研究》（张惠康、黄天柱，《中央社会主义学院学报》2007 年第 5 期）

所谓参政党能力是指我国各民主党派通过履行参政议政、民主监督等职能，协助执政的中国共产党推动国家经济、政治、文化、社会全面发展的能力。从这个定义来看，参政党能力应该是一个矢量概念，即它不仅有方向，而且有结构、有大小。从方向来看，在推动国家经济、政治、文化、社会全面发展的过程中，参政党能力是一种辅助性能力，即参政党履行职能的前提是接受中国共产党的领导，其对国家经济、政治、文化和社会发展的推动作用主要是通过协助中国共产党更好地执政这样一种间接的方式来实现的。从结构来看，参政党能力本身是一个复合型概念，包含了参政党有效履行职能所需要的各种能力，包括政治把握能力、参政议政能力、民主监督能力、合作共事能力和组织协调能力等。从大小来看，参政党能力的高低，应当体现在是否推动及多大程度上推动国家经济、政治、文化和社会的发展上。参政党能力的方向、结构和总量相辅相成，缺一不可。只有坚持正确的方向、参政党的建设和发展才不会偏离甚至脱离规范的政治运行轨道和健康的政治生活状态。但是，如果一味强调参政党能力的方向，强调参政党的辅助性和补充性作用，而不讲参政党能力的高低，参政党就有可能变成一种摆设。参政党能力建设，就是各民主党派不断规范参政党能力方向、优化参政党能力结构、提升参政党能力总量的能动过程，其内在动力是参政党职能对参政党能力的要求与参政党的实际能力之间的矛盾。要想使这个内在动力变成现实推动力量，还需要有相应的机制来激发。这套机制，一方面要使各民主党派清醒地认识到参政党职能对自身能力的要求与自身实际能力之间的矛盾和差距，并产生必要的危机感和紧迫感；另一方面，要使各民主党派能切实感受到来自社会各方面的期待、支持和帮助，从而认识到推进参政党能力建设的现实可能性和可行性。总的来看，可以激发参政党能力建设内在动力的力量主要来自于两个方面：一方面来自于参政党内部，可以称之为内部动力机制；另一方面来自于参政党外部，可以称之为外部动力机制。内部动力机制是根本。这是因为，加强参政党能力建设，所要解决的是参政党现有的能力和水平与其在我国政治系统中的地位和作用不相适应的矛盾，其实践主体毫无疑问是参政党，如果不能真正调动起参政党的积极性和主动性，不能使参政党能力建设成为参政党的内在要求并在此基础上转化为外在的自觉行为，那么，无论来自外部主体的推动力有多大，来自外部环境的压力有多大，要想真正推动这一进程，是非常难的。内部动力机制可以分为两种：一种是自上而下的推动机制，这种机制依托于党派组织的层级制结构以及民主集中制这一根本组织制度，主要通过自上而下的命令和自下而上的服从的形式实现，可以称之为命令—服从机制。还有一种则是自下而上的推动机制，可以称之为党内民主机制，即把民主的基本原则和精神运用到参政党的党内生活中来，确保在参政党内部的政治生活中，全体成员一律平等地直接或间接地决定和管理党内事务。外部动力机制是保障。这是因为，参政党能力建设的内在动力能否被激发出来，与参政党的自觉有关，同时，也与其所处的环境和具备的各种条件有关。外部动力机制主要包括执政党对参政党的推动机制、参政党之间的竞争机制、参政党与其联系对象之间的利益代表机制三种。参政党在我国政治格局中的特殊定位，决定了在这三种外部动力机制中，执政党对参政党的推动机制是最重要的，它不仅为参政党能力建设提供了关键性的动力，而且还决定了参政党能力建设的方向、速度和轨迹。

《民主党派参政能力建设思考》（蔡碧玉、黄国雄，《重庆社会主义学院学报》2007 年第 1 期）

为适应多党合作的需要，在中国共产党加强执政能力建设的同时，作为参政党的民主党派必须加强参政能力建设，提高党派整体参政水平，从而实现同执政党在更高层次、更高水平上的合作共事。为此，必须从加强理论建设、创新参政方式、完善参政机制、培养参政人才四个方面入手进行重点部署，加强落实，为各民主党派参政能力建设进一步取得实效，为各党派整体参政水平的进一步提高创造条件。

首先，要推进理论创新，激发参政能力建设主动性。新时期的民主党派要进一步提高参政能力，就必须推进理论创新，逐步建立比较完整、具有特色的政党理论体系，并以其教育、引导功能，增强民主党派广大成员的政党意识和参政意识，激发他们的参政热情，提高他们参与能力建设的主动性。

其次，要创新参政方式，构建参政能力建设实践平台。参政能力是一种极具社会性的实践能力，它必须在社会实践中特别是社会政治实践中得以锻炼、提高，并通过广泛性、社会性的实践活动得以体现和实施。长期以来，民主党派参政议政活动的展开，主要是依靠民主党派中的代表人士和头面人物来完成，对民主党派的一般党员而言，他们能够参政议政的机会是比较少的，越到基层，民主党派广大成员相应的参政议政渠道越有限。这种情况一方面使广大有政治参与热情的党派成员得不到提高参政本领、施展政治才华的实践机会，造成了民主党派人力资源的极大浪费；另一方面，民主党派中的少数头面人物和代表人物承担了党派组织大量的参政工作，任务繁重，往往力不从心，缺乏充足时间和精力进行深入广泛的调查研究，严重影响了民主党派参政能力的提高。因此，民主党派加强参政能力建设，就必须根据宪法精神和国家法律所赋予的权利，充分结合中国国情的实际情况，不断地创造和开拓新的、更加有效的参政方式，从而开通多渠道的参政途径，构建多层次的能力建设实践平台，为更广泛的民主党派成员参政能力的提高创造实践锻炼的机会，促进民主党派整体参政能力的提高。为此，必须进一步加强党际交流，使参政内容更具开放性，逐步扩大民主党派政治参与的广度和深度；要进一步加强党内协作，使参政人员更具广泛性；要进一步拓展实践空间，使参政形式更具创造性。

第三，要完善工作机制，保证参政能力建设有序性。加强民主党派参政能力建设，是一项长期性、系统性、经常性的工作，有赖于一个科学、完善的运转机制和体制作保障，保证民主党派参政能力建设的有序性。当前民主党派的参政能力建设，急需完善和落实以下工作机制，保证参政能力建设有序性：完善、落实领导工作机制；完善、落实机关工作机制；完善、落实评价激励机制。

第四，要注重人才培养，形成参政能力建设人才库。

《关于民主党派领导班子建设的思考》（蔡达峰，《团结报》2007 年 10 月 27 日）

民主党派领导班子建设是参政党组织建设的关键，是参政党政治交接和自身建设的重中之重。民主党派领导班子是一级组织的总指挥部和代表，在民主党派组织中具有突出重要的地位和决定性的作用，它的领导意识、领导能力和领导作风，直接影响和决定了整个组织在社会中的地位和作用。加强领导班子建设是增强参政党履职能力的需要，作为民主党派的领导班子，要有良好的政治眼光和领导能力，在方向性和原则性问题上能够作出正确的判断和决断，要善于发挥组织的力量，能有效地发挥作用，为此，必须加强民主党派领导班子的思想建设和制度建设。

一个合格的民主党派领导班子，表现为政治工作上的稳定性与创造性，这取决于成熟的思想和信念，因此领导班子要高度重视学习、重视学习优良传统。要在学习中把握政治发展的规律，用科学理论指导实践。随着社会和成员的变化，需要民主党派领导不断探索新思路，提高领导工作的有效性，这种探索就是民主党派历史和文化的延续和发展。一届民主党派领导班子是特定阶段的机构，不能仅仅只对自己所在时代的本阶段工作负责，所以，无所积累的领导其实是不称职的，创新需要智慧，探索源自思考，思考基于长期学习而培养起来的敏锐眼光与扎实理论。

党派领导班子还要根据自身特点，建立科学高效的管理体制和工作机制，坚持民主集中制原则、坚持联系基层制度、加强个人监督。领导班子要形成重团结重大局、工作讲原则、个人讲风格的文化，要不断完善“集体领导，民主集中，个别酝酿，会议决定”的工作原则，实行集体领导与分工负责相结合的制度，保障主委会议、常委会议和全委会对重大事项的决策作用，防止个人凌驾组织之上。领导班子建设不是只建设领导班子，其作用最终要落实到对其下属各级组织和成员的引导和带动力上，落实到使组织不断进步发展上。要建立联系基层制度，开展各种有效的联系活动，民主党派领导成员要与基层广大成员保持最广泛的接触和深入沟通，掌握基层成员最新工作与思想状况，并在与成员的交往中发挥自身的示范作用。

《我国民主党派理论建设之我见》（张献生，《黑龙江省社会主义学院学报》2007 年第 1 期）

理论建设是一个政党的基本建设，也是党的思想建设的重要体现。我国民主党派作为中国共产党的亲密友党和共同致力于中国特色社会主义事业的参政党，具有宪法规定的权利和义务范围内的政治自由、组织独立和法律地位平等。理论建设是自身建设的题中应有之义。加强民主党派的理论建设是发挥民主党派主动性的需要，是与共产党长期稳定合作的需要，是民主党派突出特色、发挥优势的需要，是建设适应新世纪新阶段要求的参政党的需要。

民主党派建立自己的理论，根本目的就是回答和解决“建设一个什么样的民主党派和怎样建设民主党派”的问题。具体讲，就是坚持中国特色社会主义政治发展道路，确定党的纲领、路线、重大方针政策和工作指导原则，为民主党派增强政党意识、促进自身发展、加强与中国共产党团结合作、充分发挥参政党功能等重大问题和社会实践提供理论指导。当前民主党派理论建设的重要着眼点和着力点在于：总结历史经验，明确民主党派的性质、特点和发展规律；研究现实问题，明确实现民主党派政党功能的途径和方式；探索未来发展，明确与共产党实行长期稳定合作的方向和目标。

民主党派的理论建设不是孤立的，而是中国特色社会主义理论建设、统一战线和多党合作理论建设的重要组成部分。在理论建设中，应把握以下重要原则：要以邓小平理论和“三个代表”重要思想为根本指针；要以民主党派的长期实践为基本根据；要以中国共产党的理论建设为重要借鉴。

王彩玲　中央社会主义学院中国政党制度研究中心副教授

重要文献

中国的政党制度

中国的政党制度

中华人民共和国国务院新闻办公室
二〇〇七年十一月・北京

前　言

政党制度是现代民主政治的重要组成部分。一个国家实行什么样的政党制度，由该国国情、国家性质和社会发展状况所决定。各国政党制度的不同体现了人类文明发展的多样性。

中国实行的政党制度是中国共产党领导的多党合作和政治协商制度（以下简称中国多党合作制度），它既不同于西方国家的两党或多党竞争制，也有别于有的国家实行的一党制。这一制度在中国长期的革命、建设、改革实践中形成和发展起来，是适合中国国情的一项基本政治制度，是具有中国特色的社会主义政党制度，是中国社会主义民主政治的重要组成部分。

《中华人民共和国宪法》明确规定：中国共产党领导的多党合作和政治协商制度将长期存在和发展。在中国，中国共产党和各民主党派都必须以宪法为根本活动准则，维护宪法尊严，保证宪法实施。

中国多党合作制度中包括中国共产党和八个民主党派。八个民主党派是中国国民党革命委员会、中国民主同盟、中国民主建国会、中国民主促进会、中国农工民主党、中国致公党、九三学社、台湾民主自治同盟。中国人民政治协商会议（以下简称人民政协）是中国共产党领导的多党合作和政治协商的重要机构。在中国多党合作制度中，中国共产党与各民主党派长期共存、互相监督、肝胆相照、荣辱与共，共同致力于建设中国特色社会主义，形成了“共产党领导、多党派合作，共产党执政、多党派参政”的基本特征。中国多党合作制度在中国的政治和社会生活中显示出独特的政治优势和强大的生命力，发挥了不可替代的重大作用。

一、中国社会历史发展的必然选择

中国经历过漫长的封建社会。1840 年后，由于西方资本主义列强的野蛮入侵和封建统治集团的腐朽衰败，中国逐渐沦为半殖民地半封建社会。在将近 110 年的时间里，中华民族危难深重，人民根本没有民主权利。

为改变国家和民族的悲惨命运，一代又一代中国人奋起抗争，努力寻求救国救民的真理。20 世纪初，中国民主革命的先行者孙中山先生，向西方寻求救国救民的道路，发动和领导了具有资产阶级民主革命性质的辛亥革命，推翻了延续几千年的君主专制制度，建立了中华民国，并效仿西方国家实行议会政治和多党制。尽管相对于君主专制制度这是一个历史性的进步，但它很快就在中外各种反动势力的冲击下归于失败，无法实现中国人民要求独立、民主的迫切愿望。正如孙中山先生所总结的，中国的社会既然和欧美不同，管理社会的政治自然也不能完全仿效欧美。

1927 年至 1949 年新中国成立前，国民党蒋介石集团实行一党专制，独揽国家一切权力，打击和迫害民主进步力量，违背民主政治发展潮流和人民愿望，最终被历史所抛弃。

近代中国政治的发展呼唤适应中国国情的新的政党制度。这一历史责任由中国共产党和各民主党派共同承担了起来。

1921 年成立的中国共产党，把马克思列宁主义与中国实际相结合，提出了新民主主义革命纲领，团结全国各革命阶级为实现民族独立、人民解放和国家富强、人民幸福而奋斗。主要在抗日战争时期（1937—1945 年）和解放战争时期（1945—1949 年）成立的各民主党派，其社会基础是民族资产阶级、城市小资产阶级以及同这些阶级相联系的知识分子和其他爱国分子，有着反帝、爱国、民主的政治要求，是中国社会的进步力量。中国共产党与各民主党派建立了亲密的合作关系，并在严酷斗争中不断加强这种关系，为实现中国的和平、民主而共同奋斗。在抗日战争时期，民主党派积极参加中国共产党领导的抗日民族统一战线，广泛开展抗日民主运动，同中国共产党一道，共同为坚持抗战、团结、进步而努力，反对国民党顽固派的投降、分裂、倒退行径；抗日战争胜利后，民主党派同中国共产党一道，反对国民党蒋介石集团的内战、独裁政策。

中国共产党在领导新民主主义革命走向胜利的伟大斗争中，确立了在中国各种革命力量中的核心领导地位。各民主党派、无党派民主人士在长期实践中经过比较，自觉地、郑重地选择了中国共产党的领导。1948 年 4 月，中国共产党提出召开新政治协商会议、成立民主联合政府的主张，得到各民主党派和无党派民主人士热烈响应。他们公开表示，愿意在中国共产党的领导下，共同为建立新中国而奋斗。1949 年 9 月中国人民政治协商会议的召开，标志着中国共产党领导的多党合作和政治协商制度的正式确立，中国共产党与各民主党派和无党派民主人士共同参加新中国国家政权建设。

中华人民共和国成立后，中国共产党在执政条件下进一步加强同各民主党派的团结合作，不断推进多党合作的理论创新和实践发展。1956 年社会主义改造基本完成后，根据中国阶级状况发生的深刻变化，中国共产党提出了“长期共存、互相监督”的八字方针，明确共产党存在多久，民主党派就存在多久，共产党可以监督民主党派，民主党派也可以监督共产党；由于共产党居于领导、执政地位，主要是民主党派监督共产党。社会主义条件下中国多党合作的基本格局由此确立。1957 年后特别是“文化大革命”（1966—1976 年）期间，中国多党合作制度遭受严重挫折。

1978 年实行改革开放以来，根据形势和任务的变化，中国共产党明确多党合作是中国政治制度的一个特点和优势，确立了中国共产党与各民主党派“长期共存、互相监督、肝胆相照、荣辱与共”的十六字方针，提出了一整套关于多党合作和政治协商的理论和政策，使坚持和完善多党合作制度成为中国特色社会主义理论和实践的重要组成部分。1989 年中国共产党制定了坚持和完善中国共产党领导的多党合作和政治协商制度的意见，多党合作和政治协商走上了制度化轨道。1993 年召开的第八届全国人民代表大会第一次会议，将“中国共产党领导的多党合作和政治协商制度将长期存在和发展”载入宪法，中国多党合作制度有了明确的宪法依据。2002 年中共十六大后，从建设社会主义政治文明的高度，中国共产党先后制定了进一步加强中国共产党领导的多党合作和政治协商制度建设的意见和加强人民政协工作的意见，使多党合作制度进一步规范化和程序化。新中国成立以来，中国多党合作制度不断巩固和发展，在国家政治和社会生活中发挥着重要作用。

中国近现代政治发展的历史和实践证明：中国的民主政治建设，必须从中国的基本国情出发，盲目照搬别国政治制度和政党制度模式，是不可能成功的；实行专制独裁统治，违背历史发展规律和人民意志，也必然要归于失败。中国多党合作制度的形成和发展，是中国近现代历史发展的必然选择，是马克思列宁主义与中国实际相结合的产物，是中国共产党和各民主党派智慧的结晶，符合中国国情和中国革命、建设、改革的实际，符合社会主义民主政治的本质要求，体现了中华民族和而不同、兼容并蓄的优秀文化传统，具有鲜明的中国特色。这项制度，既合乎时代发展潮流，又体现了中国社会发展的内在要求。

二、中国的一项基本政治制度

中国宪法规定：中华人民共和国是工人阶级领导的、以工农联盟为基础的人民民主专政的社会主义国家。与这种国体相适应的政权组织形式是人民代表大会制度，与这种国体相适应的政党制度是中国共产党领导的多党合作和政治协商制度。人民代表大会制度、中国共产党领导的多党合作和政治协商制度、民族区域自治制度以及基层群众自治制度，构成了中国政治制度的核心内容和基本框架，是社会主义民主政治的集中体现。

作为国家的一项基本政治制度，中国多党合作制度规定了中国共产党和各民主党派在国家政治生活中的地位、作用和相互关系。

——中国共产党处于领导和执政地位。中国共产党的领导地位是在长期革命、建设、改革实践中形成并巩固起来的，是历史的选择、人民的选择。在 80 多年的奋斗历程中，中国共产党领导中国人民完成了新民主主义革命的任务，实现了民族独立和人民解放；建立了人民当家作主的国家政权，维护了国家统一和各民族团结；建立了社会主义制度，实现了中国历史上最广泛最深刻的社会变革；开创了中国特色社会主义事业，为实现国家富强和人民幸福探索出了一条正确道路。中国是一个有着 960 万平方公里国土、13 亿人口、56 个民族的发展中大国。在这样一个幅员辽阔、人口众多的多民族国家进行现代化建设，必须有一个坚强的领导核心。中国共产党代表中国先进生产力的发展要求，代表中国先进文化的前进方向，代表中国最广大人民的根本利益。中国共产党的坚强领导是中国实现社会主义现代化的根本保证，是维护中国国家统一、社会和谐稳定的根本保证，是把亿万人民团结起来、共同建设美好未来的根本保证。这是中国各族人民在长期革命、建设、改革实践中形成的政治共识。

——各民主党派是中国的参政党。中国人民民主专政的内在要求和各民主党派在中国政治生活中的实际作用，决定了民主党派的参政党地位。各民主党派作为各自所联系的一部分社会主义劳动者、社会主义事业建设者和拥护社会主义爱国者的政治联盟，属于人民的范畴，他们在中国共产党的领导下参政，是人民民主的重要体现。民主党派参政的基本点是：参加国家政权，参与国家大政方针和国家领导人选的协商，参与国家事务的管理，参与国家方针政策、法律法规的制定和执行。参政党的地位和参政权利受到宪法和法律的保护。

——中国共产党与各民主党派形成了团结合作的新型政党关系。中国共产党与各民主党派在长期的共同奋斗中，形成了亲密的友党关系。中国共产党的基本理论、基本路线、基本纲领、基本经验得到各民主党派的认同，建设中国特色社会主义成为中国各政党的共同目标。在保持宽松稳定、团结和谐的政治环境中，中国共产党与各民主党派实行广泛的政治合作，照顾同盟者的政治利益和物质利益，团结他们一道前进。

——中国共产党与各民主党派的合作具有丰富的内容。第一，中国共产党就重大方针政策和重要事务同各民主党派进行政治协商，实行相互监督。第二，各民主党派成员在国家权力机关中占有适当数量，依法履行职权。第三，各民主党派成员担任国家及地方人民政府和司法机关的领导职务；各级人民政府通过多种形式与民主党派联系，发挥他们的参政议政作用。第四，各民主党派通过人民政协参加国家重大事务的协商。第五，中国共产党支持民主党派参加改革开放和社会主义现代化建设。为经济社会发展服务，是各民主党派履行参政党职能的重要内容，是中国多党合作制度的一大特色。

——中国共产党与各民主党派互相监督。这种监督是通过提出意见、批评、建议的方式进行的政治监督。由于中国共产党处于领导和执政地位，更需要来自民主党派的监督。民主党派民主监督的内容是：国家宪法和法律法规的实施情况；中国共产党和政府重要方针政策的制定和贯彻执行情况；中国共产党各级党委的工作和中共党员领导干部履行职责、为政清廉等方面的情况。民主党派的监督，对于加强和改善中国共产党的领导，健全社会主义监督体系，有着重要而独特的作用。

中国多党合作制度创立了一种新型的政党制度形式，在世界政党制度中独具特色。中国共产党同各民主党派既亲密合作又互相监督，而不是互相反对。中国共产党依法执政，各民主党派依法参政，而不是轮流执政。这一制度与人民代表大会制度相适应，实现人民当家作主，而不是少数人的民主。

三、社会主义民主的重要体现

没有民主就没有社会主义，就没有社会主义现代化。实现和发展人民民主是中国共产党和各民主党派始终不渝的奋斗目标。中国多党合作制度以其独特的结构功能和运行机制，体现了社会主义民主的本质要求，保障人民民主权利的充分行使，是实现社会主义民主的重要形式。

中国共产党的领导和充分发扬社会主义民主，是中国多党合作制度的本质要求。中国共产党以全心全意为人民服务为宗旨，代表中国最广大人民的根本利益。中国共产党的领导和执政，就是领导和支持人民当家作主，最广泛地动员和组织人民群众依法管理国家和社会事务，管理经济和文化事业，维护和实现人民群众的根本利益。中国多党合作制度既坚持中国共产党的坚强领导，又体现广泛民主；既保持一致性，又体现多样性；既规范有序，又充满活力。

选举民主与协商民主相结合，是中国社会主义民主的一大特点。在中国，人民代表大会制度与中国共产党领导的多党合作和政治协商制度，有着相辅相成的作用。人民通过选举、投票行使权利和人民内部各方面在作出重大决策之前进行充分协商，尽可能取得一致意见，是社会主义民主的两种重要形式。选举民主与协商民主相结合，拓展了社会主义民主的深度和广度。经过充分的政治协商，既尊重了多数人的意愿，又照顾了少数人的合理要求，保障最大限度地实现人民民主，促进社会和谐发展。

中国多党合作制度的价值和功能主要体现在以下方面：

——政治参与。中国多党合作制度为各民主党派的政治参与开辟了制度化渠道，把各种社会力量纳入政治体制，巩固和扩大人民民主专政国家政权的基础；调动各方面积极性，广集民智，广求良策，推动执政党和政府决策的科学化、民主化；在保持社会稳定的前提下，推进社会主义民主积极稳步发展。

——利益表达。中国是一个人口众多的大国，存在不同的阶级、阶层和社会群体。人民内部在根本利益一致的基础上存在着具体利益的差别和矛盾。特别是随着社会主义市场经济的发展，经济体制深刻变革，社会结构深刻变动，利益格局深刻调整，思想观念深刻变化。中国多党合作制度能够有效反映社会各方面的利益、愿望和诉求，畅通和拓宽社会利益表达渠道，协调利益关系，照顾同盟者利益，从而保持社会和谐稳定。

——社会整合。中国现代化建设的艰巨性和复杂性，要求政治制度具备高度的社会整合功能。中国多党合作制度以中国共产党的坚强领导为前提，又有各民主党派的广泛合作，从而形成强大的社会整合力。在建设中国特色社会主义大目标下，中国共产党紧密团结民主党派，形成高度的政治认同，促进政治资源的优化配置，调动各方面的积极性，引导和组织社会沿着现代化的方向不断前进。

——民主监督。中国共产党与各民主党派互相监督，有利于强化体制内的监督功能，避免由于缺乏监督而导致的种种弊端。各民主党派反映和代表着各自所联系群众的具体利益和要求，能够反映社会上多方面的意见和建议，能够提供一种中国共产党自身监督之外更多方面的监督，有利于执政党决策的科学化、民主化，更加自觉地抵制和克服官僚主义和各种消极腐败现象，加强和改进执政党的工作。

——维护稳定。中国多党合作制度以合作、协商代替对立、争斗，避免了政党互相倾轧造成的政局不稳和政权频繁更迭，最大限度地减少社会内耗，维护安定团结的社会政治局面。这一制度既有中国共产党的坚强领导，又有各民主党派的广泛参与，能够有效化解各种社会矛盾和冲突，保持政治稳定和社会和谐。

中国多党合作制度，反映了人民当家作主的社会主义民主的本质要求，体现了中国政治制度的特点和优势。在新的历史条件下，发展社会主义民主政治，其中一个重要方面就是坚持和完善中国共产党领导的多党合作和政治协商制度，扩大公民有序的政治参与，拓宽社会利益表达渠道，促进社会和谐发展。

四、多党合作制度中的政治协商

政治协商是中国多党合作制度的重要内容。中国共产党就国家重大方针政策和重要事务在决策前和决策执行过程中与各民主党派、无党派人士进行协商，是实行科学决策、民主决策的重要环节，是中国共产党提高执政能力的重要途径。经过多年的实践，中国多党合作制度中的政治协商形成了两种基本方式：一种是中国共产党同各民主党派的协商；一种是中国共产党在人民政协同各民主党派和各界代表人士的协商。

中共中央同各民主党派中央政治协商的内容主要包括：中国共产党全国代表大会、中央委员会的重要文件；宪法和重要法律的修改建议；国家领导人的建议人选；关于推进改革开放的重要决定；国民经济和社会发展的中长期规划；关系国家全局的一些重大问题；通报重要文件和重要情况并听取意见，以及其他需要协商的重要问题等。

中共中央同各民主党派中央政治协商的主要形式是：中共中央邀请各民主党派领导人举行民主协商会，就中共中央将要提出的大政方针进行协商；中共中央主要领导人根据形势需要，不定期邀请民主党派领导人举行高层次、小范围的谈心活动，沟通思想，交换意见；中共中央或中共中央委托有关方面召开民主党派和无党派代表人士座谈会，通报或交流重要情况，听取民主党派提出的政策性建议，或讨论某些专题；除会议协商外，民主党派中央还可就国家大政方针及其他重大问题向中共中央提出书面建议。

中共中央同各民主党派中央政治协商的主要程序是：中共中央根据年度工作重点，研究提出全年政治协商规划；协商的议题提前通知各民主党派中央、无党派人士，并提供相关材料；各民主党派中央组织相关人员阅读文件，调查研究，对协商议题进行集体研究后，提出意见和建议；在协商过程中充分发扬民主，广泛听取意见，求同存异；中共中央认真研究民主党派中央、无党派人士提出的意见和建议，对重要意见和建议的采纳情况及时进行反馈。

20世纪90年代以来，中共中央加强同各民主党派的协商，内容不断充实，程序逐步规范。1990年至2006年底，中共中央、国务院及委托有关部门召开的协商会、座谈会、情况通报会达230多次，其中中共中央总书记主持召开74次。近三年来，各民主党派、无党派人士在协商中就《中共中央关于加强党的执政能力建设的决定》、《中共中央关于构建社会主义和谐社会若干重大问题的决定》、《中共中央关于进一步加强中国共产党领导的多党合作和政治协商制度建设的意见》等许多重要文件的征求意见稿，全国人大、全国政协领导人选，宪法修改以及立法法、反分裂国家法、监督法、物权法等多部法律文件草案，《中华人民共和国国民经济和社会发展第十一个五年规划纲要》等国民经济和社会发展的中长期规划，社会主义新农村建设、国家金融体制改革、卫生体制改革和教育体制改革等关系国计民生的重大问题，提出意见和建议，其中许多被中共中央、国务院及有关部门所采纳。

此外，各民主党派中央、无党派代表人士还向中共中央提出重大的书面意见建议200多项，内容涵盖了经济、政治、社会、教育、科技、文化、卫生、国防、外交、港澳台侨等诸多方面，如长江三角洲地区、环渤海地区、海峡西岸经济区、北部湾地区等区域经济社会发展问题，三江（长江、黄河、澜沧江）源地区、欠发达地区资源开发补偿机制改革等问题，深化文化体制改革、弘扬中国传统文化等问题。这些意见建议得到中共中央、国务院的重视和采纳，并产生了良好的社会效果。

中国共产党各级地方党委就地方重大问题同地方各级民主党派组织负责人进行协商，也已形成制度。中国共产党各级党委同民主党派广泛的协商，有力地推进了决策的科学化、民主化。

中国共产党在人民政协同各民主党派、无党派人士和各界代表人士的协商，是政治协商的另一重要方式。人民政协由34个界别组成，包括中国共产党、各民主党派、无党派人士以及各界代表人士。加强人民政协的政治协商，是发展社会主义民主政治、建设社会主义政治文明的重要内容。进一步发挥人民政协的作用，有利于体现和发挥中国社会主义政治制度和政党制度的特点和优势，巩固和发展民主团结、生动活泼、安定和谐的政治局面。

五、多党合作制度与国家政权建设

中国共产党是执政党，坚持科学执政、民主执政、依法执政；各民主党派是参政党，参加国家政权。中国共产党同各民主党派在国家政权中团结合作，支持他们发挥参政党作用，履行参政议政、民主监督职能，推动国家政权建设。

人民代表大会是中国人民行使国家权力的机关，也是民主党派成员发挥作用的重要机构。民主党派成员在各级人大代表、人大常委会委员及专门委员会委员中，均占有一定数量。2003年第十届全国人民代表大会第一次会议以来，民主党派成员、无党派人士共有17.7万人当选各级人大代表。其中，全国人大常委会副委员长7人，全国人大常委会委员50人；省级人大常委会副主任41人，省级人大常委会委员462人；市级人大常委会副主任357人，市级人大常委会委员2084人。他们履行人民代表的职责，参与宪法、法律和地方性法规的制定和修改，参与选举、决定和罢免国家和政府领导人，参与审查和批准国民经济和社会发展计划和计划执行情况的报告、国家预算和预算执行情况的报告，反映人民意愿，提出议案和质询案，参与视察和执法检查工作，发挥了重要作用。

民主党派成员担任政府和司法机关领导职务，是实现中国共产党领导的多党合作的一项重要内容。截至2006年底，担任县处级以上职务的民主党派成员、无党派人士共有3.1万人，他们对分管的工作享有行政管理的指挥权、处理问题的决定权和人事任免的建议权。其中最高人民法院、最高人民检察院和国务院部委办、直属局担任领导职务副职18人；全国31个省、自治区、直辖市中，有副省长、副主席、副市长24人；全国397个市（州、盟、区）人民政府中有356人担任副市（州、盟、区）长；有35

人担任省级法院副院长和检察院副检察长，有141人担任地市级法院副院长和检察院副检察长。还有许多民主党派成员、无党派人士在高等院校、人民团体、科研院所和国有企业中担任领导职务，如中国科学院所属93个研究所中有69人，教育部直属72所高等院校中有38人。2007年，民主党派成员、无党派人士2人分别担任国务院科技部、卫生部部长职务。

国务院和地方各级人民政府重视加强与民主党派的联系，为民主党派发挥参政议政作用开辟了新渠道。联系的方式主要是：国务院召开有民主党派负责人参加的座谈会，就拟提交全国人民代表大会审议的政府工作报告、有关重大政策措施征求意见，通报国民经济和社会发展的有关情况；根据需要邀请民主党派负责人列席政府全体会议和有关会议；政府组织有关廉政建设、社会治安综合治理和规范市场经济秩序等检查工作，邀请民主党派成员参加；政府有关部门根据工作业务范围同相关民主党派建立和加强联系，重要专业性会议和重要政策、规划的制定，根据需要邀请相关的民主党派负责人参加。目前，各民主党派根据各自特点，与国务院有关部门建立了联系，就推进素质教育、建设“星火”科技产业带、发展现代农业、推广生态家园富民计划、加强海洋资源保护与开发、完善鼓励科技自主创新的财税政策、改革科技奖励制度、实施国家知识产权战略、解决水资源短缺等课题进行合作和共同研究。国务院和各级地方政府还聘请民主党派成员、无党派人士767人担任政府参事室参事，1393人担任中央和地方文史馆馆员。

民主党派成员担任特约人员的领域进一步扩大。政府有关部门和司法机关聘请民主党派成员担任特约人员，是发挥民主党派民主监督作用的一项重要举措和制度安排。目前，最高人民检察院、教育部、监察部、国土资源部、审计署、税务总局共聘请民主党派成员、无党派人士87人担任特约检察员、教育督导员、特约监察员、特约国土资源监察专员、特约审计员、特约税务监察员。地方各级政府部门也聘请民主党派成员、无党派人士1.7万人担任特约人员。特约人员参加有关执法检查和执法监督工作，参与有关法律法规制定的研究，参加对重大案情的调查，发挥参谋咨询作用和联系人民群众的桥梁纽带作用，充分履行民主监督职责。如审计署组织特约审计员直接参与中央预算执行、三峡库区移民资金、农业综合开发资金、投资项目资金、世界银行贷款资金、全国粮食挂账资金等重大项目的审计工作和调研。近五年来，全国各级监察机关特约监察员共转呈群众来信13600余件次，接待群众来访23800余人次，在监察机关加强同人民群众的联系中发挥了独特作用。

民主党派参加重要外事、内事活动制度进一步规范，作用进一步发挥。近年来，民主党派中央领导人参加重要外事活动150多次、率团出访60多次。中共中央和国家领导人会见外宾时，邀请民主党派中央领导人参加；出席重要庆典、慰问、纪念活动，邀请民主党派中央领导人参加。

六、多党合作制度与人民政协

人民政协是中国人民爱国统一战线的组织，是中国共产党领导的多党合作和政治协商的重要机构，是中国发扬社会主义民主的重要形式。

民主党派是人民政协的重要界别。在人民政协的组织构成中，民主党派成员在各级政协委员、常务委员和政协领导成员中占有较大比例，在政协各专门委员会负责人和委员中，在政协机关中，均占有一定数量。如全国政协十届一次会议时，民主党派成员、无党派人士担任政协委员的有1343人，占委员总数的60%；担任政协常委的有195人，占常委总数的65.2%；担任全国政协副主席的有13人，占副主席总数的54.2%。在省、市、县各级人民政协中，共有33.6万名民主党派成员、无党派人士担任政协委员。各民主党派在政协的各种会议上以本党派名义发表意见，开展视察、提出提案、举报、反映社情民意以及参与调查和检查活动的权利得到充分尊重和保障。民主党派在人民政协中发挥作用，主要表现在：

——积极参与政治协商。各民主党派充分运用人民政协的各种协商方式，对国家和地方的大政方针以及政治、经济、文化和社会生活中的重要问题，对各民主党派参加人民政协工作的共同性事务、政协内部的重要事务以及有关爱国统一战线的其他重要问题，进行协商讨论，提出意见和建议。中共中央主要领导人每年元旦和全国政协全体会议期间都要同各民主党派共商国是；担任政协委员的民主党派成员与其他政协委员一起列席人民代表大会的主要会议，参加国家重大问题的协商讨论，就事关国计民生的大政方针和重大问题提出意见建议；政协的常务委员会会议、主席会议、秘书长会议、专门委员会会议内容不断丰富，为各民主党派更加广泛地参与政治协商创造了条件。近年来，围绕经济社会发展中的重要问题，各民主党派积极参加人民政协同政府有关部门进行的专题协商会，如2006年先后参加了以进一步推进西部大开发战略、落实国家中长期科学和技术发展规划纲要为主要议题的专题协商会，广开言路，集思广益，有力地促进了政府相关工作的开展。

——认真开展民主监督。各民主党派运用政协视察、大会发言或以其他形式对国家宪法、法律和法规的实施，重大方针政策的贯彻执行、国家机关及其工作人员的工作，通过建议和批评进行监督。政协委员中的民主党派成员还通过参加中共党委和政府有关部门组织的调查和检查活动或应邀担任司法机关和政府部门特邀监督人员等开展民主监督。1997年至2006年，各民主党派中央在全国政协会议上作大会发言（包括书面发言）370余次（份），内容涉及改革、发展、稳定等一系列重大问题，如加快产业结构优化升级、大力推行循环经济发展、重视灾害的社会管理和加紧应急体系建设、维护和保障农民工的合法权益、完善社会保障体系、加强农村文化建设、保障教育特别是基础教育的投入、积极推进民办教育、加强公共卫生体系建设、坚决反对分裂和促进祖国统一、发展两岸经贸交流等。民主党派在人民政协的大会发言，充分体现了集体力量和智慧，他们运用政协大会的政治讲坛，纵论国是，许多意见建议被采纳。

——深入参政议政。参加人民政协的各民主党派成员对政治、经济、文化、社会生活中重要问题以及人民群众普遍关心的问题开展调查研究，反映社情民意，通过调研报告、提案、建议案或其他形式向中国共产党和国家机关提出了大量的意见和建议。1990年至2006年，各民主党派和民主党派成员的政协委员，在全国政协会议上共提交提案2400余件，如尽快就反分裂国家行为立法、农村税费改革、大力营造非公有制经济良好发展环境、建立社保基金监督机制、创建中国农村社会保障体系等，其中许多提案得到采纳实施，或促成了相关法律的制定，或成为制定政策的重要参考依据。

七、多党合作制度与现代化建设

各民主党派坚持把促进发展作为团结奋斗的第一要务，紧紧围绕国家的中心工作，认真履行参政议政、民主监督的职能，积极推进社会主义经济建设、政治建设、文化建设、社会建设。

——深入调查研究，积极建言献策。各民主党派积极参与国家方针政策的制定和实施，就国家政治、经济、社会生活中的全局性、战略性、前瞻性重大问题开展考察调研，提出政策性建议。这些年来，先后就三峡工程、耕地保护、两岸“三通”、西部大开发、中部崛起、东北地区等老工业基地振兴、建设社会主义新农村、青藏铁路沿线发展、国家级综合配套改革试验区、实施可持续发展战略、制定和实施“十一五”规划等问题进行考察调研，向中共中央、国务院提出意见建议，受到高度重视，许多意见和建议被采纳。各民主党派地方组织也围绕地方经济社会发展问题开展考察调研；一些地方还采取了“中共党委出题、民主党派调研、政府采纳、部门落实”的形式，有效地发挥了民主党派的政策咨询和智力咨询作用。

——开展扶贫开发，兴办公益事业。各民主党派充分发挥人才荟萃、智力密集的优势，为促进国家经济社会、城乡区域协调发展积极开展活动，大力推动和实施智力支边、光彩事业和“温暖工程”等活动，开展职业培训、兴教办学、捐资救灾、扶危济困等公益事业，产生了良好的经济效益和社会效益。在2003年抗击非典斗争中，许多民主党派成员奋战在第一线。由民主党派倡导并发起的扶助贫困群体的“温暖工程”实施十多年来，已在全国27个省（自治区、直辖市）开展公益性培训，近100万人次的农民受益，30多万下岗失业人员、残疾人员得到了帮助；号召民主党派成员回报社会的“思源工程”，2005年启动以来捐资达3165万元。2006年，各民主党派中央组织有关部门负责人和各类专家1270人次就智力支边扶贫工作进行考察，为贫困地区发展提出政策性建议144条，帮助落实扶贫经济项目101个，引进各类项目资金和捐款近5亿元，培训各类技能型人才2.5万人，建立希望小学210所。这些行动赢得了社会各界的广泛赞誉。

——反映社情民意，维护安定团结。各民主党派充分发挥协调关系、化解矛盾的重要作用，努力做好反映社情民意工作，为中国共产党各级党委和各级政府的科学决策、民主决策服务。围绕人民群众普遍关注的解决收入分配不公、缩小贫富差距，建立健全医保体系、解决看病难，推动国企改革、防止国有资产流失，打击假冒伪劣、建设社会诚信，解决城市住房困难、抑制房价过快上涨，维护公平正义、扶持贫困群众等重点、难点和热点问题，开展调查研究，举行专题研讨，找出问题症结，提出解决和改进的办法。努力推进民主监督，积极参加中国共产党各级党委和各级政府组织的反腐倡廉、财税、物价、环保以及社会治安综合治理的检查工作。本着肝胆相照的精神，认真调查分析，对中国共产党各级党委和各级政府存在的问题知无不言、言无不尽，不断提高监督的质量和水平。深入实际、深入基层，积极反映涉及各界群众切身利益的问题，加强对各自成员和所联系群众的思想引导，做好沟通思想、理顺情绪的工作，及时消除影响社会稳定的各种因素，为促进社会和谐发挥了积极作用。

——加强对外联系，开展交流交往。各民主党派发挥联系广泛的重要特点，积极拓展与广大港澳同胞、台湾同胞、海外侨胞和国际友人的联系，推进经济、科技、文化、卫生、体育等领域的交流合作和人员往来，引进资金、技术、人才和管理经验；帮助和支持有条件的企业“走出去”，利用国内国际两个市场、两种资源，更好地参与国际经济技术合作和竞争。不断扩大交流规模，不断拓宽交流领域，不断丰富交流内涵，通过学术交流、出访、接待来访等形式，加强与海外的交流联系。

中国共产党在与民主党派团结奋斗的同时，也与无党派人士建立了亲密的合作关系。无党派人士是在中国革命的具体历史条件下形成发展的，是指没有参加任何党派、对社会有积极贡献和一定影响的人士，其主体是知识分子。无党派人士是中国政治生活中的一支重要力量，是中国共产党领导的多党合作和政治协商制度的重要组成部分，是人民政协的重要界别，在中国革命、建设和改革的各个历史时期都发挥了重要作用。中共中央召开的历次民主协商会、党外人士座谈会都有无党派人士参加。长期以来，无党派人士围绕中心、服务大局，切实履行参政议政、民主监督的职能，深入开展考察调研，积极向中国共产党和政府建言献策，提出了许多重要的意见和建议。中国共产党支持无党派人士在各级人大、政府、政协、司法机关中积极发挥作用。

民主党派成员、无党派人士涌现出了一大批优秀人物，其中7142人次获全国性、国际性荣誉称号和奖励，九三学社中央原副主席、中国计算机汉字激光照排技术的创始人王选就是其中杰出代表。“杂交水稻”之父、无党派代表人士袁隆平首创了杂交水稻，为解决中国粮食自给作出了重大贡献。民主党派成员、无党派人士是发展先进生产力、推进社会主义民主政治、弘扬社会主义先进文化、构建社会主义和谐社会的一支重要力量，在全面建设小康社会、加快推进社会主义现代化进程中具有不可替代的作用。

结束语

中国多党合作制度走过了58年的光辉历程。实践证明，作为国家的一项基本政治制度，中国多党合作制度具有历史的必然性、伟大的创造性和巨大的优越性。

当前，中国人民正满怀信心地为全面建设小康社会而奋斗，努力建设一个富强民主文明和谐的社会主义现代化国家。坚持和完善中国多党合作制度，有利于促进社会生产力持续发展，实现社会全面进步；有利于更好地实现和发展人民民主，推进社会主义政治文明建设；有利于发展社会主义文化，建设社会主义精神文明；有利于保持国家政局稳定和社会安定团结，推进社会主义和谐社会建设。

随着中国政治体制改革的不断推进和社会主义民主政治的日益发展，中国多党合作制度也将不断发展。坚持和完善这项基本政治制度，必须坚定不移地走中国特色社会主义政治发展道路，同时要积极借鉴人类政治文明发展的有益成果，但绝不能照搬照抄别国政党制度模式。在建设中国特色社会主义事业的伟大进程中，中国共产党和各民主党派一道创建和发展的中国多党合作制度，将不断巩固完善并发挥越来越重要的作用。

附录：中国各民主党派和无党派人士简介

中国国民党革命委员会（简称民革）

1947年11月，中国国民党民主派和其他爱国民主人士第一次联合会议在香港举行。1948年1月1日，会议宣布中国国民党革命委员会正式成立。

民革以同原中国国民党有关系的人士、同民革有历史联系和社会联系的人士、同台湾各界有联系的人士以及其他人士为对象，着重吸收其中有代表性的中上层人士和中高级知识分子。

民革历任主席为李济深、何香凝、朱蕴山、王昆仑、屈武、朱学范、李沛瑶。现任主席何鲁丽。

目前，民革在30个省、自治区、直辖市建立了组织，现有党员81000多人。

中国民主同盟（简称民盟）

1941年3月19日在重庆秘密成立，当时名称是中国民主政团同盟。11月16日，张澜在重庆公开宣布中国民主政团同盟成立。1944年9月，中国民主政团同盟在重庆召开全国代表会议，决定将中国民主政团同盟改为中国民主同盟。

民盟主要由从事文化教育以及科学技术工作的高中级知识分子组成。

民盟历届主席为黄炎培、张澜、沈钧儒、杨明轩、史良、楚图南、费孝通、丁石孙。现任主席蒋树声。

目前，民盟在30个省、自治区、直辖市建立了组织，现有盟员181000多人。

中国民主建国会（简称民建）

1945年12月16日，由爱国的民族工商业者和有联系的知识分子发起，在重庆成立。

民建主要由经济界人士组成。

民建历届领导人和主席为黄炎培、胡厥文、孙起孟。现任主席成思危。

目前，民建在30个省、自治区、直辖市建立了组织，现有成员108000多人。

中国民主促进会（简称民进）

1945年12月30日，以文化教育出版界知识分子为主，还有一部分工商界爱国人士，在上海正式宣告成立。

民进主要由从事教育文化出版工作的高中级知识分子组成。

民进历届主席为马叙伦、周建人、叶圣陶、雷洁琼。现任主席许嘉璐。

目前，民进在29个省、自治区、直辖市建立了组织，现有会员103000多人。

中国农工民主党（简称农工党）

1930年8月9日，国民党左派领导人邓演达在上海主持召开了第一次全国干部会议，成立中国国民党临时行动委员会，1935 年 11 月 10 日改名为中华民族解放行动委员会，1947 年 2 月 3 日改名为中国农工民主党。

农工党主要由医药卫生界高中级知识分子组成。

农工党历届领导人和主席为邓演达、黄琪翔、章伯钧、季方、周谷城、卢嘉锡。现任主席蒋正华。

目前，农工民主党在 30 个省、自治区、直辖市建立了组织，有成员 99000 多人。

中国致公党（简称致公党）

1925 年 10 月，由华侨社团发起，在美国旧金山成立。1947 年 5 月，致公党在香港举行第三次代表大会，进行改组，成为一个新民主主义的政党。

致公党主要由归侨侨眷中的中上层人士组成。

致公党历任主席为陈其尤、黄鼎臣、董寅初。现任主席罗豪才。

目前，致公党在 19 个省、自治区、直辖市建立了组织，有党员 28000 多人。

九三学社

1944 年底，一批进步学者为争取抗战胜利和政治民主，继承和发扬五四运动的反帝爱国与民主科学精神，在重庆组织了民主科学座谈会。为纪念 1945 年 9 月 3 日抗日战争和世界反法西斯战争的伟大胜利，改建为九三学社。1946 年 5 月 4 日，在重庆正式召开九三学社成立大会。

九三学社主要由科学技术界高中级知识分子组成。

九三学社历任主席为许德珩、周培源、吴阶平。现任主席韩启德。

目前，九三学社在 30 个省、自治区、直辖市建立了组织，现有成员 105000 多人。

台湾民主自治同盟（简称台盟）

在台湾人民“二·二八”起义以后，由一部分从事爱国主义运动的台湾省人士于 1947 年 11 月 12 日在香港成立。

台盟由台湾省人士组成。

台盟历届主席为谢雪红、蔡啸、苏子蘅、蔡子民、张克辉。现任主席林文漪。1987 年至 1992 年，台盟第四届中央委员会实行主席团制，主席团执行主席林盛中（1987—1988 年）、蔡子民（1988—1992 年）。

目前，台盟在 13 个省、直辖市建立了组织，现有成员 2100 多人。

无党派人士

在新民主主义革命时期，一般称无党无派的知名人士为社会贤达。1949 年中国人民政治协商会议成立后，专门设立了无党派民主人士界别。目前，把没有参加任何党派、对社会有积极贡献和一定影响的人士称为无党派人士，其主体是知识分子。

无党派代表人士主要有郭沫若、马寅初、巴金、缪云台、程思远等。

代表大会报告

中国国民党革命委员会第十一次全国代表大会报告

坚定不移走中国特色社会主义政治发展道路，为全面建设小康社会而奋斗

——在中国国民党革命委员会第十一次全国代表大会上的报告

（2007 年 12 月 9 日）

何鲁丽

同志们：

我受中国国民党革命委员会第十届中央委员会委托，现在向大会作报告，请审议。

过去五年的工作

过去的五年，是中国共产党领导全国各族人民，高举中国特色社会主义伟大旗帜，坚持以邓小平理论和“三个代表”重要思想为指导，深入贯彻落实科学发展观，全面建设小康社会，加快推进社会主义现代化，取得经济建设和社会发展辉煌成就的五年，是我国民主政治建设和中国共产党领导的多党合作事业快速、健康、和谐发展的五年，也是民革全党团结奋斗、开拓进取，切实加强自身建设，积极履行参政党职能，各方面工作取得明显进步和突出成绩的五年。

一、扎实推进自身建设，全党素质进一步提高

中共中央 1989 年颁布的《关于坚持和完善中国共产党领导的多党合作和政治协商制度的意见》，2005 年颁布的《关于进一步加强中国共产党领导的多党合作和政治协商制度建设的意见》和 2006 年颁布的《关于进一步加强人民政协工作的意见》（以下简称“中共中央两个 5 号文件”），是指导中国共产党领导的多党合作和政治协商制度发展的纲领性文件。五年来，民革在这些文件精神的鼓舞和指导下，适应新世纪新阶段多党合作事业发展的需要，大力加强思想建设、组织建设和制度建设，取得显著成绩，为民革更好地履行参政党职能、发挥参政党作用，提供了思想、组织和制度保证。

（一）着力加强思想建设和理论学习，弘扬优良传统，提高政治素质。长期以来，民革坚持把思想建设放在首位，高度重视理论学习。民革各级领导班子以身作则，带头学习政治理论。中心学习组定期召开专题学习座谈会，先后开展了邓小平理论、“三个代表”重要思想、中共十六大精神、科学发展观、《江泽民文选》、中共中央两个5号文件精神、中共十七大精神等专题学习活动，主要领导同志作主题发言，将学习引向深入。在各级中心学习组的带动下，全党形成良好的学习风气。各级组织通过举办理论学习班、研讨班和选派党员到各级社会主义学院培训等方式，提高党员思想政治素质。

为加强党员思想教育，民革中央在全党开展了学习《民革章程》的活动，编写了《民革章程学习问答》，举办了《民革章程》学习成果座谈会和“我的精神家园——纪念民革成立60周年”演讲比赛。2007年，根据自身建设发展和换届工作的需要，民革全党开展了“坚持中国特色社会主义政治发展道路，搞好政治交接”教育活动，并在十届十九次中央常委会上作出了决议。这一系列专项教育活动，使民革广大党员和干部从继承和发扬民革优良传统入手，正确认识中国特色社会主义政治发展道路的主要内涵和基本特征，正确认识我国政党制度形成的必然性及其优越性，更加坚定了走中国特色社会主义政治发展道路的信心和决心。

为总结半个多世纪以来我国多党合作发展的历史经验，弘扬民革与中国共产党亲密合作的优良传统，增强思想宣传教育工作的说服力，更有针对性地搞好自身建设，民革中央先后编写出版了《中国的参政党》、《参政党建设理论与实践》、《民革中央领导人（九—十届）论自身建设》、《民革领导人传》（续集）、《中国国民党革命委员会60年》等书籍，在参政党建设理论研究方面进行了积极探索。这些书籍的出版，也为民革开展思想教育提供了生动的教材。

配合理论研究，民革中央还与有关高等院校、科研机构联合举办学术研讨会，先后就“马克思主义政党理论与多党合作”、“宪法权威与法制统一”、“司法体制改革”、“推进社会主义新农村建设”等问题开展专题研讨，促进民革与社会各界特别是学术界的交流，不仅提高了自身理论水平，同时也为做好参政议政工作提供了帮助。民革各地方组织编写大量学习材料，举办各种研讨会，发表了不少关于参政党建设的理论文章。

各级组织针对民革的特点，结合重要纪念日，开展丰富多彩的专项活动，弘扬民革优良传统。在纪念中国人民抗日战争胜利60周年之际，民革中央召开了长城抗战学术研讨会，组织人员参加中央国家机关的纪念活动。民革各级组织发表一系列记述民革前辈抗战事迹的文章，举办各种纪念会、座谈会和祭奠抗日英烈等活动。这些活动弘扬了爱国主义精神，使广大党员从中受到教育。

民革始终坚持以孙中山先生爱国、革命和不断进步的精神作为全党思想教育的重要内容，用以鼓舞和激励自己不断前进。2006年，为纪念孙中山先生诞辰140周年，民革中央编写、出版了《爱国、革命、不断进步——中山精神学习读本》和《孙中山画传》，举办孙中山思想学术研讨会，组织由中央电视台录制播放的《世纪中山——放歌梧州》大型歌会，举行南京中山陵谒陵仪式。各地民革组织也举办了一系列隆重的纪念活动，广大党员通过踊跃参加这些活动和撰写纪念文章，表达对孙中山先生的崇敬之情和继承孙中山精神、报效国家的决心。

五年来，民革的思想宣传工作得到加强，各级组织以不同形式宣传民革的优良传统，宣传民革工作和民革党员的先进事迹，有力地配合了思想建设。《团结报》、团结出版社、《团结》杂志和民革地方组织的报刊，坚持正确的政治方向和服务宗旨，坚持民革特色，适应统一战线和多党合作事业发展的需要，不断加强队伍建设，强化责任意识，提高工作水平，为多党合作事业服务、为民革工作服务、为构建社会主义和谐社会服务，发挥了参政党舆论阵地的重要作用。民革的报纸和刊物配合专项学习活动适时发表评论和理论文章，为推进思想建设作出了积极努力。

（二）组织建设突出重点，分步实施，整体推进。五年来，民革着力推进组织建设，形成了自己的特色。2002 年换届之后，民革中央领导班子认真研究新时期自身建设问题，确定了"思想建设常抓不懈，组织建设突出重点"的工作思路，即在本届中央委员会期间，组织建设每年抓一个专题，突出重点，分步实施，最终达到整体推进的目的。

从 2003 年开始，在每年第二季度的中央常委会上，由主席会议确定一个专题，通过交流经验、小组讨论，集中大家的意见达成共识，最后以中央常委会文件的形式下发各级组织贯彻执行。几年来全党先后重点抓了领导班子建设、基层组织建设、后备干部队伍建设和制度建设，由此推动了自身建设全面发展。

在全党同志的共同努力下，民革的组织建设取得显著成绩。各级领导班子做到了思想清醒、政治坚定、作风务实、团结协作，进一步提高了政治把握能力、参政议政能力、组织领导能力和合作共事能力；基层组织绝大多数充满生机和活力，很好地发挥了团结、联系、教育、管理党员的作用；后备干部队伍建设已见成效，在今年省、市级组织的换届中，一大批年富力强的同志走上了领导岗位；党员培训工作得到加强，五年来地市级以上组织共举办各种培训班 1000 余次，新党员基本上都接受了培训；组织发展工作按照"三个为主"的原则扎实推进，五年共发展新党员 20832 人，其中具大学及以上学历的占 66%，具中级及以上职称的占 61.2%，党员组成结构有了一定的改善。截至 2007 年 6 月底，民革党员总数达 82651 人，平均年龄为 53.2 岁。绝大多数省级组织建立了党员信息库和后备人才库，对党员实行动态管理。

今年民革省级组织全部完成换届。为搞好新一届领导班子建设，十届第二十次中常会以增强团结、促进民革党内和谐为主题进行了研究，对省级领导班子的自身建设提出新要求。

（三）加强制度建设和机关建设，工作效率和水平不断提高。制度建设是做好各项工作的保障。经过全党的努力，目前各级组织已基本建立起以《民革章程》为核心，以民主集中制为原则，涵盖各方面工作，能为民革履行参政党职能提供支持和保障的比较健全、规范的制度体系。主要有领导班子议事制度、中心学习组学习制度、参政议政工作制度、组织发展制度、基层组织学习和活动制度、机关日常工作制度、干部人事管理制度等。这些制度的建立，使各项工作做到有章可循、运转有序，工作效率和水平进一步提高。特别是在参政议政工作制度建设方面，各级组织根据实际情况建立了一系列可操作的制度，包括专门委员会工作制度，课题的征集、遴选、调研制度，调研成果的分析整理和调研报告的撰写与审批制度，调研报告被采用的奖励制度等。民革中央从2001年起就建立了全党参政议政成果汇报会制度，迄今已召开七次会议。这些制度，为民革做好参政议政工作，提高参政议政质量，提供了重要保障。2006年第二季度的中央常委会着重研究了制度建设问题，并以中常会名义下发了《关于进一步加强制度建设的意见》，对制度建设作出部署。

随着规章制度的不断完善，机关工作有了很大改进。民革各级机关按照《中华人民共和国公务员法》的要求，通过制度建设规范机关工作和加强干部管理；通过培训、轮岗、挂职锻炼等方式，提高机关干部的政治素质和业务能力。各级机关的政治意识、大局意识和服务意识进一步增强，工作效率进一步提高，为保证民革工作的运转和参政党职能的履行发挥了重要作用。

二、认真履行参政党职能，为全面建设小康社会积极贡献力量

中共十六大以来，中共中央大力推进社会主义民主政治建设，先后颁布两个5号文件，多党合作和政治协商进一步制度化、规范化、程序化，爱国统一战线呈现团结活泼的新局面。多党合作的发展，为民主党派履行职能创造了良好条件。五年来，民革围绕全面建设小康社会的目标发挥参政党作用，工作更加活跃和富有成效。

（一）积极参政议政，促进决策科学化、民主化。随着多党合作制度的进一步完善，中国共产党同民主党派的政治协商日益规范和深入。五年来，中共中央、国务院共召开各种协商会、座谈会、情况通报会、征求意见会近百次，民革中央领导人在这些会议上就党和国家的重大问题和重大决策发表意见，提出建议，认真履行参政议政、民主监督的职责。民革地方组织领导同志也在当地中共党委和政府举行的各种政治协商活动中，就地方经济建设和社会发展的重大问题进行协商，提出意见建议，为促进决策的科学化、民主化发挥作用。民革领导人在这些会议上提出的意见和建议，有不少得到了采纳。

民革全党担任各级人大代表、各级政府和司法部门领导职务、各级政协委员的党员共有10588人。这些同志以不同身份参加各级政权，参与国家和地方大政方针和领导人选的协商，参与国家和地方事务的管理，参与国家和地方方针政策、法律法规的制定和执行，发挥参政议政的作用，为发展社会主义民主政治贡献力量。

（二）围绕改革发展中的重大问题开展调查研究，踊跃建言献策。民革各级组织坚持把发展作为参政议政的第一要务，围绕经济建设这个中心和全面建设小康社会的目标，针对国家和地方经济社会发展中的重大问题，结合自身实际，发挥集体优势，经过深入调查研究，以调研报告和政协提案等方式，提出了大量意见和建议，发挥参政议政、民主监督的作用。据统计，2003年至2006年年底，民革各级组织在地市级以上政协会议提交集体提案10000余件，其中近2000件被各级政协评为优秀提案，受到领导同志批示和被列为重点督办的提案有2700余件。民革中央和地方组织提交的《关于振兴我国重大装备制造业的建议》、《关于统筹城乡发展、推进城乡一体化的建议》、《关于进一步做好农村饮用水工作的建议》、《重视环境保护，确保社会和谐》、《关于促进中小企业发展的几点建议》等调研报告和提案，受到政府部门的高度重视和评价，产生了良好的效果。

民革中央长期关注“三农”问题，开展了大量调查研究，提出一系列重要建议，形成民革参政议政的特点。其中关于深化农村综合改革、化解乡村债务、建设社会主义新农村等内容的调研报告，得到温家宝总理和其他中共中央领导同志的批示，为中共中央决策提供了重要参考。各地民革组织也结合当地经济社会发展中的某些重要问题长期跟踪调研，提出意见和建议，形成参政议政的重点领域。

（三）发挥民主监督作用，推进社会主义民主政治建设。多年来，民革在发挥民主监督作用方面进行了积极努力。在全国政协会议上，民革中央曾就如何更好地发挥人民政协的民主监督作用、调动民主党派履行民主监督职能的积极性等提出建议。民革领导人在参加政治协商会、征求意见会的过程中，民革各级组织在政协提案中，所提的一些意见和建议就包含有民主监督的内容。例如对一些重要文件内容提出修改意见，对一些法律法规和政策执行中的情况提出不同看法，对社会生活中一些不良现象提出批评等。民革组织和党员所反映的社情民意信息，有相当一部分具有民主监督的性质。目前，在各级司法和政府部门担任特约人员的民革党员有1309人，这些同志认真履行自己的职责，为促进这些部门依法办事和勤政廉政建设而努力工作，发挥民主监督的作用。

（四）反映社情民意工作取得新进展。民革各级组织坚持把反映社情民意作为履行参政党职能的一项基础性和经常性工作抓紧抓好，反映社情民意的意识普遍增强。许多地方组织坚持开展“一党员一建议，一支部一提案”活动，建立健全信息员网络，完善工作机制，加大工作力度，社情民意信息报送量不断增加，质量逐步提高。不少组织和党员所反映的信息得到中共和政府部门的重视和采纳。五年来民革地方组织和党员提供的信息，经由民革中央向全国政协报送了1690件。其中《关于推动我国公众参与生态环境保护的建议》、《建议尽快解决乡村债务问题》、《我国国民收入分配中存在的问题及对策》、《对完善我国公司监事会制度的几点建议》、《关于发展农村义务教育，保障教育公平的建议》、《加快税制改革步伐，支持企业自主创新发展》等信息，相继得到国家领导人的批示。民革反映的社情民意，在为中共党委和政府部门决策服务，协助做好理顺群众情绪、化解社会矛盾、维护社会稳定、促进社会和谐工作方面发挥了积极作用。

（五）社会服务工作更加深入扎实。五年来，民革各级组织坚持贯彻科学发展观，按照“发挥优势、突出重点、量力而行、注重实效、持之以恒”的原则，开展了卓有成效的社会服务工作。各级组织认真贯彻落实《民革中央关于进一步做好智力支边扶贫工作的意见》精神，智力支边扶贫的形式和内容不断丰富和深化，工作更加深入扎实。根据新形势的需要，民革中央在贵州省纳雍县的定点扶贫做到重心下移，进村入户，形成既对县域经济发展给予宏观支持，又选择示范村进行定点帮扶的新的工作方法。一方面协助县政府进行农业产业结构调整，增加农民收入；另一方面通过科技培训提高农民素质。五年来，民革中央共组织各方面专家100余人次，在纳雍县培训干部和农民达2891人次。许多地方民革组织参加了中央在纳雍的扶贫，做了大量工作，为加快纳雍县经济社会发展作出了贡献。民革甘肃省委会的“扶羊助学”工程、民革宁夏区委会的“中山 01 号”和“中山 02 号”科技扶贫开发项目、民革云南省委会的“农业科技讲习所”项目、民革广西区委会在百色地区的科技教育扶贫工作和民革山东省委会推广的“秸秆生物反应堆”技术，发挥了典型示范作用，推动了全党扶贫工作的开展。五年来，各级组织开展送科技、文化、医疗、法律下乡活动达2000余次，受到广大农民朋友的欢迎。由于在民族地区社会服务工作突出，2005 年，民革中央社会服务部和民革甘肃省委会被国务院授予“民族团结进步先进集体”称号。

各级组织积极引导民革企业家投身支边扶贫和光彩事业，组织广大党员捐款捐物用于扶贫济困、支持农村义务教育，五年中各级组织和广大党员捐赠数额达2.5亿元。各地民革党员充分利用在海内外联系广泛的优势，通过各种渠道协助当地政府招商引资，为地方经济建设和社会发展贡献力量。

民革各级组织和党员发挥人才优势积极兴教办学，为发展我国教育事业作出了贡献。截至2006年年底，民革组织和党员兴办各类学校260所，在校生32万人，累计结毕业人数300多万人。

民革各级组织为了发挥党员中书画家的作用，成立了各种书画组织。2006 年，民革中央画院在北京成立。这些书画院社通过开展书画活动为海内外文化交流和人民群众服务，同时弘扬中华优秀传统文化。

五年来，广大民革党员立足本职勤奋工作，为改革开放和社会主义现代化建设贡献智慧和力量。许多党员在自己的岗位上做出突出成绩，成为先进模范人物。

三、坚持以促进祖国和平统一为工作重点，为发展两岸关系、维护台海稳定作出新贡献

中共十六大以来，以胡锦涛同志为总书记的中共中央牢牢把握对台工作的主动权，遵循“和平统一、一国两制”方针和现阶段发展两岸关系、推进祖国和平统一进程的八项主张，提出坚持一个中国原则决不动摇，争取和平统一的努力决不放弃，贯彻寄希望于台湾人民的方针决不改变，反对“台独”分裂活动决不妥协的四点重要意见，进一步明确了对台工作指导原则。2006 年，胡锦涛总书记站在历史的新高度，又提出“和平发展理应成为两岸关系发展的主题，成为两岸同胞共同为之奋斗的目标”的重要主张，深化构建和平稳定发展的两岸关系重要主张的内涵，指明两岸关系发展的方向，遏制了“台独”分裂活动，促进了台海的和平稳定。

但是，台海的形势依然严峻，“台独”分裂势力顽固坚持其激进的“台独”路线，从“一边一国”、“终统”、“台湾正名”、“去中国化”到推动所谓“宪政改造”，进行“台湾法理独立”活动，把分裂活动推进到前所未有的程度。特别是陈水扁当局推动以台湾名义加入联合国的公投、以台湾名义申请加入联合国等“台独”分裂活动，这是当前台海和平稳定面临的最严重、最危险、最紧迫的问题。反对和遏制“台独”分裂活动是当前对台工作的首要任务。

五年来，民革全党深入学习和坚决贯彻中共中央对台工作大政方针，坚持以做好台湾人民工作为核心，以反“独”、遏“独”为首要任务，努力把握大局，发挥优势，积

极作为，不断开拓创新，使民革促进祖国和平统一的工作呈现出新的局面。

（一）适应形势发展需要，大力加强涉台思想宣传工作。各级组织把对台方针政策的学习列入重要议事日程，通过学习加深理解，提高认识；把促进祖国和平统一工作中的思想建设与台湾研究、涉台参政议政和对台交流、宣传等各项工作紧密结合起来，增强民革促进祖国和平统一工作的政治性、思想性，提高全体党员的政治素质，使民革促进祖国和平统一工作得到了更加全面的发展。经过努力，民革已建立起涉台宣传、台湾研究特邀撰稿人和台湾问题、国际问题专家学者三支队伍，构成了多侧面、广视角的涉台宣传和研究骨干力量；采取多种形式加强对台宣传，先后举办了“在全球化视野下的中国文化”学术研讨会和“光亮杯”海峡两岸心连心征文活动。2004 年与知名网站联合举办“纪念邓小平同志诞辰 100 周年——‘和平统一、一国两制’暨台湾知识大奖赛”，创下该网站一个月内 900 多万次的高点击率，取得较好效果。

（二）提高涉台参政议政水平，为发展两岸关系建言献策。做好涉台参政议政工作，是民革履行参政党职能的重要内容。几年来，在大量调查研究的基础上，民革中央向中共中央和国务院报送了《关于进一步做好台湾中间选民工作的建议》、《关于进一步做好台湾中南部民众工作的建议》、《关于充分发挥海峡西岸经济区对台前沿平台作用的建议》等报告，受到胡锦涛总书记等党和国家主要领导同志的高度重视，并作出重要批示。民革中央先后向全国政协提交的《关于设立“海峡两岸人民和平合作区”的建议》、《以“三个代表”重要思想为指导，切实加强海峡两岸青少年交流工作的建议》、《关于反制“法理台独”的几点意见和建议》等多件提案，被全国政协确定为重要提案。在涉台参政议政工作中，民革与高等院校科研机构合作，共同调研，努力探索民主党派参政议政的新路子。

（三）坚持以做台湾人民工作为重点，对台交流交往更加活跃。民革从自身特点和优势出发，在继续深入做好中国国民党等台湾有关政党工作的基础上，按照中共中央的总体部署，把工作向台湾县市议员、中南部民众及台湾青年等重点领域延伸，努力打造新的工作“精品”。2004 年夏季，民革中央组织北京大学台生中的一批博士、硕士研究生举办暑期研习营，取得了很好的效果。由此，民革中央将开展对台湾青年的工作作为一项重点来抓，先后组织了五批“台湾高校杰出青年参访团”来大陆参观访问，共接待台湾数十所高校的 300 余名学生来访。通过这项活动，使台湾青年学生加深了对祖国大陆的了解，增进了对祖国的感情和对中华文化的认同感。

民革各级组织和广大党员采取多种形式和渠道，在加强两岸经贸、科技、文化交流和海外联谊方面做了大量工作，取得显著成绩。近几年中，民革组织的出访团组百余个，接待台、港、澳及海外人士来访上万人次，其中重要的来访社团上百个，重要人士千余人。民革的海外联谊活动，已经从美国、日本拓展到亚、欧、南美的十余个国家，在海外结交大量新朋友，扩展了民革促进祖国和平统一工作的范围。在对台交流交往和海外联谊中，民革以中华中山文化交流协会为载体开展工作，大力弘扬孙中山先生的爱国主义精神和统一祖国、振兴中华的思想，突出民革特色，产生了良好效果。

（四）巩固传统优势，创新工作方法，深化工作内容。开展对中国国民党等有关政党的工作是民革的传统工作内容。随着形势的变化，民革与国民党中青年一代中的重要人士建立起广泛联系，帮助他们更多、更全面、更深入地了解祖国大陆，从而巩固和增强他们的中华民族意识，坚定他们反“台独”的信心和勇气。

民革做国民党等有关政党工作的另一个新举措，是以重要人士为纽带，开辟新的渠道和领域，形成了新的局面。2006 年以来，民革中央通过国民党知名人士的联系和组织，先后两次邀请台湾南部乡里长和基层民间社团负责人来祖国大陆参访，打开了开展对台湾中南部人民工作的一个重要窗口。民革还通过国民党籍民意代表，组织台湾新竹县议会议员和地方德高望重的实力派人士，以“台湾客家文化交流之旅参访团”名义来祖国大陆参访。这种集历史、文化、民俗、学术研讨和亲情恳谈于一体的参访活动，使来访的台胞深切感受到中华传统文化的丰富多彩和博大精深。

回顾五年的工作，有以下几个特点：一是在自身建设中重视抓基础性建设，通过思想建设、理论建设、基层组织建设、后备干部队伍建设和制度建设全面提升自身素质；二是在探索参政党建设和参政党工作规律方面作出积极努力并在探索各项工作规律的基础上，形成一系列民革特有的工作机制和制度；三是紧紧围绕关系人民群众切身利益的突出问题献计出力，坚持把“三农”问题和民生问题作为参政议政的重点领域，开展了大量调查研究，提出一批重要建议；四是在各项工作中注意突出民革特色，把继承和弘扬孙中山先生爱国、革命和不断进步的精神融于自身建设、思想宣传、参政议政和促进祖国和平统一工作之中，使民革的这一特色转化成为工作的优势；五是注意整合全党资源，依靠集体的力量，发挥优势，团结协作，共同推进民革工作。

五年来所取得的成绩，为民革今后的发展打下了坚实的基础。但是也要看到，我们的工作还有不少需要改善和提高的地方。面对新形势新任务，民革在加强自身建设和提高参政议政能力方面还需要加大力度；组织发展和后备干部培养工作还要从战略的高度予以重视和加强；思想建设和理论研究还需要进一步创新形式、深化内容、提高水平；如何加强党内监督、发扬好党内民主、健全党员诉求表达机制，还需要在实践中进行研究和探索；民革中央对地方组织工作的指导和帮助还需要进一步加强；民革机关工作中考核和激励机制还不够完善，需要建立健全科学的考核和竞争上岗制度，以调动机关干部的主动性和积极性，形成敬业奉献的良好风气，等等。这些问题都有待于在今后的工作中逐步加以解决。

总的来说，过去五年民革的工作有了很大进步。这是全党同志团结奋斗、共同努力的结果，也是中国共产党和社会各界关心、支持的结果。借此机会，我代表民革中央，向全体民革党员表示衷心的感谢！向中共各级党委、各级人大、各级政府、各级政协，向兄弟民主党派、有关单位和人士，表示衷心的感谢！

经验和体会

过去的五年，我国社会主义民主政治建设取得重大进展。中共中央两个 5 号文件的颁发和第 20 次全国统战工作会议的召开，标志着我国多党合作和统一战线事业进入新的发展阶段。各民主党派认真履行参政议政、民主监督职能，在国家政治和社会生活中发挥着越来越重要的作用。在为改革开放和现代化建设服务的过程中，民革对如何进一步发挥好参政党的作用有了更深刻的认识。回顾这几年的历程，我们体会最深的是：

一、必须坚持以邓小平理论和“三个代表”重要思想为指导，深入贯彻落实科学发展观，坚持中国共产党的领导，坚持中国共产党领导的多党合作和政治协商制度，坚定不移地走中国特色社会主义政治发展道路

坚持以邓小平理论和“三个代表”重要思想为指导，深入贯彻落实科学发展观，是中国特色社会主义理论体系的重要内容，是中国共产党领导改革开放和社会主义现代化建设的根本经验，是全国各族人民团结奋斗的共同思想基础，我们要始终坚持，毫不动摇；坚持中国共产党的领导，是我国政党关系和谐的根本保证，是坚持走中国特色社会主义政治发展道路的核心，是包括民革在内的各民主党派与中国共产党合作共事的政治基础；坚持和完善中国共产党领导的多党合作和政治协商制度，是建设社会主义政治文明的重要内容，是民主党派有序地政治参与、发挥作用的主要形式和制度保障。以上这些，是坚持走中国特色社会主义政治发展道路的必然要求，是民革在履行参政党职能、为社会主义现代化建设服务的过程中必须始终坚持的政治准则。

二、必须坚持以发展作为民革参政议政的第一要务，紧紧围绕经济建设这个中心，围绕改革开放、科学发展、和谐稳定的大局和关系民生的重大问题建言献策，为全面建设小康社会贡献力量

发展是中国共产党执政兴国的第一要务，也是各民主党派参政议政的第一要务。胡锦涛总书记曾经指出：“要坚持把发展作为多党合作和政治协商的根本任务。中国共产党、各民主党派和无党派人士都要坚持以经济建设为中心，同心同德地为实现社会主义物质文明、政治文明、精神文明协调发展和人的全面发展作贡献。”这既是中国共产党与各民主党派亲密合作、为共同的事业而奋斗的必然要求，也是民革发挥参政党作用，报效国家、服务人民的必由之路。

三、必须以与时俱进的精神状态，坚持不懈地抓自身建设，不断提高党员思想政治素质，增强组织活力和凝聚力，更好地承担起参政党的历史责任

围绕建设一个什么样的参政党和怎样建设参政党这一重大问题，不断推动民革的自身建设，积极探索参政党建设的规律，全面提高党员素质，提高领导班子成员的政治把握能力、参政议政能力、组织领导能力和合作共事能力，是民革一项长期的任务。通过自身建设，努力把民革建设成为适应新世纪新阶段多党合作发展要求、始终坚持走中国特色社会主义政治发展道路、具有完善的工作机制和制度的高素质参政党，才能保持民革进步性与广泛性相统一，担当重任，有所作为，在建设中国特色社会主义事业中作出应有的贡献。

四、必须在各项工作中注意突出民革特色，大力弘扬孙中山先生爱国、革命和不断进步的精神，充分发挥民革在台湾和海外联系广泛的优势，进一步做好凝聚力

量、促进祖国和平统一工作

继承和弘扬孙中山先生爱国、革命和不断进步的精神，是民革最基本、最显著的特色。坚持这一特色，有利于我们发挥优势、扩大工作面、履行好参政党的职能，也有利于我们保持进步性和广泛性相统一的特点，增强组织凝聚力，促进团结与和谐。以孙中山先生爱国、革命和不断进步的精神作为民革自身建设的重要内容和团结所有中华儿女的精神纽带，是民革的优良传统，也是我们在参政议政和促进祖国统一大业中能够发挥积极作用的一个优势。进一步加强孙中山思想的研究，弘扬孙中山的精神，对于民革组织的建设发展，对于加强民革与台湾同胞和海外侨胞的联系，做好促进祖国和平统一工作，团结海内外中华儿女共同致力于统一祖国、振兴中华的伟大事业，具有十分重要的现实意义。

今后五年的任务

不久前召开的中国共产党第十七次全国代表大会，是在我国改革发展关键阶段召开的一次十分重要的大会。胡锦涛总书记代表中共十六届中央委员会所作的报告，以马克思列宁主义、毛泽东思想、邓小平理论和“三个代表”重要思想为指导，深入贯彻落实科学发展观，深刻回答了中国共产党在改革发展关键阶段举什么旗、走什么路、以什么样的精神状态、朝着什么样的发展目标继续前进等重大问题，全面阐述了科学发展观的科学内涵、精神实质和根本要求，对继续推进改革开放和社会主义现代化建设、实现全面建设小康社会宏伟目标作出了全面部署，为我国的改革发展指明了前进的方向。胡锦涛总书记的报告，是中国共产党团结带领全国各族人民坚定不移走中国特色社会主义道路、在新的历史起点上继续发展中国特色社会主义的政治宣言和行动纲领，是马克思主义的纲领性文献。

中共十七大的胜利召开和取得的重大成果，对于进一步统一思想、凝聚力量，更好地动员和团结全国各族人民高举中国特色社会主义伟大旗帜，深入贯彻落实科学发展观，奋力开创中国特色社会主义事业新局面，具有重要的现实意义和深远的历史意义。

认真学习贯彻中共十七大精神，为实现十七大确定的奋斗目标和工作任务贡献力量，是民革当前和今后一个时期的首要政治任务。学习贯彻中共十七大精神，首先要认真研读十七大文件，深刻领会十七大的主题、历史地位和时代意义，深刻领会中国特色社会主义道路和中国特色社会主义理论体系，深刻领会科学发展观的科学内涵、精神实质和根本要求，深刻领会实现全面建设小康社会奋斗目标的新要求和社会主义经济建设、政治建设、文化建设、社会建设的重大部署。通过学习，把民革全党的思想和行动统一到中共十七大精神上来，把智慧和力量凝聚到夺取全面建设小康社会新胜利伟大事业上来，扎实做好各方面工作，为贯彻落实中共十七大精神积极贡献力量。

做好民革今后工作的指导思想是：坚定不移地高举中国特色社会主义伟大旗帜，坚持以邓小平理论和“三个代表”重要思想为指导，深入贯彻落实科学发展观，按照中共十七大的部署，继续解放思想，坚持改革开放，推动科学发展，促进社会和谐，积极履行参政党职能，为全面建设小康社会贡献力量。要坚持走中国特色社会主义政治发展道路，以政治交接为主线，积极探索加强参政党建设和履行参政党职能的规律，为把民革建设成为适应时代发展要求的高素质参政党而努力奋斗。

按照这一指导思想，我们对今后五年工作提出以下建议。

第一，加强参政议政、民主监督能力建设，提高工作水平，为实现中共十七大确定的目标和任务献计出力。

完成中共十七大提出的各项任务，是中国共产党和各民主党派的共同责任。民革各级组织和广大党员，要以更加饱满的政治热情和奋发有为的精神状态，投身到为全面建设小康社会服务、加快推进社会主义现代化的实践中去，努力工作，多作贡献。

胡锦涛总书记在2007年党外人士迎春座谈会上指出，希望各民主党派、工商联和无党派人士紧紧围绕党和国家工作大局，积极履行参政议政、民主监督职能，紧密团结广大成员和所联系的群众，不断提高建言献策水平，致力于促进科学发展，致力于加强中国共产党领导的多党合作，致力于推动社会主义核心价值体系建设，致力于维护和促进社会和谐，为全面建设小康社会、加快构建社会主义和谐社会贡献智慧和力量。我们要按照胡锦涛总书记的要求，坚持以发展作为参政议政的第一要务，把科学发展观贯穿于履行职能的各个环节，紧紧围绕中共十七大提出的目标和任务，结合民革的实际和特点，选择有利于促进改革开放、科学发展、社会和谐的重大课题和涉及广大人民群众切身利益的重要问题，经过深入调查研究，向中共党委和政府提出切实可行的意见建议。要切实加强参政议政、民主监督能力建设，不断完善和创新参政议政工作机制，依靠集体的力量，整合各方面资源，进一步提高参政议政、民主监督的水平，开创民革工作的新局面。要加强反映社情民意工作，及时准确反映来自党员和所联系群众合理的意见、建议和要求，积极配合中共党委和政府部门做好协调关系、理顺情绪、化解矛盾和维护社会和谐稳定的工作。

发挥民革的人才和智力优势，开展智力支边扶贫、义务咨询、兴教办学、送科技文化医疗法律下乡等活动，是民革为经济社会发展作贡献的重要形式，也是民革参政议政工作的拓展和延伸。今后五年，民革的社会服务工作要在巩固现有成绩的基础上，进一步深化服务内容，提高服务质量，积极探索新的服务领域和服务方式；要坚持以人为本，更加关注民生，关注弱势群体，为促进社会和谐多做实事；要把社会服务工作与参政议政工作结合起来，通过社会服务的实践，认真总结经验，针对某些普遍性、代表性的问题，经过分析研究，提出政策性建议。

第二，牢牢把握两岸关系和平发展的主题，进一步做好促进祖国和平统一工作。

中共十七大报告对祖国统一问题作了深刻阐述，提出了今后一个时期对台工作的指导思想和总体要求，是指导今后对台工作的纲领性文件。促进祖国和平统一是民革工作的重点。面对台湾局势的复杂变化和“台独”分裂势力的猖狂活动，我们要进一步增强责任感和紧迫感，加大对台工作力度，把促进祖国和平统一工作提高到一个新的水平。要坚决贯彻中共十七大确定的对台工作大政方针，坚持“和平统一、一国两制”的基本方针和现阶段发展两岸关系、推进祖国和平统一进程的八项主张，坚持一个中国原则决不动摇，争取和平统一的努力决不放弃，贯彻寄希望于台湾人民的方针决不改变，反对“台独”分裂活动决不妥协，牢牢把握两岸关系和平发展的主题，按照

“真诚为两岸同胞谋福祉、为台海地区谋和平”的要求，大力发展两岸关系，扩大和深化两岸人员往来和经济文化的交流与合作，支持海峡西岸经济发展，推动两岸直接“三通”。在巩固老关系的基础上，广泛结交新朋友，开辟新渠道，创新工作方式，深入做好台湾人民的工作。继续加强海外联谊，巩固和扩大与海外侨胞的联系，团结一切可以团结的力量，共同反对和遏制“台独”分裂势力及其活动，推动两岸关系朝着和平稳定方向发展。要进一步提高台情研究水平，关注岛内政局变化和民意舆情，加大对台宣传的力度，做好涉台参政议政工作，为促进祖国和平统一献计出力。

第三，坚持以政治交接为主线，为把民革建设成为高素质参政党而不懈努力。

提高民革自身素质，是多党合作事业发展的需要，也是民革更好地履行参政党职能的需要。民革全党要按照中共中央关于坚持和完善中国共产党领导的多党合作和政治协商制度一系列重要文件精神的要求，切实加强自身建设，努力把民革建设成为坚定不移走中国特色社会主义政治发展道路、始终保持优良传统、适应时代发展要求、能够很好地发挥参政议政、民主监督作用的高素质参政党。

加强民革自身建设，要以思想建设为核心。通过加强政治理论学习和思想教育，建设学习型参政党，促进社会主义核心价值体系建设，不断提高党员的政治素质和思想道德素质，使全体党员牢固树立中国特色社会主义的共同理想和坚定信念，牢固树立社会主义荣辱观，立足本职建功立业，为中国特色社会主义事业多作贡献。要在广大干部和党员中深入开展“坚持走中国特色社会主义政治发展道路，搞好政治交接”教育活动，使民革与中国共产党长期亲密合作、自觉接受中国共产党领导、坚持走中国特色社会主义道路的优良传统能够传承下去，使孙中山先生爱国、革命和不断进步的精神能够在新的历史条件下继续发扬光大。要继续抓好参政党建设的理论研究，结合民革自身特点，积极探索参政党建设的规律和有效途径，为推进多党合作事业的发展而勇于实践和创新。

加强民革自身建设，要以组织建设为基础。要按照《民革章程》的规定，切实做好组织发展工作，坚持“三个为主”的原则，着重发展政治素质好、参政议政能力强、有代表性的人士。领导班子建设要按照《各民主党派中央关于加强地方组织领导班子建设座谈会纪要》的要求，在搞好政治交接、加强班子思想建设的基础上，着重于提高领导班子成员的政治把握能力、参政议政能力、组织领导能力和合作共事能力；要认真贯彻民主集中制，实行集体领导和分工负责制，建立健全会议制度和内部监督机制，做促进党内和谐、发扬党内民主的模范，形成团结民主、求真务实、廉洁自律的良好作风。后备干部队伍建设是关系到民革事业和我国多党合作制度长远发展的战略性任务，各级领导班子要充分认识其重要性和紧迫性，认真贯彻落实《民革中央关于加强后备干部队伍建设的意见》，建立健全后备干部的选拔、培养、使用、管理机制，通过教育培训、轮岗交流、挂职锻炼等途径，加强对干部的培养，使优秀干部能够脱颖而出。要高度重视基层组织建设，做到常抓不懈。上级组织要关心和指导基层组织的工作，帮助解决和反映工作中的困难与问题。

加强民革自身建设，要以制度建设为保障。要进一步落实2006年民革中央常委会提出的《民革中央关于进一步加强制度建设的意见》，以《民革章程》为依据，促进制度的系统化，坚持以人为本，加强领导和决策制度、组织发展制度、日常党务运行制度、选举制度和党内监督制度的建设，进一步完善思想政治工作机制、发扬党内民主的机制、参政议政工作机制、后备干部队伍建设机制和其他工作机制。要把贯彻实施《中华人民共和国公务员法》与制度建设和机关建设结合起来，加强对机关工作的管理，完善相关制度，使机关工作进一步制度化、规范化、程序化，把民革各级机关建设成为和谐、务实、高效、敬业的工作机构。

同志们，我们正站在一个新的历史起点上，向着全面建设小康社会、构建社会主义和谐社会的宏伟目标前进。形势鼓舞人心，催人奋进。全党同志一定要高举中国特色社会主义伟大旗帜，继承和发扬民革的优良传统，坚定信念，振奋精神，紧密团结在以胡锦涛同志为总书记的中共中央周围，沿着中共十七大指引的方向，齐心协力，开拓进取，扎实工作，为加快推进社会主义现代化、实现祖国完全统一和中华民族的伟大复兴而努力奋斗！

中国民主同盟第十次全国代表大会报告

坚持走中国特色社会主义政治发展道路
为全面建设小康社会作出新贡献

——在中国民主同盟第十次全国代表大会上的报告

（2007 年 11 月 29 日）

蒋树声

各位代表、各位同志：

我受中国民主同盟第九届中央委员会的委托，向大会作报告，请予审议。

中国民主同盟第十次全国代表大会，是在中国特色社会主义建设新的历史起点上召开的一次重要会议。大会的主题是：高举中国特色社会主义伟大旗帜，以邓小平理论、“三个代表”重要思想为指导，贯彻落实科学发展观，学习领会中国共产党第十七次全国代表大会精神，动员全盟团结进取、求真务实，坚定不移地走中国特色社会主义政治发展道路，为多党合作事业和全面建设小康社会作出新贡献。

过去的五年，是中国特色社会主义事业在实践和理论两个方面均取得伟大成就的五年，是改革开放和全面建设小康社会取得重大进展的五年，是多党合作历史上的最好时期之一。同时，也是民盟开创工作新局面的五年，是民盟为国家做出更多贡献的五年，是民盟事业历史上的最好时期之一。

具有重大历史意义的中国共产党第十七次全国代表大会鲜明地提出：中国特色社会主义伟大旗帜，是当代中国发展进步的旗帜，是全国各族人民团结奋斗的旗帜。对此，我们完全拥护。中国民主同盟将保持和发扬优良传统，更出色地履行职能，励精图治、奋力前行，努力完成伟大时代赋予我们的崇高使命。

五年工作回顾

中国民主同盟第九次全国代表大会以来，全盟高举社会主义、爱国主义旗帜，认真学习邓小平理论、“三个代表”重要思想和科学发展观，按照《中共中央关于进一步加强中国共产党领导的多党合作和政治协商制度建设的意见》、《中共中央关于加强人民政协工作的意见》（以下简称“两个 5 号文件”）精神，坚持走中国特色社会主义政治发展道路，切实加强参政能力建设，民盟工作在继承中创新，在创新中发展，参政议政、民主监督、社会服务和自身建设均取得显著成绩。

一、认真履行参政议政、民主监督职能，在国家政治生活中积极发挥作用

全盟认真贯彻落实中共十六大精神，为推进发展和改革开放，为落实科学发展观，积极履行参政议政、民主监督职能，“出主意，想办法”，体现了民盟“立盟为公，参政为民”的政治信念，体现了多党合作事业中民盟的自身价值和政党作为。

——着力在重大方针政策和重要事务的政治协商中有所作为。盟中央领导七十余次参加中共中央、国务院和有关部门举行的协商会、座谈会和情况通报会，其中约半数是与总书记、总理的高层政治协商和座谈，先后对政府工作报告、“十一五”规划、宪法及重要法律、两个5号文件、中共十七大报告等文件的修改发表意见；就执政党建设、反腐倡廉、政府职能转变、教育、“三农”、收入分配、自主创新、生态环境和资源、公共医疗卫生、社会事业、文化事业、经济和金融政策、外交工作等重大问题，提出建议和意见。盟的地方组织负责人通过与当地中共党委、政府的协商活动，就经济和社会发展重要问题发表意见，提出建议。这些积极作为是我们在国家政治生活中履行参政议政、民主监督职能的具体表现，促进了执政党和政府决策的科学化、民主化。

我们特别注意选择具有全局和战略意义的课题，调查研究；针对发展建设和改革开放的重大事项、决策和问题，参政议政。盟中央关于把发展生物技术产业作为国家战略的建议被中央采纳，国务院为此成立了领导机构；关于发展海洋事业的建议，中共中央和国务院主要领导同志高度重视，持续关注，责成有关部门研究落实；这两项建议内容均已纳入国家发展战略规划。关于振兴东北老工业基地、三峡库区移民和发展后续产业的建议，已进入政府决策。参与主办“中国粮食安全高层论坛”，会后将论坛成果向中央政府建言并被采纳，使“农业科技入户示范工程”得以大力推进。关于青海湖流域生态保护与治理的建议，促进国家投入资金15亿多元。关于四川若尔盖湿地保护的建议，使该湿地保护得到专项经费和政策支持。民盟在全国政协大会上所做大会发言《确立合理公平的收入分配原则，构建和谐社会》，引起社会的广泛关注和有关方面的高度重视。

盟中央领导参加重要国务外事活动，多次接待台港澳及海外人士，宣传多党合作制度和“一国两制”方针。我们联合南京大学、北京大学和台湾大学，连续三年举办海峡两岸暨港澳地区大学校长联谊活动。今年的联谊活动在台湾举办得非常成功，台湾主要大学校长几乎全部参加。联谊活动对促进交流、加深了解、扩大共识、增进友谊和加强合作取得了非常好的效果，使两岸四地高教界共同体验到和谐共荣是中华大家庭的历史选择。

广大盟员也积极在国家政治生活中发挥作用。目前，民盟成员担任各级人大代表和政协委员16440名，其中全国人大代表85名，全国政协委员139名，他们以高度的政治使命感，认真履行职责。现有740名盟员担任各级政府和司法部门的领导职务，243名盟员担任中央和省级特约监察员、检察员、审计员、教育督导员等。担任政府领导职务的同志牢固树立公仆意识，勤政廉洁，以严谨、务实和创新精神做好各项工作；盟员中各级人大代表、担任特约工作的同志以及盟内法律工作者，认真参与立法工作、执法检查、行风评议和民主监督，积极反映社情民意，为促进党风廉政建设和社会主义民主法制建设作出了应有的贡献。

——突出界别特色，充分发挥优势。教育是我们的主要界别之一和人才优势所在。多年来，民盟持之以恒地关注我国教育事业的发展，深入调查研究，重点建言献策。盟中央这五年的重点调研以教育问题为主，就“完善现代国民教育体系”的调研课题，分列农村义务教育保障、农村劳动力转移培训、职业技术教育、义务教育资源配置、高等教育的改革与创新、高校贷款问题等一系列子课题，坚持逐年推进，形成意见建议、调研报告和政协会议发言、提案。十届全国政协的每一次大会，民盟都要针对教育的重大问题作大会发言、提出提案，《合理配置义务教育资源，促进义务教育均衡发展》、《有教无类，为了一切孩子》、《遵循高教规律，培养创新人才》等建议，引起较大的社会反响。民盟的高等教育研讨会和基础教育研讨会在连续举办20余年的基础上，进一步创新机制，为全盟在教育领域建言献策提供了有力支持。

近几年，对于义务教育经费保障机制和贫困人群受教育权益保障问题，我们高度关注，不断呼吁出台相关政策和法律、推动加快实施相关措施，对启动实施农村义务教育经费保障新机制、建立健全家庭经济困难学生资助政策体系等，起到了推动作用。

——发扬关注民生的传统，体现社会责任。为提高我国应对自然灾害和突发事件的能力，早在2003年3月，我们就在全国政协大会上提出加强我国城市灾害应急管理能力的建议；“非典”爆发后，又提出了关于降低“非典”对我国经济影响的政策建议；并从当年开始，连续五年举办“灾害与社会管理”专家论坛，今年的论坛与国际减灾大会同时举行，受到有关部门和社会各界广泛关注。受国务院应急办委托，民盟在哈尔滨开展的突发事件应急体制基层建设试点取得阶段性成果。在深入、扎实调研的基础上，盟中央提出的中部崛起、建立黑龙江垦区农业现代化综合试验区和利用“两江一湖”地区水资源建设粮食生产基地、退耕还林后续政策、解决高校贷款问题等几十项建议，得到中共中央、国务院领导同志的重要批示。

在十届全国政协大会期间，盟中央共作大会发言5次，提交书面发言26篇、提案110件。民盟组委员提交大会发言和书面发言262篇、提案逾千件。每年都有民盟的提案参加政协大会期间的现场办案会。各地盟组织充分利用人大、政协平台建言献策，就教育、区域经济、循环经济、发展信息产业、耕地保护与“三农”问题、人文奥运、促进就业、南水北调、生态环境保护、人才培养、城市文化等提出建议，受到当地党委和政府的重视，为促进地方经济的科学发展与和谐社会建设发挥了积极作用。

——完善机制，创新形式，发挥全盟参与的整体优势。全盟整合参政议政资源，不断完善联动机制和激励机制。盟中央自2005年开始以资助和委托方式与省级盟组织、专门委员会合作调研，各省级组织和5个专门委员会承担调研课题55个，较好地完成了调研任务。全盟在原有的工作基础上，不断丰富参政议政的形式和载体，许多省市组织开展各类协作、合作，联手举办“中部崛起论坛”、“东北生态经济区”的建设与发展等多种研讨、调研活动。民盟的高等教育、基础教育、海洋事业发展、灾害与社会管理、生物技术产业等研讨会与论坛，已成为有特色、有成果、有知名度的参政议政品牌。这些工作的成果，为盟中央和地方组织向各级政府就经济建设和社会发展提出政策建议、在政协会议上提出提案，奠定了坚实的基础。

为更充分地反映社情民意，全盟不断完善信息工作机制，形成了信息来源保障体系，各级组织和广大盟员广泛参与，很多地方盟组织和盟中央专委会信息报送工作成绩显著，相关部门工作人员认真筛选整理。全盟向盟中央报送的信息由2003年的210件，增加到今年的2500件以上，盟中央自2004年起已连续三年获得全国政协反映社情民意信息工作一等奖。

二、积极探索，深入实践，不断拓展为经济社会服务的新领域

民盟九大以来，盟中央重视社会服务在民盟全局工作中的作用，全盟各级组织适应新形势的要求，发扬“做好事，做实事”的传统，创新思路，积极探索，不断拓展为经济社会服务的新领域和新形式。

——积极参与新农村建设。盟的支边扶贫工作从过去以帮助贫困地区群众脱贫为主，转入社会主义新农村建设的轨道。盟中央和地方组织继续推进定点扶贫开发。在贵州毕节推广科技示范项目，并开始新农村建设的试点工作；稳步推进在河北广宗、广西那坡扶贫开发项目的实施；连续三任的盟中央主要领导赴甘肃定西进行扶贫考察，帮助争取到国家农业综合开发等重大项目和资金。民盟与清华大学合作，在15个国家级贫困县建立远程教育农村干部培训点。盟的地方组织积极开展社会主义新农村的试点帮扶工作，“三下乡”活动形式更加丰富多彩。“盟遂合作”开展20余年，已成为新时期民主党派服务地方经济建设、社会发展的范例。民盟协调资金复建的四川遂宁黑龙凼水库已投入使用，有效解决了当地5万多农民的生产生活用水问题。

民盟组织积极帮助农村中小学改善办学条件，提高教育质量。据不完全统计，五年来，盟组织共协调引资1700多万元，先后新建、改建农村学校近50所。民盟十省（区、市）组织长期坚持“东西互助、联手扶贫”，开展“一帮一”助学活动。针对农村教育的新形势，盟中央及时将农村教育扶贫的重点转移到提高农村教师的业务素质和教学水平上来，今年全盟启动了农村教育烛光行动，探索扩大和持续开展农村教师培训的有效途径和长效机制。在各级盟组织的积极推动和广大盟员的热情参与下，烛光行动迅速展开，目前已覆盖全国17个省（区、市），培训农村中小学一线教师近万人次。

——探索社会服务工作的新领域、新机制。为促进社会和谐，盟中央总结和逐步推广重庆等地配合有关部门开展对失足人员帮教工作的经验。已有15个省（区、市）的省级和市级盟组织稳步开展帮教工作。帮教内容不断深入，形式渐趋多样，工作逐步规范，政治和社会效益日益显现。民盟的帮教工作得到了政府有关部门和社会的普遍欢迎、重视和支持，产生了积极的社会影响。有的地方盟组织还被当地司法机关评为帮教工作先进单位。

部分地方盟组织积极开展城市社区社会服务工作，为探索民盟在和谐社区建设中发挥作用提供了有益经验。盟中央和各地盟组织热情支持盟员依法办学，提高质量；鼓励和帮助盟员创办的学校设立奖教奖学基金、开展信贷助学和免费职业教育，积极回报社会。盟中央响应号召，开始了与西藏大学的合作，并提供了多方面的帮助。

部分地方盟组织联合建设“中国民主同盟北方生态园”，探索改善生态环境与富民工程相结合的新路。盟中央与中央文明办等八部委共同主办“戒除网瘾全国行‘十百千万工程’”，盟内教育专家参与了相关的多项活动。盟中央和地方组织以举办画展、组织艺术团队等形式，参与文化建设。

盟中央邀请台湾企业界人士到大陆考察投资环境，参加第二届“民盟民营经济论坛”。部分盟组织利用毗邻台港澳、与海外侨胞联系广泛的区位优势，积极开展对台工

作专题调研和联谊活动，促进两岸经济、文化和学术交流。

——立足本职，建功立业。工作在各条战线上的广大盟员，恪尽职守，兢兢业业，做出了突出成绩。很多盟员在各自工作领域成绩卓著，获得了国内外各种奖励。如丁仲礼等5人增补为中国科学院、工程院院士，毛炯辉等120人荣获全国劳动模范、优秀教师、优秀教育工作者、高校名师、师德标兵等称号，郑兰荪等82人获国家自然科学奖、国家科技进步奖、何梁何利基金奖等奖项，民盟清华大学委员会等15个集体和王铁成等50位个人被评为全国各民主党派、工商联、无党派人士为全面建设小康社会作贡献先进集体、先进个人，张平等人获国家“五个一工程”奖、鲁迅文学奖等，崔太平等人被国家五部委评为优秀中国特色社会主义事业建设者，还有很多盟员荣获了国际国内的奖励和荣誉。广大盟员以自己的勤奋工作，树立了民盟组织的良好形象，为盟组织赢得了荣誉。

三、全面加强自身建设，适应时代发展对参政党的更高要求

全盟适应时代发展和形势要求，实施“人才强盟”战略，扎实推进思想、组织、制度建设，以提高参政能力为中心，以更好地履行参政职能为目标，不断加强盟的自身建设。

——重视理论学习，坚持正确的政治方向。深入学习贯彻中共十六大和十七大、两个5号文件、全国统战工作会议精神和中共中央重大方针政策，以马克思主义中国化的最新理论成果武装全盟，加强多党合作理论学习，积极探索参政党自身建设的规律。盟中央领导参加中共中央组织部、统战部和中央党校举办的学习“三个代表”重要思想、统一战线与多党合作等专题研讨班，在媒体发表学习体会文章。省级组织负责人和工作骨干积极参加统战部、中央社院和民盟中央举办的各类学习进修班、理论研讨班，5年来共培训干部1100余人次。

盟中央印发了学习实践“三个代表”重要思想和盟章学习宣传纲要，召开了多党合作理论研讨会。建立特约研究员网络和课题招标制度，开展多党合作制度规范化、制度化课题调研，形成了一批理论研究成果。部分地方盟组织成立了统一战线理论研究会，培养参政党理论研究工作者，为巩固多党合作事业的思想政治基础发挥了积极作用。

——创新思想建设工作方式，提高盟的凝聚力。为传承民盟老一辈长期与中国共产党团结合作形成的政治理念、历史文化传统和高尚道德风范，盟中央举办了费孝通教授学术思想座谈会，抗战胜利60周年纪念活动，纪念李公朴、闻一多烈士殉难60周年座谈会等。盟中央与部分省级组织联合开展了思想建设调研，了解新一代盟员的思想特点。结合换届工作，全盟开展了以坚持走中国特色社会主义政治发展道路为主题的政治交接学习教育活动。盟中央推广广西区委的经验，召开试点工作会议，编发学习辅导材料和盟史资料，各级盟组织在盟讯和网站开设专栏，编辑简报，及时报道活动进展情况。全盟正在蓬勃开展的学习教育活动内容丰富、形式多样，活动的深入推进为盟的建设带来了活力。

盟中央和省级组织发出向优秀盟员代表曾呈奎、侯祥麟学习的号召，在广大盟员中

产生了热烈反响。在抗击“非典”的关键时期，编辑抗击“非典”快讯，凝聚人心，鼓舞士气。盟中央和地方组织建成中国民主同盟成立纪念碑，参与全国统战传统教育基地建设。全盟注重文史资料的搜集整理和利用，撰写民盟人物传记及地方盟史，协助有关单位拍摄文献纪录片。盟中央编辑画册等对外宣传品，很多地方组织以各种形式开展盟务和盟员事迹宣传。群言出版社出版了民盟历史人物丛书、民盟历史文献丛书。《中央盟讯》、《群言》杂志、群言出版社及地方盟组织的报刊坚持正确的舆论导向和出版方向，不断提高质量。盟中央和三分之二以上省级组织开通了网站，成为扩大对内对外宣传的新平台。

全盟加强与新闻媒体的联系。五年来，主流媒体有关民盟的报道数量有较大增长。“灾害与社会管理”专家论坛、青海湖考察、盟遂合作庆典、甘肃定西扶贫活动等，《人民日报》等做了专题或专版报道。盟中央和地方组织领导利用媒体采访、网络对话、讲座报告等形式，进行执政党治国理政方略、国家政策和盟务工作的宣传，增进了公众对中国特色政党制度的了解，树立了新时期参政党良好的社会形象。

——以“人才强盟”战略带动组织建设。民盟九届四次中常会提出实施“人才强盟”战略以来，各级盟组织从多党合作事业可持续发展的战略高度，加大了后备干部队伍建设的工作力度，强化了对从政干部和盟务骨干的培训；加强了对高层次代表性人士的发展工作。经过几年努力，全盟干部队伍建设和人才工作取得了阶段性的成果，人才结构、质量数量基本上满足了政治安排、实职推荐和参政议政的需要。在全盟基层组织建设调研的基础上，盟中央召开首次基层组织建设经验交流暨表彰大会，总结推广各地开展基层工作的经验，制定下发《民盟中央关于加强基层组织建设的意见》，为盟的基层组织建设指明了方向。

盟的组织发展健康有序。截至 2007 年 6 月，全国共有盟员 184428 人，省级组织 30 个，市级组织 309 个，县级组织 98 个，基层组织 7290 个。盟员总数年平均净增率为 3.6%。盟的地方组织按照组织发展三年规划和年度计划，坚持组织发展的基本方针，严格标准，注重质量，以重点界别为主，适当拓宽领域，认真做好组织发展工作。一大批政治素质好、知识层次高、有代表性的中青年同志加入民盟，为盟组织增添了活力。盟员信息管理系统三期软件投入使用，初步实现了盟员信息网上实时共享。

——制度建设和机关建设取得新进展。各级盟组织建立、完善各项制度，促进民主集中制的贯彻落实，推动参政党工作的制度化、规范化、程序化。盟中央陆续出台了关于后备干部队伍建设、组织发展、基层工作、省级委员会领导班子制度建设等一系列文件，加强了对各地组织工作的宏观指导和制度规范。盟中央重视、支持地方盟组织加强横向联系。区域性盟务工作会议定期召开，部分城市召开盟务工作联席会议，促进了各地盟组织间的交流合作，进一步提高了盟务工作水平。为加强机关建设，盟中央和地方组织巩固机构改革的成果，建立健全各项规章制度，强化服务意识，开展公务员法学习活动，着力提高专职干部的业务素质和水平，努力营造讲大局、树新风、团结奉献、勤奋敬业的良好环境与和谐氛围。全盟机关建设工作会议促进了机关工作的制度化、规范化和作风建设。各级盟组织的办公条件和环境得到改善，办公自动化工作步伐加快。

——省级盟组织顺利换届。2007 年 7 月底前，民盟 30 个省级组织换届改选圆满完成。这是一次成功的换届，各地代表大会组织严密、程序规范、会风和谐，政治交接贯穿在换届工作的始终，全面展现了新时期参政党的精神风貌。换届后，一大批年富力强、德才兼备的同志走上省级组织领导岗位，30 位主委的平均年龄比上一届下降 6.3 岁，省级组织领导班子和领导机构成员年龄结构和知识结构进一步优化，政治素质普遍较高，具有较强的代表性，巩固和发展了民盟九大以来政治交接的成果，使今后五年工作有了良好的开端。30 个省级组织的顺利换届，更为盟中央的换届奠定了坚实的组织基础。

各位代表，各位同志：在充分肯定成绩的同时，也要看到我们的工作与时代要求、盟员期待之间还存在着差距，我们还面临着新的困难和挑战。例如：履行职能所需要的人才和工作骨干队伍还不能完全适应形势和任务的需要；代表性人士和后备干部队伍建设尚待加强；社会服务工作发展不平衡；思想建设还需要进一步丰富内容、形式和载体；参政党理论研究力量需要加强；机关建设还需要更加全面地完善制度和改进作风。对这些问题，我们必须充分重视，分析研究，努力解决。

回顾过去的五年，广大盟员政治信念更坚定，组织发展更健康，机关工作更有序，盟务工作更富活力，履行职能更具实效，为今后作出新贡献奠定了基础。

五年来的可喜成绩，是在中共中央正确领导和社会各方面关心、帮助与支持下，全盟各级组织和全体盟员团结一致、开拓进取、努力奋斗的结果，其中，也包含着多年以来从事盟务工作的老同志的心血和奉献。在此，我代表民盟中央，向中共中央和中央统战部，向全国人大、国务院、全国政协，向兄弟民主党派中央和全国工商联，表示崇高的敬意和衷心的感谢！向盟的各级组织和广大盟员，表示衷心的感谢和亲切的慰问！向民盟前辈和即将离开盟务工作岗位的同志们，表示由衷的感谢和崇高的敬意！

五年的基本经验

过去的五年，中国特色社会主义伟大事业开创了新局面。中共十六大以来，执政党对于坚持科学发展、构建和谐社会的理论创新和自觉实践，对参政党工作具有重大指导意义。五年来，中国特色社会主义政治发展道路不断推进，多党合作实践的制度化、规范化和程序化进程取得明显进展，我们的参政能力在履行职能的过程中不断提高。认真回顾五年工作，基本经验如下：

一、更好地履行参政党职能，必须坚持正确的政治方向

中国特色社会主义是当代中国发展进步的伟大旗帜。在中国共产党领导下致力于中国特色社会主义建设，是我们坚定的政治方向。在这面旗帜指引下实现中华民族伟大复兴，是中国人民长期以来的追求，是执政党不懈奋斗的目标，也是民盟孜孜以求的理想。

在长期的革命和建设实践中，中国共产党和各民主党派共同开创了中国特色社会主义政治发展道路。中国共产党领导的多党合作和政治协商制度，形成并发展于我国革命、建设和改革实践的长期过程，具有历史必然性、中国独创性和巨大优越性，是建

设中国特色社会主义的强大制度保障。在这一制度中，参政党履行职能、积极作为具有广阔空间。

坚持正确的政治方向，要求思想建设常抓不懈。五年来，全盟思想建设稳步推进，广大盟员对民盟政治方向的认同感不断增强，对中国特色社会主义政治发展道路的理解不断加深。我们加强与执政党的协商、与政府的合作，积极履行参政议政、民主监督职能。在统一战线事业中，主动引导全盟同志积极作为，在发展的辉煌成就中体会我国政党制度的优越性，在参政的丰富实践中体验参政党的重要地位。这样的思想建设源于实践，根基深厚，深入人心，富有实效。在政治道路和政党制度问题上，民盟老一辈自觉的历史选择已成为新一代盟员自觉的现实选择，成为新老交替、政治交接过程中的普遍精神认同，成为民盟始终坚持正确政治方向的思想保障。

二、更好地履行参政党职能，必须加强参政能力建设

在“共产党领导、多党派合作，共产党执政、多党派参政”的多党合作格局中，共产党执政能力的不断提高，对参政党的参政能力提出了更高要求。着力提高我们的政治把握能力、参政议政能力、组织领导能力、合作共事能力，是民盟事业发展的内在要求。

参政能力基于共识，源于队伍，寓于人才，立于机制。五年来实施“人才强盟”战略，加强队伍建设，全面带动了我们的参政能力建设，成为全盟加强自身建设的重要实践。我们认真领会科学发展观的内涵和要求，提高认识能力，研究新形势，把握新趋势，以民生利益、科学发展、社会和谐作为履行职能新的着眼点和着力点，形成民盟重点关注的领域。同时，我们坚持围绕中心，服务大局，找准国家发展、群众意愿与民盟特色、自身优势的结合点，发挥参政党智力密集、视角客观、氛围宽松、渠道畅通的优势，从现实出发抓住急需，从趋势出发适度超前，选准课题，倾听民意，完善机制，集纳众智。在深入调研的基础上，践行诤友职责，善于求真知，勇于讲实话，提出可行建议，务求参政实效，为促进人民群众共享改革发展成果做出了切实努力。一些重点领域和选题方向坚持多年，不断拓展，形成特色，成为亮点，集中体现出我们加强参政能力建设、探索参政规律的良好效果。

三、更好地履行参政党职能，必须保持和发扬优良传统

与中国共产党紧密合作、同兴大业，是民盟在多党合作事业中形成的政治信念和行为准则；爱国的情怀、民主的精神、正直的作风、切实的知识，是民盟一脉相传的精神特征。这在建设中国特色社会主义进程中具有永恒价值，成为我们承前启后、薪火相传的宝贵精神财富。

我国还处于社会主义初级阶段，实现基本现代化目标需要继续奋斗几十年，实现中华民族伟大复兴需要更长时间。坚持中国特色社会主义政治发展道路，搞好政治交接，是保证民盟在这一长期进程中能够不断有所作为的需要。五年来，我们的政治交接主题鲜明，内容丰富，持续推进，与履行职能密切结合，成果不断巩固。地方各级组织的顺利换届，虽然人事有更替，但民盟的优良传统在政治交接过程中得以延续和发展。费孝通同志借助其创制的“社会继替”概念，所阐述的“变与不变”、“进与退”的辩证关系进一步得到了验证。搞好政治交接，保证了政党制度不变，政治方向不变，优良传统不变。

“求真务实”是民盟一贯的思想和工作作风。五年来，我们坚持从基本国情出发，坚持认识与实践相统一的政党作为，坚持实事求是、深入实际调查研究，坚持履行职能重在实效，坚持讲实话、做诤友，直接推进了民盟事业在新时期开创新局面。工作实践证明，保持和发扬优良传统，是我们推进自身建设的永恒主题，是更好地履行职能的现实需要，是推进中国特色社会主义政治发展道路的必然要求。

四、更好地履行参政党职能，必须凝聚力量开拓进取

随着时代的发展，民盟履行职能、发挥作用的方式，已由过去以依靠少数代表人物的社会威望、学问影响发挥作用为主，转变为以依靠民盟组织群策群力、通力合作发挥集体作用为主。

五年来，广大盟员倾注政治热情、发挥专业特长，使我们得以凝聚全盟之力、汇集全盟之智。全盟着力发掘盟内专家优势资源，吸收盟外专家才智，积极争取政府部门合作。盟的地方组织广泛参与，基层盟员活跃投入，全盟智力资源融汇，成为近年来盟务工作的突出特点。无论在具有民盟界别特色的优势领域，还是在国家发展迫切所需、我们要尽快熟悉的行业和领域，凡是我们提出有见地的观点、有价值的建议、有操作性的方案、有切实成效的课题，都得益于人才资源的聚集、工作制度的规范和良好合作机制的建立。

我们坚持与时俱进，紧跟时代发展，紧跟执政党的步伐，不断提高自身建设要求，进行体制机制等方面的创新，全面提升参政水平，收到了明显成效。我们发挥传统优势、坚持界别特色，保持在教育、科技、文化、区域发展等领域的持续关注，同时向新农村建设、生态保护、生物技术产业、海洋事业、公共管理、社区发展等方面拓展新的工作领域，取得了更多的参政成果。

总之，五年来，我们坚持正确的政治方向，全盟积极作为；着力提高参政能力，发挥自身优势；切实搞好政治交接，发扬优良传统；多方凝聚智慧力量，不断开拓创新，为今后作出新贡献积累了宝贵经验。

对今后五年工作的建议

中国特色社会主义事业是改革创新的事业，正站在一个新的历史起点。中国共产党领导的多党合作和政治协商制度进一步巩固发展，多党合作事业前景广阔。中共十七大明确了中国发展进步的旗帜问题，今后一个时期，是全面建设小康社会重要战略机遇期和改革发展关键阶段，也是民盟充分发挥参政党作用大有可为的重要时期。因此，如何应对机遇和挑战，是摆在我们面前的重大课题。作为与中国共产党亲密合作的友党，作为致力于中国特色社会主义事业的参政党，民盟的使命光荣，责任重大。我们一定不辜负党和人民的殷切期望，以奋发昂扬的精神状态，努力为推动经济社会又好又快发展献计出力，为社会主义民主政治建设献计出力，为构建社会主义和谐社会献计出力，为解决关系群众切身利益的突出问题献计出力。

对今后五年全盟的工作，我们提出以下建议：

一、坚持走中国特色政治发展道路，进一步巩固多党合作的政治基础

中国特色社会主义伟大旗帜，是全国各族人民团结奋斗的旗帜。坚定不移地走中国特色政治发展道路，是参政党高举中国特色社会主义伟大旗帜的重要体现和根本要求，也是进一步巩固和完善中国共产党领导的多党合作和政治协商制度的政治基础。

理论是行动的指南，只有理论上清醒，才能保持政治上坚定。中共十七大对中国特色社会主义理论体系进行了全面阐述和总结，具有重大意义。认真学习领会十七大精神，以中国特色社会主义理论体系武装全盟，并指导工作实践，是我们面临的重要而紧迫的政治任务，决定着我们参政议政等各项工作的水平，决定着我们履行参政党职能的成效。

在十七大精神指导下，各级盟组织要继续认真组织、切实开展好政治交接学习教育活动。政治交接，关键任务在“接”。要把民盟老一辈长期与共产党团结合作形成的政治信念、优良传统和高尚风范继承下来，切实增强广大盟员坚持走中国特色政治发展道路的坚定性和自觉性，更加坚定致力于中国特色社会主义的共同理想和信念。只有坚持正确的政治方向和道路，才能不断提高参政能力，推进全盟工作健康发展。

二、充分认识当前我国发展的阶段性特征，用科学发展观统领全盟各项工作

科学发展观是推进中国特色社会主义事业必须坚持和贯彻的重大战略思想，也是促进我国经济社会发展的重要指导方针。全盟要充分认识当前我国发展的阶段性特征，准确把握科学发展观的时代背景、基本内涵和精神实质，把思想和行动真正转到科学发展观上来，不断提高贯彻科学发展观的自觉性和坚定性，更加主动、有效地用科学发展观指导工作实践。

促进科学发展是参政党履行职能的第一要务。对符合科学发展观的事情，我们要全力支持做好做实；对不符合科学发展观的事情，我们要发扬做诤友进真言的传统，提出意见和建议。全盟要围绕实施“十一五”规划，把转变发展方式、提高发展质量作为发挥参政党作用的着力点，重点关注影响和制约科学发展的突出问题，深入实际调查研究，为促进经济社会又好又快发展多献求真务实之策，多做开拓创新之事；要坚持以人为本，充分调动广大盟员及所联系的知识分子的积极性、主动性、创造性，不断提高参政议政、民主监督的能力和水平，更好地履行参政党职能，为加强社会主义民主政治建设、巩固民主团结的政治局面作出贡献；要做社会和谐的积极促进者，积极协助党和政府做好化解矛盾、理顺情绪的工作，引导广大盟员正确认识发展改革中利益格局的调整，更好地支持和参与改革，为营造良好的社会环境贡献力量；要继续发扬关注民生的传统，进一步深入群众，倾听群众呼声，关心群众疾苦，协助党和政府全面准确把握社情民意，扎扎实实地解决好关系人民群众切身利益的突出问题，努力促进让人民群众共享改革发展成果。

三、适应形势和任务需要，努力为经济、政治、文化、社会建设献计出力

——发挥民盟特色优势，积极履行参政议政、民主监督职能。坚持不断地提升我们参政议政品牌的水平，在教育、民生、“三农”、民主法制、创新型国家建设、生态环境和资源、文化发展与繁荣等领域持续深入地开展工作。围绕经济社会发展中具有全局性、战略性的重大问题和人民最关心、最直接、最现实的利益问题，履行参政议政、民主监督的职能，集中盟内专家智慧，深入调查研究，积极建言献策，力求使我们的意见和建议能够进入党和政府的决策思想，形成政策措施，推动经济发展和社会进步。盟中央和省级组织要着重组织好、实施好每年的重点调研，力求取得有重大影响和实效的参政议政成果。不断完善参政议政工作机制，充分调动各级组织和盟员的积极性，发挥全盟的整体优势。加大参政议政骨干队伍建设力度，进一步拓展和加强专门委员会的工作。继续提高反映社情民意信息工作的水平。

——继承传统，积极开拓，扎实推进新时期的社会服务工作。社会服务工作不仅要继承民盟关注民生、服务社会的优良传统，坚持“把好事做实，把实事做好”，还要在认识上和工作中跟进社会的发展变革，在选题和实施中强调民盟社会服务工作的政党属性和示范意义，为促进社会和谐、全面建设小康社会作贡献。各级盟组织要提高思想认识，继续发挥智力优势，整合资源，不断提高工作水平和质量，积极探索社会服务工作的新领域、新形式。在已有工作的基础上，动员组织盟员有效参与社会主义新农村建设，持续开展农村教育烛光行动，在更多省（市、区）开展帮教工作，在有条件的地方积极探索城市社区社会服务工作。鼓励和支持广大盟员立足本职，爱岗敬业，勤奋工作，多作贡献。

——促进交流，增进共识，为祖国和平统一贡献力量。实现祖国完全统一，是全体中华儿女的共同心愿。我们坚决支持“和平统一、一国两制”的基本方针，坚决支持中共中央现阶段发展两岸关系、推进祖国和平统一进程的八项主张，坚决维护“一个中国”的原则，反对一切形式的“台独”分裂活动。继续开展海峡两岸暨港澳地区大学校长联谊活动等工作，不断拓展两岸四地的教育、文化、经济等交流领域，提高交往层次，融洽感情，增进合作，努力为促进祖国完全统一贡献力量。

四、进一步加强自身建设，全面提高履行参政党职能的能力和水平

——切实加强思想理论建设，不断提高运用科学理论分析和解决实际问题的能力。要高度重视参政党理论研究。全盟要认真学习中国特色社会主义理论体系和中共中央一系列治国理政战略思想，吸收借鉴统一战线和多党合作理论以及执政党党建理论的最新成果，结合民盟多年来丰富的参政实践经验，积极开展参政党理论研究，注重理论成果的转化，以理论研究促进各项盟务工作。

参政党历史与传统研究是思想理论建设的重要课题。加强对民盟历史和传统的研究，不仅是对我们自身历史文化的尊重，也有利于广大盟员树立正确的政治信念、价值追求和行为准则，从而强化对多党合作制度的政治认同和文化自觉。民盟有丰富和宝贵的历史、理论与文化资源，各级盟组织要倍加珍惜，及时发掘，加强研究，充分利用，为盟的思想建设提供助力。

思想政治工作要符合民盟特点，根据新形势新任务的要求，不断增强工作的针对性和实效性。要注重组织对盟员的感情关怀和盟员之间的思想交流，用生动活泼、内容丰富、盟员欢迎的各种方式，开展思想工作，凝聚人心，努力营造团结、民主、和谐的盟内氛围。积极拓展宣传渠道，在搞好盟内宣传的同时，加强与新闻媒体的联系，积极开展对外宣传，增进社会各界对民盟的了解，增强盟员的荣誉感和使命感。

——加强组织建设，继续推进“人才强盟”战略。领导班子建设是组织建设的核心。结合形势任务要求，不断强化盟的各级领导干部的政治责任感和历史使命感，切实改进领导班子思想作风和工作作风，认真贯彻民主集中制，坚持走群众路线，努力建设政治坚定、民主和谐、开拓创新的领导集体，提高带领盟员履行参政党职能的能力和水平。根据时代要求，加强盟内监督，建立和完善监督机制。

组织发展是民盟队伍建设的源头。根据三个《纪要》精神，切实做好组织发展工作，为盟的长远发展提供充足的人才储备，确保民盟在主体界别的优势，确保盟员队伍的专业结构、知识结构适应参政议政等工作的需要，确保在职盟员数量的稳步增长。认真做好新盟员、工作骨干和专职干部的培训工作，不断创新形式，增强实效。

后备干部队伍建设是盟的事业后继有人的关键。积极抓好知名专家学者等代表性人士和参政议政人才队伍的建设。在中共党委和统战部门的支持下，进一步加强后备干部队伍建设、盟务骨干队伍建设和人才推荐工作。在履行职能的实践中发现和培养人才，使想干事的人有机会、能干事的人有平台、干成事的人得到肯定。

基层组织是民盟组织建设和各项工作的基础。各级盟组织要高度重视基层工作，选好配强基层领导班子，积极探索新形势下开展基层工作的新思路新方法，丰富基层组织活动内容，积极创建活力支部。要以人为本，服务盟员，及时反映广大成员的意愿和建议，把基层组织建成盟员之家。

——加强制度建设，为盟的工作科学规范提供保障。根据形势发展和工作实际需要，不断推进民盟工作制度化、规范化进程，逐步建立起一套适合民盟特点、有利于工作科学规范的制度，使民盟工作的制度化建设跃上一个新台阶。制度建设要善于总结经验，注重可操作性，建立相应的工作机制，确保制度的落实。

——加强机关建设，强化桥梁和枢纽作用。加强机关工作制度建设和作风建设，强化服务意识，坚持深入基层。按照公务员法的要求，抓好机关干部的管理、培养和使用。通过学习、轮岗、挂职等途径，提高机关工作人员的政治素养和业务水平，力争一专多能，特别要关心帮助年轻干部尽快成长。在全盟机关形成量才使用、注重实绩的用人导向，爱岗敬业、团结协作的思想作风，融洽和谐、风清气正的工作氛围。

各位代表，各位同志：未来五年将是我国经济、政治、文化和社会全面健康发展的重要时期，中国特色社会主义事业必将取得更加辉煌的成就，中国共产党领导的多党合作和政治协商制度必将进一步巩固和完善。全盟在中共十七大精神指引下，同心同德，开拓进取，也必将谱写民盟历史上更加美好的篇章。

让我们高举中国特色社会主义伟大旗帜，更加紧密地团结在以胡锦涛同志为总书记的中共中央周围，坚定不移地继续解放思想，坚定不移地推进改革开放，坚定不移地落实科学发展、促进社会和谐，坚定不移地为全面建设小康社会而奋斗，为继续推进中国特色政治发展道路，为把我国建设成为富强、民主、文明、和谐的社会主义现代化国家作出中国民主同盟新的贡献！

中国民主建国会第九次全国代表大会报告

解放思想　开拓进取　为全面建设小康社会而努力奋斗

——在中国民主建国会第九次全国代表大会上的报告

（2007年12月16日）

成思危

同志们：

现在，我代表第八届中央委员会向大会作报告，请各位代表审议，并请列席会议的同志们提出意见。

今年10月，中国共产党召开了举世瞩目的第十七次全国代表大会，大会科学地总结了中共十六大以来的工作和改革开放的伟大历程及宝贵经验，作出了高举中国特色社会主义伟大旗帜，以邓小平理论和“三个代表”重要思想为指导，深入贯彻落实科学发展观，继续解放思想，坚持改革开放，推动科学发展，促进社会和谐，为夺取全面建设小康社会新胜利而奋斗的重大战略部署，极大地鼓舞了全国人民开创中国特色社会主义事业新局面、实现中华民族伟大复兴的信心和热情。

本会作为与中国共产党风雨同舟、亲密合作的参政党，在新的征途上肩负着光荣而艰巨的历史使命。本会这次代表大会是在新世纪新阶段召开的一次重要会议，大会的主要任务是：高举中国特色社会主义伟大旗帜，认真学习贯彻邓小平理论、“三个代表”重要思想和科学发展观，以中共十七大精神为指导，回顾总结本会八大以来的工作和经验，研究今后一个时期本会建设与发展的方针和任务，修改会的章程，选举产生新一届会中央领导机构，团结和带领全会为全面建设小康社会而努力奋斗。

一、八大以来工作的回顾

过去的五年是不平凡的五年，全国人民紧密团结在以胡锦涛同志为总书记的中共中央周围，以邓小平理论和“三个代表”重要思想为指导，贯彻落实科学发展观，战胜了各种困难和风险，开创了中国特色社会主义事业新局面。五年来，本会在中国共产党领导的多党合作和政治协商的政治格局中，坚持以政治交接为主线，全面加强自身建设，认真履行参政党职能，解放思想，开拓奋进，各方面工作都取得了新进展。

（一）以政治交接为主线，思想理论建设不断加强

2002年12月本会八大刚刚结束，中共中央总书记胡锦涛就走访会中央机关并发表重要讲话，给本会以极大的激励和鼓舞。各级组织和广大会员在积极参与改革开放和现代化建设、参与国家政治生活的实践中，深入学习邓小平理论、“三个代表”重要思想和科学发展观，坚持走中国特色社会主义道路，巩固中国共产党领导的多党合作的思想基础。在一系列重大活动和重大事件上，都坚定地同全国人民站在一起，同中国共产党保持高度一致。

深入学习贯彻中共中央两个 5 号文件和全国统战工作会议精神，围绕实现政治交接，整体规划，持续推进，先后在全会开展了三项主题教育活动。一是开展“建设新世纪参政党，做合格民建会员”活动，学习中国特色社会主义理论、多党合作理论、会史、会章。二是进行本会基本经验和优良传统的总结和宣传活动，会中央及各省级组织领导深入各地进行会的优良传统的宣讲，举办各类专题报告会 50 场，近万名会员参加。三是召开全国思想工作会议，集中开展以坚持走中国特色社会主义政治发展道路为主题的学习教育活动，取得了良好的效果。

加强理论建设，探索参政党建设的理论。组织理论研究队伍，召开理论研讨会，开展多种形式的研究活动。针对新时期会员的思想特点，会中央编写了《中国民主建国会基本知识》读本，从参政党的角度介绍了本会在多党合作政治制度中的性质、地位和作用。建会 60 周年之际，通过深入研讨和认真总结，在继承三个优良传统的基础上，丰富和发展了本会的建党理念，形成了“五个坚持”和“四种精神”，即“坚持爱国主义，致力于中国特色社会主义事业；坚持接受中国共产党的领导，与中国共产党亲密合作；坚持遵从人民群众根本利益，认真履行参政党职能；坚持与经济界的紧密联系，努力发挥会的特色；坚持与时俱进，在自我教育中不断提高会的素质”和“民主、团结、创新、奉献精神”。许多地方组织在理论研究方面作了积极努力，取得了不少研究成果。

按照建设学习型组织的要求，建立了各级领导集体的学习制度。五年来，会中央中心组学习了 56 次。各级地方组织领导的学习也实现了制度化，促进和带动了全会的学习。通过系统的培训学习、自我学习和相互学习以及经常性的思想工作，为实现会的政治任务，履行参政党职能提供了思想保障和精神动力。

加强舆论宣传，扩大本会的社会影响。五年来，在《人民日报》、《光明日报》、《人民政协报》等主要新闻媒体上，关于本会的报道达 3500 多条。建成了会中央和地方组织网站，拓宽了宣传交流渠道。《民讯》、《经济界》杂志社、民主与建设出版社不断提高工作质量和水平，在会的思想建设中发挥了积极作用。

（二）发挥特色，组织建设取得显著成效

八大以来，会中央根据多党合作形势和任务的要求，组织发展工作坚持“注重质量，注意数量”的方针和“三个为主”的原则，五年共发展会员 23213 名。到今年 6 月底，全会共有会员 109449 人，平均年龄 51.9 岁。其中大专以上学历会员占 72.3%；企业界会员 69081 人，占 63.1%；新的社会阶层人士 21668 人，占 19.8%；女会员 34308 人，占 31.1%。高层次、代表性人士比例显著提高，会员结构明显改善。

会中央和各级地方组织建立了领导联系基层制度。会中央主席、副主席在届内分工联系和走访了 272 个地市级组织，了解情况，熟悉骨干，面对面地指导工作，协助解决一些具体问题。为进一步加强基层组织建设，会中央进行了三次较大规模的基层组织调研，在 20 多个省 60 多个市，召开基层组织建设工作座谈会 80 多次，近 1000 位支部、总支部主任参加了座谈。在充分调研的基础上，召开了全国基层组织建设工作会议，下发了《民建中央关于进一步加强基层组织建设的意见》，并召开了民建基层组织建设经验交流会议，检查《意见》落实情况，推动了基层组织建设。目前全会能够正常开展活动的支部占80%以上，支部活动出勤率逐年上升，基层组织建设呈现了良好的发展态势，涌现出一批先进支部，会的凝聚力进一步增强。在纪念本会成立60周年大会上，会中央对为会的事业作出突出贡献的100个全国先进支部和301位全国优秀会员进行了表彰。在各级组织和广大会员的密切配合下，组织管理系统已涵盖了90%以上的会员信息。

加强两支基本队伍和四支骨干队伍建设，取得显著进展和成效。会中央召开了非公有制经济代表人士工作会议，有力地推动了对非公有制经济代表人士的组织发展和引导教育工作。五年来，有计划地开展了骨干会员培训。先后举办了8期市级组织主委培训班，共培训市（地）级主委246人；举办了10期学习中共中央两个5号文件精神研修班，279名骨干会员参加了培训；陆续举办了新任中委培训班、在政府和司法机关担任领导职务干部培训班和新增补副主委培训班等。今年在省级组织换届后举办了新主委培训班，19位省级组织主委参加了培训；举办了省级组织专职副主委、秘书长培训班，47人参加了培训。五年来，地方组织年均培训骨干会员达2万人次。通过各类培训，提高了骨干队伍的素质，为中央和省、市级组织换届提供了思想、组织和人才保证。面向会员开展了以“建华企业家课堂”为重点的培训工作，采用专题讲座与交流互动相结合的授课形式，帮助会员开拓思路，增长知识，提高综合素质和管理水平。截至目前，“建华企业家课堂”已先后在20多个省市举办了60多次专题讲座，并在部分地区建立了区域分课堂，近3万人次参加了培训，特别是邀请“欧元之父”蒙代尔举办的讲座和三位诺贝尔奖获得者在上海举办的金融论坛，在会员中和社会上引起了较大反响。与中国人民大学合作创办了建华研究院，组织了非公有制经济年鉴的编写工作。

在换届工作中坚持民主集中制原则，严格按照民主推荐、组织考核、酝酿协商、集体决定、会议选举的程序进行。本届中央委员会届内增补副主席1名、常委3名、中央委员20名。在中共地方党委的支持和帮助下，本会30个省级组织及所属市级组织圆满完成了换届工作。在地方组织换届的基础上，会中央扩大了九届中央委员候选人人选的遴选比例，经过常委会集体遴选，在会中央及各地方组织民主推荐的175名优秀人选中，有88人成为九届中央委员候选人的建议人选，会内协商民主和选举民主更加制度化、规范化、程序化。

进一步加大了信访工作的力度。五年来，会中央共处理群众来信和接待会员来访1529件次，维护了会员的合法权益。继续做好原工商业者会员的困难补助工作，共慰问和补助1128人次。

（三）凝聚全会力量，参政议政和民主监督作出新贡献

为适应新形势、新要求，五年来本会各级组织围绕国家经济社会生活中的重点、难点和热点问题，向中共各级党委和政府提出书面建议和报告5000多件，得到了中共各级党委和政府的重视，受到了社会的好评。其中，会中央向中共中央、国务院领导提出书面建议15件，涉及人民币汇率、贸易摩擦、房地产、外汇储备、中小企业发展、新农村建设等方面。向中共中央、国务院提出的《关于进一步加强石山地区石漠化专项防治工作的建议》、《对管好和用好我国巨额外汇储备的建议》、《关于青藏铁路考察

后有关工作的建议》、《关于保护我国大豆产业并提高其竞争力的建议》等，经中央领导批示后转交有关部门办理，取得了一定的效果。《关于进一步推动我国廉租房制度建设的建议》经温家宝总理批转建设部后，建设部部长专程率队与会中央领导共同研究落实批示事宜。此后，国务院颁布了《关于解决城市低收入家庭住房困难的若干意见》，涵盖了本会提出的4条建议。会中央与全国政协人口资源环境委员会组成联合调研组，赴内蒙古、吉林和辽宁等地调研辽河流域污染治理工作，提出的具体建议得到国务院领导的高度重视，已经批复给相关部门办理。

五年来，会中央领导参加中共中央、国务院召开的座谈会35次，先后就宪法修改、司法体制改革、国际收支平衡、外汇储备、十一五规划的制定和实施、构建和谐社会等内容提出意见和建议，得到了中共中央、国务院领导的重视。会中央向全国政协提交提案88件，发言15件，政协常委会发言20件，政协专题协商会发言8件。民建会员中的全国政协委员提交提案共3811件。在被政协评为本届优秀提案的262件中，本会占22件。2006年本会中央《关于尽快统一内外资企业所得税制度的提案》被列为全国政协十届四次会议“一号提案”，受到普遍关注。

本届会中央成立了由340位成员组成的9个专门委员会，集中了会内各方面优秀的专家学者、企业家和其他会员骨干。每个专门委员会每年至少承担一个课题，进行调查研究，提出意见和建议。为了更好地调动从事各个行业会员的积极性，会中央又在专门委员会下按产业分类设立了7个专业组，共有171位成员。各专门委员会及专业组通过参与课题调研，组织国内外考察，举办研讨会、交流会等活动，提出相应的提案和建议。五年来，会中央共确定15个重点调研专题，由专职副主席牵头，组成专题调研组，形成调研报告，提交中央全会审议，并转化成报送中共中央的意见建议和政协提案。每年向中常委会议报告对当年经济形势的分析和对第二年经济工作的建议，经中常委会议讨论后，形成《民建中央关于当前经济工作的建议》，以协商会发言和专题报告等形式提出，供中共中央经济工作会议参考。

反映社情民意成为本会各级组织和广大会员参政议政的重要渠道。会中央召开了全国社情民意工作会议，制定了相关文件。编印了《民建中央反映社情民意工作手册》。每年举办一次省级组织社情民意工作人员培训班。在《民讯》上开辟了经验交流专栏。会中央和各级地方组织建立了素质较高、能够积极发表意见、热心参政议政工作的社情民意特邀员队伍。据不完全统计，五年来各级组织和广大会员向会中央报送社情民意信息8254篇，经编辑加工向全国政协等有关方面报送2457篇，全国政协采用323篇，有44篇得到中共中央、国务院有关领导批示，为高层决策提供了有价值的信息、建议和参考材料。

积极参与国家法律法规的制定和修改工作。依靠会中央和省级组织的法制委员会，开展调查研究，分别对《行政许可法》、《物权法（草案）》、《公司法（修订草案）》、《反垄断法（草案）》、《农民专业合作经济组织法（草案）》、《对外经贸法（修改草案）》等多部法律法规进行研讨，提出了修改意见和建议，及时报送全国人大及有关部门，不少意见和建议受到重视和采纳，为国家法制建设作出了积极的贡献。

各级组织进一步重视履行民主监督职能，在不同层次和各个方面努力推进民主监督工作的开展。目前，全会有全国各级人大代表2675人，政协委员13790人，任各种特约职务的会员3745人，他们认真履行职责，在民主监督工作中发挥着重要作用。

（四）拓展思路，社会服务工作取得新进展

按照“量力而行，尽力而为，突出重点，讲求实效”的工作方针，努力探索社会服务工作的有效途径，积极开展智力扶贫、非公有制经济发展、职业教育、社会公益等方面的活动。围绕社会主义新农村建设，开展扶贫帮困工作。五年来，各级组织共建立扶贫联系点115个，开展为“三农”办实事活动1000多次，为贫困地区修建沼气池4200个，修建人畜饮水工程415个，助建希望学校400所，建生态林80多万亩。发动会员企业安置农村转移劳动力及城市下岗职工再就业30余万人。多次组织专家、企业家到会中央的两个扶贫县及相关地区考察，就县域经济发展、产业结构调整、石漠化治理等提出建议，会员无偿支持扶贫县建设资金1150万元。特别是“非典”期间，会中央带领全会积极参加抗击“非典”，各级组织、广大会员捐款捐物价值达1.4亿元，为战胜“非典”作出了贡献。贯彻国家西部大开发战略，协调组织东部地区与西部十一省、自治区、直辖市开展对口帮扶与合作，有力地推动了西部地区的扶贫开发、生态建设、捐资助学、劳动力转移就业等工作。启动了“思源工程”，发起人捐款1300万元。今年成立了“中华思源工程扶贫基金会”，得到了会内外企业家及爱心人士的大力支持，认捐款共4256万元。春雨计划、扬帆计划等10个项目已全部启动实施。在去年召开的各民主党派、工商联和无党派人士为全面建设小康社会作贡献经验交流表彰大会上，本会有50个先进个人和15个先进集体受到表彰。

会中央每年分别与科技部、发展改革委及地方政府联合举办风险投资论坛和非公有制经济发展论坛，社会影响逐年扩大，已经成为本会的知名品牌。迄今为止，风险投资论坛已成功举办了9届，成为国内风险投资领域规模最大、层次较高的盛会。非公有制经济发展论坛已连续举办了5届，出席非公有制经济发展论坛的会内外非公有制企业家、专家学者等各界人士累计5400多人次，收到论文650篇，实际签约累计128.28亿元，有力地促进了非公有制经济的发展，推动了地方的招商引资工作。今年与国务院发展研究中心、湖北省政协共同举办了“大力发展县域经济，促进城乡协调发展”专题研讨会，产生了积极的社会影响。

参与职业教育工作取得了重大进展和丰硕成果。与湖北省政协联合举办了“中国职业教育发展论坛”，推动职业教育工作的开展。一些地方组织和会员开办了职业教育院校和不同类型的职业教育培训班，培养符合社会需要的各类人才83万人，为提高劳动者素质，解决毕业生、农民工、下岗职工就业问题作出了贡献。

（五）发挥优势，联络工作力度进一步加强

遵循“广交朋友，促进合作，扩大影响，稳步开拓”的工作方针，提出了“大联络”理念，会中央召开了联络工作会议。围绕“维护港澳稳定，祖国统一，振兴中华”这一主题，积极开展多层次的联络工作。五年来，共组织出访境外团组30个，接待港澳台和海外访问团组40多个。会中央领导每年利用访问港澳机会，广泛接触社会各界人士，巩固和加强与居住在港澳的会员会友的联系，为基本法的贯彻和港澳稳定繁荣起到积极作用。先后组织法学家访问团、企业家访问团、大学校长访问团赴香港访问，与港澳工商团体、教育界、法律界建立了良好的合作关系。邀请港澳工商界人士和会友组成访问团组，到内地考察经济和教育事业发展情况。针对“台独”势力的分裂活动，积极开展“反独促统”工作，推动两岸关系和平发展。五年来，组团赴台访问5次，接待台湾访问团20次，特别是开展了与台湾南部地区的交流。通过多种方式、渠道和载体，加强与台湾经济界、教育界、文化界的交流，就中小企业融资、发展证券业、发展文化创意产业、金融衍生品创新、老龄福祉等课题进行研讨，两岸三地共有专家学者900多人次参加，相互之间加深了了解，密切了联系，增进了友谊。

积极开展民间外交。先后接待了泰国上议院议员代表团、美国社区银行家访问团等8个国外访问团。开展海外培训，与美国旧金山美中交流协会、加拿大加中科技交流中心合作，先后组织会员企业家和民建省级组织的专职副主委、秘书长共70多人，赴美国、加拿大接受市场经济知识、现代企业管理、人力资源管理和公共事务管理的相关培训。

加强对内联络。与中央统战部、国台办、港澳办、发展改革委、外交部、商务部、农业部、证监会、国家统计局、外国专家局等部委、地方政府及北京大学、中国人民大学等学术单位建立了良好的工作关系，通过密切合作，提高了联络工作的质量和效率。

（六）加强制度建设，工作机制进一步完善

五年来，会中央制定、修订了常委会议、主席会议等10项议事规程和工作规则，逐步推行加强领导集体建设的专项制度。陆续出台了领导集体民主集中制度、中心组学习制度、民主生活会制度、领导集体成员分工联系地方组织和基层组织制度等，特别是中央委员的遴选制度，在原有的基础上又有了创新和突破，进一步扩大了会内民主。

积极探索建立会内监督机制。今年以来，在有关方面的帮助下，会中央进行了会内监督问题的调研，起草了《民建中央关于加强会内监督工作的意见》，经中常委会议审议通过，提交本次会议，建议作为章程修改的重要内容。建立会内监督机制，有利于本会依靠自身力量解决会内矛盾，保证会的肌体的健康，促进会的事业长远发展。

按照国家公务员法和会中央关于建设一支适应本会需要的合格公务员队伍的要求，以实现制度化、规范化、程序化为核心，提高机关管理水平和工作效率，用制度规范机关各项工作和工作人员的行为，调动了机关工作人员的积极性、主动性和创造性。

建设以人为本的学习型机关。会中央与人事部中国高级公务员培训中心合作，对机关干部进行了比较系统的培训。今年召开了民建全国机关建设工作会议，表彰了474位在各级机关工作20年以上的同志，激励广大会务工作者继承和发扬会的优良传统，为推进会的事业发展继续努力奋斗。深化机关人事制度改革，推进干部挂职锻炼工作，加强机关文化建设。

各位代表，八大以来的五年，是全会与时俱进、不断创新的五年，是全会凝聚力进一步增强、自身建设水平不断提高的五年，是全会在参政议政、民主监督、社会服务工作取得丰硕成果的五年。在这五年中，我国社会主义现代化建设不断推进，中国共产党领导的多党合作和政治协商制度不断发展和完善，为本会充分发挥参政党作用提供了广阔的舞台和根本保证；中国特色社会主义理论体系的形成与发展，为本会在新时期把握时代脉搏，继续开拓前进指明了方向；全会各级组织和广大会员齐心协力、团结奋斗、锐意进取、无私奉献，为本会履行参政党职能，建设适应新世纪要求的参政党作出了卓越的贡献。在这里，我代表会中央向领导和帮助我们的中国共产党表示衷心的感谢！向关心和支持我们工作的全国人大、国务院、全国政协、各兄弟民主党派和全国工商联表示衷心的感谢！向为本会事业发展做出辛勤努力的各级组织和全体会员、会务工作者致以崇高的敬意！

在回顾取得的成绩的同时，我们还要清醒认识到工作中存在的问题和不足。会的整体作用的发挥还有待于进一步加强；参政议政的水平和能力还有待于提高；后备干部推荐、培养机制仍需进一步完善；部分地方组织机关建设和一些基层支部建设还较薄弱；会的思想理论建设还需进一步深化；会内监督机制亟须建立等等。我们要高度重视存在的问题和不足，采取切实有效的措施加以改进，把会的事业不断推向前进。

二、五年工作的基本经验

在长达半个多世纪的发展历程和实践中，本会逐步形成了“五个坚持”和“四种精神”的优良传统。会的七大提出把本会建设成为理论上清醒、政治上坚定、组织上巩固、制度上健全、充满活力的致力于建设中国特色社会主义事业参政党的建设目标，得到了全会的高度认同。全会按照这一目标，以政治交接为主线、以提高能力为核心，提出了“识大局，顾大体，有作为”、“高瞻远瞩，埋头苦干”、“内强素质，外塑形象”、“发扬传统，发挥特色”、“与时俱进，奋发有为”等要求。通过积极探索，努力实践，在思想建设、理论建设、组织建设、制度建设和机关建设方面形成了一套比较系统的工作思路，积累了比较丰富的经验，对新世纪新阶段会的建设规律有了新的更加深入的认识。进入新世纪，尤其是八大以来，全会在“建设什么样的参政党、怎样建设参政党，如何履行参政党职能、发挥参政党作用”这一重大课题的探索中，作出了比较明确的回答，为会的事业进一步发展奠定了坚实的基础。

（一）加强思想理论建设，努力提高政治把握能力

中国特色社会主义，是包括广大统一战线成员在内的全国各族人民团结奋斗的共同理想，把中国特色社会主义事业不断推向前进，是中国共产党和各民主党派的共同事业。作为多党合作总格局中的参政党，坚持走中国特色社会主义道路，是本会全体成员共同的思想基础。八大以来，进一步围绕关于理论上清醒、政治上坚定的目标，以及“讲政治，讲团结，讲学习，讲奉献”的要求，强调了参政党理论建设在坚定政治方向、分辨是非、增强凝聚力方面的重要作用。通过加强理论学习、开展理论研究，召开理论研讨会及理论工作会议等方式，积极推进参政党的理论建设。在理论研究中既强调继承传统、以史为鉴，又强调与时俱进、开拓创新。在建会60周年时，集中全会的智慧，总结概括的“五个坚持”和“四种精神”，成为新世纪本会发扬传统、开拓创新的宝贵精神财富。

多年来，本会以政治交接为主线，坚持不懈地推动会的思想建设，把增强对马克思列宁主义、毛泽东思想、邓小平理论、“三个代表”重要思想和科学发展观的信念，增

强对建设中国特色社会主义事业的信心，增强对中国共产党领导的信赖，作为全会思想建设的基本要求。通过各种行之有效的主题活动加以精心培育，使之不断深入人心，成为衡量各级领导集体及其组成人员政治把握能力的基本标准，并与会的其他精神财富相结合，成为推动会的事业不断与时俱进的精神动力。

会的各级组织在自我教育中，既注重对会员的系统教育，又开展丰富多彩的日常教育活动，围绕讲会史、讲传统、讲使命，大力开展宣讲报告、专题座谈等活动，使会员深刻认识到坚持接受中国共产党领导，构建和谐政党关系，坚定不移地走中国特色社会主义政治发展道路，是本会的历史抉择和优良传统，也是与中国共产党亲密合作的政治基础，增强了维护中国共产党执政地位、接受中国共产党的领导、坚持和发展中国共产党领导的多党合作和政治协商制度的坚定性和自觉性。

（二）加强各级领导集体和骨干队伍建设，努力提高组织领导能力

提高会的组织程度，增强会的凝聚力，是会中央领导集体着力探索的又一重大课题。在提出建设以企业经营管理者为主体的企业界人士队伍和以专家学者为主体的专业人士队伍的基础上，通过主席务虚会对会员的结构进行了认真的分析，确定了在组织建设中要加强各级领导集体建设、增进基层组织活力、建设骨干队伍、发扬会内民主等工作方针。

——加强各级领导集体建设。提出四项制度保证，即民主集中制度、中心组学习制度、民主生活会制度、联系基层制度。

——加强基层组织建设。为实现把基层组织建成自我教育的学校、团结互助的集体、参政议政的桥梁、培养人才的基地的目标，明确了合格支部的标准，规范了支部的类型，对薄弱支部进行调整，选拔优秀人才担任支部主任，丰富支部生活的内容和活动形式，总结推广好经验、好做法，取得了良好的效果。

——加强骨干队伍建设。重点做好领导集体队伍、会员骨干队伍、会务工作者队伍和后备干部队伍的培养和教育，增强他们的使命感和责任感。

——加大培训工作力度。从省级组织主委、副主委、秘书长到市主委，从支部主任到骨干会员，从建华课堂到分课堂，从国内到走出国门，开展了一系列的培训工作。本届的五年是培训力度最大的五年。通过培训提高了骨干队伍和广大会员的素质，推动了全会的工作。

（三）坚持把促进发展作为第一要务，努力提高参政议政能力

发展是中国共产党执政兴国的第一要务，通过参政议政促进发展是参政党的第一要务。如何围绕国家经济建设的中心任务，服务改革、发展、稳定的大局，发挥密切联系经济界的特色和优势，调动全会的力量，履行参政议政的职能，已成为近年来会中央着力研究和解决的重要问题。通过不断地实践和探索，围绕选准课题、精心组织、提高质量的要求，逐步形成了一套比较完善的参政议政工作机制。

——选准课题是首要。参政议政课题的选择，一方面应当围绕执政党和政府关注的重点问题，以及人民群众和社会上普遍关心的热点、难点问题；另一方面要根据本会联系经济界的特色、积累的经验和人才的结构。在选题时既要关注提高经济发展的效益和质量，也要关注保障社会的公平和正义。每年下半年就开始考虑下一年的参政议

政课题，进行调查研究，并听取常委和地方组织的意见，最后由主席办公会确定立项。会中央领导还注意从高层协商中发现应急的课题，迅速开展研究。根据会内专家学者的研究方向和优势以及企业界会员从事产业的情况，通过多年的探索，本会初步形成了金融、风险投资、企业管理、社会保障、非公有制经济等比较具有优势的参政议政领域，并正在逐步扩展到建设社会主义新农村、住房保障、产业政策、区域经济、环境保护、国际贸易、现代服务业、创意产业、老龄事业等方面。

——精心组织是保证。参政议政应当凝聚本会集体的智慧，并注意吸收政府部门及社会各界人士的意见。为此需要协调组织十个方面的力量参与，深入进行调研。主席积极出思路，抓全面，并参加一个重点课题的调研，每位专职副主席牵头负责一个重点课题的调研；常委会提出调研课题，并评议每年的经济形势分析报告；会中央机关负责组织各个重点课题调研；中央委员会评议调研报告；各专门委员会，省、市级组织配合重点课题调研或自选课题调研，会中央每年两次向地方组织征选参政议政成果；在会中央的网页上开辟专栏广泛吸收会员意见；在调研时邀请政府有关部门参加并共同召开座谈会；此外还注意邀请有关学术团体和会外的专家学者参与调研和座谈。在安排出国考察时也注意与参政议政的课题相结合。

——注重质量是关键。参政议政的质量应当体现在针对性、真实性、可行性和时效性等方面。本会在参政议政中努力从人民群众的根本利益出发，反映人民群众、特别是经济界人士的意见和要求。通过认真地调研和分析，尽力做到多说真话实话，少说空话套话，不说大话假话。所提出的建议尽力做到在技术上可能、经济上合理、法律上允许、操作上能执行、进度上可实现，并能统筹兼顾各个方面的利益。努力提高将大量的数据资料和专家意见转化为切实可行的建议的能力，使建议能够得到执政党和政府的重视及人民群众和社会的认同。

（四）树立“大联络”工作新理念，努力提高合作共事能力

本会作为我国多党合作政治格局中的参政党，努力弘扬与中国共产党亲密合作的优良传统，与中国共产党共同致力于中国特色社会主义事业，参加国家政权，参与国家大政方针和国家领导人选的协商，参与国家事务管理，参与国家方针、政策、法律、法规的制定执行，认真履行参政议政、民主监督职能，在国家经济、政治、文化和社会建设中发挥了重要作用。本会一批优秀成员被选为各级人大代表和政协委员，一批优秀成员担任了政府和司法机关领导职务，他们认真履行职责，努力做好本职工作，得到了中共各级党委的重视、支持和肯定。在长期的实践中，合作共事能力有了显著提高，为促进政党关系的和谐发展作出了努力。

在合作共事的基础上，本会积极探索内联外联工作的有机结合问题，逐步形成了“大联络”工作新理念，构建起“大联络”工作格局，这是工作思路和方法的一个创新。把联络工作与社会服务工作、参政议政工作结合起来，进一步加强了会的各级组织与政府及有关部门的联系；加强了本会与兄弟党派、社会团体的联系；加强了会中央和地方组织的联系，中央专门委员会与地方组织专门委员会的联系，会的东、中、西部组织的联系；会的地方组织之间的联系，会的组织与会员所在单位的联系，会员之间的联系等。

——与国务院有关部门及地方政府联合举办风险投资论坛、非公有制经济发展论坛，有力地推动了我国风险投资事业和非公有制经济的发展，密切了本会与政府部门及各方面的联系。

——与地方组织、学术机构联合开办建华课堂，开展教学培训活动，为企业家搭建了学习交流平台。每年非公有制经济发展论坛的分课堂活动使企业家在参政议政方面发挥了自己的优势，通过互相交流，加强了会内外企业家的联系，提高了企业家会员的素质，促进了企业的发展。

通过联络工作与社会服务、参政议政工作相结合，提出一批建言献策的意见，使参政议政工作融入各个职能部门和专门委员会的工作之中。“大联络”促进了大联合，使会的合作共事能力得到了较大的增强。

（五）坚持工作和制度创新，努力提高自身建设能力

为了使会的建设上新台阶，会中央积极探索，大胆实践，工作中不断创新，取得了良好的效果。实践证明，只有解放思想，勇于探索，才能不断提高领导集体驾驭全局的能力，才能使本会树立更好的社会形象，才能更充分发扬会内民主，调动全体会员的积极性，凝聚全会的力量，更好地履行参政党职能。

——完善主席会议制度。每年召开四次主席会议、一次主席务虚会议，对会情进行全面分析，对会内重大事务在各抒己见的基础上取得共识。主席和专职副主席坚持每月一次中心组学习，认真领会中共和政府有关重大会议精神和方针政策，并联系本会实际进行分析研究。会中央坚持每年确定一项重点工作，同时通过调查研究、征求意见、召开会议、做出决定等程序，对会的工作形成指导性的意见。五年的实践证明，充分发挥领导集体的决策作用，对会的自身建设形成系统的工作思路，才能使会的事业不断开拓创新，健康发展。

——建立主席、副主席联系地方组织制度。主席、副主席联系到市级组织，直接了解基层组织情况，帮助地方组织研究分析会情，指导工作。同时通过召开座谈会了解会员的意见和反映。主席、副主席的走访受到了中共地方党委的高度重视，切实帮助会的地方组织解决工作条件、干部安排等问题。广大会员能直接听到会中央的声音，拉近了距离，增强了会的凝聚力。

——改善领导集体结构。1996 年以来，会中央共进行了四次中央委员建议人选的遴选，规模、遴选比例逐次扩大，取得良好效果，使优秀人才能脱颖而出，遴选已成为会中央一项规范的制度。

——树立扶贫工作品牌。思源工程扶贫基金会的成立把本会的扶贫工作提升到一个新高度，集中全会企业家会员的财力、物力，投入扶贫的重点地区和重点项目，加大了扶贫力度，提高了扶贫效果，扩大了本会的社会影响。

——推进机关建设。会中央机关以“民主、团结、创新、敬业”为目标，培育机关文化，建设和谐机关。每年年初主席和专职副主席与各部门全体同志共同研究全年工作，逐个确定目标责任。多年来在人事管理方面已实行了竞争上岗制度、全员培训制度和挂职锻炼等制度，在财务管理方面实行了预算制度和定额管理制度。

三、今后工作的主要任务

中共十七大的胜利召开，掀开了建设中国特色社会主义伟大事业的新篇章。站在这一新的历史起点上，需要我们正确认识和顺应形势的发展，准确把握机遇，发扬求真务实、开拓创新的精神，努力肩负起参政党新的历史使命和重要职责。我们要坚持解放思想，与时俱进，努力探索，积极实践，加强自身建设，提高参政能力，更好地履行参政党职能，为完成中共十七大提出的各项任务、推进中国特色社会主义伟大事业作出新贡献。

（一）认真学习贯彻中共十七大精神，坚定不移地走中国特色社会主义道路

中共十七大确定了今后一个时期我国经济、政治、文化和社会建设的目标、任务和方针政策，为全国人民指明了前进的方向。全会要把学习贯彻十七大精神作为当前和今后一个时期的首要政治任务。全体会员特别是各级领导干部学习中共十七大精神，要联系实际，深入思考，领会精神，努力贯彻。要通过学习，深刻理解中国特色社会主义是当代中国发展进步的旗帜，是中国共产党和全国各族人民团结奋斗的旗帜，进一步坚定走中国特色社会主义道路和坚持中国特色社会主义理论体系的信念；深刻理解改革开放是中国共产党在新的时代条件下带领人民进行的一场新的伟大革命，坚持“一个中心，两个基本点”的基本路线不动摇；深刻理解科学发展观是推进改革与现代化建设的行动指南，努力推进社会主义经济建设、政治建设、文化建设、社会建设全面发展。通过全会共同努力，把思想和行动统一到中共十七大精神上来，高举中国特色社会主义伟大旗帜，坚持不懈地贯彻科学发展观，坚韧不拔地推进改革开放，坚定不移地促进社会主义民主，为夺取全面建设小康社会的新胜利而努力奋斗。

要认真学习贯彻中共十七大精神，深入开展中国特色社会主义主题学习教育活动，不断推进政治交接。一要坚定不移地走中国特色社会主义政治发展道路。坚持中国共产党的领导、人民当家作主、依法治国的有机统一，坚持人民代表大会制度、中国共产党领导的多党合作和政治协商制度、民族区域自治制度以及基层群众自治制度，努力提高政治识别能力，自觉抵御各种错误思潮的侵袭和影响。二要进一步增强接受中国共产党领导的自觉性和坚定性。充分认识中国共产党的先进性，紧密团结在中国共产党周围，积极拥护中国共产党的路线、方针和政策，自觉维护中国共产党的执政地位，为中国共产党治国理政分忧解难。在任何时候、任何情况下，都不能动摇接受中国共产党领导的信念，始终与中国共产党同心同德、肝胆相照、荣辱与共。三要努力弘扬老一辈的优良传统和高尚风范。从多党合作历史的学习中不断深化对优良传统的认识，从老一辈的言传身教中不断增强对优良传统的理解和把握，从工作和实践中不断赋予优良传统新的时代内涵，将本会事业不断推向前进。

（二）坚持科学发展观，更好地履行参政党职能

努力实现十七大提出的目标和任务，是中国共产党和民主党派共同的历史使命，同时也为本会发挥参政党作用提供了更加广阔的空间。我们要全面把握科学发展观的科学内涵、精神实质和根本要求，结合我国基本国情，把科学发展观贯彻落实到履行参政党职能的各项工作中，不断开创本会工作的新局面。

积极履行参政议政职能，为经济、政治、文化、社会建设建言献策。要牢牢扭住经济建设这个中心不动摇，坚持把促进发展作为履行参政党职能的第一要务，充分发挥本会密切联系经济界的特色和优势，围绕“转变经济发展方式，促进国民经济又好又快发展”，有计划地就建设资源节约型、环境友好型社会；鼓励、引导非公有制经济发展；统筹城乡发展，推进社会主义新农村建设；深化财税、金融体制改革；推动区域协调发展等重大问题，深入调查研究，积极建言献策。积极参与政治文明建设，自觉维护中国共产党领导的多党合作政治格局，促进政党关系和谐发展。积极参与国家法律法规的制定和修改工作，促进中国特色社会主义民主政治发展。积极参与中国特色社会主义文化建设，推进社会主义核心价值体系建设，倡导文明风尚，为精神文明建设服务。坚持以人为本，改善民生，推动和谐社会建设。关注发展教育、扩大就业、建立健全社会保障体系、维护社会公平正义等社会建设领域的重大问题，积极献计出力。不断巩固和拓展本会参政议政的优势领域，进一步整合会内资源，协调组织十个方面的力量，充分发挥专门委员会和专业组的作用，健全和完善参政议政的有效机制，进一步提高参政议政的质量和水平。

切实推进民主监督。各级组织要寓民主监督于政治协商、参政议政过程之中，充分发挥各级人大代表、各级政协委员和各类特约人员在民主监督中的重要作用，积极为推进决策的科学化、民主化，促进各级党政机关和广大公务人员的高效廉洁，切实对预防和治理腐败，维护社会稳定和谐提出意见、批评和建议。要树立高度的政治责任感，积极探索民主监督的有效形式。加强学习和调查研究，使提出的意见、批评和建议持之有据、言之成理，努力提高监督的水平和效能。要进一步推动反映社情民意工作，不断完善工作机制，拓宽信息来源，提高信息质量，更好地为中共和政府决策服务。

进一步做好社会服务工作。要继续创新工作思路，拓展工作领域。以关注民生为切入点，整合全会力量，大力推进“思源工程”，鼓励和引导广大会员特别是企业家会员积极投身于扶贫和公益事业。围绕社会主义新农村建设和新阶段扶贫工作重点，充分发挥企业家会员和会内外专家的作用，为贫困地区人民办实事、办好事。积极推动社会主义市场经济体制改革，促进非公有制经济健康发展。帮助会员企业了解行业、区域发展战略和政策信息，提供交流考察、学习培训的机会，促进企业间的沟通与合作，使它们在国家西部开发、东北振兴、中部崛起及区域协调发展等重大战略的实施中作出新贡献。继续组织好中国风险投资论坛、中国非公有制经济发展论坛，突出特色，提高水平，使之成为本会为全面建设小康社会服务的重要平台和优质品牌。充分利用会内优势资源，协助政府做好就业和再就业工作。各级组织要教育和鼓励会员立足本职勤奋工作，在自己的工作岗位上建功立业，以出色的工作业绩为国出力、为会增光。

努力为促进港澳繁荣稳定、推进祖国和平统一、维护世界和平发挥积极作用。不断拓展和创新联络工作的领域和渠道。加强同港澳各界特别是工商、教育等专业界人士的联系，推动内地和港澳的交流与合作，为维护和发展港澳的繁荣稳定作出贡献。围绕两岸关系和平发展的主题，加强与主张发展两岸关系的台湾各界人士的联络与交往，促进两岸同胞感情更融洽、合作更深化。坚决反对“台独”分裂活动，维护两岸关系和平稳定，促进祖国统一。积极参与国际民间交流，加强与华侨华人特别是新生代代表人士的联系。通过多渠道、多形式的交流，介绍我国改革开放和现代化建设取得的成就，宣传我国的政治制度和政党制度，推动中华文化传播，促进各国人民友好往来。

（三）适应新时期多党合作要求，全面推进自身建设

思想建设是自身建设的核心和首要任务。认真组织学习中共十七大精神，学习多党合作理论政策，学习会史、会章和会的优良传统，进一步夯实新的历史时期本会坚持和发展多党合作的思想政治基础。要按照建设学习型参政党的要求，紧密结合改革开放和现代化建设实践，在全会深入开展学习科学发展观的活动，努力提高全会运用科学理论分析和解决问题的能力。及时了解会员思想动态，有针对性地做好思想政治工作。结合本会实际，加强参政党建设理论和规律的研究，推进在实践基础上的理论创新。加强会的舆论宣传工作，扩大会的影响，塑造良好的参政党形象。

组织建设是自身建设的基础。努力做好组织发展工作。坚持不懈地抓好骨干队伍建设，协助中共党委和政府做好新的社会阶层人士，特别是非公有制经济代表人士的工作。领导班子建设是自身建设的关键环节，要把巩固和发展政治交接成果作为领导班子建设的首要任务，努力建设团结民主、务实高效，能够经受各种困难和风险考验的坚强领导集体。各级领导班子要负起“接受中共领导、高举旗帜、服务大局、团结合作、教育引导”五个方面的政治责任，提高驾驭全局的能力；密切联系会员，自觉接受会员监督；发挥集体领导的作用，增强各级组织的凝聚力。进一步健全和完善领导体制和工作机制，认真贯彻民主集中制，健全会务工作既相互制约又相互协调的运行机制。

建立会内监督机制。做好会内监督，是加强自身建设的重要内容，是发扬会内民主，维护全会团结，履行本会职能的重要保证。要明确会内监督的基本原则、重点对象和主要内容，建立健全会内监督制度，逐步形成比较完善的会内监督体系。会的各级组织要切实发挥领导作用，努力抓好会内监督工作，支持和保护广大会员参与监督，改进会员来信来访和权益保护工作，促进会内监督工作的健康发展。

建立和完善后备干部培养机制。要把后备干部的物色、考察、培养、选拔等各项工作制度化、规范化，把工作的重点放在后备干部的培养上。通过培训学习和上下交流挂职等多种形式，对骨干进行比较系统的理论教育和实践锻炼，不断提高政治素质。加快后备干部的培养，把他们安排到一定的岗位上去锻炼，为他们的成长铺台阶、搭舞台。积极向政府部门、大专院校、企事业单位等推荐人才，为更多的会员进入各级领导岗位创造条件。

加强和改进培训工作。重点抓好领导班子成员和骨干会员培训。增强培训针对性，立足实际需要，拓宽和丰富培训内容，做到讲求实效、学有所获、学以致用。既要着眼于理论水平的提高，又要面向实践，努力提高实际工作能力。通过各级社会主义学院、各级组织培训中心、建华课堂，加强培训工作，提高培训质量。

加强基层组织建设。要坚持领导集体成员分工联系基层组织制度，加强对基层组织工作的指导。适应新形势、新任务以及会员情况的变化，努力丰富基层组织工作的内容、创新活动形式，增强基层组织的凝聚力。下工夫解决部分支部活动不正常、作用

发挥不够的问题。要通过多种渠道，协助基层组织解决困难。关心老同志，注意发挥老同志的作用。关心会员的工作和生活，维护他们的合法权益，反映他们的合理要求。

加强机关建设。根据国家《公务员法》和本会实际，健全和完善各项工作制度，实现机关工作制度化、规范化、效能化。培育机关文化，加强学习型机关、和谐机关建设。增强机关为基层服务、为会员服务的意识。加强会中央和地方组织的信息沟通。推进人事制度改革，加大干部培养交流力度。改进工作作风和工作方法，提高工作效率和水平。

同志们，我国改革开放和现代化建设的伟大事业正处在一个关键时期，中共十七大为中华民族的伟大复兴指明了前进的方向，描绘了美好的蓝图，中国特色社会主义事业必将取得更加辉煌的成就。作为我国多党合作格局中的参政党，本会一定要振奋精神，发挥密切联系经济界的特色和优势，不辱使命，不负重托，为全面建设小康社会努力奋斗。让我们更加紧密地团结在以胡锦涛同志为总书记的中共中央周围，解放思想，开拓奋进，为实现祖国的富强、民主、文明、和谐作出新的更大的贡献！

中国民主促进会第十次全国代表大会报告

高举旗帜　团结奋进
为全面建设小康社会作出新贡献

——在中国民主促进会第十次全国代表大会上的报告

（2007 年 12 月 1 日）

许嘉璐

各位代表、各位同志：

现在，我代表中国民主促进会第十一届中央委员会向大会作报告，请各位代表予以审议，请各位列席的同志提出意见。

在全国人民认真学习贯彻中国共产党第十七次全国代表大会精神，夺取全面建设小康社会新胜利的形势下，我们迎来了中国民主促进会第十次全国代表大会的胜利召开。

本次大会的主题是：认真学习贯彻中共十七大精神，高举中国特色社会主义伟大旗帜，以邓小平理论和“三个代表”重要思想为指导，深入贯彻落实科学发展观，坚持走中国特色社会主义道路，深化政治交接，推进高素质参政党建设，为我国经济建设、政治建设、文化建设、社会建设作出新贡献。

当前，我国发展正处在一个新的历史起点上。中国共产党领导的多党合作事业蓬勃发展，我会的新老交替、政治交接面临新的形势，作为中国共产党的亲密友党，扎实工作，与时俱进，为中华民族的伟大复兴和全面建设小康社会作贡献，是历史和时代赋予我会的光荣使命。

一、工作回顾

民进“九大”以来，我国社会主义现代化建设持续、快速、健康发展，我会积极适应新形势，始终坚持中国共产党领导的多党合作和政治协商制度，坚持走中国特色社会主义道路，坚持以科学的理论指导实践，全面加强自身建设，认真履行参政党职能，在前进的道路上取得了全面进步。

（一）政治交接扎实有效。搞好政治交接是保证多党合作事业可持续发展的前提和基础，是实现新老交替，确保我会健康发展的重要保障。五年来，全会始终坚持以政治交接为主线，坚持中国共产党领导的多党合作和政治协商制度，继承和发扬我会的优良传统，坚持认真贯彻落实中共中央两个“5 号文件”精神和我会《关于搞好政治交接，加强自身建设的几点意见》；结合国际国内不断发展变化的新形势、新要求，会中央准确把握、不断深化政治交接，逐步把政治交接推向基层组织、引进机关建设之中，有力地推动了全会政治交接活动的深入开展。为深化政治交接，根据不同阶段、不同任务的要求，全会结合全国人大制定的《反分裂国家法》，进行爱国主义教育；结合“抗击非典”斗争，开展“三增强、四热爱”系列教育活动；结合“纪念民进成立六十周年”、“六二三”下关事件六十周年、民进成立旧址修缮、雷洁琼百年华诞、赵朴初百年诞辰等重大活动，深入开展传统教育；结合国家“十一五规划”，激励广大会员自觉地为全面建设小康社会和构建和谐社会献计出力；结合学习中国共产党治国理政的大政方针，坚定接受中国共产党领导的信念，深化了政治交接的内涵。各级组织站在历史的高度，自觉地肩负起推进多党合作可持续发展和民进事业健康发展的重任，努力为巩固发展多党合作和政治协商制度做出应有的贡献。为了有效配合全会政治交接工作的总体部署，推动各级组织新老交替，结合今年换届工作，全会深入开展了以“坚持走中国特色社会主义政治发展道路”为主题的政治交接学习教育活动，产生了良好的效果。随着政治交接的逐步深入，全会凝聚力普遍增强，综合政治素质和履行职能的能力明显提高，为我会建设高素质参政党奠定了良好的基础。

（二）思想建设取得新进展。思想建设是参政党建设的灵魂和核心，是明确政治方向、坚定立场、凝聚人心、鼓舞士气、推动工作的有效方法。全会各级领导高度重视思想建设，在实效上下功夫，精心选择学习内容，有计划、有步骤、创造性地开展了思想教育工作，增强了思想政治工作的针对性和有效性。针对会员的思想状况，制定了《关于加强和改进思想政治工作的意见》、《关于做好宣传思想工作的实施意见》等一系列重要文件，适时开展了形式多样、丰富多彩的学习教育活动。各级组织中心学习组充分发挥表率示范作用，积极带动广大会员认真学习《邓小平文选》、《江泽民文选》、胡锦涛同志重要讲话和中共中央一系列重要会议、文件精神，促进全会不断增强接受中国共产党领导的自觉性和坚定性；充分利用活的教材，加强思想政治工作的实效性，及时编辑出版“民进历史人物传略”、《民进风采》画册、《肝胆相照，再谱新篇》和雷洁琼、赵朴初等民进领导人文集；拍摄“民进60周年会史教育片”；举办会史展览和组织“多党合作基础知识征答”、“多党合作谱新篇”、“我与民进”、“团结奋进60年”等征文活动，参加人数达3.1万余人次。通过召开全国宣传思想工作会议、思想政治工作会议、网络宣传工作会议、会刊和网上交流研讨会、会史工作与统战理论研讨会，大兴学习之风，理论研究之风；利用新闻媒体和会中央宣传网站，以及省市级组织网站、网页，建立健全工作网络，宣传我会自身建设和履行职能的丰硕成果，展现我会各级组织和广大会员的风采，提高了全会思想政治水平和工作能力。

（三）组织建设跨上新台阶。组织建设是全会各项工作的基础和履行职能、健康发展的根本保证。根据新形势的要求和组织建设的实际，全会深入调查研究，不断创新工作方法，思路更加清晰，目标更加明确，重点更加突出，效果更加显著。全会先后开展了“培训年”、“组织建设年”，有针对性地加强各级领导班子建设，加大培训力度，培训各级领导干部和骨干会员2万多人次，涌现出一大批先进会员和优秀干部。如，陈难先、蔡述明和许多会员获得了国际国内的科学研究大奖。根据干部队伍建设的实际，及时调整充实后备人才库，切实做好后备干部的培养、推荐、选拔和使用；根据全会履行职能的实际，积极稳妥地做好组织发展工作，五年全会新增会员2.6万人；针对基层组织工作的实际，制定了《中国民主促进会基层组织工作条例》，建立了“民进中央基层工作联系点”和组织部门对口联系制度；召开了“民进全国基层组织建设工作暨先进基层组织表彰大会”，举办了基层组织成果展，表彰先进基层组织201

个；妥善处理会员来信来访，开发组织信息管理软件，有效地带动了全会各项工作的开展。据统计，截至2007年6月底，会员总数达10.5万人，平均年龄50.3岁，具有高中级职称的占85.8%。全会担任县处级以上政府部门、司法机关职务的人数624人，各级人大代表1757人、政协委员9227人，各级特约检察员、监督员、教育督导员、审计员等1700多人。近两年省市级组织顺利换届是组织建设重要成果的具体体现，一大批政治素质好、参政议政能力强、有威信、有组织领导能力的中青年骨干会员充实到各级领导班子，为我会注入了生机与活力，全会的年龄结构更趋合理，界别有所拓展，知识层次、整体素质显著提高，为我会的自身建设与更好地履行参政党职能打下了坚实的基础。

（四）制度建设取得新突破。制度建设是规范各项工作有序开展，提高工作效率的有效保障。根据实际情况，全会努力把具体程序标准化，成功经验系统化，作出了“关于加强民主集中制、改进领导作风的决定”，按照民主集中制的原则，建立健全了各级领导班子学习制度、会议制度和议事规则；会中央制定了《民进中央主席、副主席、秘书长职责》（试行）、《民进中央工作规则》等多项制度；积极探索会内的监督制度，在部分地方组织开展了领导干部民主生活会、年终述职和届中评议制度的试点工作；会中央进一步加强了对地方组织的指导，建立了省级组织专项工作表彰制度、参政议政年会制度、参政议政特邀研究员制度、走访政府有关部门制度、参政议政课题申报及成果奖励制度、信息和提案反馈制度，以及调研经费使用管理和党派提案运作规则等60余项条例和办法。完善了民主科学的决策机制、重点课题调研机制、发挥全会整体优势的网络机制、各级组织联动机制，形成了科学规范的管理体系，全会各项工作逐步走上了制度化、规范化、程序化的轨道。

（五）参政议政、民主监督成果丰硕。参政议政、民主监督是民主党派的主要职能。五年来，全会始终坚持“围绕中心，服务大局”，把发展作为参政议政的第一要务，把参政议政与民主监督相结合，自觉履行参政党职能，积极探索参政议政的新渠道、新思路和新方法，制定了《民进中央关于进一步加强参政议政能力建设的意见》，有效地促进了参政议政能力和水平的提高。

会中央领导积极参加中共中央和国务院召开的各种协商会、通报会、座谈会以及有关部门的研讨会近百次，对我国经济、政治、文化和社会生活中的重大决策发表政见，对中共中央、国务院、人大、政协一系列重要会议的文件提出修改意见，对一些热点难点问题以书信方式直接向中共中央和国务院领导提出建议，把一些普遍性问题及时反映给全国人大、全国政协和有关部门，在国家战略决策中发挥了重要作用。全会各级组织在“巩固老阵地，开拓新领域”工作思路的指导下，推进和深化“文化建设”、“教育改革与发展”、“出版体制改革”、“节约资源”、“环境保护”、“三农问题”、“星火西进”、“长江保护与发展”、“生态家园富民计划”、“民族地区经济社会发展”等十大参政议政系列课题；围绕推进生态家园富民计划，促进农村全面小康建设，促进教育科学决策，推动学前教育立法，培育弘扬民族精神，加强民族文化保护，推进出版事业的改革与发展，推进环保产业和生态环境建设，加快民族地区经济社会发展，加强湿地保护、石漠化和沙漠化治理等带有全局性、综合性、前瞻性的课题，深入基层，深入群众，深入偏远贫困山区和民族地区，广泛开展调查研究，向国家提出了一系列意见和建议，被中共中央、国务院所采纳。为适应新的形势和促进经济、社会协调发展，建立参政议政长效机制，打造参政议政平台，举办了“中国教师发展论坛”和“长江流域水环境安全与保障研讨会”，受到社会各界的广泛关注，我们也从中汲取了许多参政议政的营养。五年来，全会各级组织仅在政协会议上就有300多份提案被评为优秀，有120余份提案被确定为重点督办提案，对我国经济、政治、文化、社会协调发展作出了重要贡献。各级组织和广大会员积极关注民生，围绕夺取抗击“非典”斗争全面胜利、推进人事制度改革、加强金融安全研究、加快办学体制和文化体制改革等事关国计民生的重大问题，提出了近百条意见，反映5000多条信息，许多重要意见和信息被中共中央、国务院和有关部门采纳。张怀西、严隽琪、冯骥才副主席和许多会员的提案被全国政协和各级政协评为优秀提案。在“中央民族工作会议暨国务院第四次全国民族团结进步表彰大会”上，民进四川省委会、民进云南省委会被授予“全国民族团结进步模范集体”荣誉称号；民进会员龙耀宏、马文宝、李士杰被授予“全国民族团结进步模范个人”荣誉称号，为我会树立了良好的形象。

（六）社会服务成效显著。积极开展社会服务工作是参政党履行职能，为构建社会主义和谐社会贡献力量的重要渠道，也是树立参政党形象和自身价值的重要体现。五年来，全会始终以经济建设为中心，以服务大局、服务社会为宗旨，以促进社会效益为根本，按照“发挥优势、突出重点、量力而行、尽力而为”的方针，真抓实干，努力做好社会服务工作。会中央在2003年召开了民进全国社会服务工作会议，总结部署工作，进一步明确了全会社会服务工作的方向。会中央连续多年推进“六个西进”等系列活动，积极促进东西部对口支援，推动“星火西进”、“青年星火西进”，全力支持陕西关中、甘肃河西走廊星火产业带建设；开展“走进西部——城乡少年手拉手助学活动”、“百名优秀教师西部行”、“百名民进民营企业家西部行”、“百名港澳台企业家西部行”，合作投资金额100多亿元；全会各级组织通过定点扶贫、重点地区扶贫和智力支边工作，促进贵州毕节、黔西南、广西百色、陕西延安、河北滦平区域经济、科技、教育发展，积极推进生态家园富民工程，大力支持黔西南州30万亩金银花种植和西南地区石漠化治理、甘肃民勤沙化治理，为贫困地区生态建设和农民脱贫致富相结合探索出一条有效途径。各级组织广泛开展多种形式的“三下乡”活动，大力支持和促进民办教育的健康发展，积极引导、支持企业界会员参加扶贫济困等社会公益活动。近年来，民进各级组织和广大会员协助政府安置下岗职工和扶助灾区孤儿近5万人，为社会公益事业共捐资3.78多亿元，捐建希望学校1012所。在民进全国社会服务工作经验交流暨表彰大会上，有50个先进集体和75名先进个人受到表彰，在“各民主党派中央、全国工商联为全面建设小康社会作贡献”表彰活动中，我会有35个集体、60名个人受到表彰。我会的社会服务工作，充分体现了倾情为民和服务社会的本色。

（七）积极促进内地与港澳台的交流。加强海峡两岸交流，推进祖国和平统一大业的进程是民主党派的重要任务和责任。五年来，全会积极响应中共中央号召，根据对台工作的新形势，紧紧依靠各级有关部门，联合有关社会团体，积极发挥自身优势，吸引港澳台文化、教育、出版界有影响的专家、学者和企业家参与，促进两岸四地文化、教育和经贸交流，开展了“海峡两岸中华传统文化与现代化研讨会”、“海峡两岸企业发展与合作论坛”和“海峡两岸中学校长教育论坛”等系列活动，累计参加人员达3000余人次。全会各级组织利用联系广泛的优势，“请进来、走出去”，主动开展形式多样的对港澳台联谊工作，真诚地与各界别、各阶层的港澳台人士谈心交友，积极参与“海峡两岸九·九同歌”、伏羲文化和炎黄文化研讨，以及两岸闽南话大赛等活动，为弘扬中华民族精神，增强民族凝聚力，促进祖国大陆与港澳台沟通感情，加强合作与交流搭建平台，发挥了积极的作用。我会还经常根据活动中的一些重要信息，向有关部门提出有针对性的建议，受到中共中央和国务院的高度重视与充分肯定。

（八）专门委员会工作成绩显著。专门委员会是我会参政议政、社会服务的工作机构，也是参政议政的参谋和智囊团。全会高度重视专门委员会工作，充分发挥专门委员会的作用，强调要把加强和改进专门委员会工作作为履行职能的重要抓手，深化重点课题调研，强调工作创新、制度创新，完善工作机制，在强调以专门委员会为会中央参政议政基本单位的同时，加强专门委员会之间的合作，成立课题组，建立委员表现记录在案制和成果奖励制，加大为专门委员会服务的力度，取得了突出的成效。各专门委员会积极开展工作，广泛开展调查研究，深化理性思考、规范化操作、制度化保障，在经济、文化、教育、出版、科技、医卫、法律、对台和海外联谊、妇女权益保障、“三农”问题、资源环境、社区建设等方面，取得了大量调研成果。会中央八个专门委员会提供了120余份高质量的参政议政素材稿、100余份反映社情民意的重要信息，对全会履行职能起到了积极的作用。目前，全会专门委员会的工作正朝着新的目标不断迈出坚实的步伐，呈现出内容更为丰富，气氛更为活跃，工作更为积极，成果更为显著的新局面。

（九）机关建设迈出新步伐。加强机关建设是我会建设高素质参政党的基础性要求，也是提高工作水平和效率，更好地为工作服务的需要。为适应新形势新任务，全会把政治交接融入机关建设之中，坚持以思想建设为核心，以队伍建设为基础，以制度建设为保障，确立了“机构设置合理、制度健全规范、干部队伍精干、政治思想坚定、文化观念先进、纪律作风严明、党派业务精通、工作运转流畅”的机关建设目标，有效地促进了机关工作的观念创新、方式创新和管理创新，提高了工作效率、服务质量和工作水平。全会各级机关坚持以人为本的理念，建设学习型、服务型和谐机关，努力改善办公条件和办公环境，不断加强机关的思想建设、作风建设、制度建设、文化建设、信息化建设，坚持公务员录用、挂职锻炼、竞争上岗、轮岗交流制度，实行科学的考评考核，开展有针对性的业务培训，有效地提高了机关干部的综合素质。结合公务员法和有关文件的学习，积极培育公务员精神，广泛开展政策法规教育、国情教育、传统教育和时事教育，提高了机关的工作质量、办事效率和管理水平。会中央机关还制定了《干部队伍建设规划》、《干部培训规划》、《机关文化建设规划纲要》、《机关信息化建设的指导意见》，修订、编印了《民进中央机关管理制度汇编》，收入各项规章制度156项；印发了《民进中央工作手册》，并坚持对制度执行情况的定期检查和评议，产生了良好的效果。2007年，民进全国机关建设工作会议全面总结了全会建设高素质参政党机关的经验，进一步明确了机关建设的目标和方向，对全会的机关建设产生了深远的影响。

同志们，我们在看到成绩的同时，也要清醒地认识到，我们的工作与各级组织和广大会员的要求还有不小差距，前进中还有不少困难和问题。主要是：各级组织的发展还不平衡，思想、理论建设还需进一步加强，工作机制尚待进一步改进，形式尚待进一步创新；会员的知识结构、界别结构、年龄结构尚需进一步优化；基层组织的活力还需要进一步增强；少数干部大局意识、参政党意识有待进一步提高。我们必须高度重视，采取有效措施，切实加以改进。

总体来说，这五年，是我会按照中国共产党领导的多党合作和政治协商制度的本质要求，团结拼搏，扎实奋进的五年；是认真履行参政党职能，努力推进高素质参政党建设的五年；是全会发展最好的时期之一！

五年来的成绩是各级党政部门大力支持的结果，也是我会各级组织和全体会员共同努力的结果。我代表会中央向长期关心、支持、帮助我会工作的各级党政部门和各兄弟党派表示衷心的感谢！向各级组织和全体会员表示诚挚的问候！

二、工作经验与体会

多年来，全会认真履行职能，努力推进高素质参政党建设，创造性地继承和发扬我会的优良传统，不断深化政治交接，不断加大思想建设、组织建设、作风建设、制度建设的力度，创新了工作机制，锻炼了干部队伍，提高了参政议政、民主监督的水平，提高了服务社会的实效性，逐步形成了民进特色，积累了丰富的经验。

（一）坚持以政治交接为主线，增强接受中国共产党领导的自觉性和坚定性，是我会加强高素质参政党建设的永恒主题。增强接受中国共产党领导的自觉性和坚定性，坚持多党合作和政治协商制度，坚持走中国特色社会主义道路，是建设高素质参政党的基本要求。它既是我会老一辈领导人正确的历史抉择，也是新一代领导集体和全体会员的坚定信念。多年来，全会始终遵循这一根本原则，始终坚定这一立场，始终坚定多党合作事业的信念，增强把我会建设成为高素质参政党的信心。搞好我会的政治交接，关键是增强接受中国共产党领导的自觉性和坚定性，根本在于自觉地、坚定地走中国特色社会主义政治发展道路，在于自觉地、坚定地坚持和完善中国共产党领导的多党合作和政治协商制度。中国共产党对各民主党派的领导是政治领导，即政治原则、政治方向、重大方针政策的领导。这是中国共产党对民主党派的领导原则、方式和内容。全会只有自觉认真地学习、掌握、遵守政治原则，自觉认真地学习、理解、贯彻大政方针政策，才能牢牢把握正确的政治方向，才能应对任何复杂形势、任何困难的考验。事实证明，始终保持清醒的头脑，坚定正确的政治方向和政治立场，明辨是非，永不迷路，永远走中国特色社会主义政治发展道路，是搞好政治交接的根本保证，也是我会建设高素质参政党的本质要求。

（二）坚持以科学理论为指导，是我会建设高素质参政党和全面履行职能的必然要求。全会坚持以科学理论为指导，这是工作规律的要求，是适应新形势的需要，是我会推进高素质参政党建设的重要保障，也是我会的实践经验。多年来，全会始终坚持邓小平理论、“三个代表”重要思想和科学发展观等重大战略思想在内的科学理论体系，坚持用这一中国特色社会主义理论体系武装全会，坚持用中国共产党领导的多党合作理论指导全会的工作，注重学习理论，强调掌握理论、应用理论，注重理论的前瞻性和指导性，充分发挥理论对我会加强自身建设和履行职能的指导作用，取得了可喜的成绩。

中国特色社会主义理论体系，坚持和发展了马克思列宁主义、毛泽东思想，凝结了几代中国共产党人带领全国人民不懈探索实践的智慧和心血，是马克思主义中国化的最新成果，是最宝贵的政治和精神财富，是全国各族人民团结奋斗的共同思想基础。我会强调理论武装的重要性，就在于通过理论的学习和武装，使我们更容易找到工作的规律，使我们更加坚定政治立场、政治信念，使我会树立由社会主义核心价值体系所倡导的价值观念，积极探索用社会主义核心价值体系引领全会的有效途径，主动做好各方面的工作，不断提升政治思想和综合政治素质，为搞好政治交接打下坚实的基础。我会强调理论武装的重要性，还在于我会的各项工作必须与时俱进，体现时代性，把握规律性，富于创造性。要做到这些，最基本、最重要的条件是学习理论、掌握理论，真正用理论武装全会。理论来源于实践，我们要深入把握中国特色社会主义理论体系，就必须认真设计实践，认真组织实践，认真总结实践，在不断深入的实践中和学习理论的基础上，从丰富的实践中总结出规律和经验，由经验上升为理论，不断提高我会的理论建设水平。理论指导实践，要使我们的实践科学、有效，这就要求我们在科学理论的指导下，提高实践的水平和实效性，减少盲目性，全面提升我会各项工作水平。理论高于实践，这就要求我们要充分利用理论的概括性、前瞻性和指导性，利用理论具有普遍性的品格，指导我会的工作。理论在实践中得到检验、丰富和发展，这就要求我们在理论的指导下工作，在实践中不断加深对理论的理解，提高应用理论的水平，不断加强理论对实践指导的实际效果，不断提高应用理论的自觉性。理论在实践中发展，这就要求我们不断研究实践、总结实践，在实践中不断提升理论指导实践的水平，适应时代发展的要求，在改造客观世界的同时改造主观世界，保证我国多党合作事业和民进事业具有光明前途、蓬勃生机和旺盛活力。

（三）坚持创造性地继承和发扬老一辈的优良传统，是我会建设高素质参政党的精神动力。继承和发扬优良传统，是民主党派政治交接的重要内容，是推动我国多党合作和政治协商制度可持续发展、增强我会凝聚力的精神动力。多年来，全会秉承我会老一辈与中国共产党在长期团结合作中形成的“坚持中国共产党的领导，坚持爱国、民主、团结、求实，坚持立会为公”的优良传统和高尚风范，进而形成了“继承传统、以党为师、立会为公、参政为民”的共同意志。这是民进新一届领导集体、各级组织和全体会员在新的实践和发展中形成的共同价值理念，是全会与时俱进，努力拼搏，创造性地继承和发扬我会优良传统，不断深化政治交接的智慧结晶和理论升华。实践告诉我们，“继承传统”就是要在不断实现政治交接，加强自身建设和履行职能的过程中，确保我会老一辈领导人形成的优良传统和民进本色永远不变；“以党为师”就是要认真地学习借鉴中国共产党的党建经验和执政经验，促进我会自身建设和履行职能不断巩固、提高和完善；“立会为公”就是要克己奉公，贡献社会，不谋私利，淡泊名利；“参政为民”就是要想民、爱民、亲民、为民，把知晓民情、反映民意、顺应民心、珍惜民力、集中民智作为履行职能的基本标准和要求。我们在实践中，必须始终把优良传统教育贯穿于全会各项工作之中，不断深入地“印入”会员的头脑之中，使之得到继承和发扬。在继承中坚持，在坚持中发展，在发展中创新，不断增强全会的使命感和责任感，不断增强全会的凝聚力。我们只有继承和发扬优良传统，才能永葆本色；只有创造性地继承和发扬优良传统，才能与时俱进地推进多党合作事业和民进事业的可持续发展，使我会的优良传统永远成为推动我会建设高素质参政党的精神动力。

（四）坚持围绕中心，服务大局，把发展作为参政议政的第一要务，是参政党承担的历史责任。围绕中心、服务大局，把发展作为参政议政的第一要务，是我会履行职能、发挥优势、体现特色，不断加强参政议政能力建设的基本要求，也是我会有效发挥参政党作用必须遵循的工作方针。多年来，我会一直强调参政议政工作的重要性，不断提高参政议政水平，是因为参政议政是参政党的主要职能，是我会存在价值的重要体现，是凝聚全会智慧，为国家又好又快地发展献计出力，为构建社会主义和谐社会作贡献的重要表现。近年来，我会通过狠抓理论学习和干部培训，力图进一步提高我会的政治把握能力和组织领导能力；通过狠抓专委会工作，力图建立和完善我会参政议政机制；通过推动广大会员参与议政调研，力图提高我会的综合政治素质和参政议政能力；通过抓好参政议政工作的各个环节，力图进一步优化我会工作机制，提高我会的凝聚力、战斗力。广大会员参与参政议政工作，必须学习政策，把握形势，调查研究，体察民情，必须加强对世情、国情、省情、市情的研究，必须学习有关的理论，必须找到存在的问题的背景和原因。这一过程，是学习的过程，理解的过程，自身提高的过程，也是不断总结经验把工作推向前进的过程，实际上就是全面提高我会综合素质的过程。实践证明，只有“围绕中心，服务大局”，才能找准位置、选准角度、充分发挥作用，不断地作出新的贡献。

（五）坚持巩固老阵地，开拓新领域，是加强我会自身建设和履行参政党职能的工作方针。“巩固老阵地，开拓新领域”是会中央第十届领导集体根据我会的实际和客观形势的发展提出的工作方针，是全会继承传统、与时俱进的需要，是提高自身建设水平的需要，是提高履行职能水平的需要，是我会可持续健康发展的需要，是在新形势下加强我会自身建设，更好地履行职能的重大举措。“巩固老阵地”，要求我们在已经取得成绩的“阵地”上，认真总结经验，加强力量，不断提升在这些领域里各项工作的水平，使我会在“老阵地”上结出更丰硕的果实，为人民作出新的更大贡献。“开拓新领域”，要求我们审时度势，培养人才，开拓思路，在我会以往不甚熟悉的领域有所作为，开创新的业绩，并使之不断得到巩固、提高和发展。实践证明，“巩固老阵地，开拓新领域”使我会在不断加强思想建设、组织建设、参政议政和社会服务工作等方面，取得了可喜的成绩。“巩固老阵地，开拓新领域”，既是我会的战略思想，又是我会的工作经验；既是工作号召，也是工作要求。全会在坚持落实这一战略思想的同时，要不断总结新经验，研究新问题，推动我会工作取得更好的成绩。“巩固老阵地，开拓新领域”，是一个辩证的有机整体，二者相互统一，相互促进，相互转化，相得益彰。老阵地和新领域也是变化的，我们只有在巩固老阵地的基础上开辟新领域，在新领域中巩固老阵地，用开辟新领域的经验刷新老阵地的阵容，才能与时俱进，不断促进我会高素质参政党建设，不断提高我会全面履行职能的水平。

（六）坚持牢固树立服务社会的政治责任感，是为构建社会主义和谐社会作贡献的重要思想基础。服务社会是参政党的主要职能之一，也是为构建社会主义和谐社会作贡献的基本途径。多年来，我们把服务社会看做是我会应尽的责任，是为构建社会主义和谐社会应尽的义务。强调要实心实意地服务社会，在服务社会中宣传中国共产党领导的多党合作和政治协商制度的优越性，宣传民主党派在社会中的作用。在服务社会的过程中，可以培养干部、锻炼干部、凝聚会员为民服务的力量，传播为民服务的精神；在服务社会的过程中，我们的干部和会员能体察民情，了解民意，增强为人民服务的感情和本领；在服务社会的过程中，我们能亲自体会国家的方针政策，切身感受改革开放的成就，清醒认识前进中存在的困难和问题，进一步增强服务社会的意识和责任心；在服务社会的过程中，我们能得到最真实的第一手材料，为参政议政提供极为实际而有价值的课题。经验告诉我们，只有牢固地树立服务社会、奉献社会的责任意识，不断提高服务社会的政治责任感和使命感，才能为构建和谐社会作出积极的贡献。

（七）坚持制度建设和机制创新，是搞好参政党建设的重要内容。加强制度建设是我会自身建设的重要内容之一。制度建设是自身建设中带有根本性、长期性、规范性和保障性的建设，是关系全局的一项系统工程，是保障思想建设、组织建设、作风建设的有效方法。机制是在制度调节下形成的工作之间的关系。机制决定工作中的方式、方法和程序，决定工作态度，决定工作的效果和效率。多年来，我会各级组织高度重视制度建设和机制创新，特别注意贯彻民主集中制，提高了科学决策的水平，调动了工作的积极性，提高了我会各项工作的水平，增进了团结。实践证明，制度体现着管理水平、管理思路，体现着领导的素质、工作水平、创新思路。制度是培养人、管理人的有效方式；制度是规范事务、规范工作的有效工具；制度是减少矛盾、促进团结，降低工作成本、提高工作效率的有效方法。制度形成习惯，习惯形成风气，风气激发工作的积极性。我会强调通过制度建设来推动思想建设、组织建设和作风建设，利用制度建设保障我会政治交接的顺利进行；利用制度建设推动全面工作，提升我会的自身建设和履行职能的水平。制度建设和机制创新是一个问题的两个方面，没有规矩不成方圆，没有创新就不会有发展，就不会有前进的动力。我们只有准确地把握自身建设和履行职能的规律，把加强制度建设与建立健全参政党的工作机制有机结合起来，积极发挥全会各级组织的整体作用、会员的主体作用和机关的枢纽作用，建立健全一整套行之有效的工作制度和工作机制，才能不断适应形势的发展和我会工作实际的需要。

（八）坚持求真务实的优良作风，是建设高素质参政党的基本保证。加强作风建设，是建设参政党的需要，更是建设高素质参政党的重要基础。加强作风建设是工作规律的要求，坚持求真务实的工作作风，是做好各项工作的基本保证。多年来，我会坚持理论联系实际、坚持学以致用、言行统一，为建设优良作风奠定了良好的基础。优良的作风是凝聚人心的巨大力量，我会高度重视作风建设，“求真务实”是我会的优良传统，讲品行、重德行、作表率，以求真务实的作风推进各项工作，是全会的共识。作风建设是思想建设、组织建设、制度建设的反映，同时，作风建设又促进其他方面的建设。求真务实是实事求是地把工作想实、做实，讲求实际作用，追求最佳效果。优良作风具有引导人、影响人、培育人的作用，能有效提高工作质量和水平，提高我会的整体素质，提高我会的自身建设水平。实践告诉我们，作风建设贯穿于自身建设和履行职能的全过程，体现在各项工作之中，只要我们时时、处处、事事都注意加强作风建设，自觉抵御歪风邪气，坚持求真务实，我会的优良作风必将继续巩固和提高，必将有力地推动我会高素质参政党的建设。

同志们，这些经验的取得，是全会各级组织和全体会员共同努力奋斗的成果，渗透着近十一万会员的心血，凝结着全会各级组织和全体会员的智慧，是全会宝贵的政治财富和精神财富，我们必须倍加珍惜、倍加爱护。

三、对今后工作的建议

新阶段、新形势，我们面临着前所未有的机遇和挑战。中共十七大的胜利召开，为我会全面履行职能和建设高素质参政党提出了新的要求。我们必须认清形势，时刻保持清醒的头脑，认真履行参政党职能，进一步加强高素质参政党建设。

（一）认真学习贯彻中共十七大精神，高举中国特色社会主义伟大旗帜，牢固树立全会的共同价值理念。中共十七大认真总结了我国改革开放 29 年的实践经验，强调高举中国特色社会主义伟大旗帜的重要意义，提出了“科学发展观”、“构建社会主义和谐社会”、“夺取全面建设小康社会的新胜利”的战略思想和宏伟目标。

高举旗帜，体现了中共中央的精神状态，显示了鲜明的政治勇气、理论勇气和实践勇气。高举中国特色社会主义伟大旗帜，最根本的就是要坚持中国特色社会主义道路和中国特色社会主义理论体系，坚持解放思想、实事求是的思想路线，坚持马克思主义理论联系实际的学风，深刻领会高举中国特色社会主义伟大旗帜的重大意义，提高在旗帜问题上的自觉性与坚定性，自觉地、坚定地走中国特色社会主义政治发展道路。当前和今后一个时期，全会要把学习贯彻中共十七大精神与我会政治交接教育活动结合起来，深刻把握和领会精神实质；与加强高素质参政党建设和全面履行职能结合起来，准确把握新形势下执政党关于我国经济、政治、文化、社会发展的战略部署；认真学习中国共产党对执政规律的认识，牢固树立全会的共同价值理念，继续推进我会高素质参政党建设，为全面履行参政党职能奠定坚实的思想基础和组织保障。

（二）清醒认识形势，准确把握参政党建设的方向，推动多党合作事业可持续发展。形势喜人，形势逼人。在这机遇与挑战并存的历史时期，我会面临着如何进一步加强自身建设和尽快提高参政议政能力的考验。民进从成立至今，与中国共产党风雨同舟 62 年，从开始的几十位会员到现在拥有近 11 万会员的参政党，全会自身建设和履行职能的任务比过去任何时候都更为繁重。

当今世界正处在大变革大调整之中，和平与发展仍然是时代主题，求和平、谋发展、促合作已经成为不可阻挡的时代潮流。世界多极化不可逆转，经济全球化深入发展，科技革命加速推进，区域合作方兴未艾，国与国相互依存日益紧密，国际政治每时每刻都在发生着变化，世界政治、经济力量的重组、调整和演变正在悄悄地塑造着未来的国际政治格局；霸权主义和强权政治依然存在，局部冲突和热点问题此起彼伏，全球经济失衡加剧，南北差距拉大，传统安全威胁和非传统安全威胁相互交织，世界和平与发展面临诸多难题和挑战。我们必须居安思危，保持高度的政治敏感性，增强忧患意识、防范意识，真正理解和配合中共中央沉着应对的种种举措。从国内看，经济体制和政治体制改革逐步深入，在“工业化、信息化、城镇化、市场化、国际化”的进程中，新旧矛盾互相交织，涉及的层次和范围越来越深、越来越广，关系全国人民切身利益的一系列民生问题越来越突出，已成为影响社会稳定的重要因素。面对这些问题和矛盾，我们必须有新思路，新方法，新举措。从民进情况看，经过 1997、2002 和今年三次换届，我会实现了整体性的换代，改革开放后入会的会员成为主体，五六十年代出生、90 年代入会的成员大批进入各级领导班子，但全会的年龄结构、界别结构、知识结构还不尽合理，对我会全面履行职能和建设高素质参政党提出了严峻的挑战。

我们只有清醒地认识飞速发展变化的新形势，准确地认识自身的历史与现状，深刻地认识致力于建设中国特色社会主义的历史使命，不断增强参政党意识，才能准确把握我会在国家经济、政治生活中的历史方位，才能准确把握我会的政治方向，推动多党合作事业可持续发展，才能更为自觉地、主动地履行参政党职能，为中华民族的伟大复兴做出新的更大的贡献。

（三）走中国特色社会主义政治发展道路，进一步加强高素质参政党建设，促进政党关系的和谐发展。把我会建设成为高素质参政党，是在新时期新阶段深化政治交接、履行参政党职能、发挥参政党作用的必然要求，是实现新世纪新阶段统一战线和多党合作事业可持续发展的必要保证。建设高素质参政党是我会在新形势下加强自身建设的系统工程，必须始终以马克思列宁主义、毛泽东思想、邓小平理论和“三个代表”重要思想为指导，全面贯彻落实科学发展观，增强接受中国共产党领导的自觉性和坚定性；必须坚持中国共产党领导的多党合作和政治协商制度的政治基础、政治原则、政治准则，巩固和发展中国共产党领导的多党合作制度，全面提高政治把握能力、参政议政能力、组织领导能力、合作共事能力；必须符合中国国情，符合我会发展的实际，坚持走中国特色社会主义政治发展道路，推动我国多党合作事业可持续发展，推动我国经济、政治、文化和社会的协调发展；必须坚持巩固和发展政治交接的成果，创造性地继承和发扬我会老一辈长期与中国共产党团结合作形成的政治信念、优良传统和高尚风范，高起点、高标准地全面加强自身建设，促进参政党建设和执政党建设的相互协调，实现中国共产党领导、人民当家作主和依法治国的有机统一。

在建设高素质参政党的进程中，全会要始终保持理论清醒，思想坚定，作风民主，制度完善，管理科学，开拓进取，求实创新，会内和谐，规范有序。各级领导班子和全体会员要不断加强理论修养，自觉运用科学的理论指导实践，不断增强全会的凝聚力，不断提高参政议政、民主监督、服务社会的水平；要大力发扬民主，坚持民主集中制原则，广泛开展批评与自我批评，最大限度地调动全体会员的积极性，完善会内各级组织的会议制度、监督制度和民主生活制度，健全科学有效的运行机制；努力做到组织发展科学合理，基层组织充满活力，机关建设规范和谐，信息沟通和反映诉求渠道通畅，以会内和谐促进政党关系的和谐。

（四）以科学发展观统揽全会工作，认真履行参政党职能，在新的历史时期作出新的贡献。根据形势的发展和变化，参政党要适应时代的要求，不断转换履行职能的工作思路和方法，不断提高全面履行参政党职能的能力和水平，以科学发展观统揽全会工作，全面开创我会工作的新局面。全会要充分发挥我会的特点和优势，切实履行参政议政、民主监督职能，在建设社会主义核心价值体系、弘扬中华文化、倡导良好思想道德风尚、提高全民族文明素质等方面，发挥更大作用；要始终坚持“围绕中心，服务大局”，继续“巩固老阵地”，不断“开拓新领域”，坚持把发展作为参政议政的第一要务，围绕教育、文化等国计民生的重大问题进行调查研究，提出高质量、高水平的意见和建议；要不断提高服务社会的实效，为促进我国经济、政治、文化、社会协调发展，推动祖国统一大业早日实现，做出独特的贡献；要继续提高参政议政、民主监督和社会服务的水平，通过机制创新，建立健全工作网络和服务体系，把各级组织和广大会员的工作热情激发出来，把会中央与省市地方组织和基层组织的智慧凝聚起来；把代表人物、专家、学者与广大会员和专职干部的作用发挥出来，把各级机关与专门委员会的力量整合起来；把会内力量与特邀研究员、民进之友的积极性充分调动起来，在新的历史时期，为推动社会主义文化大发展大繁荣，为全面建设小康社会作出新的贡献。

（五）以创新的精神全面推进自身建设，建立和完善会务工作的新机制，不断增强全会的生机与活力。自身建设是履行参政党职能、发挥参政党作用的基础和保证，也是我会建设高素质参政党的重要方面。全会要按照建设高素质参政党的目标和要求，全面加强自身建设，全面科学地总结多党合作的实践经验，加强对中国特色社会主义理论的研究，加强统战理论、多党合作理论、参政党建设理论和会史的研究，努力推进在实践基础上的理论创新；要坚持不懈地开展生动活泼的思想政治工作，努力探索新形势下参政党思想建设的有效途径，积极引导广大会员树立正确的世界观、人生观和价值观，为社会主义经济、政治、文化和社会协调发展贡献力量；要以加强领导班子和骨干队伍为重点，加大对全会各级干部的培训，加强组织发展和基层组织建设，不断增强组织的生机与活力；要模范地贯彻民主集中制，结合工作实际，逐步完善各项工作制度和内部监督机制；要坚持理论联系实际、密切联系群众、求真务实的作风，积极倡导和培养顾全大局、勤于思考、善于实践、勇于开拓、甘于奉献的道德风尚；要积极依靠和充分发挥各级组织、全体会员的积极性、创造性，不断增强全会的凝聚力；要继续推进机关建设，按照公务员法的要求，坚持以人为本的理念，实行科学管理，加强机关文化建设，营造团结和谐的机关环境。

同志们！努力建设高素质参政党，深入贯彻落实科学发展观，推动经济、政治、文化、社会协调发展，为全面建设小康社会作出新的贡献，就是要在中国共产党的领导下，积极适应国际国内形势的深刻变化，坚持走中国特色社会主义道路，推进中国特色社会主义伟大事业，实现中华民族的伟大复兴。让我们紧密地团结在以胡锦涛同志为总书记的中共中央周围，高举中国特色社会主义伟大旗帜，同心同德，开拓创新，扎实工作，为中国共产党领导的多党合作事业，为全面建设小康社会，为构建社会主义和谐社会谱写新的篇章！

中国农工民主党第十四次全国代表大会报告

坚持走中国特色社会主义政治发展道路
为全面建设小康社会贡献智慧和力量

——在中国农工民主党第十四次全国代表大会上的报告

（2007 年 12 月 11 日）

蒋正华

各位代表、各位同志：

现在，我代表中国农工民主党第十三届中央委员会向大会作报告。

中国农工民主党第十四次全国代表大会，是在我国改革发展关键阶段、爱国统一战线和多党合作事业蓬勃发展新时期召开的一次重要会议。

前不久召开的中国共产党第十七次全国代表大会，高举中国特色社会主义伟大旗帜，以邓小平理论和“三个代表”重要思想为指导，深入贯彻落实科学发展观，总结了中共十六大以来的工作成就、中国特色社会主义建设的伟大历史进程和宝贵经验，绘就了中国特色社会主义事业的宏伟蓝图，作出了全面推进国家改革开放和现代化建设的重大部署，反映了全国各族人民的共同心愿。中国农工民主党衷心拥护中共十七大的各项决定，衷心拥护以胡锦涛同志为总书记的中共中央领导集体。

我党本次代表大会的主题是：学习贯彻中共十七大精神，高举中国特色社会主义伟大旗帜，以邓小平理论和“三个代表”重要思想为指导，深入贯彻落实科学发展观，总结我党十三大以来的工作成果和经验，继续解放思想，坚持改革开放，推动科学发展，促进社会和谐，进一步动员全党，坚持走中国特色社会主义政治发展道路，统一思想，凝聚力量，为建设中国特色社会主义伟大事业、全面建设小康社会作出新贡献。

一、五年工作回顾

过去五年，是我国经济社会快速发展、综合国力全面提升的五年，是中国共产党领导的多党合作事业蓬勃发展的五年，是我党继承优良传统、搞好政治交接，切实履行参政党职能、不断作出新贡献的五年。

2002 年 12 月 27 日，胡锦涛总书记等中共中央领导同志走访我党中央，与我党中央新老领导人座谈，并看望机关工作人员，充分肯定我党与中国共产党团结合作建立的深厚革命情谊，以及为我国的革命、建设和改革事业作出的贡献，大家深受鼓舞。五年来，在中国共产党的领导下，我党坚持以邓小平理论和“三个代表”重要思想为指导，贯彻科学发展观，围绕中心，服务大局，全面加强自身建设，认真履行参政议政、民主监督职能，各项工作都有新发展，取得了新成果。

（一）认真履行参政党职能，在中国共产党领导的多党合作和政治协商制度中积极发挥作用我党坚持把发展作为参政议政的第一要务，紧密围绕全面建设小康社会的目标，深入调查研究，积极建言献策。五年来，我党中央以提案、考察调研报告、社情民意信息专报等方式提出的意见和建议，中共中央、国务院领导同志批转有关部门研究采纳的有14件，为科学决策、民主决策作出了贡献。

积极参与政治协商。我党中央和地方组织领导人代表我党参与政治协商，出席中共党委召开的协商会、座谈会，参加重要外事和国事活动，列席国务院和地方政府的有关会议。在中共中央、国务院主持召开的党外人士座谈会上，我党中央就抗击非典、构建和谐社会、改革收入分配制度和规范收入分配秩序、制定国家"十一五"规划，以及经济工作、修改宪法、制定反分裂国家法、人大常委会监督法、物权法等关系国计民生的重大问题，积极建言，献智出力。在全国政协组织的专题协商会上，我党中央就"十一五"期间国家卫生事业发展、医药产业科技创新、推进西部大开发、北部湾区域经济合作与发展等问题，作专题发言，提出建议。

在国家政权中发挥作用。我党现有1180多位党员担任各级人大代表，520多位党员在政府及司法机关担任领导职务，一批党员应聘担任司法机关和政府部门的特约人员。他们依法履职，勤政尽职，为国家发展和民主法制建设作出了贡献。

在人民政协中发挥作用。我党现有6480多位党员担任各级政协委员，370多位党员担任各级政协领导人。过去五年，我党中央向全国政协提交大会发言、提案187件，反映了关系广大群众切身利益的热点难点问题，引起有关方面高度重视，许多建议被采纳。其中，关于《建议国家制定〈丹江口库区经济社会发展规划〉》等6件提案，被列为全国政协重点提案报送中共中央、国务院，国务院领导同志作了重要批示。《关于防控外来有害生物入侵，维护国家生态安全的建议》等7件提案，被全国政协列为重点提案，并组织有关部门协商办理。《关于加强血吸虫病防治工作的对策建议》、《关于利用内地资源加强技术合作，提高西藏医疗服务能力的建议》等4件提案，被中共中央有关部门、国务院有关部委列为重点办理提案。《关于加快西部地区自然资源开发立法》等5件提案，被全国政协评为优秀提案。

深入实际考察调研。考察调研是参与政治协商的重要基础、议政建言的智慧源泉。过去五年，我党中央重点开展了三方面的考察调研：一是有关区域经济发展的考察调研，如天津滨海新区发展战略、福建海峡西岸经济区建设、东北老工业基地改造、广西泛北部湾开发开放、重庆三峡库区及长江中上游生态环境保护建设、吉林图们江流域开发等；二是有关医疗卫生事业改革发展的考察调研，如新型农村合作医疗、"十一五"国家卫生事业发展、优化医疗执业环境、构建和谐医患关系等；三是有关改革发展的一些重要问题的考察调研，如调整消费结构、拓宽国内市场、社会主义新农村建设、国家粮食安全保障、海洋经济发展等。考察调研工作得到各地中共党委、政府，以及有关国家部委和专家的支持。在考察调研的基础上，向中共中央、国务院报送考察调研报告10件。中共中央、国务院领导同志对我们的报告高度重视，许多建议被吸收到国家有关规划、政策和职能部门的工作中。其中，《关于优化医疗执业环境的若干建议》，中共中央胡锦涛总书记、国务院领导同志分别作了重要批示。为落实中共中央和国务院领导同志的重要批示，卫生部与我党中央联合召开了专题座谈会，深入研究

"优化医疗执业环境"问题。《关于发展新型农村合作医疗的建议》、《关于进一步推进社会主义新农村建设的建议》、《关于保障我国粮食安全的建议》，温家宝总理作了重要批示。《关于加快福建港口发展的建议》，温家宝总理高度重视，国家发改委决定给予福建港口优先发展和重点支持。《关于我国资源型城市转型的对策建议》，促成了黑龙江哈大齐工业走廊的规划建设，以及大庆市作为石油资源城市经济转型试点、伊春市作为林业资源城市经济转型及林权改革试点等。

五年来，我党中央向全国政协报送社情民意信息400多件，其中100多件由全国政协专报中共中央、国务院领导同志。关于《辽宁西部农村及相邻的内蒙古地区农民注射精神类兽用药现象应引起重视》等信息，引起国务院领导同志高度重视。反映的社情民意信息为决策管理部门了解情况、制定政策提供了参考。

中央专门工作委员会发挥专业优势，积极参政议政。五年来，开展专项调研80项，向我党中央报送提案40件、社情民意信息24件，承办我党中央主办的"国家医药卫生体制改革研讨会"、"前进发展论坛"、"中国生态健康论坛"等，为我党中央参政议政提供智力支持。

1998年和2004年，我党中央分别与中共重庆市委、中共黑龙江省委签订了关于加强协作的座谈纪要，协商确定把重庆市和黑龙江省作为我党参政议政工作调研考察、咨询服务的工作点，近几年先后开展了有关重庆三峡库区环境保护和生态建设、黑龙江资源型城市转型发展等问题的调研。2005年，我党中央与国务院三峡办、重庆市人民政府共同在云阳县启动了三峡库区库岸绿化工程等。

（二）积极开展社会服务，为构建和谐社会和新农村建设作贡献

五年来，各级组织和广大党员，以服务和谐社会建设、社会主义新农村建设为目标，发挥智力优势，利用自身条件，依托组织和党员兴办的教育、医疗等公益事业机构，开展智力支边扶贫、助学支教、法律援助、健康咨询和科技服务等活动，取得了新成果。

开展智力支边扶贫。贵州省大方县是我党中央定点帮扶县，已基本解决温饱问题，我党中央坚持"脱贫不脱钩"，近几年先后开展了养牛扶贫、修建小学、干部培训、资助贫困大学生等项目，协调落实了旅游公路建设、石漠化治理、农业综合开发等项目，继续帮助贫困家庭增强发展能力，促进大方县经济社会加快发展。

为新农村建设办实事。五年来，中央与地方组织合作，确定了200多家定点帮扶乡镇卫生院，通过专家辅导、技术示范、院长培训、人才培养、捐赠药品和医疗用品等方式，支持乡镇卫生院提高管理水平和医疗技术水平、增强服务群众的能力。通过建立"构建和谐社会联系点"、"新农村建设服务点"，服务农村发展。我党中央主办的中国初级卫生保健基金会，积极支持农村卫生事业，面向农民免费开展上呼吸道疾病普查和妇科疾病普查，2003年以来，先后向黑龙江、陕西、湖南、内蒙、河北等地捐赠疾病普查药具、药品、医疗用品以及安全饮水设备等，公益规模达3亿多元。我党中央主办的中国中医药研究促进会，先后组织药学专家为贵州、云南等地的中药企业提供技术服务，支持西部地区开发中药产业。

开展法律援助等社会服务活动。我党山东、浙江、山西等省级委员会成立了10多

家法律援助机构，为弱势群体提供无偿代理诉讼和法律咨询服务。我党中央参与主办的“国际科学与和平周”，已成为我党各级组织一项很有影响的活动，每年 11 月份在 100 多个城市开展科普、健康咨询和科技服务活动，深受群众欢迎。

配合政府的东西互助、对口帮扶，我党东部沿海与西部省市的各级组织合作，积极为西部地区引入资金、技术，支持西部地区的生态建设、医疗卫生事业和教育事业。我党江苏、广东等省市组织，支持我党内蒙古区委发起的以植树种草、改善生态为目标的“农工党世纪林”建设，2003 年以来在内蒙古乌兰察布盟四子王旗种植林草 4 万多亩。我党上海市委捐资支持云南、广西、贵州、湖南等地建设希望小学。我党广东省委捐资在广西、贵州、云南、四川等地建立助学支教点，长年开展捐资助学工作。我党天津市委在甘肃和新疆、福建省委在宁夏等地，积极开展支边扶贫活动。五年来，我党各级组织和党员援建希望小学 60 多所，资助失学儿童 2 万多名。

（三）坚持正确的政治方向，多党合作的思想政治基础更加巩固

五年来，我党坚持把思想建设作为政治交接的重要任务，结合国际国内形势的深刻变化以及我党工作实际，继承发扬优良传统，坚持正确的政治立场和政治方向，始终保持我党政治联盟的进步性，多党合作的思想政治基础更加巩固。

坚持理论学习是加强思想建设的重要途径。我党中央和地方各级领导班子都建立了“理论学习中心组”制度，领导成员带头学习，常委会议专题学习，发挥党刊、党务网站的作用，引导广大党员学习领会重大理论和方针政策。五年来，通过学习座谈会、专题报告会、理论研讨会等方式，深入学习邓小平理论和“三个代表”重要思想、科学发展观、中共中央“两个 5 号文件”、第 20 次全国统战工作会议精神，深入学习胡锦涛同志在中国共产党建党 85 周年纪念大会上的讲话、《江泽民文选》、中共十六大以及中共十六届三中、四中、五中、六中全会精神，学习《中华人民共和国宪法》、《反分裂国家法》等重要法律，学习领会以胡锦涛同志为总书记的中共中央治国理政的一系列重大战略思想。为加强思想建设的针对性，开展了党员思想状况问卷调查。为提高学习效果，组织了学习“三个代表”重要思想宣讲活动、统一战线理论方针政策再学习、再教育活动，举办了“学 5 号文件、学党章、学党史”知识竞赛活动，召开了“学习两个 5 号文件，充分发挥民主党派在人民政协中的作用”、“多党合作与构建和谐社会”等专题研讨会，开展了“构建和谐政党关系”、“参政党理论建设”等方面的理论研究。并通过建立理论研究点、编印《理论研究参考》、表彰优秀论文等，交流学习研究成果，推动理论研究工作。通过学习，提高了对社会主义本质属性以及现阶段国家发展主要特征的认识，增强了走中国特色社会主义道路的坚定性，提高了贯彻落实科学发展观的自觉性，夯实了多党合作的思想政治基础。

开展政治交接学习教育活动。2007 年 3 月，我党中央决定，以这次换届为契机，集中两年左右时间，在全党开展以坚持走中国特色社会主义政治发展道路为主题的政治交接学习教育活动，这是我党适应形势发展的新要求而开展的主题鲜明的集中学习教育活动，为统一思想、凝聚力量发挥了积极作用。

宣传工作进一步加强。各级宣传部门努力把我党开展的重大工作项目、重要活动、有代表性人物以及党员中的先进典型，有计划地向媒体发布，宣传了我国多党合作事

业的发展成果，激发了广大党员为国家发展贡献智慧和力量的自豪感。《前进论坛》等党刊和党务网站，坚持正确的舆论方向，成为宣传统一战线理论和多党合作事业的重要载体，成为广大党员交流思想的重要论坛，成为展示我党精神面貌的重要窗口。

党史工作取得新进展。五年来，立足于整理和记录我党与中国共产党团结合作的光荣传统，中央和地方组织共同努力，组织开展对我党史料的抢救整理工作，取得了一批新成果，完成了《中国农工民主党第一次全国 干部会议人物传》、《中国农工民主党烈士传》、《抗日战争时期的中国农工民主党》、《解放战争时期的中国农工民主党》、《同心同德谋发展——中国农工民主党新时期参政议政案例选》等史料的抢救整理和编写工作，成为我党开展优良传统教育的生动教材。

（四）适应多党合作事业发展要求，组织建设进一步加强

五年来，以建设同中国共产党长期亲密合作、致力于中国特色社会主义事业的参政党为目标，进一步加强了领导班子建设、干部培训和人才推荐工作，重视组织发展，优化党员结构，组织工作的制度化、规范化、程序化建设进一步加强。

按照我党十三大提出的各级领导班子要进一步提高政治理论水平、领导水平和参政议政能力，继续推进政治交接的要求，领导班子成员进一步加强了对重大理论和政策文件的学习。我党中央领导人参加了由中共中央组织部和中共中央统战部举办的“学习贯彻‘三个代表’重要思想与统一战线”专题研讨班，省级组织的主委、副主委参加了中共中央统战部举办的培训班和专题研修班，市级组织领导班子成员参加了中共省委统战部组织的专题学习。

省级组织换届工作圆满完成。2007 年 4 月至 8 月，我党 30 个省级委员会先后顺利完成换届，共选举产生省级委员会主委 30 名，副主委 169 名，常委 495 名，委员 1399 名。30 名主委中，继续提名 16 人，新提名 14 人，平均年龄 54.5 岁，比上届降低 4.6 岁。169 名副主委中，继续提名 101 名，新提名 68 名，平均年龄 49.6 岁，比上届降低 2.2 岁。换届后，在新中国成立前后出生、改革开放以后成长起来的新一代代表性人士，已经全面走上领导岗位，省级领导班子的知识结构、年龄结构进一步优化。

加强了干部培训和推荐工作。《中共中央关于进一步加强中国共产党领导的多党合作和政治协商制度建设的意见》颁布以后，中共党委进一步加大了对民主党派后备干部的关心和支持力度。根据新时期多党合作事业的新要求，我党中央组织部每年办班培训中青年党员；推荐省级组织领导班子成员和专职干部，参加中共中央统战部、中央社会主义学院举办的进修班、培训班；选送后备干部挂职锻炼、出国出境考察培训；鼓励支持党员参加政府组织的部门领导干部公开选拔和竞争上岗考试等。向中共党委推荐了一批德才兼备的优秀干部。

2003 年至 2007 年，发展党员 1.75 万名。截至 2007 年 9 月底，党员总数 10.2 万多人，医药卫生界占 61.3%，文教界占 18.4%，科技界占 8.6%，其他界别占 11.8%。为适应参政议政人才需要，发展了一批在经济、法律、金融、管理等领域的代表性人士。一批热爱党务工作、富于开拓精神的年轻同志担任支部主委，基层组织的活力、凝聚力进一步增强。

加强组织建设调研、完善工作制度。参与了中共中央统战部开展的“多党合作制

度化、规范化、程序化”课题调研，开展了关于组织发展、后备干部队伍建设、基层组织建设调研。在调研基础上，制定了《中国农工民主党组织发展工作规程》、《中国农工民主党基层组织工作条例》，完善了后备干部的选拔、培养、推荐程序，加强了组织建设的基础工作。

机关建设取得新进展。五年来，以建设高效、务实、民主、团结的机关为目标，以能力建设为重点，中央和各地方组织进一步加强了机关建设。依照《国家公务员法》充实了机关干部队伍，加强了机关干部的教育培训、轮岗交流、挂职锻炼等工作。完善各项制度，实行目标管理，机关工作进一步走向制度化、规范化、程序化。坚持开展慰问老党员活动，每年春节前由我党中央领导带领办公厅、组织部的同志，前往省级组织慰问老党员。机关工作人员认真履行岗位职责，讲学习，讲奉献，讲团结，机关工作整体水平进一步提高。

（五）促进两岸关系发展，积极开展联络交流活动

我党中央和各地方组织认真学习中共中央关于港澳台工作的一系列重要指示精神和对台工作的各项方针政策，学习胡锦涛同志关于新形势下发展两岸关系的重要讲话，学习《反分裂国家法》，高举爱国主义旗帜，把促进两岸关系发展作为参政议政、知情出力的一项重要工作列入议事日程。

我党中央提出了“多交朋友、多立项目，加强沟通、加强合作”的工作方法，中央和各省级组织设立工作机构，积极开展工作。一是制定工作规划，建立中央与地方开展联络工作的机制和工作网络；二是召开联络工作座谈会，交流经验，探讨工作方式；三是中国中医药研究促进会组团开展两岸中医药文化交流活动；四是在中秋节期间举办参观联谊活动；五是中国中医药研究促进会参与举办“中医药发展论坛”、“中国（福建）海内外中医药学术交流会”，促进两岸学术交流；六是以福建、广东等省级委员会为主，促进两岸客家开展联谊活动。各地方组织和许多党员同志根据自身情况和条件，开展与香港、澳门、台湾同胞及海外侨胞在经贸、科教、文化等方面的交流和亲情联谊。围绕促进海峡两岸的和平发展，遏制“台独”分裂活动，加强调查研究，了解社情民意，为发展两岸关系发挥作用。

（六）广大党员爱岗敬业，为国家现代化建设作出了积极贡献

中央和地方各级组织积极支持我党党员立足岗位建功立业。广大党员认真履行职责，爱岗敬业，勤奋工作，为国家现代化建设事业做出了积极贡献，涌现出许多先进人物和优秀人才。在2003年的抗击非典斗争中，我党11200多名党员参加了抗击非典的各项工作，其中240多人担任省、市级抗击非典领导小组成员或专家组成员，3300多人战斗在抗击非典第一线，有10人在救治患者过程中受到感染，马宝璋同志光荣殉职，非典后被追认为烈士。我党许多党员在抗击非典斗争中表现突出，被授予全国和省级“抗非典先进工作者”、“防治非典型肺炎优秀医务工作者”、“新长征突击手”等荣誉称号。我党中央表彰了在抗击非典斗争中做出突出成绩的先进集体207个、优秀党员579名、先进个人1468名。

五年来，共有720多位党员分别获得“国家科技进步奖”、“全国劳动模范”、“全国五一劳动奖章”、“全国优秀律师”、“全国优秀教师”、“全国民族团结进步模范个

人”、“全国三八红旗手”等国务院和国家部委颁发的奖项和荣誉称号。在2006年9月召开的各民主党派、工商联、无党派人士为全面建设小康社会作贡献经验交流暨表彰大会上，我党有15个单位获得先进集体荣誉称号，50名党员获得先进个人荣誉称号。还有许多党员在不同领域获得重大科研成果奖励和荣誉。广大党员的突出表现，充分展现了我党致力于建设中国特色社会主义的进步性。

各位代表，各位同志，过去五年，我党工作取得的成果，是在中国共产党的领导下取得的，是在中共各级党委统战部的指导帮助下取得的，政府部门以及社会各界对我党工作给予了积极支持。为此，我代表农工党十三届中央委员会，向中共中央表示衷心的感谢！向所有关心、支持我党工作的有关部门和各界朋友表示诚挚的感谢！

我们的各项工作能够取得这些成果，是与我党中央和地方各级组织的老一辈领导人多年打下的基础分不开的。他们长期与中国共产党亲密合作，积累了丰富的加强参政党建设、发挥参政党作用的经验，对我党在新世纪新阶段搞好自身建设、履行好参政党职能发挥了重要作用，我代表十三届中央委员会向老一辈领导人致以崇高的敬意！各级组织、全体党员以及机关工作人员尽职尽力，付出了辛勤劳动，我代表十三届中央委员会向同志们表示亲切的慰问！

过去五年，我党的各项工作在原有的基础上有了新的发展和进步，积累的经验更多了，发挥的作用更大了。同时也要看到，还有许多工作需要进一步加强。比如，在新形势下如何进一步搞好政治交接、提高参政议政能力、发挥参政党作用；在参政议政工作中，如何进一步发挥全党整体力量；在组织建设方面，如何加快高层次人才发展；机关能力建设如何进一步加强，等等，我们要继续努力，推动全党工作不断向前进。

二、基本经验和体会

五年来的实践，加深了我们对中国特色社会主义政治发展道路的认识，深化了我们对参政党工作特点和规律的认识，丰富了我们的经验，主要是：（一）遵循多党合作的政治准则，在中国共产党领导的多党合作事业中发挥作用，是我党必须始终坚持的政治立场；（二）坚持把发展作为参政议政的第一要务，为推进社会主义经济建设、政治建设、文化建设和社会建设贡献智慧和力量，是我党必须始终坚守的政党责任；（三）搞好自身建设，解放思想、与时俱进，加强学习、深入调研，继往开来，不断提高履行参政议政、民主监督职能的能力和水平，是我党必须始终保持的时代精神；（四）整合全党资源，加强区域合作，畅通信息渠道，用好社会力量，是我党履行参政议政、民主监督职能必须始终坚持的工作机制。

五年来，我党中央带领全党同志，围绕中心、服务大局，同心同德谋发展，凝聚力量作贡献，在贡献中发挥作用，在贡献中体现我党致力于建设中国特色社会主义的进步性。在参政议政工作实践中，我们的体会主要是：

第一，中国共产党领导的多党合作事业蓬勃发展，参政议政的舞台广阔，大有可为。新时期以来，我国多党合作事业不断走向规范化、制度化、程序化，尤其是中共中央颁发的“两个5号文件”，不仅为我国多党合作提供了重要政治规范，也为我国多党合作和政治协商制度的长期存在和稳定发展、保持强大生命力，提供了重要政治保障，为参政党履行职能提供了广阔舞台，我们在深入调研基础上向中共党委、政府提出的意见和建议，中共党委和政府都高度重视。在2005年3月召开的全国政协会议期间，吴邦国同志到政协农工组和九三组看望委员、参加讨论，他在讲话中说：中共中央在制定“十一五”规划建议的时候，关于海峡西岸经济区建设的问题曾反复讨论，最后采纳写上了，很重要的一个原因是农工党提出了这个建议。在2007年3月召开的全国政协会议期间，胡锦涛同志参加政协农工组和九三组的联组讨论，他在讲话中说：农工党多年来为我国的改革开放和社会主义现代化建设作出了重要贡献，就深化医疗卫生体制改革、促进区域协调发展、建设社会主义新农村、关心城市部分困难群体、加强环境保护、提高自主创新能力等方面，提出了许多有价值的意见和建议，许多建议已被吸收到国家法律法规、方针政策、重要规划和党政部门的工作中，对协助党和国家实现决策民主化科学化、促进经济社会协调发展起到了积极的作用。中共中央领导同志对我党参政议政工作的巨大鼓励，充分体现了我党作为参政党在国家政治生活中发挥的重要作用，体现了我国政治制度和政党制度的特点和优势，在参政议政的广阔舞台上，我们是大有可为的。

第二，发挥中央和地方组织两个积极性，发挥全党的组织优势，形成参政议政的合力，效果很好。过去五年，在参政议政工作中，我党中央与地方组织加强了合作。一方面，地方组织支持中央的调研课题，中央的大考察课题委托地方组织开展同步调研。另一方面，中央支持地方组织开展的调研课题，在地方组织前期调研的基础上，我党中央再作进一步推动，促进有关问题的解决。当地中共党委和政府对我们所做的工作都给予积极支持和充分肯定。

第三，广大党员立足工作岗位，运用专业知识积极参政议政，成果突出。五年来，在反映社情民意工作中，我党中央研究室收到经省级组织转报、由党员同志撰写的社情民意信息2500多件，内容包括对国家出台的重大政策措施的反映，有关金融、房地产市场宏观调控等热点问题的情况和建议，有关疾病预防、食品安全、用药安全等民生问题的情况和建议，有关两岸关系的情况和建议等。党员同志撰写的社情民意信息，立足工作岗位，反映的情况事实清楚。发挥专业优势，提出的建议操作性强。广大党员积极参政议政，体现了我党同志关心国家发展、关注民生的责任精神，发挥了我党组织系统的参政议政渠道作用，为科学决策、民主决策贡献了智慧和力量，展现了我国多党合作的制度优势。

第四，在五年工作中，我党在履行参政议政、民主监督职能的实践中，得到中共各级组织的指导、政府各部门的支持，各级人大、政协也都给予有力的帮助。我们还与社会各界建立了广泛的联系，许多项目的完成都得益于各方面的协作、配合，在几项有关地区发展的考察建议中，也包含了各方面的研究成果和智慧。这也是我党今后工作的着力点。

以上经验和体会，是我党今后开展工作的重要指导方针和工作原则。

三、今后五年的任务

今后五年，我党的主要任务是：高举中国特色社会主义伟大旗帜，坚持以邓小平理论和“三个代表”重要思想为指导，深入贯彻落实科学发展观，坚持走中国特色社会主义政治发展道路，全面加强自身建设，切实履行参政党职能，同心同德，奋发有为，为实现中共十七大确定的战略目标和各项任务、全面建设小康社会作出新贡献。

（一）认真学习贯彻中共十七大精神

胡锦涛同志在中共十七大所作的《高举中国特色社会主义伟大旗帜，为夺取全面建设小康社会新胜利而奋斗》的报告，是指导全面建设小康社会、开创中国特色社会主义事业新局面的政治宣言和行动纲领，我党各级组织和广大党员要认真学习、深刻领会。一要深刻领会中共十七大的主要精神，包括主题、中共十六大以来所取得的成就、改革开放近30年的伟大历史进程和宝贵经验、中国特色社会主义道路和中国特色社会主义理论体系、科学发展观的科学内涵、精神实质和根本要求、实现全面建设小康社会奋斗目标的新要求、社会主义经济建设、政治建设、文化建设、社会建设的重大部署等；二要深刻领会中共十七大对统一战线、多党合作事业提出的新要求，坚持走中国特色社会主义政治发展道路，遵循多党合作的政治准则，巩固与中国共产党团结合作的思想政治基础；三要坚持理论联系实际，紧密联系我党的工作实际，联系广大党员的思想实际，坚持学以致用、用以促学，以中共十七大精神武装头脑、统一思想、指导实践、推动工作。深刻认识当代中国的国情特点和当今世界的发展大势，深刻认识“四个坚定不移”对保持国家发展大局的重要意义，坚定建设中国特色社会主义共同理想，为建设中国特色社会主义伟大事业不断作出新贡献。

（二）深入开展政治交接学习教育活动

在与中国共产党的长期合作中，我党实现了两个历史性转变：一是从响应中共“八一宣言”，同中国共产党合作抗日，到反对内战、反对国民党独裁统治的政党，转变为响应中共“五一”口号，自觉接受中国共产党领导，致力于建立新中国的政党；二是从拥护社会主义的政党，转变为具有政治联盟性质、进步性和广泛性相统一、致力于建设中国特色社会主义的政党。在与中国共产党团结合作的长期实践中，形成了我党的优良传统，主要有：追求真理、不断进步的传统；与中国共产党亲密合作、团结奋斗的传统；热爱祖国、无私奉献的传统；热爱组织、培育新人的传统；自我教育、严于律己的传统。这些优良传统，是我党的宝贵财富。

继承和发扬优良传统，搞好政治交接，是我党与中国共产党长期合作的政治保证。经过多年的探索与努力，我党的政治交接取得了积极成果，但也还面临进一步搞好政治交接和提高参政议政能力、发挥参政党作用这两个历史性课题。解决好这两个课题，是我党自身建设的根本要求。政治交接的总要求，就是在我国对外开放不断扩大的条件下，在国际环境继续发生深刻变化、面临许多新情况、新问题的形势下，不管形势如何变化，不管遇到多大困难和挫折，我党同志都要始终做到：自觉接受中国共产党领导的政治立场不变，与中国共产党亲密合作、同心同德的政治态度不变，致力于中国特色社会主义事业的团结奋斗精神不变。

各级组织要按照我党中央的“总体方案”要求，深入开展政治交接学习教育活动。各级领导班子成员，在各级人大、政府、政协和司法部门中任职的我党党员，要在学习教育活动中起表率作用。要把政治交接学习教育活动与具体工作实践相结合，把坚定信念、指导实践、解决问题、推动工作，作为衡量学习教育活动成效的重要标准，有序开展，务求实效。

（三）围绕中共十七大确定的战略部署和各项任务积极参政议政

中共十七大确定的战略部署和各项任务，是我党履行参政议政、民主监督职能的新舞台。中共十七大提出的关于实现全面建设小康社会奋斗目标的新要求、促进国民经济又好又快发展、发展社会主义民主政治、推动社会主义文化大发展大繁荣、推进以改善民生为重点的社会建设、推进“一国两制”实践和祖国和平统一大业等目标任务，是我党参政议政的工作重点，我们要深入开展调查研究，积极建言。

要坚持把发展作为参政议政的第一要务，以科学发展观统领参政议政工作，把科学发展观贯穿于参政议政工作的全过程、落实到参政议政工作的各个环节，按照科学发展观的要求开展调研、分析问题、提出建议，使参政议政工作与深入贯彻落实科学发展观，在工作目标上相协调，在工作内容上相适应。

在参政议政工作中，要更加注重对问题的全局性、战略性、前瞻性、系统性的调研分析；更加注重从我国仍处于社会主义初级阶段的基本国情出发，深入实际总结与国情国力相适应的做法和经验；更加注重对国际国内两个市场、两个大局的思考；更加注重从机制、体制、制度、政策措施等方面建言。更加突出我党医药卫生界的特点，为推进国家医疗卫生事业的改革发展、实施环境保护基本国策、加强生态文明建设、完善社会医疗保障制度、提高全民健康水平积极提出意见和建议。

进一步发挥全党参政议政的整体优势，加强中央与地方组织的合作，支持各专门工作委员会发挥专业特长开展工作。搭建平台、畅通渠道，支持广大党员结合专业领域和岗位工作，反映社情民意，积极参政议政。继续落实我党中央与中共重庆市委、中共黑龙江省委关于加强协作的《纪要》精神，有计划地深化协作。积极探索参政议政的新途径新方式。

要依照参政党的政治地位和职能作用加强参政能力建设，认真贯彻“长期共存、互相监督、肝胆相照、荣辱与共”的方针，积极发挥参政议政、民主监督作用。在履行参政党职能的实践中，要努力提高政治把握能力，提高学习领会重大理论和方针政策的能力，提高对难点、热点问题的调研分析能力，提高议政建言能力。

（四）发挥人才和智力优势开展社会服务工作

新世纪新阶段的社会服务工作，要深入贯彻落实科学发展观，以智力奉献为主要方式，以群众得实惠为出发点和落脚点，从实际出发，不断创新社会服务的内容和形式，发挥人才智力优势，为构建和谐社会和社会主义新农村建设服务。

继续做好我党中央在贵州省大方县的定点帮扶工作。继续做好在广西百色地区开展的扶贫工作、在贵州黔西南州开展的“星火计划、科技扶贫”工作。创造条件支持定点帮扶的乡镇卫生院提升管理水平和医疗技术水平，积极开展面向乡村卫生人才的培训工作，为发展农村医疗卫生事业多作贡献。进一步做好“构建和谐社会联系点”、“新农村建设服务点”的工作，把促进农业生产发展、农民增收、农村乡风文明作为工作重点，开展智力支边、科教扶贫、农村劳动力转移培训等工作，提供法律援助服务，为贫困农民和弱势群体开展医疗健康服务。继续为西部地区加快发展办实事。要广开渠道，为社会服务工作提供更多的物质条件。要发挥地市级组织和基层组织的作用，发挥党员专家的作用。支持各级组织和党员兴办的学校、医疗单位等公益事业机构，利用自身条件，运用专业特长，通过举办技能培训，开展医疗咨询、技术服务等，为下岗职工、农民工提供技术支持和生活服务。在社会服务工作中，要加强合作，集中资源，形成更大力量和规模，发挥更好的社会效益。

（五）为推进“一国两制”实践和祖国和平统一大业作贡献

香港、澳门回归祖国以来的实践表明，“一国两制”具有强大的生命力，是完全正确的。按照“一国两制”实现祖国和平统一，符合中华民族的根本利益。

维护香港、澳门的长期稳定和繁荣发展，是我国政府坚定不移的目标。我党坚决拥护“一国两制”、“港人治港”、“澳人治澳”、高度自治的方针，坚决支持特别行政区政府依法施政，坚决反对外部势力干预香港、澳门事务。我们要发挥人才资源优势，积极加强与香港、澳门同胞的交流合作，团结爱国爱港、爱国爱澳的积极力量，为香港、澳门的长期稳定和繁荣发展作贡献。

解决台湾问题、实现祖国完全统一，是全体中华儿女的共同心愿。我党坚决拥护中共中央关于“和平统一、一国两制”的方针，拥护江泽民同志提出的关于现阶段发展两岸关系、推进祖国和平统一进程的八项主张，拥护胡锦涛同志提出的关于新形势下发展两岸关系的四点意见。我们要高举爱国主义旗帜，认真贯彻中共中央的方针政策，坚定不移地捍卫国家主权和领土完整，把促进两岸关系发展列为参政议政的重要工作，服务于两岸关系和平发展的主题，积极促进两岸同胞的理解互信，促进海内外中华儿女的大团结、大联合，努力为推动两岸关系和平稳定发展、促进祖国完全统一作出新贡献。

（六）全面建设适应新世纪新阶段多党合作事业要求的参政党

建设一个始终坚持与中国共产党长期亲密合作、致力于中国特色社会主义事业的参政党，是我党自身建设的根本目标。我党政治联盟的性质，决定我党具有进步性与广泛性相统一的特点。坚持与中国共产党亲密合作、致力于建设中国特色社会主义事业，是我党进步性的集中体现。党员来自不同的社会阶层和群体、反映和代表所联系群众的具体利益和要求，是我党广泛性的主要体现。我们要深化对参政党地位、性质和历史使命的认识，在广泛性的基础上保持和发扬进步性，在国家政治生活中发挥积极作用。

努力建设高素质领导班子。要把提高领导水平和参政能力作为各级领导班子建设的重点，按照政治坚定、作风民主、团结合作、工作有力的要求，加强各级领导班子的思想建设、作风建设和能力建设。各级领导班子都要讲政治、讲大局、讲团结，增强责任感，切实担负起领导党务工作的重任，加强学习，解放思想，求真务实，与时俱进，坚持不懈地提高政治把握能力、参政议政能力、合作共事能力和组织协调能力，不断开拓党务工作的新局面，不断取得参政议政的新成果。要根据领导班子建设的需要和多党合作事业的发展要求，进一步重视和加强后备干部队伍建设。

进一步搞好基层组织建设。坚持“三个为主”的方针，加强组织发展工作。适应我党以医药卫生界高中级知识分子为主的特点和参政议政工作的需要，坚持把高素质人才作为发展的重点。抓好党员队伍建设，增强党员思想政治素质。加强对基层组织的分类指导，根据支部党员的构成特点，优化组织设置，创新活动方式，上级组织要积极帮助基层组织解决实际困难。鼓励支持基层组织之间开展结对互助活动。努力把基层组织建设成为政治上相互关心、思想上相互帮助、工作上相互支持、生活上相互关照的“党员之家”。

以制度建设保障党内民主。进一步建立和完善决策、执行和监督机制，保障党员的民主权利，健全党的各级代表大会、全委会、常委会的工作机制，建立内部监督制度。贯彻民主集中制，坚持集体领导、民主集中、个别酝酿、会议决定的民主程序。建立和完善领导班子议事和决策规则、领导班子集体领导和分工负责制度、领导班子成员述职和民主评议制度、干部选拔任用制度等。通过加强制度建设，推进自身建设和各项工作的制度化、规范化和程序化。

加强思想理论建设。思想理论建设的重要任务，是为坚持走中国特色社会主义政治发展道路提供理论武装，为加强自身建设，履行参政议政、民主监督职能提供理论支持，为我党同志坚持正确的政治方向提供理论指导。要从参政党的性质和工作特点出发，探索自身建设和履行职能的规律。要重视和支持理论人才建设，建立理论研究骨干队伍。

继续搞好机关建设。要根据“政治坚定、业务精通、团结协作、作风务实”的要求，全面加强机关的思想建设、作风建设和能力建设，不断提高机关工作人员的理论政策水平和工作能力。通过制度规范、工作激励等，形成职责明确、运转有序、积极向上、奉献争先的机关工作良好局面。

广大党员要以振兴中华为己任，始终保持坚持走中国特色社会主义政治发展道路、实现中华民族伟大复兴的坚定信念，树立忧患意识，增强历史责任感，为实现国家现代化建设的宏伟目标，努力创造新业绩，不断作出新贡献。

各位代表、各位同志：

伟大的社会主义中国已经站到了新的起点上。在中国共产党领导下，国家发展取得了举世瞩目的伟大成就，进入了全面建设小康社会的新阶段。虽然我国仍然处于社会主义的初级阶段，前进的道路上还会有很多困难，但是中国共产党领导全国各族人民已经找到了一条正确的道路。这条道路，就是中国特色社会主义道路。实践证明，中国特色社会主义道路，是中华民族的繁荣之路、团结之路、胜利之路。展望国家未来，我们充满信心。我们要更加紧密地团结在以胡锦涛同志为总书记的中共中央周围，统一思想，凝聚力量，同心同德，奋发有为，为建设中国特色社会主义的伟大事业而努力奋斗！

中国致公党第十三次全国代表大会报告

致力为公　参政兴国
为夺取全面建设小康社会新胜利贡献力量

——在中国致公党第十三次全国代表大会上的报告

（2007 年 12 月 17 日）

罗豪才

各位代表、各位同志：

我受中国致公党第十二届中央委员会的委托，向大会作工作报告，我们同时也向大会提交了中央各项工作的分报告，请大家一并审议，并请列席会议的同志提出意见。

过去的五年，是我国改革开放和全面建设小康社会取得重大进展的五年，也是中国共产党领导的多党合作和政治协商制度进一步完善和发展、统一战线开创新局面的五年。中国共产党先后制定了《中共中央关于进一步加强中国共产党领导的多党合作和政治协商制度建设的意见》、《中共中央关于加强人民政协工作的意见》和《中共中央关于巩固和壮大新世纪新阶段统一战线的意见》，进一步加强多党合作制度化、规范化、程序化建设，中国共产党领导的多党合作事业进入了新的发展阶段。不久前召开的中国共产党第十七次全国代表大会，是在我国改革发展关键阶段召开的一次十分重要的会议，对于继续推进改革开放和社会主义现代化建设，实现全面建设小康社会的宏伟目标，继续发展中国特色社会主义伟大事业，具有重大的现实意义和深远的历史意义。

中国致公党第十三次全国代表大会，是本党在新世纪新阶段召开的又一次重要会议。本次大会的主题是：高举中国特色社会主义伟大旗帜，坚持中国特色社会主义理论体系，深入贯彻落实科学发展观，切实履行参政党职能，努力加强自身建设，充分发挥“侨”、“海”优势，为推动中国共产党领导的多党合作事业和夺取全面建设小康社会新胜利而奋斗。

一、五年工作的回顾

过去的五年，是本届中央委员会继承传统、开拓创新、求真务实、与时俱进的五年。本届中央委员会以邓小平理论、“三个代表”重要思想为指导，树立和落实科学发展观，政治方向更加坚定，发挥作用更为显著，自身建设更有成效，使致公党在发展中国特色社会主义事业和实现祖国完全统一的伟业中作出了应有的贡献。

（一）认真贯彻中共中央的重大理论方针政策，始终坚持正确的政治方向

中共十六大高举邓小平理论伟大旗帜，全面贯彻“三个代表”重要思想，制定了新世纪新阶段国家发展的路线方针政策。以胡锦涛同志为总书记的中共中央，适应时代发展要求，提出了科学发展观等一系列治国理政的重大战略思想。本党中央带领全

党，深入学习，统一思想，提高认识，紧密结合自身实际，认真贯彻落实。

“三个代表”重要思想是新世纪新阶段执政党一切工作的根本指针，也是民主党派履行参政党职能的行动指南。本党中央就学习“三个代表”重要思想进行了全面部署，要求全党认真学习《“三个代表”重要思想学习纲要》、《江泽民文选》和胡锦涛同志的重要讲话，在全党掀起学习贯彻“三个代表”重要思想的新高潮。通过学习，广大党员进一步增强了接受中国共产党领导的自觉性和走中国特色社会主义道路的坚定性。

科学发展观是中共十六大以来，中共中央对中共三代中央领导集体关于发展的重要思想的继承和发展，是马克思主义关于发展的世界观和方法论的集中体现，是同马克思列宁主义、毛泽东思想、邓小平理论和“三个代表”重要思想既一脉相承又与时俱进的科学理论，是我国经济社会发展的重要指导方针，是发展中国特色社会主义必须坚持和贯彻的重大战略思想。本党十二届中常会第五次会议作出决议，要求全党牢固树立科学发展观，把促进经济社会科学发展作为本党的主要任务和发挥作用的着力点，为执政党和政府科学决策积极建言献策。十二届中常会第六次会议又进一步要求，全党要以科学发展观统领参政议政工作，并贯彻到本党各项工作中去。

构建社会主义和谐社会是新时期发展中国特色社会主义的重大战略任务。本党十二届中常会第十二次会议要求，各级组织和广大党员要认真学习《中共中央关于构建社会主义和谐社会若干重大问题的决定》，把为构建和谐社会服务作为当前和今后一段时期的重要工作，结合自身特点，发挥优势，动员广大党员和所联系的群众，为构建和谐社会建言献策。中共十六大以来，中共中央还先后作出了建设社会主义新农村、建设创新型国家等重大战略部署，本党中央认真学习，深入领会，并号召广大党员，围绕当前国家工作重点积极献计出力。

《中共中央关于进一步加强中国共产党领导的多党合作和政治协商制度建设的意见》和《中共中央关于加强人民政协工作的意见》，是进一步加强多党合作和政治协商制度建设，指导新世纪新阶段多党合作事业和人民政协事业发展的两个纲领性文件。本党中央要求各级组织认真学习、深刻理解文件精神，并贯彻到履行参政党职能和自身建设各项工作中去。通过学习贯彻，全党进一步增强了参政党意识，推进了履行参政党职能的制度化、规范化、程序化。十二届中常会第十次会议通过了《致公党中央关于加强致公党的参政能力建设的若干意见》，要求全党以参政能力建设为重点，全面加强自身建设。

中共中央召开第20次全国统战工作会议后，本党中央要求各级组织认真领会会议精神，深入学习中共中央关于统一战线的新思想、新观点、新论断，认真贯彻关于正确认识和处理好“五大关系”的方针政策，进一步增强统一战线和多党合作的使命感和责任感。同时要求结合自身工作实际，在促进政党关系、海内外同胞关系的和谐上多做工作，为巩固和发展新世纪新阶段的统一战线作出应有的贡献。

2003年，本党十二届中常会第二次会议提出，致公党学习贯彻“三个代表”重要思想，就是要坚持“致力为公、参政兴国”的宗旨。在致公党中央抗击“非典”先进集体和先进个人表彰大会上，我们进一步总结和分析了建党以来的优良传统和新世纪新阶段的奋斗目标，对“致力为公、参政兴国”的宗旨进行了系统的论述。这一宗旨得到各级组织和广大党员的热烈响应，激励广大党员积极投身到全面建设小康社会的实践中去。

（二）以科学发展观统领参政议政工作，切实履行参政党职能，积极发挥参政议政、民主监督作用

参政议政是参政党的主要职能。本党把促进发展作为参政议政第一要务，树立和落实科学发展观，积极建言献策，为促进执政党和国家决策的科学化、民主化作出了贡献。

五年来，本党中央领导出席中共中央、国务院召开的协商会、座谈会和情况通报会93次，就中共全国代表大会的报告、中共中央的重要文件、宪法和重要法律的修改建议、国家领导人的建议人选、《中华人民共和国国民经济和社会发展第十一个五年规划纲要》等重大问题，参与政治协商，提出意见建议，其中不少被采纳。本党中央还向中共中央、国务院提出重要书面意见建议7项，其中《关于加强海外侨务工作，促进华侨华人资源可持续发展的建议》得到了胡锦涛同志和贾庆林同志的重要批示。

本党635名各级人大代表以强烈的政治责任感和饱满的参政热情，较好地履行了人民代表的职责。251名在县级以上政府和司法机关担任领导职务的党员，与中共各级领导干部合作共事，较好地履行了自身的职责。2962名各级政协委员以人民政协为舞台，认真履行政协职能和委员职责。各级组织高度重视发挥在人民政协中的作用，五年来，以本党中央和政协致公组名义在十届全国政协大会上共提交大会发言61篇、提案151件，在十届全国政协常委会上共提交发言23篇，其中有不少建议得到政府有关部门的重视和采纳。在十届全国政协优秀提案评选中，致公党中央、政协致公组和致公党政协委员共计13件提案被评为优秀提案。

本党中央就我国经济社会发展中具有综合性、全局性、前瞻性的重要课题，深入调查研究，进行充分论证，提出意见建议。如围绕加强自主创新，建设创新型国家，组织了“提高企业自主创新能力”的专题调研；与九三学社的全国政协委员联合组团，对黑龙江省国有企业科技自主创新的情况进行了视察；本党的全国政协委员积极参与了全国政协关于中国科学院知识创新工程进展情况和安徽、湖北科技创新体系建设的视察。围绕弘扬中华文化，密切海内外同胞关系，加强国家软实力建设，相继对一些区域文化进行了深入的考察和调研，发挥地方组织的优势，为区域文化的发展献计出力；召开了“弘扬中华优秀传统文化，密切海内外同胞关系”理论研讨会，就弘扬中华优秀传统文化与构建社会主义和谐社会、做好侨港澳台工作、促进祖国统一的关系进行了研讨。围绕循环经济发展，进行了长期调研，相继提出《大力发展循环经济，加快老工业基地改造》等建议，并与有关部门联合举办了“环境与循环经济”国际研讨会；创办《中国发展》杂志，并成功举办了中国发展论坛。围绕区域经济发展，相继对一些中部省份进行考察，对实施中部崛起战略提出了意见建议；在深入调研的基础上提出了《建设海峡西岸经济区，促进祖国和平统一》的建议，得到中共中央、国务院的重视，“海峡西岸”写入了国家“十一五”规划纲要。围绕社会主义新农村建设，进行了系列调研，提出多项建议，其中针对农村环保面临的新问题提出的建议得到了温家宝总理的批示。围绕统筹城乡社会经济协调发展，通过多种形式向有关部门

提出建议，推动了重庆、成都统筹城乡综合配套改革试验区的设立。

本党中央认真履行民主监督职能，通过各种渠道、各种方式，向中共和政府部门就方针政策的制定和执行以及各项工作提出加强领导、完善政策、改进工作的意见、建议，并将民主监督寓于参政议政之中。各级组织重视收集社情民意，及时报送有关部门，为政府部门科学决策提供参考。五年来，本党中央向有关部门上报信息2000余篇，其中部分信息得到有关领导同志的重视。一些党员还通过多种形式就经济社会发展问题提出意见建议，得到国家有关部门的好评。本党697名党员被各级政府、司法部门聘请为各类特约监督人员。他们认真负责地参与聘请单位组织的各种调查、检查和监督活动，受到聘请部门的好评，不少同志还荣获优秀检察员、监察员等荣誉称号。

本党中央注意加强专门委员会工作，制定了《关于加强专门委员会工作的若干意见》和《专门委员会通则》，完善机构设置，调整人员结构，健全工作机制。10个专门委员会利用各自特点和优势，充分调动党员的积极性和创造性，深入调查研究，为本党的参政议政、海外联谊和社会服务献计出力。

（三）充分发挥“侨”、“海”特色和优势，积极开展侨港澳台工作

在中共中央的领导和有关部门的支持下，致公党积极开展侨港澳台工作，在凝聚侨心、“反独促统”和促进我国对外友好交往等方面，发挥了独特的作用，取得了显著的成效。

本党坚持为侨服务的宗旨，依法维护归侨侨眷的合法权益和海外侨胞的正当权益，积极反映他们的意见和合理要求，并与其他涉侨单位联合开展“侨法宣传月”活动，呼吁在全社会进一步增强侨务法制观念，推动执法检查，依法护侨。近年来，本党中央同其他涉侨单位多次赴华侨农场进行考察慰问，研究解决归侨侨眷面临的现实困难，就归难侨的社会保障问题向中共中央、国务院提出建议，促使这一问题得到基本解决。

本党加强与海外侨胞的联系，不断拓展海外联谊工作。各级组织以“致公党代表团”名义先后近60批次访问了约40个国家和地区，接待了一大批海外侨胞来内地参观访问。在对外交往中，我们关心海外侨胞的生存和发展，鼓励他们融入住在国社会，遵守住在国法律，与当地人民友好相处，为住在国的经济发展和社会进步贡献力量；广泛宣传中国的改革开放和现代化建设事业所取得的成就，宣传中国共产党领导的多党合作和政治协商制度，宣传中国的和平外交政策、侨务政策和其他相关政策，鼓励海外侨胞为中国的社会主义现代化建设事业和祖国的和平统一大业以及世界的和平与发展作贡献。目前，本党已与世界五大洲50多个国家和地区的华侨华人社团建立了友好关系。

本党与海外侨团具有历史渊源关系，这是拓展海外联谊工作的有利条件。我们既积极热情地做团结工作，又注意区别不同对象，积极争取主张一个中国、反对“台独”的力量。

2006年，致公党中央举办海峡两岸武术论坛。本党以地方戏、汉语教学等为交流媒介，借助中华文化的魅力凝聚人心，加深台湾同胞对祖国的了解；我们还加强与港澳侨界团体以及专业界人士和年青一代的交流交往，认真倾听他们的意见建议，积极推动他们与内地的合作与交流。

我们与海外众多留学人员团体建立了良好的关系，鼓励他们与老侨团加强沟通与交流，促进新老侨团的团结；多次与海外留学人员和留学归国人员举行座谈会，倾听他们对国家改革和建设的意见建议；借助媒体广泛宣传留学人员的奋斗业绩，反映他们报效祖国的嘉言良策；围绕留学人员创业所涉及的问题开展调查研究，本党中央提出的《关于吸引和用好海外留学人员和海外科技人员》的建议，得到有关方面的重视。

本党各级组织积极参与五个涉侨机构的密切合作，推动了信息共享，资源共用，发挥了很好的作用。

（四）广泛开展社会服务，促进社会主义和谐社会建设

本党中央制定了“发挥优势、突出重点、量力而行、注重实效、持之以恒”的指导方针，调动各方面的积极性，不断拓展新的领域，动员和组织各级地方组织和广大党员以多种形式开展社会服务活动，为巩固和发展安定团结的政治局面和构建社会主义和谐社会服务。

本党中央领导每年都到贫困地区考察，慰问困难群众，并协助当地政府制定经济、人口、资源、环境及社会和谐发展的规划。中央积极动员和组织海内外热心社会公益的有识之士，积极参与和推动我国贫困地区经济与社会的发展。“致西合作”、“致泸合作”和对贵州毕节地区青场镇的定点帮扶项目成效显著，各地方组织也紧密结合自身实际致力于扶贫开发事业，有力地促进了当地经济社会的发展，得到当地政府和群众的好评。

各级组织和党员从自身的实际情况出发，创办的各类学校不断发展壮大，为社会输送了大量有用人才，创造了良好的社会效益。各级组织和党员把构建和谐社区作为切入点，依托党员的本职工作和专业特长，通过科普知识讲座、医疗咨询和义诊、文艺演出等形式，持续开展社区服务工作。

（五）切实加强自身建设，为履行参政党职能提供重要保障

各级组织认真执行《中国致公党章程》，以思想建设为核心，以组织建设为基础，以制度建设为保障，切实加强自身建设，不断提高自身建设的水平。

本党中央制定了《关于建设学习型参政党的若干意见》，要求全党积极参与学习型社会的建设，努力建设学习型参政党。我们动员和组织全党认真学习马列主义、毛泽东思想、邓小平理论和“三个代表”重要思想，努力用马克思主义的立场、观点、方法分析问题和解决问题；围绕多党合作的理论方针政策以及致公党党章、党史进行学习，增强党员的参政党意识；围绕中共中央和国家的重大方针政策进行学习，加深对国情、政情的了解，提高党员的政治素质；围绕反映时代进步的经济、文化、科技、法律等知识进行学习，提高党员的综合素质。各级组织的理论学习中心组以自身的学习带动全党的学习；基层组织不断探索行之有效的学习方式，使学习活动日益经常化、制度化。中央先后两次召开有关多党合作制度的理论研讨会，对参政党理论建设进行了有益的探索，激发了党员理论研究的积极性。我们还坚持寓思想政治教育于各项重要活动中，以胡锦涛同志走访各民主党派中央机关、抗击“非典”、本党成立 80 周年等重大事件为契机，开展形式多样的党员思想政治工作。《中国致公》、《中国发展》、中国致公党网站、中国致公出版社也搭建舆论引导、信息传播、思想交流的平台，在

提高党员素质，深化学习成果方面发挥了积极的作用。

我们始终把领导班子建设摆在自身建设的重要位置，坚持贯彻民主集中制原则，充分发挥专兼职领导成员的优势，坚持集体领导和个人分工负责相结合，加强领导班子的团结。在本党中央和中共地方党委的领导下，各级地方组织把换届作为一次贯彻民主集中制的生动实践，积极稳妥地完成了新老交替。截至2007年7月，本党各省级组织和中央直属市级组织都顺利完成了换届，一批政治素质好、代表性强、热心党务工作、具有较强参政议政能力的党员被选拔到领导岗位上，领导班子的结构进一步优化，整体功能进一步加强。

各级组织在组织发展中认真贯彻坚持以“三个为主”，注重政治素质，发展与巩固相结合，有计划地稳步发展的方针。2004年成立了致公党湖北省委会，全党现有18个省级组织和1个中央直属市级组织，1312个基层组织，近3万名党员，其中中上层人士占80%，有“侨”、“海”关系人士占75%。2007年4月，万钢副主席被第十届全国人民代表大会常务委员会第二十七次会议任命为科技部部长，成为自改革开放以来首位担任部长的民主党派人士，在海内外产生了广泛的影响。五年来，各级组织和广大党员积极奉献、开拓进取，涌现出一大批先进集体和优秀党员。本党中央与地方组织相配合，通过推荐、考察、协商、选拔，初步建立了致公党后备干部人才库，形成了一支政治素质好、代表性强、层次较高的中青年后备干部队伍。

2007年，各级地方组织相继完成换届，本党在全体致公党员，特别是各级领导班子成员和骨干队伍中，开展了以坚持走中国特色社会主义政治发展道路为主题的“政治交接学习教育活动”。活动从五个试点组织逐步向全党铺开。这一活动的开展，进一步提高了领导班子的理论水平、政治水平、领导水平和参政议政水平，有效提升了广大党员的思想认识，在全党形成了自觉坚持和维护中国共产党领导、积极履行参政党职能的良好氛围。

为了切实加强机关建设，本党中央制定了《致公党中央关于进一步加强机关建设的意见》。各级组织根据公务员法及其实施方案的要求，切实加强公务员队伍建设。各级机关深刻认识加强机关建设的重要性，切实加强机关的思想建设、组织建设、制度制度和作风建设，加强理论、政策和有关知识的学习，强化服务意识，提高干部的综合素质。在中共中央领导同志的关怀和有关部门的支持下，本党中央机关新办公楼于2006年初投入使用。各地方组织机关也在当地党委和统战部门的支持下，相应改善了办公条件。

五年来，本党各项工作取得了显著成绩。这些成绩的取得与中共中央、各级党委的领导和统战部门的指导分不开，与海内外侨界的支持分不开，也是全党各级组织和广大党员共同努力的结果。在这里，我谨代表致公党中央，向为致公党事业作出贡献的老领导老同志，向各级组织和广大党员，向支持和帮助我们工作的中共各级党委和统战部门、涉侨部门及海外侨胞表示衷心的感谢！

回顾过去的五年，成绩令人振奋，但我们也应当看到存在的问题和不足，主要表现在：参政议政工作中发挥全党的优势和力量有待进一步加强，建言献策的水平有待进一步提高；海外联谊工作及海外侨情研究要进一步加强；地方组织建设存在不平衡，人才队伍建设的力度有待加大；建设学习型参政党的目标有待进一步努力，思想政治工作的方式方法有待进一步探索等。这些问题和不足需要在今后的工作中逐步加以改进。

二、十年的基本经验

本党十年来的成绩，是在《中共中央关于坚持和完善中国共产党领导的多党合作和政治协商制度的意见》指导下，是在老一辈领导人特别是1997年本党十一大以来的实践基础上取得的，是贯彻和落实中国共产党领导的多党合作和政治协商制度的结果，是优良传统的继承和发扬，是致公党事业在新形势下的发展。十年来，中共中央在给致公党十一大、致公党十二大、致公党成立80周年纪念大会的贺词中，对本党的工作给予高度评价。中共中央的贺词指出："致公党高举爱国主义和社会主义两面旗帜，团结全体成员及所联系的归侨、侨眷，发扬爱国革命的光荣传统，为统一祖国、振兴中华而努力奋斗，作出了重要贡献"；"致公党坚持以邓小平理论为指导，认真学习和实践'三个代表'重要思想，积极履行参政议政、民主监督职能，为改革开放和现代化建设建言献策，取得多方面的成绩"；"致公党充分发挥海外联系广泛的优势，积极开展海外联谊和交流工作，在凝聚侨心、反独促统和促进我国对外友好交流方面，发挥了独特作用，取得了显著成效"。江泽民、胡锦涛等领导同志在先后看望出席全国政协会议的致公党政协委员时，对致公党的工作给予了充分的肯定。2002年底，胡锦涛等领导同志在走访致公党中央机关时，高度赞扬了致公党的工作，并提出了明确的要求。

中共中央的评价，既使我们深受鼓舞，也促使我们深刻地总结思考。总结十年来特别是近五年来的实践，我们积累了一些十分重要的经验。

（一）自觉接受中国共产党的领导，坚持走中国特色社会主义政治发展道路，始终是我们做好各项工作的政治准则。我们坚持以邓小平理论、"三个代表"重要思想为指导，贯彻落实科学发展观，不断增强接受中国共产党领导的自觉性和走中国特色社会主义道路的坚定性。只有始终坚持中国共产党的领导，牢固树立中国特色社会主义共同理想，坚持以社会主义核心价值体系引领思想和行为，坚定不移地走中国特色社会主义政治发展道路，才能在当今的时代背景和社会环境下，具有对各种复杂问题和复杂现象的政治理解力和政治鉴别力，才能具有对各种错误倾向和思潮能够及时发现并敢于与之斗争的政治敏锐性和政治坚定性，才能使我们在多党合作的总格局中发挥积极的作用。

（二）增强参政党意识，服务发展大局，始终是我们做好各项工作的根本任务。我们在履行参政党职能的过程中，坚持把促进发展作为根本任务，不断提高全体党员对参政党性质、地位、作用和历史使命的认识，并动员和组织全党自觉服从和服务于执政党和国家的中心工作，结合我国经济社会发展的新形势、新任务和新要求，更好地为社会主义经济建设、政治建设、文化建设、社会建设的全面发展服务。只有努力增强参政党意识，不断提高参政能力和水平，才能更好地体现参政党的影响和价值，才能在国家富强和民族振兴中发挥应有作用。

（三）保持"侨"、"海"特色，密切海内外同胞关系，始终是我们做好各项工作的独特优势。本党与海内外侨界有着历史悠久的、广泛的联系，这既是本党的特色，也是发挥作用的优势。我们注意发展有“侨”、“海”关系的代表性人士，保持组织结构的“侨”、“海”特色；围绕“侨”、“海”建言献策，更好地履行参政议政职能；及时了解和研究海外侨情，加强海外联谊工作；积极为“侨”、“海”服务，反映他们的意见、建议和合理要求；弘扬中华优秀传统文化，维护海外侨胞的正当的权利和利益，促进“侨”、“海”资源的可持续发展。只有全面、充分地发挥“侨”、“海”优势，致公党的特色才会更加鲜明，才能更好地作出独特的贡献。

（四）发挥党员的主体作用，调动全党的积极性，始终是我们做好各项工作的重要因素。我们重视引导好、保护好、发挥好党员的积极性、主动性和创造性。积极发扬党内民主，使党员对党内事务有更多的了解和参与；坚持“以人为本”的原则，多做聚人心、暖人心、稳人心的工作；尽可能为党员发挥作用提供广阔的舞台，使广大党员的作用充分发挥出来，使各项工作更加活跃起来。只有积极发挥党员的主体作用，增强党员的责任感、使命感和荣誉感，扩大全党的参与程度，广泛凝聚党员的智慧和力量，才能使党的各项工作不断向前推进。

（五）坚持加强学习，与时俱进，始终是我们做好各项工作的不竭动力。进入新世纪新阶段，国际国内形势发生深刻变化，国内改革开放和现代化建设的迅速推进，多党合作事业的不断发展，对参政党履行职能和自身建设不断提出新的更高的要求。作为参政党，如果不注重学习，故步自封，就跟不上形势的发展，有可能被时代所淘汰。我们加强了对中共中央和国家的重大理论方针政策以及各种新知识的学习，不断提高全党的政治素质和理论素养。只有加强学习，与时俱进，才能使本党的事业不断发展与进步，充满生机与活力。

（六）加强自身建设，提高整体素质，始终是我们做好各项工作的基本保障。加强自身建设，是进一步加强中国共产党领导的多党合作和政治协商制度建设的需要，是适应形势和任务的要求更好地履行参政党职能的需要，是巩固和发展本党同中国共产党长期合作的需要。我们按照坚持中国共产党的领导、发扬社会主义民主、体现政治联盟特点、体现进步性和广泛性相统一的原则，不断加强自身建设，取得了明显的成效，为本党更好地发挥参政党作用提供了有力的保障。只有加强自身建设，提高党的整体素质，不断增强组织的凝聚力和活力，我们才能做到政治上增进共识、思想上积极向上、组织上坚强有力、行动上规范有序，履行参政党职能上奋发有为。

十年来，我们在总结经验的同时，不断加强对致公党参政规律的认识。在实践中我们体会到，致公党作为参政党，在参政指导思想上，必须高举中国特色社会主义伟大旗帜，坚持以中国特色社会主义理论体系来统一全党思想，指导各项工作；在参政根本宗旨上，必须坚持致力为公、参政兴国的宗旨，继承和发扬优良传统，努力开拓创新，不负时代重托，不辱历史使命；在参政第一要务上，必须牢牢把握发展这个根本任务，紧紧围绕经济建设这个中心，自觉服务于改革发展稳定的大局，把全党的力量凝聚到实现全面建设小康社会的奋斗目标上来，促进社会主义经济建设、政治建设、文化建设和社会建设的全面发展；在参政组织基础上，必须坚持民主党派进步性与广泛性相统一的原则，坚持以归侨侨眷中的中上层人士为主和其他有海外关系的代表性人士的组织发展方针，反映所联系的广大归侨侨眷、海外侨胞的具体利益与合理要求，团结和带领广大党员和所联系的群众积极参加社会主义现代化建设，为实现祖国统一、民族振兴贡献力量；在参政工作机制上，必须坚持协商、协调的基本方法，通过积极履行政治协商职能来促进政党关系的和谐，巩固和发展民主团结、生动活泼、安定和谐的政治局面，通过协调各种关系来增进全党的和谐，通过建立协调机制来推动全党工作的开展；在参政能力建设上，必须以增强全党的参政能力和水平为重点，全面推进自身建设，把提高参政能力同加强参政党理论建设结合起来，同建设一支高素质的干部队伍结合起来，同加强基层组织建设结合起来，同不断增强全党的团结和活力结合起来。

三、对今后工作的建议

中共十七大的召开，标志着我国改革开放和社会主义现代化事业从新的历史起点出发，踏上了新的征程。中国致公党作为参政党，要团结全党同志及所联系的群众，为夺取全面建设小康社会的新胜利，开创中国特色社会主义事业新局面作出应有的贡献。

（一）深入学习贯彻中共十七大精神

中共十七大高举中国特色社会主义伟大旗帜，以邓小平理论和“三个代表”重要思想为指导，深入贯彻落实科学发展观，认真总结中共十六大以来的工作和取得的成就，回顾总结改革开放以来中国共产党团结带领全国各族人民建设中国特色社会主义的伟大历史进程和宝贵经验，对继续推进我国改革开放和社会主义现代化建设、实现全面建设小康社会的宏伟目标作出了全面部署。认真组织学习中共十七大精神，把全党的思想和行动统一到中共十七大精神上来，是本党当前和今后一个时期首要的政治任务。各级组织和广大党员要深刻领会中共十七大的主题，坚定理想信念，高举中国特色社会主义伟大旗帜，在中国共产党的带领下，继续沿着中国特色社会主义道路前进；要深刻领会中共十六大以来所取得的成绩和改革开放的伟大历史进程和宝贵经验，继续解放思想，坚持改革开放，努力推动科学发展，促进社会和谐；要深刻领会科学发展观的科学内涵、精神实质和根本要求，增强深入贯彻落实科学发展观的自觉性和坚定性，把促进科学发展贯穿到致公党的各项工作之中；要深刻领会实现全面建设小康社会奋斗目标的新要求和社会主义经济建设、政治建设、文化建设、社会建设等方面的重大部署，自觉服从和服务于改革发展稳定的大局，为把我国建设成为富强民主文明和谐的社会主义现代化国家作出贡献。

（二）搞好政治交接，切实加强自身建设，促进多党合作事业的可持续发展

更好地实现政治交接，促进多党合作事业的可持续发展，是发展社会主义民主政治、建设社会主义政治文明对参政党的必然要求，是我们继承老一代领导人的优良传统，贯彻落实《中共中央关于进一步加强中国共产党领导的多党合作和政治协商制度建设的意见》、《中共中央关于加强人民政协工作的意见》和中共十七大精神的具体实践。各级组织换届后，一大批年轻同志走上领导岗位，新的形势对各级领导干部的政治把握能力、参政议政能力、组织领导能力、合作共事能力带来了前所未有的考验。我们要继续开展“政治交接学习教育活动”，以坚持走中国特色社会主义政治发展道路

为核心，以增强接受中国共产党领导的自觉性和坚定性为关键，以继承和发扬致公党老一代领导同志长期与中国共产党团结合作形成的政治信念、优良传统和高尚风尚为重点，不断巩固多党合作事业的政治基础和组织基础。

我们要把思想建设、组织建设、制度建设和作风建设有机地结合起来，既立足于经常性工作，又抓紧解决突出的问题。要认真遵守《中国致公党章程》，严格遵循多党合作的政治准则；认真贯彻民主集中制原则，发展党内民主，加强党内监督；进一步加强领导班子建设，以求真务实、开拓进取的态度，努力提高理论政策水平、领导水平和参政水平；切实加强基层组织建设，提高党员的整体素质，增强组织的凝聚力，更好地发挥基层组织的作用；建立健全人才整合的机制，充分调动广大党员和所联系群众的积极性、主动性和创造性。

（三）努力加强参政能力建设，不断提高参政议政水平

中共十七大对我国改革开放和社会主义现代化建设作出了一系列重大战略决策和全面部署，既为民主党派发挥参政党作用提供了广阔的舞台，也对民主党派履行参政议政职能提出了新的更高的要求。我们要围绕中共十七大提出的经济建设、政治建设、文化建设、社会建设的任务和做出的部署，选择综合性、全局性、前瞻性的重大课题开展调查研究，积极建言献策，为中共和政府决策的科学化、民主化，为促进我国科学发展和社会和谐，作出更大的贡献；要按照中共十七大提出的构建社会主义和谐社会的要求，充分发挥民主党派沟通、协商方面的优势，协助执政党和政府多做协调关系、化解矛盾、争取人心、凝聚力量的工作，使一些社会矛盾和群众情绪得到化解和疏导，共同构建社会主义和谐社会；要充分发挥全党的整体优势，调动各方面的积极性，形成选题准确、调研深入、运转有序、富有成效的参政议政工作机制；要进一步加大民主监督的力度，将民主监督寓于参政议政之中，做到经常性监督与重大问题监督相结合；充分发挥各级各类特邀人员的作用，积极参与有关部门组织的各种检查、监督活动；积极反映社情民意，努力促使下情上达。

（四）抓住机遇，发挥优势，不断开拓侨港澳台工作新局面

在新的发展阶段，前所未有的国内、国际良好环境，为本党的海外联谊工作提供了更加广阔的舞台。我们要充分发挥自身的特色和优势，广泛接触海外各界人士，深交老朋友，广交新朋友，积极开展侨务工作和民间交往活动。要进一步加强同海外侨团的联系，在海外发展壮大对我友好力量；要加强同未建交国家侨团的联系，以民促官，促进双边关系的发展；要积极做好留学人员、新华侨华人和华裔新生代的工作，促进华侨华人资源的可持续发展；要继续增进与港澳各界的交往，增强港澳同胞促进发展、保持和谐的共识，为促进港澳长期繁荣稳定多作贡献；要围绕两岸关系和平发展的主题，加强与支持和平统一的社团和人士的往来与合作，共同维护台海和平稳定，推进祖国统一大业；要按照推动社会主义文化大发展大繁荣的要求，弘扬中华优秀文化，增强海外侨胞的民族认同感和凝聚力，促进中华文化与世界文化的交流与融合。在工作中要做到：把坚持做好重点工作和不断拓展新领域结合起来；把海外联谊工作的政策性和灵活性结合起来；把依托亲情乡谊的情感联系和同宗同源的文化认同工作结合起来；把海外联谊工作和参政议政、社会服务等其他工作结合起来；把发挥致公党的

优势和加强“五侨”合作结合起来。

（五）切实关注民生，搞好社会服务，为促进社会建设多作贡献

社会建设与人民幸福安康息息相关，是构建社会主义和谐社会的重要任务，也是履行参政党职能的重要方面。社会服务的实践表明，既能广泛组织和动员党员，结合自身实际，以各种形式参加到活动中去，又能促使党员深入了解国情民生，增强全面建设小康社会的信念和信心。在新的发展阶段，要以创新的精神搞好扶贫开发工作。继续做好定点扶贫，继续开展社会医疗、社区建设、社区服务等活动；要紧紧围绕以改善民生为重点的社会建设，在发展教育事业、促进社会就业、建立社会保障体系，建立基本医疗卫生制度、完善社会管理等方面积极献计出力；要对社会服务的新途径、新形式进行有效的探索，提高组织程度，取得很好的实效，使本党的社会服务工作为社会建设多作贡献。

各位代表，各位同志！中共十七大为我们指明了前进的方向，开启了新的伟大征程。我们站在新的历史起点，面对着改革开放和现代化建设的鸿图伟业，面对着光荣的历史使命，让我们高举中国特色社会主义伟大旗帜，坚持以邓小平理论和“三个代表”重要思想为指导，深入贯彻落实科学发展观，毫不动摇地坚持中国特色社会主义道路和中国特色社会主义理论体系，紧密团结在以胡锦涛同志为总书记的中共中央周围，广泛团结本党党员和所联系的归侨侨眷和海外侨胞，凝心聚力，开拓创新，努力把中国致公党建设成为适应时代发展要求的参政党，为夺取全面建设小康社会新胜利，把我国建设成为富强民主文明和谐的社会主义现代化国家作出新的更大的贡献！

九三学社第九次全国代表大会报告

高举中国特色社会主义伟大旗帜
把我社建设成为适应新时期要求的参政党

——在九三学社第九次全国代表大会上的报告

（2007 年 12 月 8 日）

韩启德

各位代表：

现在，我代表九三学社第十一届中央委员会向大会作报告，请予审议。

九三学社第九次全国代表大会，是在全国各族人民深入学习贯彻中共十七大精神，加快推进社会主义现代化建设的重要时刻召开的。中共十七大的召开，是我国政治生活中的一件大事，必将对全面推进中国特色社会主义事业科学发展产生重大而深远的影响。九三学社衷心拥护中共十七大作出的各项决策和部署，衷心拥护以胡锦涛同志为总书记的新一届中共中央领导集体。

本次大会的主要任务是：高举中国特色社会主义伟大旗帜，深入贯彻落实中共十七大精神，总结我社八大以来所取得的成绩和经验，以政治交接为主线，确定今后五年我社建设目标和任务，修改社章，选举新一届中央领导机构，动员全社力量，为不断开创我社各项工作新局面、为实现全面建设小康社会宏伟目标而努力奋斗。

一、过去五年的工作和基本经验

过去五年，是全国各族人民在中共中央正确领导下，各项事业取得重大成就的五年；是多党合作和统一战线事业不断开创新局面的五年；也是九三学社事业取得长足发展进步的五年。

五年来，我社坚持遵循多党合作的政治准则，按照八大提出的总体要求和工作部署，以科学发展观指导我社各项工作，围绕经济社会发展的一些重大问题深入调查研究，积极履行参政党职能，努力加强自身建设，求真务实，与时俱进，成绩显著。

履行参政党职能取得丰硕成果。本届中央委员会始终把为促进国家发展参政议政作为首要职责，制定了《九三学社中央关于加强参政议政工作的若干意见》。在《意见》指导下，社中央改革并完善参政议政工作机制，整合全社参政议政资源，促进上下互动和联动，探索了以专题常委会研讨参政议政课题的新方式，建立起信息与提案互相转化以及与政府部门合作调研联系等机制，不断优化参政议政工作规范和程序，最大限度地调动广大社员的积极性，充分利用社外人才资源，取得了比较显著的成效。

社中央主要领导通过高层政治协商等方式，就防治“非典”、生态保护、社会保障与就业、医疗卫生改革、生物质能源等问题提出建议，受到中共中央的高度重视，产生了较大社会效应。如我社提出的《关于加大“三江源”地区生态保护和建设力度的建议》，被中共中央采纳，及时制定并启动了有关规划，项目总投资75亿元人民币；《关于解决国企退休科技人员待遇问题的建议》，以及之后为此所做的大量工作，推动政府连续采取相关措施加以解决；《关于引导和鼓励高校毕业生到基层就业的建议》，推动有关部门制定了《关于引导和鼓励高校毕业生面向基层就业的意见》等文件并予以落实，在社会上产生了良好反响。

我社努力履行民主监督职能，对事关全局以及国计民生的一些重大问题，对经济与社会生活中存在的不良现象，通过高层政治协商、政协大会、联组发言、提案议案和信息等方式，提出许多有价值的意见、建议和批评，如《关于切实加强食品安全工作的建议》、《建议逐步推行干部职务消费货币化改革》、《关于解决我国矿难频发问题的建议》等，得到高度重视和切实采纳，发挥了民主监督作用。目前我社有各级各类特邀人员2233人，这些同志广泛参与政府部门组织的各种检查监督活动，认真履行监督职责，为民主监督作出了贡献。

五年间，我社在全国政协大会上提交大会发言42篇、社中央提案84篇、政协九三学社界别提案71篇，政协常委会、专题协商会发言10篇。其中《关于推进城乡统筹，实现城乡经济社会协调发展的建议案》、《关于实施国家知识产权战略的建议案》等提案被确定为重点提案；《加大节约型政府建设力度刻不容缓》等大会发言引起很大反响，受到有关部门的重视与好评。

五年间，各省级组织累计报送信息9300余件，社中央信息中心采编形成《九三信息》、《九三信息专报》3398份。其中《不能以牺牲生态环境促进拉萨市的繁荣发展》、《农业税征收不宜提倡“双过半”》等29篇信息分别得到中共中央和国家领导人的批示。社中央信息中心连续五年获得全国政协信息工作先进单位称号。

社会服务工作扎实推进。制定了《九三学社中央关于加强社会服务工作的意见》，社会服务工作步入制度化、规范化轨道。

将“三九合作”拓展为“九地合作”，实现了从比较单一的支边扶贫到全方位为地方经济社会发展作贡献的提升与跨越。目前，正式签约“九地合作”协议已达12个。据统计，近五年我社通过“九地合作”先后为合作地组织专家、教授、企业家考察指导2458人次，举办各类讲座、培训班1040余次，培训各类专业技术人员12900余人，协助落实项目资金15亿元，捐款捐物1485万多元。

扶贫工作紧密结合自身实际，发挥优势，在实践中逐渐形成了以“科技扶贫、教育扶贫、观念扶贫”为主的工作方针。中共中央政治局常委、全国政协主席贾庆林同志对我社支边扶贫工作情况作出重要批示，给予了充分肯定。

以“九三论坛”为平台，凝聚和发挥社内外的人才力量，探索出社会服务与参政议政工作紧密结合的新方式。“中国粮食安全高层论坛”、“全国生态家园富民计划高层专家论坛”所形成的成果得到温家宝总理和回良玉副总理的批示，部分付诸实施。

港澳台工作取得新进展。成立了港澳台工作小组。五年来，社中央先后与其他单位联合举办了“茗谈中华传统文化”、“海峡两岸产业化论坛”、“知识经济与高科技产业发展座谈会”等活动。社中央主要领导先后会见港澳台来京访问的各类团体及个人30批次200余人。社中央主要领导还3次率团赴香港、澳门特别行政区访问。

思想建设开创新局面。制定了《九三学社中央关于进一步加强和改进思想建设的若干意见》，社中央成立了思想建设研究中心。召开了全社理论研究与社史工作座谈会，制订了《九三学社中央社史工作三年规划》。在全社开展学习王选同志的活动，社中央与中共中央统战部、宣传部和教育部联合组织“王选事迹报告团”，在北京、上海等省（市）进行巡回宣讲，在社会上产生了强烈反响。社中央成立了王选关怀基金会，并开展了两次基金资助活动。最近，经我社申请，中国科学院紫金山天文台发现的、国际编号为4913号小行星已荣获国际小行星中心和国际小行星命名委员会批准，正式命名为“王选星”。开展了向闵乃本同志学习的活动。隆重召开了庆祝九三学社成立60周年大会，开展了丰富多彩的纪念活动，出版了《九三学社60周年》纪念画册，在全社范围内开展社庆征文活动，在重庆建立了九三学社成立旧址纪念碑。社中央密切结合形势和任务举办形势报告会，今年开始举办“九三讲堂”。广泛深入开展思想调研和走访活动，社中央领导深入30余个省区市进行考察调研，利用各种机会走访地方和基层组织，与社员面对面交流。配合换届，社中央启动了政治交接学习教育活动，下发了《关于开展以坚持走中国特色社会主义政治发展道路为主题的政治交接学习教育活动的意见》，目前，这项活动正在全面展开，并取得了一定成效。我社多数地方组织建立了理论中心学习组学习制度，社中央和部分省级组织开通了门户网站，社刊、社讯和学苑出版社等媒体都为我社思想建设发挥了应有作用。

组织发展健康有序。制定了《九三学社中央关于实施人才强社战略的意见》、《九三学社中央关于加强组织建设的若干规定》。在重点发展了一大批科技界优秀人才的同时，还积极发展了一批人文、社会科学和新阶层等其他界别的优秀人才。据统计，五年间，我社成员获国家级奖励者1037人次，获省部级奖励者5366人次，获地市级奖励者6573人次。目前，我社有各级人大代表1530人，各级政协委员7554人，与上届相比，省辖市以及县级市人大常委会副主任增加8名，政协副主席增加14名。我社在各级政府和司法机关有113名厅局级干部，484名县处级干部，与上届相比，分别增加46名和211名，辽宁、山东、浙江、广西等地担任实职的人数比往届有大幅上升。截至2007年6月，全国社员总数已达106726人，组织发展平均净增率4.5%，其中具有高级职称的社员64942人，占60.85%，两院院士63名；全国现有30个省级组织，275个省辖市级组织，22个县级市组织，4282个基层组织，五年间，新增省辖市级组织26个，县级组织2个。

领导班子建设取得新进步。建立健全了领导班子工作机制和探索了内部约束机制。把常委会作为工作班子，坚持重要决策必须经过中央常委会充分讨论和研究，并逐步形成制度。有针对性地制定了《九三学社中央关于加强地方组织领导班子建设的意见》、《九三学社中央关于省级组织换届工作的意见》。顺利完成了省市级组织换届工作，一批优秀中青年同志走上了领导岗位。

后备干部队伍建设得到加强。建立了后备干部队伍名单，建立了全社人才数据库。加强对后备干部的培养、锻炼和使用，五年间，从中央到地方有计划、分层次地安排了650多人次在中央社会主义学院进行学习培训，有近100名同志到国家部委和中西部地区挂职锻炼。

基层组织建设取得新成绩。从中央到地方都建立了到基层调研和机关干部下基层制度。产生了一批优秀基层组织负责人。一些地方组织改变基层组织以单位为主的传统组建形式，建立了社区支社、离退休人员支社和青年支社等新的基层组织形式；基层组织活动内容与形式更加丰富多彩，活动质量有所提高。

机关管理进一步规范。社中央和社省市级机关按照《公务员法》的要求，完成了机关公务员的登记备案工作。制定了《九三学社中央关于加强机关建设的意见》。社中央完善了考勤制度，制定了鼓励机关公务员在职继续攻读学位、挂职锻炼等制度。

总结五年来的工作，我们有以下几点经验和体会：

第一，坚持多党合作的政治准则，不断增强对参政党性质、地位和历史使命的认识。必须牢牢把握正确的政治方向，在重大原则问题上与中共中央保持一致，增强政治鉴别力和敏锐性。把坚持我社“民主与科学”的光荣传统与坚持中国共产党领导的多党合作和政治协商制度统一起来，与贯彻落实科学发展观结合起来，与坚持走中国特色社会主义政治发展道路相适应、相促进。这是我社能够在国家政治生活中发挥更大作用的根本保证。

第二，坚持围绕中心、服务大局，把发展作为参政议政第一要务。必须努力发挥优势，强化特色，为促进我国经济社会全面协调可持续发展提出具有战略性、前瞻性、可行性的建议，为发展中国特色社会主义事业作出实实在在的贡献。这是我社实现自身价值的根本途径。

第三，坚持弘扬民主精神，相信和依靠群众。必须在社内反对“官本位”的思想和做法，加强集体领导，发挥常委会作为工作班子的作用，广泛听取不同意见，尊重并善于吸纳地方组织和基层组织的意见和建议，把民主集中制落到实处，以保证社中央作出的重大决策和部署正确，符合广大社员的利益和愿望，在实践中取得显著成效。

第四，坚持科学求实精神，不断开拓创新。必须解放思想、实事求是、与时俱进、开拓创新，敢于破除旧框框旧习惯，适应新时期新任务，不断探索新思路新做法，开创各项工作新局面。

第五，坚持实施“人才强社”战略，始终保持我社的人才优势。必须大量吸引和发展优秀的旗帜性人物，增强社组织的感召力，培养和造就大批参政议政人才。这是决定我社参政议政质量，保证九三学社事业兴旺发达、可持续发展的根本所在。

第六，坚持以人为本的理念，不断增强组织凝聚力。必须高度重视并充分反映和维护广大社员的合法权益，努力帮助社员解决实际困难。必须维护团结，坚持“和而不同”，营造和谐氛围，最大限度地调动起广大社员的积极性，不断增强社组织凝聚力，保持组织的生机与活力。

第七，坚持把社的各项工作纳入制度化、规范化轨道。必须以有利于调动一切积极因素为出发点，不断建立健全领导制度、组织制度以及各项工作制度，保证我社各项工作扎实推进，自身建设水平不断提高。

各位代表！五年来我们所取得的工作成绩，是全体中央委员和全社同志共同努力的结果，也与中共中央的正确领导和中央统战部的长期支持和帮助分不开。在此，我谨代表九三学社中央向全体中央委员和全社同志表示衷心感谢！向中共中央、中央统战部表示衷心感谢！

在总结成绩的同时，也应该清醒地看到，我们的工作还存在一些有待解决的问题，主要是：第一，参政党理论研究相对滞后，这将是我社今后一个时期搞好思想建设面临的十分重要的问题；第二，如何增强广大社员的政党意识，搭建平台，建立机制，更好地调动各级组织和广大社员的积极性，尚需进一步研究；第三，全社各级组织之间的力量整合还比较欠缺；第四，制度建设水平还有待进一步提高。以上问题势必对我社适应新时期新任务的要求更好地履行参政党职能、发挥参政党作用产生不利影响，必须引起高度重视并采取切实有效的措施，在今后工作中认真加以解决。

二、高举中国特色社会主义伟大旗帜　坚持走中国特色社会主义政治发展道路

当前和今后一个时期，我社首要的政治任务，就是深入学习贯彻中共十七大精神。高举中国特色社会主义伟大旗帜，坚持走中国特色社会主义政治发展道路，是我社在新形势下充分发挥参政党作用的思想政治基础。只有社会主义才能救中国，只有中国特色社会主义才能发展中国，这是一百多年来中国革命和建设正反两方面经验反复证明了的真理。我们要从三个方面加深对“中国特色”的理解：一是实践特色，即不从教条出发，而是从中国实际出发，坚持实事求是的思想路线；二是民族特色，即不照搬其他国家的模式，而是坚持走自己的发展道路；三是时代特色，即不因循守旧，而是与时俱进、勇于创新。始终做到坚定不移地坚持解放思想，坚定不移地推进改革开放，坚定不移地落实科学发展观，坚定不移地为全面建设小康社会而奋斗。

坚持和发展中国特色社会主义，在政治上必然要求走中国特色政治发展道路。中国特色政治发展道路的社会主义性质，决定了我国民主政治发展必须以实现共产党领导、人民当家作主和依法治国的有机统一为基本目标，坚持人民代表大会制度、中国共产党领导的多党合作和政治协商制度、民族区域自治制度以及基层群众自治制度，不断推进社会主义政治制度的自我完善和发展。中国特色社会主义政治发展道路，是中国人民经过长期实践和反复探索开辟的一条适合中国历史和国情、体现全国各族人民根本利益的民主政治发展道路，是中国社会政治稳步发展和国家长治久安的坚实基础。九三学社全体成员必须坚定走中国特色社会主义政治发展道路的信念，任何时候都不能动摇。

作为参政党，坚持走中国特色社会主义政治发展道路的重点是坚持和完善中国共产党领导的多党合作和政治协商制度。在新的历史条件下，我社要为推进中国特色政党制度建设作贡献，必须坚持多党合作的政治准则，其中最根本的是坚持中国共产党领导，努力促进政党关系的和谐；把促进发展作为参政议政的第一要务，增强贯彻落实科学发展观的自觉性和坚定性，积极履行参政党职能，不断加强能力建设，提高参政议政实效；充分发挥民主监督作用，推进民主监督制度化、规范化、程序化建设；加强自身建设，善于总结经验，不断探索参政党工作规律和机制，积极稳妥地推进制度创新。这是九三学社作为参政党必须履行的政治责任。

三、继承和发扬我社优良传统　搞好政治交接

我社成立 62 年来，在各个历史时期顺应时代发展潮流不断前进，已经成为中国社

会进步的重要推动力量。在此过程中，我社也得到健康发展并形成了自己的优良传统。

九三学社是在中共抗日民族统一战线政策影响和感召下，于抗日战争后期成立的。其前身是由一批文教、科技界进步学者在重庆发起组织的民主科学座谈会。这个组织发起伊始，就高举“五四”反帝反封建旗帜，主张“团结、民主，抗战到底”，反对国民党独裁统治，为“实现人民民主与发展人民科学”而奋斗。为爱国救国而追求“民主与科学”，是九三学社的缘起。

九三学社自成立之日，就作为共产党的同盟者与合作者活跃在中国的政治舞台上，赞成中共的各项主张，为争取新民主主义革命的胜利而斗争。在解放战争取得决定性胜利的时刻，九三学社积极响应中共中央“五一”号召，公开宣告接受中国共产党领导，并为建立新中国作出了贡献。

共和国成立以来的50多年里，九三学社与中共风雨同舟，经受各种考验，共同探索中国特色政治发展道路。1956年，随着社会主义改造的基本完成和中共“长期共存、互相监督”方针的确立，中共与各民主党派之间建立起了一种新型政党关系，明确了民主党派的前途和任务，九三学社随之把工作重心放到推动成员参加国家建设上来，走上了为社会主义服务的道路。中共十一届三中全会以后，在邓小平理论指引下，九三学社进一步明确了性质、地位和作用，坚持“一个中心、两个基本点”的基本路线，在国家政治生活中发挥着越来越重要的作用，为建设中国特色社会主义事业做出了显著贡献。在这一历史进程中，我社发展成为拥有10万多名社员、组织比较健全、有较强参政能力和较高社会地位的政党。

九三学社的历史表明，爱国主义是贯穿我社历史的一条主线，追求“民主与科学”在本质上与爱国主义是一脉相通的。建设富强民主文明和谐的现代化国家，实现中华民族的伟大复兴，始终是我社广大成员坚持不懈、努力奋斗的目标。惟因如此，追求“民主与科学”才能在我社60多年的历史中积淀成为凝聚我社广大成员团结奋斗的优良传统和精神纽带。

九三学社的历史表明，接受中国共产党领导，走社会主义道路，是我社自觉自愿的选择。我社前辈们在与中共长期团结合作的历史实践中深刻认识到，没有别的选择能够真正拯救中华民族的命运，只有在中国共产党领导下走社会主义道路，才能实现强国富民的美好理想。民主党派从爱国主义走向新民主主义，从新民主主义走向社会主义，是历史的必然。

九三学社的历史表明，顺应时代发展潮流，不断为社会进步与国家发展作贡献，是我社存在价值和生命力所在。正是由于我社在每个历史阶段都作出正确抉择，特别是在中国共产党领导的多党合作和政治协商制度中充分发挥了参政党作用，才有了我社的健康持续发展。

当前，中国又站在了一个新的历史起点上，全面建设小康社会的宏伟目标和发展社会主义民主政治的艰巨任务，对我社提出了更高的要求。与此同时，我社新社员不断增加，社员年龄结构发生了较大变化，社员思想状况呈现出许多新特点。面对经济全球化和政治多极化的国际大背景，面对新形势下我国面临的新矛盾新问题以及改革发展的艰巨任务，我社必须保证一代又一代新社员能够在不断变化的历史条件下，永远保持政治本色，弘扬光大优良传统，顺利实现政治交接。

全社各级组织要继续深化对政治交接的认识，充分认识政治交接的长期性、复杂性和艰巨性，进一步明确政治交接的重点是继承和发扬我社老一辈长期以来与中国共产党亲密合作形成的政治信念、优良传统和高尚风范，关键是增强接受中国共产党领导的自觉性和坚定性，核心是坚持走中国特色社会主义政治发展道路，目的是加强自身建设，巩固多党合作和政治协商的思想政治基础，为把我社建设成为与中国共产党亲密合作、致力于发展中国特色社会主义事业的参政党，为我国经济社会全面发展不断作出新贡献的参政党，弘扬民主与科学精神的参政党，人才辈出、充满活力的参政党，团结和谐、具有较强凝聚力的参政党而努力奋斗。

四、以科学发展观为指导　进一步提高履行职能水平

围绕中心、服务大局是我社履行职能的着力点。围绕中心首先要认清形势，准确把握新形势下我国各项事业发展面临的新课题新矛盾，更加自觉地以科学发展观指导我社各项工作和实践，更加自觉地促进科学发展、和谐发展、和平发展。这是新时期多党合作的根本任务，是历史和时代赋予我们的神圣使命。

深入贯彻落实科学发展观，要求我们在实际工作中全面、完整、准确地把握科学发展观的深刻内涵，坚持把发展作为第一要务，坚持以人为本这一核心，坚持全面协调可持续这一基本要求，坚持统筹兼顾这一根本方法，进一步树立改革意识和大局意识，围绕中共中央的重大决策和部署以及事关国计民生和发展全局的重大问题，多做深入调研，履行好参政议政、民主监督职能。

要把发展作为第一要务，努力提高参政议政能力和水平。

把发展作为参政议政的第一要务，就是要把发挥参政党职能和作用落实到推动经济、政治、文化和社会全面发展上来，不断增强参政党意识，不断提高参政议政的能力和水平。

注重质量。要强化参政议政、建言献策的质量意识。建言献策要有战略性、前瞻性和可行性。要选择有利于解决经济与社会发展中突出矛盾的问题，有利于解决关系到广大人民群众重大切身利益的问题，同时又是自己熟悉或有条件深入了解的问题开展调查研究，提出高水平、有价值的建议。

强化特色，特别是突出科技特色。要在国家的科技政策、改革、规划等重大问题上提出有价值的建议。要尊重事实，遵循规律，科学论证，勇于质疑，敢于创新，有独到见解。要多从技术创新的角度提出解决各种问题的办法。要反映科技人员的要求和愿望，维护科技人员的合法权益。

加强基础性研究。社中央与各级组织乃至参政议政骨干要根据自身条件有计划地选择若干重点参政议政领域，长期积累材料、连续跟踪调研，成为该领域参政议政专家，努力做到厚积薄发。

走群众路线。在培养骨干的同时，发动和依靠各级组织特别是基层组织和广大社员，利用网站、社讯、参政议政工作通讯等媒介进行宣传，表彰先进，推广经验，以起到激励作用。专门委员会要做好组织、协调和承上启下的工作。

畅通渠道。充分利用好全国政协大会发言和提案、全国人大议案、九三学社建言、新闻媒体等渠道，同时要加强与人大、政协、有关政府部门以及人民团体等机构的联系。

整合资源。利用课题招标、课题自由申报和组织、专题研讨会、举办“九三论坛”等多种形式，做到上下沟通、左右互动，力量整合。充分利用《九三信息》中的亮点，进一步整合、补充、提炼，形成好的建言献策材料。

加强参政议政人才队伍建设。在发现、培养、使用人才上下功夫，继续加强全社参政议政人才库建设，不断壮大中央与地方、社内与社外、兼职与专职相结合的参政议政人才队伍，把组织发展工作与参政议政工作结合起来。

不断总结新经验。探索参政议政工作新机制，加强调查研究，注意调研方法，创新工作思路和途径，实现参政议政的进一步制度化、规范化、程序化。

要正确认识民主监督性质，充分发挥民主监督作用。

作为民主党派政治职能的民主监督，是我国多党合作制度的基本内容，是我国社会主义监督体系的重要组成部分。民主党派的监督是在社会主义政党体制内，在团结合作的政党关系基础上，通过民主的方式，即以提批评、作建议为主要形式对中共实行的一种政治监督。这种性质的监督，主要是通过政治协商、参政议政途径来实现的，对帮助中共执政能起重要作用。正确认识民主监督的性质，对于充分发挥好民主党派的监督作用具有十分重要的意义。

履行好民主监督职能，必须增强政党意识，提高政治把握能力，善于发现问题，敢于提出问题，提高批评、建议的水平。要着重在制定和贯彻国家大政方针、管理国家事务、制定和执行法律法规方面起监督作用。要充分发挥联系广泛、地位超脱的优势，及时了解社会生活中的重要情况和群众关注的热点问题，进一步做好反映社情民意的工作，拓宽民主监督渠道，加大民主监督力度。要加强各类特约人员队伍建设，社中央要建立特约人员专门委员会。要关心、支持特约人员的工作，为特约人员更好地发挥监督作用创造条件。要不断探索民主监督的新途径，总结新经验，为推进民主监督制度化建设作贡献。

五、发挥优势　突出重点　进一步推进社会服务和港澳台工作

社会服务工作是我社履行参政党职能的延伸，是充分发挥我社优势、直接参与建设国家和服务社会的重要途径，是体现我社存在价值、扩大社会影响的重要方面。要以创新精神不断探索社会服务新路子，围绕全面建设小康社会多做实事。社会服务工作必须与参政议政工作紧密结合，在社会服务实践中发现问题，有针对性地向各级政府提出合理建议和解决方案；同时，对我社提出的重要意见和建议，注意在实践中跟踪了解，促进这些意见和建议的落实与实施。“九地合作”工作要重点做好发展规划、主导产业的论证、技术引进和科技咨询等工作。在实施中要选准突破口，抓重点，以点带面，循序渐进。要坚持“科技扶贫、教育扶贫、观念扶贫、健康扶贫”的理念，以“发挥优势，尽力而为，讲求实效，多办实事”为工作原则，积极发挥“联合、协调、推动、服务”作用，提高支边扶贫工作的力度和水平。办好“九三论坛”，开展好“亮

康行动”和科学普及活动。

港澳台工作是扩大爱国统一战线的重要组成部分，是民主党派从自身优势出发所应履行的一项重要政治责任。要不断拓宽领域和渠道，加强与港澳科技、教育、文化、医卫界人士的多层次交流与合作。特别要做好对台工作，广泛接触台湾各界人士，深入开展与台湾同胞在各个领域的交流与交往，支持海峡西岸和台商投资相对集中地区社的地方组织发挥对台优势，以各种方式开展对台工作，为促进祖国和平统一、扩大和发展最广泛的爱国统一战线多作贡献。

六、把学习摆在突出位置进一步加强思想建设

思想建设是我社自身建设的重中之重。各级领导干部必须把学习摆在突出的位置，适应新形势新任务，充分认识学习的紧迫性和重要性，把学习当成自己的责任和使命，作为推动工作的重要方法，在全社大兴学习之风，把我社建设成为学习型参政党。

要深入学习贯彻中共十七大精神，深入理解高举中国特色社会主义伟大旗帜和坚持改革开放的重要意义；领会和把握科学发展观的深刻内涵，以及贯彻落实科学发展观与坚持“一个中心、两个基本点”的基本路线、构建和谐社会、深化改革开放、发展社会主义民主政治的内在联系；明确中国特色社会主义经济、政治、文化和社会建设的目标、部署和举措，牢固树立中国特色社会主义共同理想，增强建设中国特色社会主义的自信心和自豪感。

要结合中共十七大精神、新社章和社史的学习，继续深入开展政治交接学习教育活动。全社各级组织要努力贯彻落实社中央有关文件精神，有计划、按步骤、高质量地推动学习教育活动深入开展。

切实加强各级领导干部的理论学习，真正把握马克思主义与时俱进的理论品质，提高运用发展着的、中国化的马克思主义理论成果解决现实问题的能力。

加强参政党理论研究和社史工作。重点对“以科学发展观指导九三学社全面、协调、可持续发展”的理论命题做深入调查研究，争取形成比较有分量的理论研究成果用以指导工作实践。要加强理论研究人才队伍建设，在全社形成认真学习理论、运用理论研究解决问题的风气。整合全社力量，努力完成社史工作规划规定的各项任务。

进一步探索和完善思想政治工作的有效机制，促进全社上下的交流与沟通，充分发挥社刊、社讯、网络、图书出版等媒体的宣传教育作用，深入基层、深入实际，关注社员思想动态，把思想政治工作落到实处，不断增强社的凝聚力、向心力和战斗力。

七、继续实施人才强社战略进一步加强组织建设

五年来的实践证明，人才强社战略的提出和实施，为保持我社特色和优势、充分履行参政党职能发挥了重要作用。要继续实施人才强社战略。要大力发展优秀人才入社，对旗帜性人物和有较大发展潜力人物的发展，逐一落实计划，及时采取措施，有针对性地做好深入细致的工作。注意发展人文和社会科学领域专家以及新社会阶层中的优秀分子入社，优化成员结构，为参政议政打好多层次、宽领域的人才基础。要着力处理好培养和引进的关系，把社内已有人才的培养和使用作为工作重点，培育人才成长、发展的良好环境。为此，各级领导干部要善于发现人才；要客观地评价人才，把品德、

知识、能力和业绩作为衡量人才的主要标准，任人唯贤；要知人善任，大胆地使用人才，使人才能够在实践中锻炼成长；努力为成员搭建施展才能的舞台。要加强后备干部队伍建设，做好选拔、培养工作。

组织建设要以领导班子建设为重点，以实现政治交接为主线，着力提高各级领导干部的政治把握能力、参政议政能力、组织领导能力与合作共事能力。要进一步加强对基层组织的领导，科学合理调整基层组织结构；建立标准明确、重点突出、结构合理、程序规范的组织发展工作机制；形成分级管理、分工明确、制度健全的地方组织工作机制和社员管理工作机制；加强对组织部门的领导，提高机关专职组工干部的能力。

八、坚持求真务实　进一步加强作风建设

作风是一个人世界观、人生观、价值观的外在表现，是理想信念、思想境界、道德情操的综合反映。学习贯彻中共十七大精神、深入贯彻落实科学发展观、履行好参政党职能、加强自身建设、增强社的凝聚力，都需要有良好的作风。因此，作风建设不仅是新形势新任务的迫切需要，也是我社事业长期健康发展的需要，我们要比以往任何时候更加重视作风建设。

树立勤奋好学、理论联系实际的良好学风。要克服不学习照样能干好工作和学习上满足一知半解、浅尝辄止的态度。在各级组织和机关创造以学习为荣、不学习为耻的舆论环境和学习氛围。要从工作实际出发，带着参政议政中遇到的难题，认真学习理论，深入调查研究，力求真懂真通，用马克思主义中国化的理论成果武装头脑、指导实践，推动工作，在解决实际问题的过程中提高思想理论水平。

树立言之有物、有的放矢的良好文风。讲话和各类文稿务必改进文风，做到客观真实，实话实说，主题鲜明，针对性强，言之有物，言之有据，反对主观主义，杜绝假大空。

树立维护大局、民主团结的良好作风。领导干部要始终胸怀多党合作事业的大局，增强互相尊重、平等待人和民主团结的意识。认真贯彻民主集中制原则，善于听取和吸收各方面的意见和建议，发挥好班子每个成员的作用，自觉维护领导集体所作出决策的统一性和严肃性，从大局出发，坚持和而不同，善于团结共事，充分发挥整体合力，确保各项决策和工作部署的贯彻落实。

树立科学务实、真抓实干的良好作风。坚持解放思想、与时俱进，创造性地开展工作，一切从实际出发，办实事、求实效，反对形式主义和弄虚作假，不做表面文章，不搞“面子工程”。

树立心系社员、服务社员的良好作风。各级干部特别是领导干部要牢固树立服务意识，密切联系社员，熟悉基层情况，切实了解和关心社员，把社员利益放在第一位，把维护社员合法权益作为自己应尽的义务，力所能及地帮助社员解决实际问题，各级领导班子成员每年应保证下基层活动不少于四次。

树立廉洁自律、甘于奉献的良好作风。正确对待名利、权力和地位，做到一身正气，两袖清风，生活情趣健康，自重、自省、自警、自励。做人以诚，做事以敬，提高道德修养，培养职业操守，遵守社会公德，做一个真正有益于人民、有益于人民事

业的人。

九、细化措施　规范程序　进一步提高制度建设水平

制度建设是我社自身建设的基础和保障。要把社章的各项规定和要求真正落到实处，实现我社决策的民主化、科学化，充分发挥各级组织和广大社员的积极性、创造性，切实解决思想、组织尤其是作风方面存在的各种问题，关键在于制度的建设和完善。加强制度建设，必须贯彻科学性、适用性和系统性原则，通过科学总结我社自身建设经验，有针对性地建立起一套适合我社自身特点的制度，使制度能够行得通、做得到，并细化措施，规范制度执行程序，形成良性机制，保证我社各项工作规范、流畅、高效运行。当前和今后一个时期，我社应着重建立健全以下几项制度：

民主集中制。要在充分发扬民主的基础上实行集体领导和个人分工负责相结合。坚持重大决策必须经过中央常委会充分讨论，集思广益，达成共识，在广泛民主的基础上，依照议事规则和程序实行正确的集中。在充分发挥第一把手和专职负责人作用的基础上，还要注意发挥兼职领导成员的作用，保证他们正常行使领导职权。要认真贯彻领导班子各项议事制度和工作制度，要进一步加强社的主席（主委）会、主席（主委）办公会，常委会、全委会、专委会等五项主要例会的议事制度和工作制度建设，以保障民主集中制的贯彻落实。

内部监督制度。为适应形势发展和参政党建设的要求，要逐步建立适合民主党派特点的内部监督机制。制定监督委员会各项条例，社中央设立中央监督委员会。实施内部监督的主要内容是考察各级组织和社员遵守《九三学社章程》的情况，重点是各级领导班子及其成员履行领导职务的情况。社中央监督委员会将对各级领导班子的政治学习、谈心活动、民主生活等工作进行检查，并通过深入基层、处理来信来访等方式和渠道做好内部监督的工作。

学习培训制度。健全社的各级领导干部学习制度；通过举办讲座、学习班、报告会、座谈会和培训班等多种形式，加强对社员的学习培训，做到学习经常化、制度化。

调查研究制度。建立各级领导干部深入基层调查研究制度，除对本地区、本部门迫切需要解决的重要问题进行系统的调查研究、提出正确的对策外，还要有固定联系的下级组织，规定下基层调研的最少时间。

机关工作制度和机关干部管理制度。各级组织机关要根据实际情况，进一步制定和完善机关运行的工作规则。要实行岗位责任制，充分发挥各级干部和职能部门的作用，提高工作质量和效率。要按照《公务员法》加强对机关公务员的管理。采取多种形式有计划地对干部进行在职轮训和脱产培训，使机关干部的工作能力、业务水平不断适应工作需要。干部的使用要坚持德才兼备的标准，坚持走群众路线，坚持集体研究决定。严格干部录用、任免、调动、奖惩的审批程序。建立对干部“德、能、勤、绩、廉”的考核制度，并根据考核情况决定晋升和奖惩。

各位代表！我社第九次全国代表大会的胜利召开，标志着九三学社事业发展又进入到一个新阶段。五年前，老一辈把九三学社的事业传给了我们这一届领导集体。五年来，我们没有辜负前辈的期望，在中共中央正确领导下，无论在履行参政党职能方面

还是在自身建设方面，都取得了一定成绩，为多党合作和统一战线事业作出了应有贡献；今天，我们的事业又将由新一届领导集体接续和传承，这正是九三学社事业持续发展和兴旺发达的希望所在。我们坚信，在中共十七大精神鼓舞下，九三学社新一届领导集体将高举中国特色社会主义伟大旗帜，深入贯彻落实科学发展观，继承和发扬我社优良传统，团结带领广大成员，以更加昂扬的精神状态，不断开拓进取，积极投身于全面建设小康社会的宏伟事业，为推进中国特色社会主义事业科学发展作出更大贡献！

台湾民主自治同盟第八次全盟代表大会报告

坚持中国特色社会主义政治发展道路
努力开创台盟工作新局面

——在台湾民主自治同盟第八次全盟代表大会上的报告

（2007 年 11 月 28 日）

林文漪

各位代表：

现在，我代表台盟第七届中央委员会向大会作报告，请予审议。

台湾民主自治同盟第八次全盟代表大会，是在我国进入全面建设小康社会新的历史起点上召开的一次十分重要的大会，是承前启后、继往开来，保证全盟坚定不移地沿着中国特色社会主义政治发展道路阔步前进的大会。

大会的主题是：以邓小平理论和“三个代表”重要思想为指导，深入贯彻落实科学发展观，认真学习中国共产党第十七次全国代表大会精神，坚持中国特色社会主义道路，努力开创台盟工作新局面，为夺取全面建设小康社会新胜利和推进祖国和平统一大业而奋斗。

一、五年工作回顾

台盟七大以来的五年，是我们接受中国共产党的领导，与共产党亲密合作，共同致力于中国特色社会主义事业的五年；是我们抓住机遇，接受挑战，在继承中创新、在创新中发展的五年；是我们全体盟员锐意进取，团结奋斗的五年。

台盟七大明确了建设适应新世纪要求参政党的奋斗目标。七届中央委员会先后召开了五次全会，围绕贯彻七大精神，就全盟的参政议政、联络交流、宣传研究、社会服务、自身建设和换届工作等做出全面部署。五年来，台盟在履行参政党职能、加强自身建设等方面取得了显著成绩。

——参政议政成果丰硕。我们紧紧抓住发展这个第一要务，不断扩大参政议政的领域和范围，建立健全调研机制，切实推动成果转化。五年来，全盟各级领导参加中共党委、政府召开的协商会、座谈会、情况通报会 1396 次；开展专题调研，形成调研报告 573 份；在各级政协会议上，提交党派发言材料 322 件，提案 2431 件，其中 183 件被评为优秀提案。

——对台工作继续深化。我们牢牢把握两岸关系和平发展的主题，以反对和遏制“台独”分裂活动为首要任务，广泛联系台湾同胞，积极推动两岸经贸合作，深入开展涉台宣传和研究。五年来，全盟直接或间接协助有关部门引进台商投资项目 63 个，引资总额达 3. 87 亿元；邀请接待海内外台胞 1462 批 1. 3 万人次，组团赴台 189 人次；出版涉台书籍 47 种；完成台情研究课题 10 余项。

——社会服务不断拓展。我们充分发挥广大盟员的主动性和创造性，立足自身特点，调动资源优势，通过开展义诊、扶贫、科技支农等形式多样的社会服务活动，积极投身全面建设小康社会。五年来，全盟帮助贫困地区引进海内外捐助款300万元；各级组织和盟员个人捐款240万元，捐助各种办公设备、图书、衣物万余件。

——自身建设全面加强。我们紧密围绕建设适应新世纪要求参政党的目标，深入开展思想建设，稳步推进组织发展，不断加强领导班子和后备干部队伍建设，继续完善各项工作制度，顺利完成地方组织换届工作。五年来，共发展380名盟员，增长了15.8%；省级组织换届后新当选的主委、副主委35人，占领导班子总人数的62.5%。

五年来，我们主要开展了七个方面的工作：

（一）认真参与国家事务管理

台盟各级组织充分发挥参政党在国家政治生活中的作用，就国民经济和社会发展的重大问题参与政治协商，对中央和地方的政策措施、法律文件、人事任免等重大事项坦诚发表看法，提出意见和建议，为推动国家各项事业的发展发挥了积极作用。其中，台盟中央领导参加由中共中央、国务院召集的各类协商会74次，围绕政府工作、国家“十一五”规划、构建社会主义和谐社会、金融体制改革等大政方针问题进行协商，为推进决策的科学化、民主化作出了贡献。

五年来，台盟中央领导多次应邀参加重要国事活动，其中包括参加纪念全国人大成立50周年、人民政协成立55周年、中国人民抗日战争暨世界人民反法西斯战争胜利60周年、台湾光复60周年、红军长征胜利70周年大会等。应邀陪同中共中央、国家领导会见了包括加拿大总理、西班牙首相、南非总统等在内的21位外国贵宾，应邀陪同国家领导出访越南、马来西亚、菲律宾等国家。全盟担任各级人大、政府、政协和司法部门领导职务的盟员共42人，担任各级人大代表、政协委员的盟员达565人次。他们认真行使职权，搞好合作共事，为我国的经济建设和社会发展贡献了力量。

（二）切实履行参政议政职能

台盟各级组织高度重视做好参政议政工作，紧紧抓住经济社会和两岸关系发展中的全局性、前瞻性问题，深入调查研究，积极建言献策。随着各民主党派围绕全局性、战略性问题进行考察调研制度的规范化，台盟中央精心选择了推动两岸经贸合作、振兴东北老工业基地、发展海洋经济、建设社会主义新农村、提高自主创新能力等课题开展调研，所提意见和建议得到各级中共党委、政府领导的高度重视。台盟各级组织也十分重视开展好专题调研工作，形成了一批高质量的调研报告。2007年，台盟中央与福建、北京、天津、南京等省市台盟组织联合开展的关于闽南文化的专题调研，所形成的调研报告得到了中共中央政治局常委、全国政协主席贾庆林同志的亲自批示。配合此次调研，台盟中央与福建省人民政府、国家文物局主办了“海峡西岸文化遗产保护论坛（2007）”，邀请国家有关部委负责同志、海峡两岸专家学者共同研讨，有效推动了闽南文化和海峡西岸文化遗产的开发和保护工作。台盟各级组织通过“上下联动、横向联合”的调研工作机制，进一步加强了彼此之间的沟通与合作，加强了与各级人大、政府、政协以及大专院校、科研机构的联系与配合，实现了整体协调、优势互补、资源共享，有效地发挥了台盟组织的集体力量。

五年来，全国人大、政协会议期间，胡锦涛、吴邦国、贾庆林等中共中央主要领导以及国家有关部门的负责同志多次参加了人大台湾团、政协台盟组的讨论，听取代表、委员的意见和建议。盟员中的人大代表、政协委员围绕扩大两岸交流合作、维护台胞权益、发展区域经济、推进城镇医疗改革等问题积极建言。赠台大熊猫、祖国大陆一系列惠台政策措施的制定出台，天津滨海新区发展规划的确立实施等，都凝聚了代表、委员的心血和智慧。十届全国政协二次会议期间，作为党派提案提交的《关于建立党政领导干部和国企厂长经理直系亲属出国留学、定居报备案制度的建议》，被中纪委采纳并组织试点，多家媒体予以报道，引起较大的社会反响。2007 年全国人大、政协会议期间，台盟中央、盟员中的人大代表和政协委员围绕保护闽南文化、推动闽台文化交流所提交的大会发言、建议和提案，得到中共中央政治局常委李长春、国务委员陈至立同志的批示，并要求组织专门力量进行研究，积极推动此项工作的开展。在台盟的大力推动下，2007 年 6 月，国家级“闽南文化生态保护实验区”正式挂牌启动。

2004 和 2005 年，台盟中央两次召开信息工作会议，修改了《台盟中央关于加强信息工作的意见》，进一步规范信息工作的形式和程序。五年来，全盟加强了专题信息的收集和整理，共报送《台盟信息》481 期，及时反映盟员、台胞对国家经济社会发展的意见和建议，反映台盟对两岸关系中的重大问题、重要事件以及关系群众利益突出问题的立场和观点，为国家决策部门掌握情况和改进工作发挥了应有的作用。

（三）继续深化对台联络交流

台盟各级组织认真贯彻国家对台工作大政方针，从事关台湾人民切身利益的事情做起，为岛内同胞赴祖国大陆投资求学、探亲旅游提供服务、排忧解难，切实把“寄希望于台湾人民”的工作落到实处。其中，台盟中央积极帮助在祖国大陆求学的台生解决困难，协助有关部门落实台生在大陆就业的相关政策，为在中国民航管理干部学院就读的台生争取工作机会，使台湾同胞首次得以进入大陆航空公司工作。

台盟中央于 2005 年召开联络工作会议，提出整合全盟联络资源的思路。在此基础上，台盟各级组织进一步深化与岛内中南部民众、科技医疗等领域的专业人士以及青少年的联络交流。通过精心安排参访内容，向岛内台胞宣传了祖国大陆民主政治制度建设和经济社会发展的情况。2007 年，台盟中央接待了台南县医师公会访问团，其中许多来自台湾中南部的团员是第一次到祖国大陆访问，对大陆的发展与繁荣有了切身感受。台盟中央还协助台湾高雄师范大学参与奥运志愿者启动仪式，以鼓励和支持更多的台湾青年参与奥运、服务奥运、建设奥运。台盟中央积极组团赴台交流，并派代表参加了在俄罗斯、澳门、匈牙利等地召开的全球华侨华人推动中国和平统一大会，支持海外反“独”促统运动。在“专、精、深、久”工作方针的指导下，全盟的对台联络工作不仅突出了特点，也提升了层次，扩大了成效。

台盟中央妇女工作委员会先后接待了台湾亲民党台北市妇女访问团、功文文教基金会等访问团，就维护妇女权益、开展两岸妇女交流等问题交换意见、寻求共识。并且于 2006 年首次组团赴台参访，与岛内部分政党、团体的妇女组织开展广泛交流，加深了对台湾政局的了解。2006 年两岸台胞民间交流促进会成立后，充分发挥民间团体灵活的特点。截至 2007 年 10 月，已邀请了台湾原住民社会发展协会参访团、台中市原住民妇女会等岛内外代表团赴祖国大陆交流，组织7批盟员和机关干部赴美国、日本、巴西、阿根廷等地访问，进一步推动了与海内外台胞的交往。

（四）努力推动两岸经贸合作

台盟各级组织切实贯彻胡锦涛总书记“深化互利双赢的交流合作是实现两岸关系和平发展的有效途径”讲话精神，充分发挥盟员岛内外亲友多、联系渠道宽的优势，注重加强与地方政府部门合作，为台胞在祖国大陆投资牵线搭桥，积极探索推动两岸经贸合作的新渠道，共建合作的新平台。

自2005年起，台盟中央与安徽省人民政府、全国政协港澳台侨委员会连续三年共同举办了海峡两岸暨港澳经贸合作洽谈会，邀请台商代表参会，累计达成合作项目43个，协议投资16.7亿元。由台盟中央引进，投资1.2亿元的“台湾水果·农副产品暨建材大市场”项目，于2006年在安徽省正式挂牌启动。2006年，台盟中央与重庆市人民政府共同主办了“海峡两岸农村合作经济论坛暨农民专业合作经济组织研习班”，研讨两岸农民合作组织的发展情况，并对当地农民合作组织工作人员进行培训。2007年，台盟中央又与重庆市人民政府共同主办了“战时首都重庆与台湾光复学术论坛”，邀请两岸学术界与经济界人士参会，进一步推动了渝台经贸文化交流。台盟中央连续两年参与举办“京台科技论坛暨京台科技合作研讨洽谈会”，展示台湾高新技术，推动两岸科技合作创新，为台商参与北京奥运会赞助计划、市场计划和科技奥运计划搭建平台。通过运用自身的资源优势，台盟各级组织为两岸经贸合作拓宽了渠道，推动了两岸经贸合作实现互利双赢。

（五）深入开展涉台宣传和研究

为适应形势发展的需要，台盟各级组织积极探索涉台宣传的新形式和新方法，广泛运用影视、出版、网络等多种渠道，全面开展涉台宣传工作，涌现出一批优秀作品。取材于台胞真实经历、根据台盟中央名誉主席张克辉同志原著剧本改编的电影《台湾往事》和《云水谣》，在海峡两岸获得一致好评，并荣获华表奖、中宣部“五个一工程”奖等众多奖项，《云水谣》的摄制工作还得到了胡锦涛、贾庆林等中共中央领导人的关心和支持。台盟中央与中央电视台合作录制的电视专题片《参政党新贡献（台盟篇）》，经新闻联播节目播出，进一步增进了社会各界对台盟的了解，产生了广泛影响。台盟中央主办的《台盟》杂志，是广大盟员交流思想和工作的载体，五年共计出刊30期。台海出版社出版的《台湾民众抗日史》、《张我军全集》等12种涉台书籍分别荣获中国图书奖、统战部优秀图书奖等，《啊！谢雪红》、《宋斐如文集》等20种图书在岛内发行，产生了良好的社会反响。2006年，台盟中央全面启动了以网站升级、信息资料数字化为主要内容的信息化建设工程。目前，网站升级工作已经完成。改版后的网站丰富了内容，完善了功能，吸引了越来越多的海外华侨华人和岛内同胞的关注，月浏览量已接近50万人次，成为台盟对外宣传的重要窗口。此外，台盟各级组织每年还举办形式多样的活动，学习宣传国家一系列重要对台方针政策，纪念台湾光复和台湾人民“二·二八”起义等重大事件，表达生活在祖国大陆的广大盟员和台胞坚决维护国家主权和领土的完整、期盼祖国早日统一的心声。

台盟各级组织紧密配合国家对台工作大局，通过举办或参加各种座谈会、研讨会、联席会，就台湾形势、两岸关系发表观点和看法，提出意见和建议。受中共中央、国务院有关部门委托，台盟中央与福建、海南、北京、天津、上海等省市台盟组织共同完成了《省籍、统独因素对2007年台“立委”、2008年“总统”选举影响研究》、《台湾当局“宪政改革”、“法理台独”的部署和实施及我们的对策建议》等调研课题，深入分析岛内政治生态和民意动向，提出对策建议，受到了有关部门的高度重视。其中，《在祖国大陆投资台商的现状、特点及在实现祖国完全统一中的作用》课题被中共中央统战部评为优秀成果奖。台盟中央政策研究会五年内共召开会议31次，围绕台海局势和两岸关系发展中的重大问题开展专题讨论，研究对策，为决策部门提供了许多有价值的意见和建议。《海峡快讯》、《台情分析》坚持快捷、客观、多角度的特点，五年内分别出刊839期和69期，为涉台研究工作提供了及时的参考。

（六）积极投身社会服务工作

五年来，台盟各级组织本着量力而行、尽力而为的原则，积极开展智力支边和科技扶贫工作。2004年，台盟召开智力支边扶贫工作会议，总结交流各级组织10年来扶贫工作的成绩，研究确定了扶贫工作的方向和具体任务。台盟中央直接参与了中共中央统战部和各民主党派中央、全国工商联在贵州省毕节试验区的扶贫工作，台盟中央领导5次带队深入考察毕节地区的开发扶贫情况，研究开展帮扶工作。台盟中央和台盟福建、湖北省委协同国家有关部门向扶贫重点赫章县海雀村提供援助款70万元，目前已经完成饮水工程、房屋改造、小学扩建和文化活动站建设等帮扶项目。台盟中央、台盟福建省委还牵线福建、香港等地企业和爱国人士，共同向云南省德宏州捐赠125万元，资助当地教育事业的发展。

2003年，海峡两岸部分地区同时遭受非典型肺炎疫情的侵害。台盟各级组织和广大盟员在中共中央和国务院的统一领导下，积极投入抗击“非典”疫情工作，通过走访、慰问、捐款、宣传等多种方式为防治“非典”疫情的蔓延做了大量工作。特别是奋战在一线的盟员医务工作者，临危不惧，置个人生死于度外，科学救治，为保护人民群众身体健康和生命安全作出突出贡献，台盟中央对其中8位盟员医务工作者予以了表彰。

台盟各级组织还积极支持盟员在本职岗位上为我国的现代化建设和多党合作事业的发展奉献才智、建功立业。在医疗、科技、教育等各条战线上涌现出一大批勤于工作、敢于创新、勇于奉献的优秀盟员。在国务院召开的第四次全国民族团结表彰大会上，1位盟员荣获“模范代表”称号。在2006年各民主党派、工商联、无党派人士为全面建设小康社会作贡献经验交流暨表彰大会上，6个台盟地方组织和20位盟员获得了先进集体和先进个人称号，充分展现了广大盟员积极投身全面建设小康社会的精神风貌和时代风采。

（七）大力加强自身建设

五年来，台盟各级组织坚持以思想建设为核心，陆续开展了关于中共十六大及十六届历次中央全会、《中共中央关于进一步加强中国共产党领导的多党合作和政治协商制度建设的意见》（中发［2005］5号文件）、《中共中央关于加强人民政协工作的意见》（中发［2006］5号文件）、《中共中央关于巩固和壮大新世纪新阶段统一战线的意见》

（中发［2006］15号文件）、《江泽民文选》等重要会议和文件精神的学习活动。台盟各级组织通过培训班、座谈会、研讨会等多种形式，有计划、分阶段地开展学习教育，全盟的理论水平和思想素质得到进一步提高。配合换届工作，2007年，台盟中央在全盟开展了以坚持走中国特色社会主义政治发展道路为主题的“政治交接学习教育活动”，以点带面，积极引导，通过讲座报告、参观学习、走访交流等内容丰富的主题活动，推动了学习教育活动健康、深入、有效地开展，使广大盟员进一步深化了对老一辈优良传统的理解和把握，进一步增强了走中国特色社会主义政治发展道路的坚定性和自觉性。

台盟中央于2003年召开组织工作会议，交流了各地的经验体会，统一了对组织发展工作的认识。台盟各级组织严格按照以协商确定的范围和对象为主、以大中城市为主、以有代表性的人士为主、注重质量、保持特色、组织发展与后备干部队伍建设相结合的原则，积极稳妥地发展盟员，盟员队伍进一步壮大。在中共各级党委的支持和帮助下，台盟地方组织建设迈出了新步伐。2003年10月，台盟重庆市工作委员会正式成立，一些有条件的地区组织机构调整事宜也正在积极磋商之中。台盟各级组织领导班子和后备干部队伍建设不断加强。五年来，台盟中央领导和省级组织负责同志先后参加了省部级领导和主委研讨班的学习；181位盟员、干部参加了中共中央党校、中央社会主义学院的进修和赴美国、加拿大、澳大利亚、法国等地的境外培训；53位盟员、干部参加了台盟中央举办的第二期中青年盟员干部培训班，13位盟员参加了中共中央统战部举办的民主党派新任省级组织主委、专职副主委培训班。五年中，有43位盟员担任十届全国人大代表和政协委员，32位盟员被推荐为全国有关人民团体、协会的理事、代表。通过系统的培训，有计划地推荐，盟员干部的政治把握能力、参政议政能力、组织领导能力和合作共事能力得到进一步提高。

五年来，台盟各级组织继续健全全委会议、常委会议、主席（主委）会议等领导机构、领导班子议事规则和决策程序，不断探索建立适合台盟特点的工作机制。台盟各级组织注重加强机关建设，完善规章制度，科学设置机构，明确岗位职责，合理安排人员，并以实施《公务员法》为契机，通过交流、轮岗、竞争上岗等形式，加强了对机关干部的培养和选拔，推动机关运行的规范化、制度化和程序化，机关工作效率和服务意识明显提高。《台盟周报》是沟通全盟信息的重要平台，创办至今，累计编发151期，为加强各级组织间的互动发挥了积极作用。

台盟各级组织认真做好沟通、协调工作，稳步推进换届工作的开展。中央委员会2005年进行了届中调整并选举了新任主席，2006年增选了1位副主席，五年中还先后增选了5名中央委员。部分地方组织也进行了领导班子届中调整，为换届工作奠定了良好的基础。台盟中央于2006年召开了省级组织换届工作会议，明确了省级组织换届工作的整体思路。在换届领导小组的指导下，台盟省级组织严格按照有关文件精神的要求，坚持以政治交接为主线，认真贯彻民主集中制原则，保证了换届工作的顺利进行。截至2007年7月初，全盟省级组织已圆满完成换届工作。换届后的省级组织主委平均年龄53.9岁，比2002年下降3.9岁；副主委平均年龄50.6岁，比2002年下降1.7岁；研究生以上文化程度的16人，占28.6%；大学文化程度的27人，占48.2%。换届后，台盟省级组织领导班子的年龄层次和知识结构得到进一步改善，地方组织更具有生机和活力。

各位代表！

五年来，我们思想统一、目标明确、工作扎实，在建设适应新世纪要求参政党的征程中迈出了重要步伐。台盟能取得这样的成绩，靠的是中国共产党的正确领导，靠的是全盟的齐心协力、团结合作、共同奋斗。

在这里，我代表台盟第七届中央委员会，向德高望重、为台盟发展作出突出贡献的名誉主席张克辉同志表示崇高的敬意！向辛勤工作在各条战线上的全体盟员、台胞和机关干部表示诚挚的问候！向长期关心和带领台盟不断前进的中国共产党，向一贯支持台盟工作的全国人大、国务院、全国政协、兄弟民主党派、工商联和有关人民团体，向致力于祖国统一事业的台湾同胞、港澳同胞和海外侨胞表示衷心的感谢！

五年来的实践，增强了我们接受中国共产党领导的坚定性，加深了我们对中国特色社会主义的认识，提高了我们履行参政党职能的能力，也积累了很多宝贵的经验：

（一）必须坚持走中国特色社会主义政治发展道路

中国共产党在领导人民创建人民民主专政的国家政权、建立社会主义制度、推进社会主义现代化建设的过程中，走出了一条符合国情、具有鲜明中国特色的政治发展道路。近年来，台盟各级组织结合推进政治交接，不断教育引导广大盟员充分认识到，一个国家的政党制度必须与本国国情和历史文化传统相适应，充分认识到中国共产党领导的多党合作和政治协商制度具有历史必然性、伟大独创性和巨大优越性。坚持中国共产党的领导，坚持走中国特色社会主义政治发展道路，是我们在长期工作实践中最深切的体会和最重要的一条经验。

（二）必须坚持弘扬台盟的政治信念和优良传统

台盟在与中国共产党团结奋斗的过程中，形成了坚定的政治信念和许多优良传统。台盟各级组织和广大盟员始终做到了自觉接受共产党领导的政治立场不变，与共产党亲密合作和同心同德的政治态度不变，致力于中国特色社会主义事业发展的团结奋斗精神不变，爱国爱乡、切实为两岸同胞谋福祉的光荣传统不变。实践证明，这些长期以来形成的宗旨、信念、奋斗目标和优良传统是我们最宝贵的政治财富，不管形势如何变化，我们都要始终坚持，并结合实践发展不断赋予其新的时代内涵，使其代代相传，发扬光大。

（三）必须坚持深入贯彻落实科学发展观

科学发展观反映了时代进步的要求，体现了实践发展的需要，是指导全面建设小康社会、加快推进社会主义现代化建设的重要理论。五年来，台盟各级组织坚持深入贯彻落实科学发展观，紧跟时代前进步伐，紧密围绕发展这一主题，紧贴国家中心工作，深入调研，科学分析，向各级中共党委和政府提出了许多有价值的意见和建议。实践证明，贯彻落实科学发展观是推动我国经济社会发展的必然要求。我们必须把科学发展观贯彻落实到履行参政党职能的各项工作中去，不断增强贯彻落实的自觉性和坚定性，努力提高贯彻落实的能力和水平，从而为促进科学发展、社会和谐作出新的贡献。

（四）必须坚持以人为本的思想理念

人是发展的根本动力，推动台盟各项事业发展的根本力量来自于领导班子成员、广大盟员和所联系的台胞。五年来，台盟各级组织坚持以人为本的思想理念，在开展参政议政、社会服务和对台工作中，注重发挥领导班子成员的带头作用、广大盟员的主体作用以及所联系台胞的智慧和力量，推动了各项工作的蓬勃开展。实践证明，台盟各级组织领导班子的领导能力和广大盟员、所联系台胞的个人素质，直接影响到台盟的整体能力和水平，影响到台盟在国家政治生活中作用的发挥。我们必须注重对盟员和所联系台胞的使用、培养和锻炼，为维护他们的权益和需求提供保障，为提高他们的政治水平和业务能力创造机会，为他们展示才华、发挥作用搭建平台，从而不断提高全盟的整体素质，推动全盟各项工作取得更大进步。

（五）必须坚持解放思想、不断创新

台盟作为多党合作事业的重要组成部分，肩负着发展中国特色社会主义的历史责任，肩负着促进祖国和平统一的神圣使命。这就要求我们必须坚持解放思想，不断创新工作方法和思路。五年来，台盟各级组织在工作中进一步加强了彼此间的互动与合作，进一步密切了与社会各界的联系与配合，努力拓宽参政议政的领域和范围；注重调研成果的转化，积极推动对策建议的落实；继续深化与岛内专业领域有代表性人物的持久交流，不断探索对台工作的新途径。实践证明，只有坚持解放思想、不断创新，各项工作才能够蓬勃开展。我们必须始终保持勇于探索的勇气、与时俱进的态度和求真务实的精神，不断研究新情况、提出新思路、解决新问题，从而进一步提高工作效率和质量，在多党合作事业中发挥更加积极的作用。

（六）必须坚持推进履行职能的制度化、规范化、程序化

制度建设是根本性、长期性和保障性的建设，是工作的规范和升华。五年来，台盟各级组织在实践中积极探索并逐步建立起一套适合自身特点的决策议事规则、工作制度和机制，减少了工作的盲目性和随意性，增强了计划性和针对性，推动了各项工作规范有序的开展。实践证明，把握参政党的工作规律对于提高台盟的参政能力至关重要。我们必须健全各项制度，使履行职能制度化、规范化、程序化，更好地担负起历史赋予我们的责任，在建设中国特色社会主义进程中发挥更大作用。

以上六条经验，是我们共同实践的结晶，是我们弥足珍贵的财富，也是我们今后继续前进的基础。

各位代表！

实践证明，台盟七大以来，七届中央委员会作出的各项部署是及时的、正确的，切实推动了全盟各项工作的开展。我们取得的成绩是全盟共同努力的结果，为今后台盟事业的发展奠定了坚实的基础。

我们也清醒地认识到，与新形势新任务的要求和各位代表的期望相比，我们的工作中还存在许多不足之处。主要是：在参政议政方面，信息的沟通、资料的积累以及与社会各界的联系需要进一步加强；在对台联络方面，与岛内代表性人士的接触交流需要进一步深入；宣传工作的定位和目标需要进一步明确；后备干部队伍建设需要进一步推进；制度建设需要进一步完善，等等。我们将高度重视存在的问题，继续采取有

力措施加以解决。

二、对今后五年工作的建议

当前，国际国内形势继续发生着深刻变化，和平、发展、合作是不可阻挡的时代潮流。中国共产党第十七次全国代表大会指明了国家未来五年的发展方向，我国经济社会已经站在又好又快发展的新起点上，全面建设小康社会进入关键时期。海峡两岸关系朝着和平稳定方向发展的势头增强，两岸同胞相互间的了解进一步加深，共同利益更为紧密。在新的形势和任务面前，我们面临的机遇前所未有，面对的挑战也前所未有。在今后五年里，我们要高举中国特色社会主义伟大旗帜，坚持以邓小平理论和“三个代表”重要思想为指导，深入贯彻落实科学发展观，广泛动员全体盟员和所联系的台胞，继续解放思想、不断创新，为密切两岸同胞的交往和增进互信、为推动科学发展和促进社会和谐、为夺取全面建设小康社会新胜利和实现祖国和平统一作出更大贡献。在具体工作中要以坚持和发展中国特色社会主义为主线，努力做到六个“着眼于”和六个“切实加强”：

（一）着眼于坚定中国特色社会主义信念，切实加强对中共十七大精神的学习和贯彻

中国共产党第十七次全国代表大会，是在我国改革发展关键阶段召开的一次十分重要的会议。会议提出的各项大政方针和决策部署，对夺取全面建设小康社会新胜利，开创中国特色社会主义事业新局面，谱写人民美好生活新篇章，具有重大战略意义。会议选举产生的新一届中央领导集体，年富力强、德才兼备，必将带领全国各族人民在发展中国特色社会主义的伟大征程中继续阔步前进。

深入学习、领会和贯彻中共十七大精神，是我们当前和今后一个时期重要的政治任务。我们要准确把握十七大精神的灵魂和实质，引导广大盟员深刻认识在当代中国应该举什么旗、走什么路这一根本问题，深刻认识坚持和发展中国特色社会主义对于加快推进我国社会主义现代化的重要性，不断加深对中国特色社会主义理论体系的理解，不断增强对中国特色社会主义的坚定信念。要把学习贯彻十七大精神与学习贯彻中共中央关于统一战线的各项方针政策结合起来，充分认清自身肩负的神圣使命和重要职责，坚定不移地走中国特色社会主义政治发展道路。要把中共十七大确定的任务和目标与我们的工作实际紧密结合，明确履行参政党职能的方向和重点，与共产党共同致力于发展中国特色社会主义事业的伟大实践。

（二）着眼于贯彻落实科学发展观，切实加强参政议政工作

参政议政是民主党派在我国民主政治生活中履行职能、发挥作用的重要途径。台盟各级组织应以科学发展观为指导，紧紧围绕国家中心工作进一步加强参政议政工作，不断提高建言献策的水平，为推进中国特色社会主义经济、政治、文化、社会建设作出新贡献。

我们要围绕中共十七大确定的夺取全面建设小康社会新胜利的战略目标，按照国家“十一五”规划的具体部署，制定台盟参政议政的五年规划，确定总体工作框架和计划，并逐年细化、调整和补充。要继续巩固我们在农业、文化、科技等领域的参政议

政成果，提高调研质量，注意跟踪落实。要进一步扩大参政议政的领域和范围，根据当前的工作需要和盟员的专业构成，加强循环经济、区域发展、医疗、教育等领域中的参政议政工作，选择能突出自身特点的课题开展调查研究，为各级中共党委和政府提出有价值的意见建议。要将参政议政工作向社会服务领域延伸，与智力支边扶贫等工作相结合，使我们提出的建议真正转化为推动经济社会发展的有效措施。

参政议政工作必须逐步实现制度化、规范化。我们要继续完善各项制度，尽快建立一整套符合台盟特点的，科学合理、顺畅高效的参政议政工作机制。要进一步加强对信息和反映社情民意工作的管理，畅通工作渠道，改进工作方法，提高工作质量。要进一步健全“上下联动、横向联合”的调研工作机制。一方面，台盟中央要充分发挥指导作用，加强对全盟调研工作的统筹安排和协调，地方组织要结合本地实际情况，积极参与、密切配合；另一方面，台盟各级组织要继续加强与社会各界的合作，借助盟外的人才和资源，不断提高全盟参政议政的质量和水平。要从提高选题的针对性、调研的科学性、结论的可行性和推动成果转化入手，积极探索建立有利于开展工作的新机制。要通过探索建立专门委员会等形式将全盟参政议政经验丰富的人才组织起来，充分发挥他们的作用，推动全盟的参政议政工作跃上一个新台阶。

（三）着眼于增进两岸同胞的了解和互信，切实加强对台联络和研究

作为由生活在祖国大陆的台湾省人士组成的参政党，台盟应充分发挥自身优势，牢牢把握两岸关系和平发展的主题，以反对和遏制“台独”分裂活动为首要任务，不断扩大对台联络范围、提升交流层次、加强研究力度，为密切两岸同胞的感情、增进两岸同胞的互信作出不懈努力。

当前，“台独”分裂势力加紧进行分裂活动，严重危害两岸关系和平发展。反对和遏制“台独”分裂活动是两岸同胞的共同任务。我们要坚持“和平统一、一国两制”的基本方针；坚持现阶段发展两岸关系、推进祖国和平统一进程的八项主张；坚持新形势下发展两岸关系的四点意见。我们要毫不动摇地坚持一个中国原则，坚决反对和遏制“台独”分裂势力分裂祖国的行径，绝不允许任何人以任何名义任何方式把台湾从祖国分割出去。

我们要切实把“寄希望于台湾人民”的工作落到实处。在关心定居台胞的同时，要更加主动地关心常住在祖国大陆的台湾同胞，与他们多接触、多交流、多沟通，倾听他们的意见，反映他们的要求，积极为他们排忧解难，帮助他们解决生活、投资、求学过程中遇到的困难和问题，使他们真正感受到祖国的关怀。要根据自身实际，选择科技、教育、医疗、文化等专业领域，针对有代表性、有影响力的人物，开展深入、持久的交流与合作，进一步落实“专、精、深、久”的工作方针，使我们的对台联络工作突出特点、提升层次。要加强对重点活动的规划和协调，通过台湾同胞易于接受的语言、方式和方法，让台湾同胞体会到台盟盟员与他们之间有着血浓于水的骨肉亲情，体会到两岸同胞是血脉相连的命运共同体。

对台研究工作要密切关注岛内政局的发展，认真分析，提出对策建议。要加强与涉台研究机构的合作，采取委托调研或者联合调研的方式，不断提升我们对台研究的水平和层次。在当前情况下，要特别关注台商、台生等常住在祖国大陆的台胞群体，跟

踪了解他们对祖国大陆的认同情况以及惠台政策的落实情况，重点通过大陆台胞在岛内的亲朋好友了解掌握岛内真实的民意动向，以亲情、友情、乡情建立互信和增进共识，为国家对台工作的开展提出好的思路和建议。

（四）着眼于扩大社会主义民主政治制度的影响，切实加强宣传工作

宣传工作是民主党派的一项重要工作，我们应适时有效地开展社会宣传，努力树立台盟良好的参政党形象，增进社会各界特别是广大台胞对社会主义民主政治制度的了解。

宣传工作要进一步明确总体定位、目标和任务，注重提高针对性和实效性。我们要以重点活动为载体，以重要事件为契机，以典型人物为示范，有计划地开展宣传，增强社会各界对台湾人民的光荣爱国传统、对台盟在社会政治生活中的作用与成就、对中国特色社会主义政治发展道路的了解。要准确把握政策，注意舆论引导，提高各种刊物、出版物、宣传品的质量。要办好台盟中央网站和《台盟》杂志，使它们成为促进两岸关系和平稳定发展的重要阵地、联系台盟各级组织的服务平台和展示台盟风采的重要窗口。要稳步推进全盟信息化建设工程，进一步加强对资料的收集、整理和抢救工作，规范信息和档案管理。在重视网络安全的同时，要充分利用好网络平台，逐步实现全盟信息资料的共享，为电子盟务的实施奠定基础。要继续发挥优秀文艺作品入岛宣传的良好效果，用事实感召人，用真情打动人，用文化凝聚人，不断增强两岸同胞的相互了解和信任。

宣传工作要不断总结和推广经验，研究和实施适应新形势的工作方法。我们要提高宣传意识，加强宣传策划，努力做到宣传工作与参政议政、对台联络、社会服务和自身建设等工作同安排、同部署、同实施。台盟中央要进一步加强对地方组织宣传部门的指导，加强与新闻媒体的协作，在地方组织宣传部门与中央新闻媒体之间铺路搭桥。要通过集中采访、专题报道等形式，加大对盟史、盟务和盟员的宣传力度，让社会各界进一步认识和了解台盟，认识和了解中国共产党领导的多党合作和政治协商制度。

（五）着眼于巩固多党合作制度的思想基础，切实加强参政党理论研究

中国共产党领导的多党合作和政治协商制度，符合中国特色社会主义的发展要求，具有巨大的优越性和强大的生命力。台盟作为多党合作事业的组成部分，需要通过理论研究、思想建设，牢固树立中国特色社会主义共同理想，不断提高适应我国参政党地位、特点的参政党意识，为巩固和发展多党合作制度奠定坚实的思想基础。

我们要站在中国特色社会主义政党制度的全局高度来研究参政党理论，从多党合作的主体出发，加强对台盟作为参政党的性质和地位、自身特点和优势、基本职能和作用的认识。要正确认识中国多党合作制度的结构功能和运行机制，从台盟的参政基础、参政方式、参政角度、参政资源和参政环境等方面系统研究，为形成中国特色社会主义政党制度理论体系作出应有的贡献。

我们要把参政党理论研究与思想建设相结合，尽快在全盟开展一次关于盟员思想状况的调查，全面了解掌握盟员思想动态。要有针对性地做好思想政治工作，引导广大盟员认识到，加入台盟，意味着从普通群众转变为参政党的一员。要结合学习中发［2005］5号文件、中发［2006］5号、15号文件和第20次全国统战工作会议精神，

进一步深化广大盟员对参政党地位、性质和作用的认识，帮助他们树立并提高参政党意识，不断增强对中国特色社会主义政治发展道路的政治认同和政治共识。

（六）着眼于提高参政党能力，切实加强自身建设

提高参政党履行职责的能力和水平，是台盟推进自身建设的重要着眼点。我们要结合正在深入开展的以坚持走中国特色社会主义政治发展道路为主题的“政治交接学习教育活动”，全面推进自身建设。

我们要通过讲座、报告会、座谈会等多种形式，组织广大盟员深入学习中国特色社会主义理论体系，进一步坚定全盟坚持走中国特色社会主义道路的信念。要加强基本国情和形势政策教育，激发广大盟员的爱国热情，把思想统一到国家的方针政策上来。要通过学习多党合作历史和理论，使广大盟员充分认识我国政治制度、政党制度、走中国特色社会主义政治发展道路的历史必然性、伟大独创性和巨大优越性，增强接受中国共产党领导的自觉性和坚定性。要通过学习台盟历史、章程和优良传统，增强广大盟员履行职能的责任感和使命感，加强与老盟员、老台胞的联系沟通，倾听他们的建议，发挥他们的作用，使老一辈的优良传统代代相传。

我们要根据换届后各级领导班子的新情况、新特点，有针对性地加强领导班子建设，引导领导班子成员自觉承担“接受中共领导的责任、高举旗帜的责任、服务大局的责任、团结合作的责任、教育引导的责任”等五个方面的政治责任。要健全工作机制，使后备干部的物色、选拔、培养和任用等各项工作制度化、规范化。今后五年里，我们要加强与各地台联组织的联系，尽快建立起全国优秀台胞人才数据库，明确组织发展和培养的重点对象。要制定关于盟员培训的长期规划并分步实施，力争用五年时间让全体盟员都得到继续学习深造的机会。要为后备干部的成长提供施展才干的广阔舞台，通过推荐，使更多政治素质好、代表性强的盟员能够到政府部门、司法机关任职、挂职，更好地锻炼成长。

我们要把经过实践检验的好做法、好经验以制度的形式明确下来，使台盟的各项工作都能做到有章可循、运转协调、规范有序。要根据形势发展的需要，加强内部监督机制建设，探索建立内部监督机构，对各级组织和领导班子遵守盟章的情况进行监督。要根据《公务员法》的要求，进一步加强机关建设，加大机关干部交流力度，积极开展机关干部的竞争选拔工作，提高机关干部队伍活力。要加强台盟各级机关之间以及机关各部门之间的联系与合作，提高机关工作效率和服务质量。

各位代表！

中国特色社会主义是当代中国发展进步的旗帜，是全国各族人民团结奋斗的旗帜。我们一定要高举这面旗帜，不为任何风险所惧，不被任何干扰所惑，沿着中国特色社会主义政治发展道路阔步前进。

科学发展观是我国经济社会发展的重要指导方针，是发展中国特色社会主义必须坚持和贯彻的重大战略思想。我们一定要深入贯彻落实这个理论，把握发展规律，创新发展理念，为实现科学发展、促进社会和谐建立新功。

祖国统一是全体中华儿女的共同心愿，是中华民族走向伟大复兴的历史必然。我们一定要肩负起自身的历史责任，坚决维护国家主权和领土完整，切实为两岸同胞谋福

祉，为推动两岸关系和平稳定发展不懈奋斗。

各位代表！

让我们高举中国特色社会主义伟大旗帜，紧密团结在以胡锦涛同志为总书记的中共中央周围，坚持以邓小平理论和“三个代表”重要思想为指导，深入贯彻落实科学发展观，团结奋进，再接再厉，为实现祖国的和平统一和中华民族的伟大复兴而努力奋斗！

党章、党纲

中国国民党革命委员会

中国国民党革命委员会章程

2007年12月13日第十一次全国代表大会通过

总　纲

中国国民党革命委员会（简称“民革”），是具有政治联盟性质的、致力于建设中国特色社会主义和祖国统一事业的政党，是中国共产党领导的多党合作和政治协商制度中的参政党。

民革由原中国国民党民主派和其他爱国民主人士所创建。中国民主革命的伟大先行者孙中山先生领导辛亥革命，于1911年推翻封建帝制，创建了共和国。孙中山先生逝世以后，中国国民党内的民主派和其他爱国民主人士，继承孙中山先生的遗志，坚持“联俄、联共、扶助农工”三大政策，继续参加民族民主革命，并为促进国共第二次合作，夺取抗日战争的胜利，发挥了重要作用。在此过程中，国民党各派爱国民主力量逐步发展和联合，于1948年1月1日成立了中国国民党革命委员会。在新民主主义革命时期，本党同中国共产党风雨同舟，共同战斗，为推翻帝国主义、封建主义、官僚资本主义的反动统治，建立中华人民共和国，作出了重要贡献。新中国成立以后，本党作为中国共产党领导的多党合作的成员，参加人民政权和人民政协的工作，为巩固人民民主专政，发展爱国统一战线，顺利实现社会主义改造和促进社会主义事业的发展，发挥了积极的作用。中国共产党十一届三中全会以来，本党适应社会主义建设新时期的要求，实现了工作中心的转移，开创了工作新局面，为推进改革开放和社会主义现代化建设，为促进祖国和平统一作出了新的贡献。总结建国以来特别是改革开放以来民革的历史经验，最根本的，就是要坚持中国特色社会主义理论体系，坚持中国特色社会主义政治发展道路，坚持中国共产党领导的多党合作和政治协商制度。新世纪新阶段，本党以邓小平理论和“三个代表”重要思想为指导，全面贯彻科学发展观，坚持中国共产党领导，坚持社会主义初级阶段的基本路线、基本纲领和基本经验，坚持“长期共存、互相监督、肝胆相照、荣辱与共”的方针，保持宽松稳定、团结和谐的政治环境，这是必须遵循的政治准则。继承和发扬孙中山爱国、革命、不断进步的精神，是民革的优良传统，是民革的基本特色。

我国正处在全面建设小康社会新的发展阶段。本党现阶段的政治纲领是，高举中国特色社会主义伟大旗帜，以邓小平理论和“三个代表”重要思想为指导，深入贯彻落实科学发展观，继承和发扬孙中山爱国、革命、不断进步的精神，切实履行参政党职能；通过参加国家政权，参与国家大政方针和国家领导人选的协商，参与国家事务的管理，参与国家方针、政策、法律、法规的制定执行，实行民主监督；为推动科学发展、社会和谐，夺取全面建设小康社会的新胜利；为巩固和扩大爱国统一战线，维护安定团结的政治局面，健全社会主义法制，发展社会主义民主，建设社会主义政治文明；为实现推进现代化建设、完成祖国统一、维护世界和平和共同发展的历史任务，把我国建设成为富强民主文明和谐的社会主义现代化国家而努力奋斗。

参政议政、民主监督是本党的基本职能。在履行基本职能的过程中，本党坚持以发展为第一要务，深入贯彻落实科学发展观，紧紧围绕经济建设这个中心，自觉服务于改革发展稳定的大局，努力促进中国特色社会主义经济建设、政治建设、文化建设和社会建设的协调发展。本党重视加强参政议政能力建设，不断建立和健全参政议政工作机制，动员和鼓励党员与所联系人士发挥主动性、积极性和创造性，在各自岗位上努力工作，作出成绩，同时积极参与各级组织的参政议政、民主监督工作，以发挥整体优势，形成合力。本党代表与反映党员及所联系群众的具体利益和要求，积极协调关系，维护社会稳定，促进社会和谐。

本党以促进祖国和平统一为工作重点，拥护“和平统一、一国两制”的方针，赞同通过和平谈判，完成祖国统一大业，坚定维护国家的主权和领土完整，坚决反对任何旨在制造台湾独立和分裂祖国的企图和行动；赞同和推动台湾海峡两岸加强经贸合作和各方面的交流；重视以孙中山爱国思想为纽带，团结海内外所联系人士，为祖国统一大业而努力。

本党把加强自身建设放在重要地位，以坚持共产党领导与发扬社会主义民主、体现政治联盟特点、体现进步性与广泛性相统一为原则，通过思想建设、组织建设、制度建设、作风建设，不断提高干部、党员政治素质，发展党内民主，巩固党内团结，促进党内和谐，增强组织活力，进一步把本党建设成为与中国共产党亲密合作、致力于建设中国特色社会主义的参政党。本党贯彻民主集中制，坚持群众路线，实现决策的民主化、科学化。

本党以中华人民共和国宪法为一切活动的根本准则，负有维护宪法尊严、保证宪法实施的职责；在宪法规定的权利和义务的范围内，享有政治自由、组织独立和法律地位平等，独立自主地处理自己的内部事务，开展各项活动。

本党履行中国人民政治协商会议章程，承担政协章程所规定的义务。

本党维护党员的合法权益。

第一章　党　员

第一条　中华人民共和国公民，符合本党发展党员条件，愿意遵守本党章程，可以申请加入本党。

第二条　申请入党，须有党员二人的介绍，填写入党申请表，由支部和所属地方组织考察合格后，经支部大会通过，所属地方组织审核，报省辖市级组织（省直属支部报省级组织）批准，省辖市级组织报省级组织备案，省级组织报中央组织部备查，并书面通知本人及所在工作单位。党龄自支部大会通过之日起计算。

中央委员会和省、自治区、直辖市委员会必要时可以直接吸收党员。

第三条　党员享有下列权利：

（一）参加本党有关的会议和活动，阅读有关文件，对本党的工作提出建议；

（二）行使表决权、选举权，有被选举权；

（三）可以批评本党的任何一级组织和任何人员；

（四）对于组织的决议如有不同意见，可以保留和向领导机关提出，但在决议未修改以前，必须执行；

（五）基层组织对党员个人作党纪处分时，本人可以要求参加会议，并有权提出申辩；对处分决定有不同意见，可以要求复议，并有权向上级组织申诉；

（六）向上级组织直至中央提出请求、申诉和控告，并要求有关组织给以负责的答复。

第四条　党员履行下列义务：

（一）努力学习邓小平理论、“三个代表”重要思想和科学发展观；坚持中国共产党领导的多党合作和政治协商制度，拥护社会主义初级阶段的基本路线和基本纲领；不断提高坚定不移地坚持中国特色社会主义政治发展道路的自觉性；

（二）遵守宪法和法律，维护国家利益，保守国家机密；

（三）遵守本党章程，继承和发扬本党优良传统；

（四）对党忠诚，维护党的团结和统一；

（五）执行组织决议，交纳党费，参加组织生活，开展批评与自我批评，积极参与参政议政、民主监督和其他各项工作；

（六）在本职工作中，认真负责，廉洁奉公，努力提高业务水平，积极完成各项任务，并接受组织和群众的监督。

第五条　党员有退党的自由。党员要求退党，须向所在支部提出本人的书面退党报告，支部报省辖市级组织（省直属支部报省级组织）注销其党籍，省辖市级组织报省级组织备案，省级组织报中央组织部备查，并书面通知本人及所在工作单位。

第六条　党员无正当理由长期不参加组织生活或不交纳党费，不履行党员义务，多次教育无效者，经支部大会通过，所属地方组织审核，报省辖市级组织（省直属支部报省级组织）批准，注销其党籍，省辖市级组织报省级组织备案，省级组织报中央组织部备查，并书面通知本人及所在工作单位。

第七条　党员如有违反中华人民共和国宪法和国家法律、政策，或违反本党章程和纪律的行为，按情节的轻重，分别给予警告、严重警告、停止或撤销党内职务、留党察看、开除党籍的处分。留党察看的期限最多不超过两年。在留党察看期间，没有表决权、选举权和被选举权。

对党员的纪律处分，须经支部大会决定，报上一级地方组织批准，并层报中央组织部备案；开除党籍的处分，须经省级组织批准，报中央常务委员会备案。

对地方各级委员会委员的纪律处分，须经同级委员会或常务委员会决定，层报中央批准。

对中央委员会委员的纪律处分，须经中央常务委员会决定。

以上纪律处分，由所属地方组织书面通知本人及所在工作单位。

第八条　党员从一个地区迁移到另一个地区，必须办理组织关系转移手续。

第九条　党员在工作中作出优异成绩的，给予表扬或奖励。

第十条　党员必须严格执行和维护本党政治纪律，任何情况下不得有违反或削弱本党政治纪律的行为。

第二章　组织制度

第十一条　本党各级组织是：

中央组织为中央委员会。

地方组织为省级、省辖市级、县级委员会。省级组织为省、自治区、直辖市委员会；省辖市级组织为省辖市（自治州、盟）、直辖市的区委员会；县级组织为县级市、县（旗）、省辖市的区委员会。

基层组织为支部、总支部。

第十二条　本党的根本组织原则和领导制度是民主集中制。

（一）实行民主基础上的集中和集中指导下的民主相结合的原则，切实保障各级组织和党员的民主权利；

（二）个人服从组织，少数服从多数，下级组织服从上级组织，全党服从中央；

（三）各级领导机关采用无记名投票方式选举产生。特殊情况，可由上一级组织的常务委员会指派负责人员主持工作，或对领导成员作个别调整；

（四）各级委员会对同级代表大会或党员大会和上级组织负责。下级组织要贯彻执行上级组织的决定，向上级组织反映情况，请示和汇报工作；上级组织要加强对下级组织的领导，经常听取和及时处理下级组织提出的问题；党的各级组织要按规定实行党务公开，使党员对党内事务有更多的了解和参与；

（五）各级领导机关实行集体领导和个人分工负责相结合的原则。凡属重大问题都要经过集体讨论，方能作出决定。

第十三条　加强党内监督机制建设，保证章程的实施。

第十四条　本党的最高领导机关是全国代表大会，在全国代表大会闭会期间是中央委员会。

地方领导机关是同级代表大会或党员大会，在各级代表大会或党员大会闭会期间是它们所选出的同级委员会。

第十五条　中央委员会必要时可以召集全国代表会议，讨论和决定需要及时解决的重大问题。代表会议代表的名额和产生办法，由中央委员会或中央常务委员会决定。

省、自治区、直辖市委员会必要时也可以召集代表会议，讨论和决定需要及时解决的重大问题。代表会议代表的名额和产生办法，由召集代表会议的委员会或常务委员会决定，并报中央委员会批准。

第十六条　凡成立新的省辖市级、县级组织或撤销原有的省辖市级、县级组织，须经省级组织提出，报中央批准。

凡成立新的省级组织或撤销原有的省级组织，须经中央决定。

第十七条　各级组织的工作机关应当做到队伍精干，纪律严明，制度健全，运转有序，办事高效，服务优质。

第十八条　发展党员，实行发展与巩固相结合，注重政治素质，坚持以大中城市为主，有计划地稳步发展的基本方针；发展对象是同原中国国民党有关系的人士、同本党有历史联系和社会联系的人士、同台湾各界有联系的人士，以及其他人士，着重吸收其中有代表性的中上层人士和中高级知识分子。

第三章　中央组织

第十九条　本党全国代表大会每五年举行一次，由中央委员会召集，必要时可以提前或延期举行。全国代表大会代表的名额和产生办法，由中央委员会或中央常务委员会决定。

第二十条　全国代表大会的职权是：

（一）审议中央委员会报告；

（二）决定本党的方针、任务及其他重大问题；

（三）修改本党章程；

（四）选举中央委员会。

第二十一条　中央委员会每届任期五年。如果全国代表大会提前或延期举行，其任期也相应改变。

在全国代表大会闭会期间，中央委员会执行全国代表大会的决议，领导全党工作，对外代表全党。

中央委员会全体会议每年举行一次，由中央常务委员会召集，必要时可以提前或延期举行。

第二十二条　中央委员会全体会议的职权是：

（一）审议中央常务委员会报告；

（二）决定本党重大事项；

（三）选举中央委员会主席、副主席和常务委员。

第二十三条　中央常务委员会由中央委员会主席、副主席、常务委员组成，在中央委员会全体会议闭会期间，行使中央委员会的职权，领导全党工作。

中央常务委员会会议每三个月举行一次，由中央主席召集和主持，必要时可以提前或延期举行。

中央常务委员会定期向中央委员会全体会议报告工作，接受监督。

第二十四条　中央常务委员会闭会期间，由中央主席会议主持中央领导工作。

主席会议由主席、副主席组成。

主席会议由主席主持。

每届中央委员会产生的中央领导机构和中央领导人，在下届全国代表大会开会期间，继续主持中央日常工作，直到下届中央委员会产生新的中央领导机构和中央领导人为止。

第二十五条　中央委员会设秘书长一人、副秘书长若干人，中央工作机关根据工作需要设立若干职能部门。

秘书长、各职能部门正职负责人，由中央常务委员会任命；副秘书长、各职能部门副职负责人由主席会议任命。

第二十六条　中央委员会设立若干专门委员会。专门委员会的主任，由中央常务委员会决定，副主任和委员由主席会议决定。

第四章　地方组织

第二十七条　地方代表大会或党员大会，每五年举行一次，由同级委员会召集。必要时，经上一级组织批准，可以提前或延期举行。

地方代表大会的代表名额和产生办法，由同级委员会或常务委员会决定，并报上一级组织批准。

第二十八条　地方各级代表大会的职权是：

（一）审议同级委员会的报告；

（二）讨论并决定同级委员会的重要事项；

（三）选举同级委员会。

第二十九条　地方各级委员会每届任期五年。如果同级代表大会或党员大会提前或延期举行，其任期也相应改变。

地方各级委员会委员名额，由上一级组织决定。

地方各级委员会在同级代表大会闭会期间执行同级代表大会的决议，领导本级组织的工作。

地方各级委员会的职权是：

（一）审议同级组织常务委员会（或主任委员会议）的报告；

（二）讨论并决定同级组织的重大事项；

（三）选举同级委员会主任委员、副主任委员和常务委员。

主任委员、副主任委员、常务委员的候选人名单，事先须经上一级组织批准。如果上述人员在任期内职务需要变动，须经上一级组织批准。

第三十条　省级委员会设常务委员会，其他各级委员会可设常务委员会。

常务委员会由主任委员、副主任委员、常务委员组成。在同级委员会闭会期间，行使同级委员会的职权。

常务委员会定期向同级委员会全体会议报告工作，接受监督。

地方各级委员会的常务委员会，在下届代表大会开会期间，继续主持日常工作，直到新的常务委员会产生为止。

第三十一条　常务委员会闭会期间，由主任委员会议主持领导工作。

主任委员会议由主任委员、副主任委员组成。

主任委员会议由主任委员主持。

第三十二条　地方各级委员会设秘书长，根据工作需要，可以设立若干专门委员会。地方组织工作机关可以根据工作需要，设立若干职能部门。

秘书长、专门委员会和职能部门的负责人，由常务委员会任命，不设常务委员会的地方组织由同级委员会任命。

第五章　基层组织

第三十三条　凡基层单位有党员五人以上者，经上一级地方组织批准后，可以成立支部。三人以上者，可以成立小组，也可以加入邻近地区或相近行业的支部。根据工作需要，同一个单位、行业、地区设有两个以上支部的可以设总支部。

党员因特殊原因不能编入支部的，由所属组织直接联系。

第三十四条　支部、总支部委员会由党员大会选举产生，每届任期三至五年。必要时经上一级地方组织批准，可以提前或延期换届。委员的名额和人选，须报上一级地方组织批准。

支部、总支部委员会由主任委员、副主任委员、委员组成。主任委员、副主任委员由委员会推选。

支部、总支部委员会贯彻民主集中制，实行在主任委员主持下的集体领导与个人分工负责相结合的原则。定期开展支部活动，健全组织生活。

第三十五条　支部的基本任务是：

（一）宣传贯彻社会主义初级阶段的基本路线和基本纲领及有关各项方针、政策，传达、执行上级组织的决议和所布置的任务，教育和鼓励党员做好本职工作，协助本单位完成各项任务；

（二）调动党员的积极性和创造性，为改革开放、社会主义现代化建设和促进祖国和平统一事业贡献力量，表扬先进，推广先进经验；

（三）发扬自我教育的优良传统，推动和组织党员学习马克思列宁主义、毛泽东思想、邓小平理论、“三个代表”重要思想和科学发展观，学习本党历史和章程，开展思想政治工作，提高党员的思想政治素质；

（四）维护和执行本党纪律，开展批评与自我批评，教育和监督党员遵纪守法，廉洁奉公；维护党员的合法权益；

（五）反映群众的意见和要求，反映社情民意；

（六）教育党员自觉抵制社会不良倾向，维护社会政治稳定，坚决同违法犯罪和破坏安定团结局面的行为作斗争；

（七）发现、培养并向上级组织推荐优秀人才；

（八）发展党员，收缴党费，讨论对党员的奖励和处分。

第六章　干　部

第三十六条　本党各级领导干部是本党的骨干。要按照德才兼备的原则选拔和任用干部，建立高素质的干部队伍。

第三十七条　本党各级领导干部，须具备以下条件：

（一）模范地履行本党章程，接受组织和党员的监督；

（二）理论联系实际，解放思想，实事求是，与时俱进，开拓创新，注重调查研究，钻研业务，不断提高思想政治素质，提高政治把握能力、参政议政能力、组织领导能力和合作共事能力；

（三）坚持和维护党的民主集中制，作风民主，紧密联系群众；

（四）热爱民革工作，服从组织，遵守纪律，艰苦奋斗，廉洁奉公，努力为人民服务；

（五）胸襟宽广，顾全大局，善于团结同志。

第三十八条　本党重视教育、培训、选拔和考核干部，特别是培养、选拔优秀年轻干部。

第三十九条　本党各级领导干部在同一职务上连任一般不超过两届，最多不超过三届。

第七章　附　则

第四十条　本章程自全国代表大会通过之日起生效。

第四十一条　本章程的修改权属于全国代表大会，解释权属于中央委员会。

关于《中国国民党革命委员会章程》（修改草案）的说明

（2007 年 12 月 9 日）

童　傅

各位代表：

我受第十届中央委员会委托，就提请会议讨论的《中国国民党革命委员会章程》（修改草案）作如下说明。

现行的章程，是在 2002 年第十次全国代表大会上通过的。五年来的实践证明，这个章程对加强和维护民革自身团结，促进党内和谐，推进思想建设、组织建设、制度建设和作风建设，更好地履行参政党职能，发挥了积极作用。第十一次全国代表大会，从形势发展的要求出发，针对新情况、新问题，需要对现行章程进行适当的修改。

这次对章程修改的指导思想，是贯彻中共十七大的精神，体现中共中央两个 5 号文件精神。既要坚持与时俱进，又要保持相对的稳定性；既要坚持政治原则的一致性，又要充分体现民革的特色；既要立足民革自身实际，又要反映长远的发展。原则上这次对章程只作适当修改，而不作大改。除了必须修改的以外，一般不作变动，可改可不改的不改，能小改的不大改，这样既能保持章程的历史性和延续性，又能适应新形势的需要。

现将章程（修改草案）中，主要改动的内容说明如下：

一、关于总纲部分的修改说明

为在总纲中体现和贯彻中共十七大提出一系列治国理政的重大理论观点，和中共中央两个 5 号文件精神，这次对总纲内容重点作了如下修改：

（一）在第二段“民革由原中国国民党民主派和其他爱国民主人士所创建”的后面，有两处修改：

一是把“孙中山先生于 1911 年领导辛亥革命，推翻封建帝制，创建了共和国。”改写为“孙中山先生领导辛亥革命，于 1911 年推翻封建帝制，创建了共和国。”

二是把“继承和发扬孙中山爱国、革命和不断进步的精神，坚持孙中山‘联俄、联共、扶助农工’三大政策”，改写为“继承孙中山先生的遗志，坚持‘联俄、联共、扶助农工’三大政策”。

（二）把第二段关于民革历史经验、政治准则的表述，增写了“坚持中国特色社会主义理论体系”、“坚定不移地坚持中国特色社会主义政治发展道路”、“保持宽松稳定、团结、和谐的政治环境”等内容。改写为：“总结建国以来特别是改革开放以来民革的历史经验，最根本的，就是要坚持中国特色社会主义理论体系，坚持中国特色社会主义的政治发展道路，坚持中国共产党领导的多党合作和政治协商制度。新世纪新阶段，本党以邓小平理论和‘三个代表’重要思想为指导，全面贯彻科学发展观，坚持中国共产党领导，坚持社会主义初级阶段的基本路线、基本纲领和基本经验，坚持‘长期共存、互相监督、肝胆相照、荣辱与共’的方针，保持宽松稳定、团结和谐的政治环境。这是必须遵循的政治准则。”

（三）在民革现阶段政治纲领部分的表述中，把原“我国正处在社会主义初级阶段”改写为“我国正处在全面建设小康社会新的发展阶段”；把原“高举邓小平理论伟大旗帜”以下 6 句，改写为“高举中国特色社会主义伟大旗帜，以邓小平理论和‘三个代表’重要思想为指导，深入贯彻落实科学发展观，继承和发扬孙中山爱国、革命、不断进步的精神，切实履行参政党职能”；增写了“为推动科学发展、社会和谐，夺取全面建设小康社会的新胜利”一句；把“社会主义现代化国家”的定语“富强、民主、文明的”改写为“富强民主文明和谐的”。

（四）在“参政议政、民主监督是本党基本职能”一段的论述中，把“本党坚持以有利于发展社会主义社会的生产力”等 4 句内容，根据中共十七大精神作了深化，改为：“本党坚持以发展为第一要务，深入贯彻落实科学发展观，紧紧围绕经济建设这个中心，自觉服务于改革发展稳定的大局，努力促进中国特色社会主义经济建设、政治建设、文化建设和社会建设的协调发展。本党重视加强参政议政能力建设，不断建立和健全参政议政工作机制”。

（五）在对自身建设的论述中，根据几年来民革自身建设实践的发展和体现民革特色的要求，把“巩固党内团结、改进工作作风”，改写为“发展党内民主，巩固党内团结，促进党内和谐”。把原对民革历史的叙述中“继承和发扬孙中山爱国、革命、不断进步精神”一句，改写为“继承和发扬孙中山爱国、革命、不断进步的精神，是民革的优良传统，是民革的基本特色”，使表达更加明确。

二、关于其他部分的修改说明

（一）第一章的第二条、第五条、第六条，有关“层报中央组织部备查”的内容，现增写为：“省辖市级组织报省级组织备案，省级组织报中央组织部备查”。这样修改，既明确了“层报”的要求，又有利于做好党籍管理工作。

（二）将第一章原第四条党员的权利条款调整为第三条，原第三条党员的义务条款移后为第四条，以求更好地体现权利、义务的辩证关系。

（三）第一章第四条对党员义务的相关内容做了一些调整和补充：

一是将第三款中关于学习的内容归纳到了第一款，并增写了：“努力学习邓小平理论、‘三个代表’重要思想和科学发展观”，及“不断提高坚定不移地坚持中国特色社会主义政治发展道路的自觉性”的内容。

二是在第三款中强调了遵守本党章程，增写了“继承和发扬本党优良传统”的内容。对于要求增加有关中山精神的内容，修改时考虑到在总纲中已经明确了“继承和发扬孙中山爱国、革命、不断进步的精神，是民革的优良传统，是民革的基本特色”，因此这里就不再重复了。

三是将第五款和第六款中的内容对调，使党员的义务中各条款的内容更连贯。

四是在第五款中，把“参加组织生活，开展批评与自我批评”一句放在“执行组织决议，交纳党费”一句之后。

（四）将第一章第九条提前为第七条，原第七条、第八条依次顺延。这样修改是将有关纪律方面的内容整合在一起，使之与第六条党员退党、注销党籍的条例相衔接。

（五）在第二章第十二条的第四款中增写了：“党的各级组织要按规定实行党务公开，使党员对党内事务有更多的了解和参与”的内容。事实上，党务公开是我们一直在做的工作，增写这一内容，是为了进一步发扬党内民主，有利于总结以往的经验，在此基础上进一步制订和落实有关规章制度。

（六）为建设适应时代要求的参政党，这次对民革章程的修改，分别在第二章、第三章、第四章、第六章增添了有关党内监督方面的内容。其中，在第二章组织制度中，增写了“加强党内监督机制建设，保证章程的实施”的内容。这一内容增写为第二章第十三条，原第十三条，及后面各条款，依次顺延。

在第三章中央组织和第四章地方组织中，分别增写了“中央常务委员会定期向中央委员会全体会议报告工作，接受监督”和地方组织的“常务委员会定期向同级委员会全体会议报告工作，接受监督”的内容。

第六章第三十七条的第一款，在党的各级领导干部要“模范地履行本党章程”后面，增写了“接受组织和党员的监督”的内容。加强党内监督机制建设，主要是对党员，特别是党的各级领导干部和各级组织，遵守民革章程的情况进行监督。

（七）第五章第三十四条，把“支部、总支部委员会设主任委员一人、副主任委员一至二人，委员若干人”，改写为“支部、总支部委员会由主任委员、副主任委员、委员组成。”

（八）第五章第三十五条支部的基本任务的第三款，在“推动和组织党员学习马克思列宁主义、毛泽东思想、邓小平理论、‘三个代表’重要思想”后面，增写了“学习科学发展观”的内容。

（九）在第六章第三十七条中，关于“提高参政议政、民主监督的水平和能力”，修改为：“提高政治把握能力、参政议政能力、组织领导能力和合作共事能力”。这样修改主要考虑是用对干部四种能力的规范提法来要求。

（十）原章程为四十条，修改后章程增加了一条，为四十一条。

其他一些条文的修改、补充，文字的改动，这里就不一一说明了。

民革中央十分重视章程的修改工作，在2006年11月中央常委会研究决定成立党章修改工作小组，我任组长，徐志纯、钮小明、万鄂湘、吴先宁、冯洁为党章修改工作小组成员。2007年3月初，党章修改工作小组召开会议，研究制定了工作方案。

这次对章程的修改，集中了各方面的智慧，认真吸收省级组织的建议，广泛听取各方面的意见，先后进行了五次修改，并经中央主席会议、中央常务委员会、中央委员会审议通过，形成了提交本次代表大会审定的章程（修改草案）。

现将经民革第十一次全国代表大会主席团会议通过的《中国国民党革命委员会章程》（修改草案）提交大会审定。

以上是我对修改章程的主要原则、修改的重点内容和有关情况的说明。请审议。

中国民主同盟

中国民主同盟章程

中国民主同盟第十次全国代表大会部分修改，2007 年 12 月 2 日通过。

序 言

中国民主同盟是中国共产党领导的爱国统一战线的组成部分，是同中国共产党通力合作的参政党。

中国民主同盟是在中国共产党的抗日民族统一战线政策影响下，在民族危机空前严重时刻，由主张“团结、民主、抗日”的政团，于 1941 年 3 月 19 日在重庆组成的，当时的名称是中国民主政团同盟。1944 年改组为中国民主同盟。

抗日战争和解放战争时期，中国民主同盟与中国共产党亲密合作，坚持抗战，争取民主，反对内战，为反对帝国主义、封建主义、官僚资本主义英勇斗争，作出了重要贡献。在民主宪政运动、政治协商会议、国共两党和谈、反对国民党当局召开“国民大会”的斗争中，与中国共产党密切配合，共同战斗，锻炼了自己，纯洁了组织。1947 年，中国民主同盟被国民党当局宣布为“非法团体”，总部被迫解散。中国民主同盟在艰苦环境中，坚持斗争。1948 年 1 月，在中国民主同盟一届三中全会上，制定了和中国共产党携手合作的政治路线，与中国共产党一道为建立和平、民主、统一的新中国而斗争。1949 年 1 月，中国民主同盟公开宣告接受中国共产党领导。同年，参加中国人民政治协商会议第一次全体会议，民盟的历史揭开了新的篇章。

新中国成立后，中国民主同盟遵循中国人民政治协商会议共同纲领，参加政治协商、民主监督，参与国家事务管理；推动盟员和民盟所联系的知识分子学习马克思列宁主义、毛泽东思想；参加各项民主改革，参加社会主义革命。在社会主义建设时期，中国民主同盟同中国共产党一道前进，一道经受考验。广大盟员热爱祖国，拥护中国共产党，拥护社会主义，为社会主义建设作出了积极贡献。

在新的历史时期，中国民主同盟坚持以邓小平理论为指导，坚持社会主义初级阶段的基本路线和纲领，坚持中国共产党领导的多党合作和政治协商制度，坚持“长期共存、互相监督、肝胆相照、荣辱与共”的方针；确立了中国民主同盟参政党的性质、地位、作用，实现了工作重点转移；积极履行参政党职能，巩固和发展新时期的爱国统一战线，为推进中国特色社会主义经济建设、政治建设、文化建设和社会建设服务，为维护安定团结的政治局面服务，为实现祖国统一服务，为维护世界和平和促进共同发展服务。

中国民主同盟坚持高举中国特色社会主义伟大旗帜，以邓小平理论和“三个代表”重要思想为指导，深入贯彻落实科学发展观，继续解放思想，坚持改革开放，推动科学发展，促进社会和谐，为夺取全面建设小康社会新胜利、建设富强民主文明和谐的社会主义现代化国家而奋斗。

第一章 总 纲

第一条 中国民主同盟是主要由从事文化教育以及科学技术工作的高、中级知识分子组成的，具有政治联盟特点的，接受中国共产党领导、同中国共产党通力合作，进步性与广泛性相统一、致力于中国特色社会主义事业的参政党。

第二条 中国民主同盟一切活动以中华人民共和国宪法为根本准则，在宪法赋予的权利和义务范围内，按照政治自由、组织独立、法律地位平等的原则开展工作。

第三条 中国民主同盟维护中国共产党的执政地位，坚持和完善中国共产党领导的多党合作和政治协商制度，坚持社会主义初级阶段的基本路线、基本纲领和基本经验，坚持“长期共存、互相监督、肝胆相照、荣辱与共”的方针，维护宽松稳定、团结和谐的政治环境。参加国家政权，参与国家大政方针和国家领导人选的协商，参与国家事务的管理，参与国家方针、政策、法律、法规的制定执行。在国家政治生活中积极发挥参政议政、民主监督作用。

第四条 中国民主同盟坚持以人为本，把发展作为广大盟员参政议政的第一要务，把中国特色社会主义道路作为必须牢牢把握的政治方向，把维护团结稳定、推动科学发展、促进社会和谐、发展社会主义民主政治作为基本任务，切实履行参政党职能。

第五条 中国民主同盟坚持爱国主义、社会主义，坚定不移地贯彻“以经济建设为中心，坚持四项基本原则，坚持改革开放”的基本路线，促进大团结大联合。全盟要为推进现代化建设、完成祖国统一、维护世界和平和促进共同发展三大历史任务而奋斗。在新世纪新阶段，要为全面建设小康社会，加快推进社会主义现代化，努力作出新贡献。

第六条 中国民主同盟贯彻科教兴国战略、可持续发展战略和依法治国方略。在建设社会主义物质文明、政治文明和精神文明的实践中，为发展教育和各项文化事业，提高全民族素质而努力；为促进经济和社会协调发展，推进依法治国而努力；坚持科学技术是第一生产力，为提高我国的科学技术水平、建设创新型国家而努力；坚持“百花齐放、百家争鸣”的方针，为繁荣文化事业、促进学术民主而努力；为推进决策科学化、民主化，增强综合国力和实现各族人民共同富裕、共享发展成果而努力。

第七条 中国民主同盟反对任何分裂国家的企图和行为。努力发展海峡两岸关系，促进祖国完全统一。加强与台湾同胞、港澳同胞和海外侨胞的交往与合作。

第八条 中国民主同盟积极推进国际交往，维护世界和平、促进共同发展。

第九条 中国民主同盟的组织原则是民主集中制。贯彻群众路线，充分发扬民主，实行集体领导和个人分工负责相结合的制度。

第十条 中国民主同盟发扬自我教育的优良传统，加强思想道德建设，推动盟员学习中国特色社会主义理论体系，倡导爱国主义、集体主义、社会主义思想，发扬民主、科学精神，解放思想，实事求是，坚持理论与实践相结合。

第十一条 中国民主同盟坚持“尊重劳动、尊重知识、尊重人才、尊重创造”的方针，充分发挥盟员在改革开放和现代化建设中的作用；多做协调关系、化解矛盾、理顺情绪的工作，反映盟员和民盟所联系的知识分子的意见和要求，维护其合法权益。

第十二条　中国民主同盟自身建设的目标是，把民盟建设成为与中国共产党长期亲密合作、积极参政议政、致力于中国特色社会主义事业的参政党。自身建设的原则是，坚持中国共产党的领导与充分发扬社会主义民主；体现政治联盟的特点；体现进步性与广泛性的统一。

自身建设要以思想建设为核心，以组织建设为基础，以制度建设为保障，不断提高政治把握能力、参政议政能力、组织领导能力和合作共事能力。

第二章　盟　员

第十三条　从事文化教育以及科学技术和其他工作的中国知识分子，自愿遵守中国民主同盟章程，可以申请加入中国民主同盟。

第十四条　吸收盟员，须由本人填写入盟申请表，盟员二人介绍，经过基层组织考察、讨论通过，报设区的市、直辖市的区、自治州及其以上委员会审核批准，层报民盟中央备案。

必要时，民盟的设区的市、直辖市的区、自治州及其以上委员会可以直接吸收盟员。

第十五条　盟员有下列义务：

（一）遵守宪法、法律和社会公德，维护国家利益，保守国家机密；

（二）遵守民盟章程，执行民盟决议，参加基层组织生活和民盟活动，交纳盟费；

（三）参加国家政治生活，坚持社会主义初级阶段的基本路线，维护社会主义民主和社会主义法制；

（四）认真做好本职工作，遵守职业道德，积极参加社会主义现代化建设事业；

（五）密切联系群众，接受民盟组织和群众的监督。

第十六条　盟员有下列权利：

（一）选举权、被选举权、表决权；

（二）参加民盟有关会议，讨论民盟工作，阅读盟内有关文件和刊物；

（三）参加民盟所组织的有关国家大事的讨论，反映情况，提出意见和建议；

（四）向民盟的各级组织提出请求、建议和批评；

（五）在合法权益遭受损害时，可请求民盟组织帮助。

第十七条　盟员工作调动或迁移时，应转移组织关系。

第十八条　盟员有退盟自由。盟员要求退盟，应以书面形式提出，由所在基层组织报请上一级地方组织注销盟籍，层报民盟中央备案。

第十九条　盟员无特殊情况，连续一年不参加组织活动，不与组织联系，不交纳盟费，经教育仍不改正者，应予注销盟籍，由支部大会讨论通过，报上级民盟组织审核，经省、自治区、直辖市委员会批准，报民盟中央备案。

第三章　组织总则

第二十条　按照民主集中制的原则，中国民主同盟的组织制度是：

（一）个人服从组织，少数服从多数，下级组织服从上级组织，全盟服从中央。

（二）各级代表大会的代表和委员会委员，在发扬民主、充分协商的基础上，采用无记名投票差额或等额方式选举产生。地方组织和基层组织的领导人员在特殊情况下因工作需要不能用选举方式产生，可以由上一级组织任免。

各级委员会委员的选举方式，由同级代表大会决定。

（三）最高领导机关，是全国代表大会和其所产生的中央委员会。地方各级领导机关，是地方各级代表大会（或盟员大会）和其所产生的委员会。各级委员会对同级的代表大会（或盟员大会）负责并报告工作。

（四）建立集体领导、民主集中、个别酝酿、会议决定的原则和程序，完善议事、工作决策机制，使民主集中制规范化。

（五）上级组织实施对下级组织的领导，并经常听取下级组织和盟员的意见，了解情况，及时处理他们提出的问题。下级组织要贯彻执行上级组织的决定，向上级组织反映情况，请示和汇报工作，同时也要独立处理职责范围内的事务。上下级之间要互通信息，互相监督。

（六）民盟各级组织负责人在同一职务上可以连选连任两届，最多不超过三届。

第二十一条　中国民主同盟发展组织，以大中城市为主，以高、中级知识分子为主，以从事文化教育工作的知识分子为主。发展盟员要注重质量，注意吸收政治素质高、有代表性的人士入盟。在工作中发展，发展为了工作，有计划地稳步发展，实行组织发展与后备干部队伍建设相结合、保持民盟特色与有利于参政议政工作相结合、发展与巩固相结合的组织工作方针。

第二十二条　县级以上（含县级）组织，必要时可召集代表会议，讨论决定需要及时解决的重大问题。

第二十三条　新建或撤销县级以上（含县级）组织，须报民盟中央批准。

第四章　中央组织

第二十四条　中国民主同盟的全国代表大会每五年举行一次，由中央委员会召集或中央委员会委托中央常务委员会召集。必要时可提前或延期举行。

三分之一以上中央委员提出要求，可以召开临时全国代表大会。

全国代表大会的代表名额和产生办法，由中央常务委员会决定。全国代表大会选举主席团主持会议。

第二十五条　全国代表大会的职权是：

（一）听取和审议中央委员会的报告；

（二）决定民盟的方针、任务和重大事项；

（三）修改民盟的章程；

（四）选举中央委员，组成中央委员会。

第二十六条　中央委员会每届任期五年。全国代表大会如果提前或延期举行，中央委员会任期相应改变。

在全国代表大会闭会期间，中央委员会执行全国代表大会决议，领导全盟工作。

中央委员名额由全国代表大会决定。

第二十七条　中央委员会全体会议每年举行一次，由中央常务委员会召集。必要时可提前或延期举行。

第二十八条　中央委员会的职权是：

（一）贯彻执行全国代表大会的决议；

（二）听取和审议中央常务委员会的工作报告；

（三）讨论、决定民盟的重大事项；

（四）选举中央主席、副主席和常务委员，组成中央常务委员会。

中央委员会决定中央常务委员会委员的名额，有权罢免中央常务委员会委员。

如果届中需要选举中央委员，可以由中央委员会选举产生，并且由下次全国代表大会予以确认。

第二十九条　中央常务委员会在中央委员会闭会期间，行使中央委员会的职权，领导全盟工作。常务委员会会议每季度举行一次，必要时可提前或延期举行。

中央委员会主席、副主席，同时是中央常务委员会主席、副主席，任期与中央委员会相同。

第三十条　主席主持中央工作，召集常务委员会会议。

在常务委员会闭会期间，主席、副主席组成主席会议，领导中央日常工作。

第三十一条　中央常务委员会根据主席会议提名，在中央常务委员会的委员中任命秘书长，必要时可任命副秘书长若干人。

中央常务委员会可以根据工作需要设立若干专门委员会和若干职能机构，其领导成员人选正职由中央常务委员会决定；副职由主席会议决定。

第三十二条　设立中央监督委员会。

中央监督委员会对各级领导班子及其成员和各级组织遵守民盟章程的情况进行监督。监督的重点是各级领导班子及其成员履行盟的领导职务的情况。

第五章　地方组织

第三十三条　中国民主同盟的地方组织是：

（一）省委员会，自治区委员会，直辖市委员会；

（二）设区的市委员会，直辖市的区委员会，自治州委员会；

（三）县委员会，不设区的市委员会，设区的市的区委员会。

第三十四条　中国民主同盟的各级地方组织的代表大会（或盟员大会），每五年举行一次。必要时，经上一级组织批准，可提前或延期举行。

地方各级代表大会（或盟员大会），由同级委员会召集，选举主席团主持会议。代表大会的代表名额和产生办法，由同级委员会或其常务委员会决定，并报上一级组织批准。

地方各级委员会委员名额，由上一级组织决定。

第三十五条　地方各级代表大会（或盟员大会）的职权是：

（一）贯彻执行全国代表大会、中央委员会和所属上级组织的决议；

（二）听取和审议同级委员会的报告；

（三）讨论并决定同级委员会的重要事项；

（四）选举同级委员会委员组成同级委员会。

地方各级委员会如果届中需要选举委员时，由上一级委员会批准，可由同级委员会选举产生，并且由下次同级代表大会确认。

第三十六条　省委员会、自治区委员会、直辖市委员会和设区的市委员会、直辖市的区委员会、自治州委员会选举主任委员、副主任委员。如设常务委员会，应选举常务委员。主任委员、副主任委员同时是常务委员会的主任委员、副主任委员，任期与同级委员会相同。在委员会闭会期间，由常务委员会领导工作。

第三十七条　县委员会、不设区的市委员会、设区的市的区委员会，选举主任委员、副主任委员，任期与同级委员会相同。根据工作需要可任命秘书长，可设必要的工作部门，其负责人选由同级委员会决定。

第三十八条　中国民主同盟的各级地方委员会，每届任期五年。委员会全体会议至少每年举行一次。各级代表大会提前或延期举行，各级委员会任期相应改变。

地方各级委员会在其代表大会（或盟员大会）闭会期间，领导本级地方组织的工作。

第三十九条　在同级常务委员会（或同级委员会）闭会期间，主任委员、副主任委员组成主委会议，领导民盟组织的日常工作。

常务委员会（或委员会）根据主委会议提名，在常务委员会（或委员会）的委员中任命秘书长；必要时可设副秘书长若干人，由同级常务委员会（或同级委员会）决定。常务委员会（或委员会）根据工作需要，可设立若干专门委员会和若干工作部门，其负责人选由同级常务委员会（或同级委员会）决定。

第四十条　省委员会、自治区委员会、直辖市委员会可设立监督委员会。

设区的市委员会、直辖市的区委员会、自治州委员会不设立监督机构，可指定专人负责内部监督工作。

第六章　基层组织

第四十一条　中国民主同盟的基层组织是：基层委员会、总支部委员会、支部委员会（或地方委员会的直属支部委员会、直属小组）。

第四十二条　基层组织按盟员所在单位、系统、行业或地区建立。根据工作需要，可建立基层委员会、总支部、支部。支部可划分小组。

地方委员会可根据不同情况设立直属支部或直属小组。因特殊情况不能编入支部的盟员，由所属民盟组织直接联系。

第四十三条　基层委员会、总支部委员会、支部（或直属支部）委员会由盟员大会或盟员代表会议选举，委员会名额由上一级组织决定。基层委员会、总支部委员会、支部（或直属支部）委员会推选主任委员、副主任委员以及组织、宣传等委员。直属小组推选组长，必要时可推选副组长。支部所属小组推选组长，必要时，可推选副组长。

基层委员会、总支部委员会、支部（或直属支部）委员会、直属小组长，每届任期五年，必要时可以提前或延期改选。基层组织的建立、合并、撤销，须报上一级组织批准。

第四十四条　基层组织的基本任务是：

（一）组织盟员学习政治理论，学习时事政策，学习民盟章程和民盟历史；

（二）传达并贯彻上级组织的决议、决定，根据上级组织的工作布置，围绕所在单位的中心任务，开展组织活动；

（三）反映盟员对国家和地方的大政方针以及所在单位工作的意见和建议，发挥民主监督作用；

（四）培养推荐民盟的后备干部；

（五）关心盟员的工作、学习和生活，开展思想政治工作，推动盟员做好本职工作，组织盟员参加面向社会的活动；

（六）反映盟员及民盟所联系的知识分子的意见和要求，协助有关部门落实知识分子政策；

（七）维护和执行民盟的纪律，讨论对盟员的奖励和处分；

（八）吸收盟员，收缴盟费。

（九）加强同盟员所在单位、系统、行业或地区中国共产党基层组织或地方组织的联系。

第七章　干部和纪律

第四十五条　中国民主同盟重视自身建设。依靠广大盟员不断加强思想建设、组织建设和干部队伍建设。完善参政党机制，提高全盟素质，发挥群体作用，增强参政议政能力。在参加国家政治生活，维护社会稳定，振兴中华的伟大事业中，积极发挥参政党的作用。

第四十六条　中国民主同盟的各级干部必须模范地遵守本章程，并且具备以下基本条件：

（一）有履行职责所需要的政治理论水平，熟悉统一战线理论、方针、政策；

（二）有较强的事业心和政治责任感，坚持正确政治方向，热心民盟事业，有胜任领导工作的组织能力、文化水平和专业知识；

（三）坚持和维护民主集中制，有民主作风、有全局观念，善于团结同志，自觉接受民盟组织和盟员的批评与监督；

（四）遵纪守法，清正廉洁，以身作则，艰苦朴素，不谋私利。

第四十七条　中国民主同盟注重干部的思想政治素质，按照德才兼备的原则选拔和任用干部。选拔干部要充分发扬民主，严格贯彻执行有关程序和规定。重视后备干部队伍建设，重视教育、培训、选拔和考核干部，特别是培养、选拔优秀年轻干部。坚持任人唯贤，反对任人唯亲。建立内部监督机制，反对任何滥用职权、谋求私利的不正之风。

第四十八条　中国民主同盟的各级机关要执行《中华人民共和国公务员法》，加强职能部门的建设，实行岗位责任制，健全各项规章制度。机关工作人员要清正廉洁，克己奉公，尽职敬业，树立良好形象。

第四十九条　对在社会主义建设事业或盟务工作中成绩显著或有较大贡献的盟员和组织，民盟组织应给予表彰、奖励。

第五十条　盟员违反民盟的纪律，损害或破坏人民或民盟的利益者，应视情节轻重，分别予以批评教育或处分。

（一）对盟员的处分为：警告，严重警告，撤销盟内职务，留盟察看，开除盟籍。

处分盟员要有确凿证据，并须经基层组织讨论，上一级组织批准。开除盟籍，应由省、自治区、直辖市一级组织审核，并报民盟中央批准。

留盟察看，最长不得超过二年。受留盟察看处分的盟员，在察看期间没有选举权、被选举权、表决权。确已改正错误的，可以按期或提前撤销处分，恢复上述权利。坚持错误不改的，开除盟籍。

（二）处分盟员时，除特殊情况外，应通知被处分盟员到会，允许其申辩，允许其他盟员为其辩护。盟员对处分有不同意见，有权向上级民盟组织直至中央申诉，有关民盟组织必须负责处理或迅速转递，不得扣压。

（三）严禁打击报复或诬告陷害，严禁用违反盟章或违犯国家法律的手段对待盟员。违犯者必须受到民盟纪律的追究。

第八章　附　则

第五十一条　本章程经民盟的全国代表大会通过后施行。本章程修改，须经全国代表大会全体代表半数以上或经中央委员会全体委员三分之二以上通过。

第五十二条　本章程的解释权属于中央委员会。

中国民主同盟章程修改报告

（2007 年 11 月 30 日）

冯之浚

各位代表：

我代表民盟章程修改委员会，向大会作关于中国民主同盟章程修改报告。请予审议。

现行民盟章程是 2002 年民盟第九次全国代表大会通过的，基本框架和整体内容是好的。五年来，全国人民在以胡锦涛同志为总书记的中共中央领导下，高举邓小平理论和“三个代表”重要思想伟大旗帜，认真贯彻落实科学发展观和构建社会主义和谐社会等一系列重大治国理政方略，推进社会主义经济建设、政治建设、文化建设、社会建设全面发展，在全面建设小康社会的进程中又迈出了坚实步伐。五年来，全盟各级组织不断加强参政能力建设，贯彻“人才兴盟、人才强盟”战略，民盟的成员和组织有新的发展，参政议政、社会服务、自身建设等各项工作呈现出新的局面，新世纪新阶段对民盟工作也提出了新的要求。因此，根据形势发展和民盟发展的需要，对现行章程进行部分修改，使其更好地指导和规范全盟的工作，是十分必要的。

中国共产党第十七次全国代表大会，是在我国改革发展关键阶段召开的一次十分重要的大会。大会号召全国各族人民要高举中国特色社会主义伟大旗帜，以邓小平理论和“三个代表”重要思想为指导，深入贯彻落实科学发展观，继续解放思想，坚持改革开放，推动科学发展，促进社会和谐，为夺取全面建设小康社会新胜利而奋斗。大会认真总结了中国共产党十六大以来的工作和取得的成就，回顾总结了改革开放的伟大历史进程和宝贵经验，对继续推进改革开放和社会主义现代化建设、全面建设小康社会的宏伟目标作出了全面部署。这就为民盟在新的历史起点，全面履行参政党职能指明了正确的方向。近年来，中共中央先后颁布了《中共中央关于进一步加强中国共产党领导的多党合作和政治协商制度建设的意见》、《中共中央关于加强人民政协工作的意见》（以下简称两个 5 号文件），开创了多党合作制度化、规范化、程序化建设的新阶段，中国特色社会主义政治发展道路不断向前推进。这些都为我们进一步坚持和完善共产党领导的多党合作制度，为开创多党合作事业新局面提供了重要保证，是这次修改章程的重要依据。

为了使修改后的盟章能够在推进民盟自身建设、履行参政党职能等方面，更好地发挥规范和指导作用，这次盟章修改的主要原则为：

第一，既坚持与时俱进的精神，又保持章程的相对稳定性。从坚持中国特色社会主义道路的战略高度，充分体现中共十七大精神，体现两个 5 号文件精神，对序言和总纲的内容作部分修改，使之更具有前瞻性和指导性；同时，序言和总纲以外的部分，除必须修改之处，一般不作变动，可改可不改的不改，能小改的不大改，以保持章程的延续性和历史性。

第二，既坚持政治原则的一致性，又充分体现民盟自身特色。对关系到民主党派在新的历史阶段发展面貌，关系到我国多党合作事业可持续发展的重大原则问题，如坚持中国共产党的领导、坚持高举中国特色社会主义伟大旗帜等，在章程中进行明确规定；同时，在具体修改内容和提法上体现民盟的性质、地位和特点，定位要准确、适当。

第三，既立足民盟当前实际，又着眼民盟长远发展。章程应如实反映和体现民盟现实状况，将五年来全盟认真履行职能、加强自身建设等方面积累的好经验、好做法，充分体现在章程之中；同时，着眼于中国特色社会主义民主政治的发展，按照参政党建设的目标和原则，对全盟的组织发展、自身建设、履行职能等方面，在现有规定的基础上作进一步充实和完善。

现在根据修改的内容，作以下说明。

一、关于指导思想

这次在章程修改中突出了高举中国特色社会主义伟大旗帜，坚持以邓小平理论和“三个代表”重要思想为指导，贯彻落实科学发展观，切实履行参政党职能的内容。

中国特色社会主义是当代中国发展进步的旗帜，是全国各族人民团结奋斗的旗帜。高举中国特色社会主义伟大旗帜，最根本的就是要坚持中国特色社会主义道路和中国特色社会主义理论体系。改革开放以来的实践充分证明，只有中国特色社会主义，才能实现民族振兴、国家富强、人民幸福、社会和谐，除此之外，没有什么别的主义、别的道路能够解决当代中国的前途命运和发展进步问题。因此，在民盟的整个工作中，必须高举中国特色社会主义的伟大旗帜，牢固树立中国特色社会主义的坚定信念，围绕坚持中国特色社会主义道路的大局，提供人才智力支持，积极发挥参政党作用。

科学发展观是以胡锦涛同志为总书记的中共中央在继承和发展以往中共中央领导集体关于发展的重要思想，又适应新世纪新阶段的发展要求，为实现我国经济又好又快发展提出来的，是同邓小平理论和“三个代表”重要思想既一脉相承又与时俱进的科学理论，是统领我国经济社会发展全局的治国理政思想。全盟在履行参政议政、民主监督职能的过程中，必须深刻理解科学发展观的精神实质、思想内涵和基本要求，把思想和行动统一到科学发展观上来，自觉、主动地用科学发展观指导参政实践。

民盟作为参政党，只有高举中国特色社会主义伟大旗帜，坚持以邓小平理论和“三个代表”重要思想为指导，贯彻落实科学发展观，才能夯实与中国共产党团结合作的思想政治基础，使民盟的政治纲领、政治路线得到延续和发展。这是此次修改民盟章程贯穿始终的一条主线。

二、关于序言

现行盟章的序言对民盟的建立和发展历程，以及民盟在各个不同历史时期性质、地位和作用的变化作了简要阐述。我们认为，这个序言对民盟历史的回顾是准确和实事求是的，对民盟光荣传统的概述，贯穿了坚定不移地接受中国共产党的领导，和中国共产党亲密合作这样一条主线，因此，这次修改未作大的改动。但是根据新形势、新任务的要求，增加了“中国民主同盟坚持高举中国特色社会主义伟大旗帜，以邓小平理论和‘三个代表’重要思想为指导，深入贯彻落实科学发展观，继续解放思想，坚持改革开放，推动科学发展，促进社会和谐，为夺取全面建设小康社会新胜利、建设富强民主文明和谐的社会主义现代化国家而奋斗”的内容。这阐明了现阶段中国发展进步的思想保证、强大动力、基本要求和奋斗目标，是坚持中国特色社会主义道路的关键所在，也是民主党派为发展中国特色社会主义服务的根本所在，将其写入盟章对于指导全盟工作，是十分重要的。

将“为建设中国特色社会主义经济、政治、文化服务”修改、表述为“为推进中国特色社会主义经济建设、政治建设、文化建设和社会建设服务”，充分表明民盟为“四位一体”的中国特色社会主义事业服务的努力方向。

三、关于总纲

根据中共中央2005年5号文件对民主党派性质的阐述，此次章程修改进一步完善了民盟性质的表述：“主要由从事文化教育以及科学技术工作的高、中级知识分子组成的，具有政治联盟特点的，接受中国共产党领导、同中国共产党通力合作，进步性与广泛性相统一、致力于中国特色社会主义事业的参政党。”

在总纲第三条中增加了“坚持社会主义初级阶段的基本路线、基本纲领和基本经验”、“维护宽松稳定、团结和谐的政治环境”的内容，这是我国多党合作和政治协商的重要政治准则，也是中国共产党和各民主党派团结合作的政治基础。全盟要清醒地认识和把握我国的基本国情，将社会主义初级阶段的基本路线、基本纲领和基本经验自觉地贯穿于工作的各方面，贯穿于多党合作事业发展的全过程。

第四条增加了“坚持以人为本，把发展作为广大盟员参政议政的第一要务，把中国特色社会主义道路作为必须牢牢把握的政治方向，把维护团结稳定、推动科学发展、促进社会和谐、发展社会主义民主政治作为基本任务”的内容，体现了民盟在新的历史时期的工作方向。由于在序言中指明了民盟的指导思想是“高举中国特色社会主义伟大旗帜，以邓小平理论和‘三个代表’重要思想为指导，深入贯彻落实科学发展观，继续解放思想，坚持改革开放，推动科学发展，促进社会和谐，为夺取全面建设小康社会新胜利、建设富强民主文明和谐的社会主义现代化国家而奋斗”，因此删去了这条中相同的内容“高举邓小平理论伟大旗帜，认真学习实践‘三个代表’重要思想”。

民盟作为同中国共产党共同致力于中国特色社会主义事业的亲密友党，在国家经济社会发展中必然承担着相应的历史责任。发展是执政党执政兴国的第一要务，我们把发展作为参政议政的第一要务，充分表明了民盟同共产党风雨同舟、荣辱与共的亲密情感，为民盟在实践中更好地发挥作用指明了方向。发展社会主义民主政治，坚持走中国特色社会主义政治发展道路，是各民主党派与中国共产党在长期团结合作中取得的广泛共识，是发展中国特色社会主义的政治保障。目前，全盟正在积极开展以坚持走中国特色社会主义政治发展道路为主题的政治交接教育活动，通过这项活动，要深刻理解实行共产党领导的多党合作和政治协商制度的必然性，进一步提高接受共产党领导、走中国特色社会主义政治发展道路的自觉性，并内化成为全盟统一的意志和行动准则，进一步夯实与中国共产党团结合作的思想政治基础，促进我国多党合作事业的可持续发展。

与新世纪新阶段的新要求相适应，在第六条中增加了“建设创新型国家”、“共享发展成果”等内容；在第十条中增加了“学习中国特色社会主义理论体系”的内容。由于中国特色社会主义理论体系包括邓小平理论、“三个代表”重要思想，故删去原条文中的“邓小平理论、学习‘三个代表’重要思想”的提法。

随着民主党派不断加强自身建设，在回答“建设一个什么样的参政党，如何建设参政党的问题”上越发成熟，参政党建设理论也随之不断丰富和创新。根据多年来民盟自身建设所取得的经验，在总纲第十二条中，进一步补充和完善了民盟自身建设的目标和原则。增加了“自身建设要以思想建设为核心，以组织建设为基础，以制度建设为保障，不断提高政治把握能力、参政议政能力、组织领导能力和合作共事能力”等内容。

四、关于盟员、组织总则及各级组织

根据新形势的要求和五年来民盟工作的实践，为了使章程的各项规定更符合现阶段建设高素质参政党的要求，对现行章程的相关条文作了以下补充和修改。

1. 关于盟员的国籍。在第十三条中规定了申请加入民盟必须是“中国”知识分子。
2. 关于删去“地市级”的提法和删去“地区委员会”的称谓问题。为了与宪法有

关行政区划规定相一致，在盟章第十四条中，将“地市级以上（含地市级）”修改为“设区的市、直辖市的区、自治州及其以上委员会”。在第三十三条、第三十六条中，删去“地区委员会”的称谓。

3. 关于地方组织和基层组织的领导人员的产生。考虑到工作实际，为了便于工作，在第二十条第（二）款中，将“地方组织和基层组织的领导人员在特殊情况下因工作需要不能用选举方式产生，可以由上一级组织任命”中的“任命”修改为“任免”。

4. 关于组织发展的原则。根据近年来盟的组织发展的基本经验，此次章程修改扩展了组织建设的思路，在第二十一条中增加了“有计划地”稳步发展，实行“组织发展与后备干部队伍建设相结合、保持民盟特色与有利于参政议政工作相结合”的内容，并提出发展盟员要“注意吸收政治素质高”的人士。

5. 关于全国代表大会的召开。为了便于全国代表大会的适时举行，在第二十四条的修改中，增加了中央常务委员会受中央委员会委托可以召集全国代表大会的规定。

6. 关于各级委员会的届中调整。届中调整是各级组织在组织工作中遇到的较为普遍的问题，为了规范这一实际问题，此次章程修改明确了届中调整的程序，第二十八条规定“如果届中需要选举中央委员，可以由中央委员会选举产生，并且由下次全国代表大会予以确认。”在第三十五条中增加了地方各级委员会届中选举委员的相应规定，即：“由上一级委员会批准，可由同级委员会选举产生，并且由下次同级代表大会确认。”

7. 关于秘书长人选。现行盟章规定的秘书长任命程序是，主席（主委）会议提名，常委会任命。根据实际工作的需要，这次章程修改进一步明确了秘书长人选的产生范围，在第三十一条中规定了中央组织的秘书长由中央常务委员会根据主席会议提名，在中央常务委员会的委员中任命，在第三十九条中规定了地方组织的秘书长由常务委员会（或委员会）根据主委会议提名，在常务委员会（或委员会）的委员中任命。

8. 关于设立监督委员会。加强内部监督机制建设，建立内部监督机构，是新形势下民盟加强自身建设的一项重要内容。为此，此次章程修改，分别对盟的中央组织和地方组织设立监督委员会的有关问题作出了规定。

第三十二条规定中央组织“设立中央监督委员会”。“中央监督委员会对各级领导班子及其成员和各级组织遵守民盟章程的情况进行监督。监督的重点是各级领导班子及其成员履行盟的领导职务的情况。”条文原则规定该机构的主要职责。人员组成、工作程序等另订条例规定。

第四十条规定各省级组织可设立监督委员会。其职责则比照中央监督委员会的职责。鉴于各省级组织已完成换届工作，相应的内部监督机构可待盟章经代表大会审议通过后设立。章程明确规定设区的市委员会、直辖市的区委员会、自治州委员会不设立监督机构，可指定专人负责内部监督工作。

9. 关于地方组织代表大会。为规范地方组织召开代表大会的程序，第三十四条中规定提前或延期召开大会，须“经上一级组织批准”。

10. 关于基层组织。根据民盟组织发展的实际状况和工作需要，在第四十二条中，增加可以按“行业”建立基层组织的规定；由于有的基层组织人数较多，为了便于工作，在第四十三条中，增加了可由“盟员代表会议”选举基层组织委员会的内容；并且将基层组织的任期由“每届任期三至五年”统一为“每届任期五年”；为进一步完善基层组织中党盟之间的沟通与合作机制，在第四十四条民盟基层组织的基本任务中，增加了“加强同盟员所在单位、系统、行业或地区中国共产党基层组织或地方组织的联系”的内容。

五、关于干部和纪律

1. 关于干部。为规范干部选拔和任用的程序，在第四十七条中增加了“选拔干部要充分发扬民主，严格贯彻执行有关程序和规定”的内容。为了在组织发展和干部选拔中加强后备干部队伍建设，还增加了“重视后备干部队伍建设”的内容。为与盟内设立监督机构相适应，将“自我”监督改为“内部”监督。

2. 关于机关建设。第四十八条中规定民盟“各级机关要执行《中华人民共和国公务员法》。”这一修改的根据是，《公务员法》已经取代了《国家公务员暂行条例》，新法中公务员的范围包含了民主党派机关的工作人员，即属于依法履行公职、纳入国家行政编制、由国家财政负担工资福利的工作人员。

现行盟章共五十条，修改后为五十二条。

各位代表：民盟章程是民盟组织的行动纲领。相信通过这次修改，一定能够进一步规范民盟的各项工作，推进民盟的自身建设，调动全盟的积极因素，努力为推进中国特色社会主义经济建设、政治建设、文化建设和社会建设服务。让我们紧密地团结在以胡锦涛同志为总书记的中共中央周围，高举中国特色社会主义伟大旗帜，坚持走中国特色社会主义政治发展道路，为夺取全面建设小康社会新胜利而奋斗。

中国民主建国会

中国民主建国会章程

2007年12月19日中国民主建国会第九次全国代表大会通过

总　纲

中国民主建国会是主要由经济界人士组成的、具有政治联盟特点的、致力于建设中国特色社会主义事业的政党。

本会自一九四五年十二月十六日在重庆成立以来，同中国共产党长期亲密合作，具有爱国、革命的光荣历史。在民主革命时期，本会团结爱国的民族工商业者和所联系的知识分子，为争取新民主主义革命的胜利和建立中华人民共和国作出了积极贡献。新中国成立后，本会参加了人民政权和人民政协的工作，为巩固人民民主专政，实现从新民主主义到社会主义的转变，积极配合国家实行对资本主义工商业的社会主义改造，确立社会主义制度，发挥了重要作用。进入社会主义现代化建设新时期以来，本会认真学习中国特色社会主义理论体系，贯彻社会主义初级阶段的基本路线，努力发挥参政党的作用，为我国的改革开放和现代化建设作出了应有贡献。在长期实践中，本会形成了坚持爱国主义，致力于建设中国特色社会主义事业；坚持接受中国共产党的领导，与中国共产党亲密合作；坚持遵从人民群众的根本利益，认真履行参政党职能；坚持与经济界的紧密联系，努力发挥会的特色；坚持与时俱进，在自我教育中不断提高会的素质等优良传统。

本会以中华人民共和国宪法为一切活动的根本准则，维护宪法尊严，保证宪法实施，享有宪法范围内的政治自由、组织独立和法律地位平等。

本会是中国共产党领导的多党合作和政治协商制度中的参政党，始终贯彻中国共产党与各民主党派“长期共存、互相监督、肝胆相照、荣辱与共”的方针，接受中国共产党的领导，独立自主地开展工作。

本会在现阶段的政治纲领是：高举中国特色社会主义伟大旗帜，认真学习中国特色社会主义理论体系，遵循社会主义初级阶段的基本路线，积极履行参政议政和民主监督职能，致力于发展社会生产力，促进社会主义经济、政治、文化和社会建设，为把我国建设成为富强民主文明和谐的社会主义现代化国家努力奋斗。

本会在现阶段的任务是：围绕全面建设小康社会的奋斗目标，以促进发展为第一要务，充分发挥密切联系经济界的特色和优势，积极参加社会主义现代化建设的实践活动，针对改革开放、经济建设和社会发展中的重大问题，开展调查研究，反映社情民意，积极建言献策，更好地发挥参政党作用，在推进我国的现代化建设，完成祖国统一，维护世界和平与促进共同发展的过程中作出应有的贡献。

实现本会的政治纲领和任务，必须全面加强会的自身建设。全会要继承和发扬会的优良传统，努力保持宽松稳定、团结和谐的政治环境，坚持进步性与广泛性的统一，自觉接受和维护中国共产党的领导，与中国共产党亲密合作，把本会建设成为理论上清醒、政治上坚定、组织上巩固、制度上健全、充满活力的致力于建设中国特色社会主义事业的参政党。各级组织要始终把思想建设放在自身建设的首位，组织广大会员特别是各级领导集体成员努力学习马克思列宁主义、毛泽东思想、邓小平理论和“三个代表”重要思想，学习科学发展观，始终坚持走中国特色社会主义政治发展道路，努力弘扬民主、团结、创新、奉献的精神，不断提高会员的觉悟程度。要保持和发挥本会与经济界密切联系的特色，努力改善会员结构，提高会的组织程度和整体素质。要切实加强会的领导集体建设，坚持和健全会的民主集中制，发扬会内民主，加强会内监督，不断提高领导水平。要努力改进会的作风，坚持把中国共产党的路线、方针、政策与会的实际结合起来，解放思想，实事求是，与时俱进，奋发有为。要不断增进会的团结，密切联系群众，维护会员的合法权益，增强会的凝聚力，充分调动各级组织和会员的积极性和创造性，更好地担负起历史赋予的光荣使命。

第一章　会　员

第一条　凡经济界人士以及其他方面的专家学者，愿意履行本会章程，可以申请加入本会。

第二条　本会会员必须热爱祖国，拥护社会主义初级阶段的基本路线，努力为人民服务，为社会主义现代化建设事业服务。

第三条　加入本会，须由本人提出书面申请，由两名会员介绍，经过组织考察，填写入会申请表，由支部会员大会或支部委员会讨论通过，报省辖市以上委员会批准。中央委员会和省、自治区、直辖市委员会可以直接吸收会员。

第四条　会员享有下列权利：

（一）在会内有表决权、选举权和被选举权；

（二）参加会的有关会议和活动，阅读会的有关文件，对会的工作提出建议和批评；

（三）对国家大政方针以及地方重大问题提出意见和建议；

（四）在会内，批评会的任何一级组织和会员；

（五）对会的决议和决定如果有不同意见，在坚决执行的前提下，可以声明保留，并可向上级组织直至中央委员会提出；

（六）在合法权益遭受损害时，向会的组织反映，请求帮助。

第五条　会员履行下列义务：

（一）遵守宪法、法律和法规，维护国家利益，保守国家机密；

（二）遵守会的章程，学习会的历史，热爱会的事业，执行会的决议和决定，努力完成会的任务；

（三）学习马克思列宁主义、毛泽东思想、邓小平理论和“三个代表”重要思想，学习科学发展观，学习时事政策，学习科学技术和业务知识，积极参加社会主义现代化建设、爱岗敬业，廉洁奉公；

（四）相互帮助，增进团结，开展批评与自我批评，坚持真理，修正错误；

（五）密切联系群众，积极反映社情民意，在所联系的群众中发挥带头和桥梁作用；

（六）参加会的组织生活，交纳会费。

第六条　会员从一个地方迁移到另一个地方，应向原地方组织申请办理转移组织关系。会员如果迁移到没有建立组织的地方，仍应与原地方组织保持联系，或将组织关系转移到邻近的地方组织。

第七条　会员有退会自由。会员要求退会，须由本人提出书面申请，经所在支部讨论同意后，报省辖市以上委员会批准，注销其会籍。

第八条　会员不履行会员义务，经劝告无效者，由支部会员大会讨论通过，报省辖市以上委员会批准，劝其退会，注销其会籍。

第九条　会员的入会、转移组织关系、退会和劝退，应报省、自治区、直辖市委员会备案，并报中央委员会备查。

第十条　会员在为社会主义现代化建设服务，参加政治活动、社会活动和会务活动中有显著成绩的，经基层组织核实并讨论通过后，报请上一级地方组织给予表彰。对有重大贡献的，可由省、自治区、直辖市委员会报请中央委员会给予表彰。

第十一条　会员应自觉遵守会的纪律。会员违犯法律、政纪和会的纪律，应按其具体情节和对待错误的态度，分别给予警告、严重警告、撤销会内职务、留会察看、开除会籍的处分。

留会察看一般不超过两年。会员在留会察看期间没有表决权、选举权和被选举权。会员经过留会察看确已改正错误的，恢复其会员的权利；坚持错误不改的，开除会籍。

第十二条　对会员的警告、严重警告、撤销会内职务、留会察看的处分，须经支部会员大会讨论通过，经省辖市委员会批准，报省、自治区、直辖市委员会备案；对会员给予开除会籍的处分，须经支部会员大会讨论，由省辖市委员会审核，省、自治区、直辖市委员会批准，并报中央委员会备案。

对中央委员会委员的纪律处分，须经中央委员会讨论决定。

对地方各级委员会委员的纪律处分，须经同级委员会讨论决定，报上一级组织批准，并报中央委员会备案。

第十三条　会的各级组织对会员的处分，应实事求是地查清事实。所要作出的处分决定，必须书面通知本人，听取本人说明情况和申辩。如果本人不服决定，可以提出申诉。各级组织对会员的申诉，应认真负责处理。

第二章　组织制度

第十四条　会的组织原则是民主集中制。

（一）会的各级领导机关都由选举产生。

（二）会的最高领导机关，是全国代表大会和它所产生的中央委员会。会的地方各级领导机关，是地方代表大会或会员大会和它所产生的委员会。会的各级委员会向同级代表大会或会员大会负责并报告工作。

（三）会员个人服从会的组织，少数服从多数，下级组织服从上级组织，地方组织服从中央组织。

（四）会的各级委员会必须贯彻集体领导和个人分工负责相结合的原则。会的组织在讨论决定问题时，必须贯彻集体领导、民主集中、个别酝酿、会议决定的原则。凡属重大问题，都要由领导集体协商讨论，进行表决，作出决定。各级领导集体成员要根据集体的决定和分工，切实履行自己的职责。

（五）会的各级领导机关必须经常听取下级组织和会员的意见，研究他们的经验，解决他们提出的问题，不断改进工作；下级组织必须贯彻执行上级组织的决议和决定，向上级组织报告工作。下级组织要独立负责地解决自己职责范围内的问题，在工作中遇到应当由上级组织决定的问题，必须向上级组织请示。

第十五条　会的各级领导机关的选举，要体现选举人的意志。候选人名单应经充分酝酿协商，采用差额选举或等额选举的办法，进行无记名投票。

会的地方组织的领导成员，如果由于特殊原因不能用选举方法产生，可以由省级组织或中央委员会指定。在筹建中的地方组织和基层组织的领导成员，由上级组织决定。

第十六条　由选举产生的会的中央委员会和地方委员会的组成人员，每届任期与同级委员会相同，连选可以连任。

第十七条　会的组织系统是：中央委员会，省、自治区、直辖市委员会，省辖市、直辖市的区委员会，县级市、县、省辖市的区委员会，基层委员会、总支部委员会、支部委员会。

第十八条　成立新的地方组织，或撤销、合并、改建地方组织，须由中央常务委员会批准。

第十九条　会的发展工作要贯彻以大中城市为主，以中上层人士为主，以经济界人士为主，注重政治素质，发展与巩固相结合，有计划地稳步发展的方针。

第三章　中央组织

第二十条　全国代表大会每五年举行一次，由中央委员会召集。全国代表大会在必要的时候可以提前举行，如果没有特殊情况，不得延期举行。

全国代表大会代表名额和产生办法，由中央常务委员会决定。在举行全国代表大会期间，由选举产生的主席团主持会议。

第二十一条　全国代表大会的职权是：

（一）听取和审查中央委员会的工作报告；

（二）讨论并决定会的重大事项；

（三）修改会的章程；

（四）选举中央委员会。

第二十二条　中央委员会在必要的时候，可以召集全国代表会议，讨论决定重大问题。

第二十三条　中央委员会每届任期五年。全国代表大会如果提前或延期举行，它的任期相应地改变。

中央委员会委员的名额，由全国代表大会决定。

中央委员会全体会议每年举行一次，由中央常务委员会召集和主持；如果没有特殊情况，不得延期举行。

第二十四条　中央委员会是全国代表大会闭会期间会的最高领导机关，领导会的全部工作，对外代表本会。它的职权是：

（一）贯彻执行全国代表大会决议；

（二）听取和审查中央常务委员会的工作报告；

（三）讨论并决定会的工作方针和任务；

（四）选举中央委员会主席、副主席、常务委员，组成中央常务委员；

（五）调整和增选中央委员会的部分委员。

第二十五条　中央常务委员会每届任期与中央委员会相同，在中央委员会全体会议闭会期间，行使中央委员会的职权。它的职权是：

（一）贯彻执行中央委员会的决议；

（二）听取和审查中央工作部门的工作报告；

（三）讨论并决定会的工作方针和任务；

（四）决定中央委员会秘书长、各工作部门主要负责人。

中央常务委员会全体会议每年至少举行四次。由中央委员会主席召集和主持。

中央委员会主席主持中央委员会、中央常务委员会的工作，副主席协助主席工作。

第二十六条　中央委员会主席、副主席组成主席会议，根据中央委员会和中央常务委员会的决定，讨论、处理中央日常领导工作中的重大事项。主席会议由中央委员会主席召集和主持。主席会议规程由中央常务委员会决定。

第二十七条　中央委员会设立监督委员会，负责维护会的章程、加强会风建设、检查会的决议和会的纪律的执行情况。中央监督委员会设主任一人、副主任和委员若干人，由中央委员会决定。

中央委员会设秘书长和若干工作部门。中央委员会根据需要可设立若干专门委员会，专门委员会的设立由中央常务委员会决定。

第四章　地方组织

第二十八条　省、自治区、直辖市，省辖市、直辖市的区，县级市、县、省辖市的区的代表大会或会员大会，每五年举行一次。会的各级地方代表大会或会员大会由同级地方委员会召集。在必要的时候可以提前举行，如果没有特殊情况，不得延期举行。

各级地方代表大会代表名额和产生办法，由同级委员会或它的常务委员会决定，并报上一级组织备案。在举行代表大会或会员大会期间，由选举产生的主席团主持会议。

第二十九条　各级地方代表大会或会员大会的职权是：

（一）贯彻全国代表大会和中央委员会的决议和决定；

（二）听取和审查同级委员会的工作报告；

（三）讨论并决定本地区会的重大事项；

（四）选举同级委员会。

第三十条　省、自治区、直辖市、省辖市委员会在必要的时候可以召集代表会议，讨论决定重大问题。

第三十一条　省、自治区、直辖市，省辖市、直辖市的区，县级市、县、省辖市的区委员会每届任期五年。会的各级地方代表大会或会员大会如果提前或延期举行，由它产生的委员会的任期也相应地改变。

各级地方委员会的委员名额由上一级委员会决定。

第三十二条　各级地方委员会在同级代表大会或会员大会闭会期间领导本地区的工作。它的职权是：

（一）贯彻上级组织和同级代表大会或会员大会的决议，并定期向上级组织报告工作；

（二）听取和审查同级常务委员会（设常务委员会的地方）的工作报告；

（三）讨论并决定本地区会的工作任务；

（四）选举主任委员、副主任委员、常务委员，组成常务委员会（不设常务委员会的地方组织不选举常务委员）；

（五）调整和增选同级委员会的部分委员。

第三十三条　各级地方代表大会或会员大会选举产生的各级委员会成员须报上一级组织备案，并报中央委员会备查。

第三十四条　各级地方委员会的常务委员会每届任期与同级委员会相同。在委员会全体会议闭会期间，行使同级委员会的职权。它的职权是：

（一）贯彻上级组织和同级委员会的决议和决定；

（二）听取和审查各工作部门的工作报告；

（三）讨论并决定本地区会的工作任务；

（四）决定地方委员会秘书长、各工作部门主要负责人

（不设常务委员会的地方由同级委员会决定）。

第三十五条　各级地方委员会主任委员主持同级委员会、常务委员会的工作，副主任委员协助主任委员工作。

各级地方委员会主任委员、副主任委员组成主任委员会议，根据地方委员会和常务委员会的决定，讨论、处理地方日常领导工作中的重大事项。主任委员会议由主任委员召集和主持。

第三十六条　省、自治区、直辖市委员会设立监督委员会，监督委员会的组成由同级委员会决定。

各级地方委员会根据工作需要可设秘书长和若干工作部门。各级地方委员会必要时可设立若干专门委员会，专门委员会的设立由同级地方常务委员会决定（不设常务委员会的地方由同级委员会决定）。

第五章　基层组织

第三十七条　会的基层组织是支部、总支部和基层委员会。有会员五人以上，可以成立支部。根据工作需要，一个单位、行业、地区设有两个以上支部的，可以设立总支部或基层委员会。

支部、总支部、基层委员会的建立、撤销和合并，由上一级组织决定。

在必要的时候，中央和地方委员会可以设立直属支部、总支部、基层委员会；省、自治区、直辖市委员会可设直属工作委员会。

由于特殊原因不能编入支部的会员，由有关地方组织直接与之保持联系。

第三十八条　支部委员会、总支部委员会、基层委员会由支部会员大会、总支部会员大会、基层委员会会员大会选举产生，任期三至五年。委员名额由上一级地方组织决定，必要时可以增补。

支部委员会设主任一人，副主任若干人，由支部委员互选产生；总支部委员会设主任一人，副主任若干人，由总支部委员互选产生。基层委员会设主任一人，副主任若干人，由基层委员会委员互选产生。

不满七人的支部不设委员会，只选举主任一人，在必要的时候可选举副主任一人。

支部委员会、总支部委员会和基层委员会选出的主任、副主任，应报上一级地方组织批准。

第三十九条　基层组织是实现会的政治任务的基础，它的基本任务是：

（一）贯彻执行上级组织的决议和决定，组织会员积极参加本会组织的各项活动；

（二）充分调动会员的积极性和创造性，围绕所在地区、单位的中心任务，努力做好本职工作，为社会主义现代化建设事业服务；

（三）组织会员对国家的大政方针和地方重要事务以及群众生活中的重要问题开展调查研究，提出意见和建议，反映社情民意；

（四）定期举行组织生活，结合会员的社会实践，进行思想政治工作，帮助会员进行自我教育，关心会员的工作、学习和生活，反映会员的意见和要求，互相学习、互相帮助、团结友爱，不断取得新的进步；

（五）维护和执行会的纪律，讨论对会员的表扬、奖励和处分；

（六）吸收会员，收缴会费。

第六章　干　部

第四十条　干部是本会事业的骨干。全会要重视对干部的教育、培养、推荐、选拔和考核，特别是培养、选拔优秀年轻干部，努力建设高素质的干部队伍。

第四十一条　要坚持按照德才兼备的原则选拔和任用干部。干部的选拔和任用，要经过民主推荐、组织考察、酝酿协商、集体决定等程序，实行择优选拔。坚持任人唯贤，反对任人唯亲以及任何滥用职权、谋求私利的不正之风。

第四十二条　各级领导干部必须模范地遵守章程所规定的各项义务，必须具备以下基本条件：

（一）具有履行职责所需要的理论政策水平，带头学习马克思列宁主义、毛泽东思想、邓小平理论和“三个代表”重要思想，学习科学发展观，把握正确的政治方向，坚持理论联系实际，创造性地开展工作；

（二）具有较强的事业心和政治责任感，热爱会的事业，有相应的实践经验以及胜任领导工作的组织能力、文化水平和专业知识；

（三）具有一定的社会影响力和参政议政能力，坚持实事求是，认真调查研究，讲实话、办实事、求实效；

（四）坚持和维护民主集中制原则，有民主作风，能顾全大局，维护会的团结，勇于批评和自我批评，善于与其他同志一道工作；

（五）严以律己，清正廉洁，艰苦奋斗，甘于奉献，密切联系群众，自觉接受组织和会员的监督。

第四十三条　要积极创造条件，推进干部制度改革。会的各级领导职务，无论是由民主选举产生的，或是由领导机关任命的，都不是终身职务。

担任中央委员会主席、副主席和地方委员会主任委员、副主任委员职务的人员，同一职务连续任职一般为两届，特殊情况下不超过三届。

担任各级领导职务的人员，凡由于任职年龄、健康状况或其他原因不适宜继续担任领导职务的，可以依据相应的程序在任期内调整。

第七章　附　则

第四十四条　本章程经全国代表大会通过后施行。

第四十五条　本章程由中央委员会解释。

关于《中国民主建国会章程（修改草案）》的说明

（2007 年 12 月 16 日在中国民主建国会第九次全国代表大会上）

马培华

各位代表：

我受中央委员会委托，向大会作《中国民主建国会章程（修改草案）》的说明，请予审议。

本会现行章程是 2002 年 12 月第八次全国代表大会通过的。这个章程，对规范和指导会的工作、加强会的建设、促进会的事业的发展，起到了十分重要的作用。

五年来，我国经济社会全面发展，我们面临的形势和任务也相应地发生了新的变化。以胡锦涛同志为总书记的中共中央坚持以邓小平理论和“三个代表”重要思想为指导，全面贯彻落实科学发展观，带领全国各族人民积极推进全面建设小康社会进程，加快推进社会主义现代化，取得了建设中国特色社会主义事业的伟大成就。与此同时，中共中央先后颁布了一系列有关统一战线和多党合作的重要文件，中国共产党领导的多党合作事业得到蓬勃发展。本会各级组织和广大会员弘扬会的优良传统，与中国共产党亲密合作，不断加强自身建设，努力履行参政党职能，积累了许多新的经验。不久前举行的中国共产党第十七次全国代表大会，高举中国特色社会主义伟大旗帜，对继续推进改革开放和社会主义现代化、实现全面建设小康社会的宏伟目标作出了新的战略部署。新的形势和任务，不仅为本会作为密切联系经济界的参政党充分发挥作用，提供了更加广阔的舞台，也对会的工作和建设提出了更高的要求。为了适应新世纪新阶段多党合作和会的事业发展的要求，对会的章程进行适当修改是完全必要的。

这次修改章程遵循的指导思想是，以宪法为根本准则，认真体现中共十七大确立的重大理论观点、战略思想和工作部署，体现中共中央近年来有关多党合作的重要文件的精神。同时，在总结五年来会务实践的基础上，着眼于新世纪会的事业的长远发展，把已经为全会高度认同的新的经验和理论成果写入会的章程，使会的章程在本会今后的实践中更好地发挥指导作用。为了保持章程的总体稳定，实现与时俱进，这次对会的章程只作适当修改，不作大改；各级组织和广大会员普遍要求修改、已经形成共识和实践证明是成熟的就改；可改可不改的原则上不改。

根据以上精神，会中央章程修改领导小组进行了比较深入的调研，在不同范围反复征求意见和讨论，形成了《中国民主建国会章程（修改草案）》。各级组织和广大会员对章程修改提出了很好的修改意见和建议，其中多数已经被吸收在修改草案当中。下面，就修改草案涉及的主要问题说明如下。

一、根据中共十七大精神，对会的政治纲领等作了新的表述

中共十七大在总结我国改革开放和社会主义现代化建设伟大历程的基础上，鲜明提出了坚持中国特色社会主义道路和中国特色社会主义理论体系；阐述了科学发展观是马克思主义中国化的最新成果，是我国经济社会发展的重要指导方针，是发展中国特色社会主义必须坚持和贯彻的重大战略思想；制定了中国特色社会主义事业四位一体的总体布局，明确了经济、政治、文化、社会建设的目标；阐明了构建社会主义和谐社会的总体要求、指导原则和基本任务，等等。这些重要的论断、重大战略思想和宏伟目标，是全会应当长期遵循和努力贯彻的行动指南，应当体现在会的章程当中。为此，修改草案据此作了如下补充和调整：

一是对本会现阶段政治纲领的表述作了补充和调整。将原章程“高举邓小平理论伟大旗帜，学习实践‘三个代表’重要思想，积极履行参政议政和民主监督职能，遵循社会主义初级阶段的基本路线，致力于发展社会生产力，促进社会主义民主政治建设，弘扬中国先进文化，为把我国建设成为富强民主文明的社会主义现代化国家努力奋斗”修改为“高举中国特色社会主义伟大旗帜，认真学习中国特色社会主义理论体系，遵循社会主义初级阶段的基本路线，积极履行参政议政和民主监督职能，致力于发展社会生产力，促进社会主义经济、政治、文化和社会建设，为把我国建设成为富强民主文明和谐的社会主义现代化国家努力奋斗”。这样修改，集中体现了中共十七大精神和参政党特色，使会的政治纲领的内容更加丰富、完整，适应时代发展的要求。

二是在强调学习中国特色社会主义理论体系的基础上，在章程的总纲和具体条文的有关条款中，补充了学习科学发展观等内容，有利于引导全会用科学发展观武装思想、增进共识，落实到工作的各个方面。

三是补充和完善了有关现阶段任务的表述。主要是对本会围绕全面建设小康社会的奋斗目标，努力发挥会的特色与作用的过程中，增加了“以促进发展为第一要务”的要求。这一补充，较好地体现了科学发展观的精神，反映了本会在履行参政党职能、发挥参政党作用中的基本要求。

四是在总纲关于加强会的自身建设的要求中，补写了“努力保持宽松稳定、团结和谐的政治环境”、“始终坚持走中国特色社会主义政治发展道路”等内容。这样补充，使本会坚持和发展多党合作的原则更加完整，有利于实现中共十七大提出的构建和谐政党关系的要求。

二、根据自身建设的理论与实践，补充和丰富了会的建设的新成果、新要求

重视对会的实践进程、基本经验的总结，加强会的理论建设，是本会长期以来形成的行之有效的传统和做法。进入新时期以来，本会进行过深入广泛的总结纪念活动，形成了宝贵的理论成果和精神财富，对会的事业的发展产生了重要的推动作用。八大期间，本会在成立60周年时，根据会的历史经验和近年来的实践，集中全会的智慧，总结形成了“五个坚持”和“四种精神”，得到了全会的高度认同，日益成为会的共同理念。会的七大根据新世纪多党合作的要求，提出了本会作为参政党建设的目标，经过十年的积极探索与实践，已经成为全会为之奋斗的努力方向。把这些已经在全会达成共识的成果写进会的章程，对于推进会的事业的长远发展有着十分重要的意义。为此，这次章程修改重点在三个方面作了增补：

一是根据本会60周年纪念大会总结的“五个坚持”的内容，对会的优良传统作了新的表述。将原章程总纲中“在长期实践中，本会形成了坚持爱国主义和社会主义、坚持接受中国共产党的领导、坚持自我教育的优良传统，形成了同经济界紧密联系的历史特点”一段论述，修改为“在长期实践中，本会形成了坚持爱国主义，致力于建设中国特色社会主义事业；坚持接受中国共产党的领导，与中国共产党亲密合作；坚持遵从人民群众的根本利益，认真履行参政党职能；坚持与经济界的紧密联系，努力发挥会的特色；坚持与时俱进，在自我教育中不断提高会的素质等优良传统”。这样修改，既保持了会的历史传统，又体现了时代精神，达到继承与发展的统一。

二是把新世纪本会参政党的建设目标写入章程的总纲。本会七大提出了新世纪会的建设目标，经过十年的实践，得到了全会的普遍认同。为此，修改草案将原章程“把本会建设成为适应新世纪要求的致力于建设中国特色社会主义事业的参政党”，补充修改为“把本会建设成为理论上清醒、政治上坚定、组织上巩固、制度上健全、充满活力的致力于建设中国特色社会主义事业的参政党”。这一增补，必将对于今后参政党的建设发挥重要的指导作用。

三是增补了有关会的思想建设方面的表述。修改草案在原章程“形成讲政治、讲学习、讲团结、讲奉献的良好风气，不断提高会员的觉悟程度”的基础上进行调整和补充，表述为“始终坚持走中国特色社会主义政治发展道路，努力弘扬民主、团结、创新、奉献的精神，不断提高会员的觉悟程度”。将会的“四种精神”写入章程，更加适应新形势下会的自身建设的要求，有利于会的事业的健康发展。

三、根据新的会务实践和未来发展的需要，构建会内监督机制

加强会内监督工作，是本会适应新世纪多党合作要求、切实加强自身建设的重要举措。本会八大以来，会中央在建立健全会内监督机制方面加强研究，努力实践，积累了一定经验，如以民主集中制为核心，健全领导工作制度、推行领导班子的民主生活会制度、完善干部工作制度、试行地方组织主要领导成员述职制度等，这些举措为进一步加强会内监督工作奠定了必要的基础。为此，八届第二十次中常委会议通过的《关于加强会内监督工作的意见》中，建议本次代表大会修改章程时，把建立会内监督机制作为重要内容。

会内监督要坚持以中国特色社会主义理论体系为指导，以会的章程为准绳，目的是发扬民主、严肃会纪、增进团结，为新世纪新阶段坚持和发展多党合作、加强会的自身建设、更好地履行参政党职能提供有力的保证。要充分体现进步性与广泛性相统一的特点，贯彻监督与教育并举、重在预防的方针，实事求是、与时俱进，努力推动本会建设的不断创新和发展。

会内监督的对象，包括会员个人和会的组织，重点是各级领导班子及其主要负责人。会内监督的内容，主要是遵守会的章程以及贯彻执行组织决议、决定和工作部署的情况，贯彻执行民主集中制的情况，人事安排和干部选用的情况，保障会员合法权益的情况，以及廉洁自律和会风建设的情况。

会的各级委员会要切实发挥领导作用，加强制度建设，在近几年形成的相关制度的基础上，进一步建立健全会的领导工作制度、会内生活制度、干部工作制度以及履职监督等制度，形成较为完整的制度体系。要支持和保护广大会员发挥监督作用，改进会员来信来访和权益保护工作，促进监督工作的健康发展。

为了适应会内监督工作的需要，设立专门的监督机构是非常必要的。为此，章程修改草案在第二十七条作出规定，“中央委员会设立监督委员会，负责维护会的章程、加强会风建设、检查会的决议和会的纪律的执行情况。中央监督委员会设主任一人、副主任和委员若干人，由中央委员会决定”。同时，在第三十六条相应规定“省、自治区、直辖市委员会设立监督委员会，监督委员会的组成由同级委员会决定”。

加强会内监督是一个需要不断深化和发展的过程。建议本次代表大会通过新的章程以后，要尽快制定内部监督条例以及相关实施细则，并在条件成熟时尽早设立监督委员会，为本会更好地履行参政党职能提供有力的保障。

四、适应会的建设和发展的需要，对其他有关条文作了适当修改补充

一是在委员会的职权中，增写了在任期内调整和增选委员的条款。赋予中央和地方委员会在任期内调整和增选委员的职权，是适应加强会的领导集体建设、建立正常进退机制的需要。原章程第四十三条规定，“担任各级领导职务的人员，凡由于任职年龄、健康状况或其他原因不适宜继续担任领导职务的，可以依据相应的程序在任期内调整。”五年来，会的各级委员会遵循这一要求，进行了积极的探索与实践，积累了宝贵的经验。根据五年来的实践和今后任期制的进一步推行，在一届任期内采取先进后出的办法进行领导集体成员的调整是一项十分重要的任务。而代表大会五年召开一次，又不便频繁地召开代表会议，根据五年来的实践、借鉴其他政党的经验，将这一职权赋予委员会是可行的。但是，调整和增补的幅度不得超过委员总数的五分之一。这样规定，将对加强和改进会的各级领导集体建设发挥积极作用。

二是调整了各级地方委员会委员名额的决定权限。原章程第三十一条规定，“各级

地方委员会的委员名额由同级代表大会或会员大会决定，报上一级组织备案”。由于这样的规定在实际工作过程中不便操作，根据各地讨论的意见，修改草案作了调整，各级地方委员会的委员名额改为“由上一级委员会决定”。

三是完善了会的基层组织的序列。原章程规定会的基层组织为支部和总支部。从近年基层工作的实践看，已经不能完全适应基层组织建设的需要。为此，修改草案采纳了地方组织提出的建议，将基层组织序列由支部、总支部修改为支部、总支部和基层委员会。对于章程规定基层组织任期为三到五年，在征求意见时有的地方组织认为这样规定跨度过大。考虑到各地情况的差别，修改草案未作修改，但地方组织可以根据实际情况作出具体规定。

此外，章程修改草案还作了个别文字修改。如本会在现阶段任务一段，将“社会稳定”改为“社会发展”；将第十一条中“违犯国法”改为“违犯法律”。

各位代表，这次修改章程工作，认真贯彻了发扬会内民主、集中全会智慧的精神，章程修改草案体现了全会的共同意志，是全会同志共同努力的结晶。我们相信，新的章程通过以后，必将进一步把全会同志团结和动员起来，更加紧密地团结在以胡锦涛同志为总书记的中共中央周围，在中共十七大精神指引下，高举中国特色社会主义伟大旗帜，认真学习和贯彻中国特色社会主义理论体系，更好地发挥本会密切联系经济界的特色和优势，在夺取全面建设小康社会新胜利的过程中，作出新的更大的贡献！

中国民主促进会

中国民主促进会章程

中国民主促进会第十次全国代表大会2007年12月5日通过

总 纲

中国民主促进会是以从事教育文化出版工作的高中级知识分子为主、具有政治联盟性质、致力于中国特色社会主义事业的政党。

本会是同中国共产党通力合作的参政党，是爱国统一战线的组成部分，是发展先进生产力、社会主义民主政治、社会主义先进文化和构建社会主义和谐社会，实现祖国统一、民族振兴的一支重要力量。

本会自一九四五年十二月三十日创立以来，在中国共产党的指引和帮助下，积极投入反内战、反独裁的爱国民主运动，为争取新民主主义革命的胜利和建立中华人民共和国，作出了重要贡献，谱写了革命的光荣历史。新中国成立后，本会努力促进社会主义各项事业发展，为建立和完善社会主义制度，推进改革开放和现代化建设，促进祖国统一发挥了积极作用。坚持接受中国共产党的领导，坚持爱国、民主、团结、求实，坚持立会为公，是本会的优良传统。

本会坚持中国共产党领导的多党合作和政治协商制度，贯彻“长期共存、互相监督、肝胆相照、荣辱与共”的方针，积极参加国家政权，参与国家大政方针和国家领导人选的协商，参与国家事务的管理，参与国家方针、政策、法律、法规的制定执行。在国家政治生活中认真履行参政议政、民主监督的职责。

本会以中华人民共和国宪法为根本活动准则。在社会主义初级阶段，本会的政治纲领是：高举中国特色社会主义伟大旗帜，以邓小平理论和“三个代表”重要思想为指导，深入贯彻落实科学发展观，弘扬爱国主义精神，坚定不移地贯彻执行“以经济建设为中心、坚持四项基本原则、坚持改革开放”的基本路线，切实履行参政党职能，为全面建设小康社会，构建社会主义和谐社会，推进现代化建设，完成祖国统一，维护世界和平和促进共同发展，把我国建设成为富强民主文明和谐的社会主义现代化国家而奋斗。

本会的基本任务是：

（一）积极参加社会主义经济建设，促进先进生产力的发展，推进改革开放和社会主义市场经济的发展，贯彻科教兴国、人才强国战略，增强自主创新能力，建设生态文明，为实现经济又好又快发展献计出力。

（二）促进社会主义政治建设，努力巩固和发展爱国统一战线，扩大社会主义民主，健全社会主义法制，推进社会主义政治制度完善和发展，促进政党关系和谐，维护社会和谐稳定，实现国家长治久安，巩固中华民族大团结。

（三）致力于社会主义文化建设，继承发展中华民族的优秀文化，吸收人类先进文明成果，建设社会主义核心价值体系，倡导良好思想道德风尚，提高全民族的思想道德素质和科学文化素质。

贯彻百花齐放、百家争鸣的方针，坚持为人民服务、为社会主义服务的方向，推进文化创新，增强文化发展活力，发展和繁荣文化出版事业。

（四）致力于社会主义社会建设，促进民生改善、发展成果共享，维护社会公平正义。推动全社会优先发展教育，促进教育改革和创新，促进社会体制改革和社会管理完善。

（五）努力促进“和平统一、一国两制”方针的实施，坚持一个中国原则，反对“台独”、反对分裂国家，实现祖国的完全统一。

（六）拥护和支持我国独立自主的和平外交政策，积极参加对外交流和友好活动，为维护世界和平、促进共同发展作出贡献。

（七）尊重劳动，尊重知识，尊重人才，尊重创造，充分发挥会员和所联系的知识分子的积极性和创造性，维护他们的合法权益，反映他们的意见与合理要求。积极提倡奉献和创新精神，推动会员为中国特色社会主义事业建功立业。

为确保政治纲领的实现，必须坚持共产党的领导与发扬社会主义民主的原则，体现政治联盟的特点，体现进步性与广泛性的统一；必须坚持中国特色社会主义理论体系，以政治交接为主线，继承和发扬我会的优良传统及老一辈领导人的高尚风范，遵循多党合作的政治准则，坚定不移地走中国特色社会主义道路；必须坚持以思想建设为核心，以组织建设为基础，以制度建设为保障，全面加强自身建设，不断提高全会的思想政治素质和参政议政能力；必须坚持贯彻民主集中制，促进领导决策的科学化、民主化；必须坚持解放思想、实事求是、与时俱进、开拓创新，努力把本会建成与中国共产党亲密合作、致力于中国特色社会主义事业和适应时代发展要求的高素质参政党，更好地担负起历史赋予的光荣使命。

第一章　工作总则

第一条　本会根据国家的法律法规和方针政策，紧密联系实际，创造性地开展工作，积极发挥参政党的作用。

第二条　本会以发展为参政议政第一要务，围绕中心，服务大局，加强与政府有关部门的联系，深入调查研究，对教育、文化、出版、科技等经济和社会发展中的重要问题提出意见和建议，参与协商决策和进行民主监督。

第三条　本会经常了解、及时反映社情民意，为化解矛盾，协调关系，促进社会稳定和谐发挥积极作用。

第四条　本会积极参加人民政协的各项活动，发挥本会在爱国统一战线中的作用。推动担任各级人大代表、政协委员和在各级政府、司法机关、高等院校、科研院所、人民团体、企业和其他社会组织等任职的会员认真履行职责，支持担任特约人员的会员开展工作。

第五条　本会面向社会，以人为本，关注民生，突出特色，以服务为宗旨，为人民群众多办实事，开展社会服务工作。

第六条　本会通过实践活动发现和培养人才，向各级人大、政府、司法机关和政协推荐人才，为各类人才充分发挥作用创造条件。

第七条　本会加强与台湾同胞、港澳同胞和海外侨胞的交往与合作，为实现祖国的繁荣和统一作出贡献。

第八条　本会把加强思想建设放在自身建设的首位，推动和帮助会员学习马克思列宁主义、毛泽东思想、邓小平理论、“三个代表”重要思想、科学发展观等重大战略思想，深入进行坚持基本路线的教育，爱国主义、集体主义、社会主义教育和会章会史教育。

第九条　本会的组织发展坚持以从事教育文化出版工作的知识分子为主、以大中城市为主、以有一定代表性的人士为主的原则。发展会员要注重质量，坚持发展与巩固相结合、有计划稳步发展的方针。

第十条　本会加强各级领导班子建设，坚持民主集中制，贯彻集体领导与分工负责相结合的原则，实行集体领导、民主集中、个别酝酿、会议决定的民主程序，把领导班子建设成为政治坚定、作风优良、工作高效、团结合作的领导集体。

第十一条　本会依法加强机关干部队伍建设、制度建设、作风建设、文化建设和信息化建设，强化服务意识，提高工作效率，推进机关工作的制度化、规范化和程序化。

第十二条　本会加强对会史的研究，积极开展统一战线、人民政协和民主党派理论与实践的研讨，推动参政党的理论创新和工作创新。

第二章　会　员

第十三条　中华人民共和国公民，从事教育文化出版以及科技等其他工作的知识分子，承认并愿意遵守本会章程的，可以申请加入本会。

第十四条　本会会员必须热爱祖国，拥护中国共产党的领导，爱岗敬业，努力为中国特色社会主义事业服务。

第十五条　申请加入本会，须有两名会员介绍，本人填写入会申请表，经基层组织和上级组织考察，由支部会员大会或支部委员会讨论通过，报省辖市或省级组织批准，并层报中央备案。

中央和省级组织必要时可以直接发展会员。

第十六条　会员有下列权利：

（一）会内的选举权、被选举权和表决权；

（二）参加本会有关会议和活动，阅读有关文件；

（三）参加本会组织的有关国家大事的讨论，反映意见，提出建议；

（四）对本会的工作和领导机构提出建议和批评；

（五）当合法权益遭受损害时，要求组织关心和帮助。

第十七条　会员应履行下列义务：

（一）遵守国家法律，维护国家利益；

（二）遵守本会章程，执行本会决议，参加本会活动，完成本会任务；

（三）参加国家的政治生活，发扬社会主义民主，维护社会主义法制；

（四）努力学习，不断提高思想政治水平和业务水平，做好本职工作；

（五）联系群众，接受本会组织和群众的监督；

（六）参加本会组织生活，交纳会费；

（七）工作变动或迁移他地时，须转组织关系。

第十八条　会员要求退会，必须正式提出书面申请，经所在基层组织讨论并提出意见，报省辖市或省级组织批准，注销会籍，并层报中央备案。

第十九条　会员没有正当理由，长期不参加组织活动，不交纳会费，不履行会员义务，经教育无效，或有其他原因，不宜保留会籍的，可由所在基层组织讨论，报省辖市或省级组织批准，作自行退会处理，并层报中央备案。

第三章　组织制度

第二十条　本会的组织原则是民主集中制。上级组织要经常听取下级组织和会员的意见，下级组织要及时向上级组织请示和汇报工作。下级组织要遵守和执行上级组织的决议。

第二十一条　本会各级组织的权力机构是各级会员大会或代表大会。在大会闭会期间，各级委员会即为领导机构。

第二十二条　本会各级委员会的人选，由同级会员大会或代表大会经过充分酝酿协商，采取无记名投票方式选举产生。

地方组织和基层组织的领导成员，由于特殊原因不能用选举办法产生的，可以由上级组织任命。

中央和省级组织在特殊情况下，经过一定程序，可以对所属组织领导机构的成员作适当调整。

第二十三条　地方组织的筹备、建立或撤消，须层报中央批准。

第四章　中央组织

第二十四条　全国代表大会是本会的最高权力机构，其职权是：

（一）听取、审议并批准中央委员会的报告；

（二）决定本会的方针、任务和其他重大事项；

（三）修改本会章程；

（四）选举中央委员会。

第二十五条　全国代表大会每五年举行一次，由中央委员会召集，必要时可以提前或延期举行。

出席全国代表大会的代表名额和产生办法，由中央委员会或中央常务委员会决定。

必要时可以召开全国代表会议，讨论和决定需要及时解决的重大问题。全国代表会议代表的名额和产生办法，由中央委员会或中央常务委员会决定。

第二十六条　中央委员会每届任期五年，全国代表大会如提前或延期举行，其任期也相应地改变。

中央委员会委员的名额，由上一届中央委员会或中央常务委员会提出，全国代表大会决定。

第二十七条　中央委员会在全国代表大会闭会期间，贯彻执行全国代表大会的决议，领导全会工作，对外代表本会。其职权是：

（一）听取、审议和批准中央常务委员会的报告；

（二）讨论和决定本会的重大事项；

（三）选举中央委员会主席、副主席、常务委员；

（四）必要时可以调整少部分中央委员。

第二十八条　中央委员会全体会议每年举行一次，由中央常务委员会召集，必要时可以提前或延期举行。

新一届中央委员会第一次全体会议，由代表大会主席团推定召集人主持会议。

第二十九条　中央常务委员会在中央委员会全体会议闭会期间，行使中央委员会的职权。

中央常务委员会由中央委员会全体会议选举产生，任期与中央委员会相同。

第三十条　中央委员会设主席一人，副主席若干人，任期与中央委员会相同。

中央委员会主席、副主席即为中央常务委员会主席、副主席。

中央委员会主席主持中央委员会的工作，召集中央常务委员会会议。副主席协助主席工作。

第三十一条　中央委员会主席、副主席组成主席会议，根据中央委员会和中央常务委员会的决定，领导中央日常工作。主席会议由中央委员会主席召集和主持。

第三十二条　中央委员会设秘书长，由主席会议提名，中央常务委员会任命。根据需要由中央常务委员会任命副秘书长，协助秘书长工作。

根据需要在中央机关中设立工作部门。各工作部门的负责人按国家公务员法的规定产生，由主席会议或主席办公会议任命，向中央常务委员会通报。

根据需要设若干专门委员会。其机构设置和主任人选，由中央常务委员会决定。

第五章　地方组织

第三十三条　本会的地方组织是：省委员会，自治区委员会，直辖市委员会；省（自治区）辖市委员会，直辖市的区委员会，地区委员会，自治州委员会；县委员会，县级市委员会，省辖市的区委员会。

第三十四条　本会地方各级会员大会或代表大会，每五年举行一次，必要时经上级组织批准可以提前或延期举行。

地方各级会员大会或代表大会由同级委员会召集。代表大会的代表名额和产生办法，由同级委员会或常务委员会决定。

第三十五条　地方各级会员大会或代表大会的职权是：

（一）执行全国代表大会、中央委员会和上级组织的决议和工作任务；

（二）听取、审议和批准同级委员会的报告；

（三）讨论并决定同级委员会的重大事项；

（四）选举同级委员会。

第三十六条　地方各级委员会每届任期五年。同级会员大会或代表大会如提前或延期举行，其任期也相应地改变。

地方各级委员会委员的名额，由上一届同级委员会或常务委员会提出，报请上一级组织批准。

地方各级委员会全体会议每年举行一次，由地方各级委员会或常委会召集，必要时可以提前或延期举行。

新一届地方各级委员会第一次会议，由主席团推定召集人主持会议。

第三十七条　地方各级委员会在同级会员大会或代表大会闭会期间，领导本级地方组织的工作，对外代表本级地方组织。

地方各级委员会的职权是：

（一）听取、审议和批准同级委员会或常务委员会的报告；

（二）讨论和决定本级组织的重大事项；

（三）选举同级委员会主任委员、副主任委员、常务委员；

（四）必要时经上一级组织同意，可以调整同级委员会的少部分成员。

第三十八条　地方各级委员会设主任委员一人，副主任委员若干人，由同级委员会全体会议选举，报请上一级组织批准。主任委员、副主任委员的任期与本届委员会相同。

第三十九条　地方各级委员会根据需要可设常务委员会。常务委员会由同级委员会全体会议选举产生，其任期与本届委员会相同。

常务委员会在同级委员会全体会议闭会期间，行使委员会的职权。

地方各级委员会的主任委员、副主任委员即为同级常务委员会的主任委员、副主任委员。

地方各级委员会的主任委员、副主任委员组成主委会议，领导委员会的日常工作。主委会议由委员会主任委员召集和主持。

第四十条　地方各级委员会根据需要可设秘书长，由主委会议提名，同级常务委员会任命（在不设常务委员会的地方，由同级委员会任命），报上一级组织批准。

地方各级委员会根据需要可设副秘书长和必要的工作部门。各工作部门的负责人按国家公务员法的规定产生，由主委会议任命，向同级常务委员会通报（在不设常务委员会的地方，向同级委员会通报）。

根据需要设若干专门委员会。其机构设置和主任人选，由同级常务委员会决定（在不设常务委员会的地方，由同级委员会决定）。

第六章　基层组织

第四十一条　本会的基层组织是基层委员会、总支部委员会、支部委员会。会员人数五人以上的可成立支部。会员人数较多的支部可设小组。省、自治区、直辖市委员会根据工作需要可在会员人数较多的单位或按会员的业务系统设立基层委员会或总支部委员会。

本会中央和各级地方组织可根据不同情况，设立直属支部或直属小组。不能编组的会员，应由其所属会的组织直接联系。

第四十二条　基层委员会、总支部委员会和支部委员会的委员由会员大会选举产生，委员名额由上一级组织决定。基层委员会、总支部委员会和支部委员会设主任委员、副主任委员，并根据实际情况，设组织、宣传等委员，由委员会选举。小组可推选组长一人。基层委员会、总支部委员会和支部委员会每届任期五年。必要时经上级组织批准，可提前或延期换届。

基层组织的建立、撤并和所选出的负责人，须报上级组织批准。

第四十三条　基层组织是实现本会政治任务的基础，其基本任务是：

（一）贯彻执行上级组织的决议和决定，组织会员积极参加本会的各项活动；

（二）结合本单位的中心任务开展活动，推动会员努力做好本职工作，为社会主义经济建设、政治建设、文化建设、社会建设贡献力量；

（三）了解会员对国家大政方针和地方重要事务的意见和建议，向上级组织和有关方面反映；

（四）组织会员过好组织生活，加强政治学习，关心会员的工作、学习和生活，增强团结，共同进步；

（五）做好所联系群众的工作，积极反映社情民意；

（六）教育会员遵纪守法，讨论对会员的表扬、奖励和处分；

（七）对申请入会对象进行考察和培养，做好发展会员的工作；

（八）收缴会费。

第七章　干　部

第四十四条　本会各级组织按照德才兼备、注重实绩、会员公认、任人唯贤的原则选拔和任用干部。

本会各级组织应加强对干部的教育、培训和考核工作，努力提高干部队伍的整体素质，加强后备干部队伍建设，优化干部队伍结构。

第四十五条　本会各级领导干部必须具备以下的基本条件：

（一）坚持用中国特色社会主义理论体系武装思想、指导工作，坚持走中国特色社会主义政治发展道路，具有一定的政治把握能力；

（二）努力了解国情，熟悉政策，把握大局，善于带领所在组织的会员开展各项会务工作，具有一定的参政议政、组织领导与合作共事能力；

（三）认真执行本会的各项决议，模范地履行本会章程，有较强的事业心、责任感和奉献精神，热心会务，积极主动地开展本会工作；

（四）作风民主正派，求真务实，密切联系群众，善于团结同志，自觉接受组织和会员的批评监督；

（五）坚持立会为公，服务社会，服务人民，勤奋工作，清正廉洁，严格自律。

第四十六条　本会各级领导干部，无论是选举产生的，或是由组织任命的，均实行任期制，在同一职务上连选连任一般不超过两届。

第四十七条　本会建立健全监督制度和机制，逐步设立中央和省级组织监督机构，对领导班子成员遵守本会章程和履行领导职责的情况，对会员遵守本会章程的情况进行监督。

第八章　奖励与处分

第四十八条　对地方组织、基层组织和会员在社会主义现代化建设中，在履行参政党职责和自身建设中，做出显著成绩的，其上级组织应给予表扬或奖励，贡献特别突出的，可由省、自治区、直辖市组织上报会中央，在全会通报表彰。

第四十九条　会员违反国家法律和本会纪律，所属组织应按其错误性质、情节轻重和对待错误的态度，分别给予警告、撤消会内职务、留会察看、开除会籍的处分。

第五十条　对会员的处分须经所属组织委员会讨论通过，报上一级地方组织批准。其中撤消会内职务、留会察看的处分，须上报省级组织批准，层报会中央备案；开除会籍的处分，须经会中央批准。

留会察看处分，最长不得超过两年，在察看期间，没有会内的选举权、被选举权和表决权。

对会员的处分应严肃、慎重。

受处分的会员对处分有不同意见，有权向上级组织直至中央申诉。

第九章　附　则

第五十一条　本章程经全国代表大会通过后施行，解释权属于中央委员会。

关于《中国民主促进会章程修正案（草案）》的报告

各位代表、各位同志：

我受大会主席团的委托，向大会作关于《中国民主促进会章程修正案（草案）》的报告，请予审议。

中国民主促进会现行章程，是2002年本会第九次全国代表大会修改通过的。九大通过的章程贯彻了中共十六大精神，把学习实践“三个代表”重要思想写入本会的政治纲领，明确了我会要为社会主义物质文明、政治文明、精神文明建设服务的基本任务，明确提出了参政党建设的目标原则和必须坚持的基本经验。这是一部凝聚了我会领导集体和广大会员智慧和心血、汇集了我会工作新鲜经验的会章。它对于我会巩固政治交接的成果，建设高素质参政党，更好地发挥参政党作用，起到了重要的指导和推动作用。

五年以来，国际国内的形势发生了很大变化，统一战线、多党合作的理论与实践进一步完善、丰富和发展。十六大以来中共中央提出了以科学发展观为核心的一系列重大战略思想，相继颁发了两个5号文件和15号文件，为新世纪新阶段民主党派的工作指明了方向。民进九大以来，我会全面推进自身建设，积极履行参政党职能，形成了新的认识和经验。不久前，中国共产党第十七次全国代表大会胜利召开，大会高举中国特色社会主义伟大旗帜，以邓小平理论和“三个代表”重要思想为指导，深入贯彻落实科学发展观，对全面推进中国特色社会主义事业、巩固和发展爱国统一战线提出了一系列新思想、新论断、新要求。认真贯彻落实中共十七大精神，吸纳五年来理论创新与实践发展的成果，对会章进行修改，对于使我会的政治纲领和组织制度不断与时俱进，更好地统一全会的思想和行动，保证我会始终沿着正确的道路不断前进，具有十分重要的意义。

本次会章修改的指导思想是：以宪法为根本准则，在中共十七大精神的指引下，以邓小平理论和“三个代表”重要思想为指导，深入贯彻落实科学发展观，总结中国民主促进会九大以来的新鲜经验，对会章内容进行必要的充实，使之更好地体现时代精神和广大会员的共同意志，更加适应中国民主促进会实现政治交接、建设高素质参政党和履行职能、发挥作用的需要。

修改原则是：一、体现马克思主义中国化的理论创新与多党合作的最新发展，符合民进的实际，代表广大会员的意愿；二、既要保持会章的稳定性，又要与时俱进。遵循小改不大改的原则，可改可不改的不改，以保持会章的权威性、严肃性、连续性和稳定性。在章程修改的内容和提法上，力求增强规范性和可操作性。

修改会章是本次代表大会的一项重要议程。本会十大筹备委员会会章修改组的同志面向全会征集意见，先后赴广东、江西、江苏、浙江、上海、天津、重庆等七个省级组织召开专题座谈会，听取省委会领导、委员、机关专职干部、市、县（区）级组织负责人、基层干部，特别是基层会员代表的意见和建议，同时收到其他省级组织共两百多条反馈意见。会章修改组努力做到求真务实、细致周密，坚持遵循程序，充分吸纳各方面的意见、建议，对章程作了修改和逐字逐句的推敲，并就修改草案向中央常委和省级组织主委征求意见，又经过十大筹备委员会的讨论和修改，反复研究，数易其稿。这次修改会章的工作，贯彻了群众路线，集中了全会的智慧，达成了思想共识，会章修改的过程，是一次民主集中制的广泛实践和会章会史的生动教育。

现就章程修正案（草案）中几个主要问题报告如下：

一

章程的总纲，是本会最基本的政治纲领和组织路线。章程修正案（草案）对总纲部分作了必要充实和适当修改。主要有以下几个方面：

（一）草案根据多党合作理论和实践的新发展，将《中共中央关于进一步加强中国共产党领导的多党合作和政治协商制度建设的意见》（中发［2005］5号文件）中关于民主党派性质和作用的新论断写入本会的章程。草案明确提出，本会“是发展先进生产力、社会主义民主政治、社会主义先进文化和构建社会主义和谐社会，实现祖国统一、民族振兴的一支重要力量”。这样表述富有时代内涵，使得我会的性质和作用更加全面、准确，对广大会员是极大的激励和鞭策。

（二）草案从界别、历史和传统等方面，努力体现我会的特色。根据我会地方组织和广大会员的普遍要求，在总纲中增加了对会史的叙述，简洁明了而富有感染力。草案明确提出：“本会自一九四五年十二月三十日创立以来，在中国共产党的指引和帮助下，积极投入反内战、反独裁的爱国民主运动，为争取新民主主义革命的胜利和建立中华人民共和国，作出了重要贡献，谱写了革命的光荣历史。新中国成立后，本会努力促进社会主义各项事业发展，为建立和完善社会主义制度，推进改革开放和现代化建设，促进祖国统一发挥了积极作用。”

（三）草案体现了中共十七大精神和中共十六大以来的一系列重大战略思想，将“全面贯彻落实科学发展观”、“构建社会主义和谐社会”、“高举中国特色社会主义伟大旗帜”等内容写进本会的政治纲领。这是本次章程修正案中的一项重要内容。草案明确提出：“在社会主义初级阶段，本会的政治纲领是：高举中国特色社会主义伟大旗帜，以邓小平理论和‘三个代表’重要思想为指导，深入贯彻落实科学发展观，弘扬爱国主义精神，坚定不移地贯彻执行‘以经济建设为中心、坚持四项基本原则、坚持改革开放’的基本路线，切实履行参政党职能，为全面建设小康社会，构建社会主义和谐社会，推进现代化建设，完成祖国统一，维护世界和平和促进共同发展，把我国建设成为富强民主文明和谐的社会主义现代化国家而奋斗。”这样表述明确了科学发展观与邓小平理论和“三个代表”重要思想是一脉相承的，都是民主党派的根本指导思想，为我会在新的历史起点上继续开拓前进奠定了新的思想理论基础，对我会加强参政党建设、发挥参政党作用具有极为重要的指导意义。同时，在履行参政党职能方面充实了“构建社会主义和谐社会”的内容，使我会的奋斗目标更加与时俱进。

（四）草案在九大章程的基础上，对本会为“三个文明”建设服务的基本任务作了调整，明确表述我会要为社会主义经济建设、政治建设、文化建设和社会建设服务。草案新增了“致力于社会主义社会建设，促进民生改善、发展成果共享，维护社会公平正义。推动全社会优先发展教育，促进教育改革和创新，促进社会体制改革和社会管理完善”这一节，同时增加了“建设生态文明”、“推进社会主义政治制度完善和发展”、“建设社会主义核心价值体系”、“倡导良好思想道德风尚”、“推进文化创新，增强文化发展活力”等内容。这些任务既体现了我会全面贯彻落实科学发展观的内在要求，也突出了我会在社会主义政治建设、文化建设、社会建设方面肩负的重任，我们应当努力完成好这些任务。

（五）草案明确提出了为确保我会政治纲领的实现，必须做到“五个必须坚持”，突出了坚持走中国特色社会主义政治发展道路的要求，完善了我会自身建设的内容。根据许多地方组织负责人和基层会员的建议，草案对章程中原有的“四个必须坚持”进行了调整补充，明确规定为：“必须坚持共产党的领导与发扬社会主义民主的原则，体现政治联盟的特点，体现进步性与广泛性的统一；必须坚持中国特色社会主义的理论体系，以政治交接为主线，继承和发扬我会的优良传统及老一辈领导人的高尚风范，遵循多党合作的政治准则，坚定不移地走中国特色社会主义道路；必须坚持以思想建设为核心，以组织建设为基础，以制度建设为保障，全面加强自身建设，不断提高全会的思想政治素质和参政议政能力；必须坚持贯彻民主集中制，促进领导决策的科学化、民主化；必须坚持解放思想、实事求是、与时俱进、开拓创新。”这些新的表述，比较全面系统地概括了民进九大以来我会加强自身建设的基本经验，这对于把我会建设成为高素质的参政党具有重大的现实意义和深远的历史意义。

二

章程修正案（草案）根据新的形势、任务和要求，依据民进九大以来的最新经验，对“工作总则”的部分条文作了修改和调整。主要有以下几点：

（一）草案第二条提出“以发展为参政议政第一要务，围绕中心，服务大局”是我会参与协商决策和进行民主监督的重要原则。促进发展是坚持以经济建设为中心的必然要求，是解决当今中国一切问题的根本途径。因此，发展不仅是中国共产党执政兴国的第一要务，也是我会参政议政的第一要务。围绕中心、服务大局，是我会履行职能、发挥作用的重要经验。把这两条写进工作总则，对于我会各级组织更好地把握执政党和国家工作的中心和大局，议政建言、献计出力，具有十分重要的指导作用。

（二）草案第八条把学习“科学发展观等重大战略思想”列入我会思想建设的内容。这对加强我会的思想建设，具有十分重大的意义。科学发展观是以胡锦涛同志为总书记的中共中央在继承和发展党的三代中央领导集体关于发展的重要思想，在准确把握世界发展趋势、认真总结我国发展经验、深入分析我国发展阶段性特征的基础上，提出的重大战略思想。它是我国经济社会发展的重要指导方针，是发展中国特色社会主义必须坚持和贯彻的重大战略思想。本会各级领导班子成员要组织引导广大会员认真学习、深刻领会科学发展观的科学内涵、精神实质和根本要求，把科学发展观贯彻到我会的各项工作之中，推动自身建设和参政议政协调发展。

（三）草案第十条规定：“把领导班子建设成为政治坚定、作风优良、工作高效、团结合作的领导集体。”这既是对民进九大以来我会加强领导班子建设重要经验的总结，也是对今后各级领导班子建设提出的目标和要求。这样规定有利于加强领导班子的思想建设、组织建设、作风建设和制度建设，增强领导班子的凝聚力和执行力，提高决策管理水平和工作效率。

（四）草案吸收了民进九大以来我会在机关建设方面取得的经验和成果，把机关建设与贯彻国家公务员法结合起来，完善了机关建设的目标和内容。草案第十一条规定：“本会依法加强机关干部队伍建设、制度建设、作风建设、文化建设和信息化建设，强化服务意识，提高工作效率，推进机关工作的制度化、规范化和程序化。”这对于我会加快建设与高素质参政党相匹配的机关，进一步提高机关干部的素质、提高机关工作的水平、发挥机关的枢纽作用，具有十分重要的促进作用。

（五）参政党理论研究已成为建设高素质参政党的重要内容和紧迫任务，根据各级组织和广大会员的要求，草案在工作总则中增加了一条，即第十二条：“本会加强对会史的研究，积极开展统一战线、人民政协和民主党派理论与实践的研讨，推动参政党的理论创新和工作创新。”把重视开展会史和理论研究作为一条工作原则，体现了全会对参政党自身建设规律的认识，将会有力地推动我会的会史研究和理论研究迈上新台阶，提高到新水平。

三

干部队伍建设是我会自身建设的重要环节，面对世情、国情和会情的深刻变化，我会各级组织要团结带领广大会员完成新任务、应对新挑战，必须对领导干部提出新的更高的要求。草案对干部一章作了重要的增补。

（一）草案第四十五条围绕民主党派领导干部的“四种能力”建设，对我会各级领导干部必须具备的基本条件进行了增补，规定本会各级领导干部必须“坚持用中国特色社会主义理论体系武装思想、指导工作，坚持走中国特色社会主义政治发展道路，具有一定的政治把握能力；”必须“努力了解国情，熟悉政策，把握大局，善于带领所在组织的会员开展各项会务工作，具有一定的参政议政、组织领导与合作共事能力”，等等。这些要求对我会各级领导干部都是恰当的、适用的。

（二）草案第四十七条提出设立专门监督机构，表述为：“本会建立健全监督制度和机制，逐步设立中央和省级组织监督机构，对领导班子成员遵守本会章程和履行领导职责的情况，对会员遵守本会章程的情况进行监督。”鉴于目前设立专门监督机构尚缺乏实践，故在《章程》中只作原则性规定，通过制定会内监督条例具体实施。先进行试点，摸索经验，成熟后稳步推广。随着形势的发展，党派内部建立监督机制的问题已经提上议事日程，上述规定是我会开辟自身建设新途径的重大举措，也是迈向“执政党建设和参政党建设互相促进”的重大举措。

四

章程修正案（草案）针对一些新情况、新问题，进行修改完善，形成了新的规定和机制。

（一）草案对中央和地方委员会调整部分委员的问题作出了新规定。根据中央和地方组织在实践中的做法和经验，草案第二十七条和第三十七条分别规定，中央委员会在全国代表大会闭会期间，“必要时可以调整少部分中央委员”，地方各级委员会在同级会员大会或代表大会闭会期间，“必要时经上一级组织同意，可以调整同级委员会的少部分成员”。这一规定建立了我会届中增补和退出的机制，使这项工作有了依据，更加规范化。

（二）草案对专门委员会的设置问题作出了新规定。根据中央和地方组织在工作中的实际做法，将专门委员会的设置问题写入会章。草案第三十二条和第四十条分别规定，中央委员会“根据需要设若干专门委员会。其机构设置和主任人选，由中央常务委员会决定”，地方各级委员会“根据需要设若干专门委员会。其机构设置和主任人选，由同级常务委员会决定（在不设常务委员会的地方，由同级委员会决定）”。

（三）草案对基层组织的任期作出了新规定，并充实了基层组织的基本任务。根据基层组织的一致反映和要求，草案规定“基层委员会、总支部委员会和支部委员会每届任期五年”，并将基层组织的基本任务第二条充实为“结合本单位的中心任务开展活动，推动会员努力做好本职工作，为社会主义经济建设、政治建设、文化建设和社会建设贡献力量”。

同志们！修改会章是这次代表大会的一项重要任务。代表们都很关心和重视会章的修改。章程修正案（草案）已发给各位代表，请予审议并提出意见。我们相信，新的会章通过以后，必将进一步激励和增强全会各级组织和广大会员的使命感和责任感，更加紧密地团结在以胡锦涛同志为总书记的中共中央周围，高举中国特色社会主义伟大旗帜，以邓小平理论和“三个代表”重要思想为指导，全面贯彻落实科学发展观，深入学习贯彻中共十七大精神，同心同德，开拓进取，真抓实干，为实现全面建设小康社会的宏伟目标和中华民族的伟大复兴，作出新的更大的贡献。

中国农工民主党

中国农工民主党章程

中国农工民主党第十四次全国代表大会2007年12月14日通过

总　纲

中国农工民主党是以医药卫生界高中级知识分子为主，由一部分社会主义劳动者、社会主义事业建设者和拥护社会主义的爱国者组成的政治联盟，是接受中国共产党领导、同中国共产党通力合作的亲密友党，是进步性与广泛性相统一、致力于中国特色社会主义事业的参政党。

本党由革命先烈邓演达等同志于1930年8月9日在上海创建。在民主革命时期，本党团结爱国知识分子和进步人士，同中国共产党亲密合作，共同奋斗，经受了血与火的考验，为争取新民主主义革命的胜利，建立中华人民共和国作出了重要贡献。新中国成立后，本党参加人民政权和人民政协的工作，为巩固人民民主专政，完善和发展社会主义制度，推进改革开放和现代化建设，促进祖国统一发挥了重要作用。本党长期艰苦曲折和不断前进的历史经验是：坚定不移地接受中国共产党的领导，发扬爱国、革命的优良传统，为民族振兴和国家昌盛贡献力量。

中国共产党领导的多党合作和政治协商制度是我国的一项基本政治制度。共产党领导、多党派合作，共产党执政、多党派参政是在革命、建设和改革的实践中形成和发展起来的，是符合我国国情的社会主义政党制度。本党遵循的政治准则是：坚持以邓小平理论和“三个代表”重要思想为指导，深入贯彻落实科学发展观，坚持中国共产党的领导，坚持社会主义初级阶段的基本理论、基本路线、基本纲领和基本经验，坚持中国共产党领导的多党合作和政治协商制度，坚持“长期共存、互相监督，肝胆相照、荣辱与共”的基本方针。

本党在国家政治生活中履行参政党职能，参加国家政权，参与国家大政方针和国家领导人选的协商，参与国家事务的管理，参与国家方针、政策、法律、法规的制定和执行，发挥参政议政、民主监督的作用。

本党以中华人民共和国宪法为根本活动准则，负有维护宪法尊严、保证宪法实施的职责，在宪法规定的权利和义务范围内享有政治自由、组织独立和法律地位的平等。

在我国全面建设小康社会，加快推进社会主义现代化的新的发展阶段，本党高举中国特色社会主义伟大旗帜，坚持中国特色社会主义道路和中国特色社会主义理论体系，按照中国特色社会主义事业总体布局，切实履行参政党职能，把发展作为参政议政的第一要务，解放思想、实事求是、与时俱进、开拓创新，为发展社会主义民主政治，保持宽松稳定、团结和谐的政治环境，推进现代化建设，实现祖国统一，维护世界和平与促进共同发展贡献力量；为建设富强民主文明和谐的社会主义现代化国家而奋斗。

本党的基本任务：

——高举爱国主义和社会主义旗帜，坚持走中国特色社会主义政治发展道路，巩固和发展爱国统一战线；坚持四项基本原则，贯彻“依法治国”基本方略，为发展社会主义民主，建设社会主义法治国家，发展社会主义政治文明而努力。

——坚持以经济建设为中心，立足社会主义初级阶段基本国情，全面落实科学发展观，贯彻科教兴国战略、人才强国战略、可持续发展战略，积极推进改革开放，为发展先进生产力、发展社会主义市场经济，建设创新型国家，促进国民经济又好又快发展献计出力。

——致力于发展社会主义先进文化。以社会主义核心价值体系为根本，树立中国特色社会主义共同理想，倡导社会主义荣辱观，尊重劳动、尊重知识、尊重人才、尊重创造，为繁荣和发展社会主义文化，提高全民族思想道德水平和科学文化素质服务。

——致力于以改善民生为重点的社会建设。发挥本党界别优势，为发展现代医学科学，振兴祖国传统医药，提高全民健康水平和人口素质，促进教育发展和科技进步，推进医疗卫生事业改革发展和生态文明建设，促进社会公平正义，维护社会安定团结贡献力量。

——致力于实现祖国统一大业。遵循“一国两制”方针，开展同香港特别行政区同胞、澳门特别行政区同胞、台湾同胞及海外侨胞的联谊活动，广交朋友，增进爱国大团结。反对“台独”和一切分裂祖国的图谋。

——拥护我国独立自主的和平外交政策，开展同世界各国人民及有关团体的友好往来，增进相互了解和合作，促进世界和平与共同发展，推动建设持久和平、共同繁荣的和谐世界。

——维护党员及所联系的知识分子在宪法和法律范围内的权益，反映他们的意见和合理要求，协调关系，充分调动党员及所联系的知识分子的积极性和创造性。

为实现本党的任务，适应时代发展的要求，全党要以建设同中国共产党亲密合作，致力于中国特色社会主义事业的参政党为目标；以坚持中国共产党的领导和发扬社会主义民主、坚持政治联盟的特点、坚持进步性与广泛性相统一为原则，全面加强自身建设，把本党建设成为政治方向正确、政治立场坚定、经得起各种困难和风险考验的参政党。

第一章　党　员

第一条　凡从事医药卫生以及科技、教育和其他工作的知识分子，承认本党章程，愿意参加本党组织，参加组织活动，执行本党决议和履行党员义务的，可以申请加入本党。

第二条　申请加入本党，须由党员两人介绍，填写入党申请书。基层组织或地方组织要对申请人进行初步审查，对确定为发展对象的申请人要进行考察和培养教育，培养教育期一般为六个月以上，经考察后符合发展条件的，报省辖市（含省辖市）以上组织审查批准，并报中央备案。在特殊情况下，中央和省、自治区、直辖市委员会可以直接吸收党员。

第三条　本党对党员的基本要求是：热爱祖国，拥护社会主义初级阶段的基本路线，拥护中国共产党领导的多党合作和政治协商制度，积极参加社会主义现代化建设，努力为人民服务。

第四条 党员履行下列义务：

（一）遵守宪法和法律，保守国家机密，遵守社会公德，维护国家利益和社会稳定。

（二）遵守本党章程，执行决议和决定，努力完成本党交付的任务。

（三）学习马列主义、毛泽东思想、邓小平理论和“三个代表”重要思想，学习科学发展观，贯彻中国共产党和国家的路线、方针、政策，钻研业务，做好本职工作。

（四）密切联系群众，了解社情民意，反映所联系的知识分子的意见、要求，发挥桥梁和纽带作用。

（五）维护本党团结，遵守组织纪律，开展批评和自我批评，坚持真理，修正错误。

（六）参加组织生活，按照规定缴纳党费。

第五条 党员有下列权利：

（一）党内的选举权、被选举权和表决权。

（二）参加本党的有关会议和活动，阅读本党的有关文件和刊物，接受组织的培训。

（三）参加本党组织的有关国家大事的讨论，反映情况，提出意见和建议。

（四）对本党的工作提出建议和批评，监督本党各级领导和工作人员。

（五）对本党的决议和决定有不同意见，在执行的前提下，可以保留并向上级组织直至中央提出。

（六）在合法权益遭受损害时，有权要求本党的组织提供帮助。

（七）在基层组织讨论对党员的纪律处分时，本人有权参加和进行申辩，其他党员可以为其作证或辩护；如对处分不服，可以申诉，要求上级组织复议和处理。

第六条 党员迁移到另一个地方，须办理转移组织关系手续，如迁移到无本党组织的地方，应与原地方组织保持联系。

第七条 党员要求退党，须书面申请，经基层发组织讨论通过，报上级地方组织批准，并层报中央备案。

第八条 党员无正当理由连续一年不参加组织活动、不与组织联系，也不缴纳党费的，经教育无效，基层组织可以建议上一级地方组织注销其党籍。注销党籍应层报中央备案。

第九条 党员在社会主义现代化建设和参政议政、民主监督以及本党自身建设工作中做出显著成绩的，可由中央或地方组织决定，给予表彰和奖励。

第十条 党员违反本党章程，按照情节轻重，分别给予党内警告、撤销党内职务、留党察看、开除党籍的处分。

留党察看期限不超过两年。党员在留党察看期间，在党内没有选举权、被选举权和表决权。留党察看期间确已改正错误的，可以由作出处分决定的组织按期或提前撤销处分，恢复上述权利。坚持错误不改的，开除党籍。

触犯刑律，情节严重的党员应予开除党籍。

第十一条　对党员的纪律处分，须经本人所在的基层组织党员大会讨论决定，报上一级地方组织批准。

对地方各级委员会组成人员的处分，必须由同级委员会讨论决定，报上一级组织批准，并报告中央。

对中央委员会委员的处分，须报经中央委员会决定。

开除党籍的处分，须经省、自治区、直辖市委员会审核批准，报中央备案。

开除党籍和撤销党内职务的各级委员会委员，须待召开委员会全体会议时予以确认。

第二章　组织制度

第十二条　本党的组织原则是民主集中制：

（一）党员个人服从组织，少数服从多数，下级服从上级，全党服从中央。

（二）各级委员会由同级代表大会或党员大会选举产生。

（三）本党的最高领导机构，是全国代表大会和它产生的中央委员会。

地方各级领导机构，是地方各级代表大会或党员大会和它产生的委员会。

各级委员会向同级的代表大会或党员大会负责并报告工作。

（四）各级委员会实行集体领导和分工负责制度。凡属重要决策、干部任免和重要事项，由领导班子充分酝酿，民主讨论并形成决议。重大事项，应当经过常委会或全委会讨论通过。

（五）上级组织要加强对下级组织的领导，经常了解、听取下级组织和党员的意见，指导工作，及时处理他们所提出的问题。下级组织要执行上级组织的决议和决定，请示和报告工作。

第十三条　本党的组织发展方针是：坚持以医药卫生界人士为主、以大中城市为主、以有一定代表性人士为主，注重质量，保持特色，组织发展与后备干部队伍建设相结合。

第十四条　各级代表大会、党员大会和委员会召开会议，必须超过应到人数的半数出席方能举行；通过决议和决定，执行少数服从多数的原则。

第十五条　选举各级代表大会的代表和各级委员会的委员，要广泛听取对候选人的意见，充分协商，采用无记名投票方式产生。具体的选举办法，要报上级组织批准。

必要时，上级组织可以调整下级组织的负责人。

第十六条　县级以上委员会，必要时可以召集代表会议，讨论和决定需要及时解决的重大问题。代表会议的召开、代表的名额和产生办法，由召集代表会议的委员会决定，报上一级组织批准。

第十七条　地方组织的建立、撤销、合并、改建，须报中央批准。在筹建中的地方组织的领导成员，由上一级组织任命。

第十八条　中央设立内部监督机构，对本党党员和组织遵守章程的情况进行监督，重点监督本党领导班子成员履行领导职务的情况。

第十九条　中央和省、自治区、直辖市级组织可设直属基层组织，必要时可设置直属工作委员会，领导和管理直属基层组织。直属工作委员会不是一级地方组织，其职权范围和组成人员由中央和省、自治区、直辖市组织决定。

第三章　中央组织

第二十条　全国代表大会每五年举行一次，由中央委员会召集。中央委员会认为必要，可以提前举行；如无特殊情况，不得延期举行。在举行全国代表大会时，选举主席团主持会议。全国代表大会代表名额和产生办法，由中央委员会或中央常务委员会决定。

第二十一条　全国代表大会的职权是：

（一）审议和批准中央委员会的报告。

（二）修改章程。

（三）选举中央委员会。

（四）讨论并决定本党的重大事项。

第二十二条　全国代表大会闭会期间，可以由中央委员会全体会议调整和增、补选中央委员会的部分委员。

调整和增、补选中央委员，其数额不得超过全国代表大会选出的中央委员总数的十分之一，并呈报下一次全国代表大会予以确认。

第二十三条　中央委员会每届任期五年，全国代表大会如提前或延期举行，它的任期相应地改变。

中央委员会委员的名额，由全国代表大会决定。

中央委员会全体会议由中央常务委员会召集，每年举行一次。

第二十四条　中央委员会在全国代表大会闭会期间，领导全党工作，对外代表本党。它的职权是：

（一）贯彻执行全国代表大会的决议。

（二）审议中央常务委员会的工作报告。

（三）讨论和决定本党的工作方针和任务。

（四）选举中央委员会主席、副主席、常务委员会。

第二十五条　中央常务委员会在中央委员会闭会期间，行使中央委员会的职权。

中央常务委员会委员的名额由中央委员会决定。

中央委员会的主席、副主席，同时是中央常务委员会的主席、副主席。

中央常务委员会全体会议，每年至少举行两次，由主席会议负责召集和主持。

第二十六条　中央委员会主席、副主席组成主席会议，贯彻执行中央委员会和中央常务委员会的决议、决定，处理本党的重要事项。主席会议由主席或主席委托的副主席召集和主持。主席会议工作规程由中央常务委员会决定。

第二十七条　中央委员会设秘书长，在主席会议领导下工作。中央委员会设职能工作部门组成中央机关。中央秘书长和职能工作部门的正职负责人由主席会议提名，中央常务委员会任命。副秘书长和职能工作部门的副职负责人由主席会议任命。

第二十八条　根据工作需要中央委员会可设置若干专门工作委员会。专门工作委员会的组建、调整、工作规程由中央常务委员会决定。专门工作委员会主任由主席会议提名，中央常务委员会任命。副主任和委员由主席会议任命。

第四章　地方组织

第二十九条　省、自治区、直辖市，省辖市的代表大会，直辖市的区（县）、省辖市的区、县（市）的代表大会或党员大会，每五年举行一次。必要时可提前或延期举行。

地方各级代表大会或党员大会由同级委员会召集，代表名额和产生办法，由同级委员会或常务委员会决定，并报上一级组织批准。

在举行代表大会或党员大会时，选举主席团主持会议。

第三十条　地方各级代表大会或党员大会的职权是：

（一）贯彻执行全国代表大会、中央委员会和上级组织的决议。

（二）审议和批准同级委员会的工作报告。

（三）选举同级委员会。

（四）选举出席上一级代表大会的代表。

（五）讨论并决定同级委员会的重要事项。

第三十一条　地方各级代表大会或党员大会闭会期间，经上一级组织批准，可以由它所产生的委员会全体会议调整和增、补选委员会的部分委员。

调整和增、补选委员，其数额不得超过代表大会或党员大会选出的委员总数的十分之一，并呈报下一次代表大会或党员大会予以确认。

第三十二条　省、自治区、直辖市，省辖市、直辖市的区（县）、省辖市的区、县（市）的委员会，每届任期五年。代表大会或党员大会如提前或延期举行，其委员会的任期也相应改变。

地方各级委员会的规模要报上一级组织批准，由同级代表大会或党员大会决定。地方各级委员会全体会议，每年至少举行一次。

第三十三条　地方各级委员会在同级代表大会或党员大会闭会期间，领导本地的党务工作，它的职权是：

（一）贯彻执行上级组织和同级代表大会或党员大会的决议，定期向上级组织报告工作。

（二）审议工作报告。

（三）制订工作计划，讨论决定本组织的重大问题。

（四）选举主任委员、副主任委员、常务委员会。

第三十四条　省、自治区、直辖市、省辖市委员会可设常务委员会，每届任期和同级委员会相同，在委员会闭会期间，行使同级委员会的职权。

委员会的主任委员、副主任委员，同时是同级常务委员会的主任委员、副主任委员。

主任委员主持同级委员会和常务委员会的工作，副主任委员协助主任委员工作。

第三十五条　省、自治区、直辖市、省辖市委员会的主任委员、副主任委员组成主任委员会议，贯彻执行委员会和常务委员会的决议、决定，处理地方的重要工作。

主任委员会议由主任委员或主任委员委托的副主任委员召集和主持。

第三十六条　地方各级委员会必要时可设秘书长，在主任委员会议领导下工作。地方各级委员会根据工作需要设立职能工作部门和专门工作委员会。

秘书长和职能工作部门的正职负责人由主任委员会议提名，同级常务委员会任命。职能工作部门的副职负责人由同级主任委员会议任命。

专门工作委员会的主任由主任委员会议提名，同级常务委员会任命，副主任和委员由主任委员会议任命。

在不设常务委员会的地方组织，有关职务由主任委员会议提名，同级委员会任命。

第五章　基层组织

第三十七条　本党的基层组织是指各级组织所辖的小组、支部、支部委员会、总支部委员会、基层委员会。

凡有党员三人以上，可以成立小组，党员五人以上，可设立支部，在有党员九人以上的支部，可以建立支部委员会。根据工作需要，在同一单位、业务系统或地区，可以建立总支部委员会。高等院校、科研院所或同一业务系统内的组织，必要时可建立基层委员会。

基层组织的设立、合并或撤销，由上一级地方组织决定。

党员因特殊原因不能编入基层组织的，由有关组织直接联系。

第三十八条　支部委员会由支部党员大会选举产生，总支部委员会、基层委员会由党员大会或代表大会选举产生，委员名额由上一级地方组织决定。支部委员会、总支部委员会、基层委员会选举主任委员、副主任委员，不设委员会的支部选举主任和副主任，小组选举组长，任期均为五年。

第三十九条　基层组织的任务是：

（一）接受中共基层党委和本党上级组织的领导，贯彻本党上级组织的决议、决定，参加组织活动，对上级组织的工作提出建议和批评。

（二）组织党员学习政治理论，学习中国共产党和国家的路线、方针、政策，学习本党的历史、章程和文件，开展思想政治工作。

（三）配合所在单位的中心工作，鼓励党员立足岗位建功立业；围绕经济社会发展和国计民生，开展调查研究和社会实践活动，为本党参政议政工作建言献策。

（四）遵照本党章程，健全基层工作制度，开展形式多样、富有实效的组织活动，增强组织的凝聚力。

（五）关心党员的思想状况和工作、生活情况，依法维护党员权益，按组织系统反映他们的意见和建议，协调关系、化解矛盾。

（六）严格按照本党组织发展工作的规定，做好党员的发展、后备人才的考察、培养和推荐工作。

（七）每年要总结工作，制订年度计划，讨论对党员的表扬、奖励和处分等重要事项。

（八）收缴党费，定期公布党费使用情况。

第六章　干　部

第四十条　按照德才兼备的原则选拔本党各级领导干部，建立健全内部监督和民主评议机制、干部选拔任用机制和合理的进退机制。努力建设自觉接受中国共产党的领导，坚持走中国特色社会主义政治发展道路，团结和带领广大党员坚定不移地同中国共产党一道前进的政治坚定、团结民主、工作高效、关系和谐、廉洁自律的领导班子。

第四十一条　本党的各级领导干部实行任期制，中央的主席、副主席，地方组织的主任委员、副主任委员，连续任同一职务一般为两届，最多不得超过三届。各级委员会的领导成员，因工作需要在任期内可进行调整。

第四十二条　本党各级领导干部必须模范地履行本党章程，并且要具备以下条件：

（一）坚持正确的政治方向，忠诚于中国共产党领导的多党合作和爱国统一战线事业，热心本党工作，有政治责任感。

（二）努力学习，不断提高政治思想觉悟和理论政策水平，不断提高政治把握能力、参政议政能力、组织领导能力、合作共事能力。

（三）作风民主、团结同志，弘扬正气、顾全大局，按民主集中制的原则办事。

（四）廉洁奉公，遵纪守法，以身作则，模范地执行各项规章制度，接受组织和党员的监督。

第四十三条　县级以上委员会的机关干部按照《中华人民共和国公务员法》管理。

第七章　附　则

第四十一条　本章程经全国代表大会通过后施行，解释权属中央委员会。

中国农工民主党第十四次全国代表大会关于《中国农工民主党章程（修正案）》的说明

一、修改章程的基本考虑

《中国农工民主党章程》是由我党全国代表大会通过的党的最根本的纲领性文件。现行章程是2002年我党第十三次全国代表大会修订通过的。章程施行以来，对于我党明确参政党职能与任务，加强自身建设，规范组织运作，推动各项工作顺利开展发挥了重要作用。通过五年来的实践，全党同志普遍认为，十三大通过的章程是一部好章程，基本内容应该保持稳定。同时，为适应发展的新形势、新要求，对章程作必要的修改是更好地指导和推动我党各项工作的需要。

中共十六大以来，在以胡锦涛同志为总书记的中共中央领导下，我国社会主义经济建设、政治建设、文化建设、社会建设各个方面取得巨大成就，中国特色社会主义事业展现出蓬勃生机和旺盛活力。中共十七大高举中国特色社会主义伟大旗帜，科学总结了改革开放29年来中国共产党团结带领全国各族人民建设中国特色社会主义的伟大历史进程和宝贵经验，明确强调了坚持中国特色社会主义道路和中国特色社会主义理论体系，全面阐述了科学发展观的科学内涵和根本要求，科学描绘了在新的时代条件下继续全面建设小康社会、加快推进社会主义现代化的宏伟蓝图，对于开创中国特色社会主义事业新局面，实现中华民族的伟大复兴，具有重大的现实意义和深远的历史意义。中共十七大确立的重大理论观点、重大战略思想、重大工作部署，为我党在新形势下履行参政党职能、加强自身建设指明了方向，必须将其作为我党长期坚持的指导思想写入章程。

近年来，中共中央着力推进多党合作和政治协商制度化、规范化、程序化建设，提出了一系列新的理论观点和政策措施，有力推动了我国多党合作事业的蓬勃发展。同时，我党各级组织在积极履行职能，加强自身建设的实践过程中，也取得了新的进展，积累了丰富的经验。对一些成熟的经验和做法进行系统总结，对现行章程中一些规定不够明确或程序不够完善的内容作必要的修改和完善，建立和明确一些重要制度和机制，是适应多党合作事业新发展，不断加强我党自身建设的必然要求。

这次章程修改的指导思想是：以邓小平理论和“三个代表”重要思想为指导，深入贯彻落实科学发展观，体现中共十七大确立的一系列重大理论观点、重大战略思想、重大工作部署；体现多党合作事业实践发展和理论创新的一系列新成果；体现我党十三大以来履行参政党职能和加强自身建设取得的一系列新经验；进一步完善我党的政治纲领；进一步明确和坚持我党作为参政党的性质和特色；进一步建立和完善适应新形势新任务的组织制度和工作机制；努力把我党建设成为始终与中国共产党亲密合作，致力于中国特色社会主义伟大事业的参政党。

根据这一指导思想，我们在修改过程中始终遵循了以下原则：既坚持与时俱进，又保持相对稳定；既坚持多党合作政治准则的一致性，又充分体现我党特色；既立足当前，又着眼长远。根据这些原则，在对章程进行修改时，各级组织和党员普遍要求修改、实践证明是成熟的就改；不成熟的不改，可改可不改的原则上不改。

二、章程修改工作的基本情况

适应时代发展要求，通过新的《中国农工民主党章程》是我党十四大的一项重要议程。我党中央高度重视此次章程修改工作，成立了中央章程修改小组，在中央换届工作领导小组的统一部署下开展工作。中央章程修改小组在章程修正案起草过程中，坚持发扬党内民主，集中全党智慧，先后征求了我党各省级组织和中央机关各部门的意见，召开了多次座谈会、研讨会广泛征求各方面意见。我党中央2007年第五次主席办公会对章程修正案征求意见稿进行了审议。中共十七大以后，章程修改小组根据中共十七大精神作了重要修改，其后根据我党十三届十六次中常会提出的意见，对章程修正案又作了进一步修订完善，经我党十三届六中全会审议通过后，形成了提交我党第十四次全国代表大会审议的《中国农工民主党章程（修正案）》。

在修正案中，各级组织和党员对章程提出的许多修改意见和建议已经采纳，有的意见和建议还需要在实践中进一步研究和探索，还有些建议，将在我党有关条例和规章中作出规定。

三、章程修改的具体说明

根据章程修改的指导思想和工作原则，在对总纲部分进行修改时，章程修正案突出了坚持中国特色社会主义道路和中国特色社会主义理论体系这一主题，对我党的性质、政治准则、指导思想、基本任务等重大问题作了新的补充和阐述。在对条文部分进行修改时，重点着眼于推进我党各项工作的制度化、规范化、程序化建设，在修正案中规范了两项程序，即党员发展和纪律处分的程序；建立了三项制度，即集体领导与分工负责制度、届中调整制度和领导干部任期制度；明确了建立四项机制，即内部监督机制、民主评议机制、干部选拔任用机制和合理进退机制的要求。

修正案保持了章程的总体框架，根据需要增加了第十八条、二十二条和三十一条，修改后总纲和条文部分共七章四十四条。

关于总纲部分的修改

（一）根据新世纪新阶段民主党派自身发生的深刻变化，对我党的性质进行了新的表述

修正案继续坚持我党以医药卫生界高、中级知识分子为主的界别特色，同时在总纲第一款中对我党的性质进行新的表述，明确了我党在组织上是“由一部分社会主义劳动者、社会主义事业建设者和拥护社会主义的爱国者组成的政治联盟”；在政治上是“接受中国共产党领导、同中国共产党通力合作的亲密友党”；在多党合作政治格局中是“进步性与广泛性相统一、致力于中国特色社会主义事业的参政党”。这个表述进一步明确了我党作为参政党的自身特色，高度概括了我党在新世纪新阶段的组织基础和角色定位，对于全党同志准确把握我党作为参政党的性质，深刻认识我国政党制度的特色和优势，坚定走中国特色社会主义政治发展道路的信念具有十分重大的意义。

（二）根据多党合作事业的新发展，对我党的指导思想和政治纲领进行了修改

科学发展观是同马克思列宁主义、毛泽东思想、邓小平理论和“三个代表”重要思想既一脉相承又与时俱进的科学理论，是我国经济社会发展的重要指导方针，是发展中国特色社会主义必须坚持和贯彻的重大战略思想。修正案在总纲第三款政治准则中增加了“深入贯彻落实科学发展观”的内容，拓展了我党思想建设的内涵，对于指导我党各项工作具有十分重大的意义。

（三）根据中共十七大对中国特色社会主义的深刻阐述，对我党的奋斗目标和基本任务进行了调整、补充和完善

修正案在总纲第五款中，将高举中国特色社会主义伟大旗帜，坚持中国特色社会主义道路和中国特色社会主义理论体系写入章程，明确回答了在我国全面建设小康社会，加快推进社会主义现代化的新的发展阶段，我党作为参政党应当举什么旗帜、走什么道路、以什么作为奋斗目标等重大问题。

根据中国特色社会主义事业总体布局，修正案对总纲第六款党的基本任务进行了新

的概括，全面阐述了我党致力于政治建设、经济建设、文化建设、社会建设和为实现祖国统一、建设和谐世界、维护党员合法权益服务等七项任务，进一步明确了我党致力于中国特色社会主义事业所承担的历史使命。

同时，修正案将“经受了血与火的考验”写入了总纲第二款农工党的历史。“血与火的考验”是中共中央致我党第十三次全国代表大会的贺词中明确提出的，是对我党革命历史的高度概括和充分肯定，应该写入章程。

关于条文部分的修改

（一）规范和完善了党员发展程序

为进一步完善党员的发展、培训等相关制度，修正案在第一条中对入党条件进行了充实完善，强调了作为一名农工党员的四项基本义务，即：参加党的组织、参加组织活动、执行党的决议、履行党员义务。同时在第二条中进一步规范了党员发展程序，明确规定加入农工党必须经过“入党介绍、填写入党申请书、初步审查、考察和培养教育、审查批准”五个程序，强调了党员的培养教育期一般为六个月以上。这个修改有利于各级组织严格程序，提高党员发展质量。

（二）修改完善了我党的纪律处分规定

为适应新时期多党合作事业的新发展，加强我党自身建设，严肃党的纪律和完善纪律处分条款十分必要。为此，修正案对第十条、十一条有关纪律处分的条款进行了修改。一方面，从维护国家法治精神的角度出发，明确规定“触犯刑律，情节严重的党员应予开除党籍”。另一方面，从现实可行性出发，修正案对留党察看处分进行了补充完善，同时明确规定开除党籍和撤销党内职务的各级委员会委员，须待召开委员会全体会议时予以确认。实际工作中，各级组织在做出纪律处分时应当全面研究有关材料和意见，采取十分慎重的态度，同时必须严格遵守组织程序，及时向上级组织请示。

（三）明确了各级委员会实行集体领导和分工负责制度

坚持集体领导和分工负责制度，是我党各级委员会贯彻民主集中制原则的一项重要内容，修正案对十二条第四项进行了修改，明确将集体领导和分工负责作为各级委员会的一项制度写入章程，并对决策的事项范围和组织程序做了原则性规定。这对于加强我党各级领导班子制度化建设具有重要意义。

（四）明确了建立内部监督机构的问题

建立内部监督机构，是民主党派完善内部监督机制的一项重要举措。为此，修正案在“组织制度”一章中增设了第十八条，首先明确中央设立内部监督机构，对我党党员和组织遵守章程的情况进行监督，重点监督我党领导班子及其组成人员履行领导职务的情况。

本次大会后，中央将根据章程规定，制定相关工作条例。

（五）明确了届中调整和增补选制度

多年来，我党各级组织在工作实践中逐步完善领导干部任用制度，以届中调整和增补选的方式改善委员会结构、增强委员会的整体领导能力，取得了较好的实际效果，也积累了一定经验，大家普遍认为，明确届中调整制度的时机已经成熟。为此，修正案增写了第二十二条和第三十一条，并强调了调整和增补选委员的情况必须呈报下一届代表大会予以确认。

将届中调整和增补选制度写入章程并在工作实践中不断完善和发展，有利于形成正常的新老交替机制；有利于建立科学规范、充满活力的选人用人机制。各级组织要严格按照章程要求，在工作实践中进一步健全完善届中调整和增补选的组织程序。

（六）规范了基层组织的设立问题

随着我党基层组织建设的进一步加强，有些地方组织提出了规范基层组织名称和建立标准等问题的要求。为此，修正案在第三十七条中明确了我党基层组织的名称和类别，规范了基层组织的设立标准，并进行了文字上的调整。

（七）明确了我党领导班子建设的目标

为适应新形势对各级组织领导班子建设的新要求，修正案在总结以往工作经验的基础上，在第四十条中明确了我党领导班子建设的目标，即“努力建设自觉接受中国共产党领导，坚持走中国特色社会主义政治发展道路，团结和带领广大党员坚定不移地同中国共产党一道前进的政治坚定、团结民主、工作高效、关系和谐、廉洁自律的领导班子”。

除这些主要修改外，修正案对全国和地方代表大会的职权进行了顺序上的调整，对组织发展方针、基层组织的任务等部分也进行了文字上的规范和部分修改。

修改并通过新的《中国农工民主党章程》，是关系到我党坚持中国共产党领导的多党合作和政治协商制度、全面推进我党自身建设的一件大事，各地要组织党员认真学习新党章，了解新党章，贯彻新党章，为把我党建设成为始终与中国共产党亲密合作，致力于中国特色社会主义伟大事业的参政党而努力奋斗！

中国致公党

中国致公党章程

中国致公党第十三次全国代表大会部分修改，2007 年 12 月 21 日通过

总　纲

中国致公党是以归侨、侨眷中的中上层人士为主组成的，具有政治联盟特点的，致力于发展中国特色社会主义的政党。

中国致公党由华侨社团发起，于 1925 年 10 月在美国旧金山成立。长期以来，本党为争取国家独立、民族解放和维护华侨的正当权益而奋斗，在世界反法西斯战争中，积极支援祖国的抗日斗争。1947 年 5 月，本党举行第三次代表大会，进行改组，从此走上了同中国共产党真诚合作、共同奋斗的道路，为新民主主义革命的胜利和建立新中国，为社会主义革命和建设事业，为推进改革开放和祖国统一大业作出了积极贡献。本党在长期革命和建设的实践中，形成了自觉接受中国共产党领导，与中国共产党同心同德，亲密合作，热爱祖国，致力为公，团结奋进，坚定走中国特色社会主义道路的优良传统。

中国致公党以《中华人民共和国宪法》为根本准则，独立自主地开展活动。

中国致公党是所联系的一部分社会主义劳动者、社会主义事业建设者和拥护社会主义爱国者的政治联盟，是接受中国共产党领导、同中国共产党通力合作的亲密友党，是进步性与广泛性相统一、致力于中国特色社会主义事业的参政党。中国共产党领导的多党合作和政治协商制度，是我国的一项具有中国特色的基本政治制度。坚持和完善中国共产党领导的多党合作和政治协商制度，坚持中国特色社会主义政治发展道路，是参政党崇高的政治责任，本党将为此作出不懈努力。

中国致公党在新世纪新阶段的政治纲领是：坚持以马克思列宁主义、毛泽东思想、邓小平理论和“三个代表”重要思想为指导，深入贯彻落实科学发展观，坚持中国共产党的领导，坚持社会主义初级阶段的基本路线、基本纲领和基本经验，坚持长期共存、互相监督、肝胆相照、荣辱与共的基本方针，保持宽松稳定、团结和谐的政治环境，坚持中国特色社会主义道路和中国特色社会主义理论体系，切实履行参政党职能，弘扬爱国主义精神，团结全体党员和所联系的归侨、侨眷、留学回国人员及海外侨胞，高举中国特色社会主义伟大旗帜，为夺取全面建设小康社会新胜利，实现推进现代化建设、完成祖国统一、维护世界和平与促进共同发展这三大历史任务，把我国建设成为富强民主文明和谐的社会主义现代化国家，实现中华民族的伟大复兴而共同奋斗。

中国致公党现阶段的基本任务是：

一、在国家政治生活中积极发挥参政议政、民主监督作用。参加国家政权，参与国家大政方针和国家领导人选的协商，参与国家事务的管理，参与国家方针政策、法律法规的制定和执行；与中国共产党在坚持四项基本原则的基础上，通过提出意见、批

评、建议的方式实行互相监督。

二、充分发挥本党在人民政协中的作用，积极参与国家重大方针政策的讨论协商和履行职责的各种活动，以本党名义在政协会议上发表意见和主张，积极开展视察、提出提案、反映社情民意、参与调查和检查等活动。积极支持担任政协委员、常委的本党党员在政协大会、常委会议、专门委员会中充分发挥作用。

三、牢牢把握发展这个根本任务，深入贯彻落实科学发展观，紧紧围绕经济建设这个中心，自觉服务于改革发展稳定的大局，把本党党员和所联系群众的智慧和力量凝聚到全面建设小康社会的奋斗目标上来，解放思想，实事求是，与时俱进，开拓创新，为促进社会主义经济建设、政治建设、文化建设、社会建设而努力。

四、紧密围绕国家的中心任务，充分发挥本党在反映社情民意、协调社会关系、维护社会稳定方面的作用，并积极开展社会服务活动，协助中国共产党和政府维护安定团结的政治局面，为构建社会主义和谐社会作出贡献。

五、维护党员和所联系的归侨、侨眷、留学回国人员的合法权益及海外侨胞的正当权益，积极反映他们的意见和合理要求，加强同政府及有关部门的联系和协商，协助和督促有关政策的制定和执行。

六、充分发挥本党组织和党员与海外联系广泛的特点，积极开展对海外侨胞、香港特别行政区同胞、澳门特别行政区同胞、台湾同胞和出国留学人员的联谊工作，推进经贸、科技、教育、文化等领域的交流交往，为维护香港、澳门的繁荣稳定和实现祖国的完全统一作出贡献。

七、积极组织和参加对外友好、民间交往和学术交流活动，努力促进中国人民与各国人民的友好往来和国际交流，为维护世界和平与促进共同发展作出贡献。

为了肩负起时代赋予本党的光荣使命，全党必须大力加强自身建设，按照坚持中国共产党的领导、发扬社会主义民主、体现政治联盟特点、体现进步性和广泛性相统一的原则，以思想建设为核心，以组织建设为基础，以制度建设为保障，努力把中国致公党建设成为与中国共产党亲密合作、致力于发展中国特色社会主义事业、适应时代发展要求的参政党。

第一章　党　员

第一条　凡是归侨、侨眷中的中上层人士和其他有海外关系的代表性人士，以及其他方面有代表性的中高级知识分子，承认并愿意遵守本党章程的，可以申请加入本党。

第二条　要求加入本党者，须由本人申请，填写入党申请表，两名党员介绍，经支部大会或支部委员会讨论通过，报设区的市级或以上组织批准，并逐级呈报中央备案。必要时，中央和省、自治区、直辖市委员会可以直接吸收党员。

第三条　发展党员时，组织应进行认真考察和培养。

第四条　党员必须履行以下义务：

努力学习马克思列宁主义、毛泽东思想、邓小平理论、“三个代表”重要思想，学习科学发展观，树立正确的世界观、人生观和价值观，不断提高思想理论水平。

遵守宪法和法律，保守国家和本党机密，遵守党的章程，执行党的决议和决定，参加党的活动，努力完成党交给的各项任务。

弘扬社会主义新风尚，实践社会主义荣辱观，遵守社会公德，维护国家利益和社会公益。

认真学习、宣传、贯彻执行国家的方针政策，刻苦钻研业务，努力做好本职工作，勤奋敬业，诚实守信，廉洁奉公。

互相帮助，增进团结，开展批评与自我批评，坚持真理，修正错误。

密切联系群众，反映群众的意见、要求和建议，发挥桥梁和纽带作用。

加强组织性、纪律性，参加党的组织生活，交纳党费。

第五条　党员享有以下权利：

在党内有表决权、选举权和被选举权。

参加党的有关会议和活动，阅读党的有关文件，对党的工作提出意见和建议。

在党内，有权向党的各级组织、干部和党员提出意见、批评和建议，有权向上级组织直至中央，如实反映任何组织、干部和党员违反本党章程或违法乱纪的行为。

对党的决议和决定如有不同意见，可以声明保留，并向上级组织直至中央提出，但在决议和决定未改变前，仍必须坚决执行。

在本人合法权益受到损害时，有权要求本党组织协助解决。

第六条　党员迁往异地居住、工作时，须办理组织关系转移手续。党员如迁至没有本党组织的地方，应与原地方组织保持联系，或请求原地方组织将其组织关系转移到与新居住地邻近的地方组织。

第七条　党员在本职工作和党务工作中有显著成绩的，地方各级组织应给予表扬和奖励，对有重大贡献的，可报中央给予表扬和奖励。

第八条　党员有退党的自由。党员要求退党，须书面申请，经基层组织讨论通过，报上一级地方组织批准，并逐级呈报中央备案。

第九条　党员没有正当理由，长期不参加组织生活、不与党组织联系和不履行党员义务，经批评教育无效者，由支部大会讨论通过，劝其退党，报上一级地方组织批准，注销其党籍，并逐级呈报中央备案。

第十条　党员违反本党章程，经反复批评教育无效者，应按其情节轻重和对待错误的态度，分别给予警告、严重警告、撤销党内职务、留党察看、开除党籍的处分；如属违反政纪或触犯刑律者，应根据不同情况，给予相应的党的纪律处分。

党员留党察看时间为一至两年。党员在留党察看期间没有表决权、选举权和被选举权。党员经过留党察看确已改正错误并已被撤销处分后，恢复上述权利，坚持错误不改的，应开除党籍。

第十一条　对党员的纪律处分，必须经基层组织讨论决定，报上一级地方组织批准，并逐级呈报中央备案。

对中央委员的纪律处分，必须由中央委员会决定；对地方各级委员会委员的纪律处分，必须由同级委员会决定，报上一级组织批准，并逐级呈报中央备案。

在特殊情况下，中央委员和地方各级委员会委员的纪律处分，可以先由中央常务委员会和地方各级常务委员会（不设常务委员会的由主委会议）作出处分决定，待召开委员会全体会议时予以追认。

第十二条　各级组织处分党员时要实事求是，要有确凿的证据；讨论处分时，应允许本人参加，说明情况和进行申辩，其他党员可以为其作证和辩护。党员对组织处分决定不服时，可以向上一级地方组织直至中央提出申诉，有关组织必须负责受理。

第二章　组织制度

第十三条　党的组织系统包括中央组织、地方组织和基层组织。中央组织是中央委员会。地方组织是省、自治区、直辖市委员会；设区的市、自治州、直辖市区委员会；县、自治县、不设区的市、市辖区委员会。基层组织是基层委员会，总支部委员会，支部委员会和小组。

第十四条　党的组织原则是民主集中制，其基本原则是：

党员个人服从党的组织，少数服从多数，下级组织服从上级组织，地方组织服从中央委员会。

党的各级委员会由选举产生。

党的最高领导机构是全国代表大会和它所产生的中央委员会。地方各级领导机构是地方各级代表大会、党员大会和它所产生的委员会。基层组织的领导机构是基层委员会、总支部委员会、支部委员会或支部党员大会。各级委员会向同级代表大会或党员大会负责并报告工作。

党的各级委员会实行集体领导和个人分工负责相结合的制度，贯彻集体领导、民主集中、个别酝酿、会议决定的原则。

党的上级组织要加强对下级组织的领导，经常听取并及时处理下级组织的意见和建议。下级组织要认真执行上级组织的决议和决定，向上级组织请示和汇报工作，如实反映情况。党的各级组织要按规定实行党务公开，使党员对党内事务有更多的了解和参与。

第十五条　党的各级委员会根据工作需要，可以召集代表会议，代表会议的代表名额和产生办法由召集会议的委员会决定。代表会议讨论决定需要及时解决的重要问题，调整和增补选委员会部分委员。地方各级组织召开代表会议应报上一级组织批准。

第十六条　党的各级常务委员会在必要时可召集委员会扩大会议（地方组织不设常务委员会的由主委会议召集），讨论决定需要及时解决的重要事项，扩大的范围由召集会议的机构决定。

第十七条　党的各级组织及其领导成员应模范遵守本党章程，发扬民主，密切联系党员群众，虚心听取党员群众的意见、批评和建议，认真接受党内监督，建立健全党内监督机制，并制定相关的制度和措施。

第十八条　党的各级委员会的产生，应经充分酝酿协商，由党的各级代表大会或党员大会采用等额或差额选举办法和无记名投票方式进行选举，以保障选举人充分行使民主权利。地方组织和基层组织的个别领导成员，如因特殊原因，可以由上级组织任免。筹建地方组织的领导成员，由上一级组织任免。

第十九条　由选举产生的中央委员会主席、副主席和地方各级委员会主任委员、副主任委员，一般应实行任期制，可以连选连任，但同一职务任期一般不得超过两届，特殊情况不得超过三届。在任期中可以根据任职年龄界限、工作需要、本人意愿等情况进行调整。

第二十条　县级及以上地方组织的建立和变更，由上一级组织审核，并逐级呈报中央批准。

第二十一条　在尚未成立省级委员会的地方，根据工作需要并在条件成熟时，可设中央直属的组织。

第二十二条　中央和地方各级组织及其领导成员要加强思想政治建设，不断推进政治交接，切实提高政治把握能力、参政议政能力、组织领导能力和合作共事能力。要着眼于多党合作事业的长远发展，切实加强后备干部队伍建设。

第二十三条　组织发展应坚持以归侨、侨眷为主，以大中城市为主和以有一定代表性人士为主，注重政治素质，发展与巩固相结合，有计划地稳步发展。

第三章　中央组织

第二十四条　全国代表大会每五年举行一次，由中央委员会召集，必要时可以提前或延期召开。

第二十五条　全国代表大会的职权是：

听取和审议中央委员会的工作报告；

讨论并决定本党的方针、任务和重大事项；

修改本党章程；

选举中央委员会。

第二十六条　中央委员会每届任期五年，全国代表大会如提前或延期举行，其任期相应改变。新一届中央委员会委员名额由上届中央常务委员会决定。中央委员会全体会议每年举行一次，由中央常务委员会召集，必要时可提前或延期召开。

第二十七条　全国代表大会闭会期间，中央委员会领导全党的工作，对外代表本党。中央委员会的职权是：

贯彻执行全国代表大会决议；

听取和审议中央常务委员会的工作报告；

讨论并决定党的工作方针和任务；

选举中央常务委员会，选举中央主席、副主席。

第二十八条　中央委员会设主席一人、副主席若干人，组成主席会议。主席会议的任期同该届中央委员会。

第二十九条　中央常务委员会是中央的决策机构，在中央委员会全体会议闭会期间，行使中央委员会的职权。中央常务委员会的任期同该届中央委员会。

中央常务委员会闭会期间，由主席会议领导全党工作。在主席会议闭会期间，由主席、驻会副主席组成主席办公会议，主持中央的经常性工作。

每届中央委员会选举产生的中央常务委员会、主席会议，在下届全国代表大会开会期间，继续主持本党的经常性工作，直到下届中央委员会选举产生新的中央常务委员会、主席会议为止。

第三十条　中央委员会设秘书长一人，由主席会议提名，中央常务委员会任免。根据工作需要，中央委员会可设副秘书长若干人，协助秘书长工作，副秘书长由主席会议任免。

中央委员会根据工作需要，设立若干职能部门和办事机构。职能部门和办事机构的主要负责人由主席会议任免。

中央委员会应切实加强中央机关建设，不断提高工作质量和工作效率。

第三十一条　中央委员会根据工作需要，可设立若干专门委员会，专门委员会是中央委员会履行参政党职能的工作机构，专门委员会的任期同该届中央委员会。专门委员会主任由中央常务委员会任免，副主任由主席会议任免。

第四章　地方组织

第三十二条　地方各级代表大会或党员大会每五年召开一次，必要时经上一级组织批准可提前或延期召开。

地方各级代表大会或党员大会由同级委员会召集。代表大会的召开、代表名额和选举办法（草案）由同级委员会或常务委员会提出，报上一级组织批准。

第三十三条　地方各级代表大会或党员大会的职权是：

1. 贯彻执行全国代表大会、中央委员会、中央常务委员会、主席会议和上级委员会的决议、决定；

2. 听取和审议同级委员会的工作报告；

3. 讨论并决定同级委员会的重要事项；

4. 选举同级委员会；

5. 选举出席上一级代表大会的代表。

第三十四条　党的地方各级委员会在同级代表大会或党员大会闭会期间，领导本地区的全部党务工作，对外代表本党地方组织，其职权是：

1. 贯彻执行上级委员会和同级代表大会或党员大会的决议、决定；

2. 定期向上级委员会报告工作；

3. 听取和审议同级常务委员会或主委会议的工作报告；

4. 讨论并决定本地区组织的重要事项；

5. 选举常务委员会；

6. 选举主任委员、副主任委员。

第三十五条　地方各级委员会设主任委员一人，副主任委员若干人，组成主委会议。主任委员、副主任委员由同级委员会选举产生后，报上一级组织核准备案，并逐级呈报中央备案。主委会的任期同该届委员会。

新一届地方各级常务委员会委员和委员会委员的名额，由上届同级常务委员会或委员会提出，报上一级组织批准。常务委员会委员和委员会委员选举产生后报上一级组织核准备案，并逐级呈报中央备案。

第三十六条　地方各级委员会的任期每届五年；同级代表大会或党员大会提前或延

期举行，委员会的任期相应改变。

地方各级委员会全体会议每年至少举行一次，由同级常务委员会或主委会议召集，必要时可提前或延期召开。

第三十七条　地方各级常务委员会是地方各级组织的决策机构，在地方各级委员会闭会期间，行使地方委员会的职权。地方各级常务委员会应定期召开会议，及时研究、解决本地区组织的重大问题。地方各级常务委员会的任期同该届委员会。

地方各级常务委员会闭会期间，由主委会议领导地方各级组织的工作。

不设常务委员会的地方组织，在委员会闭会期间，由主委会议行使委员会的职权。

每届地方各级委员会选举产生常务委员会、主委会议，在下届同级代表大会开会期间，继续主持本党的经常性工作，直到下届代表大会选举产生新的常务委员会、主委会议为止。

第三十八条　地方各级委员会设秘书长一人，由地方各级主委会议提名，常务委员会任免，不设常务委员会的，由委员会任免。根据工作需要，地方各级委员会可设副秘书长若干人，协助秘书长工作，副秘书长由地方各级主委会议任免。

地方各级委员会根据工作需要，设立若干职能部门，其负责人由主委会议任免。

秘书长、副秘书长、职能部门负责人的任免，应报上一级委员会核准备案，并逐级呈报中央备案。

地方各级委员会应切实加强地方各级机关建设，不断提高工作质量和工作效率。

第三十九条　地方各级委员会根据工作需要，可设立若干专门委员会，专门委员会是地方各级委员会履行参政党职能的工作机构，专门委员会的任期同该届委员会。专门委员会领导成员由同级常务委员会或委员会任免。

第五章　基层组织

第四十条　党的基层组织是党的基层委员会、总支部委员会、支部委员会、小组。凡有党员三人以上可成立小组，五人以上可建立支部委员会。有两个以上支部的单位、行业、地区，根据工作需要，可设立总支部委员会。党员人数较多的单位，根据工作需要，可设立基层委员会。

基层组织的建立、合并和撤销，由上一级地方组织决定。

中央和省、自治区、直辖市委员会认为有必要并在条件具备时，可以设立直属基层委员会、直属总支部、直属支部。

第四十一条　党小组选举组长一人，任期三年。基层委员会、总支部委员会、支部委员会分别由基层、总支部、支部党员大会选举产生，每届任期三到五年，委员名额由上一级组织决定。

基层委员会、总支部委员会、支部委员会各设主任委员一人，副主任委员若干人，分别在基层委员会委员、总支部委员会委员、支部委员会委员中选举产生。不设委员会的支部，由党员大会选举主任委员和副主任委员。基层组织的负责人经选举产生后，均需报上一级地方组织批准。

第四十二条　基层组织的任务是：

1. 组织党员学习马克思列宁主义、毛泽东思想、邓小平理论、“三个代表”重要思想，学习科学发展观，学习宪法、法律法规、方针政策和时事政治，学习本党历史和章程。

2. 根据上级组织的决议、决定，结合本单位、本地区的实际情况，积极主动开展各项活动。

3. 积极引导党员做好本职工作，并围绕本单位、本地区的中心工作，充分发挥协调关系、化解矛盾、促进工作和维护社会稳定的积极作用。

4. 组织党员积极参加社会主义经济建设、政治建设、文化建设、社会建设。

5. 深入开展调查研究，反映情况，提出意见，为本党开展参政议政、民主监督和社会服务活动提供信息和建议。

6. 组织党员定期过好组织生活，做好思想政治工作，增强团结，共同进步。

7. 关心党员的工作、学习和生活，为党员服务。

8. 向上级组织和有关部门反映党员和所联系的归侨、侨眷、留学回国人员及海外侨胞的意见、要求和建议。

9. 执行和维护党的纪律，讨论对党员的表扬、奖励和处分。

10. 吸收党员，收缴党费。

第六章　党的干部

第四十三条　党的干部是党的事业的骨干，为了更好地发挥参政党的作用，必须大力加强干部队伍建设，提高广大干部特别是领导干部的素质。

第四十四条　从中央到地方各级组织，要按照德才兼备的原则，选拔和培养中青年干部，以推进新老合作交替。

第四十五条　党的各级干部，尤其是领导干部，必须模范地履行本党章程所规定的党员义务，并且要具备以下基本条件：

1. 坚持正确的政治方向，坚定地走中国特色社会主义道路，坚决贯彻执行国家的各项法律法规和方针政策；

2. 热心本党工作，有革命事业心和政治责任感，解放思想，实事求是，有与时俱进、开拓创新的精神；

3. 牢记为人民服务、致力为公的宗旨，热心为党员群众服务，密切联系党员群众，坚决维护人民群众的利益；

4. 遵纪守法，清正廉洁，发扬艰苦奋斗的精神；

5. 刻苦学习，勤奋敬业，不断提高政治水平和工作能力；

6. 坚持和维护民主集中制，作风民主，善于团结同志，包括团结和自己有不同意见的同志一道工作；

7. 认真开展批评与自我批评，自觉接受党组织和党员的批评与监督。

第四十六条　各级干部必须服从党组织的领导和安排，接受组织的考核和考察。

第四十四条　各级干部必须服从党组织的领导和安排，接受组织的考核和考察。

第七章 附 则

第四十七条 本章程自党的第十三次全国代表大会通过之日起施行。

第四十八条 本章程的解释权属于中央委员会，中央委员会闭会期间属于中央常务委员会。

中国致公党第十三次全国代表大会
关于《中国致公党章程（修正案）》的决议

中国致公党第十三次全国代表大会审议并一致通过第十二届中央委员会提出的《中国致公党章程（修正案）》，决定这一修正案自通过之日起生效。

大会一致同意在本党章程中明确规定，中国致公党应高举中国特色社会主义伟大旗帜，坚持以邓小平理论和“三个代表”重要思想为指导，深入贯彻落实科学发展观。大会认为，科学发展观是对中国共产党三代中央领导集体关于发展的重要思想的继承和发展，是马克思主义关于发展的世界观和方法论的集中体现，是同马克思主义、毛泽东思想、邓小平理论和“三个代表”重要思想既一脉相承又与时俱进的科学理论，是我国经济社会发展的重要指导方针，是发展中国特色社会主义必须坚持和贯彻的重大战略思想。大会一致同意将深入贯彻落实科学发展观写入本党章程。

中共十七大指出，改革开放以来我国取得的一切成绩和进步的根本原因，归结起来就是：开辟了中国特色社会主义道路，形成了中国特色社会主义理论体系。大会认为：将这个重大论断写入本党章程，对于动员全党更好地坚持中国特色社会主义道路和中国特色社会主义理论体系，为不断发展中国特色社会主义事业作出应有的贡献，具有十分重要的意义。

大会一致同意，在本党章程中明确规定，必须认真坚持和遵循中国共产党和各民主党派在多党合作和政治协商的长期实践中形成的重要政治准则，坚持以马克思列宁主义、毛泽东思想、邓小平理论和“三个代表”重要思想为指导，坚持中国共产党的领导，坚持社会主义初级阶段的基本路线、基本纲领和基本经验，坚持“长期共存、互相监督、肝胆相照、荣辱与共”的基本方针，保持宽松稳定、团结和谐的政治环境，并坚持走中国特色社会主义政治发展道路。必须以《中华人民共和国宪法》为根本活动准则，负有维护党法尊严、保证宪法实施的职责。这就要求我们搞好政治交接，继续坚持正确的政治方向，使老一辈的优良传统代代相传，不断延续和发展，使中国共产党领导的多党合作事业日益兴旺发达，长盛不衰。

大会认为，把中共十七大确定的夺取全面建设小康社会的新胜利，把我国建设成为富强民主文明和谐的社会主义现代化国家这一奋斗目标写入本党章程，对于团结全体党员和所联系的归侨侨眷、留学归国人员及海外侨胞，为实现新的发展阶段的宏伟目标而共同奋斗，具有重要的作用。

大会一致同意，根据《中共中央关于进一步加强中国共产党领导的多党合作和政治协商制度建设的意见》对新世纪新阶段民主党派性质的表述，将致公党的性质定位为：是所联系的一部分社会主义劳动者、社会主义事业建设者和拥护社会主义爱国者的政治联盟，是接受中国共产党领导、同中国共产党通力合作的亲密友党，是进步性与广泛性相统一，致力于中国特色社会主义事业的参政党。

大会认为，新形势、新任务既为民主党派发挥参政党作用提供了广阔的舞台，也对民主党派的政治素质、思想水平和参政议政、民主监督的水平提出了更高的要求。因此，本党章程强调要把自身建设放到重要位置，按照坚持中国共产党的领导、发扬社会主义民主、体现政治联盟特点、体现进步性和广泛性相统一的原则，以思想建设为核心，以组织建设为基础，以制度建设为保障，努力把中国致公党建设成为与中国共产党亲密合作、致力于建设中国特色社会主义事业、适应时代发展要求的参政党。

大会认为，适应新形势、新任务的要求，吸取五年来本党自身建设取得的新经验，在本党章程中对致公党现阶段的基本任务，党员必须履行的义务，实行党务公开，建立健全党内监督机制，加强领导班子建设、后备干部队伍建设，机关建设、基层组织建设，党的干部必须具备的条件等方面，提出了更加明确的要求，对于全面加强党的建设，具有重要的作用。

大会要求，本党各级组织和全党同志，要认真学习、坚决执行本党章程，加强和改进思想建设、组织建设和制度建设，增强全党的凝聚力，更好地发挥参政党作用，使本党在建设适应时代发展要求的参政党的进程中，始终奋发进取，保持蓬勃的生机和活力。

九三学社

九三学社章程

九三学社第九次全国代表大会部分修改，2007 年 12 月 12 日通过

总　纲

九三学社是以科学技术界高、中级知识分子为主的具有政治联盟特点的政党，是接受中国共产党领导、同中国共产党通力合作的亲密友党，是进步性与广泛性相统一、致力于中国特色社会主义事业的参政党。

本社前身为抗日战争后期一批进步学者发扬五四运动反帝反封建的爱国精神，以民主、科学为宗旨，在重庆组织的“民主科学座谈会”。后为纪念 1945 年 9 月 3 日抗日战争和世界反法西斯战争的伟大胜利，改建为“九三学社”。国共和谈和旧政协期间，本社支持中国共产党的主张，反对内战，反对独裁。解放战争期间，本社严正声明不承认伪“国民大会”，赞成中国共产党的各项主张，与中国共产党团结合作，积极参加反对国民党独裁统治的民主运动，为争取新民主主义革命的胜利而斗争。随后，本社响应中国共产党召开新政协，成立民主联合政府的号召，接受中国共产党的领导，参加了中国人民政治协商会议，为建立新中国作出了积极贡献。新中国成立后，本社以中国人民政治协商会议《共同纲领》和政协章程总纲为自己的政治纲领，积极参与国家政治生活中重大问题的协商，组织成员参加民主改革和社会主义改造运动，为发展科学技术、教育和医药卫生等事业作出了重要贡献，走上了为社会主义服务的道路。中共十一届三中全会之后，在邓小平理论的指引下，本社进一步明确了性质、地位和作用，以经济建设为中心，坚持四项基本原则，坚持改革开放，履行参政议政、民主监督职能，为建设中国特色社会主义事业作出了显著成绩。半个多世纪以来，本社秉承爱国、民主、科学的优良传统，同中国共产党在争取民族独立和人民解放的宏伟事业中风雨同舟，在社会主义革命和建设的历史进程中携手前进，在改革开放和社会主义现代化建设的伟大实践中团结奋斗，发展成为一支建设中国特色社会主义事业、维护国家安定团结的重要力量。

中国共产党领导的多党合作和政治协商制度，是适合我国国情的一项基本政治制度，本社坚持并认真实践这一制度。在中国共产党的领导下参加国家政权，参与国家大政方针和国家领导人选的协商，参与国家事务的管理，参与国家方针政策、法律法规的制定和执行。

本社以马克思列宁主义、毛泽东思想、邓小平理论、“三个代表”重要思想为指导，高举中国特色社会主义伟大旗帜，坚持中国特色社会主义道路和中国特色社会主义理论体系，深入贯彻落实科学发展观，为把我国建设成为富强、民主、文明、和谐的社会主义现代化国家而奋斗。

本社的一切活动以中华人民共和国宪法为准则，并负有维护宪法尊严、保证宪法实

施的职责，享有宪法规定的权利和义务范围内的政治自由、组织独立和法律地位平等。

我国现在处于并将长期处于社会主义初级阶段，国家的根本任务是解放和发展社会生产力。进入新世纪后，本社的基本任务是：坚定不移地坚持社会主义初级阶段的基本理论、基本路线、基本纲领和基本经验，贯彻执行“长期共存、互相监督、肝胆相照、荣辱与共”的方针，维护宽松稳定、团结和谐的政治环境，高举爱国主义、社会主义旗帜，团结全体社员和所联系的知识分子，牢牢把握发展这个第一要务，不断解放思想，坚持改革开放，推动科学发展，促进社会和谐，为实现新世纪新阶段全面建设小康社会、加快推进社会主义现代化、开创中国特色社会主义新局面的奋斗目标，为实现推进现代化建设、完成祖国统一、维护世界和平与促进共同发展的新世纪三大任务贡献力量。

本社弘扬民主与科学精神。在建设中国特色社会主义新的历史时期，弘扬民主与科学精神，要在发展社会主义民主政治中，把坚持中国共产党领导、人民当家作主和依法治国有机统一起来，为建设社会主义政治文明，推进社会主义民主与法制建设，作出不懈努力；要贯彻“科教兴国”和可持续发展战略，大力推进创新型国家建设，积极发挥我社科技人才比较集中的特点和优势，充分调动广大社员的积极性、创造性，努力弘扬科学精神，倡导科学方法，崇尚高尚的学术道德和职业道德，为推进科技创新、促进科技进步、培育科技人才、发展先进文化、普及科学知识，提高全民族的科学文化水平，不断作出贡献。

本社积极开展海外联络工作，促进祖国统一。

本社努力促进与各国人民的友好往来和国际交流，维护世界和平。

本社积极反映社员的意见和建议，维护社员的合法权益。

为适应中国特色社会主义和多党合作事业的需要，本社要不断加强自身建设，把我社建成坚定不移地接受中国共产党领导，坚持中国特色社会主义政治发展道路，能够经受各种困难和风险考验，不断提高履行职能的能力，与中国共产党通力合作的参政党。自身建设的原则是，坚持中国共产党领导，发扬社会主义民主，体现政治联盟特点，保持进步性与广泛性相统一。自身建设要以思想建设为核心，努力学习马克思列宁主义、毛泽东思想、邓小平理论、“三个代表”重要思想和科学发展观，学习中国共产党领导的多党合作和统一战线理论，继承、发扬我社优良传统，不断提高成员的政治素质；要以组织建设为基础，实施人才强社战略，坚持民主集中制，切实做好各级领导班子建设、后备干部队伍建设、机关建设和基层组织建设，建立内部监督机制，增强社的活力和凝聚力；要以制度建设为保障，建立健全参政党工作机制，使各项工作走上制度化、规范化轨道，以肩负起历史赋予的光荣使命。

第一章　社　员

第一条　从事科学、技术工作以及高等教育、医药卫生等方面的高、中级知识分子，赞成并愿意遵守本社章程，可申请加入本社。

第二条　发展社员，由申请人向社组织递交入社申请书，社组织经过联系培养、认真考察后，由社员二人介绍，填写入社登记表，经基层组织讨论通过，报设区的市以上地方组织批准，层报社中央备案。

社中央和省（自治区、直辖市）委员会必要时可直接发展社员。

第三条　社员有下列义务

（一）遵守社章，执行社的决议，参加基层组织生活和社的活动，缴纳社费；

（二）遵守宪法、法律和社会公德，维护安定团结，维护国家和人民的利益；

（三）拥护中国共产党领导的多党合作和政治协商制度，继承和发扬本社优良传统；

（四）努力学习，做好本职工作，为社会主义经济建设、政治建设、文化建设和社会建设贡献力量。

第四条　社员享有以下权利

（一）表决权、选举权和被选举权；

（二）参加社内组织的关于国家大事和有关工作的讨论，反映意见，提出建议；

（三）对社的工作和社的各级领导机构提出建议和批评；

（四）在合法权益遭受侵害时，要求社的组织给以关心和帮助。

第五条　社员在社会主义现代化建设、祖国统一事业和社的工作中作出显著成绩，社组织可给予表彰、奖励。

第六条　社员违反社章，按错误性质和情节轻重，社组织给予批评教育直至纪律处分。

社的纪律处分为：警告、严重警告（同时撤销社内职务）、留社察看（留社察看期最长不超过两年）、开除社籍。

对社员的纪律处分，须经所在基层组织讨论通过，由设区的市以上地方组织批准。对中央委员会和地方各级委员会委员的纪律处分，须经同级委员会全体会议讨论通过；地方各级委员会委员的纪律处分，须报上一级组织批准。开除社籍，须经省级组织批准，报社中央备案。

社员对处分不服，可以向上级组织直至中央提出申诉。

第七条　社员有退社的自由。社员要求退社须由本人提出书面申请，经所在基层组织研究确定，由设区的市以上地方组织终止其社籍，层报社中央备案。

第八条　社员无正当理由，长期不参加社的活动，不缴纳社费，经教育仍不改正者，经所在基层组织讨论通过，由省级组织批准，可终止其社籍，并报社中央备案。

第九条　社员工作地点变动时，应按规定办理转移组织关系的手续。

第二章　组织制度

第十条　本社的组织原则是民主集中制。个人服从组织，少数服从多数，下级组织服从上级组织，全社服从中央。

第十一条　本社组织系统分为：中央组织、地方组织和基层组织。在社内实行分级领导，上级组织要经常听取下级组织和社员的意见；下级组织要认真贯彻执行上级组织的决议和决定，按有关规定向上级组织请示和汇报工作。

第十二条　本社各级组织的领导机构，是各级社员大会或代表大会及其选举产生的各级委员会。各级委员会实行集体领导和个人分工负责相结合的制度，重大问题需经集体讨论才能做出决定。各级委员会对同级社员大会或代表大会负责，并受其监督。

根据工作需要，上级组织可对下级组织的领导机构成员进行届中调整。领导机构成员进行届中调整须经同级委员会全体会议或扩大会议通过。

第十三条　经社的各级委员会全体会议或其常务委员会会议决定，可召开代表会议或全体委员扩大会议，讨论决定需要及时解决的重大问题。

第十四条　社组织设监督机构，履行社内监督职能。

第十五条　本社组织发展坚持以大、中城市为主，以科学技术界为主，以有一定代表性的高、中级知识分子为主的原则；坚持注重质量，保持特色，组织发展与后备干部队伍建设相结合的原则。

第十六条　社的中央和地方组织的机关，要根据工作需要和精简、统一、效能的原则，合理设置机构，完善部门职责，按照《中华人民共和国公务员法》加强对机关干部的管理，健全机关工作机制和各项工作制度。

第十七条　社的地方组织和基层组织在社会主义现代化建设、祖国统一事业和社的工作中作出显著贡献，上级组织可给予表彰、奖励。

第十八条　社的地方组织和基层组织违反社章，损害社的声誉和人民利益时，视情节轻重，分别给予责令检查、改组领导机构的处分。对社组织的处分，须由上一级组织提出意见，层报社中央批准。

第三章　中央组织

第十九条　社的全国代表大会每五年举行一次，由中央委员会召集，必要时可提前或延期举行。

全国代表大会的规模及代表产生办法，由中央常务委员会决定。代表大会选举主席团主持会议。

第二十条　社的全国代表大会的职权是：

（一）讨论并决定本社的工作方针、任务和其他重大事项；

（二）听取和审议中央委员会的报告；

（三）修改社的章程；

（四）选举中央委员会。

第二十一条　中央委员会每届任期五年。如全国代表大会提前或延期举行，其任期相应改变。

中央委员会全体会议原则上每年举行一次，由中央常务委员会召集，必要时可提前或延期举行。

第二十二条　中央委员会在全国代表大会闭会期间领导全社工作，其职权是：

（一）执行全国代表大会决议；

（二）听取和审议中央常务委员会的报告；

（三）讨论并决定本社的重大问题；

（四）选举中央委员会主席、副主席、常务委员，组成中央常务委员会；

（五）决定召开全国代表大会。

第二十三条　中央委员会设主席一人、副主席若干人，他们同时是中央常务委员会的主席、副主席。

第二十四条　中央委员会设秘书长和若干工作部门。

第二十五条　中央常务委员会的任期与同届中央委员会相同，在中央委员会全体会议闭会期间领导全社工作。中央常务委员会会议由主席会议召集并主持，原则上应每季度举行一次。中央常务委员会的职权是：

（一）组织实施中央委员会全体会议的决议和决定；

（二）召集并主持中央委员会全体会议；

（三）讨论并决定本社工作中的重大问题；

（四）讨论并决定社中央工作部门的设置及秘书长和其他重要人事任免。

第二十六条　中央委员会主席、副主席组成中央主席会议，在中央常务委员会会议闭会期间，主持中央工作。

中央委员会主席、专职副主席组成主席办公会议，研究、决定需要及时处理的重要问题并主持日常工作。

中央主席会议和主席办公会议均由中央委员会主席召集并主持，也可由中央委员会主席委托一位副主席召集并主持。

第二十七条　每届中央委员会选举产生的中央领导机构和中央领导人，在下届全国代表大会开会期间，继续主持社的日常工作，直到下届中央委员会产生新的中央领导机构和中央领导人为止。

第四章　地方组织

第二十八条　本社地方组织分省（包括自治区、直辖市）、设区的市（包括自治州、直辖市的区）、不设区的市（包括市辖区）三级。一般不在县建立地方组织。

社的各级地方组织的社员大会或代表大会每五年举行一次，由同级委员会召集，必要时可提前或延期举行。

地方组织代表大会的规模及代表产生办法，由地方常务委员会决定，不设常务委员会的地方组织由主委会议决定。代表大会选举主席团主持会议。

第二十九条　地方各级社员大会或代表大会的职权是：

（一）贯彻执行社的全国代表大会、中央委员会和上级组织的决议和决定；

（二）听取和审议同级委员会的报告；

（三）讨论、决定同级委员会的工作；

（四）选举同级委员会。

第三十条　地方各级委员会由同级社员大会或代表大会以无记名投票方式选举产生。候选人提名应充分发扬民主，认真酝酿协商，并报请上级组织审批。

地方组织的委员会因故不能选举产生时，由上级组织指定适当人选组成临时领导机构。

筹建地方组织，其领导成员由上级组织指定。

第三十一条　地方各级委员会在同级社员大会或代表大会闭会期间领导本地区社的工作，其职权是：

（一）贯彻执行上级组织和同级社员大会或代表大会的决议、决定，定期向上级组织报告工作；

（二）听取和审议同级常务委员会或主委会议的报告；

（三）讨论、决定本地区重大社务；

（四）选举主任委员、副主任委员，有一定规模的地方组织可选举常务委员组成同级常务委员会。

第三十二条　地方各级委员会设主任委员一人，副主任委员若干人组成主委会议，主持本级社组织的工作。主委会议由主委召集并主持，也可由主委委托一位副主委召集并主持。

地方委员会的主任委员、副主任委员同时是该地方常务委员会的主任委员、副主任委员。

第三十三条　地方各级委员会设秘书长和若干工作部门。

第三十四条　地方常务委员会在地方委员会全体会议闭会期间，行使地方委员会职权，领导本地区社的工作。讨论决定社地方组织工作部门的设置及秘书长和其他重要人事任免。

第三十五条　地方各级委员会每届任期五年。如同级社员大会或代表大会提前或延期举行时，其任期相应改变。地方常务委员会和地方领导人，在下届社员大会或代表大会开会期间，继续主持社的日常工作，直到新的常务委员会和地方领导人产生为止。

第五章　基层组织

第三十六条　本社基层组织有：直属小组、支社和委员会。基层组织的领导成员每届任期五年。

在同一单位、系统或地区有社员三人以上，可建立直属小组；有社员七人以上，可建立支社；在社员人数较多的单位、系统或省辖市的区，有三个支社以上时，可设立委员会。

第三十七条　直属小组设组长一人，必要时可设副组长一人；支社和委员会设主任委员一人、副主任委员和委员若干人；均由民主选举产生。

第三十八条　基层组织是社的工作的重要基础，其主要任务是：

（一）根据上级组织的决议和指示精神，结合本单位、本系统、本地区的中心任务开展工作；

（二）组织社员结合实际学习马克思列宁主义、毛泽东思想、邓小平理论、“三个代表”重要思想和科学发展观，学习有关方针、政策以及社章、社史，学习科学、文化、法律和业务知识，提高社员的素质；

（三）努力发挥社组织的特点和优势，在推动社员做好本职工作的同时，注重调查研究，围绕国家大政方针、社会重大问题开展议政活动，并按社的组织系统反映意见、建议；

（四）关心社员的工作、学习和生活，发现、培养并向上级组织推荐优秀人才；

（五）联系群众，协调关系，加强团结，认真开展组织生活；

（六）发展社员，收缴社费。

第六章　社的干部

第三十九条　本社按照德才兼备的原则选拔干部，努力建设高素质的干部队伍。

建立健全民主推荐培养选拔干部制度，重视教育、培训、选拔和考察干部，不拘一格地选拔在改革开放和社会主义现代化建设以及社务工作中实绩突出、社员信任的优秀干部。

第四十条　社的各级领导干部必须模范履行本章程第三条所规定社员的各项义务，具有坚定正确的政治信念和较强的政治把握能力、参政议政能力、组织领导能力和合作共事能力，具备以下的基本条件：

（一）具有履行职责所必需的理论政策水平，努力运用马克思列宁主义的立场、观点、方法分析和解决实际问题。

（二）热爱社组织，有强烈的事业心和政治责任感，有胜任领导工作的组织能力和领导水平。

（三）清正廉洁，谦虚谨慎，联系群众，有开拓进取和奉献精神。

（四）坚持民主集中制，顾大局，识大体，作风民主，公道正派，善于团结同志一道工作。

第四十一条　社的中央和地方组织的各级领导干部实行任期制，对同一职务任期一般不超过两届。

第四十二条　建立对社的各级领导干部的考核和评议制度，健全社内自我约束和自我监督机制。

第七章　附　则

第四十三条　本章程经社的全国代表大会通过后施行。解释权属中央常务委员会。

关于九三学社章程修正案的说明

（2007 年 12 月 8 日）

贺　铿

各位代表、同志们：

我受第十一届中央委员会的委托，向大会作《九三学社章程修正案（草案）》的说明。

2002 年，我社第八次全国代表大会通过的社章，对加强自身建设、履行参政党职能发挥了重要的作用。“八大”以来，国家形势又发生了很大变化。以胡锦涛同志为总书记的中共中央，领导全国各族人民在社会主义经济建设、政治建设、文化建设、社会建设等各方面都取得了举世瞩目的伟大成就。不久前，胜利召开的中共十七大，高举中国特色社会主义伟大旗帜，以邓小平理论和“三个代表”重要思想为指导，深入贯彻落实科学发展观，对继续推进我国改革开放和社会主义现代化建设、实现全面建设小康社会的宏伟目标进行了全面的战略部署。九三学社作为与中国共产党亲密合作的参政党，面临着新的形势和任务。在中国特色社会主义和多党合作事业的伟大实践中，我社无论在自身建设方面，还是在履行参政党职能方面，都取得了新经验。大家深深感到，在新形势新阶段，有些经验、认识和做法应当进一步提升和规范，并且在社章中反映。为此，在社中央领导下，开展了对社章的修改工作。修改的目标是使社章能更加体现新世纪新阶段的时代特征，更加适应新形势新任务的客观要求，能更加适合我社健康发展的实际需要。

修改社章的基本指导思想和原则是：1、努力贯彻中共十七大和中发［2005］5号文件的精神；2、尽量体现我社作为参政党的性质、特点和特色，为建设适应新世纪要求的参政党定位；3、保持社章的连续性和稳定性，只小改而不大改。

社中央十分重视社章修改工作。今年“两会”之后，社中央成立了社章修改工作组。4月份，社中央向各省级组织发出通知，要求各省级组织召开座谈会，广泛征求社章修改意见。社中央有关领导也在一些省召开了小型座谈会征求意见。社章修改工作组在认真研究各类意见的基础上，形成了修正案第一稿。9月份，将社章修改一稿送各省级组织征求意见，同时在北京召开了有十几个省级组织负责同志参加的社章修改座谈会。10月上旬，社中央换届领导小组审议了社章修正案第一稿，提出了进一步修改的意见。工作小组根据社中央换届领导小组、各省级组织及省级组织有关负责同志座谈会的意见再次进行修改，形成了社章修正案第二稿，并提交社中央十一届常委会第二十次和二十一次会议审议。根据常委会的意见进行修改后最后形成了提交本次大会审议的《九三学社章程修正案（草案）》。

现在，我就《九三学社章程修正案（草案）》的主要修改内容说明如下。

一、关于总纲的修改

社章总纲是本次修改的重点。修改总纲的基本原则是贯彻中共十七大和中发［2005］5号文件精神，更好地体现我社在建设中国特色社会主义伟大事业中的历史使命和履行参政党职能、加强参政党自身建设的要求。

（一）关于九三学社的指导思想

任何一个政党都必须有一定的理论作指导。九三学社成立60多年来，在革命和建设中始终与中国共产党通力合作，风雨同舟。在重要的政治历史关口，九三学社的政治主张与中国共产党总是保持一致，有着共同的奋斗目标和理论思想基础。在新形势新阶段，中国特色社会主义是中国发展进步的旗帜，是全国各族人民奋斗的旗帜。改革开放29年来所取得的伟大成就充分说明，只有中国特色社会主义才能使国家繁荣富强、人民幸福安康。坚持马克思列宁主义的基本理论与中国革命实践相结合，坚持实践和丰富中国特色社会主义理论体系，就能达到目的、取得成功。因此，在社的“指导思想”一段修改表述为：“本社以马克思列宁主义、毛泽东思想、邓小平理论、‘三个代表’重要思想为指导，高举中国特色社会主义伟大旗帜，坚持中国特色社会主义道路和中国特色社会主义理论体系，深入贯彻落实科学发展观，为把我国建设成为富强、民主、文明、和谐的社会主义现代化国家而奋斗。”

（二）关于九三学社的性质

章程修正案对社的性质作了补充和完善。总纲第一段在对社的性质的表述中，增加了九三学社是“同中国共产党通力合作的亲密友党”和“是进步性与广泛性相统一”的参政党两项内容。这一补充体现了中发［2005］5号文件精神，明确了我社与中国共产党的亲密友党关系，确立了进步性与广泛性相统一的参政党性质。

（三）关于九三学社的基本任务

章程修正案对我社的基本任务作了补充。当前，我们正处在新的历史起点，国家正处在新的发展阶段。在新的发展阶段，要继续全面建设小康社会、发展中国特色社会主义，必须在坚持以邓小平理论和“三个代表”重要思想为指导的基础上，深入贯彻落实科学发展观。贯彻落实科学发展观，发展是第一要义。发展是中国共产党执政兴国的第一要务，也是参政党履行职能的第一要务。因此，在基本任务一段，增写了“牢牢把握发展这个第一要务”这一重要内容。改革开放是发展中国特色社会主义、实现中华民族伟大复兴的强大动力和必由之路，是一场新的伟大革命。要坚持改革开放，就必须解放思想。解放思想是我们应对前进道路上各种新情况新问题和不断开创中国特色社会主义事业新局面的法宝，是坚持和深化改革开放的思想前提。没有思想的解放，就不可能有29年来改革开放和现代化建设的伟大成就。因此，在基本任务一段又增写了“不断解放思想，坚持改革开放”这一重要内容。站在新的历史起点发展中国特色社会主义，必须推动科学发展，也就是要坚持以人为本、全面协调可持续发展，坚持统筹兼顾。科学发展和社会和谐是内在的统一。没有科学发展就没有社会和谐，没有社会和谐也难以实现科学发展。故添写了“推动科学发展，促进社会和谐”两句。

（四）关于补充完善多党合作的政治准则

中发［2005］5号文件中提出的中国共产党和民主党派共同遵守的多党合作的六条政治准则，其中五条在社章中已有体现，本次修改只在第六段中添写了没有体现的“维护宽松稳定、团结和谐的政治环境”一句话，同时将“贯彻执行‘长期共存、互相监督、肝胆相照、荣辱与共’的方针”由第三段移到第六段。

（五）关于九三学社的历史

在总纲第二段社的历史的表述中，因优良传统的表述已散见于章程各段，故予删去，而将中共中央致九三学社第九次全国代表大会贺词中“九三学社秉承爱国、民主、科学的优良传统”，“同中国共产党在争取民族独立和人民解放的宏伟事业中风雨同舟，在社会主义革命和建设的历史进程中携手前进，在改革开放和社会主义现代化建设的伟大实践中团结奋斗”，“是建设中国特色社会主义事业、维护国家安定团结的重要力量”等评价置于段末，对社的历史和与中国共产党的关系给予了总结。

（六）关于九三学社自身建设

加强自身建设是我社坚持正确政治方向、巩固和发展与中国共产党亲密合作关系、更好发挥参政党作用的关键。修改时根据中共十七大、中发［2005］5号文件精神和我社“八大”以来在自身建设方面的经验作了一些补充。主要有两点：一是增加了“坚持中国特色社会主义政治发展道路”；二是在组织建设部分，增写了“实施人才强社战略”和“建立内部监督机制”等内容。中国特色社会主义政治发展道路包含了中国共产党领导的多党合作政党事业、参政党履行参政议政职能和政治协商制度等重要政治内容，全社各级组织和社员都必须认真履行；内部监督是保证全社各级组织和社员严格按社的章程要求规范自己的行为的约束机制。因此，补充和强调这两点十分必要。此外，在文字上还作了一些调整，删去了部分重复性文字，在只作小改不作大改的前提下，尽量使表述更加简洁、明晰。

二、关于条文部分的修改

根据各民主党派中央换届工作座谈会精神和社组织建设与发展的需要，对社章的条文部分也作了部分修改，现择要说明如下。

（一）关于建立社内监督机制问题

加强社内监督，建立监督机制，对于我社建设适应新世纪要求的参政党具有重要意义。在“八大”时，就有同志提出加强社内监督的建议。“八大”修改社章时，增写了第三十九条，规定了建立领导干部考核评议制度，健全社内自我约束和自我监督机制。“八大”以来，随着社组织的不断发展，随着中国特色社会主义和多党合作事业对我社自身建设、履行职能各项工作要求的不断提高，建立社内监督机制的需要更加突出。为此，章程修正案把建立社内监督机制着重提了出来。除了在总纲的“自身建设”部分增写了“建立内部监督机制”外，在第二章“组织制度”中增写了第十四条，规定“社组织设监督机构，履行社内监督职能。”这一表述很原则。主要是考虑到社的监督机制的形成和完善还需要在实践中不断提升。监督机构、监督内容和监督程序可以在将来制定条例或细则时具体规定。

（二）关于社的地方组织问题

在第二十八条对社的三级地方组织名称按现行行政区划名称进行了规范。同时，依据近些年的实践经验，对社的地方组织领导机构、领导机构的产生办法和工作方式进行了规范。

（三）关于实施人才强社战略问题

实施人才强社战略是我社“八大”以来工作的一条重要经验，在全社已形成共识。章程修正案对这一战略作了加强。除了总纲自身建设部分增写“实施人才强社战略”外，在条文部分有三处涉及。一是在第二章第十五条规定组织发展原则时，在坚持“三为主”原则后，加写了“注重质量，保持特色，组织发展与后备干部队伍建设相结合”的内容；二是在第五章第三十八条基层组织主要任务第四款中增加了“发现、培养并向上级组织推荐优秀人才”的内容；三是在第六章第四十条社的干部应具备的基本条件中增写了“具有坚定正确的政治信念和较强的政治把握能力、参政议政能力、组织领导能力和合作共事能力”等内容。

（四）关于届中调整问题

届中调整是组织建设中不可避免的问题。章程修正案将第二章第十二条“根据工作需要和社中央的规定，按照组织程序，上级组织可对下级组织的领导机构成员进行届中调整”这一句删去了“和社中央的规定，按照组织程序”，添写了“领导机构成员进行届中调整须经同级委员会全体会议或扩大会议通过”等文字。这样修改是为了有利于规范届中调整程序和发扬社内民主。

（五）关于秘书长问题

从社的现行组织架构看，社中央和地方委员会均设有秘书长和若干工作部门。委员会闭会期间，秘书长和工作部门在常委会领导下工作；常委会闭会期间，在主席（主委）会议领导下工作。但现行社章对此没有明确规定。故章程修正案增写了第二十四条“中央委员会设秘书长和若干工作部门”和第三十三条“地方各级委员会设秘书长和若干工作部门”。

各位代表、同志们！社章修改工作，全社上下十分关注，社中央高度重视，社的各级组织和广大社员积极参与。现在提交大会审议的《九三学社章程修正案（草案）》是广泛发扬民主，集思广益的成果，是全社集体智慧的结晶，我们认为是一个相对成熟的文件。但是，受主客观条件所限，其中一定还会有一些不妥之处，希望大家畅所欲言，提出进一步修改的意见。我们相信，经过大会审议修改，一定可以使社章更加适应形势任务的变化，更加有利于推进社的工作和加强社的建设。

以上说明是否妥当，请予审议。

台湾民主自治同盟

台湾民主自治同盟章程

（2007 年 12 月 1 日台湾民主自治同盟第八次全盟代表大会通过）

总　纲

台湾民主自治同盟是由台湾省人士组成的社会主义劳动者、社会主义事业建设者和拥护社会主义爱国者的政治联盟，是接受中国共产党领导、同中国共产党通力合作的亲密友党，是进步性与广泛性相统一、致力于中国特色社会主义事业的参政党。

本盟是在台湾省人民“二・二八”起义以后，由一部分从事爱国民主运动的台湾省人士继承台湾人民的爱国主义光荣传统，根据当时台湾人民反对国民党独裁统治、实现民主政治和地方自治的愿望，以“台湾民主自治同盟”作为名称，于 1947 年 11 月 12 日在香港成立。本盟成立后接受中国共产党的领导，参加中国共产党领导的新民主主义革命，支持台湾人民的反帝爱国民主斗争；响应中国共产党提出的召开新的政治协商会议、成立民主联合政府的“五・一”号召，参加了中国人民政治协商会议第一届全体会议，参与了中华人民共和国的创建。新中国成立以来，本盟参加人民政权和人民政协的工作，推动盟员和所联系的台湾同胞，为社会主义革命和建设，为改革开放、建设中国特色社会主义和促进祖国统一大业作出了贡献。

本盟以中华人民共和国宪法为一切活动准则，负有维护宪法尊严、保证宪法实施的职责。本盟高举中国特色社会主义伟大旗帜，坚持中国特色社会主义理论体系，以马克思列宁主义、毛泽东思想、邓小平理论和“三个代表”重要思想为指导，深入贯彻落实科学发展观，坚定不移地走中国特色社会主义道路。本盟继承和发扬台湾人民爱国爱乡的光荣传统，团结广大盟员和所联系的台胞，与时俱进，为全面建设小康社会、实现祖国完全统一而奋斗。

中国共产党领导的多党合作和政治协商制度，是在长期革命、建设和改革实践中形成和发展起来的、符合我国国情的社会主义政党制度。本盟遵循中国共产党和各民主党派在多党合作和政治协商的长期实践中形成的重要政治准则，坚持中国共产党的领导，坚持社会主义初级阶段的基本路线、基本纲领和基本经验，坚持长期共存、互相监督、肝胆相照、荣辱与共的基本方针，保持宽松稳定、团结和谐的政治环境，坚持走中国特色社会主义政治发展道路。本盟作为参政党，参加国家政权，参与国家大政方针和国家领导人选的协商，参与国家事务的管理，参与国家方针、政策、法律、法规的制定执行，履行参政议政、民主监督的职能。

世界上只有一个中国，大陆和台湾同属一个中国，中国的主权和领土完整不容分割。坚持一个中国原则是两岸关系和平发展的政治基础，本盟坚决维护祖国的主权和领土完整，反对分裂，反对各种形式的“台湾独立”，反对制造“两个中国”、“一中一台”，反对任何外国势力干涉。中国是两岸同胞的共同家园，两岸同胞是血脉相连的命运共同体。本盟遵循“和平统一、一国两制”的方针和现阶段发展两岸关系、推进祖国和平统一进程的八项主张，坚持一个中国原则决不动摇，争取和平统一的努力决不放弃，贯彻寄希望于台湾人民的方针决不改变，反对“台独”分裂活动决不妥协。牢牢把握两岸关系和平发展的主题，广泛联系台湾岛内外各界人士，推动两岸同胞的往来，大力促进两岸的经济合作和各项交流，密切两岸关系，为完成祖国统一大业而努力。

本盟根据参政党建设的目标，按照坚持中国共产党的领导、发扬社会主义民主、体现政治联盟特点、体现进步性与广泛性相统一的原则，以思想建设为核心，以组织建设为基础，以制度建设为保障，切实加强自身建设。把思想建设放在首要位置，深入进行基本路线教育、爱国主义和社会主义教育、国情教育、盟章盟史教育，特别是本盟同中国共产党长期合作的优良传统教育，全面提高整体政治素质，增强经受各种困难和风险考验的能力；加强组织建设，贯彻民主集中制原则，切实做好各级领导班子建设、后备干部队伍建设、机关建设和基层组织建设工作，增强盟的活力和凝聚力；加强制度建设，建立健全参政党工作机制，不断提高各项工作制度化、规范化、程序化水平，努力把本盟建设成为与中国共产党亲密合作、共同致力于中国特色社会主义事业、适应时代发展要求的参政党。

本盟维护盟员和所联系台胞的合法权益，反映他们的意见和要求。

本盟的组织原则是民主集中制，并在贯彻民主集中制的同时，加强内部监督。

第一章　盟　员

第一条　凡居住在祖国大陆的台湾省人士，愿意遵守本章程者，可以申请加入本盟。

第二条　盟员必须拥护中国共产党的领导，坚持中国特色社会主义，为建设富强民主文明和谐的社会主义现代化国家和实现祖国完全统一而奋斗。

第三条　发展盟员要贯彻巩固和发展相结合的方针，注重素质，有领导、有计划地稳步发展，坚持以大中城市、中上层、有一定代表性的人士为主。申请入盟者，须提出书面申请，由盟员二人介绍，经组织考察和盟的基层组织通过，报盟的省、直辖市委员会审核批准，并报盟中央备案。盟中央必要时可直接吸收盟员。

第四条　盟员应履行下列义务：

（一）遵守宪法和法律，维护国家利益，保守国家机密；

（二）遵守盟的章程和盟组织纪律，执行盟的决议，参加盟的组织生活，完成盟组织的任务；

（三）学习马克思列宁主义、毛泽东思想、邓小平理论和“三个代表”重要思想，学习科学发展观，学习中国共产党和国家的各项方针政策特别是对台方针政策，学习科学技术和文化知识，提高政治思想水平和参政议政能力；

（四）密切联系群众，接受盟组织和群众监督；

（五）按期缴纳盟费。

第五条　盟员享有下列权利：

（一）参加盟的会议，阅读盟的有关文件和刊物，在盟的会议和刊物上讨论盟的工作；

（二）行使表决权，有选举权和被选举权；

（三）参加盟所组织的有关国家大事的讨论，反映情况，提出意见和建议；

（四）向盟的各级组织提出质询、批评和建议。

第六条　盟组织鼓励和支持盟员积极从事社会主义现代化建设和统一祖国的伟大事业，并对有显著贡献者给予表彰和奖励。

第七条　盟员违反纪律者，盟的组织要进行教育，如教育无效，应给予相应处分。受处分的盟员如对处分决定有不同意见，可以要求复议，并有权向上级组织申诉。

第八条　盟员工作调动或迁移时，应该转移组织关系。

第九条　盟员有退盟的自由。盟员要求退盟，须用书面向盟地方组织提出，由盟的省、直辖市委员会审核批准，并报盟中央备案。

无正当理由一年不参加盟的组织生活、不缴纳盟费，本人又不提出退盟的盟员，视同自动退盟。

第十条　盟的各级领导干部一般应实行任期制，在同一职务上可连选连任两届，最多不超过三届。盟的各级领导干部，除履行盟员的各项义务外，必须具备下列基本条件：

（一）具有一定的政治把握能力、参政议政能力、组织领导能力和合作共事能力；

（二）贯彻社会主义初级阶段的基本路线和基本纲领，献身于社会主义现代化建设和祖国统一大业；

（三）坚持民主集中制原则，维护团结，有民主作风，有全局观念；

（四）热心盟务，廉洁奉公，自觉接受组织和盟员的监督。

第二章　盟的中央组织

第十一条　本盟的最高权力机关是全盟代表大会，大会闭会期间是它选举产生的中央委员会。

全盟代表大会每五年举行一次，由中央委员会召集，必要时可以提前或推迟举行。

第十二条　全盟代表大会的职权是：

（一）听取和审议中央委员会的工作报告；

（二）讨论并决定盟的方针、任务和重大事项；

（三）修改盟的章程；

（四）选举中央委员会。

第十三条　中央委员会每届任期五年。如全盟代表大会提前或延期举行，其任期相应地缩短或延长。中央委员会每年举行一次全体会议。

第十四条　中央委员会选举产生主席、副主席和常务委员，组成中央常务委员会。中央委员会全体会议闭会期间，中央常务委员会行使中央委员会职权。主席、副主席组成主席会议，处理中央常务委员会的日常工作。经主席会议提名，由中央常务委员会任命秘书长。

第十五条　中央常务委员会在中央机关设立若干职能机构并任命其正职负责人。

第十六条　中央常务委员会必要时可设立非职能机构的专门委员会。

第十七条　设立中央监督委员会。中央监督委员会的主要任务是对盟员遵守盟的章程，盟的各级领导班子及其成员遵守多党合作政治准则和履行领导职务的情况进行监督。

第十八条　中央委员会必要时可召集全盟代表会议，讨论和决定重大问题，调整和增选中央委员。调整和增选的人数，不得超过原有中央委员总数的五分之一。

第十九条　全盟代表大会和全盟代表会议的代表名额和产生办法，由中央常务委员会决定。

中央委员会委员的名额，由全盟代表大会决定。

中央常务委员会委员的名额，由中央委员会决定。

第三章　盟的地方组织

第二十条　盟的地方组织是:

(一) 省委员会、直辖市委员会;

(二) 省辖市委员会、直辖市的区委员会和区工作委员会。

第二十一条　盟的各级地方组织的最高权力机关为地方各级盟员大会（或盟员代表大会），大会闭会期间是它选举产生的同级委员会。

地方各级盟员大会（或盟员代表大会）每五年召开一次，由同级委员会召集，必要时可提前或推迟召开。

地方各级盟员代表大会的代表名额和选举办法，由同级委员会决定。

地方各级委员会委员的名额由上届同级委员会决定，并报上一级委员会批准。

第二十二条　地方各级盟员大会（或盟员代表大会）的职权是:

(一) 贯彻执行全盟代表大会、中央委员会的决议和决定;

(二) 听取和审议同级委员会的工作报告;

(三) 讨论和决定同级委员会的重要事项;

(四) 选举同级委员会。

第二十三条　地方各级委员会每届任期五年。委员会选举产生主任委员、副主任委员，根据需要可设常务委员会，常务委员会委员亦由同级委员会选举产生。主任委员、副主任委员组成主任委员会议，处理委员会的日常工作。经主任委员会议提名，由常务委员会或委员会任命秘书长。

第二十四条　地方各级委员会根据需要，设若干职能机构，也可设非职能机构的专门委员会。

第二十五条　地方各级委员会必要时经上一级委员会同意，可召开盟员代表会议，讨论和决定重大问题，调整和增选同级委员会委员。调整和增选的人数，不得超过原有委员总数的五分之一。盟员代表会议的代表名额和产生办法由同级委员会决定。

第二十六条　省、直辖市委员会根据内部监督机制建设的需要，经报盟中央批准，可设立相应的内部监督机构。

第四章　盟的基层组织

第二十七条　盟员三人以上可成立基层组织。根据工作需要和盟员人数，并经上级委员会批准，分别设立盟的总支部委员会、支部委员会或小组，按盟员所在单位、职业系统或居住地区建立。

总支部委员会、支部委员会由总支部、支部盟员大会选举产生，每届任期五年。经上级委员会批准，选举可以提前或延期举行。总支部委员会、支部委员会设主任委员一人，委员若干人，必要时可设副主任委员，主任委员、副主任委员由总支部、支部委员会选举产生。小组可以推选组长。

第二十八条　盟的基层组织的任务是：

（一）贯彻上级组织的决议和决定；

（二）组织盟员学习马克思列宁主义、毛泽东思想、邓小平理论和“三个代表”重要思想，学习科学发展观，学习中国共产党和国家的各项方针政策特别是对台方针政策，对盟员进行思想教育，开展盟内的批评和自我批评，协调关系，加强团结；

（三）根据上级组织的要求，结合本盟基层工作开展活动；

（四）推动盟员做好本职工作，并根据需要和可能，组织盟员参加面向社会的活动；

（五）反映盟员及所联系台胞的意见和要求，帮助他们解决实际问题，并积极反映基层的社情民意；

（六）发展盟员；

（七）收缴盟费；

（八）维护和执行盟的纪律，决定对盟员的奖励和处分。

第五章　附　则

第二十九条　本章程解释权属于中央委员会，中央委员会闭会期间属于中央常务委员会。

关于修改《台湾民主自治同盟章程》的说明

（2007 年 11 月 28 日台盟第八次全盟代表大会）

吴国祯

一

《台湾民主自治同盟章程》是台盟政治纲领的集中体现，是台盟发挥参政党作用和规范一切工作的基本准则。现行章程是2002 年 12 月台湾民主自治同盟第七次全盟代表大会修改通过的。当时章程的修改以中共十六大精神为指导，明确规定了高举邓小平理论伟大旗帜，学习实践“三个代表”重要思想，对于台盟坚持中国共产党的领导，坚持正确的政治方向，按照新世纪参政党的要求，加强自身建设，切实履行职能，发挥了重要的指导作用。

台盟第七次全盟代表大会以来，国际国内形势发生了深刻变化。世界多极化和经济全球化的趋势在曲折中发展，科技进步日新月异，综合国力竞争日趋激烈。在邓小平理论和“三个代表”重要思想指导下，我国改革开放和全面建设小康社会取得了重大进展，综合国力大幅提升，人民得到更多实惠，国际地位和世界影响显著提高，全国各族人民团结更加紧密。以胡锦涛为总书记的中共中央在坚持和发展中国特色社会主义的伟大实践中，继续推进马克思主义中国化，提出了科学发展观等一系列治国理政的重大战略思想，形成了中国特色社会主义理论体系；《中共中央关于进一步加强中国共产党领导的多党合作和政治协商制度建设的意见》（中发［2005］5号文件）、《中共中央关于加强人民政协工作的意见》（中发［2006］5号文件）和《中共中央关于巩固和壮大新世纪新阶段统一战线的意见》（中发［2006］15号文件）的颁布，标志着中国共产党领导的多党合作和政治协商在制度化、规范化、程序化道路上迈向了一个新的高度；胡锦涛总书记就新时期发展两岸关系发表的四点意见和全国人大通过的《反分裂国家法》，为我们在新形势下牢牢把握两岸关系和平发展的主题，做好台湾人民工作，推进祖国统一进程指明了方向。

不久前，中国共产党胜利召开了第十七次全国代表大会。这是在我国改革发展关键阶段召开的一次重要的大会。大会做出的重要决策和部署，对于团结带领全国各族人民夺取全面建设小康社会新胜利，开创中国特色社会主义事业新局面必将产生重大而深远的指导作用。

对章程进行适当修改，体现中共十七大提出的指导我国建设和发展的重大理论观点和战略思想，使章程更具时代特征。同时根据新时期对参政党提出的更高标准，充实对盟员、盟的干部和盟的各级组织的要求，完善有关制度，使章程更具前瞻性，更好地发挥规范和指导作用。通过修改章程保证台盟能够适应时代发展，沿着正确的道路不断前进，肩负起我们的历史使命。

二

章程修改的指导思想是：坚持以马克思列宁主义、毛泽东思想、邓小平理论和“三个代表”重要思想为指导，体现科学发展观等十六大以来中共中央提出的一系列治国理政的重大战略思想，贯彻落实中共中央两个5号文件和15号文件精神，贯彻落实中共十七大精神，使修改后的章程立足自身实际、体现时代要求、反映长远发展，对维护和加强自身团结，促进内部和谐，推进全盟思想建设、组织建设、制度建设和作风建设，更好地履行参政党职能，发挥重大的指导作用。

章程修改的主要原则是：

1. 既要坚持与时俱进的精神，又要保持相对稳定性。从坚持中国特色社会主义道路、发展社会主义民主、建设社会主义政治文明的战略高度充分体现中共十六大以来的理论创新成果，同时根据台盟发展历程，反映章程的历史惯例，具体条款能不改的不改、能小改的不大改，保持章程的延续性和历史性。

2. 既要坚持参政党政治原则的一致性，又要充分体现台盟的特色。对关系到我国多党合作事业稳步健康发展和民主党派在新的历史阶段发展面貌的重大原则问题，如遵循中国共产党和各民主党派在多党合作和政治协商的长期实践中形成的重要政治准则、推进政治交接、坚持走中国特色社会主义政治发展道路等，要在章程中作出明确规定。同时，台盟是由居住在祖国大陆的台湾省人士组成的政治联盟，要在对台工作中发挥桥梁和纽带作用，为促进两岸关系发展、推进祖国和平统一进程作出应有贡献是我们的工作重点和界别特色，也要在章程中得到充分体现。

3. 既要立足当前实际，又要着眼长远发展。要充分认识和肯定现有章程自台盟七大以来，对台盟广大盟员和各级组织履行参政议政、民主监督职能发挥的指导和保证作用。同时，要着眼于社会主义民主政治和我国多党合作事业的发展，结合参政党建设的目标和原则，对台盟的组织发展、自身建设、履行职能、发挥作用方面，在现有规定基础上作进一步的充实和完善。

章程修改的主要特点是：充分发扬民主，集中全盟智慧。2006 年 11 月主席会议决定成立章程修改小组，负责章程修改的具体工作。章程修改小组向各省级组织发出通知请各省级组织根据实际情况，以不同的方式收集盟员和有关方面对章程修改的意见，集思广益，力争使修改后的章程符合形势发展的要求，具有前瞻性和指导性。在认真研究各方面的意见和建议的基础上，章程修改小组起草了章程修改草案的初稿。从初稿到现在提交大会审议的修改草案，期间经过数次台盟中央机关工作会议、两次主席会议、两次中央常委会的讨论研究，在此过程中，章程修改小组还向部分中常委及省级组织负责人进行咨询，认真听取意见建议。同时，在一些共性的问题上，也注意了与兄弟党派的沟通协商。8 月，八个民主党派中央经协商，对民主党派章程修改和民主党派建立内部监督机制的有关问题达成共识，更为我们指明了工作方向。中共十七大召开后，修改小组对照胡锦涛总书记的报告，进一步规范了章程修改草案的表述方式。10 月末，台盟七届二十次中常会对台盟章程修改草案（征求意见稿）进行了审议并提出了具体的修改意见。章程修改小组根据中常会的意见，再次进行了认真修改，最终形成了大家手中的《台湾民主自治同盟章程（修改草案）》。

三

台盟现行章程包括总纲和五章 25 条条文，修改后的章程包括总纲和五章 29 条条文。修改着重围绕以下三个方面进行：

（一）台盟在新世纪新阶段的地位、性质和发展方向

中共十六大以来，以胡锦涛同志为总书记的中共中央着眼于党和国家事业发展的全局，提出了树立和落实科学发展观、构建社会主义和谐社会等一系列重大战略思想。从坚持走中国特色社会主义政治发展道路出发，对进一步坚持和完善中国共产党领导的多党合作和政治协商制度进行了深刻阐述。这些理论创新是对邓小平理论和“三个代表”重要思想的继承和发展，是马克思主义中国化的最新成果，得到了全国各族人民的广泛赞同和衷心拥护，已经成为新世纪、新阶段全国人民团结奋斗的重要思想基础，成为推动中国特色社会主义事业发展的强大思想武器。基于台盟参政党地位和政

治联盟性质的考虑，在章程中强调了台盟“是接受中国共产党领导、同中国共产党通力合作的亲密友党，是进步性与广泛性相统一、致力于中国特色社会主义事业的参政党”。充实了“本盟高举中国特色社会主义伟大旗帜，坚持中国特色社会主义理论体系，以马克思列宁主义、毛泽东思想、邓小平理论和‘三个代表’重要思想为指导，深入贯彻落实科学发展观，坚定不移地走中国特色社会主义道路”和多党合作实践中应遵循的重要政治准则的表述。

（二）台盟在新时期促进两岸关系发展、推进祖国统一进程的立场和态度

近年来，祖国大陆相继出台了一系列惠及台湾同胞的政策措施。对维护台海地区和平稳定、促进两岸关系发展起到了重要作用。和平稳定发展是两岸关系的主流。但我们也必须清醒地看到，台海局势仍然十分复杂和严峻。陈水扁当局正在加紧推动“宪改”，图谋“台湾法理独立”，推动以“台湾名义申请加入联合国的公投”，图谋改变台湾地位，把台湾从中国分裂出去。因此，反对和遏制“台独”，维护台海和平，依然是当前最重要、最紧迫的任务。台盟是由生活在祖国大陆的台湾省人士组成的参政党，宝岛台湾是全体盟员的故乡，台湾同胞是我们的骨肉乡亲。秉持台盟的一贯立场，结合两岸关系的发展变化，在章程中增加了“中国是两岸同胞的共同家园，两岸同胞是血脉相连的命运共同体”和“坚持一个中国原则决不动摇，争取和平统一的努力决不放弃，贯彻寄希望于台湾人民的方针决不改变，反对‘台独’分裂活动决不妥协。”的表述，以体现台盟在新时期促进两岸关系发展、推进祖国统一进程的鲜明立场和态度。

（三）新形势下建设适应时代发展要求的参政党

［2005］5号文件中明确指出民主党派要根据各自章程规定的参政党建设的目标和原则，以思想建设为核心，以组织建设为基础，以制度建设为保障，努力加强自身建设。为适应自身和时代发展的要求，充实了章程中关于自身建设部分的内容，提出了更加明确的工作方向。同时，根据各党派中央协商一致的意见，增加了加强内部监督机制建设和设立相应的内部监督机构的条款，以适应新形势下参政党自身建设的需要。

四

（一）总纲部分

1. 关于台盟性质的表述。在我国社会变革中出现的新的社会阶层被明确为中国特色社会主义事业建设者，写入宪法，成为新世纪爱国统一战线的重要组成部分。因此在总纲第一段，加入了“社会主义事业建设者”，使表述同中发［2005］5号文件精神一致。

2. 关于台盟指导思想的表述。在总纲第三段的内容中根据中共十七大精神，明确台盟在新时期，举什么旗，走什么路和指导思想的问题。在这一段中还加入了“继承和发扬台湾人民爱国爱乡的光荣传统”，体现台盟特色。

3. 关于多党合作重要政治准则的表述。进一步充实现行章程的政治准则，在总纲的第三段和第四段融入了2005［5］号文件中归纳的六条重要政治准则的内容，强调“坚持走中国特色社会主义政治发展道路”。这是对台盟未来在多党合作事业中发挥作用的方式和行为在大原则上进行一定的规范。

4. 总纲第五段是表达台盟促进两岸关系发展，推动祖国统一的立场和态度，是涉及台盟特色的集中表述。随着两岸关系和对台工作形势的不断变化，内容中增加了胡锦涛总书记在新形势下发展两岸关系的四点意见、两岸关系和平和发展的主题等内容，并按中共十七大报告中的提法，强调“中国是两岸同胞的共同家园，两岸同胞是血脉相连的命运共同体。”

5. 关于参政党建设的表述。现行章程规定了新世纪参政党建设的目标和原则，根据五年来民主党派的发展变化以及［2005］5号文件关于民主党派自身建设的要求，章程修改后在参政党建设内容中明确了思想建设、组织建设、制度建设等内容，并强调要推进政治交接，坚持走中国特色社会主义政治发展道路。

6. 关于组织原则的表述。鉴于章程中增加了建立内部监督机制的内容，因此在组织原则中加以完整表述“在贯彻民主集中制的同时，加强内部监督”。

（二）第一章　盟员部分

1. 第二条，将“拥护社会主义”改为“坚持中国特色社会主义”，将“建设中国特色的社会主义现代化国家”改为“建设富强民主文明和谐的社会主义现代化国家”。

2. 第三条，将申请入盟者，须“填写入盟志愿书”改为须“提出书面申请”，与实际操作程序相符。

3. 第四条之（三）中，增加了“学习科学发展观”，将“学习党的各项方针政策”表述为“学习中国共产党和国家的各项方针政策”，并强调要提高参政议政能力。

4. 增加了第八条关于转移盟组织关系的规定，进一步规范盟员的组织生活。

5. 第九条，将退盟的程序明确为“由盟的省、直辖市委员会审核批准，并报盟中央备案”。

6. 第十条关于盟的领导干部基本条件的规定。将基本条件（一）表述为政治把握能力、参政议政能力、组织领导能力和合作共事能力。把条件（三）和（四）交换顺序，把“热心盟务，廉洁奉公”作为第四条，并增加“自觉接受组织和盟员的监督”。

（三）第二章　盟的中央组织部分

1. 将第十四条中的“主持盟务”参照中共党章的表述改为“行使中央委员会职权”，并调整该段的表述顺序，依次是中央常务委员会的组成、主席会议的组成和秘书长的产生，层次比较合理。

2. 按照有关文件的要求，增加了十七条关于设立中央监督委员会的规定。

3. 章程的第十八条规定了届中增补中央委员的办法，为确保严格执行此规定，同时考虑到可操作性，将第十九条改为“全盟代表大会和全盟代表会议的代表名额和产生办法，由中央常务委员会决定。”

（四）第三章　盟的地方组织

1. 将第二十三条的表述顺序重新调整，依次是主任委员会议的组成、秘书长的产生，层次比较合理。

2. 增加第二十五条，参照届中增补中央委员的规定，明确规定地方组织届中增补机制。

3. 增加第二十六条，规定省级组织根据内部监督机制建设的需要，经批准可设立相应的内部监督机构。含义一，有需要才设立，并需报请批准；含义二，省以下组织不设。

（五）第四章　盟的基层组织

1. 第二十七条，对这一段文字的表述作了重新整理。明确三人以上可成立基层组织。根据目前在一些省现实中已经有总支部的存在，因此明确了盟的基层组织是总支部委员会、支部委员会、小组，但不明确规定多少人成立什么样的基层组织，留有一定的操作余地。

2. 第二十八条之（二），把组织盟员学习科学发展观纳入基层组织的任务中。将“学习党的各项方针政策”表述为“学习中国共产党和国家的各项方针政策”。

（六）其他

此外还有个别字句的改动，只是为了表述更为规范，未改变原意，不在此一一列举。

五

此次章程修改集中了全盟的智慧，不少地方组织提出了宝贵的意见和建议，部分中常委和省级组织负责人更是对章程修改工作给予了极大的支持和帮助。在章程修改工作过程中，台盟中央章程修改小组采纳了许多有益的意见和建议，同时也有几个需要说明的问题。

（一）关于发展盟员条件的规定

在征求意见过程中，有些地方组织提出这方面的修改意见，希望适当扩大组织发展的范围。台湾省籍的要求确实限制了盟的发展范围，截止到2006年底，全盟盟员只有2100多人，与其他民主党派无法相比。但是多年来，我们坚持发展标准，保持了自身的特色，也才有了我们发挥自身优势、发挥独特作用的可能。台盟是八个民主党派中唯一对成员有省籍要求的党派，这种地缘性正是我们发挥作用的优势所在，也是台盟最大的特色。保持特色是民主党派赖以生存、发展和发挥作用的必要条件。另外，这个问题各民主党派中央曾在共同协商的基础上以《纪要》的形式进行过规范。如果调整，也需重新经过各民主党派中央的共同协商。因此，在这次初步修改台盟章程过程中，我们仍坚持1996年《关于民主党派组织发展若干问题座谈会纪要》、1999年《各民主党派中央关于加强自身建设若干问题座谈会纪要》和2004年《关于进一步做好民主党派组织发展工作座谈会纪要》的精神，继续保持原已确定的组织发展范围，未作改动。

（二）关于各级工作委员会的问题

目前，台盟在直辖市、直辖市的区建有工作委员会，个别地级市的区也在筹划成立工作委员会。工作委员会究竟应该定位为地方组织还是基层组织或是明确为派出机构，是个比较复杂的问题。这次对第三章盟的地方组织第二十条未作任何改动；对第四章盟的基层组织第二十七条中除增加了关于“总支部”的内容，也未涉及工委的问题。主要考虑：

1. 工委的问题在台盟虽然客观存在，但我们应该把它作为过渡的概念，不把它固定下来。严格讲，工作委员会应属派出机构，但五年前，台盟七大修改章程时，把直辖市的区工作委员会定位为地方组织，五年内未因此出现什么问题。从北京市的四个区工委情况看，各区中共党委在区内政治安排上对台盟工委也有所考虑，只是在工委委员产生程序上是由盟市委任命而非经盟员大会选举产生。

2. 从重庆市工委看，自成立以来，其工委委员的产生就和其他地方组织一样，由盟员大会进行选举，为逐步过渡到市委打下了基础。

从长远看，各级工委还是应向各级委员会过渡。因此，这次修改章程，暂不触及这个问题为好，不把它固定下来，留下未来解决这一问题的余地。

（三）关于地级市的区成立组织应如何界定的问题

地级市的区，应属县一级行政区划。其他兄弟党派章程中县委员会都是列为地方组织。台盟迄今还没有县级委员会，按八个民主党派中央 2004 年 10 月 25 日《关于进一步做好民主党派组织发展工作座谈会纪要》中“民主党派新建县级组织要从严掌握，原则上暂不建立新的县级组织”的要求，我们应维持原有组织建制，加强自身建设，提高盟员素质。不鼓励在县或县一级的区建立地方委员会，也不鼓励在不能成立区委员会的情况下，成立区工作委员会的做法。根据盟员人数，可考虑成立小组、支部或总支部。因此，这次章程修改在第三章盟的地方组织和第四章盟的基层组织中均未对地级市的区一级组织的定位作新的表述。

（四）关于内部监督机制的问题

加强内部监督机制建设，建立内部监督机构，是新形势下民主党派加强自身建设的一项重要任务。各民主党派中央经协商达成共识，明确了在民主党派中央逐步建立监督委员会，因此在章程的中央组织一章中增加了关于设立中央监督委员会的规定。内部监督机构的职能是对领导班子成员遵守《章程》和履行领导职责情况和盟员遵守《章程》的情况进行监督，监督工作必须坚持中国共产党的领导和属地化管理的原则。在本次全盟代表大会后，将根据章程规定，通过调研，制定监督机构工作条例，依据条例开展工作。省级组织是否建立内部监督机构以及如何定位，如何开展工作都还有待在进一步调研的基础上由各民主党派中央协商确定。

（五）章程与条例

台盟的章程包括台盟的性质、指导思想、奋斗目标、成员条件、组织制度、组织纪律、干部条件等主要内容，是指导和约束盟员和盟的组织的行为规范。章程需要根据时代发展和台盟自身发展而进行调整、充实和完善的，同时，一部章程不可能涵盖所有具体的、确实需要加以解决的问题。代表大会之后，我们还将根据通过的章程，逐步制定相关条例和制度，用以解决实际工作中的具体问题。

以上是对本次章程修改工作和主要修改内容的说明，提请各位代表审议《台湾民主自治同盟章程》（修改草案）并提出意见。

王小鸿　中央社会主义学院中国政党制度研究中心教授
邱永文　中央社会主义学院中国政党制度研究中心博士

政党活动纪要

中国共产党

2007年，中国共产党领导和团结全国各族人民，以邓小平理论和“三个代表”重要思想为指导，深入贯彻落实科学发展观，继续深化改革、扩大开放，全面推进社会主义经济建设、政治建设、文化建设、社会建设和党的建设，各项事业取得了新的重大进展。

一、重要会议和活动

2007年，中国共产党进行了一系列有关党和国家全局性、战略性的重要会议和活动。举世瞩目的十七大的召开，为继续推进党和国家事业发展指明了方向。

2月27日上午，中共中央、国务院在北京隆重举行国家科学技术奖励大会。党和国家领导人胡锦涛、温家宝、曾庆红、李长春出席大会并为获奖代表颁奖。中共中央政治局常委李长春在主持大会时强调，党中央、国务院隆重奖励在我国科技事业发展中作出杰出贡献的科技工作者，充分体现了中央对科技事业的高度重视和对广大科技工作者的亲切关怀。希望获奖代表认真贯彻落实全国科技大会精神，继续发扬心系祖国、自觉奉献的爱国精神，求真务实、勇于创新的科学精神，不畏艰险、勇攀高峰的探索精神，团结协作、淡泊名利的团队精神，在建设创新型国家的伟大实践中，争做自主创新的先锋、拼搏奉献的楷模，努力创造出无愧于时代、无愧于人民的光辉业绩。

6月25日，中共中央总书记、国家主席、中央军委主席胡锦涛在中央党校省部级干部进修班发表重要讲话。中共中央政治局常委吴邦国、温家宝、贾庆林、吴官正、李长春、罗干出席会议。中共中央政治局常委、中央党校校长曾庆红主持会议。这是胡锦涛总书记在十七大召开前的一次十分重要的讲话。讲话深刻阐述了事关党和国家工作全局的若干重大问题，对于进一步统一党的高级干部思想认识，更好地为夺取全面建设小康社会新胜利、开创中国特色社会主义事业新局面而继续奋斗，具有十分重要的指导意义。

8月1日，中共中央、国务院和中央军委在人民大会堂隆重举行庆祝中国人民解放军建军80周年暨全军英雄模范代表大会。中共中央总书记、国家主席、中央军委主席胡锦涛在会上发表重要讲话。他强调，必须坚持以毛泽东军事思想、邓小平新时期军队建设思想、江泽民国防和军队建设思想为指导，把科学发展观作为加强国防和军队建设的重要指导方针，在更高的起点上推进国防和军队现代化。江泽民、吴邦国、温家宝、贾庆林、曾庆红、吴官正、李长春、罗干出席大会。

8月28日，中共中央政治局召开会议，研究中国共产党第十六届中央委员会第七次全体会议和中国共产党第十七次全国代表大会筹备工作，审议中共中央纪律检查委员会向党的第十七次全国代表大会的工作报告稿。中共中央总书记胡锦涛主持会议。会议决定，中国共产党第十六届中央委员会第七次全体会议于2007年10月9日在北京召开。中共中央政治局将向党的十六届七中全会建议，中国共产党第十七次全国代表大会于2007年10月15日在北京召开。会议同意将中共中央纪律检查委员会向党的第十七次全国代表大会的工作报告稿提交党的十六届七中全会讨论。

9月17日，中共中央政治局召开会议，研究拟提请十六届七中全会讨论的十六届中央委员会向中国共产党第十七次全国代表大会的报告稿和《中国共产党章程（修正案）》稿。中共中央总书记胡锦涛主持会议。会议听取了十六届中央委员会向中国共产党第十七次全国代表大会的报告稿在党内外一定范围征求意见的情况报告，听取了《中国共产党章程（修正案）》稿在党内一定范围征求意见的情况报告，决定根据这次会议讨论的意见进行修改后把这两份文件稿提请十六届七中全会讨论。会议要求，全党全国各族人民加强团结、齐心协力，以奋发有为的精神状态、求真务实的工作作风做好各项工作，以优异成绩迎接党的十七大胜利召开。

9月28日，中共中央政治局召开会议，讨论十六届六中全会以来中央政治局的工作。中共中央总书记胡锦涛主持会议。会议认为，从党的十六届六中全会至今，中央政治局坚持以邓小平理论和“三个代表”重要思想为指导，认真贯彻十六大和十六届三中、四中、五中、六中全会精神，深入贯彻落实科学发展观，团结带领全党全国各族人民，加强和改善宏观调控，推动转变经济发展方式，加强资源节约和环境保护，推进改革开放和自主创新，发展社会主义民主政治，建设社会主义先进文化，加快发展社会事业，努力解决人民群众最关心、最直接、最现实的利益问题，保持香港、澳门繁荣稳定，加强对台工作，开展全方位外交，统筹推进党的思想建设、组织建设、作风建设和制度建设，精心筹备十七大，各项工作取得新进展。会议强调，党和国家各方面工作的开展和各项成绩的取得，是全党全国各族人民共同奋斗的结果，是广大党员、干部特别是基层干部扎实工作的结果。会议认为，中央政治局、中央政治局常委会重视自身建设，贯彻民主集中制和有关会议制度、工作规则，坚持重大问题集体讨论、集体决定。中央政治局的同志服从大局、密切配合、相互支持，保持和发展了团结进取的良好局面。

10月9日至12日，中国共产党第十六届中央委员会第七次全体会议在北京举行。中央委员会总书记胡锦涛作了重要讲话。会议决定，中国共产党第十七次全国代表大会于2007年10月15日在北京召开。会议听取和讨论了胡锦涛受中央政治局委托作的工作报告。全会讨论并通过了党的十六届中央委员会向党的第十七次全国代表大会的报告，讨论并通过了《中国共产党章程（修正案）》，决定将这两份文件提请党的第十七次全国代表大会审议。胡锦涛就党的十六届中央委员会向党的第十七次全国代表大会的报告讨论稿向全会作了说明。吴邦国就《中国共产党章程（修正案）》讨论稿向全会作了说明。全会按照党章规定，决定递补中央委员会候补委员朱祖良、杜学芳、杨传堂、邱衍汉为中央委员会委员。全会审议并通过了《中共中央纪律检查委员会关于陈良宇问题的审查报告》、《中共中央纪律检查委员会关于杜世成问题的审查报告》，确认中央政治局2007年7月26日、4月23日分别作出的给予陈良宇、杜世成开除党籍的处分。全会全面分析了当前的形势和任务，深入讨论了从新的历史起点出发继续推进中国特色社会主义伟大事业和党的建设新的伟大工程的若干重大问题，为召开党的第十七次全国代表大会作了充分准备。

10月15日上午，举世瞩目的中国共产党第十七次全国代表大会在人民大会堂开幕。大会由吴邦国主持。胡锦涛代表第十六届中央委员会向大会作了题为《高举中国特色社会主义伟大旗帜，为夺取全面建设小康社会新胜利而奋斗》的报告。胡锦涛指出，这次大会的主题是：高举中国特色社会主义伟大旗帜，以邓小平理论和“三个代表”重要思想为指导，深入贯彻落实科学发展观，继续解放思想，坚持改革开放，推动科学发展，促进社会和谐，为夺取全面建设小康社会新胜利而奋斗。报告共分十二个部分：（一）过去五年的工作；（二）改革开放的伟大历史进程；（三）深入贯彻落实科学发展观；（四）实现全面建设小康社会奋斗目标的新要求；（五）促进国民经济又好又快发展；（六）坚定不移发展社会主义民主政治；（七）推动社会主义文化大发展大繁荣；（八）加快推进以改善民生为重点的社会建设；（九）开创国防和军队现代化建设新局面；（十）推进“一国两制”实践和祖国和平统一大业；（十一）始终不渝走和平发展道路；（十二）以改革创新精神全面推进党的建设新的伟大工程。

10月21日上午，中国共产党第十七次全国代表大会在选举产生新一届中央委员会和中央纪律检查委员会，通过关于十六届中央委员会报告的决议、关于中央纪律检查委员会工作报告的决议、关于《中国共产党章程（修正案）》的决议后，在人民大会堂胜利闭幕。大会号召，全党全国各族人民高举中国特色社会主义伟大旗帜，更加紧密地团结在党中央周围，认真学习贯彻党的十七大精神，万众一心，开拓奋进，为夺取全面建设小康社会新胜利、谱写人民美好生活新篇章而努力奋斗。党的十七大是在我国改革发展关键阶段召开的一次十分重要的大会。大会批准的胡锦涛同志代表十六届中央委员会所做的报告，描绘了在新的时代条件下继续全面建设小康社会、加快推进社会主义现代化的宏伟蓝图，为我们继续推动党和国家事业发展指明了前进方向，是我们党团结带领全国各族人民坚定不移走中国特色社会主义道路、在新的历史起点上继续发展中国特色社会主义的政治宣言和行动纲领。大会通过的党章修正案，体现了党的理论创新和实践发展的成果，体现了党的十七大报告确立的重大理论观点、重大战略思想、重大工作部署，对坚持和改善党的领导、加强和改进党的建设提出了明确要求。

10月22日，中国共产党第十七届中央委员会第一次全体会议在北京举行。全会选举了中央政治局委员、中央政治局常务委员会委员、中央委员会总书记；根据中央政治局常务委员会的提名，通过了中央书记处成员；决定了中央军事委员会组成人员；批准了中央纪律检查委员会第一次全体会议选举产生的书记、副书记和常务委员会委员人选。胡锦涛、吴邦国、温家宝、贾庆林、李长春、习近平、李克强、贺国强、周永康任政治局常委，胡锦涛任中共中央总书记、中央军委主席。胡锦涛同志主持会议并作重要讲话。

10月23日，十七届中共中央政治局召开第一次会议，专门对学习宣传贯彻党的十七大精神进行研究部署。中共中央总书记胡锦涛主持会议。会议指出，认真学习宣传贯彻党的十七大精神，关系党和国家工作全局，关系中国特色社会主义事业长远发展，对于动员全党全国各族人民，在以胡锦涛同志为总书记的党中央领导下，高举中国特色社会主义伟大旗帜，奋力夺取全面建设小康社会新胜利、开创中国特色社会主义事业新局面，具有重大现实意义和深远历史意义。会议强调，当前和今后一个时期的首要政治任务，就是学习宣传和全面贯彻落实党的十七大精神，为实现党的十七大确定的奋斗目标和工作任务而扎实努力。会议要求，各级党委要切实抓好学习宣传贯彻党的十七大精神的工作，按照中央的部署，结合本地区本部门实际提出具体要求，及时了解学习宣传贯彻情况，总结推广经验，把学习宣传贯彻党的十七大精神不断引向深入。要坚持以县（处）级以上领导干部为重点，推动全党的学习贯彻。要切实抓好党的十七大精神进教材、进课堂、进学生头脑的工作。企业、农村、机关、学校、部队、社区的基层党组织，要通过多种形式组织好广大党员和群众的学习，引导人们为全面建设小康社会而勤奋工作。

12月3日至5日，中央经济工作会议在北京举行。中共中央总书记、国家主席、中央军委主席胡锦涛，中共中央政治局常委、全国人大常委会委员长吴邦国，中共中央政治局常委、国务院总理温家宝，中共中央政治局常委、全国政协主席贾庆林，中共中央政治局常委李长春，中共中央政治局常委、中央书记处书记习近平，中共中央政治局常委李克强，中共中央政治局常委、中央纪委书记贺国强，中共中央政治局常委、中央政法委书记周永康出席会议。胡锦涛在会上发表重要讲话，全面分析了当前我国经济形势和国际经济环境，明确提出了明年经济工作的指导思想和总体要求，深刻阐述了做好明年经济工作的大政方针和主要任务。温家宝在讲话中进一步阐述了明年经济工作的重大问题，并就明年经济工作的主要目标、任务作了具体部署。

12月12日上午，中共中央、国务院和中央军委在人民大会堂举行大会，隆重庆祝我国首次月球探测工程圆满成功。中共中央总书记、国家主席、中央军委主席胡锦涛发表重要讲话。他强调，我国首次月球探测工程的成功实施，进一步显示和提高了我国的经济实力、科技实力和民族凝聚力，极大地激发了全体中华儿女的爱国热情，进一步增强了全党全国各族人民全面建设小康社会、加快推进社会主义现代化的信心和决心。中共中央政治局常委、全国人大常委会委员长吴邦国主持庆祝大会，中共中央政治局常委温家宝、贾庆林、李长春、习近平、李克强、贺国强、周永康出席。

12月22日至23日，中央农村工作会议在北京举行。会议认真学习贯彻党的十七大精神，高举中国特色社会主义伟大旗帜，以邓小平理论和“三个代表”重要思想为指导，深入贯彻落实科学发展观，回顾总结了过去5年的农业农村工作，重点研究了加强农业基础建设、促进农业发展农民增收的政策措施，安排部署了2008年及今后一个时期的农业农村工作。会议讨论了《中共中央、国务院关于切实加强农业基础建设，进一步促进农业发展农民增收的若干意见（讨论稿）》。中共中央政治局委员、国务院副总理回良玉出席会议并讲话。会议要求，当前和今后一个时期，要重点做好以下工作：（一）巩固完善强化强农惠农政策，大幅度增加农业农村投入；（二）努力保障主要农产品基本供给，积极促进农民增收；（三）突出抓好农业基础设施建设，加快完善农业生产条件；（四）强化农业科技和人才支撑，大力发展社会化服务；（五）加快农村社会事业发展，强化农村基础设施建设；（六）稳定完善农村基本经营制度，不断深化农村改革。会议强调，要切实加强党对农村工作的领导，认真履行对“三农”工作的组织领导责任，在工作安排、财力分配和干部配备等方面体现重中之重的要求，不断完善“三农”工作领导机制。要加强农村民主政治建设、文化建设和社会管理，扎实推进农村基层组织建设，推动“三农”工作再上新台阶。

12 月 25 日上午，中共中央总书记、国家主席、中央军委主席胡锦涛在人民大会堂同全国政法工作会议代表和全国大法官、大检察官座谈。全国人大常委会委员长吴邦国，国务院总理温家宝，中央书记处书记习近平出席座谈会。会议由中央政法委书记周永康主持，胡锦涛总书记发表重要讲话。周永康在主持座谈会时说，胡锦涛总书记的重要讲话，站在中国特色社会主义事业发展全局的高度，精辟分析了政法工作面临的国际国内形势，深刻阐明了政法工作的重要性和紧迫性，深刻阐明了政法工作的性质、职责和重大任务，深刻阐明了全面把握党的十七大精神、加强和改进政法工作总的要求和重点工作，深刻阐明了加强和改善党对政法工作领导的重大意义和重大措施。我们要认真学习领会，切实贯彻落实，努力开创政法工作新局面。

二、领导活动

2007 年，中国共产党进一步提高党的领导水平和执政能力，以经济建设为中心，全面推进社会主义经济建设、政治建设、文化建设和社会建设。

（一）对经济建设的领导

2007 年，中国共产党全面贯彻落实科学发展观、构建社会主义和谐社会等重大战略思想，继续加强和改善宏观调控，着力推进改革开放和自主创新，着力调整经济结构和转变经济增长方式，着力加强资源节约和环境保护，着力促进社会发展和解决民生问题，推动经济社会发展切实转入科学发展的轨道，实现国民经济又好又快发展。

1 月 23 日，中共中央政治局召开会议，研究部署金融改革发展工作。中共中央总书记胡锦涛主持会议。会议强调，各级党委和政府要从经济社会发展全局和战略的高度，充分认识做好新形势下金融工作的重要性，加强和改进对金融工作的领导，认真贯彻中央关于金融工作的大政方针和战略部署，统一思想，明确任务，狠抓落实。要完善金融工作领导和管理体制，切实加强各类金融机构各级领导班子建设，全面提高金融从业人员思想政治素质、业务素质和职业道德素质，大力实施金融人才发展战略，加强金融系统党风廉政建设，强化监督约束机制，加大打击商业贿赂工作力度，严厉惩治腐败行为，坚决反对挥霍浪费、追求奢华的不良风气。

2 月 15 日下午，中共中央政治局进行第三十九次集体学习，中共中央总书记胡锦涛主持。这次集体学习安排的内容是国外区域发展情况和促进我国区域协调发展。国务院发展研究中心李善同研究员、中国科学院地理科学与资源研究所樊杰研究员就这个问题进行讲解，并谈了他们对促进我国区域协调发展的意见和建议。中共中央政治局各位同志认真听取了他们的讲解，并就有关问题进行了讨论。胡锦涛在主持学习时发表了讲话。他指出，从新世纪新阶段党和国家事业发展全局出发，党的十六届五中全会在总结我国社会主义现代化建设经验的基础上，进一步提出了我国区域发展总体战略，强调要继续推进西部大开发，振兴东北地区等老工业基地，促进中部地区崛起，鼓励东部地区率先发展，形成合理的区域发展格局。这是实现我国经济社会又好又快发展、确保实现全面建设小康社会、进而基本实现现代化宏伟目标的重大举措，是发挥我国社会主义制度优越性、促进社会和谐稳定的重大举措，也是保证我国各族人民共享改革发展成果、逐步实现共同富裕的重大举措。全党全国必须从贯彻落实科学发展观、构建社会主义和谐社会的战略高度，深刻认识促进区域协调发展的重大意义，把促进区域协调发展摆在更加重要的位置，切实把区域发展总体战略贯彻好、落实好。

7 月 26 日，中共中央政治局召开会议，分析研究当前经济形势和经济工作。中共中央总书记胡锦涛主持会议。会议强调，要坚持以邓小平理论和“三个代表”重要思想为指导，深入贯彻落实科学发展观和中央确定的方针政策，稳定、完善和落实宏观调控政策，财政政策要加大对结构调整支持力度，货币政策要稳中适度从紧，着力提高经济增长质量和效益，着力推进改革开放和自主创新，着力加快社会发展和改善民生，促进经济社会又好又快发展。会议提出，要坚持把遏制经济增长由偏快转为过热作为当前宏观调控的首要任务，着力控制高耗能、高排放和产能过剩行业盲目扩张，努力缓解投资增长过快、信贷投放过多、外贸顺差过大的矛盾，控制价格总水平过快上涨，把发展的积极性、充裕的资金、宝贵的资源更多引导到加强经济社会薄弱环节上来；坚持把解决好“三农”问题作为全党工作的重中之重，巩固和强化农业基础地位，加快建立健全支持农业和农村经济发展的长效机制，促进农业稳定发展和农民持续增收；坚持把节能减排作为调整结构和转变增长方式的重要抓手，依靠优化结构、科技进步、加强管理、完善机制、强化法制和全民参与，力争节能减排取得更加明显的成效；坚持以人为本，抓住经济平稳增长和财政收入大幅增加的有利时机，中央和地方都要加大对涉及群众切身利益和关系经济长远发展的投入，让经济发展成果更多体现到改善民生上；坚持标本兼治、远近结合，用改革的办法推进深层次矛盾的解决。要加快发展科技、教育、卫生、文化等社会事业。当前，尤其要抓好防灾救灾工作，妥善安排受灾群众的生产生活。

8 月 28 日下午，中共中央政治局进行第四十三次集体学习，内容是世界金融形势和深化我国金融体制改革。中共中央总书记胡锦涛主持。国务院发展研究中心巴曙松研究员、中国银行业监督管理委员会李伏安高级经济师就这个问题进行了讲解，并谈了对深化金融体制改革的意见和建议。中共中央政治局各位同志认真听取了他们的讲解，并就有关问题进行了讨论。胡锦涛在主持学习时发表了讲话。他强调，要充分认识做好金融工作的重要性和紧迫性，深入研究金融领域的新情况新问题，加快推进金融改革，切实保障金融安全，全面做好金融工作，增强金融业综合实力、竞争力和抗风险能力，推动金融业持续健康发展。胡锦涛强调，各级党委和政府要切实加强和改进对金融工作的领导，认真贯彻中央关于金融工作的大政方针和决策部署，树立现代金融观念，自觉按照经济规律办事，高度重视和支持金融工作，支持金融监管部门加强监管。各级领导干部要带头学习金融理论特别是现代金融知识，努力提高领导金融工作能力。要建立健全符合现代金融企业制度要求的选人用人机制，加强金融职业培训，大力培养各类金融人才。要加强金融系统党风廉政建设，全面提高金融从业人员特别是各级领导干部思想政治素质、业务素质、职业道德素质，弘扬新风正气，反对歪风邪气，形成良好行业风气。

9月28日下午，中共中央政治局进行第四十四次集体学习，内容是扩大对外开放和维护国家经济安全。中共中央总书记胡锦涛主持此次学习活动。上海对外贸易学院王新奎教授、国务院发展研究中心隆国强研究员就这个问题进行了讲解，并谈了对我国扩大对外开放和维护经济安全的建议。中共中央政治局各位同志认真听取了他们的讲解，并就有关问题进行了讨论。胡锦涛在主持学习时发表了讲话。胡锦涛在讲话中就全面提高开放型经济水平提出五点要求。一是要加快转变外贸增长方式，坚持以质取胜，优化进出口商品结构，努力促进对外贸易从数量增加为主向质量提高为主转变，提高对外贸易质量和效益。二是要优化对外开放结构和布局，提高利用外资质量，积极引进先进技术、管理经验和高素质人才，加强对外资的产业和区域投向引导，做好引进技术的消化吸收和创新提高，扩大高新技术产业和先进制造业对外开放。三是要深入实施“走出去”战略，从我国经济发展的战略需要出发，支持有条件的企业按照国际通行规则对外直接投资和跨国经营，完善对境外投资的协调机制和风险管理，健全对外投资服务体系，办好境外经济贸易合作区，支持当地发展经济、改善民生。四是要扎实促进互利共赢，维护和完善全球经贸体系，主动承担与我国发展水平和能力相适应的国际责任，力所能及地加大对发展中国家的援助和支持，妥善处理产品质量、气候变化、生态环境、知识产权等问题，维护企业合法权益和国家利益。五是要切实维护国家经济安全，完善维护国家经济安全的法律法规，构建有效的国家经济安全体制机制，增强国家经济安全监测和预警、危机反映和应对的能力，依法保护我国海外资产和人员安全。胡锦涛强调，各级党委和政府要加强和改进对外开放工作的领导，认真贯彻中央关于对外开放的决策部署，全面分析对外开放形势，完善对外开放政策措施，自觉维护国家经济安全，不断提高统筹国内发展和对外开放的能力。

11月27日，中共中央政治局召开会议，分析当前经济形势，研究2008年经济工作。中共中央总书记胡锦涛主持会议。会议提出，要坚持稳中求进，保持经济持续平稳较快协调发展，把防止经济增长由偏快转为过热、防止价格由结构性上涨演变为明显通货膨胀作为宏观调控的首要任务。会议强调，要进一步巩固和强化农业基础地位，保持农业农村经济发展和农民增收的良好势头；继续把节能减排作为转变发展方式、优化经济结构的重要抓手，采取更有力的措施，切实抓出更大成效；继续严格控制固定资产投资过快增长，加大对经济社会发展薄弱环节和重点领域建设的支持力度；加强重要商品生产、供应和市场调控，保持价格总水平基本稳定；

合理调整国民收入分配，逐步提高居民特别是低收入劳动者收入，完善消费环境，着力扩大消费需求；积极发展服务业、高技术产业和装备制造业，大力推进自主创新，提升产业结构和市场竞争力；统筹国内发展和对外开放，进一步提高对外开放质量和水平；发挥区域比较优势，支持欠发达地区提高自我发展能力，推动区域协调发展；加快教育、就业、社会保障、收入分配、卫生、住房保障等制度建设，加强公共文化服务体系建设，有计划、有步骤地解决涉及群众切身利益的热点难点问题；把深化改革放在更加突出的位置，协调推进重要领域和关键环节的改革，深化企业、财税、金融、价格、行政管理等方面的体制改革。

12 月 18 日，中共中央政治局召开会议，研究推进农业和农村发展工作。中共中央总书记胡锦涛主持会议。会议强调，全党必须增强做好“三农”工作的紧迫感，粮食安全的警钟要始终长鸣，巩固农业基础地位的弦要始终紧绷，解决好“三农”问题作为全党工作重中之重的要求要始终坚持。要全面贯彻党的十七大精神，高举中国特色社会主义伟大旗帜，以邓小平理论和“三个代表”重要思想为指导，深入贯彻落实科学发展观，按照形成城乡经济社会发展一体化新格局的要求，走中国特色农业现代化道路，突出加强农业基础建设，积极促进农业稳定发展、农民持续增收，努力保障农产品基本供给，切实解决农村民生问题，扎实推进社会主义新农村建设。

（二）对政治建设的领导

2007 年，中国共产党继续坚持扩大社会主义民主，全面实施依法治国基本方略，推进社会主义法治国家建设，人民各项权益得到更好保障。

2 月 9 日，国务院在北京召开第五次廉政工作会议，温家宝总理发表讲话。他指出，这次会议的主要任务是，贯彻中央纪委第七次全体会议和胡锦涛同志在会议上的重要讲话精神，总结政府系统近几年的廉政建设和反腐败工作，部署今年的任务。要全面贯彻中央关于党风廉政建设和反腐败的部署和要求，围绕规范行政权力运行，推进体制改革和制度建设，继续抓好商业贿赂专项治理和解决损害群众利益的突出问题，加强政风建设，把政府廉政建设和反腐败工作引向深入。

2 月 15 日，中共中央政治局召开会议，讨论国务院拟提请第十届全国人民代表大会第五次会议审议的政府工作报告稿。中共中央总书记胡锦涛主持会议。会议强调，2008 年是党和国家发展进程中非常重要的一年。各级党委和政府要按照中央的部署和要求，坚持以邓小平理论和“三个代表”重要思想为指导，全面落实科学发展观，加快构建社会主义和谐社会，继续加强和改善宏观调控，着力调整经济结构和转变增长方式，着力加强资源节约和环境保护，着力推进改革开放和自主创新，着力促进社会发展和解决民生问题，推动经济社会发展切实转入科学发展的轨道，正确处理改革发展稳定的关系，清醒地看到并扎实解决存在的突出问题和矛盾，全面推进社会主义经济建设、政治建设、文化建设、社会建设和党的建设，为党的十七大召开创造良好的环境和条件。

3 月 5 日上午，第十届全国人民代表大会第五次会议在北京人民大会堂开幕。会议由大会主席团常务主席、执行主席吴邦国主持。胡锦涛、贾庆林、曾庆红、黄菊、吴官正、李长春、罗干等和大会主席团成员在主席台就座。国务院总理温家宝向大会报告今年政府工作基本思路和任务时指出，要以邓小平理论和“三个代表”重要思想为指导，全面落实科学发展观，加快构建社会主义和谐社会，认真贯彻党的十六大以来各项方针政策，加强和改善宏观调控，着力调整经济结构和转变增长方式，着力加强资源节约和环境保护，着力推进改革开放和自主创新，着力促进社会发展和解决民生问题，全面推进社会主义经济建设、政治建设、文化建设、社会建设，为党的十七大召开创造良好的环境和条件。报告共分六个部分：（一）2006年工作回顾；（二）2007年工作总体部署；（三）促进经济又好又快发展；（四）推进社会主义和谐社会建设；（五）深化改革和扩大开放；（六）加强政府自身改革和建设。

3月16日上午，第十届全国人民代表大会第五次会议在批准政府工作报告、全国人大常委会工作报告及其他重要报告，表决通过物权法、企业所得税法和其他法律文件，圆满完成各项议程后，在人民大会堂闭幕。闭幕会由大会主席团常务主席、执行主席吴邦国主持。胡锦涛、温家宝、贾庆林、曾庆红、吴官正、李长春、罗干等和大会主席团成员在主席台就座。吴邦国发表讲话。吴邦国指出，会议通过的物权法、企业所得税法，是中国特色社会主义法律体系中的重要法律。要采取多种形式，广泛宣传和深入学习这两部法律，抓紧制定相关配套办法，为这两部法律的实施做好充分准备，切实发挥法律的规范、引导和保障作用。吴邦国说，会议作出了关于十一届全国人大代表选举有关事项的决定。人大代表选举是我国社会主义民主政治建设的一件大事。我们要坚持党的领导，充分发扬民主，严格依法办事，把模范遵守宪法和法律、密切联系群众、努力为人民服务、受到群众信赖的优秀分子选为全国人大代表，为坚持和完善人民代表大会制度、开创人大工作的新局面，提供坚实的组织保障。吴邦国最后说，让我们紧密地团结在以胡锦涛同志为总书记的党中央周围，高举邓小平理论和“三个代表”重要思想伟大旗帜，全面落实科学发展观，同心同德，奋发进取，扎实工作，以优异的成绩迎接党的十七大的胜利召开，为全面建设小康社会、构建社会主义和谐社会而努力奋斗。

3月23日下午，中共中央政治局进行第四十次集体学习，内容是关于制定和实施物权法的若干问题。中共中央总书记胡锦涛主持。中国社会科学院法学研究所梁慧星研究员、中国人民大学法学院王利明教授就这个问题进行了讲解，并谈了实施好物权法的意见和建议。中共中央政治局各位同志认真听取了他们的讲解，并就有关问题进行了讨论。胡锦涛在主持学习时发表了讲话。他指出，各级党委和政府要从坚持依法治国基本方略的高度，充分认识制定和实施物权法的重大意义，认真实施好物权法。胡锦涛强调，各级党委、政府和领导干部要带头学习和实施物权法，全面落实保障一切市场主体的平等法律地位和发展权利的法律要求，正确处理行使国家权力和保障公民权利的关系，充分运用物权法等法律手段提高促进经济社会发展、管理经济社会事务的水平，增强解决社会矛盾、促进社会和谐的能力。各有关部门要各司其职、各负其责，通力协作、加强配合，共同推进物权法的实施。要依法严厉打击各种侵犯国家、集体和私人财产权益的违法犯罪行为。要做好法律援助和司法救助工作，规范和拓宽法律服务，公正有效地解决群众的司法诉求。

11月27日下午，在现行宪法公布实

施25周年和实施依法治国基本方略、建设社会主义法治国家提出10周年之际，十七届中共中央政治局以完善中国特色社会主义法律体系和全面落实依法治国基本方略为题进行了第一次集体学习。中国政法大学徐显明教授、中国社会科学院信春鹰研究员就学习内容进行讲解，并谈了对建设社会主义法治国家的意见和建议。中共中央政治局各位同志认真听取了他们的讲解，并就有关问题进行了讨论。

胡锦涛在主持学习时发表了讲话。他在讲话中就全面落实依法治国基本方略提出四点要求。一是要加强和改进立法工作，进一步提高立法质量。坚持科学立法、民主立法，紧紧围绕党和国家工作大局，抓紧完善改革开放和社会主义现代化建设迫切需要、与人民群众利益密切相关、对中国特色社会主义法律体系起支架作用的重要法律，按照法定的立法程序，扩大公民对立法的有序参与，推动解决好人民最关心、最直接、最现实的利益问题，维护人民合法权益和社会公平正义。二是要加强宪法和法律实施，维护社会主义法制的统一、尊严、权威。要坚持公民在法律面前一律平等，全面推进依法行政，规范行政执法行为，深化司法体制改革。各级党组织和全体党员要自觉在宪法和法律范围内活动，带头维护宪法和法律权威，为全社会作出表率。三是要加强对执法活动的监督，确保法律正确实施。完善权力制约和监督机制，综合运用各种监督形式，增强监督合力和实效，真正做到有权必有责、用权受监督、违法要追究。四是要深入开展法制宣传教育，弘扬法治精神。要坚持不懈地开展法制宣传教育，认真组织实施“五五”普法规划，加强公民意识教育，形成全社会自觉学法守法用法的良好风尚。要深入开展社会主义法治理念教育，增强各级党委依法执政的意识，增强各级政府依法行政的能力和水平，增强各级干部和国家机关工作人员依法办事的素质和本领。胡锦涛强调，各级党委要按照党的十七大的要求，坚持党的领导、人民当家作主、依法治国有机统一，把全面落实依法治国基本方略、加快建设社会主义法治国家摆在更加突出的位置、纳入重要议事议程，统筹规划，加大投入，扎实推进，抓好落实。要加强党对依法治国工作的领导，在法制轨道上共同推进改革发展稳定各项工作，实现好、维护好、发展好最广大人民的根本利益，促进社会和谐，不断推进全面建设小康社会进程。

（三）对文化建设的领导

2007年，中国共产党大力推进社会主义核心价值体系建设，深化文化体制改革，加快发展文化事业和文化产业，人民文化生活更加丰富多彩。

1月23日下午，中共中央政治局进行第三十八次集体学习，内容是世界网络技术发展和我国网络文化建设与管理。中共中央总书记胡锦涛主持。中央外宣办网络宣传局李伍峰、信息产业部电信研究院曹淑敏教授级高级工程师就这个问题进行讲解，并谈了对我国网络文化建设与管理的意见和建议。中共中央政治局各位同志认真听取了他们的讲解，并就有关问题进行了讨论。

胡锦涛在主持学习时发表了讲话。胡锦涛就加强网络文化建设和管理提出五项要求。一是要坚持社会主义先进文化的发展方向，唱响网上思想文化的主旋律，努力宣传科学真理、传播先进文化、倡导科学精神、塑造美好心灵、弘扬社会正气。二是要提高网络文化产品和服务的供给能力，提高网络文化产业的规模化、专业化水平，把博大精深的中华文化作为网络文化的重要源泉，推动我国优秀文化产品的数字化、网络化，加强高品位文化信息的传播，努力形成一批具有中国气派、体现时代精神、品位高雅的网络文化品牌，推动网络文化发挥滋润心灵、陶冶情操、愉悦身心的作用。三是要加强网上思想舆论阵地建设，掌握网上舆论主导权，提高网上引导水平，讲求引导艺术，积极运用新技术，加大正面宣传力度，形成积极向上的主流舆论。四是要倡导文明办网、文明上网，净化网络环境，努力营造文明健康、积极向上的网络文化氛围，营造共建共享的精神家园。五是要坚持依法管理、科学管理、有效管理，综合运用法律、行政、经济、技术、思想教育、行业自律等手段，加快形成依法监管、行业自律、社会监督、规范有序的互联网信息传播秩序，切实维护国家文化信息安全。

胡锦涛指出，各级党委和政府要从加强规划、完善制度、规范管理、充实队伍等方面采取措施，加强信息产业发展与网络文化发展的统筹协调，切实把一手抓发展、一手抓管理的要求贯彻到网络技术、产业、内容、安全等各个方面。要制定政策、创造条件，加强政府网站建设，扶持拥有优秀网络文化内容的网站，积极开发具有自主知识产权的网络文化产品，加强和改善与人民群众生产生活密切相关的信息和服务。要加快网络文化队伍建设，形成与网络文化建设和管理相适应的管理队伍、舆论引导队伍、技术研发队伍，培养一批政治素质高、业务能力强的干部。各级领导干部要重视学习互联网知识，提高领导水平和驾驭能力，努力开创我国网络文化建设的新局面。

2 月 5 日，马克思主义理论研究和建设工程在京召开工作会议，总结工程实施以来的工作，研究部署今年的工程工作。中共中央政治局常委李长春出席会议并作重要讲话。他强调，要坚持以毛泽东思想、邓小平理论和“三个代表”重要思想为指导，全面贯彻落实科学发展观，深入研究马克思主义中国化最新成果，着力回答重大理论和现实问题，全面推进学科体系和教材体系建设，不断壮大和培养马克思主义理论队伍，集中推出高水平的研究成果，推动工程取得新的实质性进展。李长春强调，当前工程实施已进入关键阶段，要进一步增强责任感和紧迫感，以求真务实的精神做好工程的各项工作。各级党委和有关部门要切实加强对工程的组织领导，进一步提高工作水平和能力，确保工程各项任务落到实处。新闻媒体要加大对工程的宣传力度，进一步扩大工程的社会影响，不断营造有利于巩固和发展马克思主义指导地位的良好氛围。

3 月 23 日，中共中央政治局召开会议，听取 2008 年北京奥运会筹办工作汇报。中共中央总书记胡锦涛主持会议。会议强调，举办奥运会，是我国各族人民的共同心愿，是中华民族的百年企盼。办好奥运会，对于激励全国各族人民为全面建设小康社会、构建社会主义和谐社会而奋斗，对于加强我国同世界各国的交流合作、增进我国人民同世界各国人民的相互了解和友谊，推动建设持久和平、共同繁荣的和谐世界，具有十分重要的意义。要尽最大努力把 2008 年北京奥运会办好。会议强调，举办一届有特色、高水平的奥运会，必须贯彻绿色奥运、科技奥运、人文奥运的理念，必须切实履行我们在申办奥运会时作出的庄严承诺，必须坚持节俭办奥运、廉洁办奥运的方针，必须发挥社会主义制度能够集中力量办大事的优势。要提高对筹办工作特点和规律的认识，增强工作的整体性、协调性、规范性，不断提高工作水平。要科学配置和合理使用资金、物资、人力资源，加强管理和监督工作，使资金和工程运作公开透明，发挥最大效益。要动员广大人民群众广泛参与奥运，展示我国人民企盼奥运、参与奥运、奉献奥运的良好精神面貌。

4 月 23 日，中共中央政治局召开会议，研究加强青少年体育工作和网络文化建设工作。中共中央总书记胡锦涛主持会议。会议强调，广大青少年身心健康、体魄强健、意志坚强、充满活力，是一个民族旺盛生命力的体现，是社会文明进步的标志。体育对青少年的思想品德、智力发育、审美素养的形成都有不可替代的重要作用。要全面贯彻党的教育方针，高度重视青少年体育工作，使广大青少年在增长知识、培养品德的同时，锻炼和发展身体的各项素质和能力，成长为中国特色社会主义事业的合格建设者和接班人。会议指出，当前和今后一个时期，加强青少年体育工作的总体要求是：认真落实健康第一的指导思想，建立健全学校体育工作的机制，充分保证学校体育课和学生体育活动，广泛开展群众性青少年体育活动和竞赛，加强体育卫生设施和师资队伍建设，全面完善学校、社区、家庭相结合的青少年体育工作网络，形成全社会珍视健康、重视体育的氛围，培养青少年良好的锻炼习惯和健康的生活方式，在广大青少年中形成热爱体育、崇尚运动、健康向上的良好风气。

会议强调，所有宣传文化单位都要努力提高网络文化产品和服务的供给能力，创作生产出更多体现和谐精神、讴歌真善美、群众喜闻乐见的网络文化作品。网络文化单位要自觉担负促进社会主义核心价值体系建设的责任，大力推动马克思主义中国化最新理论成果的网上传播，增强理论宣传的吸引力和影响力。要大力发展网络文化产业，发展网络文化信息装备制造业。要大兴网络文明之风，深入开展文明办网、文明上网活动，特别是要为青少年成长创造文明健康的网络环境，在全社会树立良好的网络道德风尚。各级党委和政府要加强对网络文化建设和管理的领导，加大保障力度，加强队伍建设，完善工作机制，促进网络文化建设和管理法制化，推动中国特色网络文化繁荣发展。

6 月 16 日，中共中央政治局召开会议，研究加强公共文化服务体系建设。中共中央总书记胡锦涛主持会议。会议认为，加强公共文化服务体系建设，是繁荣发展社会主义先进文化、构建社会主义和谐社会的必然要求，是实现好、维护好、发展好人民群众基本文化权益的主要途径，对于促进人的全面发展、提高全民族的思想道德和科学文化素质、建设富强民主文明和谐的社会主义现代化国家，具有重大意义。会议指出，加强公共文化服务体系建设，必须坚持以马克思列宁主义、毛泽东思想、邓小平理论和“三个代表”重要思想为指导，深入贯彻落实科学发展观，坚持社会主义先进文化的前进方向，坚持以政府为主导、鼓励社会力量积极参与，坚持城乡、区域文化协调发展，坚持把建设的重心放在基层和农村，统筹规划、加大投入、因地制宜、分步实施，着力改善农村和中西部地区公共文化服务网络，着力提高公共文化产品供给能力，着力解决人民群众最关心、最直接、最现实的基本文化权益问题，推动文化建设与经济建设、政治建设、社会建设协调发展。会议要求，各级党委和政府要深刻认识公共文化服务体系建设的重要意义，把公共文化服务体系建设放在全局工作的重要位置，切实加强领导，建立健全工作机制，加大投入力度，完善投入机制，加强队伍建设，立足当前，着眼长远，有重点分阶段地把公共文化服务体系建设抓紧抓好。

9月18日下午，中共中央总书记、国家主席、中央军委主席胡锦涛在人民大会堂亲切会见了全国道德模范并发表重要讲话。他强调，在全面建设小康社会、加快推进社会主义现代化的进程中，我们始终要高度重视和切实加强社会主义道德建设，大力弘扬社会公德、职业道德、家庭美德，为我国经济社会发展提供强有力的思想道德保障。胡锦涛指出，由中央文明办、全国总工会、共青团中央、全国妇联联合举办的全国道德模范评选表彰活动，是一件很有意义的事情，对于形成良好社会风尚、提高公民道德素质具有重要推动作用。各级党委和政府要积极关心、爱护、宣传全国道德模范，全党全国都要以道德模范为榜样，自觉实践社会主义荣辱观，努力在全社会进一步形成知荣辱、讲正气、促和谐的良好风尚。

（四）对社会建设的领导

2007年，中国共产党进一步加强对社会建设的领导，以解决人民最关心、最直接、最现实的利益问题为重点，加快发展社会事业，促进社会公平正义，和谐社会建设取得重要成果。

4月23日下午，中共中央政治局进行第四十一次集体学习，内容是我国农业标准化和食品安全问题研究。中共中央总书记胡锦涛主持。中国农业大学食品科学与营养工程学院罗云波教授、中国农业科学研究院质量标准与检测技术研究所叶志华研究员就这个问题进行了讲解，并谈了对实施农业标准化和保障食品安全的意见和建议。中共中央政治局各位同志认真听取了他们的讲解，并就有关问题进行了讨论。胡锦涛主持会议时讲话强调，要从贯彻落实科学发展观、构建社会主义和谐社会的战略高度，以对人民群众高度负责的精神，提高对实施农业标准化和保障食品安全重大意义的认识，扎扎实实做好工作，切实实现好、维护好、发展好最广大人民的根本利益。

5月13日，中共中央办公厅、国务院办公厅印发《关于进一步加强西部地区人才队伍建设的意见》。《意见》指出，继续推进西部大开发，促进区域协调发展，是落实科学发展观的必然要求，是全面建设小康社会和构建社会主义和谐社会的重要任务。大力加强西部地区人才队伍建设，是人才强国战略的重要组成部分，是党中央、国务院为保证西部大开发顺利实施而采取的一项重要举措。要深入贯彻落实《中共中央、国务院关于进一步加强人才工作的决定》和《西部地区人才开发十年规划》，着眼于解决西部地区人才队伍建设中的突出问题，创新工作思路，完善政策措施，为西部大开发提供坚实的人才保障和智力支持。

6月24日，中共中央、国务院颁发《关于进一步加强新时期信访工作的意见》。《意见》指出，信访工作是党和政府的一项重要工作，是构建社会主义和谐社会的基础性工作。做好新时期的信访工作，对于全面落实科学发展观，发展社会主义民主政治，维护人民群众的合法权益，加强党风建设尤其是干部作风建设，密切党和政府与人民群众的血肉联系，全面建设小康社会、构建社会主义和谐社会，具有十分重要的意义。《意见》强调，要充分认识信访工作在构建社会主义和谐社会中的重要作用，进一步强化做好新时期信访工作的政治责任。各级党委、政府认真贯彻落实中央精神，积极畅通信访渠道，依法规范信访秩序，切实解决群众合理诉求，全面加强信访工作各项建设，取得了明显成效。当前，信访工作面临的任务十分繁重。各级党委、政府要正确把握我国发展的阶段性特征，科学分析产生信访问题的原因和背景，深刻认识做好新时期信访工作的长期性、艰巨性，进一步加强新时期信访工作，使信访工作更好地适应新形势新任务的要求；要深刻认识做好新时期信访工作的重要性，进一步增强做好信访工作的责任感和使命感，自觉把信访工作放在构建社会主义和谐社会的重要位置，切实抓紧抓好。

12 月 18 日下午，中共中央政治局进行第二次集体学习，内容是当代世界宗教和加强我国宗教工作。中共中央总书记胡锦涛主持。中国社会科学院卓新平研究员、中央民族大学牟钟鉴教授就这个问题进行了讲解，并谈了对做好新形势下宗教工作的意见和建议。中共中央政治局各位同志认真听取了他们的讲解，并就有关问题进行了讨论。胡锦涛在主持学习时发表了讲话，就做好新形势下的宗教工作提出三点要求。一是要坚持党的宗教工作基本方针。发挥宗教界人士和信教群众在促进经济社会发展中的积极作用，关键是要把党的宗教工作基本方针贯彻好、落实好。要全面贯彻党的宗教信仰自由政策，坚持依法管理宗教事务，坚持独立自主自办，坚持积极引导宗教与社会主义社会相适应，鼓励我国宗教界发扬爱国爱教、团结进步、服务社会的优良传统，支持他们为民族团结、经济发展、社会和谐、祖国统一多作贡献。二是要加强信教群众工作。做好信教群众工作是宗教工作的根本任务。要坚持以人为本，最大限度地把信教群众团结起来，把他们的智慧和力量凝聚到实现全面建设小康社会、加快推进社会主义现代化的共同目标上来。要坚持政治上团结合作、信仰上互相尊重，努力使宗教界人士和信教群众在拥护中国共产党的领导和社会主义制度、热爱祖国、维护祖国统一、促进社会和谐等重大问题上增进共识。要真心实意关心信教群众特别是生活困难的信教群众，帮助他们解决实际困难，组织和支持他们积极发展生产、改善生活、勤劳致富，使信教群众切实感受到党和政府的关怀和温暖。三是要加强宗教教职人员队伍建设。要加大培养、选拔、使用工作力度，努力造就一支政治上靠得住、学识上有造诣、品德上能服众的合格宗教教职人员队伍。要发挥爱国宗教团体的积极作用，帮助和指导他们增强自养能力，依法依章搞好自我管理，反映信教群众意愿，切实维护宗教界合法权益。胡锦涛强调，各级党委和政府要从党和国家事业发展全局的战略高度，适应新形势新任务的要求，进一步加强和改善对宗教工作的领导，推动宗教工作不断迈上新台阶。

三、多党合作和政治协商

2007 年，中国共产党领导的多党合作和政治协商得到进一步加强，人民政协的作用空前提高，与民主党派合作共事取得显著进展。

1 月 1 日上午，中国人民政治协商会议全国委员会在全国政协礼堂举行新年茶话会。胡锦涛、吴邦国、温家宝、贾庆林、曾庆红、吴官正、李长春、罗干等党和国家领导人同各民主党派中央、全国工商联的负责人和无党派人士、中央和国家机关有关方面负责人以及首都各界代表欢聚一堂，共庆 2007 年元旦。茶话会由中共中央政治局常委、全国政协主席贾庆林主持。中共中央总书记、国家主席、中央军委主席胡锦涛在茶话会上发表重要讲话。胡锦涛指出，在新的一年里，我们要发挥人民政协作为中国共产党领导的多党合作和政治协商制度重要政治形式和组织形式的作用，发挥人民政协协调关系、汇集力量、建言献策、服务大局的作用，发挥人民政协作为各党派、各团体、各民族、各阶层大团结大联合组织的作用，支持人民政协充分履行职能，巩固全国各族人民的大团结，巩固海内外中华儿女的大团结。

1 月 22 日，中共中央政治局常委、全国政协主席贾庆林在与全国统战部长会议代表座谈时强调，要坚持以邓小平理论和“三个代表”重要思想为指导，坚持以科学发展观统领统一战线工作全局，以迎接十七大胜利召开和学习贯彻十七大精神为主线，努力推进新世纪新阶段统一战线建设，为全面建设小康社会、构建社会主义和谐社会提供广泛的力量支持。

1 月 23 日，中共中央政治局常委、国务院总理温家宝在中南海主持召开党外人士座谈会，就做好新形势下金融工作，听取各民主党派中央、全国工商联领导人和无党派人士的意见和建议。温家宝在座谈会上发表重要讲话。

2 月 14 日下午，中共中央在中南海召开党外人士迎春座谈会，邀请各民主党派中央、全国工商联的领导人和无党派代表人士欢聚一堂，共议国是，喜迎新春。座谈会由中共中央政治局常委、全国政协主席贾庆林主持。中共中央总书记胡锦涛发表了重要讲话。座谈会上，民革中央主席何鲁丽、民盟中央主席蒋树声、民建中央主席成思危、民进中央主席许嘉璐、农工党中央主席蒋正华、致公党中央主席罗豪才、九三学社中央主席韩启德、台盟中央主席林文漪、全国工商联主席黄孟复、无党派代表人士陈竺等先后发言。他们高度评价以胡锦涛同志为总书记的中共中央带领全国各族人民团结奋斗取得的重大成就，对一年来统一战线和多党合作工作取得的成绩给予充分肯定，一致认为在中国共产党正确领导下，我国综合国力进一步增强，国际影响力进一步提升，社会主义经济建设、政治建设、文化建设、社会建设取得了新的成就，“十一五”规划开局良好。大家围绕更好地贯彻落实科学发展观、构建社会主义和谐社会、建设社会主义新农村、推进科技创新和教育事业发展等提出了意见和建议，并表示要继承和发扬同中国共产党亲密合作的优良传统，为巩固和发展多党合作事业作出新贡献。

胡锦涛在认真听取大家的发言后发表了重要讲话。希望各民主党派、工商联和无党派人士紧紧围绕党和国家工作大局，积极履行参政议政、民主监督职能，紧密团结广大成员和所联系的群众，不断提高建言献策水平，致力于促进科学发展，致力于加强中国共产党领导的多党合作，致力于推动社会主义核心价值体系建设，致力于维护和促进社会和谐，为全面建设小康社会、加快构建社会主义和谐社会贡献智慧和力量。胡锦涛强调，巩固和发展社会主义政党关系，促进我国政党关系和谐，是构建社会主义和谐社会的重要内容。坚持和完善中国共产党领导的多党合作和政治协商制度，坚持贯彻长期共存、互相监督、肝胆相照、荣辱与共的方针，是中国共产党和各民主党派共同的历史责任。坚持和完善中国共产党领导的多党合作和政治协商制度，核心是坚持走中国特色社会主义政治发展道路，重点是推进制度化、规范化、程序化，通过丰富民主形式、创新民主内容，努力建设既坚持中国共产党领导又体现充分发扬民主、既保持一致性又体现多样性、既规范有序又充满活力的中国特色社会主义政党制度。

3月3日下午，中国人民政治协商会议第十届全国委员会第五次会议在人民大会堂开幕。党和国家领导人胡锦涛、吴邦国、温家宝、曾庆红、吴官正、李长春、罗干等在主席台就座，祝贺大会召开。贾庆林代表政协第十届全国委员会常务委员会，向大会报告工作。贾庆林对2007年全国政协工作提出六点要求：（一）深入贯彻《中共中央关于加强人民政协工作的意见》，充分发挥人民政协在国家政治生活中的作用；（二）全面落实科学发展观，紧紧围绕推动国民经济又好又快发展，建言献策坚持围绕中心、服务大局，把推动经济社会发展切实转入科学发展轨道，促进国民经济又好又快发展作为履行职能、发挥作用的重点；（三）广泛团结社会各方面力量，努力为构建社会主义和谐社会作贡献；（四）充分发挥自身优势，积极为促进社会主义文化建设献计出力；（五）不断加强对外交往，为发展我国外交事业、构建和谐世界贡献力量；（六）切实加强自身建设，为全面提高政协工作水平提供坚实基础。

3月15日上午，中国人民政治协商会议第十届全国委员会第五次会议在人民大会堂闭幕。会议号召，人民政协的各级组织、各参加单位和全体政协委员，要紧密团结在以胡锦涛同志为总书记的中共中央周围，高举邓小平理论和“三个代表”重要思想伟大旗帜，全面落实科学发展观，紧紧围绕团结和民主两大主题，切实履行职能，求真务实，开拓创新，扎实工作，为建设富强民主文明和谐的社会主义现代化国家而努力奋斗。全国政协主席贾庆林主持闭幕会。胡锦涛、吴邦国、温家宝、曾庆红、吴官正、李长春、罗干等在主席台就座。贾庆林在讲话中说，这是一次发扬民主、增进团结的大会，是一次促进发展、共建和谐的大会，是一次凝聚力量、求实奋进的大会。会议期间，胡锦涛等党和国家领导同志出席了开幕会和闭幕会，听取大会发言，参加各界别小组讨论，与政协委员共商国是。最高人民法院、最高人民检察院和中央国家机关有关部门的负责同志列席了各次全体会议和分组会议，认真听取意见，及时沟通情况。这充分体现了以胡锦涛同志为总书记的中共中央对人民政协事业的高度重视和对政协履行职能的大力支持。委员们认真讨论政府工作报告等文件，紧紧围绕经济社会发展中的重大问题开展协商讨论，积极建言献策，提出了许多有分量、建设性的意见和建议，充分显示了中国共产党领导的多党合作和政治协商制度的特点和优势，充分体现了新世纪新阶段统一战线的重要法宝作用，充分表明了人民政协这一具有中国特色的民主形式在国家政治生活中的重要作用。贾庆林强调，各级政协组织和广大政协委员要认真学习贯彻两会精神，深入贯彻落实《中共中央关于加强人民政协工作的意见》，进一步增强责任感和使命感，切实履行职能，充分发挥作用，为促进社会主义经济建设、政治建设、文化建设和社会建设作出更大的贡献，继续谱写人民政协事业发展的新篇章。

7月25日，中共中央在中南海召开党外人士座谈会，就当前经济形势和经济工作听取各民主党派中央、全国工商联领导人和无党派人士的意见和建议。座谈会上，民革中央主席何鲁丽、民盟中央常务副主席张梅颖、民建中央第一副主席张榕明、民进中央主席许嘉璐、农工党中央主席蒋正华、致公党中央主席罗豪才、九三学社中央主席韩启德、台盟中央主席林文漪、全国工商联主席黄孟复、无党派人士林毅夫先后发言。他们认为，今年以来，国民经济继续平稳快速发展，各项社会事业进一步加强，改善民生工作取得了新的成效。他们还就加强宏观调控、实现经济又好又快发展，做好“三农”工作、促进农业发展，调整国民收入分配格局、提高城乡居民收入和社会保障水平，完善房地产市场调控、解决好群众住房问题，发展资本市场、防范金融风险，落实节能减排措施、建立健全生态补偿机制等问题提出了意见和建议。

在认真听取了大家的发言后，胡锦涛作了重要讲话。他说，大家对上半年经济工作给予了充分肯定，提出了许多很好的意见和建议，我们将认真研究、积极采纳。胡锦涛就做好下半年经济工作提出四点要求。一是要进一步采取综合措施加强和改善宏观调控，着力遏制经济增长由偏快转为过热的趋势。二是要进一步做好“三农”工作，着力提高农业综合生产能力特别是粮食生产能力。三是要进一步加大节能减排工作力度，着力改变高消耗、高排放的状况。四是要进一步重视民生问题，着力维护好人民群众切身利益。他强调，必须按照科学发展观的要求，深入分析和全面把握我国经济发展的新形势新特点，正确判断宏观经济面临的新情况新问题，不断提高驾驭经济发展的能力和水平。实现我国经济又好又快发展，复杂性和艰巨性都明显增加，我们必须不断提高驾驭经济发展的能力和水平。胡锦涛希望各民主党派、工商联和无党派人士牢固树立大局意识、服务意识，最大限度地把各自联系成员的智慧和力量凝聚到促进经济社会发展上来，不断探索为经济社会发展服务的新途径新方法，继续为促进经济社会又好又快发展作出贡献。

7月27日，中共中央在中南海召开党外人士座谈会，就中共十七大报告征求意见稿听取各民主党派中央、全国工商联领导人和无党派人士的意见和建议。中共中央政治局常委贾庆林、曾庆红出席。座谈会上，胡锦涛首先介绍了中共十七大报告征求意见稿的形成过程，并就报告主要内容作了说明。他欢迎党外人士畅所欲言、各抒己见，对中共十七大报告征求意见稿提出意见。

民革中央主席何鲁丽、民盟中央常务副主席张梅颖、民建中央第一副主席张榕明、民进中央主席许嘉璐、农工党中央主席蒋正华、致公党中央主席罗豪才、九三学社中央主席韩启德、台盟中央主席林文漪、全国工商联主席黄孟复、无党派人士袁隆平先后发言。他们就深化改革开放，推动国民经济又好又快发展，推进社会主义政治文明建设，坚持和完善中国共产党领导的多党合作和政治协商制度，实施科教兴国战略、人才强国战略、可持续发展战略，发展社会主义先进文化，加强社会事业建设、改善民生，促进社会公平正义和社会和谐等提出了意见和建议。

听取了大家的发言后，胡锦涛作了重要讲话。他指出，同志们本着知无不言、言无不尽的精神，提出了许多好的意见和建议，对修改好报告很有帮助。胡锦涛代表中共中央向大家表示感谢，并要求报告起草组认真研究吸收大家提出的意见。胡锦涛强调，实践充分证明，中国特色社会主义道路是当代中国发展进步的唯一正确道路。走中国特色社会主义道路，是历史的选择、人民的选择、时代的选择，是我们夺取全面建设小康社会新胜利、推进社会主义现代化、实现中华民族伟大复兴的必由之路。建设中国特色社会主义，是包括广大统一战线成员在内的全国各族人民团结奋斗的共同理想。把中国特色社会主义伟大事业不断推向前进，是中国共产党和各民主党派、工商联和无党派人士的共同事业，也是我们的共同责任。在前进道路上，我们要始终不渝坚持中国特色社会主义道路，共同打牢中国共产党领导的多党合作的思想政治基础。希望同志们积极投身全面建设小康社会的伟大实践，努力为发展中国特色社会主义作出新的更大的贡献。胡锦涛强调，坚持走中国特色社会主义政治发展道路，是各民主党派、工商联和无党派人士在同中国共产党风雨同舟、患难与共的历程中取得的最基本、最重要的政治共识。面对艰巨的使命和繁重的任务，中国共产党和各民主党派要进一步加强合作共事，巩固和发展最广泛的爱国统一战线，最大限度把各方面的智慧和力量凝聚起来，最大限度把全社会的积极性和创造性发挥出来，坚定不移地继续解放思想，坚定不移地坚持改革开放，坚定不移地推动科学发展、促进社会和谐，坚定不移地实现全面建设小康社会的宏伟目标，共同开创中国特色社会主义事业新局面。

10 月 15 日，在中国共产党第十七次全国代表大会开幕之际，各民主党派中央、全国工商联分别发来贺信，热烈祝贺中共十七大胜利召开，并预祝大会取得圆满成功。各民主党派中央、全国工商联在贺信中表示，在全面建设小康社会、加快推进社会主义现代化的新征程中，将一如既往地在中国共产党领导下，坚定不移地高举中国特色社会主义伟大旗帜，坚定不移地走中国特色社会主义政治发展道路，坚定不移地坚持解放思想、推进改革开放、落实科学发展与社会和谐的要求，为继续全面建设小康社会而努力奋斗。

10 月 23 日，中国共产党中央委员会向各民主党派中央、全国工商联致感谢信。感谢信如下：中国共产党第十七次全国代表大会，是在我国改革发展关键阶段召开的一次十分重要的大会。这次大会对于中国共产党团结带领全国各族人民，高举中国特色社会主义伟大旗帜，坚定不移走中国特色社会主义道路，坚持中国特色社会主义理论体系，具有十分重要的现实意义和长远的历史意义。新世纪新阶段，我国改革开放和社会主义现代化建设进入一个新的时期，要求中国共产党继续发挥好统一战线作为执政兴国重要法宝的作用，要求各民主党派、全国工商联有新作为新贡献。中国共产党将按照中共十七大精神，进一步巩固和发展全体社会主义劳动者、社会主义事业的建设者、拥护社会主义的爱国者和拥护祖国统一的爱国者的最广泛的统一战线，坚定不移走中国特色社会主义政治发展道路，始终贯彻长期共存、互相监督、肝胆相照、荣辱与共的方针，坚持和完善中国共产党领导的多党合作和政治协商制度。中国共产党将一如既往地同各民主党派、全国工商联真诚相待、密切合作，热忱希望并积极支持各民主党派、全国工商联大力加强自身建设，充分发挥参政议政、民主监督作用。

11 月至 12 月，中华全国工商业联合会和各民主党派先后召开代表大会。中共中央先后委派政治局常委代表中共中央致贺词，阐述中国共产党十七大的基本精神，肯定各民主党派和工商联的重要贡献，表达中国共产党坚持合作协商、共创伟业的信念，提出了民主党派和工商联围绕中心、服务大局，加强自身建设，更好履行参政议政、民主监督职能的希望。

11 月 26 日，中共中央在中南海召开党外人士座谈会，就当前经济形势和经济工作听取各民主党派中央、全国工商联领导人和无党派人士的意见和建议。中共中央政治局常委胡锦涛、温家宝、贾庆林、习近平、李克强出席座谈会。温家宝通报了当前我国经济运行的情况，介绍了中共中央、国务院关于做好明年经济工作的考虑。座谈会上，民革中央常务副主席周铁农、民盟中央主席蒋树声、民建中央主席成思危、民进中央主席许嘉璐、农工党中央主席蒋正华、致公党中央主席罗豪才、九三学社中央主席韩启德、台盟中央主席林文漪、全国工商联主席黄孟复、无党派人士胡四一先后发言。他们认为，今年以来宏观调控成效继续显现，经济社会平稳快速发展，人民群众得到更多实惠。他们赞成中共中央、国务院对当前我国经济形势的估价和对明年经济工作的考虑，并就加强和改善宏观调控、发展农业和农村经济、加快转变经济发展方式和调整经济结构、提高自主创新能力、提高开放型经济水平、稳定物价、改善民生、促进生态文明建设等问题提出了意见和建议。

在认真听取了大家的发言后，胡锦涛作了重要讲话，胡锦涛说，大家实事求是地肯定了今年的经济工作，对做好明年的经济工作、实现经济社会又好又快发展提出了许多很好的意见和建议。我们将认真研究、积极采纳。胡锦涛指出，在新的历史起点上，统一战线和多党合作事业要更加巩固、更加发展、发挥更大作用，必须把广大成员的思想和行动统一到中共十七大精神上来，把智慧和力量凝聚到实现中共十七大确定的各项任务上来。希望同志们不断把学习贯彻中共十七大精神引向深入，高举中国特色社会主义伟大旗帜，充分调动和发挥各自成员的积极性、主动性、创造性，进一步履行好参政议政、民主监督职能，为夺取全面建设小康社会新胜利、开创中国特色社会主义事业新局面继续贡献力量。

12 月 24 日上午，中共中央总书记、国家主席、中央军委主席胡锦涛在中南海同各民主党派中央、全国工商联新老主要领导人座谈并发表重要讲话。中共中央政治局常委、全国政协主席贾庆林主持座谈会。中共中央政治局常委、中央书记处书记习近平出席。

民革中央主席周铁农、民盟中央主席蒋树声、民建中央主席陈昌智、民进中央主席严隽琪、农工党中央主席桑国卫、致公党中央主席万钢、九三学社中央主席韩启德、台盟中央主席林文漪、全国工商联主席黄孟复等先后发言。他们分别介绍了最近召开的各自全国代表大会的情况，表示一定要深入学习贯彻中共十七大精神，自觉接受中国共产党领导，做中国共产党的亲密友党，认真开展中国特色社会主义主题教育活动，坚持和发扬优良传统，不断加强自身建设，积极履行参政党职能，为夺取全面建设小康社会新胜利、开创中国特色社会主义事业新局面作出新的贡献。民革中央原主席何鲁丽、民建中央原主席成思危、民进中央原主席许嘉璐、农工党中央原主席蒋正华、致公党中央原主席罗豪才也在座谈会上作了饱含真情的发言。他们一致表示，要牢牢坚持理想、信念、追求不变，永做中国共产党的挚友，继续为我国社会主义多党合作事业作出贡献。

在认真听取大家的发言后，胡锦涛作了重要讲话。他首先代表中共中央，向各民主党派中央、全国工商联新当选的领导班子成员，表示热烈的祝贺。胡锦涛强调，中国共产党领导的多党合作和政治协商制度，体现了我国社会主义民主政治的本质要求，符合中国特色社会主义事业的发展要求。要坚定不移地坚持长期共存、互相监督、肝胆相照、荣辱与共的方针，巩固共产党领导、多党派合作、共产党执政、多党派参政的多党合作的良好政治格局，发展我国各政党民主团结、生动活泼的和谐政治关系，同心同德坚持和发展中国特色社会主义。胡锦涛强调，中国共产党和各民主党派在团结合作的实践中积累了许多成功经验，归结起来，最基本的有以下几点：一是必须高举中国特色社会主义伟大旗帜，坚持中国特色社会主义道路不动摇，坚持中国特色社会主义理论体系不动摇。二是必须立足国家发展大局，共同为落实国家发展战略和发展目标而奋斗。三是必须注重制度建设，不断提高政治协商、民主监督、参政议政的有效性。四是必须坚持执政党建设同参政党建设互相促进，提高执政党的领导水平和参政党的参政能力。在今后的征程上，我们要继续坚持和运用这些成功经验，不断开创我国社会主义多党合作事业新局面。

胡锦涛强调，在新的历史起点上，我国统一战线和社会主义多党合作事业要继续发展、发挥更大作用，必须把广大成员的思想和行动统一到中共十七大精神上来，把智慧和力量凝聚到实现中共十七大提出的各项任务上来。胡锦涛提出三点希望。一是要继续高举中国特色社会主义伟大旗帜，进一步打牢同中国共产党亲密合作的思想政治基础。高举中国特色社会主义伟大旗帜，是推动我国社会主义多党合作事业健康发展的必然要求。要深刻理解高举中国特色社会主义伟大旗帜的重大意义，深刻认识中国特色社会主义道路是历史的选择、人民的选择，深刻领会中国特色社会主义理论体系凝结着中国人民不懈探索实践的智慧和心血，坚定不移地把中国特色社会主义作为共同理想信念、共同前进方向、共同奋斗目标，坚持不懈地为之奋斗。二是要继续深入贯彻落实科学发展观，进一步为实现全面建设小康社会奋斗目标献计出力。只有更加自觉地走科学发展道路，才能顺利实现我们确立的发展目标。要切实增强贯彻落实科学发展观的自觉性和坚定性，努力把广大成员的发展积极性引导到科学发展上来、落实到实现全面建设小康社会奋斗目标的各项要求上来，同心协力做好改革发展稳定各项工作。三是要继续搞好政治交接，进一步提高开展参政议政、民主监督的能力和水平。重视和加强自身建设，是一个政党永葆生机活力的重要保证。民主党派作为致力于中国特色社会主义事业的参政党，也需要不断加强自身建设，切实解决好政治交接、提高参政党履行职能和发挥作用能力的历史性课题。要按照各自章程规定的参政党建设目标和原则，坚持以思想建设为核心，以组织建设为基础，以制度建设为保障，全面加强自身建设，以班子建设带动队伍建设，不断提高参政议政、民主监督能力。工商联也要把加强自身建设摆在突出位置，全面加强思想建设、组织建设、制度建设、作风建设，更好促进非公有制经济健康发展，更好引导非公有制经济人士健康成长。

贾庆林在主持座谈会时说，胡锦涛同志的重要讲话，从发展中国特色社会主义的战略高度，深刻阐明了在新的历史条件下坚持和完善中国共产党领导的多党合作和政治协商制度的重大意义，并对开创我国社会主义多党合作事业新局面提出了明确要求。希望各民主党派和工商联各级组织以及统一战线广大成员，把学习贯彻胡锦涛同志重要讲话精神与深入学习贯彻中共十七大精神结合起来，与学习贯彻各民主党派、工商联全国代表大会精神结合起来，与开展中国特色社会主义主题教育活动结合起来，积极履行职能，充分发挥作用，为夺取全面建设小康社会新胜利、开创中国特色社会主义事业新局面而努力奋斗。

四、港澳台工作

2007年，在中国共产党领导下，隆重庆祝香港回归祖国10周年，坚持贯彻“一国两制”、“港人治港”、“澳人治澳”、高度自治的方针，扩大内地同香港、澳门的交流合作，促进香港、澳门长期繁荣稳定。牢牢把握两岸关系和平发展的主题，积极扩大两岸交流合作，坚决反对和遏制“台独”分裂势力及其活动，维护台海地区和平稳定。

4月7日，中国共产党中央委员会总书记胡锦涛致电吴伯雄，祝贺他当选为中国国民党主席。贺电说：“值此先生当选中国国民党主席之际，谨致祝贺。由衷期望贵我两党为两岸同胞谋福祉，继续努力推动两岸关系和平稳定发展，共创中华民族美好未来。”4月8日，中国国民党主席选举当选人吴伯雄致电中国共产党中央委员会胡锦涛总书记，感谢胡锦涛总书记对他当选中国国民党主席的祝贺。吴伯雄在复电中表示：“贺函敬悉，谨致谢忱。本人出任中国国民党主席后，将循贵我两党二〇〇五年四月二十九日公报之五点共同愿景，持续推动，以促海峡两岸之和平与发展。”

4月27日，中共中央政治局常委、全国政协主席贾庆林在人民大会堂会见了率团前来参加第三届两岸经贸文化论坛的中国国民党荣誉主席连战一行。贾庆林指出，总的看，当前两岸关系基本稳定，但“台独”分裂活动十分猖獗，岛内形势十分复杂。民进党当局通过“宪改”谋求“台湾法理独立”，是台海和平稳定面临的最现实、最严重、最危险的问题。同时，民进党正在推动以“台湾”名义申请加入联合国的公投。我们坚决反对陈水扁当局通过“宪改”、公投进行“台湾法理独立”活动，绝不允许“台独”分裂图谋得逞。贾庆林强调，坚持“九二共识”，反对“台独”，促进两岸关系发展，是国共两党共同的政治基础。我们愿意与国民党继续加强交流与对话，与两岸同胞共同努力，制止“台独”分裂活动，维护台海和平稳定。

连战表示，我两年前首次应邀来大陆访问，就是本着正视现实、开创未来的精神，坚定、坚决地坚持“九二共识”、反对“台独”。连战说，前来参加本次论坛的约300位台湾代表来自不同界别，代表了台湾的主流民意和民心所向，台湾民众希望看到两岸和平、交流、发展、双赢。相信本届论坛一定会顺利圆满，取得丰硕成果。连战夫人连方瑀女士，中国国民党副主席关中、林丰正，亲民党秘书长秦金生，新党主席郁慕明，中国国民党中央党部和智库的部分人士，出席第三届两岸经贸文化论坛的台湾企业界、教育界、学术界的部分代表，参加了会见。中共中央政治局委员、国务院副总理吴仪，国务委员唐家璇、陈至立，全国政协副主席刘延东，中共中央台办主任陈云林等会见时在座。会见结束后，贾庆林举行宴会，招待前来参加第三届两岸经贸文化论坛的海峡两岸各界人士。

4月28日，中共中央总书记胡锦涛会见了出席第三届两岸经贸文化论坛的海峡两岸各界人士，他衷心希望，两岸同胞更加紧密地携起手来，促进两岸人员往来和经济文化交流合作，制止“台独”分裂活动，维护台海和平，把我们共同的美好家园维护好、建设好。胡锦涛和连战先后发表致词。中共中央政治局常委、全国政协主席贾庆林，中共中央政治局委员、北京市委书记刘淇，中共中央政治局委员、国务院副总理吴仪，中共中央政治局候补委员、中央书记处书记、中央办公厅主任王刚，国务委员唐家璇、陈至立，全国政协副主席刘延东，中共中央台办主任陈云林等，参加了会见。

4 月 29 日，中共中央总书记胡锦涛在中南海瀛台宴请连战夫妇和主要随行人员。中共中央政治局委员、国务院副总理吴仪，中共中央政治局候补委员、中央书记处书记、中央办公厅主任王刚出席。下午，中共中央政治局常委、全国政协主席贾庆林和中国国民党荣誉主席连战出席第三届两岸经贸文化论坛闭幕式。中共中央政治局委员、北京市委书记刘淇，中共中央政治局委员、国务院副总理吴仪，国务委员陈至立，全国政协副主席刘延东出席闭幕式。中国国民党副主席江丙坤、关中、林丰正、章仁香、林益世等出席闭幕式。中共中央台办常务副主任郑立中在闭幕式上宣读了本届论坛共同建议。教育部、公安部、人事部、交通部、民航总局、国家旅游局负责人分别在闭幕式上发言，一共宣布了 13 项进一步促进两岸交流交往与合作的政策措施。中共中央台办主任陈云林、中国国民党副主席江丙坤先后在闭幕式上发表讲话。亲民党秘书长秦金生、新党主席郁慕明、无党团结联盟主席林炳坤也在闭幕式上发表了讲话。闭幕式由中共中央台办主任陈云林和中国国民党副主席林丰正共同主持。

5 月 22 日，中国共产党全国台湾省籍党员代表会议在北京闭幕。中共中央政治局常委、全国政协主席贾庆林会见全体代表并讲话。贾庆林说，党的十七大将于今年下半年在北京召开。这是我国经济社会发展进入关键阶段召开的一次重要会议，是全党全国各族人民政治生活中的一件大事。希望当选的台籍党员代表，不辜负广大台籍党员和群众的重托，以高度的政治责任感和历史使命感，认真履行职责，为开好十七大作出应有的贡献。

贾庆林指出，我们要坚定不移地贯彻中央对台工作的大政方针，紧紧抓住反对和遏制“台独”分裂活动这一当前对台工作的首要任务，牢牢把握两岸关系和平发展的主题，继续贯彻“寄希望于台湾人民”的方针，促进两岸人员往来和经济文化交流，推动两岸直接“三通”进程，继续与岛内反对“台独”、主张发展两岸关系的政党进行交流对话，努力办好关系台湾同胞切身利益的实事，团结一切可以团结的力量，调动一切积极因素，共同遏制“台独”分裂活动，坚决制止“台湾法理独立”，绝不允许“台独”分裂势力以任何名义、任何方式把台湾从中国分割出去。贾庆林表示，各级台联和定居在祖国大陆的台湾同胞，与台湾各界有着广泛、密切的联系，是党和政府联系台湾同胞的重要桥梁和纽带。特别是各位台湾省籍的中共党员，长期以来为发展两岸关系，促进祖国和平统一，做了大量卓有成效的工作，发挥了不可替代的特殊作用。他希望大家继续发挥自身优势，进一步广泛团结岛内各界各阶层人士和港澳地区以及海外的台湾同胞，引导和争取更多的台湾同胞反对“台独”分裂活动、促进两岸关系和平稳定发展，使两岸同胞交流更密切、感情更融洽、团结更紧密，共同维护台海和平稳定，共同促进中华民族伟大复兴。

6 月 6 日上午，纪念中华人民共和国香港特别行政区基本法实施十周年座谈会在北京人民大会堂隆重举行。中共中央政治局常委、全国人大常委会委员长吴邦国在会上发表的重要讲话中强调，要深入实施香港特别行政区基本法，把“一国两制”伟大实践不断推向前进。中共中央政治局常委、国家副主席曾庆红出席座谈会。

吴邦国着重从三个方面阐述了香港特别行政区基本法的重大意义。他指出，基本法是“一国两制”方针的法律体现、是依法治港的法律基石、是香港长期繁荣稳定的法律保障。实践已经证明并将继续证明，“一国两制”是做得到的、也是行得通的，基本法是一部经得起实践检验的好法律。在谈到基本法是依法治港的法律基石时，吴邦国强调，香港特别行政区的高度自治权来源于中央的授权，香港特别行政区政治体制的最大特点是行政主导。全面准确地理解这两点，对于保证“一国两制”方针和基本法的贯彻实施，正确处理中央和香港特别行政区的关系，正确处理香港特别行政区行政、立法和司法三者的关系，都是至关重要的。吴邦国强调，准确把握基本法的精神实质，最核心的是要全面正确地理解“一国两制”方针，坚定不移地贯彻落实“一国两制”方针，严格按照基本法办事。这当中，最重要的是牢牢把握以下三点：一是维护国家主权。这是落实“一国两制”方针、贯彻实施基本法的前提。香港特别行政区实行资本主义制度和政策，是以坚持一个中国、国家主体实行社会主义制度为前提的。这是“一国两制”方针的根本，也是基本法的根本。基本法规定的一系列中央行使的职权、负责管理的事务，是体现国家主权所必不可少的，也是保持香港长期繁荣稳定所必不可少的。二是实行高度自治。这是落实“一国两制”方针、贯彻实施基本法的关键。实行“港人治港”，保障香港的高度自治权，是“一国两制”方针的应有之义，也是基本法的应有之义。实践证明，香港同胞是完全有智慧、有能力管理好建设好香港的。三是保障繁荣稳定。这是落实“一国两制”方针、贯彻实施基本法的目的。经济持续发展、民生不断改善、社会包容和谐，是香港700万同胞的最大福祉。只有社会稳定，经济繁荣发展才有保障；也只有经济繁荣发展，社会才能实现长期稳定。中央政府始终把保持香港长期繁荣稳定作为处理涉港事务的根本出发点和落脚点。

专程来京出席座谈会的香港特别行政区行政长官曾荫权在发言中说，基本法为香港经济、社会、民生等各方面的发展提供了稳健的基础。基本法实施的十年，是中央对香港恢复行使主权的十年，也是香港实践高度自治的十年。香港加强了与内地的联系，强化了国际都会的特色，国际金融、贸易、航运中心等地位进一步加强，香港居民享有前所未有的民主权利。香港特别行政区取得的成就离不开国家的关爱与支持，而香港的繁荣稳定也很好地配合了国家的发展。曾荫权表示，我们有信心在未来的日子里把香港建设得更美好，为市民谋取福祉，为国家的现代化建设和发展作出更大的贡献。陈佐洱、梁爱诗、许崇德、梁振英也在会上发了言。

9月24日，中共中央政治局常委、全国政协主席、中国和平统一促进会会长贾庆林在北京会见了出席中国和平统一促进会七届二次理事大会的全体代表，何鲁丽、成思危、韩启德、刘延东、罗豪才、张克辉、黄孟复和孙孚凌等参加了会见。贾庆林在会见时强调，面对当前台海局势，我们要坚定不移地贯彻中国政府对台工作的大政方针，继续以最大的诚意、尽最大的努力争取和平统一的前景，同时坚决反对“台独”分裂势力以任何名义任何方式把台湾从中国分割出去。

12月5日，第八次全国台湾同胞代表会议在北京开幕。中共中央政治局常委、全国政协主席贾庆林出席会议并讲话。他说，广大定居大陆台胞具有热爱祖国的光荣传统和报效祖国的强烈愿望，是推进改革开放和现代化建设、实现祖国完全统一的重要力量；各级台联组织是党和政府联系、团结广大台湾同胞的桥梁和纽带，是深受广大台湾同胞信任和欢迎的“台胞之家”。他希望广大定居大陆台胞和各级台联组织全面贯彻中共十七大关于今后一个时期对台工作的指导思想和总体要求，牢牢把握两岸关系和平发展的主题，努力团结台湾同胞、港澳和海外台胞，积极推动两岸关系朝着和平稳定的方向发展。要始终坚持一个中国原则，坚决反对和遏制“台独”分裂活动；积极做好台湾人民工作，进一步推动两岸人员往来和经济文化交流；加强台联组织自身建设，为推进祖国和平统一大业贡献力量。

12月29日，中共中央政治局常委、全国人大常委会委员长吴邦国在十届全国人大常委会第三十一次会议闭幕会上强调，十届全国人大常委会第三十一次会议审议并全票通过了《全国人民代表大会常务委员会关于香港特别行政区2012年行政长官和立法会产生办法及有关普选问题的决定》，这是全国人大常委会依法对香港特别行政区政制发展问题作出的又一重要决定，对于全面贯彻落实“一国两制”、“港人治港”、高度自治方针和香港特别行政区基本法，保障香港民主制度按照基本法的规定循序渐进地健康发展，保持和促进香港长期繁荣稳定，具有重大而深远的意义。

吴邦国指出，全国人大常委会的决定，是在认真审议香港特别行政区行政长官提出的报告的基础上，严格依法按程序作出的。吴邦国指出，实践已经证明并将继续证明，“一国两制”是做得到的，也是行得通的，具有强大生命力，基本法是一部经得起实践检验的好法律。贯彻实施基本法是一项长期的任务，需要一代又一代人的不懈努力。我们要在认真总结实施基本法成功经验的基础上，更加坚定贯彻落实“一国两制”方针的决心和信心，更加珍惜香港来之不易的良好局面，更加维护基本法的权威，进一步增强实施基本法的自觉性，把“一国两制”伟大实践不断推向前进。吴邦国强调，香港特别行政区的政制发展问题，事关“一国两制”方针和基本法的贯彻实施，事关中央与香港特别行政区的关系，事关香港社会各阶层、各界别和广大香港同胞的利益，事关香港的长期繁荣稳定。中央始终高度关注和重视香港的政制发展问题。这次全国人大常委会作出的决定，按照基本法的规定和循序渐进的原则，明确了普选时间表，再次体现了中央推进香港民主发展的一贯方针，符合香港同胞的根本利益。我们相信，香港特别行政区政府一定能够高举基本法的旗帜，团结香港各界人士和广大市民，按照全国人大常委会的决定，妥善处理香港政制发展问题，顺利实现基本法规定的行政长官和立法会全部议员由普选产生的目标。

五、党际交往活动

2007年，中国共产党在独立自主、完全平等、互相尊重、互不干涉内部事务的原则基础上，加强与各国政党和组织的友好往来，党际交流进一步扩大。

1月8日下午，中共中央总书记、国家主席胡锦涛在人民大会堂会见了日本公明党党首太田昭宏。胡锦涛对日本公明党一贯重视对华关系，长期坚持中日友好的政策主张表示高度赞赏。他说，中日两国政党间的友好交往，对增进两国人民的友好感情，促进国家关系健康发展发挥着独特作用。中国共产党高度重视中日党际交流，愿进一步加强和发展同包括公明党在内的日本各主要政党的友好合作关系。太田昭宏完全赞同胡锦涛对两党两国关系的评价，并说，日方高兴地看到日中关系近期来得到明显改善，希望两国继续保持高层交往，扩大互利合作领域，巩固日中友好出现的积极发展势头。公明党一贯重视发展日中睦邻友好合作关系，坚信日中关系是最重要的双边关系。在2007年这个两国交流史上重要的年份里，公明党将继承日中关系的友好传统，继续为发展日中友好做出新的努力。

1月8日，中共中央政治局常委、国家副主席曾庆红在人民大会堂会见了到访的法国社会党领导人罗亚尔。曾庆红说，当前中法关系全面、深入发展，双方政治互信不断深化，战略合作更加紧密，在重大国际问题上保持密切沟通与协调。中方高度重视发展中法关系，愿与法各界人士共同努力，继续保持双方各层次交往，不断扩大经贸、科技、文化等领域合作，推动中法全面战略伙伴关系不断取得新进展。谈到党际关系，曾庆红表示，中国共产党愿在党际交往四项原则基础上，进一步加强同法国社会党的对话与交流，为中法关系的全面发展作出新的贡献。罗亚尔说，中国正在快速、和谐发展，这对法国和欧洲都是重要机遇，是对实现一个和平、和谐世界的重要贡献。法国社会党希望进一步深化与中国共产党的交往，加强青年之间的交流，为推动法中互利合作做出积极努力。

2月26日，中共中央政治局常委吴官正在北京会见了以总书记毛里西奥·穆尔德为团长的秘鲁阿普拉党代表团。谈及中秘党际关系，吴官正表示，两国执政党深入交流治国理政经验，相互取长补短，有助于各自国内建设和中秘全面合作伙伴关系发展。中国共产党愿在党际交往四项原则基础上，进一步深化与阿普拉党的对话与合作。吴官正还简要介绍了中国全面落实科学发展观、构建社会主义和谐社会等情况。穆尔德对中国各项建设事业取得的巨大成就表示敬佩。他说，秘中两国特别是两国执政党在新时期面临许多共同挑战。阿普拉党十分重视与中国共产党的党际关系，愿进一步加强两党在各个领域的交流合作，借鉴中方的治国理政经验，推动秘中在经贸、能源等领域的互利合作取得更加丰硕的成果。

3月16日下午，中共中央总书记、国家主席胡锦涛在人民大会堂会见了以日本自民党干事长中川秀直和公明党干事长北侧一雄为团长的日本执政党代表团。胡锦涛强调，要从战略高度认识和把握中日关系。遵循中日三个政治文件的原则和精神，坚持“和平共处、世代友好、互利合作、共同发展”的大方向，不断增进政治互信，妥善处理敏感问题，构建基于共同战略利益的互惠关系。要本着优势互补、合作共赢的原则，扩大两国经贸合作，尤其要加强两国在节能、环保等领域的合作，为两国人民带来实实在在的利益。要扩大双方文化、教育、科技交流和民间交往，尤其要扩大两国青少年的友好交往，为实现世代友好夯实基础。要加强在地区和国际事务上的沟通和协调，共同应对区域和全球性课题及挑战，共同致力于建设持久和平、普遍繁荣的和谐世界。中川秀直说，日中两国领导人英明决断，就发展两国战略互惠关系达成共识。日本执政两党愿与中方共同努力，推动两国关系朝着共同的战略目标前进，并逐步解决双边关系中存在的问题。日方认为，谋求建立和谐社会和经济强国的中国对日本不是威胁，而争取成为政治大国的日本对中国也不构成威胁，希望与中方在环保、能源、知识产权保护以及构筑开放的亚洲等方面加强合作。北侧一雄说，日中两国长期友好、相互依存。2007 年对日中关系来说是一个重要年份。日方希望通过双方的不懈努力，扩大交流，扩大联系，扩大合作，推动日中友好不断走向新的时代。

4 月 20 日上午（当地时间），中共中央政治局常委、中央纪委书记吴官正在哈瓦那会见了古巴共产党中央委员会第二书记、国务委员会第一副主席、部长会议第一副主席劳尔·卡斯特罗·鲁斯。吴官正积极评价古巴国内政治稳定、经济发展，祝愿并相信古巴党、政府和人民在建设古巴特色社会主义事业中继续取得更大成就。谈及双边关系，吴官正说，近年来，两国在推进各自的建设事业中相互支持、相互帮助，成为心心相印的好朋友、好同志、好伙伴。目前中古高层往来频繁，政治互信日益加深，经贸往来屡创新高，文教、卫生和科技等领域的互利合作持续扩大，双边关系正处于历史上最好的发展时期。吴官正表示，中方对中古合作的发展水平表示满意，将继续支持古巴探索符合本国国情的发展道路，并愿与古方共同努力，推动中古传统友谊在新时期焕发出更加强大的生命力。劳尔同意吴官正对双边关系的评价，并详细了解了中国党和国家领导人的工作情况，并请吴官正转达他对胡锦涛总书记等的问候。劳尔还回顾了古巴革命和社会主义建设的历程。他说，古方十分重视中国对古巴的支持和援助，重视借鉴中国的发展经验，愿意继续加强与中国在各领域、各层次的交流合作，以更好地造福人民。吴官正还应询详细介绍了中国全面落实科学发展观、致力改善民生等情况。

7 月 5 日下午，中共中央总书记、国家主席胡锦涛在人民大会堂会见了由拉斯穆森主席率领的欧洲社会党代表团。胡锦涛积极评价了中国共产党与欧洲社会党的友好交往。他说，欧洲社会党是欧洲主要政治力量之一，在欧洲政坛上发挥着重要作用和影响。中国共产党和欧洲社会党在许多重大国际问题上有着相同或相似的看法。中国共产党重视发展同欧洲社会党的友好关系。胡锦涛表示，中国共产党愿本着超越意识形态分歧、寻求相互理解与合作的精神，在独立自主、完全平等、互相尊重、互不干涉内部事务的原则基础上，加强同欧洲社会党及其成员党的友好交流与合作，为促进中欧全面战略伙伴关系、中国同欧洲社会党成员党所在国关系的发展，推动建设持久和平、共同繁荣的和谐世界而共同努力。拉斯穆森说，我们通过在中国的访问，看到中国共产党强调以人为本，主张统筹发展、实现社会和谐，对此我们十分赞赏。随着全球化趋势深入发展，欧中之间有越来越多的共同利益。欧洲社会党希望中国在国际事务中发挥更大的作用，愿意和中国共产党开展坦诚的交流，共同推动欧盟及其成员国和中国在各领域的互利合作不断深化。拉斯穆森还对“一国两制”政策过去十年在香港的成功实践表示祝贺。

9 月 5 日，中共中央政治局常委、中央书记处书记、国家副主席曾庆红在人民大会堂与越共中央政治局委员、中央书记处常务书记张晋创举行了会谈。曾庆红说，近年来，中越两党两国遵循“长期稳定、面向未来、睦邻友好、全面合作”十六字方针，双边关系保持良好发展势头。2006年，两党总书记成功互访，从战略和全局高度就进一步提升中越关系达成重要共识。曾庆红说，中国党和政府高度重视中越关系。我们愿与越南党和政府一道，推动两国睦邻友好与全面合作关系健康稳定持久发展，使中越永做好邻居、好朋友、好同志、好伙伴。张晋创说，近年来，越中全面合作的传统友谊在“十六字”方针和“四好”精神指引下得到不断的巩固和加强，各领域友好交流与合作取得丰硕成果，越方对此感到高兴。越方认为，越中在新时期有许多共同利益，发展越中友好是越南党和政府的长期方针，符合两国人民的共同愿望。越方高度重视越中友好，将继续坚定不移致力于发展两国各部门、各领域、各层级的友好互利合作。张晋创还预祝中国共产党十七大取得圆满成功。

9月14日，全国政协主席贾庆林在东京会见了日本执政党“发展日中友好议员之会”主要成员。贾庆林说，发展中日睦邻友好合作关系，符合两国和两国人民的根本利益，有利于世界的和平、稳定和发展，是中国政府的一贯政策。不管形势如何变化，中日友好事业都应继续下去。今年是中日邦交正常化35周年，“发展日中友好议员之会”同中方就年内实现3万人互访大交流活动达成共识，这对增进两国人民的相互了解与友谊具有重要意义。我们欢迎有更多的日本执政党议员访华，开展交流与合作。“发展日中友好议员之会”会长、日本前首相森喜朗说，贾庆林主席在日中邦交正常化35周年之际访问日本，对加深双方相互了解与合作，推动两国关系发展意义重大。日中关系对日本是最重要的双边关系之一，日本执政党一贯予以高度重视和积极推动，我们将为促进两国战略互惠关系发展做出更大努力。日本前首相海部俊树、自民党总务会长二阶俊博、前内阁官房长官福田康夫、自民党前干事长古贺诚、公明党干事长北侧一雄等参加了会见。

在会见日本共产党委员长志位和夫时，贾庆林说，中国共产党与日本共产党有着良好的交流关系，我们对日本共产党一贯坚持正确史观，致力于促进日中友好表示赞赏。中方一贯主张“以史为鉴，面向未来”，维护和促进中日关系的健康稳定发展。志位和夫表示，日本共产党愿与中国共产党保持交往，将继续为正确处理历史问题，维护和巩固日中关系的政治基础发挥积极作用。在会见日本社民党党首福岛瑞穗时，贾庆林说，日本社民党坚持维护和平，积极促进中日友好，我们对此给予高度评价。中国坚持走和平发展道路，愿与社民党加强党际交往，为实现两国和平共处、世代友好、互利合作、共同发展的目标而努力。福岛瑞穗表示，日本社民党爱好和平，主张日本走和平发展道路，愿与中方加强交流，共同促进两国合作和东北亚地区的和平稳定。

11月22日，中共中央政治局常委、书记处书记习近平在人民大会堂会见了由自民党政调会长谷垣祯一、公明党政调会长齐藤铁夫率领的日本执政党代表团。习近平说，中国党和政府历来高度重视中日关系，希望双方共同抓住当前良机，不断加强两国在政治、经贸、人文和多边领域的合作，努力实现中日两国“和平共处、世代友好、互利合作、共同发展”的目标。习近平对“中日执政党交流机制”第三次会议在京召开表示祝贺。他说，“中日执政党交流机制”在两国关系困难时期为实现中日关系转圜发挥了重要作用，现在更成为两国执政党加强政策沟通、增进政治互信的有效平台。在中日关系面临新的发展机遇的形势下，希望两国政治家继续发挥积极作用，为推动中日睦邻友好合作关系迈上新台阶做出积极贡献。习近平还向日本客人介绍了中共十七大的主要情况和大会所确定的内政外交政策。谷垣祯一说，日方将尽最大努力推动构筑日中两国战略互惠关系。这不仅符合日中两国的利益，而且也有利于亚太地区和世界的发展。谷垣祯一还转达了福田康夫首相致温家宝总理的口信。齐藤铁夫说，“中日执政党交流机制”非常重要，日方愿与中方共同努力，使之成为促进日中战略互惠关系的发动机。

12 月 7 日下午，中共中央总书记、国家主席胡锦涛在人民大会堂会见了以党首小泽一郎为团长的日本民主党代表团主要成员。胡锦涛说，中日邦交正常化 35 年来，在双方共同努力下，两国关系长足发展，各领域交流合作成果丰硕。尤其是近来，中日关系呈现良好的发展势头。这些成果凝聚着双方几代人的心血和两国各界有识之士的辛劳，值得我们精心维护，倍加珍惜。胡锦涛表示，明年是中日和平友好条约缔结 30 周年，是中日关系发展的重要一年，两国间将有一系列重大活动要举行。中方愿与日方一道，遵循中日间三个政治文件确定的原则，坚持和平共处、世代友好、互利合作、共同发展的大方向，保持和加强两国高层及各层次友好交往，扩大和深化两国各领域务实合作，通过对话和平等协商妥善处理分歧及关切，不断拓展中日双方的共同利益，扎实推进中日战略互惠关系，共同谱写新世纪中日友好与合作的新篇章。小泽一郎感谢胡锦涛拨冗会见。他说，日本国民为中方高层领导高度关注日中友好而深受感动，他本人也期待着以此访为契机，进一步加强日中两国人民友好的纽带，深化两国在各领域的互利合作，这不仅符合日中双方利益，而且有助于亚洲乃至世界的稳定和发展。日本民主党将继续为此做出不懈努力。小泽一郎还高度评价日中两国政党交流为推动双边关系发展所发挥的重要作用。会见前，胡锦涛与日本民主党代表团和“长城计划”访华团全体成员合影留念。

12 月 8 日下午，全国政协主席贾庆林在人民大会堂会见了日本自民党总务会长二阶俊博一行。贾庆林说，中日两国互为重要近邻，都是亚洲和世界上的重要国家。发展长期稳定的中日睦邻友好合作关系，不仅符合两国和两国人民的根本利益，也符合时代发展的潮流，是人心所向，大势所趋。中方将继续坚定奉行中日友好政策，遵循中日间三个政治文件的原则和精神，努力构筑战略互惠关系，致力于实现中日和平共处、世代友好、互利合作、共同发展的崇高目标。贾庆林说，当前中日关系总体形势良好，面临进一步发展的重要机遇。双方应抓住有利时机，推动两国关系进入长期健康稳定发展的轨道。为此，双方要保持和加强两国高层交往，增强政治互信；拓展深化经贸合作，实现互利双赢；大力加强人文交流，增进国民感情；加强两国政治交流，促进相互理解；妥善处理重大敏感问题，维护中日关系政治基础。二阶表示，加强两国国民之间的交流对日中关系长远发展十分重要。明年是日中和平友好条约缔结 30 周年和北京奥运之年，将是扩大国民交流的重要机遇，日方愿同中方共同努力筹划好有关交流活动，推动日中关系不断向前发展。二阶一行是应国家旅游局邀请来华出席中日三万人大交流闭幕式活动的。全国政协秘书长郑万通、国家旅游局局长邵琪伟、外交部副部长武大伟会见时在座。

六、自身建设

2007年，中国共产党以加强执政能力建设和先进性建设为主线，全面推进党的思想建设、组织建设、作风建设、制度建设和反腐倡廉建设，党的建设取得新的成效，为经济社会发展提供了根本政治保证。

1月8日至10日上午，中国共产党中央纪律检查委员会第七次全体会议在北京举行。全会以邓小平理论和“三个代表”重要思想为指导，全面落实科学发展观，深入贯彻党的十六大及十六大以来历次中央全会精神，认真学习贯彻胡锦涛同志在中央纪委第七次全会上的重要讲话，总结2006年工作，研究部署2007年党风廉政建设和反腐败工作任务。全会审议通过了中央纪委书记吴官正代表中央纪委常委会所作的《拓展从源头上防治腐败工作领域，深入推进党风廉政建设和反腐败斗争》的报告。中国共产党中央委员会总书记胡锦涛出席全会第二次大会并发表了重要讲话。吴邦国、温家宝、贾庆林、曾庆红、吴官正、李长春、罗干等党和国家领导人出席了会议。有关方面的负责同志参加了会议。

全会认真学习了胡锦涛同志的重要讲话，一致认为，讲话从贯彻落实科学发展观、加强党的执政能力建设和先进性建设的战略高度，深入分析了当前党风廉政建设和反腐败斗争面临的形势，明确提出了加强反腐倡廉工作的重点任务，深刻阐述了加强领导干部作风建设的极端重要性和紧迫性，强调要在领导干部中大力倡导八个方面的良好风气，全面加强领导干部作风建设，为构建社会主义和谐社会提供有力保障。胡锦涛同志的重要讲话，对于进一步加强党的建设，深入开展党风廉政建设和反腐败斗争，继续加强各级纪律检查机关领导班子和干部队伍建设，具有十分重大的现实意义和深远的历史意义。全党同志一定要认真学习领会，坚决贯彻执行。

全会提出，2007年，全党要进一步统一思想，深刻认识党风廉政建设和反腐败斗争的长期性、复杂性、艰巨性，适应中国特色社会主义事业总体布局的要求，把反腐倡廉工作融入经济建设、政治建设、文化建设、社会建设和党的建设之中，拓展从源头上防治腐败工作领域。要坚持标本兼治、综合治理、惩防并举、注重预防的战略方针，贯彻落实《建立健全教育、制度、监督并重的惩治和预防腐败体系实施纲要》。要全面加强领导干部作风建设，促进领导干部作风进一步转变。要全面履行党章赋予的职责，突出重点，继续抓好领导干部的教育、监督和廉洁自律，继续抓好大案要案的查处，继续抓好纠正损害群众利益的不正之风，继续抓好源头治理、推进体制机制制度创新。以更坚决的态度、更有力的措施、更扎实的工作，深入开展党风廉政建设和反腐败斗争，为党的十七大胜利召开营造良好的政治氛围。第一，加强对科学发展观贯彻落实情况的监督检查，促进社会主义和谐社会建设。第二，加强思想道德教育和党纪国法教育，使领导干部切实做到为民、务实、清廉。第三，严肃党纪国法，保持查办案件工作力度。第四，加强党风政风建设，认真治理和纠正损害群众利益的不正之风。第五，深化体制改革和制度创新，推进治本抓源头工作。第六，认真执行党内监督条例，加强对领导干部特别是主要领导干部的监督。全会号召，我们要紧密团结在以胡锦涛同志为总书记的党中央周围，高举邓小平理论和“三个代表”重要思想伟大旗帜，全面贯彻落实科学发展观，深入开展党风廉政建设和反腐败斗争，以实际行动迎接党的十七大胜利召开。

1月10日，中央纪委监察部在北京召开新任纪检监察领导干部座谈会。中共中央政治局常委、中央纪委书记吴官正出席会议并发表讲话。他强调，要坚持以邓小平理论和“三个代表”重要思想为指导，全面落实科学发展观，正确认识反腐倡廉形势，认真贯彻落实中央纪委第七次全会和胡锦涛同志所作的重要讲话精神，忠实履行纪检监察职责，不断提高反腐倡廉工作水平。

吴官正指出，纪律检查工作是全党工作的一个组成部分，必须服从和服务于党和国家工作大局，促进改革发展稳定。要严格执行和维护党的纪律，督促党的各级组织和广大党员干部切实遵守党章和党内法规，坚决反对有令不行、有禁不止，维护党的团结和统一。要认真做好协助党委加强党风建设和组织协调反腐败工作，既要坚决惩治腐败，又要有效预防腐败；既要切实纠正不正之风，又要重视解决苗头性、倾向性问题；既要充分履行自身职责，又要发挥好其他部门作用，努力形成反腐倡廉的整体合力。吴官正强调，要坚持标本兼治、综合治理、惩防并举、注重预防的反腐倡廉战略方针，抓紧建立健全惩治和预防腐败体系。标本兼治、综合治理，就是既要着力治标，深挖严查腐败分子，又要多管齐下，综合运用教育、制度、监督、改革和惩处等多种手段防治腐败；惩防并举、注重预防，就是要坚持惩治和预防两手抓、两手都要硬，在坚决惩治腐败的同时，进一步加大预防力度。要拓展从源头上防治腐败的工作领域，把反腐倡廉工作融入经济建设、政治建设、文化建设、社会建设和党的建设之中，健全防治腐败的体制机制。吴官正强调，要严格要求，敢抓敢管，抓好班子，带好队伍。加强纪律约束，建立健全各项管理制度。带头发扬民主作风，认真执行民主集中制的各项规定，自觉接受党组织、人民群众和社会各界的监督。加强学习，提高素质，更好地履行职责。

1月12日，中共中央政治局常委、国家副主席曾庆红在中央党校同参加全国县委书记、县长“建设社会主义新农村”专题培训班的学员代表座谈时强调，要联系实际认真学习贯彻胡锦涛同志在中央纪委七次全会上的重要讲话，全面加强县级领导班子的作风建设，不断增强领导社会主义新农村建设的能力，在推进新农村建设的实践中为造福广大农民群众建功立业。中共中央政治局委员、中央书记处书记、中央组织部部长贺国强以及这次专题培训工作联席会议成员单位的负责同志出席了座谈会。

1月12日，中共中央党校举行秋季学期毕业典礼。中共中央政治局常委、中央书记处书记、中央党校校长曾庆红出席毕业典礼，并为学员颁发毕业证书。中共中央政治局委员、中央书记处书记、中央组织部部长贺国强出席毕业典礼。

1月15日，《人民日报》第一版发表中共中央印发的《2006—2010年全国干部教育培训规划》。《规划》主要内容是：（一）适应“十一五”时期经济社会发展需要，进一步发挥干部教育培训工作的战略性、基础性作用；（二）以科学发展观为统领，明确干部教育培训工作的指导思想、总体目标和主要任务；（三）以党政干部为重点，按照分级分类和全员培训的原则，抓好党政干部、企业经营管理人员和专业技术人员的教育培训；（四）坚持统筹兼顾，促进干部教育培训工作全面协调发展；（五）加强基础建设，为干部教育培训提供有力保障；（六）坚持改革创新，切实提高干部教育培训的质量和效益；（七）坚持学以致用，大力弘扬理论联系实际的马克思主义学风；（八）加强组织领导，确保“十一五”期间干部教育培训任务的全面落实。

2月2日上午，中共中央举办的省部级主要领导干部学习《江泽民文选》专题研讨班在中央党校开班。中共中央政治局常委吴邦国、温家宝、贾庆林、吴官正、罗干出席开班式。中共中央政治局常委、中央书记处书记、中央党校校长曾庆红主持开班式。中共中央政治局常委李长春在开班式上讲话。

李长春在讲话中指出，要深入学习《江泽民文选》，全面把握“三个代表”重要思想的科学体系和丰富内容，必须牢牢把握建设中国特色社会主义这一主题，不断深化对什么是社会主义、怎样建设社会主义的认识；必须牢牢把握加强党的建设这一关键，不断深化对建设什么样的党、怎样建设党的认识；必须牢牢把握解放思想、实事求是、与时俱进这一活的灵魂，不断深化对推进马克思主义中国化的认识；必须牢牢把握始终坚持和代表中国最广大人民根本利益的马克思主义立场，不断深化对立党为公、执政为民的认识；必须牢牢把握坚持马克思主义指导地位这个根本，不断深化对建设社会主义核心价值体系的认识。李长春强调，加强思想理论建设，用马克思主义武装全党，是我们党永葆先进性的根本保证。要按照胡锦涛总书记在学习《江泽民文选》报告会上的讲话精神，坚持理论联系实际的马克思主义学风，着力在武装头脑、指导实践、推动工作上下工夫，努力把“三个代表”重要思想转化为为党和人民的事业不懈奋斗的坚定信念，转化为观察和解决问题的科学方法，转化为指导改造客观世界和主观世界的行为准则，努力做到认识上有新提高、运用上有新收获。他希望参加研讨班的学员们集中精力学习，花大气力研读原著，独立思考，深入研讨，把思想进一步统一到中央对当前国内外形势的重大判断上来，统一到中央确定的大政方针上来，增强贯彻落实中央重大决策部署和党的各项方针政策的自觉性和坚定性，进一步提高马克思主义理论水平和思想政治素养。

4月16日，中共中央办公厅、国务院办公厅印发了《关于进一步严格控制党政机关办公楼等楼堂馆所建设问题的通知》。《通知》强调，严格控制党政机关办公楼等楼堂馆所建设，是发扬艰苦奋斗、勤俭节约优良传统的具体体现，是加强党风廉政建设的重要内容，是密切党群干群关系、维护党和政府形象的客观要求。各级党委、政府和各有关部门要充分认识到，违反规定建设办公楼等楼堂馆所，追求和攀比办公场所豪华气派，是一种严重的铺张浪费行为，也是一种滥用权力的腐败行为。这种做法不仅浪费国家财产和资源，加重人民群众负担，而且败坏党风、政风和社会风气，侵蚀党员干部的进取精神和服务意识，危害党和人民的事业。必须继续发扬艰苦奋斗的优良传统，必须继续坚持勤俭办一切事业的方针。各级党政机关和领导干部要牢牢把握立党为公、执政为民的本质要求，始终牢记“两个务必”，全面加强思想作风建设，带头弘扬新风正气，坚决抵制贪图安逸、追求享乐等不正之风，为全社会做好表率。

5月10日至14日，曾庆红先后考察了中国浦东、井冈山、延安三所干部学院，并出席了在延安举行的三所干部学院教学工作会议，中共中央政治局委员、中央组织部部长、三所干部学院理事会理事长兼院长贺国强主持了会议。曾庆红在会议上的讲话中指出，建设中国浦东、井冈山和延安三所干部学院，是十六大以后以胡锦涛同志为总书记的党中央作出的一项重大决策，也是我们党的干部教育培训史上的一件大事。我们党的事业的承前启后、继往开来，我们党的干部队伍的兴旺发达、后继有人，都需要有三所干部学院这样特色鲜明地高扬党的理想和信念、弘扬党的光荣传统和作风，从而保证我们党和国家既永不变色又充满活力的干部教育培训基地。各级党委要认真总结借鉴这些经验，迎接新一轮大规模干部教育培训工作，为全面建设小康社会、加快构建社会主义和谐社会提供人才保障。曾庆红强调，为做好新一轮大规模培训干部、大幅度提高干部素质的工作，我们要认真落实胡锦涛同志关于“联系实际创新路、加强培训求实效”的指示精神，深入贯彻中央批准下发的《干部教育条例》和《“十一五”全国干部教育培训规划》，把“大规模培训”的数量要求与“大幅度提高”的质量要求兼顾得更好，以实现干部教育培训效益的最大化。要坚持不懈地用党的理论创新成果武装干部，用党的路线方针政策和国家法律法规培训干部，用党的优良传统和作风教育干部，真正把学习中的收获转化为推动党的执政能力建设和先进性建设的能力，转化为谋划工作的思路、促进工作的措施。

贺国强在主持会议时强调，曾庆红同志的重要讲话对于贯彻落实科学发展观，做好新一轮大规模培训干部、大幅度提高干部素质的工作具有重要指导意义，我们要认真学习贯彻。要统一认识，增强做好新形势下干部教育培训工作的责任感和使命感，在新的起点上进一步做好干部教育培训工作；要明确思路，切实把新形势下干部教育培训工作的各项任务落到实处，不断开创干部教育培训工作新局面；要再接再厉，进一步推动三所干部学院的建设和发展，以优异成绩迎接党的十七大胜利召开。

7 月 26 日，中共中央政治局会议审议了中共中央纪律检查委员会《关于陈良宇严重违纪问题的审查报告》，决定给予陈良宇开除党籍、开除公职处分，对其涉嫌犯罪问题移送司法机关依法处理。

7 月 26 日下午，中共中央政治局进行第四十二次集体学习，内容是南昌起义和井冈山革命根据地的建立。军事科学院齐德学研究员、黄迎旭研究员就这个问题进行了讲解，并谈了对新的历史条件下大力弘扬井冈山精神的意见和建议。中共中央政治局各位同志认真听取了他们的讲解，并就有关问题进行了讨论。

胡锦涛在主持学习时发表了讲话。胡锦涛强调，井冈山精神，集中体现了我们党和人民军队的性质和宗旨，深刻反映了中国共产党人的崇高思想和高尚情操，对中国革命历史进程产生了广泛而深远的影响，也是我们党团结带领人民夺取革命、建设、改革胜利的强大精神力量。胡锦涛强调，艰苦奋斗、自觉奉献，是我们党克服各种艰难困苦的重要保证，也是我们党带领人民不断开创事业新局面的重要保证。我们党是靠艰苦奋斗起家的，也是靠艰苦奋斗发展壮大的。我们党带领人民夺取政权、建立新中国的斗争充满艰辛，我们党带领人民巩固政权、实现现代化的实践同样充满艰辛。我们要大力发扬戒骄戒躁、艰苦奋斗的光荣传统，大力发扬一心为民、自觉奉献的优良作风，团结带领广大人民群众，扎扎实实把中国特色社会主义伟大事业推向前进。胡锦涛指出，全党同志必须牢记，形势越好越要增强忧患意识，执政越久越要增强公仆意识，条件越优越要增强节俭意识。我们要始终保持共产党人的政治本色，坚决反对形式主义、官僚主义，坚决反对享乐主义、奢侈浪费，坚决反对各种消极腐败现象，真正做到思想上始终清醒、政治上始终坚定、作风上始终务实。

10月11日至12日，中国共产党中央纪律检查委员会第八次全体会议在北京举行。中央纪律检查委员会常务委员会主持了会议，中共中央政治局常委、中央纪律检查委员会书记吴官正作了重要讲话。全会审议并通过了中共中央纪律检查委员会向党的第十七次全国代表大会的工作报告，同意将报告提请党的第十七次全国代表大会审查。全会认为，党的十六大以来，中央纪委和各级纪委在以胡锦涛同志为总书记的党中央领导下，坚持以邓小平理论和“三个代表”重要思想为指导，深入贯彻落实科学发展观，认真履行党章赋予的职责，扎实推进党风廉政建设和反腐败工作。经过全党全社会的共同努力，反腐倡廉在继承中发展，在改革中创新，取得新的明显成效。但是，也要清醒地看到，消极腐败现象仍然比较严重，反腐倡廉形势仍然严峻，必须充分认识反腐败斗争的长期性、复杂性、艰巨性。全会强调，要把反腐倡廉建设放在更加突出的位置，坚持标本兼治、综合治理、惩防并举、注重预防的方针，加强以保持党同人民群众血肉联系为重点的作风建设，加强以完善惩治和预防腐败体系为重点的反腐倡廉建设，在坚决惩治腐败的同时，更加注重治本，更加注重预防，更加注重制度建设，努力拓展从源头上防治腐败的工作领域，进一步提高反腐倡廉工作水平，推动科学发展，促进社会和谐，为实现党的十七大作出的各项重大决策和战略部署提供有力保证。全会要求，各级纪委要更加紧密地团结在以胡锦涛同志为总书记的党中央周围，高举中国特色社会主义伟大旗帜，坚持党的基本路线不动摇，锐意进取，扎实工作，不断取得党风廉政建设和反腐败斗争的新成效，为夺取全面建设小康社会新胜利、开创中国特色社会主义事业新局面而努力奋斗！

12月14日，为学习贯彻党的十七大精神，深入推进党风廉政建设和反腐败斗争，中央纪委、监察部召开部分专家学者座谈会，听取对党风廉政建设和反腐败工作的意见和建议。中共中央政治局常委、中央纪委书记贺国强出席会议并讲话，中央书记处书记、中央纪委副书记何勇主持会议。

座谈会上，有关方面专家学者蔡长水、纪宝成、胡鞍钢、马怀德、金碚、龚维斌、陈兴良、房宁、任建明等先后发言，积极为反腐倡廉建设建言献策。在认真听取大家的发言后，贺国强讲了话。他说，大家实事求是地肯定了近年来党风廉政建设和反腐败工作取得的成绩，对进一步做好当前和今后一个时期的纪检监察工作提出了许多很好的意见和建议，我们将认真研究、积极采纳。贺国强指出，党的十七大创造性地提出反腐倡廉建设的重要概念，并将反腐倡廉建设同党的思想建设、组织建设、作风建设、制度建设并列为党的建设的重要组成部分。这体现了对党的建设规律认识的深化，进一步丰富了党的建设的内涵、拓展了党的建设的领域。我们要按照党的十七大精神，进一步明确今后一个时期反腐倡廉建设的目标和任务，以更加坚定的信心、更加积极的态度、更加有力的措施，推动党风廉政建设和反腐败斗争不断深入发展。贺国强指出，推进党风廉政建设和反腐败斗争是全党全社会的共同任务，既需要充分发挥纪检监察机关的作用，更需要充分发挥包括广大理论工作者在内的社会各方面力量的作用。要适应新形势新任务的要求，加强对重大理论问题、重大政策问题和重大制度问题的研究，认真总结实践经验，积极借鉴国外的有益做法，不断取得理论研究成果，为推进党风廉政建设和反腐败斗争提供有力的理论支撑。

12 月 17 日，新进中央委员会的委员、候补委员学习贯彻党的十七大精神研讨班在中央党校开班。中共中央总书记、国家主席、中央军委主席胡锦涛在开班式上发表重要讲话。他强调，在高举中国特色社会主义伟大旗帜、坚持中国特色社会主义道路和中国特色社会主义理论体系问题上，中央领导集体要坚定不移，全党同志要坚定不移，全国人民要坚定不移，引领中国特色社会主义伟大事业的航船沿着正确航向不断乘风破浪、乘胜前进。这是我们总结长期历史经验得出的基本结论。中共中央政治局常委李长春、贺国强、周永康出席开班式。中共中央政治局常委习近平主持。

12 月 18 日，中共中央政治局召开会议，研究部署 2008 年党风廉政建设和反腐败工作。中共中央总书记胡锦涛主持会议。会议在对当前党风廉政建设和反腐败工作的形势进行认真分析后指出，党的十七大对全面推进党的建设新的伟大工程作出了总体部署，要求全党以改革创新精神加强党的思想建设、组织建设、作风建设、制度建设和反腐倡廉建设。各级党委要准确把握党的十七大对党风廉政建设和反腐败斗争提出的新要求，坚决贯彻落实中央的决策部署，充分认识反腐败斗争的长期性、复杂性、艰巨性，把反腐倡廉建设放在更加突出的位置，推动党风廉政建设和反腐败斗争深入开展。

会议强调，要全面贯彻党的十七大精神，高举中国特色社会主义伟大旗帜，以邓小平理论和“三个代表”重要思想为指导，深入贯彻落实科学发展观，贯彻标本兼治、综合治理、惩防并举、注重预防的方针，加强以保持党同人民群众血肉联系为重点的作风建设，加强以完善惩治和预防腐败体系为重点的反腐倡廉建设，坚持改革创新，突出工作重点，加大工作力度，狠抓任务落实。要认真开展对中央重大决策部署执行情况的监督检查，推动深入贯彻落实科学发展观；加大专项治理力度，坚决纠正损害群众利益的不正之风；继续保持查办案件工作力度，坚决惩治腐败；扎实开展反腐倡廉教育，加强领导干部廉洁自律工作；深化改革和制度创新，进一步推进治本抓源头工作；深入推进监督工作，促使领导干部正确行使权力；加强国有企业党风建设和反腐倡廉工作，促进企业健康发展。抓紧制订并实施《建立健全惩治和预防腐败体系 2008—2012 年工作规划》，为全面建设小康社会提供有力保证。

12 月 21 日，新进中央委员会的委员、候补委员学习贯彻党的十七大精神研讨班在中央党校结业。中共中央政治局常委、中央书记处书记、中央党校校长习近平在结业式上发表重要讲话。他强调，中国特色社会主义伟大旗帜，凝聚了几代中国共产党人的智慧和心血，蕴含着丰富的历史经验和新鲜经验。在新的历史起点和新的发展阶段，面对前所未有的机遇和挑战，必须坚持不懈地用中国特色社会主义理论体系武装全党，引领全党同志坚定不移地把中国特色社会主义作为伟大旗帜来高举，作为正确道路来坚持，作为科学理论来运用，作为共同理想来追求，同心同德地为夺取全面建设小康社会新胜利、谱写人民美好生活新篇章而努力奋斗。

12月28日，中央纪委监察部召开派驻机构工作总结交流会，中共中央政治局常委、中央纪委书记贺国强出席会议并讲话。他强调，各派驻机构要认真学习贯彻党的十七大精神，切实增强高举旗帜的坚定性、服务大局的自觉性和做好工作的主动性，按照党章、行政监察法和党内监督条例的规定，认真总结经验，理清工作思路，全面履行职责，推动驻在部门及其系统和行业党风廉政建设和反腐败斗争深入开展。

贾小明　中央社会主义学院中国政党制度研究中心副秘书长

中国国民党革命委员会

2007年，中国国民党革命委员会（以下简称“民革”）积极履行参政党职能，在我国继续深化改革、扩大开放，全面推进社会主义经济建设、政治建设、文化建设、社会建设的大形势下，高举邓小平理论伟大旗帜，努力贯彻“三个代表”重要思想和科学发展观，认真学习贯彻中共十七大精神，在加强民革自身建设，提高参政议政、民主监督水平，为社会主义现代化建设服务和促进祖国和平统一等工作方面做出了新的成绩。

一、重要会议及活动

2007年，民革根据党章规定召开了第十一次全国代表大会。民革第十届、第十一届中央领导机构，通过召开中常会、中全会和专门工作会议来领导全党工作，同时中央还根据2007年里的重大事件和纪念日召开了各种形式的座谈会和纪念会。

（一）第十一次全国代表大会暨民革成立60周年纪念大会

民革第十一次全国代表大会于12月9日至15日在北京召开。

民革第十一次全国代表大会开幕式暨民革成立60周年纪念大会于12月9日在人民大会堂隆重举行。中共中央政治局常委周永康会见全体与会代表，并代表中共中央向大会致贺词。贺词说，60年来，民革继承和发扬孙中山先生爱国、革命和不断进步的精神，同中国共产党密切配合、并肩战斗，为夺取新民主主义革命胜利、建立新中国作出了积极贡献，为建立社会主义制度、推进社会主义建设发挥了重要作用，为推进改革开放、建设中国特色社会主义、促进祖国和平统一作出了不懈努力。过去的五年，民革始终坚持以邓小平理论和“三个代表”重要思想为指导，深入贯彻落实科学发展观，充分发挥自身优势，为推进社会主义经济建设、政治建设、文化建设、社会建设，促进祖国完全统一作出了积极贡献。历史证明，民革不愧为中国共产党久经考验的亲密友党，不愧为建设和发展中国特色社会主义、促进祖国完全统一、实现中华民族伟大复兴的重要力量。

台盟中央主席林文漪代表各民主党派中央和全国工商联致贺词。贺词说，60年来，民革作为中国共产党的亲密战友和诤友，与中国共产党一起，共同致力于中国革命、建设和改革开放伟大事业，共同致力于中国特色社会主义现代化建设。相信民革十一大的召开，将进一步促进民革自身建设的不断加强和参政议政能力的不断提高，为夺取全面建设小康社会新的伟大胜利作出更加积极的贡献。

民革第十届中央常务副主席、大会主席团常务主席周铁农就纪念民革成立60周年发表讲话。讲话在回顾了民革60年的历史道路后指出，回顾历史，总结经验，集中到一点，就是必须坚决接受中国共产党的领导，同中国共产党在政治上始终保持高度一致，坚定不移地走中国特色社会主义政治发展道路。接受中国共产党的领导，始终同中国共产党和衷共济、风雨同舟，这是民革必然的历史选择，是民革的光荣传统，是民革老一辈领导人的政治交代，是民革的立党之本。不论在任何时候、任何情况下，民革都要坚决接受中国共产党的领导，坚定不移地走中国特色社会主义政治发展道路，绝不能有丝毫的动摇。贾亦斌名誉副主席代表民革老同志作了讲话。

民革第十届中央主席、大会主席团常务主席何鲁丽代表第十届中央委员会作工作报告。报告总结民革过去五年的工作指出，过去五年民革全党团结奋斗、开拓进取，切实加强自身建设，积极履行参政党职能，各方面工作取得明显进步和突出成绩：一是扎实推进自身建设，全党素质进一步提高。五年来民革在中共中央1989年颁布的《关于坚持和完善中国共产党领导的多党合作和政治协商制度的意见》，2005年颁布的《关于进一步加强中国共产党领导的多党合作和政治协商制度建设的意见》和2006年颁布的《关于进一步加强人民政协工作的意见》等文件精神的鼓舞和指导下，适应新世纪新阶段多党合作事业发展的需要，大力加强思想建设、组织建设和制度建设，取得显著成绩，为民革更好地履行参政党职能、发挥参政党作用，提供了思想、组织和制度保证。二是认真履行参政党职能，为全面建设小康社会积极贡献力量。中共十六大以来，中共中央大力推进社会主义民主政治建设，多党合作和政治协商进一步制度化、规范化、程序化，爱国统一战线呈现团结活泼的新局面。多党合作的发展，为民主党派履行职能创造了良好条件。五年来，民革围绕全面建设小康社会的目标发挥参政党作用，工作更加活跃和富有成效。三是坚持以促进祖国和平统一为工作重点，为发展两岸关系、维护台海稳定作出新贡献。五年来，民革全党深入学习和坚决贯彻中共中央对台工作大政方针，坚持以做好台湾人民工作为核心，以反“独”、遏“独”为首要任务，努力把握大局，发挥优势，积极作为，不断开拓创新，使民革促进祖国和平统一的工作呈现出新的局面。

报告在回顾了五年来的工作后总结出四点经验和体会：一是必须坚持以邓小平理论和“三个代表”重要思想为指导，深入贯彻落实科学发展观，坚持中国共产党的领导，坚持中国共产党领导的多党合作和政治协商制度，坚定不移地走中国特色社会主义政治发展道路。二是必须坚持以发展作为民革参政议政的第一要务，紧紧围绕经济建设这个中心，围绕改革开放、科学发展、和谐稳定的大局和关系民生的重大问题建言献策，为全面建设小康社会贡献力量。三是必须以与时俱进的精神状态，坚持不懈地抓自身建设，不断提高党员思想政治素质，增强组织活力和凝聚力，更好地承担起参政党的历史责任。四是必须在各项工作中注意突出民革特色，大力弘扬孙中山先生爱国、革命和不断进步的精神，充分发挥民革在台湾和海外联系广泛的优势，进一步做好凝聚力量、促进祖国和平统一工作。

报告对今后五年的工作提出了三点建议：一是加强参政议政、民主监督能力建设，提高工作水平，为实现中共十七大确定的目标和任务献计出力。二是牢牢把握两岸关系和平发展的主题，进一步做好促进祖国和平统一工作。三是坚持以政治交接为主线，为把民革建设成为高素质参政党而不懈努力。

民革第十届中央副主席、大会主席团常务主席童傅在会上作了关于中国国民党革命委员会章程修改草案的说明。

国务委员曹刚川、全国人大常委会副委员长顾秀莲、全国政协副主席王忠禹、中共中央统战部部长杜青林、中共中央台湾工作办公室主任陈云林及各民主党派中央、全国工商联有关领导同志，国家有关部委、人民团体负责同志出席大会开幕式。

12 月 13 日，民革第十一次全国代表大会举行选举大会。大会通过了修改后的中国国民党革命委员会章程；通过了关于中国国民党革命委员会章程的决议；通过了民革十一大选举办法。大会经过无记名投票，选举产生了由 209 人组成的民革第十一届中央委员会。

12 月 15 日，民革第十一次全国代表大会举行闭幕式。大会通过了民革第十一次全国代表大会决议；通过了关于民革第十届中央委员会报告的决议。大会主席团常务主席周铁农致闭幕词说，民革第十一次全国代表大会在全体代表的共同努力下，完成了各项议程，大会取得圆满成功。民革十一大是一次学习贯彻中共十七大精神，统一思想、明确任务、振奋精神的大会；是一次总结经验、弘扬民革优良传统的大会；是民革在新世纪新阶段进一步实现中央领导机构新老交替和政治交接的大会；是一次团结鼓劲、面向未来，明确任务，做好今后工作的动员大会。代表们以高昂的热情、强烈的政治责任感和使命感参加会议，就民革自身建设和各方面工作的开展，提出了许多很好的意见和建议。周铁农同志代表新一届中央领导集体表示，一定不辜负全党同志的重托和期望，将认真履行职责，牢记民革的优良传统，树立良好作风，团结和带领全党同志，高举中国特色社会主义伟大旗帜，坚定不移地走中国特色社会主义政治发展道路，坚持中国共产党的领导，认真贯彻落实民革十一大精神，凝聚全党智慧和力量，为全面建设小康社会多作贡献，为开创民革工作新局面而勤奋工作。

（二）十届六中全会和十一届一中全会

1. 十届六中全会

民革十届六中全会于 11 月 17 日至 18 日在北京召开，会议的主要内容是学习贯彻中共十七大精神，审议民革第十届中央委员会向第十一次全国代表大会的报告和民革章程（修改草案），做好召开民革十一大的各项准备工作。

何鲁丽主席主持开幕会，会议听取了刘民复副主席所作的关于民革第十一次全国代表大会和纪念民革成立 60 周年系列活动筹备工作情况的汇报、周铁农常务副主席所作的关于第十届中央委员会向第十一次全国代表大会的报告起草的说明、童傅副主席所作的关于民革章程（修改草案）的说明。

会议通过了民革第十届中央委员会向第十一次全国代表大会的报告、民革章程（修改草案）和关于民革章程（修改草案）的说明（草稿），第十一次全国代表大会主席团、秘书长建议名单，第十一次全国代表大会代表资格审查委员会名单。周铁农常务副主席主持闭幕会。

2. 十一届一中全会

民革十一届一中全会于 12 月 14 日在

民革十一大期间召开，会议总召集人周铁农主持会议，会议听取了厉无畏同志所作的关于民革第十一届中央委员会主席、副主席、常务委员候选人名单草案的说明，通过了民革第十一届中央委员会第一次全体会议选举办法；通过了民革第十一届中央委员会主席、副主席、常务委员候选人名单。全会经过无记名投票，选举周铁农同志为民革第十一届中央委员会主席，选举厉无畏、钮小明、万鄂湘、齐续春、谢克昌、修福金、刘凡、程崇庆、傅惠民、何丕洁同志为民革第十一届中央委员会副主席，选举万鄂湘等43位同志为民革第十一届中央委员会常务委员。随后召开的民革第十一届中央第一次主席会议决定厉无畏同志担任第十一届中央常务副主席。

（三）中央常务委员会会议

2007年，民革十届、十一届中央常务委员会为履行职权、领导全党工作，根据党章规定共召开了六次会议。

民革十届第十九次中常会于3月9日在北京召开。会议学习座谈了十届全国人大五次会议和全国政协十届五次会议精神，与会常委结合2007年全国“两会”各项议题进行了座谈；原则通过了关于学习贯彻十届全国人大五次会议和全国政协十届五次会议精神的决议；听取了关于中央自十届五中全会以来的工作情况和2007年第二季度工作安排情况的书面汇报；原则通过了《民革中央关于开展“坚持中国特色社会主义政治发展道路，搞好政治交接”教育活动的决定》。

民革十届第二十次中常会于7月10日至12日在黑龙江省哈尔滨市召开。会议的主要内容是研究关于进一步增强团结，促进民革党内和谐的有关问题。何鲁丽主席在会上作了题为《增强团结，促进民革党内和谐，为构建社会主义和谐社会作出新贡献》的重要讲话，讲话指出，增强团结，促进党内和谐，是民革进一步加强自身建设，为建构和谐社会充分发挥积极作用的重要任务。民革作为参政党，要深刻领会中共中央作出的构建社会主义和谐社会重大决策的重要意义，积极为促进社会和谐特别是政党关系的和谐作出不懈努力，要在多年来大力推动自身建设的基础上，以增强团结、促进民革党内和谐为主题，进一步深化和贯通自身建设的各项工作，统一思想，理顺关系，整合资源，凝聚力量，不断提高参政议政的水平和能力，为构建社会主义和谐社会作出我们应有的贡献。

讲话强调，增强团结，促进民革党内和谐，首先要明确把握和深入认识这种团结与和谐的总体要求。这就是在政治方向、政治目标一致的前提下，以共同理想信念为基础，以充分发扬民主、贯彻实行民主集中制为保证，以《民革章程》为规范和约束，体现进步性和广泛性相统一的特征，通过化解矛盾、协调关系、求同存异，达到党内关系融洽、党内生活健康、党的自身建设和各方面工作运行有序，使民革全党在指导思想和共同目标基础上思想统一、组织协调、作风优良和行动一致，在此基础上形成民主团结、充满活力、心情舒畅、生动活泼的局面。

讲话强调，要切实把握促进民革党内和谐的着力点。第一要凝聚共识，增强和深化政治认同。“共产党领导、多党派合作，共产党执政、多党派参政”，是我国政党制度最显著的特征，也是民革作为参政党最基本的政治认同。在民革全党开展的“坚持中国特色社会主义政治发展道路，搞好政治交接”教育活动是增强和深化政治认同、凝聚共识的一个重要举措，要把教育活动作为凝聚政治共识、深化政治认同的重要方式抓紧抓好。第二要完善机制，营造和优化制度环境。加强制度建设，是增强广大民革党员的组织观念、凝聚全体党员力量的有效途径。把民革各级组织在各项工作和党内生活的做法和经验提升为全体党员所认同、所遵守的运行规则和程序，让广大干部和党员按照制度和规则参与民革工作和党内生活，才能有效地调动各级组织和广大党员的积极性和主动性，形成民革组织的凝聚力和战斗力，实现民革党内和谐。第三要发扬民主，活跃民革党内政治生活。民革作为政党，作为多党合作制度中的参政党，为了巩固和促进党内和谐，必须发扬民主，活跃党内政治生活。第四要加强领导班子建设，以领导班子的团结，促进民革全党和谐。党内和谐，关键是领导班子和谐，领导班子和谐能为全体民革党员提供榜样，并营造一种和谐的政治环境。

周铁农常务副主席在会议上发表讲话强调，民革全党要认真学习、深刻领会胡锦涛总书记6月25日在中共中央党校省部级干部进修班上发表的重要讲话精神，把学习贯彻讲话精神与加强民革自身建设、做好民革各项工作结合起来。会议还听取了童傅副主席关于省级组织换届综合情况的汇报、关于《各民主党派中央关于加强地方组织领导班子建设座谈会纪要》的说明、关于中央2007年第二季度主要工作情况和第三季度主要工作安排的书面汇报，通过了《民革中央第十届中央常务委员会关于召开第十届中央委员会第六次全体会议的决定》。

民革十届第二十一次中常会于10月10日至11日在北京召开。会议听取了周铁农常务副主席关于民革第十届中央委员会向第十一次全国代表大会的报告起草工作的说明；钮小明副主席关于民革章程修改工作的说明；童傅副主席关于中央人事工作小组工作的说明、关于第十一次全国代表大会的代表和列席人员有关情况的报告、关于省级组织换届工作的汇报。会议分组讨论了民革第十届中央委员会向第十一次全国代表大会的报告草稿和民革章程修改稿，并提出了具体修改意见和建议。会议还听取了中央2007年第三季度主要工作情况和第四季度主要工作安排的书面汇报。

民革十届第二十二次中常会于11月16日在北京召开。会议学习了中国共产党第十七次全国代表大会精神；听取了关于民革第十一次全国代表大会和纪念民革成立60周年系列活动筹备工作情况书面汇报；通过了民革十届六中全会议程（草案）、日程安排、小组召集人名单，通过了第十届中央委员会向第十一次全国代表大会的报告（草稿）、民革章程（修改草案）、关于民革章程（修改草案）的说明（草稿）；通过了第十一次全国代表大会主席团、秘书长初步建议名单，第十一次全国代表大会代表资格审查委员会建议名单；听取了童傅同志关于中央换届工作人事事项的说明。

民革十届第二十三次中常会于12月8日在民革十一大期间召开。会议通过了民革第十一次全国代表大会议程草案和日程；通过了民革十一大主席团常务主席建议名单；通过了民革第十一届中央委员会委员候选人建议名单，听取了童傅同志关于候选人建议名单产生过程的说明。

民革十一届第一次中常会于12月14日在民革十一大期间召开。会议通过了民革第十一届中央委员会秘书长任命名单，任命齐续春同志为第十一届中央委员会秘书长（兼）；通过了民革中央各工作部门主要负责人任命名单。

（四）中心学习组学习活动

2007年，民革中央中心学习组共举行了三次重大的学习座谈活动。

2月25日，民革中央中心学习组召开学习座谈会，专题学习“坚持中国特色社会主义政治发展道路，搞好政治交接”。与会同志先后发言，畅谈了对于坚持中国特色社会主义政治发展道路的认识和体会。何鲁丽主席在学习座谈会作中心发言。发言在集中阐述了有关中国特色政治发展道路的重大理论和实践问题后指出，2007年民革进行的各省级组织和中央的换届，是民革全年工作的重点，换届的实质和核心是要搞好政治交接，使民革的事业后继有人，把老一代领导同志坚持中国特色社会主义政治发展道路的传统、信心和决心传承下去，保证中国共产党领导的多党合作和政治协商制度得到更好的坚持和完善。民革各级干部和广大党员要深入理解和把握中国特色社会主义政治发展道路的主要内涵和基本特征，深刻认识到坚持中国特色社会主义政治发展道路，是我国近现代历史发展的必然，是把我国建设成为富强、民主、文明、和谐的社会主义现代化国家的根本保证，也是参政党的历史责任。民革全党要把坚持中国特色社会主义政治发展道路、搞好政治交接作为换届工作的主线，以政治交接为着眼点来实现人事上的新老交替，紧密依靠中共各级党委和统战部门，把政治素质好、能力高的人选拔到领导岗位，形成政治坚定、朝气蓬勃、奋发有为、广大党员信任和满意的新一届领导班子。要以这次换届中坚持中国特色社会主义政治发展道路，搞好政治交接为契机，在民革全党开展坚持中国特色社会主义政治发展道路的专项教育活动。周铁农常务副主席在总结发言中指出，民革各地各级领导班子一定要认真规划、缜密安排、切实实施，搞好政治交接教育活动，不断增强各级干部和广大党员坚持中国特色社会主义政治发展道路的信心和决心，保证民革在这条正确道路上走实、走稳、走好。

民革中央中心学习组于10月22日在中共十七大胜利闭幕之际召开学习座谈会，专题学习中共十七大精神。何鲁丽主席在学习座谈会作的中心发言指出，中共十七大提出了实现全面建设小康社会奋斗目标的新要求，为我国各方面事业发展指明了方向。民革对中共十七大一系列重大决策表示衷心拥护，要以学习贯彻中共十七大精神作为今后一个时期首要政治任务，把思想和行动统一到中共十七大精神上来，把智慧和力量凝聚到夺取全面建设小康社会新胜利的伟大事业上来。民革全党要认真学习贯彻中共十七大精神，进一步增强走中国特色政治发展道路的自觉性和坚定性；要以中共十七大精神指导参政议政工作，为完成中共十七大提出的各项任务积极履行参政党职能；要发挥民革特点和优势，做好促进祖国和平统一工作；要在中共十七大精神的鼓舞下，搞好民革成立60周年纪念活动，开好民革第十一次全国代表大会。

12月25日上午，民革中央中心学习组召开学习座谈会，专题学习胡锦涛总书记12月24日在同各民主党派中央、全国工商联新老主要领导人座谈会上的重要讲话。周铁农主席传达了胡锦涛总书记讲话的主要精神，并对民革全党提出了三点要求：一是要把学习胡锦涛总书记讲话同学习中共十七大精神结合起来，更好地推动贯彻落实中共十七大精神；二是要把学习胡锦涛总书记讲话同中国特色社会主义主题教育活动结合起来，作为搞好政治交接主题教育活动的重要内容；三是要把学习胡锦涛总书记讲话同贯彻民革十一大精神结合起来，用中共十七大精神、中共中央致民革十一大的贺词、胡锦涛同志讲话为统领，推动民革十一大提出的各项任务的贯彻落实。厉无畏副主席在发言中说，胡锦涛同志在讲话中回顾了五年来多党合作取得的成就，总结了多党合作的基本经验，对各民主党派提出了殷切希望，体现了中共中央对各民主党派的高度重视和充分信任，让我们倍感振奋。民主党派成员要想更好地履行职责，必须加强学习，同时要注重学习能力的培养。在学习的过程中，要把学到的知识同具体实践结合起来，把加强理论学习和做好本职工作结合起来。齐续春副主席在发言中表示，学习胡锦涛总书记的讲话，要求我们进一步增强坚持中国特色社会主义政治发展道路，坚持中国共产党领导的多党合作和政治协商制度的信心和决心；紧紧围绕中共十七大提出的各项任务，贯彻落实科学发展观，切实提高民革作为参政党履行参政议政、民主监督基本职能的能力和水平；全面加强思想、组织和制度建设，搞好政治交接，把自身建设提高到一个新的水平；坚定不移地贯彻中共中央对台工作的大政方针，牢牢把握两岸关系和平发展的主题，充分发挥自己的优势和特点，促进两岸经济文化交流与合作。傅惠民副主席在发言中说，要把学习贯彻胡锦涛总书记讲话精神与全面落实中共十七大精神结合起来，继承和发扬民革与中国共产党长期风雨同舟、亲密合作、荣辱与共的优良传统，坚定不移地坚持中国共产党的领导，坚持走中国特色社会主义政治发展道路，继续搞好政治交接，把思想和行动统一到中共十七大精神上来，把智慧和力量凝聚到实现中共十七大提出的各项任务上来。

（五）专门工作会议

2007 年，民革中央召开了一系列专门工作会议，通过这些会议总结经验、指导和推动工作。

民革全国祖国统一工作暨第四次台湾研究特邀撰稿人会议。3 月 27 日至 30 日，民革中央在湖南省长沙市召开民革全国祖国统一工作暨第四次台湾研究特邀撰稿人会议，会议主题是传达学习中共中央对台工作精神、交流和探讨对台工作。与会代表学习了中共中央对台工作精神；听取了全国政协外事委员会副主任、外交学院院长吴建民作的国际形势报告和国台办原副主任、海峡两岸关系协会副会长王在希作的台湾形势报告；就今后的对台工作进行了交流和探讨。大会还对民革中央第三届台湾研究特邀撰稿人先进集体、先进个人进行了表彰；向第四届台湾研究特邀撰稿人颁发了聘书。周铁农常务副主席在会上作了重要讲话，讲话在总结2006 年祖国统一工作后指出，2007 年是反对“台独”、维护台海和平的关键时期。根据中共中央的部署，民革祖国统一工作的总体思路是：围绕大局、突出重点、深化内涵、开拓创新、打造精品。一是坚决反对和遏制“台独”分裂活动；二是做好台湾重点群体的工作，要重点突破台湾中南部民众工作，深入做好台湾青少年、台湾专业界人士、常住大陆的台商台生的工作；三是加强台湾民情研究，深化对台湾同胞心态的了解；四是发挥民革优势，探索和形成具有民革特色的争取台湾民心工作的新方法、新途径。

4 月 23 日至 24 日，民革中央与民革宁夏区委会在宁夏银川市联合召开“中山 2 号”科技扶贫开发项目现场会。会议总结“中山2号”项目实施以来取得的成果和经验，进一步学习贯彻中共中央、国务院关于推进社会主义新农村建设的方针政策，总结推广民革新时期科技扶贫工作的成绩和经验。周铁农常务副主席出席会议并讲话，讲话充分肯定了“中山2号”科技扶贫项目实施以来取得的成绩，并对民革今后的智力支边扶贫工作提出要求。朱培康同志在会上作了题为《努力开展智力支边扶贫工作，积极推荐社会主义新农村建设》的报告，报告回顾了“中山1、2号”科技扶贫项目的实施过程，回顾了近年来民革中央、省级组织在智力支边扶贫工作上取得的显著成绩和工作特色，号召各级组织和广大党员积极开创民革智力支边扶贫工作的新局面，为构建和谐社会作出新的贡献。

8月19日至22日，民革中央在新疆乌鲁木齐市召开民革全国办公室工作研讨会，研讨进一步加强民革组织机关办公室工作。民革中央副秘书长何丕洁代表民革中央机关讲话，讲话总结了近年来民革各级组织办公室在各方面工作上取得的成绩和进步，就省级组织机关办公室工作的规范化、制度化、程序化提出了三点要求：一是坚持学习，不断提高政治理论素养。民革各级组织要把加强学习置于各项工作的首位，把思想建设作为自身建设的基础。二是加强作风建设，树立服务意识、大局意识，谨记“办公室工作无小事”，为创建和谐机关贡献力量。三是狠抓制度建设，做到各项工作有章可循。建立健全各项规章制度，是党派机关搞好自身建设，使机关工作规范化、制度化的基础。民革云南省委会原副主委万彤以多年从事机关工作的亲身经历，为与会同志作了关于做好民革机关办公室工作的辅导报告。报告着重阐述了民主党派机关办公室工作的意义、性质和作用以及如何做一位称职的办公室主任等问题。与会同志在分组讨论中相互交流了在省级组织换届过程中办公室工作的经验；了解了各地办公室工作的开展情况和面临的新问题；讨论了如何更好地做好民革组织机关办公室工作，对中央的工作提出意见和建议。

9月25日至28日，民革中央在广西南宁市召开民革中央孙中山研究工作座谈会暨孙中山研究学会理事会议。会议主题是总结五年来民革孙中山研究工作取得的工作进展和基本经验，并研究和讨论下一阶段的工作安排。周铁农常务副主席在会上作的重要讲话中指出，继承和发扬孙中山先生爱国、革命和不断进步的精神，高举中山旗帜，是民革特有的传统，是民革作为参政党最基本的特色。中国共产党历代领导人都对孙中山先生作出过崇高评价，这对民革继承和发扬中山精神是一种巨大的鼓舞和激励。要进一步提高对民革继承和发扬中山精神重要性和必要性的认识，要充分认识到，继承和发扬中山精神是民革最基本的特色，是民革充分履行参政党职能的需要，是加强民革自身建设的需要。今后一个时期，要将继承和发扬中山精神，与坚持中国特色政治发展道路教育活动相结合，与增强组织凝聚力、促进党内和谐相结合，与提高民革的参政能力相结合，把经常性的学习研究与专项重点活动结合起来，切实做好孙中山研究方面的工作。民革中央孙中山研究学会秘书长吴先宁就民革十大以来民革中央孙中山研究学会的工作向会议作了报告。

11月6日至7日，民革中央在浙江省杭州市召开民革全国参政议政成果汇报会，会议主题是学习贯彻中共十七大精神，总结参政议政经验，交流工作成果，促进民革全党进一步做好参政议政工作。

何鲁丽主席在会上作的重要讲话中指出，中共十六大以来，中共中央大力推进社会主义民主政治建设，高度重视发挥民主党派的作用，民主党派在国家政治生活中作用更加显著。民革全党在科学发展观的指引下，始终坚持围绕发展这个第一要务，通过多种渠道和形式认真履行民主党派参政议政、民主监督的职责，取得了可喜的成绩。在今后的参政议政工作中，民革全党要认真学习贯彻中共十七大精神，把它作为当前和今后一个时期的首要政治任务；要以科学发展观为指导，认真履行参政党职责，为全面建设小康社会作出新贡献；要牢牢把握两岸关系和平发展的主题，充分发挥民革的优势和特点，做好促进祖国和平统一工作；要进一步加强自身建设，提高自身素质，增强参政议政能力；要在中共十七大精神的鼓舞下，举办好民革成立60周年的纪念活动，开好民革十一大。朱培康同志作参政议政工作报告。会议总结交流了2007年参政议政工作成果，对2006—2007年度为民革中央参政议政工作作出贡献的组织和个人进行了表彰。与会同志还听取了中央社会主义学院前副院长甄小英所作的中共十七大精神学习辅导报告。

（六）领导出访活动

8月6日至17日，应欧洲中国和平统一促进会和匈牙利中国和平统一促进会的邀请，常务副主席周铁农、副主席朱培康分别率中国和平统一促进会代表团和中华中山文化交流协会代表团赴匈牙利，参加“全球华侨华人共建和谐世界，促进中国和平统一（布达佩斯2007）大会”。周铁农在大会开幕式上致词指出，大会的召开是海外华侨华人支持中国统一大业的集中体现。近一个时期以来，台湾当局不断抛出“台独”言论，又企图推动“入联公投”，挑战一个中国原则。坚决遏制“台独”分裂活动、维护台海和平，是摆在全世界中华儿女面前的紧迫任务。我们愿继续以最大的诚意、尽最大的努力促进两岸关系和平发展，争取和平统一的前景。两个代表团分别顺访了比利时、意大利、俄罗斯三国，与各国和平统一促进会及华人社团进行了广泛的接触和交流。

（七）各种纪念会、座谈会

1. 2007年迎春茶话会。2月2日，民革中央在北京举行2007年迎春茶话会，何鲁丽主席在会上发表讲话，代表民革中央向与会来宾，长期关心和支持民革工作的各界人士，向台湾和海外的朋友致以节日的祝福。国务院台湾事务办公室副主任王富卿和中共中央统战部副部长楼志豪分别在茶话会上讲话，回顾了过去一年民革中央对台工作和统一战线工作所取得的成绩，并向广大民革同志致节日祝福。

2. 孙中山先生逝世82周年纪念仪式。3月12日，民革中央在北京中山公园中山堂隆重举行孙中山先生逝世82周年纪念仪式。周铁农常务副主席主持仪式，李兆焯、何鲁丽、楼志豪、孙安民、韩汝琦同志分别代表全国政协、民革中央、中共中央统战部、北京市人民政府、民革北京市委会向孙中山先生像敬献花篮。与会同志向孙中山先生像三鞠躬，缅怀这位伟大的民主革命先行者。

3. 团结出版社建社20周年座谈会。12月3日，民革中央在北京举行团结出版社建社20周年座谈会，何鲁丽、周铁农、童傅、朱培康、刘民复、齐续春、李赣骝同志及中共中央统战部、中共中央宣传部、国家新闻出版总署有关领导同志出席了座谈会。团结出版社自1987年12月成立至今，一直以出版孙中山研究、辛亥革命研究以及社科文化类图书为主。团结出版社坚持正确导向，坚持“特色出版，科学发展”的出版方针，出版了一大批宣传中共中央统战思想理论政策、宣传民革工作经验的图书；以弘扬民族文化、加强高品质文化积累为己任，在民国史事研究、民国学术、人物传记等领域出版了一大批精品图书。20 年来，共出版图书 2400 余种，有近 50 种图书荣获各种奖项。

二、参政议政

2007 年，民革中央和各级组织坚持把发展作为参政议政的第一要务，紧密围绕经济建设这个中心和全面建设小康社会的发展目标，针对国家经济社会发展中的重大问题，结合自身实际，发挥集体优势，开展深入细致的调查研究，以调研报告、政协提案和反映社情民意信息等方式，提出一批意见和建议，发挥了参政议政、民主监督的作用，为促进执政党和各级政府的决策民主化、科学化作出了新贡献。

（一）在高层政治协商和征求意见座谈会上提出意见和建议

2007 年，中共中央、国务院分别就金融工作、《政府工作报告（征求意见稿）》、经济形势和经济工作、中共十七大报告（征求意见稿）等重大问题举行了 20 多次高层政治协商和征求意见座谈会，民革中央主要领导同志参加会议并就协商的专题发表了意见和建议。以下是部分座谈会民革中央领导发言的情况。

1 月 5 日，何鲁丽主席、周铁农常务副主席出席国务院召开的党外人士座谈会。国务院总理温家宝主持座谈会，就做好新形势下金融工作征求各民主党派中央、全国工商联领导人和无党派人士的意见和建议。何鲁丽主席代表民革中央在座谈会上发言，就完善金融体系、深化国有银行改革、加快农村金融改革发展、加大对中小企业和欠发达地区的金融支持、改进金融调控和外汇管理、加强金融监管和金融法制建设等问题，提出了具体建议。

2 月 1 日，何鲁丽主席、周铁农常务副主席出席国务院召开的党外人士座谈会。国务院总理温家宝主持座谈会，征求各民主党派中央、全国工商联负责人和无党派人士对即将提请十届全国人大五次会议审议的《政府工作报告（征求意见稿）》的意见。何鲁丽主席代表民革中央的发言中，结合民革中央一年来调研考察了解到的有关情况对报告稿中的一些具体内容提出修改意见，对 2007 年的政府工作提出建议。

2 月 14 日，何鲁丽主席、周铁农常务副主席出席中共中央召开的党外人士迎春座谈会。中共中央总书记胡锦涛出席会议并发表重要讲话。何鲁丽主席代表民革中央发言，发言中说，在统一战线和多党合作事业发展的新形势下，近年来民革各方面工作都有新的进步，在加强自身建设、履行参政党职能等方面取得可喜的成绩。目前，民革正在抓紧进行省级组织和中央换届的准备工作。民革将结合这次换届，在全党开展一次“坚持中国特色社会主义政治发展道路，搞好政治交接”的思想教育活动，使广大党员特别是各级领导干部进一步坚定坚持走中国特色社会主义政治发展道路的理想和信念，增强接受中国共产党领导的坚定性和自觉性，把中国共产党领导的多党合作和政治协商制度进一步坚持好、完善好、落实好。何鲁丽主席还就民革组织发展、民主党派干部培训、促进祖国和平统一工作等问题提出了建议。

7月25日，何鲁丽主席、朱培康副主席出席中共中央召开的关于经济形势和经济工作征求党外人士意见座谈会。中共中央总书记胡锦涛主持座谈会，中共中央政治局常委温家宝、贾庆林、曾庆红出席座谈会。温家宝通报了2007年上半年国家经济运行的情况，并介绍了中共中央、国务院关于做好下半年经济工作的考虑。何鲁丽主席代表民革中央在会上作了发言，就加快县域经济发展、节能减排、转变政府职能、民生问题等下半年的经济工作提出意见和建议。

7月27日，何鲁丽主席、周铁农常务副主席出席中共中央召开的党外人士座谈会。座谈会的主题是中共中央征求各民主党派中央、全国工商联领导人和无党派人士对中共十七大报告（征求意见稿）的意见和建议。何鲁丽同志代表民革中央在会上作了发言。

11月23日，周铁农常务副主席、朱培康副主席出席中共中央召开的关于经济形势和经济工作征求党外人士意见座谈会。中共中央总书记胡锦涛主持座谈会并发表重要讲话，中共中央政治局常委温家宝、贾庆林、习近平、李克强出席座谈会。温家宝通报了国家经济运行的情况，介绍了中共中央、国务院关于做好2008年经济工作的考虑。周铁农常务副主席代表民革中央在会上发言，赞成中共中央、国务院对国家经济形势的估计和对2008年经济工作的考虑，并就加强和改善宏观调控、发展农业和农村经济、加快转变经济发展方式和调整经济结构、稳定物价、改善民生等问题提出了意见和建议。

（二）向中共中央和国务院提交专项建议

2007年，民革中央先后就河北唐山曹妃甸工业区开发建设、发展县域经济、发展农村职业教育、上市公司社会责任、国家重大技术装备制造业发展等问题作了专题调研，并以调研成果为基础向中共中央、国务院提出专项建议。主要有：

1月23日，民革中央通过中共中央统战部向中共中央、国务院报送了题为《发展农村职业教育是提高农村人口素质的必由之路》的建议。2006年10月，钮小明、朱培康副主席率调研组赴四川省就农村职业教育问题进行调研，在调研的基础上形成了该建议。建议针对农村职业教育发展中存在的困难和问题，提出六点建议：在普及九年制义务教育的基础上，国家应进一步加大对中西部地区的农村职业教育的投入，给予资金、物资方面的更大扶持；加大政策扶持力度，加强职教师资队伍建设，提高“双师型”教师比例；建立农村劳动力转移培训和培养新型农民的保障机制，切实推动农村成人教育为“三农”服务；严格执行就业准入制度和职业资格证书制度；政府对职业教育中的涉农专业给予补助；在全国特别是中西部地区选择一批城市作为职业教育试点单位，政府给予重点扶持，推动职业教育进一步发展。

2月1日，民革中央通过中共中央统战部向中共中央、国务院报送了《关于加快我国重大技术装备制造业发展的建议》。该《建议》是在钮小明、朱培康副主席率民革中央调研组于2006年10月对四川省德阳市重装制造业基地建设进行调研的基础上形成的。《建议》针对新阶段我国重装制造业面临的问题提出六点建议：国家应尽快制定和完善相关中长期技术引进和自主创新发展规划；尽快制定和实施鼓励采用国产重大技术装备的政策；对企业重大自主创新项目、重大技改项目给予政策和资金的支持；采取必要措施加快自主创新产品在国内各方面的推广和应用；国家有关部门应及时制订、修订和提高国家、行业、企业标准的等级，为我国装备产品参与国际竞争创造条件；对重装制造业在能源、交通等方面给予重点支持。

4月5日，民革中央通过中共中央统战部向中共中央、国务院报送了《关于在国有大中型上市公司中率先引入企业社会责任机制的建议》。1月28日至2月2日，朱培康副主席率民革中央调研组赴广东省，就上市公司社会责任问题进行调研。调研组先后到深圳、江门、开平、佛山市考察，与当地有关部门领导同志、专家学者、部分上市企业代表进行了座谈；参观了深圳证券交易所、深圳万科企业股份有限公司和深圳能源投资股份有限公司等上市企业，听取了企业的情况介绍。在深入调研的基础上，《建议》针对我国目前尚缺乏完备的企业社会责任体系的问题提出五点建议：以国有大中型上市企业为先导，进行建立企业社会责任机制的试点工作；在国有大中型上市企业率先引入企业社会责任机制的同时，加大宣传教育力度，积极倡导企业社会责任理念；成立由国家发改委、国资委和中国证监会共同负责的企业社会责任推动部门；进一步加强相关法规建设，建立企业社会责任评价指标体系；完善公司股票上市发行审核标准，建立相关的激励和惩戒机制。

4月29日，民革中央通过中共中央统战部向中共中央、国务院报送了《关于进一步加快曹妃甸工业区开发建设，推动环渤海地区经济又好又快发展的建议》。4月11日至13日，何鲁丽主席、周铁农常务副主席、齐续春副主席率民革中央考察团赴河北唐山，就曹妃甸工业区开发建设问题进行了调研。在调研基础上，《建议》针对曹妃甸工业区的开发建设中存在的问题提出了五点建议：全面贯彻落实好胡锦涛总书记关于开发建设曹妃甸工业区的指示精神；将曹妃甸工业区建设列为国家中长期发展规划中的重点项目；尽快明确曹妃甸工业区的产业发展方向；给予曹妃甸工业区建设相应的政策支持；大力推进京津唐区域经济合作。

6月14日，民革中央通过中共中央统战部向中共中央、国务院报送了《关于加快我国县域经济发展的建议》。5月9日至16日，何鲁丽主席、周铁农常务副主席、朱培康副主席率民革中央调研组赴广东省，就发展县域经济问题进行调研。调研组一行听取了广东省常务副省长黄龙云关于广东省县域经济发展和建设情况的介绍，先后与广州、清远、肇庆等县市党政部门负责人进行了座谈交流，对部分乡村、企业和学校进行了实地考察并听取有关县市负责人的建议，就财政体制改革、金融体制改革、完善土地政策、县域经济增长方式、实施人才强县战略、发挥县级政权作用等问题进行了深入调研。在调研基础上，《建议》总结了广东省在推动县域经济发展方面形成的一些具有普遍意义的经验；归纳了县域经济发展中突出存在的制约因素；就财政体制改革、优化县域金融、完善土地政策、坚持农业基础地位、县域经济增长方式、实施人才强县战略、发挥县级政权作用等问题提出了具体建议。7月8日，国务院副总理回良玉对该《建议》作了重要批示。

（三）在全国政协常委会和十届五次会议上的提案和发言

在全国政协十届十九次常委会上，周铁农常务副主席代表民革中央作了题为《高举中国特色社会主义伟大旗帜，深入贯彻落实科学发展观》的发言。发言中说，中共十七大的一个突出亮点和重点是对科学发展观的定位和全面阐述。科学发展观是中国特色社会主义理论的重要组成部分，是我国经济社会发展的重要指导方针，是发展中国特色社会主义必须坚持和贯彻的重大战略思想。深入学习贯彻中共十七大精神，根本点和关键点应当是深入贯彻落实科学发展观。民革作为参政党，一定要把认真学习贯彻中共十七大精神作为当前和今后一个时期的首要政治任务，深刻领会、全面把握、坚决贯彻落实中共十七大精神，高举中国特色社会主义伟大旗帜，以科学发展观统领民革各项工作。

在全国政协十届五次会议上，朱培康副主席代表民革中央作了《以和平发展为主题，努力开拓两岸关系的新格局》的大会发言，民革中央还提交了《建设社会主义新农村应当重视和着力解决的几个问题》、《在科学发展观的指引下继续前进》等两个大会书面发言。民革共提出381件提案，其中以民革中央名义提出的提案31件，委员个人和联名提案350件。上述提案内容涉及国家经济建设、政治建设、文化建设和社会建设各个方面，努力在宏观性、前瞻性和可操作性上下工夫，其中以民革中央名义提交的《关于政府参与投资建设经济适用房和廉租房的建议》提案，被列为本次大会的一号提案。

（四）参政议政专题研讨会、工作会议和提案办理座谈会

2007年，民革中央先后召开了深化医疗体制改革座谈会、经济和教科文卫委员会联席会议等专题研讨会和工作会议，就国家改革与发展中的重大问题进行研讨，为民革参政议政提供了大量素材和思路。与国家有关部委就全国政协十届五次会议上的提案召开了三次提案办理座谈会。

1. 专题研讨会和工作会议

民革中央于4月5日在北京召开深化医疗体制改革座谈会。与会同志对我国医疗体制中存在的问题、现行医疗体制改革中新型医疗保障体制的建立及医疗体制改革基本思路、基本观点等问题进行了探讨，对民革2007年在医改方面的工作切入点进行了充分的讨论，提出了很多有价值的意见和建议。

民革中央经济委员会于6月21日在北京召开部分在京委员座谈会。与会委员围绕我国经济形势进行了讨论，提出了我国经济工作中应当注意的一些问题以及意见和建议，这些意见和建议为民革中央领导同志在国务院召开的党外人士座谈会上的发言提供素材。

民革中央经济委员会和教科文卫委员会于9月8日至9日在北京举行联席会议。会议根据委员们的研究专长和职业特点，分为社会法制、经济、农业、科教、文卫、民营经济等六个小组，围绕循环经济、环境保护、法制建设、“三农”、食品安全、人才培养、民办教育、弱势群体保护等多个议题进行了专场讨论。周铁农常务副主席出席会议并作重要讲话。讲话指出，五年来两个专委会的委员们为民革中央履行参政议政职能做了大量卓有成效的工作，也为推进我国多党合作事业的发展作出了贡献。中共十七大即将召开，民革全党要进一步增强责任感和使命感，充分发挥民革的优势，积极履行参政党的职责，为实现十七大确定的目标和任务积极贡献力量。

2. 提案办理座谈会

3月16日，建设部部长汪光焘、副部长齐骥一行到民革中央机关，就民革中央在全国政协十届五次会议提交的《关于政府参与投资建设经济适用房的建议》听取

民革中央的意见。何鲁丽主席、周铁农常务副主席、齐续春副主席出席座谈会，全国政协提案委员会有关领导同志、民革中央有关部门负责同志、部分专委会委员参加了座谈会。何鲁丽主席说，房地产业对发展经济、改善人民群众生活有着重大作用。近年来，国家加强房地产市场调控和监管，着力调整住房供给结构，房地产市场取得了持续健康的发展，老百姓的住房条件得到了明显改善，我国将要逐步形成具有中国特点的住房建设和消费模式。民革将对关系国计民生的问题继续深入调研，提出一些符合中国国情、切实可行的建议，认真履行好参政议政职能，发挥好参政党作用。周铁农常务副主席在讲话中充分肯定了近年来我国房地产市场发展的成绩，并就如何建设经济适用房、廉租房，以及更有效地发挥政府对房地产市场的宏观调控发表了意见。汪光焘部长在认真听取了大家的建议后表示，建设部非常重视民革中央的提案，提案关注的不仅仅是房地产的问题，而是如何让更多的群体共享改革开放的成果，建设部将汇总各方的建议，认真研究。

4 月 24 日，国家信访局、全国人大信访局和全国政协提案办公室有关负责同志来到民革中央机关，就民革中央在全国政协十届五次会议上提交的《关于创新我国信访制度的几点建议》，与民革中央领导同志进行座谈，听取意见和建议。刘民复副主席在座谈会上说，我国正处于社会转型时期，存在大量人民内部矛盾，涉及不同阶层利益。信访工作对于化解社会矛盾、构建和谐社会起到非常重要的作用。如何进一步完善信访工作，提高信访工作的效能，是民革中央重点关注的问题之一。国家信访局研究室、全国人大办公厅信访局、全国政协提案委员会办公室有关负责同志分别就如何整合信访工作资源、从制度层面上实现人大代表参与信访工作、协助政协委员和民主党派做好提案工作等问题与民革中央调研部负责同志及部分民革党员中的专家学者进行了交流。

7 月 19 日，国务院台湾事务办公室法规局局长周宁同志一行到民革中央机关，就民革关于反制“法理台独”提案举行办复座谈会。在全国政协十届五次会议上，民革中央提交的《关于反制“法理台独”的几点意见和建议》被列为重点提案。刘民复副主席出席会议并对该提案的形成过程作了介绍，周宁局长传达了国台办对该提案的答复意见。宾主双方还就如何从政治和法律的制高点反制“法理台独”进行了深入座谈。

（五）民革党员在人大、政府、司法、政协任职情况

截止到 2007 年底，民革党员在人大、政府、司法、政协任职情况如下：在人大方面，全国人大常委会副委员长 1 人、常委 5 人、代表 41 人，省级人大常委会副主任 6 人、常委 36 人、代表 202 人，市级人大常委会副主任 41 人、常委 162 人、代表 589 人，县级人大常委会副主任 61 人、常委 143 人、代表 427 人；在政府及司法机关方面，国务院有关部门领导 2 人、司局级 4 人，地方司局级 44 人、地市级 22 人、县处级 440 人；在政协方面，全国政协副主席 1 人、常委 23 人、委员 79 人，省级政协副主席 17 人、常委 172 人、委员 735 人，市级政协副主席 171 人、常委 758 人、委员 3243 人，县级政协副主席 179 人、常委 1060 人、委员 3606 人。

（六）促进祖国和平统一工作

为促进祖国和平统一建言献策，是民革参政议政的重要内容。在全国政协十届

五次会议上，朱培康副主席代表民革中央作了题为《以和平发展为主题，努力开拓两岸关系的新格局》的大会发言。

2007年，民革中央还开展了多项“请进来走出去”的交流活动。1月30日，周铁农常务副主席在北京会见了以颜江龙为团长的第五届台湾高校杰出青年赴大陆参访团一行。9月4日，何鲁丽主席，周铁农常务副主席，朱培康、刘民复副主席、原副主席李赣骝等民革中央领导同志在北京会见中国国民党青年精英大陆参访团一行。该团成员均为台湾政界、财经企业界及学术界的代表人士。参访团团长周守训、参访团共同荣誉团长叶芳雄、周荃等先后发言，就两岸经贸文化交流发表感想。宾主双方就彼此关心的议题互相交换了意见。10月13日，周铁农常务副主席、朱培康副主席、原副主席李赣骝等民革中央领导同志在北京会见了以台湾新同盟会会长许历农先生为总团长的第二届台湾新同盟会中南部会员（会友）大陆参访团一行并进行座谈。参访团总团长许历农，副总团长高玉树、叶蔡美云等先后发言认为，两岸同胞都是炎黄子孙，两岸只有交流才会产生交集，只有互动才会彼此互信，两岸最终的统一，是大家共同的期盼。

5月19日至21日，由全国政协港澳台侨委员会副主任王永海为组长，民革中央原副主席、祖国和平统一促进委员会主任李赣骝为副组长的全国政协港澳台侨委员会、提案委员会和民革中央联合调研组一行赴广东，就海峡两岸青少年交流工作进行调研。8月22日至9月1日，民革中央联络部与民革福建省委会、福建省台办、中共福建省委政策研究室组成联合调研组，就“构建海峡两岸和平合作框架的意见与建议”课题赴浙江、广东、福建三省开展调研。

2月13日，民革中央祖国和平统一促进委员会在北京召开在京委员会议。会议讨论了民革中央2007年祖统工作计划要点，讨论了民革中央拟向中共中央国务院提交的《关于进一步做好台湾中南部人民工作的建议》和向全国政协十届五次会议提交的有关提案。10月30日，民革中央祖国和平统一促进委员会在北京召开在京委员工作会议。民革中央原副主席、祖国和平统一促进委员会主任李赣骝向与会同志传达了中共十七大会议精神；民革中央联络部部长郑建邦作了民革十届中央祖统工作情况汇报。与会委员听取了台海形势介绍并展开讨论，对民革中央祖统工作提出了意见和建议。

三、社会服务

2007年，民革各级组织充分发挥广大民革党员的智力优势，调动广大党员的积极性、主动性和创造性，积极探索服务社会的新形式、新方法，在巩固成绩的基础上，深化和创新社会服务工作，积极开展智力支边扶贫，举办书画活动，开展社会咨询，引导民革党员企业家发展民营经济，以多种形式服务社会，为四个文明建设作贡献。

（一）智力支边扶贫工作

民革各级组织在2007年继续深入开展智力支边扶贫工作，受到社会好评。

3月5日至10日，民革中央邀请有关专家组成调研组，赴贵州省纳雍县开展调研工作。调研组与纳雍县有关领导及业务局对《纳雍县“十一五”生态农业产业总体规划》前期已开展的工作交换了意见；考察了纳雍县农民培训、农村职业教育和清华大学远程教育培训工作开展情况。调研组还在核桃寨村对“村校一体化”工作、村扶贫基金、村蔬菜专业合作组织工作开展了调研，与核桃寨村所在的阳长镇党委领导研讨确定了该村2007年扶贫工作计划。6月7日至10日，民革中央邀请卫生部、中科院、北大医院等单位的专家学者组成调研组赴贵州省纳雍县，对当地医疗卫生、地质矿产和核桃寨村新农村建设等开展调研。调研组先后考察了县卫生医院建设情况，对医护人员现场进行业务指导；向全县各乡镇的70余名医疗卫生人员作了两场医学讲座，为40多名患者进行了义诊，受到普遍欢迎。调研组对钼矿开发项目进行了前期调研，为钼矿的开采和水库的建设及环境保护提出了具体的意见和建议。调研组在核桃寨村进行调研时了解到，“村校一体化”工作实施一年来，村寨和学校通过“村校一体化”工作，建立了教、科、劳兼顾的工作机制，取得了很好的成效。调研组还就今后进一步完善基础设施建设和村寨房屋布局规划等方面与县有关部门交换了意见。

1月4日至5日，民革中央邀请中国工程院、中国农科院等单位的8位专家学者赴山东，就秸秆生物反应堆技术推广情况进行考察。考察团一行考察了济南市历城区、济阳县十多个田间大棚，向农户详细询问了使用秸秆生物反应堆技术的情况和效果，并召开了两次专题座谈会。专家们在听取了山东省秸秆生物工程技术研究中心张世明研究员的专题汇报后，提出三点建议：要做好相关数据的测定，通过规范的表达方式进行科学宣传；进一步完善技术，降低成本，简化操作，在推广过程中做好农民技术培训工作，建立完善的服务体系，使农民更加方便地使用该技术；今后要在示范上下工夫，周密布局，不断积累经验，通过示范形成规模，培育品牌。河南、云南等省的民革地方组织已开始筹备该项技术的示范推广工作。

（二）办学和非公经济人士工作

7月6日至8日，民革中央在贵州省贵阳市举办了民革全国民办教育学校校长研讨会，以落实2006年“民革全国民办职业教育工作研讨会”精神，搭建民革民办职业学校办学成果展示和经验交流的平台。会后民革中央组织部分民革民办职业学校校长，赴纳雍县开展合作办学考察洽谈及教育扶贫调研活动，并促成了多个教育扶贫合作项目。考察团考察了由中国通和经济开发中心捐建的希望小学，了解办学情况及存在的问题；参观了博爱小学村校一体化工程、签订帮扶协议并开展教学辅导活动。考察团专家实地考察了刚刚建成的“四新六合养殖场”，并为当地农户举办了肉鸡饲养技术专题讲座。考察团与村民座谈了解农户生产生活情况，对所访村寨的发展及种植养殖结构调整方面提出了建议和意见。

7月31日，民革中央在辽宁省丹东市召开民革全国非公经济人士丹东商贸考察及项目推介会。朱培康副主席在会上讲话说，把民革全国非公经济人士商贸考察及培训活动安排在丹东，就是希望民革党员企业家了解丹东的发展情况，开拓投资渠道，为当地的发展献计出力。丹东市有关部门负责人介绍了本地区的发展优势和项目，民革企业家们参观了丹东市临港产业园区，并与有关单位签订了部分项目投资意向。

（三）书画工作

民革中央以2006年11月成立的民革中央画院为依托，充分发挥书画艺术的特点和优势，积极开展工作。4月18日，民革中央画院专家艺术委员会雅集在民革中央机关礼堂举行，中央画院院长宋雨桂、画院专家艺术委员会成员张立辰、何家英，天津美术学院教授颜宝臻等国内著名画家参加雅集。11 月 5 日，为纪念民革成立 60 周年，民革中央画院在北京中国美术馆举行主题为“丹青绘和谐，水墨写盛世”的首届书画展开幕。刘延东、楼志豪等嘉宾，何鲁丽主席，周铁农常务副主席，童傅、朱培康、刘民复、齐续春副主席，原副主席李赣骝及各民主党派中央、全国工商联有关领导同志出席书画展开幕式。此次展览共展出 148 件作品，其中包括孙中山先生的书法真迹 1 件，民革中央历届领导人的作品 9 件，以及各地民革书画组织选送的百余幅画作等。艺术家们用自己的作品热情讴歌了在中国共产党领导下，中国特色社会主义伟大事业所取得的辉煌成就，表达了为和谐文化建设作贡献的美好心愿。

四、自身建设

为大力推进民革自身建设，民革十届中央每年都安排一次中央常委会议，集中研究自身建设中一个方面的问题，几年来先后专题研究了民革的思想建设、基层组织建设、领导班子建设、后备干部队伍建设、制度建设等专题。2007 年 7 月民革召开十届第二十次中常会，着重研究了“增强团结，促进民革党内和谐”问题。在自身建设得到高度重视的形势下，自身建设各项工作在 2007 年取得了新的成绩。

（一）宣传和思想政治工作

2007 年，民革中央以中共十七大精神，以及中共中央分别于 2005 年、2006 年颁布的《关于进一步加强中国共产党领导的多党合作和政治协商制度建设的意见》和《关于进一步加强人民政协工作的意见》文件精神为指导，围绕两大主题开展宣传和思想政治工作，一是结合民革各地和中央换届，开展“坚持中国特色社会主义政治发展道路，搞好政治交接”教育活动，二是迎接民革十一大的召开和纪念民革成立 60 周年开展系列活动。

为加强对民革广大干部党员进行坚持中国特色社会主义政治发展道路的教育，为 2007 年民革换届工作提供正确的政治导向和思想基础，民革中央通过开展系列专项教育活动，使民革广大党员和干部从继承和发扬民革优良传统入手，正确认识中国特色社会主义政治发展道路的主要内涵和基本特征，正确认识我国政党制度形成的必然性及其优越性，更加坚定了走中国特色社会主义政治发展道路的信心和决心。经过周密部署，民革在全党开展了以“坚持中国特色社会主义政治发展道路，搞好政治交接”为主题的教育活动。2 月 25 日，民革中央中心学习组（扩大）举行专题学习座谈会，何鲁丽主席作中心发言，集中阐述了有关中国特色政治发展道路的重大理论和实践问题，论述了民革作为参政党，在坚持这一政治发展道路中的历史责任等问题，并明确提出要在民革全党开展“中国特色政治发展道路，搞好政治交接”的教育活动的任务。3 月 9 日民革十届第十九次中常会通过《民革中央关于开展“坚持中国特色社会主义政治发展道路，搞好政治交接”教育活动的决定》后，民革中央向各地组织下发了《决定》和实施方案，开始在民革全党开展政治交接教育活动。4 月底，民革中央向各地组织寄送了教育活动的两个主要学习资料，即中央统战部编写的《〈中共中央关于进一步加强中国共产党领导的多党合作和政治协商制度建设的意见〉学习问答》和民革中央宣传部编的《“坚持中国特色政治发展道路，搞好政治交接”教育活动学习资料》，共两万余册，供广大党员干部学习使用。6月份开始，何鲁丽、周铁农、钮小明、朱培康等中央领导同志亲赴北京、广西、广东、安徽等地作教育活动专题报告，民革中央还把何鲁丽主席在北京市教育活动报告会上的专题报告现场录像，整理、制作成光盘，分发到民革各省级组织供其收看学习。9月，宣传部对民革陕西省委会在长安大学委员会开展教育活动试点的情况进行了调研，总结工作经验和方法。

为把教育活动和民革成立60周年纪念很好地结合起来，丰富和深化教育活动的内容，以生动、活泼的形式进行政治交接教育，民革中央筹备组织了“我的精神家园——纪念民革成立60周年”演讲比赛。6月，民革中央向各省级组织发出通知，要求各地组织初赛，选拔优秀选手参加全国比赛。演讲比赛受到了民革各级领导的充分重视，许多省级组织根据通知要求制定相应方案，举办本省的演讲比赛，选拔参加全国比赛的参赛选手，并把这一工作纳入了本地组织开展教育活动的计划。11月，民革中央组织的演讲比赛在广东省深圳市举行，全国各地组织共有29位选手参加了比赛，参赛选手与300余名深圳民革党员一起，用最饱满的热情，交流坚持中国特色社会主义政治发展道路的体会，畅谈民革优良传统的核心就是坚持中国特色社会主义政治发展道路，讴歌民革前辈的高尚风范。在民革十一大期间，又举办演讲表演赛，表演赛由12名在演讲比赛中表现出色的选手参加，并邀请参加民革十一大的领导和代表出席。这次演讲比赛活动，主题突出，内容丰富，发动范围广，参与程度深，把民革教育活动进一步推向了深入。

10月29日，民革中央发出通知，要求各省级组织及中央各工作部门，认真组织、大力推动，掀起学习贯彻中共十七大精神热潮。《通知》指出，民革作为参政党，认真学习贯彻中共十七大精神，以中共十七大精神为指导，进一步加强自身建设，积极做好参政议政、民主监督等各项工作，为完成中共十七大提出的各项任务作出贡献，是当前和今后一个时期的首要政治任务。各地各级组织要结合本地实际，认真组织、大力推动广大干部和党员，把学习贯彻中共十七大精神作为政治交接教育活动的重点内容。

为迎接民革十一大的召开和纪念民革成立60周年，民革中央组织力量续编了《中国国民党革命委员会60年》，编撰了《民革领导人传》第一、二辑，《民革中央领导同志论自身建设（九—十届）》。《中国国民党革命委员会60年》是在《中国国民党革命委员会50年》的基础上增补修订的，民革中央成立党史编辑委员会并召开多次写作会议，增写了“跨世纪十年”一章，总结了1997年至2007年十年取得的成就和经验。周铁农常务副主席、朱培康副主席亲自参加撰稿会，为“跨世纪十年”确定了指导思想、写作思路和章节名。《民革领导人传》共两辑，近80万字，第一辑收录了民革中央历届已故主席、副主席的传记32篇，第二辑收录了民革中央一至四届常委的传记31篇。《民革中央领导同志论自身建设（九—十届）》，上下卷共50万字，比较全面、系统地反映了1997年以来民革中央领导同志关于民革自身建设的重要思想观点、基本思路和工作部署。三部书籍的出版发行，为广大民革党员和干部提供了丰富的学习研究资料，进一步推进了民革自身建设的各项工作，推进了参政党自身建设理论研究和民革党史研究。

（二）制度建设

为了解民革地方组织近年来在开展参政议政工作机制建设、组织发展和后备干部队伍建设及机关建设的全面情况，以便总结经验、收集意见和建议，为民革中央领导提供决策服务，民革中央于4月和7月赴天津和青海等地就民革组织参政议政工作规范化、制度化建设及反映社情民意工作情况等方面进行了调研。调研组与各地组织领导班子和参政议政骨干座谈交流，认真听取各级组织的工作汇报，对地方组织近年来在参政议政机制建设所取得的主要成绩、经验和好的做法进行详实的了解，同时，听取基层党员干部反映的一些实际困难和提出的意见、建议。

为进一步了解和掌握民革基层组织对台工作基本状况，总结经验，整合全党对台工作资源，推动工作，5月至7月，民革中央派出调研组先后赴上海、青海、甘肃，对民革组织促进祖国和平统一工作进行专题调研，以通过调研充分挖掘各地祖统工作的经验、资源、工作特点和工作优势，整合全党资源，进一步推动民革全党祖统工作整体水平的提高。调研组通过召开座谈会，与基层民革党员座谈，与各地民革组织的领导班子进行充分的交流和沟通，就加强中央与地方的联系与合作、工作意向等交换意见。调研组每到一地，负责同志都要在专门召开的形势报告会上作报告，宣讲形势宣讲政策。调研结束后，调研组对调研成果进行了认真评估，形成调研报告上报中央，为规划民革全党的对台工作提供依据和参考。

（三）组织工作

7月26日至30日，民革中央在北京举办省级组织新任主委培训班，此次培训是中共中央统战部举办的民主党派省级组织新任主委培训班的一个组成部分。何鲁丽主席，朱培康、刘民复副主席分别为参加培训班的民革省级组织新任主委作了关于民革党史、参政议政工作和促进祖国和平统一工作的报告，介绍了近年来民革在各项工作中取得的成绩。民革北京市委会原主委韩汝琦向学员们介绍了担任民革省级组织主委工作的经验，中央各工作部门负责人作了本部门的情况介绍。

2007年民革的组织发展工作稳步向前推进，共发展新党员4407人，党员总数达到85000余人。民革地方组织共有338个，其中省级委员会30个，市级委员会257个，县级委员会51个。民革基层组织共有4179个，其中基层委员会8个，总支委员会301个，支部3791个，小组79个。

吴先宁　全国政协委员，民革中央常委、宣传部部长

张海鸿　民革中央宣传部主任科员

中国民主同盟

2007年，中国民主同盟各级组织和广大盟员认真学习中共十六大以来治国理政的方针政策和中共十七大精神，继续以两个“5号文件”为指导，扎实推进自身建设，积极履行参政党职能，坚定不移地走中国特色政治发展道路，贯彻落实科学发展观，发扬心系民生、关注国是的传统，深入进行调查研究，努力为促进科学发展和构建社会主义和谐社会建言献策，各项工作均取得可喜的成绩。

一、重要会议及活动

（一）中常会、中全会和第十次全国代表大会

民盟九届十九次中常会于3月13日在京举行。会议主要内容是：讨论通过《民盟中央关于学习贯彻十届全国人大五次会议和全国政协十届五次会议精神的决定》。会议要求，全盟各级组织和广大盟员要认真学习贯彻“两会”精神，围绕中心、服务大局，以优异的成绩迎接中共十七大和民盟十大的胜利召开。常务副主席张梅颖就民盟第十届中央委员会委员候选人名额分配问题做了说明。主席蒋树声主持会议。

民盟九届二十次中常会于7月8日至9日在宁夏银川市召开。会议的主题是：学习贯彻胡锦涛总书记在中央党校省部级干部进修班上的重要讲话精神，通报省级组织换届工作情况，总结省级组织换届成功的主要经验，研究如何做好民盟中央换届工作。主席蒋树声主持开幕会，常务副主席张梅颖作题为《学习贯彻胡锦涛同志重要讲话精神　切实搞好新老交替基础上的政治交接》的讲话。李重庵副主席主持闭幕会。会议通过了《关于中国民主同盟第十届中央委员会委员候选人名额分配、提名条件及产生办法的意见》。

民盟九届二十一次中常会于10月30日在京召开。会议审议通过了民盟九届六中全会议程、日程、小组召集人名单（草案）；审议并原则通过了《中国民主同盟第九届中央委员会工作报告（草稿）》；审议并原则通过了《中国民主同盟章程修正案（征求意见稿）》和《中国民主同盟章程修改报告（草稿）》；审议并原则通过了《中国民主同盟第九届中央委员会第六次全体会议关于授权第九届中央常务委员会召集民盟第十次全国代表大会的决定（草案）》。主席蒋树声主持会议。

民盟九届六中全会于10月30至31日在京召开。与会委员认真学习了中共十七大精神，讨论并原则通过了第九届中央委员会工作报告草稿、盟章修正案征求意见稿及修改报告草稿，并推定由蒋树声主席

代表第九届中央委员会向第十次全国代表大会做工作报告，由冯之浚副主席代表盟章修改委员会向第十次全国代表大会作盟章修改报告。会议审议通过了《关于授权第九届中央常务委员会召集民盟第十次全国代表大会的决定》，决定由第九届中央常务委员会召集民盟第十次全国代表大会。常务副主席张梅颖主持开幕会，主席蒋树声在开幕会上讲话。副主席索丽生主持闭幕会并讲话。

民盟九届二十二次中常会于11月28日在京举行。会议的主要内容是研究召开民盟第十次全国代表大会的有关事项。

民盟第十次全国代表大会于11月29日至12月2日在京举行。与会代表认真学习了中共十七大精神，审议并通过了民盟第九届中央委员会的工作报告和《中国民主同盟章程（修正案）》，选举产生了新一届中央委员会，讨论通过了有关决议。

开幕会上，中共中央政治局常委、中央书记处书记习近平，中共中央政治局委员、中央统战部部长刘延东，国务院副总理曾培炎，全国人大常委会副委员长、民进中央主席许嘉璐，全国人大常委会副委员长顾秀莲，全国政协副主席白立忱等党和国家领导人及各民主党派中央、全国工商联和有关部门负责人到会祝贺并与全体代表合影留念。

习近平代表中共中央向大会致贺词。大会主席团常务主席张梅颖致开幕词。许嘉璐代表各民主党派中央和全国工商联向大会致贺词。大会主席团常务主席蒋树声代表第九届中央委员会作了题为《坚持走中国特色社会主义政治发展道路　为全面建设小康社会作出新贡献》的工作报告。开幕会由大会主席团常务主席冯之浚主持。

与会代表认真学习了中共十七大精神，学习了中共中央致大会的贺词，认真审议了蒋树声代表第九届中央委员会所作的工作报告。大会同意并高度评价蒋树声所作的报告。大会采取无记名等额选举的方式选出了由265名中央委员组成的民盟第十届中央委员会。第十届中央委员平均年龄49.8岁，具有广泛的代表性和社会影响，体现了民盟的特点，符合时代发展的要求，为顺利完成今后五年的工作奠定了组织基础。

闭幕会由大会主席团常务主席索丽生主持。在闭幕会上，通过了《中国民主同盟第十次全国代表大会决议》，通过了《中国民主同盟第十次全国代表大会给光荣退出中央委员会的同志们的致敬信》。张梅颖在闭幕会上发表了讲话。

会议期间，中央统战部常务副部长朱维群为与会代表作了学习中共十七大精神的辅导报告。

民盟十届一中全会于12月3日在京举行。会议选举产生了民盟中央主席、副主席、常务委员。会议选举蒋树声为民盟第十届中央委员会主席，张梅颖、张宝文、吴正德、张圣坤、李重庵、郑兰荪、张平、索丽生、丁仲礼、陈晓光、徐辉、温思美、欧阳明高为民盟第十届中央委员会副主席。随后，举行了民盟十届一次中常会，会议任命高拴平为民盟中央秘书长。

（二）各部门专题会议

民盟参政议政工作会议于3月22日至23日在武汉召开。会议的主要内容是：交流总结2006年全盟参政议政工作、信息工作经验，研究和部署2007年全盟参政议政工作；表彰2006年参政议政信息工作先进集体和先进个人；确定2007年民盟中央与各省级组织、专门委员会合作调研课题的承担单位。主席蒋树声、副主席索丽生、秘书长高拴平出席会议并讲话。民盟湖北省委主委、湖北省副省长郭生练等出席会议。

民盟中央于4月11日至12日在重庆召开“民盟部分省市帮教工作座谈会”，来自北京等10个省级、9个市级民盟组织的相关负责人参加会议。副主席李重庵出席会议并讲话。国家司法部劳教局、重庆市司法局、重庆市监狱局、重庆市监狱等单位有关负责同志应邀出席座谈会。与会同志学习了解了相关法律、法规、政策，交流了各地开展帮教工作的做法和经验，也探讨了帮教工作面临的一些新问题和新困难。会议期间，还参观考察了重庆市未成年犯管教所、渝州监狱和第二女子劳教所。

6月22日、7月2日、7月12日，《群言》杂志社分别以“分配是民生之源”、“就业是民生之本”、“社会保障是民生之安全网”等为题在民盟中央机关举行“关注民生”系列座谈会。副主席李重庵、常务副主席张梅颖、主席蒋树声分别主持座谈会。民盟中央经济与区域发展委员会主任郑功成等盟内外专家应邀参加座谈。

为搞好民盟政治交接学习教育活动试点工作，进一步落实试点工作的各项任务，增强工作的针对性和实效性，民盟中央于6月18日至20日在桂林召开民盟政治交接学习教育活动试点工作座谈会。会议的主要内容是：进一步学习领会相关文件精神；学习广西民盟开展政治交接学习教育活动的经验；研究安排试点工作。会议由副主席李重庵主持。试点单位民盟上海市委会、民盟四川省委会及相关人员参加会议。与会同志听取了广西民盟组织的经验介绍，参观了民盟早期领导人在昭平县与中国共产党风雨同舟、并肩战斗的展览，并就各试点单位的工作进行交流和讨论。

民盟社会服务暨新农村建设研讨会于7月3日至5日在贵州省贵阳市、毕节市召开，民盟中央社会服务部和民盟各省级组织的分管领导及社会服务部负责同志参加会议，副主席李重庵出席会议并讲话。会议着重研究了民盟在新时期新阶段如何做好社会服务工作，特别是如何更好地参与社会主义新农村建设，并对今后社会服务工作的新领域、工作思路和方向进行了探讨。会议期间，与会代表联合发出《民盟“农村教育烛光行动”倡议书》。

（三）其他重要会议及活动

中国民主同盟成立纪念碑揭碑仪式于2月2日在民盟诞生地——重庆上清寺特园隆重举行。主席蒋树声代表民盟中央讲话。揭碑仪式由民盟重庆市委主委陈万志主持。秘书长高拴平等领导以及民盟各省级组织的代表，有关方面来宾，重庆盟员代表等共约150人出席揭碑仪式。纪念碑的建成，有利于发挥宣传党的统一战线，宣传多党合作基本政治制度，宣传民盟光荣历史的作用。

常务副主席张梅颖，副主席王维城、索丽生于2月2日赴京郊怀柔区北部山区少数民族乡送温暖。他们首先视察了北京市康益德医院，听取了关于怀柔区医疗体制改革的情况汇报。随后，来到长哨营满族乡西沟满族村等地，向当地村民捐赠了面粉等生活必需品。2月5日，主席蒋树声，副主席王维城、李重庵赴北京房山区黑古台小学送温暖，并看望北京工商大学盟员教师。蒋主席一行参观了小学，听取校长和盟员教师的情况汇报，与师生亲切交谈，并赠送了计算机等办公教学设备。随后，还参观了新建的北京工商大学，对该校先进的教学设施给予高度评价。

副主席索丽生一行于2月6日走访国家发改委，受到国家发改委副主任陈德铭的热情接待，双方就2006年合作与交流情况，以及我国经济发展与资源开发等问题广泛交换了意见，并希望在新的一年进一步加强合作。常务副主席张梅颖，副主席索丽生2月7日在民盟中央机关亲切会见了来访的国家林业局副局长赵学敏一行，并就2006年双方的合作交流情况以及我国林业发展与生态环境保护等问题进行了深入交流。2月9日，常务副主席张梅颖，副主席索丽生一行到水利部进行走访。水利部部长汪恕诚热情接待了张梅颖、索丽生一行，双方就2006年合作与交流情况以及我国水利资源开发等问题进行了座谈，希望进一步加强合作。3月2日，副主席李重庵走访国家司法部，受到吴爱英部长的热情接待，双方围绕监狱和劳教系统帮教工作展开座谈，并达成了今后进一步加强合作的共识。

4月3日，副主席李重庵代表民盟中央在江苏省吴江市参加费孝通骨灰安葬仪式。费孝通先生的亲属和生前好友40余人，齐聚吴江松陵公园，参加了费老的骨灰安葬仪式。

为庆祝中共十七大和民盟十大的胜利召开，积极参与和推动我国社会主义文化建设，12月2日至10日，民盟中央和中国美术馆共同主办了“中国民主同盟盟员美术作品展”。中共中央统战部副部长楼志豪，主席蒋树声出席了开幕式，常务副主席张梅颖致辞，副主席李重庵主持。民盟十大代表，十届中央委员及有关单位负责同志，来自全国文化界、美术界的艺术家、评论家共400余人出席开幕式。民盟中央配合此次美术作品展出版了大型画册，主席蒋树声为画册撰写了序言。本次展览的作品来自全盟30个省级组织和中国美术馆的部分馆藏，共200余件，有国画、油画、版画、水彩、雕塑等。

二、参政议政

2007年，民盟在参政议政方面取得了较好成绩，建言献策质量提高，调查研究扎实推进，论坛研讨成果丰硕。

一年来，民盟中央领导参加中共中央、国务院和有关部门举行各类协商会、座谈会和情况通报会，分别围绕政府工作报告、经济形势和经济工作等国家发展和改革中的重大问题提出意见和建议。在2007年民盟中央上报的各种报告、建议、提案和信息中，有16件得到中共中央和国务院领导同志的批示。如，关于退耕还林、湿地保护的建议得到胡锦涛总书记、温家宝总理、曾培炎、回良玉副总理的批示；关于高校贷款问题的建议得到了胡锦涛总书记、温家宝总理的批示，主要部门领导也都及时做出批示，责成相关部门研究落实办理；《关于推进民办高等教育发展的提案》和《启动防控肝炎科技工程，有效遏制病毒性肝炎流行》的提案被编入政协重要提案摘报，分别得到贾庆林主席、吴仪副总理的批示等。

（一）在全国政协十届五次会议上积极建言献策

在全国政协十届五次会议上，民盟中央提交口头发言1篇，书面发言5篇，大会提案29件。这些发言和提案突出了民盟特色，主要围绕教育问题，围绕“十一五”期间国家经济社会发展和百姓关注的热点和难点问题，内容涉及社会主义新农村建设、自主创新体系、科技创新、医疗卫生、社会保障、经济发展与资源和生态环境的协调等方面。3月11日，副主席郑兰荪代表民盟中央作了题为《遵循高教规律　培养创新人才》的口头发言，分析了影响我国高等教育健康发展的原因，并提出了意见建议。

副主席张宝文于3月6日出席了主题为“发展现代农业，推进新农村建设”的记者招待会，就如何发展我国现代农业以及农民土地征用和补偿等问题回答了记者的提问。

全国政协于3月7日、3月11日分别举行以“广泛运用现代科学技术，推进社会主义新农村建设”、“以筹办奥运为契机，推进现代社会文明程度的提高”为主题的提案办理协商会，民盟中央因提出《关于农技推广体系亟待创新与转型的提案》、《关于利用现代农业思想和技术把大西北建成我国农牧业战略基地的提案》和《关于通过北京奥运展示中国优秀文化和良好素质的提案》，应邀出席协商会。副主席索丽生，副主席吴正德和常务副主席张梅颖分别代表民盟中央出席并发言，他们的发言得到了有关部门的积极响应和肯定。

政协大会期间，民盟组委员充分履行职责，高水平议政建言，共提交大会发言64篇，大会提案223件，内容涉及经济建设、教科文卫体和政治、法律、社会保障等方方面面。民盟中央的领导同志和民盟组委员在会议期间接受了多家媒体的采访，向社会和大众充分展现了民盟参政议政的水平和风采。

民盟中央于7月23日、24日分别参加了全国政协召开的“加快广西北部湾经济开发与建设，推进北部湾区域经济合作与发展”和“以文化建设为主要内容的国家软实力建设”两次专题协商会。

在11月21日举行的政协第十届全国委员会优秀提案和先进承办单位表彰会上，民盟中央有五件提案被评为优秀提案，分别是：在全国政协十届一次会议上提出的《关于加强城市灾害应急管理能力建设的提案》，在全国政协十届二次会议上提出的《关于改革现行征地制度的提案》，在全国政协十届三次会议上提出的《关于加强反洗钱工作的提案》，在全国政协十届四次会议上提出的《关于防止国有资产以折旧方式流失的提案》，在全国政协十届五次会议上提出的《关于推进民办高等教育发展的提案》。

（二）扎实开展调研，取得丰硕成果

2007年，民盟中央深入实地，做了大量的调查研究工作，为民盟参政议政工作提供了切实依据。

副主席索丽生于4月2日至7日率队赴海南就“重视发挥热带作物在现代科技农业中的作用”进行专题调研。这是民盟中央和民盟海南省委的一项联合调研课题。调研组先后考察了中国热带农业科学院、华南热带农业大学、华南热带植物园、兴隆热带植物园、陵水县绿农农业开发有限公司哈密瓜种植大棚、三亚的兰花培育种植。调研组在中国热带农业科学院、华南热带农业大学召开了座谈会，民盟中央科技委员会副主任彭于发等盟内专家参加了座谈会，并就调研提出了很多有价值的意见和建议。

常务副主席张梅颖于4月13日至19日带领由民盟中央和国家发改委、水利部、林业局等单位10余人组成的调研组赴四川西部绵阳市、阿坝州等地区，就退耕还林、湿地保护、草原沙化等问题进行专题调研。副主席吴正德、索丽生等参加考察。调研组五天行程近1400公里，实地考察了绵阳市平武县和阿坝州松潘县、若尔盖县、理县多个退耕还林点和湿地核心区、沼泽等地。19日，在四川省关于退耕还林和湿地保护的专题报告会上，张梅颖

代表调研组向四川省政府及有关部门领导同志提出了意见和建议。回京后，民盟中央就相关问题向中共中央、国务院提出了政策建议，建议受到中共中央、国务院领导的高度重视，并做出批示。中共四川省委、省政府就此事召集有关部门认真研究，并将有关落实情况及意见反馈给民盟中央。

受中共中央委托，由中共中央统战部具体安排，6 月 14 日至 21 日，蒋树声主席率民盟中央调研组在浙江省就高校贷款问题进行考察调研。副主席张圣坤、索丽生等参加考察。调研组先后与宁波、舟山市政府及相关部门进行了座谈交流，与浙江省发改委、教育厅、财政厅、人民银行杭州支行、省工行等单位负责人交换意见，并专门召开了在高校工作的盟员座谈会，到学生宿舍了解大学生的看法，听取了各个方面的声音。期间，调研组兵分两路，先后在宁波大学、浙江万里学院、浙江海洋学院、浙江大学、浙江工业大学、浙江理工大学、浙江中医药大学、中国美术学院 8 所高校进行调研、考察，听取高校贷款情况介绍，并重点考察了学校的新建校舍与理工科实验室。之前，民盟中央已向浙江、湖北等 7 个省（市）的 55 所高校发放了“关于高校贷款情况调查表”，开展问卷调查。在实地考察和问卷调查的基础上，提出了关于高校贷款情况的调研报告，引起了教育主管部门的极大关注，经提炼还形成了民盟中央《关于解决高校贷款问题的提案》。

应中共成都市委、市政府的邀请，12 月 20 日至 23 日，第一副主席张梅颖率民盟中央与民盟四川省委、成都市委联合组成的统筹城乡经济社会发展、推进城乡一体化进程调研组，对成都市试验区建设进行实地考察和调研活动。副主席吴正德、温思美及部分专家学者随行考察。盟员刘诗白、郑功成、钱克明、李成贵、丁元竹、王新前等专家以及民盟四川省委、成都市委的部分负责人参加了考察和调研活动。期间，调研组先后考察了锦江区、金堂县、温江区等地统筹城乡经济和社会发展的情况，参观了工业园区、农产品加工园区、种植基地和农业股份有限公司，深入到卫生院、敬老院、劳动保障所、就业培训中心和社区、学校和农民集中居住区调研，与广大基层干部、企业和社会事业单位的负责人及普通农民群众广泛接触，并就成都市试验区的可持续发展和体制、机制创新问题与市委、市政府交换了意见。通过实地调研并结合专家的意见，形成了给中共中央、国务院的报告，提出了观点鲜明、务实有效的建议。

（三）信息报送工作，继续保持领先

反映社情民意信息工作是参政党及其广大成员履行“参政议政、民主监督”的光荣职责，也是民盟中央向中共中央提出意见建议的一条快速渠道。

2007 年，民盟各省级组织、各专门委员会报送信息 2598 篇，经民盟中央筛选报送全国政协 683 篇，被政协采用 71 篇，有 12 篇信息得到中共中央、国务院领导的反馈和批示，如“西部扶贫开发应建立农村最低生活保障制度”、“关于完善农村金融服务体系的调研报告”、“加快发展我国农业保险的建议”、“中国银联发展中面临的问题应当引起重视”等建议。在全国政协信息工作评比中，民盟中央连续第五年获奖。

2007 年，为加强信息工作队伍建设，民盟中央应邀先后派人到浙江、吉林、安徽进行信息工作培训和交流，各地参加培训、交流的专门委员会委员、参政议政骨干、专职干部近 200 人。

（四）组织论坛研讨，努力打造品牌

专题研讨会是培育和催生新概念、新思想的沃土。举办论坛和研讨会，发现和深入研究问题，促进所关注问题的解决，是民盟参政议政行之有效的好方法。

8 月，由哈尔滨工业大学、民盟中央灾害与社会管理专家论坛、水利部、联合国教科文组织（UNESCO）、国际红十字会等 26 家重要国际组织、知名大学和机构组织的“2007 年中国哈尔滨国际减灾会议”在哈尔滨召开。常务副主席张梅颖到会并致词，副主席索丽生作了“民盟关于灾害与社会管理的理论研讨和社会实践”主题报告。期间，作为本次会议的专题论坛——第五届“民盟中央灾害与社会管理专家论坛”顺利举行。论坛的主题是“灾害管理与构建和谐社会”。常务副主席张梅颖到会并发表演讲，副主席索丽生主持了会议。国际减灾中心（IDRC）主席沃尔特·安曼研究员等 7 位专家学者发表演讲，分别从中国历史灾害反思、疾病预防等方面，进行了深入探讨和交流，有关内容已经整理成书。另有部分成果提炼成民盟中央在全国政协的大会发言。这是论坛走向国际化的第一次尝试，为论坛开拓了更加广阔的领域。经过多年的不懈努力，“民盟中央灾害与社会管理专家论坛”已成为民盟参政议政的优秀品牌。

民盟高等教育研讨会于 10 月 12 日至 13 日在厦门召开，会议重点研讨我国当前高等教育改革发展中存在的突出矛盾和问题以及解决问题的对策。会议主题是：我国高等教育改革与发展——回顾与展望，重点研讨内容包括高等院校教育、教学质量和评价体系，高等院校评估制度的科学化、规范化，以生为本，培养全面发展健康成长的合格大学生，解决高校毕业生就业难问题，改革并完善高等院校的管理体制，以及民办高校发展等问题。本次研讨会是第一次由“部分省市”举办升格为由民盟中央教育委员会参与主办的全盟的教育研讨会。会议得到教育部、福建省和各省级盟组织的高度重视和支持，也吸引了《光明日报》等新闻媒体的关注。主席蒋树声到会发表了重要讲话，教育部领导做了专题介绍，盟员专家交流了调研成果。会议准备充分，层次提高，内容丰富，讨论活跃。会议的部分成果已提炼成民盟中央在全国政协大会上的发言和提案。

第四届民盟沿海省市发展海洋经济（广东）研讨会于 11 月 12 日至 13 日在湛江召开。会议由民盟中央经济和区域发展委员会、民盟广东省委会联合主办，民盟湛江市委、民盟阳江市委、广东海洋大学共同承办。会议主题是：研究探讨远洋运输、海洋规划和海域安全问题，确保海洋经济可持续发展。会议得到了科技部、国家海洋局、广东省党政领导的高度重视。常务副主席张梅颖，广东省副省长李容根，国家海洋局副局长王飞出席开幕式并讲话。出席会议的盟内外专家学者围绕会议主题，以专题报告、大会发言和分组讨论等方式进行了认真研讨和交流，共收到论文 63 篇，内容涉及海洋规划、海洋资源开发利用、海洋生态环境保护、海洋灾害防治等方面。根据会议材料，形成了盟中央《关于加强南海、马六甲、印度洋能源大通道环境研究的提案》。民盟沿海省市发展海洋经济研讨会的成果有力地促进了我国海洋事业的发展，也推动了沿海省市海洋经济的发展，成为民盟有特色、有成效、有知名度的参政议政品牌之一。

（五）发挥优势特色，加强对外联络

发挥民盟的优势和特色，加强对台工

作，是近年来民盟对外联络的新亮点。

第三届“海峡两岸暨港澳地区大学校长联谊活动”于7月22日至28日在台湾成功举行。受台湾大学校长李嗣涔和台湾东吴大学校长刘兆玄邀请，蒋树声主席率团赴台湾参加活动。来自两岸四地的20位著名大学校长（其中包括了台湾几乎全部主要大学的校长）参与了活动。联谊活动在促进交流、加深了解、扩大共识、增进友谊和加强合作等方面收到良好效果，使两岸四地高教界共同体验到和谐共荣是中华大家庭的历史选择。活动结束前，蒋树声主席感谢东道主热情周到的安排，感谢大学校长的积极参与，并强调“校长的任期是有限的，但促进两岸四地大学之间的交流与合作这一宏伟的事业是无限的”。

“海峡两岸暨港澳地区大学校长联谊活动”是由民盟中央、北京大学、南京大学于2005年共同发起的。前两届活动分别于2005年、2006年在江西和云南举办。活动深得台湾地区大学校长的喜爱和重视。第二届活动结束时，台湾大学校长李嗣涔郑重提出第三届活动要由台湾大学作为东道主，这一提议代表了台湾地区校长的共同意愿。“海峡两岸暨港澳地区大学校长联谊活动”得到中共中央统战部、国务院台湾事务办公室的大力支持和高度评价，被誉为民主党派开展对台工作的优秀范例，并应邀在中共中央统战部召开的统战系统对台工作会议上作了典型发言。

蒋树声主席和索丽生副主席于8月7日在民盟中央机关会见了台湾“李国鼎数位知识促进会”执行常务理事、秘书长李伟一行，双方就“科技、文化交流与合作”问题进行了座谈并达成初步共识。蒋主席向台湾客人介绍了民盟的简要情况，并对他们为两岸的科技、文化交流所作的努力表示敬佩，最后蒋主席代表民盟中央向他们赠送了礼品并合影留念。

三、社会服务

一年来，民盟中央在中共中央统战部以及国家有关部委的支持下，不仅稳步推进在贵州毕节、广西那坡、河北广宗、甘肃定西等地的支边扶贫工作，还积极探索社会服务工作新形式，开拓社会服务工作新领域，产生了广泛的社会影响。

（一）稳步推进定点扶贫工作

2007年民盟中央继续加大对贵州省毕节试验区特别是毕节市的帮扶力度。根据中共中央统战部的安排，2006年6月至2007年7月期间，民盟中央派员到毕节地区挂职任副专员，为毕节地区高速公路、铁路、机场等交通基础设施最终在国家部委立项发挥了重要作用，同时也加强了民盟与毕节试验区的联系。

经实地考察调研，民盟中央、民盟贵州省委将毕节市梨树镇上小河村作为“扶贫和社会主义新农村建设联系点”，并帮助上小河村初步制定了发展规划。民盟深圳市委组织盟员企业家投入资金7万余元为上小河村文化活动室购置了电脑、电视、广播器材、办公桌椅。民盟贵州省委协调省体育局为该村学校无偿提供了一批价值2万元的体育设施和器材，民盟中央捐赠200套课桌椅及教师办公用具，筹资6万元解决了该校的行路难和饮水难问题。我们还帮助上小河村调整产业结构，拓宽农民增收的路子。为支持该村发展“农家乐”旅游项目，民盟中央、民盟贵州省委引进“莱茵鹅”进行养殖示范，扶持该村建设一个小规模的种鹅孵化场，10户养殖示范户每户年均增收3000元以上，还资助上小河村修建10个蔬菜育秧棚，发展多种精细蔬菜及糯玉米、花卉种植。民盟毕节工委还动员当地企业家在上小河村投资建设1000亩中草药基地，促进农民增收。

2007年，民盟中央加大了对毕节试验区的项目协调力度。在蒋树声主席和张梅颖常务副主席的亲自协调下，总投资2亿元的毕节地区金沙县胜天水库和织金县大新桥水库项目在水利部和国家发改委得到批准，首批工程资金3000万已于2007年底到位。

9月，常务副主席张梅颖致信武警部队司令员，请他对武警贵州总队毕节地区支队训练场建设项目予以关心和支持。武警总部领导亲临毕节考察，决定在毕节地区建设一座西部一流的训练场。

在民盟中央的协调下，香港新世界集团向毕节一中等8所学校捐赠总价值240万元的多媒体教室，除在毕节地区加大支教力度外，还决定陆续为贵州其他地、州、市捐建一个多媒体教室并进行网络教学培训。

2007年，为支持毕节地区经济发展，民盟中央帮助赫章县招商引资5.5亿元，引进长城电器集团和西部矿业集团的项目投资。

民盟中央还联合兄弟党派在黔西南州兴仁县巴铃镇绿荫河村开展社会主义新农村建设试点工作。11月，民盟中央邀请盟员文利新教授赴贵州省黔西南州兴仁县和兴义市举办“135科学保健养猪”专题讲座，来自兴仁县和兴义市的近500名养猪农户、畜牧系统干部和技术人员以及职业学校的师生参加培训。

为拓宽农民致富渠道，促进农民增产增收，截至10月，民盟中央和民盟广西区委帮助坡荷乡兴建占地1500平方米的“民盟扶贫养殖示范场”已圈养龙宝母猪150头，已向当地200余户农户无偿提供小母猪500余头，平均每户增收2000元。

9月，民盟中央和民盟河北省委组织五名农业专家到广宗县进行了科技帮扶活动，分别就新农村建设与现代农业发展现状与政策、农村村务和财务管理、现代养殖业发展的问题、棉花高产栽培技术和“135保健养猪”技术等五个方面进行了培训，1000余名村镇干部及技术人员参加了培训。

2007年，民盟河北省委积极联系促成了河北康隆牧业有限公司从长沙绿叶生物科技有限公司引进“135保健养猪饲料”的加工技术。项目总投资400万元，设计年生产能力1万吨，辐射一个规模化养猪场和800余农户。该项目已于2007年9月建成投产，对推动当地养殖业的发展起到了积极的示范作用。

9月，民盟中央主席蒋树声考察甘肃定西扶贫开发与新农村建设事业，并出席了“中国·定西2007马铃薯产业发展暨经贸洽谈会”。这是继费孝通生前七下定西、2005年丁石孙主席、张梅颖常务副主席考察定西之后，民盟中央领导为推进围绕第一要务、服务地方经济建设向纵深发展开始的新一轮探索。

2007年秋，由主席蒋树声亲自协调香港爱国实业家赵安中先生捐资40万元援建的定西贺家岔学校正式投入使用，蒋主席亲自为学校落成典礼剪彩。当地政府还配套资金42万元，对学校进行了全面改扩建。民盟中央和民盟甘肃省委也解决资金10万元，援建了一间电教室，配备计算机21台。

经民盟中央协调，盟员举办的青岛拓谱信息工程职业技术专修学院2007年在甘肃定西招收50名贫困生到该院进行为期三年学习，不仅免除全部学杂费，还提供一定的生活补助。

2007年“盟遂合作”项目取得新进展。经民盟中央协调，在完成黑龙凼水库投资后，为支持西部水利建设，水利部破例追加800万工程建设资金。9月，由民盟四川省委牵线搭桥，成都电子科技大学向遂宁市提供技术、人才支持的“城乡统筹区域协同医疗服务示范工程论证会”在遂宁举行。通过这个项目，医疗机构的医疗活动数据将全部实现共享，这既是探索城乡医疗卫生统筹协同发展，抑制重复检查，减少医疗差错，方便群众就医的重要举措，也是卫生事业现代化的发展趋势。力争使这个项目能像“黑龙凼水库”一样，建成又一个“民心工程”。目前，此项目正在积极推动。

（二）开展“民盟农村教育烛光行动”，搭建教育扶贫新平台

民盟主要是由文教科技界知识分子组成的参政党，长期以来，广大盟员积极关心支持农村基础教育和第一线教师，各级盟组织也开展了大量的支教助学和教育扶贫工作。7月，在各地开展教育扶贫工作的基础上，民盟中央在社会服务工作研讨会上号召在全盟广泛开展“烛光行动”，与会代表联合发出《民盟“农村教育烛光行动”倡议书》，随后民盟中央又正式下发了《民盟中央关于开展“农村教育烛光行动”的意见》，“烛光行动”在全盟正式启动。10月19日，副主席李重庵出席民盟“农村教育烛光行动”专家顾问组会议，就“烛光行动”的有关问题进行了座谈。

截至12月底，“烛光行动”已覆盖全国30个省（区、市），在50多个培训点上开展工作，共培训农村一线教师1.1万多人次，捐款捐物折合人民币160多万元，为提高农村教育教学质量，改善农村教师的工作环境和生活条件，作出了实际贡献。

“烛光行动”取得了初步的效果和良好的社会影响，得到了教育行政部门和受训教师的一致欢迎，也受到媒体的广泛关注，人民政协报在头版头条予以报道。我国著名学者、盟员季羡林教授亲自为烛光行动题词“烛光行动传大爱”、“烛光行动造福人民”。

（三）积极探索社会服务工作的新领域

4月，民盟中央在重庆召开“民盟部分省市帮教工作座谈会”，总结和逐步推广重庆等地配合有关部门开展对失足人员帮教工作的经验。截至2007年底，已有16个省（区、市）的省级和市级盟组织稳步开展帮教工作。帮教内容不断深入，形式渐趋多样，工作逐步规范，政治和社会效益日益显现。民盟的帮教工作得到了政府有关部门和社会的普遍欢迎、重视和支持，产生了积极的社会影响。有的地方盟组织还被当地司法机关评为帮教工作先进单位。

为落实中央统战部组织民主党派领导人考察西藏的成果，帮助西藏大学解决图书馆藏书不足的困难，民盟中央组织机关干部向西藏大学图书馆捐书1600余册，并筹集购书经费70万元，用于发掘整理藏学古籍文献资料，对藏学古籍整理和研究起到了雪中送炭的作用。此外，民盟中央还协调国家图书馆、新东方集团和多家出版社向西藏大学图书馆捐赠了数万册图书。8月，李重庵副主席率团访问西藏大学，盟员、北京新东方教育科技集团董事长俞敏洪为西藏大学上千名师生作了“如何学好英语”的专题讲座，受到热烈欢迎。双方确定今后的合作重点是新东方学校对藏大英语教师开展培训，牵线搭桥，建立藏大教授与内地教授间学科合作模式等。

10月，“民盟部分省市社区服务工作研讨会”在上海召开。民盟上海市委介绍了开展社区服务工作的经验和体会，与会代表还实地参观考察了闸北区芷江西路社区、卢湾区打浦桥社区文化活动中心。会议认为，民盟在党委领导和政府总体部署下，参与社区建设，并在城市社区选择开展符合民盟特点的社会服务工作，是民盟履行职能，发挥优势，为推动社会进步与和谐作贡献的重要新领域，建议民盟各级领导和有关部门关注城市社区建设和社区统战工作的形势发展，思考相关问题，研究有关政策，在内外条件具备时适时开展工作实践和理论探索。

四、自身建设

一年来，民盟中央扎实推进自身建设，为全面促进盟务工作、更好地履行参政党职能提供了持续动力。

（一）思想建设

统战工作、政协工作和国家发展大局，为今年全盟的理论学习和思想建设提供了十分丰富的内容。为推动全盟学习，民盟中央做出积极部署，在十届全国人大五次会议、全国政协十届五次会议结束后不久，民盟中央就下发了关于学习“两会”精神的决定。6月28日，民盟中央下发《关于认真学习胡锦涛同志重要讲话的通知》，要求各级盟组织和广大盟员认真学习胡锦涛同志6月25日在中共中央党校的重要讲话精神，通过学习要把思想和行动统一到讲话精神上来，把智慧和力量凝聚到坚持改革开放、推动科学发展、促进社会和谐、全面建设小康社会上来。10月25日，民盟中央下发了《关于学习和贯彻中国共产党第十七次全国代表大会精神的通知》，要求全盟把学习贯彻中共十七大精神作为当前和今后一个时期的首要政治任务。指出，学习贯彻中共十七大精神，要正确认识、深刻领会科学发展观的基本内涵和精神实质，要与当前正在开展的以坚持走中国特色社会主义政治发展道路为主题的学习教育活动结合起来，要以改革创新、求真务实的精神，切实加强自身建设。

为确保换届工作顺利进行，在新老交替的基础上做好政治交接，3月27日，民盟中央向全盟发出《关于开展政治交接主题学习实践活动的意见》，决定在全盟各级组织中开展政治交接主题学习实践活动，确定民盟上海市委、民盟四川省委为民盟省级组织试点单位，并在广西召开“试点工作会议”，民盟四川省委、民盟上海市委积极开展工作，为全盟学习教育活动的推进提供了有益的探索和经验。民盟中央还制定并下发了《开展政治交接学习教育活动的实施方案》，作为全盟开展活动的指导性文件。

民盟中央为全盟推荐了包括中国共产党领导人论多党合作的重要文献、有关多党合作的文件精神及领导讲话和盟史、盟章等学习资料，并编辑印发了《民盟领导人谈多党合作》、《民盟英烈》、《我与民盟》等参考资料，编辑发放“中国民主同盟历史图片（电子版）”光盘，方便和引导盟员学习。民盟中央共编发简报43期，介绍各地活动开展情况，推广先进经验，加强引导和交流。主席蒋树声撰写的《做好政治交接　重在薪火相传》，和第一副主席张梅颖《继承传统　不断前进》的讲话，在《民盟中央政治交接学习教育活动简报》上刊登后，在广大盟员中引起了强烈反响，成为学习教育活动的重要教材。

民盟中央围绕“民盟作为参政党在构建社会主义和谐社会中的功能”以及“和

谐政党关系”等研究题目，向全盟各省级组织进行了课题招标，有26个省级盟组织与民盟中央签署了理论研究课题协议，分别对继承优良传统、后备干部队伍建设、和谐社会中的参政党职能等内容开展了理论调研，提交了理论文章，不少论文具有一定的理论参考价值。

（二）组织建设、机关建设

2007年间，民盟中央组织多期学员到中央社会主义学院学习，民盟中央领导都与参加各类进修班、培训班以及公务员英语培训班等的盟员举行座谈，同时还通过举行各类盟员座谈会，加强了民盟中央和地方干部、青年盟员之间的沟通联系，增进了感情，增加了盟的凝聚力。

7月26日至30日，中共中央统战部和民盟中央共同举办了民盟省级组织新任主委培训班。17名省级组织新任主委参加了培训。常务副主席张梅颖、副主席李重庵、索丽生先后出席了培训班并作了重要讲话，秘书长高拴平及各部门负责同志也参加了培训。培训期间，民盟中央还邀请了郑功成、钱克明、蔡洪滨、梁晓声等盟员专家分别为学员们作了有关民生问题、农业问题、经济问题以及文化建设与和谐社会的专题报告。

民盟中央继续建立、完善各项制度，促进民主集中制的贯彻落实，推动工作制度化、规范化、程序化。为加强机关建设，盟中央建立健全各项规章制度，强化服务意识，着力提高专职干部的业务素质和水平，努力营造讲大局、树新风、团结奉献、勤奋敬业的良好环境与和谐氛围。

（三）盟员及组织概况

截止到2007年年底，民盟共有成员188862人，平均年龄55.1岁。从界别分布上看，高等教育界占25.2%，普通教育界占33.8%，科学技术界占10.3%，医药卫生界占8.2%，文化艺术界占5.3%，新闻出版界占0.8%，公有制经济界占4.7%，新社会阶层人士界占3.0%，机关、团体和其他界别占8.7%。

民盟地方组织共有433个，其中省级委员会30个，市地级委员会305个，县市区级委员会98个。民盟基层组织共有7361个，其中基层委员会337个，总支委员会558个，支部6230个，小组236个。

盟员中担任各级人大代表的共有2795人，其中全国人大代表69人，省级人大代表355人，市地级人大代表1311人，县市区级人大代表986人。

盟员中担任政府及司法机关县处级以上领导职务的共有749人，其中在中央政府及司法机关担任领导职务7人，在地方政府及司法机关担任省级领导职务5人，司局级47人，地市级57人，县处级685人。

盟员中担任各级政协委员的共有13135人，其中全国政协委员132人，省级政协委员1184人，市地级政协委员6072人，县市区级政协委员6970人。

盟员中担任中央有关部门特约（邀）工作的共有14人，其中最高人民检察院特约检察员4人，监察部特邀监察员4人，国家审计署特约审计员1人，国家特邀国土资源监察专员3人，教育部特约教育督导员1人，国家税务总局特邀监察员1人。

盟员中担任中国科学院院士的共有45人。

盟员中担任中国工程院院士的共有17人。

盟员中担任大学校、院长的共有119人。

周　荣　民盟中央研究室主任科员
马向东　民盟中央社会服务部主任科员

中国民主建国会

2007年，中国民主建国会（以下简称“民建”）各级组织和广大会员坚持以邓小平理论和“三个代表”重要思想为指导，深入贯彻落实科学发展观，坚持以政治交接为主线，全面加强自身建设，认真履行参政党职能，解放思想，开拓奋进，各方面工作都取得了可喜成绩。

一、重要会议及活动

（一）第九次全国代表大会

12月16日，中国民主建国会第九次全国代表大会在北京召开。中共中央政治局常委李长春会见全体与会代表，并代表中共中央致贺词。贺词指出，中国民主建国会具有爱国、革命的光荣历史，为新中国的诞生，为社会主义革命和建设事业，为深化改革、促进发展、保持稳定，发挥了重要作用。过去的五年，民建坚持以邓小平理论和“三个代表”重要思想为指导，深入贯彻落实科学发展观，充分发挥自身特点和优势，围绕中心、服务大局，积极履行参政党职能，为促进我国经济、政治、文化、社会建设作出了积极贡献。贺词强调，中国特色社会主义，是包括广大统一战线成员在内的全国各族人民团结奋斗的共同理想。把中国特色社会主义伟大事业不断推向前进，是中国共产党和各民主党派的共同事业，也是我们的共同责任。中国共产党将按照中共十七大精神，坚定不移地发展社会主义民主政治，坚持中国特色社会主义政治发展道路，坚持和完善中国共产党领导的多党合作和政治协商制度，贯彻长期共存、互相监督、肝胆相照、荣辱与共的方针，巩固和壮大最广泛的爱国统一战线，奋力开拓中国特色社会主义更为广阔的发展前景。贺词指出，在全面建设小康社会、加快推进社会主义现代化的新的发展阶段，希望民建深入开展中国特色社会主义主题学习教育活动，进一步坚定中国特色社会主义理想信念，巩固多党合作的思想政治基础；积极促进政党关系和谐发展，坚定不移地走中国特色社会主义政治发展道路；适应全面建设小康社会新要求，切实提高履行职能的能力和水平，努力为促进我国经济、政治、文化、社会建设作出新贡献；以政治交接为主线，以思想建设为核心，以组织建设为基础，以制度建设为保障，全面加强自身建设。希望民建充分发挥同经济界有着密切联系的自身优势，着眼促进国民经济又好又快发展，围绕转变经济发展方式、完善社会主义市场经济体制，多献求真务实之策，多做利国利民之事；努力开拓服务社会新领域新途径，促进我国非公有制经济健康发展；加强同香港、澳门、台湾及国外工商界人士的联系，为促进香港、澳门繁荣稳定，为推进祖国和平统一，继续发挥积极作用。

全国政协副主席、全国工商联主席黄孟复代表各民主党派中央和全国工商联致贺词。贺词说，民建八大以来，各级组织和广大会员积极履行职能、发挥作用，各项工作取得了显著的成绩。相信第九次全国代表大会后，民建作为密切联系经济界的参政党，一定会在促进经济建设和社会发展中大有作为，为夺取全面建设小康社会的新胜利作出新贡献。

民建第九次全国代表大会主席团常务主席成思危代表民建第八届中央委员会作报告。报告指出，过去的五年是不平凡的五年，全国人民紧密团结在以胡锦涛同志为总书记的中共中央周围，以邓小平理论和“三个代表”重要思想为指导，贯彻落实科学发展观，战胜了各种困难和风险，开创了中国特色社会主义事业新局面。五年来，本会在中国共产党领导的多党合作和政治协商的政治格局中，坚持以政治交接为主线，全面加强自身建设，认真履行参政党职能，解放思想，开拓奋进，各方面工作都取得了新进展。以政治交接为主线，思想理论建设不断加强；发挥特色，组织建设取得显著成效；凝聚全会力量，参政议政和民主监督作出新贡献；拓展思路，社会服务工作取得新进展；发挥优势，联络工作力度进一步加强；加强制度建设，工作机制进一步完善。报告总结了加强思想理论建设，努力提高政治把握能力；加强各级领导集体和骨干队伍建设，努力提高组织领导能力；坚持把促进发展作为第一要务，努力提高参政议政能力；树立“大联络”工作新理念，努力提高合作共事能力；坚持工作和制度创新，努力提高自身建设能力等五条工作经验。报告强调，今后五年，全会要努力肩负起参政党新的历史使命和重要职责。要把学习贯彻中共十七大精神作为当前和今后一个时期的首要政治任务，把思想和行动统一到中共十七大精神上来。高举中国特色社会主义伟大旗帜，坚持不懈地贯彻科学发展观，坚韧不拔地推进改革开放，坚定不移地促进社会主义民主。加强自身建设，提高参政能力，更好地履行参政党职能，为完成中共十七大提出的各项任务、推进中国特色社会主义伟大事业作出新贡献。

司马义·艾买提、华建敏、陈奎元、张榕明和王光英、万国权等出席开幕会。

12 月 20 日，中国民主建国会第九次全国代表大会在北京胜利闭幕。陈昌智当选为民建中央主席。本次大会顺利完成各项议程，审议并通过了民建第八届中央委员会报告和《中国民主建国会章程（修改草案)》，选举产生了由 200 人组成的民建新一届中央委员会，是一次团结、民主、务实、鼓劲的大会。会议期间举行的民建九届一中全会选举陈昌智为主席，张榕明、马培华、程贻举、王少阶、陈政立、张少琴、辜胜阻、宋海、李谠、周汉民为副主席。陈昌智在闭幕会上讲话。他说，通过深入学习中共十七大精神，代表们对实现全面建设小康社会奋斗目标更加充满信心。全会要把思想和行动统一到中共十七大的精神上来，把智慧和力量凝聚到实现中共十七大提出的奋斗目标和各项任务上来，努力加强自身建设，切实履行好参政党职能。陈昌智表示，新一届民建中央领导集体一定不辜负全会同志的重托和期望，弘扬民建的优良传统，继往开来，求真务实，团结和带领全会同志，高举中国特色社会主义伟大旗帜，始终不渝地坚持中国共产党的领导，坚定不移地走中国特色社会主义政治发展道路，为夺取全面建设小康社会新胜利努力奋斗。

大会认为，中共十七大准确把握时代脉搏，科学判断发展阶段，着眼历史新起点，顺应人民新期待，科学回答了中国共产党在改革发展关键阶段举什么旗、走什么路、以什么样的精神状态、朝着什么样的发展目标继续前进等重大问题，对继续推进改革开放，实现科学发展，促进社会和谐，夺取全面建设小康社会新胜利具有重大而深远的指导作用。

与会代表认真学习了中共中央致民建九大的贺词。一致认为，要认真贯彻落实贺词中对民建提出的希望和要求，深入开展中国特色社会主义主题教育活动，巩固与中国共产党密切合作的政治基础，坚持和完善我国的社会主义政治制度和政党制度，不断巩固和发展我国社会主义政党关系。充分发挥民建的特色和优势，坚持促进发展这个第一要务，在促进经济又好又快发展、转变经济发展方式、完善社会主义市场经济体制、深化财税金融体制改革、促进资本市场健康发展、建设创新型国家、促进非公有制经济发展、保障社会公平正义、维护祖国和平统一等方面发挥更大的作用。

大会指出，我国改革开放和现代化建设的伟大事业正处在一个新的历史起点上，中共十七大为中华民族的伟大复兴指明了前进的方向，描绘了美好的蓝图。民建要担当起时代赋予的责任，要进一步加强自身建设，提高参政议政、民主监督水平，努力把本会建设成为与中国共产党亲密合作、能够经受各种困难和风险考验的、致力于中国特色社会主义事业的参政党，为实现中共十七大提出的宏伟目标作出新贡献。

大会号召各级组织和全体会员，一定要振奋精神，坚定信念，紧密团结在以胡锦涛同志为总书记的中共中央周围，齐心协力，开拓进取，把中国特色社会主义事业不断推向前进，为把我国建设成为富强、民主、文明、和谐的社会主义现代化国家，实现祖国完全统一和中华民族的伟大复兴而努力奋斗。

全国人大常委会副委员长成思危，全国政协副主席张榕明和万国权等出席闭幕会。

（二）八届六中全会

12 月 15 日，中国民主建国会第八届中央委员会第六次全体会议在北京举行。会议学习了中共十七大精神，审议通过关于第八届中央委员会报告及报告人的决定，审议通过关于将《中国民主建国会章程（修改草案）》提交第九次全国代表大会审议的决定，评审了三个专题调研报告。会议决定，民建第九次全国代表大会将于 12 月 16 日至 20 日在北京举行。会议决定成思危为第八届中央委员会报告报告人。

全国人大常委会副委员长、民建中央主席成思危主持会议并讲话。成思危说，前不久，举世瞩目的中国共产党第十七次全国代表大会胜利召开，这是我国历史上的一项重大事件，必将对我国今后的发展产生深远的指导意义。民建作为中国共产党领导的多党合作格局中的参政党，要把学习贯彻中共十七大精神作为当前首要的政治任务，特别要以十七大精神为指导，开好民建第九次全国代表大会，推进政治交接学习教育活动。动员团结全会牢固树立发展中国特色社会主义的共同理想，努力继承和发扬在长期实践中形成的优良传统，坚持不懈地贯彻落实科学发展观，坚韧不拔地推进改革开放，坚定不移地发展社会主义民主政治。紧密围绕十七大确定的目标和任务，充分发挥密切联系经济界的特色和优势，进一步履行民主监督和参政议政职能，为全面建设小康社会作出更大的贡献。

全国政协副主席、民建中央第一副主席张榕明，民建中央常务副主席陈昌智，民建中央副主席路明、刘珩、黄关从、朱相远、程贻举、王少阶、马培华、陈明德、陈政立，民建中央名誉副主席朱元成、冯克煦等出席会议。

（三）中央常务委员会

3月10日，民建八届十八次中常会在北京召开。会议主要议程是学习贯彻“两会”精神，听取民建部分省级组织和会中央企业委员会有关工作情况的汇报，审议换届工作的有关事宜，通报民建中央2007年重点调研题目等。全国人大常委会副委员长、民建中央主席成思危在讲话中指出，深入学习贯彻“两会”精神是当前全会的一项重要政治任务。各级组织和广大会员要以更加昂扬的精神状态，全面落实科学发展观，着力促进社会发展和解决民生问题，不断推进社会主义经济建设、政治建设、文化建设、社会建设，迎接中共十七大胜利召开。要进一步加强和改进全会的学习工作，为坚持、发展和完善中国共产党领导的多党合作和政治协商制度打好思想基础，坚定不移地走中国特色社会主义政治发展道路。成思危强调，今年全会要认真做好中央和省级组织换届的各项工作，要着眼于实现政治交接，把握政策、遵循程序，坚决贯彻有关换届工作的指导文件精神，要坚持改善结构、择优选拔，通过精心组织和细致工作，营造团结和谐、风清气正的氛围，大力加强民建的自身建设，维护和促进民建的团结，确保民建九大的顺利召开。全国政协副主席、民建中央常务副主席张榕明，民建中央副主席路明、刘珩、黄关从、朱相远、陈昌智、程贻举、王少阶、马培华、陈明德、陈政立出席会议。

7月9日，民建八届十九次中常会在昆明召开。会议的主要议题是学习胡锦涛同志6月25日在中央党校的重要讲话，审议通过《民建中央关于深入开展政治交接学习教育活动的意见》以及其他事项。全国人大常委会副委员长、民建中央主席成思危主持会议并讲话。成思危指出，胡锦涛总书记的重要讲话，深刻阐述了事关我国工作全局的若干重大问题，对进一步统一全国人民的思想认识，更好地为夺取全面建设小康社会的新胜利，开创中国特色社会主义事业新局面而继续奋斗，具有十分重要的指导意义。全会各级组织要把学习胡锦涛总书记讲话作为当前和今后一个时期的重要政治任务，紧密结合参政党实践，坚定不移地坚持解放思想，坚定不移地推进改革开放，坚定不移地落实科学发展观、构建社会和谐，坚定不移地为全面建设小康社会而奋斗。不断加强自身建设特别是领导集体建设，切实搞好政治交接，加强思想建设；坚持贯彻民主集中制，加强制度建设；积极推进会内民主，加强作风建设。充分发挥本会的优势和特点，认真履行参政党职能，积极服务社会，继续推动思源工程，在与中国共产党一道、共同致力于中国特色社会主义伟大事业的道路上努力作出新贡献，以新的业绩迎接中共十七大和本会九大的召开。全国政协副主席、民建中央第一副主席张榕明，民建中央常务副主席陈昌智，民建中央副主席路明、刘珩、黄关从、朱相远、程贻举、王少阶、马培华、陈明德、陈政立，秘书长张皎等出席会议。

10月9日至11日，民建八届二十次中常会在湖南长沙举行。会议重点研究讨论了筹备召开民建第九次全国代表大会的有关事项，决定于12月中旬召开八届六中全会。会议认真讨论和审议了八届中央委员会的报告（框架）《中国民主建国会章程（修改框架）》，决定根据会议的意见进一步修改，并在广泛征求意见后，提请八届六中全会讨论。会议按照《中国民主建国会第九届中央委员会委员名额分配方案》以及《遴选第九届中央委员候选人推荐名额人选办法》，听取了由地方和中央推荐的共175名人选的简要介绍，采取无记名投票方式，从中遴选产生了88名第九届中央委员候选人推荐名额人选。会议审议通过了《民建中央关于加强会内监督工作的意见》，指出做好会内监督工作是民建加强自身建设的重要内容，也是发扬会的民主、维护会的团结的重要保证。《意见》明确了会内监督的基本原则、重点对象和主要内容；要求建立和完善会内监督的各项制度，构建会内监督的途径和工作体系；要求各级组织结合会的实际，逐步形成完备而有效的内部监督体系，为民建更好地履行参政党职能提供有力的保障。成思危主持会议并讲话。他指出，即将召开的中共十七大是在中国改革发展关键阶段召开的一次十分重要的大会，大会将认真总结中共十六大以来五年的工作，对全面推进我国改革开放和社会主义现代化建设、全面推进党的建设新的伟大工程作出战略部署。民建作为中国共产党领导的多党合作和政治协商制度中的参政党，要认真学习中共十七大有关文件，切实贯彻大会精神，自觉接受和维护中国共产党的领导，与党亲密合作，充分发挥密切联系经济界的特色和优势，积极参加社会主义现代化建设的实践活动，针对改革开放、经济建设和社会稳定中的重大问题，开展调查研究，反映社情民意，积极建言献策，为实现中华民族的伟大复兴作出自己的贡献。全会要以中共十七大精神为指导，认真总结本会八大以来的主要经验，踏实细致地做好大会的各项准备工作，以饱满的热情迎接本会九大的胜利召开。会议还审议了《民建中央关于当前经济工作的几点建议》以及其他事项。张榕明第一副主席，陈昌智常务副主席，路明、刘珩、黄关从、朱相远、程贻举、王少阶、马培华、陈明德、陈政立副主席等出席会议。

12月14日，民建八届二十一次中常会在北京举行。全国人大常委会副委员长、民建中央主席成思危主持会议。会议学习了中共十七大精神，审议通过了提交民建第九次全国代表大会审议的《民建第八届中央委员会报告及报告人的决定（草案）》、《中国民主建国会章程（修改草案）》，以及民建第九次全国代表大会代表名单和列席人员名单等议程。全国政协副主席、民建中央第一副主席张榕明，民建中央常务副主席陈昌智，民建中央副主席路明、刘珩、黄关从、朱相远、程贻举、王少阶、马培华、陈明德、陈政立等出席会议。

（四）举办风险投资论坛和非公有制经济发展论坛

4月13日至14日，一年一度的“风投”盛事——2007第九届中国风险投资论坛在深圳五洲宾馆隆重召开。

中国风险投资论坛始创于1998年，每年举办一届，截至2006年已成功举办八届，已发展成为中国风险投资领域历史最悠久、国际化程度最高、参会规模最大、最富影响的大型年会。本届论坛围绕“借力VC与PE提升创新意识共促创业企业国际化进程”这一主题展开。

2006 年，有 16.2% 的风险投资项目属于传统行业，成为仅次于 IT 行业的第二大投资阵地。在我国，传统行业已经形成对以互联网、软件为代表的高科技产业的强势冲击，成为风险资本的新宠。在 2006 年度 22 个实现 IPO 的风险投资企业中，有 6 个属于传统行业。这说明，传统行业不仅在风险投资融资额上，而且在 IPO 方面都与 IT 业形成抗衡，创投行业的目光开始从高科技转向了传统行业。

论坛期间，大会安排了中国风险资本——项目对接会，这是从 2004 年最初的区域性项目洽谈活动，发展为当今中国最具影响力的投资项目盛会之一，成为中外投资界与中国实业界发展创新经济、引进风险资本、寻找投资良机的首选平台。组委会精心选拔了 500 余个优秀投资项目参会，安排投资项目汇编推介，举办“2007 中国最具发展潜质创新企业 100 强评选和颁奖”，举办全程的展会式对接洽谈会，并安排 100 家左右的企业举办专场路演和专项培训。

出席本届论坛的嘉宾有 100 多位中央与地方政府的政策制定者，400 多位来自世界各地的投资家，300 多位有金融需求的企业家，参会人数超过 1000 人。其中民建会员 121 人，创下民建参会人数历年之最。他们分别来自广东、北京、上海、安徽、福建、甘肃、海南、河北、河南、黑龙江、湖南、湖北、吉林、江苏、山东、山西、陕西、四川、天津、云南、浙江等 21 个省市地区的各行各业民建会员、企业家。

11 月 5 日至 6 日，2007 年中国（重庆）非公有制经济发展论坛在重庆市举行。中国非公有制经济发展论坛是民建参政议政、服务社会的两大品牌之一。自 2003 年至今，已经分别在湖北武汉、云南昆明、安徽合肥和福建厦门成功举办了四届。论坛旨在总结我国非公有制经济发展的经验，从树立和落实科学发展观出发，探索加快非公有制经济发展的思路和方法，以进一步推动社会进步和经济发展。论坛越办越好，每年都有创新，每年都有亮点，已经成为民建会员向往的盛会，取得了良好的经济效益和社会效益。本次论坛由民建中央、全国工商联、国家发改委、重庆市人民政府共同主办，规格高，规模大，来自全国各地的民建会员、企业家以及工商联各级组织代表、重庆市有关方面人士共 2000 余人参加了本次论坛。

11 月 5 日上午，伴随着寓意中国非公有制经济巨轮加速起航的汽笛声响，以“平等竞争、相互促进、科学发展”为主题的 2007 年中国非公有制经济发展论坛在山城重庆开幕。全国政协副主席、全国工商联主席黄孟复，全国政协副主席、民建中央第一副主席张榕明，国家发改委副主任欧新黔，中共中央统战部副部长、全国工商联第一副主席胡德平，民建中央副主席程贻举、陈明德、陈政立出席了论坛开幕式。张榕明第一副主席作了《改善发展环境，减轻税费负担，在新的历史起点上促进非公有制经济发展》的主题演讲。她在演讲中建议政府有关部门加大贯彻落实“非公经济 36 条”的力度，积极为非公经济发展创造宽松环境。演讲旁征博引，深入浅出，引人思考，给人启迪，受到与会者的热烈欢迎。

本次论坛着重就公平税费负担、促进非公有制经济健康持续发展，统筹城乡发展与民营企业的责任机遇等专题展开研讨。专题演讲结束后，张榕明第一副主席和全国工商联主席黄孟复与企业家们开展了面对面的对话交流。两位领导人的精彩回答，博得了与会者的强烈共鸣。会场气氛活跃，台上台下形成良好互动，不时响起热烈的掌声。

论坛期间，企业家们还参加了以信息技术、物流和制造业、生物工程、房地产、餐饮旅游、环保为主题的六个行业沙龙，展开热烈讨论。

此次论坛得到了民建各省级组织和广大会员的大力支持。参会人数大大超过往届，可谓是八届民建内规模最大、规格最高的一次盛会。论坛安排了主题演讲、专家演讲、分论坛、对话交流以及行业沙龙等五大板块，内容丰富，受到与会代表及社会各界的一致好评。论坛的成功举行进一步体现了民建的组织凝聚力，塑造了民建的良好形象。此次论坛共收到社会各界提交的论文780余篇，其中民建组织及会员提交论文140余篇，经专家评审收入论文集120篇。丰富的论文成果，为会的参政议政工作提供了重要的研究资料和理论素材。

（五）全国宣传思想工作会议

7月7日至8日，民建全国宣传思想工作会议在昆明召开。

会议认真学习中共中央总书记胡锦涛在中央党校的重要讲话精神，分析当前民建宣传思想工作的新形势和新任务，总结交流了近年来民建各级组织不断推进思想建设取得的经验和成果，着重对进一步深入开展以坚持走中国特色社会主义政治发展道路为主题的政治交接学习教育活动进行研究部署。

全国人大常委会副委员长、民建中央主席成思危，全国政协副主席、民建中央常务副主席张榕明，中共云南省委副书记李纪恒等出席会议。

成思危在讲话中指出，搞好政治交接是参政党建设的长期战略任务。深入开展政治交接学习教育活动，是贯彻落实科学发展观、构建社会主义和谐社会的客观要求，是坚持和发展中国特色社会主义政党制度的客观要求，是加强自身建设、保证民建事业持续健康发展的重要举措，具有重大而又深远的意义。当前和今后一个时期，民建各级组织要把学习贯彻胡锦涛总书记重要讲话精神作为重要的政治任务，努力按照“四个坚定不移”的要求，做好民建的各项工作。要不断坚持发展和完善中国共产党领导的多党合作和政治协商制度，积极认真地履行参政党职能，努力参与构建和谐的政党关系，坚定不移地走中国特色社会主义发展道路。要在不断推进政治交接中努力建设学习型参政党。要突出领导干部这个重点，针对换届以后领导集体和骨干队伍中新成员多的现状，着力提高理论水平、政治水平、领导水平和参政议政水平。要与发挥参政党职能作用有机结合起来，推进政治交接与服务大局工作互相促进、共同提高。

成思危强调，这次学习教育活动是新形势下加强民建自身建设的重要实践，民建各级组织要在加强领导，充分发挥自身积极性、主动性和创造性的同时，积极争取中共各级党委和统战部门的指导和帮助，通过坚持不懈的努力，力争有所收获、有所提高，不断推进适应新时期要求的参政党的建设。

李纪恒代表中共云南省委、云南省人民政府致词，对会议的成功召开表示祝贺，对各位代表的到来表示欢迎。会上，民建中央还向云南省宁洱地震灾区进行了捐赠。

民建中央副主席路明、刘珩、朱相远、陈昌智、程贻举、王少阶、马培华、陈明德、陈政立等出席会议。

二、参政议政

民建作为密切联系经济界的参政党，一年来，坚持以科学发展观为指导，充分发挥自身特色和优势，围绕国家经济社会生活中的重点、难点和热点问题，深入调查研究，积极献计出力。

（一）周密部署，精心组织，努力提高参政议政的质量和水平

2007 年，民建中央以“一个报告（经济形势报告）、两次征选（春季成果征选、秋季成果征选）、三个专题（会中央重点调研专题）、四个专项（社情民意、专门委员会、应急研究、参与国家法律法规的制定和修改）”为主线，积极做好参政议政的组织、联系、推动及成果转化等工作，参政议政工作取得新进展。

1. 在政协十届五次会议和政协常委会上积极建议献策

在 2006 年民建中央重点专题报告、社情民意以及秋季成果征选材料的基础上，经过认真分析和加工转化，向政协十届五次会议提交了 2 个发言、22 个民建中央提案和 6 个界别小组提案，其中，《整合用好财政支农专项资金》被全国政协提案委员会列为重点提案。经统计，民建中央及民建界别的全国政协委员在政协十届五次会议上提交的发言共计 46 件，占大会发言总数的 5.69%，占各民主党派和全国工商联发言总数的 12.30%。其中，民建中央提交大会发言两件。民建中央、民建界别小组及民建界别的委员为第一提案人的提案为 231 件，占大会立案提案总数的 5.91%。其中民建中央提案 22 件，占各民主党派中央、全国工商联提案总数的 10.38%。在全国政协十届十八次常委会上，民建中央提出《建设社会主义新农村需要积极推进环境友好型的农村生产生活方式》与《加强农村文化建设，构建农村和谐氛围》两份发言。

2. 依托专门委员会和地方组织，围绕 2007 年经济形势分析专题，开展调查研究，提出建议

民建中央经济委员会、财金委员会、民建上海市委经济社会发展研究中心和民建北京市委社科院支部，分别承担了研究任务，开展调查研究，最后由民建中央调研部负责成果转化工作。在多方合作的基础上，形成了《民建中央关于当前经济工作的几点建议》，提交三季度的中常委会议审议通过。在此基础上，形成了民建中央领导参加中央经济工作会议前党外人士座谈会的发言材料。

3. 组织、联系、推动三个重点调研专题

围绕民建中央确定的“农村环境污染现状及防治对策”、“大力发展县域经济，实现城乡协调发展”、“非公有制企业的税费负担状况及分析”三个重点调研专题，在三位牵头副主席的领导下，分别确定了工作计划、研究方案，组建了专家队伍，进行了集中、广泛、深入的调研和论证。同时，积极发动中央委员、各地方组织、会中央专委会参与到重点专题的研究工作中来，结合各自实际，分别调研，为专题提供资料和研究成果。在各方面力量共同努力的基础上，形成了《我国农村环境污染现状与防治对策》、《大力发展县域经济 实现城乡协调发展》、《非公有制企业税费负担状况及分析》三份调研报告，经中央委员会审议后，向中共中央、国务院以及相关部门提出意见和建议。

4. 反映社情民意信息工作

进一步做好社情民意的日常编辑、报

送，采稿的登记、统计、分析，以及定期通报、反馈等工作。4 月中旬，投入使用了社情民意网上报送系统，对加强中央与省级组织的沟通和联系、提高反映社情民意信息工作效率起了积极作用。加强对省级组织反映社情民意信息工作的指导。召开了省级组织调研处长会议暨举办第 4 期社情民意信息工作人员培训班，围绕会中央成果征选工作进行了研讨，并就如何做好反映社情民意信息工作进行了培训。

5. 做好成果征选工作

在总结去年成果征选工作经验的基础上，经全国调研处长会议研讨后，形成了《民建中央关于规范调研成果征选工作的意见》，进一步规范了成果征选工作。全年共收到各省级组织报送的 189 份材料。其中，春季成果征选共收到 11 个省级组织报送的 47 份材料，秋季成果征选共收到 15 个省级组织报送的 142 份材料。

6. 开展应急研究，为民建中央领导参加高层政治协商和政协专题协商会提供建议材料

1 月，成思危主席参加 2007 年两会政府工作报告高层协商会，就《政府工作报告（征求意见稿）》中环保问题、农田水利建设、新农村组织创新、食品药品安全、诚信建设等问题提出修改意见；2 月，张榕明第一副主席参加 2007 年新春座谈高层协商会，提出了开展国家环境安全宏观战略研究、整合用好财政支农专项资金、促进我国股市稳步健康发展、改善非公经济发展的环境、畅通民众的诉求渠道五条建议；7 月，张榕明第一副主席参加半年经济形势高层协商会，就经济增长方式、农产品价格、流动性过剩、外资并购、股市发展等问题提出了建议；11 月，成思危主席参加中央经济工作会议前党外人士座谈会，主要就缓解流动性过剩、稳定物价、减轻非公企业税费负担、发展县域经济等问题提出了建议。

2 月，成思危主席召开了关于“低收入群体住房保障问题”研讨会，根据会议提出的意见建议，会后形成了《关于进一步推动住房保障体系建设》意见稿，并呈送温家宝总理。温家宝总理批转建设部后，3 月，建设部部长汪光焘、副部长齐骥一行专门就“关于进一步推动我国廉租住房制度建设的建议”对民建中央进行了回访，共同研究落实批示事宜。此后，国务院颁布了《关于解决城市低收入家庭住房困难的若干意见》，涵盖了民建提出的四条建议。

积极在全国政协专题协商会议上建言献策。其中，根据民建广西区委、广东省委、海南省委以及文化委员会提供的材料，分别作了题为《民建中央关于加快北部湾经济区金融改革创新的建议》、《整合广西港口权，拓宽北部湾经济合作的海上门户》、《发挥海外华人社团作用，促进中华文化走向世界》等发言。

（二）发挥本会自身特点和优势，联络工作进一步加强

2007 年，民建继续贯彻“广交朋友、促进合作、扩大影响、稳步开拓”的工作方针和民建全国联络工作会议精神，以港澳台工作为重点，围绕“统一祖国、振兴中华”，开展多层次的工作。一年来，组织出境访问团五个，50 多位会员中的专家学者、大专院校校长和企业家参加，举办大型活动和接待来访团组十余次.. 共接待台港澳人士和海外朋友 190 多人次。

1. 对台工作向纵深发展

民建在多年来与台湾知识教育界、工商企业界有着固定联系渠道和方式的基础上，认真学习贯彻胡锦涛总书记关于做好

台湾中南部民众工作的重要指示，拓宽联络途径，以做台湾中南部民众工作为核心，推动工作不断向中南部延伸发展。组团访问台湾，出席了世新大学举办的“2007两岸金融发展学术研讨会”，与会专家围绕两岸金融衍生品的发展历史，就两岸金融衍生品的发展环境，金融改革与风险管理等课题展开了深入研讨，并对今后两岸在金融领域内的合作提出了意见和建议。围绕台湾中南部民众和青少年等工作的重点，积极拓展联系，接待了台湾嘉农农业发展基金会访问团、台湾嘉义大学棒球队访问团、台湾布袋港发展促进会访问团、台湾基层民众访问团，成员遍布台湾18个县市、绝大多数来自台湾中南部，大多数是第一次来大陆，主要为从事农业渔业有关人士、行业管理层。安排访问团拜访国台办、中央统战部、农业部、国家环保总局等机构，沟通情况，反映问题，切实帮助他们推动解决台湾养殖水产品免税输入大陆以及开放台湾进口大陆砂石配额等问题。为台湾嘉义大学以及中国农业大学达成学术合作意向牵线搭桥，促成了中国农业大学和嘉义大学签署两校合作框架协议。在接待过程中注意和中间人士甚至偏绿色彩人士的交流交往，介绍情况，宣传政策，提供服务。邀请民进党成员涂冬和参团访问，对成员中许多中间色彩人士突出亲情，突出交流沟通，突出服务，突出解决实际困难。让他们在交流沟通中体念两岸血浓于水的亲情，对大陆的政治、经济、文化以及民生有了深刻的了解，减少对大陆的排斥心态，收到了应有的效果。邀请以台湾南开技术学院为主体的访问团到京，共同举办“两岸老龄福祉研讨会”，两岸学者就两岸老龄事业现状与发展趋势、老龄辅助器具的需求与发展、老龄照顾服务业的特点、老龄社区需求与供给等问题进行了深入的交流探讨。

2. 港澳工作进一步推进

注重发挥民建联系经济界高层人士的优势，广泛接触香港教育界、工商经济界以及专业界人士，积极贯彻《基本法》，推动内地和香港在经济、法律、教育等领域和经贸领域的合作。研究进一步改变会友结构，引导更多高素质中青年会友参加民建活动，利用港澳朋友与台湾的联系，从侧面做反对台独，争取人心的工作。“两会”期间，成思危主席、张榕明常务副主席与出席两会的香港、澳门特区30名代表、委员开展联谊活动，听取情况反映和意见建议。4月，组成高校校长访问团随同成思危主席访港，受到热烈欢迎。成思危主席出席了由香港理工大学主办的2007年度紫荆花杯杰出企业家奖的颁奖典礼；为紫荆花杯杰出企业家奖得主和香港工商界杰出人士代表作“中国经济发展对香港企业的机遇”讲座；并为香港理工大学师生以及香港高等教育界人士作“中国经济发展及展望”学术报告，勉励在座的师生继承传统，增强爱国主义精神，刻苦学习，增强本领，报效祖国，服务香港。成思危主席在不同场合分别发表演说，宣传我国“港人治港，一国两制”的政策。积极贯彻《基本法》，推动内地和香港在经济、法律、教育等领域和经贸领域的合作。访问团拜访香港理工大学、香港城市大学和香港中文大学时，就如何根据各自学校的学科重点以及学术特长与香港高校开展合作进行了初步的交流。民建在港中央委员陈金烈、潘以和先生积极团结民建在港会员、会友积极支持特区政府，为维护特区的繁荣稳定作出了贡献。

3. 海外交流更具实效

围绕农村污染控制与防治的专题，3月28日到4月3日，路明副主席带领由农业部、国家环保总局、中国环境工程规划院、北京大学、河南农业大学等单位人员组成的专家考察团，对日本农村环境保护问题进行了考察。先后走访了日本农业环境技术研究所、日本国立环境研究所、日本环境省、日本农林水产省等部门，听取了日本在农村环境治理方面的经验，并就合理使用化肥农药、农村生活污水和垃圾的处理、畜牧粪便的循环利用等问题与日方进行了交流。此次访问对日本当地健全的农村环境管理的法律法规和严格的实施措施以及如何因地制宜推广污染防治技术，并将农村环境治理与建设现代农业有机结合起来等我国需要切实改善的问题有了感受和体验。期间，路明副主席还代表中国作物协会出席了日本作物学会年会，并就沙漠化防治问题作了专题演讲，受到与会者的强烈关注。访问归来后，向政府有关部门提交了报告，并为我会中央2007年度重点调研课题之一提供了充足的理论和实地考察的依据。围绕提高我国继续教育与职业教育水平问题，4月14日至25日，张皎秘书长率领以民建企业委员会职业教育小组会员为主要成员的“职业教育与继续教育澳大利亚、新西兰访问团”，考察了两国的职业教育和继续教育的情况，拜访了包括北墨尔本职业技术学院、霍尔姆斯格兰政府理工学院、澳大利亚学历资格框架办公室、新西兰奥克兰理工大学旅游与酒店管理学院等教育管理机构以及职业技术教育学院，与有关人员进行了交流座谈，获得了大量资料和信息。如澳新政府对职业教育发展规范、有效的监管体系；发掘多元化办学资源的思路；突出实用原则、强调实际操作能力训练的课程设置；与高等教育和初等教育“上挂下连”，突显职业教育优势等方面有切身的感受。归国后，访问团成员还走访了国内的相关职业教育院校，对照此访的调研结果，向有关部门提出了根据我国实际情况，发展职业教育首先要靠政府的大力扶持，还要有政府的统一规划、协调与监管；发展职业教育要有行业协会和企业的全面参与，不能只在体制外单循环，要打通职业教育与中学教育、职业教育与普通高等教育的通道，建立跨体制的职业教育学历资格体系等具体可行的建议。围绕促进我国物流产业发展问题，以陈明德副主席为团长、民建中央企业委员会物流组和信息技术组部分成员参加的物流与信息技术访问团，于7月15日—25日赴芬兰、挪威两国进行考察。拜访了两国有关政府机构和物流企业，了解了北欧国家的物流技术和信息技术等方面的管理经验和存在的问题，研究探讨了中国应该如何发展物流产业的问题。为建立物流标准化体系，加强物流新技术开发利用，推进物流信息化，以及加强物流基础设施整合，建设大型物流枢纽，发展区域性物流中心提供了大量可借鉴的经验。接待了来自泰国、荷兰、美国、瑞士等国的金融界、经济界的高端客人。对中国与发达国家在上述方面的异同、专业发展新动向以及如何同中国企业尤其是民建会员企业合作等方面充分交换了意见。

三、社会服务

开展社会服务工作，是参政党履行职能的重要实践。民建各级组织围绕中心，团结协作，开拓创新，真抓实干，社会服务工作得到进一步推进。

1. 以点带面，大力推动全会的扶贫工作

一是指导全会各级组织开展定点联系扶贫工作。为了将会中央扶贫工作意见落到实处，民建积极推动全会各级组织设立扶贫联系点，截止2007年底，全会共设立扶贫联系点115个。为进一步推动全会定点联系扶贫工作的深入开展，民建中央于9月在山东济南召开了民建全国社会服务处长会议暨扶贫联系点现场会。邀请了在定点扶贫方面工作成绩突出的民建山东省委及其部分市级组织，介绍了扶贫工作经验，组织全体与会代表考察了民建山东省委在济宁市泗水县的扶贫点和民建济宁市委引进的外资企业。为各地民建组织社会服务部门交流经验、展示了各地扶贫工作的独特做法和思路提供了机会，也为今后进一步做好扶贫工作打下良好基础。二是着力做好会中央两个帮扶点的扶贫工作。推动招商引资，积极帮扶当地经济发展。4月份，在陈明德副主席的率领下，部分民建会员企业家参加了“中国贵州百里杜鹃花节暨黔西经贸洽谈会”。洽谈会期间促成签署项目20个，合同金额19.92亿元；意向3个，金额8800万元。会后还协调联系会员企业家就制鞋、养殖等劳动力密集产业和职业培训、帮助转移农村剩余劳动力等方面的十余个项目与黔西县有关部门继续洽谈。支持重点项目，帮助增加当地农民收入。在调查研究的基础上，结合当地实际情况，民建中央出资扶持黔西县新仁乡化屋村148农户种植400亩鲜姜，总产量达到100万斤，平均为每户农民增收7500多元。帮助落实丰宁县潮河源村养羊、养鸭项目。请畜牧专家多次下村给村民做培训和指导，改善品种、采取公司加农户的方式进行推广。牵头企业和当地农民的积极性都很高。至2007年11月，全村已先后养鸭60000只，收益达10万元以上，人均收入提高100元以上。此项目得到了当地县委、县政府的高度重视，受到了广大农户的欢迎。三是协调资金帮助解决当地基础设施建设。基于黔西县基础设施落后的现状，民建积极协调新仁乡至化屋油路建设。2007年4月16日，在民建的协调帮助下，由贵州省交通厅及当地共同投资600多万元建设的新仁乡至化屋油路建设如期举行开工典礼。这条公路的建成，将极大地改善沿途四个村一万多苗族同胞的生产生活条件，为开发当地旅游资源、挖掘和展示当地民族文化、促进全县经济发展将起到积极的推动作用。四是开展捐资助学和师资培训工作。积极联系黄佩球先生和家人出资70余万元，在贵州省黔西县援建了四所希望小学和一所“爱心家园”教师宿舍，极大地改善了当地的办学条件，解决了1200多名孩子的入学困难。为推动贫困山区教育事业的发展，提高边远贫困地区初、高中教师的教育教学水平，7月份，邀请香港大学、香港城市大学、香港中文大学、香港理工大学等学校的9名专职英语、数学教师到黔西县免费对中学教师培训一周，共有200名教师参加了培训。五是为黔西县与发达地区建立合作关系牵线搭桥。为帮助地处边远地区的黔西县与发达地区省市建立合作关系，拉动当地经济建设发展，民建组织黔西县有关部门负责人到上海、浙江温州、江苏苏州等地，与上海光明集团等民建会员企业开展项目洽谈活动。黔西县政府与民建上海市委签订了全面战略经济合作协议，上海光明集团表示愿与黔西县顺意牧业公司合作，收购黔西牛肉和猪肉制品。通过洽谈共成功签约31个项目，总投资额达37.78亿元，为黔西招商引资工作有序开展打下了坚实基础。

2. 成立中华思源工程扶贫基金会，为扶贫工作开辟新平台

为建立“思源工程”活动的长效机制，会中央决定发起成立中华思源工程扶

贫基金会。民建积极动员和组织会员企业家为“思源工程”及基金会募捐，在各级组织和广大会员的热情支持下，在很短的时间内就募集到原始基金1310万元。经过积极筹备和多方协调，经过一年多的努力，2007年3月22日，基金会得到民政部正式批准。为扩大对基金会的宣传，让更多的爱心人士及会员企业家奉献爱心、扶危济困，组织发动会员企业家在7月4日召开的基金会成立大会上积极捐款，共收到各省会员捐款4256万元。成立大会现场还启动了10个计划项目，得到了会内外企业家的普遍响应，进一步推进了“思源工程”活动的开展。目前10个计划项目已全部开始实施，内容涉及劳动力培训转移、沼气池援建、助学、太阳能利用、植树、养殖、医疗培训、饮水工程等方面，取得了良好的效果。

3. 开通“民建会员企业交流平台”，为会员企业交流信息开辟网上交流渠道

根据联系会员企业家工作的需要，民建在会中央电子会务平台上建立了企业家信息库，并指导各省级组织录入员收集并录入本地会员企业家信息，截至07年底，各地共录入企业家信息近7000条。在企业家信息库的基础上，民建中央网站开通了“民建会员企业交流平台”，设置了“企业交流”、“政策法规”、“通知公告”等板块，为会员企业家提供了一个功能完备的学习政策、发布信息、发表见解、寻求交流与合作的网上交流平台，交付使用以来得到了广大会员的普遍好评。

4. 组织协调2007年西部民建十一省、区、市协作会议

本次会议是第一轮西部协作年会组织召开以来的最后一次。来自西部十一省区市的民建省级组织代表和上海、江苏、浙江、福建、广东等东部沿海五省市的民建组织代表共80余人参加了会议。西部协作年会创办以来，对于西部欠发达地区广泛交流经验，促进与东中部地区的有效合作，充分发挥民建作为参政党的组织优势，在推进西部大开发、构建和谐社会进程中发挥了应有的作用。

四、自身建设

民建作为中国共产党领导的多党合作总格局中的参政党，一年来，为把本会建设成为理论上清醒、政治上坚定、组织上巩固、制度上健全，充满活力的致力于建设中国特色社会主义事业的参政党，全会在内强素质、外树形象方面作了积极的努力，参政党自身建设的水平有了新的提高。

（一）深入学习中共十七大精神，切实推进政治交接学习教育活动，努力做好思想建设工作

1. 组织全会认真学习中共十七大精神

中共十七大召开以后，民建中央及时下发通知，要求全会把学习贯彻中共十七大精神作为当前和今后一个时期的重要政治任务，切实抓紧抓好。各级地方组织按照通知要求，通过举办报告会、座谈会、学习班、培训班等形式，开展学习活动，全会掀起学习贯彻中共十七大精神热潮。10月23日，民建中央召开“学习贯彻中共十七大精神座谈会”。

2. 组织全会开展政治交接学习教育活动

4月初，民建中央向省级组织下发了《关于开展政治交接学习教育活动的通知》，明确了政治交接学习教育活动的主要内容，提出了学习教育活动的工作重点，并对学习教育活动进行具体的安排部署。3月份开始，由路明副主席带队，先

后赴北京、湖南、浙江等地方组织调研，了解各地在推进政治交接、创建学习型组织等方面所取得的成绩、经验和存在的问题、困难。4 月份，马培华副主席带队，赴上海、江苏，对学习教育活动试点组织进行调研。注重加强与各级组织的联系，及时了解、掌握各地学习教育活动进展情况。编印“政治交接学习教育活动情况通报”共 21 期，通报学习教育活动进展情况，交流各地在学习活动中好的做法和经验。同时，《民讯》和民建网站都开辟了“政治交接学习教育活动”专栏，对于指导各级组织更好地开展学习教育活动起到了积极的促进作用。7 月初，召开了全国宣传思想工作会议，进一步研究部署开展以坚持走中国特色政治发展道路为主题的政治交接学习教育活动，推动学习教育活动更加扎实深入地开展。会议重点交流了各地政治交接学习教育活动第一阶段的情况，研究了以下几个阶段活动的措施，讨论了《民建中央关于深入开展政治交接学习教育活动的意见（稿）》，会后提交中常委会议审议通过。会议对于全会搞好政治交接，对于学习教育活动各个阶段的任务的切实落实，起到了积极的作用。

3. 努力做好章程修改工作

年初，按照九大筹备工作的总体部署，收集章程修改的基本资料，制定了章程修改工作方案，下发了《关于章程修改征询意见的通知》，经过广泛收集，共收到各省级组织关于章程修改的意见和建议 101 条。6、7 月间，两次召开座谈会，并在 9 月召开理论研讨会上，围绕章程修改当中的重大问题进行了研讨。先后召开了部分省级组织驻会副主委座谈会、老同志座谈会、在京老同志座谈会等章程修改座谈会。11 月份，在省级组织、中央委员范围内，组织了对《中国民主建国会章程（修改草案）》（征求意见稿）和《中国民主建国会章程（修改草案）的说明》（征求意见稿）的征求意见工作，收到意见和建议 151 条。在此期间，章程修改小组分别召开了五个不同类型的座谈会。九大召开期间，及时听取收集代表对章程（修改草案）的意见和建议，为修改好章程作了积极努力。

4. 推进建立会内监督机制

5 月上旬提出基本框架，结合省级组织换届小范围征求意见。6 月份起草了《民建中央关于加强会内监督工作的意见（稿）》，于八届十九次中常委会议期间印发常委会组成人员征求意见。经进一步修改，提交八届二十次中常委会议审议通过。

5. 组织全会开展理论研究并召开研讨会

组织全会围绕“七大以来会务工作的创新和发展”为重点课题，开展理论研究。9 月份，以“七大以来会务工作的创新和发展”为主题，组织召开了民建中央理论研讨会，各省级组织分管理论研究工作的负责同志、会中央理论研究委员会委员等 70 余人出席了会议。会议从推动政治交接的高度，总结了七大以来会务工作的基本经验，深入研讨了近十年会务工作创新和发展取得的重要成果，进一步深化了对坚持中国特色政治发展道路以及民建基本经验的认识。同时，会议还围绕章程修改当中的重大问题进行了研讨，提出了一些有价值的意见和建议。会议共收到研究论文 96 篇，经评审小组认真评审，评出优秀理论研究成果 36 篇，在全会进行了表彰，并编印了优秀论文汇编。

6. 编印学习资料

为了配合全会的学习工作以及培训工作的开展，编印了《孙起孟文稿选编》一、二、三卷和《民建中央中心学习组发言选编》等学习资料，共计80万字。

7. 做好会的新闻宣传工作

认真组织全委会、常委会，以及全国“两会”期间的宣传报道。初步统计，全年在《人民日报》、《光明日报》、《人民政协报》、人民网、新华网等主要新闻媒体上，有关民建报道达600多条。沟通地方组织与国家级新闻媒体的联系，年终进行了全国新闻宣传评比，促进地方组织做好新闻宣传工作。九大期间，在《人民政协报》、《团结报》上各策划刊发了一个专版。网站开辟九大专栏，《民讯》出九大专刊。联系记者对会中央重点调研、重要提案、重大活动进行报道。对建华企业家课堂活动、思源基金成立大会、老年福祉研讨会等，都进行了认真宣传策划，联系在京30多家不同类型的媒体进行充分报道，引起了良好反响。着力组织策划一些有深度、有影响的专题或系列报道。

8. 积极搞好网站工作

民建网站为了配合会内宣传工作，先后开辟了两会报道、政治交接主题教育、学习中共十七大精神和民建九大等专题。全年共刊发各类稿件6000余篇。

（二）发挥特色，组织建设取得显著成效

1. 切实做好换届工作

在协助地方换届方面，民建中央领导高度重视，在大力培养和建设后备干部队伍的基础上，与中共中央统战部、中共省委统战部和民建各省级组织反复沟通协商，确定领导班子人选。严格按照组织程序办事，按照参考范本，检查各省代表大会的有关文件，对代表大会和全体委员会会议文件把关，坚持按照会章和文件规定办事，并在实践中完善参考范本。地方换届开始后，严格按照组织程序办事，密切注意会议动态，防止非组织活动，保证了各省代表大会顺利召开。从总体上看，各省换届大会都开得很成功，达到了民主、团结、务实、奋进的要求，在认真总结经验、明确今后五年任务的基础上，选举产生了新一届领导集体，一大批同中国共产党亲密合作、德才兼备、年富力强、具有一定参政议政能力和组织领导能力的同志进入各省级组织领导岗位，进一步推进了新老交替和政治交接。在搞好中央换届工作方面，今年在两次中常委会议上分别对新一届中央领导集体人选进行了推荐和遴选，取得了圆满成功。

2. 召开民建基层组织建设经验交流（西片）会议，进一步巩固基层组织建设成果

在2006年召开基层组织建设经验交流（东片）会议的基础上，2007年3月下旬在成都召开了民建基层组织建设经验交流（西片）会议。西部地区15个省、自治区、直辖市的民建市级组织领导和基层组织负责同志及四川民建的同志约30余人参加了会议。代表们就贯彻落实会中央《关于进一步加强基层组织建设的意见》情况和基层组织建设取得的新经验，作了大会交流发言；围绕当前基层组织工作面临的问题进行座谈研讨，提出了意见和建议。

3. 继续推动和完善组织管理系统，进一步加强基础建设

结合日常工作，利用组织管理系统，分析会员发展情况。录入近4000名新会员的基本信息。汇总分析年度会员情况统计表，编发《组织概况》和《各省会员情况统计表》。

至2007年6月底，全会共有272个地市级组织，会员计109449人，平均年龄51.9岁。其中大专以上学历会员占72.3%，企业界会员占63.1%，新的社会

阶层人士占19.8%。

4. 进一步加强培训工作

协助中央社会主义学院做好第十七期、十八期民主党派干部进修班、培训班的组织协调工作。协助中央统战部做好第十二期民主党派学员培训班工作。分别举办省级组织新任主委培训班和省级组织专职副主委、秘书长培训班。

5. 认真做好组织调研、信访以及原工商业者会员的困难补助工作

推动民建中央主席、副主席继续赴各省进行市级组织调研。截至2007年11月，主席、副主席共调研了272个市级组织，全部完成了本届内市级组织调研任务。2007年共处理来信来访421件次。在春节时，继续对部分20世纪50年代入会、生活困难并有一定代表性的原工商业者会员进行补助慰问。根据2006年的补助情况，向各地下发通知，重新对人员名单进行核实。24个省级组织共有生活困难的原工商业者会员188人，共发放补助金62862元。

（三）强化管理，机关建设进一步加强

办公厅进一步强化管理，逐步完善办公厅工作流程，不断提高工作效率和工作质量。结合工作实际规范了机关行文拟写、审核、签发和归档的程序，完善了会中央印鉴使用制度，严格执行厅务会议制度，加强办公厅内部的沟通协调，保证工作运行机制更为顺畅有序。强化大局意识和服务意识，加强对机关人、财、物的管理。根据机关的实际需要，从国家机关、企事业单位调入局级干部两名；通过层层筛选录用了六名应届毕业生；组织开展了处级领导干部竞争上岗工作，任命三名同志担任处级领导职务；选派两名处级干部分赴青海、吉林挂职锻炼；七名科级干部赴基层锻炼。合理安排财务预算。积极筹措资金，加强资金调度，争取到基建专项经费750万元和招待费指标，及时补充了基建资金缺口，保证了机关办公楼和各项业务的顺利进行。有序组织机关搬迁、资产清查、房补发放和相关单位的审计工作，行政服务水平进一步提高。突出“以人为本”的理念，积极为老同志做好服务。明确分工，细化职责，全力以赴做好办文、办会和办事的服务工作。认真做好各种会议的筹备服务工作，除全国代表大会外，全年共筹备召开了六次主席会议、五次中常委会议；筹备召开了机关建设工作会议，协助筹办了全国宣传思想工作会议。进一步提高机关信息化建设水平。加强档案工作的收集与管理，筹办民建会史展览。民建中央机关服务中心注重提高服务意识，顺利完成了机关接楼改造工程和办公楼回迁工作；加强管理与监督，狠抓机关节能降耗工作；依据《劳动合同法》与服务中心全体人员签订劳动合同，积极推进事业单位岗位管理和薪级改革工作；努力做好其他后勤服务。

孟孝忠　民建中央宣传部部长
王永飞　民建中央宣传部副处长
何建新　民建中央宣传部干部

中国民主促进会

2007年，中国民主促进会中央委员会（以下简称民进中央）认真学习贯彻中共十六届五中、六中全会和中共十七大精神，学习贯彻中共中央两个“5号文件”和全国统战工作会议精神，在邓小平理论和“三个代表”重要思想的指导下，认真贯彻落实科学发展观，围绕国家发展和改革的中心工作，积极主动地履行参政党职能，全面加强自身建设，求真务实，开拓进取，取得了突出的成绩。现将民进中央主要会议和活动纪要如下。

一、重要会议及活动

2007年，为加强对全会工作的指导，民进举行全国代表大会一次、中央全会一次、常委会五次、主席会议四次、主席办公会议六次。根据工作需要举行了一系列专项工作会议和纪念座谈会，研究部署并推动各项工作的开展。

（一）主席会议

1. 十一届十四次主席会议

1月14日至15日，民进十一届十四次主席会议在广东省中山市召开。许嘉璐主席，张怀西常务副主席，陈难先、潘贵玉、王立平、严隽琪、王佐书、贺旻、罗富和副主席出席会议，赵光华秘书长、徐德骁副秘书长列席了会议。会议由许嘉璐主持。会议认真研究了《民进中央2007年中央换届工作的意见（草案）》，原则同意将修改后的《意见（草案）》提交民进十一届中央常务委员会第十四次会议审议；研究了民进中央在2007年全国政协十届五次会议上的大会发言、提案，初步确定了发言内容和发言人，审议了为全国政协十届五次会议准备的备选提案。会议还研究了2007年民进中央各专门委员会的调研课题（草案），并提出了调整意见。会议审议了民进十一届中央常务委员会第十四次会议方案（草案），审议通过了民进第十次全国代表大会筹备委员会成员名单（草案）及下设的人事工作组、会章修改组、文件起草组三个小组成员名单，同意将此名单（草案）提交民进十一届十四次中常会审议。

2. 十一届十五次主席会议

7月25日，民进十一届十五次主席会议在京召开。许嘉璐主席，张怀西常务副主席，冯骥才、潘贵玉、王立平、严隽琪、王佐书、贺旻副主席出席会议。赵光华秘书长、徐德骁副秘书长列席会议。会议由许嘉璐主持。会议审议通过了民进十一届十五次中常会会议议程（草案）、日程（草案）。听取了民进省级组织换届工作情况的汇报。审议了《民进中央关于第十二届中央委员、中央常务委员提名的意见（草案）》，并同意将此文件提交民进十一届十五次中常会审议。会议听取了民进开展以“坚持走中国特色社会主义政治发展道路”为主题的政治交接学习教育活动（以下简称政治交接学习教育活动）的情况汇报，《会章》修改情况和民进十大报告起草情况的说明，民进中央2007年重点调研考察的情况报告。会议审议通过了2007年举办省级组织换届退下来的主委赴江浙沪考察学习活动的方案。会上，许嘉璐主席通报了即将在民进十一届十五次中常会开幕式上的讲话要点。会议对民进中央领导分工进行了调整，张怀西任民进中央第一副主席，严隽琪任民进中央常务副主席。会议研究了民进中央机关干部任职的人事事项，同意提交民进十一届十五次中常会审议。会议还研究了其他事项。

3. 十一届十六次主席会议

11月30日，民进十一届十六次主席会议在京举行。许嘉璐主席主持会议。张怀西第一副主席，严隽琪常务副主席，陈难先、王立平、王佐书、贺旻、罗富和副主席出席会议。秘书长赵光华、副秘书长徐德骁列席会议。会议听取了2007年民进省级组织专项工作先进单位评比情况的说明，审议通过了先进单位名单和获表扬单位名单。会议审议通过了民进十一届十七次中常会议程，民进十大议程（草案）、日程，并同意将议程（草案）提交民进十一届十七次中常会审议。会议审议通过了民进十大主席团名单（草案）、秘书长名单（草案）、主席团常务主席名单（草案），并同意将三个名单（草案）提交民进十一届十七次中常会审议。会议审议通过了民进十大全体会议执行主席分工（草案），同意将分工（草案）提交民进十大主席团第一次会议审议。会议审议通过了民进十大代表资格审查委员会名单（草案）、会章修改审查委员会名单（草案）、文件起草委员会名单（草案），同意将三个名单（草案）提交民进十一届十七次中常会审议。会议审议了民进第十一届中央委员会报告（草案），同意将报告（草案）提交民进十一届十七次中常会审议。并建议许嘉璐为报告人。会议审议了中国民主促进会章程修正案（草案）及会章修改的报告（草案），同意将修正案（草案）及会章修改报告（草案）提交民进十一届十七次中常会审议。并建议王立平为报告人。会议还研究了其他事项。

4. 十二届一次主席会议

12月6日，民进十二届一次主席会议在京举行。严隽琪主席主持会议。会议审议通过了民进十二届一次中常会议程（草案）；确定罗富和为民进第十二届中央委员会常务副主席；审议了提请民进十二届一次中常会任命的中央秘书长名单，各专门委员会机构设置及主任名单（草案）；任命了各专门委员会副主任：诸平（女）、张志勇、胡卫、项贤明、郭培源、程方平为教育委员会副主任；邓丽丽（女）、冯小宁、杨立新、张颐武、赵士林、常保立为文化艺术委员会副主任；王晨（女）、张秀平（女）、张泽清（女）、陈申、陈红（女）为出版和传媒委员会副主任；王民、金红光、张珩、胡京华（女）、姚树坤、黄卫东、霍勇为科技医卫委员会副主任；马钧、王旭、王林、尹幼奇、安仰东、周宏萍（女）为经济委员会副主任；肖鸣政、吴庆宝、佟新（女）、吴尊友、徐定茂为社会和法制委员会副主任；刘霞（女）、刘爱玉（女）、吴英（女）、吴育宁（女）、陈慧来（女）为妇女儿童委员会副主任；邓莹、邓利娟（女）、刘红（女）、华生、余刚、佟伟、张孝林、张雅晶（女）为联络委员会副主任；报告了民进中央机关各部门负责人名单：赵会、吴新秋、王建国、高保华（女）、高友东、刘志奇、韩杰、王智萍（女）、闻连利、徐德安、陈鸣；通报了《民进中央2008年工作要点（草案）》。

（二）中央常务委员会会议

1. 十一届十四次中常会

3月9日，民进十一届十四次中常会在北京召开。会议结合学习贯彻中共十六届六中全会精神，研究如何学习贯彻2007年“两会”精神；传达民进十一届十四次主席会议精神，部署全会的换届工作和民进十大的筹备工作。许嘉璐主席主持会议，并就学习贯彻“两会”精神，做好2007年的工作作了重要讲话。张怀西常务副主席在会上对换届工作做出了具体安排和部署。会议审议通过了民进中央关于学习贯彻“两会”精神的通知。冯骥才、潘贵玉、王立平、严隽琪、王佐书、贺旻副主席等民进中央常委出席会议。民进中央机关各部门负责人以及部分省级组织的同志列席了会议。

2. 十一届十五次中常会

7月26日至27日，民进十一届十五次中常会在北京召开。会议认真学习了胡锦涛总书记在中共中央党校发表的重要讲话，通报了民进中央贯彻落实开展以“坚持走中国特色社会主义政治发展道路”为主题的学习教育活动情况和2007年民进省级组织换届工作情况。许嘉璐主席主持会议并讲话。张怀西第一副主席，严隽琪常务副主席，冯骥才、潘贵玉、王立平、王佐书、贺旻、罗富和副主席和民进中央常委出席会议。民进新当选省级组织主委、民进部分省级组织负责人和民进中央部门负责人列席会议。会议通报了民进十一届十五次主席会议关于调整民进中央领导分工的决定，报告了民进十大报告起草和会章修改的进展情况，听取了中央党校党建部主任王长江教授所作的关于学习胡锦涛总书记“6·25”讲话精神的辅导报告。

3. 十一届十六次中常会

10月25日，民进十一届十六次中常会（扩大）会议在北京召开。会议以“学习宣传贯彻中共十七大精神，为实现十七大所确定的奋斗目标和工作任务扎实工作”为主题，动员部署民进全会兴起学习宣传贯彻中共十七大精神的热潮。许嘉璐主席，张怀西第一副主席，严隽琪常务副主席，潘贵玉、王立平、王佐书、贺旻副主席，赵光华秘书长等民进中央常委出席会议。各省级组织主委，民进中央各专门委员会主任、民进中央部门负责人列席了会议。会议审议通过了《民进中央关于认真学习贯彻中国共产党第十七次全国代表大会精神的决定》。

4. 十一届十七次中常会

11月30日，民进十一届十七次中常会在京举行。许嘉璐主席，张怀西第一副主席，严隽琪常务副主席，陈难先、王立平、王佐书、贺旻、罗富和副主席，赵光华秘书长等31名常委出席会议。新当选的民进省级组织主委、民进中央副秘书长、机关部门负责人列席会议。会议听取了张怀西关于民进十大筹备工作情况汇报，审议通过了新一届中央委员会委员候选人建议名单；听取了严隽琪关于建议名单的说明；审议通过了中国民主促进会第十次全国代表大会议程（草案）；审议通过了中国民主促进会第十次全国代表大会主席团、秘书长、主席团常务主席名单（草案）；审议通过了中国民主促进会第十次全国代表大会代表资格审查委员会名单（草案）、会章修改审查委员会名单（草案)、文件起草委员会名单（草案）；听取了王佐书所作的第十一届中央委员会报告起草情况的汇报，通过了报告（草案），推定许嘉璐为民进十大报告的报告人；听取了王立平所作的《中国民主促进会章程》修改工作情况的汇报，推定王立平为章程修改报告的报告人。许嘉璐、张怀西作了讲话。

5. 十二届一次中常会

12 月 7 日，民进十二届一次中常会在京举行。严隽琪主席主持会议。会议听取了严隽琪关于民进十二届一次主席会议的情况报告；任命赵光华为民进中央秘书长；研究决定，民进中央共设教育委员会、文化艺术委员会、出版和传媒委员会、科技医卫委员会、经济委员会、社会和法制委员会、妇女儿童委员会、联络委员会等八个专门委员会。会议任命庞丽娟为教育委员会主任，胡军为文化艺术委员会主任，李春生为出版和传媒委员会主任，王毅为科技医卫委员会主任，蔡继明为经济委员会主任，吴文彦（女）为社会和法制委员会主任，邹泓（女）为妇女儿童委员会主任，梁勇为联络委员会主任。通报了民进中央机关各部门负责人和各专门委员会副主任名单。民进中央常委 38 人出席会议，民进中央各部门负责人列席会议。

（三）第十次全国代表大会

12 月 1 日至 7 日，中国民主促进会第十次全国代表大会在北京召开。这次大会的主要任务是：学习贯彻中共十七大精神；听取和审议民进第十一届中央委员会报告；审议通过《中国民主促进会章程修正案》；选举民进第十二届中央委员会。

1 日上午，民进第十次全国代表大会在北京人民大会堂开幕。中共中央政治局常委李克强代表中共中央致贺词。全国人大常委会副委员长、九三学社中央主席韩启德代表各民主党派中央和全国工商联致贺词。全国人大常委会副委员长、民进十大主席团常务主席许嘉璐受第十一届中央委员会的委托，作了题为《高举旗帜，团结奋进，为全面建设小康社会作出新的贡献》的报告。全国政协副主席、民进十大主席团常务主席张怀西在会上致开幕词。民进十大主席团常务主席严隽琪主持开幕式。民进十大主席团常务主席王立平作了关于《中国民主促进会章程修正案（草案)》的报告。中共中央政治局委员、全国政协副主席、中央统战部部长刘延东，全国人大常委会副委员长兼秘书长盛华仁，国务委员陈至立，全国政协副主席徐匡迪，国家民族事务委员会主任李德洙，科技部党组书记李学勇，中华民族文化促进会主席高占祥等有关部委、各民主党派中央、全国工商联和人民团体等有关负责人，民进十大主席团常务主席陈难先、潘贵玉、王佐书、贺旻、罗富和，民进中央名誉副主席楚庄，民进中央顾问王鸿祯、方明，民进中央秘书长赵光华，民进十大代表及列席人员 700 余人出席了开幕式。

1 日下午，民进十大召开第二次全体会议，学习中共十七大精神。中共中央委员、十七大精神中央宣讲团成员、中央统战部常务副部长朱维群为民进十大代表和列席人员作了题为《学习党的十七大精神的体会》的专题辅导报告。报告会由民进十大主席团常务主席陈难先主持。

2 日至 4 日，大会进行小组讨论。与会代表以饱满的政治热情和高度的责任心，结合对李克强代表中共中央所致的贺词和对中共十七大精神的学习，分别审议了许嘉璐主席代表民进第十一届中央委员会所作的报告、《中国民主促进会第十次全国代表大会决议（草案)》、《中国民主促进会章程修正案（草案）》以及《给光荣离任同志的致敬信（草案）》，酝酿了第十二届中央委员会委员候选人名单，讨论了选举办法（草案）和选举监票人名单（草案）。

5 日上午，民进十大举行第三次全体会议。民进十大主席团常务主席王佐书、贺旻主持会议。会议审议通过了《中国民主促进会章程修正案（草案）》、《中国民主促进会第十次全国代表大会关于〈中国民主促进会章程（修正案）〉的决议》、《中国民主促进会第十次全国代表大会选举第十二届中央委员会委员办法》和《中国民主促进会第十次全国代表大会选举第十二届中央委员会委员总监票人、监票人名单》。民进湖北省委会主委、湖北省教育厅副厅长周洪宇，民进湖南省委会主委、湖南省高级人民法院副院长谢勇，民进宁夏区委会主委、银川市人民政府副市长姚爱兴，民进上海市委会副主委、闵行区人民政府副区长张辰，民进河北省委会主委、石家庄市人民政府副市长王刚等五位代表进行了大会发言。

5 日下午，民进十大举行第四次全体会议，大会由民进十大主席团常务主席罗富和主持。在总监票人和监票人监督下，到会的 510 名代表以无记名投票方式，选举出由 197 名委员组成的第十二届中央委员会。

7 日上午，民进十大在京闭幕。大会顺利完成各项议程，宣读了民进十大给光荣离任同志的致敬信，审议通过了关于《中国民主促进会第十次全国代表大会决议》。

大会主席团常务主席许嘉璐在闭幕式上发表讲话。大会主席团常务主席严隽琪作了闭幕讲话。

（四）十二届一中全会

12 月 6 日，中国民主促进会第十二届中央委员会第一次全体会议在京召开。民进十大主席团常务主席严隽琪主持会议。185 名中央委员出席了会议。会议审议通过了《民进十二届一中全会议程（草案）》；听取了《关于民进第十二届中央委员会主席、副主席、常委候选人名单说明》；审议通过了《中国民主促进会十二届一中全会选举中央主席、副主席、常委办法（草案）》；审议通过了民进十二届一中全会分组召集人和分组名单；审议通过了《中国民主促进会十二届一中全会选举中央主席、副主席、常务委员总监票人和监票人名单（草案）》；选举了民进第十二届中央委员会主席、副主席、常务委员。在总监票人和监票人的监督下，出席会议的 182 名中央委员以无记名投票方式，选举产生了民进新一届领导机构。严隽琪当选为民进第十二届中央委员会主席，罗富和、冯骥才、潘贵玉、王佐书、贺旻、刘新成、蔡达峰、朱永新、张帆当选为民进十二届中央委员会副主席。

会议选举产生了由 45 人组成的中国民主促进会第十二届中央常务委员会。名单如下：

卫小春	王　刚	王　毅
王佐书	牛汝极	邓宗全
左定超	石爱中	史贻云
冯小宁	冯骥才	朱永新
朱维芳（女）	刘新成	汤建人
严隽琪（女）	李进权	李国璋
何志敏	张　帆	张　涛
张雨东	张俊芳（女）	陈自力
陈凌孚	陈景秋	罗富和
罗黎辉	周洪宇	庞丽娟（女）
郑福田	赵光华	胡　军
姚爱兴	贺　旻（女）	袁祖亮
栗　甲	黄　震	盛昌黎（女）
程幼东	谢　勇	蔡达峰

蔡继明　　潘贵玉(女)　薛　康

选举结束后，严隽琪主席作了重要讲话。

（五）中央专门工作会议

1. 民进中央会史工作领导小组会议

2月13日，民进中央会史工作领导小组会议在北京举行。民进中央主席、会史工作领导小组组长许嘉璐主持会议并讲话。张怀西常务副主席，王立平、严隽琪、王佐书副主席出席会议。会议研究了整编民进1997—2006年大事记的方案和王绍鏊故居再建设事宜；审议了《民进中央2007年会史工作年度计划》和《民进2002—2007年成就展方案》；研究部署了纪念赵朴初诞辰100周年事宜。会议决定在2007年举办民进会史讲座、开展会史重点课题的研究、推动地方组织开展会史研究和宣传工作。会议听取了会中央关于协助中央统战部筹建《民主党派历史陈列馆》和《全国政协文史馆筹备组征集各党派文物的通知》等相关情况的说明。

2. 参政议政工作年会（2007）

11月8日，民进参政议政工作年会（2007）在北京开幕，许嘉璐主席、张怀西第一副主席、严隽琪常务副主席、王佐书副主席、赵光华秘书长出席。民进各省级组织参政议政负责同志，民进中央各专门委员会主任、副主任，民进中央部门负责人共80余人参加会议。本次年会进一步学习、领会中共十七大精神，总结、交流民进全会加强参政议政能力建设取得的阶段性成果和经验，研究、探讨进一步健全和完善民进参政议政工作年会制度，同时，就2008年全国政协大会发言，党派提案的相关准备工作进行沟通、讨论。

张怀西主持开幕式，许嘉璐作《把握大局、与时俱进——全力推进民进参政议政能力建设》的主题报告。他指出，着眼于建设高素质参政党，牢牢把握政治交接主线，积极投身参政议政实践，是提高参政议政能力的思想认识前提；制度和机制建设是提高参政议政能力的主体内容和工作基础；人才是参政议政工作的第一资源，加强并改进专委会和特邀研究员工作，是我会提高参政议政能力的重要途径；更好地利用社会资源是我会提高参政议政能力的重要外部条件；把握大局、与时俱进是提高参政议政能力的恒久精神动力。许嘉璐说，在机遇大于挑战、实现民族振兴的关键时期，参政党完全可以大有作为；为解决新旧课题、新旧矛盾，克服各种眼前以及未来挑战而献计出力，则是参政党的时代任务。在实现全面建设小康社会，构建社会主义和谐社会道路上的各种艰难险阻，都将成为参政党在多党合作和政治协商格局下有所作为的契机；与中国共产党共同克服这些艰难险阻，是参政党无可旁贷的职责。为此，民进必须把握大局、与时俱进，运用新思路、新方法，坚持围绕中心、服务大局，始终不渝把发展作为参政议政的第一要务，持续加强参政议政能力的建设。

11月10日，民进参政议政工作年会（2007）进行大会交流和闭幕式。王立平副主席主持会议。由三个小组推举的六位代表作了发言。张怀西第一副主席作会议总结讲话。他说，本次年会富有实效，是一次总结经验、研讨成果、学习提高、建言献策、策划未来的会议。在总结民进全会参政议政阶段性成果的基础上，会议进一步明确了参政议政工作的基本思路，即必须统一思想，高度重视参政议政工作；必须加强学习，提高参政议政的理论水平；必须审时度势，把握参政议政的工作重心；必须努力创新，加强参政议政的制度建设。张怀西结合与会者提出的意见、建议，就进一步加强民进参政议政能力建设进行了阐述。他说，当前应当做好三项工作，形成两个机制。三项工作是专门委员会工作、议政调研工作、社情民意信息工作；两个机制是民进中央与地方、地方之间的工作联动机制；民进组织与政府部门、社会力量的合作机制。他表示，参政议政年会制度是民进参政议政工作制度化、规范化的一项重要举措。事实证明，每年一次的会议提高了民进全会参政议政工作的组织化、社会化程度，进一步扩展了参政议政视野，壮大了参政议政力量，促进了参政议政成果质量的提升，对于提高我会参政议政工作水平发挥了重要的作用。今后，要努力把年会办成交流经验、学习研讨、整合资源、成果转化、部署任务、培训干部的参政议政工作平台。

3. 民进中央各专门委员会主任（扩大）会议

1 月 31 日，民进中央专门委员会 2007 年第一次主任（扩大）会议在北京举行。会议由王佐书主持。王立平在会上作重要讲话。民进中央专门委员会主任、副主任、部分在京专委会委员以及民进中央各部门负责人 40 余人参加了会议。

4. 2007 年基础教育改革座谈会

1 月 20 日，民进中央教育委员会和中国教育协会高中教育专业委员会在京联合举办了“2007 年基础教育改革座谈会”。许嘉璐主席、张怀西常务副主席、严隽琪副主席，以及教育部有关领导出席了座谈会。会议由民进中央秘书长、中国教育学会高中教育专业委员会常务副理事长赵光华主持。严隽琪在会议开幕时就本次会议的目的、主题作了说明。

来自江苏、北京、甘肃、新疆、广西、天津、上海、广东、黑龙江、浙江、贵州、湖南和辽宁等 15 个省市的 26 位中学校长先后作了发言，大家围绕政府如何推进素质教育和当前高中教育改革问题进行了讨论，并就教育均衡发展、新课程改革、考试评价制度、创新人才培养和师资队伍建设等问题提出了建议。教育部陈小娅副部长在讲话中阐述了国家对于推进素质教育的目标和部署，并对中学如何推进素质教育提出了要求和建议。许嘉璐发表讲话，向出席座谈会的中学校长们表示热烈的欢迎，高度赞扬了基层中学及其校长对于推进素质教育和基础教育改革所作的贡献。

5. 民进在京文化界人士座谈会

2 月 12 日，民进中央召开民进在京文化界人士座谈会。许嘉璐主席、张怀西常务副主席、王立平、严隽琪副主席出席会议并讲话。民进在京文化界人士共 40 余人出席会议。许嘉璐在讲话中指出：文化是国家综合国力强大的重要标志，文化建设是一个国家建国强国的永恒主题。发展先进文化是时代的需要，是人民的需要，是中华崛起的需要。民进是以从事教育文化出版工作的高中级知识分子为主要成员的参政党，广大会员要看清时代特点，迎接挑战，抓住发展机遇，为中国文化体制改革、为中华和平崛起积极建言献策。与会文化界人士认为，目前中国正处于传统文化、近代文化和后工业文化多元并存的局面。在这种情况下应加强对经典中华文化的介绍和传播，媒体上充斥着绯闻、八卦和娱乐的现状亟须扭转。目前发展我国的文化事业和文化产业，要加强对知识产权的保护，制定合理的税收政策，吸引更多的社会投入。

6. 医卫界人士座谈会

2 月 27 日，民进中央举行医卫界人士座谈会。民进在京医疗卫生界会员以及新华社等新闻媒体记者共30余人出席会议。来自中日友好医院、北大医院、协和医院、阜外医院、天坛医院、肿瘤医院、厂桥医院、中华医学会以及卫生部疾病预防控制局的民进会员，结合自身的工作经历，围绕医疗体制改革、合理配置医疗资源，解决“看病难、看病贵”以及建立和谐医患关系等问题，反映情况，发表意见，提出建议。

7. 纪念赵朴初同志诞辰100周年座谈会

11月5日，纪念赵朴初同志诞辰100周年座谈会在北京人民大会堂举行。中共中央政治局常委、全国政协主席贾庆林，中共中央政治局委员、国务院副总理回良玉，中共中央政治局委员、全国政协副主席、中共中央统战部部长刘延东出席座谈会。民进中央主席许嘉璐、第一副主席张怀西、常务副主席严隽琪、副主席王立平等出席座谈会。刘延东主持座谈会。她高度赞扬赵朴初同志作为中国共产党志同道合的亲密朋友，是统一战线德高望重的优秀代表。许嘉璐在座谈会上讲话。他说，赵朴初同志是民进的创始人之一和领导人，在民进和中国共产党同呼吸共命运的60多年的征程中，在民进成长、发展、壮大的每一步中，都有他默默无闻的辛勤奉献。民进要把赵朴初同志手中传过来的接力棒紧握在手，高举中国特色社会主义伟大旗帜，朝着他一生追求的目标和境界继续前进。全国政协副主席王忠禹、中央统战部常务副部长朱维群、国家宗教局局长叶小文、中国佛教协会副会长兼秘书长学诚法师、中国伊斯兰教协会会长陈广元等先后发言。第十一世班禅额尔德尼·确吉杰布和有关方面负责人，赵朴初同志的亲属、生前友好和各宗教的代表等共200余人出席座谈会。

8. 参加贯彻落实全国统战工作会议精神交流会

8月21日至23日，许嘉璐主席，张怀西第一副主席，严隽琪常务副主席，陈难先、冯骥才、潘贵玉、王立平、王佐书、贺旻、罗富和副主席在京出席由中央统战部举办的贯彻落实全国统战工作会议精神交流会。这次交流会的主要任务是，深入学习胡锦涛同志中央党校重要讲话，继续推动全国统战工作会议精神的贯彻落实，进一步开创统战工作新局面，以优异的成绩迎接党的十七大胜利召开。许嘉璐主席在大会闭幕式上做了题为《对新时期、新阶段宗教关系的思考》的发言，严隽琪常务副主席在分组交流会上做了题为《提高参政党素质，不断增强统一战线的凝聚力》的发言。

二、参政议政

2007年，民进全会全面落实科学发展观，围绕中心任务，服务大局，发扬求真务实的精神，继续推进参政议政各项工作的开展，并取得了新成效。

（一）积极参与政治协商，认真履行参政议政和民主监督职能

1. 在全国政协常委会及专题协商会上的发言

2007年7月的政协常委会，民进中央提交了题为《整合文化管理机构，构建文化管理新格局》与《开展全民节约资源和保护环境教育，实施可持续发展战略》的党派发言。2007年10月的政协常委会，提交了《学习贯彻十七大精神，构建社会主义和谐社会的文化基础》的党派发言。

2007年，政协文化专题协商会上，民进提交了题为《整合文化管理机构，构建

文化管理新格局》的党派发言。

2. 在全国政协十届五次会议上的发言和提案

全国政协十届五次会议期间，民进中央、民进组和组内政协委员提交大会党派提案、民进组提案、委员个人以及联名提案共计217件，书面发言34份。这些提案和发言多着眼于构建社会主义和谐社会，重点关注“三农”、新农村建设、教育发展、文化安全与文化建设、转变政府职能、食品安全、保护环境和建设节约型社会等经济社会发展的热点和难点问题，反映民意，建言献策。

民进中央向大会提交了《促进中华文化崛起，全面提高综合国力》的书面发言，以及27件党派提案，分别是：《关于深化我国文化管理体制改革的建议》、《加强文化理论建设，推动中华文化发展》、《关于实施中华文化“走出去”战略的建议》、《建立长效机制，切实加强社会主义新农村文化建设》、《促进循环经济健康发展，避免“有循环无经济”》、《关于建立国家战略矿产资源储备的建议》、《强化应收账款监管，防止国有资产流失》、《规范企业海外开发行为，可持续利用国际资源》、《调整农村产业发展模式，推进社会主义新农村建设》、《关于建立健全农民专业合作组织的建议》、《关于推进我国农村信息化建设的建议》、《实施农田节水计划，实现北方农业生产可持续发展》、《加强农村教师队伍建设，促进义务教育均衡发展》、《完善制度环境，促进民办教育健康发展》、《促进民营企业参与版权贸易，推动我国出版业走向世界》、《关于支持图书批发零售业民营企业发展的建议》、《培育成熟的出版物批发市场是遏制盗版必由之路》、《成立国史馆，履行国家修史职责》、《加强村镇生活垃圾管理，促进新农村建设》、《加快制定我国化学品安全战略刻不容缓》、《关于促进我国禁毒与防治艾滋病工作可持续发展的政策建议》、《加快长江沿岸重化工产业布局调整和污水处理设施建设，保障长江流域水环境安全》、《建立民族地区生态建设的资源开发补偿机制》、《采取更加特殊的政策措施，尽快解决特困少数民族贫困问题》、《把边境地区纳入国家重点发展区域，采取特殊扶持政策》、《加强农产品质量安全体系建设，确保人民食品安全》、《关于加快发展林业生物质能源的建议》。

3. 继续推进参政议政各项工作开展，巩固老阵地，开拓新领域

“中国西部农村义务教育教师培训能力建设”项目是民进一次跨年度的、会内外广泛合作的重点调研课题，是民进长期关注西部开发、关注“三农”、关注教育均衡发展的一个重要组成部分。2006年9月，民进中央正式启动该项目，2007年，此项目共开展了五次调研，并分别在北京和内蒙古召开了两次研讨会。

除此之外，民进还召开了“中国教师发展论坛（2007）”及“长江流域水环境安全与保障研讨会”。在“老阵地”与“新领域”都取得了可喜的成绩。

中国教师发展论坛。11月，“中国教师发展论坛（2007）”在浙江省杭州市开幕。本次论坛由民进中央主办，由北京师范大学、政协杭州市委员会协办，由民进中央教育委员会、北京师范大学教师教育研究中心、浙江师范大学、杭州师范大学和民进杭州市委共同承办。论坛以“提高教师素质、推进教育公平”为宗旨，进一步学习贯彻中共中央总书记胡锦涛在全国优秀教师代表座谈会上重要讲话精神，总结我国教师教育发展工作中的经验，探讨存在的相关问题，提出政策性建议。许嘉

璐主席，张怀西第一副主席，严隽琪常务副主席，王立平、王佐书副主席出席论坛。论坛邀请到教育部师范司和教育发展研究中心、中央教科所、中国教育学会和北京大学、北京师范大学、北京理工大学、东北师范大学、华中师范大学、首都师范大学、浙江大学、浙江师范大学、杭州师范大学等30余位教育领域知名专家学者和高校领导与会。参加论坛的还有民进部分省级组织负责同志和优秀教师会员代表。教育部副部长陈小娅评价，民进作为一个与教育密切相关的参政党，举办这一论坛对提高教师素质和推进教育公平，具有十分重要的意义，将产生积极的成果和影响。

长江流域水环境安全与保障研讨会。2007年11月12日至14日，民进中央与长江水利委员会联合举办的“长江流域水环境安全与保障研讨会”在湖北省武汉市召开。民进中央主席许嘉璐在开幕式上作了重要讲话。他在讲话中站在环境文明建设、可持续发展、科学发展的角度重申了长江保护和发展的重要意义，阐述了对于保护长江水环境安全的宏观思路和思考。全国政协副主席、民进中央第一副主席张怀西主持开幕式并在会议结束时作了总结讲话，中共湖北省委书记、省长罗清泉出席会议开幕式，民进中央常务副主席严隽琪、民进中央副主席王佐书和民进上海、江苏、安徽、江西、湖北、湖南、重庆、四川、贵州省（市）委领导、参政议政部门领导、专家及长江水利委员会领导、有关方面专家等出席会议。民进江苏省委常委、南京大学环境科学研究所所长朱晓东教授在会上作了“长江流域江苏段水资源环境现状与安全保障对策”发言，提出要从健全法律、制度，加大执法力度，建立并强化统一的跨行政区域和跨部门的水系管理机构，推动产业结构优化升级等多方面入手，加大对长江水资源保护的力度。通过此次会议，推进了长江水利委员会与民进中央的合作。

4. 加强信息工作，积极反映社情民意

2007年，民进中央共收到来自地方和专委会的信息1800多份，向全国政协报送信息528份，内容涉及经济社会发展的各个方面。

（二）继续加强参政议政能力建设

为增强参政议政能力，更好地履行参政议政的职能，民进采用了多种方法加强参政议政能力建设。

1. 走访部委，交流经验

分别走访了国土资源部、教育部、农业部、国家环保总局、科技部、文化部、国家民族事务委员会等七个部门，交流经验，加强合作。

2. 创新机制，推进专委会工作

2007年，民进重点推动以专委会为主体进行重点课题调研。提出各专委会都要开展一项重点课题调研的目标和要求。一年中，七个专委会开展了调研活动。其中，科技医卫委员会的调研促成了长江研讨会的召开，联络委员会的调研成果受到统战部的重视，经济委员会的调研成果得到了国土资源部的高度评价。

在专委会的服务工作中，民进中央实行了专人负责制，每个专委会都有专人负责，通过提升服务质量提高了专委会的工作积极性和水平。

3. 加强与地方的合作，完善中央和地方的联动机制

2007年，民进有意识地加强了与各级组织、各工作机构的相互配合，更好的发挥了组织的整体功能，收效良好。各省级组织积极合作，形成联动，联合筹办了两

个区域性会议：即于2007年11月中旬由天津市委会倡议，京津冀鲁辽五省市召开的环渤海区域发展研讨会；以及于4月中旬在江苏召开的，由陈守义同志倡议，民进中央推动，苏浙沪三省市召开的长三角协调发展研讨会。

三、社会服务

2007年，民进继续以“发挥优势、突出重点、量力而行、尽力而为”为原则，紧紧围绕党和国家的中心工作，以邓小平理论和“三个代表”重要思想为指导，深入贯彻落实科学发展观，推进社会服务各项工作开展。在支边扶贫、促进民办教育发展和壮大民营经济等方面，取得了新成果。

（一）支边扶贫工作

2007年民进中央坚持以科学发展观为指导，全面推进支边扶贫工作，取得了较大成果。

扶贫工作中，民进始终注意把扶贫工作重点与当地实际情况结合起来，把人才培养和科技示范结合起来，把扶贫开发与生态环境保护结合起来，开展了形式多样的扶贫工作，采取了“定点扶贫”、“科技扶贫”和“开发式扶贫”的模式，努力增强贫困地区的“造血”功能。在支边扶贫的重点区域，创造了“二区一点一带”的新体系：二区就是贵州省的毕节地区和黔西南州地区两个重点联系地区；一点是民进中央机关定点扶贫联系县——河北省滦平县；一带是甘肃省河西走廊——星火产业带。

1. 继续打造民进在黔西南州的亮点工程

2007年是民进智力支边工作获得大丰收的一年。一是在贵州省黔西南州“星火计划、科技扶贫”试验区，依靠国家投资，当地各级政府不懈努力和民进中央积极协调服务，顺利完成了为期三年的30万亩金银花种植任务。二是启动了该项目后续发展工作——积极引导金银花项目向产业化方向发展：邀请专家深入实地指导金银花产品开发，联系有关企业家就金银花收购与深加工进行考察；完成了金银花入药典工作；推动当地建立安龙县金银花协会，联络企业家捐资为其建立协会网站，购买烘干设备，为花农服务；完成了由国内权威机构提供“黔西南州（黄褐毛忍冬）药材质量检测报告”和“贵州省黔西南州金银花种植及产业化发展战略研究报告”（两项报告已送交黔西南州政府），推动当地金银花质量评价及产业化战略前景分析课题立项，为深加工、延伸产业链及招商引资铺平道路；联系药企到黔西南州考察积极推动当地医药企业参与深度开发。目前，黔西南州金银花基地涉及全州八个县市，共覆盖4.26万户18.25万人。产业产值将达到1.2亿元以上，农户因此户均增收在2800元左右，体现了较好的生态效益、经济效益和社会效益，是有效治理石漠化改善生态促进农民增收的典型示范。该项目业已成为多党合作成功示范和民主党派智力支边，参与经济建设的品牌项目，得到了当地干部群众一致欢迎和有关部门的高度评价。三是在黔西南州其他领域的项目也取得了许多可喜的进展，例如手拉手走进西部活动在黔西南州普安县又结新硕果，民进在该县教育扶贫的几所乡村中小学教学质量显著提高，企业会员捐资100万兴建一所幼儿园的项目也于去年下半年在普安县启动。

2. 着力推进民进在毕节的教育文化帮扶等扶贫开发工作

毕节“开发扶贫、生态建设”试验区始终是民进支边扶贫重点，金沙县是民进中央在毕节地区的对口帮扶县。民进中央主动加强与国家林业局密切合作及毕节地区有关部门的沟通配合，使毕节林业生态建设方面获得了诸多项目、政策、资金的支持。

去年3月，王立平副主席赴金沙视察，指出民进在帮扶过程中要注重建设“和谐金沙”，为经济社会全面发展献策出力。一是启动了经果林基地建设，两次组织金沙县有关人员到山东烟台等地考察学习经济果林基地建设成功经验与做法，并争取了经费支持。目前经济果林基地项目已进入全面实施阶段，形成了公司+农户+基地的运作模式，初步规模达到500亩；二是发挥民进教育方面优势，通过组织北京优秀教师走进金沙讲学，发动上海等发达地区学校对口帮扶当地学校，为当地培训教师等工作，开展教育帮扶。

为积极配合做好试验区20周年总结纪念活动，民进中央在毕节地区金沙县举行了“民进毕节试验区20年智力支边工作座谈会”，总结了20年来试验区建设与民进智力支边工作的成功经验、重大意义，对于促进智力支边工作开展，推进试验区建设具有积极作用，产生了良好的效应。

3. 滦平定点扶贫工作取得新成绩

民进中央在2007年积极关注滦平县域经济发展，帮助滦平主动承接京津地区辐射与带动，融入京津经济圈。在民进积极倡议下，在国家扶贫办、河北省政府的关心支持下，已有数个北京农业产业化龙头企业将生产基地转移至滦平（如华都肉鸡项目由民进会员王大明担保1.5亿元），有力促进了滦平经济发展，辐射带动近2万农户。

遵照国务院扶贫办“整村推进扶贫到户”方针政策的要求，民进中央在滦平县的扶贫工作坚持把发展农业生产放在首位，着力使贫困人口直接受益。2007年，民进中央选择了付营子乡凡西营村和邢家沟门村作为整村推进工作试点村：制定乡村发展规划；先后捐款4万元资助两个村农民发展山地鸡养殖，当年养鸡当年见效，部分农户增收在5000元以上；围绕大棚蔬菜种植开展面向农民的科技培训，组织会员企业在试点村建立蔬菜种植基地；与农业、扶贫办等部门落实沼气建设、劳动力转移就业培训等项目，此外还帮助付营子乡政府创建了全县第一个乡级政府网站，组织专家对承德市新农村示范点——周台子村高新农业发展规划进行了论证。

4. 推动河西走廊星火产业带建设，创建星火西进新品牌

民进围绕党和国家的中心工作，积极参与西部大开发战略的实施，多领域多角度服务于“西部大开发”，开展了一系列“西进”活动，取得了成效。其中最突出的是由民进推动和建立的甘肃省河西走廊星火产业带所作的一系列活动。2007年民进在推动河西走廊星火产业带建设方面主要开展了以下工作：一是建立了服务星火产业带建设的长效机制；二是牵头组建了河西走廊星火产业带建设专家顾问组，并成功举办河西走廊生态农业产业化报告会与星火产业带发展论坛等活动；三是成功实施了有专家、台商、民进企业家构成的扶贫队伍，开展“民进百企甘肃行活动”，并取得了一系列成果；四是筹资举办了第一期30多名星火科技带头人培训班，产生了良好的效果。目前河西走廊星火产业带建设进展顺利，呈现出良好发展势头。

5. 发挥民进教育优势，打造西部教师培训工程

教育西进，“创办西部教师培训工程”

这是民进社会服务工作的一个新品牌新亮点。截至2007年底，民进北京、天津、上海、湖南、江苏、浙江、广东、山东、辽宁等九个地方组织先后成立西部教师培训站，担负长期培训西部教师任务。目前通过“请出来”方式已培训了来自西部的贵州、四川、宁夏、新疆、甘肃、云南、内蒙古等地的农村一线骨干教师384人。这些培训活动对西部地区教师素质与教育质量提高起到了一定推动作用。

（二）民营企业界会员工作

7月6日至10日，民进百企甘肃行暨河西走廊星火产业带发展论坛分别在兰州、武威、酒泉市举行。近百位民进民营企业界会员汇聚兰州，为甘肃的经济社会发展献计出力，投资兴业。此次活动旨在通过东西部企业结合，参与、支持河西走廊星火产业带建设，推进产业发展。中共甘肃省委书记、省人大常委会主任陆浩和王立平副主席亲切会见参与民进百企甘肃行的近百名企业家并座谈。

据不完全统计，民进百企甘肃行共签订了21个项目合同和协议，合同签约和意向协议金额达17.45亿元，签订协议的项目中有五个资金超亿元。兰洽会当天，由民进中央牵线，民进中央经济委员会副主任、中国农业大学食品科学与营养工程学院教授黄卫东一手规划促成的天水市御马万吨葡萄酒生产线和3000亩优质酿酒葡萄基地建设项目正式签订协议，该项目投资超亿元，预计在10年内建成8万—10万亩酿酒葡萄栽培基地，葡萄酒年生产能力达到8万吨。

21个项目中，台商企业与民勤县人民政府签订的甘肃省民勤县红沙岗风力发电场项目金额高达8亿元人民币。这个扶助性项目关注民勤地区经济社会发展，不仅能给当地带来一定的经济收益，也能缓解当地的能源压力，客观上将起到经济发展与环境保护协调一致的积极作用。

四、对台工作

民进中央积极贯彻中共中央“寄希望于台湾人民”的对台工作方针，利用民主党派的特殊身份，以文化、教育为纽带，以民主党派和教育家、艺术家的特殊身份，积极开展形式多样的联谊工作，促进祖国统一。

5月25日，由叶圣陶研究会、中国训诂学研究会、中国文字学会等主办的海峡两岸《康熙字典》学术研讨会在山西晋城阳城县皇城村召开。本次研讨会的主题是《康熙字典》及中华传统文化研究，与会学者提交论文60多篇。会议围绕《康熙字典》及陈廷敬学术思想研究、辞书编纂与文化传承等议题进行深入讨论。许嘉璐在讲话中对两岸学者以书会友，以典为桥，共同弘扬中华文化的举动表示肯定。许嘉璐在研讨会期间还分别会见了出席会议的美国和台湾地区学者。

6月8日，民进中央召开海峡两岸“关公文化”小型交流会议。中共中央台湾工作办公室，国务院台湾事务办公室，民进中央宣传部、研究室，以及民进山西省委、运城市关公文化研究会等有关方面的负责人出席会议。王佐书副主席主持会议并讲话。

6月19日至20日，第五届“海峡两岸中华传统文化与现代化研讨会”在重庆市举行。本届研讨会由叶圣陶研究会、中华民族文化促进会、中共重庆市委、重庆市人民政府共同主办。民进中央主席许嘉璐，副主席王立平、严隽琪出席研讨会。台湾新党主席郁慕明、香港瑞安集团董事局主席罗康瑞等来自中国内地、台湾和香港特区的200余名专家学者出席会议，通过主题演讲、大会交流、分组讨论、参观考察、座谈等形式，以中华传统文化与现代化为主题，结合重庆实际，就中华文化的多元一体、抗战文化及其现实意义和巴渝文化等议题展开了探讨。中华民族文化促进会主席高占祥主持开幕式。中共重庆市委书记、市人大常委会主任汪洋在开幕致辞中对与会嘉宾表示诚挚的欢迎。

8月11日至12日，由北京市第四中学主办，中国教育学会高中教育专业委员会和叶圣陶研究会协办的“海峡两岸基础教育论坛”在北京举行。论坛以“青少年教育——为了人类的美好未来”为主题，就“学风、教风与青少年品德人格培养”、“科学素质与人文素养培育”、“传统文化与青少年教育”和“校园文化建设与青少年健康成长”等专题展开研讨。来自海峡两岸200余所中学的校长和基础教育专家、学者参加了论坛。

10月23日，全国人大常委会副委员长、民进中央主席许嘉璐在人民大会堂接见台湾医护界人士赴京交流团并亲切座谈。本次交流团由来自台湾各级各类医院、诊所的医师、护理师，以及薪传杏林教育培训机构、贤德惜福文教基金会等团体的40位成员组成。

以上活动都对促进海峡两岸经济文化交流、增进相互了解产生了积极影响。参加会议的专家学者在进行文化交流的同时，进一步了解到我国改革开放所取得的巨大成就，增强了对“一个中国”的认同感，坚定了祖国统一的信心。

五、自身建设

2007年是民进的换届年，为顺利实现政治交接，民进从思想建设、组织建设、机关建设等多方面入手，努力加强自身建设。

（一）思想建设

1. 扎实推进全会的思想政治工作

2007年，民进中央先后组织了“中国特色社会主义的民主道路”、“如何认识民主社会主义”、“学习贯彻胡锦涛同志‘6·25’讲话精神”和“学习贯彻中共十七大精神”等专题学习，对我会广大会员正确认识民主社会主义的本质，把握胡锦涛同志“6·25”讲话的精神实质，更深刻地理解中共十七大的丰富内涵和重大意义，具有很强的指导性和启发性。

中共十七大闭幕后，民进中央及时下发了《关于学习贯彻中国共产党第十七次全国代表大会精神的决定》。11月21日，张怀西第一副主席在民进中央机关还作了学习中共十七大精神，搞好政治交接学习教育专题活动的专题报告。

2. 召开专题座谈会，讨论研究如何加强自身建设，建设高素质参政党

3月，严隽琪副主席在上海主持召开“加强自身建设，提高履职能力”座谈会。民进会内的有关专家、学者及民进上海市委机关各部门负责人参加了座谈会。与会专家、学者紧紧围绕座谈会的主题，从如何加强参政党自身建设，把握好方向、把握好全局，坚持中国特色社会主义政治发展道路，坚持科学发展观，努力构建社会主义和谐社会；如何巩固老阵地、开拓新领域，努力提高参政议政质量；如何做好民进组织发展工作等方面提出了许多好的意见和建议。

3. 开展以“坚持走中国特色政治发展道路”为主题的政治交接学习教育活动

民进全会的政治交接学习教育活动，

坚持科学理论的指导，力求用科学理论解开会员思想上的扣子。既有阶段性目标和成果，也注意把有效措施转化为长效机制，不同阶段的任务互有呼应，并切合实际不断与时俱进；把以党为师和自主自为相结合，认真学习借鉴中国共产党党建的成功经验，努力保持自身进步性，同时充分发挥民进的积极性、主动性和创造性，使参政党建设与执政党建设互相促进。

4 月，民进中央中心学习组举行“坚持走中国特色政治发展道路”专题报告会，会议邀请中国社会科学院哲学研究所所长李景源作报告。报告从近代以来中国政治民主化的历史特点、历史观的变革、民主政治实践探索及其启示和科学对待民主政治的历史遗产四个方面分析阐述了近代以来中国政治发展道路，为理解中国特色政治发展道路的形成提供了详细的历史脉络和背景知识。

7 月 19 日至 21 日，民进全国思想政治工作会议在北京召开。会议认真学习了胡锦涛总书记 6 月 25 日的重要讲话精神，分析当前民进思想政治工作面临的新形势、新任务，总结交流近年来各省级组织思想政治工作的经验和成果，着力推动以“坚持走中国特色政治发展道路”为主题的政治交接学习教育活动深入扎实地开展。许嘉璐主席，张怀西常务副主席，严隽琪、王佐书副主席出席会议。民进全国 29 个省区市委的负责同志和宣传干部，民进中央各部门负责人参加了会议。许嘉璐在开幕讲话中指出，胡锦涛总书记“6・25”重要讲话为民进全会开展政治交接学习教育活动提供了最新的理论成果和巨大动力。政治交接学习教育活动为加强和改进民进思想政治工作提供了重要契机。

9 月，王佐书副主席为民进中央全体干部职工作政治交接学习教育活动专题报告。这是民进中央开展以“坚持走中国特色社会主义政治发展道路”为主题的政治交接学习教育活动的一项重要内容，也是民进中央干部培训的重要内容。王佐书以其新作《论中国民主党派的政治交接》为主线展开报告，将从民主党派政治交接、建设高素质参政党、培养优秀的民主党派领导干部队伍等三个方面，分三次作报告。

12 月 7 日，民进政治交接学习教育活动工作会议在京举行。罗富和常务副主席，王佐书、刘新成、蔡达峰、朱永新副主席出席会议。各省级组织主委或专职副主委，民进中央各部门负责人，以及开展政治交接学习教育活动的民进六个试点单位的负责同志共 50 余人参加了会议。会议由王佐书主持，罗富和发表讲话。

（二）组织建设

2007 年民进各省级组织顺利换届，新的领导班子年龄结构更趋合理，界别有所拓展，知识层次、整体素质显著提高。以民主集中制为核心的各项领导制度不断完善，参政党各项工作机制逐步健全，机关文化建设得到加强。全会形成了以互联网为载体的宣传思想工作、组织工作、参政议政工作的新方式、新平台。

截至 2007 年底，民进中央及民进 29 个省级组织均顺利换届，选举产生了新一届领导班子。新一届领导均为全票或高票当选，民进换届工作取得圆满成功。

通过省级组织换届，90% 以上省级组织的委员、常委、领导班子的规模发生了变化，60% 的主委、54% 的副主委、46% 的秘书长、40% 的省委委员发生了变化。

（三）机关建设

机关建设是民主党派自身建设的关键环节，关系到党派基本职能的发挥和多党合作事业的发展。民进中央领导高度重视此项工作，民进各级组织的机关建设取得了较好的成绩，为广大会员提供了良好的服务，为民进成为高素质参政党起到了积极的作用。

2 月，民进中央机关第六届部门工作研讨会在北京召开。机关各部门负责人总结了 1997 年换届以来十年工作中的经验及其规律，对今后的工作进行了探索和前瞻性的思考。这次会议不仅仅是部门工作的研讨和总结，对推动民进全会的工作也具有重要意义。

7 月，民进全国机关建设工作会议在北京举行。会议以邓小平理论和“三个代表”重要思想为指导，全面贯彻落实科学发展观，认清形势，统一认识，坚定走中国特色社会主义政治发展道路，深化政治交接，总结交流全会机关建设工作经验，探索参政党自身建设的规律，努力推进高素质参政党机关建设，为民进的新发展、为民进机关建设取得更大的成就，提供坚实的保障。与会人员就机关建设所取得的成果、经验和体会作了大会交流和分组讨论，从实际工作出发，分析了机关的现状，找出了不足，明确了机关建设的方向，并对新形势下进一步做好民进各级组织机关建设提出了意见和建议。

机关干部是机关工作的主体，是保障机关高效运转的有生力量。为全面提高机关干部的综合素质，加强后备队伍建设，一年中，仅民进中央就组织了各种类型的全机关学习讲座十次。内容涵盖《公务员法》系列培训讲座、两会精神传达、十七大精神辅导报告、政治交接学习教育活动专题报告等多方面，重点突出了对政治理论、形势的学习和对机关干部综合素质的引导。同时，民进继续坚持干部挂职锻炼制度和轮岗交流制度。有三名干部被选派到基层挂职锻炼，有十名干部通过轮岗走上了新的工作岗位。不同的工作经历使他们拓宽了视野，增长了才干，得到较为全面的锻炼。民进中央机关还召开了挂职干部工作情况汇报会。分别在咸阳市和淮安市的盱眙县、洪泽县挂职锻炼的三位同志向机关全体工作人员作了汇报。三位同志向大家介绍了各自挂职所在地的基本概况和分管工作情况，畅谈了各自的收获和体会。张怀西常务副主席作了总结讲话。并表示今后机关还将继续选派各级干部到基层锻炼，以弥补不足，促进干部更快成长。

（四）组织及成员概况

截至 2007 年底，民进会员总数为 10.8 万人。全会中，女会员占 47.0%，离退休会员占 36.1%，中共交叉党员占 4.5%。民进现有省级组织 29 个，市县组织 313 个，基层组织 5548 个。从年龄结构上看，全会成员平均年龄 50.7 岁，其中 40 岁以下占 27.3%；41—50 岁占 26.8%；51—60 岁占 17.9%；61—70 岁占 17.5%；71 岁以上占 10.4%。从界别分布上看，教育界占 67.8%（其中，高教占 13.4%，普教占 54.4%）；文化艺术界占 6.0%；新闻出版界占 2.1%；科学技术界占 2.5%；医药卫生界占 5.9%；经济界占 7.1%（其中，公有制经济占 3.5%，新的社会阶层人士占 3.6%）；机关、团体和其他界别占 8.6%。会员中担任人大代表、政协委员和政府实职人员状况：全国人大代表 58 人，省市县级人大代表 1742 人；全国政协委员 78 人，省市县级政协委员 9729 人；担任县处级以上政府及司法机关实职 640 人。

梁红星　民进中央研究室二处副处长
沈轶筠　民进中央研究室干部

中国农工民主党

2007年，中国农工民主党（以下简称“农工党”）高举中国特色社会主义伟大旗帜，认真学习贯彻中国共产党第十七次全国代表大会精神，深入开展政治交接主题教育活动，召开农工党第十四次全国代表大会，顺利实现了各省级委员会和中央委员会的换届，积极履行参政议政、民主监督职能，为推动科学发展、促进社会和谐作出了应有的贡献。

一、重要会议及活动

（一）第十四次全国代表大会

农工党第十四次全国代表大会于12月11日在北京开幕。中共中央政治局常委、全国政协主席贾庆林会见全体与会代表，并代表中共中央致贺词。全国政协副主席、致公党中央主席罗豪才代表各民主党派中央和全国工商联致贺词。这次大会的主要内容是学习贯彻中共十七大精神，听取和审议蒋正华代表农工党第十三届中央委员会所作的工作报告，审议通过《中国农工民主党章程（修正案）》，选举产生农工党第十四届中央委员会。

蒋正华代表农工党第十三届中央委员会作工作报告。报告在回顾和总结了农工党五年来的主要工作和基本经验后提出，今后5年，农工党要认真学习贯彻中共十七大精神，坚定发展中国特色社会主义的共同理想；要深入开展中国特色社会主义主题学习教育活动，切实搞好政治交接；要深入贯彻落实科学发展观，紧密围绕中共十七大确定的战略部署和各项任务积极参政议政；要充分发挥人才和智力优势，不断创新社会服务的内容和形式；要始终坚持进步性和广泛性相统一的特点，全面建设适应新世纪新阶段多党合作事业要求的参政党；全党同志要更加紧密地团结在以胡锦涛同志为总书记的中共中央周围，为发展中国特色社会主义伟大事业而努力奋斗。路甬祥、华建敏、郝建秀、李蒙等出席开幕会。

12月15日，在圆满完成各项议程后，农工党十四大在北京胜利闭幕。新当选的农工党第十四届中央委员会主席桑国卫在闭幕会上发表讲话说，农工党要继承和发扬与中国共产党长期亲密合作的优良传统，坚持搞好政治交接，坚持走中国特色社会主义政治发展道路，始终做到自觉接受中国共产党领导的政治立场不变，与中国共产党亲密合作、同心同德的政治态度不变，致力于中国特色社会主义事业的团结奋斗精神不变。要坚持把发展作为参政议政的第一要务，以科学发展观统领参政议政工作，全面加强参政能力建设，充分发挥在医药卫生界联系广泛的优势，就推进医疗卫生事业改革发展、实施环境保护基本国策、加强生态文明建设等问题加强调研，建言献策。

会议通过了《向不再担任中央委员同志的致敬信》。致敬信说，老同志重事业兴衰、轻个人进退的高尚精神永远是全党同志学习的榜样。农工党新一届中央委员会将继承和发扬优良传统，切实担负起领导全党工作的重任，开拓创新，奋发有为，为实现十四大确定的各项任务而努力工作。会议号召，农工党全党同志要更加紧密地团结在以胡锦涛同志为总书记的中共中央周围，始终保持坚持走中国特色社会主义政治发展道路、实现中华民族伟大复兴的坚定信念，统一思想，凝聚力量，同心同德，奋发有为，为建设中国特色社会主义伟大事业而努力奋斗。

（二）十三届六中全会

农工党第十三届中央委员会第六次全体会议于12月10日在北京举行。蒋正华主席主持了会议。

会议决定，农工党第十四次全国代表大会将于12月11日至15日在北京举行。会议审议通过了《农工党十三届中央委员会报告（草案）》、《中国农工民主党章程（修正案）》（草案），决定提请农工党十四大审议。会议通过了农工党十四大议程（草案），十四大主席团名单（草案）、秘书长名单（草案）、代表资格审查委员会名单（草案），决定提请十四大预备会审议。会议推举蒋正华为第十三届中央委员会报告报告人。

会议强调，即将召开的农工党十四大，是在我国改革发展关键阶段召开的一次十分重要的会议，农工党全体与会代表要深入学习领会中共十七大精神，认真总结农工党五年来的工作成果和经验，统一思想，凝聚力量，把这次大会开成一次团结的大会、民主的大会、务实的大会、鼓劲的大会。

（三）十四届一中全会

12月15日上午，农工党第十四届中央委员会第一次全体会议在北京举行。会议选举产生中央委员会常务委员45名，选举桑国卫为农工党十四届中央委员会主席，陈宗兴、张大宁、王宁生、陈勋儒、汪纪戎、刘晓峰、陈述涛、何维、姚建年、杨震为农工党中央副主席。根据随后召开的农工党十四届中央委员会第一次主席会议分工，陈宗兴担任农工党中央常务副主席。

（四）中央常务委员会会议

农工党第十三届中央常务委员会第十四次会议于3月10日在京举行。会议审议通过了《中国农工民主党中央关于认真学习贯彻十届全国人大五次会议和全国政协十届五次会议精神的通知》。会议号召，农工党要坚持把发展作为参政议政的第一要务，深刻领会中共中央、国务院对国家医疗体制改革、发展医疗卫生事业作出的重大部署，发挥界别特点和人才优势，为推动国家医疗卫生事业的发展，促进中医药和民族医药事业的发展，提高人民健康水平，深入开展调查研究，积极提出意见建议。

7月8日至13日，农工党第十三届中央常务委员会第十五次会议于黑龙江省哈尔滨市召开。蒋正华主席出席会议并讲话，要求农工党各级组织和全党同志要认真学习、深刻领会胡锦涛同志在中共中央党校发表的重要讲话精神，结合省级委员会和中央换届工作，在全党开展以坚持走中国特色社会主义政治发展道路为主题的政治交接学习教育活动。

10月30日至31日，农工党第十三届中央常务委员会第十六次会议在北京举行。会议的主要内容是学习贯彻中国共产党第十七次全国代表大会精神，审议通过《中国农工民主党中央关于学习宣传贯彻中共十七大精神的决议》、《中国农工民主党中央关于2007年中央换届工作的决定》等。蒋正华主席主持会议并强调，要学习贯彻中共十七大精神，为农工党十四大的召开做好政治准备；要继承和发扬农工党的优良传统，巩固省级组织换届成果，为农工党十四大的召开做好思想准备；要充分发扬党内民主，坚持党管干部原则和民主集中制原则，为农工党十四大的召开做好组织准备。

12月15日下午，农工党第十四届中央常务委员会第一次会议在北京召开。桑国卫主席主持了会议。根据此前举行的农工党第十四届中央委员会第一次主席会议的提名，会议任命陈建国为农工党第十四届中央委员会秘书长。

（五）中央专门工作委员会2007年全体委员会议

5月20日，农工党第十三届中央专门工作委员会2007年全体委员会议在北京召开。陈宗兴副主席对本届专委会在发挥专家作用、体现界别特色、积极履行职责等方面取得的成绩给予了充分肯定，认为中央专委会发挥了“专家库”和“智囊团”的作用，已经成为了农工党参政议政的骨干力量。

蒋正华主席出席会议并发表讲话，为专委会下一步的工作指明了方向。他强调，要进一步发挥专委会专家库和智囊团的作用，加强学习、加强团结、加强责任意识、加强合作，中央要进一步加大对专委会的支持力度，增加新力量、开辟新渠道，注入新资源，发展新方法。

（六）蒋正华主席会见美国耶鲁大学师生代表团

5月17日上午，蒋正华主席在京会见了以校长理查德·莱文为团长的美国耶鲁大学百名师生代表团部分成员，与他们亲切座谈并合影留念。

蒋正华代表农工党对耶鲁大学师生代表来华访问表示热烈欢迎，并介绍了中国的政治制度和政党制度，以及农工党与中国共产党团结奋斗的光荣历史、组织建设和参政议政情况。蒋正华说，中国共产党领导的多党合作和政治协商制度是我国的一项基本政治制度，各民主党派充分发挥智力密集、人才荟萃的优势，围绕国家经济社会发展的重大问题，开展调查研究，提出意见建议，参与政治协商，受到中国共产党的高度重视，在国家政治生活中发挥了独特的作用。

在座谈中，蒋正华还与耶鲁大学师生们就我国的民主政治建设、医疗保障制度、妇女权益保障等内容进行了交流，座谈气氛轻松活泼。耶鲁大学访华团是应胡锦涛主席邀请来华访问的，由耶鲁大学优秀教师及青年学生代表组成。农工党中央副主席陈宗兴，共青团中央书记处书记、全国青联常务副主席尔肯江·吐拉洪参加了会见。

二、参政议政

一年来，农工党坚持把发展作为参政议政的第一要务，高度重视参政议政工作，紧密围绕全面建设小康社会的目标、“十一五”规划的制定、社会关注的民生问题等，深入开展调查研究，积极提出意见和建议。

（一）参与国是建言和高层政治协商

2007年，农工党中央领导人积极参加中共中央、国务院召开的党外人士座谈会、协商会等重大参政议政活动，就加强中国共产党领导的多党合作和政治协商制度、构建社会主义和谐社会、改革收入分配制度和规范收入分配秩序、国家经济工作，以及制定人大常委会监督法、物权法等关系国家全局的重大问题，积极提出了意见和建议。

1月5日，中共中央政治局常委、国务院总理温家宝在中南海主持召开党外人士座谈会，就做好新形势下金融工作，听取各民主党派中央、全国工商联领导人和无党派人士的意见和建议。蒋正华主席建议，要高度重视外汇储备问题，优化结构、合理运用、防范风险；进一步深化银行改革，加快培育能够适应和参与国际竞争的金融机构；加强金融监管，形成维护国家金融安全的保障机制；发挥金融在促进城乡统筹发展中的作用，支持社会主义新农村建设；正确认识股市运行情况，着力构建多层次资本市场体系。

2月1日，国务院总理温家宝在中南海主持召开座谈会，征求对即将提请十届全国人大五次会议审议的《政府工作报告》（征求意见稿）的意见。蒋正华主席出席座谈会并认为，《报告》思路清晰，语言平实，全面总结了2006年政府工作，充分反映了国家在各个领域取得的成绩，同时也实事求是地指出了前进道路上面临的困难和问题，对于在2007年如何进一步贯彻落实科学发展观，实现经济社会又好又快发展，进行了全面的部署，所提出的各项措施切合实际。他还提出了一些具体的修改建议。

2月14日，中共中央在北京中南海召开党外人士迎春座谈会，邀请各民主党派中央、全国工商联的领导人和无党派代表人士欢聚一堂，共议国是，喜迎新春。蒋正华主席在座谈会上发言认为，过去的一年里，伟大的祖国经济发展、民族团结、社会和谐、综合国力不断增强，人民生活水平进一步提高，展现出旺盛的发展活力和无限美好的前景。农工党的同志同全国人民一样，对中国共产党的领导充满信心和自豪，决心在中国共产党的领导下，加强学习，增强能力，为中国特色社会主义事业作出新的贡献，迎接中共十七大的胜利召开。他还就加强食品安全工作、加快北部湾的全方位开放开发、推进泛北部湾国家和地区的经济合作提出了相关建议。

7月25日，中共中央在中南海召开党外人士座谈会，就当前经济形势和经济工作听取各民主党派中央、全国工商联领导人和无党派人士的意见和建议。中共中央总书记胡锦涛主持座谈会并发表重要讲话。蒋正华主席出席座谈会并发言认为，当前国民经济总体运行良好，国际国内形势仍然有利于我国抓住机遇，加快发展；但要高度关注发展态势，加强分析，继续稳定、完善和落实宏观调控的各项政策措施，使经济保持又好又快发展。他围绕推动资本市场稳定发展、完善生态补偿机制、促进海洋经济又好又快发展、加快社会基础建设提出了具体建议。

7月27日，胡锦涛总书记在中南海召开党外人士座谈会，就中共十七大报告征求意见稿听取各民主党派中央、全国工商联领导人和无党派人士的意见和建议。蒋正华主席出席座谈会并在发言中说，十七大报告征求意见稿高举中国特色社会主义伟大旗帜，以邓小平理论和“三个代表”重要思想为指导，深入贯彻落实科学发展观，总结了十六大以来五年的工作，特别是从理论和实践的结合上总结了改革开放30年的伟大成就，根据新的实践成果回答了国家未来发展的重大理论和实践问题，对国家中长期发展的目标作了全面部署，指明了新阶段国家前进的方向，体现了全国各族人民的愿望和时代发展的要求，是一篇光辉的马克思主义文献。他还围绕报告内容提出了具体意见和建议。

10月30日，蒋正华主席出席各民主党派中央、全国工商联、无党派人士学习中共十七大精神座谈会时表示，学习宣传贯彻好中共十七大精神，是我们农工党当前和今后一个时期的首要政治任务。农工党将高举中国特色社会主义伟大旗帜，更加坚定不移地接受中国共产党的领导；要深入学习贯彻科学发展观，更加积极主动地为推动科学发展建言献策；要正确把握全面建设小康社会的新要求，更加扎实有效地为促进社会和谐多作贡献。

（二）深入实际开展考察调研

一年来，农工党中央主要领导先后到海南、吉林和安徽等地考察调研，形成了四份建议报中共中央、国务院，为国家改革发展稳定献计献策。

2007年6月，蒋正华主席、李蒙常务副主席率农工党中央考察团赴海南，深入海口、琼海、陵水、三亚、东方、洋浦等地的渔港码头、石油化工企业、农产品基地、科研机构等，围绕促进海洋经济又好又快发展进行考察调研，形成了《关于促进海洋经济又好又快发展的若干建议》，报送中共中央、国务院。11月，在农工党海南省委会进一步调研基础上，农工党中央组织有关方面经过充分论证，又形成《关于建设海南国际旅游岛综合实验区的建议》专报国务院。农工党中央在报告中指出，实现我国海洋经济又好又快发展已经具备良好的经济基础和社会环境，应当深入贯彻落实科学发展观，坚持统筹陆海经济协调发展，强化海洋意识，维护海洋权益，保护海洋生态，开发海洋资源，实施海洋综合管理，促进海洋经济又好又快发展。国务院副总理曾培炎就报告做出了重要批示。

8月3日至6日，蒋正华主席率团赴吉林省就图们江地区开放开发进行调研后，形成《以设立“长吉图开放带动先导区”为契机，加快图们江地区开放开发的建议》专报国务院；9月20日至24日，蒋正华主席、陈宗兴副主席率团赴安徽省就人口和计划生育工作进行了考察，形成《关于新时期人口和计划生育工作面临的挑战与对策建议》报中共中央、国务院。

（三）在人民政协各种会议上积极建言献策

农工党紧密围绕经济建设和社会发展中的重大问题，关注改革遇到的难点、政府工作的重点、群众关心的热点，通过人民政协的渠道积极建言献策。全国政协十届五次会议期间，以农工党中央名义就医疗保险、医疗卫生改革、区域经济、新农村建设等方面一共提交大会发言16件，提案28件，很多提案受到中共中央国务院和相关部委的重视，得到了较好的落实。

3月4日下午，中共中央总书记、国家主席、中央军委主席胡锦涛，中共中央政治局常委、全国政协主席贾庆林看望出席全国政协十届五次会议的农工、九三组委员并参加分组讨论，听取委员们的意见和建议。胡锦涛仔细听取委员们的发言后强调，要着眼于实现人人享有基本卫生保健服务的目标，加快发展农村医疗卫生事业，大力发展城市社区医疗卫生服务，深化医疗卫生体制改革，完善有利于人民群众及时就医、安全用药、合理负担的医疗卫生制度体系，不断提高医疗卫生服务的水平和质量，着力解决群众看病难、看病贵问题。胡锦涛强调，要在全社会广泛弘扬科学精神，加强科学知识的宣传教育，大力加强科普工作，使全社会真正形成讲科学、爱科学、学科学、用科学的良好风尚。蒋正华主席出席联组讨论，李蒙常务副主席主持了会议。

3月9日，汪纪戎副主席代表农工党中央在全国政协十届五次会议第二次全体会议上作了《加快北部湾开放开发，积极推进泛北部湾经济合作》的大会口头发言，就积极推进泛北部湾经济合作，加快北部湾的开放开发提出建议，引起了较大的社会反响。

此外，农工党中央在这次大会上提交的《关于把天然橡胶的安全供给提升为国家战略的建议》，得到了国家有关部委的重视，对促成国办发2007年10号文件《国务院办公厅关于促进我国天然橡胶产业发展的意见》出台发挥了积极作用。《关于加强对农村留守儿童教育工作的建议》引起政府部门高度重视。教育部作了详细答复，表示要进一步做好农村留守儿童的教育工作，并提出了七项具体对策。此提案被评为十届全国政协优秀提案，还被全国政协提案办公室与中国经济时报社联合举办的“十届政协提案专题系列报道活动”选为典型提案，由《中国经济时报》特别采编报道组专门进行了采访，并专版刊登。《关于加强住房公积金的缴存与管理的若干建议》被建设部作为重点办理提案，建设部将成立专门管理住房公积金的司。

在全国政协组织的专题协商会上，农工党中央就有关“十一五”期间我国卫生事业的发展问题、加强医药产业科技创新能力问题、推进西部大开发、推进北部湾区域经济合作与发展等问题作了专题发言，提出意见和建议。

（四）发挥智力优势，组织论坛活动

2007年5月，农工党中央和北京大学在北京共同主办召开了“中国农村卫生改革与发展论坛”。来自农工党部分省级组织和各省地县卫生厅局的100余人参加了本次论坛，从理论和政策两个层面探讨农村卫生事业的发展规律，摸索与我国基本国情相适应的农村卫生发展道路。陈宗兴副主席在开幕式致辞中指出，农村卫生事业是社会主义新农村建设的重要组成部分，也是事关广大农民群众身体健康、深受社会各界广泛关注的重大问题。农工党中央长期以来一直注意发挥特色，动员广大农工党员，深入调查研究，积极为促进卫生事业的健康发展建言献策，贡献力量。

2007年11月，农工党中央与全国政协教科文卫体委员会、全国工商联、国家中医药管理局共同主办了“首届中医药高峰论坛”。来自政府主管部门、中医药界和国内外学术界的近300名代表，围绕中医药的优势与中医医疗服务体系建设和人才培养、中医药振兴发展、体制改革和政策支持等问题进行了深入研讨。李蒙常务副主席、陈宗兴副主席出席了会议。会后，农工党中央组织专家进一步研讨提炼，形成《关于高度重视中医药的重大战略作用，建立有中国特色的医疗卫生保健体系建议》报中共中央、国务院，为进一步推动我国卫生事业的改革与发展作出了积极的努力。

三、社会服务

以专业知识和业务技能回报社会、服务群众，是农工党的共识。一年来，农工党各级组织和广大党员，以服务和谐社会建设、社会主义新农村建设为目标，依照“发挥自身优势，整合全党资源，联合社会力量，加强国际合作”的工作思路，运用专业技能，发挥智力优势，积极促进公共卫生事业发展，开展智力支边扶贫，为群众提供法律援助、健康咨询和科技服务等，取得了积极成果。

（一）开展智力支边扶贫

截至2007年，农工党已在全国建立科技扶贫示范基地37处，参加服务的专家898人，扶贫资金和扶贫物资折价共投入1200多万元，帮助协调和引进项目197个，帮助引进技术156项，举办培训班809期，培训人员约10万人次，组织劳务输出8340人，帮助引进各类资金约16亿2千万元。农工党北京市、天津市、广东等省、市委会积极筹资建设内蒙古“双百万”京（津）北绿色屏障工程之一的“农工世纪林（草）工程”，到目前已经完成种植面积近45000亩。积极参加国家民委在广西百色地区开展的扶贫工作，配合各民主党派黔西南“联合推动组”智力支边工作，都取得显著成效。

贵州省大方县是农工党中央的定点帮扶县，已基本解决了温饱问题。农工党中央依照中共中央关于扶贫工作的精神，坚持“脱贫不脱钩”，继续帮助贫困家庭增强发展能力，进一步巩固扶贫成果。近几年，先后引进和开展了养牛扶贫项目、中草药种植项目、旅游公路建设项目、石漠化治理项目、农业综合开发项目，以及修建小学、干部培训、贫困大学生资助项目，促进大方县经济社会的可持续发展。农工党沿海地区的组织和党员通过援建学校、资助失学儿童和在校贫困学生完成学业等方式，支援西部地区发展教育事业。

（二）为新农村建设办实事

一是定点帮扶乡镇卫生院。充分发挥农工党在医药卫生界的党员专家的作用，继续组织开展帮扶乡镇卫生院的工作。中央与地方组织合作，确定了近百家定点帮扶的乡镇卫生院，通过组织专家辅导、技术示范、乡镇卫生院长培训、农村卫生人才培训、捐赠药品和医疗用品等方式，支持乡镇卫生院提高管理水平和医疗技术水平，增强乡镇卫生院服务群众的能力。

二是建立“构建和谐社会联系服务点”和“新农村建设联系服务点”，充分利用自身医药卫生界人才众多的优势，积极开展医卫人员培训班、送医、送药和健康咨询服务活动。五年来，中央和各级组织积极举办各类卫生人才培训班，培训医卫人员13.2万多人次，举办义诊咨询9332次，参加义诊咨询活动的医卫人员6万多人次，受益群众达到180多万人；举办各类医疗健康讲座3420多次；捐赠资金和医疗物资折价约9000万元。全国已经建立了111个构建和谐社会联系点（处），开展咨询服务832次、心理健康讲座869次，受益人数10多万人。

三是通过农工党中央主办的中国初级卫生保健基金会，支持发展农村卫生事业。根据农村卫生事业的实际情况，面向农民免费开展上呼吸道疾病普查和妇科疾病普查，先后向黑龙江、陕西、山东、湖南等地捐赠项目资金3000多万元，以及价值9000多万元的疾病普查药具、药品、医疗用品以及安全饮水设备等，支持发展农村卫生事业。

（三）开展法律援助等社会服务活动

发挥法律界的党员专家的作用，组织开展服务贫困群众的法律援助工作，山东、浙江、山西等地的省级组织成立了10多家法律援助机构，为弱势群体提供无偿代理诉讼和法律咨询服务。通过农工党中央参与主办的“国际科学与和平周”，各级组织在100多个城市以多种方式开展科普、健康咨询和科技服务等活动，共办理法律援助案件2572件，法律咨询23124人次，举办法律讲座476次，受益人数约7.8万人，深受群众的欢迎。

（四）配合政府开展东西互助、结对帮扶

农工党东部沿海省市的各级组织积极为西部地区的经济社会发展引入资金、技术，为西部地区的生态建设、医疗卫生事业、教育事业的发展作贡献。农工党上海市委将党员捐助的近100万元，支持云南、广西、贵州、湖南等地建设希望小学；农工党广东省委在广西、贵州、云南、四川建立助学支教点，长年开展捐资助学工作，通过援建希望小学，组织助学支教点的教师赴粤学习交流；农工党天津市委会在甘肃和新疆、农工党福建省委会在宁夏、江苏省委会在内蒙等等，积极开展活动。

农工党中央积极开展捐资助学活动，在援建希望小学、救助贫困学生和帮助青少年学生心理健康等方面多做实事，产生了良好的社会效果。一年来，农工党在西部地区和贫困地区援助援建希望小学11所。截止2007年，农工党援建学校总数达到67所，捐资帮助修缮校舍238万余间，捐赠和协调捐赠资金（含物资折价）用于支教3629万余元。各级组织和党员还资助了2.7万多名贫困生和失学儿童，资助资金数千万元。

6月18日至21日，左焕琛副主席率领农工党上海市委会代表团到黑龙江省牡丹江市等地进行了考察。考察期间，农工党中央、上海市委会、黑龙江省委会、中国初级卫生保健基金会联合举行了医疗设备和药具捐赠仪式，向牡丹江市困难群体捐赠了价值694万元的医疗设备和药具、轮椅、电脑、电动代步车、医用面包车等诊疗设备。

四、自身建设

（一）思想建设

农工党坚持把加强思想建设作为自身建设的核心，切实搞好政治交接学习教育活动，结合国际国内形势的深刻变化以及自身的工作实际，继承和发扬自我教育的优良传统，深入开展对重大理论和政策的学习，坚持用正确的理论武装头脑，坚持正确的政治立场和政治方向，始终保持农工党政治联盟的进步性。

坚持把理论学习作为一项重要政治任务。学习是加强思想建设的重要途径。农工党中央和地方组织都建立了“理论学习中心组”制度，把理论学习摆到重要位置。通过组织理论学习座谈会、专题报告会，举办“学习中共中央两个“5号文件”，充分发挥民主党派在人民政协中的作用”和“多党合作与构建和谐社会”等专题研讨会，组织撰写理论学习文章等，深入学习邓小平理论和“三个代表”重要思想，学习中共中央两个“5号文件”和第20次全国统战工作会议精神等等，深刻领会以胡锦涛同志为总书记的中共中央治国理政的新思想、新理念以及重大理论和

方针政策，深刻领会贯彻科学发展观、构建社会主义和谐社会的重要性和紧迫性，深刻领会全面建设小康社会的指导思想、目标任务、工作原则和重大部署。通过学习，进一步提高了对中国共产党先进性的认识，提高了对社会主义本质属性以及现阶段国家经济社会发展的主要特征的认识，增强了走中国特色社会主义道路的坚定性和贯彻落实科学发展观的自觉性，进一步夯实了多党合作的思想政治基础，增强了搞好自身建设、提高参政议政能力、为多党合作事业和国家发展大局贡献智慧和力量的自觉性和坚定性。

开展政治交接学习教育活动。2007 年 3 月，农工党中央决定，以这次换届为契机，集中两年左右时间，在全党开展以坚持走中国特色社会主义政治发展道路为主题的政治交接学习教育活动，目的是巩固多党合作和政治协商的政治基础。学习教育活动分为动员摸底、学习教育、查找差距和不足、总结和制定措施四个阶段。9 月 15 日，农工党试点和重点联系单位政治交接学习教育活动工作座谈会在上海举行，陈宗兴副主席出席了座谈会并讲话，左焕琛、陈勋儒副主席以及农工党试点和重点联系单位省组织负责人参加了座谈会。陈宗兴副主席强调，要进一步提高对开展政治交接学习教育活动重要性的认识；要把学习贯彻胡锦涛总书记在中共中央党校的重要讲话精神和即将召开的中共十七大精神，作为学习教育活动的重要内容；要把参政党理论建设作为深化政治交接学习教育活动的重要手段；要充分发挥试点单位和重点联系单位的示范带头作用。

理论建设进一步开展。农工党中央和地方各级组织的领导身体力行，带头研究理论、运用理论，坚持把理论学习、理论研究与指导实践相结合。经过反复筛选考察，先后在四川省委会、湖北省委会建立了“参政党理论研究点”。中央宣传部制定《理论研究课题计划》，地方组织结合工作实际，确定重点课题，围绕加强参政党建设、发挥参政党作用等课题开展研究，取得了一批研究成果，并初步形成了专兼结合的理论研究骨干队伍。许多省级组织由主委挂帅成立课题研究小组，组织力量集体攻关。充分发挥《前进论坛》等党刊的作用，刊登高质量的理论研究文章，编印《理论研究参考》，交流研究成果，受到广大党员欢迎。中央宣传部表彰了理论研究先进组织和优秀论文，编印出版了优秀论文集，推动了理论建设的进一步开展。全国政协副主席、中共中央统战部部长刘延东作出重要批示，充分肯定了农工党中央近年来所取得的理论建设成果。

立足于发掘整理和记录农工党与中国共产党团结合作的光荣传统，加强了党史工作。农工党中央和地方组织共同努力，组织编写了《中国农工民主党烈士传》、《中国农工民主党一千人物传》、《新时期多党合作案例》，开展了“抗日战争时期的中国农工民主党”和“解放战争时期的中国农工民主党”史料收集整理工作，取得了一批新成果，成为全党开展优良传统教育的生动教材。通过总结农工党与中国共产党团结合作的发展历程，总结农工党为争取民族独立和人民解放，以及为社会主义建设事业作出的贡献，广大农工党员提高了对农工党优良传统的认识，深化了对中国共产党领导的多党合作和政治协商制度的必然性的认识。

（二）组织建设

领导班子建设取得新进展。农工党各省级委员会平稳顺利有序地完成了换届，一大批年富力强的新一代代表性人士走上领导岗位，领导班子的知识结构、年龄结构进一步优化，进一步健全了民主集中制的工作制度，领导班子民主评议和述职制度在实践中不断完善，重大事项依照“集体领导、民主集中、个别酝酿、会议决定”的民主程序，充分发扬民主，增强了凝聚力，提高了工作效率。

组织发展工作迈出新步伐。各级组织认真贯彻民主党派组织发展的三个纪要精神，坚持“三个为主”、注重质量、保持特色、组织发展与培养后备干部队伍相结合的原则，坚持不懈地做好发展党员工作，不断创新党员教育管理的方式方法，努力提高党员素质能力，2002 年至 2007 年，全国共发展党员 1.75 万名，绝大多数党员文化层次高、综合素质好、参政议政能力强，同时，为适应新形势下参政议政工作对多方面人才的需求，积极稳妥地发展了一批在经济、法律、金融、管理等经济社会发展前沿领域的代表性人士，党员队伍的质量进一步提高，结构进一步改善。为适应新时期农工党组织工作的新要求，按照《中国农工民主党组织发展工作规程》的要求，许多地方组织还制定了实施细则，全党的组织发展工作正朝着制度化、程序化、规范化的方向稳步推进。

后备干部队伍建设进一步加强。各级组织认真贯彻中央精神，以建立一支政治素质好、代表性强、结构合理、数量充足的后备干部队伍为目标，进一步规范后备干部的发现、选拔、培养、推荐程序，充实后备干部人才。中央和各级组织通过选送后备干部参加学习培训、挂职锻炼、参加大型社会调研等各种方式，努力为后备干部提供施展才华的舞台。推荐了一批政治立场坚定、参政议政能力较强的后备干部担任政府、司法部门领导职务或特约参政人员。有的省级组织还积极创造条件，支持符合条件的后备干部参加各级党政领导干部公开选拔和竞争上岗考试。中央组织部每年举办培训班加强对中青年党员的培训，推荐机关干部、省级组织领导班子成员和专职干部参加中共中央统战部和中央社会主义学院举办的进修班和培训班。经过多年的积累、培养和锻炼，一大批后备干部走上了政府、人大、政协、司法部门和所在单位、系统的领导岗位。在党务工作和参政议政工作两个舞台上发挥了重要作用。

基层组织建设呈现新局面。经过各省、市级组织的不懈努力，基层组织领导班子建设得到有力加强，一批富于开拓精神、有代表性的年轻同志担任主委或进入支委班子，积极开展内容丰富、形式多样、富有实效的活动，基层组织的活力、凝聚力不断增强。许多基层组织结合新形势下党员队伍的新情况，积极探索，大胆实践，党员管理工作取得新进展。针对改革开放以来，人才流动性增大的实际，一些地方把党员教育和管理工作有机地结合起来，使党员教育管理工作逐步由静态转向动态。为解决基层组织活动难的问题，许多地方组织结合本地实际，制定行之有效的基层组织工作制度，完善例会制度、情况通报制度、意见征询制度或年终汇报评比制度等。部分地方组织还建立了基层组织考核体系，将经费支持与年终考核挂钩。有的还积极开展多种形式的争先创优活动，增强基层组织的凝聚力。

截至 2007 年底，农工党党员总数为 104016 人，其中医药卫生界占 60.7%，文教界占 18.3%，科技界占 8.7%，其他界别占 11.6%。广大党员在各自工作岗位上认真履行职责，积极发挥作用。全党有 1180 余位成员担任各级人大代表，520 多位成员在政府及司法机关担任领导职务，

6480余位成员担任各级政协委员，370多位成员担任各级政协的领导人，一批党员应邀担任司法机关和政府部门的特约人员。他们在所在单位中共党委的领导下，依法履行职责，搞好合作共事，勤政尽职，为国家的改革发展和民主法制建设作出了积极贡献。

石光树　农工党中央宣传部副部长
王鑫帅　农工党中央宣传部干部

中国致公党

2007 年，中国致公党（以下简称“致公党”）积极履行参政党职能，高举中国特色社会主义伟大旗帜，以邓小平理论与“三个代表”重要思想为指导，深入贯彻落实科学发展观，进一步学习贯彻《中共中央关于进一步加强中国共产党领导的多党合作和政治协商制度建设的意见》和《中共中央关于加强人民政协工作的意见》文件精神，在加强致公党自身建设，提高参政议政、民主监督水平，在构建和谐社会和促进祖国和平统一方面作出了新的成绩。

一、重要会议及活动

2007 年，致公党中央领导机构根据党章规定，通过召开代表大会、中常会、中全会和专门工作会议来领导全党工作，同时还根据 2007 年的重大事件和纪念日召开了各种形式的座谈会和纪念会。

（一）第十三次全国代表大会

中国致公党第十三次全国代表大会于 12 月 17 至 21 日在北京召开。中共中央政治局常委、中央书记处书记习近平出席开幕会，并代表中共中央致贺词。国务院副总理吴仪、全国人大副委员长司马义·艾买提、全国政协副主席阿不来提·阿不都热西提等领导同志出席了开幕会。

民盟中央主席蒋树声代表各民主党派中央和全国工商联致贺词。全国人大华侨委员会主任陈光毅代表全国人大华侨委员会、国务院侨务办公室、全国政协港澳台侨委员会、中华全国归国华侨联合会致贺词。

致公党十二届中央主席罗豪才代表致公党十二届中央作工作报告。报告在回顾和总结致公党五年来的主要工作和基本经验后提出，致公党作为参政党，要团结全党同志及所联系群众，为夺取全面建设小康社会新胜利、开创中国特色社会主义事业新局面作出应有的贡献。

开幕会由致公党十二届中央常务副主席杜宜瑾主持。会议认真学习了中共十七大精神，审议并通过了致公党第十二届中央委员会报告和《中国致公党章程（修正案）》，选举产生了由 110 名中央委员组成的致公党第十三届中央委员会。致公党十三届一中全会选举万钢为第十三届中央委员会主席，王钦敏为第十三届中央委员会常务副主席，王珣章、程津培、杨邦杰、严以新、黄格胜、曹小红、李卓彬为第十三届中央委员会副主席。

大会高度评价了罗豪才同志代表第十二届中央委员会所作的报告。大会认为，中国致公党第十二届中央委员会率领全党继承传统、开拓创新、求真务实、与时俱进，政治方向更加坚定，发挥作用更为显著，自身建设更有成效，在发展中国特色社会主义事业和实现祖国完全统一的伟业中做出了应有的贡献。大会对十二届中央委员会的工作表示满意。

大会号召，全党要高举中国特色社会主义伟大旗帜，坚持以邓小平理论和“三个代表”重要思想为指导，深入贯彻落实科学发展观，更加紧密地团结在以胡锦涛同志为总书记的中共中央周围，广泛团结全体致公党员和所联系的群众，坚持致力为公，参政兴国，努力把致公党建设成为适应时代发展要求的参政党，为建设中国特色社会主义伟大事业而努力奋斗。

万钢主席在闭幕式上讲话，他说，中国致公党第十三次全国代表大会是一次团结的大会、民主的大会、务实的大会、鼓劲的大会，将成为致公党发展历史上一个新的起点。他表示，新一届中央委员会和领导班子将继承和发扬致公党老一辈领导人的优良传统，围绕中共十七大提出的经济建设、政治建设、文化建设、社会建设的任务和做出的部署，选择重大课题开展调查研究，积极建言献策；继续保持和充分发挥致公党的“侨”、“海”特色和优势，凝聚侨心，发挥侨力，共同为中华民族的伟大复兴和祖国的完全统一而努力。

大会闭幕式还宣读了《给不再担任中央领导职务的同志的致敬信》。闭幕式由致公党十三届中央常务副主席王钦敏主持。

（二）十二届六中全会

致公党十二届六中全会于 12 月 16 日在北京召开。罗豪才主席在会上讲话。会议决定，中国致公党第十三次全国代表大会于 12 月 17 日至 21 日在北京举行。会议讨论通过了致公党第十二届中央委员会报告（草案）、讨论通过了《中国致公党章程（修正案）》（讨论稿）、讨论通过了关于《中国致公党章程（修正案）》的说明（草案），决定提请致公党十三大审议；讨论通过了致公党十三大议程（草案）、日程（草案），决定提请致公党十三大预备会审议；推举罗豪才同志为第十二届中央委员会的报告人。

（三）中央常务委员会会议

2007 年，致公党十二届中央常务委员会根据党章规定和履行职能需要，共召开了四次会议。

3 月 9 日，致公党十二届第十七次中常会在北京召开。会议学习贯彻了 2007 年全国“两会”精神；通报了《致公党中央 2007 年工作要点》；讨论并通过了《致公党中央关于加强机关建设工作的意见（草案）》；讨论并通过了《致公党中央有关专门委员会主任、副主任调整名单（草案）》；讨论并通过了《中国致公党第十三次全国代表大会筹备委员会名单（草案）》；讨论并通过了《致公党中央关于学习贯彻“两会”精神的决议（草案）》。罗豪才主席在会上讲话。

7 月 3 日，致公党十二届第十八次中常会在北京召开。会议的主题是学习贯彻 2007 年民主党派工作座谈会精神，讨论研究开展政治交接学习教育活动的有关事宜。会议学习了胡锦涛同志 6 月 25 日在中央党校省级干部进修班上发表的重要讲话精神；听取了致公党中央政治交接学习教育活动情况的汇报；听取了致公党省级组织换届工作情况的汇报。罗豪才主席在会上讲话。

10 月 30 日，致公党十二届第十九次中常会在北京召开。会议的主题是学习贯彻中共十七大精神，研究召开致公党第十三次全国代表大会的有关事项。会议通过了《致公党中央关于学习贯彻中共十七大精神的决议》，听取了关于致公党十三大报告起草情况的汇报。罗豪才主席在会上讲话。

12 月 16 日，致公党十二届第二十次中常会在北京召开。会议审议通过了致公党十二届六中全会议程（草案）、中国致公党第十三次全国代表大会筹备工作报告（草案）、中国致公党第十三次全国代表大会代表名单（草案）和致公党十二届六中全会日程（草案）；讨论通过了在中国致公党第十三次全国代表大会上的报告（草案）、《中国致公党章程（修正案）》讨论稿、关于《中国致公党章程（修正案）》的说明（草案）、中国致公党第十三届中央委员候选人名单（草案）、中国致公党第十三次全国代表大会代表资格审查委员会名单（草案）、中国致公党第十三次全国代表大会代表资格审查委员会关于代表资格审查的报告（建议稿）、中国致公党第十三次全国代表大会主席团，秘书长名单（草案）、中国致公党第十三次全国代表大会副秘书长名单（草案）、中国致公党第十三次全国代表大会主席团常务委员会名单（草案）、中国致公党第十三次全国代表大会秘书处机构设置（草案）、中国致公党第十三次全国代表大会议程（草案）和中国致公党第十三次全国代表大会日程（草案）。

（四）专项会议

参政议政工作研讨会。11 月 1 日，致公党中央参政议政工作研讨会暨第二期参政议政干部培训班在山东济南举行。会议的主要内容是结合学习中共十七大精神，对致公党各级地方组织近年来开展参政议政工作的情况进行交流，提高致公党各级组织建言献策和反映社情民意信息的能力和水平，开创致公党参政议政工作的新局面。致公党中央副主席杨邦杰出席会议并讲话。

中国发展论坛·2007。11 月 24 日至 25 日，由致公党中央委员会、政协天津市委员会主办的“中国发展论坛·2007——滨海新区循环经济发展及资源节约型和环境友好型社会建设”在天津召开。罗豪才主席，杨邦杰副主席出席了会议。

罗豪才强调，中共十七大报告提出了生态文明的理念，生态文明既是科学发展观的核心要义，也是检验政府是否真正贯彻执行科学发展观的一个重要标尺。生态问题已经不是一个简单的保护环境的问题，而是一个重大的社会和政治问题，已经成为中国和谐社会建设进程中的关键因素。实践证明，发展循环经济是缓解资源约束的根本出路，是从根本上减轻环境污染的有效途径，是提高经济效益的重要举措，是实现我国经济社会可持续发展的必然选择。发展循环经济，从本质上说就是建设生态文明。只有坚持了科学发展，才能建设好生态文明。

论坛上，专家学者及部分外企代表百余人就发展循环经济的相关问题进行了研讨。

论坛通过了“‘中国发展论坛·2007’倡议书”。倡议书号召从经济发展、制度建设、文化环境、社会生活领域四个角度出发，深入贯彻落实科学发展观，大力发展循环经济，从点滴做起，为天津滨海新区乃至全国经济社会的又好又快发展，贡献智慧和力量。

（五）专门委员会工作会议

2007 年，致公党中央专门委员会召开了一系列工作会议，通过这些会议总结经验、指导和推动工作。

参政议政工作委员会工作会议。5月11日，致公党中央参政议政工作委员会工作会议在天津召开。会议通报了致公党中央2007年度的参政议政工作安排，研究了参政议政工作委员会2007年的工作，提出了新的工作思路。会议强调，参政议政是民主党派工作的重点，要充分发挥参政议政工作委员会的作用，积极调动委员会成员的主观能动性，围绕我国经济社会发展实际，进一步完善工作机制、加强工作协调和联系、突出工作重点、充分结合各位委员的专业，积极参与调查研究，撰写出高质量的调研报告。

各专门委员会工作会议。5月17日，致公党中央各专门委员会工作会议在北京召开。会议就进一步加强各专门委员会工作的问题进行了研讨。罗豪才主席，杜宜瑾常务副主席，吴明熹副主席，各专门委员会主任及在京副主任等出席会议。

经济委员会专家座谈会。6月21日，致公党中央经济委员会专家座谈会在北京召开。会议围绕我国上半年经济形势，就如何改善宏观经济环境展开讨论，并对下半年的经济发展提出了对策建议。11月13日，致公党中央经济委员会专家座谈会再次在北京召开。杨邦杰副主席出席会议。

法制建设研究会工作座谈会。6月26日，致公党中央法制建设研究会工作座谈会在北京召开。会议通报了致公党中央近期在推动法制建设方面所做的工作，并围绕法制建设研究会下半年的调研课题进行了研讨。

社会服务工作委员会会议。7月20日至22日，致公党中央社会服务工作委员会会议在重庆召开。会议的主要内容是总结五年来致公党社会服务工作的情况，明确下一阶段社会服务工作的思路和方向。吴明熹副主席出席会议并讲话。

海外联络工作委员会会议。8月15日至17日，致公党中央海外联谊工作委员会会议在山东威海召开。会议主题是学习胡锦涛总书记在中共中央党校发表的重要讲话精神，总结近年来致公党海外联谊工作情况及工作经验，讨论致公党十三大工作报告中海外联谊工作分报告和委员会报告部分内容，探讨今后一个时期内委员会的工作内容，确定今后开展海外联谊工作的目标和方向。吴明熹副主席出席会议并讲话。

留学人员联络工作委员会留学回国人员教育创业座谈会。11月19日，致公党中央留联会留学回国人员教育创业座谈会在北京召开。与会人员就中国民办教育发展的问题和前景进行了讨论。杜宜瑾常务副主席出席会议并讲话。

二、参政议政

2007年，致公党中央以发展作为参政议政第一要务，紧紧围绕改革、发展、稳定大局，围绕“十一五”规划的实施和构建社会主义和谐社会的要求，认真开展调查研究，积极建言献策，参政议政取得新的成绩。

（一）积极参与政治协商

2007年，围绕关系国家全局的重大问题，致公党中央主要领导同志多次参与高层协商，出席中共中央、国务院召开的民主协商会、谈心会、座谈会和情况通报会，参加重大外事活动，分别就上半年经济工作形势和我国的金融工作等重大问题参与协商，对《政府工作报告（征求意见稿）》、中共十七大等提出意见和建议，其中有不少意见和建议被采纳。

（二）通过人民政协认真履行职能

在全国政协十一届一次会议上，致公党中央共提交集体发言7件，其中以《吸引海外人才回国创业　共建人力资源强国》为题的口头发言1件（由万钢主席在全体大会上宣读），其他6件为书面发言；共提交致公党中央提案12件，致公组提案12件。致公党中央和政协致公组提交的提案全部通过了全国政协提案委员会的审查，并予立案。

会议期间，致公组政协委员个人共向大会提交发言8件，加之联组会上的发言6件，共计14件；提交社情民意3件；提交提案89件，内容涵盖金融政策、环境保护、基础设施建设、教育文化、医疗卫生、法律法规、留学人员等经济社会发展的多个方面。政协致公组委员人均提交提案近3件，超过本次大会委员人均提交提案的数量。

在2007年11月召开的政协第十届全国委员会优秀提案和先进承办单位表彰大会上，致公党中央有四件提案被评为全国政协优秀提案：《关于推进集体林权改革的提案》、《关于逐步缩小城乡教育差距的提案》、《关于保护与发掘民国文化遗产，打造民国历史文化遗产，促进祖国统一大业的提案》、《关于进一步加强禁毒工作的提案》。

（三）组织考察调研

2007年，致公党中央组织调研组和考察团先后就城乡统筹发展、新农村建设中的环境保护问题、橡胶资源与废旧轮胎回收利用问题、我国海岛保护与利用、加强文化建设以增强国家软实力等专题进行调研和考察。这些调研活动延续了致公党在环境保护与循环经济、区域文化、社会主义新农村建设等领域的研究，并开拓了新的领域，提出了具有鲜明特色的佳言良策，取得了良好的成效。

年初，致公党中央罗豪才主席、杜宜瑾常务副主席、杨邦杰副主席在对四川成都就统筹城乡社会经济协调发展的情况进行考察后，通过多种形式，在多个场合向中共中央、国务院提出建议，推动了重庆、成都统筹城乡综合配套改革试验区的设立。

4月份，致公党中央副主席杨邦杰率"社会主义新农村建设中的环境保护现状与对策"调研组，历时半月，先后在江西、浙江、安徽等地，实地调研了婺源、淳安、萧山、安吉、绩溪、巢湖等十几个市县、乡镇和村组，听取了各地相关部门特别是基层代表关于农村环境保护工作的情况汇报，并深入企业、农户家中，实地考察当地农村环境状况，了解目前社会主义新农村建设工作所取得的成绩和存在的问题。调研组几经斟酌、反复修改，最终形成了《关于在社会主义新农村建设中加强环境保护工作的建议》。建议报送中共中央、国务院后，得到有关领导的高度重视和肯定，温家宝总理亲自批示有关部门决策参考。

4月25日至29日，致公党中央罗豪才主席，杜宜瑾常务副主席、杨邦杰副主席率"橡胶资源与废旧轮胎回收利用问题"调研组，赴北京、江苏等地进行了调研。调研组深入工厂车间，与有关公司进行了座谈，了解我国废旧轮胎回收利用情况，包括旧轮胎翻新、生产再生橡胶、生产硫化橡胶粉以及热裂解等一系列橡胶资源循环利用的过程。根据这次调研的情况，最终形成了在全国政协常委会上的发言稿：《走循环经济之路，发展我国橡胶资源产业》。

5月21日至27日，致公党中央吴明

熹副主席、杨邦杰副主席率调研组奔赴广东、广西等地，就进一步推动海岛开发、保护和管理工作进行了实地调研，并最终形成建议稿并报送中共中央和国务院有关部门。

5月29日至6月8日，罗豪才主席、杜宜瑾常务副主席、杨邦杰副主席率致公党中央考察团，到广西就文化建设进行了专题考察。考察团一行先后赴南宁、河池、桂林、贺州、梧州、贵港等地，就民族文化的保护、山水文化的开发，文化产业的发展、侨乡文化的建设、对外文化交流等有关情况进行了实地考察，并与相关部门进行了座谈。考察团针对实际情况，提出要进一步整合研究力量，加强对文化的综合性研究；要建立比较完备的保护机制，加大对民族物质文化遗产和非物质文化遗产的保护；要增强创新意识，重视创新人才的培养，大力发展文化创意产业；要进一步挖掘丰富的人文资源，使文化产业更加形神兼备，充满活力；要推动侨乡文化建设，满足海外同胞的文化需求；要充分利用区位优势，加强对外文化交流，学习借鉴其他民族的优秀文化，为多元文化的发展作出贡献。根据这次考察的成果，在2007年全国政协的专题协商会上，致公党中央作了《加强文化建设，增强国家软实力》的发言，受到好评。9月，罗豪才主席与杨邦杰副主席还在湖北继续开展文化调研，考察“三国文化”的起源和发展，以促进两岸交流。

（四）反映社情民意

2007年，致公党中央加强了社情民意工作力量，完善了信息收集、反馈、激励机制，信息数量和质量有了较大提高，稿件采用排名不断前进，社情民意工作走上了良性发展的轨道。

（五）民主监督工作

据统计，截至2007年底，致公党党员中有697人被各级政府职能部门聘请为特邀监察员、特约检察员、教育督导员、特邀国土资源监察专员、特约审计员、税务特邀监察员以及各种行风纠察方面特约人员，他们中有238人参加了各种党风廉政建设专项检查、行风检查、执法检查和听证活动。致公党党员中的特邀监察员、特约检察员等各种行风纠察方面特约人员，在参政议政、民主监督的舞台中坚持原则，勇于面对现实问题，以理性的思考分析问题的客观原因，以改进作风、推动工作为出发点提出建设性的意见建议，得到聘请部门好评，不少同志还荣获优秀检察员、监督员等荣誉称号。

三、海外联谊和港澳台工作

致公党中央努力贯彻落实中共中央、国务院有关会议精神，积极发挥致公党特点与优势，在有关部门的支持和配合下，加强与海外侨胞和港澳台同胞的沟通与联系，开展与传统侨团、海外留学人员和未建交国家的民间往来等工作，在凝聚侨心、“反独促统”和促进我国对外友好交往等方面，发挥了独特的作用，取得了显著的成效。

2007年，致公党中央派团出访美国、加拿大、日本、韩国、挪威、瑞典、巴拿马、巴西、哥斯达黎加等国，并接待来自美国、荷兰、巴拉圭等国家和地区的侨胞来华参观访问。在对外交往中，致公党关心海外侨胞的生存和发展，鼓励他们融入住在国社会，遵守住在国法律，与当地人民友好相处，为住在国的经济发展和社会进步贡献力量；广泛宣传中国的改革开放和现代化建设事业所取得的成就，宣传中国共产党领导的多党合作和政治协商制度，宣传中国的和平外交政策、侨务政策和其他相关政策，鼓励海外侨胞为中国的社会主义现代化建设事业和祖国的和平统一大业以及世界的和平与发展作贡献。目前，致公党已与世界五大洲50多个国家和地区的华侨华人社团建立了友好关系。

1月至6月期间，致公党中央在北京、广东、福建三地开展了海外侨情调研活动，调研活动主要围绕当前侨务工作中遇到的新问题进行。邀请有关专家学者就新、老移民的生活、发展状况，非法移民的形成原因、不良影响及有效措施，侨胞如何在海外树立良好社会形象，海外留学人员的生活、学习、发展状况，以及如何帮助该群体等方面举办了三场座谈会。罗豪才主席出席了福建、广东两地的座谈会。

8月，应“全球华侨华人促进和平统一（布达佩斯2007）大会”组委会邀请，致公党中央派代表团出席了在布达佩斯召开的“全球华侨华人共建和谐世界，促进中国和平统一（布达佩斯2007）大会”，与来自30多个国家和地区的500多名代表共同围绕“构建和谐两岸关系、共建和谐世界、促进中国和平统一”的主题进行研讨。

9月30日，致公党中央在京举行国庆招待会，隆重庆祝中华人民共和国成立58周年。来自美国、意大利、荷兰、奥地利、挪威、巴西、墨西哥、巴拿马、新西兰等国和中国台湾地区的百余名来宾出席了招待会。全国政协副主席、致公党中央主席罗豪才，致公党中央常务副主席杜宜瑾，副主席吴明熹、程津培出席了国庆招待会。杜宜瑾常务副主席代表致公党中央向参加国庆招待会的各位来宾表示热烈欢迎，向海外侨胞和港澳台同胞致以亲切的问候和良好的祝愿，向为中国现代化建设和统一大业作出贡献的海内外朋友致以衷心的感谢和崇高的敬意。招待会由致公党中央副主席吴明熹主持。

11月，致公党中央在京举办了海外侨团秘书学习研讨班，共有来自9个国家、11个侨团组织的21名人士应邀参加。研讨班成员认真听取了关于中国当前发展状况、海外侨情和台海现状的介绍，并就关心的问题谈了自己的感想、体会和建议。他们还介绍了所在国侨情和侨社的发展情况，并围绕今后如何为维护国家统一和反“独”促统等方面进行了讨论。

致公党各级组织还积极参与五个涉侨机构的密切合作，信息共享，资源共用，发挥了应有的作用。

四、社会服务

2007年，致公党各级组织充分发挥广大致公党员的智力优势，调动广大致公党员的积极性、主动性和创造性，重点加强定点扶贫地区工作，积极探索服务社会的新形式、新方法，在巩固成绩的基础上，深化和创新社会服务工作，在捐资助学、扶贫帮困等方面取得了一定的成绩。

（一）酉阳县的社会服务工作

春节前夕，罗豪才主席、吴明熹副主席分别带队走进贵州省毕节和重庆市酉阳贫困地区，考察扶贫开发工作并慰问贫困群众。3月，致公党中央领导在机关会见酉阳、毕节来访的有关部门负责人，与他们共同研究贫困地区的经济社会发展，帮助他们解决困难和问题。

6月，致公党中央及重庆市委会在酉阳组织了“一对一”帮扶活动，动员致公党党员及机关干部在所捐建的希望小学中挑选学习优秀、家境贫困的小学生100名进行“一对一”帮扶，每人每年资助该生300元，每人资助3年。致公党中央副主席吴明熹前往看望了重庆致公希望小学。

致公党中央还联系香港李沃麟先生向酉阳县李溪镇卫生院捐资50万元，建设一幢800平方米的医技楼，这是继酉阳县丁市镇致公党卫生院建成后致公党中央捐建的第二所卫生院。10月，致公党中央副主席吴明熹到酉阳县板溪乡，出席了致公党援建酉阳职教基地奠基典礼，并代表致公党中央向酉阳职教实训基地捐款100万元。吴明熹副主席在酉期间还走访了这两所致公卫生院，询问医院的建设情况及后期配套中遇到的困难。致公党中央还向这两所卫生院各赠送了价值12万元的救护车一辆。

（二）毕节青场镇的社会服务工作

罗豪才主席在毕节考察时了解到，从毕节市至云南镇雄县横跨青场镇的43公里道路破烂不堪，严重阻碍该地区的经济发展和百姓出行。致公党中央立即向交通部公路司、规划司等部门通报情况并带领相关同志赴实地考察。3月底，由贵州省交通厅批复毕节市政府立项建设此段道路，投入资金1200余万元，使当地百姓盼望的大问题得以解决。

2007年，致公党中央积极开展智力支边扶贫工作，与北京新东方教育科技集团联合，在贵州毕节地区开展英语教师培训工作，以提高英语教学水平。近百名高中英语教师接受了良好的培训。

（三）其他

经致公党中央牵线搭桥，香港建通（集团）有限公司捐资100万元在云南潞西市风平镇建设遮晏和国希望小学。同时经中共潞西市委、市政府积极筹措配套资金，实施了遮晏小学的改扩建工程，新建了教学楼、教师宿舍楼等，并修缮了一幢综合楼，极大地改善了师生的学习生活条件。11月，致公党中央副主席吴明熹出席了学校竣工典礼。

五、自身建设

为了更好地履行参政议政、民主监督职能，致公党中央不断加强自身建设。在深入调研的基础上，致公党中央多次召开专门会议，专题研究致公党的思想建设、基层组织建设、领导班子建设、后备干部队伍建设、制度建设问题，将致公党的自身建设不断推向前进。

（一）思想建设

从中央到地方，致公党各级组织始终坚持把思想建设放在首位，通过加强学习，党员的思想政治素质进一步提高。全党先后开展了学习贯彻“两会”精神、中共中央总书记胡锦涛同志在中央党校省部级干部进修班发表的重要讲话、国务院新闻办发表的《中国的政党制度》白皮书、中国共产党第十七次全国代表大会会议精神以及各民主党派、全国工商联换届完成后，胡锦涛同志代表中共中央亲切接见各民主党派中央、全国工商联新老主要领导人发表的重要讲话等。

为更好地搞好2007年的换届工作，致公党中央高度重视各级领导班子在完成新老交替的基础上做好政治交接，决定今后一个时期，在致公党各级组织中开展以坚持走中国特色政治发展道路为主题的政治交接学习教育活动。致公党中央在全党下发了《关于在全党开展以“坚持走中国特色政治发展道路”为主题的政治交接学习教育活动的通知》，要求各级组织根据自身实际，集中利用一年半左右时间，分阶段开展政治交接学习教育活动。致公党中央根据有关要求，选取了省、市、基层组织等不同层次的试点单位，从五个试点组织逐步向全党铺开。致公党中央还结合自身情况，编辑学习材料和学习教育活动简报，同时在《中国致公》杂志和中国致公党网站上开辟专栏，刊发各省级组织开展学习教育活动的举措、成果和经验，为学习教育活动提供有效载体和园地。这一活动的开展，进一步提高了领导班子的理论水平、政治水平、领导水平和参政议政水平，有效提升了广大党员的思想认识，提高了广大党员的荣誉感、使命感和责任感，在全党形成了自觉坚持和维护中国共产党领导、积极履行参政党职能的良好氛围。

（二）组织建设

2007 年上半年，致公党各省级组织相继召开代表大会，进行换届。为确保省级组织换届顺利进行，致公党中央成立换届工作领导小组，中央领导参加各省级组织代表大会，对代表大会和换届工作给予指导。7 月初，致公党 19 个省、自治区、直辖市及中央直属组织的换届工作全部顺利完成。

由于各级组织在组织发展中认真贯彻坚持以“三个为主”、重政治素质、发展与巩固相结合的有计划地稳步发展的方针，致公党组织发展工作稳步向前推进，党员总数上升到 29584 人，党员队伍结构不断优化，其中中上层人士占 80%；有“侨”、“海”关系人士占 75%。全党现有 18 个省级组织和 1 个中央直属市级组织，1312 个基层组织。

4 月，万钢副主席被第十届全国人民代表大会常务委员会第二十七次会议任命为科技部部长，成为自改革开放以来首位担任部长的民主党派人士，在海内外产生了广泛的影响。

致公党中央与地方组织相配合，通过推荐、考察、协商、选拔，初步建立了致公党后备干部人才库，注意组织好后备干部和骨干成员的培训，有计划地选派干部和骨干参加中央社会主义学院举办的民主党派干部培训班和进修班，形成了一支政治素质好、代表性强、层次较高的中青年后备干部队伍。截至 2007 年底，致公党有 251 名成员在县级以上政府和司法机关担任领导职务；有 635 名成员任各级人大代表；2962 名成员任各级政协委员。

（三）机关建设

2007 年，致公党各级组织根据公务员法及其实施方案的要求，切实加强公务员队伍建设。各级机关深刻认识加强机关建设的重要性，切实加强机关的思想建设、组织建设、制度建设和作风建设，加强理论、政策和有关知识的学习，强化服务意识，提高干部的综合素质。各地方组织机关也在当地党委和统战部门的支持下，相应改善了办公条件。

为推动致公党中央机关建设工作更好地开展，4 月 16 日，致公党中央机关召开机关档案管理工作会议。5 月 15 日，致公党中央机关召开学习“行政机关公务员处分条例”专题会议。这些会议的召开，促进了致公党中央机关相关制度的进一步完善。

周　慧　致公党中央宣传部思想教育处处长
郭　琪　致公党中央宣传部干部

九三学社

2007年，九三学社坚持以邓小平理论和“三个代表”重要思想为指导，深入贯彻落实科学发展观，认真学习中共十七大精神，紧密围绕国家经济社会发展履行参政议政、民主监督职能，积极推进社会服务工作，努力加强自身建设，胜利完成了中央和省级组织的换届任务，各项工作取得了优异成绩。

一、重要会议及活动

（一）中央常务委员会会议

九三学社十一届十八次常委会于3月10日在京举行。会议认真学习了十届全国人大五次会议和全国政协十届五次会议精神；审议通过了《关于学习贯彻十届全国人大五次会议和全国政协十届五次会议精神的决议》。会议强调，九三学社各级组织和广大社员要认真学习“两会”文件，深刻领会“两会”精神，把学习贯彻“两会”精神与履行参政党职能、加强参政党建设有机结合起来，全面落实科学发展观，以政治交接为主线，以坚持走中国特色社会主义政治发展道路为核心，认真做好社中央和省级组织换届工作，进一步加强领导班子建设，以优异成绩迎接九三学社第九次全国代表大会的召开。

九三学社十一届十九次常委会于7月10日至12日在青海省西宁市召开。会议学习了胡锦涛同志6月25日在中央党校省部级干部进修班上的重要讲话精神，进一步部署了在九三学社开展以坚持走中国特色社会主义政治发展道路为主题的政治交接学习教育活动，总结了九三学社省级组织换届工作，审议并原则通过了《九三学社中央关于加强地方组织领导班子建设的意见》，研究了九三学社第十二届中央委员提名原则。九三学社中央主席韩启德在会议上指出，换届不仅仅是人事变动和班子调整，最根本的是在新老交替基础上实现政治交接。这是九三学社当前和今后一个时期自身建设的重要任务。

九三学社十一届二十次（扩大）常委会于11月3日至4日在京召开。会议学习了中共十七大精神并审议通过了《九三学社中央关于学习贯彻中共十七大精神的决议》，决定召开九三学社十一届六中全会，研究了九三学社十一届六中全会及第九次代表大会的筹备工作等相关事项。会议强调，九三学社要把学习中共十七大精神作为当前和今后一个时期首要的政治任务，切实把广大社员的思想和认识统一到中共十七大精神上来，把智慧和力量凝聚到实现中共十七大确定的宏伟目标和各项任务上来。

（二）十一届六中全会与第九次全国代表大会

九三学社十一届六中全会于12月5日至6日在京召开。全会原则通过了第十一届中央委员会报告并决定提交第九次全国代表大会；审议通过了《九三学社章程修正案（草案）》；通过了关于召开第九次全国代表大会的决定；表彰了2007年九三学社信息工作先进单位和先进个人。

九三学社第九次全国代表大会于12月8日至13日在京隆重召开。中共中央政治局常委、中央纪委书记贺国强会见全体与会代表并代表中共中央致贺词。贺词说，九三学社秉承爱国、民主、科学的优良传统，走过了60多年的光荣路程。五年来，九三学社坚持以邓小平理论和“三个代表”重要思想为指导，深入贯彻落实科学发展观，自觉遵循多党合作的政治准则，积极履行参政议政、民主监督职能，为推动中国特色社会主义事业发展、坚持和完善中国共产党领导的多党合作和政治协商制度作出了积极贡献。贺词希望九三学社成员认真学习贯彻中共十七大精神，万众一心，开拓奋进，共同开创中国特色社会主义事业新局面、谱写人民美好生活新篇章。全国人大常委会副委员长、民革中央主席何鲁丽代表各民主党派中央和全国工商联致贺词。全国人大常委会副委员长、九三学社第九次全国代表大会主席团常务主席韩启德致开幕词并代表九三学社第十一届中央委员会作《高举中国特色社会主义伟大旗帜　把我社建设成为适应新时期要求的参政党》的报告。报告回顾了九三学社五年来的工作，总结了经验和体会，提出了今后工作任务的方向和着力点。报告指出，九三学社要深入学习中共十七大精神，高举中国特色社会主义伟大旗帜，坚持走中国特色社会主义政治发展道路，继承和发扬九三学社优良传统，搞好政治交接学习教育活动。要以科学发展观为指导，进一步提高履行职能水平，以更加昂扬的姿态，开拓进取、励精图治，积极投身于全面建设小康社会的宏伟事业，为全面推进中国特色社会主义事业的发展作出更大的贡献。

会议学习了中共十七大精神；通过了《九三学社第九次全国代表大会关于第十一届中央委员会报告的决议》和《九三学社第九次全国代表大会关于九三学社章程修正案的决议》；选举产生了由丁玉龙等225人组成的九三学社第十二届中央委员会。在大会期间召开的九三学社十二届一中全会上，选举产生了新一届领导班子，韩启德当选九三学社中央主席，陈抗甫、冯培恩、贺铿、王志珍、邵鸿、谢小军、张桃林、赖明、马大龙当选为九三学社中央副主席。会议还选举产生了由马大龙等44名委员组成的九三学社第十二届中央常务委员会。在九三学社中央十二届一次常委会上，徐国权被任命为秘书长。

（三）协商会和座谈会

1月5日，九三学社中央主席韩启德，常务副主席陈抗甫在中南海出席由国务院总理温家宝主持召开的党外人士座谈会。温家宝就做好新形势下金融工作听取了各民主党派中央、全国工商联领导人和无党派人士的意见和建议。温家宝强调，在新形势下，金融工作任务相当艰巨。他希望党外人士一如既往地关心和支持金融工作，发挥自身优势，积极建言献策，共同把金融改革发展推向前进。韩启德代表九三学社中央就金融工作作了发言。

2月1日，九三学社中央主席韩启德，常务副主席陈抗甫在中南海出席由国务院总理温家宝主持召开的党外人士座谈会。温家宝在会上听取了各民主党派中央、全国工商联领导人和无党派人士对《政府工作报告（征求意见稿）》的意见和建议。温家宝强调，贯彻落实好中国共产党领导下的多党合作和政治协商制度，就要把各民主党派、工商联和无党派人士参政议政制度化。韩启德代表九三学社中央就《政府工作报告（征求意见稿）》作了发言。

2 月 14 日，九三学社中央主席韩启德在中南海出席由中共中央召开的党外人士迎春座谈会。中共中央总书记、国家主席、中央军委主席胡锦涛代表中共中央、国务院，向各民主党派中央、全国工商联的领导同志和无党派人士，向统一战线广大成员，致以新春的祝福。韩启德代表九三学社中央作了发言。

7 月 25 日，九三学社中央主席韩启德，常务副主席陈抗甫在中南海出席由中共中央总书记胡锦涛主持召开的党外人士座谈会。胡锦涛就当前经济形势和经济工作听取了各民主党派中央、全国工商联领导人和无党派人士的意见和建议。他强调，必须按照科学发展观的要求，深入分析和全面把握我国经济发展的新形势新特点，正确判断宏观经济面临的新情况新问题，不断提高驾驭经济发展的能力和水平。韩启德代表九三学社中央就经济工作情况发表了意见。

7 月 27 日，九三学社中央主席韩启德，常务副主席陈抗甫在中南海出席由中共中央总书记胡锦涛主持召开的党外人士座谈会。胡锦涛就中共十七大报告征求意见稿听取了各民主党派中央、全国工商联领导人和无党派人士的意见和建议。他强调，实践充分证明，中国特色社会主义道路是当代中国发展进步的唯一正确道路。走中国特色社会主义道路，是历史的选择、人民的选择、时代的选择，是我们夺取全面建设小康社会新胜利、推进社会主义现代化、实现中华民族伟大复兴的必由之路。韩启德代表九三学社中央就中共十七大报告征求意见稿发表了意见。

11 月 23 日，九三学社中央主席韩启德，常务副主席陈抗甫在中南海出席由中共中央总书记胡锦涛主持召开的党外人士座谈会。胡锦涛就当前经济形势和经济工作听取了各民主党派中央、全国工商联领导人和无党派人士的意见和建议。胡锦涛指出，在新的历史起点上，统一战线和多党合作事业要更加巩固、更加发展、发挥更大作用，必须把广大成员的思想和行动统一到中共十七大精神上来，把智慧和力量凝聚到实现中共十七大确定的各项任务上来。韩启德就当前的经济工作代表九三学社中央作了发言。

12 月 24 日，九三学社中央主席韩启德，常务副主席陈抗甫在中南海出席中共中央领导听取各民主党派全国代表大会召开情况的汇报会。中共中央总书记胡锦涛出席并发表重要讲话。胡锦涛强调，中国共产党领导的多党合作和政治协商制度，体现了我国社会主义民主政治的本质要求，符合中国特色社会主义事业的发展要求。要坚定不移地坚持长期共存、互相监督、肝胆相照、荣辱与共的方针，巩固共产党领导、多党派合作、共产党执政、多党派参政的多党合作的良好政治格局，发展我国各政党民主团结、生动活泼的和谐政治关系，同心同德坚持和发展中国特色社会主义。韩启德就九三学社全国代表大会召开情况作了发言。

（四）调研及其他重要活动

由九三学社中央委员会主办，中华医学会泌尿外科学分会和吴阶平医学基金会协办的庆贺吴阶平90华诞活动于1月20日在人民大会堂举行。九三学社中央主席韩启德，副主席贺铿、王志珍、邵鸿，名誉副主席王文元、徐采栋、赵伟之、黄其兴，顾问洪绂曾，秘书长徐国权等出席。九三学社中央主席韩启德代表九三学社中央发表了热情洋溢的祝词，热情赞誉了吴阶平对我国医学发展、医学教育以及多党合作事业的非凡成就和卓越贡献。

4月12日至13日，九三学社中央主席韩启德，副主席贺铿，顾问洪绂曾，秘书长徐国权赴海南三亚就南繁基地进行专题考察调研。韩启德听取了南繁基地有关情况介绍，并实地考察了海润高科技园区、三亚南繁科学技术研究院和三亚警备区农场南繁科研机构。韩启德强调，要以提高社会效益和经济效益为目标，有效地组织监管，尽快把南繁基地建成国家级农业高科技示范园。

5月10日至16日，九三学社中央主席韩启德率队就“生物质能源开发利用”课题，先后到辽源、长春、吉林、通化、白山市和长白山管委会、延边州等地，深入企业、村庄和农户进行考察调研。韩启德在调研中指出，利用丰富的秸秆、枝杈等资源，变废为宝，是积极有益的。但项目一定要进一步搞好论证，重视投入、产出和市场化运作，确保社会效益和经济效益的双赢。

6月9日，由九三学社中央、九三学社江苏省委、九三学社北京市委共同举办的闵乃本同志先进事迹报告会在中央社会主义学院举行。报告会上，闵乃本、闵乃本研究团队主要成员、南京大学教授陆延青，九三学社江苏省委原秘书长闵光地分别以《把知识献给祖国和人民》、《拼搏与奉献》、《我所了解的闵先生》为题作了生动报告。九三学社中央主席韩启德，常务副主席陈抗甫，副主席邵鸿，秘书长徐国权等出席［闵乃本（1935—），江苏如皋人。晶体物理学家。1991年当选为中国科学院学部委员（院士）。1995年加入九三学社。九三学社第十、十一届中央委员会副主席］。

九三学社中央“九地合作”（九三学社与地方政府的合作）工作座谈会于8月24日至25日在河南漯河召开。九三学社中央副主席贺铿、顾问洪绂曾等出席。贺铿从“九地合作”工作的基本情况、需要讨论的问题和经验总结等方面向与会人员作了工作报告。会议分组讨论了《九三学社中央关于加强“九地合作”工作的意见》。会议期间，九三学社重庆市委、九三学社河南省委等单位就开展“九地合作”情况进行了经验交流。

9月5日至7日，九三学社中央举办“九三学社中央学者专家·黄石行”活动。九三学社中央副主席冯培恩、贺铿和九三学社中央顾问洪绂曾率领26名院士、专家和学者，来到湖北省黄石市，考察了当地五家企业，听取了黄石市的情况介绍。院士、专家、学者们站在战略高度，结合各自的专业领域，就如何加强城市建设、延伸产业链、挖掘楚文化、发展旅游业等问题，为黄石的发展问诊把脉，指点迷津。

10月12日至14日，由九三学社中央主办，九三学社沈阳市委承办的，以“农村金融与新农村建设”为主题的第二届“九三论坛”在沈阳举行。论坛期间，与会代表分别围绕合作金融组织、农业保险、农村信用社、民间金融等问题进行研讨交流，并提出了建议。此次论坛结集出版了《农村金融问题与新农村建设》文集。九三学社中央副主席贺铿、九三学社中央顾问洪绂曾等出席论坛并作报告。

二、参政议政

2007年，九三学社深入贯彻落实科学发展观，紧紧抓住发展这个第一要务，对我国经济社会发展中的重要问题以及人民群众普遍关心的问题开展调查研究，提出了大量的意见和建议，成绩显著。

（一）在政协会议和活动中充分发挥作用

3月3日至15日，全国政协十届五次会议在京召开。九三学社在全国政协十届五次会议上认真履行职责，积极参政议政，以九三学社中央名义提交大会发言7篇，其中口头发言1篇；以九三学社中央名义提交提案31件，以九三学社组名义提交提案18件；九三学社组委员提交大会发言23篇，提交提案111篇。这些发言和提案得到广泛好评，产生了积极的社会影响。

大会期间，全国政协在政协机关召开“广泛运用现代科学技术，推进社会主义新农村建设”现场提案办理协商会。九三学社提交的提案《关于促进粮食主产区发展现代农业，促进农民增收的建议》、《关于发展生物质能源促进新农村建设的建议》、《关于利用现代信息技术促进农民增收的建议》入选。这是九三学社历年现场提案协商会入选提案最多的一次，也是参加此次协商会的几个民主党派入选提案最多的一家。

大会期间，中共中央总书记、国家主席胡锦涛同志参加了九三学社组和农工党组的联组讨论。九三学社组委员分别就医卫改革、培养科技人才弘扬团队精神、在海南建设国家农作物育种平台、强化节约型政府建设力度、强化住房保障职能，遏制房价过快上涨等问题发表了自己的观点。

大会期间，九三学社的提案和发言得到新华社、中央电视台、《人民日报》、《人民政协报》等多家中央媒体的关注和报道。3月14日，中央电视台新闻联播播出九三学社中央名义提案《当前新农村建设中存在的突出问题与建议》，作为全国政协提高提案质量、充分发挥民主党派作用的典型事例。人民网还通过开设专门博客的形式，集中展示了以九三学社中央名义提交的31篇提案，搭建了沟通交流的网络平台。

大会期间，九三学社提出的《强化住房保障职能、遏制房价过快上涨》提案与民革中央等其他四个党派相关提案一起被列为重点提案，受到高度重视。6月，建设部就此类关于解决百姓住房问题的提案与各党派进行协商办理。

大会期间，九三学社提出的《关于促进粮食主产区发展现代农业促进农民增收的提案》、《关于医保制度改革的若干建议的提案》、《关于大力发展农村职业教育的提案》、《关于加强农村卫生基本建设的提案》、《关于改革科技奖励制度的提案》、《关于维护教育公平促进社会和谐的提案》、《关于加快我国服务业发展的建议》、《关于解决中小企业科技创新资金瓶颈问题的建议》等八件提案入选政协全国委员会办公厅的《重要提案摘报》。

5月，科技部国家科学技术奖励办公室负责人走访九三学社中央，就九三学社中央所提的《关于国家科技奖励制度改革》的提案进行了座谈。6月，教育部高教司有关方面负责人就九三学社中央提出的《关于高校教学评估存在的问题与建议》专程走访九三学社中央听取意见。7月，国务院法制办负责人带队就九三学社提出的《关于进一步完善我国食品安全保障体系的建议》走访九三学社中央。他们对九三学社中央的这些提案、建议给予了高度评价。

11 月，政协第十届全国委员会表彰了十届全国政协优秀提案 262 件，先进承办单位 40 个。其中九三学社中央及九三学社界别共有 6 件提案被评为优秀提案，分别是：《关于促进粮食主产区发展现代农业，促进农民增收的建议》、《关于实施国家知识产权战略的建议》、《关于推行“以房养老”的建议》、《关于尽快解决失地农民生活保障问题的建议》、《关于建立粮食主产区农民增收的长效机制的建议》、《关于在新农村建设中加强科学规划，强化成本管理的建议》。

（二）积极参与高层政治协商

2007 年，九三学社中央主要领导应邀参加中共中央、国务院就金融工作、《政府工作报告》、经济工作情况、中共十七大报告征求意见稿、民主党派全国代表大会召开情况等举行的政治协商活动多次。在这些协商会和座谈会上，九三学社主要领导提出多项建议，受到中共中央、国务院的重视。九三学社中央主要领导还先后十几次参加中共中央统战部举办的座谈会、情况通报会、学习会，及时了解形势、掌握情况，并发表意见和建议，取得良好效果。

（三）围绕经济与社会发展的重大问题，深入开展调查研究，积极建言献策

2 月，九三学社中央主席韩启德向中共中央总书记胡锦涛和国务院总理温家宝报送了《关于建立中国留学人员回国创业起动支持计划的建议》，得到了胡锦涛和温家宝的重视和批示，人事部、财政部等相关部门正在予以落实。

5 月至 6 月，九三学社中央副主席邵鸿就留学人员回国创业问题先后到国家人事部和北京、武汉、贵州、江西等地进行了调研。

5 月，九三学社中央主席韩启德率队就“生物质能源开发利用”课题赴吉林省进行考察调研。不久，韩启德在调研基础上向国务院总理温家宝提交了《关于立足“三农”发展生物质能源的建议》。温家宝对此十分重视并作出了批示。

7 月，九三学社中央在全国政协召开的以“加快广西北部湾经济区开发与建设，推进北部湾区域经济合作与发展”为专题的协商会上作了题为《关于北部湾经济区开发建设的若干建议》的发言，针对北部湾经济区的开发建设提出了重视发展现代物流产业等三点建议，受到好评。同月，九三学社中央与欧美同学会、中国科协在美国休斯敦举办了“21 世纪中国留学人员与构建创新型社会”的研讨会。

10 月，九三学社中央与全国工商联、科技部联合就企业技术创新问题开展了调研，在调研基础上，九三学社中央主席韩启德分别就设立科技银行、克服中小企业技术创新融资难等问题向国务院总理温家宝提出建议，受到高度重视。同月，九三学社中央副主席贺铿及财政部、文物局等有关部委的领导、专家一行九人，赴陕西就大遗址保护问题开展了专题考察调研。调研组听取了陕西省文物局关于陕西大遗址保护工作的汇报，并在西安、韩城和延安等实地考察了秦阿房宫、秦始皇陵、汉长安城、汉阳陵、唐长安城、梁带村两周遗址及墓地等大遗址现场，与有关的考古、文物保护人员、管理部门进行了座谈。

（四）开展参政议政课题招标与自由申报活动，努力加强参政议政队伍建设

2007 年，九三学社中央继续在各省级

组织中开展参政议政课题招标与自由申报活动，共收到19个省级组织上报的标书84份。经过专委会、参政议政中心有关专家评价论证，15个省级组织的20个课题中标。为了系统总结九三学社参政议政的成果和经验，九三学社中央专门编辑了《九三学社中央参政议政成果集萃》。九三学社中央进一步加强了参政议政研究中心的工作，扩充了人员，完善了工作机制。九三学社中央主席韩启德还向新增补的参政议政研究中心研究员颁发了聘书。

（五）反映社情民意工作与促进祖国统一工作进一步加强

一年来，九三学社积极反映涉及各界群众切身利益的问题，加强对社员和所联系群众的思想引导，切实做好沟通思想、理顺情绪的工作，为促进社会和谐发挥了积极作用。从1月至12月，九三学社中央收到各省级组织、九三学社中央各职能部门报送信息约1900余份，九三学社中央采编形成《九三信息》、《九三信息专报》618份，受到中央统战部、全国政协有关领导和部门的重视。其中，《加强对非实质性贸易外汇流入的监管》、《对于当前新农村建设的四点建议》等七份信息分别得到温家宝、周永康、回良玉等国家领导人的批示。

一年来，九三学社充分发挥联系广泛的重要特点，积极拓展与广大港澳同胞、台湾同胞、海外侨胞和国际友人的联系，推进经济、科技、文化等领域的交流合作和人员往来，取得良好效果。

3月，经九三学社中央安排，台湾辅仁大学教师和学生100余人对祖国大陆的企业经营环境进行深入了解和考察，考察了上海、江苏、杭州等地高新技术开发区，就大陆的国有企业经营管理方式及未来走向等问题进行考察，收获很大。6月，九三学社中央在机关接待了台北地方民意代表参访团一行。双方就台湾民情深入交换了意见。7月，周培源基金会与台湾中华基金会等单位共同举办了2007年海峡两岸中学生数学夏令营活动，加强了海峡两岸青少年之间的交流和联系，增强了台湾青少年对祖国的认同感。10月，周培源基金会邀请了台湾原教育部部长、中央研究院院长、成功大学校长吴京等10名大、中学校长访问大陆，增进了友谊，建立了持久的联系。

2007年，九三学社担任各级特约监督员、监察员、检察员、审计员和教育督导员的同志，认真参加有关执法检查和执法监督工作，参与有关法律法规制定的研究，参加对重大案情的调查，充分发挥参谋咨询作用和联系人民群众的桥梁纽带作用，较好地履行了民主监督职责。

三、社会服务

2007年，九三学社中央认真贯彻落实《九三学社中央关于加强社会服务工作的意见》，在“九地合作”、支边扶贫、学术交流、科学普及等方面，迈出了新的步伐，取得了新的成绩。

（一）促进工作规范化、制度化建设

九三学社中央组织各省级组织制定了社会服务工作发展规划，并将上报的各省规划汇编成册，形成《九三学社社会服务工作2007—2011年发展规划》。通过规划，明确了九三学社“十一五”期间社会服务工作的指导思想、基本思路、目标重点和保障措施，使九三学社的社会服务工作更有计划性和目的性。

（二）深化“九地合作”

8—9月，九三学社贵州省委、黑龙江省委分别与安顺市、兰西县签订了“九顺合作”、“九兰合作”协议，并且帮助安顺市协调落实350万元项目资金用于发展草地畜牧业，协调有关单位无偿捐助和引进俄罗斯优质鱼种在兰西县大面积养殖，并提供技术指导。截至2007年底，九三学社“九地合作”已达到14个，各个“九地合作”项目进展顺利，社会影响日益增强。

8月，九三学社中央召开了全国“九地合作”工作座谈会。会议在总结实践经验的基础上，讨论形成了《九三学社中央关于加强和完善“九地合作”工作的意见》。

9月，九三学社中央副主席冯培恩、贺铿和九三学社中央顾问洪绂曾率领26名院士、专家和学者，到湖北省黄石市，开展“九三学社中央学者专家·黄石行”活动，考察了相关企业，听取了黄石市五年发展目标、工业经济发展等情况介绍，召开了高峰会。院士、专家、学者们站在战略高度，结合各自的专业领域，就如何加强城市建设、发展旅游业等问题，为黄石的发展问诊把脉，指点迷津。

（三）支边扶贫工作取得实效

2007年，九三学社围绕定点帮扶地区的新农村建设、县域经济发展等方面积极开展智力支边工作，进一步提高了帮扶工作的层次和水平，逐渐把传统的支边扶贫工作转移到积极有效参与新农村建设的轨道上，取得了实实在在的效果。为了进一步加快扶贫开发和社会主义新农村建设，九三学社和广西区扶贫办首次联合举办了广西首期贫困村妇女主任培训班，通过现场教学、参观考察等形式为来自百色市的贫困地区学员传授了较新且实用的农业科学技术知识，并赠送150本《新农村卫生保健手册》。

10月，九三学社中央联合其他单位并邀请有关专家，到贵州省兴仁县绿荫河村开展调研工作，为进一步开展社会主义新农村试点工作收集第一手材料。九三学社中央根据绿荫河村以乡村旅游为龙头的定位，帮助该村争取到农业部“清洁工程”项目，目前28万工程款已到位。该项目将以沼气建设为轴心，促进该村改厕、改圈、改水工作的全面开展，以改善该村环境卫生，推动该村文明进步。

（四）举办第二届“九三论坛”

10月，九三学社中央以“农村金融与新农村建设”为主题举办了第二届“九三论坛”，旨在集思广益，共同探寻金融支农的改革突破途径，研讨农村金融政策，为改革完善农村金融工作、建设社会主义新农村服务。论坛期间，与会代表分别围绕合作金融组织、农业保险、农村信用社等问题进行研讨交流，并提出了建议。此次论坛结集出版《农村金融问题与新农村建设》文集。以“九三论坛”为平台开展学术交流工作已经成为九三学社社会服务的重要内容之一。通过这个平台凝聚和发挥了社内外的人才力量，增强了九三学社组织的活力和影响力，探索了社会服务与参政议政工作紧密结合的新方式。

（五）科学普及工作取得重要进展

2007年，九三学社中央整合社内资源正式启动了以“关爱弱势群体、普及健康观念”为主题的“亮康行动”。组织有关医卫专家深入贫困农村、社区，通过义务医疗咨询、健康科普、保健讲学等形式宣传预防与治疗疾病的知识，推广和普及科学的健康观念，倡导健康文明的生活方式，成为推动全社科普工作持续长效开展的重要平台和手段。在这一行动中，九三学社成功组织河北医卫专家分别为四川广元市、贵州威宁县99名贫困白内障患者实施了复明手术。2007年，九三学社中央还积极开展了第十九届国际科学与和平周活动。活动期间，各级社组织围绕“科学发展共建和谐”的主题，开展了形式多样内容丰富的活动。如：围绕建设社会主义新农村开展送科技、文化、卫生下乡活动；举办研讨会、报告会、座谈会；开展健康咨询、义诊等。

四、自身建设

2007年是九三学社中央和省级组织换届年。九三学社自身建设以推进政治交接为主线，以坚持走中国特色社会主义政治发展道路为核心，在思想建设、组织建设和机关建设等方面再上新台阶。

（一）思想建设

开展了形式多样、内容丰富的学习与宣传教育活动。其中最主要的就是深入开展了政治交接学习教育活动。九三学社中央成立了政治交接学习教育领导小组，下发了《九三学社中央关于开展以“坚持走中国特色社会主义政治发展道路”为主题的政治交接学习教育活动的意见》。结合九三学社实际情况，九三学社中央选择了辽宁省委、哈尔滨市委、海淀区委作为试点单位，为开展活动摸索道路，积累经验。九三学社中央还分赴黑龙江、辽宁、宁夏、陕西、河南等地，检查、指导基层组织开展政治交接学习教育活动。截止到2007年底，九三学社中央政治交接学习教育领导小组办公室一共编辑刊发了《政治交接学习教育活动通讯》五期，《政治交接学习教育活动学习资料》三期。通过开展以坚持走中国特色社会主义政治发展道路为主题的政治交接学习教育活动，为九三学社加强自身建设提供了一个有效载体和广阔平台。

九三学社中央从实际出发，及时组织召开中央学习会和各种形式的报告会、座谈会，并邀请社内外专家举办专题讲座共计20余次。先后举办了王淦昌百年诞辰纪念座谈会、闵乃本先进事迹报告会等三场。结合换届与政治交接工作，征集了九三学社典型人物先进事迹稿件近百篇，编成了《社员风采录》（第一卷）。在《光明日报》、《人民政协报》等社内外媒体发表新闻稿件近百篇，新闻照片数百幅。

开展思想政治工作是九三学社推进政治交接的重要措施。2007年九三学社首次设立了思想建设定点调研单位，以方便对社员思想状况进行跟踪调研。6月，九三学社对社员思想状况进行了一次大型问卷调查，问卷发送到全国44个定点调研单位，共收到有效答卷1756份。中共十七大前夕，九三学社就社员关心的社会热点难点重点问题又进行了一次大型问卷调查，问卷发送到全国53个定点调研单位，共收到来自27个省市区的有效答卷2015份。根据这两次调研，先后撰写调研与问卷分析报告多份，编印《社员思想动态》六期，这些分析报告引起了中央统战部的重视。

（二）组织建设

3月到8月，九三学社省级组织进行了换届。这次省级组织换届工作时间紧、任务重、调整幅度大，其中新提名主委、副主委100人，占总数的50.5%，常委和委员的新提名比例也超过50%。九三学社中央对此高度重视，未雨绸缪，作了周密细致的部署，为换届提供了工作保障。30

个省级组织相继顺利召开了代表大会，各省级委员会组成人员共1438名候选人及573名九三学社九大代表候选人全部顺利当选，圆满完成了预定的各项任务。一批政治素质好、代表性强的领导同志和社务工作者走上了省级组织领导岗位，增强了领导力量与活力；年龄结构有了较大改善，新一届省级领导班子基本形成了以50岁左右成员为主体的比较合理的年龄梯次结构。平均年龄50.1岁，比上届下降2.7岁。其中，30名主委平均年龄51岁，比上届下降7.2岁；168名副主委平均年龄49.9岁，比上届下降1.9岁。领导班子成员中，具有高级职称的183人，占92.4%；其中，具有博士学位的90人，硕士学位的51人，均比往届有所增加。省级组织换届的圆满完成为九三学社中央换届提供了思想上、组织上的准备。

7月，九三学社中央根据地方组织换届任务完成的实际情况，有针对性地制定并实施了《九三学社中央关于加强地方组织领导班子建设的意见》，进一步规范工作程序，建立和健全了领导班子工作机制和内部约束机制，明确民主集中制和集体领导的原则，从制度上保证了九三学社各级领导班子建设的健康发展。2007年，九三学社共推荐28人参加中央社会主义学院举办的民主党派干部培训班，使他们系统学习了多党合作制度和统战理论，提高了思想认识和理论水平；推荐3人参加中央统战部举办的海外培训班，使他们开阔了视野，丰富了阅历，增长了才干；加强了对新任省级领导成员的教育培训，全年共培训新任主委19人、副主委12人。

12月，九三学社第九次全国代表大会举行，选举产生了由丁玉龙等225名委员组成的第十二届中央委员会。九三学社第十二届中央委员会第一次全体会议又选举产生了由马大龙等44名委员组成的第十二届中央常务委员会和新一届九三学社中央领导机构成员。九三学社第十二届中央委员会有这样几个特点：一是进一步年轻化。平均年龄是50.2岁，以40—50多岁的中央委员为主体。二是整体素质高。中央委员中具有高级职称的占93%，其中具有博士学位的占48%，硕士学位的占25%，两院院士5名，大学正副校长23名。三是结构进一步优化。中央委员会的组成中，专家学者占54.2%，在政府任职的领导干部占22.7%（这批参政的领导干部同时也是专家学者），专职社务干部占21.3%，也适当充实了其他方面的代表人士。

2007年，九三学社中央领导及地方组织领导带头做好吸引人才的工作，在物色和发展了一大批科技界领军人物的同时，还积极发展了一批社科、法律、经济、艺术界、新阶层人士等其他界别的有较强代表性的优秀人才，进一步优化了组织结构。九三学社中央领导十分重视基层组织建设，经常深入基层，联系社员，参加基层组织活动。九三学社各级地方组织领导也定期走访基层组织及其所在地区或单位的中共党委统战部门，征求意见，协调关系，对基层组织工作给予必要帮助和指导，帮助解决基层组织及社员的实际困难。为方便社员参与活动，提高活动质量，一些地方组织改变过去基层组织传统的以单位为主的组建形式，建立了行业支社、地区支社、社区支社、离退休人员支社和青年支社等。基层组织活动内容也从过去单一的学习会、报告会的模式，变得更加丰富，形式多样。

（三）机关建设

2007年，九三学社中央组织机关工作

人员继续深入学习《公务员法》，切实加强机关学风建设，通过主办“九三讲堂”，在建设学习型机关方面迈出了新步伐。“九三讲堂”是九三学社中央邀请社会各领域著名专家学者主讲的精品讲座，每1—2个月举办一讲。今年举办了4期，分别题为“建设良好的国际舆论环境”、“宗教：冲突还是和谐”、“社会主义由西方到东方的演变”、“台湾问题的症结与对策”。九三讲堂的举办，极大地激发了机关工作人员的学习热情，提高了大家履行参政党职能的能力水平，同时也扩大了九三学社的社会影响。九三学社中央及各级地方组织机关在制度化、规范化建设方面也取得了很大进展，确保了各项任务的顺利完成。

从1月至12月，九三学社中央网站上传稿件3000余篇，图片100多张，做到了及时更新、图文并茂。新增政治交接主题教育活动、深入学习贯彻十七大精神等三个专题。12月，九三学社中央网站进行了全新改版，进一步调整了内容，增加了功能。截止到12月，社中央网站访问总量突破了75万人次。

（四）组织及成员概况

一年来，九三学社组织发展继续保持健康有序态势。

截至2007年12月31日，九三学社有30个省级组织；274个省辖市级组织，22个县级市组织；4332个基层组织。社员109736人，全年发展率4.75%。其中大学以上文化程度的社员102541人，占社员总数的93.44%；具有高级职称的社员66411人，占社员总数的60.52%；女社员40313人，占社员总数的36.73%；离退休社员46203人，占社员总数的42.10%。

九三学社第十二届中央委员会主席：韩启德。九三学社第十二届中央委员会副主席：陈抗甫、冯培恩、贺铿、王志珍（女）、邵鸿、谢小军、张桃林、赖明、马大龙。秘书长：徐国权。常务委员（按姓氏笔画为序，共44名）：马大龙、王宇田、王志珍（女）、王林旭、王随莲（女）、支建华、卢柯、丛斌、冯培恩、刘政奎、刘鸿庥（女）、刘新乐、刘滇生、严俊、杜德志、李彬、李华栋、张大方、张化本、张亚忠、张桃林、陈永川、陈抗甫、姒健敏、邵鸿、周卫健（女）、郑祖康、郑楚光、姚志彬、赵俊、赵雯（女）、赵韩、洪捷序、贺铿、袁汉民、贾殿赠、徐国权、谢小军、陶夏新、黄润秋、韩启德、韩忠朝、曾华、赖明。

社员中担任各级人大代表的共有1613人。其中全国人大副委员长1人，全国人大常委6人，全国人大代表63人；省级人大副主任1人，省级人大常委45人，省级人大代表289人；市级人大副主任36人，市级人大常委210人，市级人大代表746人；县级人大副主任62人，常委152人，县级人大代表515人。

社员中担任各级政协委员的共有8161人。其中全国政协常委22人，委员104人；省级政协副主席19人，常委247人，委员1028人；市级政协副主席154人，常委1027人，委员4104人；县级政协副主席150人，常委841人，委员2925人。

社员中担任县处级以上政府及司法机关领导职务的共有692人。其中在中央政府及司法机关担任领导职务的司局级3人；在地方政府及司法机关担任领导职务的省级6人，厅局级62人，地市级58人，县处级563人。

现有中国科学院院士53人，中国工程院院士16人。

现有公安部第二届特邀监督员6人，教育部第七届特约教育督导员（国家督学）1 人，国家税务局第三届特邀监察员 1 人，国家特邀国土资源监察专员 2 人，监察部第四届特邀监察员 3 人，最高人民检察院特约检察员 1 人。

乔发进　九三学社中央研究室干部

台湾民主自治同盟

2007年，台盟高举中国特色社会主义伟大旗帜，坚持以邓小平理论和“三个代表”重要思想为指导，深入贯彻落实科学发展观，广泛动员全体盟员和所联系的台胞，围绕中心、服务大局，认真履行职能，在参政议政、对台工作、社会服务和自身建设等方面都取得了新的成绩。

一、重要会议及活动

（一）第八次全盟代表大会

台湾民主自治同盟第八次全盟代表大会暨纪念台盟成立六十周年大会于11月28日在京西宾馆开幕，230名代表及22名列席代表出席大会。中共中央政治局常委李长春到会祝贺并代表中共中央致贺词；全国人大常委会副委员长、农工党中央主席蒋正华代表各民主党派中央、全国工商联向大会致贺词；中华全国台湾同胞联谊会会长梁国扬代表全国台联向大会致贺词。林文漪主席代表台盟第七届中央委员会向大会作了题为《坚持中国特色社会主义政治发展道路，努力开创台盟工作新局面》的报告。开幕式由刘亦铭副主席主持，汪毅夫副主席致开幕词，吴国祯副主席作关于修改《台盟章程》的说明，李敏宽副主席作提请确认届中增补第七届中央委员会委员资格的决定。中共中央政治局委员、中共中央统战部部长刘延东，全国人大常委会副委员长盛华仁，国务委员唐家璇，全国政协副主席李贵鲜，全国政协副主席张克辉，及中共中央台办和兄弟民主党派中央、全国工商联负责人等出席开幕式。会议的主要议程是：学习贯彻中共十七大精神；听取并审议台盟第七届中央委员会工作报告；审议通过《台湾民主自治同盟（修改草案）》；选举台盟第八届中央委员会。会议期间，中共中央统战部常务副部长朱维群、国台办副主任孙亚夫分别为与会代表作了学习贯彻中共十七大精神的辅导报告和台情报告。12月1日，大会选举产生了63名台盟第八届中央委员会委员。12月2日，台盟八届一中全会选举马克宁等22名同志为台盟第八届中央委员会常务委员会委员，选举林文漪同志为台盟第八届中央委员会主席，汪毅夫、吴国祯、陈蔚文、杨健、黄志贤同志为台盟第八届中央委员会副主席。台盟八届一次中常会任命张宁同志为台盟第八届中央委员会秘书长。大会批准林文漪同志代表七届中央委员会所作《坚持中国特色社会主义政治发展道路，努力开创台盟工作新局面》的报告，批准《台湾民主自治同盟（修改草案）》。大会要求，全盟以科学发展观为指导，紧紧围绕国家发展大局进一步加强参政议政工作，不断提高建言献策的水平，为推进中国特色社会主义经济、政治、文化、社会建设创造新的业绩。牢牢把握两岸关系和平发展的主题，毫不动摇地坚持一个中国原则，坚决反对和遏制“台独”分裂活动，充分发挥自身优势，深入做好涉台宣传、研究、联络工作，为促进两岸同胞的交流交往、增进两岸同胞的相互了解发挥新的作用。深入开展以“坚持走中国特色社会主义政治发展道路”为主题的政治交接学习教育活动，切实搞好政治交接，全面推进台盟的思想建设、组织建设、制度建设，为台盟的光荣传统增添新的内容。大会号召，全盟要紧密团结在以胡锦涛同志为总书记的中共中央周围，高举中国特色社会主义伟大旗帜，认真学习贯彻中共十七大精神，再接再厉，团结奋进，为实现祖国的完全统一和中华民族的伟大复兴而努力奋斗！

（二）中央常务委员会会议

台盟七届十八次中常会于3月9日在北京市举行。会议学习了全国人大十届五次会议和全国政协十届五次会议精神，讨论了《2007年台盟中央常委会工作要点》，通报了台盟中央2007年一季度的主要工作。林文漪主席在会议上作了重要讲话，总结了台盟七届五中全会以来台盟中央的主要工作情况，主要从两个方面安排了2007年的工作，包括：充分发挥中央和地方两个积极性，抓好课题调研，加强参政议政工作；结合换届工作，开展政治交接主题教育，加强领导班子建设。会议由林文漪主席主持，刘亦铭、吴国祯、李敏宽、汪毅夫副主席以及张华军秘书长等台盟中央常委17人出席会议，台盟北京市委、陕西省委、浙江省委、重庆工委的负责人和台盟中央机关部门负责人列席会议。

台盟七届十九次中常会于6月27日至29日在重庆市举行。会议认真学习了胡锦涛总书记25日在中央党校省部级领导干部进修班上发表的重要讲话；交流了“以坚持走中国特色社会主义政治发展道路”为主题的政治交接教育活动在全盟的开展情况，并对下一阶段的活动安排做出部署，会议听取了七届中央委员会工作报告起草和台盟章程修改情况的介绍，并对工作报告和盟章修改的初稿进行了审阅。与会常委就践行社会主义荣辱观、加强台盟思想道德建设、推进组织建设、切实履行参政党职能等议题进行了发言。林文漪主席出席大会并讲话，刘亦铭、吴国祯、李敏宽、汪毅夫副主席，张华军秘书长等16位中常委出席会议，各地方省级组织未担任中常委的省级组织主委和台盟中央各部门负责人列席会议。

台盟七届二十次中常会于10月30日至31日在北京市召开。会议主要议题包括：学习贯彻中共十七大精神；学习贯彻中共中央统战部于2007年8月举办的“学习贯彻第20次全国统战会议精神专题研讨班”的会议精神；审阅《台盟第八次全盟代表大会工作报告》（讨论稿）、《台湾民主自治同盟章程（修改草案）》；研究台盟八届中央委员会组成方案等。林文漪主席作开幕式讲话，结合台盟工作实际，就深入学习、领会和贯彻中共十七大精神谈了三个方面的体会和想法：坚持走中国特色社会主义政治发展道路，为构建和谐政党关系作出贡献；坚持走科学发展道路，为全面建设小康社会作出贡献；坚持走和平发展道路，为实现祖国的完全统一作出贡献。刘亦铭副主席作总结发言。吴国祯、李敏宽、汪毅夫等17位常委及未担任常委的省级组织主委、台盟中央各部门负责人出席会议。

（三）重要国事和外事活动

2007年，台盟中央领导同志多次应邀参加重要外事、内事活动，其中包括参加建军80周年纪念大会等重要庆典、慰问、纪念活动，陪同中共中央和国家领导人会见塔吉克斯坦总统拉赫莫诺夫、约旦国王阿卜杜拉二世、密克罗尼西亚联邦总统莫里等外宾。

（四）中央专门工作会议

妇女委员会工作会议。10月10日至13日，台盟中央妇女委员会在湖北省武汉市召开工作会议。台盟中央常委、妇委会副主任孙桂芬主持会议，台盟中央常委、妇委会主任王琼瑛作工作报告，从四个方面总结了台盟中央第七届妇委会的工作：结合女性特点，认真履行参政议政职能；搭建互动平台，努力推动两岸妇女交流；坚持爱国爱乡，广泛联系团结台湾同胞；调动资源优势，积极投身构建和谐社会。台盟各地组织妇委会负责同志交流工作经验，并提出进一步做好妇女工作的建议和设想。李敏宽副主席出席会议并讲话。

省级组织主委、副主委培训班。12月20日至23日，台盟省级组织主委、副主委培训班在福建省厦门市国家会计学院举行。培训班的主题是：学习贯彻中共十七大精神、进一步做好政治交接工作。培训班邀请中共中央党校、中央社会主义学院教授为参加培训的学员授课。七届台盟中央常委张荣国、蔡世彦、陈昭典、陈正统、孙南雄，中央委员郭理分别就如何当好主委、做好参政议政工作等在培训班发言。杨健副主席致开幕词并作总结讲话，秘书长张宁主持。

参政议政工作会议。12月25日至26日，台盟中央参政议政工作会议在福建省厦门市召开。台盟地方组织50余名参政议政工作人员参加会议。会议认真贯彻中共中央两个“5号文件”精神，讨论如何开拓台盟参政议政工作的新思路、新途径，建立台盟参政议政工作的新机制。会议结合台盟八大的要求，总结了台盟地方组织2007年参政议政工作的经验和成绩，就《台湾民主自治同盟中央委员会参政议政工作五年（2008—2012年）规划纲要（初稿）》、2008年台盟参政议政工作的重点及全国政协十一届五次会议台盟中央提案选题等事项进行了研究。会议表彰了台盟厦门市委等12个2007年度参政议政先进集体和王中等19名先进个人。黄志贤副主席出席了会议并作了题为《突出重点，讲求实效，开创台盟参政议政工作新局面》的讲话。讲话从认真参与高层协商、努力做好提案建议工作、深入开展调查研究三个方面回顾总结了台盟2007年的参政议政工作，并对2008年的参政议政工作提出了三点意见：一是在调研工作方面，要巩固现有成果，力争在全盟形成一批具有较高质量的调研报告；二是在人才培养方面，要狠抓队伍建设，力争在全盟形成一支比较稳定、具有较高素质的调研工作队伍；三是在工作机制方面，要建立健全各项制度，力争在全盟形成比较完善、系统的参政议政工作机制。

（五）座谈会、纪念会

台盟中央于2月2日在机关礼堂举行“答谢新闻媒体新春茶话会”，刘亦铭副主席、张华军秘书长及机关各部门负责人与应邀的各大媒体对台部负责人、新闻记者围绕台盟的对台宣传工作进行了交流。

台盟中央与全国台联于2月6日在全国政协礼堂共同举办了“2007年在京台胞新春同乐会”，邀请首都各界台胞及台商、台生代表参加。张克辉名誉主席、林文漪主席、李敏宽副主席、张华军秘书长等出席会议。刘亦铭副主席主持会议。

张克辉名誉主席的电影文学剧本《啊！谢雪红》新书首发式于2月26日在北京举行。张克辉名誉主席、林文漪主席等先后发言。刘亦铭副主席主持首发式。中共中央统战部、国台办、全国台联及涉台研究机构相关部门负责人与部分台胞代表参加了首发式。路透社、台湾东森电视台、TVBS电视台等十余家海内外知名媒体对这次首发式进行了报道。

纪念台湾人民“二·二八”起义60周年座谈会于2月27日在人民大会堂隆重举行。全国人大副委员长、民革中央主席何鲁丽，全国政协副主席、中共中央统战部部长刘延东，国务院台湾事务办公室主任陈云林，以及部分“二·二八起义”亲历者出席座谈会。座谈会由林文漪主席主持，张克辉名誉主席、全国台联会长梁国扬、“二·二八”起义亲历者纪朝钦、黄幸和社科院台湾史研究中心主任张海鹏先后发言。台商、台生代表、涉台机构专家学者与在京台胞近200人参加了这次纪念活动。

台盟北京市委于5月16日在北京市政协常委会厅举办《台湾知识百科》（2007版）首发式。李敏宽副主席出席并讲话。

7月27日至31日，台盟中央组织新任省级组织主委与机关各部门负责人进行座谈，邀请换届中退下来的老领导介绍经验，并邀请清华大学台湾研究所所长刘振涛教授主讲《两岸经贸关系现状和未来发展趋势》。30日下午，林文漪主席与新任主委进行座谈，吴国祯、李敏宽副主席参加。

台盟中央与全国台联于9月21日联合举办了“2007年在京台胞中秋联谊会”。张克辉名誉主席、林文漪主席、吴国祯副主席等出席茶话会。刘亦铭副主席主持茶话会。中共中央统战部、国台办、全国政协等单位的领导及台胞、台商、台生等400余人参加。

由台盟中央、全国台联共同主办的“纪念台湾光复62周年座谈会”于10月25日在人民大会堂隆重举行。全国政协副主席、台盟中央名誉主席张克辉，中共中央统战部常务副部长朱维群，国台办常务副主任郑立中，台盟中央主席林文漪，全国台联会长梁国扬出席座谈会。张克辉名誉主席在会上作了题为“让历史见证未来”的讲话，林文漪主席主持会议。中共中央统战部、国台办、台盟中央、全国台联有关部门的领导及部分居住在北京的台胞、台商和台生近150人出席了座谈会。

10月26日，台盟中央召开学习中共十七大精神座谈会，林文漪主席出席会议并讲话，李敏宽副主席主持会议。部分在京老台胞、台盟北京市委有关领导、台盟中央机关全体干部参加了座谈会，并就学习中共十七大精神进行了充分交流。

12月4日，中共中央政治局常委、全国政协主席贾庆林及中共中央政治局委员刘延东，中共中央统战部部长杜青林，副部长朱维群、楼志豪、黄跃金等在中共中央统战部礼堂会见台盟新老领导班子成员。台盟第八届中央委员会主席林文漪，常务副主席汪毅夫，副主席吴国祯、陈蔚文、杨健、黄志贤；台盟第七届中央委员会主席、名誉主席张克辉，副主席刘亦铭、李敏宽出席。

（六）论坛、交易会

4月25至26日，由福建省人民政府、国家文物局、台盟中央联合主办的“海峡西岸文化遗产保护论坛（2007）”在福建省福州市召开。林文漪主席出席论坛开幕式并致辞。出席论坛的还有吴国祯副主席、汪毅夫副主席，以及国家文物局、福建省有关部门的负责同志和两岸文化遗产保护领域的知名专家学者等一百余人。论坛会议期间，与会专家们围绕中国文化遗产的发展趋势与涉台文物保护、海峡西岸文化遗产的传承和保护、闽台文化交流等主题进行演讲。

9月11日至12日，由台盟中央、科技部、北京市政府有关部门以及台湾全球华人竞争力基金会、台北市电脑商业同业公会、台湾区电机电子工业同业公会和台湾农业经营管理学会共同主办的“第十届京台科技论坛暨京台科技合作研讨洽谈会”在北京人民大会堂开幕，600余名来自京台两地工商界、科技界和学术界的知名企业家、专家和学者汇聚一堂，共同探讨京台科技经贸合作与发展前景。中共中央政治局委员、北京市委书记刘淇，市长王岐山，国台办常务副主任郑立中，台盟中央副主席刘亦铭等出席开幕式。9月12日上午，由台盟中央联络部、北京市科学技术委员会、台湾环保产业策略联盟主办，北京市可持续发展促进会、北京市海峡两岸民间交流会促进会、北京圣惠曾科技发展有限公司承办的“科技奥运——环保产业合作与发展论坛”在国际会议中心举行。台盟中央邀请的来自台湾京华工程顾问有限公司、台湾绿色生产力基金会、台湾大亚能源技术服务公司、台湾台塑蔬果公司的20余位岛内台商参会。此次论坛促成了台湾环保产业策略联盟、北京市可持续发展促进会、北京中关村国际环保产业促进中心三方就加强台湾及大陆地区环保产业经验与技术交流，建立沟通联系平台，定期研商产业发展策略并交换彼此市场信息，同意共同合作进行策略联盟达成合作意向，三方在会上正式签署合作意向书。信息产业部、中关村国际环保产业促进中心、清华大学、台湾京华工程顾问有限公司、台湾绿色生产力基金会、台湾大亚能源技术服务公司、台湾台塑蔬果公司的代表分别就环保科技发表主题演讲。

11月10日至11日，由台盟中央和安徽省政府等单位联合举办的“2007海峡两岸暨港澳商品交易会”在安徽省合肥市举行，刘亦铭副主席出席开幕式。交易会设加工制造、农副产品、信息技术及房地产等专场展出，吸引了近200家港澳台企业和商务机构，以及数百家内地企业参加。其中，台湾企业带来的数十种水果成为展出现场的亮点，吸引了众多市民品尝和购买。交易会期间举办了海峡两岸和香港企业领导人经贸互动论坛、农业合作组织论坛、企业新型合作关系论坛等一系列活动，为企业家搭建交流平台。

11月12日至14日，由台盟中央与重庆市人民政府主办的“战时首都重庆与台湾光复”学术论坛在重庆君豪酒店举行。林文漪主席出席并讲话，吴国祯、李敏宽、汪毅夫副主席，张华军秘书长及中共中央统战部、国台办、海峡两岸的专家学者等百余人参加了会议。来自海峡两岸的百名专家学者围绕“战时首都重庆与战后台湾的接管”、“重庆在台湾光复中的地位与作用”等议题展开研讨。论坛希望通过还原历史，以加深海峡两岸相互的交流和了解，减少分歧与隔阂，拓展重庆与台湾的交流和合作，推进两岸共创和平与发展的未来。

二、参政议政

2007年，台盟各级组织高度重视做好参政议政工作，坚持把促进发展作为参政议政的第一要务，紧紧抓住经济社会和两岸关系发展中的全局性、前瞻性问题，不断扩大参政议政的领域和范围，建立健全调研机制，切实推动成果转化，为推进中国特色社会主义经济、政治、文化、社会建设作出了新的贡献。

（一）积极参与政治协商

台盟各级组织积极参与国家及地方的重大方针政策和重要事务的政治协商，为推进决策的科学化、民主化作出了贡献。台盟中央领导参加由中共中央、国务院及委托有关部门召开的协商会、座谈会、情况通报会等25次，就中共十七大报告、《政府工作报告》、《关于全面深化金融改革，促进金融业持续健康安全发展的若干意见》等许多重要文件的征求意见稿，宏观经济运行情况等关系国计民生的重大问题，提出意见和建议，许多被中共中央、国务院及有关部门所采纳。台盟各级组织全年共参加各地的协商会、双月座谈会和情况通报会244次，就换届和人事更迭、经济建设以及民生热点等重大问题与当地中共党委、政府进行协商。有的台盟地方组织还参加当地不定期举办的主委恳谈会，广泛交流参政议政工作的思路和方法，为促进当地的经济社会发展贡献出应有的力量。

台盟各级组织还充分运用人民政协的各种协商方式，对经济社会发展中的重要问题进行协商讨论。其中，台盟中央参加人民政协同政府有关部门以推进社会主义文化建设，增强国家软实力为主要议题进行的专题协商会，围绕做好海峡西岸文化遗产保护和利用工作、推动两岸关系和平发展提出意见和建议，促进了政府相关工作的开展。

（二）台盟盟员在人大、政府、政协、司法部门任职情况和担任特约人员的情况

在人大方面，全国人大常委1人，代表11人；省级人大常委会副主任2人，常委10人，代表21人；市级人大常委会副主任3人，常委14人，代表33人；县级人大常委会常委4人，代表12人。在政府及司法机关方面，地方省级1人，厅局级6人。在政协方面，全国政协副主席1人、常委5人、委员25人；省级政协副主席6人、常委25人、委员76人；市级政协副主席4人、常委47人、委员160人；县级政协副主席6人、常委34人、委员82人。

担任各级人大、政协、政府、司法部门职务和特约人员的盟员，认真履行宪法和法律赋予的权力，参与国家事务管理，参与国家行政和司法监督工作，为促进经济发展、维护社会稳定作出了贡献。

（三）在全国政协会议上的发言和提案

在全国政协十届十八次常委会上，台盟中央副主席李敏宽作了题为《保护海峡西岸文化遗产，保护两岸人民共同的根》的大会发言。发言提出，做好海峡西岸文化遗产的保护和利用工作，使文化遗产保护与海西经济区建设相互促进，对于实现海西经济区经济建设、政治建设、文化建设、社会建设全面协调发展，具有重要的战略意义。做好海西文化遗产的保护和利用工作，对于推动祖国和平统一大业同样具有重大的历史和现实意义。发言建议，全面启动海峡西岸文化遗产保护工程；注重海西文化遗产保护过程中的公众参与性；通过海西文化遗产的保护与传承让台湾同胞了解所谓“本土化”的实质。台盟中央还提交了《大力推行中水回用，实现城市水资源可持续发展》和《加强农村文化建设，促进社会主义新农村建设》两份

书面发言。在《大力推行中水回用，实现城市水资源可持续发展》的书面发言中，台盟中央建议，尽快制定并实施再生水利用总体规划，把再生水纳入水资源统一管理和配置范畴；依靠科技进步和技术创新，推进再生水回用的产业化进程；进一步完善再生水推广利用的有关法规和政策；建立公正透明的再生水监管体系；加强水资源形势和循环利用知识的宣传教育。在《加强农村文化建设，促进社会主义新农村建设》的书面发言中，台盟中央建议，各级政府应就农村文化建设这一课题开展专题深入研究；准确把握农村文化的受众，有的放矢的建设农村文化；文化设施和阵地建设政府主导，文化活动的开展走市场化道路；鼓励和支持农民创作，尊重农民的首创精神。

在全国政协十届十九次常委会上，台盟中央副主席刘亦铭作了题为《高举中国特色社会主义伟大旗帜，为推动祖国和平统一而不懈奋斗》的大会发言。发言提出，中国特色社会主义是一个能够凝聚全党全国人民团结奋斗的共同理想，是一条能够引领中国发展进步的光明道路，是一个顺乎民意、凝聚民心、汇聚民力的奋斗目标。中国共产党鲜明地举起中国特色社会主义这面旗帜，就能够把不同党派、不同民族、不同阶层的人群都集合在共同理想的旗帜下，朝着它指引的目标前进。作为参政党，台盟将在中共十七大精神的指引下，进一步团结和带领全体盟员及所联系的台胞，高举中国特色社会主义伟大旗帜，深入贯彻落实科学发展观，充分发挥自身优势，切实履行参政党职能。当前，“台独”分裂势力加紧进行分裂活动，严重危害两岸关系和平发展。反对和遏制“台独”分裂活动是两岸同胞共同的任务。台盟将毫不动摇地坚持一个中国原则，牢牢把握两岸关系和平发展的主题，坚决反对和遏制“台独”分裂势力分裂祖国的行径，为实现祖国的完全统一和中华民族的伟大复兴继续奋斗。台盟中央副主席李敏宽作了题为《认真履行参政议政职能，为夺取全面建设小康社会新胜利贡献力量》的大会发言。发言提出，台盟将在中共十七大精神的指引下，进一步团结和带领全体盟员及所联系的台胞，高举中国特色社会主义旗帜，切实把科学发展观贯彻落实到履行参政党职能的各项工作中去，围绕中共十七大确定的全面建设小康社会的战略目标，按照国家“十一五”规划的具体部署，制定台盟的参政议政工作规划，努力提高参政议政的能力和水平，从而为全面建设小康社会、推进中国特色社会主义经济、政治、文化、社会建设作出新贡献。

在全国政协“推进社会主义文化建设，增强国家软实力”专题协商会上，台盟中央作了题为《全面开展海峡西岸文化遗产保护工作、推动两岸关系和平发展》的发言。发言提出，海峡西岸遗存的文化遗产凝聚着中华民族的深层文化基因，有力地佐证了台湾自古以来就是中国不可分割的一部分。保护好海峡西岸的文化遗产就是保护好两岸人民共同的根，也是保护好两岸并肩携手、共谋发展的美好前程。发言建议，全面启动海峡西岸文化遗产保护工程；在海西文化遗产保护工程中设立涉台文物保护专项；推动海西文化遗产保护工程与闽南文化生态保护实验区建设相互促进；注重海西文化遗产保护过程中的公众参与性；通过海西文化遗产的保护与传承让台湾同胞了解所谓“本土化”的实质。

全国政协十届五次会议期间，台盟中央提交大会发言1份，提案20件。其中，《关于规范发展税务代理市场的建议》和

《全面建立农村社会养老保险制度，加快完善社会保障体系》两件提案入选全国政协《重要提案摘报》，《关于规范发展税务代理市场的建议》还被评为第十届全国政协优秀提案。台盟中央在全国政协大会上的发言《挖掘闽南文化资源，推动闽台文化交流》中提出，充分挖掘闽南文化资源，推动闽台文化交流向宽领域、高层次、纵深化方向发展，对于挫败陈水扁当局“本土化”、“去中国化”的分裂图谋，增进广大台湾民众对祖国大陆的认同感和向心力，促进两岸关系的进一步发展都具有十分重要的意义。发言建议，建立闽南文化保护区；启动涉台文物保护利用专项工程；进一步加强闽台文化交流。台盟中央的大会发言得到陈至立同志的批示：“建议组织专门力量研究这个问题，还可请福建文化厅进一步做基础性工作，届时我们一起去调研并支持推动这项工作。”台籍全国人大代表、台盟界别全国政协委员蔡世彦、梁燕君等也围绕保护闽南文化、推动闽台文化交流积极建言，提交的建议和提案，得到了中共中央政治局常委李长春同志的批示：“请家正并霁翔同志阅。按突出重点、分级负责、国家支持、加强管理的原则，认真筛选一下。把重要涉台文物保护好、利用好。”

（四）专题研讨会和工作会议

1 月 26 日，台盟中央举办专家迎春座谈会，答谢国家部委、知名高校有关专家学者对台盟参政议政工作的长期支持，并听取其对去年我国经济运行情况的总结评价以及对今年经济形势的预测分析。林文漪主席、李敏宽副主席、张华军秘书长参加了座谈会，来自国家发改委、北京大学、清华大学等部门的专家学者应邀出席。

3 月 20 日，台盟中央召开座谈会，围绕 2007 年重点调研课题——两岸科技交流，听取北京市政府相关部门负责同志就调研内容、形式等的意见和建议。北京市人大常委员会教科文卫体办公室、北京市科委、北京市台办等部门的相关负责同志参加了会议。

3 月 27 日，台盟中央召开台商座谈会，听取在京台商对刚刚召开的“两会”、《中华人民共和国企业所得税法》、《物权法》的相关意见建议，以及对于当前台湾岛内政治形势的分析判断。李敏宽副主席、张华军秘书长以及在京部分台商代表参加了座谈会。

6 月 22 日、11 月 16 日，台盟中央两次邀请专家学者，围绕国家总体经济形势、未来发展走势等问题进行座谈，为国家的经济工作提供信息参考和对策建议。

7 月 6 日、11 月 9 日，台盟中央两次邀请在京台商，围绕两岸经贸关系的发展情况、台资企业在经营过程中遇到的困难等问题进行座谈，为国家的对台经济工作提供信息参考和对策建议。

8 月 28 日至 30 日，台盟中央在吉林省长春市召开了台盟中央农民专业合作经济组织研讨会，总结和交流台盟各级组织的调研成果，就农民专业合作经济组织发展的成功经验、运作中遇到的实际困难以及对策建议进行深入研讨，从而实现台盟各级组织之间的资源整合和成果共享，集中全盟的智慧和力量，为推动农民专业合作经济组织发展，促进社会主义新农村建设贡献力量。李敏宽副主席出席开幕式并致辞。特邀专家，台盟中央有关部门的负责同志，以及北京、天津、上海、广东、湖北、吉林、浙江、南京、福州、重庆、成都、安徽等 12 个台盟地方组织代表参加了会议。研讨会就促进农民专业合作经济组织的健康发展形成了一些共识，主要包括：一是发展农民专业合作经济组织是落实中共中央一号文件的重要举措，是解决“三农”问题，实现农村产业发展、农民稳定增收的重要途径。同时，发展农民专业合作经济组织也是解决当前食品安全问题的治本之策。二是政府有关部门应进一步明确职能定位，尽快制定并出台《中华人民共和国农民专业合作社法》实施细则，做好相关的政策、措施配套及服务工作，引导、帮助农民专业合作经济组织健康发展。三是应进一步加强对《农民专业合作社法》的宣传，通过组织专家巡讲团到农村宣讲、加强媒体宣传力度等方式，营造良好的舆论氛围，提高各级领导和广大农民对农民专业合作经济组织的认识和了解。四是应通过组织专家对农民专业合作经济组织骨干队伍进行培训，吸引大学生投身农民专业合作经济组织建设，以及培养农业经纪人等方式，加强农民专业合作经济组织的人才培养，增强其造血功能。

10 月中下旬，李敏宽副主席、张华军秘书长分别带队赴天津、浙江、上海、南京，与台盟天津市委、浙江省委、上海市委、南京市委有关同志就制定《台盟中央参政议政工作五年（2008—2012 年）规划纲要》进行座谈，听取台盟地方组织的意见和建议。

11 月 27 日，国务院法制办公室相关负责人与台盟中央领导进行座谈，了解台商关于《劳动合同法》的有关意见和建议。座谈会上，台盟中央领导详细介绍了台商对《劳动合同法》的有关反映，国务院法制办相关负责人对《劳动合同法》的出台过程进行了简要介绍，并就解决台商反映的问题提出了若干建议。李敏宽副主席等参加了座谈。12 月 6 日，台盟中央再次邀请国务院法制办相关负责人以及在京部分台商代表就《劳动合同法》进行座谈，台商对《劳动合同法》的实施提出了许多具体的意见和建议，国务院法制办相关负责人围绕台商关心的有关法律问题进行了解释与说明。

（五）专题调查研究

2007 年，台盟在调研选题上突出重点，紧紧围绕国家中心工作，并以国家“十一五”规划纲要为指导，着重在两岸科技、文化和农业课题上深入开展调查研究，取得良好成效。

1. 两岸科技交流课题

2007 年 6 月，台盟中央围绕台资高新技术企业在大陆发展状况及其对大陆科技创新影响的课题，由林文漪主席带队，组成调研组赴江苏开展了为期八天的调研活动。为组织好这次调研，台盟中央作了精心准备，注重调研程序上的规范。首先是在准备阶段细化了工序，包括精心准备调研提纲，增设“预调研”环节，确保调研工作的有序进行。其次，是在结尾阶段强化了反馈，调研结束时，台盟中央向中共江苏省委、省政府及时反馈了调研的具体情况，并提出多项有价值的意见和建议，受到广泛好评。调研组还吸收了北京、上海和南京等台盟地方组织的成员共同参与，邀请了中共中央统战部、国台办、科技部、信息产业部以及北京市人大、北京市台办等部门负责同志和有关专家参加调研。调研组先后走访了昆山、苏州、无锡、南京等地市，认真听取了当地中共党委、政府及有关部门的情况介绍，实地参观了台资高新技术企业的生产过程，并与企业负责人进行座谈，掌握了江苏台资高新技术产业生产、经营及发展状况的第一手资料。调研期间，林文漪主席代表调研组向中共江苏省委、省政府就进一步促进台资高新技术企业发展提出三点建议：进一步加强对台资高新技术企业自主创新的扶持和辅导；切实解决台资高新技术企业发展中面临的实际问题；努力营造台资高新技术企业发展的良好环境。调研结束后，台盟中央撰写了专题调研报告，向中共中央、国务院报送了《关于促进大陆台资高新技术企业发展的几点建议》。

与此同时，其他一些台资高新技术企业密集的地区，如北京、上海、天津、广东等地的台盟地方组织也开展了子课题调研，形成阶段性报告和分报告。这些调研成果转化成各种提案建议、大会发言后，为有关部门的决策提供了重要参考。

在台盟各级组织扎实调研的基础上，台盟中央在全国政协十一届一次会议上作了题为《实施两岸企业合作创新，促进高新产业共同发展》的大会发言，建议继续深化两岸科技交流与合作，实施两岸企业合作创新，促进高新产业共同发展，增强两岸企业的国际竞争力，加快建设创新型国家。

2. 两岸文化交流课题

2007 年 1 月，围绕闽南文化、闽台文化关系等问题，由林文漪主席带队，台盟中央与福建、北京、天津、南京等省市台盟组织联合组成调研组，赴福建开展了为期六天的专题调研，深入了解并进一步发挥闽南文化在推动两岸关系和平发展中的影响和作用。调研组先后在厦门、漳州、泉州、福州四市与有关部门座谈，参观了台湾公会旧址、沈葆桢故居、连氏宗祠等涉台文物史迹，并观看了芗剧（歌仔戏）、梨园戏、布袋戏、南音等反映两岸文化一脉相承的民间艺术表演。调研组了解到，福建省闽南地区的厦门、漳州、泉州是台湾同胞的主要祖籍地，是闽南文化的发源地和保存地，活跃着众多原生态的民族民间文化。闽南文化是中华文化的重要组成部分，也是海峡两岸人民同根同源、血脉相连的文化见证。福建省遗存有大量涉台文物史迹，蕴涵着丰富的涉台文物资源，根据第一批全省涉台文物普查资料的初步汇总显示，全省拥有重要涉台文物（不可移动）646 处。这些文物史迹是祖国大陆与台湾历史渊源关系的重要见证，佐证了台湾自古以来就是中国不可分割的一部分。调研结束后，台盟中央立即就闽南文化保护利用问题形成专题报告，及时报送中共中央和有关部门。报告提出三点建议：建立闽南文化生态保护区；设立涉台文物保护利用专项工程；在文物保护法中界定专门的涉台文物概念。台盟中央关于闽南文化保护利用的专题报告得到中共中央的高度重视，中共中央政治局常委、全国政协主席贾庆林同志在报告上作了专门批示："请国台办商文化部研究。"

为进一步推动对策建议的落实，台盟中央还将相关调研成果转化为《政府工作报告》征求意见座谈会、党外人士迎春座谈会等高层协商会上的意见和建议，并形成了全国政协十届五次会议上的发言和四份党派提案。

为继续推动专题调研深入开展，4 月 26—27 日，台盟中央与福建省人民政府、国家文物局联合主办了"海峡西岸文化遗产保护论坛（2007）"，就中国文化遗产的发展趋势与涉台文物保护、海峡西岸文化遗产的传承和保护、闽台文化交流等主题共同研讨。论坛结束后，台盟中央立即就海西文化遗产的保护利用问题形成专题报告，及时报送中共中央和有关部门，并在此基础上形成了全国政协十届十八次常委会议上的党派发言，以及全国政协《以文化建设为主要内容的国家软实力建设》专题协商会上的书面发言。

3. 两岸农业交流课题

2007年，台盟各级组织围绕“三农”问题开展了大量调研，持续关注农村金融体制改革和创新、发展农民专业合作组织、促进海峡两岸农业合作等方面的问题。《中华人民共和国农民专业合作社法》出台后，台盟就法律的贯彻落实，组织人员对北京、上海、广东、湖北、安徽、重庆、浙江等地的农民专业合作经济组织发展情况进行了实地调研。

在调研中台盟发现，《中华人民共和国农民专业合作社法》出台后，各种类型的农民专业合作社呈现出更加强劲的发展态势，正在逐步成为农村经营体制的创新点。但是，由于很多农民专业合作社还处于起步阶段，发展过程中仍然面临着一定的困难和问题。

在广泛调研的基础上，2007年8月，台盟在吉林省长春市召开了台盟中央农民专业合作经济组织研讨会，总结和交流台盟各级组织的调研成果。研讨会后，台盟中央汇总、整理了若干政策建议，形成台盟中央关于积极推动农民专业合作经济组织健康发展的专题报告，报送中共中央有关部门，供决策参考。在此基础上，台盟中央向全国政协十一届一次会议提交了书面发言《促进农民专业合作社健康发展，推动社会主义新农村建设》。

台盟地方组织还不断巩固现有成果，以专题研讨、业务指导和专家培训等多种形式将参政议政成果向社会服务领域延伸。如，2007年12月，台盟上海市委与当地有关部门联合举办了“沪台农民专业合作组织研讨会”，就台湾农业的发展状况，沪台农业合作等议题进行广泛深入的研讨。台盟福州市委、北京市委、吉林省委还邀请台湾专家对农民专业合作经济组织骨干人员进行专业培训，近年来，培训人数已累计达到3500人次，有力地促进了当地农民专业合作经济组织的健康发展。

（六）反映社情民意

台盟中央继续重视做好反映社情民意的信息工作，《台盟信息》全年报送34期，及时反映盟员、台胞对国家经济社会发展的意见和建议，反映台盟对两岸关系中的重大问题、重要事件以及关系群众利益突出问题的立场和观点，为国家决策部门掌握情况和改进工作发挥了应有的作用。

三、对台工作

2007年，台盟坚持把促进祖国和平统一作为一项重要历史任务，牢牢把握两岸关系和平发展的主题，以反对和遏制“台独”分裂活动为首要任务，不断延伸对台联络范围、提升交流层次、扩大宣传效果、加强研究力度，为密切两岸同胞的感情、增进两岸同胞的互信作出不懈努力。

（一）对台联络

2007年，台盟各级组织认真贯彻国家对台工作大政方针，从事关台湾人民切身利益的事情做起，为岛内同胞赴祖国大陆投资求学、探亲旅游提供服务、排忧解难，切实把“寄希望于台湾人民”的工作落到实处。其中，台盟中央协助台资企业天福集团在北京建设茶文化博物馆和集团总部；为台胞青年来大陆求学提供帮助，随时了解他们在学习与生活中遇到的困难和问题，引导他们了解祖国建设成就和政府相关政策，关心他们毕业后的就业需求等。台盟各级组织全年共为台商提供各类咨询服务545人次，组织协助台商投资考察222人次，走访慰问台商404人次，接待处理台商投诉117人次；为台生123人次提供求学咨询，组织784人次台生参加各类考察、座谈、夏令营及中华传统节日的庆祝联谊活动。

2007年，台盟各级组织积极拓宽对台联络的领域和范围，进一步深化了与岛内中南部民众、科技医药等领域的专业人士以及台湾原住民、青少年的联络交流，逐步打造台盟对台工作的特色品牌。其中，台盟中央接待了台湾台南县医师公会访问团，这是台湾岛内县市级医师公会第一次以公会的名义组团来祖国大陆参访，许多来自台湾中南部的团员是初次来大陆，对祖国的发展与繁荣有了切身感受；首次邀请接待了中华（台湾）各省市同乡会总会访问团，该社团是由台湾现行法律规定的52个省市同乡会组成的“会长会”，团员在岛内具有很大的影响力；邀请了台湾中华竞争力研究学会、公共行政学会、绿色生产力基金会负责人组成的环保参访团与北京市科委等进行交流，协商共同在台湾举办第四届环保科技交流会；接待了台湾嘉义大学进修推广部、高雄中山大学、台湾中南部教授参访团等到祖国大陆参访，参观考察祖国大陆的经济建设成就，与有关高校、学术机构、政府部门交流；邀请台湾原住民社会发展协会参访团到北京与国家民委进行交流，了解祖国大陆的民族政策，并赴东北了解当地少数民族的民族文化；邀请台中市原住民妇女会和台中县龙井乡原住民生活教育协进会共同组团到贵州交流，增强与台湾原住民群体的沟通与联系，加强两岸妇女交流；连续两年接待台湾地区政治受难人互助会青年参访团到北京、内蒙古访问，推动两岸青少年的交流交往；接待台湾功文文教基金会北京参访团，台湾地区政治受难人互助会赴广西、江西、河南、内蒙古、重庆、四川、北京、福建交流考察团，庆祝国庆58周年台湾地区政治受难人互助会参访团、海外台胞及从事反“独”促统工作的重要人士参访团，台湾彰化高级商校校友赴河南、山西参访团等。台盟各级组织全年共接待台湾岛内、港澳及海外来访的团组276批、3301人次；组织13批32人次赴台交流考察；组织4批8人次赴港澳参访；组织13批18人次赴海外参观考察。

（二）涉台宣传

台盟中央网站升级工作完成。改版后的网站丰富了内容，完善了功能，吸引了越来越多的海外华侨华人和岛内同胞的关注，月浏览量已接近50万人次。网站来自海外的访问量占总页面浏览量的23%。来自美国的页面浏览量超过总量的10%。台湾省在访问者省份排名中位居第六，页面浏览量约为25527。台盟网在台湾引起了部分人士的关注，在当前内地纸介、电视媒体难以入岛情况下，台盟网初步探索出了一条与台湾同胞交流、沟通，宣传大陆对台政策的有效途径。台盟中央主办的《台盟》杂志，全年出刊六期，成为广大盟员交流工作和思想情况的重要窗口。

（三）台情研究

2007年，台盟中央与厦门、天津、上海、海南等省市台盟组织共同完成了《台湾工人、青年、妇女运动研究》、《台湾当局“宪政改革”、“法理台独”的部署和实施及我们的对策建议》、《“立委”选举与泛蓝内部整合研究》等调研课题，深入分析岛内政治生态和民意动向，提出对策建议，受到了有关部门的高度重视。台盟中央还重点围绕台湾当局推行“法理台独”的企图开展研究，如对“台独”势力推出“第二共和宪法”草案的情况及其内容、“公投制宪”、推动“入联公投”的最新动向等问题深入分析，向国家有关部门提出当前反“独”、遏“独”工作的对策建议。

台盟中央政策研究会定期召开会议，

围绕台海局势和两岸关系发展中的重大问题开展专题讨论，研究对策，为决策部门提供了许多有价值的意见和建议。会议内容主要包括：学习讨论陈云林同志在十届全国人大常委会第二十七次会议上所作的《国务院关于台湾同胞投资合法权益保护工作情况的报告》，并对《台湾同胞投资保护法》及实施细则提出修改意见和建议；邀请台湾新党前主席谢启大、亲民党副秘书长朱鸥与政研会成员就当前台湾局势与两岸关系发展前景进行探讨。

《海峡快讯》、《台情分析》坚持快捷、客观、多角度的特点，全年分别出刊 114 期和 10 期，及时分析报道岛内重大事件，为涉台研究工作提供了及时的参考。

（四）其他活动

台盟中央定期参加中共中央、国务院有关部门举办的各种形式的座谈会、研讨会、联席会，表达对台湾局势、两岸关系发展的观点和看法。台盟各级组织还举办形式多样的活动，如针对两岸关系发展中的重要事件和重大问题，及时组织各种形式的集会和纪念活动，学习宣传国家一系列重要对台方针政策，纪念台湾光复和台湾人民“二・二八”起义等重大事件，表达生活在祖国大陆的广大盟员和台胞坚决维护国家主权和领土完整、期盼祖国早日统一的心声。

四、社会服务

2007 年，台盟广泛开展社会服务工作，注意立足自身特点，充分发挥盟员岛内外亲友多、联系渠道宽的优势，积极投身智力支边和扶贫工作，注重加强与地方政府部门合作，为台胞在祖国大陆投资牵线搭桥。

（一）推动两岸经贸合作

台盟各级组织切实贯彻胡锦涛总书记“深化互利双赢的交流合作是实现两岸关系和平发展的有效途径”讲话精神，充分发挥盟员岛内外亲友多、联系渠道宽的优势，注重加强与地方政府部门合作，为台胞在祖国大陆投资牵线搭桥，积极探索推动两岸经贸合作的新渠道，共建合作的新平台。

2007 年，台盟中央继续与科技部及北京市有关部门共同主办第十届京台科技论坛暨京台科技合作研讨洽谈会，600 余名来自京台两地工商产业界、科技界和学术界的知名企业家、专家和学者相聚北京，在“奥运・创新・合作・双赢”的主题下，共同研讨京台经贸合作前景，展示台湾高新技术，推动两岸科技合作创新，为台商参与北京奥运会赞助计划、市场计划和科技奥运计划搭建平台，寻求扩大两地经贸交流与合作的进一步发展。论坛的开幕式及“科技奥运——环保产业合作与发展”、“都市农业发展与产销研讨会暨京台 2008 奥运果品推介交流会”等活动突出了众多亮点，产生了积极影响。台盟中央还与重庆市人民政府共同主办了“战时首都重庆与台湾光复学术论坛”，邀请两岸学术界与经济界人士参会，进一步推动了渝台经贸文化交流。台盟中央还连续第三年与安徽省人民政府等单位共同主办了“海峡两岸暨港澳经贸合作与商品交易会”，邀请台商代表参会。通过运用自身的资源优势，台盟各级组织为两岸经贸合作拓宽了渠道，推动了两岸经贸合作实现互利双赢。

（二）智力支边扶贫工作

2007 年，台盟各级组织针对地方特点，利用自身优势，创新思路开展智力支边扶贫工作，落实了多项扶贫及引资项目，为贫困地区和贫困人口办实事。全盟共捐助扶贫款662242元，引进资金5项、约6245万元。其中包括：为遭受洪灾、旱灾等受灾地区捐款捐物；资助困难台籍大学生；为希望小学贫困学生提供学习、体育用品；主办送电影到农村、进社区活动，免费放映国产大片；牵线搭桥引进资金，投资开发休闲农业，包括台湾农业新品种开发项目、观光休闲度假村、生态村等；吸引外资建设乌龙茶茶业示范园区、食用菌示范基地等。

台盟中央、台盟福建省委牵线福建、香港等地企业和爱国人士，共同向云南省德宏州捐赠125万元，用于修扩建潞西市木康小学、瑞丽市班养小学等四所学校的教学楼及附属设施，以提高这些学校的办学质量，为培养德宏各民族优秀人才提供平台，使其成为海峡两岸少数民族交流的示范点。在台盟中央的积极协调下，香港爱国人士石汉基先生将自己筹集的涵盖文学、艺术、自然科学等类别的1400余册书籍捐赠给德宏州图书馆，为德宏的文化事业发展贡献一份力量。

台盟中央直接参与了中共中央统战部和各民主党派中央、全国工商联在贵州省毕节试验区的扶贫工作。2007年，台盟中央领导两次带队深入考察毕节地区的开发扶贫情况，研究开展帮扶工作。5月份，刘亦铭副主席一行六人赴扶贫重点赫章县河镇乡海雀村检查台盟中央三个扶贫项目的实施情况。8月份，林文漪主席一行12人赴贵州毕节地区考察扶贫工作，与毕节地区行署、赫章县及相关单位举行了扶贫工作座谈会，并举行了台盟中央帮扶海雀村茅草房改造项目签约仪式。同时，台盟中央与中国文化扶贫委员会、中国大百科全书出版社共同捐赠《学生规范字典》首批2000册给赫章县，以后将陆续追加到10000册，帮助当地小学生用上崭新实用的字典。台盟中央和台盟福建省委向赫章县海雀村共提供援助款40万元，用于茅草房改造工程，以解决当地人住宅极度简陋的状况。台盟中央还与部分台资企业接洽，联系劳务输出，帮助海雀村解决农村富余劳动力输出问题。

五、自身建设

2007年，台盟紧密围绕建设适应新世纪要求参政党的目标，深入开展思想建设，稳步推进组织发展，不断加强领导班子和后备干部队伍建设，继续完善各项工作制度，顺利完成地方组织换届工作。

坚持把加强自身建设作为一项基础工作扎实推进，以思想建设为核心，以组织建设为基础，以制度建设为保障，全面提高整体素质，努力建设适应新世纪要求的参政党。

（一）思想建设

2007年，台盟各级组织坚持以思想建设为核心，开展了关于中共十七大等重要会议精神的学习活动。台盟各级组织通过培训班、座谈会、研讨会等多种形式，有计划、分阶段地开展学习教育，全盟的理论水平和思想素质得到进一步提高。配合换届工作，2007年，台盟中央在全盟开展了以“坚持走中国特色社会主义政治发展道路”为主题的政治交接学习教育活动，以点带面，积极引导，通过讲座报告、参观学习、走访交流等内容丰富的主题活动，推动了学习教育活动健康、深入、有效地开展，使广大盟员进一步深化了对老一辈优良传统的理解和把握，进一步增强了走中国特色社会主义政治发展道路的坚定性和自觉性。

（二）组织建设

2007年，台盟各级组织认真做好沟通、协调工作，稳步推进换届工作的开展。

4月2日至3日，台盟重庆市第二次盟员代表大会举行，李敏宽副主席代表台盟中央向大会致辞。中共重庆市委副书记邢元敏代表中共重庆市委出席大会并讲话。会议审议并通过英俊同志代表台盟重庆市工委第一届委员会所作的工作报告，选举产生了台盟重庆市第二届工作委员会。二届工委一次会议选举李钺锋为主任委员，骆亚非、许沛为副主任委员。会议还选举了出席台盟第八次全盟代表大会的代表。

4月13日至15日，台盟上海市第十次盟员代表大会举行。林文漪主席出席开幕式，代表台盟中央向大会致辞。会议审议并通过了四箴同志代表台盟上海市委第九届委员会所作的工作报告，选举产生了台盟上海市委第十届委员会。十届委员会一次会议选举杨健同志为主任委员，王中、高美琴、吴敏为副主任委员。会议还选举了出席台盟第八次全盟代表大会的代表。

4月24日至25日，台盟海南省第四次盟员代表大会举行，林文漪主席到会并致贺词。会议审议并通过了王琼瑛同志代表台盟海南省第三届委员会所作的工作报告，选举产生了台盟海南省第四届委员会。四届委员会一次会议选举连介德为主任委员，吴琼开、符之冠、蔡扬生、庄琼菊为副主任委员。会议还选举了出席台盟第八次全盟代表大会的代表。

4月26日至27日，台盟辽宁省第三次盟员代表大会举行，刘亦铭副主席出席大会并致辞。会议审议并通过了孙桂芬同志代表台盟辽宁省第二届委员会所作的工作报告，选举产生了台盟辽宁省第三届委员会。三届委员会一次会议选举王松为主任委员、王光华、胡军为副主任委员。会议还选举了出席台盟第八次全盟代表大会的代表。

5月8日至11日，台盟广东省第六次盟员代表大会举行，刘亦铭副主席代表台盟中央出席大会并致贺词，中共广东省委副书记刘玉浦代表中共广东省委出席大会并讲话。会议审议并通过了陈蔚文同志代表台盟广东省第五届委员会所作的工作报告，选举产生了台盟广东省第六届委员会。六届委员会一次会议选举陈蔚文为主任委员，孔令人、郭晓青、谢志成、卢馨为副主任委员。会议还选举了出席台盟第八次全盟代表大会的代表。

5月14日至15日，台盟湖北省委第八次盟员代表大会举行，吴国祯副主席代表台盟中央出席开幕式并致辞，中共湖北省委常委、统战部部长苏晓云同志代表中共湖北省委致贺词。会议审议并通过了吴秀凤同志代表台盟湖北省第七届委员会所作的工作报告，选举产生了台盟湖北省第八届委员会。八届委员会一次会议选举吴秀凤为主任委员，江中联、胡霜红、张天弓为副主任委员。会议还选举了出席台盟第八次全盟代表大会的代表。

6月2日至4日，台盟北京市第九次盟员代表大会举行，林文漪主席出席大会并代表台盟中央致贺词，李敏宽副主席出席。会议审议并通过了郭理同志代表台盟北京市第八届委员会所作的工作报告，选举产生了台盟北京市第九届委员会。九届委员会一次会议选举蔡国雄为主任委员，陈军、杨晓东、蔡国斌、谢正观、蔡勉为副主任委员。会议还选举了出席台盟第八次全盟代表大会的代表。

6月4日至6日，台盟吉林省第七次

盟员代表大会举行，刘亦铭副主席出席并代表台盟中央致贺词。会议审议并通过了王天戈同志代表台盟吉林省第六届委员会所作的工作报告，选举产生了台盟吉林省第七届委员会。七届委员会一次会议选举王天戈为主任委员，雷献禾、蔡国铭、蔡胜、郑吉虎为副主任委员。会议还选举了出席台盟第八次全盟代表大会的代表。

6月5日至8日，台盟福建省第八次盟员代表大会举行，吴国祯副主席出席并代表台盟中央致贺词。会议审议并通过了陈正统同志代表台盟福建省第七届委员会所作的工作报告，选举产生了台盟福建省第八届委员会。八届委员会一次会议选举汪毅夫为主委，简少玉、陈宜安、江尔雄、骆沙鸣、陈紫萱为副主委。会议还选举了出席台盟第八次全盟代表大会的代表。

6月5日至7日，台盟云南省第七次盟员代表大会举行，李敏宽副主席出席并代表台盟中央致贺词。会议审议并通过了郑凡同志代表台盟云南省第六届委员会所作的工作报告，选举产生了台盟云南省第七届委员会。七届委员会一次会议选举郑凡为主任委员，杨晓红、徐岷山为副主任委员。会议还选举了出席台盟第八次全盟代表大会的代表。

6月18日，台盟浙江省第三次盟员代表大会举行，汪毅夫副主席代表台盟中央致贺词。会议审议并通过了陈昭典同志代表台盟浙江省第二届委员会所作的工作报告，选举产生了台盟浙江省第三届委员会。三届委员会一次会议选举张泽熙为主任委员，胡亚芳、陈清玲为副主任委员。会议还选举了出席台盟第八次全盟代表大会的代表。

6月27日，台盟天津市第八次盟员代表大会举行，李敏宽副主席出席大会开幕式并代表台盟中央致贺词。会议审议并通过了蔡世彦同志代表台盟第七届委员会所作的工作报告，选举产生了台盟天津市第八届委员会。八届委员会一次会议选举叶惠丽为主任委员，刘朝霞、张肇毅为副主任委员。会议还选举了出席台盟第八次全盟代表大会的代表。

7月1日至3日，台盟陕西省第四次盟员代表大会举行，汪毅夫副主席代表台盟中央致贺词。大会审议并通过了马克宁同志代表台盟陕西省第三届委员会所作的工作报告，选举产生了台盟陕西省第四届委员会。四届委员会一次会议选举马克宁为主任委员，王二虎、吴志红为副主任委员。会议还选举了出席台盟第八次全盟代表大会的代表。

截至2007年7月，台盟14个省级组织（含台盟重庆工委、南京市委）圆满完成换届工作。换届后的省级组织主委平均年龄53.9岁，比2002年下降3.9岁；副主委平均年龄50.6岁，比2002年下降1.7岁；研究生以上文化程度的16人，占28.6%；大学文化程度的27人，占48.2%。换届后，台盟省级组织领导班子的年龄层次和知识结构得到进一步改善，地方组织更具有生机和活力。

11月28日至12月3日，台盟第八次全盟代表大会在北京召开。会议选举产生了63名台盟第八届中央委员会委员。台盟八届一中全会选举马克宁等22名同志为台盟第八届中央委员会常务委员会委员，选举林文漪同志为台盟第八届中央委员会主席，汪毅夫、吴国祯、陈蔚文、杨健、黄志贤同志为台盟第八届中央委员会副主席。台盟八届一次中常会任命张宁同志为台盟第八届中央委员会秘书长。

至2007年底，台盟共有盟员2259人，一年发展盟员94人。

（三）制度建设

台盟各级组织继续健全全委会议、常委会议、主席（主委）会议等领导机构、领导班子议事规则和决策程序，不断探索建立适合台盟特点的工作机制。台盟各级组织注重加强机关建设，完善规章制度，科学设置机构，明确岗位职责，合理安排人员，并以实施《公务员法》为契机，通过交流、轮岗、竞争上岗等形式，加强了对机关干部的培养和选拔，推动机关运行的规范化、制度化和程序化，机关工作效率和服务意识明显提高。《台盟周报》是沟通全盟信息的重要平台，全年共编发53期，为加强各级组织间的互动发挥了积极作用。

郑世凯　台盟中央联络部副部长
朱　焱　台盟中央研究室综合处副处长
郭　婷　台盟中央研究室干部

政党组织　政党人物

政党组织

中国国民党革命委员会

中国国民党革命委员会（简称“民革”）是具有政治联盟性质的、致力于建设中国特色社会主义和祖国统一事业的政党，是中国共产党领导的多党合作和政治协商制度中的参政党。目前，民革在全国各个省、自治区、直辖市（除台湾、西藏外）建立了省级组织，建立了地市级组织308个，基层组织4179个，拥有党员85174人。民革历任主席为李济深、何香凝、朱蕴山、王昆仑、屈武、朱学范、李沛瑶、何鲁丽，现任主席为周铁农。

民革是由继承孙中山爱国、革命和不断进步精神的原中国国民党民主派及其他爱国民主人士创建，1948年1月1日在香港宣布成立的。1925年孙中山先生逝世后，国民党内的爱国民主力量，在中国共产党的支持、帮助下，同背弃“联俄、联共、扶助农工”三大政策，背叛孙中山革命事业的国民党反动统治集团进行了长期的斗争，并在经历了三次分化、三次集结之后，于1945年和1946年先后成立了三民主义同志联合会、中国国民党民主促进会等民主派组织。1947年11月，在中国共产党领导的人民武装力量开始战略反攻，国民党统治集团军事上节节败退、政治上日益孤立的形势下，三民主义同志联合会、中国国民党民主促进会和其他爱国民主人士的代表齐聚香港，举行中国国民党民主派第一次联合代表会议。会议决定，“脱离蒋介石劫持下的反动中央”，成立中国国民党革命委员会。中国国民党革命委员会的成立，标志着在中国人民解放战争胜利进入战略反攻的历史性时刻，国民党各民主派别和其他爱国民主分子，在坚持孙中山三大政策和革命精神的基础上，在推翻国民党反动统治的共同目标下，实现了大联合，促进了国民党内部的加速分化，使中国的政治格局发生了重要变化。

民革成立后，即同中国共产党亲密合作，共同斗争。在如火如荼的人民解放战争中，民革各级组织和党员一方面继续大力开展反对国民党统治集团的政治斗争，一方面利用自己同国民党的历史关系，积极进行争取国民党军政人员认清形势、弃暗投明的活动。1948年4月30日，中共中央发布“五一口号”，号召“各民主党派、各人民团体、各社会贤达迅速召开政治协商会议，讨论并实现召集人民代表大会，成立民主联合政府”，同共产党一道为推翻国民党统治和建立新中国而奋斗。中国共产党的号召，立即得到了民革的热烈响应。同年5月5日，民革领导人李济深、何香凝等与其他民主党派人士、无党派人士联名发表通电，表示拥护中国共产党的号召、接受中国共产党的领导，得到了中共中央主席毛泽东的复电欢迎。随后，民革领导人陆续北上，来到东北解放区，并于1949年2月以后在北平会合，参加新政协的筹备工作。同年9月，民革各方代表出席中国人民政治协商会议第一届全体会议，参与了《共同纲领》的制订和中华人民共和国的创建。

新中国成立以后，作为中国共产党领导的多党合作中的一个民主党派，民革许多领导人担任国家、政府、政协的重要职务，参加了国家政权建设和国家事务的管理。1949年11月，中国国民党革命委员会第二次代表会议在北京举行，确立了接受中国共产党领导和为新民主主义服务的政治路线。会议还决定以“中国国民党革命委员会”为党的统一名称，“民联”、“民促”及国民党内其他民主分子都团结在这个统一组织内，使民革真正成为国民党爱国民主力量的统一组织。

面对新中国成立初期新的形势与任务，在中国共产党的领导和帮助下，民革组织全体党员认真学习马列主义、毛泽东思想，积极投身反帝爱国和争取祖国统一的伟大斗争，踊跃参加国家的各项民主改革和建设实践，为巩固人民民主政权，恢复和发展国民经济，实现过渡时期总任务，发挥了应有的作用。与此同时，在中国共产党各级组织的支持、帮助下，民革吸收了大批新党员，开展了建立健全地方组织的工作，并扩大了社会联系面。通过这一阶段的自我教育、参加社会主义改造实践和组织发展工作，民革广大党员的政治觉悟和建设热情得到显著提高，党员人数有了较大增长，组织建设取得了长足进步，为民革在社会主义建设时期的发展打下了良好的基础。

1956年9月，中共八大正式提出共产党和民主党派“长期共存、互相监督”的“八字方针”，极大地鼓舞了民革全体同志。在中共八大路线的指导下，民革根据业已变化了的阶级状况，及时修改自己的纲领，提出了为社会主义服务的政治路线，并根据这一路线确定了新的工作方针，规定其根本任务是动员和调动一切力量为社会主义建设事业服务，从而顺利完成了由新民主主义向社会主义的历史性转变。

1957年以后，民革因受到反右扩大化和“左”的错误影响，处在较为困难的境地。但是，民革仍然坚持团结、教育广大成员及所联系的人士，在中国共产党的领导下，与中国共产党风雨同舟，积极工作，共渡难关。“文革”期间，民革被迫停止活动，许多领导同志和党员受到迫害。然而，不论形势多么险恶，环境多么艰辛，民革各级组织和广大党员始终没有动摇对中国共产党领导和对社会主义的信心，一直坚持与中国共产党共患难、同命运，不仅在斗争中经受住了严峻的考验，同时也大大加深了对共产党的理解、信赖和感情。

“文革”结束后，中国共产党召开十一届三中全会，全面、认真纠正“文化大革命”及以前的“左”的错误，决定把全党的工作重点转移到社会主义现代化建设上来，实现了具有深远历史意义的伟大转折。1979年6月，邓小平同志在全国政协五届二次会议的开幕词中，全面阐述了新时期爱国统一战线和人民政协的性质、方针和任务，科学阐明了新时期民主党派的社会基础和性质，明确了新时期民主党派的任务、地位和作用。之后，中共中央又制定了中国共产党与各民主党派“长期共存、互相监督、肝胆相照、荣辱与共”的方针。在中共十一届三中全会精神和邓小平新时期统战理论指导下，民革在1977年10月初步恢复活动的基础上，于1979年10月召开第五次全国代表大会。大会根据社会主义初级阶段的基本理论、基本纲领和基本路线，根据新时期统一战线和民主党派的性质、任务、作用，决定把自己的工作重点转移到为社会主义现代化建设服务上来，并制定了以服务社会主义现代化建设为中心，以促进祖国统一为重点的工作方针，使新时期的民革工作同改革开放和社会主义建设密切结合，同振兴中华、统一祖国密切结合。在这一方针指导下，民革各级组织和广大党员充分发挥积极性和主动性，多方面地开辟为改革开放和社会主义现代化建设服务的工作领域，扩大同台湾、香港、澳门和国外有关人士的联系，积极开展促进祖国统一的工作，开创了工作新局面。在各项工作取得新进展的同时，为适应新的形势与任务要求，民革在中国共产党各级组织的支持和帮助下，积极整顿和发展组织，着力开展自身建设工作，很快就使自己的面貌为之一新，从而为共同建设中国特色社会主义奠定了必要的思想基础和组织基础。

1989年12月，中共中央在经过多次研究讨论并与各民主党派充分协商后，制定下发了《中共中央关于坚持和完善中国共产党领导的多党合作和政治协商制度的意见》，正式明确了民主党派的参政党地位，具体规定了民主党派参政议政和履行民主监督职责的基本内容、形式、渠道，规范了民主党派参政议政和履行民主监督职责的范围。按照《中共中央关于坚持和完善中国共产党领导的多党合作和政治协商制度的意见》的要求，民革各级组织一方面努力加大自身建设的力度，建立健全适应新形势、新任务的参政党机制；另一方面，积极探索参政议政、民主监督工作的新思路、新途径、新形式，努力发挥参政党作用，切实履行好参政党职责。通过各级组织和广大党员的共同努力，民革不仅在自身建设上取得了很大进展，参政议政、民主监督工作也开始走上制度化、规范化、程序化轨道，使民革各方面的工作都迈上了一个新的台阶。

中共十六大以后，以胡锦涛同志为总书记的中共中央，在认真总结历史经验和理论创新成果的基础上，为推进社会主义政治文明建设、坚持走中国特色社会主义政治发展道路，于2005年2月颁布了《中共中央关于进一步加强中国共产党领导的多党合作和政治协商制度建设的意见》，进一步明确了坚持、完善中国共产党领导的多党合作和政治协商制度的发展方向，使多党合作和政治协商更加制度化、规范化、程序化。2006年11月，中共十六届六中全会又从构建社会主义和谐社会的角度出发，提出了促进政党关系和谐的要求，给民主党派积极履行参政党职能、充分发挥自己的作用，创造了更加有利的形势和条件。在中共十六大精神指引下，民革以建设适应新世纪新阶段要求的高素质参政党为目标，在坚定不移地走中国特色社会主义政治发展道路的基本前提下，紧密结合中国迅速变化着的实际，从社会发展规律、社会主义建设规律以及参政党建设规律出发，大力加强思想、组织、作风和制度等建设，努力提高政治把握能力、参政议政能力、组织领导能力、合作共事能力。同时，把发展作为参政议政的第一要务，围绕改革、发展、稳定大局和国家中心工作，进一步增强政治协商、参政议政、民主监督的能力和水平，开创了民革为中国特色社会主义建设事业服务工作的新局面。

2007 年 12 月，民革召开了第十一次全国代表大会，选举产生了新一届中央委员会。大会以中共十七大精神为指导，在总结过去工作成绩和经验的基础上，制定适应新形势要求的工作目标和任务，选举产生新一届中央领导机构，通过了新的章程（修正案）。当前，民革各级组织和全体党员正以与时俱进的精神状态，贯彻落实民革十一大提出的各项任务，为加快推进社会主义现代化、实现祖国完全统一和中华民族的伟大复兴而努力奋斗。

民革中央共设有办公厅、组织部、宣传部、联络部、社会服务部、调研部等六个中央机关工作部门；共设有经济委员会、祖国和平统一促进委员会、教科文卫体委员会、人口资源环境委员会、社会和法制委员会、理论研究与学习委员会、妇女和青年工作委员会等七个专门委员会；下属中华中山文化交流协会、民革中央孙中山研究学会、民革中央画院等三个社团，团结报社、团结出版社等两个事业单位。

中国民主同盟

中国民主同盟（简称民盟）是主要由从事文化教育以及科学技术工作的高、中级知识分子组成的，具有政治联盟特点的，接受中国共产党领导、同中国共产党通力合作，进步性与广泛性相统一、致力于中国特色社会主义事业的参政党。

民盟于1941年3月19日在重庆秘密成立，当时的名称是“中国民主政团同盟”。其时，由于“皖南事变”的发生，国民党和共产党的合作遭到破坏，抗日民族统一战线危机四伏。国共两党以外一些主张抗日的政党和人士，迫切希望联合起来，为坚持团结民主抗日而斗争。于是，即以部分国民参政员于1939年11月成立的“统一建国同志会”为基础，成立了中国民主政团同盟。参加者有：中国青年党、国家社会党（后改称民主社会党）、中华民族解放行动委员会（后改称中国农工民主党）、中华职业教育社、乡村建设协会的成员及其他人士，公推黄炎培为中央委员会主席。不久，黄炎培辞去主席职务，推举张澜任主席。1941年10月10日，在香港的民盟机关报《光明报》发表《中国民主政团同盟成立宣言》和《中国民主政团同盟对时局主张纲领》（简称“十大纲领”）。1942年，全国各界救国联合会加入，中国民主政团同盟遂成为集合“三党三派”的政治党派。中国民主政团同盟最初的政治主张是“贯彻抗日主张，实践民主精神，加强国内团结”，并积极组织成员参加国民党统治区的民主宪政运动。

1944年9月，中国民主政团同盟在重庆召开全国代表会议，决定将名称改为“中国民主同盟”，由团体会员制改为个人申请参加。同年10月，发表《对抗战最后阶段的政治主张》，响应中国共产党提出的建立民主联合政府的号召。

1945年10月，民盟召开临时全国代表大会（即第一次全国代表大会），通过《政治报告》、《临时全国代表大会宣言》、《中国民主同盟纲领》、《中国民主同盟组织规程》。会议产生了第一届中央委员会，推选张澜为中央委员会主席。会议明确提出了“反对独裁，要求民主；反对内战，要求和平”的政治主张。

1946年1月，民盟参加在重庆召开的政治协商会议。在政治协商会议和国共两党和谈过程中，民盟与中国共产党代表团密切配合，力促和谈成功。与此同时，参加和支持学生民主运动和广大人民群众反内战、反饥饿、反迫害的斗争。一批优秀的民盟盟员如李公朴、闻一多、杜斌丞、杨伯恺、于邦齐等在争取民主自由的斗争中，惨遭国民党反动派的杀害。尤其是在反对国民党非法召开“国民大会”的斗争中，民盟与中国共产党一致行动，拒绝出席，并先后将投靠国民党反动派的青年党、民社党清除出民盟。

1947年10月，国民党政府悍然宣布民盟为“非法团体”，11月，民盟总部被迫解散。民盟地方组织和盟员转入地下斗争，民盟的海外组织积极开展活动，继续与国民党反动派进行斗争。

1948年1月，民盟在香港召开一届三中全会，成立临时总部，公开宣布同中国共产党携手合作，为彻底摧毁国民党反动政府，实现民主、和平、独立、统一的新中国而奋斗。同年5月，民盟与各民主党派一起，通电响应中国共产党召开新政治协商会议，成立民主联合政府的“五一口号”。1949年3月，民盟总部由香港迁到北平。同年9月，民盟代表出席中国人民政治协商会议第一届全体会议，参加了中华人民共和国的筹建工作。

新中国成立后，民盟以中国人民政治协商会议通过的《共同纲领》为民盟的政治纲领，在中国共产党的领导下，积极参加新中国人民政权工作和国家事务管理，推动盟员和盟所联系的知识分子学习马克思列宁主义、毛泽东思想，努力为社会主义建设事业服务，特别是在参加国家文教建设方面，发挥了重要的作用。1956年2月，民盟召开第二次全国代表大会，提出“一切为了社会主义”的口号。为贯彻“长期共存，互相监督”的方针和“百花齐放，百家争鸣”的方针，民盟积极发挥作用，就知识分子问题和文化教育问题提出了一系列有远见的意见和建议。1957年，由于“左”的错误，特别是“反右”扩大化，使民盟受到严重挫折。

“文革”期间，由于林彪、江青反革命集团的破坏，民盟各级组织被迫停止活动。粉碎“四人帮”以后，民盟逐步恢复组织活动。

进入新的历史时期以来，民盟在邓小平建设有中国特色社会主义理论的指引下，坚持与中国共产党“长期共存、互相监督、肝胆相照、荣辱与共”的方针，坚持中国共产党领导的多党合作和政治协商制度，加强自身建设，积极履行参政党职能，为把我国建设成为富强民主文明的社会主义现代化国家，为新时期统一战线的巩固和发展，为实现祖国和平统一贡献智慧和力量。1979年10月，民盟举行第四次全国代表大会。会议决定把民盟的工作重点转移到为社会主义现代化建设服务的轨道上来。在新的历史时期，民盟积极参加国家政治生活，参与经济建设、文教建设和其他方面重大问题的协商和讨论；参加国家大政方针、政策、法律、法规的制定执行，履行参政党参政议政、民主监督的职责。同时，进一步调动盟员和盟所联系的知识分子的积极性，组织和动员盟员学习马克思列宁主义、毛泽东思想、邓小平建设有中国特色社会主义理论，在做好本职工作的基础上，采取多种形式开展以智力开发为主要内容的面向社会、为“四化”建设服务的活动，同时民盟的组织也有了较大发展。1983年至2007年，民盟先后举行了第五至十次全国代表大会，为坚持和完善中国共产党领导的多党合作和政治协商制度、推进社会主义民主政治和法制建设、增强参政党机制，做了不懈的努力。在这期间，民盟中央提出了为经济建设“出主意、想办法，做好事、做实事”的号召。通过实践走出了一条开发民盟智力资源，参与国家和区域经济、社会发展规划的制订与实施的新路子，尤其是在参与教育改革和智力扶贫方面，进行了不少有益的探索。为推进中国特色社会主义经济建设、政治建设、文化建设和社会建设服务，为维护安定团结的政治局面服务，为实现祖国统一服务，为维护世界和平和促进共同发展服务。

民盟的政治纲领在不同的历史时期有不同的历史内容。2007年12月举行的民盟第十次全国代表大会通过的《中国民主同盟章程》规定，中国民主同盟坚持高举中国特色社会主义伟大旗帜，以邓小平理论和“三个代表”重要思想为指导，深入贯彻落实科学发展观，继续解放思想，坚持改革开放，推动科学发展，促进社会和谐，为夺取全面建设小康社会新胜利、建设富强民主文明和谐的社会主义现代化国家而奋斗。

民盟历届中央委员会主席为黄炎培、张澜、沈钧儒、杨明轩、史良、胡愈之（代主席）、楚图南、费孝通、丁石孙。现任主席蒋树声。截至2007年底，民盟共有成员18.8万余人，其中高教界占25.2%，普教界占33.8%，文化艺术新闻出版界占6.1%，科学技术界占10.3%，医卫界占8.2%。省级组织30个，市、县级组织403个。盟员中有1.7万余人担任各级人大代表和政协委员，有800余人担任县处级以上政府部门的领导工作，还有一些人担任特约检察员、特约监察员、特约审计员、教育督导员。民盟成员中，有许多人在自己的专业岗位上做出了出色的成绩，享誉国际或获得国家表彰。

民盟中央主办的刊物有盟内发行的机关刊物《中央盟讯》，国内外公开发行的月刊《群言》，设有群言出版社。

中国民主建国会

中国民主建国会（简称民建）是主要由经济界人士组成的、具有政治联盟特点的、致力于建设中国特色社会主义事业的政党，是中国共产党领导的多党合作和政治协商制度中的参政党。

民建在现阶段的政治纲领是：高举中国特色社会主义伟大旗帜，认真学习中国特色社会主义理论体系，遵循社会主义初级阶段的基本路线，积极履行参政议政和民主监督职能，致力于发展社会生产力，促进社会主义经济、政治、文化和社会建设，为把我国建设成为富强民主文明和谐的社会主义现代化国家努力奋斗。

民建在现阶段的任务是：围绕全面建设小康社会的奋斗目标，以促进发展为第一要务，充分发挥密切联系经济界的特色和优势，积极参加社会主义现代化建设的实践活动，针对改革开放、经济建设和社会发展中的重大问题，开展调查研究，反映社情民意，积极建言献策，更好地发挥参政党作用，在推进我国的现代化建设，完成祖国统一，维护世界和平与促进共同发展的过程中作出应有的贡献。

民建具有爱国、革命的光荣历史，在长期实践中，形成了坚持爱国主义，致力于建设中国特色社会主义事业；坚持接受中国共产党的领导，与中国共产党亲密合作；坚持遵从人民群众的根本利益，认真履行参政党职能；坚持与经济界的紧密联系，努力发挥自身的特色；坚持与时俱进，在自我教育中不断提高自身的素质等优良传统，形成了同经济界密切联系的历史特点。1945 年 12 月 16 日，民建在重庆成立，成员主要是爱国的民族工商业者和有联系的知识分子，发起人有黄炎培、胡厥文、章乃器、施复亮、孙起孟等。民建成立后，积极参加新民主主义革命斗争。1948 年，民建响应中国共产党关于 5 月 1 日召开政治协商会议、成立民主联合政府的号召，派代表赴解放区参加筹备工作。1949 年 9 月，民建代表出席了中国人民政治协商会议第一届全体会议，参与制订《共同纲领》，选举中央人民政府，为中华人民共和国的建立作出了贡献。

新中国成立后，民建确定了接受中国共产党领导、为社会主义服务的政治路线，参加人民政权和人民政协工作，为巩固人民民主专政，恢复和发展经济，特别是实现从新民主主义到社会主义的转变，积极配合国家对资本主义工商业的社会主义改造，确立社会主义制度，发挥了重要的作用。

进入改革开放和社会主义现代化建设新时期以来，民建各级组织和广大成员努力弘扬民主、团结、创新、奉献的精神，坚定不移地贯彻社会主义初级阶段的基本路线，坚持中国共产党同各民主党派“长期共存、互相监督、肝胆相照、荣辱与共”的方针，积极履行参政议政和民主监督职能，在参加国家政权，参与国家大政方针和国家领导人选的协商，参与国家事务的管理，参与国家方针、政策、法律、法规的制定执行过程中，发挥了越来越显著的作用。特别是近年来，围绕国家经济建设和社会发展的重大问题，认真组织力量开展调查研究，有计划地就建设资源节约型、环境友好型社会，鼓励、引导非公有制经济发展，统筹城乡发展、推进社会主义新农村建设，深化财税、金融体制改革，推动区域协调发展等重大问题，深入调查研究，积极建言献策，提出很多重要意见和建议，为促进改革开放和现代化建设、坚持和发展中国共产党领导的多党合作和政治协商制度、发展社会主义民主和法制建设、巩固和扩大爱国统一战线、维护安定团结做了大量的工作。

民建各级组织带领广大成员，在各类企业、教育和研究部门、政府和社会管理等各个工作岗位上积极贡献力量。与此同时，充分发挥自身的优势和特点，积极开展智力扶贫、非公有制经济发展、职业教育、社会公益等方面的活动，成立了中华思源工程扶贫基金会，使本会的扶贫工作提升到一个新高度；每年与有关部门联合举办的风险投资论坛和非公有制经济发展论坛已经成为本会的知名品牌，产生了积极的社会影响。长期以来，民建在发展社会主义市场经济，促进非公有制经济健康发展，推动社会主义新农村建设，统筹区域协调发展等方面作出了积极贡献。民建中央还创办了民主与建设出版社、《经济界》杂志，开通了民建网站。

民建积极开展联谊工作，加强同港澳各界特别是工商、教育等专业界人士的联系。加强与主张发展两岸关系的台湾各界人士的联络与交往，促进两岸同胞感情更融洽、合作更深化。坚决反对“台独”分裂活动，维护两岸关系和平稳定，促进祖国统一。发展与外国有关政党、团体的友好往来和合作，增进相互了解，协助政府引进资金、技术和人才，取得了显著成绩，受到社会的普遍赞誉，为扩大对外开放，促进港澳繁荣稳定、推进祖国和平统一、维护世界和平作出了自己的努力。

民建在全国 30 个省、自治区、直辖市和大中城市都建立了组织，现有成员 11 万多人，大多数为经济界和其他方面的代表性人士。其中，有 2806 人担任各级人大代表、14244 人担任各级政协委员、2431 人担任区、县级以上各级政府和司法机关领导职务，还有 3748 人担任各级特邀、特约监察员、检察员职务。

民建第一、二届中央委员会主任委员为黄炎培，第三届中央委员会主任委员、第四届中央委员会主席为胡厥文，第五、六届中央委员会主席为孙起孟，第七、八届中央委员会主席为成思危，第九届中央委员会主席为陈昌智。

中国民主促进会

中国民主促进会（简称民进）是以从事教育文化出版工作的高、中级知识分子为主、具有政治联盟性质、致力于建设中国特色社会主义事业的政党，是同中国共产党通力合作的参政党。

民进的主要创始人马叙伦、王绍鏊、周建人、许广平、林汉达、徐伯昕、赵朴初、雷洁琼、郑振铎、柯灵等同志，大多是在抗日战争时期留居上海的文化教育界进步知识分子。他们在敌伪的统治下，与中国共产党人一起，坚持抗日救亡斗争；抗战胜利后，又积极投入反对内战、争取和平、反对独裁、争取民主的爱国民主运动。根据当时斗争的需要，经过充分协商，他们决定成立一个以“发扬民主精神，推进中国民主政治之实践”为宗旨的政治组织，定名为中国民主促进会，并于 1945 年 12 月 30 日在上海正式宣告成立。

民进成立后，发表了《对于时局的宣言》等一系列重要文件，提出了立即结束一党专制、还政于民、立即停止内战、保障人民自由权利等政治主张。为了扩大和平民主力量，民进联络和团结了上海 68 个主要群众团体组织，组成了上海人民团体联合会。1946 年 6 月 23 日，民进参与发起并组织了在上海北火车站举行的、有十万群众参加的反内战大会，民进领导人马叙伦、雷洁琼等同志参加了赴南京请愿的和平代表团，在震惊全国的“六·二三”下关事件中被国民党特务暴徒围攻殴打，身负重伤。他们的鲜血教育了广大人民群众，推动了在国民党统治区爱国民主运动的新高潮。

民进坚决拥护和响应中国共产党在 1948 年 4 月 30 日发出的“各民主党派、各人民团体及社会贤达，迅速召开政治协商会议，成立民主联合政府”的号召。民进主要领导人先后由上海及香港转入解放区，参加了新政协的各项筹备工作。1949 年 9 月，民进代表马叙伦、许广平、周建人、王绍鏊、雷洁琼等同志出席了中国人民政治协商会议第一届全体会议，参与制定了《共同纲领》，为新中国的诞生作出了自己的贡献。

建国后，民进以《共同纲领》、全国政协《章程》的总纲为纲领，制定了接受中国共产党的领导，为社会主义服务的政治路线，以宪法为准则，开展工作和活动。民进领导人和一些会员担任了中央和地方人民政府的重要职务。民进各级组织带领全体会员积极参加国家政治生活，在恢复国民经济、巩固人民政权和社会主义建设中继续与中国共产党亲密合作，并发挥了积极作用。

改革开放以来，民进把工作重点转移到社会主义现代化建设上来，坚持贯彻社会主义初级阶段的基本路线和与中国共产党“长期共存、互相监督，肝胆相照、荣辱与共”的方针，认真履行参政议政、民主监督的职能，积极为促进经济建设和社会进步献计出力；积极参与社会主义民主和法制建设，为《教师法》、《职业技术教育法》、《义务教育法》等的制定和实施提出建议；提倡尊师重教，维护人民教师的合法权益，协助中国共产党和政府贯彻落实对知识分子的政策；面向社会开辟为四化服务的新领域，在讲学办学、科技咨询服务、智力扶贫、海外联谊等方面做了大量工作，为坚持和完善中国共产党领导的多党合作和政治协商制度，为社会主义物质文明和精神文明建设，作出了新的贡献。民进中央主办的《民主》杂志、开明出版社和开明文教音像出版社，在全会的思想建设和繁荣出版事业中发挥了积极作用。

1997 年民进第八次全国代表大会以来，全会逐步形成了“以政治交接为主线，以参政议政和自身建设为重点，把民进建设成适应 21 世纪的高素质参政党”的基本工作思路，坚持增强接受中国共产党领导的自觉性和坚定性，坚持中国共产党领导的多党合作和政治协商制度，贯彻“巩固老阵地，开拓新领域”的工作方针，在全会倡导“继承传统，以党为师，立会为公，参政为民”的共同价值理念，开创了全会工作蓬勃发展的新局面。民进始终高举中国特色社会主义伟大旗帜，坚持以邓小平理论和“三个代表”重要思想为指导，深入贯彻落实科学发展观，切实加强思想建设、组织建设、作风建设、制度建设、领导班子建设、机关建设，努力提高全会整体素质和参政议政水平，领导班子的政治把握能力、参政议政能力、组织领导能力、合作共事能力，为充分发挥参政党作用打下了良好的基础。民进在继续关注教育文化出版领域的改革和发展的同时，就科技、经济、可持续发展中的资源节约和环境保护，西部大开发和“三农”问题、贫困地区和边疆地区经济社会发展、石漠化和沙漠化治理等重大课题，深入调查研究，积极建言献策。民进发动各级组织和广大会员，采取多种形式广泛开展了以科技示范、发展教育、引进资金和项目、培训人才等为主要内容的六项“西进”活动，为实施科教兴国战略，促进西部大开发、振兴东北等老工业基地和中部地区崛起，作出了新的贡献。民进以中华传统文化为纽带，广泛联系团结港澳台各界人士，为促进港澳的繁荣稳定，加强海峡两岸的交流，促进祖国和平统一大业发挥了积极作用。

2007 年 12 月，中国民主促进会第十次全国代表大会在北京举行。大会认真学习了中国共产党第十七次全国代表大会精神，总结了民进九大以来的工作成绩和经验，部署了今后一个时期的工作任务，修订了会章，选举产生了新一届中央委员会。大会号召，全会要高举中国特色社会主义伟大旗帜，坚持和完善中国共产党领导的多党合作和政治协商制度，坚持走中国特色社会主义政治发展道路；以创新的精神全面推进高素质参政党建设，增强全会的生机与活力；以科学发展观统揽全会工作，认真履行参政党职能，为促进科学发展、社会和谐、实现祖国统一贡献智慧和力量。

目前，民进在全国 29 个省、自治区、直辖市建立了地方组织，有市县级组织 313 个，基层组织 5548 个，会员 10.8 万余人，平均年龄 50.7 岁。从界别分布看，教育界占 67.8%（高教 13.4%，普教 54.4%），文化艺术界占 6%，新闻出版界占 2.1%，科技界占 2.5%，医药卫生界占 5.9%，经济界占 7.1%，机关及其他占 8.6%。从性别比例看，女会员约占 47%。全会成员中有各级人大代表 1800 人，各级政协委员 9807 人，其中全国人大代表 58 人，全国政协委员 78 人；在政府和司法机关担任处级以上领导职务的 640 人。

民进中央历届主席有马叙伦、周建人、叶圣陶、雷洁琼、许嘉璐。现任主席是严隽琪。

中国农工民主党

中国农工民主党（以下简称“农工党”）是以医药卫生界高、中级知识分子为主，由一部分社会主义劳动者、社会主义事业建设者和拥护社会主义的爱国者组成的政治联盟，是接受中国共产党领导、同中国共产党通力合作的亲密友党，是进步性与广泛性相统一、致力于中国特色社会主义事业的参政党。

农工党创建于第一次国内革命战争失败后，经历了第二次国内革命战争，特别是在抗击日本帝国主义的侵略和反对国民党反动统治的斗争中逐渐发展起来。它在长期的斗争实践中，努力探索富国兴邦之道，历尽曲折与艰辛，经受了血与火的考验，逐步由同情、支持进而到自觉接受中国共产党的领导，走上了由新民主主义到社会主义的广阔道路。

农工党的创始人邓演达是伟大的民主革命者，著名的政治活动家，国民党左派领袖人物，中国共产党的亲密战友。1927 年大革命后，邓演达以坚定的国民党左派立场，毅然决定脱离国民党政府，1927 年 11 月 1 日，邓演达同宋庆龄、陈友仁在莫斯科以“中国国民党临时行动委员会”的名义发表了《对中国及世界革命民众宣言》（即《莫斯科宣言》），对国民党右派制造国共分裂，给予严厉的抨击。受《莫斯科宣言》的影响，在上海的谭平山、章伯钧、张曙时等国民党左派人士和爱国知识分子，于 1928 年初以“中华革命党”的名义草拟了《党纲》、《政纲》，并在一些省市秘密进行政治活动和组织活动，这为中国国民党临时行动委员会的正式成立打下了组织基础。

1930 年 5 月，邓演达秘密回国，着手组建新党，确定沿用《莫斯科宣言》中用过的“中国国民党临时行动委员会”作为党名。1930 年 8 月 9 日，邓演达在上海法租界萨波赛路 290 号（今淡水路 332 弄 1 号）主持召开了有十个省区 30 多名代表参加的第一次全国干部会议，通过了《我们的政治主张》等一系列重要文件，并特别强调了“军事第一”的主张。“一干会议”的召开，标志着中国国民党临时行动委员会（农工党前身，以下简称“临委会”）的正式成立。临委会成立后，始终把斗争的主要矛头指向蒋介石集团，在国民党反动派的高压政策下，积极开展了组织、宣传和军事工作。

这期间经过努力工作，临委会组织力量不断加强，党员人数发展到 2000 余人。为阐明政治纲领，争取群众、鼓动反帝反蒋，临委会先后创办了《革命行动》、《革命行动日报》等刊物，造成了广泛的社会影响；在军事工作方面，组织了黄埔革命同学会，联系黄埔军人作为建立平民武装的骨干，并在国民党军队中积极开展联络和策反工作。应该指出的是，这期间临委会在国民党政府和各派军队上层建立、争取和发展的关系为解放战争时期农工党在隐蔽战线上配合人民解放军进行政治争取工作，策动国民党军政人员起义、投诚和接受和平改编以及搜集军事情报等分化瓦解敌人的工作打下了基础。

1931 年，在尖锐的斗争中，邓演达不幸被蒋介石逮捕，壮烈牺牲。临委会的同志们继承烈士遗志，又组织力量投入到倒蒋抗日的斗争中，临委会一方面组织干部和党员支持冯玉祥领导的抗日同盟军，一方面与国民党第十九路军将领陈铭枢、蔡廷锴等国民党左派势力及福建地方反蒋力量联合发动福建事变，宣告成立“中华共和国人民革命政府”，在中国近现代史上写下了浓墨重彩的一笔。

1934 年 1 月福建人民革命政府失败后，为保存革命力量，临委会领导人黄琪翔、章伯钧、彭泽民等在香港着手恢复组织工作，同时为分散敌人注意力，决定分赴国内外活动，并以香港为联络点，由彭泽民、丘哲留守，交换国内国际政治斗争的情况。

1935 年 11 月 10 日，临委会在香港九龙大埔道召开了第一次临时代表会议（后改称第二次全国干部会议），率先响应中国共产党《八一宣言》，确立了“抗日、联共、反蒋”的总方针，决定“同共产党合作，以马列主义作为党的思想武器”，以推动抗日为党的中心工作，选出了以黄琪翔为总书记的领导机构。并根据形势发展的需要决定改党名为中华民族解放行动委员会（以下简称解委会）。“二干会议”后，解委会以北平、上海、广州为据点，建立了华北、华东、华南三个大区机构，大力恢复和发展组织，并组织抗日游击武装，积极开展抗日救亡活动。

1941 年 3 月，解委会参与发起组织中国民主政团同盟，解委会领导人章伯钧、丘哲当选由 13 人组成的中央执行委员会委员，章伯钧当选中央常务委员，并担任组织部部长。从此，解委会将自己的工作重点置于同盟，与盟内的爱国民主力量一道，坚持争取民主宪政和抗日救亡等斗争。

1941 年春，解委会同周恩来等在重庆正式举行会谈，向中国共产党表示了合作诚意，要求中国共产党对解委会的纲领、组织和宣传以及经济上给予切实援助。中国共产党代表表示“极端赞同”，并答应“给予种种支援”，解委会更加密切了同中国共产党的关系。抗战胜利后，解委会积极参加争取和平民主、反对内战独裁的爱国民主运动，坚决反对并拒绝参加国民党包办的“国民大会”。

为迎接中国革命新高潮的到来，解决党的名称和今后的路线问题，1947 年 2 月，解委会召开了第四次全国干部会议，会议决定改党名为中国农工民主党，重申决心继续接受中国共产党的领导。

1948 年 5 月，农工党与其他民主党派和无党派人士响应中国共产党提出的召开新政治协商会议，讨论并成立民主联合政府的“五一”口号。在中国共产党的领导下，积极参加了新政协的筹备和新中国的筹建工作。农工党积极配合解放战争，遵照由“中共战友统一指挥”的原则，从组织武装斗争、进行策反工作、破坏蒋军作战、收集军事情报等四个方面开展了军事运动。此外，在第二条战线发挥自身特点和优势，大力开展城市组织工作和民主运动，掌握地方人民武装，策反国民党军人起义，保护地方公物、资产、财物，组织城乡人民迎接解放军等，为解放战争的胜利作出了突出贡献。

1949 年 1 月 22 日，各民主党派、无党派民主人士联合发表《我们对时局的意见》，宣布接受中国共产党的领导，各民主党派领导人和著名爱国民主人士应中共中央邀请，陆续进入解放区，与中国共产党一道筹备召开新政协，建立新中国，中国共产党领导的多党合作的格局开始形成。

新中国成立后，农工党在维护和巩固人民政权，参加社会主义改造，推进社会主义建设的过程中取得显著成绩。进入新的历史时期，农工党坚决拥护中共十一届三中全会以来的路线、方针、政策，认真履行参政党职能，为推进我国经济政治文化建设，维护安定团结的政治局面，促进祖国和平统一大业，开展了很有成效的工作。1989 年，中共中央颁布了《中共中央关于坚持和完善中国共产党领导的多党合作和政治协商制度的意见》，标志着我国多党合作进入了新的历史阶段。民主党派参政议政、民主监督的作用进一步发挥，从 1989 年开始，农工党中央主要领导人每年带队考察咨询，对区域性经济发展提供战略咨询服务。近年来，更是坚持把发展作为参政议政的第一要务，树立和落实科学发展观，围绕西部大开发、“三农”问题、可持续发展、区域经济发展、医疗卫生体制改革等一系列重大问题深入调研，积极向中共中央和国务院建言献策，支持、协助中国共产党和政府民主决策、科学决策。农工党中央领导人在西藏考察时，藏民们反映，希望我们的电台、电视台加大功率，使他们能够听到党中央的声音。在充分调研的基础上，农工党中央向中共中央提交了《关于西藏考察情况的汇报》，并在随后召开的“党外人士关于西部大开发战略意见和建议座谈会”上，提出加强西藏等西部地区广播覆盖能力等建议。江泽民等中共中央领导同志非常重视，很快做出批示。国家有关部门拨出专款，迅速启动实施了建国以来规模最大的广播电视覆盖工程——西藏、新疆等边远省区广播电视覆盖工程，即“西新工程”。一条建议促成一项顺民心、暖民心、得民心、稳民心的德政工程，“西新工程”被称为民主党派参与国家政治生活，参与国是咨询，为宏观决策提供服务的成功范例。

中共十六大以来，中共中央努力营造宽松稳定、团结和谐的政治环境，坚持把政治协商纳入决策程序，就重大问题在决策前和决策执行中进行协商。农工党就经济宏观调控、社会保障制度、生态环境建设、医疗体制改革、解决三农问题、区域和流域发展等许多问题进行了调研，提出了许多有价值的意见、建议，对有关问题的逐步解决发挥了重要作用。

2003 年的抗击非典斗争中，农工党作为以医药卫生界中高级知识分子为主的参政党，有 11000 余名党员参加了抗击非典的工作，其中有 3461 名党员战斗在抗击非典的最前沿，涌现出许许多多可歌可泣的英雄事迹和模范人物，农工党党员、天津市肺科医院麻醉科副主任医师马宝璋同志光荣地牺牲在抗击非典的第一线。农工党各级组织和广大党员以实际行动赢得了全社会的广泛赞誉，谱写了一曲新世纪风雨同舟、共渡难关的赞歌。

目前，农工党在除西藏外的祖国大陆 30 个省、自治区、直辖市建立了省级委员会，有地市级委员会 262 个，县级委员会 52 个，基层组织 5173 个。截至 2007 年底，全党党员总数为 104016 人，其中医药卫生界比例为 60.7%，具有高中级职称的党员比例为 90.5%，全党党员平均年龄为 51.6 岁。

2007 年 4 月至 8 月，农工党各省级组织陆续召开代表大会，顺利完成了新老交替和组织交接，这次换届共选举产生 30 名省级主委，169 名省级副主委，495 名省级常委，1399 名省级委员。在换届后各省委员会的新一届领导班子中，主委平均年龄为 54.4 岁，比上届降低 4.6 岁。副主委平均年龄 49.6 岁，比上届降低 2.2 岁。可以说，新中国成立前后出生和改革开放后成长起来的新一代代表性人士已经全面走向农工党省级组织的领导岗位。

2007 年 12 月，农工党召开了第十四次全国代表大会，选举产生了新一届中央委员会，桑国卫当选为主席，陈宗兴、张大宁、王宁生、陈勋儒、汪纪戎、刘晓峰、陈述涛、何维、姚建年、杨震当选为副主席，大会通过了《中国农工民主党章程》修正案等。

近年来，中共中央和各级党委加大了党外干部的培养和使用力度，农工党一大批优秀党员走上了各级人大、政府、政协及其所在单位的领导岗位，许多党员还担任了各级各类特约人员。

中国致公党

中国致公党（简称致公党）是以归侨、侨眷中的中上层人士为主组成的，具有政治联盟特点，致力于建设中国特色社会主义的参政党。

1925 年 10 月 10 日，致公党由华侨社团发起，在美国旧金山成立。1931 年 10 月，致公党在香港举行第二次代表大会，决定将致公党总部设在香港。

自建党始，致公党一直为争取国家独立、民族解放和维护华侨的正当权益而奋斗。1931 年“9·18”事变后，在国家灾难深重、民族危亡的紧要关头，致公党谴责蒋介石的不抵抗政策，要求取消党治，以团结各党各派共组抗战政府，同时训令：“海内外各处党员，一致参加抗战工作，出钱出力，以尽职责。”各国各地致公党组织在爱国主义感召下，动员组织华侨抗日救国，影响所及自东南亚至欧美。日本发动全面侵华战争后，致公党积极响应中国共产党提出的“集中一切国力，为抗日救国的神圣事业而奋斗”的号召，同祖国人民一起承担起抗日救亡的光荣任务。致公党的创始人之一、著名爱国华侨领袖司徒美堂在美洲组织成立抗日筹饷机构，发动华侨华人募捐，支援祖国抗战。“皖南事变”发生后，司徒美堂历经艰险，亲自到重庆，敦促国共两党解决局部军事摩擦，坚持合作抗日。太平洋战争爆发后，致公党组织动员广大华侨华人与所在国人民并肩作战，共同抗击日本侵略者。他们或运用原有报刊、团体进行抗日救亡宣传，或组织华侨抗日义勇队，抗击侵略者；或以其他各种形式，同侨居国抗日武装及盟国军队并肩作战，有力地支持了世界反法西斯战争，也为祖国赢得了声誉。抗战胜利前夕，美洲致公党所办的报纸与其他爱国华侨所办的报纸联合发表《十报宣言》，号召“中国要结束国民党的一党专政，还政于民，并召开国民代表会议，成立民主政府”，表现了广大致公党成员和海外华侨对抗战胜利后建立什么样的政府和国家的关注和期望。

1947 年 4 月 29 日至 5 月 1 日，致公党在香港举行了具有重大历史意义的第三次代表大会，大会决议致公党加入中国共产党领导的人民民主统一战线。这次大会的召开，是致公党历史上的一个重大转折，标志着致公党由旧民主主义的政党转变为新民主主义的政党，从此走上了接受中国共产党领导并与其真诚合作、共同奋斗的道路。1948 年 5 月，致公党与各民主党派一起，通电响应中国共产党召开新政治协商会议，成立民主联合政府的“五一口号”。6 月 9 日，致公党单独发表《响应中共中央“五·一”号召宣言》，这是中国致公党自觉接受中国共产党领导的重要标志。

新中国成立后，致公党在中国共产党的领导下，积极参加新中国人民政权工作和国家事务管理，组织致公党员为社会主义建设事业服务，特别是在团结和推动归侨、侨眷参加社会主义建设方面发挥了重要作用。

1949 年底，致公党总部从香港迁移至广州，并于 1950 年 4 月 15 日至 25 日在广州召开了致公党第四次全国代表大会。大会决议以中国人民政治协商会议通过的《共同纲领》为致公党的政治纲领，确定了致公党今后的任务是“加强与中共及民主党派的团结合作，巩固人民民主的专政，加紧恢复和发展生产，完成新民主主义的伟大建设”，并指出“致公党应特别关切华侨，帮助华侨，团结和教育华侨，并号召华侨踊跃投资国内的生产建设，发挥华侨革命传统的爱国精神。”

十年动乱期间，致公党组织被迫停止组织活动。粉碎“四人帮”后，致公党开始恢复党务工作。1979 年 10 月 11 日至 22 日，致公党第七次全国代表大会在北京召开，这是致公党历史上一次承前启后的重要会议。大会以中共十一届三中全会精神为指导，全面总结了致公党“六大”以来 23 年的工作，确立了致公党在新的历史时期的总任务和工作方针，通过了适应新时期要求、符合致公党实际的新章程，选举产生了新的中央领导机构，为新时期动员全体党员努力为社会主义现代化事业和祖国统一大业服务，提供了坚实的思想基础和牢固的组织保证。

改革开放以来，致公党坚持和维护中国共产党领导的多党合作和政治协商制度，自觉服务于改革发展稳定的大局，积极发挥参政议政、民主监督作用，维护党员和所联系的归侨、侨眷、留学归国人员的合法权益和海外侨胞的正当权益，为促进社会主义经济建设、政治建设、文化建设、社会建设和祖国的完全统一作出了贡献。特别是中国致公党发挥自身优势，积极开展海外联谊工作，在凝聚侨心、汇聚侨智、发挥侨力、维护侨益、反“独”促统、促进我国对外友好交流等方面，发挥了独特作用，取得了显著成效。致公党中央经过深入调研提出的《关于加强海外侨务工作，促进华侨华人资源可持续发展的建议》，受到中共中央、国务院的高度重视，现“华侨华人资源的可持续发展”已成为一个专有名词，在侨界广泛使用。

在长期革命和建设的实践中，中国致公党形成了自觉接受中国共产党领导，与中国共产党同心同德，亲密合作，热爱祖国，致力为公，团结奋进，坚定走中国特色社会主义道路的优良传统。

1983 年至 2007 年，致公党先后举行了第八至十三次全国代表大会，为坚持和完善中国共产党领导的多党合作和政治协商制度、推进社会主义民主政治和法制建设作出不懈的努力。在这期间，致公党提出了“致力为公、参政兴国”的口号，号召广大党员继承和发扬致公党的优良传统，不负时代重托，不辱历史使命，积极投身到全面建设小康社会的实践中去。在这一口号的激励下，广大致公党员为推进中国的现代化进程，为维护安定团结的政治局面，为实现祖国统一大业，为推动世界的和平与发展作出了自己应有的贡献。

致公党的政治纲领在不同的历史时期有不同的历史内容。2007 年 12 月举行的致公党第十三次全国代表大会通过的《中国致公党章程》规定，中国致公党坚持以马克思列宁主义、毛泽东思想、邓小平理论和“三个代表”重要思想为指导，深入贯彻落实科学发展观，坚持中国共产党的领导，坚持社会主义初级阶段的基本路线、基本纲领和基本经验，坚持长期共存、互相监督、肝胆相照、荣辱与共的基本方针，保持宽松稳定、团结和谐的政治环境，坚持中国特色社会主义道路和中国特色社会主义理论体系，切实履行参政党职能，弘扬爱国主义精神，团结全体党员和所联系的归侨、侨眷、留学回国人员及海外侨胞，高举中国特色社会主义伟大旗帜，为夺取全面建设小康社会新胜利，实现推进现代化建设、完成祖国统一、维护世界和平与促进共同发展这三大历史任务，把我国建设成为富强民主文明和谐的社会主义现代化国家，实现中华民族的伟大复兴而共同奋斗。

致公党历届中央委员会主席为陈其尤、黄鼎臣、董寅初、罗豪才。现任主席万钢，常务副主席王钦敏，副主席王珣章、程津培、杨邦杰、严以新、黄格胜、曹小红(女)、李卓彬。

致公党中央委员会下设办公厅、组织部、宣传部、参政议政部、联络部、社会服务部六个职能部门，有经济与科技委员会等十个专门委员会。

截至2007年底，中国致公党有北京、上海、天津、重庆、广东、广西、福建、云南、四川、江苏、浙江、辽宁、湖南、安徽、山东、海南、贵州、湖北、西安共18个省级组织和1个中央直属组织，129个市级组织，近3万名党员。

致公党中央主办有面向国内外公开发行的综合性刊物《中国发展》，主办有中央机关刊物《中国致公》，设有中国致公出版社和中国致公党网站（http：//www. zg. org. cn）。

九三学社

九三学社是以科学技术界高、中级知识分子为主的具有政治联盟特点的政党，是接受中国共产党领导、同中国共产党通力合作的亲密友党，是进步性与广泛性相统一、致力于中国特色社会主义事业的参政党。

九三学社前身为抗日战争后期一批进步学者发扬五四运动反帝反封建的爱国精神，以民主、科学为宗旨，在重庆组织的“民主科学座谈会”。后为纪念 1945 年 9 月 3 日抗日战争和世界反法西斯战争的伟大胜利，改名为“九三座谈会”。1946 年 1 月 6 日，九三座谈会决定筹组九三学社。1946 年 5 月 4 日，九三学社成立大会在重庆正式召开。大会发表了《九三学社缘起》、《成立宣言》、《基本主张》、《对时局主张》等文件，选举许德珩等 16 人为理事，梁希等 8 人为监事。抗日战争胜利后，国共和谈和旧政协期间，九三学社支持中国共产党的主张，反对内战，反对独裁。解放战争期间，九三学社严正声明不承认伪“国民大会”，赞成中国共产党的各项主张，与中国共产党团结合作，积极参加反对国民党独裁统治的民主运动，为争取新民主主义革命的胜利而斗争。

1949 年 1 月，九三学社发表宣言，响应中共中央“五一”号召和毛泽东的八项和平主张，拥护召开新政治协商会议。1949 年 9 月，九三学社代表许德珩、黎锦熙、袁翰青、吴藻溪、薛愚、叶丁易等参加了中国人民政治协商会议第一届全体会议，参与了《共同纲领》的制定、中央人民政府的组成和中华人民共和国的建立，为建立新中国作出了积极贡献。九三学社领导人梁希担任了林垦部部长，许德珩担任了政务院法制委员会副主任委员。

新中国成立后，九三学社以中国人民政治协商会议《共同纲领》和政协章程总纲为自己的政治纲领，积极参与国家政治生活中重大问题的协商，组织成员参加民主改革和社会主义改造运动，为发展科学技术、教育和医药卫生等事业作出了重要贡献，走上了为社会主义服务的道路。

中共十一届三中全会之后，在邓小平理论的指引下，九三学社进一步明确了性质、地位和作用，以经济建设为中心，坚持四项基本原则，坚持改革开放，履行参政议政、民主监督职能，为建设中国特色社会主义事业作出了显著成绩。近些年来，九三学社紧紧围绕发展这个第一要务，就非典防治、加大三江源地区生态保护力度、解决国有企业退休科技人员待遇、引导和鼓励高校毕业生到基层就业、改进我国医疗卫生工作等重大问题，深入调查研究，积极建言献策，为制定有关政策提供了重要依据；充分发挥九三学社科技人才密集的优势，围绕提升企业自主创新能力、实施国家知识产权战略等课题进行调研，提出了许多有价值的意见和建议，为我国科技创新和发展提供了有益参考；通过举办各种论坛和研讨活动，就知识经济与高技术产业发展、粮食安全、传统文化、生态富民等问题进行深入探讨，努力开拓参政议政的新领域；重视同地方合作，着力打造“九地合作”（九三学社同地方政府的合作）的品牌，实现了从单一支边扶贫到全方位为地方经济社会发展作贡献的转变；多渠道、多层次开展海外联络工作，为促进祖国和平统一积极贡献力量。

半个多世纪以来，九三学社秉承爱国、民主、科学的优良传统，同中国共产党在争取民族独立和人民解放的宏伟事业中风雨同舟，在社会主义革命和建设的历史进程中携手前进，在改革开放和社会主义现代化建设的伟大实践中团结奋斗，发展成为一支建设中国特色社会主义事业、维护国家安定团结的重要力量。九三学社分别于 1956 年、1958 年、1979 年、1983 年、1988 年、1992 年、1997 年、2002 年和 2007 年召开了第一、二、三、四、五、六、七、八、九次全国代表大会。

九三学社在现阶段的基本任务是：坚定不移地坚持社会主义初级阶段的基本理论、基本路线、基本纲领和基本经验，贯彻执行“长期共存、互相监督、肝胆相照、荣辱与共”的方针，维护宽松稳定、团结和谐的政治环境，高举爱国主义、社会主义旗帜，团结全体社员和所联系的知识分子，牢牢把握发展这个第一要务，不断解放思想，坚持改革开放，推动科学发展，促进社会和谐，为实现新世纪新阶段全面建设小康社会、加快推进社会主义现代化、开创中国特色社会主义新局面的奋斗目标，为实现推进现代化建设、完成祖国统一、维护世界和平与促进共同发展的新世纪三大任务贡献力量。

截止到 2007 年底，九三学社有 30 个省级组织，274 个省辖市级组织，22 个县级市组织，全国社员总数已达 109736 人。社员中担任各级人大代表的共有 1613 人，担任各级政协委员的共有 8161 人，担任县处级以上政府及司法机关领导职务的共有 692 人。九三学社先后拥有 150 余位中国科学院院士（学部委员）和中国工程院院士，许多成员为中国科技事业作出了卓越的贡献。九三学社社员王淦昌、邓稼先、赵九章、陈芳允、程开甲获“两弹一星功勋奖章”，王选、黄昆获 2001 年度国家最高科学技术奖。

九三学社中央历任主席为许德珩、周培源、吴阶平。现任主席韩启德。九三学社中央主办的刊物有面向国内外公开发行的《民主与科学》和在社内发行的《九三中央社讯》，设有学苑出版社、学苑音像出版社，开通有九三学社中央网站（www. 93. gov. cn）。

台湾民主自治同盟

台湾民主自治同盟（简称台盟），是由生活在祖国大陆的台湾省人士组成的政治联盟，是接受中国共产党领导、同中国共产党通力合作的亲密友党，是致力于中国特色社会主义事业的参政党。

台盟是在台湾人民“二·二八”起义后，由一部分从事爱国主义运动的台湾省人士，在中国共产党的帮助下，于1947年11月12日在香港正式成立的。台盟历任主席为谢雪红、蔡啸、苏子蘅、蔡子民、张克辉。现任主席林文漪。

台盟成立伊始即积极投身于新民主主义革命，并于1948年5月发表《告台湾同胞书》，掀开了台盟与中国共产党通力合作，共同致力于中国革命、建设和改革事业，以及祖国统一大业的历史篇章。

1949年9月，中国人民政治协商会议第一届全体会议在北京举行，台盟推举代表出席会议，参与制定《中国人民政治协商会议共同纲领》，参加选举中央人民政府，为中华人民共和国的建立作出了贡献。建国初期，台盟将接受中国共产党的领导郑重写入盟章，以《共同纲领》作为自己的政治纲领，投身于巩固人民民主专政，恢复和发展国民经济，实现过渡时期总任务的伟大事业中。1957年后尽管中国社会主义建设在探索中曲折发展，但台盟广大盟员经受住了各种政治考验，矢志不渝，在各自的工作岗位上坚持为建设国家和解决台湾问题竭尽全力。

中共十一届三中全会开辟了社会主义事业发展的新时期，台盟及时地把工作重心转移到为实现社会主义现代化和祖国和平统一服务上来。台盟全体盟员及所联系的广大台胞，以经济建设为中心，以服务于改革发展稳定大局和祖国统一大业为己任，以建设适应时代发展要求的参政党为目标，凝心聚力，奋发进取，在履行参政党职能、发展两岸关系和加强自身建设等方面取得了显著的成绩。

进入新世纪以来，台盟更明确了建设适应新世纪要求参政党的奋斗目标，在认真参与国家事务管理、切实履行参政议政职能、继续深化对台联络交流、努力推动两岸经贸合作、深入开展涉台宣传和研究、积极投身社会服务工作、大力加强自身建设等方面继续深入，日益取得进步。

60年来，台盟始终拥护和坚持中国共产党的领导，广泛动员全体成员和所联系的台湾同胞，积极投身中国革命、建设、改革事业，一代又一代台盟中央领导人带领广大成员同中国共产党亲密合作、团结奋斗，为统一战线和我国社会主义多党合作事业发展作出了重要贡献。

至2007年底，台盟各级组织分布在16个省（直辖市），共有盟员2260人。省级委员会12个，副省级委员会6个，地级市委员会6个。在一些省、市和直辖市的区设有委员会、工作委员会和总支部、支部、小组等基层组织。台盟中央设办公厅、组织部、宣传部、联络部、研究室5个职能部门和妇女工作委员会、政策研究会两个专门委员会。

政党人物

一、中国国民党革命委员会第十一届中央委员会主席、副主席

周铁农，男，汉族，1938 年 11 月生，辽宁沈阳人。1991 年 6 月加入民革，1960 年 10 月参加工作。北京大学数学力学系力学专业毕业，大学学历，副教授。

现任民革中央主席，全国人大常委会副委员长，民革中央孙中山研究学会会长，中国和平统一促进会理事会副会长，中华海外联谊会理事会副会长。

1955 年 9 月至 1960 年 7 月在北京大学数学力学系力学专业学习。1960 年 10 月至 1961 年 11 月任哈尔滨工业大学动力系见习助教。1961 年 11 月至 1983 年 9 月先后任东北重型机械学院助教、讲师、副教授。1983 年 10 月至 1991 年 4 月任齐齐哈尔市人民政府副市长。1991 年 4 月至 1991 年 10 月任黑龙江省人民政府省长助理、民革黑龙江省委会主委、黑龙江省力学会副会长。1991 年 10 月至 1992 年 12 月任黑龙江省人民政府副省长、民革黑龙江省委会主委。1992 年 12 月至 1998 年 1 月任民革第八届中央副主席、黑龙江省人民政府副省长。1998 年 1 月至 2007 年 12 月任民革第九、十届中央常务副主席。1998 年 1 月至 2008 年 3 月任政协九届、十届全国委员会副主席。2008 年 3 月起任第十一届全国人大常委会副委员长。

民革第八届中央副主席，第九届、十届中央常务副主席，第十一届中央主席；民革第六届黑龙江省委员会副主委，第七届、八届主委。第七届全国政协委员，第八届全国政协常委，第九届、十届全国政协副主席。

厉无畏，男，汉族，1942年11月生，浙江东阳人。1981年7月加入民革，1959年10月参加工作，上海社会科学院研究生部工业经济专业毕业，研究生学历，经济学硕士，研究员。

现任民革中央常务副主席，全国政协副主席，上海社会科学院部门经济研究所所长、博士生导师，兼任东华大学旭日工商管理学院院长等职。

1959年至1960年安徽省宿县宿东煤矿筹备处试用干部。1960年至1965年在上海任小学、中学代课教师。1965年至1966年在上海横浜房管所等单位做临时工。1966年至1971年上海百花塑料制品厂工人。1971年至1979年历任上海车辆配件七厂临时工、厂校教师、厂技术组工作人员。1979年至1982年上海社会科学院研究生部工业经济专业研究生毕业，获经济学硕士学位。1982年至1988年先后任上海社科院部门经济所数量经济研究室副主任、主任、所长助理、副研究员。1988年至1996年任上海社科院部门经济所副所长、研究员兼社科院咨询中心主任（1988年至1989年美国密苏里大学访问学者）。1996年任上海社科院部门经济所所长。2007年12月起任民革第十一届中央常务副主席，2008年3月起任政协十一届全国委员会副主席。

民革第六届中央候补委员，第七届中央委员，第八届中央常委，第九届、十届中央副主席，第十一届中央常务副主席；民革第九届、十届、十一届上海市委员会主委。第十届全国人大常委会委员。上海市第九届人大代表，第十届人大代表、常委、财经委员会委员，第十一届人大常委会副主任。第八届全国政协委员、常委，第九届全国政协常委；上海市第八届政协副主席。

1991年获国家教委和国务院学位委员会授予有突出贡献的中国硕士学位获得者。1992年起获国务院特殊津贴。2007年获中国创意产业杰出贡献大奖。在海内外发表文章200余篇，合作主编专著20余本，获省部级以上优秀成果奖9项。

钮小明，女，汉族，1942年12月生，浙江湖州人。1995年3月加入民革，1964年9月参加工作，唐山铁道学院电机系电力机车专业毕业，大学学历，教授。

现任民革中央副主席，全国政协常委，全国妇联常务委员会委员，西南交通大学教授。

1959年至1964年唐山铁道学院电机系电力机车专业本科毕业。1964年至1965年天津机车车辆配件厂实习生。1965年至1984年成都机车车辆厂技术员、工程师。1984年至1994年先后任西南交通大学讲师、副教授、电气工程系副主任、校长助理（1992年至1993年美国伦塞勒工学院<RPI>访问学者）。1994年至1998年任西南交通大学副校长、教授（1995年至1998年兼任四川省教委副主任）。1998年至2002年四川省人大常委会副主任、西南交通大学副校长、教授。2002年至2008年任四川省人大常委会副主任。

民革第九届中央副主席，第十届中央副主席、中央妇女工作委员会主任，第十一届中央副主席；民革第七届四川省委员会副主委，第八届、九届主委。第九届、十届全国人大代表；四川省第八届、九届、十届、十一届人大代表，第九届、十届人大常委会副主任。成都市第十届政协委员。第九届全国妇联常委。

万鄂湘，男，汉族，1956 年 5 月生，湖北公安人。1990 年 10 月加入民革，1974 年 3 月参加工作，武汉大学国际法专业毕业，研究生学历，法学博士，教授。

现任民革中央副主席，全国政协常委、社会和法制委员会副主任，最高人民法院大法官、副院长，中国人权研究会副会长，中国法学会审判理论研究会常务副会长。

1974 年至 1977 年湖北省公安县达河乡联华村知识青年。1977 年至 1980 年武汉大学外文系英语专业学生。1980 年至 1982 年武汉大学外文系教师。1982 年至 1988 年武汉大学法学院国际法专业硕士、博士研究生，获法学硕士、博士学位（1986 年至 1987 年美国耶鲁大学法学院研究生，1988 年美国密西根大学法学院访问学者）。1989 年至 1992 年任武汉大学法学院国际法学系副主任、副教授；1993 年至 1997 年任武汉大学国际法研究所所长、教授、博士生导师。1996 年至 2000 年兼任武汉市中级人民法院副院长，湖北省高级人民法院副院长。2000 年 5 月起任最高人民法院副院长、大法官。

民革第八届中央候补委员，第九届中央常委，第十届、十一届中央副主席；第九届全国政协委员，第十届全国政协常委、社会和法制委员会委员。

齐续春，男，满族，1946 年 2 月生，北京市人。1995 年 1 月加入民革，1969 年 9 月参加工作，北京大学数学力学系计算数学专业毕业，大学学历。

现任民革中央副主席兼秘书长，全国人大常委会委员、外事委员会副主任委员。

1964 年至 1969 年北京大学数学力学系计算数学专业本科毕业。1969 年至 1971 年河北省承德县下院公社锻炼，后在承德县广播站任技师。1971 年至 1987 年任河北省承德县一中教师、物理教研组组长。1987 年至 1990 年河北省承德县人民政府副县长。1990 年至 1991 年河北省承德市政协副主席。1991 年至 1996 年承德市人民政府副市长。1996 年至 2000 年河北省教委副主任（1998 年至 2000 年河北省政协副主席）。2000 年至 2007 年全国政协专职副秘书长（2004 年起任民革第十届中央副主席）。2007 年任民革中央专职副主席兼秘书长。

民革第九届中央常委，第十届中央常委、十届中央副主席，第十一届中央副主席兼秘书长；民革河北省第七届委员会副主委，第八届主委；民革承德市委员会主委。第八届全国政协委员，第九届、十届全国政协常委兼副秘书长、民族和宗教委员会委员；

河北省第六届政协委员，第七届政协常委、副主席，第八届政协副主席；承德县第一届、二届、三届政协副主席。

谢克昌，男，汉族，1946年10月生，山西五台人。1997年1月加入民革，1968年7月参加工作，日本信州大学工学部能源工学专业毕业，研究生学历，工学博士，教授。

现任民革中央副主席，民革山西省委员会主任委员，全国人大常委会委员、山西省人大常委会副主任，太原理工大学校长、博士生导师，中国工程院院士，中国科协副主席，“煤科学与技术”教育部重点实验室主任。

1963年至1968年天津大学化工系高分子工学专业本科毕业。1968年至1974年河北省黄骅市化工厂技术员。1974年至1976年黄骅市化肥厂总技术员。1976年至1978年黄骅市工业局、科委技术员。1978年至1981年太原工学院化工系无机化工（催化）专业硕士研究生毕业，获理学硕士学位。1981年至1983年太原工学院煤的直接液化研究室讲师。1983年至1985年美国南卡罗来纳大学工学院访问学者。1985年至1994年先后任太原工业大学副教授、教授，煤化工研究所副所长、所长。1994年至1997年太原工业大学副校长、校长。1997年任太原理工大学校长（1998年至1999年日本信州大学工学部能源工学专业博士研究生毕业，获工学博士学位，2003年当选为中国工程院院士；2006年5月当选第七届中国科协副主席）。

民革第九届、十届中央常委，第十一届中央副主席；民革第七届山西省委员会副主委，第八届、九届主委。山西省第九届人大常委会委员、副主任，第十届人大常委会副主任。第九届、十届全国政协常委；山西省第六届、七届政协委员。

修福金，男，汉族，1950年12月生，吉林大安人。1985年9月加入民革，1968年11月参加工作，吉林省广播电视大学档案管理专业毕业，大专学历。

现任民革中央副主席，民革吉林省委员会主任委员，全国政协常委、副秘书长，吉林省政协副主席，吉林省社会主义学院院长。

1968年至1970年吉林省大安县红岗子乡知青。1970年至1982年吉林省白城地区文工团演员，白城航空学校管理员。1982年至1985年吉林农业大学体育教研室干事。1985年至1997年民革吉林省委会主任科员、副处长、处长、秘书长（1986年至1988年吉林省广播电视大学档案管理专业专科毕业）。1997年至2000年民革吉林省委员会专职副主委兼秘书长。2000年至2002年任吉林省监察厅副厅长（2000年至2002年东北师范大学世界经济专业研究生课程进修班结业）。2002年民革吉林省委会专职主委。2007年任民革第十一届中央专职副主席。

民革第十届中央常委，第十一届中央副主席；民革第七届吉林省委员会秘书长，第八届副主委兼秘书长，第九届、十届主委。第十届全国政协委员；吉林省第七届政协委员，第八届政协常委、文史委副主任，第九届政协副主席。

刘　凡，男，汉族，1949 年 4 月生，湖北黄冈人。1992 年 3 月加入民革，1965 年 9 月参加工作，华中科技大学管理科学与工程专业毕业，研究生学历，管理学博士。

现任民革中央副主席，全国政协常委，国家工商行政管理总局副局长，公安部特邀监督员，华中科技大学兼职教授。

1965 年至 1979 年在新疆工作。1979 年至 1984 年在商业部安陆粮食机械厂工作。1984 年至 1987 年湖北《科学与人》杂志社编辑。1987 年至 1990 年武汉出版社科长。1990 年至 1992 年在中国科技大学研究生院管理专业学习。1992 年至 1996 年武汉出版社编辑室副主任。1996 年至 1997 年历任武汉新闻出版局副局长、武汉市版权局副局长、武汉出版社副社长、副总编辑。1997 年至 2000 年武汉市江岸区人民政府副区长。2000 年至 2003 年任湖北省物价局副局长（2000 年至 2003 年武汉市委党校经济学专业在职研究生毕业）。2003 年任国家工商行政管理总局副局长（2004 年至 2006 年华中科技大学管理科学与工程专业博士研究生毕业，获管理学博士学位）。

民革第十届中央委员，第十一届中央副主席；民革第七届湖北省委员会委员，第八届常委、副主委，第九届副主委。第十届全国政协委员；湖北省第八届政协常委；武汉市第八届政协委员。

程崇庆，男，汉族，1956 年 10 月生，江苏泰州人。2005 年 12 月加入民革，1975 年 9 月参加工作，西北工业大学力学系一般力学专业毕业，研究生学历，工学博士。

现任民革中央副主席，民革江苏省委员会主任委员，全国政协常委，江苏省政协副主席，南京大学副校长兼研究生院院长，南京大学基础数学长江特聘教授。

1975 年至 1978 年泰州市水泥厂工人。1978 年至 1982 年南京工学院基础科学系力学师资班本科毕业，获理学学士学位。1982 年至 1984 年南京工学院数学力学系一般力学专业硕士研究生毕业，获工学硕士学位。1984 年至 1988 年西北工业大学力学系一般力学专业博士研究生毕业，获工学博士学位。1988 年至 1990 年南京大学天文学系从事博士后研究工作。1990 年起历任南京大学数学系副教授、教授（1992 年至 1994 年获德国洪堡奖学金任科隆大学访问学者；1994 年瑞士苏黎世高工数学所访问教授；1997 年至 1998 年美国西北大学数学系访问教授）。2002 年至 2006 年任南京大学研究生院院长（2002 年 9 月至 11 月美国哈佛大学数学系访问学者）。2006 年南京大学副校长兼研究生院院长。

1995年获国家杰出青年科学基金，1997年获香港求是杰出青年学者奖（数学），1999年获首届晨兴数学银奖。1999年起任南京大学基础数学长江特聘教授，获2000年度教育部自然科学一等奖，获2001年度国家自然科学二等奖。

第十届全国政协委员。

傅惠民，男，汉族，1956年2月生，浙江遂昌人。1989年5月加入民革，1974年7月参加工作，北京航空航天大学固体力学专业毕业，研究生学历，工学博士，教授。

现任民革中央副主席，民革北京市委员会主任委员，全国政协常委，北京市政协副主席，北京航空航天大学小样本技术研究中心主任、博士生导师。

1974年至1978年在浙江省遂昌县石练公社插队、县造纸厂和县总工会工作。1978年至1986年为北京航空航天大学固体力学专业本科生、硕士研究生、博士研究生，并获工学学士、硕士、博士学位。1986年至1993年任北京航空航天大学讲师、副教授、教授。1993年至2000年任北京航空航天大学教授、博士生导师。2000年至今任北京航空航天大学小样本技术研究中心主任、教授、博士生导师。

民革第八届中央委员，第九届、十届中央常委，第十一届中央副主席；民革第十届北京市委员会常委，第十一届、十二届副主委，第十三届主委。第八届、九届全国政协委员，第十届全国政协常委；北京市第八届政协常委，北京市第十一届政协副主席。

何丕洁，男，汉族，1948年2月生，云南禄丰人。1984年12月加入民革，1969年4月参加工作，天津师范学院物理系毕业，大学普通班学历。

现任民革中央副主席兼社会服务部部长，全国政协常委，公安部特邀监督员。

1969年至1972年河北邢台知青。1972年至1975年天津师范学院物理系大学普通班毕业。1975年至1982年天津南开区一纬路中学、嘉陵道中学任教。1982年至1993年历任民革天津市委员会宣传处副处长、处长，四化委员会副主任兼办公室主任，秘书处处长，副秘书长，经济委员会副主任。1993年至1997年民革中央办公厅副主任。1997年至2000年民革中央副秘书长兼办公厅主任（1999年10月至2000年10月北京市朝阳区人民政府挂职任区长助理）。2000年至2002年民革中央副秘书长兼中央经济建设和社会发展工作部部长。2002年至2007年民革中央副秘书长兼社会服务部部长。2007年民革第十一届中央副主席兼社会服务部部长。

民革第八届中央候补委员，第九届中央常委，第十届中央常委、中央经济委员会副主任，第十一届中央副主席；民革天津市第七届委员会常委。天津市和平区第十二届人大代表。第十届全国政协委员、提案委员会委员；北京市第九届政协委员。

二、中国民主同盟第十届中央委员会主席、第一副主席、常务副主席、副主席

蒋树声，男，汉族，1940年4月生，江苏省无锡市人。2003年4月加入民盟。1963年7月毕业于南京大学物理系。现任民盟中央主席，教授、博士生导师，全国人大常委，国务院学位委员会委员。

1958年9月至1963年7月在南京大学学习。1963年8月至2006年6月在南京大学任教，历任副教授、教授、国家重点实验室副主任、系主任、副校长、校长。期间，1979年起先后在英国、澳大利亚、意大利学习工作五年多，2002年获美国约翰·霍普金斯大学名誉博士学位，2003年获英国布里斯托尔大学名誉博士学位。2005年12月当选为民盟中央主席。第九、十届全国人大常委，民盟第九届中央委员、常委、中央副主席、中央主席、第十届中央主席。

发表学术论文280余篇，其中在*Physical Review B*及*Applied Physics Letters*等国际著名学术期刊发表SCI论文180多篇，并多次在国际学术会议上作大会邀请报告，科研成果和学术论文被国内外学者在专著和论文中广为引用。1985年以来，先后承担国家自然科学基金重大项目、重点项目和面上项目11项，先后获国家自然科学奖和省部级科技进步奖等7项。1992年获“国家有突出贡献的中青年专家”称号并享受国务院颁发的政府特殊津贴，1995年被评为“江苏省‘333’工程第一层次培养对象”。多次作为中国大学校长代表团主要成员，与英、美、德、日及港澳台地区大学校长代表团进行交流与探讨。自1998年担任全国人大常委以来，参与了多部法律的制定和修订工作。2005年担任民盟中央主席后，承担全盟的领导工作。

张梅颖，女，汉族，1944年1月生，四川省南充市人。1992年6月加入民盟。1968年毕业于第四军医大学。现任民盟中央第一副主席，北京大学肿瘤学院兼职教授、主任医师，全国政协副主席，全国妇联副主席，中华海外交流协会常务理事。

1962年至1968年在第四军医大学学习。1968年至1971年任222医院外科军医。1971年至1979年任海淀区卫生局医政科干部。1979年至2000年12月在北京医科大学临床肿瘤医院、北京市肿瘤防治研究所、北京肿瘤医院历任核医学科主任、主任医师、副院长等职，2000年12月至今任民盟中央专职副主席、常务副主席。第九届全国人大代表，第九届全国政协副秘书长、第十届副秘书长、副主席，全国妇联第八届执委、第九届副主席；民盟第八届中央常委、中央副主席，第九届中央副主席、常务副主席、第十届中央第一副主席。

1979年开始从事肿瘤研究工作，专业方向为亲肿瘤放射性药物在肿瘤诊断治疗中

的应用，先后参与和承担国家“七五”、“八五”、863高科技课题和北京市重点科研课题，其中导向药物用于肿瘤诊断、导向手术、导向治疗的研究，曾3次获北京市科技进步奖。在《中华肿瘤杂志》、《中华核医学杂志》等核心杂志发表论文30余篇。主要参编论著4部：《实用核医学》、《临床核医学》、《抗体工程》、《肿瘤学》。1988年《胃癌导向药物研究》获北京市科技成果二等奖，1990年《胃癌临床放免显像及导向治疗研究》获北京市科技成果三等奖，1994年《胃癌导向手术的临床研究》获北京市科技成果二等奖。1993年享受国务院颁发的政府特殊津贴。

张宝文，男，汉族，1946年11月生，陕西省兴平市人。1986年12月加入民盟。1968年西安外语学院毕业。现任农业部副部长，民盟中央常务副主席，全国政协常委，教授、博士生导师，中国畜牧业协会会长，国际水稻所（IRRI）理事。

1968年西安外语学院毕业后，先后在陕西省西骆峪水库、解放军21军农场、陕西省铜川市歌舞剧团劳动锻炼和工作。1974年至1998年5月在西北农业大学工作，历任校长办公室副主任、校长助理、副校长、校长等职。期间，1984年3月至1986年5月在美国明尼苏达大学学习。1998年5月至2000年3月任民盟中央副主席兼秘书长。2000年3月至今历任农业部副部长、中国农学会会长、中央农业广播电视学校校长。第九届全国政协常委兼副秘书长，第十届全国政协常委；民盟第七届中央委员、第八、九届中央副主席、第十届中央常务副主席，陕西省委第七、八届副主委。

长期从事农业科技、教育及管理工作，在国内外有关杂志、学报上发表农业科技、教育及管理论文多篇，出版《新阶段中国农业科技发展战略》、《新阶段中国农民教育战略研究》、《中国区域农业发展战略研究》、《国际先进农业技术1000项》、《优势农产品生产技术规范》、《农业科技产业化百项实用技术》、《美国的家政学》、《英汉兽医学辞典》等多部专著。先后多次获奖，并享受国务院颁发的政府特殊津贴。

吴正德，男，汉族，1945年5月生，四川省成都市人。1994年9月加入民盟。1984年10月在电子科技大学获博士学位。现任电子科技大学校务委员会副主任、教授、博士生导师，全国政协常委，四川省政协副主席，民盟中央副主席、民盟四川省委主委。

1962年9月至1968年10月在成都电讯工程学院（今电子科技大学）学习。1968年10月至1970年2月在广州军区蜂火角农场锻炼。1970年3月至1979年9月在陕西略阳四机部1016研究所任技术员、工程师。1979年9月至1984年10月在电子科技大学学习，先后获硕士、博士学位。1984年10月至今留校任教，历任副教授、教授、博士生导师、应用物理所副所长、所长、副校长、校务委员会副主任等职。第八届全国政协委员，第九、十届全国政协常委，四川省政协第八、九届副主席；民盟第八、九、十届中央副主席，四川省委第七、八届副主委、第九、十届主委，成都市委第九届副主委、第十届主委。

1988 年、1991 年两次获国家科技进步三等奖，1985 年至 1999 年 10 次获电子部、信息产业部和四川省科技进步奖，1999 年获中科院自然科学三等奖，2001 年获国防科技一等奖。1989 年被评为四川省优秀教师，1990 年被国务院学位委员会授予“作出突出贡献的中国博士学位获得者”称号，1991 年获国务院颁发的政府特殊津贴，1992 年被人事部授予“有突出贡献的中青年专家”称号，1993 年被国务院学位委员会增选为博士生导师，同年受聘美国纽约科学院院士。1998 年评为四川省首批学术带头人。

张圣坤，男，汉族，1942 年 2 月生，浙江省奉化市人。1987 年 3 月加入民盟。1964 年 7 月上海交通大学毕业。现任上海交通大学校务委员会副主任、国际教育学院院长、教授、博士生导师，全国政协常委，上海市人大副主任，民盟中央副主席，国务院学科评议组召集人，上海市造船工程学会理事长。

1959 年 9 月至 1964 年 7 月在上海交通大学学习。1964 年 7 月至今在上海交通大学任教，历任助教、讲师、教授、博士生导师、首任学科首席责任教授、船舶与海洋工程系主任、国际教育学院院长、副校长、校务委员会副主任等职。第九、十届全国政协常委，上海市第十一、十二届人大副主任；民盟第七届中央委员、第八届中央常委、第八、九、十届中央副主席，上海市委第十一、十二届主委。

发表论文 200 余篇，其中近百篇被 SCI、EI 收录，主持完成国家、军事重大科研项目几十项。获国家科技进步三等奖 1 项，上海市科技进步奖一等奖、三等奖各 1 项，中国船舶工业总公司（部级）二等奖、三等奖各 3 项和上海科技振兴设计会战项目一等奖。1992 年获国务院颁发的政府特殊津贴，1995 年获“全国优秀教师”称号。

李重庵，男，汉族，1944 年 5 月生，河南省洛阳市人。1987 年 12 月加入民盟，1990 年 6 月加入中国共产党。1968 年北京大学毕业。现任民盟中央副主席，教授，全国人大常委、法律委员会副主任委员，中华职教社副理事长。

1962 年 8 月至 1968 年 12 月在北京大学学习。1968 年 12 月至 1970 年 3 月在部队农场劳动。1970 年 3 月至 1973 年 12 月在兰州炼油厂中学任教。1973 年 12 月至 1996 年 3 月在兰州铁道学院任教，历任助教、讲师、副教授、教授及副系主任、副院长等职。期间，1981 年 12 月至 1983 年 12 月在美国 Drexel 大学做访问学者，任合作研究员。1996 年 3 月至 1998 年 1 月任甘肃省教委副主任。1998 年 1 月至 2003 年 1 月任甘肃省人民政府副省长、省科协主席。2003 年 2 月至今任民盟中央副主席。第十届全国人大常委、法律委员会副主任委员，甘肃省第九届人大代表，中国复合材料学会常务理事，中国力学学会特邀理事；民盟第七、八届中央委员、第九、十届中央副主席，甘肃省委第十、十一届副主委。

多年从事力学与复合材料的教学与科研，在国际国内学术期刊上发表复合材料研究方面的论文40余篇，主持完成国家自然科学基金和省部项目等课题8项，获中科院自然科学奖等奖励，获发明专利3项。1992年起享受国务院颁发的政府特殊津贴。

郑兰荪，男，汉族，1954年10月生，江苏省吴江市人。1987年5月加入民盟。1986年5月在美国Rice大学获博士学位。现任厦门大学化学系教授、博士生导师、中科院院士、973计划项目首席科学家、教育部化学专业教学指导分委员会主任、无机合成与分离化学国家重点实验室学术委员会主任、固体表面物理化学国家重点实验室学术委员会副主任，全国政协常委，厦门市政协副主席，民盟中央副主席、福建省委主委、厦门市委主委。

1978年2月至1982年2月在厦门大学化学系本科学习。1982年8月至1986年5月在美国Rice大学学习，获博士学位。1986年6月至今在厦门大学任教。第十届全国政协常委，厦门市政协第九届副主席；民盟第八届中央委员、第九、十届中央副主席，福建省委第九、十届副主委、第十一届主委，厦门市委第九届主委。

在*Science*等刊物上发表了300多篇论文，《碳原子团簇的形成研究》获2006年国家自然科学奖二等奖。获首届国家杰出青年科学基金资助，获全国先进工作者称号。民盟厦门市委会2005年获民盟全国基层组织建设先进单位，2006年获全国各民主党派、工商联和无党派人士为全面建设小康社会作贡献“先进集体”荣誉称号。

张　平，男，汉族，1954年11月生，山西省新绛县人。1986年7月加入民盟。1982年8月在山西师范大学获学士学位。现任山西省作家协会主席、一级作家，全国政协常委，民盟中央副主席、山西省委主委，中国作家协会副主席，中国电影家协会理事、山西省电影家协会主席等。

1971年10月至1978年7月先后在新绛县西关学校、东街学校任教师。1978年8月至1982年8月在山西师范大学学习，获学士学位。1982年8月至1985年12月在临汾地区文联任编辑、文学科科长。1985年12月至2003年12月在省文联工作，历任《火花》杂志副主编、创作委员会副主任、文研室副主任、专职作家、省文联副主席等职。2003年12月至今任省作家协会主席。第九届全国政协委员、第十届全国政协常委，山西省政协第八届委员，中国作家协会第五届委员、第六、七届副主席；民盟第八届中央委员、第九、十届中央副主席，山西省委第七、八届副主委、第九届主委。

发表各类文学作品600多万字，主要作品有《天网》、《抉择》、《十面埋伏》、《国家干部》等，先后数十次获奖，1995年至2007年8次获中宣部颁发的“五个一工程”奖。《抉择》被推举为建国50周年10部献礼长篇作品之一，并获2000年度第五届“茅盾文学奖”。1994年获国务院专家津贴。先后获得全国“德艺双馨”文艺工作者、先进工作者，山西省劳动模范、宣传战线双先标兵、首批精神文明建设先进典型、特级劳动模范等称号。2000年被中共山西省委、山西省政府授予“人民作家”称号，2004年入选中宣部首届“四个一批”文艺人才，2006年被中组部评选为由中央直接联系的有突出贡献的优秀专家。2001年被民盟中央授予“全国先进个人”称号。

索丽生，男，汉族，1944年3月生，湖北省江陵县人。1991年3月加入民盟。1988年12月在美国密执安大学获博士学位。现任民盟中央副主席，全国政协常委、副秘书长。

1961年9月至1966年7月在华东水利学院（现河海大学）学习。1968年8月至1970年6月在水利部第九工程局任技术员。1970年7月至1978年9月在水利部贵阳勘测设计院任助理工程师。1978年10月至1981年12月在华东水利学院学习，获硕士学位。1982年1月至1984年8月在华东水利学院工作，历任助教、讲师。1984年9月至1988年12月在美国密执安大学学习，获博士学位。1989年1月至1990年7月在美国密执安大学工作，为博士后研究人员。1990年8月至2001年5月在河海大学任教，历任讲师、副教授、教授、博士生导师、系副主任、系主任、院长、副校长等职。2001年6月至2005年12月任水利部副部长。2005年12月至今任民盟中央副主席。第十届全国政协常委、副秘书长，江苏省政协第八届常委；民盟第九届中央委员、中央副主席、第十届中央副主席，江苏省委第八届副主委。

出版专著7部，发表学术论文100余篇，先后获国务院颁发的政府特殊津贴、水利部优秀教师、江苏省优秀教学成果一等奖、国家教委和人事部全国优秀留学归国人员、水利部科技进步二等奖（排名第一）、人事部一等功、江苏省高校红杉树园丁奖金奖、江苏省优秀学科带头人、国家科技进步二等奖（排名第一）等奖项和荣誉。

丁仲礼，男，汉族，1957年1月生，浙江省嵊州市人。1996年9月加入民盟。1988年7月在中国科学院地质所获博士学位。现任中国科学院地质与地球物理所研究员、博士生导师、中国科学院院士，全国政协委员、北京市政协常委，民盟中央副主席，中国第四纪研究委员会副主任，联合国教科文组织国际地球科学委员会委员，中国矿物岩石地球化学学会副主任。

1978年9月至1982年7月在浙江大学学习，获学士学位。1982年9月至1988年7月在中国科学院地质所学习，先后获硕士、博士学位。1988 年 7 月至今在中国科学院地质与地球物理所工作，历任副研究员、研究员、博士生导师、副所长、所长等职。第十届全国政协委员、北京市政协第十届常委，民盟第九届中央委员、第十届中央副主席，北京市委第九届副主委。

出版专著 1 部，发表论文 100 余篇。1998 年获中科院自然科学一等奖，2000 年所领导的科研群体被国家自然科学基金会遴选为首批青年科学家创新群体，2002 年获中国青年科学家奖、黄汲青地质科技奖和何梁何利科技进步奖。

陈晓光，男，汉族，1955 年 5 月生，吉林省梨树县人。1992 年 2 月加入民盟。1989 年 3 月在吉林工业大学获工学博士学位。现任吉林省人民政府副省长、教授、博士生导师，全国政协委员，吉林省人大代表，民盟中央副主席、吉林省委主委。

1970 年 3 月至 1978 年 8 月在吉林省梨树县鹿场工作。1978 年 9 月至 1985 年 6 月在吉林工业大学学习，先后获学士、硕士学位。1985 年 6 月至 1986 年 3 月在长春汽车工业高等专科学校任教。1986 年 3 月至 1989 年 3 月在吉林工业大学学习，获工学博士学位。1989 年 3 月至 1997 年 11 月留校任教，历任副教授、教授、博士生导师、系副主任、系主任、副院长、院长等职。1997 年 11 月至 2002 年 3 月任长春市人民政府副市长。2002 年 3 月至 2003 年 1 月任吉林省人民政府副秘书长。2003 年 1 月至今任吉林省人民政府副省长。第九、十届全国政协委员，吉林省第十届人大代表；民盟第八届中央委员、第九届中央常委、第十届中央副主席，吉林省委第十届副主委、第十一、十二届主委。

担任长春市人民政府副市长、吉林省人民政府副省长期间，分管文教、科技、国土、建设、环保、广播电视、新闻出版等方面工作。

徐　辉，男，汉族，1958 年 6 月生，浙江省江山市人。1993 年 3 月加入民盟。1988 年 12 月在杭州大学获博士学位。现任浙江省金华市人民政府副市长、教授、博士生导师，浙江省政协常委，民盟中央副主席、浙江省委主委，浙江省社联副主席，中国教育学会常务理事，中国高等教育研究会常务理事。

1976 年 10 月至 1978 年 9 月在浙江省龙游县插队。1978 年 9 月至 1985 年 7 月在杭州大学学习，先后获学士、硕士学位。1985 年 7 月至 1998 年 9 月在杭州大学任教，历任助教、讲师、副教授、教授、博士生导师、系副主任、主任、副校长等职。期间，1985 年 9 月至 1988 年 12 月在本校在职学习，获博士学位。1998 年 10 月至 2006 年 9 月任浙江师范大学校长。2006 年 6 月至今任浙江省金华市人民政府副市长。第九届全国政协委员，浙江省政协第七届委员、第九届常委；民盟第八届中央委员、第九届中央常委、第十届中央副主席，浙江省委第七、八、九届副主委、第十届主委。

出版著作20余部，发表论文80余篇，承担省部级研究课题10余项，获省部级哲学（人文）社会科学研究成果奖5项。1992年获霍英东教育基金会第三届高等学校青年教师基金奖，1993年获国务院颁发的政府特殊津贴，1994年获浙江省优秀教师称号，2001年被民盟中央授予“全国先进个人”称号。

温思美，男，汉族，1958年1月生，四川省巴中人。1988年3月加入民盟。1995年12月在南京农业大学获农业经济管理博士学位。现任华南农业大学副校长、教授、博士生导师，广东省人大常委，民盟中央副主席、广东省委主委，国务院学位委员会农林经济管理学科评议组召集人，中国农业经济学会副会长，中国农业技术经济学会副会长。

1975年12月至1978年1月，任四川巴中县石门公社革委会办公室干事；1978年2月至1982年1月在西南农学院农经系学习，获经济学学士学位；1982年11月至1985年1月在美国康乃尔大学应用经济与管理系学习，获经济学硕士学位；1992年9月至1995年12月在南京农业大学学习，获农业经济管理博士学位。1985年1月至今在华南农业大学任教，历任副教授、教授、经济贸易学院院长、华南农业大学副校长等职。期间，2005年10月至2006年10月，作为中央博士团成员挂职任云南省怒江傈僳族自治州副州长。广东省政协第七届常委，省第九、十届人大常委；民盟第八届中央委员、第九届中央常委、第十届中央副主席，广东省委第十、十一、十二届副主委、第十三届主委。

主持国际、国家级科研课题20多项，出版专著、教材、译著12部，发表学术论文120多篇。1990年获国家教委霍英东基金会高等学校青年教师奖，1992年获国务院特殊津贴和“广东省（南粤）优秀教师”称号，1993年获“广州十大杰出青年”称号，2004年获“全国模范教师”称号，2005年获广东省首届人文社科优秀成果二等奖。

欧阳明高，男，汉族，1958年10月生，湖北省天门市人。2004年11月加入民盟。1993年10月在丹麦技术大学获博士学位。现任清华大学汽车工程系主任、汽车安全与节能国家重点实验室主任、教授、博士生导师，长江学者特聘教授，全国政协常委，民盟中央副主席，国家863计划“节能与新能源汽车”重大项目总体专家组组长，中国汽车工程学会常务理事。

1978年9月至1982年7月在中南大学学习，获学士学位。1982年7月至1984年10月在大连铁道学院学习，获硕士学位。1984年10月至1988年12月留校任教。1988年12月至1993年10月在丹麦技术大学学习，获博士学位。1994年1月至1995年6月在清华大学博士后流动站工作。1995年6月至今在清华大学任教，历任副教授、教授、博士生导师、汽车工程系主任、汽车安全与节能国家重点实验室主任等职。第十届全国政协常委，民盟第九届中央委员、第十届中央副主席。

发表论文150余篇。获国家专利42项。2005年获中国汽车工业科技进步二等奖，2006年获北京市科技进步二等奖，2007年获国家发明二等奖。2002年获国务院颁发的政府特殊津贴。

三、中国民主建国会第九届中央委员会主席、副主席

陈昌智，男，汉族，1945年7月生，湖北孝感人。研究生毕业，副教授。1985年5月加入民建。现任民建中央主席，全国政协常委，中国监察学会会长。

1968年7月毕业于四川大学经济系。1969年1月至1970年6月在中国人民解放军150师锻炼。1970年6月至1979年9月在凉山州金阳县文教局任职。1979年9月至1981年12月在四川大学中国经济史专业攻读研究生。1981年12月至1988年5月历任四川大学经济系讲师、副教授。1988年5月至1994年10月任四川省政协专职副秘书长、财贸委员会副主任、经济委员会副主任。1994年10月至1998年1月任四川省监察厅副厅长、四川省政协副秘书长。1998年1月至1998年11月任四川省政协副主席。1998年11月至2007年12月任监察部副部长。2003年12月至今任中国监察学会会长。2002年12月任民建中央副主席，2007年7月任民建中央常务副主席。2007年12月当选民建中央主席。

曾任民建第六届中央委员、第七届中央常务委员，民建四川省委副秘书长、四川省委副主委兼副秘书长、四川省委主委，第八届全国人大代表，第九届全国政协常委。

主要著作有《经济发展辞典》（副主编）、《中华人民共和国经济简史》（主编）、《商业管理会计》（合著）、《中国近代经济简史》（合著）。曾获四川大学科研成果三等奖，四川省青年经济研究会优秀成果一等奖，三次获四川省中国经济史学会优秀成果奖。《关于加强驻外中资企业监管，防止境外国有资产流失》的提案，2007年被全国政协评为优秀提案。

张榕明，女，汉族，1944年6月生，浙江宁波人。大学本科毕业，工程师。1966年毕业于北京工业大学无线电系。1996年1月加入民建。现任全国政协副主席，民建中央第一副主席，中华全国总工会副主席，中华职业教育社副理事长。

1968年6月至1968年12月任辽阳科学实验厂技术员。1969年至1981年任辽宁精密元件厂、辽阳电子仪表厂技术员。1981年11月至1983年5月任辽阳电子仪表厂副厂长、厂长。1983年6月至1984年11月任辽阳电子工业公司副经理。1984年12月至1985年5月任辽阳市文圣区人民政府副区长。

1985 年 5 月至 1993 年 2 月任辽阳市人民政府副市长。1993 年 3 月至 2001 年 2 月任辽宁省人民政府副省长。1997 年 11 月任民建中央副主席。2000 年 2 月任第九届全国政协委员，2001 年 3 月任第九届全国政协常委。2001 年 2 月任民建中央专职副主席。2003 年 3 月任民建中央常务副主席，第十届全国政协常委、人口资源环境委员会副主任。2003 年 9 月至今任中华全国总工会副主席。1999 年 11 月至今任中华职业教育社副理事长。2005 年 3 月至今任第十届全国政协副主席。2007 年 7 月至今任民建中央第一副主席。

马培华，男，汉族，1949 年 8 月生，江苏溧阳人。博士研究生毕业，博士学位，研究员。2001 年 12 月加入民建。现任民建中央常务副主席、民建青海省委主委，全国政协委员，中国科学院研究生院无机化学博士生导师，中科院青海盐湖研究所研究员，东北大学冶金物理化学专业博士生导师，中国科技大学、东北大学、四川大学兼职教授。

1973 年 9 月至 1976 年 12 月在东北工学院（现东北大学）冶金物理化学专业学习。1990 年 9 月至 1993 年 12 月在日本京都工芸纤维大学学习，获理学博士学位。

1968 年 8 月至 1973 年 8 月在西北冶金地质八队、青海山川机床铸造厂工作、工人。1976 年 12 月至 1991 年 5 月历任中科院青海盐湖研究所研究实习员、助理研究员、副研究员、所长助理。期间，1986 年 1 月至 1988 年 4 月在日本国理化学研究所任研究员。1991 年 6 月至 1995 年 6 月任中科院青海盐湖研究所副所长，1995 年 6 月起任常务副所长，并被中国科学院特批为研究员。期间，1996 年 9 月至 1998 年 4 月在德国杜塞尔多夫大学、美国明尼苏达大学合作研究化学工程与分离科学，1997 年 6 月至 1999 年 9 月兼任中外合资青海锂业有限公司总经理。1999 年 5 月至 9 月任青海省人民政府省长助理。1999 年 6 月至 2003 年 11 月任中科院青海盐湖研究所所长。1999 年 9 月至 2007 年 4 月任青海省人民政府副省长。2002 年 12 月至今任民建中央副主席，2007 年 2 月起任民建中央专职副主席，2007 年 12 月起任民建中央常务副主席。

2002 年 6 月至今任民建青海省委主委。曾任第九届全国人大代表。

在分离科学与技术、材料科学、盐湖资源综合利用和激光化学领域的核心学术刊物上发表论文 90 多篇，被 SCI 收录。获授权发明专利 10 项。主持完成国家重大高新技术产业化示范工程“青海盐湖提锂及资源综合利用”项目，并建成了具有自主知识产权的我国盐湖锂盐产业。“碳同位素激光分离化学研究”成果获得 1998 年度中科院自然科学二等奖，青海省科技进步一等奖。1992 年被授予中国科学院有突出贡献的中青年专家称号。

程贻举，男，汉族，1942 年 3 月生，湖北武汉人。大学本科毕业，高级工程师。1988 年 1 月加入民建。现任重庆市人大常委会副主任，民建中央副主席，全国人大常委，中国金属学会委员，重庆大学兼职硕士生导师，重庆工商管理硕士学院院长。

1960 年 9 月至 1965 年 8 月在天津大学机械系金属材料专业学习并毕业。

1965 年 8 月至 1995 年 3 月历任机械工业部重庆仪表材料研究所课题负责人、班组长、研究室主任、副所长。1995 年 4 月至 1996 年 10 月任重庆市科委副主任。1996 年 11 月至 1997 年 5 月任重庆市人民政府市长助理。1997 年 6 月至 2003 年 2 月任重庆市人民政府副市长。2003 年 2 月至今任重庆市人大常委会副主任。2002 年 12 月至今任民建中央副主席。

曾任民建第五、六届中央委员、第七届中央常委，第四届四川省委副主委，第八、九届重庆市（直辖前）委副主委、主委，第一、二届重庆市委主委，第一届北碚区委主委，第七届全国人大代表，第八、九届全国政协委员。

发表科技论文、学术研究报告和翻译并发表国外科技资料几十篇，其中两篇获机电部理化协作总网二等奖和三等奖，一篇获西南三省优秀科技论文奖。出版著作《现代金相技术》和《金相检验》。曾参加国家科委攻关项目“抗硫合金”研制，获国家科技进步三等奖；参加国家攻关项目“聚四氟乙烯开发”获机电部科技进步二等奖。在科委工作时，组织编制“重庆市科技发展九五计划和 2010 年长期规划”。担任副市长后，为重庆市的社会事业全面发展作出了贡献。提出了重庆高、中等院校结构调整、重新整合教育资源、打通职业教育立交桥的思路；率先提出了举办重庆高科技成果交易会的思路；多次在全国有关会议上代表重庆市作经验交流。撰写《重庆产业的发展方向》、《政府在高新技术发展中的作用》、《对文化工作的再认识》等文章。

2003 年以来，结合多年来的工作体会，撰写了《“三个代表”是指导民建工作的强大思想武器》、《民主党派必须自觉接受共产党的领导》和《为什么要参加民主党派》的署名文章。发起和组织了“2005 年重庆市中小企业发展论坛”、重庆“2006 年社会救助和慈善事业发展论坛”、“川渝经济合作与发展论坛”，成功举办了“2005 年中国国际职业教育论坛”等活动，为重庆市的经济和社会发展，为民建的工作作出一定的贡献。

王少阶，男，汉族，1942 年 3 月生，湖北武汉人。大学本科毕业，教授。2000 年 12 月加入民建。现任湖北省政协副主席，民建中央副主席，全国政协常委，武汉大学核固体物理省级重点实验室主任，国际正电子与正电子素化学委员会委员，中国核学会常务理事，武汉大学教授、博士生导师。

1960 年 7 月至 1966 年 7 月在清华大学工程物理系实验核物理专业学习（6 年制）。

1966 年 7 月至 1968 年 10 月因文化革命留校。1968 年 11 月至 1978 年 12 月在铁道部西安信号厂从事技术工作。1978

年12月起在武汉大学物理系任教，1980年4月至1985年4月任讲师，1985年4月任副教授，1988年3月任教授，1988年5月至1991年8月任物理系主任。1990年被国务院学位委员会评为原子核物理专业博士生导师。1986年4月至1987年10月在美国密苏里大学任访问教授。1993年6月至9月和1994年7月至10月任瑞士国家核研究所（PSI）客座科学家。1990年3月至2000年3月任湖北省核学会理事长。1991年12月至2000年10月任中国核物理学会常务理事。1997年8月至2000年10月任中国核物理学会副理事长。1997年5月至2006年7月任国际正电子湮没委员会委员（中国仅一人）。2002年7月起任国际正电子与正电子素化学委员会委员（中国仅一人）。1990年12月至今任中国核学会理事、常务理事。1996年1月至1997年5月任湖北省人民政府省长助理。1997年5月至2003年1月任湖北省人民政府副省长。2003年1月至今任湖北省政协副主席。2003年3月起任全国政协常委。

2002年12月至今任民建中央副主席。曾任民建第四届湖北省委副主委、第五届湖北省委主委。

担任副省长期间，分管教育、科技文化、卫生体育、广播电视、新闻出版、计划生育、知识产权和地震工作。

在国内外杂志发表科研论文220余篇，其中70%以上为国际三大检索SCI、EI、ISTP收录。1982年以来，先后主持国家自然科学基金、攀登计划、国家教委和省市重点科研项目等约20余项，培养博士生、硕士生、博士后数十名。多次参加国际学术会议担任会议主席并作邀请报告。1989年、1997年两次获得国家教委科技进步二等奖。2003年获湖北省自然科学一等奖。1992年起享受国务院政府特殊津贴。

陈政立，男，汉族，1960年12月生，广东深圳人。硕士研究生毕业，硕士学位。1995年12月加入民建。1985年7月加入中共。现任中国宝安集团股份有限公司主席兼总裁，民建中央副主席，中国风险投资有限公司董事长，全国政协常委，中华思源工程扶贫基金会副理事长。

1985年9月至1988年7月在中央广播电视大学学习并毕业。1988年9月至1991年7月在浙江大学研究生院攻读管理工程研究生，获硕士学位。

1976年8月至1983年10月在深圳市沙井公社务农，历任大队文书、大队长、公社农工商公司经理。1983年10月至1990年10月在中国宝安集团工作，历任宝安宾馆经理、宝安集团副总经理。1990年11月至1995年5月历任宝安集团董事总经理、董事局副主席兼总经理。1995年6月至今任中国宝安集团主席兼总裁。2000年4月至今兼任中国风险投资有限公司董事长。2005年12月至今任民建中央副主席。

曾任民建第六、七、八届中央委员、常委，第九届全国政协委员。

专著有《关于企业发展若干问题的思考》、《来自实践的报告》、《如何实现企业资源增值——创造财富的新视角和方法论》、《道论》。

张少琴，男，汉族，1953 年 5 月生，山西新绛人。博士研究生毕业，博士学位，教授。2003 年 5 月加入民建。现任民建中央专职副主席，山西省人民政府副省长，民建山西省委主委，全国政协委员，山西省人大代表，北京航空航天大学兼职博士生导师。

1974 年 10 月至 1977 年 10 月在太原重型机械学院（现太原科技大学）学习。1987 年 2 月至 1989 年 8 月在美国奥本大学攻读博士学位。

1972 年 1 月至 1974 年 10 月在运城公路管理段测量设计队任测工。1977 年 10 月至 1983 年 2 月任太原重型机械学院教师。1983 年 2 月至 1985 年 2 月在英国曼彻斯特大学理工学院做访问学者。1985 年 2 月至 1987 年 2 月任太原重型机械学院材料力学实验室主任。1989 年 8 月至 1990 年 8 月在美国俄亥俄州立大学任博士后研究员。1990 年 8 月至 1997 年 5 月历任新加坡国家标准与工业研究院高级研究员、主任研究员、首席工程师、复合材料研究中心副主任。1997 年 5 月至 1999 年 10 月任太原重型机械学院数力系主任、应用科学系主任、院长助理。1998 年 11 月至 2006 年 11 月任中国力学学会第六、第七届理事。1999 年 10 月至 2000 年 10 月任太原重型机械学院常务副院长。2000 年 10 月至 2003 年 1 月任太原重型机械学院院长。2003 年 1 月至今任山西省人民政府副省长。2007 年 12 月至今任民建中央专职副主席。

2007 年 6 月至今任民建山西省委主委。曾任民建第八届中央委员。

在国内外刊物上发表学术论文 70 多篇，创立了复合材料 Z 断裂理论，出版专著三部，其中专著《复合材料的 Z 断裂准则及专家系统》收入华夏英才学术文库。曾作为主任研究员主持新加坡宇航局国家级自然科学基金研究项目《航空飞行器高性能复合材料结构疲劳和断裂研究》，《高性能复合材料结构在海事工程中的应用研究》获新加坡标准与工业研究院颁发创造发明奖。有发明专利四项，其中专利《复合材料人工假肢》、《复合材料波纹管的生产技术》、《复合材料高空桁架联接系统》获新加坡标准与工业研究院颁发专利奖。主持的科研项目《高性能复合材料新断裂理论及专家系统研究》获山西省科技进步奖。曾获山西省人民政府颁发的“优秀回国留学人员”称号，优秀教育工作者奖章，享受国务院政府特殊津贴。曾获美国奥本大学杰出工程师奖。

辜胜阻，男，汉族，1956 年 1 月生，湖北武汉人。博士研究生毕业，经济学博士学位，教授。1988 年 5 月加入民建。现任民建中央专职副主席，全国政协委员，武汉大学教授、博士生导师，清华大学、中国人民大学、北京师范大学兼职教授，中国软科学研究会副理事长，中国统一战线理论研究会副会长。

1978 年 3 月至 1982 年 2 月在武汉大学经济系学习，获学士学位。1988 年 9 月至 1991 年 7 月在武汉大学经济学系学习，获博士学位。

1986年7月至1988年2月在美国密西根大学进修硕士学位课程。1989年12月至1990年3月在日本大学任客座教授，1992年10月至1993年8月在美国密西根大学任访问教授，1995年4月至7月在德国杜伊斯堡大学任客座教授，1996年5月至1997年7月在美国哈佛大学任访问教授。

1982年2月至1985年11月任武汉大学助教。1985年11月至1989年4月任武汉大学副教授。1989年4月至今任武汉大学教授。1992年12月至今任武汉大学博士生导师。1998年1月至2003年1月任武汉市人民政府副市长。2003年1月至2005年8月任湖北省人民政府副省长。2002年11月至2007年11月任全国工商联副主席。2007年12月至今任民建中央专职副主席。

曾任民建第六届中央委员、常委，第七届中央常委，民建第四、五届湖北省委副主委，民建第七、八届武汉市委主委，第八届全国政协委员，第九届全国政协常委。

在国内外刊物上发表论文百余篇，主持十多项国家社会科学和自然科学研究项目，出版学术著作近20部。曾获孙冶方经济科学奖、国家“五个一工程”奖等十多项重要奖励，曾获“中国十大杰出青年”、国家教委“跨世纪人才”等荣誉称号，入选国家“百千万人才工程”。被授予国家有突出贡献的专家、国家有突出贡献的留学归国人员称号。享受国务院政府特殊津贴。2000年被评为民建全国优秀会员。

在担任全国政协委员、常委期间，提交提案70多篇，大会书面发言近70篇，政协全体大会口头发言8次。其中提案《关于城市流动人口与农民工建议案》、《关于就业和失业保险制度的思路与对策案》被评为全国政协优秀提案，关于发展高技术产业和技术创新等多项提案被列为重点提案。

宋　海，男，满族，1951年7月生，河北玉田人。博士研究生毕业，博士学位，研究员。1988年9月加入民建。现任广东省人民政府副省长，民建中央副主席、民建广东省委主委，全国人大代表。

1974年7月至1978年2月在北京对外经济贸易大学国际经济系学习。1997年9月至2002年6月在南开大学经济研究所攻读经济学博士研究生。

1967年9月至1971年10月在河北玉田县插队。1971年10月至1974年7月任兰州军区生产建设兵团战士、新闻干事、新闻记者。1978年2月至1984年4月任中国科学院兰州沙漠研究所研究实习员、翻译、编辑。1984年4月至1992年1月历任中国银行甘肃省分行信息调研室干部、助理研究员、副研究员、副主任（副处级）。1992年1月至1996年10月历任中国银行深圳分行调研处副处长、研究员、处长、发展规划处处长。1996年10月至1999年9月任深圳市人民政府副秘书长。1999年9月至2003年1月任深圳市人民政府副市长。2003年1月至今任广东省人民政府副省长。2007年12月至今任民建中央副主席。

2002年6月至今任民建广东省委主委。曾任民建第八届中央常务委员、第五届广东省委副主委、第二届深圳市委副主委、第三届深圳市委主委，第九届全国政协委员。

长期从事金融、经济、公共管理及统战理论研究工作。1985年至1996年，先后兼任华北西北十省区国际金融学会副理事长兼秘书长、甘肃省国际金融学会副会长兼秘书长、深圳市金融学会副会长兼秘书长、深圳市国际金融学会副会长兼秘书长。2002年至今先后被聘为南开大学EMBA导师、暨南大学及华南理工大学博士生导师。2004年至今兼任华南理工大学经济与贸易学院院长。撰写学术论文及论著、译著100多篇（册），约360多万字，共获8项全国和省部级科研成果奖。先后主持开展国家社会科学基金项目、广东省重点课题等项目研究，相关成果分别发表于《国际贸易》、《国际金融研究》等核心刊物，主要著作有《参政论》、《银行业监管系列书》、《金融全球化下的汇率制度选择》等。

李　说，女，汉族，1956年10月生，安徽合肥人。硕士研究生毕业，硕士学位，高级国际商务师。1992年9月加入民建。现任中国通用技术集团总裁、董事，民建中央副主席，全国政协委员。

1978年9月至1982年7月在山东工业大学无机材料系分析化学专业学习并毕业（本科），获理学学士学位。2002年3月至2003年11月在北京大学光华管理学院读研究生，获工商管理硕士学位。

1975年11月至1978年9月在陕西榆林地区毛纺厂工作。1982年7月至1984年7月任武汉工业大学硅酸盐工程系助教。1984年7月至1995年10月历任中国陕西国际经济技术合作公司主任科员、副处长、处长、副总经理（副厅级）。1995年10月至2000年9月任陕西省人民政府省长助理。2000年9月至2005年3月任中国通用技术（集团）控股有限责任公司副总裁、董事。2005年3月至今任中国通用技术（集团）控股有限责任公司总裁、董事。2007年12月至今任民建中央副主席。

曾任民建第八届中央常务委员、第五届陕西省委副主委，第九届全国人大代表。

担任中国通用技术集团总裁后，落实国家“走出去”战略，作出突出成绩，签署了12.7亿美元的土耳其高速铁路项目，2.83亿美元的菲律宾南部铁路项目，4.39亿美元的印尼60万千瓦电站项目，创造了良好的经济效益和社会效益。2006年作为中印CEO论坛第一届轮值主席主持论坛，扩大了中印企业交流与合作。2007年领导的企业荣获“丰台区科技园十佳企业”、“丰台区优秀高新技术企业”和“丰台区财政突出贡献企业”称号，个人被授予“丰台区科技园优秀企业家”荣誉称号。2002年至2006年领导的企业向内蒙、新疆等地区捐款1369万余元。2007年向安徽灾区捐款200万元人民币。

担任全国政协委员期间，提交提案11篇，大会发言5篇，提出了关于国有企业改革、医药改革、污水处理、城镇居民社会保障立法等方面的提案，并得到了国家发改委、国家食品药品监管局、建设部、劳动和社会保障部等有关部门的高度重视。

周汉民，男，汉族，1957 年 4 月生，浙江镇海人。硕士研究生毕业，硕士学位，教授。2004 年 10 月加入民建。现任上海世博会事务协调局副局长，民建中央副主席、民建上海市委主委，全国政协委员，中国驻国际展览局代表，国际展览局规则委员会副主席，上海中华职教社常务副主任，博士生导师。

1979 年 1 月至 1982 年 12 月在上海对外贸易学院外贸经济系学习，获学士学位。1985 年 9 月至 1987 年 9 月在上海对外贸易学院国际经济法系学习，获硕士学位。

1982 年 12 月至 2000 年 8 月在上海对外贸易学院工作，任上海对外贸易学院副院长、法学院院长、研究生部主任、国际经贸研究所所长、《世界贸易组织动态与研究》主编等职。2000 年 8 月至 2003 年 3 月任上海市浦东新区人民政府副区长。2001 年 11 月至 2003 年 10 月任中国 2010 年上海世博会申办工作领导小组办公室副主任。2003 年 10 月至今任上海世博会事务协调局副局长。2007 年 12 月至今任民建中央副主席。2007 年 3 月至今任民建上海市委主委。曾任民建第八届中央委员、第十届上海市委副主委。

主要从事国际经济法、国际贸易法、关贸总协定与世界贸易组织、中美关系、浦东开放与开发等领域的教学与研究，主编《国际贸易法》、《关贸总协定总论》、《世界贸易组织总论》、《中国走进 WTO》、《与 WTO 规则的融合：中国外经贸法律新制度》、《中国外贸救济与调查外贸制度》等教材和专著，独著《思想的历程：复关入世文集》，主持翻译《纪念〈国际展览会公约〉签署 75 周年》，发表论文 200 余篇。1991 年被评为“上海市优秀青年教师”。1992 年获美国“艾森豪威尔基金奖”。1993 年被评为“全国优秀教师”。1994 年获“上海市十大杰出青年”称号、“上海市高教精英”提名奖和“宝钢教育基金奖”。1995 年获“中国杰出中青年法学家”提名奖。1996 年获“国家有突出贡献的中青年专家”称号。1997 年入选国家“百、千、万人才工程”第一、二层次人才。1999 年获“上海市优秀中青年法学家”称号。

四、中国民主促进会第十二届中央委员会主席、副主席

严隽琪，女，汉族，1946 年 8 月生，江苏苏州人。民进成员。1967 年 9 月参加工作，丹麦技术大学海洋工程系毕业，研究生学历，工学博士学位，教授。1962 年至 1967 年在上海交通大学机械工程系学习；1967 年至 1968 年留校待分配；1968 年至 1978 年在江苏徐州矿务局卧牛矿机电队当工人，第一机电修配厂技术员、职工大学教师；1978 年至 1981 年在上海交通大学机械工程系攻读硕士研究生；1981 年至 1995 年任上海交通大学机械工程系助教、讲师、副教授、教授、博士生导师（期间：1984 年至 1986 年丹麦技术大学海洋工程系博士

研究生）；1995年至2000年任上海交通大学校长助理兼机械学院院长，1999年12月任民进上海市副主委；2000年至2001年任上海市政府信息化办公室副主任，民进上海市副主委；2001年至2002年任上海市副市长，民进上海市副主委；2002年至2007年任民进中央副主席、上海市主委，上海市副市长；2007年9月任民进中央常务副主席；2007年12月任民进中央主席。

罗富和，男，汉族，1949年9月生，广东广州人，民进成员。1968年11月参加工作，芬兰赫尔辛基大学农林学院毕业，研究生学历，教授。

1968年至1973年在广州军区生产建设兵团四师十团战士；1973年至1976年在广东农林学院学习；1976年至1989年任广东农林学院助教、副教授、教务处副处长（期间，1981年至1983年芬兰赫尔辛基大学农林学院硕士研究生；1988年至1989年芬兰林科院学习）；1989年至1998年任华南农业大学副校长（1995年被评为教授）；1998年至2001年任广东省科委副主任，广东省科技厅副厅长；2001年至2002年任广东省农科院院长；2002年至2003年任民进广东省主委，广东省科协副主席，广东省农科院院长；2003年至2005年任民进广东省主委，广东省政协副主席，广东省科协副主席，广东省农科院院长；2005年至2007年任民进中央副主席、广东省主委，广东省政协副主席，广东省科协副主席，广东省农科院院长；2007年12月任民进中央常务副主席、广东省主委，广东省政协副主席，广东省科协副主席，广东省农科院院长。

冯骥才，男，汉族，1942年2月生，浙江宁波人。1981年3月入会，高中，编审。现任天津市文学艺术界联合会主席；民进中央副主席；全国政协常委；中国文学艺术界联合会副主席、中国民间文艺家协会主席、天津大学冯骥才文学艺术研究院院长。

1961年至1977年先后在天津体院男子篮球队、天津和平区工艺美术社、天津工艺美术厂、天津工艺美术工人大学工作；1977年至1986年先后在天津创作讨论室、天津市作家协会工作；1986年起任天津市文学艺术界联合会主席。1988年起任民进中央常委、民进中央副主席。

潘贵玉，女，汉族，1946 年 8 月生，湖南安乡人。1984 年 1 月入会，大学学历。现任国家人口和计划生育委员会副主任、中国计划生育协会常务副会长；民进中央副主席；全国政协常委、副秘书长；中国长城学会副会长兼秘书长。

1970 年毕业于北京师范大学；1972 年至 1983 年在湖南长沙市第二中学任教；1983 年至 1991 年先后任长沙市教育局局长助理、长沙市北区人民政府副区长、长沙市人民政府副市长；1991 年至 1993 年任湖南省人民政府省长助理；1993 年至 2001 年任湖南省人民政府副省长；2001 年起任国家人口和计划生育委员会副主任。

1992 年起任民进湖南省委主委、民进中央常委；1997 年起任民进中央副主席。

王佐书，男，汉族，1947 年 9 月生，北京人。1989 年 5 月入会，学士学位，教授。现任民进中央副主席；全国人大常委、财经委员会委员；中华职业教育社副理事长。2008 年被中国国际战略学会聘任为高级顾问。

1967 年起在黑龙江省绥滨农场工作；1982 年毕业于哈尔滨师范大学化学系，留校后先后任系副主任、校长助理、副校长、校长；1998 年 1 月至 2003 年 1 月任黑龙江省人民政府副省长。

1997 年起任民进黑龙江省委主委、民进中央常委；2003 年起任民进中央专职副主席。

贺　旻，女，汉族，1957 年 10 月生，辽宁大连人。1994 年 12 月入会，硕士，教授。现任辽宁省大连市人民政府副市长，民进中央副主席、辽宁省委会主委，全国政协常委。

1975 年下乡插队，1978 年至 1982 年在沈阳药学院制药系学习，毕业后考入辽宁师范大学化学系攻读硕士学位，大连理工大学博士学位。先后在沈阳药学院、大连大学从事教学科研工作并担任系副主任。1994 年起历任大连市教委副主任、市人民政府副秘书长、市长助理。1998 年 1 月当选为大连市人民政府副市长。担任副市长期间，主要分管文教体卫等工作。同时兼任民进中央委员和辽宁省、大连市副主委。2002 年 1 月被增补为第九届全国政协委员，2002 年 7 月当选为第九届民进辽宁省委主委，2002 年 12 月当选为民进中央副主席。2003 年 1 月当选为辽宁省政协副主席，2003 年 3 月当选为第十届全国政协常委。

刘新成，男，汉族，1952年3月生，北京人。2001年11月入会，博士，教授。现任首都师范大学校长；民进中央副主席、民进北京市委主委；全国政协委员；北京市社科联副主席、教育部历史教学指导委员会副主任、国家社会科学规划办世界历史学科评审专家。

1978年4月入北京师范学院（现更名为首都师范大学）学习，先后获学士、硕士和博士学位并留校任教，曾赴美国作高级访问学者；1991年起先后任首都师范大学历史系副教授、教授，系副主任、主任，副校长、校长。

2007年起任民进北京市委主委、民进中央常委、民进中央副主席。

蔡达峰，男，汉族，1960年6月生，浙江宁波人。1995年1月入会，博士，教授。现任复旦大学副校长；民进中央副主席、民进上海市委主委；全国人大代表；上海市文物管理委员会委员、全国高等教学会理事。

1982年毕业于同济大学建筑系获学士学位；1985年毕业于同济大学建筑系获硕士学位；1985年至1987年在上海文管委工作；1990年毕业于同济大学建筑系获博士学位，后留校任教；1993年起先后任复旦大学副教授、教授，文博系副主任、主任，教务处处长，副校长。

2007年起任民进上海市委主委、民进中央常委、民进中央副主席。

朱永新，男，汉族，1958年8月生，江苏大丰人。民进成员，1982年8月参加工作，同济大学管理工程学专业毕业，研究生学历，博士学位，教授，博士生导师。1978年2月至1980年9月在江苏师范学院政史系学习；1980年9月至1982年8月在上海师范大学教育心理研究班学习；1982年8月至1987年2月在苏州大学教育科学教研部任助教、副教授；1987年2月至1993年1月在苏州大学任教育部主任、副教授（期间，1990年10月至1991年9月任日本上智大学研究员），是七届全国青联委员；1993年1月至1997年12月任苏州大学教务处处长、教授（期间，1994年9月至1996年7月攻读同济大学管理工程学专业博士研究生）；1997年12月至2002年12月任苏州市副市长（期间，1998年6月至2000年6月复旦大学经济管理学院博士后）；2002年12月至2007年12月任民进中央常委、江苏省副主委、苏州市主委，苏州市副市长；2007年12月任民进中央专职副主席、江苏省副主委、苏州市主委，苏州市副市长。

五、中国农工民主党第十四届中央委员会主席、副主席

桑国卫，男，汉族，1941 年 11 月出生，浙江吴兴人。研究生学历，研究员，博士生导师。中国工程院院士。1996 年 11 月加入农工党。1958 年 9 月至 1962 年 8 月上海第一医学院药学系药学专业学习。1962 年 9 月至 1966 年 9 月上海第一医学院医学系药理专业研究生。1966 年 10 月至 1999 年 2 月在浙江省医学科学院工作，历任药物研究所研究实习员、助理研究员，药物研究所兼计划生育所副研究员、研究员、所长、WHO 人类生殖研究合作中心主任，浙江省医学科学院副院长（1991 年 7 月至 1997 年 5 月）。期间，1979 年 10 月至 12 月英国剑桥大学生理系进修学者，1980 年 1 月至 1981 年 9 月英国伦敦大学皇家医学研究生院临床药理及甾体生化系学习，获临床药理证书。1983 年 3 月至 1989 年 9 月任 WHO 长效避孕药专家指导委员会委员；1989 年 10 月至 1990 年 10 月美国康奈尔大学医学院临床药理系及内科客座教授；1992 年 8 月至 2000 年任国际药理联合会理事。1997 年 5 月至 1998 年 3 月兼任浙江省卫生厅副厅长，1998 年 3 月至 1999 年 2 月兼任浙江省人民政府省长助理。1999 年 2 月至 2003 年 4 月任国家食品药品监督管理局副局长；1999 年 2 月至 2006 年任国家药典委员会秘书长；1999 年 2 月至 2007 年 8 月任中国药品生物制品检定所所长、中国生物制品标准化委员会主任委员、WHO 药品质量控制研究与培训合作中心主任。1999 年至 2006 年任中国工程院医药卫生学部副主任。2000 年 12 月当选农工党中央副主席，2002 年 12 月连任农工党中央副主席。2003 年 4 月至今任国家食品药品监督管理局顾问，2007 年 1 月至今任中国药学会理事长。2007 年 12 月当选农工党中央主席。2008 年 3 月当选为全国人大常委会副委员长，第七、八、九届全国政协委员，第十届全国人大常委、教科文卫委员会副主任。

现任农工党十四届中央主席，全国人大常委会副委员长，中国药学会理事长，中国药品生物制品检定所研究员。

陈宗兴，男，汉族，1943 年 6 月出生，河南正阳人。研究生学历，教授、博士生导师。1997 年 4 月加入农工党。1962 年 9 月至 1967 年 7 月北京师范大学地理系学习。1968 年 7 月至 1970 年 2 月解放军 8402 部队劳动农场劳动锻炼。1970 年 2 月至 1979 年 9 月西北电力建设局任教。1979 年 9 月至 1981 年 12 月北京师范大学读研究生。1981 年 12 月至 1997 年 7 月，历任西北大学地理系教师、副教授、教授，系副主任、系主任，科研处处长、教务长、副校长、校长。1997 年 5 月至 1998 年 1 月任西安市人民政府副市长。期间，1997 年 7 月当选为农工党陕西省委会主委，1997 年 11 月当选为农工党中央副主席。1998 年 1 月至

2003年1月任陕西省人民政府副省长。期间，1998年8月至2003年6月兼任国家杨凌农业高新技术产业示范区管委会主任，1999年9月至2003年8月兼任西北农林科技大学校长，2002年6月至2005年3月连任农工党陕西省委会主委。2002年12月连任农工党中央副主席，2003年1月至2008年1月任陕西省政协副主席，2003年3月至2008年3月任全国政协副秘书长，2007年12月至今任农工党中央常务副主席。2008年3月当选为全国政协副主席。是第九届全国政协委员、第十届全国政协常委、副秘书长。

现任农工党十四届中央常务副主席，全国政协副主席。

张大宁，男，汉族，1944年9月出生，天津人。大学学历，研究员、教授、主任医师、博士生导师。1985年6月加入农工党。1961年9月至1966年8月天津中医学院中医系学习。1966年9月至1978年6月任天津市和平区卫生局教学组组长。1978年6月至1983年12月任天津中医学院（现天津中医药大学）研究生教研室副主任、讲师、副教授。1983年12月至2001年8月历任天津市中医医院副院长、院长、副主任医师、主任医师、教授。期间，1997年11月当选农工党中央副主席。2001年9月至今任天津市中医药研究院院长、天津市中医肾病研究所所长、教授、主任医师、博士生导师。期间，2002年12月连任农工党中央副主席，2007年6月当选农工党天津市委会主委，2007年12月连任农工党中央副主席。是第七、八届全国政协委员，第九、十、十一届全国政协常委。

现任农工党十四届中央副主席、天津市委会主委，天津市中医药研究院院长、天津市中医肾病研究所所长，全国政协常委、教科文卫体委员会副主任，中国和平统一促进会常务理事，天津市海外联谊会副会长，天津南开中学校友会理事长。中华中医药学会副会长、国际中医肾病学术会议主席、中国中医肾病学会主任委员、中国中医药研究促进会会长、天津市中医药学会会长。中医肾病学国家授衔专家，全国名老中医指导老师，南开大学医学院教授、天津医科大学教授、天津中医学院教授。

王宁生，男，汉族，1946年11月出生，贵州安顺人。大学学历，教授、博士生导师。1986年12月加入农工党。1965年9月至1970年7月南京药学院（现为中国药科大学）药学专业学习。1970年7月至1976年12月任贵州威宁县制药厂药剂师。1976年12月至今在广州中医药大学工作，历任助教、讲师、中心实验室副主任、副教授、临床药理研究所所长、研究员、教授、博士生导师、副校长。期间，1978年9月至1979年7月上海第一医学院药学系高师班学习，1981年4月至1983年10月德国海德堡大学医学院访问学者，1987年4月至1987年12月德国法兰克福大学药理中心客籍教授，1994年4月至1994年12月德国国家药检所高级访问学者，1997年6月当选农工党广东省委会主委，2002年12月当选农工党中央副主席，2007年5月连任农工党广东省委会主委，2007年12月连任农工党中央副主席。是第九届全国政协常委，第十、十一届全国人大常委。

现任农工党十四届中央副主席，广东省委会主委，广州中医药大学副校长兼临床药理研究所所长，全国人大常委，广东省人大副主任。国务院学位委员会学科评审组成员，国家食品药品监督局药品审评委员会委员，中国药理学会毒理专业委员会副主任委员，中华海外联谊会第二届常务理事，国家药典委员会委员，德国药学会会员，广东省政府、贵州省政府顾问，卫生部抗体技术重点实验室（南京）学术委员会委员，中山大学、暨南大学兼职教授，广东省药品非临床安全性研究中心主任，国家新药（中药）安全性评价研究重点实验室主任，国家新药基金评审委员，广东省学位委员会委员，广东省药理学会常务理事，广东省海洋药物重点实验室学术委员会主任委员，广东省中医药学会中药安全性研究专业委员会主任委员，世界中医药学会联合会中药药理专业委员会会长。

陈勋儒，男，汉族，1945年6月出生，云南云县人。大学学历，高级农艺师。2001年7月加入农工党。1963年9月至1967年7月昆明农林学院农学专业学习。1967年7月至1968年10月留校待分配。1968年12月至1970年3月解放军耿马孟定农场劳动锻炼。1970年3月至1995年10月在临沧地区（现临沧市）农科所、农技推广站、农牧局工作，历任副所长、副站长、副局长、局长。1995年11月至1998年3月任临沧地区行署副专员。1998年3月至1998年11月任云南省农业厅副厅长。1998年11月至1999年9月任云南省人民政府省长助理。1999年9月至2003年1月任云南省人民政府副省长。期间，2002年5月当选为农工党云南省委会主委。2003年1月至今任云南省政协副主席，2005年12月当选为农工党中央副主席，2007年5月连任农工党云南省委会主委，2007年12月连任农工党中央副主席。是第十、十一届全国政协常委。

现任农工党十四届中央副主席、云南省委会主委，全国政协常委、云南省政协副主席，中国红十字会理事、云南省红十字会会长，中国作物学会会员。

汪纪戎，女，汉族，1944年9月出生，安徽肥西人。大学学历，工程师。2005年12月加入农工党。1962年9月至1967年7月上海同济大学路桥系桥隧专业学习。1967年7月至1968年7月留校待分配。1968年7月至1971年5月任枣庄市交通局技术员。1971年5月至1983年4月历任枣庄市公路管理段技术员、副科长、副段长。1983年4月至1997年8月任枣庄市人民政府副市长。1997年8月至1998年3月任国家环保局副局长。1998年3月至1998年5月任国家环保总局正局级干部。1998年5月至2005年10月任国家环保总局副局长。2005 年 10 月至 2006 年 12 月在国家环保总局工作。2006 年 12 月当选为农工党中央副主席，2007 年 12 月连任农工党中央副主席。是第九届全国政协委员、第十届全国政协常委，第十一届全国人大常委。

现任农工党十四届中央专职副主席，全国人大常委，环境与资源保护委员会副主任，全国妇联副主席，中华环境保护基金会副理事长，中国海峡两岸关系协会常务理事。

刘晓峰，男，汉族，1947 年 1 月出生，四川成都人。大学学历，高级工程师。1995 年 4 月加入农工党。1965 年 9 月至 1970 年 8 月重庆交通学院水港系学习。1970 年 8 月至 1972 年 12 月江西九江港务局冷轧工。1972 年 12 月至 1978 年 2 月成都 420 厂钳工、技术员。期间，1974 年在 420 厂脱产半年进修日语。1978 年 3 月至 1979 年 4 月北京钢铁学院金属物理专业进修。1979 年 4 月至 1984 年 12 月历任成都 420 厂助理工程师、工程师、高温强度室主任、情报室援助巴基斯坦技术翻译。1984 年 12 月至 1994 年 11 月历任四川省交通厅航务管理局工程师、科长、高级工程师、副局长。期间，1991 年 3 月至 1992 年 2 月下派沐川县任交通局副局长。1994 年 11 月至 2003 年 1 月任四川省交通厅副厅长，2002 年 4 月当选农工党四川省委会主委。2003 年 1 月至 2008 年 1 月任四川省人民政府副省长，2007 年 4 月连任农工党四川省委会主委，2007 年 12 月当选农工党中央副主席。是第九、十届全国人大代表，第十一届全国政协常委、副秘书长。

现任农工党十四届中央专职副主席、四川省委会主委，全国政协常委、副秘书长。

陈述涛，男，满族，1950 年 7 月出生，辽宁法库人。研究生学历，教授、博士生导师。2001 年 7 月加入农工党。1971 年 5 月至 1973 年 7 月内蒙古扎兰屯师范学校学习。1973 年 7 月至 1978 年 10 月内蒙古扎兰屯师范学校教师。1978 年 10 月至 1981 年 3 月哈尔滨工业大学数学系读研究生。1981 至今在哈尔滨师范大学工作，历任数学系讲师、副教授、教授、系主任、副校长、校长。1987 年 8 月至 1988 年 1 月美国北岭加州大学客座教授；1988 年 8 月至 1989 年 6 月南开大学数学所高级访问学者；1994 年 8 月至 1996 年 12 月美国衣阿华大学数学系学习获博士学位；2002 年 7 月当选为农工党黑龙江省委会主委；2007 年 4 月连任农工党黑龙江省委会主委；2007 年 12 月当选农工党中央副主席。是第十届全国政协委员，第十一届全国人大常委。

现任农工党十四届中央副主席、黑龙江省委会主委，哈尔滨师范大学校长，全国人大常委、黑龙江省人大常委会副主任，全国高教学会常务理事、黑龙江省数学学会副理事长，黑龙江欧美同学会副理事长。

何　维，男，汉族，1955年12月出生，黑龙江呼兰人。研究生学历，研究员、教授、博士生导师。2000年7月加入农工党。1975年12月至1978年9月黑龙江省呼兰县农业机械厂机加车间车工。1978年9月至1983年7月佳木斯医学院医疗系学习。1983年8月至1984年9月黑龙江省结核病防治院内科住院医师。1984年9月至1987年6月黑龙江中医学院中西医结合基础微生物学专业读研究生。1987年6月至1994年8月黑龙江中医学院微生物学教研室助教、讲师。期间，1991年10月至1994年8月德国海德堡大学免疫学专业博士研究生、免疫学研究博士后。1994年8月至今，任中国医学科学院基础医学研究所、中国协和医科大学基础医学院免疫学系教授。期间，1997年9月至2002年10月任中国协和医科大学免疫学系副主任，1998年12月至2002年11月任中国医学科学院基础医学研究所副所长、中国协和医科大学基础医学院副院长，2001年11月至2004年7月历任中国医学科学院药用植物研究所常务副所长、所长，2002年10月至今任中国协和医科大学免疫学系主任。2002年11月至今任中国医学科学院副院长、中国协和医科大学（2007年更名为北京协和医学院）副校长，2003年12月至今任北京协和医学科学开发公司总经理（校办企业），2007年12月当选农工党中央副主席。是第十一届全国政协常委。

现任农工党十四届中央副主席、北京市委会副主委，中国医学科学院、北京协和医学院副院长，全国政协常委、社会和法制委员会委员。

姚建年，男，汉族，1953年11月出生，福建晋江人。研究生学历，研究员、博士生导师，中国科学院院士。2006年3月加入农工党。1978年9月至1982年2月福建师范大学化学系化学专业学习。1982年2月至1987年9月历任福建师范大学化学系物理化学教研室助教、讲师。1987年10月至1993年3月日本东京大学工学部合成化学专业攻读硕士、博士（1990年3月获工学硕士学位，1993年3月获工学博士学位）。期间，1991年9月至11月任美国阿拉巴马大学化学系客座研究员。1993年4月至1995年8月任日本大和感光材料研究所博士研究员。1995年8月至1999年9月历任中科院感光化学研究所副研究员、研究员、博士生导师、室主任、所长助理。1999年10月至今历任中科院化学所研究员、博士生导师、中心主任助理、副所长。期间，1998年9月至11月日本东京大学应用化学系访问教授，2001年7月至8月日本东京大学应用化学系访问教授，2007年12月当选农工党中央副主席。是第九、十届全国政协委员，第十一届全国人大常委。

现任农工党十四届中央副主席，中国科学院化学研究所副所长，全国人大常委、教科文卫委员会委员，国家自然科学基金委员会副主任，中国化学会常务理事、秘书长（法人）。

杨　震，男，汉族，1961年11月出生，江苏武进人。研究生学历，教授、博士生导师。2001年6月加入农工党。1979年9月至1983年9月南京邮电学院电报通信专业学习。1983年9月至1985年9月在南京邮电学院工作。1985年9月至1988年9月南京邮电学院读研究生获硕士学位。1988年9月至1996年8月在南京邮电学院工作。期间，1991年9月至1992年7月在上海外国语大学进修，1992年10月至1993年10月联邦德国Bremen大学访问学者。1996年8月至1999年7月上海交通大学读研究生获博士学位。1999年7月至今在南京邮电大学工作，历任信息工程系副主任、副院长、副校长、校长，2007年12月当选农工党中央副主席。是第十、十一届全国人大代表。

现任农工党十四届中央副主席、江苏省委会副主委，南京邮电大学校长，全国人大代表。

六、中国致公党第十三届中央委员会主席、副主席

万　钢，男，汉族，1952年8月出生，上海人。归侨，博士，教授。2005年12月加入致公党。现任致公党中央主席，全国政协常委，科技部部长、科技部863电动汽车重大专项总体组组长、首席科学家，中国创造学会理事会主席。

1975年至1978年在东北林业大学道桥系、物理系学习；1978年至1979年在东北林业大学任教；1979年至1981年在同济大学数学力学系读研究生；1982年至1985年在同济大学任教；1985年至1990年在德国克劳斯塔尔大学机械系攻读博士学位；1990年至2000年在德国奥迪汽车公司工作，任高级工程师、技术经理；2000年至2007年就职于同济大学，历任工程中心主任、院长、校长助理、副校长、校长；2006年12月增选为致公党中央第十二届委员会委员、常委、副主席；2007年4月被国务院任命为科技部部长；2007年12月至今为致公党中央主席。

王钦敏，男，汉族，1948年11月出生，福建福清人。归侨，博士，研究员。1999年11月加入致公党。现任致公党中央常务副主席、福建省委主委、全国政协常委、福建省政协副主席、福建省科协副主席、福建省科技厅厅长、国际欧亚科学院院士。

1969年8月至1974年8月在福建省古田县上山下乡；1974年9月至1977年8月在福州大学地质采矿工程系学习；1977年9月至1984年8月在福州大学地质采矿工程系任教；1984年9月至1985年9月在英国伦敦大学帝国理工学院，获

科学硕士和 DIC；1985 年 10 月至 1989 年 12 月在英国伦敦大学帝国理工学院，获博士学位；1990 年 1 月至 1993 年 11 月在日本地球科学综合研究所任高级研究员，从事卫星遥感监测技术开发；1993 年 11 月至 1999 年 2 月任日本卫星影像与测绘株式会社地球信息系统部主任研究员。期间，还兼任日本地球科学技术推进机构主任研究员，中科院地理所客座研究员，福州大学客座教授；1999 年 2 月至今历任福州大学地球信息科学与技术研究所所长、研究员，福州大学校长助理、副校长，日本卫星影像与测绘株式会社国际顾问，科技部国家遥感中心专家委员会成员，福建省空间信息工程研究中心主任，“数字福建”专家委员会主任，国家 863 主题专家组专家，福建省政协副主席兼省科技厅厅长；2002 年至 2007 年任致公党中央副主席；2007 年 12 月至今任致公党中央常务副主席。

王珣章，男，汉族，1951 年 7 月出生，海南琼山人。印尼归侨，博士，教授。1996 年 9 月加入致公党。现任致公党中央副主席、留学人员联络工作委员会主任、广东省委主委，全国人大代表、人大华侨委员会委员，广东省政协副主席、中山大学教授，中国教育国际交流协会副会长、国务院学位委员会学科评议组召集人之一。

1965 年从印尼回国；1968 年在海南儋县国营西联农场当工人；1973 年在中山大学读书；1979 年在海南华南热作学院任教师；1978 年至 1980 年在中山大学读研究生；1980 年至 1984 年在英国牛津大学攻读博士学位；1984 年至今在中山大学任讲师、副教授、教授、博士生导师，曾任中山大学生物工程研究中心副主任、生命科学学院院长；1995 年 6 月至 1999 年 8 月任中山大学校长，1996 年 6 月兼任研究生院院长；1999 年至 2002 年任中山大学学术委员会主任；1997 年至今任致公党中央副主席。

程津培，男，汉族，1948 年 6 月出生，江苏灌云人。美国留学归国人员，博士，教授。1989 年 5 月加入致公党。现任致公党中央副主席，全国政协常委、科技部副部长、第三世界科学院院士、中科院院士。

1972 年 8 月至 1975 年 8 月在天津师范大学化学系就读；1975 年 8 月至 1978 年 9 月在天津塘沽师范学院任教；1978 年 9 月至 1981 年 12 月在南开大学就读；1981 年 12 月至 1982 年 12 月在南开大学任教；1982 年 12 月至 1987 年 2 月在美国西北大学攻读博士；1987 年 3 月至 1988 年 8 月在美国杜克大学做博士后；1988 年 9 月至 2001 年 8 月在南开大学任教，历任教授、博士生导师、副校长；1997 年至 2000 年任天津市政协副主席、致公党天津市委主委；2000 年 4 月至今任科技部副部长（2001 年 11 月当选中国科学院院士）。

杨邦杰，男，汉族，1948年2月出生，四川乐山人。博士，研究员，博士生导师。2003年12月加入致公党。现任致公党中央副主席，全国政协常委及经济委员会委员，农业部规划设计研究院副院长、中国农业工程学会副理事长，《农业工程学报》主编。

1973年3月至1975年7月在四川乐山嘉乐民中任教；1975年8月至1978年2月在四川乐山城关镇街道工业办公室工作；1978年3月至1982年2月在四川工业学院就读，获工学学士学位；1982年3月至1982年8月在四川工业学院机械工程系任教；1982年9月至1988年4月在中国农业大学农业机械工程专业就读，获工学硕士、博士学位；1988年4月至1996年2月在中国科学院生态环境研究中心任助理研究员、副研究员、研究员，历任中国科学院系统生态开放研究室副主任、代主任。期间，1993年至1994年在美国加利福尼亚大学伯克利分校及普林斯顿大学做高级访问学者、博士后研究；分别于1991年和1995年在西澳大利亚农业部从事合作研究；1996年2月至2005年5月，在农业部规划设计院任副院长兼总工程师，农业部资源监测总站站长，中国农业大学博士生导师，《农业工程学报》主编，全国政协委员；2004年12月至今为致公党中央副主席、全国政协常委、农业部规划设计研究院副院长、《中国发展》杂志社社长。

严以新，男，汉族，1949年1月出生，福建闽侯人。美国侨眷，博士，教授。1989年3月加入致公党。现任致公党中央副主席，全国人大代表，河海大学副校长。

1962年至1968年在宁海中学、南师附中学习；1968年至1974年在泗洪县和江都县插队；1974年至1978年1月在华东水利学院水港系港口及航道专业学习；1978年1月至1978年10月在华东水利学院水港系任教师；1978年10月至1981年8月在华东水利学院水港系海岸工程专业学习，获硕士学位；1981年9月至1987年8月先后在美国Delaware大学、Florida大学学习，获博士学位；1987年8月至今在河海大学任教，历任讲师、副教授、教授、博士生导师。期间，1991年9月至1995年10月任河海大学海岸及海洋工程研究所副所长，1995年10月至1997年12月任河海大学港口航道及海岸工程学院海岸及海洋工程学科主任，1998年1月起任河海大学港航学院（现交通与海洋工程学院）院长，2001年8月至今任河海大学副校长、河海大学科学研究院院长；1997年11月当选为致公党江苏省二届委员会委员；1999年12月增补为省委常委；2001年1月增补为省委副主委；2001年12月至2007年12月为省委副主委、南京市委主委；2007年12月至今为致公党中央副主席。

黄格胜，男，壮族，1950年9月出生，广西武宣人。研究生，教授。1990年12月加入致公党。现任致公党中央副主席、科教文卫工作委员会副主任、广西区委主委，全国政协常委、广西区人大常委，广西文联副主席，广西艺术学院院长。

1963年至1966年在灌阳县读中学；1966年至1970年在灌阳县革委会工作；1970年至1977年在灌阳县电影院工作；1977年至1980年在灌阳县文化馆工作；1980年至1982年在广西艺术学院攻读研究生；1982年至今在广西艺术学院工作，历任副院长、院长；2007年12月至今为致公党中央副主席。

曹小红，女，回族，1961年5月出生，吉林人。日本归侨，博士，教授。2006年12月加入致公党。现任致公党中央副主席、中央参政议政工作委员会副主任、天津市委主委，天津市政协常委，天津科技大学校长、中国和平统一促进会理事、中国食品科学技术学会副理事长、中国预防医学会食品卫生分会副理事长。

1979年至1983年在天津轻工业学院（现天津科技大学）食品系学习，本科毕业；1983年至1989在天津市调味品研究所工作；1989年至1990年在日本东京农业大学进修；1990年至1991年在日本中央味噌研究所工作；1991年至1995年在日本国立千叶大学研究生院硕博连读，获农学博士学位；1995年至1998年在日本理研维他食品有限公司工作；1998年至1999年在天津理研维他食品有限公司工作；1999至今在天津科技大学工作，期间历任食品学院院长、科技大学副校长、校长；2007年12月至今为致公党中央副主席。

李卓彬，男，汉族，1961年6月出生，广东普宁人。硕士，高级建筑师，中共党员。2006年12月加入致公党。现任致公党中央副主席、中国侨联常委、全国青联常委，广州市人大代表，广州市人民政府副市长。

1978年9月至1982年7月在华南工学院建筑学系建筑专业学习；1982年7月至1993年3月就职于广东省建筑设计研究院，历任技术员、建筑师、高级建筑师、第三设计室副主任、第三设计室主任兼党支部书记；1993年3月至1994年10月任广东建设实业公司副总经理兼党支部书记、高级建筑师；1994年10月至1997年5月任广东海外建设总公司副总经理（正处级）兼党总支副书记、高级建筑师；1994年9月至1997年5月任广东省建筑设计研究院副院长、高级建筑师（期间，1993年9月至1996年7月在中山大学岭南学院政治经济学专业学习，取得硕士学位）；1997年5月至1998年6月任广东省建筑设计研究院院长；1998年至今任广州市人民政府副市长；2007 年 12 月至今为致公党中央副主席。

七、九三学社第十二届中央委员会主席、副主席

韩启德，男，汉族，1945 年 7 月出生，浙江慈溪人。1995 年加入九三学社。中共党员。现任第十届全国人大常委会副委员长，九三学社第十二届中央委员会主席，中国科协七届主席。欧美同学会·中国留学人员联谊会会长，北京大学医学部主任、教授，中国科学院院士，发展中国家科学院院士。国际病理生理学会主席，中国病理生理学会理事长。

1962 年至 1968 年就读于上海第一医学院医学系病理生理学专业。1968 年至 1979 年任陕西省临潼县多所基层医院的临床医师。1979 年至 1982 年在西安医学院攻读研究生，获硕士学位。1982 年至 2000 年历任北京医科大学讲师、副教授、教授，心血管基础研究所所长，副校长兼研究生院院长。期间，1985 年至 1987 年赴美国埃默里大学进修，1989 年至 1995 年每年有 3 个月在美国埃默里大学任客座教授。2000 年至 2003 年任北京大学常务副校长、研究生院院长、医学部主任、生物医学跨学科中心主任、心血管研究所所长。2002 年 12 月至今任九三学社中央委员会主席。2003 年 3 月至今任全国人大常委会副委员长。2006 年至今任中国科协主席。

曾任九三学社第十届中央委员会委员、副主席，第十一届中央委员会主席；北京市第九届委员会副主委。第九届全国政协常委，北京市第九届政协常委。中国科协六届副主席。北京大学常务副校长。

陈抗甫，男，汉族，1941 年 4 月出生，福建福州人。1993 年加入九三学社。现任九三学社第十二届中央委员会常务副主席。工程师。第十届全国政协常委、副秘书长。

1959 年至 1963 年就读于厦门大学有机化学专业。1963 年至 1978 年任青岛红旗化工厂科长、工程师。1978 年至 1996 年历任山东省石油化工厅副处长、处长、副总工程师、副厅长。1996 年至 2001 年任山东省人民政府副省长。期间，1996 年 9 月至 11 月在中央党校第 21 期省部级干部进修班学习，1999 年 3 月至 5 月在中央党校第 26 期省部级干部进修班学习。2000 年至今历任九三学社中央委员会副主席、常务副主席。

曾任九三学社第十届中央委员会常委、副主席，第十一届中央委员会副主席；山东省第二届委员会常委，第三届委员会主委。第九届全国政协常委，山东省第七届政协常委；山东省第九届人大代表。

冯培恩，男，汉族，1943 年 10 月出生，浙江宁波人。1994 年加入九三学社。现任浙江大学台州研究院院长。教授，博士生导师。九三学社第十二届中央委员会副主席。第十届全国政协常委。浙江省第九届政协副主席。中华海外联谊会常务理事。联邦德国工程师协会会员，英国 *Engineering Design* 期刊国际编委，国际机器与机构理论学会中国委员会副主席，中国机械工程学会机械设计分会理事长，中国工程机械学会副理事长、挖掘机械分会理事长，浙江省机械工程学会副理事长。中德合作《工程设计》主编，《中国机械工程》和《中国工程机械学报》编委会副主任。

1960 年至 1965 年就读于同济大学。1965 年至 1980 年任机械部太原重型机械学院教师。1981 年至 1986 年赴德国柏林工业大学做访问学者，1985 年获博士学位。1987 年至今历任浙江大学副教授、教授、博士生导师，机械设计研究所所长、系副主任、系主任、副校长、研究生院副院长，远程教育学院院长、台州研究院院长。

曾任九三学社第十届中央委员会常委，第十一届中央委员会副主席；浙江省第三、四届委员会副主委，第五届委员会主委。第九届全国政协常委，浙江省第七届政协常委；浙江省第八届人大代表。

贺　铿，男，汉族，1942 年 5 月出生，湖南临湘人。1985 年加入九三学社。现任九三学社第十二届中央委员会副主席。教授，博士生导师。第十届全国人大常委。中国统计学会副会长，中央财经大学统计学院院长。

1961 年至 1965 年就读于原湖北大学统计学专业。1965 年至 1971 年任武汉城建学院管理教研室教师。1971 年至 1979 年任武汉工业大学工程力学教研室教师。1979 年至 1991 年任中南财经大学数理统计教研室副教授、教授，统计系副主任、数量经济研究所所长。期间，1982 年至 1983 年赴美国罗得岛大学工商管理学院做访问学者，攻修经济计量学。1991 年至 1995 年任西安统计学院副院长、院长、教授。1995 年至 2003 年任国家统计局副局长。期间，1996 年 10 月至 11 月在中央社会主义学院第 5 期党外领导干部专题研究班学习，1998 年 3 月至 5 月在中央党校第 24 期省部级干部进修班学习，2000 年 9 月至 11 月在中央党校第 29 期省部级干部进修班学习。2003 年至今任九三学社中央委员会副主席。

曾任九三学社第十届中央委员会委员，第十一届中央委员会常委、副主席。第九届全国政协委员，陕西省第八届人大常委。

王志珍，女，汉族，1942年7月出生，上海人。2002年加入九三学社。现任中国科学院生物物理研究所研究员，博士生导师，生物大分子国家重点实验室学术委员会主任。中国科学院院士，发展中国家科学院院士。九三学社第十二届中央委员会副主席。北京市科协副主席。第十届全国政协委员。

1959年至1964年就读于中国科学技术大学生物物理系。1964年至今历任中国科学院生物物理研究所研究实习员、助理研究员、副研究员、研究员、博士生导师、生物大分子国家重点实验室副主任、学术委员会主任。期间，1979年至1982年赴德国亚琛工业大学羊毛研究所、美国国立健康研究院；1987年至1993年赴美国希望城国立医学中心、美国食品和药物管理局、加拿大阿尔伯特大学；1995年5月至8月赴德国哥丁根大学做访问研究。1998年2月至4月在香港科技大学任访问教授。

曾任九三学社第十一届中央委员会副主席。

邵　鸿，男，汉族，1957年11月出生，辽宁盖州人。2002年加入九三学社。现任九三学社第十二届中央委员会副主席。中国历史学会理事。教授。第十届全国政协常委。

1975年参加工作。1978年至1982年就读于江西师范学院历史系，获学士学位。1982年至1985年在中山大学经济系攻读研究生，获硕士学位。1985年至1987年历任江西大学历史系助教、讲师。1987年至1991年在南开大学历史系攻读研究生，获博士学位。1991年至2005年历任江西大学、南昌大学历史系讲师、副教授、教授，历史系副主任，人文学院副院长，历史系主任，研究生处处长，副校长兼中德联合研究院院长。2004年至2005年兼任江西省社会主义学院院长。2005年至今任九三学社中央委员会副主席。

曾任九三学社第十一届中央委员会常委、副主席，江西省第五届委员会主委。江西省第八届政协常委，第九届政协常委、副秘书长。江西省历史学会会长，江西省社会科学联合会副主席。

谢小军，男，汉族，1950年12月出生，重庆合川人。1995年加入九三学社。现任重庆市人民政府副市长。教授，博士生导师。九三学社第十二届中央委员会副主席，重庆市第三届委员会主委。第十届全国政协委员，重庆市第二届人大代表。中国动物学会理事，中国鱼类学会理事，中国水产学会理事，重庆动物学会理事长。

1969年参加工作。1973年至1975年就读于四川江津师范学校。1975年至1978年先后在四川合川肖家学校、合川师范学校任教。1978年至1982年就读于北京师范大学生物系，获学士学位。1982 年至 1985 年在西南师范大学生物系攻读研究生，获硕士学位。1985 年至 1986 年任西南师范大学生物系助教。1986 年至 1989 年在北京师范大学生物系攻读研究生，获博士学位。1989 年至今历任西南师范大学讲师、教授、博士生导师、水产科学研究所所长；1997 年至今兼任中国科学院水生生物研究所博士生导师。期间，1993 年至 1995 年赴英国斯特灵大学水产科学研究所做博士后研究员，1998 年至 1999 年赴美国迈阿密大学海洋学院做高级访问学者。2000 年至 2003 年任重庆市人民政府农村工作办公室副主任。2003 年至今任重庆市人民政府副市长。

曾任九三学社第十届中央委员会委员，第十一届中央委员会常委；重庆市第一届委员会副主委，第二届委员会主委。重庆市第一届政协常委。

张桃林，男，汉族，1961 年 5 月出生，江苏姜堰人。1994 年加入九三学社。现任江苏省人民政府副省长。研究员，博士生导师。九三学社第十二届中央委员会副主席，江苏省第六届委员会主委。第十届全国政协委员，江苏省第十届人大代表。

1978 年至 1982 年就读于南京农学院土壤农化系土壤与农业化学专业，获学士学位。1982 年至 1985 年在中国科学院南京土壤研究所攻读研究生，获硕士学位。1986 年至 1989 年赴联邦德国波恩大学、吉森·李比希大学农学专业留学，获博士学位。1989 年至 1991 年在中国科学院南京土壤研究所做博士后研究。1991 年至 1995 年历任中国科学院红壤生态开放实验站常务副站长、站长、副研究员、研究员。期间，1994 年至 1995 年赴美国依阿华州立大学做高级访问学者。1995 年至 1999 年历任中国科学院南京土壤研究所副所长，中国科学院南京分院副院长、研究员、博士生导师，中国科学院南京土壤研究所所长。1999 年至 2001 年任南京市人民政府副市长。2001 年至今任江苏省人民政府副省长。

曾任九三学社第十一届中央委员会常委，江苏省第四届委员会常委。第九届全国政协委员，江苏省第九届人大代表。江苏省第八届青联副主席。江苏省青年科技工作者协会会长。

赖　明，男，汉族，1956 年 8 月出生，江苏徐州人。1988 年加入九三学社。现任九三学社第十二届中央委员会副主席。教授，博士生导师。第十届全国政协委员。

1974 年参加工作。1978 年至 1982 年就读于重庆建筑大学，获学士学位。1982 年至 1985 年在西安建筑科技大学攻读研究生，获硕士学位。1985 年至 1987 年在上海同济大学地震工程专业攻读研究生，获博士学位。1987 年至 1999 年历任重庆建筑大学讲师、副教授、教授，教研室主任、校长助理、副校长。1999 年至 2007 年任建设部科学技术司司长。

曾任九三学社第十、十一届中央委员会委员，重庆市第一届委员会副主委。第九届全国政协委员。

马大龙，男，汉族，1952 年 1 月出生，山东人。2003 年加入九三学社。现任北京大学校长助理、北京大学医学部主任助理。教授，博士生导师。九三学社第十二届中央委员会副主席，北京市第十一届委员会主委。北京市第十届政协常委。

1969 年参加工作。1973 年至 1977 年就读于广西医学院医疗系。1977 年至 1978 年任南宁矿务局医院医生。1978 年至 1981 年在北京医学院免疫专业攻读研究生，获硕士学位。1981 年至 1983 年任北京医学院助教。1983 年至 1985 年赴德国海德尔大学做访问学者。1985 年至 1987 年任北京医科大学讲师。1987 年至 1989 年在北京医科大学免疫专业攻读研究生，获博士学位。1989 年至 1991 年任北京医科大学副教授。1991 年至今历任北京医科大学、北京大学医学部教授、基础医学院副院长，北京大学医学部主任助理，北京大学校长助理、人类疾病基因研究中心主任。期间，2006 年至 2007 年挂职任北京市药监局局长助理。

曾任九三学社北京市第十届委员会委员、常委。

八、台湾民主自治同盟第八届中央委员会主席、副主席

林文漪，女，汉族，1944 年 9 月生，台湾台南人。台盟成员，1968 年 1 月参加工作，清华大学工程力学系工程热物理专业毕业，研究生学历，英国利物浦大学荣誉法学博士。清华大学教授，博士生导师。现任十一届全国政协副主席，台盟中央主席。1962 年至 1968 年在清华大学工程力学数学系热物理专业学习，1968 年留校待分配，1968 年至 1971 年在新疆维吾尔自治区芳草湖农场劳动锻炼，1971 年至 1973 年为新疆仪表厂技术员。1973 年至 1978 年为中国科学院等离子体物理研究所研究实习员。1978 年至 1981 年在清华大学工程力学系工程热物理专业硕士研究生。1981 年至 1994 年为清华大学工程力学系助教、讲师、副教授、教授、博士生导师、系副主任，台盟北京市副主委（期间，1984 年至 1988 年为英国利物浦大学、清华大学联合培养热能工程专业博士生）。1994 年至 1996 年任北京市高等教育局副局长、市教育委员会副主任、市长助理，台盟北京市副主委。1996 年至 1997 年任北京市副市长，台盟北京市副主委、主委。1997 年至 2003 年任台盟中央副主席、常务副主席、北京市主委，北京市副市长（期间，2002 年获英国利物浦大学荣誉法学博士）。2003 年至 2005 年任十届全国人大常委会副秘书长，台盟中央常务副主席，北京市主委，北京市人大常委会副主任。2005 年至今，担任任台盟中央主席，北京市人大常委会副主任。第十届全国人大常委会委员。第九届全国政协委员，第十一届全国政协副主席。

汪毅夫，男，汉族，1950年3月生，台湾台南人。文学硕士，台盟盟员，现任全国人大常委、台盟中央常务副主席。1969年至1974年在福建省上杭县古田公社插队。1974年至1978年任福建省厦门市邮电局投递员。1978年至1982年在福建师范大学中文系学习。1982年至1987年在福建师范大学中文系任教并攻读硕士研究生，获硕士学位。1987年至1997年任福建社会科学院助理研究员、副研究员、研究员、现代台湾研究所副所长。1997年至1998年任台盟福建省委专职主委。1998年至2007年任福建省人民政府副省长。1997年至今任台盟福建省委主委。2006年12月届中增补为台盟中央副主席。2007年12月至今任台盟中央常务副主席。第十届全国政协委员。

吴国祯，男，汉族，台湾台北人。化学博士，台盟盟员。现任清华大学物理系教授，全国政协常委、港澳台侨委员会副主任，台盟中央副主席。

1966年至1970年在台湾清华大学化学系学习。1971年至1977年赴美国留学，获美国奥克拉荷马大学化学博士学位，曾参加“保卫钓鱼台运动”和“中国统一运动”。1977年至1995年任中国科学院化学研究所副研究员、研究员、博士生导师，兼台湾同学会会长，中国物理学会光散射专业委员会副主任（期间，1980年至1981年为美国纽约大学博士后，1981年至1982年任美国科罗拉多州大学化学系研究员，1989年至1990年任香港浸会学院访问教授，1999年1月至6月，台湾中央大学物理系访问教授）。1995年2月至今任清华大学物理系教授，博士生导师。

1997年11月至今任台盟中央副主席。第五届全国台联副会长。第九、十届全国政协常委。

陈蔚文，男，汉族，台湾台北人。1950年9月生，细胞生物学博士，中共党员，台盟盟员，广州中医药大学副校长、脾胃研究所所长，全国人大代表，台盟中央副主席，广东省政协副主席，台盟广东省委主委。

1968年至1973年在海南省海口市郊海秀公社下乡。1973年至1975年在海南中医院中医班学习。1975年至1979年任海南人民医院中医科医生。1979年至1982年在广州中医学院攻读硕士研究生，获中医硕士学位。1982年至1985年任广州中医学院教师。1985年至1988年在法国巴黎第七大学Xavier-Bichat医学院学习，获细胞生物学博士学位。1988年至1989年在法国胃肠病学研究所INSERM. U. 10从事科研工作。1989年至2003年任广州中医药大学讲师、副教授、脾胃研究所副所长、所长、首席教授，2003 年至 2006 年任中药学院院长，脾胃研究所所长。2006 年 3 月至今任广州中医药大学副校长兼脾胃研究所所长。历任研究员、主任医师、教授，博士生导师，首席教授，国务院政府特殊津贴专家。

2002 年 5 月至今任台盟广东省委主委。2003 年 3 月当选全国人大代表，2003 年至今任广东省政协副主席。2007 年 12 月当选台盟中央副主席。

杨　健，男，汉族，1953 年 12 月生，台湾台南人。工学博士，中共党员，台盟盟员。现任同济大学环境科学与工程学院教授、校务委员，全国政协常委、台盟中央副主席。

1969 年至 1973 年在黑龙江逊克县边疆公社前进大队插队务农。1973 年至 1977 年在同济大学水暖系学习，大学普通班毕业。1977 年至今在同济大学环境科学与工程学院任助教、讲师、高级工程师、教授、博士生导师、工会主席、校务委员会委员（期间，1988 年至 1989 年在英国纽卡素大学任访问学者，1996 年至 2001 年在同济大学环境工程专业在职学习，获工学博士学位）。

2006 年 12 月届中增补为第九届台盟上海市委副主委。2007 年 4 月至今任台盟上海市委主委。2007 年 12 月当选台盟中央副主席。

黄志贤，男，汉族，1956 年 7 月生，台湾台南人。工商管理硕士，中共党员，台盟盟员。现任全国政协常委、台盟中央副主席。

1975 年至 1976 年，在北京市平谷县峪口公社南营大队插队。1976 年至 1983 年，任北京市面粉二厂财会科会计员。（期间，1980 年至 1984 年在北京市职工大学工业经济系会计专业学习，获大专文凭。）1983 年至 1996 年，先后任北京市粮食工业公司财会科副科长，北京市粮食局财会处副处长，北京市燕谷粮油购销公司党支部书记、总经理，获高级会计师职称。1996 年至 1999 年，在北京市粮食局工作，历任处长、局长助理，党委常委、纪委书记，兼任燕谷粮油购销公司党支部书记、总经理（期间在中央党校经济管理系学习并取得大学本科学历）。1999 年至 2003 年在北京粮食集团公司工作，任董事、党委常委、副总经理、总会计师（1999 年至 2001 年在亚洲（澳门）国际公开大学工商管理硕士研究生班学习，获工商管理硕士学位）。

2003 年至 2007 年任台盟中央办公厅副主任、主任。2007 年 12 月当选台盟中央副主席。

研究机构　学术会议
学术人物

研究机构

北京大学政党研究中心

北京大学政党研究中心于2003年11月3日批准成立。

学术委员会主任：王浦劬

政党研究中心主任：金安平

北京大学政党研究中心挂靠北京大学政府管理学院，为非盈利性的学术研究和咨询机构。研究中心在遵守国家法律法规和北京大学学术团体管理规定的基础上，相对独立地开展学术研究和学术交流活动，接受北京大学有关部门、政府管理学院在业务上的指导以及上述单位对研究中心研究课题的立项认定和成果验收。

一、宗旨与目的

研究中心在马列主义、毛泽东思想、邓小平理论和“三个代表”重要思想的指导下，进行符合科研规范和对人类政党政治实践具有积极建设性意义的研究活动工作。研究中心将发挥北京大学已有的教学科研优势，以北京大学有关政党政治的教学、科研人员为基础，动员并整合国内外的学术资源和社会资源，汇集该领域中的精英和优秀学者，旨在推动对中国以及世界范围内政党政治的历史、现状和未来发展诸问题的理论研究和实证研究，总结和探讨政党政治发生、发展的规律，促进学术研究和政党政治实践的互动，以期通过政党政治的学术研究和中国政党理论的构建对中国民主政治的发展有所贡献。

二、研究课题及培训计划

1. 研究课题

本研究中心的研究重心主要分为世界政党研究和中国政党研究两个领域以及政党理论和政党实践两个方面的内容。课题来源渠道包括申请的国家社科基金项目、教育部人文社科项目、北京市社科项目、各级党政部门委托项目、横向项目以及其他形式的自选自筹项目。具体课题如下：

——世界政党研究

＊世界政党发展趋势研究

＊世界政党类型的比较研究
＊政党的国际化和地区化趋势研究
——中国政党研究
＊近代中国政党政治研究
＊当代中国执政党建设和执政规律研究
＊中国多党合作制度研究
＊参政党的法律地位和职能研究
——政党理论与政党实践研究
＊政党发生学研究
＊政党文化研究
＊政党伦理研究
＊政党财政研究
＊政党政治与民主政治研究
＊政党政治与选举研究
＊党内民主与社会民主
＊政党与政府关系研究
＊党际关系研究
＊执政党执政能力的评价体系
＊政党的中央组织与地方组织
＊政党基层组织的作用

最终目标是构建中国的政党理论体系（不是党建理论）和政党的比较研究体系。

2. 学术交流及培训

（1）学术交流

——会议。研究中心在汇集优秀学术资源和取得一定学术成果后，将利用研究中心的优势，积极组织进行全国范围或地区性的定期或不定期的学术交流会议。积极与国际学术界建立学术联系，快速和及时地掌握和了解国际学术界的研究动态和进展，有条件的情况下积极参加各种有关政党研究的国际学术会议。北京大学政党研究中心成立以来，成功地举行了两届“政党研究论坛”，出版了《多党合作与和谐社会》、《民主协商与协商民主》两本论文集。

——出版。以不定期的内部简报形式（如《政党研究动态》）介绍中心研究项目立项情况、人员研究的进展和整个学术界相关研究的情况。与《中国政治学年鉴》、《政治学研究》等有关刊物建立积极的学术联系，开辟专栏，推出专题性的学术研究成果。积极促成优秀学术研究成果的出版。

——考察与实践。积极主动与中国共产党有关组织和部门以及民主党派建立联系。积极参加各种社会调查、社会实践和观摩各党派活动，参与有关政党的理论问题和实践问题的研究和解决。

（2）培训项目和内容

——正规教育。研究中心积极参与北京大学政府管理学院为本科生和硕士生开设的

《政党学概论》、《中国政党政治》、《西方政党制度》等课程的建设及教学，并吸引一部分有学术兴趣的学生参加适当的学术研究工作。

——继续教育。面向广大党务工作者，包括中央和地方各级党组织的干部、党员，举办各种讲座和专题培训班。

三、组织机构设置

1. 组织结构

本研究中心实行研究人员的兼职和聘任制。研究中心聘请数名中国共产党和民主党派的领导干部和高级研究人员以及国内外科研院所的有关学者为特聘研究员并组成学术指导和顾问委员会，对研究中心的工作给予指导和帮助。研究中心的管理和决策机构为中心的学术委员会，学术委员会负责对研究项目进行评审、进度检查、成果评估等。研究中心的管理工作实行学术委员会领导下的主任负责制。设主任一人、副主任三人、秘书长一人。聘任的兼职研究员以中青年学者为主，所有聘任的兼职研究员都要担负一个以上的研究课题，每个研究员都以课题负责人的身份对学术委员会负责和从事日常的研究工作。

2. 经费及管理

本研究中心的经费来源主要包括：国家科研项目拨款、各级党政部门委托项目的拨款、社会团体和个人的捐助以及合作单位的支持。所有经费将严格按照国家财经纪律的要求和北京大学关于科研经费使用的办法进行管理和使用，由专人负责。

中国人民大学当代政党研究中心

中国人民大学当代政党研究中心以“加强领导、加大投入、整合资源、立足实践、瞄准前沿、与时俱进”为工作思路，通过开展统战理论和调查研究，取得重大科研成果，为中央和北京市统战部门科学化、民主化决策提供参考，为建设社会主义政治文明和当代中国政治发展作前瞻性理论探索，使中心科学研究的整体水平居于国内领先水平，成为国家哲学社会科学领域重点研究基地。研究中心主任由中国人民大学党委书记程天权教授担任，副主任由中国人民大学周淑真教授、北京市委统战部研究室主任刘先传同志担任，聘请在全国政党研究领域的知名专家10人组成专家委员会。聘请中央统战部副部长陈喜庆、北京市委统战部部长尤兰田为中心顾问。在中央统战部、北京市委统战部和中国人民大学的共同领导下，努力成为国家哲学社会科学领域重点研究基地、党和国家决策的“思想库”和“智囊团”，是中心自建立以来始终坚持的工作原则。

一、以课题为纽带，创新研究中心工作模式

中心成立以来，首先以课题为纽带，创新研究中心工作模式。2005年由研究中心专家、北京大学闫志民教授负责完成中国统一战线理论研究会向中心下达的课题“完善多党合作制度与坚持中国特色政治发展道路”；周淑真教授负责完成了中央统战部公开招标课题“中国特色社会主义制度与参政党建设”，完成中央组织部课题“美政党是

如何处理社会矛盾和文化冲突的”。2006 年，周淑真教授承担了中央统战部委托的研究课题“一国两制与多党合作”，负责并完成了马克思主义理论建设项目“中国共产党执政能力研究”的子课题“世界政党执政兴衰成败借鉴研究”；中心专家，中央社会主义学院王继宣教授完成了市委统战部的课题“民主党派领导班子建设研究”；闫志民教授承担了北京市哲学社会科学规划办立项课题“构建和谐社会中的当代中国政党问题研究”。此外，中心的专家们还负责国家社科、教育部的多个相关课题，如周淑真教授承担着国家社科项目“比较视野中的政党政治与当代中国政治发展”、教育部社科重大攻关项目“多党合作与中国共产党执政能力建设研究”等。研究中心多次向中央统战部、中央组织部提交具有相当深度的研究报告，有多个研究报告为中央统战部《调研参考》刊载，并获得中央组织部等部门的奖项。

二、立足学科前沿，召开全国性学术会议

跟踪国内在政党和政党制度研究的学科前沿，组织研究队伍。在 2004—2006 年，每年召开一次全国性的学术理论研讨会，分别以“世界政党发展与当代中国政党制度建设”、“当代政党制度与中国特色政治发展道路”、“政党关系与执政能力建设”为主题，提出许多具有新意的理论观点和政策思想。会后均选取质量较高的论文汇集成辑，由华文出版社出版，目前已经出版三辑。

2007 年围绕着“政党关系与和谐社会”、“统一战线与和谐社会”等多次召开小型研讨会进行深入研讨。通过这几年的工作，中国人民大学政党研究中心有以下思考：在学术研究中坚持正确的理论研究方向；坚持理论研究与实际调查相结合；统一战线理论和政党理论研究要遵循哲学社会科学研究的规范，出高质量的论文。社会科学研究应该给予现象问题和因果问题以深刻的令人信服的答案，我们决心以知识的传承和创新为学术基础，以关注和回应社会现实为学科使命，以提供和守护价值意义为学术动力，努力出创新性的研究成果，办出政党理论研究中心的应有特色。

山东大学政党研究所

山东大学政党研究所于 2003 年 4 月由山东大学校务会议批准成立。办所宗旨是“培育学科，凝炼特色，育人咨政，服务社会”。现任所长为王韶兴教授，副所长为崔桂田教授和方雷教授。该研究所由校内外专兼职人员组成。在现有 25 人的研究人员中，具有正高职称的 12 人，具有博士学位的 12 人，海外兼职研究人员四人。政党研究所业务挂靠政治学与公共管理学院。2006 年 11 月该研究所被列为山东省政党理论研究基地。

该研究所的研究重点定位于政党理论及政党政治比较研究。现已形成四个稳定而明确的研究方向。

其一，政党原理研究，现主要学术带头人是王韶兴、王振海、方雷等。该研究方向的主要任务是通过对世界政党历史的纵向发展和不同历史时期、不同国家政党政治的横向比较研究，以及政党国际性组织的专门性研究，形成有关政党产生、发展及其作用发挥的一般规律性认识，尤其是工人阶级政党的产生、发展及其作用发挥的规律性认识。目前主要是加强工人阶级政党文明问题研究，涉及政党由来、政党类型、政党本质、政党权利、政党职能、政党制度、政党文化、政党组织、政党建设、党内关系、党政关系、党际关系、党社关系（政党与社会）、政党监督、政党法治等基本问题。

其二，中国政党政治问题研究，现主要学术带头人是吕连仁、韩强、刘红凛等。该研究方向的主要任务是通过对中国政党历史与现实的综合性研究，深化当代中国政党政治的理论认识。目前主要是加强当代中国政党制度和中国共产党先进性建设两大问题的研究，涉及当代中国政党制度的历史必然性、现实合理性及其发展完善，中国共产党的执政理念、执政基础、执政方略、执政体制、执政方式、执政条件、执政绩效和执政规律等基本问题。

其三，国外共产党问题研究，现主要学术带头人是崔桂田、臧秀玲、黄登学、李亚洲等。该研究方向的主要任务是通过对当代国外共产党主要是执政共产党的执政理论与实践的比较研究，为中国共产党的自身建设和治国理政提供有益借鉴。目前主要是加强苏共执政教训和越南、老挝、朝鲜和古巴执政党的执政理论与实践问题研究，主要涉及经济社会发展模式选择、党的历史方位以及党的执政方略、执政方式、执政环境等基本问题。

其四，欧美左翼政党研究，现主要学术带头人是郇庆治、李宏等。该研究方向的主要任务是通过对西方社会民主党和绿党的历史演进与政治实践的研究，得出对中国共产党加强执政能力建设的有益启示。目前，主要侧重于执政和参与执政的社会民主党与绿党基本政策主张与理论基础的研究，以及这些政党的组织结构与政治动员方式、政党组织与政府执政的关系、政党的国际化与国际合作、政党活动的权利与法制管理等问题。

与上述四个研究方向相适应，研究所下设政党理论、中国政党政治、国外共产党、社会民主党四个研究室。

目前，该研究所承担“工人阶级政党文明问题研究”、“20 世纪以来东欧国家的政党与政治思潮研究”、“俄共理论政策主张研究”、“中国共产党执政理论体系研究”、“政党执政方式比较研究”、“社会主义政党的历史流变与历史经验问题研究”、“中苏（俄）政党政治比较研究”、“马克思主义政党执政的主要经验和基本规律研究”、“政党政治比较研究”、“中东欧国家政治转轨研究”、“欧洲绿党研究”以及“新时期高校党员先进性教育工作体系与机制问题研究”、“越南共产党在革新开放过程中处理‘四大危机’问题研究”、“越南共产党巩固执政地位的战略举措研究”、“当代社会主义国家执政党防范执政风险的战略策略比较研究”、“全球化信息化条件下越南共产党组织发展趋势研究”等 16 项重要课题。

该研究所除与国内有关研究机构和实际工作部门保持密切的业务联系外，还与俄罗斯和平基金会、俄罗斯科学院东方学研究所、远东研究所建立了密切的合作研究关系和经常性的学术交流机制，同德国柏林自由大学东欧所保持着经常的学术交流和人员来往。

中共中央编译局政党研究中心

2004 年 12 月 10 日，中共中央编译局政党研究中心成立大会暨“执政理论创新与执政党建设”研讨会在中共中央编译局隆重召开。政党研究中心负责人：王学东任主任、张文成任执行主任、季正聚任副主任。中心成立的目的，就是要结合工作实际，进一步开拓研究领域，为加强党的执政能力建设贡献智慧和力量。在新的形势下，建设一个什么样的党，如何建设党，一直是以胡锦涛同志为总书记的党中央高度关注的重大理论和实践问题。党的十六届四中全会强调指出，在机遇和挑战并存的条件下，我们党要带领全国各族人民全面建设小康社会，实现继续推进社会主义现代化建设、完成祖国统一、维护世界和平的历史任务，就必须大力加强党的执政能力建设。这是关系中国社会主义事业兴衰成败、关系中华民族前途命运、关系党的生死存亡和国家长治久安的重大战略课题。成立政党研究中心，就是为了更好地响应中央的号召，积极参与这一重大战略课题的研究，为中央的科学决策服务。

中共中央编译局局长韦建桦对政党研究中心今后的工作提出了三点要求：

一是政党研究中心的工作必须始终坚持坚定正确的政治方向。政党研究是一个政治性很强的研究领域。搞好这项研究，需要有宽广深邃的学术视野、严谨审慎的治学态度和孜孜不倦的探索精神。而更重要的是，必须保持政治上的坚定和理论上的清醒。这就要求我们认真学习邓小平理论和“三个代表”重要思想，牢牢掌握马克思主义的政党理论，深刻理解和认真贯彻党中央的一系列指示精神，以高度的政治责任感、政治鉴别力和政治敏锐性去研究这个领域的重大问题。只有这样，我们才能在纷繁复杂的现象中抓住问题的本质，作出科学的判断，得出正确的结论。

二是政党研究中心的工作必须自觉弘扬马克思主义学风。马克思主义学风的灵魂，就是理论联系实际。在当前，这种学风对理论研究工作提出的基本要求，就是坚持以改革开放和现代化建设的实际问题、以我们党正在做的事情为中心，着眼于马克思主义理论的运用，着眼于对实际问题的理论思考，着眼于新的实践和新的发展。这个基本要求同样适用于政党研究领域。我们要始终牢记，中央编译局政党研究中心所从事的工作并不是纯学术研究。我们的研究是为推进党的建设新的伟大工程服务的，是为实现社会主义政治文明建设的远大目标服务的。为此，我们必须着力研究中国共产党在加强自身建设的历史进程中作出的理论贡献、积累的实践经验；必须努力探索政党执政的一般规律，特别是共产党执政的特殊规律；必须认真剖析世界上其他政党执政的理论、方式和经验教训；必须深入探讨新时期新阶段党建工作面临的新情况、新问题，努力提出马克思主义的新见解、新思路。当前，我们要围绕中央交给我局的重要任务，在已有成果的基础上，进一步研究苏东剧变的原因和教训；进一步研究二战后西方国家共产党的发展历程和时代特征；进一步研究发展中国家民族民主政党执政的经验教训；进一步研究欧洲国家的社会党在理论和政策上所作的调整与变化；进一步研究世界上一些大党老党兴衰成败的历程，并仔细地考察西方资产阶级政党的运作模式。要通过这种广泛而又深入的分析和综合，用辩证唯物主义和历史唯物主义的立场、观点和方法对各种理论、思潮、倾向和实例加以比较、辨析和鉴别，进一步加深对我们党的执政理念、执政基础、执政资源、执政方式、执政方略和执政环境的认识，真正为加强我们党的执政能力建设提供有益的借鉴和理论的支持。

三是政党研究中心的工作必须发挥自身优势，整合研究资源，健全运作机制。中央编译局政党研究中心是以我局世界社会主义研究所为主体组建的。国际共产主义运动研究、世界社会主义研究和各国政党政治研究一直是世界社会主义研究所的主要工作。多年来，世界社会主义研究所承担了政党研究方面的许多课题，取得了大量的研究成果，培养和造就了一批造诣精湛的学者，并与局外有关机构和专家建立了良好的合作关系。我们希望，新成立的政党研究中心一方面要立足于已有的研究基础，一方面要进一步加强同局外研究机构的合作，特别是要虚心地向在座的领导和专家学习和求教。要精心谋划，加强管理，勇于创新，争取尽快形成自己的研究特色，取得无愧于前人、无愧于时代的研究成果。

中共中央组织部党建研究所世界政党研究室

为了学习和借鉴国外政党治国理政的经验教训，更好地从世界政治经济发展的大格局中把握共产党的执政规律，在部领导的重视和支持下，中央组织部党建研究所于2004年增设了世界政党研究室。其主要职能是研究马克思主义政党学说和现代政党政治理论、研究世界社会主义运动的历史、现状和发展趋势，研究世界上各类政党的情况，跟踪政党政治的热点、难点问题，同时同国内外相关研究机构开展联系与合作。

世界政党研究室成立后，扎实有效地开展了一些工作。一是每年承担一至两个关于国外政党的重点研究课题。二是在党建所内部资料《党建研究参考资料》中设立了《世界政党研究》专栏（已经编写50余期），对一些世界政党政治方面的研究成果进行反映，同时对大家关注的一些热点、难点问题进行专题研讨和深度分析。三是承担部里的其他一些工作任务。主要研究成果除以内部研究报告的形式报送领导之外，目前已出版《国外政党专题研究报告》3卷，在国家核心期刊发表论文20多篇。

中共中央对外联络部研究室

该研究室主要从事国际形势、政党政治、社会思潮、发展模式、世界社会主义、当代资本主义等重大理论和现实问题的理论性、战略性、综合性、政策性研究。现在拥有一支研究领域较为广阔、知识结构较为合理的专业研究队伍。该室专门设有政党研究处，依托中联部开展党的对外交往优势，与国外有正常背景并在本国有一定影响的一批研究机构建立了广泛的学术交流与合作关系，每年定期举办研讨会。近年来，组织参与有关外国政党的研究课题包括外国政党的执政能力建设、执政体制与执政方式比较研究、发展观比较研究、改革与执政安全、外国政党党内民主建设、基层组织建设、党群关系、世界政党发展现状与前景、亚洲政党政治工作、发展中国家政党体制，以及年度政党形势系列研究等。这些研究成果中有的呈现给中央领导同志，有的同中央各部委直属刊物合作向社会推出，受到欢迎和好评。目前，与国内 20 余家正常研究机构建立了合作交流关系，合作出版了一系列世界政党最新研究成果。

中央社会主义学院中国政党制度研究中心

中央社会主义学院中国政党制度研究中心于 2003 年 7 月 18 日由中央统战部正式批准设立。该中心作为中央社会主义学院的学术研究机构，将作为院重点研究基地，集中代表着学院的研究特色和研究优势。中心的建立，是贯彻落实江泽民同志关于中央社会主义学院要“在统一战线的学术研究方面达到更高的水平和应有的权威性”要求的重大举措，是中央社会主义学院教学科研体制创新的大胆尝试和教学科研的新的增长点。

2003 年 11 月 29 日召开了“中央社会主义学院中国政党制度研究中心成立大会暨多党合作与政治文明建设研讨会”。中共中央统战部副部长、中央社会主义学院党组书记楼志豪到会祝贺并致词。甄小英副院长发表了讲话，她说：“中央社会主义学院作为各民主党派的联合党校，作为中国共产党领导的统一战线性质的高等政治学院，有责任有义务对中国政党制度运行中出现的新的实践课题和理论课题进行前瞻性、全方位、多学科的深入研究，为中央、中央统战部及其他各级统战部门的科学决策提供理论支撑和实践依据。这就是中央社会主义学院建立政党制度研究中心的根本初衷。”我们这个中心的第一个特征就是“开放”，也就是要成为一个开放式的研究中心。通过中心这个开放式的平台，统战工作的决策部门、各民主党派、各社会主义学院和高校、党校、学术研究机构的专家学者，能够相互沟通、相互了解和相互启发，进而从不同的视角，在各个不同的层次、不同方面，为中国政党制度的完善，为推进社会主义政治文明作出各自的贡献。

学术顾问：俞可平、王邦佐、浦兴祖、林勋健、李景治、林尚立、房宁、王长江、甄小英、周淑真等。中央社会主义学院中国政党制度研究中心主任：袁廷华；副主任：李明章、李金河、李道湘、丁冶矿、王志功；秘书长：李金河（兼）；副秘书长：郑宪、孙信、贾晓明。中央社会主义学院中国政党制度研究中心现有研究人员 21 人，具有正高职称的 7 人，具有博士学位的 10 人。

中央社会主义学院中国政党制度研究中心学术研究以马克思主义、毛泽东思想，特别是邓小平理论，“三个代表”重要思想为指导，深入贯彻落实科学发展观，坚持正确的政治方向，贯彻“双百”方针，坚持研究无禁区、研究成果的发表、宣传和使用有纪律的基本原则。

中心学术研究的重点着眼于中国共产党领导的多党合作和政治协商制度的坚持与完善，选择中国政党制度理论和运行中的重大实践问题，进行深入研究。主要研究方向包括：

方向一，中国政党制度基本理论问题研究。

研究内容：马克思主义政党理论及其发展（马克思主义政党理论，邓小平政党理论，“三个代表”重要思想对马克思主义政党理论的继承、丰富和发展），中国政党制度理论，西方政党理论及其对中国政党制度的影响。

研究目的、特色与意义：探究中国政党制度的理论基础及来自西方政党理论的挑战，坚持理论研究的实践指向，为坚持和完善中国政党制度提供理论依据。

方向二，政党制度比较研究。

研究内容：政党制度比较研究的基本理论与方法，党际关系研究，中国政党制度与西方多党制、两党制，发展中国家政党制度的发展演变。

研究目的、特色与意义：探索并运用科学正确的比较方法，揭示中国政党制度的历史合理性与现实合法性，为回应西方多党制的挑战、认识中国政党制度的优越性提供科学方法和理论依据。

方向三，中国政党制度的历史与现实问题研究。

研究内容：中国政党制度发展史，中国民主党派史，多党合作史，多党合作与社会主义民主政治，多党合作的制度化与规范化，多党合作制度的发展趋势，参政党建设的理论与实践问题。

研究目的、特色与意义：选择中国政党制度运行中的重大实践问题，进行理论研究和对策性研究，为完善中国政党制度提供政策性建议。

中心成立以来，陆续完成了一批有价值的研究成果。2005 年编辑出版了首部《中国政党制度年度研究报告》；在此基础上编撰了首部《中国政党制度年鉴（2006 年）》；参与了中央统战部组织的《中国的政党制度（白皮书）》的研究、起草工作。此外，共举行了五届年会暨理论研讨会，历届研讨会均形成了一批有价值的研究成果，编辑出版了五届年会论文集。

2004 年 7 月中国政党制度研究中心年会暨理论研讨会在中央社会主义学院召开。会议本着“开放”的原则，邀请王惠岩、卢先福、王邦佐、浦兴祖、周淑真等专家分别就“我国政党制度的制度化、规范化”、“关于执政党执政能力建设问题”、“学术意识”、“多党合作走向‘三化’”、“政党制度比较研究的几点思考”等问题作了专题发言。会后编辑出版了《中国特色政党制度理论研究》论文集。

2005 年 7 月 10 日—16 日，中国特色政党制度建设与政治文明理论研讨会暨中央社会主义学院中国政党制度研究中心第三届年会在安徽省社会主义学院召开。与会者向本次研讨会提交的论文都具有较强的学理性、学术性，有的作者还将政党制度的研究与其他学科结合起来，尝试从多角度、多层面探索如何进一步完善中国特色政党制度。大家本着解放思想、实事求是、与时俱进的精神，围绕着对中共中央“5 号文件”的学习领会、贯彻落实，勤于思考，勇于探索，提出了不少有启示性的见解。会后编辑出版了《中国特色政党制度与政治文明》论文集。

2006 年 10 月 25 日，中央社会主义学院中国政党制度研究中心第四届年会暨中国特色政党制度与构建社会主义和谐社会理论研讨会在江苏省社会主义学院隆重开幕。来自北京大学、中央编译局和全国各省市社会主义学院、部分省市党校的 70 多位学者，围绕我国多党合作的制度化、规范化和程序化建设，巩固和发展社会主义政党关系等进行了研讨和交流。会后编辑出版了《中国特色政党制度与和谐社会建设》论文集。

2007 年 8 月，中国参政党建设理论研讨会暨政党制度研究中心第五届年会在辽宁省社会主义学院召开。与会学者以“把参政党建设理论研究提高到一个新水平”为主题，深入探讨了参政党建设的重要意义、参政党的参政能力、参政党的思想建设、参政党的政党意识、参政党的组织建设、民主党派的民主监督、参政党在社会主义和谐社会建设中的作用、参政党的利益表达及代表性等议题，既提出了许多新的见解，也在重大问题上达成了基本共识，会后拟编辑出版论文集。

学术会议

科学发展观与党的建设理论研讨会

2007年1月23日至24日，全国党的建设研究会在北京召开“科学发展观与党的建设”理论研讨会暨四届二次理事会。与会同志一致认为，科学发展观不仅是我国社会主义现代化建设必须长期坚持的重要指导思想，也是新世纪新阶段党的建设新的伟大工程必须长期坚持的重要指导思想。

会上，大家回顾了马克思主义中国化的历史进程，紧密结合科学发展观指导我国经济社会发展的实践，从探索和把握人类社会发展规律、社会主义建设规律和共产党执政规律的角度，对科学发展观这一重大战略思想提出的实践基础、科学内涵及其重大意义进行了认真探讨。

大家一致认为，科学发展观揭示了新的历史条件下我国经济社会发展的内在规律，用新的思想和观点进一步深化了马克思主义关于发展的理论，丰富了中国特色社会主义理论，开辟了马克思主义中国化的新境界，充分体现了党的指导思想的与时俱进。科学发展观不仅是我国社会主义现代化建设必须长期坚持的重要指导思想，也是新世纪新阶段党的建设新的伟大工程必须长期坚持的重要指导思想。

与会同志还认为，应当围绕贯彻落实科学发展观，进一步加强党的执政能力建设，不断提高党领导科学发展的水平，使党的执政行为的各个方面、各个环节都符合科学发展观的要求；应当进一步加强党的先进性建设，用科学发展观武装党员干部的头脑，建设善于贯彻落实科学发展观的领导班子和干部队伍，把各级党组织建设成为贯彻落实科学发展观的坚强堡垒。

大家表示，党建研究要为加强党的建设服务，为贯彻落实科学发展观服务，从事党建研究的同志要不断增强政治责任感和历史使命感，始终保持饱满的工作热情和昂扬的精神状态，以坚忍不拔的毅力和锲而不舍的精神做好党建研究工作。切实提高理论研究水平和工作水平，以马列主义、毛泽东思想、邓小平理论和“三个代表”重要思想武装全党，以科学发展观为统领，推进党的理论创新，全面加强党的建设中作出积极的贡献。

会议听取并通过了全国党建研究会会长虞云耀所作的工作报告，听取了部分省党建研究会（学会）课题研究情况的汇报以及机关、社区、农村 3 个党建研究专业委员会的工作汇报。会议总结了全国党建研究会 2006 年工作，安排部署了 2007 年的工作。全国党建研究会的顾问、理事和特邀研究员，各省区市和中央有关部门党建研究会（学会）的负责同志，以及论文作者代表等共 180 多人出席了会议。

中国统一战线理论研究会召开在京常务理事会议

中国统一战线理论研究会于 2007 年 3 月 16 日召开在京常务理事会议。

会议总结了 2006 年研究会的工作和经验，部署了 2007 年统战理论研究工作，并就《2006 年中国统一战线理论研究蓝皮书》征求意见。会上还为荣获 2006 年度中国统一战线理论研究会研究基地“流动奖杯”获奖单位颁奖。

中央统战部常务副部长朱维群作工作报告。他说，去年是统一战线事业蓬勃发展的一年，也是中国统一战线理论研究取得丰硕成果的一年，围绕涉及统一战线全局性、战略性、前瞻性的重大问题进行研究，形成一大批理论政策成果。统战理论研究要适应时代发展要求，与时俱进、开拓创新，才能保持强大的生命力。

他说，面对中国特色社会主义事业提出的新课题新要求，面对改革发展不断涌现的新情况新问题，面对新世纪新阶段统一战线面临的新形势新任务，我们必须在理论上大胆地进行开拓创新，为统一战线事业的蓬勃发展提供理论指导和政策支持，从而更好地为全面建设小康社会、构建社会主义和谐社会作贡献。

他表示，今年统战理论研究工作，要坚持以邓小平理论和“三个代表”重要思想为指导，以科学发展观为统领，围绕为党的十七大胜利召开提供理论政策准备这一主线，突出贯彻落实第 20 次全国统战工作会议精神这一重点，摸清统一战线实情，创新统一战线理论，完善统战工作政策，以统战理论政策发展推动党的理论建设，推动统一战线事业发展。

会议由中国统一战线理论研究会副会长陈抗甫主持。中国统一战线理论研究会在京常务理事、理事，部分省市统战部负责人及专家学者出席了会议。

温州非公有制企业党的建设研讨会

由中共中央党建教研部主办、中共温州市委承办的“温州非公有制企业党的建设研讨会”于 2007 年 7 月 30 日在温州召开，中国科社民间经济与社会发展委员会姚迎春专职副主任受邀参加了研讨会。

据姚迎春副主任介绍，温州市是全国最早开展非公有制企业党建工作的城市之一。1987 年 8 月，瑞安市振中工程机械厂建立了浙江省第一个非公企业党支部。经过 20 年的探索，目前温州市在非公企业已建立党组织 4036 个，基本实现非公企业党组织全覆盖。特别是近年来，温州市围绕“非公企业党组织如何发挥作用”这个课题，以建设“活力和谐企业”为目标和载体，坚持把企业党组织的使命、企业主的发展目标和企业职工的实际利益有机统一起来，在创新中加强和改进非公企业党建工作。通过积极实施“双向互动机制”、“品牌文化战略”、“关爱职工行动”、“素质提升计划”、“反哺社会工程”等有效载体，从而扩大了党的工作的覆盖面，提高了党组织在非公企业中的凝聚力和战斗力，形成了各方互动的良好局面，实现了企业发展与加强党建的良性循环。

应邀出席此次研讨会的全国党建研究会会长虞云耀充分肯定了温州市在非公企业党建方面取得的成绩。他说，温州经过多年的实践探索，非公企业党建工作稳步发展，尤其是以“活力和谐企业”建设为目标推进非公企业党建工作成效显著，走出了一条加强非公企业党的先进性建设的新路子。这是新时期非公党建工作的一大创新，其中许多先进经验和行之有效的举措，值得大力宣传和推广。虞云耀强调，要让鲜红的党旗在更多的非公企业高高飘扬，还需要不断努力和积极探索，特别是实际工作者和理论工作者，要紧密结合起来，进一步发挥非公企业党建工作者的作用。

据悉，举办温州非公企业党建研讨会，是一个探讨非公企业党建工作、保障非公经济健康持续快速发展的好平台。

中国参政党建设理论研讨会

为适应形势发展要求，加强中国参政党建设理论研究，中央社会主义学院中国政党制度研究中心与辽宁省社会主义学院联合举办的“中国政党制度研究中心第五届年会暨中国参政党建设理论研讨会”于2007年8月17日至19日在沈阳举行。来自中央社会主义学院、各地方社会主义学院、中国人民大学、中央编译出版社和地方党校的70多名专家学者出席了会议，提交论文50篇。

中共辽宁省委统战部部长高鹏向研讨会的召开表示祝贺，并就辽宁省经济社会发展以及统一战线工作的基本状况作了简要介绍。

中央社会主义学院袁廷华副院长作了题为“把参政党建设理论研究提高到一个新水平”的专题报告，内容包括参政党建设理论研究的重要意义、参政党建设理论研究的主要任务、当前参政党建设理论需要研究的若干问题以及在参政党建设理论研究中需要把握的原则与方法等四个方面。

中国政党制度研究中心顾问甄小英教授作了题为“高举中国特色社会主义伟大旗帜，夯实多党合作的基础——参政党建设要紧紧围绕走中国特色社会主义道路进行”的讲话。讲话强调了三个问题：第一，无论是执政党建设，还是参政党建设，都要高举中国特色社会主义伟大旗帜，参政党建设也要紧紧围绕坚定不移地走中国特色社会主义道路进行。第二，中国特色政治发展道路是中国特色社会主义道路的重要组成部分，坚持中国特色社会主义道路必须坚持中国特色政治发展道路，这也是参政党建设以及进行政治交接的核心内容。第三，中国特色政党制度是中国特色政治发展道路的重要内容，实现多党合作的可持续发展，是坚持中国特色政党制度的关键问题，是执政党和参政党共同的责任。

中央社会主义学院郑宪教授和孙信教授分别介绍了一年来参政党建设和政党制度的研究成果和研究状况。中国人民大学政党研究中心主任周淑真教授应邀作了题为“关于政党理论研究的几个问题”的报告。农工党辽宁省副主委、辽宁社科院社会学所所长沈殿忠研究员应邀作了题为“美国总统大选的观察与思考”的专题发言。政党制度研究中心秘书长李金河教授作了大会总结，对此次与会代表提交的论文主要观点以及小组讨论的主要问题进行了全面介绍，认为本次会议具有时机好、地点好、人气旺、主题突出等特点；这次研讨会必将对中国参政党建设理论研究起到积极促进作用。

与会论文的主要观点有以下几个方面：

（一）关于参政党建设的重要意义和主要问题。普遍认为，随着新时期中国社会的发展，各民主党派在我国政治、经济、社会发展中的地位和作用越来越重要，参政党建设的重要性和紧迫性日益呈现。构建和谐社会为参政党履行职能、发挥作用提供了更加广阔的舞台，同时也对民主党派加强自身建设、提高参政能力提出了更高要求。

（二）关于提高参政党的参政能力。有文章指出，从现实中看，民主党派对参政能力的探索与中国共产党对执政能力的探索相比，无论从理论准备、思考的起点、内容、完备程度都是远远不够和落后的。参政党要能够不断适应时代发展的要求，具有与执政党相协调的政治意识、政治能力和参政水平。有文章指出，在参政能力建设上，参政党要注重从以下几方面着手：一是引导成员树立科学的世界观、人生观和价值观，正确认识和看待西方民主和政党制度，提高政治鉴别力、政治敏锐性、政治把握力；二是要坚持民主监督的总原则，真正成为帮助共产党科学执政、民主执政、依法执政的挚友和诤友；三是要不断提高其成员的政治素质，使民主党派成为在中国共产党领导下，团结带领广大成员不断走向进步的桥梁和纽带。也有学者认为，要从领导机制、组织联络机制、人才培养和信息资料收集机制、调研成果的反馈和转化机制、参政议政激励机制、多渠道利益表达机制的完善方面提升参政议政能力。有文章指出，参政党能力是一个矢量概念，既有方向，又有结构、有大小；参政党能力建设，就是各民主党派不断规范参政党能力方向、优化参政党能力结构、提升参政党能力总量的能动过程，其内在动力是参政党职能对参政党能力的要求与参政党的实际能力之间的矛盾；参政党能力建设的内在动力要转变成现实力量，需要有相应的机制来激发和推动，包括内部动力机制和外部动力机制。

（三）关于参政党思想状况及思想建设。有文章指出，当前参政党成员思想状况主流是好的，思想状况呈现出积极向上健康稳定的发展态势。党派成员知识层次高，思想活跃，对共产党的路线方针和政策具有发自内心的认同感，民主意识、政治参与意识，独立意识和自主意识增强。同时，少数成员受西方文化和价值观念的影响较大，不同程度受西方政党制度的影响。不能全面客观地看待多党合作、政治协商制度，对参政党作用的发挥缺乏信心。有学者指出参政党思想建设的主要问题。第一，思想建设理论研究不够。民主党派成员有学历高、见识广、思想活跃等特点，而思想理论建设相对薄弱，政治培训和思想教育缺乏系统的教材，在许多问题上难以回答一些成员的思想问题。第二，思想建设存在着“六多六少”的情况：口号提得多，真抓实干少；形式主义多，实际成效少；普遍教育多，针对方式少；“形势教育”多，日常工作少；单向灌输多，双向交流少；传统方法多，创新手段少。第三，思想建设的成效缺乏评价体系。思想建设给人一种“虚”、“空”、“软”的感觉，无法对思想建设的质量进行考核和评定。第四，基层组织思想建设力度不够。基层组织宣传工作干部队伍还很薄弱，相对缺乏思想政治工作的措施、制度和必要的经费。缺少与组织间的沟通机制和双向信息传递机制，使党派思想政治工作难以落到实处。

（四）关于参政党政党意识。参政党政党意识是本次研讨会关注的一个焦点问题。有学者认为，政党意识就是政党观念，是党员对本党的性质、宗旨、政治地位和历史责任以及党的纲领和任务的自我认识，是党员政治觉悟和党性的集中体现，表现为政党成员的共同政治意识。政党意识是政党的灵魂，是维系成员的精神纽带，具有导向、凝聚、动员、约束等功能。从一般政党所具有的政党意识来看，民主党派应具有政治意识、利益代表意识、政党行为规范意识和目标意识。有文章指出，参政党意识的自觉基于民主党派所处历史方位的演化。政党意识的核心是政党对民主观念和民主形式的理解与追求。我国政党制度的协商民主的价值偏好、参政党的性质和定位，决定了协商民主应成为参政党意识的核心理念和价值取向。

（五）关于参政党组织建设。在组织建设中，民主党派成员反映最强烈的是的“民主党派不民主”问题。领导班子成员要提高民主意识。要按自己的章程，认真落实民主集中制。为了产生合格的民主党派地方组织领导班子，建议换届选举采取差额选举的形式。要加强地方委员会和常委会的权力和职能。要按各民主党派章程的要求，真正使地方委员会和常委会领导本级组织的工作，而不是成为摆设，成为投票机器。要细化主委和副主委的分工。要认真做好领导班子后备队伍的建设工作。

（六）关于参政党在社会主义和谐社会建设中的作用。有的文章指出，对于我国参政党功能问题的研究，有必要对研究方法、关注对象、功能确定等问题进一步进行思考，特别要注意唯物辩证法与功能分析方法的对立统一、执政党功能与参政党功能的对立统一以及参政党作用与参政党职能的对立统一这三个问题的研究。作为与中国共产党通力合作、共同致力于中国特色社会主义事业的政党组织，参政党在和谐社会建设中肩负着重要的历史责任；作为进步性与广泛性相统一的政治联盟，参政党在和谐社会建设中显示出独特的政治优势。还有学者提出，在构建和谐社会过程中，参政党应做好国家的“辅梁柱子”；在参政为民的过程中，参政党要做人民群众的“忠实孺子”；在履行参政议政的职能和参与国家重大问题的协商时，参政党要做中国共产党和人民政府的“智囊才子”；在履行民主监督时，参政党应作中国共产党的“活力镜子”。

（七）关于参政党的利益表达及代表性问题。在参政党的利益表达功能上，有学者认为，参政党的利益代表只是一种应然状态，实际政治生活中，参政党的利益代表性很模糊，民众心目中也缺乏各民主党派同自己的利益关联性、代表性的清晰认识。尽管目前的社会生态对参政党利益整合功能有着非常紧迫的需求，但参政党这方面比较薄弱却是不争的事实。也有学者认为，我国参政党的政治参与实际具有双重功能特征，即对其成员和所联系的社会群众的利益代表功能和协助中国共产党为实现和维护社会公共利益服务的功能。随着时代的发展，这双重功能都应得到强化，并有机地统一于民主党派政治参与的实践中。

致公党中央参政议政工作研讨会

2007 年 11 月 1 日，致公党中央“参政议政工作研讨会”暨第二期参政议政干部培训班在济南举行。全国政协常委、致公党中央副主席杨邦杰出席开幕式并讲话，山东省政协副主席、致公党山东省委主委王志民致词。

杨邦杰指出，不久前召开的中共十七大，是在中国改革发展关键时期召开的一次十分重要的大会，为民主党派开展参政议政工作提供了更为广阔的舞台。全体同志要认真学习中共十七大精神，深入贯彻落实科学发展观，紧密围绕“十一五”规划和构建社会主义和谐社会，以发展为参政议政工作的第一要务，继续发挥“侨”、“海”特色和优势，选择一些具有全局性、战略性、前瞻性的课题深入开展调研，不断提出有分量、有创意、有见解的建议，不断推进参政议政的制度化、规范化建设。

会议期间，省政协副主席、省委统战部部长齐乃贵看望了杨邦杰和与会同志。

全国党校系统学习贯彻党的十七大精神理论研讨会

2007 年 11 月 2 日至 3 日，全国党校系统“学习贯彻党的十七大精神理论研讨会”在河北省廊坊市召开。会议的主题是：认真学习党的十七大报告，围绕报告的重大理论和实践问题，结合党校工作职能，着重从理论上交流学习体会。中央党校常务副校长苏荣、副校长李君如等有关领导同志出席了会议。全国 50 多所省、自治区、直辖市、副省级党校的代表参加了会议。苏荣同志作了主题报告。李君如同志作了会议总结。会议提出了下一阶段党校系统贯彻落实党的十七大精神的研究重点。

根据这次会议精神和校委的安排意见，我校科研工作将深入落实“四个服务”和“三位一体”的要求，结合党的十七大提出的重大理论观点、重大战略思想、结合市委、市政府“三个发展”的战略部署，确定研究专题和调研课题，力争推出一批高质量的研究成果。

“三个代表”重要思想和党的十七大精神研讨会

由全国“三个代表”重要思想研究会和中共四川省委党校、雅安市委市政府联合举办的“三个代表”重要思想和党的十七大精神研讨会于 2007 年 11 月 15 日在雅安市召开。会上，来自全国各地的专家学者认为，中国特色社会主义理论体系是解决当代中国问题的唯一正确的理论体系，是实现国家繁荣富强和人民共同富裕的理论指南。

全国“三个代表”重要思想研究会会长、中共中央党校副校长李君如在研讨会上指出，党的十七大作出“中国特色社会主义理论体系，就是包括邓小平理论、‘三个代表’重要思想以及科学发展观等重大战略思想在内的科学理论体系”这一科学概括，意义十分重大。

——明确了十六大以来党中央提出的科学发展观等重大战略思想，是中国特色社会主义理论体系的重要组成部分；

——明确了包括邓小平理论、“三个代表”重要思想以及科学发展观在内的科学理论，凝结了几代中国共产党人带领人民不懈探索实践的智慧和心血，是马克思主义中国化的最新成果；

——明确了中国特色社会主义理论体系作为马克思主义中国化的最新成果，是党最可宝贵的政治和精神财富，是全国各族人民团结奋斗的共同思想基础。

与会专家学者认为，中国特色社会主义理论体系这一命题，具有理论上的科学性、实践上的指导性，揭示了新时期以来党的理论创新活动一以贯之的主题，揭示了邓小平理论、“三个代表”重要思想以及科学发展观等重大战略思想是一脉相承而又与时俱进的科学体系。

中国特色社会主义理论作为一个科学体系，纵向包括了基本原理及其所体现的路线、纲领、方针、原则、政策、策略、方法、作风等各个层面，横向涵盖和辐射到了经济、政治、文化、科技、教育、社会、统一战线、军事、外交、祖国统一、党建等各个领域。

青海省中国特色社会主义与统一战线研讨会

2007 年 12 月 12 日，青海省委统战部召开“中国特色社会主义与统一战线理论研讨会”，就中国特色社会主义与统一战线的相关问题，从理论与实践、历史与现状的层面进行了深入探讨。

省各民主党派、工商联、无党派代表人士参加研讨会。

研讨会上，大家认为，中国特色社会主义是当代中国发展进步的旗帜，是包括广大统一战线成员在内的全国各族人民团结奋斗的旗帜。新世纪新阶段的统一战线，只有放在建设有中国特色社会主义的大格局中，才能不断巩固、发展和壮大。

大家认为，夺取全面建设小康社会新胜利，开拓中国特色社会主义更为广阔的新前景，必须毫不动摇地巩固和发展最广泛的统一战线。在理论上，统一战线是中国特色社会主义理论的重要组成部分；在实践中，统一战线是推进中国特色社会主义事业发展的一大法宝；在制度上，统一战线是中国特色社会主义制度的一大特色。统一战线作为中国特色社会主义理论、实践和制度的有机组成部分，在中国特色社会主义事业的发展中承担着光荣而艰巨的任务。统一战线只有围绕中国特色社会主义这个主题来谋划、来发展，始终在中国特色社会主义这条康庄大道上奋勇前进，才能发挥更大作用，体现更大价值。

大家认为，深刻把握十七大对统一战线方针的新论述，从构建社会主义和谐社会的高度，统一战线要在促进政党关系、民族关系、宗教关系、阶层关系、海内外同胞关系的和谐中发挥重要作用；从坚定不移地发展社会主义民主政治的高度，坚持和完善中国共产党领导的多党合作和政治协商制度，加强同民主党派合作共事；从巩固和发展社会主义民族关系的高度，牢牢把握民族工作主题；从积极引导宗教与社会主义社会相适应的高度，发挥宗教界人士和信教群众在促进经济社会发展中的积极作用；从坚持和完善我国基本经济制度的高度，发展非公有制经济要做到“两个毫不动摇”、“两个平等”，鼓励新的社会阶层人士积极投身中国特色社会主义建设；从推进“一国两制”方针的实施和完成祖国和平统一大业的高度，做好港澳台海外统战工作。

大家表示，要始终高举中国特色社会主义伟大旗帜，紧紧围绕全面建设小康社会宏伟目标，不断发挥政治优势、组织优势、人才优势、资源优势和联系广泛优势，不断建务实之言、献有用之策、做创新之事，不断促进政党关系、民族关系、宗教关系、阶层关系和海内外同胞关系的和谐，为建设富裕文明和谐新青海作出更大贡献。

中国特色社会主义与统一战线全国研讨会

2007 年 12 月 14 日至 15 日，“中国特色社会主义与统一战线研讨会暨全国统战部研究室主任会议”在福建省泉州市召开。会议就“中国特色社会主义与统一战线”课题进行了研讨和交流，总结了 2007 年统战理论研究取得的成绩，研究部署了 2008 年全国统一战线理论研究课题。

中央统战部副部长陈喜庆，中央统战部研究室主任庄聪生，中央统战部研究室副主任、信息中心主任张献生，福建省委统战部副部长李韧，泉州市委副书记、秘书长吴汉民，泉州市委常委、统战部长王亚君以及全国 31 个省、市、自治区和新疆生产建设兵团党委统战部分管理论政策研究工作的副部长和研究室主任共 60 多人出席会议。

陈喜庆在会上讲话。他说，加强对“中国特色社会主义与统一战线”课题的研究，是当前和今后一个时期统战理论研究的重点，也是进一步推动统一战线深入学习贯彻十七大精神的重要环节。陈喜庆深刻总结了此次会议的主要成果，充分肯定了今年的全国统战理论研究工作，对 2008 年全国统战理论研究工作作出了明确要求，强调要紧紧围绕学习贯彻中共十七大精神和第 20 次全国统战工作会议精神这条主线，着眼统一战线的长远发展，紧扣统战工作中具有全局性、战略性、前瞻性的重大问题，深化理论研究，细化政策研究，强化举措研究，为开创新世纪新阶段统战工作新局面奠定坚实基础。

李韧代表福建省委统战部向大会介绍了福建统战工作的基本情况和统战理论研究工作的进展。吴汉民代表泉州市委、市政府向大会介绍了泉州经济社会发展状况以及统一战线工作的独特优势和有益探索。

统一战线与当前国家重大政治关系研讨会

“民主党派在中国特色社会主义理论的旗帜下，如何加强自身的建设?”这是值得思考的理论和现实问题。近日，北京市统一战线理论研究会和中国统一战线理论研究会政党理论北京研究基地共同主办了“关于处理当前国家重大政治关系和中国特色社会主义与统一战线研讨会”。专家就政党关系问题、阶级与阶层问题、宗教关系问题以及统一战线怎样为和谐社会服务等问题发表了新观点。一些学者阐述了在当前新形势下对阶层关系的重新定位的思考；一些学者高度关注知识分子阶层和私营企业主阶层对统战工作的重要作用；一些学者探讨了我国协商民主的特色，指出统一战线是体现协商民主的一个重要形式。

落实科学发展观与发挥参政党功能理论研讨会

2007年12月19日至20日，浙江省社会主义学院参政党建设研究中心举办了“落实科学发展观与发挥参政党功能理论研讨会”。开幕式上，浙江省委统战部副部长、浙江社院党组书记、常务副院长兼参政党建设研究中心主任张惠康代表浙江省社会主义学院，对与会领导、专家及来宾表示热烈的欢迎和诚挚的感谢。他在讲话中指出，在全国上下深入学习、贯彻落实党的十七大精神之际，我们召开这次研讨会，有着特别的意义。我们这次研讨会的主题紧扣了中共十七大提出的深入贯彻落实科学发展观的战略思想和战略部署，紧扣了坚定不移走中国特色政治发展道路、坚持和完善中国特色政党制度的时代要求，这也是我们学习贯彻十七大精神，使社院的教学科研工作紧紧围绕党的中心工作，为党的中心工作服务的一个具体体现。

来自五个兄弟省级社会主义学院，省内各高校，省委党校、市社会主义学院，省、市各民主党派以及省人大、省政协等40余名代表参加了会议。会议共收到论文50篇，有14位学者在会上做了交流。

本次研讨会以“落实科学观与发挥参政党功能”为主题，全面、系统、深入地探讨了参政党在推动科学发展观贯彻落实过程中的功能和作用，研究了科学发展观对参政党提出的新要求，以及参政党在落实科学发展观中的独特优势、途径、方式和载体，分析了参政党在落实科学发展观中存在的主要问题，提出了参政党为落实科学发展观服务的基本途径和方式。入选本次研讨会的论文在内容上均能紧扣主题，内容集中，论证充分。

19日下午，在理论研讨会开幕之际，会议首先举行了“社院杯”参政党建设理论征文颁奖仪式。由浙江省社会主义学院参政党建设研究中心与省政协联谊报社联合举办的“社院杯”征文活动，在全省统一战线工作者、人民政协工作者及相关理论研究者，尤其是广大民主党派成员中引起了较大反响。在历时半年的征文活动期间，共收到文章108篇，《联谊报》开辟了征文专栏，刊登了其中的28文章。颁奖仪式上，省委统战部副部长、省社院党组书记、常务副院长兼研究中心主任张惠康，《联谊报》社长袁伟盛，省社院副院长兼研究中心副主任蔡馥生向获得一、二、三等奖及优秀组织奖的代表颁了奖。

省社院副院长兼研究中心副主任赵向前主持了本次开幕式暨颁奖仪式。

学术人物

高　放，中国人民大学国际关系学院教授。科学社会主义与国际共产主义运动专业博士生导师。1927 年 2 月生于福建省福州市，原名高元浤。1946 年，考入北京大学，积极参加学生民主运动。1947 年 6 月，加入地下党领导的民主青年同盟，任支部书记，在政治系学习。1948 年 1 月到晋冀鲁豫解放区，改名高放，进入北方大学文教学院学习；7 月，被选拔为研究生，攻读马列主义理论。1949 年 3 月随华北大学迁到北京，调为华北大学二部学习助理员；1950 年 8 月，调到新建立的中国人民大学马列主义基础教研室任教员，长期执教国际共产主义运动史、科学社会主义、当代世界社会主义等课程。1963 年被评为副教授，并兼任系资料室主任。1973 年至 1978 年人大停办期间在北京大学国际政治系执教。

复校后，1979 年开始招收硕士研究生，主持编写《国际共运史教学大纲》。1980 年被评为全校先进工作者，担任学校学术委员会委员。1981 年由国务院总理批准聘为全国第一批博士生导师，在中国人民大学建立全国第一个国际共运史博士点。1982 年出版约 23 万字专著《社会主义的过去、现在和未来》（获北京市优秀哲学社会科学著作奖）；同年开始主编《国际共运》杂志。

1983 年，被聘为教授，同年兼任国际政治系当代世界社会主义教研室主任。1984 年出版合译的《第二国际史》第 1 卷。1985 年被任命为国务院学术委员会第二届学科评议组成员，并被选为北京市国际共运史学会会长。1986 年，兼任国际政治与国际共运研究所所长，主编两本国际共运史教程及《社会主义思想史》（1995 年获得国家教委全国高校人文社会科学优秀著作二等奖）。1988 年，当选中国政治制度改革研究会副会长、中国统一战线理论研究会常务理事和北京市政治学行政学学会第一副会长；受国家教委委托主编《“科学社会主义的理论与实践”教学要点》。1989 年主编《当代世界社会主义概论》，后改名为《当代世界社会主义新论》，并再次出版。1990 年主编教材《科学社会主义的理论与实践》（2005 年该书第 3 版被北京市教委评为北京市高校精品教材）。1992 年荣获国务院颁发的“为发展高等教育作出突出贡献”证书，享受政府特殊津贴。1994 年被评为全校优秀研究生导师。1995 年，当选为中国国际共运史学会副会长。1997 年《世界社会主义兴衰成败的轨迹和根源》获《新华文摘》首届“我印象最深的文章”二等奖。1993 年以来，六家出版社先后出版《高放文集》9 本，分别为《马克思主义与社会主义》、《社会主义在世界和中国》、《国际共产主义运动别史》、《纵览世界风云》、《高放政治学论萃》、《政治学与政治体制改革》、《中国政治体制改革的心声》、《马克思主义与社会主义新论》、《治学风雨路漫漫》，共计400多万字。改革开放以来，主编、合编、合译、合著、专著共50多部。2003年，《启蒙助我成为学者》获《光明日报》征文一等奖。2005年，获中国人民大学首批荣誉教授证书和金质奖章，并返聘继续招收博士研究生。目前，仍任中国和北京市国际共运史学会、中国科学社会主义学会当代世界社会主义专业委员会和北京市政治学行政学学会顾问，同时担任《理论探讨》、《理论参考》、《新视野》、《天津市委党校学报》、《社会科学研究》等期刊顾问或编委。

陈登才，中共中央党校教授、博士生导师、毛泽东思想研究专家。在中共党史、党的学说和党的建设领域享有成誉，获国务院颁发“为我国发展社会科学事业作出突出贡献”的证书。

1936年生，广东普宁人。1952年就读韩山师范。1959年华南师范大学政治历史系毕业后留校，先后在中共广东省委党史研究室、宣传部、科教办担负党史调查、理论研究和宣传教育工作。粉碎“四人帮”后，1978年调到中共中央党校，担任中共党史副教授、教授。硕士生导师，博士生副导师。党的学说和党的建设博士生导师。先后任落实政策领导小组秘书，毛泽东思想研究室副主任、主任、科研部副主任，党的建设教研部主任，兼任中国毛泽东思想理论于实践研究会副会长，中共党史学会毛泽东思想邓小平理论研究会副会长，中国延安精神研究会副会长、《中华魂》杂志主编，全国党的建设研究会副秘书长、特邀研究员。

出版主要著作有：《马克思主义与中国革命的胜利》、《中国共产党建设新工程》、《从毛泽东思想到邓小平理论》等个人专著，合著《毛泽东思想原理》、《马克思注意理论的历史发展》、《毛泽东思想辞典》、《中国共产党编年史》（1917年至2001年）等多部，发表论文100余篇。获全国优秀畅销书奖、全国图书“金钥匙”一等奖、“五个一工程”图书奖、领导科学优秀奖、优秀党建读物一等奖、优秀论文一等奖和中央党校优秀科研成果一等奖等11种奖项。

王韶兴，山东大学政治学与公共管理学院教授、博士生导师，山东大学政党研究所所长。1956年2月出生，山东龙口人。山东大学博士研究生毕业。主要研究领域为政党政治。主要讲授《政党政治学》、《中国特色社会主义文献选读》等课程。主要著作有：《党的监督：理论·经验·思考》、《邓小平理论：结构·体系·思考》等。发表的主要论文有：《政党政治与政党制度论》、《政党职能问题探讨》、《工人阶级政党文明问题探讨》、《论工人阶级政党的先进性及其时代性》、《苏共党建模式历史考》、《论苏共党内监督制约的历史经验》、

《政党法治：一种新型的政党文明形态》、《论政党法治建设的价值意义》、《服务型视域中的政党治理》、《中国共产党执政规律探讨》、《中国共产党监督的主要经验和基本规律》、《关于社区发展与党的建设的几点思考》、《政党权力的科学内涵与基本特征》、《政党文明与共产党执政》、《对“败”与“不败”的几点思考》、《论增强党的阶级基础与扩大党的群众基础》、《论党的监督问题》、《我国与其他国家政党制度之比较》、《机构改革中党政关系的再思考》、《由苏共遭遇思考工人阶级政党的民主集中制》、《应把党务管理作为一门学科来建设》、《政党权力及其相关的几个理论问题》等。主要社会兼职：山东省政党理论研究基地主任、首席专家，教育部当代社会主义研究基地副主任，中国政治学会常务理事，中国科学社会主义学会常务理事，山东省统一战线研究会副会长，山东省科社学会副会长，国家社科基金项目评审专家等。

关海庭，北京大学政府管理学院教授，法学博士，博士生导师，教育部高等学校政治学学科教学指导委员会委员。1954年出生，满族，吉林梅河口市人。致力于政党政治、政治发展、中俄体制改革比较等方面的研究。近五年来独立撰写学术专著《大国转型发展之路——中俄（苏）国家控制能力的比较研究》、主编《邓小平理论与当代中国政治学》、《20世纪中国政治发展史论》，参与编写《当代中国政党制度论纲》、《毛泽东民主政治建设的思想探析》等多部学术著作，并在《北京大学学报》、《当代中国史研究》、《教学与研究》等刊物上发表相关论文30余篇。先后为本科生开设“马克思主义政治学选读”、“中国政党政治”（主干基础课）、“中国近现代政治发展史”、“中俄体制转型的比较研究”、“文化大革命专题研究”等课程；为研究生开设“民主革命时期中共党史专题研究”、“中国共产党与当代中国政治专题研究”、“政党学专题研究”等课程。曾获北京大学教学优秀成果奖、昌平园区最佳教员称号等。主要研究专长为中共党史、当代中国政治发展、中俄体制转型的比较研究。曾获北京大学邓小平理论征文学术二等奖、北京大学科研成果二等奖等。主要社会兼职有：北京市中共党史学会副会长、北京市地方党史研究会常务理事、北京大学邓小平理论研究中心研究员等。

金安平，满族，1960年1月出生，北京市人。1982年毕业于首都师范大学，获哲学学士学位；1988年毕业于北京大学，获法学硕士学位；1998年于北京大学获法学博士学位，现为北京大学政府管理学院教授。1994年3月至6月在香港城市大学公共行政系做访问学者，1999年至2000年在印度尼赫鲁大学国际关系学院做访问学者。学术领域为中共党史、中国政治、政党政治、政治文化等。先后开设“政党学概论”、“中国近现代政治发展史”、“毛泽东政治发展学说专题”、“五四文化与中国政治”等课程。近年发表的研究成果主要有：

《从批判的武器到武器的批判》(黑龙江人民出版社2000年版)、《当代中国政党制度论纲》(合著，黑龙江人民出版社2000年版)、《毛泽东民主政治建设思想探析》(合著，北京大学出版社2002年版)、《北京大学与中国的政治文化》(译著，北京大学出版社1998年版)、《对政党理念的知识考古学分析》(《山西师大学报》2002年第3期)等。主持教育部人文社科基金项目“全面建设小康社会目标下地方政府教育决策的政治学分析”。参与撰写多部电视理论专题片。系北京大学蔡元培研究会会员、北京大学斯诺研究会会员、北京市李大钊研究会会员等。曾获北京大学优秀科研论文光华奖、北京大学韩国学基金奖、北京大学优秀班主任一等奖、北京大学教学优秀奖等。

朱光磊，1959年3月生，南开大学周恩来政府管理学院院长，政治学系教授，博士生导师。天津市南开区人大常委；全国政治学学科教学指导委员会副主任委员，中国统战学会和中国人权研究会常务理事，天津市政治学学会副会长；《政治学研究》杂志编委；南开大学社会哲学研究所、南开大学中国社会史研究中心、北京大学政治发展与政府管理研究所、天津社会科学院、华东政法学院等单位兼职教授（研究员）。

1993年起获政府特殊津贴，1999年入选教育部“跨世纪优秀人才培养计划”，1999年获宝钢全国优秀教师奖，2002年获全国高校优秀青年教师奖，2003年获全国首届国家级高校“教学名师奖”。

主要研究方向为：政治学理论、中国政府与政治、收入分配理论等。主要著作有：《以权力制约权力》(“走向未来”丛书之一，四川人民出版社1987年版，1993年获天津市社科青年佳作奖)，《政治学概要》(天津教育出版社1992年版)，《政府过程的学说与方法及其在中国的适用问题》(《南开学报》1994年第4期，获第二届全国青年优秀社科成果奖)，《当代中国社会各阶层分析》(第一作者，天津人民出版社2007年版，1996年获市社科优秀成果三等奖，1999年获市优秀图书一等奖)，《当代中国政府过程》(天津人民出版社1997年版，1999年获市社科优秀成果一等奖)，《从身份到契约：中国社会阶层分化的特征与性质》(《当代世界与社会主义》1998年第1期，《新华文摘》转载)，《贫富差距与中国阶层关系》(《南开学报》1999年第6期，《新华文摘》转载)，《贫富差距制约因素体系研究》(《开放时代》2001年第8期)等。

桑玉成，1955年4月生，江苏省张家港市人。法学博士。现任复旦大学国际关系与公共事务学院常务副院长，教授，博士生导师。主要专业领域为政治学理论、当代中国政治、行政管理学。主要学术兼职有：中国政治学会副会长，上海政治学会会长，中国政策研究会理事。主要学术研究成果：著作有《国家公务员制度概论》、《世界走向新秩序》、《中国八十年代人文思潮》、《中国大百科全书·政治学卷》、《自治政治》、《改革向前推进的一个标志》、《继续推进政治体制改革》、《政府角色》、《利益分化的政治时代》等20多部。主编教材有

《公共政策学导论》（合编，复旦大学出版社 1991 年版，1993 年获上海市行政管理学会科研成果二等奖，1994 年获全国首届行政管理优秀科研成果二等奖）、《企业管理思想与运用》、《人类政治问题》、《管理思想史》等。论文有《廉价政府：一种新的廉政观》（1994 年第一届全国青年优秀社会科学科学成果三等奖）、《论国际竞争新态势》、《论建设有中国特色的社会主义民主政治》（合著）、《理清政府与个人的权限关系》、《塑造良好的政府形象》、《论腐败》、《权力正位：反腐败的关键机制》、《经济发展之政治观》（1995—1996 年上海市哲学社会科学优秀成果二等奖）、《论政府管理的经济目标与政治目标》（1997—1998 年上海市哲学社会科学优秀成果三等奖）、《行政伦理：一个不可忽视的领域》、《关于自然状态与自然法的遐想与思考》等 130 多篇。主持研究的主要市级以上课题："中国公共政策：案例研究"、"社会主义市场经济条件下的政府行为研究"、"社会主义市场经济与政府职能的转变"、"关于反腐倡廉规范性文件有效性的研究"、"政府成本问题"、"关于流动人群公共教育与权利保障问题研究"等。

吴美华，中国人民大学马克思主义学院中共党史系教授、博士生导师、法学博士。1951 年 9 月出生，北京市人。主要研究方向是党的学说和党的建设、当代中国政党和中国政治，内容涉及马克思主义党建理论、执政党建设、当代中国的多党合作制度等领域。主要著作有：《执政党建设论》（获北京市第八届哲学社会科学优秀成果二等奖）、《当代中国的多党合作制度》（获北京市第九届哲学社会科学优秀成果二等奖）、《马克思主义党的学说和党的建设》（主编，普通高等教育"十一五"国家级规划教材）、《中国共产党基本政治经验研究》等。主要论文有：《对新时期中国各民主党派性质的几点认识》、《中共十一届三中全会以来多党合作理论与实践的新发展》、《政党理论的一大突破》、《新时期多党合作面临的新情况、新问题》、《论执政党与参政党的自身建设》、《多党合作与党的执政能力建设》、《新时期党的建设目标是邓小平党的建设理论的核心内容》、《惩治和预防腐败：教育、制度、监督并重》、《陈云与新时期党的纪律检查工作》、《十七大对党的建设的制度创新》等。目前作为首席专家主持的项目有："加强党的执政能力建设和先进性建设"（2006 年度国家社会科学基金重大项目中标课题）、"党的先进性建设机制研究"（教育部人文社会科学重点研究基地 2006 年度重大研究项目）。主要社会兼职：中共北京市委讲师团理论宣讲特约报告人、北京党建研究基地特邀研究员。

李燕奇，中共北京市委党校（北京行政学院）校务委员会委员、教授、《新视野》杂志主编，北京师范大学兼职教授、博士生导师。1954年12月出生，辽宁海城人。主要研究方向为中国政党政治及中外政党政治比较。主要讲授课程有："当代世界政党政治发展新趋势"、"中国特色政党制度的形成和发展"、"中外政党制度比较"、"中国共产党和中国政党政治的发展"等。主要著作有：专著《走向合作的历程——中共与民主党派关系的形成和演变》，专著《中国共产党在抗日战争中的地位和作用研究》，两人合著《邓小平与当代中国改革》等。主要论文有：《党的先进性建设与多党合作制的巩固和发展》、《和谐的政党关系与社会主义和谐社会——兼论政党关系和谐是多党合作制度的本质属性》、《中国多党合作制度的历史性发展》、《政治文明与中国社会主义政党政治》、《中国特色社会主义政治文明与多党合作和政治协商制度》、《党的执政能力建设任重道远》、《政治文明：一个具有深远历史意义的课题》、《具有中国特色的社会主义在实践中——兼论中国社会主义的历史命运》、《论党的抗日民族统一战线的伟大胜利》、《抗日战争时期民主党派在北平的活动》等。主要社会兼职：全国党校期刊研究会副会长；中国政治学会理事；北京市人大理论研究会特约研究员；北京市人民政协理论与实践研究会理事会理事；北京市统一战线理论研究会理事；北京大学政党研究中心特聘研究员；北京党建研究基地特邀研究员；北京政治文明研究中心特聘研究员。

王小鸿　中央社会主义学院中国政党制度研究中心教授

参政议政案例选

中国国民党革命委员会参政议政案例

一、聚焦县域经济，扭住新农村建设关键

在深入调研的基础上，6 月 14 日，民革中央通过中共中央统战部向中共中央、国务院报送了《关于加快我国县域经济发展的建议》（以下简称《建议》）。

在最近几年的调研中，民革中央发现，解决“三农”问题、建设社会主义新农村与发展县域经济有着十分密切的关系。从微观上看，县域经济是以县级行政区划为地理空间，以县级政权为调控主体，具有地域特色的区域经济。它以县城为中心，以乡镇为纽带，以农村为腹地，是城市经济与农村经济的结合部，是工业经济与农业经济的交汇点，也是宏观经济与微观经济的衔接处，具有地域特色，与其地理区位、历史人文、特定资源相关联，承载着整个农村地区的经济建设、政治建设、文化建设、社会建设。建设社会主义新农村不仅是发展县域经济的重要内容，是发展县域经济的难点、关键点，也应该是主要切入点、着力点。2007 年 5 月，民革中央派出调研组，赴广东省就发展县域经济问题进行调研。民革中央以广东省作为调研重点，是因为广东省县域经济建设起步较早。改革开放初期，以珠江三角洲东莞、中山、南海、顺德（被称为“四小虎”）为代表的广东县域经济的发展，不仅有力地促进了广东全省经济的发展，对全国各地县域经济建设也产生了积极影响，广东的情况具有突出的代表性。

2007 年 5 月 9 日至 16 日，何鲁丽主席，周铁农常务副主席，朱培康副主席率民革中央调研组，在广东省就发展县域经济问题进行了调研。通过与中共广东省委、省人大、省政府、省政协等领导同志，广州市、清远市、肇庆市及增城、清新、佛冈、德庆、四会、高要、广宁、封开、怀集等县市有关负责同志的座谈交流，通过对一些乡村、企业和学校的实地考察，调研组进一步认识到，中共十六大以来中央对发展县域经济所作出的一系列重要决策是正确的，当前应当抓住有利时机和条件，进一步推进我国县域经济社会的建设发展。

调研组了解到，随着经济社会发展带来的行政区划调整，珠三角部分县市逐步转为地级市和市辖区，其县域经济也逐步融入城市经济。现在，广东省辖有农村区域的县级建制有 67 个，主要分布在广东省东西两翼和粤北山区等欠发达地区，其中县域面积占全省总面积的 81. 1%，县域户籍人口占全省户籍人口的 60. 9%。针对广东县域经济

的实际情况，张德江同志指出："县域经济落后是广东的弱项，同时也是广东发展的潜力所在。广东要加快发展、率先发展、协调发展，加快县域经济发展是一大战略……发展县域经济，是富民固本之策，是治国安邦之策。"根据这一重要判断，广东省委省政府制定和实施了一系列促进县域经济加快发展的政策措施，推动广东县域经济呈现出速度快、结构优、效益好、后劲足的良好发展态势，县域综合实力显著增强。2006年，广东67个县市实现生产总值4664.5亿元，比2001年增长70.2%，年均增长11.2%，县域人均财力从2003年的1.54万元/年增加到2006年的2.42万元/年，增长57%，2006年农村居民人均纯收入达到5080元。

调研组还了解到，广东省在推动县域经济发展方面形成了一些具有普遍意义的经验。一是坚持以科学发展观统揽县域经济发展全局。坚持以人为本，把富民固本作为发展县域经济的根本目标；坚持城乡协调发展，把解决"三农"问题放在发展县域经济的突出位置；坚持人与自然和谐发展，把可持续发展作为发展县域经济的基本策略；坚持经济社会协调发展，把人才强县作为发展县域经济的强大动力，这是广东县域经济发展最重要的经验。

二是从县域经济的农村性出发，着眼于以工业化、城镇化和农业产业化解决"三农"问题，推进社会主义新农村建设。在我国，"县"就是与农村和农业联系在一起的，离开了农村和农业也就不称其为"县"。县域经济以县城为中心，以乡镇为纽带，以广大农村为腹地，既是城镇经济与农村经济的结合部，又是工业经济与农业经济的交汇点，也是宏观经济与微观经济的衔接处。广东省把加快县域经济发展和解决"三农"问题紧密结合，赋予了县域经济重要的战略意义，这是非常重要的。

三是从县域经济的区域性和不平衡性出发，着眼于统筹城乡协调发展，建立以城带乡、以工促农的体制机制。县域经济具有地域特色，与其地理区位、历史人文、特定资源相关联，发展不平衡具有必然性。广东从这一实际出发，在像"四小虎"这样的县域，具有加快工业发展的条件和优势，着力推进工业化建设，以形成和融入城市经济为目标。在地处内陆腹地的如清远市、肇庆市这样的农区和山区，一些中小城市本身还在发展之中，缺乏足够的辐射和带动能力，县域经济的发展应着力加强县城和小城镇建设、新农村建设，上级政府特别是省则从各个方面给予更多支持。

四是着眼于提升县域发展的自主性，着力推动体制创新。和江苏、浙江、山东等发达地区的先进县市一样，上世纪八九十年代的东莞、中山、南海、顺德等县市在经济社会发展方面的成功，突出表现为充分发挥县市本身的自主性，主动对外开放，招商引资，主动寻求大城市的辐射和带动。在总结经验的基础上，广东省于2004年出台《广东省第一批扩大县级政府管理权限事项目录》，赋予县市更大的自主权和决策权，下放了214项权力，增强了县级政府推进县域经济发展的能力和动力。

五是着眼于提升县域发展的自觉性和科学性，强化区域发展规划的先导作用。广东省出台了一系列指导性文件，编制了《广东省东西北振兴计划纲要》和东西两翼工业化、水利基础设施、交通、能源、城镇化、环境保护、生态建设、旅游发展等专题规划和专项规划，以加快县域工业化、城镇化建设，放手发展民营经济，大力推进新农村建设，加大"三农"投入，推进农村基础设施建设和村庄整治，发展农村社会事业。

同时，各个市、县也根据本地实际，明晰发展定位，谋划和规划县域经济和社会的发展，使县域经济开始进入良性发展的轨道。

六是着眼于调动县级党委、政府发展县域经济的积极性、主动性，加强县级领导干部的交流和培养。广东省委组织部出台了选拔任用优秀县市区党政正职领导干部的政策，明确提出在全省范围内选拔部分优秀县级党政正职担任副厅职务。近年来，已有5名县委书记被就地提拔为副厅级，4名年轻县级党政正职被选拔到省直部门担任副厅实职。

根据在广东的调研，综合民革在其他一些地方调研的情况，调研组发现，现阶段我国县域经济虽然发展很快，但就现代化建设而言总体上仍处于起步阶段，总量不大，实力不强。2006年，全国县域人口总数达9.18亿，占总人口的70.24%，县均人口45.70万，县域经济的地区生产总值达8.81万亿元，占全国GDP的48.10%，平均43.86亿元，地方财政一般预算收入平均1.64亿元。广东省县域生产总值占全省的17.9%、67个县市地方财政一般预算收入仅占全省地方财政一般预算收入的6.9%，低于1亿元的县市仍有13个。加上全国各地县市普遍存在历史债务，直接影响着县级政府履行推进经济社会发展和社会管理的职责。

除此以外，现阶段县域经济发展中突出存在的制约因素有：

一是县域金融等要素制约明显。县域金融机构审批权上收，信用体系尚未建立，存贷款差普遍很大，广东有的县市存贷款差高达70%—80%，大量存款转到大中城市，中小企业贷款困难，发展县域经济的资金需求无法满足。加上土地约束进一步加剧，县域吸纳投资的能力趋弱。一些地方交通、能源和水利等基础设施仍然不够完善。

二是县级政府责权不对等。事权和财权不对称，县级财政难以承担县级政权的许多职责，特别是对于教育、文化、医疗卫生、社会保障等社会事业的发展，财政压力较大，不利于县级政府推动经济发展。工商、地税、国土资源、质量监督、食品药品等部门实行垂直管理之后，县级政府的综合调控能力有所削弱，也在一定程度上制约了县级政府应有功能的发挥。广东增城市属政府序列的局级以上机关单位有44个，其中垂直单位15个，占34.1%。

三是人才严重匮乏。城乡二元、本地与外地二元体制的分割，使人力资源难以合理流动和优化配置，严重制约着县域经济社会的发展。县域工作环境相对艰苦，无法对引进的人才给予应有的优惠待遇和良好的工作环境，难以吸引和留住本地专业人才，不仅影响现阶段县域经济社会发展，也影响县域经济社会的未来发展。

《关于加快我国县域经济发展的建议》总结了广东省在推动县域经济发展方面一些具有普遍意义的经验，归纳了县域经济发展中突出存在的制约因素，就财政体制改革、优化县域金融、完善土地政策、坚持农业基础地位、县域经济增长方式、实施人才强县战略、发挥县级政权作用等问题提出了具体建议。7月8日，国务院副总理回良玉对该建议作了重要批示。《建议》对发展我国县域经济提出七个亟待解决的问题：

第一，财政体制改革的问题。为了适应我国经济社会的发展，要改变现行财政体制共享税中央和省、市的分享比例，力求统一财权和事权。降低激励型财政机制考核的门槛，增加县级财政的可支配财力，增强县域经济的发展活力。应加大对落后地区社会事业如教育、文化、卫生、基础设施建设等方面的投入，同时应充分考虑各地财政和经济社会发展的实际，尽量免除地方资金配套，对一些必须要求配套资金的项目也有所区别地降低地方配套比例。对各类支农惠农资金应加以整合，努力克服部门利益分割和支农资金使用管理缺乏统一协调的工作机制的问题。建立健全支农资金整合的专门机构，对所有涉农项目资金统一编制、统一上报、统一实施，并实行专户管理，健全资金分配、使用、管理和监督制度，为支农资金整合提供制度支撑。

第二，优化县域金融的问题。解决现阶段县域中小企业融资难的问题，迫切需要加大金融对县域经济发展的服务力度。应明确国有商业银行支持县域经济发展的责任，完善县域金融服务功能，建立多层次的县域金融服务体系。健全和完善各种担保机制，增加信贷规模，延伸城乡金融网点，开发适合中小企业、农民合作社和县域经济特点的信贷品种，推动政策性金融、商业性金融和合作金融、民间金融的协调配合和功能互补。

第三，完善土地政策的问题。国家在实行最严格的耕地保护制度问题上，在保护农民的土地权益问题上必须坚决、到位，在土地规划使用上则可以有所区别。应及早落实土地利用总体规划的修编，努力提高土地利用的质量和效益。

第四，坚持农业基础地位的问题。发展县域经济，有条件的地方要加快工业化、城镇化建设。现在许多县域地方的发展都靠的是工业化，这一点也很有吸引力，但是县域经济不是县域工业，不是县级财政，工业化不能代替农业现代化。正如温家宝总理所要求的那样，“县级经济要以农业和农村经济为中心”。在现阶段，新农村建设不是城市化，减少农民不是也不可能消灭农村，打破城乡二元体制的目标是实现城乡经济社会统筹协调发展。更多的县域必须在发展特色经济的基础上着力发展农村经济，发展现代农业，提高农业经济的质量和发展水平，增加农民收入，开拓农村市场，提高农村劳动力素质，提高农民组织化程度，建设社会主义新农村。

第五，县域经济的增长方式问题。现阶段县域经济发展中的工业化、城镇化、现代化建设，必须坚决全面贯彻落实科学发展观，走又好又快的集约化发展道路，而绝不能允许重复走高能耗、高污染的道路。许多地方不惜一切代价发展工业的一些做法，特别是招商引资中一些恶性竞争的做法，应当坚决加以制止。在农村经济和农业经济发展上，也应当在继承我国农业精耕细作的传统的基础上，着眼于走集约化道路。

第六，实施人才强县战略的问题。发展县域经济，需要在现有农民中间培养适应现代农业发展的专业农民，也需要从城市引进各方面专业人才，以满足农村经济社会全面发展的需要。应加强县域党政人才的培养使用，特别是领导干部的选拔、培养、使用、考核、监督等，为他们的健康成长和建功立业创造良好的体制机制。应鼓励和推动各地在体制机制上大胆探索创新，用科学、民主和法制的手段提升他们的品质、水平和能力。

第七，发挥县级政权作用的问题。正如温家宝总理所指出，“农村的发展，县委、政府是关键”。县级政权在发展县域经济中处于领导核心地位，扩权强县，减少管理环节，赋予县级政权更大的自主权和决策权，充分激发县级政权的活力，对于推动县域经济社会加快发展，加快建设社会主义新农村，全面建设小康社会、构建社会主义和谐社会，是极为重要的。强县扩权，应以重新定位县级政权、合理界定县级机构的职能为前提，实现权责统一，并在此基础上合理设置县级机构，规范其体制和运行机制，健全监督机制，为县域经济社会发展、为社会主义新农村建设提供体制保障。

二、建言政府参与投资建设经济适用房和廉租房

2007 年 3 月 16 日，全国“两会”一闭幕，建设部部长汪光焘就率建设部相关部门负责人，就民革中央在全国政协十届五次会议上提出的《关于政府参与投资建设经济适用房和廉租房的建议》的提案，专程来到民革中央机关进一步听取民革中央对这一问题的意见和建议。民革中央对汪光焘部长一行的来访非常重视，民革中央主席何鲁丽、常务副主席周铁农亲自参加座谈，包括民革界别的全国政协委员、民革专门委员会委员等 20 多位党内专家学者，和建设部领导面对面交流，热烈讨论，对该提案内容进一步补充和阐明。座谈会结束后，汪光焘部长与何鲁丽主席紧紧握手，说：“民革中央帮我们解难题，我们很高兴也很感动，看到提案后我们就决定，‘两会’一结束就来详细听取大家的意见。”他希望和民革中央保持密切联络，请民革中央对廉租房、租赁房、租赁市场等方面问题提出更多更好的建议。

近年来，民革中央调研部不断接到民革地方组织和民革党员关于房地产市场改革的各种提案建议和社情民意。2006 年上半年，民革杭州市拱墅区总支主委、市政协委员张少华同志通过参政议政信息上报渠道，向民革中央传送了一篇关于有关经济适用房的调研报告，报告结合杭州的经济适用房开发现状进行了分析，并提出一些建设性的意见。民革中央调研部收到这一社情民意后非常重视，多次和张少华电话交流，进一步了解到一些地方政府开发经济适用房的积极性不高，一些经济适用房没有起到真正惠及中低收入人群等问题。

经讨论研究，民革中央调研部决定把住房问题列为年度调研项目之一，同时要求部分省市的民革地方组织调研所在省市的经济适用房开发情况。由此相关地方组织先后调研了北京、天津、广州、杭州及厦门等地的经济适用房和廉租房的开发情况并上报了调研结果，为课题研究准备了翔实的调查资料。

2006 年 8 月，民革中央召开的专家委员会会议对经济适用房和廉租房建设管理问题进行可行性论证，认为房地产市场有两大矛盾应引起重视：

一是经济适用房的公平目标与市场效率的矛盾。自 1994 年起，国务院作出深化城市住房制度改革的决定，决心将住房市场划成两块，即以中低收入家庭为对象的经济适用房供应体系，以高收入家庭为对象的商品房供应体系。1998 年，国务院在《进一步深化城镇住房制度改革，加快住房建设的通知》中，要求建立和完善以经济适用房为主的多层次城镇住房供应体系。2005 年，国务院《关于做好稳定住房价格工作意见的通知》中提出加快经济适用房建设，完善廉租住房制度。经济适用房是国家为解决城镇中低收入家庭住房而实施的一项工程，被纳入政府住房建设计划，建设用地实行行政划拨，享受政府优惠政策。然而，经济适用房自开发以来一直受到争议，远没有达到它预期的效果，以至于许多人甚至呼吁取消经济适用房。事实上，经济适用房不

成功的根本原因是由于它既作为政府的福利房，又作为商品房的矛盾，具体表现为市场和私人发展商实施的手段与社会公平的矛盾。我国依靠私人发展商建造和分配经济适用房，而私人发展商的目标是追求利润，这就造成了虚报成本、超标建筑、抬高价格，从而导致经济适用房“富人化”。因而，通过商品房市场的自我调节来实现中低收入家庭“居者有其屋”的目标是不可能的。

二是普通商品房的限地价与限房价的矛盾。2006 年出台的“国六条”提出了一系列量化指标，包括限套型、限地价和限房价。其直接目标是解决房地产市场存在的供求结构失衡和价格过高的问题，长期战略目标是通过调控解决中低收入家庭的住房问题。然而，房价在政府调控的同时不降反升，使政府的政策处于十分尴尬的境地。这表明利用“限套型、限地价和限房价”的措施实现政府干预的目标，同样是一种脱离现实的良好愿望。竞地价和竞房价本身是互相对立的标准，即竞地价的结果是“价高者得”，竞房价的结果是“价低者得”。实际上，限地价和限房价的措施是对经济适用房招标中限房价的一种延伸。两者不同的是，经济适用房是在零地价的基础上限房价，普通商品房是在竞地价的基础上竞房价。这也使得普通商品房的竞价过程更加复杂，价格也高于经济适用房。“双限制”限制了各地政府土地供应的手脚，限制了发展商建房的积极性，进而限制了普通商品房的供给，客观上为下一轮房价上涨埋下了伏笔。总之，运用行政手段和调控价格解决中低收入家庭的住房，结果往往是以政府的失效取代市场的失效。

要逐一化解上述矛盾，专家委员会认为政府必须直接参与投资经济适用房和廉租房的建设。

首先，政府作为开发商，解决了住房市场的公平与效率的矛盾。现实中的住房市场并不是一个单纯的商品化的市场。政府直接投资开发经济适用房和廉租房，发展一个与商品房市场并存的“二元”体系，使效率与公平的矛盾合理解决。在“二元”体系中，商品房的开发、分配和调节由市场决定；经济适用房的建造、分配和管理由政府负责。前者的核心是效率，后者的目标是公平。前者作为市场经济的一部分，通过竞争机制、价格调节，实现中高收入阶层住房供求的均衡；后者是政府从社会公众利益出发，直接对低收入家庭提供帮助，以保障居民基本住房需求的满足。

其次，政府作为开发商，解决了普通商品房限地价和限房价的矛盾。在明确了商品房市场和公共住房二元体系后，政府对普通商品房市场不再需要进行价格调控和行政干预，因而不存在双限制的问题。市场的供求决定普通商品房的价格。对于经济适用房和廉租房，政府可决定它的结构、户型、价格和供求对象，因而不存在与市场调节的矛盾。同时，政府可利用手中的土地资源和其他行政手段，直接补贴经济适用房和廉租房，消除由私人发展商建造带来的种种弊端，大大提高效率。

为了公平有效地实现中低收入家庭“居者有其屋”的目标，专家委员会拟对实施政府建房提出以下几点具体建议：

一是要界定政府建房的目标群体，明确受惠对象。我国仍然是一个发展中国家，政府的财力有限，低收入阶层人数众多，必须有计划、分步骤地解决中低收入家庭的住房问题。目前，政府还不可能在短期内大范围地解决中低收入阶层的住房问题。因此，政府建房的受惠目标应当锁定在低收入家庭，首先满足贫困家庭居住的基本需要。要完善电子化的个人收入记录，这是成功实现政府目标的一个关键。所建房型也应当是小户型的经济适用房和廉租房。

二是区别对待普通商品房和经济适用房。普通商品房的建造、销售和管理由发展商承担，价格由市场调节。政府在户型结构方面作出规定和限制，使它面向中等收入的家庭。经济适用房和廉租房由政府负责规划、建造和管理。房屋建成后，政府根据需要决定出售或租赁、房价或租金水平、受惠对象，以解决低收入家庭的住房问题为目标。

三是利用市场机制建造公共住房。政府作为住房发展商，不是为了取代市场机制和私人发展商，而是为了更充分地发挥市场的作用。经济适用房和廉租房的施工、建造仍由私人建造商承包，但他们必须遵守与政府签订的合同的规定建房。政府可以实行注册会员制，将私人建筑商纳入发展公共住房系统，与他们结成长期的合作伙伴。政府工程的招标通常只在注册的会员中进行，以利于监督管理，保证工程的进度和质量。

四是中央和地方政府需要成立专门的、以发展公共住宅为职能的机构。该机构应全权负责公共住宅的土地供应、规划、设计、建造、出售和租赁管理。资金列入国家预算，以确保经济适用房和廉租房的建设。政府作为住房发展商并不能自动保证目标成功，但政府不直接介入肯定会导致目标落空。

通过专家委员会的充分论证，民革中央决定将这一课题充实内容后形成提案，提交给 2007 年的全国政协会议。2006 年底，多个地方组织将其所调研的有关经济适用房和廉租房等保障性住房建设的内容上报民革中央调研部，为提案的内容提供了更加全面的信息。

这样，在民革地方组织和党员个人多年来持续关注房地产问题的基础上，全党专家学者认真研究、讨论和调研，结合国家方针政策和房地产市场的实际情况，反复修改推敲，历时近一年，最终形成了提交全国政协十届五次会议的提案。民革中央这一关于住房问题的提案，作为 2007 年全国政协会议上的“一号提案”公布后，不仅引起了建设部领导的高度重视，同时也引起了各界广泛关注和好评，各大媒体纷纷报道。而“一号提案”的诞生，正是民革参政议政工作机制有效运转的结果，民革中央调研部刘雨田部长总结说，这是民革全党集体智慧的结晶。

张海鸿　民革中央宣传部主任科员

三、江苏省委会力促农村低保制度完善

多年来，民革江苏省委会一直十分关注“三农”问题，每年都要围绕“三农”有关课题，深入基层、深入农村开展调查研究。在调研过程中，民革江苏省委会发现，尽管江苏省已初步建立城乡低保制度，但由于种种原因，农村部分弱势群体生活仍然非常困难，这与江苏作为经济发达省份的地位十分不相称，与建设和谐社会的目标要

求也不相适应。这一情况引起民革省委会高度关注，省委会专门召开会议。会议研究认为，农村低保制度是农村社会保障体系的重要组成部分，直接关系到困难群众的基本生活，进一步完善农村低保制度，让农村弱势群体共享改革发展的成果，对维护社会的稳定和发展、建设和谐新农村，具有十分重要的意义。

2005 年下半年，民革江苏省委会组成由副主委李慧秋、徐雁带队，民革界别部分省政协委员组成的调研组，就如何进一步完善农村最低生活保障制度在江苏省进行实地考察和调研。调研组分别选取苏南、苏中、苏北三个地区有代表性的市县乡镇，深入淮安、宿迁、常州、南京等地，与政府分管领导、基层工作人员座谈，深入低保家庭，了解低保户生活情况，倾听低保户的心声。在基层调研基础上，调研组又与省民政厅有关领导和工作人员座谈、交流，进一步深入了解。

通过调研考察，调研组掌握了关于农村低保制度翔实可靠的第一手资料，了解到江苏省各级党委、政府在这方面已采取了许多行之有效的措施，如明确援助对象、初步建立制度、构建覆盖网络、落实保障资金等等，千方百计改善困难群众的生活；同时也发现了存在的问题与不足，比较突出的是：

第一，保障标准偏低，资金到位不足。农村低保的最低保障标准偏低，农村低保对象在享受低保后，即使在生活消费指数较低的苏北，生活仍然十分艰难。不少实际生活困难需要援助的农村居民家庭无法纳入保障范围，覆盖面偏窄，导致一些经济薄弱地区农村低保对象，占农业总人口的比例反而低于经济较为发达的地区，也低于全省平均数，做不到“应保尽保”。个别地区为了减轻县、乡两级财政支出压力，将农村低保人均月补差金额定得过低，没有实行足额财政预算，造成资金缺口。还有一些地区完全指望省级财政补助，自身应承担的资金未能及时足额到位，影响农村低保工作。取消农业税后，农村低保资金县、乡负担部分矛盾更为突出。

第二，低保对象家庭收入确定难。江苏省各地对农村低保家庭人均收入计算，缺乏统一标准，科学合理计算有难度。此外，部分列入省补地区的县（市），对农村低保家庭人均收入计算偏松，希望由此获得更多的省级补助；少数非省财政补助地区的县（市），则对农村低保家庭人均收入计算偏紧，从而降低了补助金额。

第三，工作机构不健全，工作队伍不稳定。农村低保工作是一项政策性强、涉及面广、细致复杂的工作，需要逐户调查、核实，并且还要动态管理，大量的工作都在基层。目前，农村低保工作主要依靠各级民政部门的救灾救济处、科、股来承担，缺乏明确的工作机构，工作量大，队伍不稳。另外，农村低保工作经费还未列入各级财政预算。

第四，政策法规需完善。在全面推行农村低保的过程中，江苏省政府下发了《江苏省民政厅、财政厅关于建立和完善农村居民最低生活保障制度的实施意见》等文件，各地也出台了一些办法和措施。但从政策制度、法规建设层面看，农村低保的制度化建设还在摸索，法制化建设尚未启动。而且现有的一些规定，还不能对全省农村低保工作起到分类指导和长效管理的作用。

在深入调研基础上，民革江苏省委会提出题为《关于切实加强全省农村居民最低生活保障的建议》的提案，提案提出四点建议：

一是加快农村低保的法规建设。要加快农村低保法规的调研和制定工作，尽早出台《江苏省农村居民最低生活保障实施暂行办法》，指导规范全省农村低保工作，并着手制定《江苏省城乡居民最低生活保障条例》，使农村低保工作的指导思想、基本原则、资金来源、保障标准、保障对象、保障范围、审批程序、管理方法等问题有章可循、有法可依。在此基础上逐步完善农村居民和城市居民最低生活保障制度，建立科学的规范的配套城乡低保体系。

二是建立农村低保标准的增长机制。要根据全省经济和社会发展水平和农村困难家庭基本生活保障的实际需求，以能保障贫困群众的基本生活、维持劳动力再生产为前提，建立救助标准与农村居民人均纯收入增长幅度相适应的农村低保标准的增长机制，切实维护农村困难群众的基本权益，使低保户真正获得救助的实惠。在建立农村低保标准增长机制的同时，也要有退出机制，使那些通过社会帮助，加上自身努力，生活水平得到提高的低保对象，适时“脱保”。

三是加强农村低保的工作机构。要切实加强全省农村低保工作，加强工作机构是保证。由于农村低保工作具有长期性、复杂性，是一项覆盖面广、工作量大、需要动态管理的社会救助工作，要建立各级城乡最低生活保障工作机构和机制，配备必要的专职人员，增列城乡低保工作经费，确保这项工作的顺利实施。

四是完善农村低保的救助体系。要切实加强全省农村低保工作，完善救助体系是方略。农村低保社会救助资金的筹集，财政保障应是主渠道。除此之外，还应积极拓展社会筹资的渠道，向海内外广泛募集资金，发展慈善事业，建立江苏社会救助基金。要加快建立包括城乡低保制度在内的综合社会救助体系，除了对低保对象发放低保救助金以外，还应切实解决低保家庭在医疗、教育、住房、就业、法律援助等多方面的困难，特别是建立能够发挥实际保障作用的较为完善的大病医疗救助体系和教育社会救助体系。在救助方式上也可灵活多样，长期救助与短期救济相结合，一般救助与特殊救济相结合，生活救济与生产扶持相结合，资金救助与实物救助、服务救助等相结合，使救助更加有效，更具针对性，更符合困难群众的实际需要。要通过各种宣传手段，动员经济比较宽裕的居民，在生活中多一点节约，多一份爱心，把省下来的财物送到需要救助的困难群众手中。

在2006年1月召开的江苏省政协九届四次会议上，民革江苏省委会主委冯健亲以《关于切实加强全省农村居民最低生活保障的建议》这一提案内容为基础，代表民革江苏省委会作了题为“切实加强全省农村居民最低生活保障工作，为建设社会主义新农村夯实基础”的大会发言。

中共江苏省委、省政府对民革江苏省委会的这一大会发言及相关提案高度重视，当年即把完善覆盖城乡居民的最低生活保障体系列入政府重点工作；省政协将民革提案列入2006年民主监督专题；承办单位省民政厅为落实提案建议，多次就城乡最低生活保障问题开展调查研究，针对存在的问题，提出改进完善意见，并切实加以落实。2006年以来，中共江苏省委、省政府及有关部门已经并继续着重从几个方面加大工作力度，进一步完善低保制度：

在低保标准方面，与国际接轨，真正做到应保尽保。以前全省低保标准各地方自行规定，标准不一。省委、省政府决定实施“1美元计划”，即确定从2007年始，“用3到5年时间，实现每人每天生活费不低于1美元（年2500元、月210元人民币）的目标”。至2012年，全省将率先与国际接轨，全面实现每人每天生活费不低于1美元的国际贫困保障目标。

在低保标准增长机制方面，做到与居民收入同步增长。2007年，江苏全面建立了与居民收入水平直接挂钩的城乡低保标准增长机制，按照当地城市居民人均可支配收入和农民人均纯收入的20%—25%的比例，确定城乡低保标准并同步增长，开创了全国先河。2007年，农村低保标准由制度建立初期的每月50元至100元提高到80元至320元，2008年低保标准下限最低的地方要由80元进一步提高到110元以上。今后计划提高对农村困难群众的实际补助水平，逐步缩小城乡低保水平的差距。低于1美元的地方，如按增长机制提高标准后仍难实现3—5年每人每天不低于1美元的目标的，要采取倒排的方法加快提高标准步伐。

在资金保障方面，建立低保资金保障机制。各级财政要足额安排低保资金，并且财政安排低保资金的增长幅度原则上不低于本级财政收入的增长幅度。为帮助苏北、苏中经济欠发达地区做好最低生活保障工作，2007年省级财政共安排城乡低保专项补助资金4.18亿元。

在完善救助体系方面，实行多种形式的救助机制。如建立了物价上涨动态补贴机制。针对2007年猪肉、粮油等主副食品价格大幅上涨给低保家庭生活造成的影响，江苏省分别于2007年8月和2008年1月两次启动了价格补贴机制，省级财政共对困难地区补助了8088万元。开展了对城乡低保对象中大重病患者节日生活补助工作。2008年省级财政对困难地区城乡低保对象中患有白血病、尿毒症、癌症等重大病的特殊困难群众，按照每人300元的标准发放了节日生活补贴647万元，取得了良好的社会反响。此外，各地普遍实施了水电气优惠减免，并在教育、医疗、就业、住房、法律援助等多方面帮助低保对象解决实际困难。

在低保立法方面，有关部门也在积极酝酿，开展调研，为低保立法作前期准备，拟在时机成熟时提出。

截至2007年底，江苏全省纳入农村低保的对象达59.05万户计114.51万人，占农业人口2.5%。2007年累计发放保障金6.71亿元，比上年增加42.1%；全省平均保障标准为131元/月，人均月补助58元，分别比上年同期增长13.9%和34.9%。

胡臣友　民革江苏省委会调研处处长
任晓红　民革江苏省委会办公室副主任

四、辽宁省委会关注困难群体救助体系建设

2006年初，民革辽宁省委会在辽宁省政协九届四次会议上，提出了《关于完善辽宁省困难群体救助体系的几点建议》的提案。提案关注低保边缘户、建立社会救助子

系统、保障困难群体基本生活需要等重要民生问题。由于观点新颖独到，建议切实可行，这份提案受到办理部门辽宁省劳动和社会保障厅、民政厅的高度评价和重视。鉴于提案涉及的问题和建议对加强全国困难群体的救助工作具有一定借鉴意义，辽宁省政协信息部门将这件提案的主要内容以《辽宁政协信息》的形式上报中共辽宁省委、省政府的主要领导和全国政协。辽宁省省长张文岳作出重要批示，要求辽宁省在社保扩面等问题上认真研究吸纳民革提案内容。国务院副总理回良玉看到这个建议后也对之作出了重要批示。

困难群体的社会救助是近年来社会各界普通关注的热点难点问题。辽宁省作为老工业基地和资源枯竭较严重地区，下岗失业人员多、困难企业多、困难群众人数多。全省需要救助群众为350万人，其中城市低保对象150多万，农村特困群众60多万。而且仍不断有新的人群加入到困难群体队伍，困难群众存在基本生活、治病、上学、住房比较困难的“四难”问题，救助的压力很大。中共辽宁省委、省政府一直把解决困难群体的生产生活问题作为一项重点工作，积极探索建立符合辽宁实际的社会救助体系。一是抓住社保试点省的机遇，城市低保得到快速发展。辽宁省低保面达8%，个别县区在40%以上，基本实现了应保尽保。二是抓紧社保制度的完善，推进城乡社保体系建设。2004年以来，辽宁省基本建立了以城乡居民最低生活保障制度为核心，以医疗救助、住房援助、就学资助、应急救助、社会互动等制度为配套的城乡社会救助体系。

经过几年的社保试点和正式运行，辽宁省社会保障制度进一步完善，社会保障工作得到了长足的发展。但困难群体的救助工作是个循序渐进的过程，没有全面而完善的社会保障，就很难解决困难群体面临的问题，实现社会的真正和谐。怎样在经济社会较快发展的同时，使社会发展的成果惠及困难群体和更多的百姓，这是民革辽宁省委会确定困难群体救助体系建设调研课题并据此提出提案建议的初衷。

为了给提案撰写提供翔实可靠的第一手资料，民革辽宁省委会副主委温雪琼率领调研组到困难群体较为集中的抚顺、阜新等地区进行调研。调研组认真倾听困难群众的心声，了解到“低保边缘户”比低保户的生活水平还要低等情况。深入考察后，调研组总结认为，辽宁省在困难群体救助体系主要框架已经建成，但仍存在一些问题需要解决和完善：

一是救助体系各个子系统发展不平衡，不足以保障困难群体全面的基本生活权益。现代社会的基本生活保障，不仅要保障有饭吃，还要有基本的医疗、教育、住房、生存技能等。目前农村低保、医疗救助、住房援助和就学资助还不够完善。

二是救助标准偏低，救助项目较单一。辽宁省尚未建立救助标准的自然调整机制，救助项目面窄，如住房援助仅提供房租、取暖费、经济适用房等大项目的救助，但基本生活设施安装、维修等项目费用的减免还没有具体救助的措施。

三是在救助方式上，就业援助作为单项援助制度还未列入辽宁省新的社会救助体系。目前，就业援助对象主要是城市下岗失业人员，还没有转向对普遍困难人群的援助上，对有就业能力的困难人群的就业联动救助机制还不完善。

四是在救助层次上，低保边缘户没有纳入救助体系。接近低保标准的边缘户出现困难时，只能享受应急救助机制的个别救助。而低保户在享受低保金、房租减免等补贴待遇后，生活水平实际上比边缘户要高。

五是在救助管理上，存在多头救助和无救助现象。辽宁省的救助体系是政府领导、职能部门各司其职，工、青、妇及社会各界共同参与，以扶贫帮困为补充，包括集中捐赠、送温暖、对口支援、干部包户等。对困难户的救助工作，由于救助资源没有实现全面归口管理，常常出现有的得到多次、多方救助，有的却得不到救助的现象。

《关于完善辽宁省困难群体救助体系的几点建议》的提案针对调研中发现的问题提出了五点建议：

一是在制度总体设计上，要以切实保障困难群体的“基本生活权益”为基本思路，继续完善城乡最低生活保障制度，着力推进医疗、住房、教育救助体系建设。同时还要注重建设与之相关的其他救助体系，如司法援助，应急救助。

二是在救助方式上，要更加突出就业援助功能，着眼于更积极地促进就业的救助联动机制建设，继续实施对重点人群的就业援助，扶助下岗失业人员、资源枯竭地区人员的就业，还要逐步将失地农民、农村困难群体、青年就业困难群体等纳入重点人群施救范围，因类施救，同时将有劳动能力的困难群体以更优惠、更有针对性、更有效的政策措施和服务进行普遍救助，积极鼓励就业，提高困难群体收入，根本解决他们的生活困难。

三是在救助的标准和项目上，要尽快建立与经济发展、人民生活整体水平提高、最低工资标准、物价上涨相适应的正常的救助标准自然调整机制。在应保尽保的前提下，随最低工资标准最少两年调整一次的制度，两年调整一次低保标准，重点监测“基本生活”物价指数，超过一定涨幅时给困难群体以相应补贴。进一步细化“保障基本生活”的救助内容，如水电煤气等基础设施入户后的安装、维修费用减免，在棚户区改造后，居住条件得到改善，小区物业费、卫生费等给予减免，同时，按因类施救的原则，多样性设计施救项目，对不同困难施救对象提供不同的救助。

四是按不同的困难程度，施以不同的层次救助。将困难群体划分为不同困难程度，分特困户、低保户、低保边缘户或“边缘化”困难人群等，救助的标准和内容也划分为不同的层次，给困难程度不同的各类困难群体以相应层次的救助，使各个层次、各个体系内的人群得到公平救助。

五是在归口管理上，强化社区和街道村镇救助组织运行体系功能，以“一口上下”机制，实现全面归口管理，各职能部门工作衔接和社会各界救助资源集中调度均在社区、街道和村镇完成，使基层社会救助事务机构成为救助工作的枢纽和信息、资源的集散地，避免多头救助和无救助的现象，从而更有效发挥现有救助政策体系和资源的作用。

民革辽宁省委会经过周密调研形成的这一提案收到了良好的效果，提案得到了辽宁省劳动和社会保障厅、省民政厅的及时答复。

据辽宁省劳动和社会保障厅公布的统计数字显示，截至 2007 年 10 月，长期徘徊在社保制度之外的农民工参加基本医疗保障的人数已达 49.6 万人，参加工伤保险的人数已达75万人；国有困难企业退休人员的医保；过去一直处于空白，现已有60.5万人纳入了医保；同时随着覆盖城乡的医疗保障制度的实施，辽宁省如少年儿童和一些未就业居民无医疗保障的空白也逐步得到解决。

郭立艳　民革辽宁省委会调研社服部

中国民主同盟参政议政案例

一、退耕还林、湿地保护的建议受到中共中央关注

退耕还林和湿地保护是保障国家可持续发展的重要举措，民盟中央对这一问题一直十分关注。四川省川西高原地处长江上游及黄河源头，世界最大的高原沼泽湿地的绝大部分位于此地，生态区位极其重要，是需要国家大力扶持的生态环境保护地区。

2007年4月13日—19日，全国政协副主席、民盟中央常务副主席张梅颖带领由民盟中央和国家发改委、水利部、林业局等单位10余人组成的调研组赴四川西部绵阳市、阿坝州等地区，就退耕还林、湿地保护、草原沙化等问题进行了专题调研。4月的川西高原积雪悄融，欲暖还寒，昼夜及早晚温差大，夜间气温达到零下5摄氏度，气候极不稳定，往往上午还是一望无云、艳阳高照，到了下午却狂风大作，雨雪交加，有两次调研组还遇上了冰雹。在这样恶劣的气候条件下，张梅颖副主席一行克服了高原反应、山路颠簸难行等困难，行程近1400公里，实地考察了绵阳市平武县和阿坝州松潘县、若尔盖县、理县多个退耕还林点和若尔盖湿地核心区、日干桥沼泽以及若尔盖草原沙化现场。

在听取了阿坝州关于退耕还林、沙化治理、湿地保护等项工作的汇报后，民盟中央副主席索丽生代表调研组与阿坝州委、州政府领导及有关部门就草原沙化和湿地退化问题交换了意见。索丽生建议地方政府从四个方面抓好工作：首先是找准原因、加强监测、加强基本资料和基础数据的收集，用科学的手段去寻找草原沙化和湿地退化的原因；其次是明确思路，把治理重点放在人为因素造成的破坏上，要按照这条主线去进行治理；三是抓住关键环节，从关键处入手，解决草原过度放牧问题，加大鼠害治理力度；四是综合治理，立好项目，作好规划，采取人工措施与自然修复结合的办法。

实地调研后，在成都，调研组听取了四川省政府关于退耕还林和湿地保护的情况介绍。在座谈会上，张梅颖副主席代表调研组对四川省多年来在实施退耕还林和湿地保护工程，建设长江上游生态屏障方面取得的基本成绩给予了充分肯定，并就如何进一步强化地方政府对生态保护与建设的责任、更好地完善国家有关后续政策，与四川省政府有关领导同志深入交换了意见。

4月28日，民盟中央还邀请国家林业局党组副书记、副局长李育材以及林业局、

发改委有关部门负责同志就之前到四川绵阳、阿坝地区所进行的退耕还林、防沙治沙专题调研进行了座谈。

在综合调研资料和充分讨论的基础上，民盟中央对退耕还林和湿地保护提出了两项重大建议：

第一，退耕还林成果显著，但不稳定。目前是关键时期，迫切需要后续政策。

退耕还林是一项功在当代、利泽千秋的德政工程。经七八年持续推进，目前已开始发挥出明显的生态效益。在为此所造之林中，生态林比重较大，而当地由于高寒、高海拔，树木成材时间漫长（须百年），所以，对国家虽有生态效益，对退地农户却基本没有经济效益。按国家现在的粮食补助政策，经济林补5年、生态林补8年，今年是启动退耕还林工作的第八年，补助期限已到，而当地后续产业发展困难，劳力分流出路少，退耕户因物价上涨导致实物利益减少，部分地区和农户口粮不足，管护任务繁重，缺少足够资金支撑。从这些问题可以看出，目前存在着生态建设与农民增收的矛盾，产业调整与农民素质的矛盾，环境休养生息与经济现实要求的矛盾，长远战略举措与短期补助政策的矛盾。这些矛盾的解决皆须出台后续政策以稳定人心，巩固成果，避免因政策不到位、不配套而使本来拥护国家政策、积极退耕还林的农户利益受损失，确保退耕还林工作不至功亏一篑。

建议：（1）把首轮补偿到期作为契机，结合全国第二次土地普查，由相关部门对已实施的退耕还林工作全面检查，如实评估；（2）尽快出台后续政策，全额续补一个周期，作为缓冲阶段，真正把责任落实到地方政府，争取产业调整在续补期有突破性进展；（3）对全国坡耕地情况应在普查基础上确定统一数量口径，采取配套措施，进行综合治理，宜林则林，宜粮则粮，对既能防水土流失也可生产粮食的坡地可以改造成梯田，使农户吃饭、烧柴、花钱等问题皆有着落；（4）对其中的老少边穷、高寒高原地区，实施特殊政策；（5）对一些城市开发区和大学盲目扩招中无序圈地而又闲置的良田，实施“退圈地还良田”，以利粮食安全。

第二，湿地保护与沙化治理形势严峻，需要当机立断，划出生态红线，遏止恶化现状。

湿地因能调蓄洪水、调节气候、净化水体、保护生物多样性等多种生态功能，被比喻为“地球的肾”。四川若尔盖湿地有上述功能，更有特殊意义。一是在黄河水源不够充分的情况下，若尔盖湿地在黄河上游流经地段每年补充其水分的30%。二是在调节全球气候、固定二氧化碳上具有重大作用，其丰富的泥炭储藏对固定二氧化碳、维持全球气候平衡，对我国履行《京都协议书》，都具有战略意义。

牧民养殖牛羊，过去以自用为主，数量小，与环境相对和谐；现在随市场需求而大批量养殖，导致过度放牧，大大突破环境容量。围垦、挖沟排水、扩大草场面积造成若尔盖湿地水源流失，导致许多湖泊萎缩干涸。当地的兴错湖原有水面469公顷，现不足10公顷。若尔盖湿地中已出现座座沙丘，还有大片草地处在沙化边缘。若尔盖草原最近5年的沙化面积递增比例将近74%，实际增加了4300多公顷，速度之快，令人震惊。

从调研结果看，湿地萎缩、草原沙化的根本原因是牛羊数量的激增导致过度放牧。

退牧还湿（草）迫在眉睫。应明确划出生态红线，立即停止所有可能带来生态破坏的活动，让湿地和草原休养生息，才可能谈到生态的恢复。

建议：（1）考虑采取断然措施，在充分的科学研究基础上，把牧业规模坚决限制在草原生态容量之内。有沙化倾向的地区，必须扩大范围禁牧或休牧。（2）集中人力、财力、物力转变牧业的传统生产方式。培养新一代畜牧工人，引进先进技术，发展现代牧业，发展饲料产业。（3）对牧民进行职业技能培训，帮助他们具备发展后续产业的本领，具备走出草原、进入城市文明生活的能力。（4）改革干部考核方法和指标，生态保护区应把保护生态的成绩放到第一位。（5）充分研究国内在环境、生态问题上正反两方面的经验教训，借鉴国际先进经验，尽快建立生态补偿机制，把“谁破坏谁治理，谁受益谁保护”的原则落到实处。

二、高校贷款问题的建议得到中共中央、国务院高度重视

高等院校利用银行贷款进行基础设施建设，已存在了一段时间。1998 年高校布局调整与 1999 年开始的大规模扩招，为缓解教育资源严重短缺与政府投入不足的矛盾，国家鼓励高校多渠道筹措教育经费。《中国教育改革和发展纲要》指出：“运用金融信贷手段，融通教育经费资金。”正是在国家政策的积极引导和地方政府支持的背景下，高校以“银校合作”的形式获取基本建设资金，银行贷款迅速成为高校扩招和发展的资金来源主渠道。2007 年初，吉林大学自曝因负债 30 亿而陷入财务危机后，高校贷款问题顿时成为全社会关注的焦点。民盟长期关注教育问题，近些年来对包括高等教育发展在内的我国教育事业的各项重大问题持续地进行调查和研究。对于高校贷款问题，民盟予以高度关注。

2007 年，民盟中央共进行了两次专题调研：5 月，由全国政协具体组织实施，张梅颖常务副主席率以民盟政协委员为主体的全国政协调研组对重庆市、湖北省计 30 余所高校进行调研；2007 年 6 月，民盟中央蒋树声主席和张圣坤、索丽生副主席率民盟中央调研组在浙江省的浙江大学、浙江工业大学、浙江理工大学、浙江中医药大学、中国美术学院、宁波大学、浙江海洋学院、浙江万里学院 8 所高校进行调研。两次专题调研开始前，民盟中央副主席索丽生专程赴教育部与吴启迪副部长座谈，征求教育主管部门对此项调研的建议意见。吴启迪副部长提出许多中肯的意见和建议，并表示教育部对民盟中央的调研非常欢迎，将给予大力支持与配合。

在浙、渝、鄂调研期间，两个调研组与学校分管财务工作的负责人、财务部门相关人员进行座谈，听取高校贷款情况介绍，并重点考察了学校的新建校舍与实验室。各地政府、教育主管部门及相关部门对调研给予了大力支持与配合，调研组分别与三省市的政府及地方发改委、财政、教育、银行等部门的负责人就高校贷款问题交换了意见。为使调研更加客观、真实和准确，调研组还与在高校任教、工作的民盟盟员和在校大学生进行座谈，听取意见。与此同时，为更全面地了解高校贷款情况，民盟中央从涵盖我国东、中、西部地区的上海、江苏、浙江、福建、山东、湖北、甘肃 7 省市的国家重点、省属重点、一般高校及新建院校中选择了较有代表性的 55 所高校作为调研

对象，发放了《民盟中央关于高校贷款情况的调查表》。

通过这一系列调研，调研组对高校贷款问题形成了以下基本认识：

第一，高校贷款总体上使用方向合理，管理制度严格，基建规模适度，投资效益显著，资产增值迅速。调研组所到院校尚未见其他省份个别地方出现的建设项目缺乏科学论证、资金挪用或使用不当、超标准建设“形象工程”、资金链断裂导致“半拉子”工程等问题。

第二，地方政府和相关部门高度重视高等教育发展，密切关注高校贷款问题，以多项措施减轻了高校还贷压力，有效控制了贷款风险。如浙江省实施的政府出资43.2亿元一次性还贷财政补助、土地置换政策、“高等教育附加费”等都是全国尚不多见的积极、有效措施。

第三，高校资金来源渠道单一，自身还贷能力有限，还贷高峰逼近，还贷压力增大，形成财务风险。若无有效措施，将影响高校良性运行和持续发展。必须尽快解决高校债务问题，让高校回到集中精力办教育的状态，从数量扩张转向内涵发展，着力提高教学质量。

在对调研资料进行综合整理分析后，调研组对高校贷款问题带来的不利影响越来越明确：

一是部分高校存在的财务风险可能引发社会问题与危机。从总体上看，凭借高校自身力量只能勉强还息，在规定期限内偿还本金基本上不可能，且有雪团越滚越大之虞。财政拨款保吃饭，学费收入保运转，基本建设靠贷款，至于如何还贷，多数高校是采取“借新贷还旧贷”的方式来解决问题。

二是大学的科学精神、人文精神、核心价值理念受到冲击。校长的职责本应是按照教育自身规律办学，但巨额债务的压力使校长无暇考虑学校的未来发展和办学的思路。同时，大跃进的思维、办综合性大学的盲目冲动，导致教育资源稀释、教学质量滑坡。学校采取削减教学科研经费和员工待遇的办法以节支还息，势必影响到高层次人才的引进、培养和教学科研水平的提高。

三是刺激高校新一轮的扩招。从我们调研所及高校看，学校的主要收入是学生的学费和政府所拨事业费。为维持日常开支和向银行还息，校方都要求多得招生指标以增加收入，这势必形成由“扩招”引发贷款，然后再扩招，使教育质量继续滑坡的恶性循环，再与教育潜在性、迟效性和连锁性相作用，终将影响科教兴国战略的实施和创新型国家的建设。

在整合上述调研成果、统计分析调查表相关数据的基础上，民盟中央形成了调研报告和给中共中央、国务院的政策建议信，提出了解决高校贷款问题的几点建议：

建立由发改委、财政部、教育部、审计署和金融机构在内的联席办公协调机制，对全国高校贷款情况进行全面普查摸底和依法审计，区分不同情况制定相应措施，合理划分中央、地方政府与高校应当承担的份额，按照高校在扩招中所承担的责任和扩招贡献率（新增学生人数）计算资金分配比例，在东中西部分类指导落实。

综合运用金融手段缓解高校还款压力。如实行贴息政策，由中央、地方和高校各自承担2%左右的利率负担。同时，考虑发行教育国债。目前国债发行800亿，仅占全年

4 万亿财政收入的 2%。国家完全有条件、有必要为教育发展再发行一笔千亿左右的国债，以解决中西部义务教育的欠账和高校的合理贷款问题。

地方党委、政府真正把教育置于战略、先导地位，把解决高校贷款问题列入重要议事日程。建立有效的贷款约束、监督与风险预警和防范机制，切实加强对高校还贷的支持与指导。浙江省采用“按发改委批复投资的 30%”给予补助，重庆市政府采取置换土地出让金全部返还高校，减免税费，对大学城公用基础设施建设给予补助，财政贴息等多种措施，均值得借鉴和推广。

以解决高校贷款问题为契机，积极推进教育行政体制和高校管理体制改革。高校庞大的行政体制，行政化、官场化、急功近利等问题，也是加重高校运行成本和开支的重要因素，这与大学精神和自主办学理念是相背离的。要积极探索在解决贷款的复杂问题中，能够形成一种倒逼机制，促进高校体制改革。

倡导勤俭办学理念，适度控制发展规模，强化内部管理，建设节约型高校。社会上的奢华之风也已侵入高校，大学间互相攀比，硬件建设超前，这不利于学生的思想教育和健康成长，不利于高教事业和谐发展。同时，加快教学科研成果的转化和高校服务社会能力的形成，通过产学研结合提高自我发展的能力，走内涵式发展道路。

根据不同地区的经济社会发展水平制定科学合理的高教发展规划，改革高校评估体系，建立分类指导、系统科学、实事求是的评价体系，鼓励高校根据地方经济发展的需要和自身实际确定学校的定位和学科、专业的发展方向。在目前评估体系导向下，一些原本很有专业特色的学校放弃小而精、小而专的办学模式，转而追求小而全、大而全的粗放型增长方式，反而害及高教和谐发展。

国家和地方财政增收部分设立专项基金，用于中西部地区特别是革命老区、少数民族地区、三峡库区高校引进人才和加强教师培训等方面，重点支持若干年，保证扩招后质量。同时，考虑适度恢复行业对部省、部市共建的行业高校的支持，建立财政支付的渠道，保障共建经费的落实，确保高等教育体制改革的积极成效。

积极推动高等教育的投融资体制改革和公办高校部分转制，鼓励高校采取多种方式吸引民间资本，坚持走多元化高等教育发展的道路，分担政府的教育投入压力。建立长效机制，从根本上解决高校发展所需资金问题，让高校从资金困扰中彻底解放出来。大力发展民办高等教育，要逐步实现由民办大学来占有扩招的市场份额。

民办高校和二级学院（独立学院）不是摇钱树，不能指望靠他们收费还贷，更应注意防止用民间资金积累国有资产的倾向。同时，民办高校和二级学院也是国家教育事业的组成部分，也为社会培养适用人才，也具有明显的公益性，理应得到政策和财政支持。

此建议得到了中共中央、国务院的高度重视，中共中央、国务院领导就此作出了重要批示。

三、沿海省市发展海洋经济研讨会

许多学者都曾预言：“21 世纪是海洋世纪。”世纪伊始，世界各沿海国家都以全新的战略眼光重新看待海洋，尤以美国为首的海洋强国纷纷调整了原有的海洋部署。2004 年 12 月美国总统宣布成立部长级海洋政策委员会，直属总统办公室，要全面反思修订以往的海洋政策，并宣布要在 5 年内将海洋科技投资增加一倍。世界性围圈海洋的发展态势，集中体现在海洋资源之争、海区划界之争、岛屿主权之争等方面。当今海洋比以往任何年代都更具有潜军事对抗的色彩，某些海区军事对抗强度已经远远超过陆地。

我国的海洋事业近年来成绩卓著，但是海洋实力仍然与国家的发展速度不相匹配，特别是在发展海洋事业上缺乏统一规划，没有形成合力的问题还没有得到解决，许多政府部门观念落后，没有全面认识到发展海洋事业的重大意义。对此，民盟中央决定召开“民盟沿海省市发展海洋经济研讨会”对我国的海洋问题进行全面的研讨，以推动我国海洋事业的快速发展。

“民盟沿海省市发展海洋经济研讨会”参加者包括民盟中央经济和区域发展委员会、辽宁、河北、天津、山东、江苏、上海、浙江、福建、广东、广西、海南等 11 个沿海省市民盟组织和青岛、宁波、舟山、厦门、深圳等 5 个计划单列市民盟组织的专家和代表，2004、2005、2006 年分别在辽宁盘锦、浙江杭州、福建福州连续举办了三届。在“民盟沿海省市发展海洋经济研讨会”上形成的研讨成果，民盟中央上报中共中央、国务院，多次得到胡锦涛总书记、温家宝总理的亲笔批示。

2007 年 11 月 12 日至 11 月 13 日，民盟中央在广东湛江召开了第四届“民盟沿海省市发展海洋经济研讨会”。这次会议由民盟中央经济和区域发展委员会、民盟广东省委会联合主办，民盟湛江市委、民盟阳江市委、广东海洋大学共同承办。会议的主题是：研究探讨远洋运输、海洋规划和海域安全问题，确保海洋经济可持续发展。

全国政协副主席、民盟中央常务副主席张梅颖，广东省副省长李容根，国家海洋局副局长王飞出席开幕式并讲话。该次会议共收到论文 63 篇，内容涉及海洋规划、海洋资源开发利用、海洋生态环境保护、海洋灾害防治、海洋经济发展、海洋综合管理、海域安全问题等方面。会议期间，出席会议的军事科学院原副院长徐根初中将等与会专家学者围绕远洋运输、海洋规划、海域安全问题等主题，以专题报告、大会发言和分组讨论等方式进行了研讨和交流。会上，海洋问题专家和涉海管理机构的有关领导，就南海海域安全问题反映了许多现实情况，有的情况涉及国家长远利益，有些问题反映出我国海洋管理体制不利于高效应对当前错综复杂、瞬息多变的海洋局势。

与会专家认为，我们要对海洋局势有清醒的认识。《联合国海洋法公约》1994 年生效后，以美国为首的发达国家已把原有的海洋职能部门升级为由最高行政领导人牵头的“海洋政策委员会”，负责决定重大海洋事务。与中国有海事纠纷的日本、韩国、越南等都加强了其国内海洋行政机构的地位：日本专门任命了“海洋担当大臣”；越南不但从行政机制上还从物质条件上加强了对海洋权限的争夺能力。目前国际海洋领域一个重要变化是：各国对有争议的海洋权益争夺，多由打嘴仗变成不声张的实际占领。我国经济要维持较高速度发展，有必要在开发维护好 300 万平方公里主张管辖海域的同时，有计划、有准备、有措施地参与到全世界 2.5 亿平方公里公海权益的竞争和角逐中去。

与会专家提出，搞好远洋运输、海洋规划，确保海域安全，确保海洋经济可持续发展的关键在于建立高效的海洋管理体制。经过几十年的演变，我国已形成按部门、分行业管理为特点的海洋管理体制。随着海洋事业的快速发展，我国与周边国家关于海域划界、岛屿主权、资源开发之争日趋尖锐复杂，新情况、新问题不断出现，迫切需要有高层次的海事机构来统一筹划决策和指挥应对各种涉海事务。相比之下，我国在海洋管理中凸现出了一些不相适应的地方，主要表现在以下几方面：

第一，缺乏高层次统筹决策管理机构。海洋事务涉及外交、经济、科技和领海主权、国防等领域，由于没有高层决策协调机构，难以从全局出发，作出前瞻和宏观的发展战略决策。当前代表国家统筹全国海洋事务的综合职能部门国家海洋局，因授权有限，难以肩负起综合管理海洋事务的职责。

第二，政出多门。在国家海洋战略和政策缺位的情况下，涉海行业管理部门往往从本地区本行业出发，出台彼此缺乏有机统一、甚至交叉冲突的政策。

第三，行政效能低下。由于缺乏高层次统一协调，导致各涉海部门在处理海洋事务时，维护本部门利益，以至相互掣肘，“推诿扯皮、都管都不管”的现象屡有发生。

胡锦涛总书记在2006年中央经济工作会议上强调：“要增强海洋意识，做好海洋规划，完善体制机制，加强各项基础工作。”根据胡锦涛总书记的指示和中共十七大报告中推进管理体制改革的精神，民盟中央综合整理了专家们的意见，针对目前海洋管理体制的弊端和突出问题向中共中央、国务院提出了建议，如改进现行的海洋管理体制，制定具有全局意义的海洋发展战略规划等。

朱中卫　民盟中央参政议政部科员

中国民主建国会参政议政案例

一、关于整合用好财政支农专项资金的提案

近年来，财政支农专项资金对社会主义新农村建设提供了有力的支持和保障，促进了农业、农村经济发展和农民增收。但是，从使用管理情况看，还存在一些问题：

一是资金来源渠道多且分散，没有形成合力。从县一级看，支农专项资金既有县级财政预算安排的专项经费，也有来自中央政府、省、市等财政部门的专项拨款和预算追加。除由财政部门拨付外，县以上各级农、林、水等主管部门也层层下拨资金到县级对口部门。据统计，县级政府管理和分配财政支农专项资金的部门有10多个，同一项目经常有多个部门投入，如黑龙江省宾县2002年由上级下拨的支农专项资金32项，其中农业16项（由6个部门拨付）、林业7项、水利12项（由5个部门拨付）、农机3项，这些项目中投资额小于10万元的有22项，最少的一项仅1000元。

二是资金大量结转与缺口同时存在，配置效益低。审计署2004年对50个县财政支农专项资金审计发现，有46个县两年财政支农专项资金结转分别为3.45亿元和5.74亿元，占当年应投入资金的15%和18%。与大量结转现象相反，有些专项经费在年初安排时，由于对全年的形势把握不准，特别是对影响财政经济走势及专项支出的主要因素研究不透、估计不足，加之项目支出预算编制较粗，导致预算执行中出现大量缺口。这种结转、缺口现象，不但影响了财政资金配置效益的提高，也加大了财政收支平衡难度。

三是县级财政配套的项目多，普遍存在“假配套”和“钓鱼”现象。一方面，省市安排的项目几乎都要求县级财政按一定比例配套，而县级财政在确保运转的前提下，没有多少钱用于项目配套。同时，由于省市项目的确定及资金指标下达比较迟，县级年度财政预算往往已经同级人大审议通过，所需的配套资金已无法在年度预算中进行统筹安排。另一方面，基层财政部门为了争取到专项资金支持，在申报项目时，基本上都是超能力承诺配套资金，“假配套”较为普遍，项目单位的自筹资金也是“纸上谈兵”。审计署2004年对50个县财政支农专项资金审计调查结果表明，共有40个县虚增支农投入、配套资金不到位等5.35亿元，占财政支农专项资金投入总额的10.8%。

四是资金使用不规范。首先，资金使用不实行单独核算，项目经费与经常性经费混

合使用，相互挤占、挪用现象时有发生。审计署2004年审计调查结果表明，50个县挤占挪用财政支农专项资金4.95亿元，用于平衡财政预算、弥补经费、出借、经营、建房买车等，占财政支农专项资金投入总额的10%。其次，主管部门二次分配不规范，有的自行调整部分项目内容挪作他用，有的不纳入当年预算，有的超预算支出。另外，年终突击花钱现象依然存在，多数专项资金到年度最后一两个月的支出惊人，一些项目出现零结余恐怕不是巧合。

造成上述状况的原因既有体制、机制上的，也有管理上的，归纳起来主要有：一是缺乏明确界定。制度中虽然将支农专项资金解释为财政或上级拨付用于专项工程或专项事业的财政资金，但哪些资金应纳入支农专项资金管理在操作中尚不明确。二是预算编制水平不高。预算编制方法不科学，项目预算没有细化，预算编制与预算执行脱节。三是投入与调控管理缺乏资源整合机制。四是监督管理弱化。突击性、专项性检查多，日常监督少；事后检查多，事前、事中监督少。

为此，民建中央在《关于整合用好财政支农专项资金的提案》中建议：

第一，整合财政支农专项资金。财政部门应通过职能整合促进资金的整合。各级财政部门在支农政策制定上要落实符合农业发展、农民增收、农村进步的总体要求，做好资金的统筹安排。在资金分配上，中央政府及省、市级政府安排的财政支农地方专款，应以下达资金控制指标为常态，以下达非资金控制指标为例外，不再审批具体的支农项目，由县级政府根据规划统筹安排使用。对于列入部门预算用于地方的项目支出，应转为对地方的专款；对具有预算分配职能的综合部门，应明确财政和综合部门的投入重点和支出范围，从源头上推进资金的整合。

第二，抓好财政支农专项资金的统筹安排。财政部门应根据区域经济发展规划和农业发展目标，区分轻重缓急，对申请上级财政部门支农专项资金和本级财政支农专项资金的分配使用统筹安排，逐步做到支农项目申报、审批、实施的集中统一。县级财政部门应按照集中建设项目、集中建设地点、集中资金投入的要求，统一申报项目和资金。市、省级财政部门应对申请中央财政的项目实行统一申报，对下达县级的项目实行统一审批、统一拨付。项目确定后，县级财政部门应会同有关部门统一组织项目实施，统一协调项目建设，统一管理项目资金，统一验收竣工项目。

第三，实行财政支农专项资金的全过程控制。一是加强对项目预算的论证。进一步细化部门预算，特别是要细化切块安排和主管部门二次分配预算的项目内容，切实提高预算的准确性和可操作性，减少或避免“先安排资金，后论证项目”的现象发生。二是整合财政调控手段。所有支农项目必须列入预算，拒绝无预算的项目；实行严格的政府采购制度，严格实行国库集中支付制度，由财政依据采购合同及项目进度和预算直接将专项经费拨付到项目单位，没有实行政府采购的，财政不予拨付项目资金。三是审计部门应将对支农专项资金的审计列入年度经常性审计科目，加强对预算、执行情况和决算的全过程审计监督。四是建立责任追究制度。克服长期以来用款单位“争指标千方百计，报决算马虎了事”和财政部门“经费批拨困难，决算报销容易”问题。按照规定程序审核经费的使用和节约程度，拒绝接受没有达到预期目标的项目决算，追踪检查项目开支和追究项目单位法人的责任。

第四，完善财政支农专项资金的使用管理办法。应尽快对财政支农专项资金作出科学界定。按照资金分配规范、使用范围明晰、职责效能统一的要求，对现行的支农专项资金使用管理制度进行清理，修订和完善资金分配、使用、管理办法，应使各项管理制度要相互衔接，避免互相矛盾抵触和彼此交叉重叠，为支农专项资金整合提供制度支撑。

二、关于推进投资体制市场化改革的提案

长期以来在主要靠投资拉动经济增长的模式下，投资成为影响我国实施宏观经济调控的重要因素。近几年来，我国正处在一个新的经济快速增长时期，投资增长过快、规模过大，对资源和环境造成很大压力。因此，进一步推进投资体制改革，发挥好市场对资源配置的基础作用，理顺投资关系，控制投资规模，提高投资质量和效益，促进经济增长方式的根本性转变，成为当务之急。

2004 年国务院颁布《关于投资体制改革的决定》以来，投资体制改革取得了很大成效，但一些深层次问题仍然没有得到很好解决，相关配套改革尤其是政府行政管理体制改革和政府职能转换的进程缓慢。从投资领域看，政府主导，争项目、拼投资、攀速度的势头没有改变，企业有效投资不足与盲目扩张依然存在。从投资结构和生产力布局看，长期存在的结构矛盾并没有得到缓解，国民经济总体效益仍不理想。近几年，我国投资对 GDP 的弹性系数只有 0.3 至 0.4，当年的投资转化率只有 0.21 至 0.24，投资占 GDP 比重接近 50%，综合要素对经济增长的贡献率受投资增长的挤出影响下降到了 15%，因而投资的拉动作用在减弱，并在一定程度上挤压了消费增长。

具体地看，主要存在以下问题：一是企业投资自主权仍然受到政府单方面、强制性行政许可管理的制约，企业投资主体地位仍然没有真正建立。在实际操作中，尽管项目申报程序大幅简化，但企业要在编制完成本高昂的《项目申请报告》，并履行申报程序后，最终才能够知晓项目能否上马，实际运作成本往往很大。二是现行的企业投资管理体制和管理方法，没有针对企业投资在投资目的、资金来源、受益主体等方面的差别，对企业投资项目进行进一步的类型划分和确定相应的管理体制和方法。三是企业投融资渠道的拓展面临现有法律法规、金融体制和资本市场管理体制多方面的制约。四是政府投资管理中，投资主导方向需要进一步明确细化，中央政府和地方政府的投资事权缺乏明显划分，政府投资决策民主化、科学化水平有待进一步提高，政府投资资金使用的分散化现象没有根本改变，中央政府对地方政府的投资规模、负债融资缺乏有效监控。五是国有投资的责任约束机制尚未建立和完善。国有企业同政府的特殊关系使“谁投资、谁决策、谁收益、谁承担风险”的原则很难落实。六是在政府投资调控实践中，习惯于运用行政手段进行调控，与完善社会主义市场经济体制和转换政府职能的要求仍然存在差距。七是投资监管的范围需要调整，监管方式有待改进。

为此，民建中央在《关于推进投资体制市场化改革的提案》中建议：

第一，改进和完善政府对企业投资项目的管理，进一步落实企业投资自主权。首先，应该继续推进对国家产业政策非限制类和非重大类企业投资项目管理方式的改革。

将目前具有前置性、强制性的备案制管理方式，过渡到具有非前置性和非强制性的新型备案制，最终转为主要依靠法律法规对企业投资项目进行“事后”监管。其次，应根据企业投资项目的类型和投资主体的性质，进一步完善政府对限制类和重大类企业投资项目的核准制管理方式。内资民营企业、国有企业投资重大项目和外资企业投资竞争性行业的重大项目，无需对其是否“影响我国经济安全”方面进行核准。对民营企业投资竞争性行业重大项目，可以取消“满足国家相关发展规划和宏观调控要求”的核准内容。对于国有企业投资任何重大项目，都应满足“国家相关发展规划和宏观调控的要求”。对外资企业投资国内基础设施、社会事业、资源开发、基础原材料和支柱产业、高新技术产业等领域的重大项目，应按照现行《企业投资项目核准暂行办法》进行核准。再次，拓展企业投融资渠道，消除各种制约企业正当合理融资的法律法规障碍。应对目前阻碍基础设施项目上市融资的相关法律法规进行修改，加快制定针对基础设施项目上市融资的专项法律法规和管理条例及实施细则，允许各种所有制企业尤其是非公有制企业申请使用国外贷款，推动设立中小企业投资基金，鼓励保险基金间接投资基础设施和重点工程项目等。

第二，以计划控制和集中管理为核心，完善政府投资管理体制。应将政府的投资计划管理范围逐步拓展到所有政府部门运用财政资金建设的投资项目。制定具有较强操作性、滚动性的政府投资中长期计划和发展规划，并对政府投资的重点领域制定专项建设规划。加强对地方政府投资规模和负债规模的控制和管理，积极探索和建立既能够调动各级政府增加公共投资的积极性、又能够有效防范和分散投资风险的机制。

应界定各级政府的投资范围，逐步将政府投资重点由经济建设领域转到社会发展领域。处理好中央和地方的关系，划清中央政府与地方政府的投资事权。切实解决目前中央政府投资财权与事权不相适应，中央政府对属于地方政府投资事权的建设项目介入过多，中央政府投资使用覆盖面过宽等问题。

切实推进政府投资项目科学化和民主化决策的进程。通过建立政府投资项目决策听证制度，广泛吸收社会各方面意见。通过各级人民代表大会制度，审核政府重大投资项目或政府投资建设规划和专项建设规划等，提高各级人大参与政府投资项目决策的程度。

第三，建立健全对包括政府投资、国有企业投资在内的全部国有投资的责任约束机制。应建立和完善政府投资决策责任制和责任追究制，对经营性政府投资项目，由国家授权的投资主体承担从项目决策、施工建设、竣工验收、交付使用的全部责任；对非经营性项目，投资责任由投资主管部门独立承担。当政府投资活动出现重大失误时，由政府投资主管部门、行业管理部门、项目建设单位向社会公众作出解释，并追究相关责任人的责任；造成重大损失的，责任人应引咎辞职。

建立健全对国有企业投资的责任约束机制。强化国有资产管理部门对国有企业的日常监管和业绩考核。应对国有企业投资实行授权投资主体制度，选择一批投资管理能力强、管理水平高的国有企业或投资公司作为国家授权的投资主体，由其进行政府新增的经营性项目增量投资和运用国有存量资产的再投资，并承担投资决策、资金筹措、建设实施、投资回收和保值增值全过程的责任。

第四，改进和完善国家对全社会投资活动的宏观调控。对投资的宏观调控应坚持以间接调控方式为主的原则，尽快就实行投资宏观调控行政手段的范围、领域、时机和力度作出规定。应切实加强对具有投资调控权的政府部门间的协调，当政府各投资调控部门对投资领域或重大项目存在较大分歧意见的时候，应进行充分地研究和论证，在统一认识并得出正确判断后才能正式对外公布。

第五，切实改进和加强投资的社会监管。政府各监管部门应把投资监管的重点，从目前偏重于对投资主体行为尤其是决策行为的监管，转向对投资市场的全面监管，并鼓励社会公众、新闻媒体、各级人大和人民代表积极参与对政府投资、企业投资和社会投资中介服务机构的经营活动进行社会监督。

此外，国有企业投资应纳入政府投资监管体系。对主要从事基础设施、基础产业、生态环境保护、社会事业等领域投资活动的国有企业投资，应视同政府投资，直接纳入政府投资监管体系进行监管；对从事竞争性领域的国有企业投资，在监管方式上可纳入企业投资监管体系进行监管，按照国家已经颁布的相关法律法规对其投资行为进行监管。

对投资中介机构的监管，应将目前侧重于对中介机构资格认证、行为监管逐步过渡到对执业者资格及执业行为的监管，使责任主体更加明确。

三、关于加强强制执行立法的提案

人民法院对未按法律文书内容履行义务的当事人实行强制执行，是保障诉讼当事人合法权益的重要手段，也是当事人诉讼目的得以实现的最后保障。目前，在实际执行中遇到法院“执行难”的问题由多种因素构成，但其中立法上对强制执行规定的不完善、不合理、不具体，是造成当前“执行难”的一个重要原因，具体表现为：

一是对被执行人的财产状况由谁来提供规定不明确。在许多国家的强制执行立法中都规定，被执行人必须如实申报自己的财产，否则追究法律责任，我国的民事诉讼法中没有这样的规定。但在司法实践中，凡当事人申请强制执行的，法院都要求申请人提供被执行人的财产线索，把诉讼程序中“谁主张，谁举证”的原则错误地引用到执行程序中，忽略了在执行过程中申请人与被执行人权利义务的不对等性。

二是法院对查控被执行人的财产缺乏有效的手段。现有法律规定，执行人员可以到银行、工商部门以及被执行人单位等查询被执行人的财产状况，但在实践中效果并不理想。如企业多头开户、个人的隐性收入等，都使法院很难查到被执行者的全部存款。另外，法院在调查被执行人财产的过程中离不开有关单位的协助，但我国现有的法律对有关协助执行的规定只是原则，缺乏可操作性的具体内容

三是对隐匿财产和拒不履行义务的被执行人缺乏严厉的制裁手段。现行法律规定，对拒不履行法院判决的被执行人予以最高不超过 15 天的司法拘留，但对于那些逃避债务数额巨大的当事人而言，15 天拘留不足以产生威慑力。虽然新刑法修改后，新增加了一条拒不执行法院判决的罪名，但由于这一罪名必须作为公诉案件起诉，法院不能直接判决，反而成了举证责任人，许多法院在人手已经十分紧张的情况，没有精力再

去做这项工作，因而在实践中以这条罪名被处罚的不多。

民建中央在《关于加强强制执行立法的提案》中认为，解决目前“执行难”的问题，从立法上完善有关强制执行的法规是关键因素，至于是单独立法，还是在民诉法中单列一章，现在法学界有两种不同意见。提案建议单独制订“强制执行法”，理由有二：

一方面，如果将有关强制执行的内容体现在民诉法的一个章节中，不仅使这一章节显得过于庞大，而且也不可能全部涵盖。因为在具体司法实践中还会涉及一部分实体法的内容，如果再由司法解释来解决，一旦与其他有关部门的规章相抵触，其法律效力就会明显降低，在实践中难以操作。

另一方面，在实践中，法院执行的内容除了以民事案件为主外，还涉及部分行政执行案件和刑事财产案件。这两部分执行内容如果放到民诉法中，明显不符合立法规则，但放在“强制执行法”中就顺理成章了。

关于“强制执行法”的立法内容，该提案认为至少应包括以下几方面：

第一，明确规定被执行人具有如实申报财产的义务。在执行阶段应要求被执行人如实申报财产，这也是世界各国强制执行立法中的一条普遍原则，我国也应当在立法中对此作出强制性规定。一旦被执行人不履行如实申报财产的义务，法院就有权对其进行司法拘留。当然，申报人在执行阶段也可以提供被执行人财产的线索，但在立法中不能将申请人提供被执行人的财产线索作为一种必须做到的责任，因为在实践中大部分申请人都无法做到。

第二，对协助法院强制执行的部门和范围作出详细规定。法院强制执行离不开有关部门的协助和配合，现在的法律对此只有原则性规定，但对于具体哪些部门应当协助、协助到何种程度，除了最高法院的司法解释中有些规定外，其他只能由当地的法院自己去协调，对此立法上应作出详细规定。如人民银行应当配合将被执行人或企业的全部银行账户、存款等信息，向法院如实提供，工商、税务、房产登记等有关部门不得以本部门的内部规定阻挠法院的查询和执行，公安部门也应当配合法院执行。对目前正在试行的法院出具调查令、由律师代表法院开展调查等做法，应予以法律化。

第三，加大对拒不履行判决的被执行人的处罚力度。对于刑法中规定的拒不履行人民法院生效判决的罪名应予以细化，除了故意转移财产、私自处理已被人民法院查封的财产以外，对拒不接受法院强制审计的当事人，也可以以上述罪名起诉。另外，应借鉴国外的一些经验，如对不履行判决的债务人，不论何种原因，均限制其高消费，一旦违反，即予以拘留；限制其个人开公司或担任企业的高级管理人员；对于不履行债务的个人或私营业主，尝试建立以劳役抵债的法律制度等。

第四，完善执行中的参与分配和企业破产制度。对于多个申请人申请对同一被执行人执行的，在具体分配中哪些情况可以优先，哪些情况应平等分配，在立法上应予以明确。如对同等债权应明确是否采用查封优先原则，建筑工程款优先偿付应设定哪些限制条件，在执行中遇到被执行企业已资不抵债，如果债权人与债务人均不申请破产的，法院能否直接裁定进入破产程序等。

第五，合理设置申请执行期限和法院执行期限。虽然上述两个期限在民诉法中都有规定，但实践中仍然存在问题，建议适当延长。如目前申请执行的期限太短，一些当事人明知对方无财产可执行，但为了不超时必须申请，造成法院人为积案；法院的执行期限目前规定只有六个月，遇到被执行人下落不明或财产情况比较复杂的，六个月内仅查清财产状况也不够，有的承办人在六个月快到时，为了不超时扣分，找出种种理由要求申请人同意中止执行。另外，对于执行和解后，因一方未履行和解协议，恢复执行的期限要求与原申请执行期限一并计算的做法也不合理，也应适当延长，以避免申请人因疏忽而丧失了申请恢复执行的权利。

四、关于加快发展我国“静脉产业”推动循环经济建设的提案

循环经济是由“动脉产业”和“静脉产业”组成的一个完整的物质流体系。根据物质流动的方向，可以将承担从资源—产品—消费过程的产业称为“动脉产业”，而将承担废弃物收集运输、分解分类及再资源化和无害化处理的产业称为“静脉产业”。自上世纪90年代循环经济成为社会各界关注的焦点以来，我国静脉产业也得到了进一步发展，2000年，全社会废旧物资回收总值约为400亿元。但是，我国的废旧物资回收利用及再生资源化的总体水平还不高，二次资源利用率仅相当于世界先进水平的30%左右，每年因再生资源流失造成的经济损失达250—300亿元，还有大量的废旧家电和电子产品、废有色金属、废纸、废塑料、废玻璃等，没有实现高效利用和循环利用。因此，目前我国的静脉产业发展还面临着不少问题，主要有：

一是缺乏充分认识。一方面，政府和企业仍然把生产和生活的废弃物视做包袱，不愿意在综合利用上多投入，并在招商引资、新建项目时很少考虑解决对好废弃物的综合利用问题。另一方面，多数民众对生活垃圾分类回收再利用的意识淡薄，没有意识到垃圾中潜在的巨大经济效益，认识上还停留在“捡破烂”、“收废品”的水平，往往对于使用再生资源的产品持怀疑和排斥态度，因而影响到静脉产业的发展。

二是缺少制度保障。目前，国家对某些废弃物的回收缺乏强制性的规定，对废弃物排放者的回收责任和义务也缺乏明确的规定。现行环境立法中的某些制度，如排污收费的规定等，缺乏对回收利用者的制度激励和对废弃物排放责任者的制度约束，因而使静脉产业的发展缺乏制度保障。

三是缺乏政策扶持。国家还未将废弃物的回收列入所得税优惠项目，这样不仅既限制了地方发展静脉产业的积极性，也限制了社会资金投入静脉产业的积极性。尽管国家制定了一些给予进行废弃物处理的财政信贷优惠政策，但国家的贷款多数只有贷款指标或额度，即使有实际款项数量也十分有限，其余的需要由地方自筹配套，而地方财力又很有限，因而使地方很难得到所需的足额款项，缺乏发展静脉产业的积极性。

四是市场无序竞争。从市场竞争情况看，静脉企业竞争不过废品回收个体户，原因是静脉企业为了享受国家和地方有关税收优惠政策，在回收废弃物时需要收款方出据发票，而收款方就需缴纳税款，因而使静脉企业处于竞争的劣势地位，难以向产业化方向发展，处于自发的、零散的、无序的发展状态。

五是产业结构不合理。从产业结构来看，工业废弃物的再利用率相对较高，而城市

生活垃圾再利用的水平较低，很大一部分仍以填埋的方式进行处置。而且静脉企业的回收网络尚不健全，多数静脉企业存在“吃不饱”的现象，为了解决原料短缺，不得不进口洋垃圾，使我国成了发达国家废弃物的处理场。

六是社会化和专业化程度低。目前，我国的静脉产业还主要以劳动密集型为主，社会化与专业化程度较低，废弃物处理技术和处理设施的水平普遍落后，且缺乏技术研发的能力，信息咨询服务和技术手段都与国际先进水平存在较大差距。这不仅静脉企业自身难以发展壮大，也影响了静脉产业的发展。

民建中央在《关于加快发展我国“静脉产业”推动循环经济建设的提案》中建议：

第一，提高认识，制订规划。应利用好电视、广播、报纸、网络等各种媒体，充分发挥各种教育机构和行政机构的作用，进行长期和深入的宣传，全面提高公民的意识，使其主动参与生活废弃物资源的分类回收和再利用，并制定好我国的循环经济发展战略和静脉产业发展规划，使其成为经济社会发展规划的重要组成部分。

第二，完善制度保障。应尽快完善我国有关发展静脉产业的法规体系，明确工业生产与生活废弃物回收、处理和再生资源的主体、责任、权力和规范，按照“谁污染谁付费”的原则，征收城市工业生产与生活垃圾的处理费，通过依法行政、科学行政，大力推进废弃物回收、处理的法制化，促进静脉产业的发展。

第三，实行优惠政策。应综合运用财税、投资、信贷、价格等政策手段，对静脉产业的发展实行优惠政策，如对发展静脉企业减免增值税；对符合贷款条件静脉产业项目，金融部门应给予优先贷款、长期贷款，甚至无息贷款；支持经营好、符合条件的静脉企业上市，为企业直接融资创造条件；对符合条件的静脉企业给予直接财政补贴。应遵循市场经济规律，运用多种经济手段，从征地和用电等方面对静脉企业给予支持。

第四，规范市场秩序。应建立静脉企业资格认证体系，剔除“只淘金不治污”的作坊，对治污技术好、成本低的静脉企业，给予免税、补贴等政策扶持，实现静脉产业市场的有序竞争。建立生产者责任制和消费者责任制相结合的混合模式的静脉产业组织，即大工业企业应对生产的废弃物进行回收处理，小企业应结成联盟共同委托静脉企业对生产的废弃物进行回收处理，对城市生活垃圾和废旧物品应进行分类回收处理。

第五，优化产业结构。应在进一步提高工业废弃物的再利用率的基础上，重点提高城市废弃物再利用水平，改变传统的城市垃圾填埋处理方式，实行垃圾分类回收：一是政府应增加投入，保证垃圾分类设施的建设，为垃圾分类提供各种便利的条件；二是由政府引导企业、房地产开发商联手，在新建住宅区安装有机垃圾（生物垃圾）的工作房，将有机垃圾就地加工转换成家畜饲料、有机肥料等；三是结合文明社区建设，开展小区生活垃圾分类收集试点，并向各地区推广；四是逐步形成废旧物资分类收集、运输、处理的产业化和社会化服务的体系，尽快建立和完善多渠道的可利用物资回收系统；五是培育再生资源交易市场，把分散回收集中到规范的市场中来，为资源调控和优化配置提供更多选择，为静脉企业提供稳定的原料来源。

第六，提高社会化程度。应建立信息服务网络发达的开放式废品交易市场，增加静脉技术研发的投入，重点针对提高处理效能、降低处理成本以及对特定废弃物进行循环处理利用的技术研究开发，提升静脉产业的技术创新能力，提高社会化和专业化的程度，推进循环经济关键技术的发展。

五、关于完善我国治理商业贿赂法制环境的提案

经过十多年的努力，我国反商业贿赂的立法从无到有，从简到繁，已经初步建立了预防与惩治相结合的体系。然而，面对目前我国商业贿赂愈演愈烈的趋势，现行的反商业贿赂立法还存在着诸多缺陷，主要表现为：现行商业贿赂的法律界定不够准确全面，对商业贿赂中受贿主体的界定过窄，对商业贿赂的形式界定过于简单。立法所设定的行政、刑罚措施过宽，缺乏对商业贿赂违法犯罪者的震慑。没有专门法，而是散见于刑法和其他民事、经济法律法规中，且关于制止商业贿赂的规定政出多门，自相矛盾，严重影响了执法、司法的效力。要有效地遏制商业贿赂，必须完善治理商业贿赂的法制环境。

为此，民建中央在《关于完善我国治理商业贿赂法制环境的提案》中建议：

1. 科学界定商业贿赂的概念。

商业贿赂的本质是行贿者为了经济利益与受贿者之间进行的利益交易。由于行贿者、受贿者主体及利益交易的表现形式具有不特定性，因而执法部门仍然沿用对传统商业贿赂的定义，很难揭示今天商业贿赂的本质及多种不特定性，所以必须对商业贿赂重新进行定义。

商业贿赂应定义为：经营者、投资者、代理人及其他主体为商业目的而采用给予物质利益或其他利益，或承诺给予物质利益或其他利益的方法贿赂对方当事人或其工作人员的行为。这样，商业贿赂的概念就概括了行贿主体、受贿主体的广泛性和可变性以及利益表现方式的多元性，并与国外同类立法相一致，为司法工作提供法律依据，使采用各种手段规避法律的行为得到制裁。

2. 制定《反商业贿赂法》。

从目前我国反商业贿赂面临的形势看，制定一部独立的《反商业贿赂法》势在必行，不仅可以解决目前部门立法与政策之间的矛盾及政出多门的问题，而且有利于综合利用好反商业贿赂的司法资源。

《反商业贿赂法》应包含相关的民事、行政和刑事等的法律内容，并同时具有实体法和程序法的双重性质，主要包括：（1）商业贿赂的概念、范围、构成要件；（2）商业贿赂罪与非罪的认定；（3）商业贿赂主体、形式的一般和特殊规定；（4）商业贿赂行政处罚的机构；（5）商业贿赂案件民事诉讼的立案及赔偿原则；（6）商业贿赂案的刑事立案侦查应由各级检察机关办理；（7）参照国际上立法，设置对中国企业、事业单位在海外分支机构商业贿赂违法及犯罪案件的司法管辖权。

3. 推进反商业贿赂相关法律的立法与贯彻实施。

商业贿赂案件多发生在垄断行业或企业，因而积极推进《反垄断法》的立法进程，是有效遏制商业贿赂的根本性措施。同时，应贯彻实施好《中华人民共和国招标投标法》和《政府采购法》，包括：严厉打击幕后交易、建立黑名单制、对政府集中采购进

行专项审计、规范招投标中介咨询机构的行为、加强对中介机构资金来源及用途的监管、将集中采购列入每年各级人大的专项监督等。

4. 修改现行法律，加大对商业贿赂的打击力度。

（1）加大对商业贿赂的行政处罚。应突破1—20万元罚款的限制，罚款额定为50—500万元；对商业贿赂有明确利益诉求的，罚款应定为欲达到利益的3—5倍。

（2）增加行政处罚的手段。对有关责任人、经营者、投资商、受托行贿者等，只要有行贿记录的应予以黑名单警示，两次以上的应永久取消同业经营的准入资格。

（3）加大民事诉讼赔偿。应依法赋予被害人通过民事诉讼向行贿者要求赔偿的权利，法院应判令行贿者将其商业贿赂取得的收益或预期收益赔偿受害方。

（4）增加刑事罪名，将介绍贿赂罪扩展到商业贿赂之中。

（5）制定商业贿赂罪的定案标准，明确行贿、受贿的数额即构成犯罪，界定“数额较大”、“数额巨大”、“特别巨大”的界线，使司法实务操作有法可依。

（6）加强对商业贿赂立案、侦查、审判机关的监督，对有案不立、违法不究、放纵犯罪的行为进行督查，尤其对构成刑事案只追究行政责任和重要行贿人未获追究的情况，应重点实施司法监督。

（7）改变财产刑罚的应用，将刑事法律中现行的“可以”并处没收财产，改为“应当”并处没收财产。

5. 加强反商业贿赂的法制系统工程建设。

商业贿赂之所以有恃无恐，重要原因就是商业贿赂已经渗透到了国民经济运行中的各个系统、部门与环节，其巨大的利益诱惑使意志薄弱者难以抵挡而就范。因此，必须加强法制系统工程的建设：一是加大财务会计法规的实施力度，对违反财会法，对账外暗中运作账目的单位和个人进行制裁；二是加大对洗钱犯罪的打击力度；三是建立政府官员和国企官员的财产申报和公示制度；四是建立政府财政统一支付制度；五是推进行政许可法的全面实施，对行政许可项目不得随意增加，对政府行政许可行为进行全面的监督；六是建立举报人重奖制度，可仿效国外立法将商业贿赂受益者的受益额的50%或更多用于奖励那些实名举报者，以提高全社会反商业贿赂的积极性。

6. 正确区分商业贿赂和正当的佣金，引导社会中介行业健康发展。

“佣金”与“回扣”，在法律意义上有着本质区别。由于我国立法没有明确界定“佣金”和“回扣”的区别，因而对介绍人提供信息、中介服务应得的收益缺乏法律保障，即使对合法收益也限制过多，导致一些可以通过社会中介渠道进行的合法交易走上了商业贿赂的歧途。因此，在坚决反对商业贿赂的同时，应认真研究商业贿赂和佣金的区别，完善行纪合同配套法律制度，确定佣金的合法地位，用法律保护中介人的正当佣金，使我国对中介人及社会中介服务机构的佣金保护制度逐步与国际接轨，从而减少商业贿赂生存的空间，繁荣律师、会计师、经纪人事务所等社会中介行业。

六、关于大力发展新农村公益事业服务组织的提案

近些年来，在我国农村中出现了一种新型的农村社会组织形态——新农村公益事业

服务组织，它成为农村社会事业发展的重要补充和完善，是发展农村公益事业的主力军，是搞好社会主义新农村建设的重要力量。

新农村公益事业服务组织是非营利的社会公益性组织，具有社会属性。它是以农民志愿者为主体组成的互助合作组织，不以营利为目的，以便民、助民、利民、安民、富民为宗旨，为农村社区提供公共产品和服务。其中包括各种农村专业协会、理事会，如市场信息服务协会、农民用水者协会等组织；为农村社区提供公益性服务，如农村互助救助协会、农村环境卫生协会、农村民事纠纷调解协会等组织；为农村社区提供文化生活服务，如农民读书协会、农民戏剧协会、农民养老协会等组织；为农村社区居民提供权益保障服务，如农村妇女协会、农民工协会及农村慈善救助等组织。新农村公益事业服务组织在新农村建设中具有不可替代的功能和作用：促进了农业产业化、规模化程度的提高，推动了农业技术的推广；拓宽了农产品的流通渠道，协调了农产品的价格；降低了农业生产成本，增加了农民收入；维护了农业基础设施，向农民提供了公共产品；缓解了农民贷款难的问题；维护了农民的权益；促进了农村民主政治的发展，等等。

目前，新农村公益事业服务组织在发展中还存在一些问题，主要是：一是法律保障缺失。到目前为止，政府对新农村公益事业服务组织只有一些单项的管理条规，如1998 年 10 月国务院发布的《社会团体登记管理条例》（试行）和《民办非企业单位登记管理暂行条例》，2003 年 10 月民政部下发的《关于加强农村专业经济协会培育发展和登记管理工作的指导意见》，2005 年 10 月国家发改委、水利部和民政部联合下发的《关于加强农民用水协会建设的意见》等，还没有制定一部完整的法律法规加以规范，因而影响了组织的健康发展。二是工作运行不规范。目前大多数农村公益事业服务组织虽然制定了章程和制度，但仍然存在着组织管理水平不高、工作程序不严谨、公益服务不到位、财务管理不透明等问题，使得组织的凝聚力和吸引力还不强。三是组织经费紧张。组织的经费主要来源于会员的会费、协会有偿技术服务或咨询的收入、村办企业和政府的资助，且得到政府的支持很少，如 2006 年水利部拨专款 200 万元用于支持各地农民用水户协会的发展，但平均到全国现有 20000 多个农民用水户协会只有100 元，因而要使组织为农村社会事业提供更多更好的公益服务比较困难。

新农村公益事业服务组织为实现我国农村社会的管理民主，促进农村社会生产关系与生产力的协调发展开辟了有效途径，因而应大力促进新农村公益事业服务组织的发展。为此，民建中央在《关于大力发展新农村公益事业服务组织的提案》中建议：

第一，加强新农村公益事业服务组织的法制建设。全国人大应重视新农村公益事业服务组织的法制建设，抓紧制定《社区合作组织法》（包括农村金融合作组织），并且应有别于《农民专业合作社法》，对新农村公益事业服务组织的性质、地位、作用、组建方式、注册登记、管理部门等作出明确规定，以确立组织的合法地位，为其发展创造条件，提供可靠的法律保障。在未制定出台法律之前，可由各级地方政府先制定有关《社区合作组织管理条例》，对新农村公益事业服务组织进行规范与管理，为制定出台相关法律法规奠定基础。

第二，加强新农村公益事业服务组织的制度建设。政府管理部门应帮助新农村公益事业服务组织搞好制度建设：一是建立和完善科学民主的组织选举制度，选出那些公道正派、乐于奉献、群众威信高的人进入组织的领导班子，真正为广大农民群众的服务好；二是制定好新农村公益事业服务组织的章程和工作程序，充分尊重农民群众的知情权、参与权、管理权与监督权，坚持和完善民主议事制度，建立管理民主的工作机制，实行会务公开和财务公开；三是加强对组织的骨干进行搞好管理民主的教育与培训，进一步增强他们的政治素质，提高他们管理事务、协调关系与做好群众工作的能力；四是大力开展对农民普及农村科技、农村社区自治知识和提高管理民主素质的宣传教育，使农民群众的素质与新农村社区自治建设的需要相适应，培养“有文化、懂技术、会经营”和“有道德、守法纪、讲文明”的新型农民。

第三，加大对新农村公益事业服务组织的扶持。各级政府应积极扶持新农村公益事业服务组织的发展：一是国家财政每年拨出专项资金，地方财政按一定比例配套资金，用于扶持比较规范的新农村公益事业服务组织的发展；二是加大各级财政对新农村公益事业服务组织进行农业科技推广的支持，从每年财政的农业科技推广专项资金中拨出一部分给农村专业经济协会，用于普及推广农业科技；三是制定优惠扶持政策，对新农村公益事业服务组织的登记注册免收费用，对新农村公益事业服务组织开展的有偿技术服务或咨询服务的收入免征所得税，对支持新农村公益事业服务组织发展的企业在税收上给予特殊政策。

第四，加强新农村公益事业服务组织的创新能力建设。随着《农民专业合作社法》的颁布实施，新农村公益事业服务组织中的多数专业经济类协会将转为农民专业合作社，因而公益性服务功能将在新农村社区建设中更加突显，需要政府管理部门帮助其不断增强自身的创新能力：一是整合资源。应对现有农村中的众多单一性社会公益事业服务组织进行归类组合，组成综合性服务组织，如经济类、文化类、文艺类、健康类和民俗类等，便于农村社会的管理。二是协调发展。应鼓励和支持相邻村落实行跨村域组建农村公益事业服务组织，以文明村带动不文明村，实现“乡风文明，村容整洁”的协调发展。三是和谐关系。应将农村公益事业服务组织开展工作和活动的着眼点，放在调节好农村社会的人际关系、邻里关系和村际关系上，促进农村社会生产关系与生产力的和谐发展。

第五，加强农村基层党组织对新农村公益事业服务组织的领导。首先，应积极支持和帮助新农村公益事业服务组织按照自己的章程做好工作，充分发挥其在协调关系、化解矛盾、促进经济发展、活跃农村文化生活、维护农村社会稳定等方面的积极作用；其次，应研究有利于农村党组织发挥领导核心作用的方式，将党组织（党支部、党小组）建立在新农村公益事业服务组织中，形成有利于充分发挥党组织作用的有效工作载体；再次，应以提高新农村公益事业服务组织的管理水平、扩大服务功能、提高服务质量、增强依法办事能力为重点，加大对农村社会公益事业阵地建设的投入，建立和落实对骨干的学习轮训、考核激励、待遇保障等制度，发挥和保护好骨干的积极性，为新农村公益事业服务组织的健康发展提供条件。

七、关于加快我国生物燃料产业发展的提案

生物燃料主要是指以能源作物为原料生产的乙醇和柴油等液体燃料。生物燃料属于可再生生物能源，是目前传统不可再生化石能源（石油和煤炭）的重要替代品。

上世纪末，我国开始利用陈化粮发展生物燃料乙醇，但是，以粮食为主要原料生产燃料乙醇受到了成本和土地资源的制约。为了扩大生物燃料来源，我国已自主开发了以甜高粱茎秆为原料生产燃料乙醇的技术，并已在黑龙江、内蒙古、山东、新疆和天津等地开展了甜高粱的种植及燃料乙醇生产试点，我国南方省区还开展了利用木薯、甘蔗等制取燃料乙醇的技术研究开发。据专家估算，我国的甜高粱、木薯、甘蔗等可满足年产3000万吨生物燃料乙醇的原料需要，麻疯树、黄连木等油料植物可满足年产上千万吨生物柴油的原料需要，废弃动植物油回收可年产约500万吨生物柴油，如果农林废弃物纤维素制取燃料乙醇或合成柴油的技术实现突破，生物燃料年产量可达到上亿吨。因此，从理论上讲，我国生物燃料的发展潜力是很大的。但是，由于我国生物燃料发展还处于起步阶段，生物燃料的发展面临许多困难和问题，主要有：

成本高，市场竞争力不强。由于受原料来源、生产技术和产业组织等多方面因素的影响，我国燃料乙醇生产成本比较高，目前以陈化粮为原料生产的燃料乙醇的成本约为每吨4500元左右，以甜高粱、木薯等为原料生产燃料乙醇，成本约为每吨4000元。据专家估算，按等效热值与汽油比较，当汽油价格达到每升6元以上时，燃料乙醇才可能赢利。在目前的技术和市场条件下，成本和石油价格是制约生物燃料产业发展的重要因素。

原料资源尚不落实。受粮食资源不足的制约，目前以粮食为原料的生物燃料已不具备扩大生产规模的资源条件。今后生物燃料乙醇生产应转为以适宜在盐碱地、荒地、荒山、荒坡等劣质地和气候干旱地区种植的甜高粱、木薯、红薯、麻疯树和黄连木等为原料，但目前缺乏对这些土地利用的合理评价和规划。因此，能源植物原料资源不落实制约了生物燃料产业的规模化发展。

产业化的技术基础薄弱。我国以甜高粱、木薯、甘蔗为原料生产燃料乙醇尚处于技术试验阶段，要实现大规模生产，还需要在生产工艺和产业组织等方面做大量工作。以废动植物油生产生物柴油的技术较为成熟，但发展潜力有限。以油料植物为原料生产生物柴油的技术尚处于研究试验阶段，还需要经过工业性试验后才能开始大规模生产。对后备资源潜力大的纤维素生物质燃料乙醇和生物合成柴油技术还处于研究阶段，离工业化生产还有较大差距。因此，生物燃料技术产业化基础薄弱成为制约生物燃料产业规模化发展的重要因素。

政策和市场环境不完善。2000年以来国家组织了燃料乙醇的试点生产和销售，建立了燃料乙醇的技术标准、生产基地、销售渠道、财政补贴和税收优惠等政策体系，积累了生产和推广燃料乙醇的初步经验。但为了避免对粮食安全造成负面影响，国家对燃料乙醇的生产和销售采取了严格的管制，只指定四个定点企业可以从事燃料乙醇生产，享受财政补贴，并由中石油和中石化两个公司负责乙醇汽油的混配和销售。近

年来，虽有许多企业和个人试图生产或销售燃料乙醇，但受到现行政策的限制，不能普遍享受到财政补贴，也难以进入汽油的销售渠道。而且对于生物柴油的生产，国家还没有制定相关的政策，特别是还没有生物柴油的国家标准，更没有正常的生物柴油销售渠道。因此，政策和市场环境不完善也影响着生物燃料产业的发展。

为此，《关于加快我国生物燃料产业发展的提案》建议，应紧紧抓住生物能源革命和产业革命的重大战略机遇，力争通过10—15年的努力，建立起具有国际竞争力的生物燃料产业，使我国生物燃料消费量占到全部交通燃料的30%左右。当前，应积极做好以下工作：

第一，制定和完善我国生物燃料产业发展规划和政策。各级政府应把生物燃料产业作为新的重要经济增长点来培育，结合地区自然优势、农业结构调整制订生物燃料产业中长期发展规划，确定产业重点区域。加快建立和完善促进我国生物燃料产业发展的法规政策，对生物燃料发展给予有力的政策支持，合理运用财政、价格、信贷、投资等综合手段，在生物燃料技术的基础研究和应用开发、生物燃料生产和销售的市场准入规则等方面，形成相应的鼓励和推进机制。通过税收、价格政策调节市场主体行为，在生物燃料的扩大应用方面逐步形成强制性的行业规范，努力形成有利于生物燃料产业发展的大环境。

第二，加强生物燃料技术研发和产业基础体系建设。国家应安排专项资金支持国内生物燃料技术研究开发和产业化发展，包括生物资源品种选育、生产和加工工艺等，特别要加大对纤维素生物质制取液体燃料技术研究开发的支持。农业部和国家林业局应建立能源作物和油料植物的育种和种植技术服务体系，做好能源作物和油料树种的筛选、改良和种植技术改进工作，建立良种繁育和树苗抚育的基地，为能源作物和油料植物的大面积种植提供种苗和技术指导，尽快建立和健全我国生物燃料的产业体系。

第三，搞好可利用土地资源调查评估和能源作物种植规划。国家应安排资金，由国家发展改革委员会同农业部和国家林业局组织开展全国适宜种植甜高粱、木薯、麻疯树等能源作物和油料植物的土地资源调查评估，摸清我国生物质能资源潜力、能源作物和油料作物的种植条件，在此基础上制定能源作物和油料植物的种植规划，为开展非粮食燃料乙醇和生物柴油示范项目和实现规模化发展奠定可靠基础。

第四，建设规模化非粮食生物燃料示范项目。利用现有资源和技术优势，在山东、黑龙江、内蒙古和新疆等地建设以甜高粱为原料的燃料乙醇示范项目；在广西、海南等地建设以甘蔗和木薯为原料的燃料乙醇示范项目，每个示范项目的年生产能力为5—10万吨燃料乙醇；在四川、贵州、广西和云南等地建设3—5个年产5万吨左右以麻疯树等油料植物为原料的生物柴油示范项目。示范项目可采取政府组织落实原料资源和市场销售体系，通过公开招标选择项目投资者的方式进行。

第五，建立健全生物燃料收购流通体系和制定相关政策。应将现有的以粮食为原料的燃料乙醇销售体系，扩大到以甜高粱、甘蔗、木薯、麻疯树等非粮食作物为原料的液体燃料销售，由中石油和中石化根据需要在全国建立非粮食生物燃料的收购、调配和销售体系，对于符合质量标准的非粮食生物燃料必须以国家规定的价格进行收购。同时，参照目前已实行的陈化粮燃料乙醇的财政和税收优惠政策，对非粮食燃料乙醇、生物柴油的生产销售制定财政和税收优惠政策。

八、关于改革现行分税制财政体制的提案

分税制财政体制是社会主义市场经济体制的重要组成部分，是我国改革开放以来财政体制最深刻的变革。通过这次改革，初步确定了中央与省级单位之间的财政体制，基本理顺了中央与省的财政分配关系，增强了国家财政宏观调控的能力。但这次改革并没有确定统一的省以下的财政体制，而是由各省根据实际情况自行决定。因此，近年来，由于财权重心上移、事权重心下移等情况，使得县、乡两级政府的和财政运行发生的困难突显，出现了基层县、乡政府两级负债严重、欠发工资等问题。这些已经成为影响地方经济发展和社会稳定的重大问题。主要表现在：

未能科学界定政府职能，财权层层上收与事权层层下放，造成了省以下地方政府的财权与事权严重分离。

现行分税制的财政体制是一种权力主导型的分税制，缺乏公共财政民主化与公共参与的运行机制。

现行的转移支付制度也存在不少问题。如一般转移支付不能满足地方政府在提供基本公共服务时对财力的需求；大多数专项转移支付项目还需要地方政府增加配套资金，加重了地方财政的困难；转移支付资金的使用效率不高，有的地方存在着甚至将转移支付资金用于形象工程建设的现象。

地方政府的历史债务沉重，金融风险、企业债务风险及社会债务风险已转嫁为财政风险。

为此，《关于改革现行分税制财政体制的提案》建议：

第一，按照市场经济的客观要求，加快政府职能转变。应打破体制性障碍，进一步明确中央政府与各级地方政府的职责范围，将一些带有全国性、跨区域的公共需求支出责任划归中央政府，如基础教育、基本医疗，以及社会保障等，将带有区域性的公共服务需求支出责任细化并划归各级地方政府。

第二，统一税收立法权限。制定《税收通则》或《税收基本法》，对税收立法权限作出统一规定。加强税收立法，建立健全税收法律法规体系。税收立法应以立法机关立法为主，提升税收立法等级，逐步形成以税收法律为主体，并以税收行政法规相配合，以税收部门规章和规范性文件为补充的税法梯级结构，尽量避免税收立法的行政化和低层次化。应赋予地方政府一定的税收调节权。对地方经济发展影响较大的税种，在不违背中央统一规定的前提下，可赋予地方政府在一定范围内和幅度内的政策性调整权限。在报请中央批准后，可以开征某些具有地方特色的税种。

第三，完善政府转移支付制度。科学界定转移支付目标。转移支付目标是为实现社会分配公平目标而为各地提供相对均等化的公共产品和服务。合理确定转移支付计算依据。一般性转移支付的计算应以地方总人口、财政供养人口、地方一般预算收入、税收收入、经济发展程度、全年平均支出及每年增支等因素设定，充分体现公平和均等化原则，分析并制定统一的计算公式。优化转移支付结构。重点是严把专项拨款立

项关，建立严格的专项拨款项目准入机制和审批制度，减少立项的随意性和盲目性，防止资金的浪费。清理整合专项转移支付项目。应清理取消现有专款中名不符实和过时的项目，归并重复交叉的项目，严格控制专项转移支付的规模。

第四，尽快解决地方政府的历史债务。对于偿还能力较强的地区，根据其实际情况确定偿还期限，每年按一定比例还债。对于偿还能力不强的地区，又是利用债务支付经常性预算支出，如工资、离退休费、义务教育等，应给予适当的减债。对于暂时无力还债的地方，可以考虑给予延期偿还，以便让地方政府财政渡过这个偿债难关，保证社会稳定。对于经济基础十分脆弱又无别门路“找米下锅”的贫困地区，应给予全免债务的优惠政策，并在免除一切债务的基础上给予更加优惠的税收政策和专项财政补贴，扶持发展以“造血功能”为主的工业和服务产业，以带动该地区的经济起飞和发展。此外，应根据各地方历史债务形成的具体原因，采取不同的处理方式，区别对待。如果是由于中央政府政策变动而造成地方政府债务增加（如取消农业税后导致地方政府税收收入减少），以致到期债务难以归还的，应当考虑给予适当减免，而对于搞“政绩工程”、“形象工程”等造成的地方政府增加的债务，则不在减免之列。

九、关于促进我国股票市场又好又快发展的提案

2006年以来，我国沪深股市回暖，交投活跃，资本市场不断地恢复本来功能。与此同时，随着“基民”大量增多，近来股市震荡也较大，出现了一些不稳定因素，引起广大股民的担忧情绪。如何按照科学发展观的总体要求，积极促进我国股票市场又好又快健康地向前发展，是当前和今后一个时期我国有关方面应当认真研究和解决的问题。

为此，《关于促进我国股票市场又好又快发展的提案》提出以下建议：

第一，统一思想认识，进一步加快股票市场的发展。大力发展包括股票市场在内的资本市场，扩大直接融资规模和比重，对进一步优化金融结构，降低金融风险，改善金融宏观调控，提高社会资金使用效益，具有十分重要的意义。数据显示，我国企业直接融资比例仅占10%左右，远远低于发达国家60%—70%的水平。2006年，随着股票市场的发展，我国直接融资的比重首次超过20%，但距离发达国家还有很大差距。我们不能因为股票市场出现一点泡沫，股票市场市值占到GDP50%，就放慢发展股票市场的步伐，甚至对中央大力发展股票市场的金融工作方针产生怀疑。

第二，对现有股票市场进行适当扩容，加大股票市场供给。这对于建立和发展买方股票市场，防止股市泡沫大量发生，切实保护投资人利益，促进上市公司提高经济效益，推动股票市场可持续发展，具有重要意义。其政策措施一是在现有上市公司基础上，再选择更多的符合要求的企业上市。二是鼓励在境外上市的大型企业，回国上市发行A股股票。三是鼓励国有大中上市公司对自身持有股票适当进行减持，交社会公众投资购买。四是鼓励外国公司在我国国内上市发行股票。同时应尽快完善上市公司的退市制度，通过摘牌、并购及自愿停牌等方式使一些绩差的上市公司退入三板。

第三，疏导并举，调节股票市场资金需求。我国股票市场股价一个时期以来之所以

持续上扬，其动力除了来自资本市场制度性变革以及上市公司盈利大幅上涨、经济发展预期较好外，过剩的流动性则是其中重要的原因之一。当前调节股票市场资金需求，重点不应是放缓国内基金的发行上市，而是要下决心割断信贷资金与股市的联系，防止信贷资金大规模进入股市恶炒。具体讲，一是要下决心停办证券公司股票质压贷款。二是严格限制持有银行贷款的企业，无论国有还是民营企业，一律不得投资股票市场。三是要加强对民众房产、汽车等抵押贷款的发放和审查，防止将抵押贷款挪作购买股票，尤其是严格对个人信用卡透支贷款的审查。

第四，政府要从宏观层面有序地解决国内流动性过剩问题。一是要认真解决长期以来我国实际利率偏低问题，可通过适当加息以正确引导社会资金流向。二是要进一步加大人民币汇率形成机制，使汇率更多反映市场供求，降低人民币升值预期，最大限度减少境外“热钱”大量涌入我国。三是继续加大公共财政对社会主义新农村建设的支持力度，启动农村市场。四是进一步建立健全社会保障体系，加大人民群众的消费预期。五是在积极发展股票市场的同时，要大力发展债券市场。

第五，大力开展对投资者教育活动，切实加强宣传和舆论导向工作。我国股票市场风风雨雨十多年，还很不成熟，广大股民也不是很成熟，尤其是新近产生的大量“基民”。因而正确的宣传和舆论导向尤为重要。除了进行投资风险和防范的宣传教育外，当前最为迫切的是要对广大投资者进行长期投资理念的宣传和教育，使他们真正成为一名好的投资者。逐步改变目前股票市场上存在的重投机轻投资、重短期买卖轻长期持有以及重股票市值价格轻上市公司经营业绩等非理性的行为。

十、关于加快东部地区向中西部地区产业转移的提案

我国中东西部产业发展差异巨大，为促进中西部地区发展，政府提出了促进区域间产业转移的方针政策，《中共中央关于制定国民经济和社会发展第十一个五年规划的建议》中明确指出，要“健全市场机制，打破行政区划的局限，促进生产要素在区域间自由流动，引导产业转移”。

我国东、中、西部之间的产业转移虽然在若干年前就已经开始，但成效还不明显，大规模的劳动密集型产业向西部转移的现象并没有出现，这与国内一些认为东部向西部进行产业转移以劳动密集型为主的判断是相背离的。通过产业转移推动西部地区工业化发展和产业结构调整的目标也没有实现。目前我国东中西部产业转移中主要存在以下问题：

一是产业转移的动力不足。一方面，东部地区产业升级不到位，特别是劳动密集型产业在东部地区经济增长中继续发挥着相当大的作用，使得东部地区缺少主动向中西部地区进行产业转移的动力；同时，中、西部大量廉价的劳动力仍然源源不断地向东部流动，东部地区的产业发展没有出现因为劳动力短缺而产生的约束，东部地区也不会因劳动力的数量和价格的约束而将产业转移出去。加上西部地区职工的劳动效率低于东部地区，西部地区低人力成本的优势被抵消。相反，由于廉价劳动力的向东移动，进一步支撑了东部劳动密集型产业的发展，阻碍了产业向西转移。另一方面，一些成

熟产业在东部地区已形成较完整产业集群和产业链，单个企业在这样一种完整的产业链体系中，能够最大限度地降低交易成本，提高效率，而将企业转移到中西部地区后，将大大增加企业的交易成本。即使是像中国正泰、德力西等大型电器企业，到外地投资或将总部迁移外地后，仍将生产基地留在温州。

二是东部地区一些政府并不鼓励和支持本地产业转移出去。无论是长三角还是珠三角，对劳动密集型产业还存在较大的依赖。如果将劳动密集型产业转移出去，新兴产业又不能及时培育发展起来，将有可能导致产业转出地经济的衰退，影响当地 GDP 总量和财政收入。因此，当地政府往往会尽心挽留，虽然这种挽留不是强制性的，但出于乡情、亲情，一些企业留在了本地。同时，在东部地区内部也存在着区域发展的不平衡，本地企业在本区域内有进一步发展的空间。

三是产业承接地区投资与创业环境不理想，商务成本高，投资效率低。无论是东部地区产业的转出者，还是中西部地区产业的承接者，都普遍承认：中西部的创业与投资环境不如东部发达地区。软硬环境的综合性约束，大大降低了东部产业转移的吸引力。即使已经转移到中西部地区的部分产业，也没有在当地形成新的生产能力，进而缺少进一步吸收新产业的承接力。中西部地区普遍存在产业配套能力的不足、企业群聚效应下降、市场信息滞后的一系列连锁问题，这些问题会严重影响转入企业和投资者的效率，从而阻碍产业的进入。从已经转移到西部地区的产业看，它们主要是处于成熟和衰退阶段的一些产业。

四是转入企业带来的负面影响制约了承接地的积极性。比如京津地区的一些产业，因为受到环保政策的限制而被迫转移到河北，这种转移虽然对河北的经济会产生拉动作用，但从环境保护的角度看，是对河北极其不利的。又如江西，虽然已经有大的造纸厂（如晨鸣纸业），但仍引进了众多小的造纸厂；还有众多的水泥厂、木材加工厂等污染较强的产业落户江西。这些对当地进一步引进产业带来负面影响。

五是转入企业与当地社区和居民存在较大的利益冲突。由于在西部大量的投资是资源开发投资，这些资源开发大都要以当地农民转让土地为前提，而目前我国还没有建立起补偿失地农民利益的长效机制，投资开发企业有限的补偿金不能从根本上解决失地农民的生产、生活和养老问题。这种开发与补偿之间的差异造成投资者与当地农民的极大矛盾，有些地区的农民采用极端的手段阻挠企业开工，甚至对已建成的企业加以破坏，使投资企业与当地居民的矛盾大大激化，也在一定程度上恶化了当地的投资环境。

为克服产业转移中存在的障碍，促进产业转移和中部、西部地区经济协调发展，《关于加快东部地区向中西部地区产业转移的提案》建议制定和完善以下政策：

制定东中西部地区产业转移规划。在国家总规划的基础上，结合东部地区产业升级和中西部地区产业发展、产业结构调整的要求，制定东中西部产业转移的规划，培养新的产业带。各地区通过专业产业园区的建设，承接东部转移的产业，实现产业转移的有序进行。

调整产业发展指导目录，确定东中西部地区不同的产业准入标准。西部地区的主要优势在于资源优势，而西部地区资源加工产业的起点又较低，规模较小，完全按照国家“产业结构调整指导目标”和相关的“行业准入条件”，西部地区就难以在现有的工业基础上有更大的发展。这样不仅其资源优势难以发挥，现有的产业还将进一步削弱。建议国家在制定产业政策时，对西部地区产业导向目标作适当的倾斜，对西部发展资源加工型产业项目给予更宽的产业准入。

制定有利于产业转移的税收政策。一是继续对鼓励类产业的内资企业实行15%的所得税税率的优惠，并允许西部地区适当放宽鼓励类产业的范围，报国家税务总局备案；二是完善资源税的征收管理，适当提高资源税的征收标准，防止西部资源的盲目开采和浪费使用；三是在一些地方税的征收上，各西部省区应给予适当的减免和优惠。

制定差异性的土地政策。针对西部地区土地价格较高、土地政策缺乏吸引力的问题，建议国家对东西部地区制定“用地指标、土地价格和投资密度”等一揽子的差异化土地政策。一是适当放宽西部地区建设用地指标的控制，为西部地区工业化项目提供用地保障；二是降低西部地区土地出让价格，规定差异化的工业用地的最低价格，拉开不同地区的土地使用成本；三是对东西部执行梯度递减的投资密度要求，对土地较为紧张的东部地区规定较高的投资密度，对土地相对丰富的西部地区规定较低的土地投资密度。

建立促进东中西部产业转移的整体协调机制。产业转移不仅涉及东部向个别省区的转移问题，而且还涉及东中部与整个西部协调发展的问题。因此，应建立加快东部产业转移的政策协调体系和支持体系，处理好加强东中西部地区区域政策的整体性、协调区域利益关系、中西部地区产业定位和分工、区域性投融资管理机制四方面关系。

充分发挥外地商会在产业转移中的重要作用。大力推进中西部地区的外来投资企业的商会建设、规范与发展，鼓励外地商会在中西部地区招商引资、产业转移中发挥更大的作用。转出地政府应积极与承接地政府沟通，共同支持有条件的东部企业成立商会，改善商会的工作环境，发挥商会的桥梁和纽带作用，鼓励商会在做好为当地企业服务的同时，加大资本引入和项目洽谈工作。加强商会与投资地政府、投资接收地政府之间的联系与沟通，参与投资接收地的相关政策咨询与制定。

加强承接产业转移的载体建设。中西部地区政府应着力搞好工业园区建设，把工业园区建设成为承接东部地区产业转移的有效载体，把工业园区作为产业集群化的载体，把产业集群化作为产业转移的基本模式。各省应将一般性产业政策逐步转变为产业集群化园区政策。

进一步改善投资软环境，完善服务体系建设，加强对企业权益保护。中西部地区要真正以优化服务为第一环境，完善政策保障、法律保障和服务保障体系，进一步维护和保障内资企业在本地创业的合法权益，积极创造条件为内资企业投资的重点项目提供相应的贷款配套和支持。

孟孝忠　民建中央宣传部部长
王永飞　民建中央宣传部副处长
何建新　民建中央宣传部干部

中国民主促进会参政议政案例

一、促进循环经济健康发展，避免“有循环无经济”

近年来，我国政府提出要实施战略性结构调整、根本转变增长方式，建设资源节约型、环境友好型社会和循环经济发展模式。循环经济理念的提出为实现可持续发展提供了一条新的探索途径，但也出现了一些新的问题。循环经济的作用被无限地扩大，并出现概念的泛化和口号化的趋势，似乎任何与资源环境问题相关的经济活动都被冠以“循环经济”的名头，循环经济甚至成为“圈钱”和“圈项目”的工具。

目前，我国发展循环经济存在着多方面的障碍。主要包括：其一，我国存在着发展循环经济的制度性障碍，资源无价或低价、环境成本没有计入生产成本导致企业没有节约资源、减少排污的经济利益驱动，从事清洁生产或环境保护的企业因为增加了成本面临不公平的市场竞争。其二，管理上部门分割，不利于行业间的工艺耦合和产品的生命周期管理。其三，缺少鼓励清洁生产、循环经济的配套政策措施，特别是对中小企业没有吸引力，增值税等财税政策不仅没有激励资源节约，反而限制了资源回收利用产业的发展。其四，缺少相关的技术创新，分析方法概念化，清洁生产审计流于形式。我国的循环经济发展面临的问题是综合性的，包括循环型技术的有限性、产业链的计划经济思路不稳定、企业规模的匹配、结构性创新动力不足等问题。

此外，循环经济在理论上也存在一些局限性，并不能解决所有问题：

一是在经济上可能不合理。因为工业生态系统追求的是物质的闭路循环，物质得到充分利用，但这在经济上可能是高成本的，从而在没有补偿的情况下，其产品在市场上没有竞争力。

二是受共生关系的制约，系统的结构调整困难。这表现在，生产环节中的任何一个环节出现问题，如改变原料、供应商或增减产量，都可能导致系统的不稳定，而且系统的整体结构创新也更加困难和缺少动力，因此这样的系统容易在大企业中实现，而小企业很难被整合进去。

三是化石能源和耗散性物质（如一些化学试剂、部分有毒重金属和有机物质）难以实现循环，还有些物质（如塑料、包装物等）在循环过程中性能递减、成本增加，必须降级使用并且不可能无限循环。

四是受各地条件、行业和部门管理影响，难以找到统一的模式，不利于协调管理和降低运作成本、交易成本。

五是推进循环经济存在着系统性障碍，如产权、价格、管理、财税政策、技术、基础物流信息、资金等等。从某种意义上讲，循环经济的设计和实施主要是通过计划思路实现工艺、企业和行业耦合的，缺少市场导向的灵活性和内生的结构性创新。

发展循环经济如果片面强调闭路循环或“为循环而循环”，不顾经济合理性与新增工艺的协调性，必然会增加经济和管理上的不确定性和风险，严重影响其今后的生命力。即使在国家循环经济试点单位所提出的初步试点方案中，有不少企业、园区是以发展循环经济的名义扩大产能，不合理地“补链”或无限延长“产业链”，其结果必然造成非专业化的经营，“小而全”、“大而全”，无法形成规模经济，最后是“有循环无经济”。

发展循环经济是一项综合性很强的工作，必须有长远的规划、正确的导向和近期的优先领域，遵循“试点先行、谨慎评估、规划指导、循序渐进”的原则。为此，建议采取以下措施促进循环经济的发展：

（1）循环经济立法应采取自下而上的方式，即在对《清洁生产促进法》进行充分评估的基础上，优先制定专项的循环经济法规（如针对包装物、电子废物、汽车等的回收利用法规），在条件成熟的情况下再制定综合性的循环经济法律。

（2）在确立“十一五”计划发展循环经济的指导原则基础上，实事求是地编制促进循环经济的专项规划。

（3）建立统一协调的循环经济管理机制。应建立循环经济主管部门（如发改委）统一领导，各部门共同参与的协调管理机制。同时，应该根据行业特点，建立政府、行业协会、企业的合作伙伴关系，并充分发展行业协会的重要作用。

（4）建立健全有利于循环经济的制度安排，主要包括两个方面：一是要改革和消除不利于循环经济的制度安排和相关政策，如资源产权和价格改革、废旧物品再利用的限制政策等。二是根据循环经济的具体要求，系统设计鼓励循环经济发展的相应制度安排。建议优先改革和制定以下八项制度：改革和完善资源产权管理制度；改革资源、环境定价制度；建立生产者责任延伸制度；建立行业的资源环境绩效标准和标识制度；建立资源能源密集型、重污染行业及产品的市场准入制度；建立绿色采购制度；建立健全企业环境信息披露制度，特别是公开企业有毒有害物质清单；建立有利于人力资源、知识资源、信息资源开发的相关制度和政策，特别是健全知识产权保护体系和建立资源共享机制，加大执法力度。

（5）制定发展循环经济的配套措施。应在充分总结我国清洁生产和循环经济实施经验和存在问题的基础上，制定循环经济的发展战略、相应的制度安排和各项配套政策，尤其是更多利用市场经济的手段，如废旧物品回收和再利用企业的增值税减免政策等。

（6）在建设节约型社会的框架下，稳步推进循环经济试点。在现阶段，应把继续推进企业清洁生产、提高资源能源利用效率、加强废旧物品回收利用作为最优先的发展任务来完成，不应片面追求物质闭路循环。

（7）加强清洁生产和循环经济的技术培训，并把这一内容纳入相关计划。

（提案说明：该提案是民进中央科技医卫委员会2006年委员调研课题的成果。课题由中科院科技政策与管理科学研究所副所长、研究员、民进中央科技医卫委员会主任王毅负责，部分内容被吸纳进民进中央领导参加中南海座谈的发言稿，引起媒体关注，并经民进中央科技医卫委员会开会研讨修改，形成提案稿。提案被评为“政协第十届全国委员会优秀提案”。）

二、加快长江沿岸重化工产业布局调整和污水处理设施建设，保障长江流域水环境安全

长江流域是我国的主要经济命脉，流域水资源约占全国总量的35%，流域面积180万平方公里，占我国国土面积的18.9%，养育着全国1/3的人口，经济总量占全国GDP的54%。改革开放以来，以上海为龙头的长江流域经济一直呈现高速发展态势，引领着中国经济的发展潮流。但是，在经济高速发展的同时，由于未能从整体上考虑流域产业的规划布局，沿江各省市纷纷将高能耗、高水耗、高污染的重化工企业设置在长江两岸，而相关的环境保护工作却相对滞后，导致长江流域水环境污染逐年加剧，流域生态安全特别是水环境安全问题日益突出，严重威胁长江流域经济的可持续发展和沿岸人民的饮水安全。

针对这一问题，民进中央于2006年7月—2007年2月期间，组织长江干流沿岸上海、江苏、江西、安徽、湖北、湖南、重庆、四川等8个省市民进地方组织，对长江流域水环境安全现状进行了初步的联合考察和调研，完成了《长江流域水环境安全与保障调研报告》。从初步的考察和调研结果来看，长江流域水环境安全问题已相当严重，突出表现在：

一是流域工业和生活污水排放量居高不下。据统计，2005年长江流域污水总排放量为218亿吨，占全国污水排放总量（524.5亿吨）的41.6%。其中，工业废水排放量为90亿吨，占全国工业废水排放总量（243.1亿吨）的37%；生活污水排放量为128亿吨，占全国生活污水排放总量（281.4亿吨）的45.5%。

二是流域工业和生活污水处理能力低下，污水处理设施建设跟不上水环境污染的速度。2005年长江流域工业废水治理达标率为94%，但企业废水直排、偷排率高达90%，屡禁不止；流域虽有城市污水处理厂280多座，但生活污水处理率仅为28%。

三是流域水体污染严重，水质日趋恶化。2005年长江流域水质劣于Ⅲ类的河长占总评价河长的27.4%，干流城市岸边污染带达560公里。主要超标项目为氨氮、高锰酸盐指数、化学需氧量、五日生化需氧量、总磷和粪大肠菌群量等，在部分江段重金属和持久性有机污染物的超标现象非常严重。但长期以来由于缺乏系统的监测和研究，其生态和健康风险尚不能确切评估。

四是流域产业布局不合理，水污染事故频发。目前长江流域沿江分布着五大钢铁基地（上海、武汉、攀枝花、马鞍山、重庆），七大炼油厂（上海、南京、安庆、九江、岳阳、荆门、武汉），以及上海、南京、仪征等地的石油化工基地。据统计，中国2万

多家石化企业中有1万家分布在长江流域。以重化工为主导的产业结构特征，使长江流域水环境安全压力和污染风险日益增大。2004年以来，长江流域相继发生了四川沱江氨氮污染事件、湖南湘江镉污染事件、湖南岳阳砷污染事件等重大突发性水污染事故，严重影响了当地居民的饮水安全和社会稳定。

五是流域突发性水污染事件的监测监控和预警应急非常薄弱，缺乏应急预案和应急技术。迄今为止，长江流域各省市针对突发性水污染事件的省级专项预警应急预案尚处于编制阶段，无一出台，而应急监测监控体系的构建、风险控制和应急技术的研究基本上还是空白。

随着经济的跨越式发展，目前我国已进入重特大事故的高发期。据国家环保总局统计，自2005年松花江水污染事故以来，我国共发生130多起与水有关的污染事故，平均每两至三天发生一起。从水污染事故的成因来看，大量重化工企业的沿江布局是主要原因之一。但令人忧虑的是，长江流域各省市在“十一五”规划中，仍将重化工业作为发展重点，在具体的产业规划中都有新增、扩建高能耗、高水耗、高污染项目的计划，而且这些项目大都沿江布局。如上海市将精品钢铁基地、化学工业区等沿长江入海口布局并紧邻黄浦江；江苏省沿江城市将着重发展装备制造、化工、冶金、物流四大产业集群；安徽省沿江城市将着重发展汽车、冶金、装备制造、石化及化工、建材及新材料和物流六大产业集群；江西省将对江铃、昌河、洪都和江铜等知名重化工企业进行扩建；湖南省将继续培育壮大装备制造、钢铁有色等支柱产业；湖北省将做强做大汽车、钢铁、石化等支柱产业；四川省在成都经济区、川南经济区和攀西经济区产业规划中仍以重化工业为主。不难想象，如果沿江各省市均按已经制定的“十一五”规划布局相关产业，那么长江流域水环境安全非但不能得到有效保障，而且将面临更大的风险和隐患。

为此，民进中央在提交的相关提案中提出如下建议：

第一，建立长江流域水环境水资源综合管理机构，在充分调研和分析流域水环境、水资源现状和承载力的基础上，根据各省市的产业发展特色和基础统一制定流域“十一五”社会经济发展规划，包括重化工产业布局规划、水资源利用规划、水环境保护规划等。

第二，建立综合决策机制，逐步理顺长江流域水环境安全统一管理体制，完善党委领导、政府负责、有关部门分工协作、全社会共同参与的工作机制，将环保工作纳入各级党政领导政绩考核内容，对严重污染和破坏生态环境的项目实行环保“一票否决”。

第三，逐步完善水价形成机制，通过工程水价、资源水价和环境水价的合理调控，增加用水户对水环境破坏的成本补偿意识，用经济手段保护水资源。建立和完善长江流域水功能区管理制度，强化功能区的水质监测和入河排污口管理，加大污染物总量排放的控制和监管力度。

第四，加强长江流域水环境安全监测监控和预警应急工作，促进水环境管理现代化。结合水环境安全监督管理的需要，优化流域水环境监测监控站网，在加强常规监测监控能力的同时，逐步采用自动监测、遥感监测等技术，建立长江流域水环境安全决策支持系统和预警应急体系。

第五，加强长江流域水环境安全的基础科学研究，针对流域内河网水污染和水环境修复、湖泊富营养化防治、非点源污染模拟与监控、持久性毒害污染物的生态和健康风险评估、湿地的保护和利用、三峡水库和南水北调工程水质保护、城镇饮用水源地水质安全评估、河口咸潮入侵等重大科学问题，组织各方力量协同攻关，为流域水环境安全管理提供科学依据。

（提案说明：长期以来，民进中央围绕长江流域先后开展了一系列调研，2006 年又将重点锁定在长江流域水环境安全上。《加快长江沿岸重化工产业布局调整和污水处理设施建设，保障长江流域水环境安全》的提案，就是民进中央和民进沿江八省（市）委会就长江流域水环境安全与保障课题联合调研的阶段性成果之一。课题由民进湖北省委会倡议发起、由民进上海市委会牵头、沿江流域 8 个民进省级组织共同参与，最终被确定为民进中央今后一段时期的参政议政课题，并成立了课题专家组和课题协调工作组。2006 年，八省市在调研的基础上形成了八份分调研报告和近五万字的《长江流域水环境安全与保障调研报告》。2007 年 1 月，在上海召开课题专家组会议，对专题研讨报告进行了修改。2007 年初民进中央就相关成果的修改征求国家环保总局的意见，最终形成。该提案针对长江流域水环境污染逐年加剧的情况提出，通过建立综合管理机构、建立综合决策机制、完善水价形成机制、加强监测监控和预警应急工作、加强基础科学研究等方面来实现对长江流域水环境安全有效保障。提案由国家环境保护总局会同国家发展改革委员会、科技部、水利部和中组部办理。国家环境保护总局充分肯定了提案中的建议，并针对建议详细介绍了各部委已经开展和即将开展的工作。同时，国家环境保护总局表示，下一步将继续会同有关部门认真研究和积极落实若干具体建议。）

三、加强农产品质量安全体系建设，确保人民食品安全

农产品质量安全状况关系人民群众的身体健康，关系社会的和谐稳定，一直是政府和社会广泛关注的热点问题。近年来，在农业部等部委的不懈努力下，我国农产品质量安全水平大幅度提升，基本保障了农产品消费安全，“无公害食品行动计划”各项措施深入开展，提高了人民群众对于食物安全的信心。

但是，由于我国农产品质量安全体系建设起步晚，还存在着基础支持薄弱，标准、检测手段滞后，监管制度、机制不健全，相关责任不落实等问题，致使我国农产品质量安全工作与形势发展要求还有较大差距：

一是现有监管能力与法律赋予的职责不相适应。《农产品质量安全法》已正式实施，但随着农产品质量安全工作职能进一步拓展，当前农业部门监管能力相对薄弱，监管的机构、队伍、经费等等都还不能满足依法行政的需要，不能很好地履行监管职责。另外，农产品安全实行分段管理，从农田到餐桌涉及卫生、农业、质量技术监督、工商、商务、城管等多部门，存在着责任界线不明确，权力配置不科学，监管组织体系多头抑或空白，各行政主体间或内部协调性差等问题。

二是小规模生产经营方式与消费者对农产品质量安全要求不相适应。现在消费者对农产品质量安全的要求越来越高，但我国农业分散、小规模经营现状短时期还难以解决，从而制约了农产品质量安全水平的进一步提高。

三是各地质量安全工作开展与社会期望值不相适应。社会舆论已经把政府能否管好农产品质量安全，防止质量安全事件发生作为衡量政府履行责任的一个标准。但当前各地对农产品质量安全问题的认识发展还不平衡，有些地方尤其是部分地方的基层农业部门抓农产品质量安全的意识、工作条件和手段还不到位，与社会要求不适应。

四是出口农产品质量安全水平与日益扩大的农业对外贸易和开放不相适应。出口农产品因为质量问题屡屡受阻，遭遇贸易技术壁垒甚至被封杀，农民损失惨重。

我国农产品质量安全应急工作迫切需要开展，农产品质量安全体系现有经费规模已难以适应工作要求，满足工作需要。特别是重大事件发生时，需要快速应对，快速反应，及时开展监测、监督抽查和普查等工作，获得预警信息和发布有关农产品质量安全信息。因此增加农产品质量安全体系建设的投入成为当务之急。民进中央在深入调研的基础上形成相关提案，具体建议如下：

第一，要明确行政主体的职责，将事前事中的全面监督和事后严格问责相结合，预防与惩处并重。

农产品质量安全要么实行农业部门全程管理，由农业部门负全责；要么明确界线，建立大中城市中心市场，所有农产品进入终端消费市场前先进入中心市场登记备案。从田间到中心市场，由农业部门负责，其他由相关部门负责。

要建立农产品安全的问责制，还必须强化宪法和法律赋予各级人大及其常委会的多项刚性监督手段，如质询权、调查权、罢免权和撤职权，必要时还可以启动不信任投票制，引咎辞职制和弹劾制等。在这个基础上再拓宽和完善其他监督与问责渠道，如政协的民主监督、纪检检察机关问责、公民问责、媒体问责等。

第二，增加例行监测的检测范围和项目，更好满足消费者的要求和监管工作的实际需要。

目前例行监测范围过小，监测品种和参数过少，这制约了农产品质量安全水平进一步提高。从2001年农业部开始进行蔬菜农药残留监测以来，农药残留检测种类一直维持在10种到13种之间，不能完全代表蔬菜质量安全的状况。依据国家标准（GB 2763—2005）和国内农药使用实际情况，蔬菜例行监测检测项目需要扩大到50种农药左右。当前畜产品例行监测仅对22个城市生猪进行瘦肉精和磺胺类药物残留的检测，水产品只对8个城市氯霉素和孔雀石绿开展检测，检测参数只是目前水产品生产用药物及禁用药物的1/5，特别是违禁药物的监测远远滞后于生产发展，平均每万吨产量监测不到一个样品，经费仅是发达国家的1/600，亟待增加相关投入。

建议深化例行监测，分阶段如田间、物流、城市中心市场扩大跟踪监测范围，加强农产品溯源制，建立问题发现机制，及时消除农产品质量安全隐患。依法履行监测信息发布职责，提高农产品质量安全信息透明度。

第三，尽快开展全国性农产品质量安全监督普查，加强专项检查工作。

历年来的监测情况表明，政府重视，监管到位，农产品质量安全才能得到有力保证，而加强监督抽查和专项检查是督促企业和地方加强监管工作的重要手段，也是打击违法行为，遏制质量安全事件发生的有效方法。建议发改委和财政部会商，增加相关经费投入，尽快开展一次全国性的农产品质量安全监督专项普查工作，确定重点地区和薄弱环节，对这些地区和环节定期集中开展监督抽查和专项检查，依法查处违反有关法律法规的行为。

目前蔬菜、畜禽产品、水产品质量安全存在的苗头性问题和潜在风险很多，如畜禽养殖过程中β－兴奋剂类等违禁药物使用、抗生素类残留限量药物滥用及食源性微生物污染。为了摸清这些情况，对某些重点品种也可以定期开展质量抽查工作，为应急工作提供预警信息。

第四，加紧加快相关标准修订工作。

目前监督管理工作和突发事件处理中，由于标准修订滞后于现实需要，许多急需检测的参数没有相应的检测方法标准，已有检测标准检测限已无法达到目前所规定的残留限量指标的要求。按照有关标准已不能很好监督管理农产品的安全状况，建议加紧加快相关标准修订工作。

第五，开展重大事件发生后的风险评估和应急处置工作。

建议发改委和财政部会商，加大农产品质量安全投入，增加相关经费投入，保证重大事件发生后组织开展调查、事件的善后处理和新闻宣传等工作的资金支持。

建议农业部等相关部委在今后的工作中，扎实推进生产环节监管、农产品市场准入管理、执法检查和监督抽查、农业投入品源头整治和农产品质量安全管理制度建设等工作，逐步建立管理、服务、监督、处罚、应急为一体的监管工作格局，全面提高农产品质量监管水平，让老百姓吃上健康营养、质量安全的放心农产品。

（提案说明：该提案是民进中央2007年初走访农业部时，农业部提供该方面的基础性材料，民进中央在此材料的基础上，结合以往的调研成果，进行加工提炼后形成的。提案受到农业部和国家工商行政管理总局的高度重视，两部委均认为“农产品质量安全问题，是新阶段农业和农村经济工作必须解决的一个重大问题”，对提案中所指出的问题非常重视，对提出的建议非常肯定，表示将认真分析研究，尽快解决。）

四、关于深化我国文化管理体制改革的建议

深化文化体制改革，是中共中央作出的一项关系我国改革开放和社会主义现代化建设全局的重大决策。经过近30年改革开放，我国初步建立了社会主义市场经济体制，原有文化体制不适应已发展变化了的经济基础的矛盾和问题越来越突出。在原有文化管理体制下，许多文化事业单位游离于社会主义市场经济体制之外，其文化生产缺乏活力，文化产品缺乏竞争力，有的甚至难以为继。只有深化文化体制改革，才能扫除阻碍社会主义文化繁荣发展的体制机制性障碍。

深化文化体制改革，一方面需要推进文化宏观管理体制的改革，另一方面要积极稳妥地推进文化企、事业单位微观运行机制的改革。深化文化管理体制改革，还需要发展文化产业，加快培养与合理使用文化人才。为此提出如下建议：

第一，积极推进文化宏观管理体制改革。

推进宏观文化管理体制是文化体制改革的关键。应自下而上地推进建立统一的文化主管部门和成立文化市场综合执法机构的管理体制改革，有效地形成文化行政和市场管理的工作合力，促进政府职能转变，提高文化行政执法效率。

搭建政策法律平台，把政府对文化的管理纳入法制化和规范化轨道。当前，我国在文化方面的立法相对滞后，应加快文化立法的进程和力度。在文化立法的过程中应加强调查研究，适应文化体制改革中出现的新情况、新问题，适时制定具有前瞻性、针对性和可操作性的法律法规。以相对稳定的法律规范代替多变的政策管理，形成科学配套的文化法治体系。

第二，稳步推进文化企、事业单位微观运行机制改革。

推进文化企、事业单位微观运行机制改革是文化体制改革的中心环节。微观运行机制的改革方案应周全，明确落实改革成本的合理分担责任，尽量全面地考虑到各方面的矛盾和困难。对改革方案应采取两级审批制，即县级的文化单位改革由地级“初审”、省级“终审”，确保改革的质量与稳妥性。

改革方法需稳妥，即程序要合法，思想工作要到位，人员处理要细密，债权债务处置要得当，财产清单要造册，改革与发展要紧密结合。

分层次承担改革成本，包括国家财政转移支付；行业范围效益补偿，即以文养文；产业内部分配调整，即以俗养雅。

建立有效的横向协调机制，组成相应的职能机构协调文化单位与财政、税收、工商、社会保障等部门，统一各方认识，通力合作，确保微观改革的成效。

第三，加快形成新的文化产业和文化市场格局。

发展文化产业是深化文化体制改革的重要内容。国家文化管理部门应抓紧制定科学合理的文化产业中长期发展战略和总体规划，确定文化产业的发展目标，确立文化产业发展的优先次序和主导结构（基础、主导、核心），促进文化产品生产、流通、消费三个环节的良性循环。

推进文化产业的结构调整，增强文化产业的市场竞争力。做大做强核心产业，同时拓展增强外围和相关产业的发展。发挥地区优势，确立特色和支柱文化产业，提高文化产业的集中度。打造和促进龙头企业的形成，大力扶持中小文化企业，增强企业整体竞争力。

培育完善市场主体。采取有力措施，打破文化资源垄断，稳步将国有文化企事业单位推向市场。最大限度地降低非公有文化单位的市场准入门槛，积极引导企业的投资趋向，鼓励更多企业投身于文化产业领域，共同促进文化产业发展。民营企业的积极参与和投入能够切实地促进以公有制为主体，多种所有制共同发展的文化产业格局的形成。通过市场配置和政府引导的互动互补作用，最大限度地实现社会文化资源的优化配置和有效整合，推动文化资源向产业资本和文化产品的转变，提高文化资源的转化率和利用率。

规范文化市场（包括文化产品市场和文化要素市场，目前后者更弱）。一要加快法律法规建设，做好文化市场的建设、培育、规范、管理工作。二要建立统一的市场监管体系（包括知识产权保护、扫黄打非等），培育市场中介组织。打破地区封锁，促进文化产业的跨地区经营。三要适应文化生产、经营与销售的特点，建立全新的文化资本交易模式。

完善文化企业治理结构。形成以竞争机制为着眼点，以股份制为主要形式，按照现代企业制度的运行机制组织、调整结构，真正做到自主经营、自负盈亏、自我发展。

第四，加快培养与合理使用文化人才。

创新有利于人才脱颖而出的机制是深化文化体制改革的重要目标。各级政府应合理布局，科学引导，创造激励成才的政策环境，不拘一格地培养、合理地使用文化建设所需要的人才。文化管理部门应建立全国性网络化的文化人才资源库，加强各级各类人才的职称评定工作。

通过加大教育和培训的力度，采用多样化的培训方式，培养具有全球性眼光的高素质的创新型人才。强化顶尖艺术人才（影视、舞蹈、音乐、写作、民保等等）国际交流与培训，加强各级各类人才培养。高等教育应通过课程设置、社会实践、科研实践等自觉地承担培养文化事业与产业高级人才的任务。

对各级文化干部和文化界人士进行多种形式的理论培训。从事文化工作的干部和管理经营者的理论学习，应该关注不同层面、不同形态的文化问题。文化管理者、经营者，特别是担负重要领导职责的文化干部应具备较为系统的文化理论知识，提高从政治角度审视文化问题的能力，提高理论联系实际和指导实践的能力。

通过宏观布局的调控与市场需求的引导，多层次地培养文化事业与产业所需要的各级各类专业人才，如专业技术、策划等各种各样人才，形成科学合理的文化事业与产业的人才结构。

（提案说明：2005 年底，民进中央决定将文化建设作为今后一个阶段参政议政的重点，并把“促进我国文化体制改革和文化产业发展”确定为 2006 年中共中央统战部组织的重点调研的课题。在此后的一年中，民进中央先后赴浙江、广东等省进行专题调研，并完成了《关于浙江省文化体制改革和文化产业发展的考察报告》、《关于广东省文化体制改革和文化产业发展的考察报告》、《关于广东省新闻出版业的考察报告》。与此同时，民进中央协调有关省级组织同步开展调研，获得了大量的基础资料，汲取了多方的意见与建议，还先后在京召开了三次专家座谈会进行研讨，最终形成了呈送中共中央、国务院的《民进中央关于深化我国文化体制改革的建议》，并进而转化为《深化我国文化管理体制改革的建议》的提案。中共中央宣传部对提案中提出的“积极推进文化宏观管理体制改革”、“稳步推进文化企、事业单位微观运行机制改革”、“加快形成新的文化产业和文化市场格局”、“加快培养与合理使用人才”等建议给予了充分肯定，认为“情况分析切合实际，措施具体有针对性”，并表示“将在文化体制改革工作中予以吸收采纳”。）

五、建立长效机制，切实加强社会主义新农村文化建设

积极推进新农村文化建设，是社会主义新农村建设的一项重要内容。大力加强农村文化建设，不仅能够提高农民综合素质，促进农村经济的快速发展，更好地推进全面小康进程，同时对于维护农村稳定，促进科学文明乡风的养成，以及农村社会的全面进步，也将发挥十分突出的作用。面对社会主义新农村建设高潮的到来，认真总结农村文化建设正反两个方面的经验，研究和遵循农村文化发展的客观规律，与时俱进地更新工作思路，建立长效机制，切实提高农村文化建设的实效则是一项重要的工作，为此，民进中央在深入调研的基础上，形成了提案《建立长效机制，切实加强社会主义新农村文化建设》。提案建议：

第一，认真落实中共中央、国务院《关于进一步加强农村文化建设的意见》，加快、加大农村文化基础设施建设。在坚持以各级政府财政投入为主的前提下，改善投入结构，完善运作机制，提高投入效益。财政投入主要以文化项目为依据，在安排农村建设资金的预算中明确文化建设的支出比例，并对决算中的文化建设实际投入情况给予分析和评价。

第二，加强对农村文化建设的领导。各级政府要把农村文化建设纳入当地社会主义新农村建设的总体规划，从政策、措施上给以切实保障。在加强中央、省级政府扶持力度的同时，努力提高各级干部，特别是县、乡干部的文化意识、文化理论和文化管理水平，明确县、乡政府对农村文化建设的组织领导、统筹规划、协调服务等责任。

第三，建立多渠道的农村文化建设投资新体制。按照政府支持、市场运作、增强活力的思路，制定优惠政策，引导和鼓励企事业单位、社会团体和个人投资兴办农村文化事业或捐助公益性文化事业。要发挥农村社会文化类民间组织的作用，培育农村文化的内生机制。鼓励各种形式的农民自办文化，培养一批文化中心户、文化大院，组建一批农民书社、电影放映队，扶持一批民间职业剧团、农村业余剧团。

第四，挖掘和传承积淀于广大农村地区的丰富多彩的民族文化活动，使之与精神文明创建活动有机结合起来。开展具有浓郁地方特色和民族特色的文化宣传活动。建设传统民族特色和地方特色鲜明的农村文化，培育内容积极健康、形式多姿多彩、风格清新质朴，具有浓厚乡土气息的农村群众文化。

第五，建立长效机制，确保农村文化的可持续发展。一方面，培育市场竞争主体，吸引多元资金用于生产符合农民群众需要的优秀文化产品；另一方面，加大公共文化服务向农村倾斜的力度，培养、引导、提升农民的思想道德意识和文化鉴赏品位，扩大农村文化市场的消费群体。

第六，农村文化建设要立足于农民素质提升。一是要面向全体农民，特别是要重视面向被称为“3861 部队”的妇女、老人和儿童；二是要注意全面发展，不能仅仅是知识、能力、娱乐某个方面的发展和提高；三是要注意“两个结合”，即注意经济与文化的结合，注意狭义文化与广义文化的结合，在满足农民群众文化娱乐需求的同时，满足广大农民“求富、求知、求乐”的综合性文化需求。

（提案说明：2007 年初，民进中央携带着呈送中共中央、国务院的《民进中央关于深化我国文化体制改革的建议》，走访文化部征询意见。通过交流与讨论，民进中央又以调研成果为基础，形成了《建立长效机制，切实加强社会主义新农村文化建设》的提案。文化部对该提案进行了充分的肯定并及时作出答复。）

六、“祖国大陆零关税进口台湾农产品政策实施情况”专题调研

民进中央联络委员会（以下简称联委会）是在民进中央常委会和主席办公会领导下开展海外联谊、参政议政及社会服务活动的工作机构，由民进中央社会服务部协助开展工作。按照民进中央把加强参政议政能力建设作为全会工作重点的指示，联委会把工作重心逐步转移到了涉台领域的参政议政上来。

2007 年 3 月，联委会结合当时两岸关系发展情况，经过多次研究讨论，决定把“进一步加强海峡两岸农业交流与合作——祖国大陆零关税进口台湾农产品政策的实施情况”作为年度参政议政重点课题，通过实地了解大陆方面实施的零关税进口台湾农产品政策的执行情况，就进一步落实中共中央、国务院对台工作的方针政策，细致地做好台湾民众特别是台湾中南部农民的工作，提出相关建议。为此，联委会专门成立了由主任牵头的课题组。

2007 年 6 月 12 日至 16 日，6 月 26 日至 7 月 4 日，课题组先后到进口台湾农产品的主要口岸福建、上海、广东等省市，实地了解祖国大陆零关税进口台湾农产品政策的实施情况。民进中央联络委员会副主任、清华紫光集团副总裁郑忠秀，北京艾尔豪斯膜式工程研究所董事长佟伟，民进中央联络委员会委员、中央电视台《海峡两岸》栏目记者张军军和北京市社会科学院台湾研究中心主任张雅晶参加了有关调研活动。

第一，课题调研基本情况。

一是调研范围广、情况了解深入。

此次调研主要采取座谈与实地考察相结合的方式，深入基层了解情况。

5 月 29 日，联委会课题组专门邀请了国台办经济局负责两岸农业交流负责同志介绍大陆制定零关税进口台湾农产品政策的过程、实施情况，以及存在的问题，使大家对课题背景有了比较全面的了解。

6 月 12 日至 16 日，6 月 26 日至 7 月 4 日，课题组先后到福建省福州、漳州、厦门，上海市，广东省广州、东莞和深圳实地调研。课题组与当地省市台办、出入境检验检疫、海关、农业、对外贸易、农产品质量检测、花卉管理、海峡两岸农业合作试验区工作领导小组等多个涉及台湾农产品进口的单位的有关负责同志，福建省社会科学院亚太经济研究所、台湾研究所，厦门大学台湾研究院，广东省农科院科技推广处，中山大学生命科学学院，华南农业大学果树学等科研机构和大专院校的专家学者，以及具体从事台湾原产地水果经营的部分台商——上海吉谷商贸有限公司、上海元祖食品有限公司、台湾农经国际企业有限公司，内地从事台湾水果进口和销售的超大现代农业集团、上海果品有限公司、深圳市农产品股份有限公司等多家企业的有关负责人进行了座谈，实地考察了漳州万桂农业发展有限公司的香蕉种植园，信华食品（漳州）

有限公司（台资企业）的生产基地，厦门台湾水果销售集散中心、广州江南果菜批发市场、东莞信立国际农产品批发城、深圳布吉农产品中心批发市场经营台湾原产地水果的有关情况，获得了大量的一手资料。

调研期间，课题组和座谈对象还就两岸农业交流与合作中遇到的困难和问题、如何进一步贯彻落实大陆惠及台湾农民的优惠政策，展开了热烈而深入的讨论。

经超大现代农业集团牵线，课题组还与一家来自台湾岛内的水果供货商负责人进行了面对面的交流，了解了台湾农业、农村、农民的一些真实情况，使调研更具有针对性和实效性。

7月20日至22日，张军军委员还利用到上海采访“2007台湾优质农产品巡回展览”的机会，进一步就台湾农产品进口大陆的情况和存在的问题与前来参加展览的台湾各级农会、专业协会、产销班以及农业企业的代表进行了交流，了解情况。

二是得到了统战部、台办及涉台农产品进口有关部门高度重视。

2007年3月，民进中央社会服务部向中共中央统战部三局通报了联委会的参政议政课题，得到了中共中央统战部的高度重视。中央统战部专门拨给联委会5万元的课题经费，支持开展课题调研。课题组在福建、上海、广东的调研也得到了当地统战部门的大力支持，如中共深圳市委统战部马建文副部长及党派处处长参加了课题组在深圳的调研活动。

国台办也给予了大力帮助。国台办经济局领导专门派出有关同志到会中央机关向课题组成员介绍有关情况；福建、上海、广东等调研当地的台办不仅向课题组介绍相关情况，提供资料，还协助联系有关部门，扩大调研范围。

涉台农产品有关部门，如出入境检验检疫、海关、农业、对外贸易等，积极配合课题组在当地的调研活动，使课题组所获得的资料特别是数据资料可靠、有说服力。

三是得到了当地民进组织大力协助。

调研活动得到了民进福建、上海、广东等省市级组织的大力协助。民进福建省委会、民进上海市委会、民进广东省委会，民进厦门市委会、民进漳州市委会，民进东莞市委会、民进深圳市委会组织了高质量的座谈会，使课题组了解到了大量的第一手的较为真实的情况。特别是福建在涉台方面有得天独厚的区位优势和人才优势，不少民进会员从事涉台工作和涉台研究，如原厦门市政协副主席、民进厦门市委主委林仁川是厦门大学台湾研究中心的主任，民进厦门市委副主委邓利娟是厦门大学台湾研究院的副院长。这些常年从事涉台工作的会员从各自的研究角度，提供了很多有见解的研究成果，丰富了调研内容。

民进中央副主席、民进广东省委会主委罗富和，民进福建省委会副主委金铁平，民进上海市委会副主委、民进上海市委会联络委员会主任李名慈，民进上海市委会副主委陈强努，民进广东省委会副主委鲁开垠，副秘书长胡献以及民进漳州、厦门、东莞、深圳市委会的主要领导，分别参与了相关调研活动。民进福建、上海、广东等省市级组织还派出专人随同课题组一起考察、一同了解情况，为课题组顺利完成在各地的调研活动提供了极大的帮助。

第二，调研取得了丰硕成果。

经过近5个月的调查研究，多方征求意见，课题组于10月上旬正式完成了《关于祖国大陆零关税进口台湾农产品情况的调研报告》，并报送给了中共中央统战部和国台办。

调研报告得到了有关部门的高度重视。2007年11月6日，中央统战部来电表示，调研报告内容丰富，决定将调研报告内容摘要呈送中共中央对台工作领导小组，并建议民进中央将调研报告报送国台办、农业部等国家有关部委。

2008年1月18日，民进中央主席严隽琪带队走访国台办时，国台办就调研报告当面给予了详细答复。国台办表示，调研报告对进一步改进和完善大陆惠台政策具有非常重要的参考价值；对报告中提出的亟待解决的问题，如紧急采购、厦门台湾水果销售集散中心经营困难等等，已派专人调研、妥善解决了；对涉及多个部门的问题和建议，如对台湾农产品的检验检疫问题、建立台湾农产品价格监控体系等等，正与有关部门协调解决之中。从后来联委会与民进厦门市委会沟通的情况看，调研报告反映出的问题和困难确实在改进。

第三，调研经验总结。

其一，选题得当是取得实效的关键。新时期对民主党派参政议政的要求越来越高，难度越来越大，不仅要抓准问题，而且要提出具有针对性、创造性、可操作性和对问题解决有实质性帮助的对策建议。选课题便成了参政议政取得实效的关键。开展与港澳台及海外华人华侨的联谊是联委会的优势。由于对台工作具有很强的政治敏感性，经多次研究讨论，这几年联委会把涉台的参政议政课题定在了评估大陆对台优惠政策的实际效果方面，为进一步落实和完善大陆惠台政策，促进祖国和平统一建言献策。

其二，课题组成员合理搭配使实地调研有很强的针对性，所提建议有很强的操作性。调研成员的选择是否得当关系着调研报告质量的高低。参与此次调研的成员都有各自的优势：有的成员有一定的参政议政经验和政府、政协工作的经历，有的成员有较强的组织协调能力和多年的企业运作、经营、管理经验，还有一些成员专门从事对台研究工作。这样的人员组合在参政议政中发挥了独特的作用，增强了建议的针对性和可操作性，对问题的解决有实质性的帮助。

其三，各有关方面的大力支持是圆满完成课题的重要保障。调研当地的民进组织的大力支持和协助，中央统战部、国台办以及课题所涉及的相关政府部门的积极配合，使此次调研广泛而深入，保证了课题组所获的资料特别是数据可靠、有说服力。

其四，机关职能部门的服务工作是联委会能独立开展调研的重要保证。联委会委员都是兼职，不可能完全依靠委员自身力量来参政议政，必须紧紧依靠所联系的机关职能部门。此次，社会服务部派出专职干部全程负责课题组的组织、协调、联络及后勤保障工作，为课题的顺利完成起到了重要作用。

七、民进百企甘肃行暨河西走廊星火产业带发展论坛

2007年7月6日至10日，“民进百企甘肃行暨河西走廊星火产业带发展论坛”分别在兰州、武威、酒泉市举行。这是民进继“民进百企入渝”、“民进百企入桂”、“民

进百企入陕”之后的又一次“民进百企”西部行。通过“民进百企甘肃行暨河西走廊星火产业带发展论坛”，支持、参与甘肃河西走廊星火产业带建设，是民进履行参政党职责，进一步推动“星火西进”的又一次实践活动。

第一，民进在甘肃开展工作的由来。

甘肃河西走廊是开发大西北、实现东进西出的战略通道和重要基地。自1999年中共中央、国务院提出西部大开发战略以来，民进中央十分关注河西走廊的发展，多次到河西走廊考察调研。2003年9月，时任全国人大常委会副委员长、民进中央主席许嘉璐，时任全国政协副主席、民进中央常务副主席张怀西再次就建立河西走廊星火产业带到甘肃进行专题考察，最终促成了河西走廊星火产业带建设的启动。之后，民进中央继续关注与支持产业带建设，把武威市作为推动河西走廊星火产业带的工作联络点，并在武威举办了两届河西走廊星火产业带建设论坛，为产业带建设提供全方位支持。民进甘肃省委会也十分关注产业带建设，多次为推动河西走廊星火产业带建设向中共甘肃省委、省政府献计出力。2007年4月，许嘉璐同志在甘肃考察时与甘肃省主要领导倡导，开展一次民进企业家西部行活动：一方面让民进的企业家感受民进组织响应党中央、国务院号召，参与西部开发、建设所取得的成果，增进对国情的了解，对甘肃的了解，增强对国家、民族、社会的责任感、义务感和使命感；另一方面也为民进企业界会员搭建一个服务社会、服务西部建设的平台，为民进参与西部大开发，推进社会主义和谐社会建设作出新的贡献。

第二，“民进百企甘肃行暨河西走廊星火产业带发展论坛”的基本情况。

“民进百企甘肃行暨河西走廊星火产业带发展论坛”主要内容有：参加第十四届兰州投资贸易洽谈会，开展经贸考察和项目洽谈；在武威举行河西走廊星火产业带建设专家顾问组成立仪式，举行河西走廊星火产业带生态农业发展专题报告会；在武威市开展经贸项目考察、洽谈和签约仪式；在酒泉市召开河西走廊星火产业带发展论坛。

时任民进中央副主席王立平带队的民进企业界会员，台湾企业家，河西走廊星火产业带建设专家顾问组成员，以及民进中央、中共中央统战部、科技部有关负责人、甘肃省科技厅、民进甘肃省委会共111人参加了活动。

此次活动得到了中共甘肃省委、省政府的高度重视，中共甘肃省委书记、省人大常委会主任陆浩，中共甘肃省委副书记、省长徐守盛于7月6日亲切会见了王立平一行。陆浩、王立平发表了重要讲话。民进会员、企业家代表、贵州青利集团董事长周世立作了发言。参加会见的还有中共甘肃省委副书记刘伟平，中共甘肃省委常委、省委统战部长刘立军，中共甘肃省委常委、省委秘书长姜信治，副省长泽巴足，省长助理郝远，省政府秘书长赵春；民进甘肃省委会主委李国璋；兰州、金昌、张掖、嘉峪关、酒泉五市市长。

王立平一行在兰州参加了第十四届兰州投资贸易洽谈会，在武威市参加了武威市重点投资招商项目推介会，并开展了多项经贸考察和交流洽谈活动。

7月10日，河西走廊星火产业带论坛在酒泉市举行。王立平、戚建美、程正明、李国璋、陈继、酒泉市政府有关部门负责人等出席论坛。中科院科技政策与管理科学研究所副所长王毅等4位专家作了专题演讲。与会的10余名专家先后就农业产业结构调整、农产品加工等方面的内容发表了意见。出席论坛的领导、专家和代表还参观了大禹节水公司、西部农业科技公司、敦煌种业股份有限公司和奥凯种子机械有限公司等酒泉市龙头企业。

第三，“民进百企甘肃行暨河西走廊星火产业带发展论坛”的成果。

一是成立了河西走廊星火产业带建设专家顾问组。

为进一步推进河西走廊星火产业带的发展，经科技部、民进中央和河西走廊星火产业带建设领导小组推荐，共有22名专家被聘为河西走廊星火产业带建设专家顾问组成员。7月8日，河西走廊星火产业带建设专家顾问组成立仪式于武威市隆重举行。王立平、戚建美、程正明、李国璋、陈继等出席仪式，并向专家们颁发了聘书。专家顾问组的成立为河西走廊星火产业带的建设提供了专业的科技支撑，为产业带持续、健康、有序发展提供了保障，是星火产业带发展历史中一件具有里程碑意义的重大事件。

二是民进民营企业界会员与甘肃省有关部门进行了广泛的接触，经贸洽谈成果丰硕。

活动期间，民进中央领导和民进企业界的会员同志们同甘共苦，同行同住，以极高的政治激情，极大的参与热情，奔波数千里，深入西部腹地，分别与甘肃省兰州市、武威市、酒泉市多个部门进行了接触，感受西部，了解甘肃，参与甘肃的发展与建设。在短短的四天里，共举行大型活动6场，中小型活动2场，收获了丰硕的成果：作为中国参政党组织，进一步扩大了民进在西部地区的良好的影响力，显示了较强的凝聚力；作为民进企业界会员，又多了一个了解国情、了解社会，报效国家，参与西部建设的机会。一位广东的企业家说，感谢民进中央组织了这次甘肃行，彻底改变了对中国西部的看法，这里不是不毛之地，是一块极富潜力、活力和诸多商机的处女地，正待开发，有眼光、有实力的企业家应该到这里投资兴业。活动结束返程时，甘肃省统战部经济处干部对民进甘肃省委会的同志说，怎么也没想到，民进把事情做得这么大，做得这么好。

参会的企业界会员带着爱会、报国之心和强烈的社会责任感，与甘肃省、兰州市、武威市各有关方面进行了广泛的接触与交流。据初步统计，“民进百企甘肃行”共签订了21个项目合同和协议，合同签约和意向协议金额达17.45亿元，签订协议的项目中有5个资金超亿元。当天，由民进中央牵线，民进中央经济委员会副主任、中国农业大学食品科学与营养工程学院教授黄卫东规划并促成的天水市御马万吨葡萄酒生产线和3000亩优质酿酒葡萄基地建设项目正式签订协议。该项目投资超亿元，预计在10年内建成8—10万亩酿酒葡萄栽培基地，葡萄酒年生产能力达到8万吨。

21个项目中，台商企业与民勤县人民政府签订的“甘肃省民勤县红沙岗风力发电场”项目金额高达8亿元人民币。这个扶助性项目关注民勤地区经济社会发展，不仅能给当地带来一定的经济收益，也能缓解当地的能源压力，客观上将起到经济发展与环境保护协调一致的积极作用。

三是进一步提高了民进企业界会员的参政党成员意识，增强了民进的凝聚力。

参会的民进企业界会员大部分是第一次到河西走廊，通过这次活动，他们了解到河西走廊星火产业带建设是在许嘉璐、张怀西等领导直接提议和关怀下设立的。民进中央领导先后数次到甘肃考察，为产业带建设多方呼吁。从产业带启动、建设，都作了具体的指导。截止到2006年，河西走廊星火产业带区域内6市22县GDP达到1038亿元，占全省45.6%，产业结构调整到14∶56∶30，农民人均纯收入达到4153元，比全省水平高出近一倍。用甘肃省18.7%的人口和17.4%的耕地，提供了70%的商品粮、35%的商品油、100%的棉花、25%的肉类和45%的瓜果和蔬菜。看到民进组织为国家和社会作出这么大的贡献，他们深受感动，进一步理解了参政党参政为民的深刻内涵，加深了对民进的了解，增进了对民进组织的热爱之情。活动期间，当地政府表现出来的对民进组织的尊敬和爱戴，对王立平同志为团长的民企会员考察团的礼遇和高规格的接待，让民进企业界会员倍感作为民进会员的自豪与骄傲，深刻体会到人生价值实现之最高层次是为社会，为老百姓做些实事。活动最后一天，第一次参加民进活动的河南企业家侯松发在得知拟投资的水电站项目已被别人签了协议后，要求再考察一个项目。他说，我在哪都是投资，在这儿投资多了一份组织的荣誉，多了一份民进会员的自豪，何乐而不为？

第四，今后的主要工作。

围绕河西走廊星火产业带建设和此次“民进百企暨河西走廊星火产业带发展论坛”活动所取得的成果，把民进的社会服务工作与国家工作大局、民进工作大局紧密结合，保持与甘肃省有关部门的联系，进一步做好“民进百企甘肃行”的后续工作。

巩固和发展活动所取得的成果。一方面继续加强同甘肃省科技厅、民进甘肃省委的联系，加强与民进企业家和武威市政府的沟通和联系，促成合作意向的落实；另一方面继续搜集和整理反馈有关信息，配合民进企业界会员和专家顾问组开展各项咨询和调研工作。

认真总结此次活动所取得的收获及经验，反思不足，更好地做好民进企业界会员工作。

民进中央年鉴编写组

中国农工民主党参政议政案例

一、关于促进海洋经济又好又快发展的若干建议

在人口膨胀性增长的今天，许多陆上资源濒临枯竭，而海洋蕴藏着丰富的油气、水产、战略金属等资源，是解决人口膨胀、资源短缺和环境恶化等一系列难题的重要途径。在世界范围内，实施海洋开发、发展海洋经济已经成为国际性大趋势和各沿海国家的战略抉择。

近年来，中共中央、国务院非常重视我国的海洋工作，在中共中央制定的“十一五”规划中明确强调，要“开发和保护海洋资源，积极发展海洋经济”。国家有关部门也就发展海洋经济制定了相应的规划和措施。

促进海洋经济又好又快发展，也是农工党中央近年来一直高度关注的重要课题。经过认真研究和缜密论证，农工党中央把“促进海洋经济健康发展”作为2007年考察调研的重点。

为了切实给海洋经济发展“把好脉”，向中共中央、国务院建有用之言、献务实之策，农工党中央对开展好这次考察活动高度重视。2007年4月22日至30日，农工党中央与农工党海南省委会联合进行了大考察前期调研。前期调研组召开了各种类型的座谈会，分别与海南省有关政府部门、研究机构、大专院校等单位的领导和专家学者进行了座谈研讨，深入了解基本情况并作出初步分析。前期调研结束后，农工党中央邀请相关部委和专家召开了“海洋经济座谈会”。来自国家发改委地区经济司、农业部渔业局、交通部海事局、国家海洋局、海南省海口市政府等单位的8位专家先后发言，介绍了我国海洋经济发展的现状、面临的问题及应采取的对策。蒋正华主席认真听取了各位专家的发言，并强调指出海洋问题牵涉到的面非常广，意义非常深刻。农工党中央希望通过考察工作，依靠各部门、各位专家的共同努力，为国家战略提供政策性意见。随后，蒋正华主席还亲赴中国海洋石油总公司调研，为大考察活动作了充分的准备。参政议政部还走访了中国船舶工业集团公司，就远洋渔业发展过程中的渔船制造问题进行了座谈。

2007年5月30日至6月5日，蒋正华主席、李蒙常务副主席率农工党中央考察团赴海南，就“促进海洋经济又好又快发展”进行考察调研，农工党沿海各省级组织也

开展了同步调研。

在短短一周的时间内，这支由蒋正华主席、李蒙常务副主席亲自率队，包括国家主要涉海部门的领导同志和有关专家的考察团，顶着三十五六度的高温酷暑，登鱼排、入海港，参观水产养殖基地，察看炼油石化工厂，研讨旅游开发规划，对海南省海洋经济发展现状、亟待解决的问题有了更加深入的了解。

通过调研，考察团了解到，中共十六大提出“实施海洋开发”战略以来，我国海洋经济飞速发展。2006 年，全国海洋经济生产总值达到 20958 亿元，占国内生产总值的比重首次突破 10%，解决了沿海地区 1/10 的人员就业。滨海旅游业、海洋渔业、海洋交通运输业、海洋船舶工业、海洋油气业、海洋电力业已成为六大海洋产业，占全国主要海洋产业总产值的 83%。其中，海洋水产品产量、港口货物吞吐量连续多年保持世界第一，造船业跃居世界第三，海洋油、气等资源开发取得显著成绩。但是，我国海洋经济发展还存在一些问题：在思想意识上，长期以来从政府规划到国民观念都不同程度地存在着“重陆轻海”思想；在南海权益维护上，如何实现“搁置争议、共同开发”还是一个难题；在海洋产业上，技术“瓶颈”和政策滞后的约束，导致深海油气开采、现代海洋渔业、海水淡化、海洋生物制药等发展缓慢；在海洋经济区域布局上，各地发展不平衡，并存在趋同现象；在海洋管理体制上，缺乏综合协调机制，至今尚未出台国家统一的海洋发展战略规划和海洋基本法。

作为共和国最大的经济特区，海南岛内处华南经济圈外缘要地，外临东南亚地区，处于中国—东盟自由贸易区的地理中心位置，管辖着西、南、中沙群岛的众多岛礁及广阔海域，在发展海洋经济、维护国家主权和海洋权益方面具有独特的地位和作用。

如何通过实施海洋综合开发战略支持海南经济社会发展，是农工党中央考察团此行十分关注的焦点，农工党中央主要领导对此也倾注了深厚的感情。

蒋正华主席指出，海南资源丰富、环境优美、海域辽阔、潜力巨大，“南海是一座取之不尽的宝藏”，“海南是一颗璀璨的明珠”。他从发展观念、发展思路上，高屋建瓴地提出了“科学开发、综合开发、开放开发”的建议。

参观三亚市规划展时，李蒙常务副主席殷殷叮咛三亚市领导，开发海岸旅游资源时要充分考虑、优先满足普通市民的文化休闲需要。

大考察结束后，农工中央综合农工党沿海十个省（自治区、直辖市）的地方组织同步调研的情况，深入研究论证，向中共中央、国务院报送了《关于促进海洋经济又好又快发展的若干建议》的大考察报告。

农工党中央在报告中指出，实现我国海洋经济又好又快发展已具备良好的经济基础和社会环境，应深入贯彻落实科学发展观，坚持统筹陆海经济协调发展，强化海洋意识，维护海洋权益，保护海洋生态，开发海洋资源，实施海洋综合管理，促进海洋经济又好又快发展。建议：

第一，坚持“陆海统筹”，把海洋经济作为国家重要发展战略。在我国经济和社会发展面临资源短缺压力的情况下，我们应当坚持以科学发展观为指导，牢固树立“陆海统筹”观念。陆海统筹是指统一筹划我国陆域与海洋两大系统的资源利用、经济发展、环境保护、生态安全和区域管理等。坚持“陆海统筹”，关键是要实现“五个转变”：从狭隘的“重陆轻海”意识转变为开放的“陆海并重”意识，更加重视海洋经济发展和海防建设；从单纯的陆地规划思想转变为陆海统一规划思想，实现陆海空间布局和功能开发的相互协调和衔接；从传统的陆地资源型产业发展战略转变为现代的陆海空资源综合开发利用的产业发展战略，增强陆海产业之间的联系和分工合作；从以往的重视陆地环境保护转变为陆海环境并举的海洋生态环境保护机制，防止海洋成为陆源污染物的接纳池；从片面追求经济效益的发展模式转变为经济、社会、环境、生态效益并重的发展模式，推动高起点、宽领域、深层次的海洋开发。

第二，坚持“共同开发”原则，切实维护南海权益。针对我国海洋资源开发和海域划界面临的严峻形势，应在巩固发展与东盟睦邻友好关系的同时，坚持“有理、有利、有节”原则，积极谨慎地处理南海问题，切实维护南海权益。应抓紧制定南海总体战略规划，研究确定我国必须控制的战略空间；加大在南海的行政管理力度。一是建议国务院尽快考虑批复海南省提出的建立三沙市（中沙、西沙、南沙）报告，强化实质性的日常行政管理；二是扩大在南海的定期维权巡航执法的范围，建立突发性侵权事件应急处理机制和监控系统；尽快在南沙海域进行实质性开发。我国至少应当首先在没有争议的区块启动深水勘探开发，尽快摆上钻井平台和采油平台，采出油气，彻底扭转某些国家无视中国海洋权益的被动格局，为“共同开发”奠定基础；建立南海旅游基地。应根据生态环境容量和硬件设施承载力，有计划、分步骤地开发南海诸岛旅游业，建成极具特色的爱国主义教育基地和海洋科普教育基地；坚持“开发南沙，渔业先行”的方针。加快推进永兴岛渔业综合补给基地建设，为我国渔民提供补水、补油、补冰、补食品和船只维修的全方位服务；增加南沙渔业柴油补贴和涉外风险补贴力度，大力支持南沙渔业发展。

第三，创新发展观念，积极探索海洋资源开发利用新思路。应创新发展观念，对海洋资源进行科学开发、综合开发、开放开发，积极探索海洋资源开发利用新思路：一是科学开发。应大力实施“科技兴海”战略，在海洋资源开发中确立科技先行的战略思路，优先发展海洋科技，着力破解技术“瓶颈”，增强科技进步对海洋经济发展的带动作用。二是综合开发。在加强海洋资源开发的同时，应进一步加强海域使用管理工作，科学测算海域和沿海地区生态环境容量，合理确定优先开发岸段、重点开发岸段、限制开发岸段和禁止开发岸段，严格控制填海造地的规模和范围。三是开放开发。为促进海洋经济健康发展，应放眼世界，把我国海洋资源的开发利用放到全球经济一体化、国际国内区域合作的大背景中去谋划，根据各个区域的特点和海洋功能区划，高标准、高起点地制定和完善各海域、各沿海地区的发展规划，统筹海洋经济综合协调发展。

第四，完善支撑体系，促进海洋产业发展。目前我国海洋经济总体发展水平在世界处于中等偏上的水平，海洋产业的发展水平，特别是深海油气资源开采、现代海洋渔业、海水淡化、海洋生物制药等高技术、高附加值海洋产业的发展水平与发达国家还存在一定差距，还需国家给予政策支持：完善税收优惠政策，大力促进深海油气资源开发；全面建立和推行渔业基本经济制度，大力发展现代海洋渔业；逐步提高海水淡化入网率，积极推进海水淡化；加强科技攻关，促进海洋生物制药业快速发展。

第五，改革和完善海洋管理体制，促进海洋经济健康发展。从我国的国情和实践出发，我国应当建立较为统一的海洋管理体制，实现海洋管理体制从行业分散型向综合协调型转变。一是深化海洋管理体制改革。建立中央海洋工作领导和协调机制，负责制定国家海洋事业发展的大政方针和政策，协调跨部门、跨行业、跨地方的海洋开发重大事项，处理与海洋开发和海洋权益有关的重大问题。在国务院层面，应当设立国务院直属的海洋行政管理部门，除主要履行海洋综合管理职能外，还应承担起中央海洋工作领导机构交办的各项事宜。通过理顺职能，最终形成统一管理、分工合作、职责明确、运转协调的海洋管理体制。二是研究和制定我国21世纪海洋发展战略。应从国家发展的战略高度，充分认识海洋的重要性，尽快研究制定我国21世纪海洋发展战略，明确国家海洋战略的目标、方针和任务。三是应制定《海洋基本法》，进一步健全和完善我国的海洋法律体系。

国务院副总理曾培炎就报告作出重要批示。

董艳敏　农工党中央参政议政部干部

二、积极推动北部湾开放开发纳入国家战略

2008年2月21日，广西壮族自治区正式对外宣布：《广西北部湾经济区发展规划》获国家批准实施，广西北部湾经济区将建设成为重要国际区域经济合作区。一个地方区域性的发展战略能在两年时间内上升为国家经济的发展战略，农工党中央长期以来的持续关注和积极建言起到了积极的推动作用。

农工党一直对北部湾经济区的开放开发，对广西的建设与发展非常关心和爱护。农工党中央两代领导人，原全国政协副主席、农工党中央十一届委员会主席卢嘉锡，原全国人大副委员长、农工党中央十二、十三届委员会主席蒋正华，多次带着专家到沿海各市考察咨询，为广西的建设、为北部湾经济区的发展建言献策。

早在1991年5月，卢嘉锡主席就曾率领农工党中央考察咨询组来到北海，深入工厂、海岸码头，为经济把脉，对北海的开发建设提了许多宝贵意见，并表示农工党真心真意帮助广西发展，将为北海做好牵线搭桥工作，从人才引进上为北海出力，并向有关部门反映北海情况争取支持。

进入新世纪，随着中国—东盟区域经济合作新格局的初步形成，广西沿海要求发展的呼声日益强烈。2006年初，北部湾（广西）经济区成立，统筹规划建设沿海重大基础设施、重大产业布局等重大问题。与此同时，农工党广西区委会以强烈的政治责任感和使命感，以广西经济社会的发展为参政议政第一要务，调动农工党广西各级组织力量议政调研，为北部湾经济区的开放开发鼓与呼。此举得到农工党中央的大力支持。2006年7月，“首届泛北部湾经济论坛”在南宁隆重召开。农工党广西区委协助中共广西区委邀请全国人大副委员长、原农工党中央主席蒋正华出席了论坛开幕式。蒋主席在致辞中指出，北部湾地区资源丰富，交通便利，气候宜人，环境优美，有深厚的人文、社会、经济基础，有强大的发展潜力。实施环北部湾区域经济的合作与开发不仅

应该成为中国及地方政府发展战略的重点，而且也应该成为相关国家发展战略的重心所在。

2006 年 12 月，应中共广西区委的邀请，蒋正华主席率农工党中央考察团一行再一次来到广西，就北部湾（广西）经济区开放开发开展专题调研。在南宁、防城港、钦州、北海，考察团深入到港口、码头、电厂、工矿企业，了解经济区产业发展情况，并与中共广西壮族自治区党委、自治区政府就考察调研情况交换了意见。通过考察调研，农工党中央认为，北部湾资源丰富，开放开发步伐明显加快，发展势头良好。加快北部湾开放开发、推动泛北部湾经济合作，有利于环北部湾省、区的改革发展，有利于丰富和深化我国与东盟合作领域和内容，有利于完善我国沿海区域经济布局，带动西部，缩小差距，促进共同发展。北部湾地区有条件成为中国经济的一个“增长极”。

北部湾专题调研结束后，农工党通过多种方式积极推动北部湾经济区开放开发工作。

2007 年 2 月 14 日，在中共中央召开的迎春座谈会上，蒋正华主席向中共中央领导同志提出建议，把加快北部湾的全方位开放开发、推进泛北部湾国家和地区的经济合作，作为国家重要发展战略。建议：一是在国家层面成立泛北部湾工作委员会或由国家有关部门与广西等联合成立部省（区）工作组，统筹推进战略实施；二是将北部湾（广西）经济区列为国家区域开放合作综合改革试验区，通过在土地管理、金融合作、海关特殊监管等多方面进行综合改革试验，为推动区域开放合作探索新的体制机制；三是充分发挥广西沿海的区域优势和资源优势，支持广西沿海基础设施建设和石化、钢铁、造纸、修造船等工业布局等。

2007 年 3 月 4 日，中共中央总书记、国家主席、中央军委主席胡锦涛参加了全国政协十届五次会议农工党、九三学社联组会讨论。联组会上，全国政协常委、农工党广西区委员会主委彭钊就加快推进北部湾沿海地区开放开发提出了四点建议：把北部湾开放开发提升为国家行为，正式纳入国家战略；将广西北部湾经济区列为国家区域开放合作综合配套改革试验区；大力支持广西沿海的基础设施建设和石化、钢铁、造纸、修造船等工业的布局；保护北部湾生态环境等。这些建议得到了参加讨论会的中共中央领导和各位委员的重视。

2007 年 3 月 9 日，全国政协常委、农工党中央副主席汪纪戎在全国政协十届五次会议第二次全体会议上作《加快北部湾开放开发，积极推进泛北部湾经济合作》的大会口头发言，就积极推进泛北部湾经济合作、加快北部湾的开放开发提出建议：第一，把北部湾开放开发和推进泛北部湾合作提升为国家行为，正式纳入国家战略，在中国与东盟建立自由贸易区的总体战略和规划中，成为中国—东盟“10 + 1”框架下新的次区域合作。第二，从国家层面组织推动泛北部湾经济合作。在国家层面成立泛北部湾工作委员会或由国家有关部门与环北部湾各省、区联合成立部省（区）工作组，将泛北部湾经济合作纳入我国与东盟国家共同制定和实施的合作计划。第三，将北部湾（广西）经济区列为国家区域开放合作综合改革试验区，设立海关特殊监管区，在土地管理改革、财税扶持、保税物流、金融改革创新以及行政管理体制、环境保护体制、人才培养机制等方面，先行试验一些重大的改革措施。第四，高度重视保护北部湾生态环境。国家有关部门和环北部湾的省、区应严格北部湾岸线资源的开发与管治，将岸线按主体功能划分为优先开发、重点开发、限制开发和禁止开发四类，并严格遵照实施等。大会这一发言引起了与会委员的强烈共鸣。

同时，农工党中央向全国政协十届五次会议提交了《关于将北部湾（广西）经济区列为国家区域开放合作综合改革试验区的建议》的提案。该提案对推进泛北部湾经济合作、加快北部湾的开放开发提出了七条建议，包括建立和完善区域开放合作的平台与机制、推进开展区域金融改革创新合作、打造国际大通道和区域性国际产业基地、开展土地管理体制改革、探索外贸、外汇体制和口岸体制改革、开展财税体制改革、探索行政管理体制改革等。

《光明日报》2007 年 3 月 9 日发表了蒋正华主席撰写的《让北部湾成为新的经济“增长极”》的文章。蒋正华主席在该文中指出，把北部湾地区建成新的经济“增长极”，势必形成推动沿海经济和长三角与珠三角、渤海湾与北部湾，以及海峡两岸的“两角两湾两岸”经济发展相互支撑的新格局。为此，应把北部湾开放开发和推进泛北部湾合作提升为国家行为，正式纳入国家战略。在国家层面成立泛北部湾工作委员会或部省（区）联合工作组，推动泛北部湾经济合作。将广西北部湾经济区列为国家区域开放合作综合改革试验区，先行试验一些重大的改革措施，在推动西部地区、少数民族地区、边疆地区经济社会发展方面发挥重要的示范作用。在开发开放的同时，要高度重视保护北部湾生态环境。

2007 年 7 月 26 日，蒋正华主席再次受邀出席“第二届泛北部湾经济合作论坛”，在致辞中，他向多国政要呼吁，泛北部湾经济合作应以产业合作为纽带，在互利共赢的基础上，循序渐进地展开交通基础设施、港口物流、旅游、海洋资源与能源等领域的合作，稳步推进泛北部湾产业发展。

农工党发动全党各级组织力量为推动北部湾经济区殚精竭虑，不同一般的动作引起众多媒体的重视。人民日报、新华社、中央人民广播电台、中央电视台等中央新闻单位记者纷纷采访农工党界别委员，并在重要版面和时段分别刊登了有关北部湾开放开发的报道。

黄国胜　农工党中央参政议政部干部

董艳敏　农工党中央参政议政部干部

三、农工党中央关注留守儿童

在全国政协十届委员会组织的优秀提案评选中，农工党中央提交的《关于加强对农村留守儿童教育工作的提案》被评为优秀提案。

这份提案是农工党中央妇委会数十位妇女委员凭女性特有的母爱与细腻共同成就的。

说起这份提案的由来，还要追溯到农工党妇女工作委员会 2006 年在泉州召开的一次会议。会议的主题是讨论研究妇女参政议政工作，参加会议的妇女代表们很快就将话题转到了农村的教育问题上，进而关注到了农村留守儿童的身上。当时江西的一位委员介绍了她就留守儿童问题所做的专门课题，引起了大家的兴趣。2006 年 9 月中旬，农工党江西省妇女工作委员会专门组织了一个专题调查组，赴新余市渝水区姚圩镇和新溪乡进行了调研。调研结果显示，新余市全市农村外出务工人员为 10.8 万人，双亲外出务工者占到了 80% 以上。公办中小学学生中，渝水区留守儿童占到 20.6%，姚圩镇占 65.4%，新溪乡占 33.4%。在留守儿童中，幼儿园和小学年龄段的孩子占的比例最大。而调查组在接触到留守儿童后，感受更是惊心。许多孩子说自己只能在每年寒暑假时到父母身边待一段时间，还有一些只能在过年时见到父母一面，说起这些孩子们都哭了。而在一所小学，委员们正碰到孩子们吃饭，只有一个菜——红炒冬瓜，不少孩子由于长期缺少父母照顾而营养不良。更让委员们担心的是，留守儿童中，有的孩子显得十分孤僻、封闭，不论问什么，始终不开口；而另一些孩子虽然有问有答，眼神里却含着冷漠与疏离。“孤单的生活、亲情的匮乏，已经对他们幼小的心灵造成了伤害。”调研中委员们深感痛惜。听完留守孩子们的情况介绍，参会的妇女代表都非常关心，决定把留守儿童的问题作为当年妇委会的重点关注课题。会议结束之后，各位代表回到各自的工作岗位，收集了所在城市有关留守儿童情况的数据。农工中央妇委会又专门走访了全国妇联，经过多次沟通，最后站在全国的层面写出了这份提案，提交全国政协十届五次会议。

提案首先出示了这样一份数据：目前，我国农村有 1.5 亿农民外出务工，并且每年以 500 万人的速度递增，其中年龄在 35 岁以下的约占外出务工人口的 77%，其子女正处于基础教育阶段，目前留守农村的儿童近 7000 万，且这个数字也在逐年递增。

提案突出反映了留守儿童在教育、心理、文化、道德等方面让人担忧的问题。“留守儿童”大多受“隔代亲”教育，祖辈对“留守儿童”物质上给予的多，精神关注的少；品行上溺爱的多，教育上引导的少。有些孩子因成绩不良而逐渐产生厌学情绪，进而走上辍学道路。与父母的长期分离，也导致“留守儿童”性格上的缺陷。儿童成长时期是性格品行形成和发展的关键时期，但留守儿童家庭是事实上的“单亲家庭”或“无亲家庭”。他们缺少了父母关爱，不能从自己父母身上得到呵护，无法与父母沟通，有心事无人倾诉，心理得不到满足，在人格发展上不健全，内向、冷漠、孤僻、逆反、抑郁自卑，缺乏安全感，社会适应能力、心理承受能力、生活习惯等均较差。同时，由于缺少有效保护，“留守儿童”人身安全隐患较多，一方面，由于缺乏正常的家庭保护环境，农村留守儿童没有父母监护，安全问题日益突出，被拐卖、受侵害、出现意外伤害的事件时有发生。另一方面，由于缺少父母的管教，有部分孩子我行我素，自私任性，在行为习惯上容易说谎，在网络游戏上寻求刺激，甚至有小偷小摸的行为，一旦教育不慎，就会成为受伤害的对象或走上违法犯罪的道路。

留守儿童的身心健康也受到影响。由于母亲过早外出打工，婴儿既无母乳喂养，又无科学的人工喂养，有些正处于生长发育期的儿童只能得到粗放性喂养，加之有不少儿童未能得到全程计划免疫，健康发育问题十分突出。

在列出问题之后，提案指出，留守儿童之所以产生，根源在于城乡二元结构，而这一点我国很难在短期内彻底解决。因此，提案不仅从宏观层面提出对策，更立足于现状，提出了许多具有可操作性的建议：

一是修订、完善有关法律法规。正在修订的《未成年人保护法》，应增加政府对流动人口子女受教育、卫生保健和家长对子女接受义务教育的责任保障内容。

二是制定相关政策。国务院要尽快出台《关于加强农村留守儿童和流动人口子女有关工作的意见》，就进城务工人员子女的义务教育、考试制度，中考、高考资格审定等问题上消除不平等待遇。

三是探索户籍制度改革试点工作，逐步改变城乡二元结构。改革与户籍相联系的城乡二元结构的各种制度，拆除就业、医疗、住房、教育等方面的城乡壁垒，使进城务工人员享有城镇原住居民同等的政治和社会权益，使他们的子女也享受与城市孩子同等的待遇。

四是切实履行政府责任，实施政府财政转移支付制度。建议进城务工人员输入地政府将流动人口子女教育、医疗、社会保障等问题，纳入输入地经济和社会发展规划和财政预算支出范围。国务院对输入地政府的流动人口子女工作实施工作考核，凡考核合格，这笔财政支出费用则由国务院给予国家财政转移支付给输入地。

五是提高农村教育的公平性和均衡性。提高农村教育资源的公平性和均衡性，大力创办留守儿童寄宿制学校，对他们进行特殊的教育管理，给他们以特殊的关爱。这将有利于义务教育阶段留守儿童在学校得到较好的学习和生活环境，有利于他们的健康成长。

六是整合社会资源，建立社会、学校、家庭监护体制。在社会上探索推行“代理家长制”，在自愿的原则下，发动机关干部、居委会和热心儿童工作人士做“留守儿童”代理家长。学校要建立班主任联系留守儿童家庭的联系考核制度，加强学校与家庭联系沟通。要加强家庭监护人的培训，增强家庭监护人的责任意识和监护能力，大力发展家长学校，并加大对家长学校的资源扶持。

七是建立和完善留守儿童工作机构。留守儿童工作涉及各省市、各部委应履行的政府责任，因此应建立一个国务院协调指挥机构，统一协调各省市、各部委有关留守儿童工作。各省市也应建立相应的工作机构，统筹留守儿童相关工作。

农工党中央的这份提案引起了中共中央领导及政府部门的高度重视。教育部就该提案进行了长达六页的书面答复，表示要进一步做好农村留守儿童的教育工作，并提出了“教育督导部门将把对农村留守儿童教育列入教育督导、评估的重要内容，重点检查留守儿童教育工作机制建立情况、控制辍学率情况、优先保障在校寄宿情况等，检查结果要作为考核政府、教育行政部门、学校的重要内容。同时，促进学校建立与农村留守儿童家长和临时监护人的联系制度，鼓励学校组织老师与留守儿童建立帮扶制度”等七项具体对策。

公安部也在其书面答复中表示，目前已经有十多个省相继出台了取消农业户口和非农业户口的性质划分，一些地方还放宽了户口迁移条件限制，允许符合条件的农村人口及其家属在当地落户。今后还将进一步深化户籍制度改革，逐步放宽户口迁移限制。

农工党中央妇女工作委员会

四、对《国务院办公厅关于促进我国天然橡胶产业发展的意见》出台发挥了积极作用

作为我国天然橡胶产业发展史的里程碑式的文件，《国务院办公厅关于促进我国天然橡胶产业发展的意见》重新将天然橡胶定位为“战略资源和工业原料”，明确提出了促进天然橡胶产业发展的指导思想、基本原则和目标，以及发展我国天然橡胶产业的五条措施和稳步推进“走出去”战略的三条措施，并且明确了相关部委分工。海南农垦局经对照阅读发现，国务院出台的这些好政策，都与农工党中央《关于把天然橡胶的安全供给提升为国家战略的建议》高度一致，认为农工党中央为我国橡胶事业的健康发展办了一件大好事。

《关于把天然橡胶的安全供给提升为国家战略的建议》提案的成功背后，是农工党中央连续两年的深入调研和坚持不懈地积极建言。

第一，提案的形成过程。

2005 年 11 月，农工党中央参政议政部同志在看到一篇名为《我国橡胶产业升级的生态工程途径》时，隐约感到这一产业的健康发展存在困难，于是主动与海南“热作两院”橡胶研究所所长和专家进行电话沟通，了解到我国天然橡胶产业面临前所未遇的困难，应及时引起党和政府的高度关注。从国际来看，天然橡胶的资源争夺和价格竞争日趋激烈；中国天然橡胶产业能否实现可持续发展，将对我国国民经济的安全运行产生重大影响。海南橡胶界表示迫切希望农工党中央派员前去调研。

2005 年 11 月中旬，农工党中央参政议政部和农工党海南省委会组成“天然橡胶产业发展战略”联合调研组展开专题调研。农业部对该调研活动非常重视，指示海南农垦局全力配合做好服务工作。而海南农垦局认为，在天然橡胶产业发展最困难的时候，农工党中央主动登门了解情况，这是求之不得的好事，专门安排局长助理蒋菊生负责接待工作，由局接待办主任全程陪同。

联合调研组利用五天时间走遍了全岛的主要胶园，参观了橡胶初加工企业，与海南天然橡胶集团公司负责人、橡胶园领导和橡胶研究所专家举行了五个座谈会，获得了大量第一手资料。

回京后，调研组继续与农业部农垦局保持热线沟通。在此基础上，农工中央参政议政部撰写了《关于把天然橡胶的安全供给提升为国家战略的建议》初稿，并反复征求农工党海南省委会、农业部、海南农垦局、海南省天然橡胶集团公司和橡胶研究所的意见集思广益，十易其稿，终于形成了农工党中央提案，报全国政协十届四次会议。

第二，提案创造了两个“第一”。

专家认为，在全国范围内，农工党中央的提案第一次提出了“应把天然橡胶的安全供给提升为国家战略”的设想，农工党中央提出这一设想具有充分的理由：其一，自 2001 年我国成为世界第一大天然橡胶消费国和进口国以来，天然橡胶需求量呈直线上升趋势。目前，我国天然橡胶产量约占世界总产量的 7%，消费量却占世界总消费量的 20% 以上。我国天然橡胶的自给率已不足 1/3，大大低于最基本的安全保障线。其

二，当前，天然橡胶国际贸易的供求矛盾是“狼多肉少”。占世界天然橡胶出口总量90%的马来西亚、印尼、泰国、越南和印度，成立了天然橡胶“五国联盟”，试图利用资源控制全球市场。此外，各主要消费国纷纷采用各种方式，加紧争夺对天然橡胶资源的实际控制权，甚至在主产国“圈地种胶”。这种严峻态势，已经严重威胁着我国天然橡胶进口来源的稳定性。其三，用合成橡胶替代天然橡胶也不是长久之计。天然橡胶的综合理化特性明显优于合成橡胶。天然橡胶的单位成本只是合成橡胶的1/8。用人工合成方法生产1吨橡胶需要耗费3吨石油，而我国石油的国际依存度也越来越高，预计到2030年将高达70%。石油资源是有限的，用合成橡胶来弥补天然橡胶的短缺，必然会加剧能源紧缺。

专家认为，在全国范围内，农工党中央的提案第一次全面提出了具有前瞻性和可操作性的建议。农业部有关领导向农工党中央反映，以前虽有个别政协委员提交过有关“天然橡胶”的提案，但只是针对整个产业链条的某个环节提出分析和建议，像农工党中央提出这样全面而深刻的建议，在全国范围内尚属首次。

农工党中央的提案主要有七条建议：一是把天然橡胶的安全供给纳入国家“十一五”规划和中长期规划。国务院应建立天然橡胶安全供给的部委联席会议制度，国家发改委应常设“天然橡胶安全供给办公室”，负责协调各部委做好相关工作；应充分利用国内国际两个市场、两种资源，坚持“两手抓”。二是加强对天然橡胶产业的政策扶持和长效机制建设。国家应将天然橡胶作为一个特殊产业，制定特殊优惠政策，加大投入力度；充分利用宜胶土地资源，加强宜胶区产业结构调整；建立和完善天然橡胶储备机制，建立防范灾害的风险机制；加大我国橡胶生产管理体制的改革力度。三是加快实施“走出去”战略，确保我国有稳定的胶源供给。“走出去”战略，应该成为国与国之间经贸合作的国家行为，国务院应统一部署，积极稳妥地推行“政府主导，企业运作”的发展模式，东盟各产胶国应该是我国“走出去”的首选地区；国家应成为“走出去”企业的坚强后盾，出台配套优惠政策。四是建立中国天然橡胶生产者行业协会。五是为天然橡胶安全供给营造健全的法制环境。建议制定并出台《天然橡胶管理保护条例》。六是加快天然橡胶的科技成果转化，向提高单产要效益。七是加快我国天然橡胶业的人才队伍建设。应考虑将天然橡胶研究领域的领军人物增补为两院院士；应整合中国热带农业科学院和华南热带农业大学的科研、教学力量，加强专业人才的培养和储备工作；尽快建立一套灵活的用人机制。

第三，2006年天然橡胶价格飞涨，促使多部委重视农工党中央提案的承办工作。

2006年年初，海南农垦局和海南天然橡胶集团公司向农工党中央发来感谢信，对农工党“天然橡胶产业发展战略”联合调研组“求真务实”的工作作风给予了高度评价。

由于这一提案所反映的问题，是农业部和天然橡胶界“多年来想解决而解决不了”的重大问题，所以三方商定，提交提案时应特别注明“建议由发改委牵头，财政部、商务部、农业部等单位联合承办”。

2006年7月底农业部对农工党中央的提案给予书面答复，表示“我部正与国家发改委、商务部和财政部等有关部门就发展我国天然橡胶的有关问题进行研究，在制定政策时会充分考虑你们的意见。感谢你们对我部工作的支持，希望继续关注我国天然橡胶产业的发展”。

此期，这件提案只有农业部一家答复，而且答复时间较迟。经了解，提案办理效果不佳，是因为没有把握住“申报填表”和“分类审读”两个环节。这种“提案回娘家”现象，增加了农业部的办理难度。

为了引起国务院其他部委对天然橡胶产业困境的高度关注，农工党中央在深入调查研究基础上采纳了全国政协提案委2006年底提出的建议——在全国政协十届五次会议上“重新提交”这一提案。

2007年2月，国务院出台《国务院办公厅关于促进我国天然橡胶产业发展的意见》（以下简称《意见》）。2007年3月，农工党中央从农业部农垦局热作处得知，农业部领导高度重视办理农工党中央的这一提案，所提建议已落到实处。《意见》的出台，有两个重要原因：一是农工党中央的提案促使由农业部牵头，与发改委、财政部、商务部会商天然橡胶的发展对策；二是温总理对天然橡胶国际价格飞涨给我国带来的不利影响作出了重要批示。2006年夏天，天然橡胶的国际价格由几年前的几千元/吨飞涨到3万元/吨，中国的轮胎生产成本急剧上扬、利润空间严重下滑，证明农工党中央的提案很有预见性和正确性。农业部反复研究农工党中央的建议，几十次会商其他相关部委，为落实总理批示找到了思路，完成了国务院交办的起草发展战略基础稿的工作。

农业部相关同志一再转达农业部和天然橡胶界对农工党中央的感谢，充分肯定农工党中央“把天然橡胶的安全供给提升为国家战略”的提法非常准确，是面对经济全球化促进我国天然橡胶产业健康发展的必然选择。《意见》是国务院各相关部委取得共识的原则性框架，初稿中本来列出了产业发展规划的量化指标，但有些部委担心规划落空就抹去了。由此可见，巩固天然橡胶的战略资源地位、促进整个产业的健康发展，还有大量的艰苦工作要做。

袁建民　农工党中央参政议政部调研处处长
董艳敏　农工党中央参政议政部干部

中国致公党参政议政案例

一、成渝全国统筹城乡综合配套改革试验区的设立

城乡统筹战略是中共中央根据现阶段经济社会发展的特点和突出矛盾而作出的重大战略决策，是促进农村经济全面发展，增加农民收入，解决“三农问题”的有效途径。但是由于历史原因，“城乡二元结构”在我国存在已久，在实施城乡统筹战略的过程中还存在着一些问题亟须解决。2007 年 1 月 23 日至 26 日，致公党中央主席罗豪才率调研组就城乡统筹问题，赴四川省成都市双流、锦江、邛崃、温江等区县，深入到村镇、社区、企业、学校、福利院和田间地头，详细了解成都市在城乡统筹发展方面的情况，并与成都市委、市政府等相关部门进行了座谈交流。

通过实地考察和仔细分析，并结合成都市在城乡统筹方面所取得的经验，调研组提出如下建议：

第一，在推进城乡统筹的进程中，要继续深入贯彻全面、协调、可持续的发展观，以科学发展观统领城乡统筹的全过程。

用科学发展观统领城乡发展，要强调以人为本，把增加农民利益，保障农民权益，提高农民收入水平，改善农民生活条件，加强农民就业技能培训，切实提高农民综合素质，实现农民全面发展作为新农村建设的根本出发点和落脚点。广大农民是新农村建设的主体，在实践中政府要引导扶持，不能包办代替，更不能违背农民意愿；要采取一切有效措施，发展农村教育，千方百计提高农民素质；要以实现农民的全面发展为目标，从维护农民的根本利益上来谋发展、促发展，不断满足广大农民日益增长的物质文化需要，切实保障农民群众的经济、政治、文化和社会权益。要大力发展农村经济，改变农村落后的经济面貌；加强农村民主政治建设，特别是要加强农村基层组织建设，切实维护农民的民主权利。同时，根据科学发展观的要求，在统筹城乡发展的过程中，还要注意处理好农业经济增长与资源利用、生态环境保护的关系，这样才能确保农业资源的持续有效利用和生态安全，实现农业的可持续发展。

第二，强化城乡规划的作用，加强城乡统筹和协调，促进城市化健康发展。

强化城乡规划的作用，首先必须推进城乡规划改革，使城乡规划从单纯注重城镇向注重城乡统筹和区域协调，从注重安排建设转向注重制定引导和调控城乡发展和建设

的公共政策。当前推进规划改革的两个重点是加快全国城镇体系规划的编制和改进城市总体规划的编制。全国城镇体系规划应当以引导和调控城镇发展与布局为重点，明确国家和区域城镇的空间布局和职能分工，引导人口合理流动和集聚，统筹协调区域性的基础设施，结合保护生态环境和各类资源，提高资源利用效益。要重视保护农村历史文化，突出地方特色。建议设立国家村庄整治专项资金，对村庄整治进行适当的资金补助，地方政府配套相应补助资金，集中对一批具备条件的村庄进行整治，稳步推进，用20年的时间使农村面貌得到根本改变。城市总体规划应当根据城市的土地、水资源、能源和环境条件，科学确定城镇空间布局，合理安排重要基础设施，明确城市拓展界限，划定适宜建设区、限制建设区、禁止建设区，严格空间管理，体现战略性、全面性和综合性；在具体规划中，应着力提升中心城市的辐射力，更好地发挥区域中心城市的作用，同时加强城郊现有产业的品质，重点发展符合生态要求的产业。

第三，建立以工业化推动城镇化，以工业化、城镇化推动农业现代化，加快建立以工促农、城市反哺农村的长效机制，从根本上破解“三农”难题。

要充分利用已经具有的工业化、城市化和市场化发展基础，反哺农业、支持农村、回报农民；坚持以工业化致富农民、以城市化带动农村、以产业化提升农业的发展思路，实行以工带农、以工投农、以工改农，创新农业经营模式，改进农业生产方式，提升农业经济效益，实现传统农业向现代农业的根本转变。要发挥城市的辐射和带动作用，通过逐步减少农业人口来致富农民，通过加快城市化来繁荣农村，促进城市就业市场向农村开放，城市优质生产要素向农村流动，城市基础设施和公共服务向农村延伸，城市服务业向农村拓展，城市现代文明向农村传播。大力推进高效农业规模化，培育农业产业化龙头企业，发展农产品深加工，进一步提升农业产业化的层次和水平。实施城乡统筹战略，要把国家对基础设施建设投入的重点转向农村，建立资金向农村流动的机制。完善支持“三农”的金融体制，加大对农村的金融扶持力度。要合理分配财力，科学配置资源，整合各方面用于新农村建设的资金；要改变各级政府大包大揽、行政计划运作的习惯做法，积极探索“政府出资、市场运作”的新型财政资金运作模式，把资金用到农民直接受益的项目上；同时，采取政策激励、以奖代补的办法，最大限度地激发农民群众的积极性和创造性，要做到政府引导而不代替，资助而不包办。大量转移农村富余劳动力是全面建设小康社会的重要途径，要重视农民工权益保护问题。

第四，成都市实施城乡统筹，推进科学发展的实践，对我国中心城市的发展具有参考和借鉴价值，建议加以研究和总结。

统筹城乡发展，不仅需要观念更新，也需要制度创新；不仅要加强理论研究，也要加强实践探索。实践证明，成都市以推进城乡一体化为抓手，促进了城乡同发展共繁荣，完全符合中共中央关于建设社会主义新农村工作的一系列决策的精神，也完全符合成都市经济社会发展的现实需要。成都市在推进城乡一体化中的成绩和经验，不但得到成都市广大群众的拥护，也受到全国各地许多省市的关注。成都市的实践在统筹城乡发展、促进“三农”问题的最终解决方面作出了有益探索，“三个集中”充分总结沿海地区发展过程中的经验教训，符合科学发展观规律，对我国类似中心城市搞好城乡统筹具有参考价值。建议深入研究在成都建立“城乡统筹发展综合配套改革试验区”的问题。

2007 年 2 月 1 日，罗豪才主席在温家宝总理召开的征求《政府工作报告》意见座谈会上，就赴成都考察的情况向国务院领导同志进行了汇报。罗豪才主席表示，近几年来，各地根据中共中央的要求，在城乡统筹协调发展方面进行了许多有益的探索，总结这些实践经验，选取有代表性的地区对重大改革措施先行试点，根据试点情况对全国各地进行分类指导，对于加快城乡一体化进程，扎实推进社会主义新农村建设与社会主义和谐社会的建设具有重要意义；成都市在城乡统筹发展方面的实践对类似的中心城市有一定的参考和借鉴价值，建议在成都等地建立统筹城乡发展综合改革试验区，逐渐推进“城乡二元结构”的改变。

2 月 14 日，罗豪才主席又在中共中央召开的党外人士迎春座谈会上，向胡锦涛、贾庆林、曾庆红等中共中央领导同志提出关于设立城乡统筹试验区的建议。

3 月 11 日，在全国政协十届五次会议第三次全体会议上，万钢副主席代表致公党中央作题为《不断完善制度　统筹城乡发展促进社会和谐》的大会发言，就进一步推动城乡协调发展问题提出建议。

致公党中央的建议得到了国务院有关部委的积极回应。4 月 29 日，国家发改委在一份报告中指出，致公党中央提出的《关于统筹城乡发展、促进社会主义和谐社会和新农村建设的建议》对“进一步开展统筹城乡发展改革实验工作十分必要”。6 月 7 日，国家发改委正式发文，批准重庆市和成都市设立全国统筹城乡综合配套改革试验区。

二、推动农村环保工作开展

中国是一个农业大国，农村人口占绝大多数，农村环境保护是关系提高农民生活质量、改善农村面貌、推动社会主义新农村建设的一项重要基础性工作。在落实科学发展观、构建和谐社会的重要思想指导下，全国各地大力实施新农村发展战略，新农村环境保护工作呈现出蓬勃发展的态势。但同时也应看到，相对工业污染治理和城市生活污染治理来说，农村环境保护是一个相对薄弱的环节。农业集约化的快速发展和农村生产方式的转变，以及城镇化和工业化对农村生态环境的负面影响，加剧了我国农村环境的总体恶化，给新农村建设目标的实现带来了巨大障碍。在发展现代农业与新农村建设中，如何改善 8 亿农民的人居环境，确保农业与农村的可持续发展，是致公党中央关注的重要课题。

2007 年 4 月 6 日至 15 日，杨邦杰副主席率领致公党中央“社会主义新农村建设中的环境保护现状与对策”调研组，辗转江西、浙江、安徽三省，深入十余个村庄，对农村典型环境现状、发展趋势进行调查研究，探讨通过农村环境保护改善农村人居环境质量，确保农村经济又好又快增长，促进社会主义新农村建设的有效途径。

通过实地考察，调研组发现，中国农村的环境建设和环境问题不尽相同，但环境问题的成因却趋同。由于受历史的局限和经济体制条件的制约，乡镇一级政府对辖区环境质量负责的法定职能很难履行，其提供环保基础设施等公共服务的能力非常薄弱，相当部分县级环保局经费紧张，监测设备陈旧落后，大多数乡镇没有环保员，乡镇环保基本处于“三无”（无人、无经费、无装备）状态，加之缺乏有效的公共服务投融资机制和政策，农村环保基础设施诸如污水处理、垃圾收集处理等设施建设推广普及难度大，有的地方甚至难以启动，“无人管环保、无力管环保”的现象普遍存在。借助当地的自然生态、名胜古迹、风情民俗等资源，发展乡村旅游业已经成为许多村镇发展地方经济的重要途径，但其破坏植被、盖房搭棚、垃圾乱堆乱放、污水肆意横流等也加剧了对环境的破坏和污染。随着现代化、城镇化进程的加快以及城市人口规模的扩大，城镇工业废水、生活污水和垃圾向农村地区转移的趋势也进一步加剧。针对农村环境问题，如畜禽养殖污染、面源污染、土壤污染等方面的相关立法尚处于空白，现行法律中的一些相关规定针对性和可操作性不强，给农村环保执法和环境问题的解决造成了一定的困难。

为此，致公党中央在《社会主义新农村建议环境保护现状与对策调研报告》中建议：

第一，建立统筹城乡与区域的环境保护管理机制。

坚持以城带乡、以镇带村，将农村环境保护工作尽可能纳入城乡统筹范畴。加强城乡基础设施的统筹规划，加强城市各项环保基础设施、公共设施向农村地区的辐射和延伸，并根据乡村地区的特点，合理确定服务的内容和配套的标准。离城镇较近的村庄，生活污水、垃圾尽可能就近纳入城镇收集、处理网络，由城镇处理设施统一处理；远离城镇的偏远村庄，在充分考虑当地地理条件、经济发展程度和人口规模等因素下，自愿选择适合当地的污染治理模式。城镇环保部门应切实加强对城郊结合部及远郊的农村环境保护，逐步实现城乡环保一体化。

第二，制定各级农村环境保护规划。

统筹城乡发展规划，将农村环境保护纳入城镇总体规划予以考虑。以改善农村环境、优化经济增长、提高生态文明为核心，制定各级农村环境保护规划，统筹各部门的资源，集中解决当前农村经济发展中的突出环境问题。在国家层面应制定《全国农村环境污染防治规划》，明确指导思想、分期目标与重点方向，引导新农村建设朝着健康、可持续的方向发展。县、乡镇政府制定村镇建设规划应以科学发展观为指导，注重与自然环境相和谐，强化环境保护内容的前置约束作用。

第三，加强农村环境保护制度性基础工作。

建立健全有关政策、法规、标准体系，把农村环保作为对干部政绩考核的硬性指标，把农村环境治理纳入政府综合决策机制和重大事项督察范围。尽快制定、颁布《土壤污染防治法》、《畜禽养殖污染防治条例》、《农村环境保护条例》等，依法加强对农村环境的监督管理。制定促进农业废弃物综合利用、有机食品发展、有机肥推广使用等有关政策。加快农村环境保护机构和能力建设，省、市环保部门应专人专职负责农村生态环境保护工作，在乡镇或中心镇设立县环保部门的派出机构，充实基层环保力量。保证必要的工作经费，逐步建立农村环境应急预警体系，妥善处置农村环境污染突发事件。

第四，建立多元化的生态补偿机制。

建立健全流域上下游生态补偿机制，使流域发挥整体最佳的生态效益，并获得最大的经济效益。一是建立国家生态补偿专项资金，用于跨省行政区域的流域生态补偿；建立省级生态补偿专项资金，用于跨设区市行政区域的流域生态补偿。补偿专项资金每年由国家或省政府统一划拨，专款专用。二是开征生态补偿税，集中财力支持重点生态区域的生态保护与建设。三是建立财政转移支付机制，上游地区为保育和改善生态环境限制了地方经济发展，流域下游地区政府应对上游地区进行财政转移支付。

此外，建立完善以各级政府财政支持为导向、农村集体和农户投入为主体、工商企业及社会团体等其他社会资本共同参与的稳定投入渠道；因地制宜开发低成本、高效率的污水、垃圾处理技术；积极引导广大农民从自身做起，自觉培养健康文明的生产、生活、消费方式，鼓励农民积极参与新农村环境建设活动。

致公党中央关于《社会主义新农村建设环境保护现状与对策调研报告》的建议报送中共中央、国务院后，得到了有关领导同志的高度重视和肯定，温家宝总理亲自批示有关部门决策时作参考。国家环保总局部分采纳了致公党中央的建议，并出台了有关文件，强调要充分认识加强农村环境保护的重要性和紧迫性，着力解决突出的农村环境问题，强化农村环境保护工作的具体措施。2007 年 11 月，国务院办公厅转发了国家环保总局等八部委联合发出的《关于加强农村环境保护工作的意见》，农村环保工作正式摆上政府工作日程，目前试点工作已全面展开，不少地方的农村环保工作已走上全民化、制度化、专业化之路。

周　慧　致公党中央宣传部思想教育处处长
郭　琪　致公党中央宣传部干部

三、推动解决在沪民工就医问题

改革开放以来，上海城市得以迅速发展，其中各地来沪民工作出的贡献功不可没。但是数百万从事体力劳动为主的民工，他们的医疗保健状况总体上来看，令人担忧。在上海医疗体制改革进一步深化，城镇居民医疗保障体制逐渐完善，商业辅助保险得到发展的同时，外地民工的医疗问题得不到应有的关心，而且也给无证游医以生存的空间，致使上海医疗卫生管理部门开展的相关市场整顿工作始终存在一条难以割去的尾巴。

从上海城市的长远发展来看，农民工就医问题其实不仅仅是农民工自身的问题，也事关上海城市公共卫生体系的安全，事关社会稳定，事关社会经济的全面健康发展，事关社会主义精神文明建设，事关上海的国际大都市形象，必须全面地认真对待。因此，致公党上海市委会非常重视，并对上海农民工医疗相关问题进行了进一步调研。调查组认为，当前，民工的医疗状况所呈现的问题主要有：

第一，民工工作条件恶劣，直接威胁其身体健康甚至生命安全。由于民工受文化水平和知识结构所限，他们在上海从事的多为重体力劳动甚至是高危职业，比如从事建筑、高楼保洁、家电安装、家庭装潢等。这些行业本身劳动强度就大，而且往往在工作场地内存在化学、噪音污染，同时存在突发性的不安全因素，因此在不同程度上对人的身体健康甚至生命安全构成了威胁。

第二，民工的日常生活卫生状况差。民工的收入有限，多数的住宿环境比较糟糕，十多平方的房子往往住六七个人，有的住处连个人清洁卫生都难以保证，而且进餐时间不固定，伙食卫生也没有保障，这些都容易导致疾病的传播。

第三，民工子女的疫苗接种存在盲区。许多民工拖家带口到上海打工，其子女由于没有送进幼儿园和学校，无法和上海本地儿童一样接受国家统筹的疫苗接种，这不仅增加了这些民工子女得病的几率，同时也增加了流行性疾病传播的潜在可能性。

第四，民工缺乏正规可靠的就医渠道。由于医药费用昂贵，除非万不得已，民工即使得病也不愿意到正规医院就诊。他们多选择到地下诊所就医，或者自购药物，或者硬撑，这不仅有损民工自身的健康，给公共卫生安全制造了隐患，同时也为非法行医者制造了生存的空间。而这些非法行医者基本没有行医执照，多数情况下根本无法为就医人员提供可靠的诊疗，最多也只是起到了开药的功能，且他们的存在给有关部门的管理带来了困难。

尽管有的城市和部门已经注意到了这个问题，但由于民工本身存在的高流动性特点，以及比城镇固有弱势群体更加弱势的社会经济地位，无论从医疗保障还是保险开发的角度说，都没有引起足够的重视。

在农民工就医问题的调研分析的基础上，2004 年上海“两会”期间，致公党上海市委会将有关建议形成提案提交市政协，建议：

第一，与整治劳动就业市场秩序相结合，将民工就医纳入社保的轨道。

由于客观存在的民工的高流动性以及不法雇主故意逃避相关的社保费用支出，许多民工在就业务工的过程中没有和雇主签订劳动合同，这就为保障民工的合法权益造成了不小的困难。社会主义市场经济应是有序守法的经济，多数雇主是懂这个道理的，这也是他们在日常的经济往来中特意强调的原则。然而，在劳务市场上，大量非法用工、不签订劳务合同的事情却是众人皆知的秘密，不仅是私营企业、三资企业，甚至某些国有企业也大量雇用非合同制员工。这些人的社保问题不解决，长此以往，必然动摇经济社会良性发展的基础，必然动摇社会稳定的基石。

相对而言，未签劳动合同的民工在一个低档次劳动力大量富余的国家里所处的地位往往是弱势的，而且其法律自我保护意识也较城镇居民相对薄弱，故此，更需要政府替他们做主，替他们着想。在当前，要一下子通过把劳动就业市场秩序整治好的手段来将民工就医纳入社保的轨道确有难度，但有关部门还是可以从发挥民工个人能动性的角度多想些办法的。例如，在拥有近 1000 万民工的广东，就已经逐渐把民工纳入医保的体系。民工只要缴纳企业工资总额的 1%—2% 的费用进入统筹基金，即可用于住院相关费用的支付。上海同样也可以参照此做法，推行出适合上海市情的民工医保体制。

第二，通过地方立法或制定地方规章，责令使用民工的企业和组织建立相应的民工健康保障机制，并根据其资产规模及经营规模，每年强制缴纳一定的资金，与政府共同设立一个民工医疗救济基金。

采取此举措主要是针对目前劳务市场上普遍存在的企业组织逃避非合同制员工社保金缴纳的现象。在政府还没有能力完全整治好就业市场秩序的情况下，可用地方法规或者地方规章的形式责令各企业和组织建立和完善内部保健制度，并对此项制度的执行和落实进行周期性的执法检查，并以此作为企业准入的条件。

另外，很有必要在现有社保体系的基础上，由政府牵头，建立专门的民工医疗救济基金，解决民工就医的后顾之忧。尤其是对于那些从事高危险或者容易导致职业病职业的外来民工，此举可以降低其潜在的医疗负担。基金的来源一部分是政府财政划拨，另一部分则由雇用民工的企业和组织，根据其资产规模及经营规模缴纳。民工为上海发展作出了贡献，为雇主赚取了利润，这样的做法显然是对民工贡献的肯定，是能够维护民工的合法权益，并切实可行的。

第三，建立并充实分布在各社区的医疗点，降低民工就医的门槛。

民工有病不愿意上医院的原因之一就是担心高昂的医疗费用，降低民工就医的门槛势在必行。而目前要让正规医院降低各类费用并不实际，所以建议在各社区建立由有关部门统一管理的医疗网点，在方便社区居民就医的同时，也方便外来民工的就医。有了费用低廉的正规就医渠道，那些非法的就医渠道自然会逐渐减少。同时，通过这些医疗点的网络化管理，还可以兼顾民工子女的疫苗接种，使各项保健措施落到实处。

第四，出台政策，鼓励保险商开发相应的保险险种。

尽管民工的收入水准不高，但不等于说民工没有相应的医疗保险需求。相反，由于从事高危行业的民工数量很大，民工商业医疗保险的前景依然很好。目前，相应的商业医疗保险的门槛高是个不容忽略的事实，民工的实际收入低也同样导致保险公司不愿意开设相应的险种。因此，需要政府出台政策鼓励保险商参与开发这些险种。而且商业医疗保险的形式也可以在目前解决民工流动性大带来的跨地区社保难以延续的实际问题。

该提案受到上海市有关部门的重视。“两会”之后，上海市卫生局答复提案时表示，将在医疗卫生改革过程中吸收提案建议，建立新型的社区卫生服务公共平台，进一步发挥社区服务优势，继续以常住居民为服务对象，将外来人口（主要是外来民工及其家属）逐步纳入社区卫生服务中心服务对象，同时，采取建立工伤保险、综合保险等办法，为外来民工建立起医疗保障体系。

由于农民工就医是一个综合性、复杂的问题，解决起来需要一个过程，要依靠多方面力量、花费较长时间才能解决。因此，在提案办结之后，致公党上海市委会仍然关心这一问题，同时，上海市卫生局并没有将提案建议束之高阁，而是继续采取有关措施、积极落实提案建议，并就此事与致公党上海市委会保持密切沟通和联系。2007 年底，该局与致公党上海市委会联系表示，截止到 2007 年上半年，上海农民工子弟已经可以与上海户籍人口一样，享受免费接种医疗；在结核病防治方面，上海市卫生局等部门也积极关注农民工群体，目前，在上海居住满半年以上的农民工，即可享受有关医疗保障政策；另外，在艾滋病防治方面，农民工也作为高危人群被列入关注范围之内。

特别是，2006年初，国务院发布《关于解决农民工问题的若干意见》之后，上海根据中央要求已经建立了由26个部门和单位组成的农民工工作联席会议制度，各有关部门先后采取了一系列有效措施保障农民工的合法权益，如建立工伤、医疗、养老“三险合一”的综合保险制度。目前全市已有260万外来从业人员参保，其中相当部分是农民工。而且，在上海各界和卫生主管部门的努力下，上海的农民工已可以持其家乡的“新农村合作医疗保障卡”在上海的一些定点医院使用，享受在其家乡一样的报销比例，这一措施进一步使农民工基本医疗得到保障。可以说，在包括致公党上海市委会在内的社会各界的关心下，农民工就医正在逐步得到解决。

方修仁　致公党上海市委会参政议政部、宣传部部长

九三学社参政议政案例

一、立足“三农”发展生物质能源的建议

能源问题是世界面临的重大挑战，也是我国面临的重大课题。在当前石油价格高位运行、化石能源资源短缺的形势下，发展可再生能源已经是一个战略选择。可以说，“谁最先占领可再生能源利用先机，谁就在未来全球经济发展中占据有利地位”。因此，生物质能源作为一种可再生的清洁能源，其发展越来越受到世界各国的普遍重视。近年来，随着我国可再生能源法和有关政策的实施，极大地推动了我国生物质能源的发展，同时也存在不少问题。

九三学社中央近年来十分关注生物质能源的开发利用，深入围绕生物质能源问题调查研究，并向国务院总理温家宝提交了《关于立足“三农”发展生物质能源的建议》。受到国务院总理温家宝的高度重视和充分肯定。

2007 年 5 月 10 日至 16 日，全国人大常委会副委员长、九三学社中央主席韩启德率队就“生物质能源开发利用”这一课题，先后深入吉林省辽源、长春、吉林、通化、白山等市和长白山管委会、延边州等地的企业、村庄和农户进行了考察调研。在辽源惠宇能源有限公司、德惠市同太乡八家子小康示范村、吉林市大荒地小康示范村、白山市江源区育林新村，韩启德一行仔细了解秸秆燃气以及加工项目，并到当地农户家中察看秸秆燃气使用情况。看到村民打开燃气灶，窜出旺旺的火苗，韩启德欣慰地笑了。韩启德指出，在开发利用生物质能源过程中，要认真解决好污水处理等环境保护问题。在吉林燃料乙醇有限责任公司，韩启德一行详细了解生产工艺、经营情况，对该公司取得的成绩给予充分肯定。在国能辽源生物发电有限公司、辉南森林经营局等企业，韩启德察看了利用生物质能源发电项目，听取了企业负责人的情况介绍。他指出，利用丰富的秸秆、枝杈等资源，变废为宝，是积极有益的。但项目一定要进一步搞好论证，重视投入、产出和市场化运作，确保社会效益和经济效益的双赢。

韩启德在吉林龙湾国家级自然保护区调研期间，听取了当地负责人关于林木生物质能源项目实施进展情况的汇报，并视察了宏日新能源有限责任公司建设和生产情况。韩启德指出，开发新型能源是一项具有长远意义的重要工程，做好这项工作不仅能够缓解化石能源短缺矛盾，改善能源结构和生态环境，同时对保障未来能源安全，满足

社会经济发展需求具有重要的战略意义。韩启德在听取吉林省政府负责人关于该省生物质能源开发利用的情况介绍之后，对近年来吉林省在生物质能源开发利用方面所做的工作和取得的成绩给予充分肯定。他指出，生物质能源的开发利用是利国利民，推进科学发展、和谐发展，惠及子孙后代的事情，各地政府都要高度重视，加大投入，鼓励发展。吉林省是全国著名的产粮大省和重要的林业基地，可再生资源丰富；吉林省又有很好的工作基础，希望吉林省继续重视并加强这方面的工作，争取在全国率先走出一条生物质能源开发利用的经济社会和谐发展的路子来。

2007 年 7 月 6 日，九三学社中央在调研基础上形成了《关于立足“三农”发展生物质能源的建议》，通过中共中央统战部报送国务院。《关于立足“三农”发展生物质能源的建议》就促进生物质能源健康发展提出以下几点建议：

首先，生物质能源的工业化开发要加强调研、循序渐进，不可一哄而上、盲目发展。目前各地上马生物质能源项目的积极性十分高涨，出现了一股“大干快上”的热潮。已经叫停的玉米燃料乙醇如此，近两年发展势头迅猛的生物质发电也出现过热势头。据统计，目前全国核准的生物质发电项目 50 处，其中 2006 年核准的即达 38 处，建成投产并网发电 7 处以上。实际上，生物质发电项目面临的资源供应不足以及资源的分散性、易变质性与大工业生产的集中性、连续性之间的矛盾，在已经和即将开展的薯类、甜高粱制乙醇等生物质能资源工业化利用中都不同程度地存在，应该引起重视。为此建议：一是抓紧开展全国生物质能资源调查和评价工作，在此基础上，编制全国和各省生物质能资源开发利用规划，防止各地争先恐后上项目、盲目建设。二是组织专家结合秸秆发电中存在的秸秆能量密度低、收集半径大、建设成本高（投资是煤电站的 2 至 4 倍）等问题，对秸秆发电是否符合生物质能资源利用特点和经济性要求进行进一步论证。三是组织力量认真研究生物质能资源开发利用中规模与经济性的关系，积极探索适合我国国情和生物质能源开发利用特点的产业组织形式。

其次，现阶段生物质能源发展要以扶持“三农”，促进社会主义新农村建设为首要原则。现有的生物质能资源工业化开发利用项目在与“三农”关系上，存在一些不容忽视的问题：一是与农业争资源。玉米燃料乙醇已显露了与民争粮、与粮争地的问题，即使是利用农林剩余物的项目，如秸秆发电，也存在与农业争资源问题。有人认为，秸秆是废弃物，秸秆发电可变废为宝，避免农民焚烧污染环境。其实秸秆有更好的利用方式，只是没有充分开发。秸秆可用于畜牧饲养，秸秆还可直接还田以增加土壤有机质。当前我国许多地方，由于有机肥用量不足，土壤有机质含量下降，已经影响到农业的可持续发展。秸秆过多用于发电会影响农业的自身需要。二是不利于解决农村发展对能源的需求。据测算，随着新农村建设进程加快，到 2020 年，农村地区人均商品能源消耗将由 0.62 吨标煤增加到 1.99 吨标煤，其增量相当于我国能源发展中长期规划（2005—2020 年）能源消耗增量的 60%。将秸秆等农林剩余物通过规模化生产（如发电）转化为商品能源，如果外输，将严重影响日益增长的新农村能源需求；如果返回农村，其成本则要大大高于小规模、分散化的生物质能资源转化模式（如沼气、秸秆气化、秸秆致密成型等）。三是对农民增收作用有限。生物质能源的工业化项目虽然可使农民从玉米涨价和出售秸秆（大体是每吨 60—150 元左右）中增加收入，但玉米涨价增加的收入与国家财政一年给 4 个燃料乙醇厂 20 亿元左右补贴比相差甚远，出售秸秆的收入也远低于国家的电价补贴（据测算辽源生物电厂发电后年电价补贴为 4250 万元，按现收购每吨秸秆付费 60 元给农民计，全年费用仅为 1200 万元）。九三学社中央认为，现阶段我国生物质能源的发展要立足国情，充分体现中央提出的城乡统筹和工业反哺农业、城市支援农村的精神，把扶持“三农”、促进新农村建设作为发展生物质能源的切入点，把化石能源替代与新农村建设紧密结合起来。为此建议：一是确立生物质能源开发利用要着眼于扶持“三农”、促进新农村建设的指导思想，坚持不与民争粮、与粮争地的原则，以农林剩余物能源转化为主，因地制宜、多元发展，在满足“三农”生产、生活需求的基础上再发展工业化的生物质能源利用。二是生物质能源开发利用要优先考虑农村自身能源需求，着力开发沼气、秸秆气化、秸秆致密成型等小规模、分散性、直接为广大农民群众服务的模式。像发展沼气那样把秸秆能源利用作为农村能源建设的抓手，国家设立专项资金，实施秸秆能源利用惠民工程。三是把发展生物质能源作为推动农村新兴产业发展的契机，通过鼓励有条件的地方种植、加工能源作物，发展致密成型燃料、沼气规模化利用等，创造农村新的经济增长点，促进农民增收。四是把发展生物质能源作为工业反哺农业、城市支援农村的一个尝试，通过财政补贴、税收、金融等优惠政策，引导企业与农村、农民之间形成更紧密的经济联合体。例如可引导企业与农村经济组织合作开办甜高粱茎秆、薯类等加工低度乙醇的小工厂，使其成为规模化燃料乙醇企业的初加工基地，这不仅能有效解决生物质能资源分散性、易变质性与大工业生产集中性、连续性的矛盾，还能促进农村新兴产业发展和农民增收。

第三，依靠科技进步推动生物质能源发展。目前，生物质能源存在开发利用成本高，产业化难度大、风险高，二次环境污染等主要问题，归根结底是技术问题，技术瓶颈一旦突破，生物质能源将得到跨越式发展。为此应加大对生物质能源科技自主创新的支持力度。一是加大对生物质能源关键技术（特别是适合农村的小规模、分散型、低成本、能使农民直接受益的生物质能源转化技术）研发与科技成果转化的支持。要组织攻关，增加投入，重点加强对生物质资源的高效转化和综合利用等核心技术的研究，尽快突破制约转化的技术瓶颈，加强我国非粮生物质资源转化利用的技术集成和产业化示范。二是对企业技术创新要给予财政、税收、金融等政策支持，特别要支持有前瞻性意识的民营企业积极投入生物质能源产业建设。三是建立农林生物质工程科技创新平台，构建符合中国国情的农林生物质高效综合利用技术体系，为生物质产业的发展和农村产业结构调整提供科技支撑。

此建议提交后，很快就得到了温家宝总理作出的重要批示。

二、积极促进建立“留学回国人才创业启动计划”

留学人员回国创业，对于建设创新型国家具有重要意义。目前，中国在欧美股市上市的高科技公司，绝大部分是由留学人员创办的，仅在美国纳斯达克股票市场，就有几十家留学人员创办的上市企业，市值高达近300 亿美元。这些由留学人员创办的高科技和新经济领域的企业，不仅具有巨大的发展潜力，而且为国内带回了国际先进的技术和人才，带回了国际资本和新的运作管理机制。

但是，由于我国风险投资渠道尚不完善，留学人员回国创业，缺乏启动资金是他们中不少人所遇到的共同困难。2006 年以来，九三学社中央就此问题开展了广泛、认真的调查与研究，经征求多方意见与反复讨论，形成了《关于建立留学回国人才创业启动计划的建议》（以下简称《建议》）。2007 年 2 月 14 日，九三学社中央主席韩启德向中共中央总书记胡锦涛和国务院总理温家宝呈送的《建议》，得到了胡锦涛和温家宝的重视和批示。2007 年 4 月 25 日，人事部副部长王晓初为此登门征求了意见。目前，人事部已制定初步落实方案，同时财政部也在予以落实。

《建议》指出，不少地方的开发区、高新区以及留学人员创业园区为吸引留学人员到园区内创业，推出了种子资金、创业基金等，直接对入园企业提供一定数额的创业资金，并出台了不少扶持留学人员企业的优惠政策。但在实施过程中，由于缺乏一整套科学的项目评估机制，加上资金管理不善，留学人员创办企业的成功率很低，并造成了不少资金浪费。国务院所属有关政府部门也正在筹划此类基金，例如教育部已推出“春辉创业计划”。但如果各部门独自进行，评估与管理力量分散，势必影响效果。

鉴于上述情况，《建议》提出，要尽快由国家财政拨专款作为种子资金，统一协调各部门力量，建立中国留学人员回国创业启动支持计划。《建议》就创业启动支持计划的建立与管理提出了如下建议：

第一，创业启动支持计划的具体运作。创业启动支持计划所含项目的资金由三个部分组成：自筹资金 10 万元（以保证留学人员对项目的重视）；地方创业园创业资金投入 10 万元（此为目前留学人员园区提供的单个项目支持平均金额）；中国留学人员创业启动支持计划提供 20 万元种子资金。该支持计划可由一个新建的中国留学人员创业创新评估中心（可挂在一个现成的机构内）每年组织评估。在每个项目拥有 40 万元启动资金的基础上，特别好的项目还可适当加大支持力度。

第二，创业启动支持计划资金的规模。中国留学人员创业启动计划，若政府每年财政拨款 2000 万元，即可支持 100 家留学人员创办企业，同时也将引进大量的新技术。留学人员创业的启动与成功，将会吸引更多的风险投资、海内外投资和民间投资的加入。目前，我国民营资本已进入相对扩张阶段，社会资金也会出现找不到高回报项目的问题。但同时大量留学人员持有市场前景看好的项目，却缺少资金进行产业化。中国留学人员创业启动支持计划，将在两者之间搭建起直接交流的平台，为中国经济带来新的活力和增长点。

第三，创业启动支持计划项目的评估。创业启动支持计划成功与否的关键是对项目的科学评估。项目收集的具体办法是，每年在国内外广泛征求创业项目，后由项目专家委员会评估，选出 100 个优秀项目计划，推荐给全国各地创业园和有关方面，被接纳的创业项目将得到中国留学人员创业启动支持计划的资金支持。中国留学人员创业启动支持计划将对项目的运行加强监督管理。

第四，创业启动支持计划的导师计划。配合创业启动支持计划，可启动一个留学人员创业导师计划。即每一位导师辅导 5 个留学人员，帮助他们创业。这种模式，在国外不少国家已得到很好运用。如英国的青年创业者计划，创业者得到英国政府启动资金支持后，导师即参与创业辅导，创业成功率达60%以上。导师可在已成功的留学人员企业以及高层企业管理专家中聘请。

第五，创业启动支持计划资金的回收。创业启动支持计划项目一旦成功，留学人员应在三年内归还创业支持计划所提供的资金。回收资金将继续用于创业支持计划，与每年财政新拨款项一起滚动使用，为新项目提供支持。个别没有实现创业成功的项目，这笔投入将作为扶持留学人员回国创业启动的无偿资金。

《建议》进一步指出，创业启动支持计划的建立，将会极大地促进和吸引留学人员回国创业，带动留学人员的回国创业潮，也会使国际风险投资和金融界更加有信心投入这些评估挑选出来的优秀项目，提高项目的成功率，起到国家投资不多却能达到四两拨千斤的作用，带动更多的社会投资关注留学人员创业，使更多留学人员企业走向国际，为我国创办更多的高科技企业，加快我国创新型国家和和谐社会的建立。

在呈送《建议》并获得初步成效后，九三学社中央对留学人员回国创业继续予以高度关注，又先后到人事部和北京、武汉、贵州等地进行了调研，希望进一步推动此事。在人事部，九三学社中央副主席邵鸿会见了人事部常务副部长尹蔚民，听取了人事部关于归国留学人员情况的相关介绍，并就归国留学人员创业情况进行了交流。在中关村创业大厦，邵鸿会见了北京市人事局负责人，听取了北京市留学人员服务中心和北京留学人员海淀创业园负责人的情况介绍，并与园内留学人员进行了座谈。在武汉调研中，邵鸿认真听取了武汉市留学生创业园负责人对园区概况和归国留学人员创业的情况介绍，并围绕归国留学人员创业目前存在的困难、问题与建议对策与八名归国留学人员创业代表进行了座谈。在贵阳调研期间，邵鸿认真听取了贵阳国家级高新技术产业开发区（金阳）管委会负责人的情况介绍，并与创办企业的归国留学人员进行了深入交流。2007 年 7 月，九三学社中央又与欧美同学会、中国科协等在美国休斯敦召开了“21 世纪中国留学人员与构建创新型社会”的研讨会。九三学社中央副主席邵鸿作了题为“促进留学人员归国创业，提升民族自主创新能力”的主题报告，进一步呼吁完善措施促进留学人员归国创业。

三、为粮食主产区发展现代农业献智出力

2007 年 3 月 7 日，全国政协在政协机关召开“广泛运用现代科学技术，推进社会主义新农村建设”现场提案办理协商会。九三学社以九三学社组名义提交的提案《关于促进粮食主产区发展现代农业促进农民增收的建议》入选。全国政协邀请国家发改委、财政部、农业部、科技部、国务院扶贫办等五个部委，对提案进行了集中协商办理。同时，该提案还入选政协全国委员会办公厅《重要提案摘报》，报送全国政协领导及相关部门。2007 年 11 月 21 日，全国政协表彰了十届全国政协优秀提案和先进承办单位，其中九三学社《关于促进粮食主产区发展现代农业，促进农民增收的建议》被评为优秀提案。

粮食主产区发展现代农业、促进农民增收是新农村建设的重要内容。中共中央针对

前几年粮食生产连年下滑、农民收入连续多年增长缓慢问题，出台了一系列支农惠农政策，使我国农业和农村经济发展出现了重大转机，但粮食稳定增产和农民持续增收的基础还很不稳固。多年来，九三学社中央一直关注粮食主产区相关问题。早在2005年3月，九三学社中央主席韩启德就率九三学社中央考察团先后赴河南郑州、漯河、焦作等地，就促进我国中部粮食主产区经济发展与改革的有关问题考察调研。2005年5月，九三学社中央主席韩启德，常务副主席陈抗甫，副主席洪绂曾、贺铿又赴湖南就中部粮食主产区崛起和粮食安全问题进行专题调研，并形成《九三学社中央关于粮食主产区粮食生产及经济社会发展的调研报告》。

在调研中九三学社中央发现，粮食主产区以粮为主，产业结构单一，工业化和城市化水平与发达地区相比都有很大差距。同时，粮食主产区因种粮效益低、财政收入相对较低。粮食大县往往是经济弱县、财政穷县。调研报告由此提出如下建议：完善粮食补贴政策，加大农田基础设施建设力度，加大科技支持力度，降低粮食生产风险，加大国家财政的支持力度，建立粮食产销区利益协调机制，大力扶持农产品加工业，采取多种措施提高农业劳动生产率，扶持粮食主产区农村社会事业发展。

2007年3月，九三学社中央在前期深入调研的基础上，又提出了《关于促进粮食主产区发展现代农业促进农民增收的建议》，提交全国政协十届五次会议。

九三学社中央认为，建立粮食主产区农民增收的长效机制，必须进一步加大对粮食主产区的资金和政策支持力度，大力发展现代农业，正确处理粮食安全与农业结构调整和农村劳动力外出务工的关系，以农业现代化促进粮食安全和农民增收。提案针对促进粮食主产区发展现代农业促进农民增收提出以下几点建议：

第一，将粮食主产区作为推进现代农业的重点地区。大力发展现代农业是新农村建设和增加农民收入的内在要求，也是新农村建设的产业支撑和经济基础。粮食主产区大多土地平整，地势平坦，基本采取区域化的种植方式，有利于农业机械化的发展和现代农业的推广。另外，粮食主产区是国家粮食安全和粮食产业稳定发展的保障，在该地区推进现代农业无疑有更深远的意义。因此，建议政府采取措施推进粮食主产区的现代农业发展，特别要在资金方面予以支持：其一，要切实加大扶持力度，安排专项资金用于中部粮食主产区的现代农业建设，国家支农资金也要向中部粮食主产区倾斜；其二，要把粮食主产区作为“加快农村金融改革发展、完善农村金融体系”的重点地区给予特殊的政策支持；其三，要采取税收减免、贴息贷款等方式引导社会资金投入粮食主产区现代农业建设之中。

第二，健全农业补贴制度，积极发展现代农业。我国农业最大的特点是小规模分散兼业经营，要在这个基础上持续增加农民收入、保障国家粮食安全难度很大。完成这一任务，必须进一步完善现有补贴政策，加快现代农业建设。一是提高规模经营农户的补贴标准，粮食直补的增量要向规模种植农户倾斜，从鼓励农民种粮转变为鼓励农民进行规模化种植。二是实行向种粮农民免费供应良种的政策。根据国家优势农产品区域布局规划和市场需求变化，完善良种补贴制度，优化粮食品种结构。三是增加农机购置的补贴力度。从目前的补贴政策看，农机购置补贴规模明显偏小。因此，建议国家加大对产区的支持力度，扩大农机购置补贴规模，通过提高主产区的农业机械化水平促进粮食增产增收。四是开展对农民专业合作组织的专项补贴。结合国家《农民合作社法》的颁布和实施，加快对农民专业合作组织的认证工作，在此基础上增加对农民合作组织的补贴项目，鼓励农民合作组织开展绿色产品认证、商标注册、引进新技术等，提高农民的组织程度，使农民在不改变家庭承包性质的前提下，通过生产或销售环节的合作获得规模效益，提高市场地位。

第三，综合协调粮食主产区和主销区的关系，加大对主产区粮食直接补贴力度。实行粮食直补政策对增加农民收入、恢复粮食生产有明显的促进作用，但在实际操作中仍存在一些问题，其中最典型的就是粮食主产区和主销区的粮食补贴标准倒挂。我国粮食直接补贴资金来源于粮食风险基金，而粮食风险基金筹集由同级财政部门负责，中央财政和地方财政按比例分担。尽管中央财政已经向主产区进行了倾斜，但由于主产区自身财力有限，而主销区财力雄厚，补贴标准差别很大。主产区直补标准低于主销区显然不符合比较优势的原则，不利于调动主产区农民种粮的积极性。鉴于此，按照粮食安全的受益原则、责任原则和效率原则，根据粮食消费量和生产量的差额，从东部发达地区的主销区筹集一定的资金上缴中央，再转补给粮食主产区；同时增加主产区粮食风险基金规模，扩大中央财政补助的比重，提高主产区粮食直补标准。

第四，加快农业结构调整和农村劳动力转移，综合运用市场力量和政府力量培植粮食增产和粮农增收的市场条件。在市场经济条件下，将粮食生产资源引向经济作物、引向养殖业、引向城乡非农产业的过程，不仅是实现农民增收的重要途径，同时也是一个培植粮食生产优势的过程。一是随着资源流向粮食以外的领域，粮食供给量会减少，进而粮食的价格会升高，粮食产业的比较优势就会逐步增加。二是农用土地具有多宜性，在种粮无利可图的时候可以退出粮食生产领域，在粮价上涨，种粮收益提高的时候可以再投入粮食生产。三是农民外出务工意味着他的身份由粮食生产者转变为了粮食消费者。农民外出务工的规模越大，转移得越稳定，对粮食的需求就旺盛，粮食就会越“贵”，种粮的收入就会多。从长远看，农民外出务工还会为提高农业劳动生产率，实现规模化经营创造条件。粮食虽然是一个具有公共产品性质的特殊商品，但是毕竟是一种商品，必须纳入市场框架内解决问题，不可能完全依赖政府力量。首先，要区分口粮和饲料用粮、工业用粮，政府力量要集中用于保障口粮安全，增强政府作用针对性。其次，随着消费水平的提高和食物结构的变化，原粮在居民食品消费中的比重越来越小，粮食价格波动对居民生活的影响正在变小，因此要树立“大粮食”的概念，综合考虑粮食及相关食品的价格变化，选择好政府力量介入的时机和力度，避免过早介入、过度介入和不当介入。再次，对粮食问题不能反应过度。粮食调控的最高境界是“紧”平衡，而不是越多越好，因此，要掌握好这个度必须让市场来发挥基础性作用，要相信和利用市场手段，容忍和允许粮食价格在一定的区间内波动，以市场为基础调适粮食安全和农民增收的关系。

第五，进一步加强粮食主产区社会建设。建议政府加大对粮食主产区公路、教育、卫生、环境的投入力度。对其道路交通、生活环境、义务教育、医药卫生等社会事业给予更大政策优惠和资金支持，为粮食主产区新农村建设创造良好的物质条件，努力把传统农业改造建设成具有持久的市场竞争力和能持续致富农民的高效生态农业，把农村传统村落改造建设成让农民能过上现代文明生活的农村新社区，把传统农民改造成能适应市场经济分工分业发展要求的有文化、有技能、有道德、高素质的现代农民。

四、《强化住房保障职能、遏制房价过快上涨》的提案受到政府有关部门重视

近些年来，房价过高已成为影响我国经济健康发展和社会和谐的一个突出问题，广大老百姓尤其是中低收入群众在天文数字的房价面前“望房兴叹”，房价问题已经成了社会矛盾最集中和最易激化的导火线。我国房地产市场宏观调控从2004年初开始，通过多种综合手段，对于抑制短期投机、投资性购房起到了一定成效。但总的看来，房价过快上涨的势头并没有得到明显遏制。房价的持续上涨，与构建和谐社会要求背道而驰。

九三学社中央对住房问题进行了深入调研，在调研中发现存在以下问题：

第一，地方政府片面追求GDP指标增长。近年来，一些地方政府把住房建设当做拉动经济、带动产业发展、增加税收和财政收入的主要手段，只注重房地产的商品属性，忽视了其保障品属性。这表现在：一方面盲目扩大城市规模、增加拆迁面积，从而刺激和促进了对房市的刚性需求，导致和支撑了房价非理性的上涨；通过经营土地获取巨额土地收益，土地出让金已成为许多地方财政的主要来源，有些地方政府60%以上的财政收入都来自土地转让。另一方面廉租房、经济适用房供应普遍不足，中低收入群体被迫购买价格高昂的商品房，他们的住房问题没有得到有效保障。

第二，我国居民住房消费观念存在偏差。一是认为“居者有其屋”即人人都买房。我国城市居民住房自有率高达82%，而美国仅68%，英国仅56%，欧洲国家只有30%—50%。其实“居者有其屋”应该是人人都有房住。城市新增人口的住房消费随着经济能力的提高，一般经历廉租、合租、租用阶段，其后才是购买低价房、商品房等多个消费层次。二是追求大面积商品房，新建商品房面积越大越受消费者欢迎。这与我国人口多、资源短缺的国情不适应。

第三，我国廉租住房制度不够完善。我国廉租住房制度建设总体上还处于起步阶段，制度建设也存在一些突出问题：一是部分地区对廉租住房制度建设重视不够。目前，仍有13个省区没有将廉租住房制度建设纳入省级人民政府对市、区、县人民政府工作的目标责任制管理，70个地级以上城市没有建立廉租住房制度。二是没有建立稳定的廉租住房资金来源渠道，部分城市财政预算安排资金不足。三是廉租住房制度覆盖面小，一些符合条件的最低收入家庭不能及时得到保障。四是部分城市廉租住房制度不完善，有122个地级以上城市没有建立严格的申请审批程序。

第四，经济适用房收效甚微。有关部委明文要求各地住宅建设70%—80%应建经济适用房，但实际情况是经济适用房占全年竣工住房面积不足5%，远远满足不了中低收入人群的需求。经济适用房审批管理中也存在不少漏洞，导致原本强调保障功能、意在解决中低收入人群住房问题的经济适用房却有相当大比例流入富人手中，在一些

经济适用房小区，中高档汽车随处可见。此外，还存在户型不经济、布局不合理、公摊不合理、质量低劣、霸王条款等诸多问题。

2007 年 3 月，九三学社中央在深入调研的基础上，向全国政协十届五次会议提交了《强化住房保障职能、遏制房价过快上涨》的提案。该提案被列为重点提案，受到高度重视和广泛好评。提案建议：

第一，树立正确的政绩观，强化政府“住房社会保障”的责任。改革地方政府政绩评价体系，将“住房保障责任”作为地方政府政绩的重要评价指标，引导地方政府树立正确的政绩观，改变片面追求 GDP 政绩、把房地产单纯作为拉动经济手段的观念，抑制“卖地建房”的投资冲动。强化政府“住房社会保障”的责任，大力发展廉租房和经济适用房，集中力量解决好中低收入人群的住房问题。

第二，引导居民树立适合国情的住房消费观念。政府建立有一个包括租、买在内的多元化的房屋供应体系和梯度住房消费体系，满足各种收入人群的住房需求。适当给予一定税收优惠政策，大力搞活房屋租赁市场。引导消费者树立科学的住房消费观，在追求舒适度时也要讲求合理、适度和可持续，引导公众克服和摆脱“炫耀型、竞争型、摆阔型”的住宅消费心理误区，选择经济适用、合理、节约的户型面积。

第三，建立健全廉租住房制度。各级政府强化住房保障职能，落实廉租住房制度建设的目标责任管理，落实以财政预算安排为主多渠道筹措资金的规定。完善廉租住房管理，建立严格的申请、审批和退出制度，保障政府资源切实落实到最低收入家庭。建立健全住房保障对象档案，对廉租住房保障对象实施动态管理。合理确定廉租住房保障标准，逐步扩大廉租住房覆盖面，满足城镇最低收入家庭基本居住需求。

第四，改进规范经济适用房制度，使经济适用房落到实处。政府加大经济适用房土地供应，加快经济适用房市场投放速度，严格限制经济适用房的转让。让经济适用房的销售信息和购买信息透明，防止暗箱操作、无序销售，让真正的无房户、中低收入者享受到国家政策给予的福利。成立专门的经济适用房管理办公室，对经济适用房相关事宜进行指导、检查、监督等管理。

第五，出台财税激励政策与约束政策，引导房地产市场持续健康发展。一是政府财政预算中要有一定比例的资金用于住房保障中的廉租房和福利性租房，鼓励社会资本参与经济适用房、合作建房和廉租房建设，政府在贷款、税收、担保等方面的政策向城市中低收入人群倾斜。二是要区分住房消费中的自住消费、投资、投机等不同情况实施差别化的税收政策。提高二手房买卖税率，以解决“为卖而买”的房地产投机问题。三是依据资源节约政策，对超大面积住房和资源、能耗较高的别墅类、超大户型高档建筑开征累进的高档消费税，以税收为杠杆，调节这部分需求。四是对商业银行发放的房地产开发贷款和住房按揭贷款，应当根据其投资规模和投资方向可能产生的风险，调整其风险系数，适当调高银行准备金率，定向调节资金投放。五是对土地开发、转让和房地产交易各环节应当进行严格的监督管理。特别是对土地出让金、土地增值税的缴纳和房地产企业的欠税问题，要认真清查催缴。要把这一领域的反商业贿赂问题作为重点来抓。六是要适时推进财政税收体制改革。进一步合理调整中央和地方在财权、事权上的划分，适当调整税收分配比例，如把调节资源增加的税收多留一些给地方，鼓励地方政府从执行国家产业政策中获取收益。

九三学社中央的提案受到政府有关部门的高度重视。2007 年 6 月 5 日，建设部就此类“关于解决百姓住房问题”的提案进行了协商办理。建设部、发改委、财政部、中编办等有关部门负责同志参加。

2007 年 8 月，国务院发布了《国务院关于解决城市低收入家庭住房困难的若干意见》，明确了把解决城市低收入家庭住房困难作为政府公共服务的一项重要职责，提出了加快建立健全以廉租住房为重点、多渠道解决城市低收入家庭住房困难的政策体系。

五、突出科技特色，为中小企业科技创新资金瓶颈问题建言

九三学社中央长期关注企业自主创新问题，曾就企业自主创新问题先后赴湖北、北京中关村等地开展调研。2006 年 5 月，九三学社中央主席韩启德又率领九三学社中央考察团就科技自主创新赴山东烟台、淄博、青岛三市进行考察调研。考察团听取了山东省及烟台、淄博、青岛三市的负责同志关于科技自主创新等方面的情况介绍，实地考察了烟台万华集团、农科院、烟台氨纶集团等单位。在调研中，韩启德充分肯定和高度评价了山东省在科技自主创新方面取得的成绩。韩启德指出，山东省不仅在经济发展上走在全国前列，在科技自主创新方面也率先迈出了重要一步，创造了很多好的经验，值得在全国推广。韩启德对山东省进一步做好科技自主创新工作提出了以下几点建议：一是重视研究和很好地解决企业自主创新点高面低的问题；二是政府调整投资结构，加大对科技的投入；三是在海外经济活动中，企业间加强协调，提高国家整体竞争力，应对国际挑战；四是建议山东省认真总结以企业为主体的自主创新模式的特色和经验，为国家自主创新体系建设创造出更多经验，作出更大贡献。

在调研中九三学社中央发现，中小企业特别是科技型中小企业是我国自主创新队伍中最具活力的生力军。中小企业由于面临的竞争压力大，创新求存的动力也大，同时其组织结构安排灵活富有弹性，在创新数量和效率上明显优于大企业。充分发挥在科技创新领域最具活力的中小企业特别是科技型中小企业的生力军作用，对于我国实现建设创新型国家的目标，具有重要意义。同时，中小企业也面临着许多困难与问题，其中最为突出的就是融资难。融资难是制约许多企业开展技术创新活动、提升自主创新能力的主要瓶颈。据调查，2005 年全国个体私营企业和乡镇企业的短期贷款为 10083 亿元，只占全国金融机构短期贷款的 11.5%。在中关村，企业资金缺口达 400 多亿元，平均每家企业资金缺口 280 多万，而且在中关村企业周转资金总量中，银行借贷资金仅占 1/4。由此可见，解决中小企业特别是科技型中小企业科技创新的资金瓶颈问题，已成为关系自主创新全局的战略性问题，刻不容缓、迫在眉睫。

为此，九三学社中央形成了《关于克服中小企业技术创新融资难的三点建议》，于 2007 年 2 月报送中共中央总书记胡锦涛和国务院总理温家宝，受到高度重视。与此同时，又形成了《解决中小企业科技创新资金瓶颈问题刻不容缓》的建议，作为口头发言，提交全国政协十届五次会议。该口头发言入选政协全国委员会办公厅《重要提案

摘报》，取得广泛好评，产生了积极的社会影响。该建议提出：

第一，完善我国科技风险投资退出机制。从发达国家的成功经验看，风险投资资金的介入是解决科技型中小企业自主创新资金匮乏的最主要方式。但目前我国风险投资发育严重不足，对科技企业的资金支持作用有限，究其原因主要是缺乏完善的退出机制。实践表明，只有让风险投资能够方便地退出，才能保证风险投资公司的权益变现和投资行为的连续性，才会有社会资本敢于去做风险投资事业。否则，风险太大，没人会去做。为此建议国家要进一步完善我国科技风险投资退出机制。

第二，国家要提高用于支持中小企业特别是科技型中小企业自主创新的投入力度。国家近年对科技投入虽然有较大增长，但仍存在“两大两小”现象，即大部分资金用于大学与科研机构，只有少部分用于企业；用于企业的科技资金又大部分用于大型企业，只有少部分用于中小企业。因此建议，国家财政在提高对企业支持力度的同时，要注重提高对中小企业特别是科技型中小企业的支持力度。

第三，放宽金融业的市场管制，开展科技银行试点工作。建议国家放宽金融业的市场管制，探索建立一种为科技企业服务的专业银行，即科技银行。科技银行将是设立在科技企业集中的高新区内的区域性银行，其贷款主要对象是区内科研机构、科技企业和面向科技企业的风险投资公司；科技银行信贷业务将只为与科技创新有关的活动提供服务，不得用于普通房地产开发和固定资产投资；科技银行实行股份制，股本来源以企业和机构投资者为主，地方和高新区政府也可少量参股，实行官助民办，银行也可以吸收社会存款。

第四，以再担保模式推进我国担保体系建设。担保机构在中小企业融资过程中发挥着极其重要的作用。建议由中央政府和各省级政府出资或授权出资，并吸引商业银行、各地各类担保公司和战略投资者参股，组成股份制和市场化的全国和省级再担保公司；再担保公司不与各地担保公司进行同业竞争，以市场化再担保业务为主，并承接国家各类政策性再担保资金托管业务；再担保公司在有关行业协会的指导下开展各类再担保业务，并接受有关主管部门的监督管理。

第五，加强中小企业信用体系建设。政府部门要在优化环境上下功夫，要研究和制定各项优惠政策及各种法律法规，以营造一种诚实守信光荣、违约失信可耻的社会舆论氛围；要建立中小企业商业信誉评估系统，推进信息的收集与分享，以此来改善银行与企业之间信息不对称的局面；建立严厉的信用惩罚机制，对恶意拖欠银行贷款和逃避银行债务的企业和个人，要给予严厉的赔偿与惩罚，并在媒体上予以曝光；要提高中小企业管理者对信用管理的认识，设立和完善企业信用管理职能及建立健全企业信用管理制度，保证风险管理职能落实到人。

2007 年 7 月，九三学社中央、全国工商联和科技部在九三学社中央机关专门就设立科技银行问题举行了会谈。九三学社中央主席韩启德，全国工商联主席黄孟复，科技部副部长李学勇分别就进一步推动设立科技银行问题发表了意见。会议一致认为，设立科技银行对于促进科技自主创新、建设创新型国家具有重要意义。会议商定建立三方联系机制，继续就推动设立科技银行问题开展工作。

2007 年 10 月，九三学社中央主席韩启德，全国工商联主席黄孟复就设立科技银行问题联合给国务院总理温家宝写信，在科技银行的制度安排、科技银行的业务模式、科技银行的风险控制等方面提出了具体建议。建议提交不久，温家宝就作出批示，要求银监会进行研究。

乔发进　九三学社中央研究室干部

台湾民主自治同盟参政议政案例

一、助推“闽南文化生态保护实验区”的设立

近年来，由于“政治台独”希望渺茫，台湾陈水扁当局遂利用行政权力大力推行“文化台独”，图谋斩断两岸历史之“根”，剪断两岸文化之“脐”。面对“文化台独”的恣行与鼓噪，反制之道当是反其道而行之。也就是说，应从探索台湾文化本源入手，使“文化台独”成为无源之水、无根之木。

闽南文化作为海峡两岸文化一脉相承、相互交融的见证和纽带，其有形的文物史迹、无形的民间艺术，都是台湾文化根源的历史印记和现实参照。胡锦涛总书记在视察福建时曾指出，80%以上的台湾居民祖籍在福建，闽南话也是台湾的主要方言，闽南文化、客家文化、妈祖信仰、歌仔戏、南音等都深深地扎根在台湾民众精神生活当中，福建要运用这些丰富资源，在促进两岸交流合作中更好地发挥作用。

为深入了解并进一步发挥闽南文化在推动两岸关系和平发展中的影响和作用，2007年1月7日至12日，台盟中央组织了由林文漪主席带队的调研组，赴福建省围绕闽南文化、闽台文化关系等问题开展了为期6天的调研。调研组先后在厦门、漳州、泉州、福州四市与有关部门座谈，参观了当地涉台文物史迹，并观看了芗剧（歌仔戏）、梨园戏、布袋戏、南音等反映两岸文化一脉相承的民间艺术表演。调研组了解到，福建省闽南地区的厦门、漳州、泉州是台湾同胞的主要祖籍地，是闽南文化的发源地和保存地，活跃着众多原生态的民族民间文化。闽南文化是中华文化的重要组成部分，也是海峡两岸人民同根同源、血脉相连的文化见证。福建省遗存有大量涉台文物史迹，蕴涵着丰富的涉台文物资源，根据第一批全省涉台文物普查资料的初步汇总显示，全省拥有重要涉台文物（不可移动）646处。这些文物史迹是祖国大陆与台湾历史渊源关系的重要见证，佐证了台湾自古以来就是中国不可分割的一部分。

调研结束后，台盟中央立即就闽南文化保护利用问题形成专题报告，及时报送中共中央和有关部门。报告提出三点建议：

第一，建立闽南文化生态保护区。根据国家民族民间保护工程规划，文化部将于2007年正式启动全国十大文化生态保护区及国家级文化传承大师（人）命名工作。福建省作为文化遗产大省，已基本具备建立闽南文化生态保护区的条件。建立闽南文化

生态保护区，不仅能促进海峡两岸地区经济文化的共同繁荣，也有利于闽南优秀传统文化的保护和弘扬，有利于进一步加强两岸广泛的联系和往来，提高闽南文化（中华文化）对台湾地区的辐射力和影响力，形成两岸同根同源的文化圈，凝聚中华文化的向心力，成为促进祖国统一的重要推动力量。因此，建议国家有关部门将闽南文化生态保护区列入2007年首批全国十大文化生态保护区名录，尽快推动闽南文化生态保护区的建立，从保护区的机构设置、启动资金等方面予以支持。同时，台湾自古是中国的领土，去过台湾的人普遍反映，台湾可以说是“无处不中国，无处不闽南”。许多台湾同胞也认为福建与台湾一水相隔，地理气候、语言习俗、风土人情都“没什么区别”，甚至连很多地名都一样。我们需要让更多的台湾民众正确了解这些历史，正视文化本源，使陈水扁当局所谓的“本土化”不攻自破。鉴于福建在涉台文化交流中的突出地位和作用，建议给予福建特殊政策，比如对一些涉台文化交流项目简化审批手续等，使福建这一融合两岸文化、沟通同胞情谊的前沿阵地更多更好地发挥作用。

第二，设立涉台文物保护利用专项工程。加强涉台文物史迹的保护是维系海峡两岸同胞的文化情结、反对“文化台独”的一项具有现实政治意义的重要工作，有利于增强两岸民众在民族文化方面的认同感。建议设立涉台文物保护利用专项工程，在全国范围内开展一次关于涉台文物史迹的普查工作，全面了解我国涉台文物史迹的分布情况，由中央财政每年拨出专项资金，用于涉台文物史迹的维护修缮和开发利用。随着我国经济的发展，旧城改造、农村城市化等给文物保护，特别是那些尚不及或不足以列入国家文物保护单位的涉台文物保护带来了很大的压力。因此，建议对涉台文物史迹的保护要以科学发展观为指导，科学规划城市布局，妥善保护文物史迹，坚持把文物单体保护、园林绿化与历史文化街区保护相结合，坚持保护、整治与利用相结合，使涉台文物“大树”变成涉台文物“森林”，从功能单一的史迹变成镌刻两岸血缘亲缘真实历史场景的文化区域。此外，也要加强与台湾地区的文化文物交流，有计划地组织文物展、族谱展、图书展以及芗剧、梨园戏、布袋戏等戏曲艺术赴台交流，增进岛内民众，特别是中青年民众对中华文化的了解和认同。

第三，在文物保护法中界定专门的涉台文物概念。调研组了解到，厦门市结合自身实际，制定了《厦门市涉台文物古迹保护管理暂行办法》，明确界定涉台文物古迹的概念，将已评定为各级文物保护单位的和未经评定为各级文物保护单位的两大类涉台文物古迹都纳入保护范畴，对保护涉台文物古迹起到了良好的效果，这一首创性的做法得到了群众拥护，也受到了台湾民众的普遍关注。建议在文物保护法中界定专门的涉台文物概念，将涉台文物史迹的保护纳入文物保护法的范畴之中，以法律的形式使之固定下来。同时，建议国家文物局认真总结厦门的做法和经验，在全国涉台文物较为集中的地区加以推广，相关地方政府也应制定符合本地实际的保护办法和措施，把涉台文物史迹的保护纳入法制化轨道。

台盟中央关于闽南文化保护利用的专题报告得到中共中央的高度重视，中共中央政治局常委、全国政协主席贾庆林同志在报告上作了专门批示：“请国台办会商文化部研究。”

为进一步推动对策建议的落实，台盟中央还将相关调研成果转化为《政府工作报告》征求意见座谈会、党外人士迎春座谈会等高层协商会上的意见和建议，并形成了全国政协十届五次会议上的发言和四份党派提案。

全国人大、政协十届五次会议期间，陈正统委员代表台盟中央在全国政协大会上的发言《挖掘闽南文化资源，推动闽台文化交流》，得到陈至立同志的批示："建议组织专门力量研究这个问题，还可请福建文化厅进一步做基础性工作，届时我们一起去调研并支持推动这项工作。"

台籍全国人大代表、台盟界别全国政协委员蔡世彦、梁燕君等也围绕保护闽南文化、推动闽台文化交流积极建言，他们提交的建议和提案得到了中共中央领导的充分肯定。

为继续推动专题调研深入开展，4 月 26—27 日，台盟中央与福建省人民政府、国家文物局联合主办了"海峡西岸文化遗产保护论坛（2007）"，邀请国家有关部委负责同志、海峡两岸知名专家学者等一百余人参加，围绕中国文化遗产的发展趋势与涉台文物保护、海峡西岸文化遗产的传承和保护、闽台文化交流等主题共同研讨。

论坛结束后，台盟中央立即就海峡西岸文化遗产的保护利用问题形成专题报告，及时报送中共中央和有关部门，并在此基础上形成了全国政协十届十八次常委会议上的党派发言，以及全国政协"以文化建设为主要内容的国家软实力建设"专题协商会上的书面发言。台盟中央在专题协商会上的发言中提出五点建议：

第一，全面启动海峡西岸文化遗产保护工程。建议由国家发改委、财政部设立海峡西岸文化遗产保护工程专项资金，有关地方政府也要加大投入力度，为海峡西岸文化遗产保护提供必要的经费支持。要尽快制订海西文化遗产保护总体规划，科学规划海西文化遗产的保护、管理、展示和利用。深入开展海西文化遗产的普查工作，普查中发现的具有重要价值的文化遗产，各级政府要及时按有关规定列为相应级别的文物保护名录并予以公布。

第二，在海西文化遗产保护工程中设立涉台文物保护专项。涉台文物是以文物与台湾地域文化之间固有的内在联系为标尺建立的一种新的文物分类。海峡西岸涉台文物资源丰富，包括泉州天后宫、南安郑成功墓、福州严复故居等等，这些文物充分印证了海峡两岸具有的同根同祖、同宗同源的关系。因此，建议在海西文化遗产保护工程中设立涉台文物保护专项，拨出专项资金，用于涉台文物史迹的维护修缮和开发利用。要为具有重要价值的涉台文物建立记录档案，设置专门机构或者专人负责管理。要加强涉台文物保护的科学研究，组织历史、地理、经济、文化、民族等各领域专家，开展多学科综合研究，在科学研究的基础上，制定切实可行的涉台文物保护技术标准和规定。

第三，推动海西文化遗产保护工程与闽南文化生态保护实验区建设相互促进。闽南地处海峡西岸，闽南文化是中华文化的重要组成部分，也是海峡两岸文化一脉相承、相互交融的见证和纽带。2007 年 6 月，首个国家级文化生态保护实验区——闽南文化生态保护实验区正式设立。建议充分抓住设立国家级文化生态保护实验区的有利时机，推动闽南文化生态保护向宽领域、高水平、纵深化的方向发展，使保护区建设与海西文化遗产保护工程建设相互促进。特别要强调一点的是，闽南语作为闽南区域文化的承载体，不仅是诸多灿烂的非物质文化遗产的表现媒介，也维系着台湾同胞的"乡音"

情结。然而，在日益推广的普通话教育和“外语热”的冲击下，闽南已经出现了一代比一代更不会说闽南话的趋势，闽南语亟待保护。建议有关部门积极支持方言研究机构开展相关研究、保护工作，编撰辞书、字典等闽南语工具书；开展闽南语历史、文化教材进课堂的活动，实现闽南文化“活”的传承保护。

第四，注重海西文化遗产保护过程中的公众参与性。海西文化是在海峡两岸的互动过程中形成的，两岸同胞既是海西文化遗产的创造者，也是海西文化遗产的传承者，两岸民众的关心和支持是海西文化遗产保护事业得以发展的决定性力量。因此，在坚持政府主导的同时，还要广泛动员包括台湾同胞在内的两岸民众，使海西文化遗产的保护真正成为广大公众关心、支持和参与的公共事业。保护工作应重点着眼于海西文化遗产的当代生存状态以及与当代人民生活的关系。文化遗产植根于特定的人文和自然环境，与民众有着天然的历史、文化和情感联系。现存的文化遗产是和当代人生活息息相关的，比如福建的许多祖祠、庙宇至今仍在当地的社会生产生活中发挥着重要的作用，在台湾同胞中也有着巨大的影响。闽南高甲戏市场的活跃也得益于民间礼俗和信仰的兴盛。在保护工作中必须充分考虑这些文物所处的历史和人文环境，尊重民众分享和参与文化遗产保护的权利，加强民众与文化遗产之间的情感联系，使两岸同胞都积极投入到海西文化遗产的保护工作中。

第五，通过海西文化遗产的保护与传承让台湾同胞了解所谓“本土化”的实质。海峡西岸遗存的文化遗产是台湾文化根源的历史印证和现实参照，我们要通过海西文化遗产的保护、宣传和展示，让更多的台湾同胞了解所谓“本土化”的实质，了解台湾文化的根在大陆。建议深化两岸在海西文化遗产保护方面的合作和交流，有关政府部门要多做统筹引导、资源调配等方面的工作，在交流过程中注重让历史说话、让文物说话、让事实说话，避免过度政治包装。台湾同胞尤其是台湾青年一代，是在中华传统文化和现代西方文化以及所谓台湾“本土文化”教育背景下成长起来的一代。他们对文化传统的思想认识有特殊性，不能用我们习惯的思维标准去衡量、判断他们。要充分体谅包容他们在特殊历史条件下形成的心态和感情，努力疏导化解，不断增加共识，用海西文化遗产搭建起两岸沟通的桥梁。

在台盟的大力推动下，2007 年 6 月，国家级“闽南文化生态保护实验区”正式挂牌启动。

二、大力推动两岸企业合作创新　促进高新产业共同发展

提高自主创新能力，建设创新型国家，是国家发展战略的核心，是提高综合国力的关键。台盟在开展参政议政和对台工作中逐步了解到，海峡两岸在高新技术产业领域具有很强的互补性，大陆在基础科学、高新技术和尖端科技方面的实力，与台湾应用技术和技术产业化方面的优势正在形成良性互补。根据两岸交流中这一新趋势，服务于建设创新型国家的发展战略，台盟及时将促进两岸科技交流与合作作为参政议政工作的重点之一，深入开展专题调研，在高层政治协商会议、政协会议上积极建言献策。

2007 年 6 月中旬，由台盟中央主席林文漪带队的考察团一行赴江苏开展了为期 8

天的调研，进一步了解台资高新技术企业的发展状况及其对大陆高新技术产业发展和科技创新的影响。为组织好这次调研，台盟中央作了精心准备，注重调研程序上的规范。首先是在准备阶段细化了工序，包括精心准备调研提纲，增设“预调研”环节，确保调研工作的有序进行。其次是在结尾阶段强化了反馈。调研刚结束，台盟中央就向中共江苏省委、省政府及时反馈调研的具体情况，并提出多项有价值的意见和建议，受到广泛好评。调研组还吸收了北京、上海和南京等台盟地方组织的成员共同参与，邀请了中共中央统战部、国台办、科技部、信息产业部以及北京市人大、北京市台办等部门负责同志和有关专家参加调研。调研组先后走访了昆山、苏州、无锡、南京等地市，认真听取了当地中共党委、政府及有关部门的情况介绍，实地参观了台资高新技术企业的生产过程，并与企业负责人进行座谈，掌握了江苏台资高新技术产业生产、经营及发展状况的第一手资料。

调研组了解到，投资江苏的台资企业产业形态不断变化，早期投资的台资企业中高新技术企业较少，而且投资规模不大，科技含量也不高。近年来，以电子信息产业为先导，台商在高新技术领域的投资规模明显放大，投资企业的母体也从原先的小型企业发展为上市上柜公司和企业集团。投资产业链环节不仅从最初简单的终端组装过渡到中上游制程、测试及研发，并逐渐扩大到与产业发展相配套的研发、设计、测试、物流等现代服务业领域。台资高新技术企业为江苏省带来了大量的先进实用技术，推动了当地电子信息产业的快速发展和高新技术产业的结构调整，促进了当地区域经济与社会发展。调研组还详细考察了在苏台资高新技术企业的科技创新模式、设立研发中心以及与科研院所、政府部门的科技合作情况。

随着考察的深入，调研组发现，从目前情况看，台资高新技术企业与大陆高新技术产业发展的互动效应尚未得到充分发挥，台资高新技术企业依然没有真正融入大陆的科技创新体系中，主要表现在：台资高新技术企业多是由台湾母公司以全部投资额设立的独资经营企业，其内设的研发机构主要是承接母公司的技术转移，在大陆独立进行高端技术研发的能力还比较薄弱。此外，台湾母公司还严格控制核心技术向大陆转移，在合资合作企业中能共享的大多是一般操作技术（如设备使用技术）和组织技术（如工艺流程、销售网络的组织）。因此，大陆台资高新技术企业的“技术溢出”效应和“本地化”研发的水平还比较低。近年来，大陆台资企业虽然普遍加快了本土化的步伐，但台资高新技术企业的生态群落仍处于一个相对封闭的体系。无论是集群的核心企业还是配套企业，基本上以台资为优先对象，形成以台资相互配套为主的内循环。而大陆本地企业由于技术、管理、行业标准等因素的影响很难参与到其产业链分工的核心环节，少数进入的大陆企业也仅仅是从事低端生产，技术含量偏低。此外，台资高新技术企业与大陆本地企业、高等院校、科研院所的科技合作也有待进一步加强。

针对调研中发现的问题，台盟中央提出了相应的对策建议，并撰写了专题调研报告，向中共中央、国务院报送了《关于促进大陆台资高新技术企业发展的几点建议》。

与此同时，其他一些台资高新技术企业密集的地区，如北京、上海、天津、广东等地的台盟地方组织也开展了子课题调研，形成阶段性报告和分报告。这些调研成果转化成各种提案建议、大会发言后，为有关部门的决策提供了重要参考。

在台盟各级组织扎实调研的基础上，台盟中央在全国政协十一届一次会议上作了题为《实施两岸企业合作创新，促进高新产业共同发展》的大会发言，建议继续深化两岸科技交流与合作，实施两岸企业合作创新，促进高新产业共同发展，增强两岸企业的国际竞争力，加快建设创新型国家。台盟中央在发言中提出了三点具体建议：

第一，树立新的“民族工业”观念。江苏省吸引台资总额位居全国首位，当地政府在吸引台资、服务台商、帮助台企发展等方面积累了许多好的经验和做法。其中，最关键的一点就是把握住了“海峡两岸同属一个中国，台资企业就是中国企业，台湾品牌就是中国品牌”。通过将政府科技资金投入台资企业的研发活动、注重促进台资企业与当地民营企业的配套合作等政策措施，将台资企业与内资企业一视同仁，充分调动台资企业创新的积极性，共同促进民族工业的发展。建议借鉴“江苏经验”，树立新的“民族工业”观念，明确台资高新技术企业的作用和定位，促进台资企业融入大陆经济发展轨道，走出一条开放条件下的合作自主创新之路。

第二，将台资高新技术企业纳入国家创新体系建设。当前，台资高新技术企业与大陆本地企业和科研院所的合作仍处于起步阶段，需要进一步推动两岸高新技术产业合作向更深层次的科技研发核心领域拓展。建议一方面充分发挥台资企业和研究机构在国家创新体系建设中的作用，畅通政府部门对台资企业进行科技支持的渠道，鼓励其承担各级政府的科技计划项目，支持其与大陆研究机构、大学、高新技术企业以各种形式合作开展科技创新，把台资企业纳入产学研合作一体化体系，加速推进科技成果转化。另一方面统筹考虑，出台在重点技术领域制定标准的规划，及时有序地推动两岸技术标准的联合制定与推广，形成具有自主知识产权的民族标准，在行业中争得领先的主动权，突破国外的标准垄断，增强两岸高科技产业共同面对国际市场竞争的实力，让国际市场上涌现更多的“中国创造”。

第三，切实解决台资高新技术企业发展中面临的实际问题。台资高新技术企业的发展过程中，不可避免地遇到了一些具体困难和问题，需要有关部门加以重视并帮助解决。一是多渠道支持企业融资，包括在政府投资的科技资助项目中一视同仁，对台资企业科技创新予以资金扶持；探索将台资企业纳入大陆中小型企业信用担保体系，或推动建立两岸民间性的台商信用担保公司，提高台资企业的信用担保能力；进一步畅通、完善风险投资市场退出机制，增强创投业与高科技、成长型企业合作的积极性；规范审批程序，进一步畅通台资企业上市渠道等。二是加强知识产权保护和管理，加强立法规范和执法力度，保障台资高新技术企业技术创新的积极性。

开展两岸企业合作自主创新，不仅关系到创新型国家的建设，而且是促进两岸经济一体化、推动两岸关系和平发展的一项重要工作。台盟中央围绕推动两岸企业合作自主创新开展的一系列调研和建言献策在海峡两岸都产生了良好的反响。

三、积极参与政治协商，为贯彻实施《劳动合同法》建言献策

近年来，中共中央、国务院定期召开高层协商会议，充分听取各民主党派中央、全国工商联对宏观经济形势发展的意见和建议，政治协商已经作为实行科学民主决策的

重要环节纳入决策程序。

2007 年 11 月，在广泛了解和听取在京部分台商意见的基础上，林文漪主席代表台盟中央在全年经济形势分析座谈会上，向中共中央、国务院反映了台商对于《劳动合同法》的一些意见和看法，并建议中共中央、国务院高度重视，谨慎以对，认真研究法律实施的相关配套环节，切实保障企业经营者和劳动者双方的合法权益。

台盟中央在高层协商会议上提出的意见和建议受到了中共中央、国务院的高度重视。国务院法制办公室相关负责人于高层协商会议结束后第三天就专程前来与台盟中央领导座谈，详细了解有关情况。座谈会上，台盟中央领导详细介绍了台商对《劳动合同法》的有关反映，国务院法制办相关负责人对《劳动合同法》的出台过程进行了简要介绍，并就解决台商反映的问题提出了若干建议。

此后，国务院法制办再次委托台盟中央召开座谈会，邀请部分台商代表参加，当面了解台商的意见、建议，并围绕台商关心的《劳动合同法》有关问题进行了解释与说明。与会台商对中共中央、国务院领导同志能够重视并倾听广大台商的意见和建议感到很受鼓舞，在充分肯定《劳动合同法》立法原则的基础上，对法律的实施也提出了许多具体的意见和建议，如要做好法律实施的相关配套工作，实施过程中注意保持内资企业与港澳台资企业、外资企业之间执行力度、速度和标准的一致性，保障劳动者利益的同时避免对企业造成过大、过急的负担和风险等。对于台商的意见和建议，国务院法制办的相关负责同志表示，一定会认真研究并在制定法律的实施细则中加以考虑。

《〈中华人民共和国劳动合同法〉实施条例（草案征求意见稿）》出台后，国务院法制办又多次通过台盟这样一个参政党的利益表达渠道征求意见。台盟中央充分发挥自身联系广泛的优势和特点，深入了解所联系台胞的利益、愿望和诉求，反映他们的意见和建议，为畅通和扩宽利益表达渠道，协调利益关系，保持社会和谐稳定作出了有益的贡献。

四、协助中共中央解决“三农”发展难题

解决好农业、农村和农民问题，事关全面建设小康社会和现代化事业大局，是国家工作的重中之重。作为参政党，台盟参政议政工作的重点之一就是推进社会主义新农村建设。台盟各级组织围绕“三农”问题开展了大量调研，持续关注农村金融体制改革和创新、发展农民专业合作组织、促进海峡两岸农业合作等方面的问题，并通过高层政治协商会议，政协会议、研讨会、论坛等多种途径，采用专题调研报告、提案、发言等多种形式，为国家的农村工作建言献策，协助中共中央解决“三农”发展难题。

《中华人民共和国农民专业合作社法》出台后，台盟就法律的贯彻落实，组织人员对北京、上海、广东、湖北、安徽、重庆、浙江等地的农民专业合作经济组织发展情况进行了实地调研。在调研中台盟发现，《中华人民共和国农民专业合作社法》出台后，各种类型的农民专业合作社呈现出更加强劲的发展态势，正在逐步成为农村经营体制的创新点。我国农村出现了“办好一个合作社，带动一个产业，兴一方经济，富

一帮农民”的良好景象。但是，由于很多农民专业合作社还处于起步阶段，发展过程中仍然面临着一定的困难和问题，主要包括：

第一，各级领导认识不足，影响农民专业合作社的发展。虽然《农民专业合作社法》已于 2007 年 7 月 1 日正式施行，但学习、宣传和贯彻的力度仍不够，目前广大农民还并不了解合作社法，而各级领导和部门对农民专业合作组织的重要性，尤其是对合作组织在社会主义市场体系中的地位作用和内涵，以及对推进农业产业化进程和促进农民增收的作用还认识不足，农民群众对发展专业合作社缺乏热情和信心，导致农民专业合作社发展和壮大较为缓慢。当前，依然还有一些基层干部群众还没有把握农民专业合作社的“民办、民营、民受益”的基本性质，不能进行正确的职能和角色定位，出现“越位”、“错位”的现象。而有的地方部分领导还存在着将合作社等同于过去的人民公社，认为搞合作社是走回头路的想法。

第二，有关农业政策不适应当前农村经济发展的需要。面对当前我国发展农民专业合作社，推动社会主义新农村建设的新形势，一些由来已久的农业政策已经无法满足农村经济发展的需求，需要进行适当的调整。如在用地方面，根据当前农业用地的使用政策，农民专业合作社要对农业用地进行一定改造，建设厂房、保鲜设备和库房，以及办公用房都很难获得规划部门的批准。因此，无论是政府农业部门，还是合作组织负责人均一致反映用地难是农民专业合作经济组织发展面临的首要问题。这些用地需要的无法满足对农民专业合作社实现规模化生产，增强科技含量，提高产品附加值，以及合作社组织、管理功能的发挥都造成了一定的影响。在用电方面，我国从建国初期以来就一直规定，除种植养殖业用电外，只有脱粒和排灌属于农业生产用电范畴，其余用电均作为工业用电收费。现代农业注重提高科技含量和产品附加值，农业生产活动已不仅限于种植养殖、排灌等，这样的政策规定也已经不适应当前的农业生产需要。根据现行政策，对农产品进行加工、包装、仓储，或者是合作社的办公用电，均不能享受农业用电的优惠。虽然有些地区对农民专业合作经济组织用电实行高于农业用电、低于工业用电的收费标准，但总体而言，仍造成合作社的高成本运营。而我国在农业保险方面的滞后，使农民始终无法摆脱后顾之忧。农业生产的投资较大，回报期较长，且极易遭受自然灾害带来的毁灭性打击，没有保险保障的农户灾后重建十分艰难。解决农业保险问题，是广大农民心中的迫切希望，也是农民专业合作经济组织的迫切需求。

第三，农民专业合作社自身存在一些问题。从当前我国农民专业合作社的基本情况来看，合作社自身在发展过程中还存在着不少的问题。主要表现在以下几个方面。

一是管理机构不够规范。大部分农民专业合作社的法人代表都由原龙头企业或生产基地负责人兼任，管理经验上有所欠缺。也有一些农民专业合作社不能做到循章办事，理事会和监事会流于形式，缺乏民主，重要事情不通过表决，负责人一人说了算。一个比较突出的问题是，越是成立时间长、效益好的合作社，机构运作越可能出现形式化。一些合作社的负责人坦言，经过多年的运作，越来越感到社员大会给合作社的发展带来了过多的牵绊，特别是社员大会上一人一个“主意”，影响合作社业务发展的效率。农民专业合作社发展到一定时期，自然要面临开拓渠道的问题，而社员往往认为合作社只能赢、不能亏，不愿承担风险，因此一些为拓展领域而开展的业务往往得不到社员大会的通过，大大阻碍了合作社的继续发展和壮大。

二是内部利益分配机制不够完善。农民专业合作社利益分配时往往出现按交易额分配占盈余的比例过小的问题（通常少于合作社法规定的60%）。有些合作社只是通过收购成员交售产品时提供高于市价的优惠，或是为成员代购生产资料时给予低于市价的优惠等方式实现，这种方式并不具备利润分配的实际意义。还有些合作社按股本分配，变成不论盈亏，每年都给予股本总额一定比例的红利。

三是对合作社的认识不足。一方面，许多农民因为对合作社的作用并不了解，加之长期家庭承包责任制养成的分散经营习惯，导致他们对合作事业不放心，对参与合作组织的愿望较冷淡。另一方面，部分农民专业合作社成员，甚至骨干力量，都没有认识到农民自己才是合作社的主人，必须依靠合作社成员自身的团结协作加上政府的扶持才能促进合作社的发展，而是过多地把合作社发展的希望寄托在政府的身上。

四是合作社发展不平衡。农民专业合作社发展，大体要经历三个阶段：起步阶段，发展成长阶段，做大做强阶段。合作社的发展水平与当地经济发展水平有很大的关联性，目前，我国农民专业合作社的发展南北差距较大。诸如浙江台州等沿海经济较发达地区，合作社发展已经较具规模，管理机构、机制也较为健全，为实现效益农业和发展城市农业提供了现实选择。而在中西部地区，许多合作社的组织结构、内部管理和运作机制都还不规范。部分地区的农民合作社中，有没有建立成员（代表）大会的，有理事会、监事会组织不健全的，有财务没有单独建账的等等。相关部门及广大农民对农民专业合作社的认识不足；有关农业政策不适应当前农村经济发展的需要；农民专业合作社发展不平衡、自身管理机构不规范、内部利益分配机制不完善等。

在广泛调研的基础上，2007 年 8 月，台盟在吉林省长春市召开了台盟中央农民专业合作经济组织研讨会，总结和交流台盟各级组织的调研成果，就农民专业合作经济组织发展的成功经验、运作中遇到的实际困难以及对策建议进行深入研讨，从而实现台盟各级组织之间的资源整合和成果共享，集中全盟的智慧和力量，为推动农民专业合作经济组织发展，促进社会主义新农村建设贡献力量。研讨会就促进农民专业合作经济组织的健康发展形成了一些共识，主要包括：

其一，发展农民专业合作经济组织是落实中央一号文件的重要举措，是解决“三农”问题，实现农村产业发展、农民稳定增收的重要途径。同时，发展农民专业合作经济组织也是解决当前食品安全问题的治本之策。其二，政府有关部门应进一步明确职能定位，尽快制定并出台《中华人民共和国农民专业合作社法》实施细则，做好相关政策、措施配套及服务工作，引导、帮助农民专业合作经济组织健康发展。其三，应进一步加强对《农民专业合作社法》的宣传，通过组织专家巡讲团到农村宣讲、加强媒体宣传力度等方式，营造良好的舆论氛围，提高各级领导和广大农民对农民专业合作经济组织的认识和了解。其四，应通过组织专家对农民专业合作经济组织骨干队伍进行培训，吸引大学生投身农民专业合作经济组织建设，以及培养农业经纪人等方式，加强农民专业合作经济组织的人才培养，增强其造血功能。

研讨会后，台盟中央汇总、整理了若干政策建议，形成台盟中央关于积极推动农民专业合作经济组织健康发展的专题报告，报送中共中央有关部门，供决策参考。

在此基础上，台盟中央向全国政协十一届一次会议提交了书面发言《促进农民专业合作社健康发展，推动社会主义新农村建设》，提出四点建议：

一是适应农村经济发展的新形势，适当调整相关农业政策。建议加强规划管理，在严格保护耕地的前提下对农民专业合作社所需农用地和兴办农产品加工企业所需用地予以优先审批；核准并制定合作社对农产品初级加工及办公用电价格执行非普通工业用电电价；在税务、信贷、交通运输、科技立项、产品监督等方面为合作社发展提供优惠、便捷的服务；探索拓展农业保险业务，切实帮助合作社提高抗御风险的能力。

二是树立市场化理念，适应现代农业的发展需要。建议借鉴台湾产销班面向市场开展农业经营的理念，针对消费者从品种到品味不断提升的消费需求，鼓励农民专业合作社通过加工、包装，树立品牌形象等方式，使农产品转型为“商品”，甚至更进一步提升为“礼品”，从而提高农产品附加值。

三是建立健全完善的农民专业合作社培训和辅导体系。建议借鉴台湾农民合作组织发展中的经验，建立健全政府部门、农业专家等组成的合作社培训辅导体系。一方面，加强对《中华人民共和国农民专业合作社法》的宣传力度，组织专家巡讲团等到农村进行宣传，从法律法规、政策制度、合作经济原则以及合作经济体的组织管理运行等方面对基层干部和广大农民进行系统培训，特别是针对当前农民最急需了解的合作社组织原则、合作社及其成员和管理者的权利义务和责任、财务管理与盈余分配法律责任等基本内容进行普法宣传和辅导。另一方面，针对当前我国农民专业合作社类型多样、发展水平不平衡的现状，将合作社分为农民为主体兴办、龙头企业带领兴办、供销社等带领兴办、村委会领办等不同类型加以研究，区别对待。同时，根据合作社新建起步、规范发展以及需做大做强三种不同的发展阶段，分别制定有针对性的培训辅导内容。

四是加强对农民专业合作社骨干队伍的培养。农民是建设新农村的主体。培育有文化、懂技术、会经营的新型农民，全面提高农民基本素质，将有利于从根本上推动新农村建设。建议扩大农村实用人才的培养渠道，利用农民专业合作社这个有效载体大力培养农民骨干。通过培养一批懂合作、善经营、会管理，能带领群众致富的好带头人，不断增强农民的自我组织能力和管理能力。

台盟中央的大会发言受到了较大关注，多家媒体予以专题报道，为进一步推动农民专业合作社朝着专业化、规模化、规范化方向发展，发挥其在建设社会主义新农村中的重要作用作出了有益的贡献。

郑世凯　台盟中央联络部副部长
朱　焱　台盟中央研究室综合处副处长
郭　婷　台盟中央研究室干部

政党活动大事记

中国共产党

1月1日　胡锦涛、吴邦国、温家宝、贾庆林、曾庆红、吴官正、李长春、罗干等党和国家领导人出席中国人民政治协商会议全国委员会在全国政协礼堂举行的新年茶话会。

1月5日　中共中央政治局常委、中央政法委书记罗干在山东济南出席第七次全国民事审判工作会议并讲话，强调要努力建设公正、高效、权威的社会主义民事审判制度，为构建社会主义和谐社会提供有力的司法保障。

1月7日　中共中央政治局常委、中央纪委书记吴官正出席在北京举行的全国纪检监察系统先进集体先进工作者表彰大会并发表讲话，强调要深入开展学习先进活动，大力加强纪检监察队伍建设。

1月8日　中共中央总书记胡锦涛在人民大会堂会见了日本公明党党首太田昭宏。

1月8日　中共中央政治局常委曾庆红在人民大会堂会见了到访的法国社会党领导人罗亚尔。

1月8日—10日　中国共产党中央纪律检查委员会第七次全体会议在北京举行。中共中央总书记胡锦涛出席全会第二次大会并发表了重要讲话。吴邦国、温家宝、贾庆林、曾庆红、吴官正、李长春、罗干等党和国家领导人出席会议。

1月8日和11日　国务院安全生产委员会第六次全体会议和全国安全生产电视电话会议先后在北京召开。中共中央政治局常委、国务委员、国务院安全生产委员会副主任周永康出席会议并讲话，强调要全面落实安全生产责任和措施，全力推动安全生产状况持续稳定好转。

1月10日　中央纪委监察部在北京召开新任纪检监察领导干部座谈会。中共中央政治局常委、中央纪委书记吴官正出席会议并发表讲话，强调要忠实履行纪检监察职责，不断提高反腐倡廉工作水平。

1月10日　中共中央政治局常委、国务院总理温家宝主持召开国务院常务会议，讨论并原则通过《中华人民共和国就业促进法（草案）》，同意进一步扩大香港人民币业务。

1月12日　中共中央党校举行2006年秋季学期毕业典礼。中共中央政治局常委、中央书记处书记、中央党校校长曾庆红出席毕业典礼，并为学员颁发毕业证书。

1月12日　中共中央政治局常委、国家副主席曾庆红在中央党校同参加全国县委书记、县长“建设社会主义新农村”专题培训班的学员代表座谈时强调，要全面加强作风建设和提高领导能力，在推进新农村建设的实践中建功立业。

1月14日　第十次东盟与中日韩领导

人会议（10＋3）在菲律宾宿务举行。国务院总理温家宝出席了会议并在会上发表题为《共建和平、繁荣的和谐东亚》的讲话。

1月15日　人民日报第一版发表中共中央印发的《2006—2010年全国干部教育培训规划》。

1月15日　第二届东亚峰会在菲律宾宿务举行。国务院总理温家宝出席并在会上发表了题为《合作共赢 携手并进》的讲话。

1月17日　国务院总理温家宝主持召开国务院常务会议，讨论并原则通过《中华人民共和国动物防疫法（修订草案）》，审议并原则通过《中华人民共和国政府信息公开条例（草案）》，批准2006年度国家科学技术奖获奖项目和人选。

1月19日—20日　全国金融工作会议在北京举行。这次会议的主要任务是，总结近几年来的金融工作，分析当前金融形势，统一思想认识，全面部署今后一个时期的金融工作。中共中央政治局常委、国务院总理温家宝，中共中央政治局委员、国务院副总理吴仪、曾培炎、回良玉，中共中央政治局委员、国务委员周永康、曹刚川，国务委员唐家璇、华建敏、陈至立出席会议。温家宝作重要讲话。

1月21日　薄一波同志遗体在北京八宝山革命公墓火化。胡锦涛、江泽民、吴邦国、温家宝、贾庆林、曾庆红、吴官正、李长春、罗干等前往八宝山最后送别。

1月22日　中共中央政治局常委、全国政协主席贾庆林与全国统战部长会议代表座谈并发表讲话，强调要坚持以科学发展观统领统战工作全局，为构建和谐社会提供广泛的力量支持。

1月23日　人民日报第一版发表《中共中央国务院关于全面加强人口和计划生育工作统筹解决人口问题的决定》。

1月23日　中共中央政治局召开会议，研究部署金融改革发展工作。中共中央总书记胡锦涛主持会议。

1月23日　中共中央政治局常委、国务院总理温家宝在中南海主持召开党外人士座谈会，就做好新形势下金融工作，听取各民主党派中央、全国工商联领导人和无党派人士的意见和建议。

1月23日　中共中央政治局进行第三十八次集体学习，内容是世界网络技术发展和我国网络文化建设与管理。胡锦涛在主持学习时发表讲话强调，以创新的精神加强网络文化建设和管理，满足人民群众日益增长的精神文化需要。

1月24日　国务院总理温家宝主持召开国务院常务会议，听取监察部关于国家食品药品监督管理局原局长郑筱萸严重违纪违法案件调查情况汇报，对进一步查处案件提出了明确要求，对加强食品药品监管和政府廉政建设作出了部署。温家宝在会上作了重要讲话。中共中央政治局常委、中央纪委书记吴官正出席会议并讲话。

1月24日　中共中央政治局常委、全国政协主席贾庆林在北京会见了以霍震寰为团长的香港中华总商会访京团全体成员。

1月26日　中共中央政治局常委、全国政协主席贾庆林在全国内地西藏班办学和教育援藏工作会议上强调，要推动西藏各级各类教育的快速、协调、健康发展，为促进西藏的繁荣稳定提供强有力的保障。

1月26日　中共中央政治局常委吴官正在北京会见了以总书记毛里西奥·穆尔德为团长的秘鲁阿普拉党代表团。

1月26日　国务院总理温家宝主持召开国务院第九次全体会议，讨论即将提请十届全国人大五次会议审议的《政府工作报告（征求意见稿）》。会议决定，将此稿发各省、自治区、直辖市和有关部门、单位征求意见。

1月26日—28日　中共中央总书记、国家主席、中央军委主席胡锦涛在吉林就贯彻落实科学发展观、构建社会主义和谐社会进行调查研究，强调要紧紧抓住国家深入实施东北地区等老工业基地振兴战略的宝贵机遇，使老工业基地焕发出新的生机和活力。

1月28日　第六届亚洲冬季运动会开幕式在吉林省长春市隆重举行，中共中央总书记、国家主席、中央军委主席胡锦涛出席并宣布开幕。

1月30日　全国政协在北京举行新春茶话会，邀请已故党外全国政协委员、知名人士夫人品茗迎春，中共中央政治局常委、全国政协主席贾庆林出席茶话会。

1月30日　《人民日报》第一版发表《中共中央国务院关于积极发展现代农业扎实推进社会主义新农村建设的若干意见》。《人民日报》同日发表社论《发展现代农业是建设新农村的首要任务》。

1月30日—2月8日　国务院总理温家宝在中南海主持召开五次座谈会，征求对即将提请十届全国人大五次会议审议的《政府工作报告》（征求意见稿）的意见。各民主党派中央、全国工商联负责人和无党派人士，经济、社会和自然科学领域的专家学者，科技、教育、卫生、文化、体育界代表，企业界代表和工人、农民等基层群众代表，分别出席了座谈会。

1月30日—2月10日　国家主席胡锦涛对喀麦隆、利比里亚、苏丹、赞比亚、纳米比亚、南非、莫桑比克和塞舌尔八国进行了国事访问。访问旨在进一步加深中非传统友谊、落实北京峰会成果、扩大双方务实合作、促进共同发展。访问的巨大成功将对中非关系未来发展产生深远影响。

1月31日　国务院总理温家宝主持召开国务院常务会议，审议并原则通过《西藏自治区“十一五”规划项目方案》和《商业特许经营管理条例（草案）》，批准2006年享受政府特殊津贴人员名单。

2月2日　中共中央举办的省部级主要领导干部学习《江泽民文选》专题研讨班在中央党校开班。中共中央政治局常委吴邦国、温家宝、贾庆林、吴官正、罗干出席开班式。中共中央政治局常委、中央书记处书记、中央党校校长曾庆红主持开班式。中共中央政治局常委李长春在开班式上讲话。

2月2日—6日　中共中央政治局常委、全国人大常委会委员长吴邦国在辽宁考察工作时强调，要着力增强自主创新能力，切实加强和谐社会建设，努力实现辽宁老工业基地的全面振兴。

2月5日　马克思主义理论研究和建设工程在京召开工作会议，总结工程实施以来的工作，研究部署2007年的工程工作。中共中央政治局常委李长春出席会议并作重要讲话，强调要提高认识加强领导推动工程工作取得新的实质性进展。

2月7日　国务院总理温家宝主持召开国务院常务会议，讨论并原则通过《国务院关于加快发展服务业的若干意见》，审议并原则通过《期货交易管理条例（修订草案）》。

2月9日　国务院在北京召开第五次廉政工作会议，温家宝总理发表讲话强调，规范行政权力运行，深入推进反腐倡廉工作。国务院副总理吴仪、曾培炎、回良玉，国务委员周永康、曹刚川、陈至立出席会议。国务委员兼国务院秘书长华建敏主持会议。中共中央政治局常委、中央纪委书记吴官正，中共中央书记处书记何勇应邀出席会议。

2 月 12 日　中央军委在京举行慰问驻京部队老干部迎新春文艺演出，中共中央总书记、国家主席、中央军委主席胡锦涛出席观看演出，向在座的老同志和全军离退休老干部致以节日问候。

2 月 12 日　中共中央政治局常委、全国政协主席贾庆林邀请全国性宗教团体负责人到中南海座谈，代表中共中央和胡锦涛总书记向全国宗教界人士和广大信教群众祝贺新春佳节。

2 月 13 日　军民迎新春文艺晚会在北京中国剧院举行。党和国家领导人胡锦涛、吴邦国、温家宝、贾庆林、曾庆红、吴官正、李长春、罗干等与首都军民欢聚一堂，共贺新春。

2 月 14 日　国务院总理温家宝主持召开国务院常务会议，审议并原则通过《残疾人就业条例（草案)》、《地方各级人民政府机构设置和编制管理条例（草案)》和《国家自然科学基金条例（草案)》。

2 月 14 日　中共中央在中南海召开党外人士迎春座谈会。座谈会由中共中央政治局常委、全国政协主席贾庆林主持。胡锦涛在认真听取大家的发言后发表了重要讲话。

2 月 15 日　中共中央政治局召开会议，讨论国务院拟提请第十届全国人民代表大会第五次会议审议的政府工作报告稿。

2 月 15 日　中共中央政治局进行第三十九次集体学习，内容是国外区域发展情况和促进我国区域协调发展。胡锦涛在主持学习时发表了讲话强调，把促进区域协调发展摆在更加重要的位置，切实把区域发展总体战略贯彻好、落实好。

2 月 16 日　中共中央、国务院在人民大会堂举行 2007 年春节团拜会。

2 月 17 日　中共中央政治局常委、国务院总理温家宝在辽宁省委书记李克强、省长张文岳陪同下，先后到清原、沈阳等地农村、学校、医院和企业，代表党中央、国务院看望和慰问各界群众，向他们表示新春的祝福。

2 月 17 日—19 日　中共中央总书记、国家主席、中央军委主席胡锦涛在甘肃走乡村、进企业，看望各族干部群众，慰问节日值班的干部职工，同大家一起过年，共祝祖国繁荣和谐、人民幸福安康。

2 月 26 日　十届全国人大常委会第二十六次会议在北京人民大会堂举行，就业促进法草案首次被提请审议。会议还听取了国务院关于提请审议批准中国、越南和老挝关于确定三国国界交界点的条约的议案的说明，审议了全国人大常委会工作报告稿等。吴邦国委员长主持会议。

2 月 26 日　政协第十届全国委员会常务委员会第十六次会议举行全体会议，听取各专门委员会 2006 年度工作情况的汇报。中共中央政治局常委、全国政协主席贾庆林出席会议。全国政协副主席董建华主持会议。

2 月 26 日　国务院总理温家宝主持召开国务院常务会议，听取大型飞机重大专项领导小组关于大型飞机方案论证工作汇报，原则批准大型飞机研制重大科技专项正式立项，同意组建大型客机股份公司，尽快开展工作。

2 月 27 日　中共中央、国务院在北京隆重举行国家科学技术奖励大会，党和国家领导人胡锦涛、温家宝、曾庆红、李长春出席大会并为获奖代表颁奖。温家宝代表党中央、国务院在大会上讲话。李长春主持大会。

2 月 28 日　十届全国人大常委会在北京人民大会堂举行第二十五次专题讲座，讲座的题目是《完善我国促进就业的法律制度》。吴邦国委员长主持讲座。

3月1日　中共中央政治局常委、中央书记处书记、中央党校校长曾庆红在中央党校春季开学典礼上发表讲话时强调，要以迎接十七大召开和贯彻十七大精神为主线，在围绕中心服务大局中全面加强党的建设。

3月3日　党和国家领导人胡锦涛、吴邦国、温家宝、曾庆红、吴官正、李长春、罗干等出席中国人民政治协商会议第十届全国委员会第五次会议开幕式。贾庆林代表政协第十届全国委员会常务委员会向大会报告工作。

3月4日　中共中央总书记、国家主席、中央军委主席胡锦涛，中共中央政治局常委、全国人大常委会委员长吴邦国，中共中央政治局常委、国务院总理温家宝，中共中央政治局常委、全国政协主席贾庆林，中共中央政治局常委、国家副主席曾庆红，中共中央政治局常委、中央纪委书记吴官正，中共中央政治局常委李长春，中共中央政治局常委、中央政法委书记罗干，分别看望出席全国政协十届五次会议的委员并参加分组讨论，听取委员们的意见和建议。

3月5日　胡锦涛、贾庆林、曾庆红、黄菊、吴官正、李长春、罗干等出席第十届全国人民代表大会第五次会议开幕会议。会议由大会主席团常务主席、执行主席吴邦国主持。国务院总理温家宝向大会作政府工作报告。

3月6日　中共中央总书记、国家主席、中央军委主席胡锦涛，中共中央政治局常委、全国人大常委会委员长吴邦国，中共中央政治局常委、全国政协主席贾庆林，中共中央政治局常委、国家副主席曾庆红，分别参加了十届全国人大五次会议和全国政协十届五次会议一些团组的审议和讨论。

3月7日　中共中央总书记、国家主席、中央军委主席胡锦涛，中共中央政治局常委、全国人大常委会委员长吴邦国，中共中央政治局常委、国务院总理温家宝，中共中央政治局常委、全国政协主席贾庆林，中共中央政治局常委、中央纪委书记吴官正，中共中央政治局常委李长春，中共中央政治局常委、中央政法委书记罗干，分别参加了十届全国人大五次会议和全国政协十届五次会议一些团组的审议和讨论。

3月8日　十届全国人大五次会议在人民大会堂举行第二次全体会议，听取关于物权法草案的说明、关于企业所得税法草案的说明、关于十一届全国人大代表名额和选举问题的决定草案的说明、关于香港特别行政区选举十一届全国人大代表的办法草案和澳门特别行政区选举十一届全国人大代表的办法草案的说明。胡锦涛、吴邦国、温家宝、贾庆林、曾庆红、吴官正、李长春、罗干等出席会议。

3月9日　中共中央总书记、国家主席、中央军委主席胡锦涛，中共中央政治局常委、全国人大常委会委员长吴邦国，中共中央政治局常委、国务院总理温家宝，中共中央政治局常委、全国政协主席贾庆林，中共中央政治局常委、国家副主席曾庆红，中共中央政治局常委、中央纪委书记吴官正，分别参加了十届全国人大五次会议一些代表团的审议。

3月9日　中共中央总书记、国家主席、中央军委主席胡锦涛，中共中央政治局常委、国务院总理温家宝，中共中央政治局常委、全国政协主席贾庆林，中共中央政治局常委、国家副主席曾庆红，中共中央政治局常委、中央纪委书记吴官正，中共中央政治局常委李长春，中共中央政治局常委、中央政法委书记罗干，分别参加了十届全国人大五次会议一些代表团的审议。

3 月 9 日　全国政协十届五次会议在人民大会堂举行第二次全体会议。12 位委员就转变经济增长方式、增强自主创新能力、发展现代农业等问题作大会发言。中共中央政治局常委、全国政协主席贾庆林出席会议。

3 月 10 日　中共中央统战部、全国人大民族委员会、国家民族事务委员会、全国政协民族和宗教委员会在人民大会堂举行茶话会，党和国家领导人胡锦涛、吴邦国、温家宝、贾庆林、曾庆红、吴官正、李长春、罗干等同志与出席十届全国人大五次会议和全国政协十届五次会议的少数民族代表、委员们欢聚一堂，同庆两会的胜利召开，共话中华民族的美好未来。

3 月 11 日　十届全国人大五次会议在人民大会堂举行第三次全体会议，听取和审议全国人大常委会工作报告。胡锦涛、吴邦国、温家宝、贾庆林、曾庆红、吴官正、李长春、罗干等出席会议。

3 月 11 日　全国政协十届五次会议在人民大会堂举行第三次全体会议。12 位委员就社会建设、文化建设中的诸多问题作大会发言。中共中央政治局常委、全国政协主席贾庆林出席会议。

3 月 12 日　中共中央总书记、国家主席、中央军委主席胡锦涛在十届全国人大五次会议解放军代表团全体会议上强调，按照科学发展观要求推动部队建设又好又快发展，积极为构建社会主义和谐社会贡献力量。

3 月 12 日　全国政协十届五次会议在人民大会堂举行第四次全体会议。13 位委员就统一战线和人民政协工作、文化建设、体育事业等作大会发言。中共中央政治局常委、全国政协主席贾庆林出席会议。会议的执行主席是刘延东、张思卿、罗豪才、周铁农、李蒙、董建华。会议由周铁农主持。中共中央政治局委员、书记处书记、国务委员周永康和中共中央、国务院有关部门负责人到会听取发言。

3 月 12 日　中共中央政治局常委、全国人大常委会委员长吴邦国，中共中央政治局常委、国务院总理温家宝，中共中央政治局常委李长春，中共中央政治局常委、中央政法委书记罗干，分别参加了十届全国人大五次会议一些代表团的审议。

3 月 13 日　十届全国人大五次会议在人民大会堂举行第四次全体会议，听取和审议最高人民法院工作报告和最高人民检察院工作报告。胡锦涛、吴邦国、温家宝、贾庆林、曾庆红、吴官正、李长春、罗干等出席会议。

3 月 14 日　政协第十届全国委员会常务委员会第十七次会议在北京举行，中共中央政治局常委、全国政协主席贾庆林主持会议。

3 月 15 日　胡锦涛、吴邦国、温家宝、曾庆红、吴官正、李长春、罗干等出席中国人民政治协商会议第十届全国委员会第五次会议闭幕会。全国政协主席贾庆林主持闭幕会。

3 月 16 日　胡锦涛、温家宝、贾庆林、曾庆红、吴官正、李长春、罗干等出席第十届全国人民代表大会第五次会议闭幕会议。闭幕会由大会主席团常务主席、执行主席吴邦国主持。

3 月 16 日　中共中央总书记、国家主席胡锦涛在人民大会堂会见了以日本自民党干事长中川秀直和公明党干事长北侧一雄为团长的日本执政党代表团。

3 月 16 日　十届全国人大五次会议在人民大会堂举行记者招待会，国务院总理温家宝应大会新闻发言人姜恩柱邀请同中外记者见面，并回答记者提出的问题。

3月19日　应墨西哥、委内瑞拉、苏里南、秘鲁和萨摩亚政府的邀请，中共中央政治局常委李长春离开北京，前往上述五国进行友好访问。

3月20日　《人民日报》第一版全文公布《中华人民共和国物权法》。

3月21日　国务院总理温家宝主持召开国务院常务会议，讨论并原则通过《国务院2007年工作要点》和《卫生事业发展“十一五”规划纲要》。

3月23日　中共中央政治局召开会议，听取2008年北京奥运会筹办工作汇报。中共中央总书记胡锦涛主持会议。

3月23日　中共中央政治局进行第四十次集体学习，内容是关于制定和实施物权法的若干问题。胡锦涛在主持学习时发表讲话强调，认真学习全面实施物权法，开创社会主义法治国家新局面。

3月26日　国家主席胡锦涛在莫斯科克里姆林宫同俄罗斯总统普京举行会谈。双方同意遵循《中俄睦邻友好合作条约》的原则和精神，做真诚互信的政治合作伙伴、互利共赢的经贸合作伙伴、共同创新的科技合作伙伴、和谐友好的人文合作伙伴、团结互助的安全合作伙伴，不断充实中俄战略协作伙伴关系的内涵，提高两国关系水平，推动中俄战略协作伙伴关系继续健康稳定发展。

3月26日　在俄罗斯举办的“中国年”开幕式在莫斯科克里姆林宫大礼堂隆重举行，国家主席胡锦涛和俄罗斯总统普京共同出席并致辞。中俄两国元首在致辞中一致表示，要以举办“国家年”为契机，增进两国和两国人民的相互了解和友谊，深化两国各领域交流合作，促进双方人员往来，为中俄战略协作伙伴关系长期健康稳定发展注入新的活力。

3月27日　在俄罗斯举行的“中国年”的重要活动——中国国家展在莫斯科克洛库斯展览中心开幕。国家主席胡锦涛和俄罗斯总统普京共同出席开幕式并参观展览。

3月27日—28日　第六次全国信访工作会议在北京举行。中共中央政治局常委、国务院总理温家宝，中共中央政治局常委、国家副主席曾庆红会前会见了全体与会代表。

3月28日　国务院总理温家宝主持召开国务院常务会议，审议并原则通过《生产安全事故报告和调查处理条例（草案）》、《中华人民共和国水文条例（草案）》和《中华人民共和国船员条例（草案）》。

4月1日　胡锦涛、吴邦国、温家宝、贾庆林、曾庆红、吴官正、罗干等党和国家领导人来到北京奥林匹克森林公园，与首都各界群众代表一起参加义务植树活动。

4月2日　国务院总理温家宝主持召开国务院第十次全体会议，就任命曾荫权为香港特别行政区第三任行政长官作出决定。温家宝总理签署了国务院第490号令，任命曾荫权为中华人民共和国香港特别行政区第三任行政长官，于2007年7月1日就职。

4月4日　中共中央总书记、国家主席、中央军委主席胡锦涛，来到解放军总医院，亲切看望正在这里住院治疗的海军大连舰艇学院教授方永刚，高度赞扬方永刚传播和践行党的创新理论的先进事迹，号召广大共产党员、全军官兵向他学习。

4月4日　国务院总理温家宝主持召开国务院常务会议，研究部署启动城镇居民基本医疗保险试点，审议并原则通过《行政机关公务员处分条例（草案）》。

4月7日　中国共产党中央委员会总

书记胡锦涛致电吴伯雄，祝贺他当选为中国国民党主席。

4月9日　国家主席胡锦涛在中南海会见了香港特别行政区行政长官曾荫权，同他进行了亲切的谈话。

4月9日　国务院总理温家宝在中南海紫光阁会见了香港特别行政区行政长官曾荫权，并向曾荫权颁发了任命他为香港特别行政区第三任行政长官的国务院令。

4月9日　全国人大常委会委员长吴邦国在人民大会堂与率团来访的越南国会主席阮富仲举行会谈，双方在友好的气氛中就双边关系、议会交往和共同关心的其他重大问题深入地交换了意见，达成重要共识。

4月9日　中共中央政治局常委李长春来到解放军总医院，看望正在这里住院治疗的海军大连舰艇学院教授方永刚。李长春高度赞扬方永刚的先进事迹，号召广大理论工作者，认真学习贯彻落实胡锦涛总书记提出的要求，向方永刚学习，为研究宣传党的创新理论作出更大贡献。

4月9日　全国纠风工作会议在广东省广州市召开。中共中央政治局常委、国务院总理温家宝会前对纠风工作做出重要批示，中共中央政治局常委、中央纪委书记吴官正向会议致信，国务委员兼国务院秘书长华建敏出席会议并讲话。

4月10日—13日　应韩国总统卢武铉和日本首相安倍晋三的邀请，国务院总理温家宝对韩国和日本进行正式访问。此次是中国总理7年来首次访问韩国和日本。

4月11日—14日　中共中央总书记、国家主席、中央军委主席胡锦涛和随行的中共中央政治局候补委员、中央书记处书记、中央办公厅主任王刚，在宁夏回族自治区党委书记陈建国、政府主席马启智等陪同下，先后到中卫、固原、吴忠、银川等地，就贯彻落实科学发展观、构建社会主义和谐社会和加强党的建设进行调查研究。

4月15日　应突尼斯参议院、加纳议会、津巴布韦议会和肯尼亚政府邀请，全国政协主席贾庆林15日上午离京，赴上述四国进行正式友好访问。

4月16日—17日　全国社会治安综合治理工作会议在西安召开。中共中央政治局常委、中央社会治安综合治理委员会主任罗干出席会议并讲话强调，深化平安建设推进社会治安综合治理，为党的十七大胜利召开创造良好环境。

4月17日　中国话剧诞生100周年纪念座谈会在北京举行。中共中央政治局常委李长春出席座谈会并讲话，强调坚持贴近实际贴近生活贴近群众，开创中国话剧事业繁荣发展新局面。

4月17日—5月2日　应古巴共产党以及巴哈马、哥伦比亚和智利政府的邀请，中共中央政治局常委、中央纪委书记吴官正对上述四国进行友好访问。

4月18日　在纪念中国话剧诞生100周年之际，中共中央总书记、国家主席、中央军委主席胡锦涛亲切会见了“国家有突出贡献话剧艺术家”荣誉称号获得者，并观看了话剧《立秋》。

4月18日　《人民日报》第一版公布中共中央办公厅、国务院办公厅印发的《关于进一步严格控制党政机关办公楼等楼堂馆所建设问题的通知》。

4月20日—22日　中共中央政治局常委、国务院总理温家宝在江西省农村和工厂企业，就当前经济社会发展特别是农业和农村情况进行调查研究，强调要始终把农业和农村工作摆在首位。

4月21日　博鳌亚洲论坛2007年年会在海南博鳌正式开幕，全国人大常委会委员长吴邦国出席开幕式并发表《开创亚洲和平合作和谐新局面》主旨演讲。

4月23日　中共中央政治局召开会议，研究加强青少年体育工作和网络文化建设工作。中共中央总书记胡锦涛主持会议。

4月23日　中共中央政治局进行第四十一次集体学习，内容是我国农业标准化和食品安全问题研究。中共中央总书记胡锦涛主持。

4月27日　中共中央政治局常委、全国政协主席贾庆林在人民大会堂会见了率团前来参加第三届两岸经贸文化论坛的中国国民党荣誉主席连战一行。

4月28日　中共中央总书记胡锦涛会见了出席第三届两岸经贸文化论坛的海峡两岸各界人士。胡锦涛和连战先后发表致词。

4月29日　中共中央总书记胡锦涛在中南海瀛台宴请连战夫妇和主要随行人员。

4月29日　中共中央政治局常委、全国政协主席贾庆林和中国国民党荣誉主席连战出席第三届两岸经贸文化论坛闭幕式。

4月30日—5月1日　中共中央总书记胡锦涛和随行的中共中央政治局候补委员、中央书记处书记、中央办公厅主任王刚，在河南省委书记徐光春、省长李成玉等陪同下，到南阳、郑州等地，深入企业车间、田间地头、城市社区，亲切看望和慰问干部群众。

5月1日　中共中央政治局常委、国务院总理温家宝专程来到河北省曹妃甸工业区和冀东油田，与在生产一线坚守岗位的工人共度“五一”国际劳动节，代表党中央、国务院向大家表示节日的祝贺和亲切的慰问，向广大劳动者致以崇高的敬意。

5月9日　国务院总理温家宝主持召开国务院常务会议，讨论并原则通过《教育部直属师范大学师范生免费教育实施办法（试行）》和《国务院关于建立健全普通本科高校、高等职业学校和中等职业学校家庭经济困难学生资助政策体系的意见》。

5月10日　第八期全国政协委员学习研讨班在中央社会主义学院正式开班。中共中央政治局常委、全国政协主席贾庆林出席开班仪式并讲话。

5月10日—14日　中共中央政治局常委、国家副主席曾庆红在考察浦东井冈山延安干部学院期间深入基层调研并强调，继承和发扬党的光荣革命传统，不断开创改革和发展的新局面。

5月14日　全国人大常委会委员长吴邦国在人民大会堂与来访的俄罗斯联邦会议国家杜马主席格雷兹洛夫举行会谈，并共同主持中国全国人大与俄国家杜马合作委员会第二次会议。

5月14日　《人民日报》第一版摘要发表中共中央办公厅、国务院办公厅印发的《关于进一步加强西部地区人才队伍建设的意见》。

5月15日　中共中央政治局常委、国务院总理温家宝在上海主持召开长江三角洲地区经济社会发展座谈会指出，要充分发挥区域优势，促进长江三角洲地区实现率先发展、科学发展。

5月16日　国家主席胡锦涛在人民大会堂会见了以校长理查德·莱文为团长的美国耶鲁大学百名师生代表团，与他们合影留念并发表了热情洋溢的讲话。

5月17日　国家主席胡锦涛在人民大会堂同越南国家主席阮明哲举行会谈。双方一致同意，继续遵循“长期稳定、面向未来、睦邻友好、全面合作”的方针，推动中越关系向新的广度和深度迈进。

5月18日—27日　应埃及人民议会议

长苏鲁尔、匈牙利国会主席西利、波兰众议长多恩的邀请，全国人大常委会委员长吴邦国对上述三国进行正式友好访问。

5 月 20 日　中共中央总书记、国家主席胡锦涛给同济大学百年校庆发贺信，向全体师生员工和海内外校友表示热烈的祝贺。吴邦国、温家宝、贾庆林、曾庆红、黄菊、吴官正、李长春、罗干和乔石、朱镕基、李岚清也分别以不同形式对同济大学建校百年表示祝贺。

5 月 20 日—21 日　中国作家协会等联合举办的“坚持‘三贴近’、讴歌新时代”暨纪念毛泽东同志《在延安文艺座谈会上的讲话》发表 65 周年座谈会在革命圣地延安召开。中共中央政治局常委李长春致信祝贺。

5 月 22 日　中国共产党全国台湾省籍党员代表会议在北京闭幕。中共中央政治局常委、全国政协主席贾庆林会见全体代表并讲话。

5 月 23 日　中共中央总书记、国家主席、中央军委主席胡锦涛会见北京军区第九次党代表大会代表，强调要以奋发有为的精神和求真务实的作风，推动部队建设又好又快发展。

5 月 23 日　国务院总理温家宝主持召开国务院常务会议，研究部署在全国建立农村最低生活保障制度工作，审议并原则通过《中华人民共和国行政复议法实施条例（草案)》。

5 月 25 日　全国公安系统英雄模范和立功集体表彰大会在北京人民大会堂举行。中共中央总书记、国家主席、中央军委主席胡锦涛作了重要讲话，勉励广大公安民警认真履行职责，不负人民重托。

5 月 25 日　中国社会科学院建院 30 周年庆祝大会在北京举行。中共中央政治局常委李长春致信祝贺，中共中央政治局委员、书记处书记、中宣部部长刘云山出席大会并讲话。

5 月 26 日　针对全国猪肉价格上涨较快情况，国务院总理温家宝前往陕西就生猪生产、市场供应和价格情况进行调查研究。

5 月 26 日　“六一”国际儿童节前夕，中共中央政治局常委、国务院总理温家宝在陕西考察期间，专门到农村看望因父母外出打工而和爷爷奶奶生活在一起的留守儿童，向孩子们致以节日的问候和祝福。

5 月 30 日　国务院总理温家宝主持召开国务院常务会议，审议并决定颁布《中国应对气候变化国家方案》。

6 月 1 日　中共中央总书记、国家主席、中央军委主席胡锦涛来到北京郊区农村考察少年儿童工作，代表党中央向全国广大少年儿童表示节日的祝贺，向全国广大少年儿童工作者表示崇高的敬意。

6 月 1 日—4 日　中共中央政治局常委、全国政协主席贾庆林在广西调研时强调，要充分发挥统一战线和人民政协的优势和作用，集中各方面的智慧和力量，推动北部湾经济区开放开发。

6 月 2 日　中共中央、全国人大常委会、国务院、全国政协发布讣告：中国共产党的优秀党员，久经考验的忠诚的共产主义战士，党和国家的卓越领导人，中共中央政治局常委、国务院副总理黄菊同志，因病医治无效，于 2007 年 6 月 2 日 2 时 03 分在北京逝世，享年 69 岁。

6 月 3 日　云南省普洱市宁洱县发生了 6. 4 级强烈地震。地震发生后，党中央、国务院十分关注。胡锦涛、温家宝和回良玉等中央领导同志作出重要指示，要求全力做好云南抗震救灾工作。

6 月 4 日　《人民日报》第一版全文

发表《国务院关于印发节能减排综合性工作方案的通知》。

6月4日　全国政协主办的“北部湾新区建设与区域经济合作”专题研讨会在广西壮族自治区北海市召开。中共中央政治局常委、全国政协主席贾庆林会前会见了全体与会代表，全国政协副主席王忠禹在研讨会上讲话。

6月5日　中共中央政治局常委、国务院总理温家宝到云南普洱市地震灾区，检查抗震救灾工作，代表党中央、国务院慰问受灾群众。

6月6日　纪念中华人民共和国香港特别行政区基本法实施十周年座谈会在北京人民大会堂隆重举行。中共中央政治局常委、全国人大常委会委员长吴邦国在会上发表的重要讲话中强调，要深入实施香港特别行政区基本法，把“一国两制”伟大实践不断推向前进。

6月6日—10日　应德国总理默克尔和瑞典国王卡尔十六世·古斯塔夫的邀请，国家主席胡锦涛出席在德国举行的八国集团同发展中国家领导人对话会并对瑞典进行国事访问。

6月9日　我国第二个“文化遗产日”。中共中央政治局常委、国务院总理温家宝，中共中央政治局常委李长春分别来到中华世纪坛，观看正在这里举行的中国非物质文化遗产专题展。

6月9日—11日　中共中央政治局常委、中央纪委书记吴官正在陕西省考察工作强调，要研究新情况，解决新问题，切实加强反腐倡廉制度建设。

6月11日　国务院太湖水污染防治座谈会在江苏无锡召开。中共中央政治局常委、国务院总理温家宝作出重要批示，要求认真调查分析水污染的原因，加大综合治理的力度，研究提出具体的治理方案和措施。中共中央政治局委员、国务院副总理曾培炎出席太湖水污染防治座谈会并讲话。

6月12日　国务院振兴东北地区等老工业基地领导小组召开第四次全体会议，总结2006年工作，研究部署2007年任务，审议《东北地区振兴规划》。中共中央政治局常委、国务院总理、国务院振兴东北地区等老工业基地领导小组组长温家宝主持会议并讲话。

6月13日　国务院总理温家宝主持召开国务院常务会议，研究当前经济工作的突出问题，讨论并原则通过《中华人民共和国律师法（修订草案）》。

6月13日　国务院台湾事务办公室发言人杨毅在记者会上指出，陈水扁当局推动举办以台湾名义申请加入联合国的公投，是以公投方式谋求改变大陆和台湾同属一个中国的现状、走向“台湾法理独立”的重要步骤，也是一种变相的“统独公投”。大陆方面严重关注事态的发展，绝不允许“台独”分裂势力以任何名义、任何方式把台湾从中国分裂出去。

6月16日　中共中央政治局召开会议，研究加强公共文化服务体系建设。

6月18日　中共中央总书记、国家主席、中央军委主席胡锦涛在北京人民大会堂亲切会见一至十届“中国武警十大忠诚卫士”并作重要讲话。中共中央政治局常委、国务院总理温家宝，中共中央政治局常委、国家副主席曾庆红，中共中央政治局常委、中央政法委书记罗干参加了会见。

6月19日　中共中央总书记、国家主席胡锦涛在人民大会堂亲切会见了日本前首相中曾根康弘和由他率领的日本日中青年世代友好代表团。

6月19日　第三次全国反恐怖工作会议在北京召开。中共中央政治局常委、中央政法委书记罗干出席会议并讲话强调，要切实提高反恐怖工作能力和水平，维护国家安全和社会公共安全。

6月20日　中共中央总书记、国家主席胡锦涛在人民大会堂亲切会见第四届世界华侨华人社团联谊大会全体代表并作重要讲话。中共中央政治局常委、全国政协主席贾庆林参加了会见。

6月20日　经社理事会和类似组织国际协会第十次全体会议在北京开幕。国家主席胡锦涛向大会发贺信，全国政协主席贾庆林会见了全体与会代表并发表重要讲话。

6月20日　国务院总理温家宝主持召开国务院常务会议，听取山西“黑砖窑”事件调查处理初步情况的汇报。会议要求，山西省政府要高度重视，加强领导，进一步做好山西“黑砖窑”事件查处和善后工作。

6月24日　十届全国人大常委会第二十八次会议在北京人民大会堂开幕，继续审议劳动合同法草案、反垄断法草案、突发事件应对法草案、就业促进法草案，首次审议民事诉讼法修正案草案、节约能源法修订草案和律师法修订草案等。吴邦国委员长主持会议。

6月24日　中国人民解放军进驻香港十周年庆祝大会在驻香港部队昂船洲军营礼堂举行。全国政协副主席董建华、香港特别行政区行政长官曾荫权等出席大会。总政治部副主任刘永治上将宣读了中央军委给驻香港部队的嘉奖令。纪念大会由驻香港部队政委张汝成中将主持。

6月24日　中共中央、国务院颁发《关于进一步加强新时期信访工作的意见》。

6月25日　中共中央总书记、国家主席、中央军委主席胡锦涛在中央党校省部级干部进修班发表重要讲话。胡锦涛强调，要坚定不移走中国特色社会主义伟大道路，为夺取全面建设小康社会新胜利而奋斗。中共中央政治局常委吴邦国、温家宝、贾庆林、吴官正、李长春、罗干出席会议。中共中央政治局常委、中央党校校长曾庆红主持会议。

6月27日　中共中央总书记、国家主席、中央军委主席胡锦涛来到首都博物馆，参观香港特别行政区成立10周年成就展，希望香港特别行政区政府和广大香港同胞共同努力，把香港建设得更加美好。中共中央政治局常委、全国人大常委会委员长吴邦国，中共中央政治局常委、国务院总理温家宝，中共中央政治局常委、全国政协主席贾庆林，中共中央政治局常委、中央纪委书记吴官正，中共中央政治局常委李长春，中共中央政治局常委、中央政法委书记罗干也分别参观了展览。

6月27日　十届全国人大常委会第二十八次会议举行第二次全体会议，听取国务院关于2006年中央决算的报告、关于2006年度中央预算执行和其他财政收支的审计工作报告，审议国务院关于提请审议财政部发行特别国债购买外汇及调整2007年末国债余额限额的议案、关于提请审议全国人大常委会关于授权国务院可以对储蓄存款利息所得停征或者减征个人所得税的决定草案的议案等。吴邦国委员长出席会议。会议由许嘉璐副委员长主持。

6月27日　国务院总理温家宝主持召开国务院常务会议，审议并原则通过《重庆市城乡总体规划（2007—2020年）》和《铁路交通事故应急救援和调查处理条例（草案）》，决定将《民用建筑节能条例（草案）》向社会公布征求意见。

6月28日　十届全国人大常委会第二十八次会议在北京人民大会堂举行第三次

全体会议，听取义务教育法执法检查报告和国务院关于侨务工作的报告等。吴邦国委员长出席会议。会议由副委员长蒋正华主持。

6 月 28 日　中共中央政治局常委、全国政协主席贾庆林在北戴河会见全国政协第 55 期干部培训班全体学员时强调，各级政协组织和广大政协委员要认真学习贯彻胡锦涛总书记在中央党校重要讲话精神，以更加优异的成绩迎接党的十七大胜利召开。

6 月 29 日　十届全国人大常委会第二十八次会议在人民大会堂闭会。会议经表决通过了劳动合同法和全国人大常委会关于修改个人所得税法的决定，决定免去高强的卫生部部长职务任命陈竺为卫生部部长。国家主席胡锦涛签署第六十五号、第六十六号、第六十七号主席令公布了有关法律和任命。吴邦国委员长主持会议并发表重要讲话。

6 月 29 日　中共中央政治局常委、全国人大常委会委员长吴邦国在闭幕的十届全国人大常委会第二十八次会议上强调，要认真学习、深刻领会和全面贯彻胡锦涛总书记在中央党校发表的重要讲话精神，毫不动摇地坚持和发展中国特色社会主义，不断开创人大工作的新局面。

6 月 30 日　国家主席胡锦涛出席香港特别行政区欢迎晚宴并发表重要讲话。他希望广大香港同胞在爱国爱港的旗帜下紧密团结起来，在维护国家利益、维护香港整体利益的基础上共同奋斗，坚持不懈地维护和促进香港长期繁荣稳定。

7 月 1 日　庆祝香港回归祖国 10 周年大会暨香港特别行政区第三届政府就职典礼在香港会展中心隆重举行。中共中央总书记、国家主席、中央军委主席胡锦涛出席并发表重要讲话。他指出，中央政府关于香港大政方针的宗旨，就是为了香港好、为了香港明天更好，就是为了香港同胞好、为了香港同胞明天更好。胡锦涛表示相信，在新的历史起点上，广大香港同胞同祖国人民心连心、肩并肩，一定能够创造香港发展的新辉煌，一定能够为实现中华民族的伟大复兴作出新贡献。

7 月 4 日　国务院总理温家宝主持召开国务院常务会议，研究部署对2006 年度中央预算执行审计查出问题的整改工作，讨论并原则通过《中华人民共和国水污染防治法（修订草案)》，审议并原则通过《民用核安全设备监督管理条例（草案)》。

7 月 4 日　政协十届全国委员会常务委员会第十八次会议在京开幕。会议的主要议题是围绕建设资源节约型、环境友好型社会和促进社会主义文化建设问题建言献策。中共中央政治局常委、全国政协主席贾庆林主持开幕会，中共中央政治局常委李长春到会作了关于文化建设情况的报告。

7 月 5 日　中共中央总书记、国家主席胡锦涛在人民大会堂会见了由拉斯穆森主席率领的欧洲社会党代表团，表示中国共产党重视发展同欧洲社会党的友好关系。

7 月 5 日　中共中央政治局常委、全国政协主席贾庆林在会见全国高校统战工作会议代表时强调，要认真学习贯彻胡锦涛总书记在中央党校的重要讲话精神，切实将高校统一战线成员的思想和行动统一到中央的决策和部署上来，把智慧和力量凝聚到继续解放思想、坚持改革开放、推动科学发展、促进社会和谐、全面建设小康社会上来，以优异的成绩迎接党的十七大胜利召开。

7 月 5 日—6 日　受胡锦涛总书记温家宝总理委派，回良玉赴淮河长江流域考察指导防汛抗洪救灾工作，代表党中央国务院慰问奋战在抗洪一线的广大军民。

7月6日　中央军委在北京八一大楼隆重举行晋升上将军衔仪式。中央军委主席胡锦涛向晋升上将军衔的同志颁发命令状。中央军委副主席郭伯雄宣读了6月20日由中央军委主席胡锦涛签署的晋升上将军衔的命令。中央军委副主席曹刚川主持晋衔仪式。中央军委副主席徐才厚出席。这次晋升上将军衔的高级军官是：副总参谋长许其亮、总后勤部政治委员孙大发、海军司令员吴胜利。中央军委委员李继耐、廖锡龙、乔清晨、靖志远出席晋衔仪式。

7月6日　政协十届全国委员会常务委员会第十八次会议举行全体会议，12位全国政协常委、委员围绕建设资源节约型、环境友好型社会和促进社会主义文化建设问题作了大会发言。中共中央政治局常委、全国政协主席贾庆林出席。

7月6日　中共中央政治局常委、中央政法委书记罗干在全国人民调解工作会议上强调，要认真学习贯彻胡锦涛总书记在中央党校的重要讲话精神，扎扎实实做好人民调解工作，维护社会和谐稳定。

7月7日　全国政协十届常委会在北京举办第十二次学习讲座，中共中央政治局常委、全国政协主席贾庆林主持讲座。中国石油天然气股份有限公司副总裁、中国科学院院士贾承造应邀到会作了题为《南堡油田的勘探开发及启示》的报告，国家发展和改革委员会宏观经济研究院能源研究所所长韩文科作了题为《中国能源的现状、问题及对策》的报告。

7月9日　国家应对气候变化及节能减排工作领导小组第一次会议在北京召开。中共中央政治局常委、国务院总理、国家应对气候变化及节能减排工作领导小组组长温家宝主持会议并讲话强调，一定要从全局和战略的高度，充分认识加强节能减排和应对气候变化工作的极端重要性和紧迫性，下更大的决心、用更大的气力、采取更有力的措施，切实把这方面工作抓紧做好。

7月10日　经最高人民法院核准，国家食品药品监督管理局原局长郑筱萸在北京被执行死刑。

7月11日　国务院总理温家宝主持召开国务院常务会议，研究部署当前节能减排和应对气候变化工作，讨论并原则通过《中华人民共和国科学技术进步法（修订草案）》。

7月13日　中共中央党校举行2007年春季学期毕业典礼。中共中央政治局常委、中央书记处书记、中央党校校长曾庆红出席毕业典礼，并为学员颁发毕业证书。中共中央政治局委员、中央书记处书记、中央组织部部长贺国强，中共中央政治局候补委员、中央书记处书记、中央办公厅主任王刚出席毕业典礼。

7月13日　中共中央政治局常委、中央政法委书记罗干在青岛观看公安海警奥运会安全保卫海上反恐怖演练，强调要认真学习贯彻胡锦涛总书记在中央党校的重要讲话精神，坚持执法为民，苦练过硬本领，为北京奥运会成功举办创造良好环境。

7月13日　中共中央政治局常委、国务院总理温家宝和中共中央政治局委员、国务院副总理回良玉一起来到安徽阜阳，慰问奋战在抗洪救灾一线的广大军民，了解受灾群众的安置情况，并对下一步抗洪救灾工作作出部署。

7月16日　为纪念中国人民解放军建军80周年，由中共中央宣传部和解放军总参谋部、总政治部、总后勤部、总装备部联合举办的《我们的队伍向太阳——新中国成立以来国防和军队建设成就展》，在中国人民革命军事博物馆隆重开幕。中共中央政治局常委李长春出席开幕式并剪彩。

7 月 17 日　中共中央政治局常委、国务院总理温家宝来到北京奥运场馆建设工地，看望工程建设者，对奥运场馆建设和奥运会筹办工作提出明确要求。

7 月 20 日　纪念杨尚昆同志诞辰 100 周年座谈会在人民大会堂举行。中共中央总书记、国家主席、中央军委主席胡锦涛出席并发表重要讲话。

7 月 21 日　中共中央政治局常委、国务院总理温家宝在中共中央政治局委员、北京市委书记刘淇，北京市市长王岐山等陪同下，来到西城区德胜街道社会保障事务所、居民小区和社区卫生服务中心，围绕城镇居民基本医疗保险、社区医疗卫生体系建设等问题进行调查研究。

7 月 16 日—22 日　由中央纪委、中央组织部、中央党校联合在中央党校举办省部级领导干部纪检监察专题研讨班。中共中央政治局常委、中央纪委书记吴官正，中共中央书记处书记、中央纪委副书记何勇出席研讨班，并分别在研讨班开班式和结业式上作了重要讲话。来自各省（区、市），中央和国家机关有关部门，以及部分中管企业、副省级城市的新任纪检监察领导干部 100 多人参加了专题研讨班的学习。

7 月 21 日—22 日　胡锦涛和随行的中共中央政治局候补委员、中央书记处书记、中央办公厅主任王刚，在重庆市委书记汪洋、市长王鸿举等陪同下，到重庆市考察工作，深入灾区实地察看灾情，看望慰问受灾群众。

7 月 23 日　全国政协在政协礼堂召开专题协商会，围绕“加快广西北部湾经济区开发与建设，推进北部湾区域经济合作与发展”问题建言献策。中共中央政治局常委、全国政协主席贾庆林出席并讲话。中共中央政治局委员、国务院副总理曾培炎出席专题协商会，与国务院有关部门负责同志一起认真听取了意见和建议。

7 月 23 日—24 日　全国城镇居民基本医疗保险试点工作会议在北京召开。中共中央政治局常委、国务院总理温家宝与出席会议的部分代表进行了座谈，听取他们对试点工作的意见和建议，并作了重要讲话。中共中央政治局委员、国务院副总理、国务院城镇居民基本医疗保险部际联席会议组长吴仪出席会议并讲话。

7 月 24 日　全国政协在政协礼堂召开专题协商会，围绕“以文化建设为主要内容的国家软实力建设”问题建言献策。中共中央政治局常委、全国政协主席贾庆林出席并讲话。中共中央政治局委员、书记处书记刘云山，国务委员陈至立出席专题协商会并讲话。中央和国务院有关部门负责同志到会听取意见并介绍有关情况。

7 月 24 日　上海市第十二届人民代表大会常务委员会召开第三十七次会议，依照《中华人民共和国全国人民代表大会和地方各级人民代表大会选举法》的有关规定，决定罢免陈良宇第十届全国人民代表大会代表职务。此前，上海市黄浦区第三届人民代表大会常务委员会已依法罢免陈良宇上海市第十二届人民代表大会代表职务。

7 月 25 日　国务院总理温家宝主持召开国务院常务会议，研究加强产品质量和食品安全工作，审议并原则通过《国务院关于加强食品等产品安全监督管理的特别规定（草案）》。

7 月 25 日　中共中央在中南海召开党外人士座谈会，就当前经济形势和经济工作听取各民主党派中央、全国工商联领导人和无党派人士的意见和建议。中共中央总书记胡锦涛主持座谈会并发表重要讲话。中共中央政治局常委温家宝、贾庆林、曾庆红出席座谈会。温家宝通报了上半年我国经济运行的情况，并介绍了中共中央、国务院关于做好下半年经济工作的考虑。

7月25日　中国天主教爱国会成立50周年庆祝大会在人民大会堂举行。中共中央政治局常委、全国政协主席贾庆林出席大会并会见了中国天主教爱国会、中国天主教主教团负责人。

7月25日　国务院总理温家宝主持召开国务院常务会议，研究部署促进生猪生产发展和稳定市场供应工作。

7月26日　中共中央总书记、国家主席、中央军委主席胡锦涛来到中国人民革命军事博物馆，参观《我们的队伍向太阳——新中国成立以来国防和军队建设成就展》。中共中央政治局常委、全国人大常委会委员长吴邦国，中共中央政治局常委、国务院总理温家宝，中共中央政治局常委、全国政协主席贾庆林，中共中央政治局常委、国家副主席曾庆红，中共中央政治局常委、中央纪委书记吴官正，中共中央政治局常委、中央政法委书记罗干分别参观了展览。

7月26日　中共中央政治局会议审议了中共中央纪律检查委员会《关于陈良宇严重违纪问题的审查报告》，决定给予陈良宇开除党籍、开除公职处分，对其涉嫌犯罪问题移送司法机关依法处理。

7月26日　中共中央政治局召开会议，分析研究当前经济形势和经济工作。中共中央总书记胡锦涛主持会议。

7月26日　中共中央政治局进行第四十二次集体学习，内容是南昌起义和井冈山革命根据地的建立。胡锦涛在主持学习时发表了讲话。

7月27日　中共中央在中南海召开党外人士座谈会，就中共十七大报告征求意见稿听取各民主党派中央、全国工商联领导人和无党派人士的意见和建议。中共中央总书记胡锦涛主持座谈会并发表重要讲话强调，实践充分证明，中国特色社会主义道路是当代中国发展进步的唯一正确道路。中共中央政治局常委贾庆林、曾庆红出席。

7月27日　中央军委在北京人民大会堂隆重举行庆祝建军80周年驻京部队老战士座谈会。中共中央总书记、国家主席、中央军委主席胡锦涛在座谈会上发表重要讲话，郭伯雄主持，曹刚川、徐才厚出席。

7月27日　全国质量工作会议在北京召开，中共中央政治局常委、国务院总理温家宝出席会议并讲话。

7月28日—29日　中共中央总书记、国家主席、中央军委主席胡锦涛和随行的中共中央政治局候补委员、中央书记处书记、中央办公厅主任王刚，在浙江省委书记赵洪祝、省长吕祖善等陪同下，冒着酷暑，深入杭州的企业和社区，就贯彻落实科学发展观、加强党的建设进行调查研究。

7月30日　胡锦涛、吴邦国、温家宝、贾庆林、曾庆红、吴官正、李长春、罗干等党和国家领导人出席并观看庆祝中国人民解放军建军80周年文艺晚会。

7月31日　胡锦涛、吴邦国、温家宝、贾庆林、曾庆红、吴官正、李长春、罗干等党和国家领导人出席了庆祝中国人民解放军建军80周年招待会。

8月1日　中共中央、国务院和中央军委在人民大会堂隆重举行庆祝中国人民解放军建军80周年暨全军英雄模范代表大会。中共中央总书记、国家主席、中央军委主席胡锦涛在会上发表重要讲话强调，必须把科学发展观作为加强国防和军队建设的重要指导方针，在更高的起点上推进国防和军队现代化。江泽民、吴邦国、温家宝、贾庆林、曾庆红、吴官正、李长春、罗干出席大会。

8月1日　国务院总理温家宝主持召开国务院常务会议，讨论并原则通过《国务院关于解决城市低收入家庭住房困难的若干意见》，研究调整企业退休人员基本养老金的有关政策。

8月3日　中共中央政治局常委、国务院总理温家宝亲切看望朱光亚、何泽慧、钱学森和季羡林。

8月3日—9日　受党中央、国务院邀请，60位来自全国各地的教师和教育专家，带着家人来到北戴河休假。这次邀请教师和教育专家到北戴河休假，是在党的十七大召开前夕，以中共中央、国务院名义组织的一次重要活动，是体现中央关心教育，重视人才，密切与广大教师和教育专家联系的一项具体举措。

8月5日　中共中央政治局常委、国务院总理温家宝在北京市农产品市场考察时强调，保持价格总水平基本稳定关系全局，各地区、各部门必须切实负起责任，加强领导，做好主要食品生产、供应和价格稳定工作，为迎接党的十七大胜利召开创造良好的环境。

8月8日　内蒙古各族各界群众隆重集会庆祝自治区成立六十周年。中共中央、全国人大常委会、国务院、全国政协、中央军委向庆祝大会发贺电。胡锦涛为中央人民政府赠送的“民族团结宝鼎”题写鼎名。中共中央政治局常委、中央书记处书记、国家副主席、中央代表团团长曾庆红率中央代表团出席庆祝大会，与内蒙古各族群众一道共庆节日、共享欢乐。

8月8日　北京2008年奥运会倒计时一周年庆祝活动在天安门广场隆重举行，中共中央政治局常委、全国人大常委会委员长吴邦国出席并致辞。

8月9日　中央代表团团长曾庆红在呼和浩特亲切会见了内蒙古自治区党委、人大、政府、政协领导班子成员。他希望大家倍加珍惜已经取得的成就，倍加珍惜现在的发展优势和条件，更加团结一致，更加艰苦奋斗，不断开创自治区各项事业的新局面。

8月13日　湖南省湘西土家族苗族自治州凤凰县沱江大桥发生坍塌事故，造成人员严重伤亡。党中央、国务院高度重视，要求地方和有关部门尽快组织各方面做好抢救和善后工作，查明原因，严肃处理。

8月14日　《人民日报》第一版全文发表《国务院关于在全国建立农村最低生活保障制度的通知》和《国务院关于解决城市低收入家庭住房困难的若干意见》。

8月14日—18日　应吉尔吉斯斯坦总统巴基耶夫、俄罗斯总统普京和哈萨克斯坦总统纳扎尔巴耶夫邀请，国家主席胡锦涛对吉尔吉斯斯坦进行国事访问，出席在吉尔吉斯斯坦比什凯克举行的上海合作组织成员国元首理事会第七次会议，赴俄罗斯观摩上海合作组织成员国联合反恐军事演习并对哈萨克斯坦进行国事访问。

8月15日　湖南省凤凰县境内的沱江大桥发生桥体坍塌并导致严重伤亡事故后，正在国外访问的胡锦涛总书记非常关心，要求尽最大努力搜救下落不明人员和救治伤员。

8月16日—19日　中共中央政治局常委、国务院总理温家宝在新疆考察工作。从南疆到北疆，从农村到城市，从学校到医院，他每天忙碌十四五个小时，奔波五六百公里，到基层看望慰问各族干部群众，就新疆经济社会发展问题进行调查研究。

8月20日　中共中央政治局常委、全国政协主席贾庆林会见了参加“两岸同胞携手迎奥运”青年交流活动的全体代表。

8月22日　国务院总理温家宝主持召开国务院常务会议，研究做好城市饮用水安全保障工作。

8月23日　中央组织部、中央统战部、中央党校联合举办的学习贯彻全国统战工作会议精神专题研讨班结业座谈会在北京举行。中共中央政治局常委、全国政协主席贾庆林出席并讲话。

8月24日　中共中央政治局常委、中央政法委书记罗干在深入开展社会主义法治理念教育电视电话会议上强调，各级政法机关要深入学习贯彻胡锦涛总书记在中央党校的重要讲话精神，深入持久地开展社会主义法治理念教育，全面加强各项政法工作。

8月28日　中共中央政治局召开会议，研究中国共产党第十六届中央委员会第七次全体会议和中国共产党第十七次全国代表大会筹备工作，审议中共中央纪律检查委员会向党的第十七次全国代表大会的工作报告稿。中共中央总书记胡锦涛主持会议。会议决定，中国共产党第十六届中央委员会第七次全体会议于2007年10月9日在北京召开。中共中央政治局将向党的十六届七中全会建议，中国共产党第十七次全国代表大会于2007年10月15日在北京召开。

8月28日　中共中央政治局进行第四十三次集体学习，内容是世界金融形势和深化我国金融体制改革。胡锦涛在主持学习时发表了讲话，强调要充分认识做好金融工作的重要性，推动金融业持续健康发展。

8月29日　十届全国人大常委会第二十九次会议在北京人民大会堂举行第三次全体会议，听取国务院关于今年以来国民经济和社会发展计划执行情况的报告，全国人大常委会执法检查组关于跟踪检查法官法、检察官法实施情况的报告等。吴邦国委员长出席会议。

8月29日　国务院总理温家宝主持召开国务院常务会议，研究部署进一步加强安全生产工作，审议并原则通过《大型群众性活动安全管理条例（草案）》。

8月29日　中共中央政治局常委、全国政协主席贾庆林在北京会见著名农业科学家、无党派人士袁隆平时强调，广大知识分子和无党派人士，要以袁隆平同志为榜样，自觉肩负起国家和时代赋予的使命，坚持走中国特色社会主义伟大道路，为夺取全面建设小康社会新胜利贡献智慧和力量。

8月29日　全国检察机关惩治与预防职务犯罪展览在京举行。中共中央政治局常委、中央纪委书记吴官正，中共中央政治局常委、中央政法委书记罗干等分别参观了展览。

8月30日　为期七天的十届全国人大常委会第二十九次会议完成各项议程后在北京人民大会堂闭会。吴邦国委员长主持会议并讲话。

8月31日　全国优秀教师代表座谈会在中南海怀仁堂举行。中共中央总书记、国家主席、中央军委主席胡锦涛出席座谈会，强调要把教育摆在优先发展的战略地位，大力倡导尊师重教，大力发展教育事业。中共中央政治局常委、国务院总理温家宝，中共中央政治局常委、国家副主席曾庆红，中共中央政治局常委李长春出席座谈会。

9月1日　中共中央政治局常委、中央书记处书记、中央党校校长曾庆红在中央党校秋季开学典礼上发表讲话时强调，要深入学习、深刻理解胡锦涛同志6月25日在中央党校省部级干部进修班上的重要讲话，全面推进党的建设新的伟大工程。

9月3日　《人民日报》第一版全文发表中共中央办公厅印发的《关于在全国农村开展党员干部现代远程教育工作的意见》。

9月3日　国家主席胡锦涛抵达澳大利亚西澳州首府珀斯，对澳大利亚进行国事访问，出席在悉尼举行的亚太经合组织第十五次领导人非正式会议。

9月3日—6日　李长春在中共中央政治局委员、湖北省委书记俞正声陪同下，先后到十堰、襄樊、武汉等地，深入农村、企业、学校和宣传文化单位，就深入学习宣传贯彻胡锦涛总书记重要讲话、加强青少年思想道德建设、推进公共文化服务体系建设等进行调研，希望湖北紧紧抓住国家实施中部地区崛起战略的大好机遇，在推进科学发展、促进社会和谐方面走在中部地区前列。

9月3日—9日　应澳大利亚总督迈克尔·杰弗里和总理约翰·霍华德的邀请，国家主席胡锦涛对澳大利亚进行国事访问并出席在悉尼举行的亚太经济合作组织第十五次领导人非正式会议。

9月5日　中共中央政治局常委、中央书记处书记、国家副主席曾庆红在人民大会堂与越共中央政治局委员、中央书记处常务书记张晋创举行会谈。

9月6日　国家主席胡锦涛在悉尼会见前来出席亚太经济合作组织第十五次领导人非正式会议的美国总统布什。胡锦涛指出，中美既是利益攸关方又是建设性合作者。中美关系稳定发展不仅符合中美两国的根本利益，而且有利于世界的和平与发展。布什表示，中美关系很好，这对两国至关重要。美中都是世界上有重要影响的国家，两国加强合作能够解决许多问题。

9月6日　首届夏季达沃斯论坛在大连世界博览广场开幕，国务院总理温家宝出席开幕式并致辞。

9月9日　中共中央政治局常委、国务院总理温家宝和国务委员陈至立专程来到北京师范大学，看望刚刚入学的免费师范生，与几百名学生和老师进行座谈。温家宝说：“教育事业是人类最崇高的事业，教师是太阳下最光辉的职业。”

9月12日　国务院总理温家宝主持召开国务院常务会议，听取2010年上海世界博览会筹办情况汇报，研究加快新疆经济社会发展工作。

9月13日　国家预防腐败局成立新闻发布会暨揭牌仪式在监察部举行。中央纪委副书记张惠新代表中央纪委及吴官正、何勇出席揭牌仪式并发表讲话，对国家预防腐败局的成立表示祝贺。中央纪委副书记、监察部部长、国家预防腐败局局长马馼出席新闻发布会并讲话。

9月14日　实施依法治国基本方略10周年座谈会在北京举行。中共中央政治局常委、中央政法委书记罗干出席会议并讲话，强调要认真学习贯彻胡锦涛总书记在中央党校的重要讲话，全面实施依法治国基本方略，努力建设社会主义法治国家。

9月14日　全国政协主席贾庆林在东京会见了日本执政党友好议员团体及日本共产党和社民党领导人。

9月15日　第九届世界华商大会在日本神户举行。中国全国政协主席贾庆林出席开幕式并发表题为“加强交流合作 共创美好未来”的重要讲话。

9月15日　中共中央政治局常委、中央书记处书记、国家副主席曾庆红与王兆国、刘淇、刘云山、周永康、贺国强、王刚、徐才厚、何勇、韩启德、陈至立等中央领导同志，来到北京排水集团高碑店污水处理厂，同首都各界群众一起参加全国科普日活动。曾庆红强调，要深入贯彻落实科学发展观，推动节能减排全民行动取得新成效。

9月17日　中共中央政治局召开会议，研究拟提请十六届七中全会讨论的十六届中央委员会向中国共产党第十七次全国代表大会的报告稿和《中国共产党章程（修正案）》稿。中共中央总书记胡锦涛主持会议。

9月18日　中共中央总书记、国家主席、中央军委主席胡锦涛在人民大会堂亲切会见了全国道德模范并发表重要讲话强调，要高度重视和切实加强社会主义道德建设，为我国经济社会发展提供强有力的思想道德保障。中共中央政治局常委李长春参加会见。

9月19日　中国道教协会成立50周年庆祝大会在人民大会堂举行。中共中央政治局常委、全国政协主席贾庆林出席大会并会见了中国道教协会负责人。中共中央政治局委员、国务院副总理回良玉代表党中央、国务院在大会上讲话。

9月21日　中央司法体制改革领导小组召开会议，总结党的十六大以来司法体制改革工作，研究进一步推进司法体制改革的意见。中共中央政治局常委、中央政法委书记、中央司法体制改革领导小组组长罗干出席会议并讲话强调，要认真学习贯彻胡锦涛总书记在中央党校的重要讲话，深入推进司法体制改革，健全完善社会主义司法制度。

9月24日　中共中央政治局常委、全国政协主席、中国和平统一促进会会长贾庆林在北京会见出席中国和平统一促进会七届二次理事大会的全体代表时强调，要坚定不移地贯彻对台工作的大政方针，同时坚决反对“台独”分裂活动。

9月26日　国务院总理温家宝主持召开国务院常务会议，讨论并原则通过《国家环境保护“十一五”规划》，决定取消和调整186项行政审批项目。

9月28日　中共中央政治局召开会议，讨论十六届六中全会以来中央政治局的工作。中共中央总书记胡锦涛主持会议。

9月28日　中央政治局进行第四十四次集体学习，内容是扩大对外开放和维护国家经济安全。胡锦涛在主持学习时发表了讲话强调，要坚定不移地实行对外开放的基本国策，形成参与国际经济合作和竞争新优势。

9月28日　政协办公厅、中共中央统战部、国务院侨办、国务院港澳办和国务院台办联合举行国庆招待会。中共中央政治局常委、全国政协主席贾庆林，中共中央政治局常委、国家副主席曾庆红，与来自海内外的新老朋友3000余人欢聚一堂，共同庆祝中华人民共和国成立58周年。贾庆林在招待会上致辞。

9月30日　国务院在人民大会堂举行国庆招待会，热烈庆祝中华人民共和国成立58周年。胡锦涛、吴邦国、温家宝、贾庆林、曾庆红、吴官正、李长春、罗干等党和国家领导人出席，国务院总理温家宝发表讲话。

10月1日　中共中央总书记、国家主席、中央军委主席胡锦涛来到上海市，亲切看望慰问广大干部群众，同大家共度国庆佳节。他代表党中央、国务院，向全国各族人民致以节日的祝贺和诚挚的问候。

10月2日　2007年世界夏季特殊奥林匹克运动会在上海体育场隆重开幕。国家主席胡锦涛出席开幕式并宣布运动会开幕。

10月9日　《人民日报》第一版报

道，中共中央组织部公布的全国党内统计最新数据显示，截至2007年6月，全国党员总数为7336.3万名，比2002年党的十六大时增加642.2万名，平均每年增加142.7万名，平均每年增长2.1%。全国现有党的基层组织360.7万个，比2002年党的十六大时增加14.2万个。全国申请入党人总数为1960.8万人，比2002年增加448万人。党员队伍结构不断改善，党的凝聚力进一步增强。

10月9日—12日　中国共产党第十六届中央委员会第七次全体会议在北京举行。会议决定，中国共产党第十七次全国代表大会于2007年10月15日在北京召开。

10月11日—12日　中国共产党中央纪律检查委员会第八次全体会议在北京举行。全会审议并通过了中共中央纪律检查委员会向党的第十七次全国代表大会的工作报告，同意将报告提请党的第十七次全国代表大会审查。

10月14日　《人民日报》第一版报道，从国家信访局了解到，党的十七大即将胜利召开，各地群众纷纷致函致电中共中央，预祝十七大圆满成功。

10月15日　中国共产党第十七次全国代表大会在北京人民大会堂开幕。胡锦涛代表第十六届中央委员会向大会作了题为《高举中国特色社会主义伟大旗帜，为夺取全面建设小康社会新胜利而奋斗》的报告。

10月17日　《人民日报》第一版报道，在中国共产党第十七次全国代表大会开幕之际，各民主党派中央、全国工商联分别发来贺信，热烈祝贺中共十七大胜利召开，并预祝大会取得圆满成功。

10月21日　中国共产党第十七次全国代表大会在人民大会堂胜利闭幕。大会号召，全党全国各族人民高举中国特色社会主义伟大旗帜，更加紧密地团结在党中央周围，认真学习贯彻党的十七大精神，万众一心，开拓奋进，为夺取全面建设小康社会新胜利、谱写人民美好生活新篇章而努力奋斗。

10月22日　中国共产党第十七届中央委员会第一次全体会议在北京举行，选举产生中央领导机构：胡锦涛任中共中央总书记、中央军委主席，胡锦涛、吴邦国、温家宝、贾庆林、李长春、习近平、李克强、贺国强、周永康任政治局常委，胡锦涛同志主持会议并作重要讲话。

10月23日　十七届中共中央政治局召开第一次会议，专门对学习宣传贯彻党的十七大精神进行研究部署。中共中央总书记胡锦涛主持会议。

10月24日　《人民日报》第一版发表《中国共产党中央委员会致各民主党派中央、全国工商联的感谢信》。

10月26日　《人民日报》第一版全文发表中国共产党第十七次全国代表大会部分修改，2007年10月21日通过的《中国共产党章程》。

10月27日　纪念井冈山革命根据地创建80周年大会在江西省井冈山市举行。中共中央政治局常委李长春出席会议并讲话强调，要继承发扬井冈山光荣革命传统，开创中国特色社会主义事业新局面。

10月28日　十届全国人大常委会第三十次会议完成各项议程后在北京人民大会堂闭会。会议经表决，通过了城乡规划法、全国人大常委会关于修改民事诉讼法的决定、修改后的律师法和节约能源法；决定免去周永康兼任的公安部部长职务，任命孟建柱为公安部部长。国家主席胡锦涛签署第74号、第75号、第76号、第77号、第78号主席令，公布了上述法律和任命。吴邦国委员长主持会议。

10 月 28 日　中共中央政治局常委、全国人大常委会委员长吴邦国在十届全国人大常委会第三十次会议上强调，要认真学习领会全面贯彻党的十七大精神，用党的十七大精神武装头脑指导行动。

10 月 28 日　政协十届全国委员会常务委员会第十九次会议举行全体会议，会议围绕学习贯彻中共十七大精神作了大会发言。中共中央政治局常委、全国政协主席贾庆林出席会议。

10 月 29 日　中共中央政治局常委李长春在学习党的十七大精神中央宣讲团动员会上强调，学习宣传和全面贯彻落实党的十七大精神，是当前和今后一个时期全党的首要政治任务，组织好党的十七大精神宣讲活动是落实这一首要政治任务的重大举措。

10 月 30 日　中共中央政治局常委、全国政协主席贾庆林出席党外人士学习贯彻中共十七大精神座谈会并讲话强调，统一战线要迅速掀起学习贯彻十七大精神热潮，用十七大精神武装头脑指导实践推动工作。

10 月 31 日　中共中央办公厅、中共中央对外联络部发布公告：在中国共产党召开第十七次全国代表大会期间和胡锦涛同志当选为中共中央总书记后，许多国家政党、政府、民间团体及其领导人，驻华使节、友好人士以及旅居国外的华侨华人，香港特别行政区、澳门特别行政区同胞和台湾同胞等向大会、向中共中央、向新当选的领导人发来贺电贺函，表示热烈祝贺和良好祝愿。中共中央办公厅、中共中央对外联络部受中共中央和胡锦涛总书记的委托，谨表示衷心的感谢。

10 月 31 日　国务院总理温家宝主持召开国务院常务会议，讨论并原则通过《中华人民共和国食品安全法（草案）》，审议并原则通过《综合交通网中长期发展规划》。

11 月 1 日　中国人民大学迎来建校 70 周年华诞。温家宝、贾庆林、李长春、习近平、李克强、贺国强、周永康分别以不同形式对中国人民大学表示祝贺。

11 月 2 日　《人民日报》第一版全文发表中共中央《关于认真学习宣传贯彻党的十七大精神的通知》。

11 月 4 日　中共中央总书记、国家主席、中央军委主席胡锦涛在会见第二炮兵第七次党代会代表时强调，要把学习贯彻党的十七大精神作为首要政治任务抓紧抓好，在新的历史起点上推动二炮建设又好又快发展。中共中央政治局委员、中央军委副主席郭伯雄，中共中央政治局委员、中央军委副主席徐才厚，中央军委委员梁光烈、陈炳德、李继耐、廖锡龙、常万全、靖志远、吴胜利、许其亮参加会见。

11 月 5 日—8 日　贾庆林由陕西省委书记赵乐际、省长袁纯清等陪同，先后到汉中、西安等地，深入农村乡镇、城市社区、工业企业、科研院校进行调研，强调统一战线和人民政协要认真学习贯彻党的十七大精神，为夺取全面建设小康社会新胜利提供强大力量支持。

11 月 8 日　2007 欧亚经济论坛在西安举行。中共中央政治局常委、全国政协主席贾庆林出席论坛开幕式并作演讲。

11 月 12 日　中共中央政治局常委、国务院总理温家宝在中共中央政治局委员、北京市委书记刘淇和中共中央政治局委员、北京市市长王岐山等陪同下，来到北京市东城区交道口街道，看望这里的困难群众，并与居民们亲切座谈。温家宝说："我们的政府是人民的政府，解决群众的困难是政府的责任。我们有信心也有能力克服眼前的困难，使市场平稳，保证让人民生活得更加踏实。”

11 月 14 日　国务院总理温家宝主持召开国务院常务会议，研究部署稳定市场供应和保障困难群众生活工作。

11 月 15 日　国务院新闻办公室发表《中国的政党制度》白皮书。白皮书全文近 1.5 万字，分前言、中国社会历史发展的必然选择、中国的一项基本政治制度、社会主义民主的重要体现、多党合作制度中的政治协商、多党合作制度与国家政权建设、多党合作制度与人民政协、多党合作制度与现代化建设、结束语、附录等部分。白皮书全面详细地介绍了中国政党制度的形成、主要特征、基本内涵，全面反映了中国政党制度的发展历程以及在中国经济社会发展中发挥的重要作用。白皮书指出，中国实行的政党制度是中国共产党领导的多党合作和政治协商制度，它既不同于西方国家的两党或多党竞争制，也有别于有的国家实行的一党制。

11 月 16 日—23 日　中共中央政治局常委李长春分别在北京和天津主持召开五次座谈会，讨论研究深入学习贯彻党的十七大精神，进一步加强和改进宣传思想文化工作。李长春强调，宣传思想文化战线要高深入学习贯彻党的十七大精神，开创宣传思想文化工作新局面。

11 月 17 日　中华全国工商业联合会第十次会员代表大会在北京开幕。中共中央政治局常委、全国政协主席贾庆林会见了全体与会代表，并代表中共中央、国务院致贺词。

11 月 17 日—19 日　胡锦涛在内蒙古自治区党委书记储波和政府主席杨晶等陪同下，先后来到鄂尔多斯、呼和浩特等地，深入草原牧区、企业车间调查研究，同各族干部群众共商深化改革开放、推动科学发展、促进社会和谐大计，强调要不断把学习贯彻党的十七大精神引向深入，万众一心为创造人民美好生活而奋斗。

11 月 19 日　中共中央政治局常委、中央纪委书记贺国强在山东调研时强调，要抓好学习贯彻十七大精神这一首要政治任务，推动党风廉政建设和反腐败斗争的深入发展。

11 月 20 日　中共中央组织部在北京召开学习贯彻党的十七大精神暨党建研究所成立 20 周年座谈会。中共中央政治局常委、中央书记处书记习近平出席座谈会并发表重要讲话强调，深入学习贯彻党的十七大精神，切实加强党的建设及党建研究。

11 月 22 日　中共中央政治局常委、书记处书记习近平在人民大会堂会见了由自民党政调会长谷垣祯一、公明党政调会长齐藤铁夫率领的日本执政党代表团。

11 月 23 日　国家主席胡锦涛在中南海分别会见了来京述职的香港特别行政区行政长官曾荫权和澳门特别行政区行政长官何厚铧。

11 月 23 日　国务院总理温家宝在中南海紫光阁分别会见了来京述职的香港特别行政区行政长官曾荫权和澳门特别行政区行政长官何厚铧。

11 月 26 日　在现行宪法颁布 25 周年和第七个法制宣传日即将到来之际，以“弘扬法治精神，推进依法治国”为主题的法制宣传周活动启动。中共中央政治局常委、全国人大常委会委员长吴邦国作出重要批示，要求把维护人民群众的切身利益作为法制宣传教育的出发点和落脚点。

11 月 26 日　全国政协反映社情民意信息工作座谈会在北京开幕。中共中央政治局常委、全国政协主席贾庆林出席会议并讲话。

11 月 27 日　中共中央政治局召开会

议，分析当前经济形势，研究2008年经济工作。中共中央总书记胡锦涛主持会议。

11月27日　中共中央在中南海召开党外人士座谈会，就当前经济形势和经济工作听取各民主党派中央、全国工商联领导人和无党派人士的意见和建议。中共中央总书记胡锦涛主持会议。

11月27日　在现行宪法公布实施25周年和实施依法治国基本方略、建设社会主义法治国家提出10周年之际，十七届中共中央政治局以完善中国特色社会主义法律体系和全面落实依法治国基本方略为题进行了第一次集体学习。胡锦涛在主持学习时发表讲话强调，要切实抓好全面落实依法治国基本方略各项工作，为推动科学发展促进社会和谐提供有力法制保障。

11月28日　国务院总理温家宝主持召开国务院常务会议，研究部署促进资源型城市可持续发展工作，讨论并原则通过《中华人民共和国社会保险法（草案）》，审议并原则通过《中华人民共和国企业所得税法实施条例（草案）》。

11月28日　台湾民主自治同盟第八次全盟代表大会暨纪念台盟成立60周年大会在京开幕。中共中央政治局常委李长春会见了全体与会代表，并代表中共中央致贺词。

11月29日　中国民主同盟第十次全国代表大会在北京开幕。中共中央政治局常委、中央书记处书记习近平会见全体与会代表，并代表中共中央致贺词。

11月30日　在第二十个世界艾滋病日到来之际，中共中央总书记、国家主席、中央军委主席胡锦涛来到北京市朝阳区考察艾滋病防治工作，代表党中央向奋战在艾滋病防治第一线的医疗卫生工作者，向积极参与艾滋病防治工作的志愿者，致以诚挚的问候和崇高的敬意。

11月30日　第二十个世界艾滋病日到来之际，中共中央政治局常委、国务院总理温家宝再次专程来到河南省上蔡县，进村入户，亲切看望、慰问艾滋病患者和艾滋病致孤儿童，就艾滋病防治工作进行调查研究。

12月1日　中国民主促进会第十次全国代表大会在北京开幕。中共中央政治局常委李克强到会祝贺，并代表中共中央致贺词。

12月3日—5日　中央经济工作会议在北京召开。中共中央总书记、国家主席、中央军委主席胡锦涛，中共中央政治局常委、全国人大常委会委员长吴邦国，中共中央政治局常委、国务院总理温家宝，中共中央政治局常委、全国政协主席贾庆林，中共中央政治局常委李长春，中共中央政治局常委、中央书记处书记习近平，中共中央政治局常委李克强，中共中央政治局常委、中央纪委书记贺国强，中共中央政治局常委、中央政法委书记周永康出席会议。胡锦涛在会上发表重要讲话。

12月5日　第八次全国台湾同胞代表会议在北京开幕。中共中央政治局常委、全国政协主席贾庆林出席会议并讲话。

12月7日　中共中央总书记、国家主席胡锦涛在人民大会堂会见了以党首小泽一郎为团长的日本民主党代表团主要成员。

12月7日　中共中央总书记、国家主席、中央军委主席胡锦涛在中央军委副主席郭伯雄、徐才厚等军委领导同志陪同下，专程来到国防大学，代表党中央、中央军委，对学校建校80周年表示热烈祝贺。

12月7日　国务院总理温家宝主持召开国务院常务会议，研究农业和农村工作，听取湖南省凤凰县堤溪沱江大桥坍塌事故调查处理情况汇报，审议并原则通过

《国务院关于修改〈全国年节及纪念日放假办法〉的决定（草案）》和《职工带薪年休假条例（草案）》。

12 月 7 日　为期三天的全国地方政协工作经验座谈会在北京闭幕。会议总结交流了 5 年来地方政协在履行职能、开展工作过程中创造的好做法和新鲜经验，研究探讨了新世纪新阶段人民政协工作的新情况新问题。中共中央政治局常委、全国政协主席贾庆林出席闭幕会并讲话。

12 月 8 日　九三学社第九次全国代表大会在北京开幕。中共中央政治局常委、中央纪委书记贺国强会见与会代表，并代表中共中央致贺词。

12 月 8 日　全国政协主席贾庆林在人民大会堂会见了日本自民党总务会长二阶俊博一行。

12 月 9 日　中国国民党革命委员会第十一次全国代表大会暨成立六十周年纪念大会在京开幕。中共中央政治局常委周永康会见全体与会代表，并代表中共中央致贺词。

12 月 10 日—11 日　在中共中央政治局委员、北京市委书记刘淇，北京市代市长郭金龙等陪同下，贺国强深入企业、建设工地，了解经营管理和工程建设情况，看望干部职工、劳动模范和生活困难职工，强调要认真学习贯彻十七大和中央经济工作会议精神，切实抓好国有企业党风建设和反腐倡廉工作。

12 月 11 日　中国农工民主党第十四次全国代表大会在北京开幕。中共中央政治局常委、全国政协主席贾庆林会见全体与会代表，并代表中共中央致贺词。

12 月 11 日　国务院总理温家宝主持召开国务院常务会议，研究促进节约集约用地和依法严格管理农村集体建设用地，批准 2007 年度国家科学技术奖获奖项目和人选。

12 月 12 日　中共中央、国务院和中央军委在人民大会堂举行大会，隆重庆祝我国首次月球探测工程圆满成功。中共中央总书记、国家主席、中央军委主席胡锦涛发表重要讲话。

12 月 13 日　国家主席胡锦涛在人民大会堂会见了来华参加第三次中美战略经济对话的美国总统布什的特别代表、财政部长保尔森等美方代表团主要成员。

12 月 13 日　国务院总理温家宝在人民大会堂会见了出席第三次中美战略经济对话的美国总统布什的特别代表、财政部长保尔森等美方代表团主要成员。

12 月 14 日　为学习贯彻党的十七大精神，深入推进党风廉政建设和反腐败斗争，中央纪委、监察部召开部分专家学者座谈会，听取对党风廉政建设和反腐败工作的意见和建议。

12 月 16 日　中国民主建国会第九次全国代表大会在北京开幕。中共中央政治局常委李长春会见全体与会代表，并代表中共中央致贺词。

12 月 16 日　京津城际铁路全线贯通。京津城际铁路全长 120 公里，是我国首条时速 300 公里的城际铁路，通车后将实现北京天津之间 30 分钟通达。

12 月 17 日　新进中央委员会的委员、候补委员学习贯彻党的十七大精神研讨班在中央党校开班。中共中央总书记胡锦涛在开班式上发表重要讲话强调，坚定不移高举中国特色社会主义伟大旗帜，扎扎实实把党的十七大精神学习好贯彻好。中共中央政治局常委李长春、贺国强、周永康出席开班式。中共中央政治局常委习近平主持。

12 月 17 日　中国致公党第十三次全国代表大会在北京开幕。中共中央政治局常委、中央书记处书记习近平会见全体与会代表，并代表中共中央致贺词。

12月18日　中共中央政治局召开会议，研究推进农业和农村发展工作，研究部署2008年党风廉政建设和反腐败工作。中共中央总书记胡锦涛主持会议。

12月18日　中共中央政治局进行第二次集体学习，内容是当代世界宗教和加强我国宗教工作。胡锦涛在主持学习时发表讲话强调，全面贯彻党的宗教工作基本方针，积极主动做好新形势下宗教工作。

12月19日　国务院总理温家宝主持召开国务院常务会议，研究进一步扶持发展生猪生产，部署加强市县政府依法行政工作。

12月21日　新进中央委员会的委员、候补委员学习贯彻党的十七大精神研讨班在中央党校结业。中共中央政治局常委、中央书记处书记、中央党校校长习近平在结业式上发表重要讲话强调，要引领全党同志坚定不移地把中国特色社会主义作为伟大旗帜来高举，作为正确道路来坚持，作为科学理论来运用，作为共同理想来追求。

12月22日—23日　中央农村工作会议在北京举行。会议讨论了《中共中央、国务院关于切实加强农业基础建设，进一步促进农业发展农民增收的若干意见（讨论稿）》。

12月24日　中共中央总书记、国家主席、中央军委主席胡锦涛在中南海同各民主党派中央、全国工商联新老主要领导人座谈并发表重要讲话，强调进一步发展我国社会主义多党合作事业，同心同德坚持和发展中国特色社会主义。中共中央政治局常委、全国政协主席贾庆林主持座谈会。中共中央政治局常委、中央书记处书记习近平出席。

12月24日　温家宝和国务委员兼国务院秘书长华建敏来到国家审计署，同署机关和地方审计机关的干部进行座谈，听取汇报，共同研究如何进一步做好审计工作，指出审计工作要服务中心服务大局。

12月24日　中共中央组织部、中共中央宣传部、中共教育部党组在北京联合召开第十六次全国高等学校党的建设工作会议。中共中央政治局常委、中央书记处书记习近平在会前会见了出席会议的代表并发表重要讲话强调，认真学习深入贯彻党的十七大精神，以改革创新精神推进高校党的建设。

12月24日　十届全国人大常委会第三十一次会议分组审议了香港特别行政区行政长官曾荫权向全国人大常委会提交的《关于香港特别行政区政制发展咨询情况及2012年行政长官和立法会产生办法是否需要修改的报告》。常委会组成人员认为，报告全面客观地反映了香港社会关于政制发展问题的各种意见和诉求。

12月25日　中共中央总书记胡锦涛在人民大会堂同全国政法工作会议代表和全国大法官、大检察官座谈，强调要立足中国特色社会主义事业发展全局，扎扎实实开创我国政法工作新局面。中共中央政治局常委吴邦国、温家宝、习近平出席座谈会。中共中央政治局常委、中央政法委书记周永康主持。

12月26日　政协第十届全国委员会第五十一次主席会议在京召开，会议的主要议题是听取各专门委员会关于十届工作的总结汇报，研究如何进一步加强和改进专题调研工作。中共中央政治局常委、全国政协主席贾庆林主持并讲话。

12月26日　国务院总理温家宝主持召开国务院常务会议，审议并原则通过新一代宽带无线移动通信网、水体污染控制与治理和重大新药创制三个国家科技重大专项实施方案，听取对中央企业监督检查情况的汇报。

12 月 28 日　中央纪委监察部召开派驻机构工作总结交流会，中共中央政治局常委、中央纪委书记贺国强出席会议并讲话。他强调，认真履行纪检监察派驻机构的职能，推动党风廉政建设和反腐败工作深入开展。

12 月 29 日　为期七天的十届全国人大常委会第三十一次会议在完成各项议程后在北京人民大会堂闭会。吴邦国委员长主持闭幕会。

12 月 29 日　中共中央政治局常委、全国人大常委会委员长吴邦国在十届全国人大常委会第三十一次会议闭幕会上，就会议审议并全票通过《全国人民代表大会常务委员会关于香港特别行政区 2012 年行政长官和立法会产生办法及有关普选问题的决定》发表讲话强调，坚定不移贯彻“一国两制”方针，保障香港民主制度健康发展。

12 月 29 日—30 日　元旦来临之际，中共中央政治局常委、国务院总理温家宝来到陕西农村和企业看望、慰问广大干部群众，向大家致以新年的问候。

12 月 30 日　《人民日报》全文发表《全国人民代表大会常务委员会关于香港特别行政区 2012 年行政长官和立法会产生办法及有关普选问题的决定》，同时发表评论员文章《妥善解决政制发展问题，维护香港长期繁荣稳定》。

12 月 30 日　新年京剧晚会《菊苑华章》在新建成的国家大剧院举行。胡锦涛、吴邦国、贾庆林、李长春、习近平、李克强、贺国强、周永康等党和国家领导人，与首都近千名群众一起观看演出，共同迎接 2008 年的到来。

12 月 31 日　国家主席胡锦涛通过中国国际广播电台、中央人民广播电台、中央电视台，发表了题为《共同推进人类和平与发展的崇高事业》的新年贺词。

贾小明　中央社会主义学院中国政党制度研究中心副秘书长

中国国民党革命委员会

1月4日　民革中央主席何鲁丽、常务副主席周铁农在人民大会堂参加中共中央统战部召集的党外人士座谈会。

1月5日　民革中央主席何鲁丽、常务副主席周铁农出席中共中央政治局常委、国务院总理温家宝在中南海主持召开的党外人士座谈会。

1月9日　全国人大常委会副委员长何鲁丽在人民大会堂会见法国社会党领导人罗亚尔率领的法国社会党代表团。

1月15日　全国政协副主席周铁农在人民大会堂出席由国家主席胡锦涛主持的欢迎塔吉克斯坦共和国总统埃莫利马·拉赫莫诺夫访华仪式。

1月21日　中国国民党革命委员会第六、七、八届中央委员会副主席，第九、十届中央委员会名誉副主席徐起超因病逝世，享年81岁。

1月24日　三民主义同志联合会成立纪念碑揭碑仪式在重庆市上清寺特园“民主之家”纪念馆举行。全国人大常委会副委员长、民革中央主席何鲁丽出席揭碑仪式并讲话。

1月25日　全国人大常委会副委员长何鲁丽在人民大会堂出席孙中山、宋庆龄文物征集工作发布会。

1月25日　朱培康在民革中央机关会见并宴请加拿大（温哥华）中国和平统一促进会会长梁伟洪。

1月28日—2月2日　朱培康率调研组赴广东省就上市公司社会责任问题进行调研。4月5日，民革中央向中共中央、国务院报送《关于在国有大中型上市公司中率先引入企业社会责任机制的建议》。

1月29日　全国政协副主席周铁农在全国政协出席纪念江泽民《为促进祖国统一大业的完成而继续奋斗》重要讲话发表12周年座谈会。

1月30日　周铁农在民革中央机关会见以颜江龙为团长的第五届台湾高校杰出青年赴大陆参访团。

1月31日　民革中央副主席齐续春在人民大会堂参加温家宝总理主持的欢迎葡萄牙总理苏格拉底访华仪式及宴会。

2月1日　民革中央主席何鲁丽、民革中央常务副主席周铁农出席国务院总理温家宝在中南海主持召开的党外人士座谈会。何鲁丽代表民革中央对即将提请十届全国人大五次会议审议的《政府工作报告》（征求意见稿）发言。

2月1日　中国人民争取和平与裁军协会会长何鲁丽、中国国际交流协会副会长周铁农在中联部听取中国国际交流协会和中国人民争取和平与裁军协会2006年对外交往情况汇报。

2月5日　周铁农在民革中央机关会

见并宴请大洋洲中国和平统一促进会主席邱维廉。

2月5日　全国政协副主席、中国国际交流协会副会长周铁农在人民大会堂宴请德国艾伯特基金会访华团。

2月7日　朱培康在民革中央机关会见澳门中国和平统一促进会会长刘艺良。

2月12日　朱培康在民革中央机关会见匈牙利中国和平统一促进会副会长赵艳芬。

2月14日　中共中央在中南海召开党外人士迎春座谈会。民革中央主席何鲁丽、常务副主席周铁农出席座谈会。何鲁丽代表民革中央发言。

2月26日—28日　全国人大常委会副委员长何鲁丽出席十届全国人大常委会第二十六次会议。

2月26日—28日　全国政协第十届常务委员会第十六次会议召开。会议审议通过了常委会议议程和关于召开政协十届五次会议的决定。全国政协副主席周铁农出席会议。

2月27日　全国人大常委会副委员长、民革中央主席何鲁丽在人民大会堂出席纪念"二·二八"起义60周年座谈会。

3月3日　全国政协十届五次会议召开。民革中央副主席朱培康在第四次全体会议上作了题为《以和平发展为主题，努力开拓两岸关系的新格局》的大会发言。

3月3日　全国人大常委会副委员长何鲁丽在人民大会堂会见法国国民议会议员代表团。

3月9日　民革十届十九次中常会在北京召开。周铁农主持会议，何鲁丽、童傅、徐志纯、厉无畏、钮小明、朱培康、刘民复、齐续春及中央常委出席会议。

会议学习了十届全国人大五次会议和全国政协十届五次会议精神；通过了关于学习贯彻十届全国人大五次会议和全国政协十届五次会议精神的决议和《民革中央关于开展"坚持中国特色社会主义政治发展道路，搞好政治交接"教育活动的决定》。

3月13日　全国人大常委会副委员长何鲁丽在钓鱼台国宾馆会见并宴请日本经济团体联合会理事前田新造。

3月14日　全国政协第十届常务委员会第十七次会议召开。会议审议了政协常委会工作报告和提案工作情况的报告。全国政协副主席周铁农出席会议。

3月19日　全国人大常委会副委员长何鲁丽在北京钓鱼台国宾馆会见由津巴布韦非洲民族联盟——爱国阵线政治局委员兼对外关系书记、津众议院副议长坎盖率领的津民盟代表团。

3月26日　全国人大常委会副委员长何鲁丽在人大会议中心会见由罗马尼亚众议院议长奥尔泰亚努率领的罗马尼亚议会代表团。

3月27日—30日　民革全国祖国统一工作暨第四次台湾研究特邀撰稿人会议在湖南省长沙市召开。周铁农在会上作重要讲话。

4月3日　全国人大常委会副委员长何鲁丽在人民大会堂会见由巴代表团团长、委员会主席梅蒙率领的巴基斯坦参议院国防和军工生产常设委员会代表团。

4月3日　全国政协副主席周铁农在钓鱼台国宾馆会见并宴请缅甸巩固与发展协会干部考察团。

4月4日　全国人大常委会副委员长何鲁丽在人民大会堂会见奥地利联邦议会副议长哈泽尔巴赫。

4月10日　全国人大常委会副委员长、中国和平统一促进会副会长何鲁丽在人大会议中心会见台湾"两岸祈福和谐之旅”代表团。

4 月 11 日—13 日　何鲁丽、周铁农率团赴唐山就推进曹妃甸工业区发展和社会主义新农村建设问题进行考察。4 月 29 日，民革中央向中共中央、国务院报送《关于进一步加快曹妃甸工业区开发建设，推进环渤海地区经济又好又快发展的建议》。

4 月 16 日　朱培康在民革中央机关会见并宴请美国北加州和平统一促进会会长李竞芬。

4 月 17 日　全国人大常委会副委员长何鲁丽在北京会见并宴请由希腊议长贝纳基率领的希腊议会代表团。

4 月 20 日　中国和平统一促进会常务理事朱培康在民革中央机关会见并宴请俄罗斯和平统一促进会会长温锦华。

4 月 23 日　民革中央向中共中央、国务院报送《关于进一步做好台湾中南部人民工作的建议》。5 月 25 日，中共中央总书记胡锦涛、全国政协主席贾庆林分别就此报告作出重要批示。

4 月 23 日—24 日　民革中央与民革宁夏回族自治区委会在银川市联合召开“中山 02 号”科技扶贫开发项目现场会，总结“中山 02 号”项目实施以来取得的成果和经验。周铁农、朱培康出席会议。

4 月 24 日—27 日　全国人大常委会副委员长何鲁丽出席十届全国人大常委会第二十七次会议。

4 月 24 日　国家信访局、全国人大信访局和全国政协提案办公室有关负责人来到民革中央机关，就民革中央在全国政协十届五次会议上提交的《关于创新我国信访制度的几点建议》，与民革中央领导进行座谈并听取意见和建议。刘民复出席座谈会并讲话。

4 月下旬—5 月下旬　民革中央在北京、广西、广东、安徽等地组织了“坚持中国特色社会主义政治发展道路，搞好政治交接”教育活动专场报告会，何鲁丽、周铁农、钮小明、朱培康等领导赴各地作主题辅导报告。

5 月 8 日　全国人大常委会副委员长、中国人民争取和平与裁军协会会长何鲁丽在钓鱼台国宾馆会见以主席武庭炬为团长的越南和平委员会代表团。

5 月 9 日—16 日　何鲁丽、周铁农率民革中央调研组赴广东省，就发展县域经济问题进行调研。朱培康及中国社会科学院、国务院发展研究中心、农业部等专家参加了调研。6 月 14 日，民革中央根据调研情况向中共中央、国务院报送《关于加快我国县域经济发展的建议》。

5 月 17 日　全国人大常委会副委员长何鲁丽在人民大会堂会见并宴请日本真如苑代表团。

5 月 17 日　民革中央副主席朱培康在人民大会堂参加由国家主席胡锦涛主持的欢迎越南国家主席阮明哲访华仪式。

5 月 21 日—28 日　全国政协副主席、民革中央常务副主席周铁农，民革中央副主席万鄂湘、齐续春率全国政协、民革中央、最高人民法院联合调研组，分赴厦门、武汉、大连等地，就我国海事法院管理体制改革问题进行专题调研考察。

5 月 24 日　全国人大常委会副委员长何鲁丽在人民大会堂参加由国家主席胡锦涛主持的欢迎德国总统克勒访华仪式。

5 月 29 日　全国人大常委会副委员长、中国欧盟协会名誉会长何鲁丽在人民大会堂会见由主席德瓦率领的欧洲议会欧中友好小组代表团。

5 月 30 日　全国人大常委会副委员长、中国人民争取和平与裁军协会会长何鲁丽在人民大会堂会见以代表理事高村忠成为团长的日本户田纪念国际和平研究所代表团。

5月30日　全国人大常委会副委员长何鲁丽在人民大会堂会见参加东北亚安全与合作研讨会的代表。

6月5日—15日　全国政协副主席周铁农率全国政协委员视察团赴辽宁视察企业污染减排指标的贯彻执行情况。

6月6日　全国人大常委会副委员长何鲁丽在人民大会堂出席香港基本法颁布10周年纪念座谈会。

6月8日　全国人大常委会副委员长何鲁丽在人民大会堂会见萨摩亚议长托洛富艾瓦莱。

6月15日　全国人大常委会副委员长、中国人民争取和平与裁军协会会长何鲁丽在人民大会堂会见以日本禁止原子弹氢弹协议会事务局长高草木博为团长的代表团。

6月24日—29日　全国人大常委会副委员长何鲁丽出席十届全国人大常委会第二十八次会议。

6月26日　全国人大常委会副委员长何鲁丽在人民大会堂参加由国家主席胡锦涛主持的欢迎西班牙国王卡洛斯一世访华仪式。

6月26日　童傅在民革中央机关会见并宴请美籍台胞大陆参访团。

6月28日　全国政协副主席周铁农在民革中央机关会见美国侨界人士古冼贤。

7月2日　民革中央副主席童傅、朱培康在中共中央统战部参加庆祝中国共产党成立86周年座谈会。

7月3日—6日　何鲁丽赴陕西出席民革陕西省第十次代表大会。

7月4日　童傅、万鄂湘在民革中央机关参加民革党章修订工作会议。

7月6日—8日　民革中央社会服务部组织部分民革民办职业学校校长，赴贵州省纳雍县开展合作办学考察洽谈及扶贫调研活动。

7月7日　全国人大常委会副委员长、中国人民争取和平与裁军协会会长何鲁丽在中国人民抗日战争纪念馆出席纪念中国人民抗日战争全面爆发70周年史料展开幕式。

7月10日—12日　民革十届二十次中常会在黑龙江省哈尔滨市召开。

何鲁丽作《增强团结，促进民革党内和谐，为构建社会主义和谐社会作出新贡献》重要讲话。会议听取了童傅关于省级组织换届综合情况的汇报和关于《各民主党派中央关于加强地方组织领导班子建设座谈会纪要》的说明；通过了《中国国民党革命委员会第十届中央常务委员会关于召开第十届中央委员会第六次全体会议的决定》。周铁农、厉无畏、钮小明、朱培康、万鄂湘、齐续春及中央常委出席会议。

7月17日　民革中央副主席齐续春在人民大会堂参加由国家主席胡锦涛主持的欢迎土库曼斯坦总统别尔德默罕默多夫访华仪式及晚宴。

7月18日　民革中央副主席朱培康在中央社会主义学院出席民主党派省级组织新任主委培训班开班仪式。

7月18日　中国和平统一促进会理事会常务理事朱培康在北京会见并宴请阿根廷中国和平统一促进会副会长董其仁先生。

7月18日　中共中央统战部举办统战系统庆祝中国人民解放军建军80周年报告会。全国人大常委会副委员长、民革中央主席何鲁丽、全国政协副主席、民革中央常务副主席周铁农、民革名誉副主席贾亦斌、副主席朱培康出席报告会。

7月19日　在全国政协十届五次会议上，民革中央提交的《关于反制“法理台独”的几点意见和建议》被列为重点提案。为此，民革中央在机关召开该提案办复座谈会。刘民复出席会议，并对该提案的形成过程作了介绍。国务院台湾事务办公室法规局局长周宁传达了国台办对该提案的答复意见。

7月23日　中央社会主义学院院长何鲁丽出席北京社会主义学院建院50周年纪念大会。

7月23日—8月3日　全国政协副主席周铁农率全国政协无党派委员考察团赴新疆，就民族文化遗产保护工作进行考察。

7月24日　全国人大常委会副委员长何鲁丽在人民大会堂会见由前总理达尔梅达率领的圣多美和普林西比解放运动社会民主党代表团。

7月25日　中共中央在中南海召开党外人士座谈会，就当前经济形势和经济工作听取各民主党派中央、全国工商联领导人和无党派人士的意见和建议。民革中央主席何鲁丽、副主席朱培康出席座谈会。何鲁丽代表民革中央发言。

7月26日—30日　民革中央机关和中央社会主义学院举办省级组织新任主委培训班。何鲁丽、朱培康、刘民复分别为参加培训班的民革省级组织新任主委作了关于民革党史、参政议政工作和促进祖国和平统一工作的报告，介绍了近年来民革在各项工作中取得的成绩。

7月27日　中共中央在中南海召开党外人士座谈会，征求各民主党派中央、全国工商联领导人和无党派人士对中共十七大报告（征求意见稿）的意见和建议。民革中央主席何鲁丽、常务副主席周铁农出席会议。何鲁丽代表民革中央发言。

7月30日　全国人大常委会副委员长、中国人民争取和平与裁军协会会长何鲁丽、民革中央副主席齐续春在人民大会堂出席庆祝中国人民解放军建军80周年文艺晚会。

7月31日　民革中央主席何鲁丽、副主席万鄂湘、齐续春参加中共中央统战部组织的考察国家大剧院及奥运场馆活动。

7月31日　民革全国非公经济人士丹东商贸考察及项目推介会在辽宁省丹东市举行，朱培康参加会议。

8月1日　全国人大常委会副委员长、中国人民争取和平与裁军协会会长、民革中央主席何鲁丽、民革中央副主席万鄂湘在人民大会堂出席庆祝中国人民解放军建军80周年暨全军英雄模范代表大会。

8月1日　民革中央主席何鲁丽、副主席童傅在中共中央统战部礼堂参加干部人事制度改革通报会。

8月5日—6日　民革上海市委组织第十一、十二届市委常委赴南汇举行政治交接教育活动学习报告会。厉无畏出席报告会。

8月6日—17日　应欧洲中国和平统一促进会和匈牙利中国和平统一促进会的邀请，中国和平统一促进会理事会副会长周铁农、常务理事朱培康分别率中国和平统一促进会代表团和中华中山文化交流协会代表团赴匈牙利，参加“全球华侨华人共建和谐世界，促进中国和平统一（布达佩斯2007）大会”。周铁农在大会开幕式上致词。

8月13日　民革上海市委、上海市文物管理委员会、上海市黄埔军校同学会、嘉定区政协等在嘉定区陆俨少艺术馆联合举行纪念“八·一三”淞沪抗战70周年文物文献展。民革中央副主席厉无畏出席开幕式。

8月15日　何鲁丽在民革中央机关与中共中央统战部副部长楼志豪进行座谈。

8月17日　全国人大常委会副委员长

何鲁丽参加全国人大常委会委员长会议。

8月19日—22日　民革全国办公室工作研讨会在新疆乌鲁木齐市召开。民革各省级组织办公室负责人、中央办公厅负责人、各处室有关同志参加会议。

8月21日—23日　中共中央组织部、中共中央统战部、中共中央党校在北京京西宾馆联合举办学习贯彻第20次全国统战工作会议精神专题研讨班。民革中央主席何鲁丽、常务副主席周铁农、副主席钮小明、朱培康、刘民复、万鄂湘、齐续春参加研讨班。何鲁丽在研讨班结业座谈会上代表民革中央发言。

8月22日—9月1日　民革中央联络部与民革福建省委会、福建省台办、中共福建省委政策研究室组成联合调研组，就"构建海峡两岸和平合作框架"课题赴浙江、广东、福建三省开展调研。

8月24日—30日　全国人大常委会副委员长何鲁丽参加十届全国人大常委会第二十九次会议。

8月25日—9月2日　周铁农率民革中央和民革四川省委会及成都市委联合调研组赴四川省阿坝、甘孜等地，就民族地区经济社会发展情况进行调研。钮小明、朱培康、李赣骝参加调研。

8月28日　民革中央主席、中国和平统一促进会副会长何鲁丽在人民大会堂出席"和谐新唐山·中华一家亲——第六届海峡两岸各族中秋联欢活动"新闻发布会。

9月3日　朱培康在民革中央机关会见并宴请匈牙利中国和平统一促进会客人。

9月4日　何鲁丽、周铁农、朱培康、刘民复、李赣骝等在民革中央机关接见并宴请中国国民党青年精英大陆参访团一行。

9月4日　中央社会主义学院院长何鲁丽出席中央社会主义学院秋季开学典礼，并发表讲话。

9月5日　周铁农、朱培康到北京怀柔区参加民革北京市委会组织的生态涵养区新农村建设问题调研。

9月5日—17日　全国人大常委会副委员长何鲁丽率全国人大代表团赴乌兹别克斯坦、哈萨克斯坦、塔吉克斯坦访问。

9月6日　民革中央常务副主席周铁农在统战部礼堂参加中共中央统战部举办的党外人士情况通报会，听取国家环保总局局长周生贤关于环保工作情况的报告。

9月6日　民革中央副主席刘民复在民革北京市委会参加原市委会直属支部活动。

9月7日　全国政协副主席、民革中央常务副主席周铁农在人民大会堂会见并宴请日本青年代表团。

9月8日—9日　民革中央经济委员会和教科文卫委员会第五次联席会议在北京举行。周铁农、朱培康、刘民复出席会议并讲话。中央前副主席、经济委员会顾问胡敏以及来自全国各地的90多名专委会委员参加了会议。

9月10日　全国政协副主席、民革中央常务副主席周铁农在人民大会堂会见并宴请日本霞山会代表团。

9月12日　周铁农在民革中央机关接受香港凤凰卫视的专访。

9月12日　团结报社顾问委员会2007年年会在内蒙古呼伦贝尔市召开。部分民革省级组织负责人、中央有关部门负责人、团结报社负责人及团结报社顾问出席会议。

9月15日　民革北京市委会根据民革中央《关于开展"坚持中国特色社会主义政治发展道路，搞好政治交接"教育活动的决定》的精神，举办新一届市委委员培训班。朱培康出席会议并讲话。

9 月 17 日　周铁农、朱培康在民革中央机关接见在中央社会主义学院学习的民革党员，并与大家亲切座谈。

9 月 17 日　朱培康在民革中央机关会见并宴请台湾中华新民党主席乐可铭。

9 月 18 日　全国人大常委会副委员长何鲁丽在人民大会堂会见津巴布韦外交部国防问题研究所所长。

9 月 18 日　民革中央主席何鲁丽、常务副主席周铁农、副主席刘民复在统战部礼堂出席由中共中央统战部举办的各民主党派中央领导同志中秋、国庆联谊会。

9 月 18 日　华夏文化纽带工程组委会在人民大会堂举办“中华和平龙海内外创意设计征集启动仪式”，华夏文化纽带工程组委会主任委员、民革中央常务副主席周铁农出席启动仪式。

9 月 18 日　由民革中央、民革陕西省委会、陕西省文化厅等部门联合主办的“迎国庆陕西三女杰进京书画联展”在民革中央机关礼堂举行。周铁农出席书画展开幕式并剪彩。

9 月 18 日—20 日　沿长江城市民革组织为经济建设服务交流会第十一次会议在安徽省铜陵市召开。朱培康出席会议并讲话。

9 月 19 日　全国人大常委会副委员长何鲁丽在人民大会堂会见法国爱德蒙得洛希尔集团代表得洛希尔男爵夫妇。

9 月 19 日　何鲁丽、周铁农在民革中央机关会见民革贵州省委会领导班子成员。

9 月 19 日　全国政协副主席周铁农出席全国政协第四十七次主席会议。

9 月 24 日　全国人大常委会副委员长、中国和平统一促进会副会长何鲁丽在北京京西宾馆主持召开中国和平统一促进会七届二次理事大会。理事会常务理事朱培康出席会议。

9 月 25 日—28 日　“民革中央孙中山研究工作座谈会暨孙中山研究学会理事会议”在广西南宁市召开。周铁农出席会议并作重要讲话，李赣骝主持会议。

9 月 27 日　民革中央副主席朱培康出席北京市民主党派和人民团体办公楼落成典礼暨升旗仪式。

9 月 28 日　中央社会主义学院院长何鲁丽在中央社会主义学院出席中华文化学院成立 10 周年纪念大会。

9 月 28 日　全国人大常委会副委员长、民革中央主席何鲁丽，全国政协副主席、民革中央常务副主席周铁农在人民大会堂出席由全国政协办公厅、中共中央统战部、国务院侨务办公室、国务院港澳事务办公室、国务院台湾事务办公室联合举行的国庆招待会。

9 月 29 日　何鲁丽、周铁农、刘民复在民革中央机关参加与民革北京市委会的联谊活动。

9 月 29 日　朱培康在民革中央机关会见并宴请台湾海峡两岸人民服务中心秘书长周荃。

9 月 30 日　全国人大常委会副委员长、民革中央主席何鲁丽，全国政协副主席、民革中央常务副主席周铁农，民革中央副主席朱培康在人民大会堂参加国务院举行的国庆招待会。

10 月 10 日—11 日　民革十届二十一次中常会在北京召开。何鲁丽主持会议开幕式。周铁农在开幕式上作了关于民革十届中央向十一大的报告起草工作的说明；钮小明作了关于民革章程修改工作的说明；童傅作了关于中央人事工作小组工作的说明、关于十一大的代表和列席人员有关情况的报告、关于省级组织换届工作的汇报。贾亦斌、朱培康、刘民复、万鄂湘出席会议。

10 月 11 日　民革中央主席何鲁丽、常务副主席周铁农、副主席童傅在北京会见中共贵州省委统战部部长龙超云。

10 月 12 日　周铁农在民革中央机关接受新华社《瞭望东方周刊》杂志采访。

10 月 13 日　周铁农、朱培康、李赣骝在民革中央机关会见以台湾新同盟会会长许历农先生为总团长的第二届台湾新同盟会中南部会员（会友）大陆参访团一行并进行座谈。

10 月 14 日　民革中央向中国共产党第十七次全国代表大会致贺信，向大会的召开致以热烈的祝贺。23 日，中共中央向各民主党派中央、全国工商联致感谢信。

10 月 15 日　全国人大常委会副委员长、民革中央主席何鲁丽，全国政协副主席、民革中央常务副主席周铁农，民革名誉副主席贾亦斌，民革中央副主席童傅、朱培康、刘民复、万鄂湘在人民大会堂参加中国共产党十七大开幕式。

10 月 15 日　何鲁丽、周铁农在民革中央机关与中共中央统战部副部长楼志豪会谈。

10 月 16 日　何鲁丽在民革中央机关接受新华社和《人民政协报》记者采访。

10 月 16 日　周铁农、朱培康在民革中央机关参加民革十一大报告起草工作小组会议。

10 月 18 日　童傅、万鄂湘在民革中央机关参加民革章程修改工作小组会议。

10 月 19 日　周铁农在民革中央机关出席民革北京市东城区委举办的重阳节活动。

10 月 21 日　全国人大常委会副委员长、民革中央主席何鲁丽，全国政协副主席、民革中央常务副主席周铁农，民革名誉副主席贾亦斌，民革中央副主席童傅、朱培康、刘民复、万鄂湘在人民大会堂参加中国共产党十七大闭幕式。

10 月 22 日—23 日　“民革宁波市委会庆贺民革成立 60 周年书画展”在民革中央机关礼堂举行。何鲁丽、周铁农、童傅、朱培康、李赣骝出席开幕式并为书画展剪彩。

10 月 22 日　民革中央中心学习组（扩大）在民革中央机关举行学习中共十七大精神专题座谈会。周铁农主持会议。何鲁丽出席并作中心发言。童傅、朱培康、刘民复及民革中央在京常委、中央各工作部门负责人、民革北京市委会领导班子成员出席会议。

10 月 23 日　全国人大常委会副委员长、民革中央主席何鲁丽，全国政协副主席、民革中央常务副主席周铁农，民革名誉副主席贾亦斌，民革中央副主席童傅、朱培康、刘民复、万鄂湘、齐续春在中共中央统战部礼堂参加中共十七大情况通报会。

10 月 24 日　民革中央副主席、中国和平统一促进会理事会常务理事朱培康在人民大会堂参加由国家主席胡锦涛主持的欢迎哥斯达黎加共和国总统阿里亚斯访华仪式及晚宴。

10 月 28 日　政协十届全国委员会常务委员会第十九次会议举行全体会议，与会常委、委员围绕学习贯彻中共十七大精神作大会发言。全国政协副主席、民革中央常务副主席周铁农，全国政协常委、民革中央副主席朱培康、万鄂湘、齐续春参加会议。周铁农代表民革中央作了题为《高举中国特色社会主义伟大旗帜，深入贯彻落实科学发展观》的发言。

10 月 29 日　民革中央发出通知，要求各省、自治区、直辖市委员会及中央各工作部门，认真组织、大力推动，掀起学习贯彻中共十七大精神热潮。

10月30日　中共中央统战部在京举行党外人士学习贯彻中共十七大精神座谈会。民革中央主席何鲁丽、常务副主席周铁农、副主席童傅、朱培康、齐续春参加座谈会。何鲁丽代表民革中央发言。

10月30日　民革中央祖国和平统一促进委员会在北京召开在京委员工作会议。李赣骝出席，并向与会同志传达了中共十七大会议精神。

10月31日　民革华东地区工作研讨会在山东青岛市召开。周铁农出席会议开幕式并讲话。

11月2日　何鲁丽、周铁农、童傅、朱培康、刘民复、齐续春在京会见正在中央社会主义学院学习的民革山西省委会干部培训班全体学员，并与大家亲切座谈。

11月4日　朱培康参加民革中央画院与北京中山伟邦文化传播有限公司在民革中央机关举行的合作签约仪式。

11月5日　为纪念民革成立60周年，民革中央画院在中国美术馆举行“丹青绘和谐，水墨写盛世”——民革中央画院首届书画展。何鲁丽出席并致开幕辞。周铁农主持开幕式。童傅、朱培康、刘民复、齐续春、李赣骝出席。

11月6日—7日　民革全国参政议政成果汇报会在浙江省杭州市召开。何鲁丽出席会议并作重要讲话。朱培康作参政议政工作报告。

会议总结交流了2007年参政议政工作成果，提交了一批高质量的调研报告、提案；对2006—2007年度为民革中央参政议政工作作出贡献的组织和个人进行了表彰，听取了中央社会主义学院前副院长甄小英所作的关于学习中共十七大精神的辅导报告。

11月10日　周铁农在民革江苏省委会于南京举行的学习贯彻中共十七大精神报告会上，作“学习十七大精神，搞好政治交接”学习辅导报告。

11月11日　由民革中央举办的以“坚持中国特色社会主义政治发展道路，搞好政治交接”为主题的“我的精神家园——纪念民革成立60周年”演讲比赛在广东深圳举行。来自全国29个省级民革组织的代表参加了比赛，并决出一等奖2名，二等奖4名，三等奖9名。周铁农致辞，并向获奖选手颁发证书。

11月11日　周铁农出席民革深圳市委会召开的纪念民革成立60周年大会，并作讲话。

11月12日　全国政协在北京中山公园中山堂举行仪式，纪念孙中山先生诞辰141周年。全国人大常委会副委员长、民革中央主席何鲁丽代表民革中央向孙中山先生像敬献花篮。全国政协副主席、民革中央常务副主席周铁农，民革中央副主席刘民复、齐续春及民革在京中央常委、顾问、中央委员及北京市有关人士出席仪式。

11月16日　民革十届二十二次中常会在北京中国职工之家召开。何鲁丽主持会议。周铁农、钮小明、朱培康、刘民复、万鄂湘、齐续春出席会议。

会议学习了中共十七大精神；听取了关于民革十一大和纪念民革成立60周年系列活动筹备工作情况汇报（书面），童傅关于中央换届工作人事事项的说明；通过了民革十届六中全会议程（草案）、日程安排、小组召集人名单，第十届中央委员会向十一大的报告（草稿）、民革章程（修改草案）、关于民革章程（修改草案）的说明（草稿），十一大主席团、秘书长初步建议名单和十一大代表资格审查委员会建议名单。

11月17日　民革中央副主席齐续春在京西宾馆出席中华全国工商业联合会第

十次会员代表大会开幕式。

11月17日—18日　民革十届六中全会在北京召开。何鲁丽主持开幕式。周铁农、贾亦斌、童傅、厉无畏、钮小明、朱培康、万鄂湘、齐续春及民革中央委员出席会议，李赣骝、胡敏等列席会议。会议的主题是学习贯彻中共十七大精神，审议民革第十届中央委员会向十一大的报告和民革章程（修改草案），做好召开民革十一大的各项准备工作。会议听取了刘民复所作的关于民革十一大和纪念民革成立60周年系列活动筹备工作情况的汇报、周铁农所作的关于第十届中央委员会向十一大的报告起草的说明、童傅所作的关于民革章程（修改草案）的说明；通过了民革第十届中央委员会向十一大的报告、民革章程（修改草案）和关于民革章程（修改草案）的说明（草稿），十一大主席团、秘书长建议名单和十一大代表资格审查委员会名单。

11月20日—30日　全国人大常委会副委员长何鲁丽率全国人大代表团赴法国、西班牙访问，并出席中法、中西论坛。

11月21日　全国政协副主席周铁农、民革中央副主席朱培康在全国政协参加十届全国政协优秀提案和先进承办单位表彰会。

11月21日—22日　齐续春赴安徽进行民革组织工作调研。

11月22日　周铁农、朱培康、刘民复到民革中央名誉副主席贾亦斌同志家中，祝贺贾亦斌95华诞。

11月23日　中共中央在中南海召开党外人士座谈会，就当前经济形势和经济工作听取各民主党派中央、全国工商联领导人和无党派人士的意见和建议。民革中央常务副主席周铁农、副主席朱培康出席座谈会。周铁农代表民革中央发言。

11月24日—30日　朱培康率民革中央调研组赴云南省迪庆藏族自治州和德宏傣族景颇族自治州，分别就当地旅游业发展状况和禁毒、防治艾滋病工作进行调研。

11月25日　齐续春在民革北京市委会参加即将出席民革十一大的民革北京市代表座谈会。

11月26日—27日　民革中央副主席齐续春在全国政协参加全国政协反映社情民意信息工作座谈会。

11月28日　民革中央副主席刘民复在京西宾馆出席台湾民主自治同盟第八次全盟代表大会开幕式暨纪念台盟成立60周年大会。

11月29日　民革中央副主席万鄂湘在人民大会堂出席中国民主同盟第十次全国代表大会开幕式。

12月1日　民革中央副主席齐续春在人民大会堂出席中国民主促进会第十次全国代表大会开幕式。

12月3日　全国人大常委会副委员长何鲁丽在钓鱼台国宾馆会见并宴请越南客人阮世平先生。

12月3日　团结出版社在民革中央机关礼堂举行建社20周年座谈会。何鲁丽、周铁农、童傅、朱培康、刘民复、齐续春、李赣骝等到会祝贺。

12月4日　中国医学基金会在北京举行成立20周年庆典会。全国政协副主席、民革中央常务副主席周铁农到会祝贺。民革中央副主席、中国医学基金会理事长朱培康出席并讲话。

12月5日　全国人大常委会副委员长、民革中央主席何鲁丽在全国政协礼堂出席第八次全国台湾同胞代表会议开幕式。

12月5日—6日　朱培康赴上海出席民革上海市委会举办的纪念民革成立60周年书画展。

12 月 6 日　民革中央主席何鲁丽、副主席童傅、刘民复、万鄂湘、齐续春在中共中央统战部礼堂听取经济工作会议精神通报。

12 月 7 日　民革中央副主席朱培康在人民大会堂出席纪念刘宁一同志诞辰 100 周年座谈会。

12 月 7 日　全国政协副主席周铁农、全国政协常委朱培康在全国政协参加全国地方政协工作经验座谈会。

12 月 8 日　民革中央主席何鲁丽在人民大会堂出席九三学社第九次全国代表大会开幕式并代表各民主党派中央、全国工商联致贺词。

12 月 8 日　民革十届第二十三次中常会在北京饭店召开。何鲁丽主持会议。会议通过了民革十一大会议程草案和日程；通过了民革十一大主席团常务主席建议名单；通过了民革第十一届中央委员会委员候选人建议名单，听取了童傅关于候选人建议名单产生过程的说明。周铁农、徐志纯、厉无畏、钮小明、朱培康、刘民复、万鄂湘、齐续春及中央常委等出席会议。

12 月 9 日—15 日　民革第十一次全国代表大会暨民革成立 60 周年纪念大会在北京召开。何鲁丽主持会议开幕式并致开幕词。

中共中央政治局常委周永康代表中共中央向大会致贺词。台盟中央主席林文漪代表各民主党派中央、全国工商联向大会致贺词。何鲁丽作题为《坚定不移走中国特色社会主义政治发展道路，为全面建设小康社会而奋斗》的报告。周铁农作纪念民革成立 60 周年讲话。童傅作《关于中国国民党革命委员会章程〈修改草案〉的说明》。贾亦斌代表民革老同志讲话。会议通过了《中国国民党革命委员会章程》、民革第十一次全国代表大会决议、关于民革第十届中央委员会报告的决议；选举产生了第十一届中央委员会。

12 月 11 日　民革中央副主席朱培康在人民大会堂出席中国农工民主党第十四次全国代表大会开幕式。

12 月 12 日　全国人大常委会副委员长何鲁丽在人民大会堂参加庆祝我国首次月球探测工程圆满成功大会。

12 月 14 日　民革举行十一届一中全会。周铁农主持会议。会议听取了厉无畏所作的关于民革第十一届中央委员会主席、副主席、常务委员候选人名单草案的说明；通过了民革第十一届中央委员会第一次全体会议选举办法，民革第十一届中央委员会主席、副主席、常务委员候选人名单。

12 月 14 日　民革十一届一次中常会召开。周铁农主持会议。厉无畏、钮小明、齐续春、谢克昌、修福金、刘凡、程崇庆、傅惠民、何丕洁出席会议。会议通过了民革第十一届中央委员会秘书长任命名单，任命齐续春为第十一届中央委员会秘书长（兼）；通过了民革中央各工作部门主要负责人任命名单。

12 月 15 日　中共中央政治局常委、全国政协主席贾庆林在中共中央统战部会见了民革中央新老领导班子成员。何鲁丽、周铁农、厉无畏、钮小明、万鄂湘、齐续春、谢克昌、修福金、刘凡、程崇庆、傅惠民、何丕洁、李赣骝、童傅、程誌青、徐志纯、朱培康、刘民复参加会见。

12 月 16 日　民革中央副主席钮小明在全国政协礼堂出席中国民主建国会第九次全国代表大会开幕式。

12 月 17 日　民革中央副主席何丕洁在人民大会堂出席中国致公党第十三次全国代表大会开幕式。

12 月 17 日　何丕洁在民革中央机关

会见中共贵州毕节地委统战部部长吴维芳。

12 月 17 日—18 日　何丕洁赴湖北武汉出席民革湖北省委会举办的民革成立 60 周年纪念大会。

12 月 20 日　全国政协副主席、民革中央主席周铁农在人民大会堂参加由国家主席胡锦涛主持的欢迎密克罗尼西亚总统莫里访华仪式及晚宴。

12 月 20 日—21 日　齐续春赴山东济南出席民革山东省委会举办的庆祝民革成立 60 周年大会。

12 月 21 日　民革中央主席周铁农到中共中央统战部与杜青林部长会谈。

12 月 24 日　中共中央在中南海召开各民主党派中央、全国工商联新老主要领导人座谈会。民革中央前主席何鲁丽、民革中央主席周铁农、常务副主席厉无畏出席座谈会。何鲁丽、周铁农分别发言。

12 月 25 日　民革中央举行座谈会，专题学习胡锦涛总书记 12 月 24 日在同各民主党派中央、全国工商联新老主要领导人座谈会上的重要讲话。周铁农主持座谈会，并传达了胡锦涛总书记讲话的主要精神。厉无畏、齐续春、刘凡、傅惠民、李赣骝、朱培康、刘民复等出席会议。

12 月 25 日　民革中央副主席何丕洁在国家审计署机关出席第三届特约审计员聘请大会并代表各民主党派、全国工商联发言。

12 月 25 日—26 日　钮小明赴重庆出席民革重庆市委会举办的庆祝民革成立 60 周年纪念大会及张治中旧居开馆仪式。

12 月 26 日　程崇庆在江苏南京出席庆祝民革南京地方组织成立 60 周年纪念大会。

12 月 27 日　全国政协副主席周铁农在全国政协礼堂出席《中国政协》杂志社成立 5 周年暨出版发行 100 期座谈会。

12 月 27 日　厉无畏在上海出席民革上海市委会举办的民革成立 60 周年纪念大会。

12 月 27 日　民革中央颁发《中国国民党革命委员会第十一届中央委员会秘书长任命名单》、《中国国民党革命委员会第十一届中央委员会工作部门主要负责人任命名单》。

12 月 28 日　民革中央主席周铁农、副主席何丕洁、前副主席童傅在中共中央统战部礼堂参加中共中央统战部召集的协商会。

王秉默　民革中央宣传部党史处处长
刘玉霞　民革中央宣传部干部

中国民主同盟

1月1日　主席蒋树声，常务副主席张梅颖，副主席袁行霈、王维城、索丽生出席全国政协举办的新年茶话会。名誉主席丁石孙、名誉副主席吴修平、原副主席俞泽猷也应邀出席茶话会。

1月4日　主席蒋树声、常务副主席张梅颖、副主席索丽生出席中央统战部举行的党外人士情况通报会。中央统战部部长刘延东应中共中央委托，向与会人员通报了我国金融工作的有关情况。

1月4日　常务副主席张梅颖、副主席李重庵、秘书长高拴平及相关部门负责人在机关会见西藏大学校党委书记刘庆慧一行，就今后双方的合作交流进行座谈，并举行了捐赠图书仪式。会后，民盟中央宴请了西藏大学客人。

1月5日　主席蒋树声、常务副主席张梅颖出席在国务院召开的党外人士座谈会，会议的主要内容是征求各民主党派中央、全国工商联、无党派人士对金融工作的建议意见，蒋树声代表民盟中央发言。

1月5日　常务副主席张梅颖、名誉副主席厉以宁出席第九届北大光华新年论坛开幕式并致辞。

1月9日　副主席李重庵应邀出席“公平与效率——中德社会保障体制改革研讨会”并致辞。

1月11日　常务副主席张梅颖出席“海派书法晋京展暨《海派代表书法家系列作品展》首发开幕式”。

1月11日　常务副主席张梅颖看望参加中共中央统战部“民主党派中青年干部培训班”的民盟学员，并与他们座谈。

1月15日　副主席李重庵在民盟中央机关会见中共河北省广宗县县委书记毕振水、县长刘立生一行，并就双方扶贫合作中共同关心的问题交换了意见。有关部门负责人参加了座谈。会后，民盟中央宴请了广宗县客人。

1月16日　常务副主席张梅颖、副主席李重庵在民盟中央机关会见中共广西那坡县县委书记罗荣剑、县长蒋正辉一行，并就民盟中央在那坡县的智力支边扶贫工作进行座谈。有关部门负责人参加了座谈。会后，民盟中央宴请了那坡县客人。

1月26日　副主席索丽生出席中央统战部召开的各民主党派、工商联、有关团体做台湾人民工作座谈会，并代表民盟中央发言。相关部门负责人参加座谈。

1月26日　民盟中央举行座谈会，与首都新闻界有关人士共话宣传工作。副主席李重庵出席并讲话，秘书长高拴平及相关部门负责人参加座谈。

1月29日　主席蒋树声，常务副主席张梅颖，副主席冯之浚、李重庵在中央社会主义学院阅读《政府工作报告（征求意见稿)》。

1月29日　副主席索丽生出席国务院台湾事务办公室召开的有关台湾同胞权益保障工作专题座谈会并讲话。相关部门负责人出席座谈会。

2月1日　主席蒋树声、常务副主席张梅颖出席国务院召开的党外人士座谈会。会议的主要内容是征求各民主党派中央、全国工商联负责人和无党派人士对《政府工作报告（征求意见稿)》的意见、建议。蒋树声代表民盟中央发言。

2月2日　主席蒋树声、秘书长高拴平及相关部门负责人在重庆出席中国民主同盟成立纪念碑揭碑仪式。蒋树声代表民盟中央讲话。

2月2日　常务副主席张梅颖，副主席王维城、索丽生及相关部门负责同志赴京郊怀柔区北部山区少数民族乡送温暖。

2月4日　主席蒋树声，常务副主席张梅颖，副主席袁行霈、王维城、李重庵、索丽生出席中央统战部举行的迎春餐叙会。

2月5日　主席蒋树声，副主席王维城、李重庵，秘书长高拴平赴北京房山区黑古台小学送温暖并看望北京工商大学盟员教师。

2月5日　主席蒋树声、副主席李重庵在机关会见中共贵州省毕节地委书记刘晓凯和毕节地区行署专员秦如培一行。秘书长高拴平及相关部门负责人参加座谈。

2月5日　副主席索丽生出席温家宝总理为应邀来访的斯洛伐克总理菲乔举行的欢迎仪式及晚宴。

2月6日　副主席索丽生走访国家发改委，并就双方2006年的合作与交流情况以及我国经济发展与资源开发、生态环境保护等问题与国家发改委领导交换了意见。相关部门负责人参加了座谈。

2月6日—12日　副主席李重庵全程陪同应邀来访的塞浦路斯共和国议长季米特里斯·赫里斯托菲亚斯一行在中国的访问活动。

2月7日　民盟中央和民盟北京市委在民盟中央机关召开中青年盟员新春座谈会。副主席、北京市委主委王维城主持会议，主席蒋树声讲话。常务副主席张梅颖、副主席索丽生、秘书长高拴平和民盟中央机关各部门负责人、民盟北京市委负责人及20多名中青年盟员参加座谈会。

2月7日　副主席李重庵出席中央智力支边协调小组成员全体会议。

2月7日　常务副主席张梅颖、副主席索丽生在民盟中央机关会见来访的国家林业局副局长赵学敏一行，并就2006年双方的合作交流情况及我国林业发展与生态环境保护等问题进行交流。秘书长高拴平及相关部门负责人参加了座谈。

2月9日　副主席索丽生出席国务院第五次廉政工作会议。

2月9日　常务副主席张梅颖、副主席索丽生走访水利部，并就2006年双方的合作交流情况以及我国水利资源开发、生态环境保护等问题与水利部领导进行座谈。相关部门负责人参加座谈。

2月13日　副主席索丽生出席中央统战部召开的关于换届工作的会议。

2月14日　主席蒋树声、常务副主席张梅颖出席中共中央举行的党外人士迎春座谈会。蒋树声代表民盟中央发言。

2月16日　常务副主席张梅颖，副主席袁行霈、王维城、李重庵、索丽生出席中共中央、国务院举行的春节团拜会。名誉主席丁石孙，名誉副主席罗涵先、吴修平，顾问邬沧萍及秘书长高拴平也出席了团拜会。

2月26日　副主席李重庵会见中国美

术馆馆长、吴作人基金会理事长范迪安，就进一步加强合作交流进行座谈。相关部门负责人参加会见。

2 月 27 日　常务副主席张梅颖出席 2006 年度国家科学技术奖励大会。

3 月 1 日　副主席索丽生出席中央社会主义学院春季开学典礼。

3 月 1 日　副主席李重庵出席中共中央举办的元宵节联欢晚会。

3 月 2 日　主席蒋树声，常务副主席张梅颖，副主席袁行霈、李重庵、索丽生出席党外人士情况通报会，听取中纪委负责同志通报反腐倡廉情况。名誉副主席马大猷、吴修平，秘书长高拴平及在国家部委任职的盟员同志等也出席了通报会。

3 月 2 日　副主席李重庵走访国家司法部，就监狱和劳教系统帮教工作与司法部领导进行座谈。相关部门负责人参加座谈。

3 月 3 日—15 日　全国政协十届五次会议在京举行。民盟中央共提交大会口头发言 1 篇，书面发言 5 篇，提案 29 件，并参加了全国政协提案委员会召开的相关提案办理协商会。

3 月 7 日　副主席李重庵出席中央统战部举办的庆祝华夏英才基金成立十周年暨党外专家、学者新春联谊会。

3 月 8 日　常务副主席张梅颖在北京会见了来访的韩国女性国会议员代表团。

3 月 12 日　常务副主席张梅颖、副主席李重庵出席孙中山先生逝世 82 周年纪念仪式。

3 月 12 日　常务副主席张梅颖为名誉副主席陶大镛祝贺 90 华诞。

3 月 13 日　民盟九届二十五次主席会议在京举行。会议由主席蒋树声主持。常务副主席张梅颖，副主席冯之浚、袁行霈、卢强、吴正德、张宝文、王维城、张圣坤、李重庵、郑兰荪、索丽生出席会议。会议原则通过了《民盟中央关于学习贯彻十届全国人大五次会议和全国政协十届五次会议精神的决定（草案）》，提请民盟九届十九次中常会讨论通过。秘书长高拴平及机关部门负责人列席会议。

3 月 13 日　民盟九届十九次中常会在京举行。会议的主要内容是讨论通过《民盟中央关于学习贯彻十届全国人大五次会议和全国政协十届五次会议精神的决定（草案）》。主席蒋树声主持会议，常务副主席张梅颖，副主席冯之浚、袁行霈、卢强、吴正德、张宝文、王维城、张圣坤、李重庵、郑兰荪、索丽生及中央常委共 51 人出席会议。机关各部门负责人列席会议。

3 月 17 日　常务副主席张梅颖、副主席李重庵出席“新世纪、新时代、新定西——献给中国扶贫开发二十年大型图片展览”开幕式，张梅颖为展览剪彩。

3 月 19 日—21 日　常务副主席张梅颖、副主席李重庵在广西出席中央统战部召开的民主党派工作座谈会。相关部门负责人也参加了会议。会后，与会人员对北部湾进行了考察。

3 月 22 日—23 日　民盟参政议政工作会议在武汉召开。会议总结 2006 年全盟参政议政工作，研究部署参政议政工作。主席蒋树声、副主席索丽生及秘书长高拴平等出席会议。期间，蒋树声走访民盟湖北省委机关，并与盟员座谈。

3 月 23 日　常务副主席张梅颖、副主席李重庵与参加中央社会主义学院第十七期进修班、培训班及公务员英语培训班的盟员座谈。

3 月 29 日　民盟中央机关召开全体干部职工大会，听取“两会”精神的传达。副主席李重庵、索丽生分别向大家传达了十届全国人大五次会议和全国政协十届五次会议精神。秘书长高拴平主持会议。

4月2日—7日　副主席索丽生率队赴海南，就“重视发挥热带作物在现代科技农业中的作用”进行专题调研。

4月3日　副主席李重庵代表民盟中央在江苏省吴江市参加费孝通骨灰安葬仪式。

4月3日—5日　副主席张平出席民盟四川省第十一次代表大会并致贺词。

4月6日—8日　主席蒋树声出席民盟上海市第十三次代表大会并致贺词。

4月7日—9日　副主席李重庵出席民盟重庆市第三次代表大会并致贺词。

4月8日—10日　副主席索丽生出席民盟广东省第十三次代表大会并致贺词。

4月11日—12日　副主席李重庵在重庆出席民盟部分省市帮教工作座谈会。民盟中央社会服务部以及来自北京等10个省级、9个市级民盟组织的相关负责人参加会议。国家司法部劳教局、重庆市司法局等单位有关负责同志应邀出席座谈会。

4月13日—19日　常务副主席张梅颖率队赴四川西部地区，就退耕还林、湿地保护、草原沙化等问题进行专题调研。副主席吴正德、索丽生及国家发改委、水利部、林业局相关领导和专家随行考察。期间，张梅颖一行还应邀出席“辛亥四川保路运动”96周年纪念活动，会见了成都大学的领导同志。

4月21日　常务副主席张梅颖、副主席冯之浚出席由中国烹饪协会主办的“节约型社会与餐饮业发展论坛”。张梅颖在大会上致辞，冯之浚作了题为《发展循环经济，构建资源节约型社会》的演讲。

4月25日　副主席李重庵出席“中华职业教育社成立90周年纪念大会”。

4月26日　副主席冯之浚出席“中国包装工业循环经济国际论坛暨《中华人民共和国循环经济法（草案征求意见稿）》包装专题研讨会”。

4月25日—26日　副主席张圣坤出席民盟青海省第十二次代表大会并致贺词。

4月28日　常务副主席张梅颖、副主席索丽生会见国家林业局党组副书记、副局长李育材及林业局、发改委有关部门负责同志，双方就日前进行的退耕还林、防沙治沙专题调研进行了座谈。相关部门负责人出席会议。

4月28日—30日　副主席李重庵出席民盟江苏省第十次代表大会并致贺词。

4月28日—30日　副主席张平出席民盟湖北省第十一次代表大会并致贺词。

4月29日　副主席索丽生、名誉副主席厉以宁出席“北京大学民营经济研究院丛书首发式暨品牌战略研究所成立仪式”新闻发布会并致辞。

5月9日—11日　副主席冯之浚出席民盟浙江省第十次代表大会暨省级组织成立60周年纪念大会，并致贺词。

5月9日—17日　常务副主席张梅颖率全国政协委员视察团赴重庆、湖北就高校贷款情况进行调研。

5月12日—13日　主席蒋树声出席民盟宁夏回族自治区第九次代表大会并致贺词。

5月15日—16日　副主席李重庵出席民盟山东省第八次代表大会并致贺词。

5月18日　副主席索丽生出席中央统战部召开的座谈会，就开展政治交接主题学习教育活动的情况及其他相关事宜进行沟通和交流。

5月19日—22日　副主席卢强出席民盟山西省第九次代表大会并致贺词。

5月23日　副主席李重庵出席中华海外联谊会二届五次常务理事会。

5月23日—24日　主席蒋树声出席民

盟新疆维吾尔自治区第六次代表大会并致贺词。

5月24日　民盟中央机关召开青年理论研讨班开班座谈会。常务副主席张梅颖出席座谈会并讲话。

5月24日　副主席李重庵出席中华海外联谊会成立10周年纪念大会暨“海联论坛”。

5月24日　副主席卢强出席国家主席胡锦涛为应邀来访的德意志联邦共和国总统霍斯特·克勒举行的欢迎仪式及晚宴。

5月24日—26日　副主席张平出席民盟福建省第十二次代表大会并致贺词。

5月25日　副主席郑兰荪、名誉副主席吴修平出席民盟福建省级组织成立60周年纪念大会并讲话。

5月26日—27日　副主席李重庵出席民盟安徽省第十一次代表大会并致贺词。期间，李重庵看望了老盟员赵敏学、岳书仓。

5月28日　主席蒋树声出席“中国艺术研究院中国雕塑院”成立典礼。

5月28日—29日　常务副主席张梅颖出席民盟黑龙江省第十次代表大会并致贺词。

5月28日—30日　副主席吴正德出席民盟广西壮族自治区第十一次代表大会并致贺词。

5月31日—6月2日　副主席索丽生出席民盟吉林省第八次代表大会并致贺词。

6月3日—4日　常务副主席张梅颖出席民盟河北省第九次代表大会并致贺词。

6月5日　主席蒋树声与参加中央社会主义学院黑龙江省党外干部培训班的盟员座谈。秘书长高拴平主持座谈会。

6月10日—11日　主席蒋树声出席民盟内蒙古自治区第六次代表大会并致贺词。

6月12日—14日　主席蒋树声出席民盟甘肃省第十二次代表大会并致贺词。期间，蒋树声看望了民盟甘肃省委名誉主委朱宣人，并走访民盟甘肃省委机关。

6月13日　副主席李重庵出席西安华西专修大学教育扶贫5周年总结大会。秘书长高拴平及相关部门负责人出席会议。

6月14日—15日　副主席王维城出席民盟贵州省第十二次代表大会并致贺词。

6月14日—21日　主席蒋树声，副主席张圣坤、索丽生率专家组赴杭州、宁波、舟山就高校贷款问题进行考察调研。相关部门负责人随行考察。

6月15日—16日　常务副主席张梅颖出席民盟湖南省第十二次代表大会并致贺词。

6月16日—18日　副主席冯之浚应邀到山东调研循环经济发展情况。

6月18日—19日　常务副主席张梅颖出席民盟辽宁省第十一次代表大会并致贺词。

6月18日—20日　民盟中央在广西桂林召开民盟政治交接学习教育活动试点工作座谈会。副主席李重庵主持会议。民盟上海市委会、民盟四川省委会、民盟广西区委会及民盟中央相关部门负责人参加会议。期间，李重庵还看望了老盟员魏华龄。

6月18日—20日　副主席王维城出席民盟天津市第九次代表大会并致贺词。

6月19日　主席蒋树声、秘书长高拴平等出席中央统战部举行的通报会，听取外交部部长杨洁篪作外交形势报告。

6月20日—22日　副主席吴正德出席民盟云南省第十二次代表大会。

6月22日　副主席李重庵在民盟中央机关主持召开“分配是民生之源”座谈会。

6月22日—24日　主席蒋树声出席民盟北京市第十次代表大会并致贺词，常务副主席张梅颖出席闭幕会并讲话。副主席索丽生也出席了开幕式。

6月24日—26日　副主席索丽生出席民盟江西省第十二次代表大会并致贺词。

6月26日　副主席吴正德参加中共四川省委统战部在中央社会主义学院举办的政治交接学习研讨班，并在开幕式上代表各民主党派中央讲话。

6月26日—27日　常务副主席张梅颖出席民盟海南省第五次代表大会并致贺词。

6月27日　主席蒋树声、副主席吴正德与参加民主党派领导干部学习研讨班的四川省、苏州市、宁波市的盟员座谈。

6月27日—28日　副主席张宝文出席民盟陕西省第十次代表大会并致贺词。

6月30日　副主席李重庵出席贯彻实施《中华人民共和国农民专业合作社法》座谈会。

7月2日　名誉副主席孔令仁为中国妇女儿童博物馆捐赠文物仪式在山东大学举行，副主席索丽生出席仪式并讲话。捐赠仪式结束后，索丽生还看望了民盟山东省委机关全体工作人员。

7月2日　常务副主席张梅颖在民盟中央机关主持召开“就业是民生之本”座谈会。

7月3日　副主席索丽生出席全国政协举办的各民主党派中央和全国工商联负责人座谈会并代表民盟中央发言。会议的主要内容是对十届全国政协工作进行总结，并就如何加强和改进反映社情民意信息工作和新闻宣传工作进行座谈讨论。

7月3日　主席蒋树声，副主席吴正德、索丽生在机关会见遂宁市市委书记崔保华一行。

7月3日—6日　民盟社会服务暨新农村建设工作研讨会在贵州省贵阳市、毕节市召开。会议的主要内容是：交流开展社会服务工作的情况和体会，研究探讨新时期开展社会服务工作的思路和设想。副主席李重庵出席会议并讲话。民盟中央社会服务部、省级组织分管社会服务工作的副主委和社会服务部负责人出席会议。

7月4日—5日　副主席冯之浚出席国家发改委在上海举办的“长三角规划指导意见”座谈会，作关于长三角建设资源节约型和环境友好型社会的专题报告，并担任国务院长三角规划调研课题——“建设资源节约型和环境友好型社会专题组”顾问。

7月8日　民盟九届二十六次主席会议在银川召开。会议的主要内容是：讨论通过民盟九届中常会第二十次会议上的报告；审议通过《关于中国民主同盟第十届中央委员会委员候选人名额分配、提名条件及产生办法的意见》；讨论通过人事安排有关事宜。主席蒋树声主持会议，常务副主席张梅颖，副主席吴正德、张宝文、王维城、张圣坤、李重庵、郑兰荪、张平、索丽生出席会议。

7月8日—9日　民盟九届二十次中常会在银川召开。会议的主题是：学习贯彻胡锦涛总书记在中央党校省部级干部进修班上的重要讲话精神，通报今年省级组织换届工作情况，总结省级组织换届成功的主要经验，继承民盟优良传统，坚持走中国特色政治发展道路，切实搞好新老交替基础上的政治交接。主席蒋树声主持会议，常务副主席张梅颖作题为《学习贯彻胡锦涛同志重要讲话精神　切实搞好新老交替基础上的政治交接》的报告。

7月11日　常务副主席张梅颖出席民盟上海市第十三届专委会成立大会，并作《搞好政治交接　走中国特色政治发展道路》的主题报告。副主席张圣坤、名誉副主席江景波出席会议并讲话。在沪期间，张梅颖还与民盟上海市委新一届领导班子座谈，并看望了名誉主席谈家桢。

7 月 12 日　主席蒋树声在民盟中央机关主持召开“社会保障是民生之安全网”座谈会。

7 月 17 日　常务副主席张梅颖会见联合国艾滋病规划署执行主任皮奥特博士。

7 月 18 日　主席蒋树声，副主席袁行霈、李重庵、索丽生，秘书长高捡平等出席中央统战部召开的统战系统庆祝建军 80 周年报告会。

7 月 18 日　副主席索丽生会见民盟盟员、第三十九届南丁格尔奖章获得者章金媛。

7 月 19 日　副主席李重庵出席民主党派省级组织新任主委培训班开班仪式。

7 月 19 日　副主席李重庵会见民盟宁波市委副主委潘一红、慈溪育才中学董事长沈宏邦一行。

7 月 20 日　主席蒋树声，常务副主席张梅颖，副主席冯之浚、卢强、李重庵、索丽生阅读中共中央文件。

7 月 22 日—28 日　主席蒋树声率团赴台湾参加第三届“海峡两岸暨港澳地区大学校长联谊活动”，共有来自两岸四地的 20 余位著名大学校长参加了联谊活动。

7 月 23 日　副主席索丽生、秘书长高捡平出席全国政协召开的“加快广西北部湾经济区开发与建设，推进北部湾区域经济合作与发展”专题协商会。

7 月 24 日　常务副主席张梅颖、副主席索丽生出席全国政协召开的“以文化建设为主要内容的国家软实力建设”专题协商会。

7 月 25 日　常务副主席张梅颖、副主席索丽生出席中共中央召开的党外人士座谈会。会议就当前经济形势和经济工作听取各民主党派中央、全国工商联领导人和无党派人士的意见和建议。张梅颖代表民盟中央发言。

7 月 26 日　中国哈尔滨国际减灾会议（IDRC）暨民盟中央“灾害与社会管理专家论坛”第五次年会新闻发布会在民盟中央机关举行。副主席索丽生出席并讲话，秘书长高捡平主持会议。

7 月 26 日—30 日　中共中央统战部和民盟中央共同举办了民盟省级组织新任主委培训班。来自全国各省、市、自治区的 17 名省级组织新任主委参加培训。期间，常务副主席张梅颖，副主席李重庵、索丽生先后看望大家并与大家座谈。

7 月 27 日　副主席李重庵考察由盟员沈宏邦出资创办的慈溪市育才中学，并与当地领导座谈。

7 月 31 日　副主席袁行霈、李重庵、索丽生出席中共中央统战部组织的各民主党派中央、全国工商联领导人和无党派人士考察国家大剧院和北京奥运场馆建设的活动。索丽生在座谈会上代表民盟中央发言。

8 月 1 日　常务副主席张梅颖、副主席李重庵出席庆祝中国人民解放军建军 80 周年暨全军英雄模范代表大会。名誉主席丁石孙也出席了大会。

8 月 4 日—5 日　副主席冯之浚出席民盟河南省第十一次代表大会并致贺词。

8 月 7 日　主席蒋树声、副主席索丽生会见台湾“李国鼎数位知识促进会”执行常务理事、秘书长李伟一行。双方就“科技、文化交流与合作”问题进行了座谈。

8 月 8 日　副主席李重庵主持召开纪念《教育与职业》杂志创刊 90 周年座谈会。

8 月 16 日　常务副主席张梅颖在山东调研期间，赴民盟青岛市委机关考察政治交接学习教育活动开展情况。

8月16日—19日　副主席李重庵率团对西藏大学进行了访问。期间，先后与自治区党委书记张庆黎，自治区常务副主席郝鹏、吴英杰等座谈。部分盟内专家、企业家及机关相关部门负责人随团访问。

8月21日—23日　主席蒋树声，常务副主席张梅颖，副主席冯之浚、袁行霈、卢强、吴正德、王维城、张圣坤、李重庵、张平参加学习贯彻第20次全国统战工作会议精神专题研讨班。

8月21日—24日　常务副主席张梅颖、副主席索丽生出席“2007中国哈尔滨国际减灾会议”。张梅颖在开幕式上致辞并为国际减灾会议应急救援技术装备和成果展览开幕式剪彩。索丽生在论坛上发言。

8月22日　民盟中央在哈尔滨国际减灾会议期间举行“灾害与社会管理专家论坛”第五次年会。常务副主席张梅颖出席会议并发表演讲。

8月23日　副主席李重庵出席温家宝总理为应邀来访的老挝总理波松·布帕万举行的欢迎仪式及晚宴。

9月4日　副主席索丽生及组织部负责人出席中央社会主义学院秋季开学典礼。

9月6日　主席蒋树声、副主席李重庵、秘书长高拴平等出席中共中央统战部举行的党外人士情况通报会，听取国家环保总局局长周生贤通报我国环境保护工作的情况。

9月17日—20日　副主席索丽生在山东泰安出席“民盟高等教育研讨会筹备会”并讲话。相关部门负责人也出席了会议。

9月18日　主席蒋树声、常务副主席张梅颖与参加中央社会主义学院民主党派省级组织新任专职副主委培训班和第十八期民主党派干部进修班、培训班的23名盟员座谈。机关各部门负责人参加座谈。

9月18日　主席蒋树声、常务副主席张梅颖出席中共中央统战部举行的各民主党派中央领导中秋国庆联谊会。

9月18日　副主席王维城出席中共中央统战部召开的“迎中秋、庆国庆”党外专家学者联谊活动。

9月20日　主席蒋树声在机关会见中共定西市委书记石晶一行并座谈。秘书长高拴平及相关部门负责人参加座谈。

9月21日—24日　副主席郑兰荪出席民盟全国副省级城市第三次盟务工作联席会议并讲话。

9月22日　副主席李重庵出席中华职业教育社首届“黄炎培职业教育奖”颁奖大会。

9月22日　副主席索丽生出席民盟中央经济和区域发展委员会全体会议并讲话。

9月24日　副主席索丽生出席全国政协中秋联谊晚会。

9月24日—26日　常务副主席张梅颖出席长江流域十四省市政协长江水环境保护第七次研讨会。期间，张梅颖与江西省盟领导班子和部分盟员座谈。

9月25日　名誉副主席吴修平、顾问邬沧萍出席中共中央统战部举行的各民主党派中央老同志迎中秋、庆国庆活动。

9月26日—29日　主席蒋树声在甘肃定西考察扶贫开发与新农村建设情况。期间，蒋树声为定西市安定区贺家岔学校落成典礼揭牌，出席了中国·定西2007’马铃薯产业发展暨经贸洽谈会开幕式，会见了甘肃省、定西市的有关领导，并与甘肃省和定西市的盟员代表座谈。

9月27日　副主席索丽生出席北京市民主党派和人民团体办公楼落成典礼暨升旗仪式。

9月28日　副主席冯之浚出席中华文

化学院成立10周年纪念座谈会。

9月30日　主席蒋树声、副主席李重庵出席国庆招待会。名誉主席丁石孙也出席了招待会。

10月11日　常务副主席张梅颖、副主席张平出席在太原举行的2007中国民盟城市文化论坛。张梅颖在开幕式上讲话。

10月11日—12日　民盟部分省市城市社区服务工作研讨会在上海召开。会议的主题是研讨新世纪、新阶段民盟如何发挥优势，有效参与城市社区建设。副主席张圣坤在开幕会上致辞。副主席李重庵出席会议并讲话。

10月12日—13日　民盟高等教育研讨会在厦门召开。主席蒋树声，副主席郑兰荪、索丽生，秘书长高拴平出席会议并讲话。教育部，中共福建省委、省政府有关部门负责同志，盟中央教育委员会、机关有关部门负责人及民盟省级组织领导和有关专家学者90余人参加了会议。会议期间，蒋树声还走访了民盟福建省委机关，并看望机关工作人员。

10月15日　主席蒋树声，常务副主席张梅颖，副主席冯之浚、袁行霈、卢强、张宝文、王维城、李重庵、索丽生应邀列席中共十七大开幕式。名誉主席丁石孙，名誉副主席马大猷、罗涵先、吴修平及民盟在京全国人大、全国政协常委也列席了开幕式。

10月16日　常务副主席张梅颖为山东民盟政治交接学习教育活动作报告，并看望了名誉副主席孔令仁等老同志。

10月17日　常务副主席张梅颖出席全国政协举办的中国老年节庆典活动开幕式并讲话。

10月17日—20日　副主席吴正德出席民盟西部省（自治区、直辖市）第八次盟务工作会议并讲话。

10月19日　副主席李重庵出席民盟“农村教育烛光行动”专家顾问组会议，就“烛光行动”的有关问题进行座谈。

10月23日　主席蒋树声，副主席袁行霈、索丽生出席中共中央统战部召开的党外人士情况通报会，听取对中共十七大有关情况的通报。

10月24日　民盟中南六省（区）第十一次盟务工作会议在郑州召开。常务副主席张梅颖出席会议并讲话。

10月29日　民盟九届二十七次主席会议在京举行。会议的主要内容是研究召开民盟九届二十一次中常会和九届六中全会的有关事项。会议协商通过了《中国民主同盟第十次全国代表大会中央提名代表名单》。主席蒋树声，常务副主席张梅颖，副主席冯之浚、袁行霈、卢强、吴正德、张宝文、王维城、张圣坤、李重庵、郑兰荪、张平、索丽生出席会议。秘书长高拴平及机关部门负责人列席会议。

10月30日　主席蒋树声，常务副主席张梅颖，副主席李重庵、索丽生出席党外人士学习贯彻中共十七大精神座谈会。蒋树声代表民盟中央发言。

10月30日　民盟九届二十一次中常会在京举行。会议的主要内容是研究召开民盟九届六中全会的有关事项。主席蒋树声，副主席冯之浚、卢强、吴正德、张宝文、张圣坤、李重庵、郑兰荪、张平、索丽生及中央常委共56人出席会议。

10月30日—31日　民盟九届六中全会在京召开。会议的主要内容是学习贯彻中共十七大精神；讨论并原则通过《中国民主同盟第九届中央委员会工作报告（草稿）》，推定报告人；讨论并原则通过《中国民主同盟章程修正案（征求意见稿）》和《中国民主同盟章程修改报告（草稿）》；审议通过《中国民主同盟第九届中央委员会第六次全体会议关于授权第九届中央常务委员会召集民盟第十次全国代表大会的决定》。主席蒋树声，常务副主席张梅颖，副主席冯之浚、袁行霈、卢强、吴正德、张宝文、王维城、张圣坤、李重庵、郑兰荪、张平、索丽生出席会议。

11 月 1 日　副主席李重庵出席中国人民大学建校 70 周年庆祝大会。

11 月 5 日　副主席李重庵出席民革中央画院首届书画展。

11 月 8 日　副主席李重庵出席温家宝总理为应邀来访的斯洛文尼亚总理亚内兹·扬沙举行的欢迎仪式及晚宴。

11 月 8 日　常务副主席张梅颖在出席第十届全国政协暨地方政协教科文卫体委员会工作座谈会期间，走访民盟安徽省委机关并讲话。

11 月 12 日—13 日　民盟沿海省市发展海洋经济研讨会在广东省湛江召开。常务副主席张梅颖，副主席索丽生出席会议并讲话，相关部门领导及专家学者共 130 多人出席了会议。

11 月 17 日　副主席索丽生出席中华全国工商业联合会第十次会员代表大会开幕式。

11 月 20 日　常务副主席张梅颖，副主席冯之浚、索丽生在中共中央统战部阅读经济工作文件。

11 月 21 日　常务副主席张梅颖、副主席索丽生、秘书长高拴平出席政协第十届全国委员会优秀提案和先进承办单位表彰会。民盟中央的 5 件提案及部分盟员的个人提案被评为优秀提案。

11 月 23 日　主席蒋树声、常务副主席张梅颖出席中共中央召开的党外人士座谈会。会议的主要内容是听取各民主党派中央、全国工商联领导人和无党派人士对当前经济形势和经济工作的意见和建议。蒋树声代表民盟中央发言。

11 月 23 日　副主席张圣坤、索丽生出席民盟上海市委社情民意信息工作会议。索丽生在会上讲话。

11 月 24 日　副主席张圣坤出席江西民盟组织建立 60 周年纪念大会并讲话。

11 月 26 日—27 日　常务副主席张梅颖、副主席吴正德出席全国政协反映社情民意信息工作座谈会。会上，秘书长高拴平代表民盟中央介绍了民盟中央信息工作的经验。

11 月 27 日　民盟九届二十八次主席会议在京举行。会议的主要内容是研究召开民盟九届二十二次中常会和第十次全国代表大会的有关事项。主席蒋树声主持会议。常务副主席张梅颖，副主席冯之浚、卢强、吴正德、张宝文、王维城、李重庵、张平出席会议。

11 月 28 日　民盟九届二十二次中常会在京举行。会议的主要内容是研究召开民盟第十次全国代表大会的有关事项。主席蒋树声，常务副主席张梅颖，副主席冯之浚、卢强、吴正德、张宝文、李重庵、张平、索丽生及中央常委共 51 人出席会议。机关各部门负责人列席会议。

11 月 28 日　副主席王维城出席纪念台盟成立六十周年暨台湾民主自治同盟第八次全国代表大会开幕式。

11 月 29 日　民盟第十次全国代表大会在京开幕。中共中央政治局常委、中央书记处书记习近平，中共中央政治局委员、全国政协副主席、中央统战部部长刘延东，国务院副总理曾培炎，全国人大常委会副委员长、民进中央主席许嘉璐，全国人大常委会副委员长、全国妇联主席顾秀莲，全国政协副主席白立忱等党和国家领导人及各民主党派中央、全国工商联和国务院有关部门负责人出席开幕式并与全体代表合影留念。

11 月 29 日—12 月 2 日　民盟第十次全国代表大会在京举行。会议认真学习了中共十七大精神，审议并通过了民盟第九届中央委员会工作报告和《中国民主同盟章程修正案》，选举产生了新一届中央委员会，讨论通过了民盟第十次全国代表大会决议。

12 月 1 日　副主席王维城出席中国民主促进会第十次全国代表大会开幕式。

12 月 2 日　“中国民主同盟盟员美术作品展”在中国美术馆开幕。蒋树声、张梅颖、吴正德、张圣坤、李重庵、郑兰荪、索丽生、吴修平、邬沧萍等民盟十大代表、十届中央委员出席开幕式。中共中央统战部副部长楼志豪、民革中央副主席朱培康等有关单位负责同志及来自全国文化界、美术界的艺术家、评论家应邀出席开幕式。

12 月 3 日　民盟十届一中全会在京举行。会议选举了第十届中央委员会主席、副主席和第十届中央常务委员会委员。蒋树声当选为第十届中央委员会主席，张梅颖、张宝文、吴正德、张圣坤、李重庵、郑兰荪、张平、索丽生、丁仲礼、陈晓光、徐辉、温思美、欧阳明高当选为第十届中央委员会副主席。

12 月 3 日　民盟十届一次主席会议在京举行。会议由蒋树声主席主持。会议通过了《中国民主同盟第十届中央常务委员会任命名单（草案）》，并协商确定张梅颖同志为民盟中央第一副主席、张宝文同志为民盟中央常务副主席。副主席张梅颖、张宝文、吴正德、张圣坤、李重庵、郑兰荪、张平、索丽生、丁仲礼、陈晓光、徐辉、温思美、欧阳明高出席会议。

12 月 3 日　民盟十届一次中常会在京举行。会议任命高拴平为民盟中央秘书长。主席蒋树声，第一副主席张梅颖，常务副主席张宝文，副主席吴正德、张圣坤、李重庵、郑兰荪、张平、索丽生、丁仲礼、陈晓光、徐辉、温思美、欧阳明高及中央常委共 61 人出席会议。民盟中央机关各部门负责人列席会议。

12 月 3 日　中共中央政治局常委、全国政协主席贾庆林，中共中央政治局委员、全国政协副主席刘延东，中共中央统战部部长杜青林等领导同志在中共中央统战部礼堂会见并宴请民盟中央新老领导班子成员。民盟中央主席蒋树声，原主席丁石孙，第一副主席张梅颖，常务副主席张宝文，副主席吴正德、张圣坤、李重庵、郑兰荪、张平、索丽生、丁仲礼、陈晓光、徐辉、温思美、欧阳明高，原副主席冯之浚、袁行霈、卢强、俞泽猷、王维城出席。主席蒋树声、原主席丁石孙在座谈会上发言。会前，中共中央领导同志与大家合影留念。

12 月 6 日　主席蒋树声，原副主席罗涵先、吴修平、俞泽猷及秘书长高拴平出席中共中央统战部召开的党外人士情况通报会，听取中共中央统战部部长杜青林通报中央经济工作会议精神。

12 月 8 日　副主席李重庵出席九三学社第九次全国代表大会开幕式。

12 月 9 日　副主席李重庵出席中国国民党革命委员会第十一次全国代表大会暨成立六十周年纪念大会。

12 月 11 日　副主席索丽生出席中国农工民主党第十四次全国代表大会开幕式。

12 月 13 日　副主席索丽生在机关会见全国政协副秘书长蒋作君一行并座谈。秘书长高拴平及有关部门负责人参加了座谈。

12 月 16 日　副主席欧阳明高出席中国民主建国会第九次全国代表大会开幕式。

12 月 17 日　主席蒋树声出席中国致公党第十三次全国代表大会开幕式，并代表各民主党派中央和全国工商联致贺词。

12 月 21 日—23 日　第一副主席张梅颖率民盟中央与民盟四川省委、成都市委联合组成的统筹城乡经济社会发展、推进城乡一体化进程调研组对成都市试验区建设进行考察调研。副主席吴正德、温思美及部分专家学者随行考察。

12 月 22 日　副主席索丽生出席民盟吴江市委员会成立大会，并代表民盟中央致贺词。在吴期间，索丽生还拜谒了民盟已故名誉主席费孝通先生的陵墓。

12 月 24 日　主席蒋树声、第一副主席张梅颖、常务副主席张宝文出席中共中央召开的各民主党派中央、全国工商联新老主要领导人座谈会。蒋树声代表民盟中央发言。

关宏茹　民盟中央主席办公室副主任
冯　岩　民盟中央主席办公室主任科员

中国民主建国会

1月1日　成思危主席，路明、刘珩、朱相远、陈昌智、陈明德副主席，冯梯云、朱元成名誉副主席，张皎秘书长在全国政协礼堂出席新年茶话会。

1月2日—17日　成思危主席率对外友协访问团赴拉丁美洲访问。

1月4日　路明、刘珩、陈明德副主席在人民大会堂出席党外人士情况通报会，听取关于金融现状及改革措施的情况通报。

1月4日　路明副主席在人民大会堂出席“就中共十七大有关事宜征求党外人士意见座谈会”并代表民建发言。

1月5日　路明副主席在国务院第四会议室出席温家宝总理主持召开的党外人士座谈会并代表民建发言。

1月9日　朱相远、陈明德副主席在钓鱼台国宾馆出席“中国成长型中小企业上市融资推介会”。社会服务部包瑞玲部长参加。

1月17日　陈明德副主席率民建中央慰问团一行18人赴本会中央定点扶贫点——河北省丰宁满族自治县开展送温暖活动并到农户家中亲切慰问。

1月18日　成思危主席、路明副主席在人民大会堂出席报告会，听取政府有关部门工作汇报。

1月19日　成思危主席，路明、刘珩、朱相远、程贻举副主席在人民大会堂参加分组讨论物权法和所得税法草案。

1月23日—31日　成思危主席赴瑞士达沃斯出席世界经济论坛，并在阿联酋迪拜出席英国金融时报举办的中阿论坛。

1月24日　路明、陈明德副主席，张皎秘书长在会中央机关出席会中央中心组学习扩大会，宣传部孟孝中部长作题为《关于巩固和发展和谐政党关系的一点认识》中心发言。

1月25日　陈明德副主席与民政部有关同志商谈中华思源工程基金会成立事宜。社会服务部包瑞玲部长参加。

1月26日　陈明德副主席在中央社会主义学院出席中央统战部召开的座谈会。

1月27日　陈明德副主席在人民大会堂出席“爱国者”和谐中国·企业与媒体高峰论坛开幕式。

1月31日　陈明德副主席在全国政协出席专题座谈会，阅读讨论政府工作报告征求意见稿。

1月31日　陈明德副主席在京会见率团来访的台北市教育会理事长夏惠汶一行。会中央对外联络委员会李晓林副主任、联络部王坚部长参加。

2月1日　成思危主席、路明副主席在中南海参加高层协商会。

2月1日　成思危主席在京出席中联

部向中国国际交流协会和中国人民争取和平裁军协会汇报会。

2月2日　成思危主席在京出席中国慈善大会。

2月2日—6日　陈明德副主席陪同来访的台北教育会代表团一行到黑龙江参观考察。

2月3日　成思危主席在京出席“企业年金、社会保障与和谐社会高层论坛”。

2月4日　成思危主席，路明、刘珩、朱相远副主席在中央统战部出席迎春餐叙会。

2月7日　路明、朱相远副主席在京出席会中央就当前经济、社会发展形势召开的部分会员专家学者座谈会。朱相远副主席主持会议，调研部熊大方部长参加。

2月7日　成思危主席、陈明德副主席、张皎秘书长在人民大会堂与贵州毕节地委书记刘晓凯率领的赴京汇报团一行座谈。社会服务部包瑞玲部长参加。

2月7日　陈明德副主席在京出席“中央扶贫工作协调小组会议”。

2月8日　成思危主席、路明副主席在全国人大会议中心出席会中央召开的“低收入群体住房保障问题研讨会”。路明副主席主持会议，成思危主席作总结发言。建设部汪光焘部长、会中央调研部熊大方部长及会内外部分专家学者参加。

2月8日　成思危主席在人民大会堂会见香港董事学会访问团一行。

2月8日　陈明德副主席在人民大会堂出席中组部、解放军总政治部、中共北京市委共同举办的“在京老同志迎春茶话会”。

2月9日　路明副主席在国务院小礼堂参加“国务院第五次廉政工作会议”。

2月9日　路明副主席在全国政协出席各民主党派中央、全国工商联和有关人民团体大会口头发言选稿会。调研部熊大方部长参加。

2月11日—14日　路明副主席率研究人员赴广西、河南就有关农业问题进行调研。

2月12日　成思危主席在人民大会堂出席十届全国人大常委会第五十七次委员长会议。

2月13日　成思危主席在湖南长沙出席“湖南新型工业技术论坛”开幕式。

2月13日　冯梯云、黄大能、朱元成、冯克煦名誉副主席，王艮仲顾问，在京老同志白大华、柏岳、陈毓珍在京出席中共中央统战部召开的“党外老同志迎春餐叙会”。

2月14日　成思危主席，张榕明常务副主席，万国权名誉副主席在中南海出席“党外人士迎春座谈会”。

2月15日　成思危主席在人民大会堂出席台湾研究会年会。

2月16日　成思危主席，万国权名誉副主席，路明、刘珩、朱相远副主席，张皎秘书长，冯梯云、黄大能、朱元成、冯克煦名誉副主席，王艮仲顾问，在京老同志白大华、柏岳在人民大会堂出席新春茶话会。

2月25日　成思危主席在会中央机关主持召开八届五十九次主席办公会议，路明、陈明德副主席出席，张皎秘书长列席。

2月25日—28日　成思危主席，路明、刘珩、朱相远、程贻举副主席在京出席第十届全国人民代表大会第二十六次常委会议。

2月26日—28日　张榕明常务副主席，黄关从、陈昌智、王少阶、陈明德、陈政立副主席在京出席全国政协十届第十六次常委会议。

3月1日　路明副主席在中央社会主

义学院出席中央社院春季开学典礼。

3月1日　成思危主席在会中央机关主持召开八届五十八次主席办公会议（第四次会），听取会中央培训中心、服务中心、民主与建设出版社工作汇报。路明、马培华、陈明德副主席出席，张皎秘书参加。

3月2日　成思危主席，张榕明常务副主席，路明、刘珩、朱相远、马培华、陈明德副主席，张皎秘书长，朱元成、黄大能名誉副主席，老同志白大华，在中央统战部礼堂出席反腐倡廉工作情况通报会。在有关部委任职的吴晓青、姜建初、李谠和组织部李世杰部长参加。

3月3日　路明副主席率出席“两会”的河南农村代表到北京蟹岛度假村考察循环经济。

3月3日—15日　张榕明常务副主席，黄关从、陈昌智、王少阶、马培华、陈明德、陈政立副主席，张皎秘书长及本会会员中的全国政协委员在京出席全国政协十届五次会议。

3月5日　路明、马培华、陈明德副主席，张皎秘书长在中央统战部礼堂出席各民主党派中央、全国工商联与各省、自治区、直辖市统战部部长联谊会，组织部李世杰部长参加。

3月5日—16日　成思危主席，路明、刘珩、朱相远、程贻举副主席及本会会员中的全国人大代表在京出席十届全国人大五次会议。

3月5日—16日　张榕明常务副主席在京出席十届全国人大五次会议开幕式、闭幕式和部分全体会议。

3月6日　成思危主席在北京饭店设宴招待来京参加“两会”的港澳部分代表和委员。马培华、陈明德副主席，张皎秘书长和联络部王坚部长参加。

3月7日　路明副主席在中央统战部礼堂出席“纪念华夏基金成立10周年及党外专家学者联谊活动”。

3月9日　成思危主席在京主持召开会中央换届领导小组会，张榕明常务副主席，路明、马培华、陈明德副主席出席。组织部李世杰部长参加。

3月9日　成思危主席在京主持召开八届二十二次主席会议，张榕明常务副主席，路明、刘珩、黄关从、朱相远、陈昌智、程贻举、王少阶、马培华、陈明德、陈政立副主席出席，张皎秘书长、熊大方、李世杰部长列席。

3月10日　本会中央八届十八次中常委会议在京召开。成思危主席，张榕明常务副主席，路明、刘珩、黄关从、朱相远、陈昌智、程贻举、王少阶、马培华、陈明德、陈政立副主席和常委出席，张皎秘书长及会中央各工作部门负责人列席。

3月12日　张榕明常务副主席，路明、朱相远、陈昌智、陈明德副主席在中山公园中山堂参加孙中山先生逝世82周年纪念活动。

3月13日　陈明德副主席在会中央机关与贵州省交通厅厅长和交通部综合规划司投资处处长一行就支持建设贵州省黔西县通村道路事宜交换意见。

3月14日　张榕明常务副主席在京出席全国政协十届四十四次主席会议。

3月14日　张榕明常务副主席在京出席全国政协十届十七次常委会会议。

3月16日　成思危主席在京会见并宴请世界经济论坛主席 Klaus Schwab 一行。

3月18日　路明、陈明德副主席，朱元成名誉副主席在八宝山革命公墓参加吴大琨遗体送别仪式。

3月18日—21日　成思危主席在上海出席民建上海市第十一次代表大会，代表民建中央致贺信并作重要讲话。

3月19日　民建中央召开“两会”精神学习会。路明、陈明德副主席结合参加会议的体会分别传达了十届全国人大五次会议和全国政协十届五次会议精神。张皎秘书长和机关全体干部参加。

3月19日—21日　马培华副主席在广西南宁出席中央统战部工作会议，宣传部孟孝中部长、组织部李世杰部长参加。

3月20日　路明副主席率会中央专题调研组成员走访北京市农业局，就“农村环境污染现状及防治对策”课题进行座谈。

3月21日　成思危主席，路明副主席在人大会议中心与回访本会中央的建设部汪光涛部长、齐骥副部长一行座谈，就本会中央提出的“关于进一步推动我国廉租住房制建设的建议”交换意见。调研部熊大方部长参加。

3月22日—23日　路明副主席率会中央专题调研组成员赴北京怀柔区、延庆县及河北怀来县就“农村环境污染现状及防治对策”等问题进行调研。

3月23日　成思危主席在京出席中国太平洋经济合作全国委员会第十次大会暨成立二十周年纪念大会。

3月23日　陈明德副主席在钓鱼台参加中大友楔为中国和瓦努阿图建交20周年庆祝活动。

3月26日　成思危主席在会中央机关主持召开机关中心组学习会，张榕明常务副主席，路明、马培华、陈明德副主席，张皎秘书长、宣传部孟孝中部长参加。张榕明常务副主席作题为“坚持中国特色政治发展道路，建设适应多党合作要求的参政党”中心发言。

3月26日　成思危主席在会中央机关主持召开八届六十次主席办公会议，张榕明常务副主席，路明、马培华、陈明德副主席出席，张皎秘书长，宣传部孟孝中部长、组织部李世杰部长参加。

3月28日　成思危主席在京参加民建北京市朝阳区委进行基层组织调研。

3月28日—4月3日　应日本作物协会邀请，路明副主席率本会“农村环境控制与防治考察团”赴日本进行为期7天的考察。

3月29日　张榕明常务副主席在全国总工会出席中华全国总工会第十四届执行委员会主席团第十三次全体（扩大）会议。

4月1日—8日　成思危主席在河南进行全国人大义务教育法执法检查。

4月3日　路明副主席率农村环境控制与防治考察团一行结束为期7天的日本考察访问活动返回北京。

4月3日　马培华副主席在全国政协参加出访（非洲）情况汇报会。

4月4日　马培华副主席在会中央机关主持召开会中央重点调研专题“大力发展县域经济，实现城乡协调发展”开题会。在京部分专家、调研部熊大方部长参加。

4月5日　马培华副主席在会中央机关主持召开“环京津贫困带”座谈会，听取民建河北省，石家庄、保定等市负责同志汇报情况。调研部熊大方部长参加。

4月9日—11日　陈政立副主席在广州参加民建广东省委换届会议，宣读会中央贺信并作重要讲话。

4月10日—12日　马培华副主席赴上海、南京就“政治交接学习教育活动”试点工作进行调研并召开座谈会。组织部李世杰部长参加。

4月10日—13日　陈明德副主席赴呼和浩特市参加民建内蒙古区委换届会议，

宣读会中央贺信并作重要讲话。

4 月 13 日　成思危主席、陈政立副主席在深圳出席 2007 中国风险投资论坛。成思危主席做主题报告，陈政立副主席代表会中央致词。

4 月 13 日　马培华副主席在全国政协参加出访（非洲）人员会议，听取出访情况汇报。

4 月 14 日—17 日　陈明德副主席赴贵州省黔西县参加“2007 年中国贵州百里杜鹃花节暨经贸洽谈会”。社会服务部包瑞玲部长参加。

4 月 15 日—27 日　马培华副主席随全国政协访问团出访非洲四国。

4 月 16 日　成思危主席在人民大会堂参加委员长会议。

4 月 17 日　成思危主席在京出席紫荆花杯杰出企业家介绍会。

4 月 17 日　成思危主席在人民大会堂会见英国《经济学人》CEO 海伦女士。

4 月 18 日　路明副主席在会中央机关主持召开会中央重点专题“农村环境污染现状及防治对策”开题会，调研部熊大方部长参加。

4 月 18 日—21 日　成思危主席应邀赴香港理工大学进行访问讲学活动。会中央组织大学校长团陪同参加此次活动。陈明德副主席、联络部王坚部长到机场送迎。

4 月 21 日—23 日　成思危主席赴重庆出席民建重庆市委换届会议并讲话。

4 月 24 日—27 日　成思危主席，路明、刘珩、朱相远、程贻举副主席及本会成员中的人大常委在京出席第十届全国人民代表大会第二十七次常务委员会议。

4 月 25 日　成思危主席、张榕明常务副主席、陈明德副主席在京出席中华职业教育社成立 90 周年纪念大会。

4 月 29 日　成思危主席在会中央机关主持召开八届六十一次主席办公会议，张榕明常务副主席，路明、马培华、陈明德副主席出席，张皎秘书长列席。

5 月 9 日—11 日　王少阶副主席在成都出席民建四川省第七次代表大会。

5 月 11 日　马培华副主席在会中央机关主持召开会章修改座谈会，与参加“机关建设座谈会”的部分省级组织专职副主委进行座谈。调研部熊大方部长、宣传部孟孝中部长、组织部李世杰部长参加。

5 月 11 日　马培华副主席在京陪同全国政协主席贾庆林会见阿尔巴尼亚议长托帕利。

5 月 11 日—12 日　陈昌智副主席在银川出席民建宁夏回族自治区第五次代表大会。

5 月 14 日—17 日　陈明德副主席率队就会中央重点专题“非公有制企业的税费负担状况及分析”赴广东、浙江调研。调研部熊大方部长和专题调研组成员参加。

5 月 15 日　马培华副主席在会中央机关会见到访的荷兰银行亚洲区首席执行官 Jeroen Drost 先生一行。联络部王坚部长参加。

5 月 15 日—16 日　张榕明常务副主席在哈尔滨出席民建黑龙江省第七次代表大会，召开新老班子座谈会。组织部李世杰部长参加。

5 月 15 日—16 日　路明副主席赴乌鲁木齐参加民建新疆维吾尔自治区第四次代表大会，召开新班子座谈会。

5 月 16 日　陈昌智、马培华副主席在京就“党派内部监督问题”与中央统战部有关领导进行研讨。

5 月 18 日　马培华副主席在中央统战部参加“各党派专职副主席会议”。汇报本会开展政治交接学习教育活动情况，介绍民建加强党派内部监督机制建设的考虑。

5 月 19 日—21 日　马培华副主席在济南出席民建山东省第七次代表大会，召开新班子座谈会。

5 月 19 日—23 日　路明副主席率队就会中央重点专题“农村环境污染现状及防治对策”赴四川调研。专题调研组成员参加。

5 月 21 日—24 日　马培华副主席率队就会中央重点专题“大力发展县域经济，实现城乡协调发展”赴河北省承德市、栾平县、丰宁县调研。调研部熊大方部长及专题调研组成员参加。

5 月 24 日　陈昌智副主席在京参加中华海外联谊会举办的“共建和谐·海联论坛”。

5 月 24 日—26 日　陈明德副主席在南京出席民建江苏省第七次代表大会。

5 月 25 日　马培华副主席在京与全国政协有关领导探讨三江源生态保护问题。

5 月 25 日—27 日　张榕明常务副主席在北京出席民建北京市第九次代表大会，召开新班子座谈会。组织部李世杰部长参加。

5 月 26 日—28 日　刘珩副主席在南宁出席民建广西壮族自治区第七次代表大会，召开新班子座谈会。

5 月 27 日　马培华副主席应台湾世新大学邀请，率我会大陆金融界人士访问团赴台湾进行为期 7 天的考察访问。陈明德副主席，联络部王坚部长前往机场送行。

5 月 28 日　路明副主席在我会泰国友人常媛女士北京家中亲切会见芬兰驻华大使 Antti Kousmanen（郭安祺）先生及其夫人。联络部王坚部长参加。

5 月 28 日—29 日　张榕明常务副主席在武汉出席民建湖北省第六次代表大会，召开新老班子座谈会。

5 月 29 日—31 日　陈明德副主席在杭州出席民建浙江省第七次代表大会。

5 月 30 日—6 月 1 日　陈政立副主席在昆明出席民建云南省第七次代表大会。

6 月 1 日　路明副主席在中央统战部出席统战系统做台湾中南民众工作研讨会。联络部王坚部长参加。

6 月 1 日—3 日　王少阶副主席在长沙出席民建湖南省第七次代表大会。

6 月 2 日—3 日　陈明德副主席在安徽芜湖出席由宁波民建市委组织的会员企业在芜湖设立的天地商业中心项目动工典礼暨宁波工业园开园仪式。

6 月 3 日—5 日　陈昌智副主席在合肥出席民建安徽省第七次代表大会。

6 月 4 日　马培华副主席率我会金融界人士访问团结束为期 7 天的赴台湾考察访问回到北京。

6 月 4 日—6 日　陈明德副主席在太原出席民建山西省第七次代表大会，召开新班子座谈会。

6 月 4 日—7 日　路明副主席率队就会中央法制委员会“完善农村纠纷调处机制，构建和谐新农村”课题赴广东进行调研。

6 月 5 日　马培华副主席在全国政协参加“三江源生态保护和调研”筹备会议。

6 月 9 日—11 日　路明、马培华副主席在西宁出席民建青海省第五次代表大会。

6 月 9 日—11 日　陈明德副主席在石家庄出席民建河北省第七次代表大会。

6 月 11 日　张榕明常务副主席，朱相远副主席在中央统战部参加征求意见座谈会。

6 月 12 日　朱元成名誉副主席在人民大会堂参加华夏文化纽带工程组委会举办的“全世界主要语种与常用汉语互动学习平台”启动仪式。

6月12日—13日　刘珩副主席在福州出席民建福建省第七次代表大会，召开新班子座谈会。

6月12日—13日　马培华副主席在江苏无锡出席“创建学习型组织与推进政治交接研讨会”并作讲话。宣传部孟孝中部长参加。

6月14日—17日　马培华副主席率队就会中央重点专题“大力发展县域经济，实现城乡协调发展”赴贵州贵阳、遵义、绥阳、黔西等地调研。

6月16日—18日　张榕明常务副主席在长春出席民建吉林省第七次代表大会，召开新老班子座谈会。

6月18日　成思危主席在京出席全国人大常委会委员长会议。

6月18日　马培华、陈明德副主席在京接见并宴请我会香港会员陈金烈先生。

6月18日　陈明德副主席在京与全国工商联副主席谢伯阳、重庆市政协副主席尹明善就“2007中国非公有制经济发展论坛”有关事宜进行协商、沟通。

6月19日　张榕明常务副主席，刘珩、朱相远、马培华、陈明德副主席，张皎秘书长，朱元成名誉副主席，白大华同志及会中央机关局级干部在中央统战部参加报告会，外交部长杨洁篪通报国际形势和中国外交工作情况。

6月20日　成思危主席在会中央机关主持召开中心组学习会，张榕明常务副主席，路明、马培华、陈明德副主席，张皎秘书长，孟孝中部长出席。马培华副主席以“关于会内监督问题的思考”为题作中心发言。

6月20日　成思危主席在会中央机关主持召开八届六十二次主席办公会议。

6月20日　成思危主席在会中央机关会见了世贸组织总干事帕斯卡尔·拉米一行。我国驻世贸组织大使孙振宇、商务部世贸司司长张向晨及会中央联络部同志陪同会见。

6月22日　张榕明常务副主席在中央统战部出席各民主党派组织工作座谈会。组织部李世杰部长参加。

6月22日—23日　马培华副主席在兰州出席民建甘肃省第七次代表大会。

6月23日　成思危主席会见应邀为建华企业家课堂作“影响中国未来经济发展的几大问题”演讲的诺贝尔经济学奖获得者、欧元之父罗伯特·蒙代尔教授。陈明德副主席参加会见并主持演讲会，张皎秘书长及北京、河北、河南等地的会员等听取了演讲。

6月24日—29日　成思危主席、路明、刘珩、朱相远、程贻举副主席及本会成员中的全国人大常委在京出席十届全国人大第二十八次常委会议。

6月24日—27日　陈昌智副主席带队就法制委员会“完善农村纠纷调处机制，构建和谐新农村”课题赴四川调研。

6月25日—26日　路明副主席在南昌出席民建江西省第七次代表大会。

6月25日—29日　陈明德副主席率队就会中央重点专题“非公有制企业的税费负担状况及分析”赴内蒙调研。期间，到乌海、赤峰等地就基层组织建设工作进行调研。

6月26日　张榕明常务副主席在京参加全国政协就本会中央“关于整合用好财政支农专项资金问题的提案”召开的办理协商会并讲话

6月29日—31日　路明副主席率专题调研组就会中央重点调研专题“农村环境污染现状及防治对策”在江苏进行调研。

6月29日—7月3日　马培华副主席在西安出席民建陕西省第七次代表大会。

6月29日—7月3日　路明副主席率专题调研组就会中央重点调研专题“农村环境污染现状及防治对策”在江苏进行调研。

7月3日—5日　程贻举副主席在贵阳出席民建贵州省第七次代表大会。

7月4日　成思危主席、陈明德、陈政立副主席在京出席中华思源工程扶贫基金会第一次理事会议。

7月4日　成思危主席，马培华副主席在人民大会堂出席建华研究院举办的“准入与发展——中国非公有制经济市场准入高层论坛”。

7月4日　成思危主席、张榕明常务副主席、陈昌智、马培华、陈明德、陈政立副主席在人民大会堂出席中华思源工程扶贫基金会成立大会。成思危主席作重要讲话。张皎秘书长、社会服务部包瑞玲部长等参加。

7月4日—6日　路明副主席在天津出席民建天津市第十次代表大会。

7月4日—7日　张榕明常务副主席、黄关从、陈昌智、王少阶、陈明德、陈政立副主席及本会成员中的全国政协常委在京出席全国政协十届常委会第十八次会议。

7月7日—8日　民建全国宣传思想工作会议在昆明召开。路明副主席作题为《深入开展政治交接学习教育活动，积极推进学习型参政党建设》的报告，马培华副主席主持会议。会议讨论了《民建中央关于深入开展政治交接学习教育活动的意见》。

7月8日　成思危主席，张榕明常务副主席，马培华副主席在昆明出席民建部分老同志修改会章座谈会并合影留念。

7月8日　民建八届六十三次主席办公会议在昆明召开。成思危主席主持会议并通报了中央关于本会中央领导任职变动情况：张榕明常务副主席改任会中央第一副主席，陈昌智副主席任会中央常务副主席。张榕明第一副主席，陈昌智常务副主席，路明、马培华、陈明德副主席出席。

7月8日　民建八届二十三次主席会议在云南召开。会议由成思危主席主持，张榕明第一副主席，陈昌智常务副主席，路明、刘珩、黄关从、朱相远、程贻举、王少阶、马培华、陈明德、陈政立副主席出席。秘书长张皎、宣传部孟孝忠部长、组织部李世杰部长列席会议。

7月9日　民建八届中常委会第十九次会议在云南召开。成思危主席主持会议并讲话。

7月11日　路明副主席在京主持召开“农村环境污染现状及防治对策”研讨会。调研部熊大方部长参加。

7月12日—18日　张榕明第一副主席率全国政协委员视察团一行，就企业劳动关系和工会建设情况在浙江视察。视察期间，张榕明第一副主席与民建宁波市委会、温州市委会班子成员进行了座谈。

7月15日—25日　陈明德副主席率我会现代物流与信息技术访问团赴芬兰、挪威等国进行考察访问。社会服务部包瑞玲部长等参加。

7月16日　马培华副主席在中央统战部参加刘延东部长、楼志豪副部长向本会中央王艮仲顾问祝寿活动及晚宴。

7月18日　陈昌智常务副主席、马培华副主席、张皎秘书长在中央统战部礼堂参加国防和军队建设情况报告会。

7月18日　马培华副主席，张皎秘书长在京会见台湾世新大学董事长成嘉玲女士一行。赴台参加两岸金融衍生品研讨会的部分成员参加了会见。

7月19日　张榕明第一副主席在京会见并宴请台湾世新大学董事长成嘉玲女士。

7 月 19 日　陈昌智常务副主席在北京展览馆出席由国家发改委、中央统战部、科技部、国家工商总局、民建中央和全国工商联共同举办的“全国中小企业创新与发展成果展览”开幕式并与参会嘉宾一起为展览剪彩。

7 月 19 日　张榕明第一副主席在京出席“全国中小企业创新与发展成果展览”于 19 日晚举办的专场参观活动。

7 月 19 日—20 日　路明副主席在海口出席民建海南省第四次代表大会。

7 月 20 日—21 日　张榕明第一副主席、陈昌智常务副主席、路明、刘珩、朱相远、马培华副主席在中央统战部阅读中央文件。

7 月 22 日—27 日　路明副主席、马培华副主席率队就会中央重点专题“大力发展县域经济，实现城乡协调发展”赴山东调研。调研部熊大方部长及专题调研组成员参加。

7 月 23 日　张榕明第一副主席、张皎秘书长在全国政协礼堂出席政协专题协商会，围绕“加快广西北部湾经济区开发与建设，推进北部湾区域经济合作与发展”进行专题协商。张皎秘书长代表民建中央发言。

7 月 25 日　张榕明第一副主席、陈昌智常务副主席在中南海出席党外人士座谈会（征求对经济工作的意见），张榕明第一副主席代表民建中央发言。

7 月 27 日　张榕明第一副主席，陈昌智常务副主席在中南海怀仁堂出席党外人士座谈会（征求对中共十七大报告征求意见稿的意见），张榕明第一副主席代表民建中央发言。

7 月 28 日　马培华副主席在中央社院以“参政党领导干部要讲政治、讲学习”为题，向民建省级组织新任主委培训班的同志作政治交接学习教育活动辅导报告。组织部李世杰部长参加。

7 月 30 日　路明副主席在京宴请香港必发集团有限公司总裁周绮云女士一行。联络部王坚部长参加。

7 月 31 日　张榕明第一副主席，刘珩、陈明德副主席，张皎秘书长在京参加由中央统战部组织的“党外人士考察国家大剧院和北京奥运场馆”活动并座谈，张榕明第一副主席代表本会中央发言。

8 月 1 日　张榕明第一副主席，刘珩、陈明德副主席，张皎秘书长在人民大会堂出席庆祝中国人民解放军建军 80 周年暨全军英雄模范代表大会。

8 月 1 日　张榕明第一副主席、陈明德副主席在中央统战部出席干部人事制度改革问题情况通报会。

8 月 5 日—7 日　陈昌智常务副主席在郑州出席民建河南省第七次代表大会并召开新班子座谈会。

8 月 5 日—7 日　马培华副主席在京出席全国政协“三江源”调研组与部委有关负责人座谈会。

8 月 7 日—13 日　马培华副主席在青海三江源地区参加全国政协“三江源”调研组调研。

8 月 8 日　张榕明第一副主席在人民大会堂出席纪念《教育与职业》杂志创刊 90 周年座谈会并讲话。

8 月 8 日　陈明德副主席在机关与国家发改委中小企业司副司长王黎明等一行三人商谈第五届非公经济论坛的有关事宜。

8 月 9 日　陈明德副主席会见并宴请我会泰国友人常媛女士，商谈支持中华思源工程基金会事宜。

8 月 10 日—21 日　陈明德副主席、张皎秘书长在新疆参加全国政协委员暑休学习考察活动。

8月15日—16日　张榕明第一副主席在沈阳出席民建辽宁省第七次代表大会并召开省新老领导班子座谈会。

8月21日—23日　张榕明第一副主席，陈昌智常务副主席，路明、刘珩、黄关从、朱相远、程贻举、王少阶、马培华、陈明德、陈政立副主席在京参加省部级领导干部学习第20次全国统战工作会议精神研讨班。张榕明第一副主席代表民建中央发言。

8月24日　民建中央召开八届六十四次主席办公会议。

8月24日　民建中央召开换届领导小组会议。

8月24日　马培华、陈明德副主席分别会见台湾世新大学附属执行长文念萱先生和台湾华艺数位股份有限公司副总裁陈建安先生一行。

8月24日—30日　成思危主席，路明、刘珩、朱相远、程贻举副主席及本会成员中的全国人大常委在京出席全国人大常委会第29次会议。

8月27日　马培华副主席在人民大会堂参加温家宝总理欢迎德国总理默克尔访华仪式及午宴。

8月28日　张榕明第一副主席、陈明德副主席在机关会见国际会计师公会慈善及教育基金会主席、国际会计师公会英国总会会长、香港谭臣集团有限公司董事总经理谭学林先生一行。

8月29日　陈明德副主席出席全国政协第17次秘书长会议。

8月29日　陈明德副主席率本会中央企业委员会物流组在顺义、大兴调研考察北京物流情况。

9月1日　马培华、陈明德副主席，张皎秘书长在京会见并宴请台湾嘉农农业发展基金会访问团和台湾嘉义大学棒球队访问团。

9月1日—2日　民建中央在京召开理论研讨会。

9月3日　马培华副主席在广西南宁出席建华企业家课堂广西分课堂开课仪式并讲话。民建会员培训中心主任周传云参加。

9月3日　陈明德副主席陪同台湾嘉农农业发展基金会访问团拜访国家环保总局、国务院台湾事务办公室。联络部部长王坚参加。

9月3日—4日　民建中央在京举办民建省级组织专职副主委、秘书长培训班。成思危主席专程到会与大家合影并作重要讲话。

9月4日　张榕明第一副主席、组织部部长李世杰参加中央统战部各民主党派组织工作座谈会。

9月4日　张榕明第一副主席，陈昌智常务副主席，陈明德副主席在京会见并宴请台湾嘉农农业基金会访问团。

9月4日　路明副主席在京出席中央社院秋季开学典礼。

9月4日　马培华副主席在广西召开政治交接学习教育活动专题座谈会，并出席广西民建“思源工程励志班”开学典礼和“思源工程·金牛计划”启动仪式。

9月4日　陈明德副主席陪同台湾嘉农农业基金会访问团拜访中央统战部、农业部。

9月5日　民建全国机关建设工作会议在京召开。张榕明第一副主席作主题报告，张皎秘书长作了关于机关建设几个问题的发言，陈昌智常务副主席在闭幕会上作了总结讲话。

9月6日　张榕明第一副主席，陈昌智常务副主席，路明、马培华、陈明德副主席，张皎秘书长在中央统战部参加党外人士情况通报会。国家环保总局周生贤局长介绍环保情况。

9 月 7 日　成思危主席在会中央机关主持召开中心组学习会。张皎秘书长“以科学发展观为指导，切实加强生态环境保护”为题作中心发言。

9 月 7 日　成思危主席、张榕明第一副主席、陈昌智常务副主席、路明、马培华、陈明德副主席在会中央机关出席换届领导小组会议。

9 月 10 日　陈明德副主席在京会见以蔡武璋先生为名誉团长、陈俊宏理事长为团长的台湾布袋港发展促进会访问团一行。联络部部长王坚参加。

9 月 12 日　陈昌智常务副主席、陈明德副主席在会中央机关会见香港润华行有限公司董事长黄刻耐女士一行，并就黄卓生女士援建 20 所学校具体事宜进行了商讨。

9 月 12 日—13 日　路明副主席在河北邢台出席“河北省第一届村官论坛”，并以“社会主义新农村建设中的组织创新”为题发表演讲。

9 月 14 日　陈明德副主席在京会见台湾花灯协会会长翁贤良先生。

9 月 15 日　成思危主席在京会见三位诺贝尔经济学奖得主：1999 年获得者、“欧元之父”罗伯特·蒙代尔，2006 年获得者、现代宏观经济学缔造者埃德蒙·菲尔普斯和 2005 年获得者托马斯·谢林。

9 月 15 日　马培华副主席在广州出席第四届中国国际中小企业博览会暨中日中小企业博览会开幕式并考察广州市民建会员企业。

9 月 15 日　成思危主席在京出席 2007 年中国质量万里行出征仪式。

9 月 16 日　成思危主席在京出席中拉友好日敲钟仪式。

9 月 16 日　张榕明第一副主席在京出席第三届环境与发展中国论坛开幕式。

9 月 16 日　民建中央和民建上海市委在沪举办以“中国经济改革与世界资本市场发展”为主题的“建华课堂—金融论坛”，马培华副主席出席并致词，三位诺贝尔经济学奖得主罗伯特·蒙代尔、埃德蒙·菲尔普斯和托马斯·谢林出席论坛并发表演讲。

9 月 18 日　张榕明第一副主席、万国权名誉副主席、马培华副主席在中央统战部参加各民主党派中秋国庆联谊会。

9 月 18 日　马培华副主席在中央统战部参加党外专家学者联谊活动。

9 月 18 日　陈明德副主席在山东济南出席民建全国社会服务处长会议及扶贫联系点现场会并作主题讲话。

9 月 18 日　朱元成名誉副主席在人民大会堂出席北京奥林匹克公园“中华和平龙海内外创意设计征集启动仪式”。

9 月 19 日　张榕明第一副主席出席全国政协十届第四十七次主席会议，陈明德副主席列席会议。

9 月 19 日—21 日　陈明德副主席在河北邯郸出席“中原区域民建工作交流会”并就基层组织建设进行调研。

9 月 19 日　张榕明第一副主席在京会见澳门福建总商会访问团一行。

9 月 20 日　张榕明第一副主席在黑龙江出席中国（哈尔滨）国际职业教育论坛并作题为“践行科学发展观，进一步加快职业教育的改革和发展”主旨演讲。

9 月 20 日　路明副主席在辽宁沈阳出席“2007 中国风险投资论坛东北峰会”开幕式并致辞。并在峰会高层论坛上作题为“振兴东北老工业基地要重视环境保护”的专题演讲。

9 月 21 日　路明副主席在中国农业大

学资源环境学院主持召开农村面源污染防治研讨会。

9月23日　朱元成名誉副主席在京参加中国人生科学学会主办“喜迎十七大、落实科学发展观、弘扬人生科学高层论坛”。

9月24日　全国政协主席贾庆林在京会见出席中国和平统一促进会七届二次理事大会的代表，成思危主席参加会见并合影。

9月24日　张榕明第一副主席，陈昌智常务副主席、陈明德副主席、调研部部长熊大方在全国政协礼堂出席全国政协中秋联谊晚会。

9月24日—25日　陈明德副主席在京出席中国和平统一促进会七届二次理事大会。

9月25日　成思危主席在会中央机关主持召开八届二十五次主席办公会议。

9月26日　马培华副主席在国务院发展研究中心与张玉台主任商谈合作举办县域经济发展论坛事宜。

9月26日　陈明德副主席在钓鱼台国宾馆出席中国—库克群岛建交十周年招待会。

9月28日　成思危主席、张榕明第一副主席、陈昌智常务副主席在人民大会堂出席全国政协办公厅、中共中央统战部、国务院侨办、国务院港澳办、国务院台办联合举行的庆祝中华人民共和国成立五十八周年招待会。

9月29日　陈明德副主席在故宫博物院景仁宫出席“章乃器先生捐献文物展”开幕式并剪彩。

9月30日　成思危主席，张榕明第一副主席，万国权名誉副主席，陈昌智常务副主席在人民大会堂出席国务院举行的庆祝中华人民共和国成立五十八周年招待会。

10月8日　民建中央在长沙召开八届二十四次主席会议。

10月9日—11日　民建中央八届二十次常委会议在长沙召开，成思危主席主持会议。

10月10日　成思危主席，张榕明第一副主席，陈昌智常务副主席，王少阶副主席在长沙参加民建湖南省委骨干会员座谈会。

10月12日　张榕明第一副主席在全国政协出席全国政协人口资源环境委员会召开的十届政协以来人口方面工作总结会并讲话。

10月12日　陈明德副主席在京宴请出席“两岸老龄福祉研讨会”的台湾南开技术学院访问团。

10月13日　成思危主席在京出席全国人大委员长会议。

10月13日　由民建中央主办的“两岸老龄福祉研讨会”在北京召开。陈明德副主席主持研讨会。马培华副主席致词。成思危主席，张榕明第一副主席在研讨会结束后会见了台湾南开技术学院访问团。陈昌智常务副主席宴请了出席两岸老龄福祉研讨会的两岸专家学者，马培华、陈明德副主席，张皎秘书长参加宴请。

10月13日—21日　路明副主席随全国人大访问团出访加拿大。

10月14日　陈明德副主席陪同台湾南开技术学院访问团参观北京养老院，张皎秘书长陪同台湾南开技术学院董事长成嘉玲女士赴丰宁考察。

10月15日　成思危主席，张榕明第一副主席，陈昌智常务副主席，刘珩、朱相远、马培华、陈明德副主席，万国权、冯梯云、黄大能、朱元成、冯克煦名誉副主席在人民大会堂列席中共十七大开幕式。

10月15日　马培华副主席，张皎秘

书长陪同台湾南开技术学院董事长成嘉玲女士参观北京会员企业。

10 月 17 日　马培华副主席在京与有关方面研究县域经济研讨会有关事宜。

10 月 21 日　成思危主席，张榕明第一副主席，陈昌智常务副主席，刘珩、朱相远、马培华副主席，万国权、冯梯云、朱元成、冯克煦名誉副主席，在人民大会堂列席中共十七大闭幕式。

10 月 23 日　民建中央在京召开学习中共十七大精神座谈会暨中心组学习扩大会议。成思危主席主持会议并作了“认真学习贯彻中共十七大精神，为全面建设小康社会献计出力”的中心发言。

10 月 23 日　中央统战部召开党外人士情况通报会，传达中共十七大会议精神。成思危主席，张榕明第一副主席，陈昌智常务副主席，路明、刘珩、朱相远、马培华、陈明德副主席，朱元成名誉副主席，张皎秘书长出席会议。

10 月 23 日—24 日　路明副主席在河南郑州出席保护性耕作国际研讨会。

10 月 24 日　陈明德副主席在会中央机关出席中华思源扶贫基金会“思源·春雨计划”签约仪式并讲话。黑龙江省绥化市、贵州省毕节地区有关负责人及部分企业家代表、媒体代表和社会服务部有关同志参加了签约仪式。

10 月 24 日—28 日　成思危主席，路明、刘珩、朱相远、程贻举副主席在京出席全国人大十届三十次常委会会议。

10 月 26 日　成思危主席在人民大会堂会见美国芝加哥期货交易所终身主席利奥·梅拉梅德先生。

10 月 26 日—29 日　张榕明第一副主席，陈昌智常务副主席，黄关从、王少阶、陈明德、陈政立副主席在京出席十届全国政协第十九次常委会会议。陈昌智常务副主席代表民建中央发言。

10 月 28 日　张榕明第一副主席在京出席十届全国政协第四十八次主席会议。

10 月 30 日　成思危主席，张榕明第一副主席，陈昌智常务副主席，路明、马培华、陈明德副主席在中央统战部出席党外人士学习中共十七大精神座谈会。成思危主席作了发言。

10 月 30 日　成思危主席，张榕明第一副主席，陈昌智常务副主席，路明、刘珩、黄关从、朱相远、程贻举、王少阶、马培华、陈明德、陈政立副主席在京出席民建中央主席务虚会。

11 月 1 日—3 日　民建西部 11 省区市 2007 年协作会议在重庆举行。程贻举副主席在开幕式上致辞，陈明德副主席代表民建中央在闭幕式上讲话。

11 月 3 日—4 日　陈明德副主席赴重庆市黔江区考察民建京、津、沪、渝对口支援项目。

11 月 5 日　张榕明第一副主席，程贻举、陈明德、陈政立副主席在重庆出席由民建中央、全国工商联、国家发改委、重庆市人民政府共同主办的“2007’中国（重庆）非公有制经济发展论坛”开幕式。张榕明第一副主席作《改善发展环境，减轻税费负担，在新的历史起点上促进非公有制经济发展》的演讲，并出席“领导与企业家对话”活动。陈明德副主席主持“公平税费负担，促进非公有制经济健康发展”的分论坛。

11 月 6 日　张榕明第一副主席，陈昌智常务副主席，路明、马培华副主席在中央统战部参加各民主党派中央换届工作座谈会。

11 月 7 日　成思危主席在京会见新西兰前总理希普利。

11 月 7 日　成思危主席在京出席国际

金融论坛开幕式并发表演讲。

11月7日　陈昌智常务副主席，张皎秘书长在中央统战部礼堂出席各民主党派中央关于全国代表大会筹备工作座谈会。组织部李世杰部长参加。

11月7日　陈明德副主席在四川成都出席由民建中央企业委员会IT组、民建中央对外联络委员会和成都市人民政府信息化办公室共同主办的第二届信息技术与创意产业（成都）报告会开幕式并致辞。

11月8日　成思危主席在京会见英国前首相布莱尔。

11月11日　成思危主席在人民大会堂出席第十九届中国国际科学与和平周开幕式并致词。民建中央、农工党中央、九三学社中央等十单位获第十九届中国国际科学与和平周“最佳活动”单位奖。

11月12日　张榕明第一副主席，陈明德副主席在中山公园中山堂出席全国政协纪念孙中山先生诞辰141周年纪念仪式。

11月12日　路明副主席在天津召开座谈会征求对民建九大工作报告和章程修改的意见，民建九大工作报告起草小组部分同志参加。

11月13日　民建中央举行机关公务员培训班结业式。马培华副主席主持，陈昌智常务副主席作总结讲话。

11月14日　成思危主席，张榕明第一副主席，陈昌智常务副主席，在中央统战部听取刘延东同志通报全国人大、全国政协换届人事安排原则和政策。组织部李世杰部长参加。

11月14日　陈昌智常务副主席会见并宴请台湾嘉农农业发展基金会总裁蔡武璋先生率领的中南基层民众访问团一行。在港民建中央委员陈金烈先生、张皎秘书长、联络部王坚部长等参加。

11月14日—20日　马培华副主席陪同台湾中南基层民众访问团一行到杭州、上海等地参观访问。

11月16日　成思危主席在京就《中国政党制度白皮书》接受中央电视台焦点访谈栏目采访。

11月17日　成思危主席在京出席全国工商联第十次会员代表大会开幕式并代表各民主党派中央致贺词。

11月17日—18日　成思危主席在京出席中外跨国公司CEO圆桌会议并在开幕式上讲话。

11月20日　陈昌智常务副主席在人民大会堂出席胡锦涛主席欢迎厄瓜多尔总统加菲尔·科雷多·德尔加多仪式及晚宴。

11月21日　民建中央副主席陈明德在京出席“强强联手、优势互补、构建食品安全战略联盟”——密云县人民政府、北京二商集团、通威股份战略合作协议签约仪式。

11月22日　陈明德副主席在京出席全国政协十届第十八次秘书长会议。

11月23日　成思危主席，张榕明第一副主席，陈昌智常务副主席在中南海怀仁堂出席党外人士座谈会。成思危主席代表会中央发言。

11月26日—29日　路明副主席在云南出席全国人大农委新农村建设会议。

11月27日　陈明德副主席在京出席全国政协反映社情民意信息工作座谈会，并代表会中央作大会发言。

11月28日　陈明德副主席在京出席台湾民主自治同盟第八次全盟代表大会暨纪念台湾民主自治同盟成立60周年大会开幕式。

11月29日　陈昌智常务副主席在京出席中国民主同盟第十次全国代表大会开幕式。

11月30日—12月1日　成思危主席，

张榕明第一副主席，王少阶、马培华副主席在武汉出席由民建中央、国务院发展研究中心、湖北省政协共同举办的“大力发展县域经济，促进城乡协调发展”专题研讨会。张榕明第一副主席主持开幕式，成思危主席作主题演讲，马培华副主席作大会发言。

11月30日—12月1日　张榕明第一副主席，王少阶、马培华副主席在武汉与参加县域经济研讨会的各地民建组织负责人进行座谈。张榕明第一副主席通报了近期会中央参政议政的情况，并对各地提高参政议政工作水平提出了希望。

12月1日　路明副主席在京出席中国民主促进会第十次全国代表大会开幕式。

12月5日　成思危主席在上海展览中心出席民建上海市金融工委活动，作题为“中国金融市场发展和上海国际金融中心建设”的主题报告，并为民建上海市航运工委成立揭牌。民建中央黄关从副主席、民建上海市委主委周汉民及会员500余人参加。

12月6日　张榕明第一副主席，陈昌智常务副主席，刘珩、陈明德副主席，张皎秘书长，冯梯云、朱元成、冯克煦名誉副主席和白大华同志在中央统战部参加党外人士情况通报会，听取杜青林部长通报中央经济工作会议精神。

12月8日　马培华副主席在京出席九三学社第九次全国代表大会开幕式。

12月9日　陈明德副主席在京出席中国国民党革命委员会成立60周年大会暨第十一次全国代表大会开幕式。

12月10日　成思危主席在会中央机关主持召开八届六十六次主席办公会议，审议八届二十五次主席会议及第九次全国代表大会文件，决定相关事宜。

12月11日　路明副主席在京出席中国农工民主党第十四次全国代表大会开幕式。

12月14日　会中央在京召开八届二十一次中常委会议，审议通过了八届六中全会有关文件，研究召开第九次全国代表大会有关事宜。

12月14日　张榕明第一副主席、李世杰部长在京参加三方协商会。

12月15日　会中央在京召开八届六中全会。会议学习了中共十七大会议精神；审议通过了第八届中央委员会相关文件；研究确定了第九次全国代表大会相关事宜。

12月15日　民建第九次全国代表大会预备会议在京召开，成思危主席，张榕明第一副主席，陈昌智常务副主席，路明、刘珩、黄关从、朱相远、程贻举、王少阶、马培华、陈明德、陈政立副主席，九大代表及列席人员参加了会议。成思危主席主持会议，张榕明第一副主席作九大筹备工作报告。会议通过了九大主席团和大会秘书长名单。

12月16日—20日　中国民主建国会第九次全国代表大会在北京召开。会议认真学习了中共十七大精神；审议通过了成思危同志所作的《解放思想，开拓进取，为全面建设小康社会而努力奋斗》的报告；修改了《中国民主建国会章程》；选举产生了第九届中央委员会。

12月16日　中国民主建国会第九次全国代表大会在全国政协礼堂隆重开幕，大会由九大主席团常务主席张榕明主持。中共中央政治局常委李长春代表中共中央向大会致贺词。全国工商联主席黄孟复代表各民主党派中央、全国工商联向大会致贺词。全国人大常委会副委员长司马义·艾买提，国务委员兼国务院秘书长华建敏，全国政协副主席陈奎元，中共中央统战部部长杜青林、副部长楼志豪及各兄弟党派中央领导到会祝贺。李长春等党和国家领导人亲切接见了全体代表并合影留念。第八届中央委员会主席成思危代表第八届中央委员会作了题为“解放思想，开拓进取，为全面建设小康社会而努力奋斗”的报告。九大主席团常务主席马培华作了《关于〈中国民主建国会章程（修改草案）〉的说明》。

下午，全体代表听取了中共十七大报告起草人、中央宣讲团成员、中共中央统战部常务副部长朱维群所作的关于中共十七大精神的报告。晚上，举行了民建成立62周年的庆祝活动。全体代表出席了庆祝活动。

12月17日　马培华副主席在京出席致公党中央第十三次全国代表大会开幕式。

12月20日　九届一中全会在京召开，会议选举产生了九届中央主席、副主席、常务委员。陈昌智同志当选为九届中央主席，张榕明、马培华、程贻举、王少阶、陈政立、张少琴、辜胜阻、宋海、李谠、周汉民同志当选为副主席；丁伟岳等34位同志当选为常务委员。

12月20日　陈昌智主席主持召开九届一次主席会议。会议审议了九届一次中常委会议议程、日程（草案）、九届中央委员会秘书长名单（草案），同意提请九届一次中常委会议审议。

12月20日　九届一次中常委会议在京召开，会议决定张皎同志为九届中央委员会秘书长。

12月20日　民建第九次全国代表大会在京胜利闭幕，大会主席团常务主席马培华主持会议，全体与会代表和列席人员参加会议。会议通过了第九次全国代表大会关于八届中央委员会报告的决议，批准成思危同志代表八届中央委员会所作的报告，通过了中国民主建国会第九次全国代表大会给老同志的致敬信。八届中央委员会主席成思危和九届中央委员会主席陈昌智先后在会上作了重要讲话。

12月20日　陈昌智主席主持召开九届一次主席办公会。会议研究确定会中央主席、专职副主席工作分工；研究九届中央专门委员会设置及主任建议名单；安排部署工作。

12月20日　中共中央政治局常委、全国政协主席贾庆林在中央统战部接见并宴请民建中央新老领导集体成员。

12月21日　全国政协副秘书长陈明德出席全国政协十届第十九次秘书长会议。

12月24日　胡锦涛总书记在京接见各民主党派、全国工商联新老领导人并座谈，八届中央主席成思危，九届中央主席陈昌智、第一副主席张榕明、常务副主席马培华参加。

12月25日　陈昌智主席，马培华常务副主席在机关召开局级干部会议。传达胡锦涛总书记在12月24日接见各民主党派、全国工商联新老领导人时的讲话精神；总结民建第九次全国代表大会会务工作；安排部署近期工作。机关局级干部参加。

12月25日　张榕明第一副主席在全国政协出席政协第十届第四十九次、第五十次主席会议，全国政协副秘书长陈明德列席。

12月26日　张榕明第一副主席在全国政协出席第十届第五十一次主席会议，全国政协副秘书长陈明德列席。

12月26日　民建中央与全国工商联在民建中央机关召开迎送辜胜阻副主席座谈会。陈昌智主席，马培华常务副主席，辜胜阻副主席，秘书长张皎以及全国工商联党组副书记、副主席宋北杉、办公厅主任王建设、研究室主任陈永杰参加。

12 月 28 日　陈昌智主席，张榕明第一副主席，马培华常务副主席，在中央统战部参加协商会。

孟孝忠　民建中央宣传部部长
王永飞　民建中央宣传部副部长
何建新　民建中央宣传部干部

中国民主促进会

1月1日　许嘉璐主席、张怀西常务副主席出席全国政协举行的2007年新年茶话会。

1月4日　全国人大常委会副委员长、民进中央主席许嘉璐，全国政协副主席、民进中央常务副主席张怀西，民进中央副主席陈难先、王立平、严隽琪、王佐书出席在人民大会堂举行的向党外人士通报金融工作情况会议。

1月5日　全国人大常委会副委员长、民进中央主席许嘉璐，全国政协副主席、民进中央常务副主席张怀西出席在国务院举行的对金融工作的意见征求会。

1月6日　全国政协副主席、民进中央常务副主席张怀西出席在北京大学举行的“第四届中国文化产业新年论坛”并致词。

1月9日　全国人大常委、民进中央副主席王立平亲切会见了台湾中华青年企业家协会理事长、中国国民党中央组织发展委员会副主任委员刘灿树先生等一行4人。双方就进一步拓展海峡两岸的交流与合作进行亲切交谈。

1月10日　全国人大常委会副委员长、民进中央主席许嘉璐出席由生活·读书·新知三联书店和香港城市大学在北京联合主办的，以“传统文化修养与通识教育”为主题的《中国文化导读》出版座谈会并发表讲话。

1月10日　全国政协副主席、民进中央常务副主席张怀西在政协礼堂出席第二届中国大学生公益论坛暨2007年度全国大学生公益文化艺术大赛新闻发布会并讲话。

1月11日　全国政协副主席、民进中央常务副主席张怀西，全国人大常委、民进中央副主席王佐书等民进中央领导一行走访了国土资源部。双方就如何进一步做好新形势下的国土资源管理工作等有关问题进行了深入的座谈。

1月14日—15日　民进十一届十四次主席会议在广东省中山市召开。主席许嘉璐，常务副主席张怀西，副主席陈难先、潘贵玉、王立平、严隽琪、王佐书、贺旻、罗富和出席会议。会议主要内容是学习中共十六届六中全会精神，研究部署2007年换届工作和会中央其他重点工作；会议还研究了民进在全国政协十届五次会议上的发言和提案内容。

1月19日　全国政协副主席、民进中央常务副主席张怀西出席政协第十届全国委员会第四十一次主席会议。

1月20日　民进中央教育委员会和中国教育学会高中教育专业委员会在京联合举办“2007年基础教育改革座谈会”。主席许嘉璐，常务副主席张怀西，教育部副部长、中共教育部党组成员陈小娅，副主席严隽琪出席座谈会。

1 月 21 日—28 日　全国人大常委会副委员长、民进中央主席许嘉璐率全国人大代表团离京，出席在俄罗斯首都莫斯科举行的亚太议会论坛第 15 届年会。

1 月 21 日　民进《长江流域水环境安全与保障》课题专家组会议在上海华东师范大学资源与环境科学学院召开，来自长江流域沿线的上海、江苏、安徽、江西、湖北、湖南、四川和重庆八个省、直辖市民进组织的资源与环境专家学者、参政议政部门专职干部二十余人参加了研讨。

1 月 22 日—23 日　全国人大常委、民进中央副主席王佐书出席全国人大财经委会议。

1 月 24 日　全国政协副主席、民进中央常务副主席张怀西带队走访了教育部，全国人大常委、民进中央副主席王佐书随同走访。

1 月 25 日　全国政协副主席、民进中央常务副主席张怀西，上海市政府副市长、民进中央副主席严隽琪，全国人大常委、民进中央副主席王佐书等民进中央领导一行走访农业部。双方围绕社会主义新农村建设这一主题进行座谈。

1 月 26 日　全国政协副主席、民进中央常务副主席张怀西，全国人大常委、民进中央副主席王佐书出席中央教育科学研究所成立 50 周年庆典。张怀西发表了讲话。

1 月 30 日　全国政协副主席、民进中央常务副主席张怀西，全国人大常委、民进中央副主席王佐书一行走访了国家环保总局，与国家环保总局局长周生贤、纪检组组长祝光耀和有关司局负责人就共同关心的环保问题深入交换了意见。

2 月 1 日　全国政协副主席、民进中央常务副主席张怀西，全国人大常委、民进中央副主席王佐书一行走访科技部。

2 月 4 日　全国人大常委会副委员长、民进中央主席许嘉璐，全国政协副主席、民进中央常务副主席张怀西，民进中央副主席陈难先、潘贵玉、王立平、严隽琪、王佐书出席中共中央统战部举行的迎春座谈会。

2 月 5 日　全国人大常委会副委员长、民进中央主席许嘉璐在会中央亲切接见了中共贵州省毕节地区党委书记刘晓凯、行署专员秦如培一行。全国人大常委、民进中央副主席王立平参加会见。

2 月 5 日　全国政协副主席、民进中央常务副主席张怀西，全国人大常委、民进中央副主席王立平一行走访了文化部，与文化部副部长周和平等就文化事业发展和文化体制改革等问题进行了座谈。

2 月 5 日、6 日、12 日　全国人大常委、民进中央副主席王佐书出席全国人大财经委会议。

2 月 7 日　全国人大常委、民进中央副主席王立平代表会中央出席了在京召开的 2007 年中央智力支边协调小组成员全体会议并作了发言。

2 月 8 日　全国人大常委会副委员长、民进中央主席许嘉璐，民进中央副主席王立平、严隽琪一行走访国家民族事务委员会，与国家民委主任李德洙、副主任杨健强等围绕如何加强合作，共同为民族地区经济社会发展助力这一主题进行了座谈。

2 月 8 日　全国政协副主席、民进中央常务副主席张怀西出席政协第十届全国委员会第四十二次主席会议。

2 月 9 日　全国人大常委、民进中央副主席王立平出席国务院第五次廉政工作会议。

2 月 9 日　全国人大常委、民进中央副主席王佐书出席政协十届五次会议大会发言选稿会。各民主党派中央、全国工商联和有关人民团体领导出席了会议。

2月12日　民进在京文化界人士座谈会在会中央机关召开。

2月13日　民进十一届三十七次主席办公会议在北京召开。

2月14日　全国人大常委会副委员长、民进中央主席许嘉璐，全国政协副主席、民进中央常务副主席张怀西出席中共中央、国务院在中南海举行的党外人士迎新春座谈会。

2月16日　全国人大常委会副委员长、民进中央主席许嘉璐，全国政协副主席、民进中央常务副主席张怀西，民进中央副主席陈难先、潘贵玉、王立平、王佐书出席中共中央办公厅、国务院办公厅在人民大会堂举行的2007年春节团拜会。

2月16日—25日　全国政协副主席、民进中央常务副主席张怀西在无锡、江阴、常州等地考察。

2月25日　全国人大常委会副委员长、民进中央主席许嘉璐就中国的现代化与传统文化、儒学复兴等问题接受了《经济观察报》记者的专访。

2月26日—28日　全国人大常委会副委员长、民进中央主席许嘉璐，民进中央副主席陈难先、王立平、王佐书出席第十届全国人民代表大会常务委员会第二十六次会议。

2月26日—28日　全国政协副主席、民进中央常务副主席张怀西出席政协第十届全国委员会常务委员会第十六次会议。

3月1日　全国人大常委、民进中央副主席王佐书出席在中央社会主义学院文华大厦举行的中央社会主义学院2007年春季开学典礼。

3月2日　全国人大常委会副委员长、民进中央主席许嘉璐，全国政协副主席、民进中央常务副主席张怀西，民进中央副主席陈难先、王立平、王佐书出席中共中央统战部举行的通报会，听取了关于中纪委第七次全会精神和当前反腐倡廉情况的通报。

3月5日—16日　全国人大常委会副委员长、民进中央主席许嘉璐，民进中央副主席陈难先、王立平、王佐书、罗富和在京出席第十届全国人民代表大会第五次会议。

3月7日　人民网邀请全国政协副主席、民进中央常务副主席张怀西做客强国论坛，以“义务教育与职业教育的现状、问题和发展”为主题与网友在线交流。

3月9日　中国民主促进会第十一届中央常务委员会第十四次会议在京召开。全国人大常委会副委员长、民进中央主席许嘉璐主持会议，并就学习贯彻两会精神，做好2007年的工作作了重要讲话。全国政协副主席、民进中央常务副主席张怀西对做好换届工作作出了具体安排和部署。会议审议通过了《民进中央关于学习贯彻两会精神的通知》。

3月10日　由八个民主党派中央和全国工商联支持参与的贵州省黔西南州“星火计划、科技扶贫”试验区工作汇报会在民进中央机关召开。

3月12日　全国人大副委员长、民进中央主席许嘉璐，全国政协副主席、民进中央常务副主席张怀西，全国人大常委、民进中央副主席出席在京举行的孙中山先生逝世82周年纪念仪式。

3月19日—22日　全国政协副主席、民进中央常务副主席张怀西，民进中央副主席严隽琪在广西南宁出席由中共中央统战部召开的“民主党派工作座谈会”。

3月25日　民进中央1997—2007年工作回顾与思考座谈会在北京召开。全国人大副委员长、民进中央主席许嘉璐，全国政协副主席、民进中央常务副主席张怀西，民进中央副主席潘贵玉、王立平、严隽琪、王佐书出席座谈会。

3月27日　全国人大副委员长许嘉璐出席在中国人民大学举行的以“文明对话与和谐世界”为主题的首届世界汉学大会并发表了题为“汉学—时代—责任”的演讲。

3月27日　民进中央副主席严隽琪在上海主持召开“加强自身建设，提高履职能力”座谈会，并作重要讲话。

3月27日　在民进毕节试验区20年智力支边工作会议期间，毕节试验区专家顾问组顾问、民进中央经济工作委员会副主任、中国科学院地理科学与资源环境应用研究中心研究员王旭，应邀为金沙县各级领导干部做了新农村建设专题讲座。

3月28日　民进西部农村教师培训工作会议在贵州省毕节地区金沙县召开，全国人大常委、民进中央副主席王立平出席会议并讲话。

3月28日　民进中央副主席王佐书在民进中央机关会见了在中央社会主义学院参加学习的第十七期民主党派干部进修班、培训班和第八期公务员实用英语培训班的学员。

3月29日　全国人大常委、民进中央副主席王立平出席金沙县西洛乡新农村建设现场会，并对当地的新农村建设情况进行了实地考察。

4月2日　民进中央中心组举行专题报告会，邀请中国社会科学院哲学研究所所长李景源作报告。

4月4日　全国政协副主席、民进中央常务副主席张怀西在人民大会堂出席由中国光彩事业促进会和国务院扶贫办联合举办的三学苑教学资源卡捐赠仪式。

4月5日—10日　全国人大常委会副委员长、民进中央主席许嘉璐率团在甘肃武威考察星火产业带建设情况。

4月6日　叶圣陶研究会举行第三届理事会第四次会议，全国政协副主席、民进中央常务副主席张怀西出席会议并做工作报告。

4月6日—12日　全国政协常委、民进中央副主席、天津市文联主席冯骥才赴江苏省南京市、苏州市、扬州市等地，就当地的中国民间文化遗产抢救工程实施情况进行了专题调研。

4月8日—14日　全国人大常委、民进中央副主席王立平随同全国人大民委赴云南进行调研活动。

4月13日—15日　民进重庆市第三次代表大会在渝召开。陈景秋当选主任委员。民进中央副主席严隽琪应邀出席大会，并代表会中央致贺辞。

4月15日—22日　全国人大常委会副委员长、民进中央主席许嘉璐率领全国人大常委会义务教育法执法检查组在陕西执法检查。

4月17日—18日　全国政协副主席、民进中央常务副主席张怀西在河南考察传统文化保护工作。

4月18日　全国人大常委会副委员长、民进中央主席、中华炎黄文化研究会会长许嘉璐出席在郑州举行的郑州·中华炎黄二帝巨型塑像落成庆典并宣布塑像落成。

4月19日　许嘉璐、张怀西应邀参加丁亥年黄帝故里拜祖大典。

4月19日—4月21日　中国民主促进会黑龙江省第六次代表大会在哈尔滨举行。民进中央副主席严隽琪到会祝贺并致词。程幼东当选主任委员。

4月23日　全国人大常委会副委员

长、民进中央主席许嘉璐在西安出席中国（西安·香港）国际道德经论坛开幕式，并作主题演讲。

4月23日—25日　民进上海市第十次代表大会在沪举行。全国政协副主席、民进中央常务副主席张怀西，全国人大常委、民进中央副主席王立平，全国政协委员、民进中央副主席严隽琪到会祝贺。张怀西常务副主席代表民进中央向大会致贺辞。大会选举蔡达峰为主委。

4月26日—28日　民进海南省第五次代表大会在琼召开。全国政协副主席、民进中央常务副主席张怀西出席大会，并代表会中央致贺辞。史贻云当选主任委员。

4月27日　全国人大常委会副委员长、民进中央主席许嘉璐，全国政协副主席、民进中央常务副主席张怀西出席在八宝山举行的傅铁山遗体送别仪式。

4月27日　全国人大常委会副委员长、民进中央主席许嘉璐在京出席全国人大常委会会议。

4月27日　许嘉璐主席在北京出席科学技术部召开的全国社会发展科技会议闭幕式，并发表重要讲话。

4月27日—28日　民进新疆维吾尔自治区第五次代表大会在乌鲁木齐召开。民进中央副主席罗富和出席大会，并代表会中央致贺词。牛汝极当选主任委员。

5月5日—10日　全国人大常委会副委员长、民进中央主席许嘉璐在四川省和重庆市考察。

5月8日　全国政协副主席、民进中央常务副主席张怀西到民办上海工商外国语职业学院进行调研。

5月9日　全国人大常委会副委员长、民进中央主席许嘉璐视察成都市文物保护、博物馆建设等方面工作。

5月9日　全国人大常委、民进中央副主席王佐书出席全国人大财经委员会会议，主要对《循环经济法》进行了研究。

5月10日—12日　全国政协副主席、民进中央常务副主席张怀西，民进中央副主席严隽琪、王佐书、罗富和出席民进广东省第六次代表大会。张怀西常务副主席代表会中央致贺词。

5月13日—14日　全国政协副主席、民进中央常务副主席张怀西，民进中央副主席严隽琪在银川出席民进宁夏回族自治区第五次代表大会。张怀西代表会中央致贺词。

5月14日—15日　全国人大常委、民进中央副主席王立平在合肥出席民进安徽省第六次代表大会并代表会中央致贺词。

5月16日—18日　民进山西省第六次代表大会在太原隆重举行。全国人大常委、民进中央副主席王佐书，民进中央宣传部副部长高保华到会祝贺。大会选举卫小春为主委。

5月17日—18日　民进湖南省第六次代表大会在湖南宾馆召开。许嘉璐主席代表会中央在开幕式上致贺词并在闭幕式上讲话。期间对湖南省进行了考察。

5月19日—21日　民进浙江省第八次代表大会在杭州召开。全国人大常委、民进中央副主席王立平代表民进中央向大会致贺辞。盛昌黎（女）当选主任委员。

5月17日—19日　民进四川省第六次代表大会在蓉召开。民进中央副主席严隽琪出席大会，并代表会中央致贺辞。张雨东当选主任委员。

5月20日—21日　民进湖北省第五次代表大会在武汉举行。周洪宇为主委。全国政协副主席、民进中央常务副主席张怀西到会祝贺。期间，出席华中科技大学同济医学院百年华诞庆典。

5月22日—23日　民进辽宁省第十次

代表大会在沈阳隆重举行。许嘉璐主席代表民进中央向大会致贺辞。大会选举贺旻为主委。

5 月 24 日—26 日　民进山东省第五次代表大会在济南召开。王佐书副主席代表民进中央向大会致贺辞。大会选举栗甲为主任委员。

5 月 25 日　全国人大常委会副委员长、民进中央主席许嘉璐在山西晋城出席海峡两岸《康熙字典》学术研讨会开幕式并讲话。

5 月 26 日—6 月 3 日　全国人大常委会副委员长、民进中央主席许嘉璐作为中国国家主席胡锦涛的特使，在阿布贾出席尼日利亚总统亚拉杜瓦就职典礼。

5 月 27 日—28 日　民进河北省第七次代表大会在石家庄召开。全国人大常委、民进中央副主席王立平出席会议并代表民进中央致词。

5 月 28 日　全国政协副主席、民进中央常务副主席张怀西出席在人民大会堂举行的以“生育传承希望，关怀相伴和谐”为主题的中国计划生育协会生育关怀行动启动仪式。民进中央副主席潘贵玉主持启动仪式。

5 月 28 日　全国政协副主席、民进中央常务副主席张怀西在京出席政协第十届全国委员会第四十五次主席会议。

5 月 29 日—31 日　全国人大常委、民进中央副主席王立平率全国人大民委走访教育部、人事部、卫生部。

5 月 30 日　全国人大常委、民进中央副主席王立平在京出席中共中央统战部召开的对台工作会议。

5 月 30 日　民进中央副主席严隽琪在民进上海市委就即将开展的政治交接学习教育活动进行调研，并作重要讲话。

6 月 1 日—3 日　民进福建省第五次代表大会在闽召开。民进中央副主席王佐书出席大会，并代表会中央致贺辞。张帆当选主任委员。

6 月 2 日—4 日　民进江苏省第八次代表大会在南京举行。全国政协副主席、民进中央常务副主席张怀西代表民进中央致贺词。陈凌孚当选主任委员。

6 月 2 日—4 日　民进广西壮族自治区第九次代表大会在南宁隆重举行。全国政协委员、民进中央副主席严隽琪代表民进中央向大会致贺辞。大会选举陈自力为主委。

6 月 3 日—4 日　民进吉林省第六次代表大会在长春举行。民进中央副主席罗富和到会祝贺并代表民进中央向大会致贺辞。大会选举薛康为主任委员。

6 月 5 日　全国人大常委会副委员长、民进中央主席许嘉璐，全国政协副主席、民进中央常务副主席张怀西到北京八宝山革命公墓礼堂向黄菊同志遗体告别。

6 月 6 日—8 日　全国人大常委会副委员长、民进中央主席许嘉璐第四次赴贵州黔西南地区就石漠化治理情况展开专题考察和调研。

6 月 9 日—11 日　民进北京市第十次代表大会在北京召开。全国人大常委会副委员长、民进中央主席许嘉璐代表民进中央向大会致贺辞。大会选举刘新成为主任委员。

6 月 13 日　全国人大常委会副委员长、民进中央主席许嘉璐在人民大会堂会见了来华访问的越南文化和通讯部长黎尹合一行。

6 月 15 日—17 日　民进云南省第六次代表大会在昆明举行。民进中央副主席严隽琪代表民进中央向大会致词。

6 月 18 日—19 日　民进甘肃省第六次代表大会在兰州召开。民进中央副主席王佐书代表民进中央向大会致贺辞。大会选举李国璋为主任委员。

6月19日—20日　第五届海峡两岸中华传统文化与现代化研讨会在重庆召开。全国人大常委会副委员长、民进中央主席许嘉璐作重要讲话。民进中央副主席王立平、严隽琪，秘书长赵光华和来自大陆、台湾、香港特区的200余名专家学者出席了会议。

6月19日　中共中央统战部庆祝中国共产党成立86周年暨表彰先进基层党组织、优秀党员和优秀党务工作者大会在中央统战部机关礼堂召开。民进中央机关中共支部被评为“先进基层党组织”。

6月22日　由政协宁波市委会主办的王宽诚先生诞辰100周年纪念大会暨《王宽诚研究》首发式在宁波举行。全国政协副主席、民进中央常务副主席张怀西出席首发式并讲话。

6月23日　由民进中央、中国文联、中国民间文艺家协会和中共江苏省委宣传部、民进省委、省文联等多家单位联合主办的“水墨诗文——冯骥才苏州公益画展”在苏州博物馆举办。全国政协副主席、民进中央常务副主席张怀西，全国人大常委、民进中央副主席王立平出席开幕式并剪彩。王立平副主席在开幕式上讲话。

6月23日　“中国西部农村义务教育教师培训能力建设项目”第一次教师培训管理体制改革研讨会在京召开。全国人大常委、民进中央副主席王佐书出席会议并讲话。会后，民进中央项目组前往山东省就教师培训管理体制改革和教师培训模式情况进行调研。

6月25日—26日　民进贵州省第五次代表大会在贵阳举行。严隽琪副主席代表民进中央向大会的召开表示祝贺。

6月25日—27日　民进江西省第六次代表大会在南昌召开。罗富和副主席代表民进中央向大会致贺辞。

6月25日—26日　民进内蒙古自治区第五次代表大会在呼和浩特举行。陈难先副主席代表民进中央向大会致贺辞。

6月26日—28日　民进天津市第八次代表大会在津召开。民进中央常务副主席张怀西、副主席冯骥才出席大会，张怀西常务副主席代表会中央致贺辞。张俊芳当选主任委员。在津期间，张怀西常务副主席一行考察了天津市滨海新区。

6月27日—29日　民进中央社会和法制委员会赴浙江温州就“支持中小企业发展的政策和服务体系研究”课题开展调查研究。

7月2日—10日　全国人大常委会副委员长、民进中央主席许嘉璐，全国政协副主席、常务副主席张怀西率领民进中央考察团，对云南省的社区文化建设进行调研。

7月6日—10日　民进百企甘肃行暨河西走廊星火产业带发展论坛在甘肃兰州召开。全国人大常委、民进中央副主席王立平出席论坛并讲话，期间，对甘肃的地域经济和优势产业进行考察。

7月11日—13日　民进陕西省第九次代表大会在西安召开。民进中央副主席罗富和出席大会并致贺词。李进权当选主任委员。

7月15日　全国人大常委会副委员长、民进中央主席许嘉璐出席由新加坡南洋理工大学孔子学院主办的“全球化时代中华语言与文化的传播”论坛，并发表讲话。

7月18日—30日　“民进新任省级组织主委培训班”在中央社会主义学院举行。17位民进新任省级组织主委参加了培训。

7 月 19 日—21 日　民进全国思想政治工作会议在北京开幕。全国人大常委会副委员长、民进中央主席许嘉璐出席会议并作重要讲话，全国政协副主席、民进中央常务副主席张怀西主持会议，全国人大常委、民进中央副主席王佐书作了题为《努力开创民进思想政治工作的新局面》的工作报告。

7 月 22 日—24 日　民进 2007 年全国机关建设工作会议在北京召开。

7 月 26—27 日　民进第十一届中央常务委员会第十五次会议在北京召开。

8 月 6 日—8 日　民进河南省第四次代表大会在郑州召开。民进中央副主席王立平代表民进中央向大会致贺辞。袁祖亮当选主任委员。

8 月 11 日　“海峡两岸基础教育论坛”在北京举行。全国人大常委会副委员长、民进中央主席、叶圣陶研究会名誉会长许嘉璐出席开幕式并讲话。

8 月 12 日—17 日　全国人大常委、民进中央副主席王佐书率民进中央调研组赴山西调研农村文化建设。

8 月 24 日　人事部副部长杨士秋一行走访民进中央，就全国政协副主席、民进中央第一副主席张怀西在全国政协十届五次会议上所提《关于支持鼓励和引导大学毕业生去农村》的提案办理情况做了汇报。

8 月 31 日—9 月 2 日　全国人大常委会副委员长、民进中央主席许嘉璐率领民进中央考察团一行 20 人在沪考察。

9 月 1 日　全国人大常委、民进中央副主席王佐书出席在内蒙古自治区呼伦贝尔市海拉尔区教师进修学校举行的“中国西部农村义务教育教师培训能力建设项目”教师专业发展管理体制创新现场会暨教师培训模式调研，并作总结讲话。

9 月 1 日　由叶圣陶研究会、中国语文报刊协会、中国教育学会教育学分会联合主办“全国首届叶圣陶教育思想与当代课程教学改革网络征文活动”正式启动。

9 月 4 日　民进中央常务副主席严隽琪出席中央社会主义学院秋季开学典礼。

9 月 5 日　全国人大常委会副委员长、民进中央主席许嘉璐在人民大会堂会见了以色列第一副议长瓦哈比。

9 月 5 日—11 日　应奥地利雷奥普博物馆的邀请，以全国人大常委、民进中央副主席王立平为团长的中国叶圣陶研究会文化考察团一行五人，赴奥地利考察。

9 月 5 日、6 日、29 日　全国人大常委、民进中央副主席王佐书为民进中央机关干部作政治交接学习教育活动专题报告。

9 月 10 日　民进中央常务副主席严隽琪在民进河北省委会就以“坚持走中国特色社会主义政治发展道路”为主题的政治交接学习教育活动开展情况进行调研。

9 月 12 日　全国人大常委会副委员长、民进中央主席许嘉璐 12 日在北京会见了应邀来访的尼日尔国民议会议长奥斯曼一行。

9 月 12 日　全国政协副主席、民进中央第一副主席张怀西在民进中央接见了在中央社会主义学院参加第十八期进修班、培训班和英语学习班的民进会员。

9 月 15 日—17 日　全国人大常委会副委员长、民进中央主席许嘉璐出席在浙江省杭州市和金华市举办的“中国教师发展论坛”。全国政协副主席、民进中央第一副主席张怀西主持开幕式并致欢迎辞。

9 月 15 日　民进珠海市委举行“政治交接学习教育活动”学习研讨班暨动员座谈会。民进中央副主席、省政协副主席、民进广东省委主委罗富和参加座谈。

9 月 17 日—19 日　民进辽宁省委政治

交接主题学习教育活动暨统战理论研讨会在铁岭市召开。全国人大常委、民进中央副主席、全国统战理论研究会副会长王佐书出席会议，并作了关于民主党派开展政治交接学习教育活动的专题报告。

9月18日　全国人大常委会副委员长、民进中央主席许嘉璐在人民大会堂会见了以主席所罗门·帕西为团长的保加利亚议会外事委员会代表团。

9月20日　民进中央常务副主席严隽琪一行在民进山东省委会就政治交接学习教育活动进行调研。

9月21日　全国政协副主席、民进中央第一副主席张怀西在无锡市出席第四届亚洲色彩论坛开幕式并宣布论坛正式开幕。

9月21日—22日　全国人大常委、民进中央副主席王立平率民进中央文化艺术委员会课题组在沪进行上海动漫产业现状及政策支持研究调研。

9月22日—24日　全国政协副主席、民进中央第一副主席张怀西在上海市和浙江省考察。考察期间，张怀西应邀分别在上海和浙江出席“复旦大学附属中山医院建院70周年庆典”和“2007中国·杭州千岛湖秀水节”开幕式。

9月22日　民进中央常务副主席严隽琪到民进中央政治交接学习教育活动试点组织青岛市委会进行调研。

9月22日　由中华职业教育社举办的首届“黄炎培职业教育奖”颁奖大会在北京京西宾馆举行。民进中央副主席、中华职业教育社副理事长王佐书出席大会并为获奖者颁奖。

9月27日至29日　全国政协副主席、民进中央第一副主席张怀西在江苏省徐州和常州两市考察。

9月28日　第二届海峡两岸客家高峰论坛在厦门国际会展中心开幕。全国人大常委会副委员长、民进中央主席许嘉璐出席了开幕式。

10月7日　民进中央常务副主席严隽琪出席在上海举行的2007年“上海民进教育论坛”并作讲话。

10月8日　由苏州市人民政府主办的新吴门画派——苏州国画院中国画作品展览在中国美术馆开幕。全国人大常委会副委员长、民进中央主席许嘉璐出席开幕式并为画展剪彩。

10月10日　全国人大常委会副委员长、民进中央主席许嘉璐在北京亲切会见了日中新世纪会事务局长吉村善和一行。

10月12日　民进中央常务副主席严隽琪一行到民进北京市委会就政治交接学习教育活动进行调研。

10月16日　民进中央常务副主席严隽琪到民进上海市委会调研政治交接学习教育活动开展情况并作重要讲话。

10月23日　全国人大常委会副委员长、民进中央主席许嘉璐在人民大会堂会见马达加斯加高等宪法法院院长拉乔纳里武尼。

10月23日　全国人大常委会副委员长、民进中央主席许嘉璐在人民大会堂接见台湾医护界人士赴京交流团，并与他们座谈。

10月25日　民进中央在京召开十一届十六次中央常委扩大会议，会议以“学习宣传贯彻中共十七大精神，为实现十七大所确定的奋斗目标和工作任务扎实工作”为主题，动员部署民进全会兴起学习宣传贯彻中共十七大精神的热潮。全国人大常委会副委员长、民进中央主席许嘉璐，全国政协副主席、民进中央第一副主席张怀西，民进中央常务副主席严隽琪出席会议并作重要讲话。

11月5日　中共中央统战部、全国政

协办公厅、国家宗教局、民进中央、中国佛教协会在人民大会堂隆重举行纪念赵朴初同志诞辰100周年座谈会。全国人大常委会副委员长、民进中央主席许嘉璐出席座谈会并讲话。

11月8日—10日　民进2007年参政议政工作年会在京举行。开幕式由全国政协副主席、民进中央第一副主席张怀西主持。全国人大常委会副委员长、民进中央主席许嘉璐作了《把握大局、与时俱进——全力推进民进参政议政能力建设》的主题报告。

11月12日　由民进中央和长江水利委员会联合主办的长江流域水环境安全与保障研讨会（2007）在长江重镇武汉市开幕。开幕式由全国政协副主席、民进中央第一副主席张怀西主持。全国人大常委会副委员长、民进中央主席许嘉璐出席开幕式并作重要讲话。

11月16日　民进中央在四川广安邓小平故居举行“和谐林”揭碑仪式，并捐资20万元，在小平故居植树建林。全国政协副主席、民进中央第一副主席张怀西，全国政协委员、民进中央常务副主席严隽琪参加揭碑仪。

11月16日　民进三省两市“环渤海区域合作与滨海新区建设研讨会”在天津召开。全国人大常委、民进中央副主席王佐书出席会议。

11月17日　在香港教育学院第十三届毕业典礼上，全国人大常委会副委员长、著名语言学家、教育家许嘉璐教授被授予荣誉博士学位，以表彰许嘉璐教授对祖国和香港教育事业的贡献。

11月19日　全国人大常委会副委员长、民进中央主席许嘉璐在广州出席了第二届中国中学校长大会开幕式并作主报告。

11月21日　政协第十届全国委员会优秀提案和先进承办单位表彰会在全国政协礼堂举行。民进中央四件提案被评为政协第十届全国委员会优秀提案。

11月30日　民进十一届十七次中常会在京举行。全国人大常委会副委员长、民进中央主席许嘉璐主持会议。

12月1日—7日　民进第十次全国代表大会在北京召开。大会的主要任务是：学习贯彻中共十七大精神；听取和审议民进第十一届中央委员会报告；审议通过《中国民主促进会章程修正案》；选举民进第十二届中央委员会。全国人大常委会副委员长、民进十大主席团常务主席许嘉璐作题为《高举旗帜，团结奋进，为全面建设小康社会作出新的贡献》的报告。民进十大主席团常务主席王立平作关于《中国民主促进会章程修正案（草案）》的报告。

12月7日　民进第十二届中常会举行第一次会议。民进中央主席严隽琪主持会议。

12月7日　民进政治交接学习教育活动工作会议在京举行。民进中央常务副主席罗富和出席会议并讲话。会议由全国人大常委、民进中央副主席王佐书主持。民进中央副主席刘新成、蔡达峰、朱永新参加会议。

12月8日　中共中央政治局常委、全国政协主席贾庆林在中共中央统战部接见了民进中央新老领导班子成员，并与大家亲切座谈。

12月8日　民进中央新一届领导集体一起到北京医院，看望正在这里调养身体的雷洁琼名誉主席。

12月15日　严隽琪主席出席中央统战部召开的情况通报会。

12月23日—29日　民进中央副主席王佐书在京出席十届全国人大常委会第三十一次会议。

12 月 24 日　民进中央主席严隽琪、常务副主席罗富和出席在中南海召开的中共中央领导人与各民主党派中央、全国工商联领导人座谈会。严隽琪主席在会上作了发言。

12 月 25 日　民进十二届一次主席办公会议在北京召开。民进中央主席严隽琪，常务副主席罗富和，副主席王佐书、刘新成、朱永新，秘书长赵光华出席了会议，机关部门负责人列席了会议。会议由严隽琪主席主持。

12 月 28 日　严隽琪主席出席中共中央统战部召开的三方协调会。

民进中央年鉴编写组

中国农工民主党

1月1日　蒋正华主席，李蒙常务副主席，陈宗兴、桑国卫副主席在全国政协礼堂出席2007年新年茶话会。秘书长游宏炳参加。

1月4日　蒋正华主席，李蒙常务副主席，陈宗兴、桑国卫、汪纪戎副主席在人民大会堂出席中共中央统战部情况通报会。

中共中央统战部在人民大会堂召开党外人士座谈会。蒋正华主席出席会议并发言，李蒙常务副主席出席会议。

1月5日　蒋正华主席在国务院出席党外人士座谈会并发言，常务副主席李蒙出席会议。

1月7日　全国人大常委会副委员长蒋正华在人民大会堂出席“中小企业借助国际资本壮大民族产业高峰论坛”并讲话。

1月7日—10日　全国人大常委桑国卫参加全国人大教科文卫委员会考察团赴上海进行精神卫生法有关情况调研。

1月10日　全国人大常委会副委员长蒋正华在人民大会堂出席“纪念《海域使用管理法》实施五周年座谈会”并讲话。

1月11日　2007年第1次主席办公会议在中央机关召开。蒋正华主席主持会议，常务副主席李蒙，副主席陈宗兴、桑国卫出席会议。会议听取了关于中央机关2006年度公务员考核情况和中央各事业单位2006年工作情况的汇报。秘书长及各部门负责人列席会议。

1月12日　桑国卫副主席在北京出席中国药学会常务理事会。

中国初级卫生保健基金会第二届理事会第二次全体会议暨建会十周年庆典和表彰大会在全国政协礼堂举行。基金会理事长蒋正华出席会议并讲话。

1月16日　全国人大常委会副委员长蒋正华在人民大会堂出席“第二届中国农经产业高峰论坛”并作主旨演讲。

1月18日　中央机关干部培训班开班仪式在中央社会主义学院举行。

1月19日　全国政协副秘书长陈宗兴在全国政协机关列席全国政协十届第四十一次主席会议。

1月19日—21日　桑国卫副主席在广东汕头出席中医药学会年会。

1月21日　蒋正华主席在北京新世纪饭店出席“世界生产力科学院中国籍院士联谊会”并演讲。

1月23日　蒋正华主席在中央机关主持召开换届工作领导小组会议，常务副主席李蒙、副主席陈宗兴出席会议。

1月26日　中国初级卫生保健基金会副理事长李蒙在黑龙江七台河出席中国初级卫生保健基金会的捐赠活动。

2月1日　李蒙常务副主席在中南海出席党外人士座谈会并发言。

2月6日　常务副主席李蒙在中央机关接受电视专题片《中国农工民主党》和《卢嘉锡》摄制组的专题采访。

2月7日　桑国卫副主席在北京京西宾馆出席中央智力支边协调小组成员全体会议。

2月8日　蒋正华主席、陈宗兴副主席在人民大会堂会见贵州省毕节地区领导班子。

全国政协副主席李蒙在全国政协机关出席全国政协第四十二次主席会议。

桑国卫副主席在国务院小礼堂出席“全国加强药品食品监管整治工作电视电话会议”。

2月9日　桑国卫副主席在国务院出席第五次廉政工作电视电话会议。

陈宗兴副主席在全国政协机关出席政协大会口头发言协调会。

2月12日　全国人大常委会副委员长蒋正华在人民大会堂出席十届全国人大常委会第五十七次委员长会议。

2月13日　陈宗兴副主席出席中共中央统战部副部长楼志豪主持召开的“搞好政治交接、加强领导班子建设”座谈会。

2月14日　蒋正华主席出席中共中央在中南海召开的党外人士迎春座谈会并作了发言。常务副主席李蒙出席会议。

2月16日　蒋正华主席出席中共中央、国务院在人民大会堂举行的2007年春节团拜会。常务副主席李蒙，副主席桑国卫、汪纪戎，名誉副主席田光涛，秘书长游宏炳参加。

2月21日—25日　全国人大常委桑国卫率全国人大代表团赴日本参加第23届亚洲议员人口和发展会议。

2月26日—28日　全国人大常委会副委员长蒋正华，全国人大常委陈建生、桑国卫、王宁生在北京出席十届全国人大第二十六次常委会议。

2月26日—28日　全国政协副主席李蒙，全国政协常委阎洪臣、陈宗兴、张大宁、左焕琛、陈勋儒、汪纪戎、宋金升在北京出席全国政协十届第十六次常委会议。

3月1日　陈宗兴副主席在北京出席中央社会主义学院2007年春季开学典礼。

3月2日　蒋正华主席出席中共中央统战部召开的中纪委反腐倡廉工作情况通报会。

3月3日—15日　全国政协十届五次会议在北京召开。全国人大常委会副委员长蒋正华在人民大会堂出席了开幕式。全国政协副主席李蒙，全国政协常委阎洪臣、陈宗兴、张大宁、左焕琛、陈勋儒、汪纪戎、宋金升出席了开幕式和会议，全国政协委员游宏炳、肖燕军等参加了会议。

3月4日　农工党、九三学社联组会在全国政协礼堂三楼大厅举行。中共中央总书记、国家主席胡锦涛，中共中央政治局常委、全国政协主席贾庆林等领导同志出席联组会，看望出席全国政协十届五次会议的农工组和九三组的委员，听取委员意见。联组会由李蒙常务副主席主持。主席蒋正华，副主席阎洪臣、陈宗兴、张大宁、左焕琛、陈勋儒，名誉副主席宋金升以及农工组、九三组的全国政协委员出席联组会。

3月5日—16日　十届全国人大五次会议在北京召开。全国人大常委会副委员长蒋正华，全国人大常委陈建生、桑国卫、王宁生出席了开幕式和会议。全国政协副主席李蒙出席了开幕式。

3月7日　陈宗兴副主席在中共中央统战部礼堂出席“华夏英才基金成立十周年”暨党外专家学者联谊会。

3 月 10 日　农工党十三届二十九次主席会议在北京二十一世纪饭店召开。主席蒋正华，常务副主席李蒙，副主席阎洪臣、陈建生、陈宗兴、张大宁、左焕琛、桑国卫、王宁生、陈勋儒、汪纪戎出席会议。秘书长及机关各部门负责人列席会议。

3 月 12 日　蒋正华主席、李蒙常务副主席、桑国卫副主席在北京中山公园中山堂出席孙中山先生逝世八十二周年纪念仪式。

3 月 15 日　全国政协十届五次会议闭幕大会在人民大会堂举行。全国人大常委会副委员长蒋正华，全国政协副主席李蒙，全国政协常委阎洪臣、陈宗兴、张大宁、左焕琛、陈勋儒、汪纪戎、宋金升，全国政协委员游宏炳、肖燕军等出席闭幕大会。

3 月 16 日　十届全国人大五次会议闭幕大会在人民大会堂举行。全国人大常委会副委员长蒋正华，全国政协副主席李蒙，全国人大常委陈建生、桑国卫、王宁生等出席闭幕式。

农工党上海市委员会成立六十周年纪念暨表彰大会在上海举行。陈宗兴副主席代表农工党中央出席会议并讲话。组织部部长肖燕军参加会议。

3 月 16 日—28 日　农工党中央机关组团赴加拿大、美国考察城镇医疗保障制度。

3 月 19 日—22 日　常务副主席李蒙出席中共中央统战部在广西南宁召开的民主党派“以坚持走中国特色社会主义政治发展道路为主题的政治交接学习教育活动”现场会并发言。

3 月 27 日　2007 年第 2 次主席办公会议召开，蒋正华主席主持会议。会议通报了出席中共中央统战部在广西召开的“政治交接学习教育活动现场会”的情况，审议了农工党中央关于开展政治交接学习教育活动的通知和方案。

农工党中央理论学习中心组在中央机关召开开展“政治交接学习教育”座谈会。蒋正华主席主持座谈会并作重要讲话。常务副主席李蒙，副主席陈建生、陈宗兴、桑国卫、汪纪戎出席座谈会并先后发言。

3 月 28 日—31 日　全国人大常委会副委员长、中央主席蒋正华在香港出席香港中文大学授予荣誉教授仪式和海峡两岸经济发展论坛。

4 月 2 日　农工党中央机关举行全体会议，传达学习“两会”精神。中央副主席陈宗兴、桑国卫分别传达全国政协十届五次会议和十届全国人大五次会议的有关内容和主要精神。

蒋正华主席、李蒙常务副主席、陈宗兴副主席在中央机关出席中央换届领导小组会议。

4 月 3 日—4 日　全国人大常委、中央副主席桑国卫在北京出席全国人大食品卫生立法专题汇报会、专题研讨会。

4 月 3 日—6 日　陈勋儒副主席在重庆出席农工党重庆市第三次代表大会。

4 月 4 日—5 日　全国政协副主席李蒙在山西出席“中国山西洪洞县大槐树寻根祭祖大典”。

4 月 4 日—6 日　全国人大常委会副委员长蒋正华在陕西考察陕西省测绘局，出席“丁亥年清明公祭轩辕黄帝典礼”和第十一届东西部合作与贸易洽谈会开幕式。

4 月 6 日　陈宗兴副主席在中共中央统战部出席情况通报会。

桑国卫副主席在中央机关与毕节实验区专家顾问组常务副组长常近时教授座谈。社会服务部副部长刘峻杰等参加。

4 月 9 日—12 日　常务副主席李蒙在四川成都出席农工党四川省第十次代表大

会。组织部部长肖燕军参加。

4 月 9 日—14 日　全国人大常委桑国卫赴江苏参加全国人大药品管理法执法调研。

4 月 10—12 日　阎洪臣副主席在哈尔滨出席农工党黑龙江省第五次代表大会。

4 月 13 日—15 日　全国人大常委会副委员长蒋正华在湖南长沙出席“第二届长江论坛”并讲话。

4 月 16 日　全国人大常委会副委员长蒋正华在人民大会堂出席十届全国人大常委会第五十九次委员长会议。

4 月 19 日　汪纪戎副主席出席全国政协人口资源环境委员会召开的研究十届全国政协第 18 次常委会发言提纲会议并发言。

4 月 20 日　全国政协副主席李蒙，全国政协常委汪纪戎出席全国政协人口资源环境委员会会议，听取国家发改委介绍我国节能降耗、污染减排、环境治理情况。

4 月 20 日—21 日　陈宗兴副主席出席中国农工民主党章程修改工作座谈会并讲话。

4 月 21 日　全国政协副主席李蒙在人民大会堂出席中国侨联第二次青年委员会代表大会。

4 月 22 日　全国人大常委会副委员长蒋正华在人民大会堂会见智利参议院副议长奥米纳米一行。

4 月 24 日—27 日　全国人大常委会副委员长蒋正华，全国人大常委桑国卫在人民大会堂出席十届全国人大常委会第二十七次会议。

4 月 24 日　全国人大常委会副委员长蒋正华在人民大会堂会见并宴请新加坡国务资政吴作栋一行。

4 月 25 日　汪纪戎副主席在北京出席中国环境与发展国际合作委员会关于“实现‘十一五’环保目标政策机制研究”项目启动仪式。

4 月 25 日—29 日　汪纪戎副主席在海南海口出席农工党海南省第五次代表大会。

4 月 26 日—28 日　常务副主席李蒙在上海出席农工党上海市第十一次代表大会。

4 月 29 日　常务副主席李蒙、副主席陈宗兴看望名誉副主席章师明、田光涛和王大鲁同志，为他们庆祝生日。

5 月 7 日—11 日　桑国卫副主席在广州出席农工党广东省第十一次代表大会。

5 月 9 日—11 日　陈宗兴副主席在宁夏银川出席农工党宁夏回族自治区第五次代表大会。

5 月 10 日—11 日　阎洪臣副主席在辽宁沈阳出席农工党辽宁省第五次代表大会。

5 月 10 日—14 日　全国政协常委汪纪戎参加全国政协组织的“黄河沿岸经济社会协调发展情况”常委视察团，在青海、甘肃考察。

5 月 12 日—14 日　陈宗兴副主席在新疆乌鲁木齐出席农工党新疆维吾尔自治区第三次代表大会。

5 月 14 日　全国人大常委会副委员长蒋正华陪同国家主席胡锦涛出席卢旺达总统卡加梅来华访问欢迎仪式。

5 月 15 日　农工党中央在北京召开海洋经济座谈会，听取各方面对农工党中央围绕发展海洋经济做好大考察工作的建议。中央主席蒋正华，常务副主席李蒙，副主席陈宗兴、桑国卫、汪纪戎等出席座谈会。应邀出席座谈会的嘉宾有国家发改委、农业部、交通部、国家海洋局、中国南海研究院等单位有关同志。中央办公厅主任陈建国、参政议政部副部长隋路，海南省委会主委王路等参加。

5 月 16 日　全国人大常委会副委员长蒋正华在人民大会堂出席“共创美好明天

——维护聋哑青少年权益座谈会”并讲话。

常务副主席李蒙在青海西宁出席农工党青海省第五次代表大会开幕式。

5 月 16 日—19 日 常务副主席李蒙在江苏南京出席农工党江苏省第十次代表大会。

5 月 16 日—17 日 汪纪戎副主席在济南出席农工党山东省第五次代表大会。

5 月 17 日 蒋正华主席在全国人大会议中心会见以理查德·莱文校长为团长的耶鲁大学百名师生代表团部分成员。蒋正华主席对代表团来华访问表示欢迎，并向代表团介绍了我国的政治制度和政党制度、农工党的建设和参政议政情况。

5 月 18 日 由农工党中央与北京大学共同主办，中国初级卫生保健基金会健康扶贫工程组委会等单位承办的“第 13 期中国农村卫生改革与发展论坛”开幕式在北京举行。陈宗兴副主席出席开幕式并致辞。

陈宗兴副主席在中共中央统战部出席工作通报会。

5 月 20 日 农工党中央专门工作委员会 2007 年全体委员会议在北京举行。蒋正华主席出席会议并讲话，常务副主席李蒙出席会议，副主席陈宗兴出席会议并对本届专委会的工作进行全面的总结。中央各专门工作委员会委员参加会议。

5 月 22 日 全国政协副秘书长陈宗兴出席全国政协十届第十六次秘书长会议。

蒋正华主席主持召开农工党中央 2007 年第 3 次主席办公会议。会议研究了农工党十三届十五次中常会的有关事项，通报了省级组织换届工作的情况。

5 月 22 日—23 日 张大宁副主席在河北石家庄出席农工党河北省第六次代表大会。

5 月 23 日—25 日 张大宁副主席在太原出席农工党山西省第五次代表大会。

5 月 23 日—29 日 陈宗兴副主席在云南昆明出席农工党云南省第五次代表大会。

5 月 24 日—27 日 全国政协常委汪纪戎参加全国政协组织的“黄河沿岸经济社会协调发展”常委视察团，在陕西、河南考察。

5 月 24 日 桑国卫副主席在中共中央统战部出席中华海外联谊会举办的“共建和谐——海联论坛”。

5 月 25 日—26 日 左焕琛副主席在武汉出席农工党湖北省第六次代表大会。

5 月 28 日 常务副主席李蒙在福建福州出席农工党福建省第十次代表大会开幕式。

5 月 29 日 陈宗兴副主席在中央机关主持召开中央海洋经济大考察组团会。参政议政部副部长隋路等参加。

全国人大常委桑国卫在人民大会堂会见尼日利亚议会卫生福利住房委员会代表团。

5 月 30 日—6 月 5 日 以蒋正华主席为团长、常务副主席李蒙为副团长的中央海洋经济考察团，赴海南进行为期六天的考察。副主席陈宗兴、汪纪戎，办公厅主任陈建国、参政议政部副部长隋路，海南省委会主委王路等参加考察。

6 月 4 日—5 日 中央副主席桑国卫在浙江杭州出席农工党浙江省第十次代表大会。

6 月 5 日—6 日 中央常务副主席李蒙在湖南长沙出席农工党湖南省第六次代表大会。

6 月 5 日—15 日 全国政协常委汪纪戎参加全国政协在辽宁的污染减排视察活动。

6 月 7 日—10 日 中央常务副主席李

蒙在安徽合肥出席农工党安徽省第九次代表大会。

6月9—11日　王宁生副主席在吉林长春出席农工党吉林省第五次代表大会。

6月11日　蒋正华主席、陈宗兴副主席在中共中央统战部出席刘延东部长主持召开的《中国政党制度白皮书》座谈会。

6月11日—12日　常务副主席李蒙在贵州贵阳出席农工党贵州省第六次代表大会。

6月18日　全国人大常委会副委员长蒋正华在人民大会堂出席十届全国人大常委会第六十一次委员长会议。

6月19日　常务副主席李蒙，副主席桑国卫、汪纪戎，名誉副主席田光涛出席中共中央统战部举办情况通报会，外交部长杨洁篪向党外人士通报“当前国际形势和中国外交”。

6月20日—22日　陈宗兴副主席在甘肃兰州出席农工党甘肃省第五次代表大会。

汪纪戎副主席在内蒙古呼和浩特出席农工党内蒙古自治区第五次代表大会。

6月21日　全国政协副主席李蒙在全国政协会见赞比亚国防部长姆蓬博。

常务副主席李蒙、副主席桑国卫在人民大会堂陪同国家主席胡锦涛出席伊拉克总统塔拉巴尼来华访问欢迎仪式及晚宴。

6月22日　蒋正华主席在天津出席农工党天津市第九次代表大会开幕式并致辞。陈建生副主席出席开幕式。

常务副主席李蒙在中共中央统战部出席各民主党派中央主管组织工作副主席和组织部长座谈会。

全国人大常委桑国卫在北京出席全国人大教科文卫委员会会议。

6月23日—27日　桑国卫副主席出席中国工程院院士评选会议。

6月24日—29日　全国人大常委会副委员长蒋正华，全国人大常委桑国卫在人民大会堂出席十届全国人大常委会第二十八次会议。

6月25日　全国人大常委会副委员长蒋正华在北京铁道大厦出席《环渤海地区2006—2015年经济社会发展环境承载力研究》中期评审会议。

6月25日—28日　陈宗兴副主席在陕西西安出席农工党陕西省第五次代表大会。

汪纪戎副主席在江西南昌出席农工党江西省第十次代表大会。

7月1日　全国人大常委会副委员长蒋正华在上海出席“《物权法》与企业权益保护论坛”并讲话。

7月3日　全国人大常委会副委员长蒋正华在北京大学出席“纪念马寅初《新人口论》发表50周年暨诞辰125周年座谈会”并讲话。

全国政协常委、中央副主席汪纪戎在全国政协出席关于“建立生态补偿机制”座谈会。

蒋正华主席在中央机关主持召开2007年第4次主席办公会议。会议听取了十三届十五次中常会筹备工作情况汇报，研究了机关人事工作有关事项。

7月4日—7日　全国政协副主席李蒙，全国政协常委阎洪臣、陈宗兴、张大宁、左焕琛、陈勋儒、汪纪戎在北京出席全国政协十届十八次常委会议。

7月7日　全国人大常委会副委员长蒋正华在中华世纪坛出席“中医中药中国行”大型科普宣传活动启动仪式。

7月8日—13日　十三届十五次中央常委会议在黑龙江哈尔滨召开。主席蒋正华，常务副主席李蒙，副主席阎洪臣、陈建生、陈宗兴、张大宁、左焕琛、桑国卫、王宁生、陈勋儒、汪纪戎以及中央常委出席会议。非常委的省级组织主委以及中央机关部门负责人列席会议。

7月12日—22日　全国政协副主席李蒙率全国政协视察团赴内蒙古进行视察。

7月14日—15日　汪纪戎副主席在北京五洲大酒店主持召开关于《实现“十一五”环境目标政策机制》国际研讨会。

7月17日—20日　全国政协常委汪纪戎参加全国政协办公厅、经济委员会、人口资源环境委员会组织的天津滨海新区开发情况视察。

7月18日　陈宗兴副主席在中共中央统战部出席“国防和军队建设情况通报会”。

7月19日　桑国卫副主席在中央社会主义学院出席“民主党派省级组织新任主委培训班”开班式。

7月19日—20日　陈宗兴副主席在河南濮阳参加中央科技工作委员会调研考察活动。

7月20日—22日　蒋正华主席，陈宗兴、桑国卫、汪纪戎副主席在中共中央统战部阅读有关文件。

7月23日　全国政协副主席李蒙在全国政协出席“加快广西北部湾经济区开发与建设，推进北部湾区域经济合作与发展”专题政治协商会。中央参政议政部副部长姚秀元参加。

7月23日—24日　桑国卫副主席在北京出席全国城镇居民基本医疗保险试点工作会议。

7月25日　蒋正华主席在中南海出席中共中央党外人士座谈会并发言，全国政协副主席、中央常务副主席李蒙出席会议。

农工党中央举办食品安全卫生立法专家研讨会，桑国卫副主席出席。

7月26日　全国人大常委会副委员长蒋正华在广西南宁出席“2007泛北部湾经济合作论坛”并致辞。

7月26日—30日　农工党省级组织新任主委培训班在中央社会主义学院举行，农工党13名省级组织新任主委参加此次培训。

7月26日—28日　《中国农工民主党章程》修改座谈会在北京举行，陈宗兴副主席出席预备会并讲话。

7月27日　蒋正华主席在中南海出席中共中央党外人士座谈会并发言，常务副主席李蒙出席会议。

7月31日　民主党派领导人考察奥运场馆建设情况，中央主席蒋正华，常务副主席李蒙，副主席陈宗兴、桑国卫、汪纪戎参加。

8月1日　中央主席蒋正华，常务副主席李蒙，副主席陈宗兴、桑国卫、汪纪戎在中共中央统战部出席干部人事制度改革通报会。

8月2日—6日　蒋正华主席在吉林考察图们江流域开发情况。

8月7日—12日　全国政协副主席李蒙率全国政协“三江源生态保护和建设”调研组在青海考察。

8月7日　全国人大常委桑国卫在北京出席全国人大教科文卫委员会主任会议。

8月8日　陈宗兴副主席在中共中央统战部出席统战部副部长楼志豪主持召开的有关换届工作座谈会。

8月10日　全国人大常委桑国卫在北京出席全国人大教科文卫委员会全体会议。

8月10日—12日　桑国卫副主席在河南郑州出席农工党河南省第五次代表大会。

8月17日　全国人大常委会副委员长蒋正华在人民大会堂出席十届全国人大常委会第六十四次委员长会议。

8月20日　全国人大常委会副委员长蒋正华在人民大会堂出席“纪念《人口与计划生育法》实施五周年座谈会”并

讲话。

8月21日—23日　中共中央组织部、统战部和中央党校在北京京西宾馆举办“学习贯彻第20次全国统战工作会议精神专题研讨班”。中央主席蒋正华，常务副主席李蒙，副主席陈建生、陈宗兴、张大宁、左焕琛、桑国卫、王宁生、陈勋儒、汪纪戎参加研讨班。

8月24日—25日　全国人大常委会副委员长蒋正华在广东深圳出席“中国企业家论坛第四届深圳高峰会”并致辞。

8月24日—30日　全国人大常委会副委员长蒋正华，全国人大常委陈建生、桑国卫、王宁生在北京出席十届全国人大常委会第二十九次会议。

8月29日　全国政协副秘书长陈宗兴在全国政协出席全国政协十届第十七次秘书长会议。

9月1日　全国政协副主席李蒙在人民大会堂出席“节能减排全民行动”启动仪式。

9月2日—15日　全国人大常委会副委员长蒋正华率全国人大代表团出访汤加、菲律宾、密克罗尼西亚三国。

9月4日　常务副主席李蒙在中央机关主持召开十四大筹备工作第一次会议。秘书长及各部门负责人参加。

陈宗兴副主席出席中央社会主义学院2007年秋季开学典礼。

常务副主席李蒙在中共中央统战部出席组织工作会议。

9月6日　陈宗兴、汪纪戎副主席出席中共中央统战部召开的党外人士情况通报会，由国家环保总局局长周生贤介绍环保工作情况。秘书长游宏炳、宣传部副部长石光树、社会服务部副部长刘峻杰、参政议政部副部长隋路、姚秀元等参加。

9月7日—13日　全国政协副主席李蒙率全国政协委员视察团在山东考察。

9月13日—16日　陈宗兴、左焕琛、陈勋儒副主席在上海出席农工党部分省、市政治交接学习教育活动工作座谈会。宣传部副部长石光树参加。

9月13日—14日　桑国卫副主席在北京出席全国人大教科文卫委员会专题汇报会。

9月15日　全国政协副主席李蒙在北京出席“中国科技创新国际论坛”开幕式。

9月16日—18日　陈宗兴副主席赴浙江温州进行“加强两岸经贸交流”调研。参政议政部副部长隋路参加。

9月18日　中央主席蒋正华、常务副主席李蒙在中央机关出席中央换届工作领导小组会议。

中央常务副主席李蒙在中央机关主持召开十四大筹备工作第二次会议。秘书长及各部门负责人等参加。

9月19日—24日　中央主席蒋正华、副主席陈宗兴率中央考察团赴安徽就人口和计划生育工作进行专题调研。办公厅副主任边孝寅、参政议政部副部长隋路等陪同。

9月19日　全国政协副主席、中央常务副主席李蒙在全国政协出席政协第十届全国委员会第四十七次主席会议。

9月20日　中央副主席桑国卫陪同国家主席胡锦涛出席乍得总统伊德里斯·代比访华欢迎仪式及晚宴。

9月24日　全国政协副主席、中央常务副主席李蒙在人民大会堂陪同国家副主席曾庆红出席南非副总统弗姆齐莉·姆兰博·努卡来华访问欢迎仪式及晚宴。

9月24日—27日　全国政协副主席、中央常务副主席李蒙率全国政协奥运工程建设及筹备情况视察团在北京视察。

9月24日—25日　中央副主席桑国卫在北京出席中国和平统一促进会七届二次理事会。

9月26日　全国人大常委、中央副主席桑国卫在北京出席全国人大教科文卫委员会会议。

9月28日　中央主席蒋正华在中央机关主持召开2007年第5次主席办公会议。

全国政协常委、中央副主席汪纪戎在全国政协出席全国政协十届资源环境工作座谈会。

9月29日　全国人大常委、中央副主席桑国卫在北京出席全国人大教科文卫委员会会议。

9月30日　中央常务副主席李蒙在中央机关主持召开十四大筹备工作第三次会议。

10月8日　中央常务副主席李蒙在中央机关主持召开十四大筹备工作第四次会议。

10月9日　全国人大常委会副委员长、中央主席蒋正华在北京贵宾楼饭店出席“中国俄罗斯建交58周年招待会”。

10月9日—10日　全国人大常委、中央副主席桑国卫在北京出席全国人大教科文卫委员会会议。

10月9日—12日　中央副主席陈宗兴在四川成都出席“中国农工民主党参政党理论研究四川点授证仪式暨坚持走中国特色社会主义政治发展道路理论研讨会”和德阳市委会政治交接座谈会。

10月12日　全国政协常委、中央副主席汪纪戎在全国政协出席人口资源环境委员会召开的人口工作座谈会。

10月13日　全国人大常委会副委员长、中央主席蒋正华在人民大会堂出席十届人大第六十七次委员长会议。

10月15日　中央主席蒋正华，常务副主席李蒙，副主席陈宗兴、桑国卫、汪纪戎，名誉副主席方荣欣、章师明、田光涛、宋金升在人民大会堂列席中国共产党第十七次全国代表大会开幕式。

10月16日—20日　中央副主席汪纪戎赴福建、河南两省进行十四大组织人事工作调研。

10月17日—23日　全国人大常委、中央副主席桑国卫赴英国出席联合国人口基金召开的母婴安全与相关妇女问题国际会议。

10月19日　中央常务副主席李蒙在中央机关主持召开十四大筹备工作第五次会议。

10月21日　中央主席蒋正华，常务副主席李蒙，副主席陈宗兴、汪纪戎，名誉副主席章师明、田光涛、宋金升在人民大会堂列席中国共产党第十七次全国代表大会闭幕式。

10月23日　中央主席蒋正华，常务副主席李蒙，副主席陈宗兴、汪纪戎，名誉副主席田光涛出席中共中央统战部在统战部礼堂召开的党外人士情况通报会，通报中共十七大有关情况。

10月24日—28日　全国人大常委会副委员长、中央主席蒋正华，全国人大常委、中央副主席陈建生、桑国卫、王宁生在北京出席十届全国人大常委会第三十次会议。

10月24日—25日　中央副主席汪纪戎在北京出席中国环境与发展国际环境合作委员会召开的关于实现“十一五”环境目标机制研讨会。

10月26日—29日　全国政协副主席、中央常务副主席李蒙，全国政协常委、中央副主席阎洪臣、陈宗兴、张大宁、左焕琛、陈勋儒、汪纪戎在北京出席全国政协十届十九次常委会。

10月29日　十三届三十一次主席会议在北京四川龙爪树宾馆召开，中央主席蒋正华主持会议。会议审议十三届十六次中常会议程，研究讨论十四大相关文件。中央常务副主席李蒙，副主席阎洪臣、陈建生、陈宗兴、张大宁、左焕琛、桑国卫、王宁生、陈勋儒、汪纪戎出席会议。秘书长及各部门负责人列席会议。

10月30日　全国政协主席贾庆林在中共中央统战部主持召开座谈会，与各民主党派中央主要负责人及无党派代表人士座谈学习十七大精神的体会。中央主席蒋正华出席会议并发言，常务副主席李蒙，副主席陈宗兴、桑国卫、汪纪戎出席座谈会。

10月30日—31日　十三届十六次中常会在北京四川龙爪树宾馆举行。会议的主要内容是学习贯彻中国共产党第十七次全国代表大会精神，审议通过《中国农工民主党中央关于学习宣传贯彻中共十七大精神的决议》、《中国农工民主党中央关于2007年中央换届工作的决定》等。会议建议中国农工民主党第十四次全国代表大会于2007年12月11日至15日在北京召开。中央主席蒋正华，常务副主席李蒙，副主席阎洪臣、陈建生、陈宗兴、张大宁、左焕琛、桑国卫、王宁生、陈勋儒、汪纪戎等中央常委出席会议。新任省级组织主委以及中央机关各部门负责人列席会议。

10月31日　十三届三十二次主席会议在北京四川龙爪树宾馆召开，中央主席蒋正华主持会议。会议听取十三届十六次中常会各小组讨论汇报。

11月6日　中央主席蒋正华，常务副主席李蒙，副主席陈宗兴、桑国卫、汪纪戎在中共中央统战部出席各民主党派换届工作座谈会。

11月6日—10日　中央副主席桑国卫在上海参加国家16项重大专项项目验收。

11月7日　全国政协副主席、中央常务副主席李蒙在全国政协会见叙利亚全国阵线副主席卡达哈。

11月11日　十三届三十三次中央主席会议在中央机关主席会议室召开，通报党派中央换届工作的有关安排原则。中央主席蒋正华主持会议。

11月12日—18日　中央副主席桑国卫在北京参加国家16项重大专项项目验收。

11月12日　全国政协副主席、中央常务副主席李蒙在北京中山公园中山堂出席孙中山先生诞辰141周年纪念仪式。

农工党全国组织工作会议在北京召开。中央常务副主席李蒙、副主席陈宗兴出席会议并讲话。组织部部长肖燕军主持会议并作组织工作报告。

11月13日　全国政协副主席、中央常务副主席李蒙，中央副主席陈宗兴在全国政协出席中医药高峰论坛开幕式。

中央常务副主席李蒙在中央机关主持召开十四大筹备工作第七次会议。

11月14日　全国政协常委、中央副主席汪纪戎在全国政协出席“全国暨地方政协人口资源环境委员会工作研讨会”。

11月17日　中央副主席陈宗兴在北京出席全国工商联第十次会员代表大会开幕式。

11月20日　中央主席蒋正华，中央常务副主席李蒙，副主席陈宗兴、桑国卫、汪纪戎在中共中央统战部礼堂阅读中央经济工作会议文件。秘书长游宏炳参加。

11月21日　中央主席蒋正华在中央机关主持召开专题座谈会，邀请有关专家学者就“民生”和“金融经济”进行研讨座谈。

中央主席蒋正华在中央机关主持召开

2007年第六次主席办公会议。

11月22日　全国人大常委会副委员长、中央主席蒋正华在全国友协出席“中国印度友好协会理事大会”并出席“中国印度友好协会55周年招待会”。

中央常务副主席李蒙在中央机关主持召开十四大筹备工作第八次会议，副主席陈宗兴出席。

11月23日　全国人大常委会副委员长、中央主席蒋正华在中南海怀仁堂出席中共中央党外人士座谈会并发言，全国政协副主席、中央常务副主席李蒙出席座谈会。

中央副主席陈宗兴在中央机关主持召开中央章程修改小组会议，讨论章程修改事宜。

11月24日—30日　全国政协副主席、中央常务副主席李蒙在智利出席“首届中国—拉美企业家高峰会”并访问巴西。

11月26日　全国人大常委会副委员长、中央主席蒋正华在人民大会堂陪同国家主席胡锦涛出席法国总统萨科齐来华访问欢迎仪式。

中央副主席桑国卫在北京向国务院汇报“十一五”重大专项审计检查情况。

11月27日—28日　中央副主席桑国卫在北京出席第五次亚洲女议员女部长会议。

11月28日　中央主席蒋正华在北京京西宾馆出席台湾民主自主同盟第八次全盟代表大会暨纪念台盟成立六十周年大会开幕式并代表各民主党派中央、全国工商联致贺词。

11月28日—30日　中央副主席汪纪戎在北京出席中国环境与发展国际环境合作委员会2007年年会。

11月29日　中央副主席陈建生在人民大会堂出席中国民主同盟会第十次全国代表大会开幕式。

11月30日　全国人大常委会副委员长、中央主席蒋正华在人民大会堂出席《测绘法》修订实施5周年座谈会并讲话。

中央副主席陈宗兴在中央机关主持召开十四大筹备工作第九次会议。秘书长及各部门负责人等参加会议。

12月1日—4日　全国政协副主席、中央常务副主席李蒙在智利出席“首届中国—拉美企业家高峰会”并访问巴西。

12月1日　中央副主席陈宗兴在人民大会堂出席中国民主促进会第十次全国代表大会开幕式。

12月3日　全国人大常委会副委员长、中央主席蒋正华在人民大会堂会见伊朗民族信任党代表团。

12月5日　中央主席蒋正华在中央机关主持召开2007年第7次主席办公会议。中央常务副主席李蒙，副主席陈宗兴、桑国卫、汪纪戎出席会议。会议检查了十四大准备情况并讨论了有关事项。

中央副主席汪纪戎在人民大会堂陪同国家主席胡锦涛出席马其顿共和国总统布兰科·茨尔文科夫斯基来华访问欢迎仪式及晚宴。

12月6日　中共中央统战部部长杜青林在统战部礼堂向党外人士通报中央经济工作会议精神。中央主席蒋正华，常务副主席李蒙，副主席陈宗兴、桑国卫、汪纪戎，名誉副主席田光涛、宋金升出席通报会。秘书长游宏炳参加。

中央副主席、全国妇联副主席汪纪戎在全国妇联出席“全国妇联九届十二次主席办公会议”。

12月7日　全国人大常委、中央副主席桑国卫在北京出席全国人大专门工作委员会会议。

12月8日　中央常务副主席李蒙在北

京京西宾馆出席九三学社第九次全国代表大会开幕式。

12月9日　中央副主席桑国卫在人民大会堂出席中国国民党革命委员会第十一次全国代表大会开幕式。

12月10日　十三届三十四次主席会议在北京京丰宾馆召开，中央主席蒋正华主持会议。中央常务副主席李蒙，副主席阎洪臣、陈建生、陈宗兴、张大宁、左焕琛、桑国卫、王宁生、陈勋儒、汪纪戎出席会议。秘书长及机关各部门负责人列席会议。

十三届十七次中央常委会议在北京京丰宾馆召开。中央主席蒋正华，常务副主席李蒙，副主席阎洪臣、陈建生、陈宗兴、张大宁、左焕琛、桑国卫、王宁生、陈勋儒、汪纪戎等中央常委出席会议。新任省级组织主委以及中央机关各部门负责人列席会议。

十三届六中全会在北京京丰宾馆召开，中央主席蒋正华主持会议。中央常务副主席李蒙，副主席阎洪臣、陈建生、陈宗兴、张大宁、左焕琛、桑国卫、王宁生、陈勋儒、汪纪戎等中央委员出席会议。

12月11日—15日　中国农工民主党第十四次全国代表大会在北京召开。会议学习贯彻中国共产党第十七次全国代表大会精神；审议批准了第十三届中央委员会报告；审议通过了《中国农工民主党章程（修正案）》；选举产生了由200人组成的第十四届中央委员会。选举代表568名、提名代表99名出席会议，另有列席代表68名。

12月14日　中央常务副主席李蒙在中央社会主义学院出席组织人事工作协商会。组织部部长肖燕军参加。

12月15日　中共中央统战部在统战部礼堂举行情况通报会。十三届中央主席蒋正华、常务副主席李蒙出席通报会。

十四届一中全会在北京京丰宾馆召开。会议选举产生中央委员会常务委员45名。选举桑国卫为中央主席，陈宗兴、张大宁、王宁生、陈勋儒、汪纪戎、刘晓峰、陈述涛、何维、姚建年、杨震为副主席。十四届中央委员出席会议。

十四届一次主席会议在北京京丰宾馆召开，中央主席桑国卫主持会议。会议推举陈宗兴为中央常务副主席。中央副主席陈宗兴、张大宁、王宁生、陈勋儒、汪纪戎、刘晓峰、陈述涛、何维、姚建年、杨震出席会议。

十四届一次中央常委会议在北京京丰宾馆召开。中央主席桑国卫主持会议。根据十四届第一次主席会议的提名，会议任命陈建国为十四届中央委员会秘书长。

中央主席桑国卫在北京京丰宾馆主持召开2007年第8次主席办公会议。中央常务副主席陈宗兴，副主席汪纪戎、刘晓峰出席会议。会议研究近期中央重点工作，并明确了桑国卫、陈宗兴、汪纪戎、刘晓峰的分工。

12月16日　中央副主席汪纪戎在全国政协礼堂出席中国民主建国会第九次全国代表大会开幕式。

中共中央政治局常委、全国政协主席贾庆林在中共中央统战部礼堂接见并宴请农工党十三届、十四届中央委员会主席、副主席。中共中央政治局委员刘延东，中共中央统战部部长杜青林、副部长朱维群、黄跃金、楼志豪等陪同。

12月17日　中央主席桑国卫在中央机关主持召开2007年第9次主席办公会议。中央常务副主席陈宗兴、副主席汪纪戎出席会议。会议传达了贾庆林同志在接见农工党十三届、十四届领导班子成员时的重要讲话精神，听取了中央机关各部门工作汇报，并就中央即将开展的各项工作作出具体部署，对机关建设有关方面提出明确要求。秘书长及机关各部门负责人列席会议。

中央副主席汪纪戎在人民大会堂出席中国致公党第十三次全国代表大会开幕式。

12 月 20 日　中央主席桑国卫在中共北京市委统战部出席有关情况协调会。

12 月 23 日—29 日　中央主席桑国卫、副主席王宁生在北京出席十届全国人大常委会第三十一次会议。

12 月 24 日　中共中央召开各民主党派中央、全国工商联新老主要领导人座谈会。十三届中央主席蒋正华、常务副主席李蒙，十四届中央主席桑国卫、常务副主席陈宗兴出席座谈会。

12 月 25 日　全国政协副秘书长、中央常务副主席陈宗兴在全国政协列席全国政协十届第四十九次主席会议。

全国政协常委、中央副主席汪纪戎在全国政协出席全国政协十届无党派界委员工作总结会。

12 月 26 日　中央主席桑国卫在中南海代表科技部新药创制重大专项组向国务院常务会议汇报项目有关情况。

中央副主席汪纪戎在北京出席环保总局咨询委、科技委全会。

12 月 28 日　中共中央统战部在统战部礼堂召开有关情况协商会。十三届中央常务副主席李蒙，十四届中央主席桑国卫、常务副主席陈宗兴出席协商会。

中央副主席汪纪戎在人民大会堂陪同温家宝总理出席日本国首相福田康夫来华访问欢迎仪式。

刘　静　农工党中央办公厅干部

中国致公党

1月1日　罗豪才主席，吴明熹、杨邦杰副主席，曹鸿鸣秘书长在北京出席全国政协2007新年茶话会。

1月4日　罗豪才主席，杜宜瑾常务副主席在北京中南海出席中共中央召开的党外人士座谈会。

罗豪才主席，杜宜瑾常务副主席，吴明熹、杨邦杰副主席在北京人民大会堂出席有关金融工作情况通报会。

1月5日　罗豪才主席，杨邦杰副主席在北京中南海出席由国务院总理温家宝召开的党外人士座谈会。

1月10日—13日　吴明熹副主席率队赴重庆酉阳慰问当地贫困户并考察扶贫工作和“致酉合作项目”进展情况。

1月12日　罗豪才主席在北京人民大会堂出席《人民司法》创刊50周年座谈会并讲话。

1月17日　罗豪才主席在京主持召开致公党中央第十二届第五十七次主席办公会。杜宜瑾常务副主席，吴明熹、杨邦杰副主席出席了会议。曹鸿鸣秘书长及中央机关有关部门负责人、有关人员列席会议。

1月19日　罗豪才主席在京出席由贾庆林主席主持召开的全国政协第十届第四十一次主席会议。吴明熹副主席列席。

杜宜瑾常务副主席率致公党中央留学人员联络工作委员会有关同志赴北京新东方学校走访、调研。

1月23日至26日　罗豪才主席，杜宜瑾常务副主席，杨邦杰副主席赴成都考察“城乡统筹，协调发展”的情况。

1月26日　吴明熹副主席在中央社会主义学院出席中共中央统战部召开的各民主党派、工商联、有关团体做台湾人民工作的座谈会。

1月26日—28日　罗豪才主席，曹鸿鸣秘书长赴贵州省毕节地区考察扶贫开发工作。

罗豪才主席，杜宜瑾常务副主席，杨邦杰副主席及参政议政部等部门有关同志在机关三楼会议室阅读《政府工作报告》(征求意见稿)。

罗豪才主席，杜宜瑾常务副主席，杨邦杰副主席在机关会见广东省汕头市有关领导并进行座谈。

1月29日—2月13日　吴明熹副主席率中国致公党中央代表团赴巴拿马、巴西访问。

2月1日　罗豪才主席，杜宜瑾常务副主席在京出席由温家宝总理主持召开的党外人士座谈会，对《政府工作报告（征求意见稿)》提出意见和建议。

罗豪才主席出席中国统促会迎春联谊会，他指出，二〇〇七年两岸关系将面临严峻挑战，中国统促会将牢牢把握两岸和平发展的主题，继续促进海峡两岸民间交流与往来。

2 月 6 日　罗豪才主席在中央机关召开侨界专家学者座谈会，曹鸿鸣秘书长及各相关部门负责同志出席会议。

罗豪才主席在机关四楼会议室主持召开致公党中央第十二届第五十八次主席办公会议。杜宜瑾常务副主席，杨邦杰副主席出席会议，曹鸿鸣秘书长列席会议。

杜宜瑾常务副主席，杨邦杰副主席出席 2007 “两会”前新闻记者通气会，曹鸿鸣秘书长列席会议。

2 月 7 日　罗豪才主席，杜宜瑾常务副主席，杨邦杰副主席，曹鸿鸣秘书长及机关有关干部同志在人民大会堂宴会厅出席 2007 首都侨界新春茶话会。

2 月 8 日　罗豪才主席在京出席全国政协第十届第四十二次主席会议。

罗豪才主席出席世界上首部完整表现厦、漳、泉闽南方方言的词典——《闽南方言大词典》在北京首发的出版座谈会。

杨邦杰副主席在人民大会堂出席由中组部、中央统战部举办的老干部迎春茶话会。

2 月 9 日　罗豪才主席在全国政协出席全国政协科教文卫体界新春茶话会。

2 月 9 日—11 日　罗豪才主席赴山西、河北慰问归侨侨眷。

2 月 10 日　吴明熹副主席在巴西参加华人华侨春节招待会。

2 月 12 日　罗豪才主席向海外侨胞、港澳台同胞祝贺新春。

罗豪才主席出席全国政协机关春节团拜会。

2 月 13 日　罗豪才主席，杜宜瑾常务副主席出席国务院总理温家宝在中南海主持召开的征求对即将提请第十届全国人大第五次会议审议的《政府工作报告》（征求意见稿）意见建议的座谈会。

2 月 16 日　罗豪才主席出席中共中央办公厅、国务院办公厅在人民大会举行的 2007 年春节团拜会。

2 月 23 日　罗豪才主席代表中央“五侨”单位在海南省慰问兴隆和文昌两个华侨农场。

2 月 26 日—28 日　罗豪才主席，吴明熹、杨邦杰副主席在京出席全国政协十届常委会第十六次会议。

2 月 26 日—28 日　杜宜瑾常务副主席在京出席第十届全国人大常委会第二十六次会议。

2 月 28 日　罗豪才主席在京出席全国政协第十届第四十三次主席会议。

3 月 1 日　罗豪才主席出席最高法和全国妇联对全国优秀法院、优秀法官、优秀女法官以及法院系统全国巾帼文明岗、“巾帼建功”标兵予以表彰的表彰大会。

杜宜瑾常务副主席出席中央社院 2007 年春季开学典礼。

3 月 2 日　罗豪才主席，杜宜瑾常务副主席，吴明熹、杨邦杰副主席，曹鸿鸣秘书长在中央统战部礼堂听取中纪委负责同志关于反腐倡廉的情况通报。

3 月 3 日　罗豪才主席，吴明熹、杨邦杰副主席，曹鸿鸣秘书长在京出席全国政协第十届第五次会议开幕大会。

3 月 4 日　中共中央政治局常委、全国人大常委会委员长吴邦国来到友谊宾馆，参加致公、侨联组的联组会。全国政协副主席张思卿、全国政协副主席本党中央主席罗豪才及有关部门的领导参加会议。致公党中央副主席吴明熹主持会议。在听取部分委员发言后，吴邦国委员长发表了重要讲话。

3 月 5 日　罗豪才主席，杜宜瑾常务副主席，杨邦杰副主席，曹鸿鸣秘书长在中央统战部礼堂出席“各民主党派中央、全国工商联与各省、自治区、直辖市统战部长联谊会”。

罗豪才主席出席十届全国人大五次会议开幕式。

3月5日—11日 罗豪才主席，吴明熹、杨邦杰副主席，曹鸿鸣秘书长在京出席全国政协十届五次会议。

杜宜瑾常务副主席在京出席十届全国人大五次会议。

3月7日 罗豪才主席在中央统战部礼堂出席纪念华夏英才基金成立十周年暨党外专家学者联谊活动。

3月8日 罗豪才主席在机关三楼会议室会见列席全国政协十届五次会议的海外侨胞，杜宜瑾常务副主席，吴明熹、俞云波、王珣章、王钦敏、杨邦杰、万钢副主席，曹鸿鸣秘书长参加了会见。

3月9日 罗豪才主席在北京主持召开致公党第十二届第二十次主席会议。

致公党第十二届中常会第十七次会议在中央机关召开，致公党中央主席罗豪才，常务副主席杜宜瑾，副主席吴明熹、俞云波、王珣章、程津培、王钦敏、杨邦杰、万钢出席会议，秘书长曹鸿鸣，中央机关厅局级干部列席会议。

3月11日 罗豪才主席在钓鱼台国宾馆宴请出席全国政协十届五次会议的港澳政协委员。

全国政协常委、致公党中央副主席万钢在全国政协十届五次会议第三次全体会议上，代表致公党中央发言时表示：统筹城乡发展，是中共中央站在经济和社会协调发展的高度，根据现阶段经济社会发展的特点和突出矛盾而做出的重大战略决策，必须从五个方面加大力度，进一步推动城乡协调发展。

3月12日 罗豪才主席在中山堂参加纪念孙中山先生逝世八十二周年活动。

3月12日—15日 罗豪才主席，吴明熹、杨邦杰副主席，曹鸿鸣秘书长在京出席全国政协十届五次会议。

3月12日—16日 杜宜瑾常务副主席在京出席十届全国人大五次会议。

3月14日 罗豪才主席，吴明熹、杨邦杰副主席在京出席全国政协第十届常委会第十七次会议。

3月16日 罗豪才主席在致公党中央机关会见并宴请印尼中华总商会主席陈大江先生一行。吴明熹副主席参加了会见。

3月18日—22日 杜宜瑾常务副主席出席中央统战部在广西南宁召开的“民主党派政治交接主题学习教育活动”现场会。

3月20日 吴明熹副主席在机关一楼贵宾室与外交部拉美司来访同志座谈。

3月23日 全国“两会”精神学习传达会在致公中央机关召开，杜宜瑾常务副主席，吴明熹、杨邦杰副主席出席会议，机关全体同志及中央专门委员会部分在京委员参加会议。

致公党第十二届第五十九次主席办公会在中央机关召开，罗豪才主席，吴明熹副主席、杨邦杰副主席出席会议。

3月26日 致公党中央换届工作领导小组在中央机关召开会议，罗豪才主席，杜宜瑾常务副主席，吴明熹、杨邦杰副主席，曹鸿鸣秘书长，组织部相关同志出席会议。

罗豪才主席在中央机关会见台湾世界洪门总会代表团一行，吴明熹副主席参加了会见。

3月27日 罗豪才主席在京西宾馆出席第五次全国行政审判工作会议。

致公党第十三次全国代表大会筹备委员会筹备工作领导小组在中央机关召开第

一次会议，筹备领导小组及其办公室成员出席会议。

3月28日　“推进中华文化发展，增强国家软实力”座谈会在中央机关召开，罗豪才主席，杨邦杰副主席，曹鸿鸣秘书长，机关各部门负责同志及党内外十余名专家出席会议。

3月28日—29日　罗豪才主席赴上海出席致公党上海市第六次代表大会。

3月29日　吴明熹、杨邦杰副主席在中央机关与中国扶贫开发协会有关同志座谈。

3月30日　罗豪才主席在中央机关会见韩中友协朴三求会长，吴明熹、杨邦杰副主席参加会见。

4月1日　罗豪才主席在钓鱼台国宾馆会见南非访华议员团。

4月2日　罗豪才主席召集“五侨”单位有关同志，以“弘扬中华文化，密切海内外同胞关系”为主题进行座谈。致公党中央常务副主席杜宜瑾，副主席吴明熹、杨邦杰，秘书长曹鸿鸣及来自全国人大华侨委员会、国务院侨务办公室、全国政协港澳台侨委员会、中国侨联的相关人员参加了座谈。

4月2日—14日　罗豪才主席率领中国政协代表团出访美国、墨西哥。

4月3日　罗豪才主席率领的中国政协访问美国、墨西哥代表团一行8人于当地时间四月二日抵达芝加哥进行为期三天的访问，受到大芝加哥地区华侨华人联合会、芝城洪门致公堂等社团负责人以及当地侨界代表的热烈欢迎。

4月5日　罗豪才主席在中国驻纽约总领事刘碧伟大使陪同下访问了美国哥伦比亚大学。哥伦比亚大学教务长艾伦·布林克利代表哥伦比亚大学对罗豪才主席到访表示热烈的欢迎。罗豪才主席还在纽约与美东地区与华侨华人代表座谈。

4月5日—6日　杜宜瑾常务副主席赴广州参加致公党广东省第十次代表大会。

4月6日—15日　杨邦杰副主席赴江西、浙江、安徽等省就社会主义新农村建设中的环境保护问题进行调研，宣传部、参政议政部有关同志随行。

4月7日　罗豪才主席率领的访美代表团在美国首都华盛顿地区与侨、学界代表举行座谈会，在一些涉及华侨华人的重要问题上听取他们的意见和建议，并就反对和遏制“法理台独”与大家交换了看法。

4月11日—13日　王珣章副主席赴长沙参加致公党湖南省第四次代表大会。

4月12日　杜宜瑾常务副主席在京出席全国人大财经委全体会议。

4月15日—17日　吴明熹副主席赴重庆市参加致公党重庆市第三次代表大会。

4月17日—18日　杜宜瑾常务副主席赴成都参加致公党四川省第五次代表大会。

4月17日　吴明熹副主席在京会见加拿大洪门民治党维多利亚支部主委马奕伦一行。

4月18日—19日　王珣章副主席赴海口参加致公党海南省第五次代表大会。

4月18日　罗豪才主席，曹鸿鸣秘书长在福建厦门出席第二届保生慈济文化节开幕式。

4月19日　罗豪才主席在厦门出席海外侨情座谈会，曹鸿鸣秘书长出席座谈会。

4月20日　罗豪才主席在浙江绍兴出席2007年公祭大禹陵活动。

杨邦杰副主席在京出席全国政协人资环委“促进资源节约型、环境友好型社会建设”情况介绍会。

4月22日　罗豪才主席在京会见加拿大温哥华区市长和企业家代表团。

4 月 23 日—25 日　吴明熹副主席赴沈阳参加致公党辽宁省第五次代表大会。

4 月 24 日—27 日　杜宜瑾常务副主席在京出席十届全国人大常委会第 27 次会议。

4 月 24 日　罗豪才主席在京会见韩国青年会所代表团。

杨邦杰副主席出席国家主席胡锦涛会见摩纳哥公国元首阿尔贝二世亲王欢迎仪式和晚宴。

4 月 25 日　罗豪才主席，杨邦杰副主席在京出席中华职业教育社成立九十周年庆典。

罗豪才主席在京会见泰国潮州会馆访华团。

4 月 25 日—28 日　杨邦杰副主席率致公党中央“关于橡胶资源与废旧轮胎利用问题”调研组赴江苏调研。

4 月 26 日—30 日　俞云波副主席赴合肥参加致公党安徽省第四次代表大会。

5 月 7 日　致公党中央主席办公会在机关四楼会议室召开，罗豪才主席，杜宜瑾常务副主席，吴明熹、杨邦杰副主席出席会议，曹鸿鸣秘书长列席会议。

5 月 8 日—20 日　杨邦杰副主席出访日本、韩国。

5 月 10 日　罗豪才主席在京出席中国人权研究会第三届理事会第一次会议。

5 月 11 日　罗豪才主席在人民大会堂会见韩国韩中文化青少年协会绿化合作代表团。

5 月 14 日　罗豪才主席在京出席国家主席胡锦涛为卢旺达总统卡加梅访华举行的欢迎仪式和欢迎晚宴。

5 月 15 日　罗豪才主席在京出席全国政协“和谐社会与法治建设研讨会”开幕式。

罗豪才主席在京会见德国社民党政治家代表团。

5 月 16 日　罗豪才主席，吴明熹副主席在机关会见并宴请巴西洪门协会会长罗满强。

5 月 17 日　致公党中央各专门委员会工作会议在中央机关召开。

5 月 18 日　杜宜瑾常务副主席，吴明熹副主席，曹鸿鸣秘书长在中央统战部出席党派工作会议。

程津培副主席赴武汉出席致公党湖北省第二次代表大会。

5 月 20 日　吴明熹副主席赴南京出席致公党江苏省第四次代表大会。

5 月 20 日—21 日　杜宜瑾常务副主席赴济南出席致公党山东省第四次代表大会。

5 月 21 日　罗豪才主席在香港出席“携手建设创新型国家”论坛。

5 月 21 日—28 日　吴明熹副主席，杨邦杰副主席，曹鸿鸣秘书长赴广东、广西开展海岛保护立法调研。

5 月 22 日　罗豪才主席在广州出席侨情调研座谈会。

吴明熹副主席在京出席全国政协秘书长会议。

5 月 23 日　杜宜瑾常务副主席在京出席中华海外联谊会二届五次常务理事会。

5 月 23 日—25 日　王钦敏副主席赴杭州出席致公党浙江省第四次代表大会。

5 月 24 日　罗豪才主席、杨邦杰副主席在京出席中华海联会“共建和谐·海联论坛”。

5 月 26 日　罗豪才主席、杜宜瑾常务副主席在京出席“五侨”领导联席会议。

5 月 29 日—6 月 8 日　致公党中央考察团赴广西考察调研，罗豪才主席，杜宜瑾常务副主席，杨邦杰副主席参加调研。

6 月 11 日　罗豪才主席，杨邦杰副主席在统战部出席各民主党派主席、副主席会议，讨论《中国的政党制度》白皮书。

杜宜瑾常务副主席在中央机关会见奥克兰工业大学人事处处长、管理学院院长一行。

杜宜瑾常务副主席在福州出席致公党福建省第七次代表大会开幕式。

6 月 13 日　吴明熹副主席在中央机关会见巴拿马中华总会会长黄伟文一行，中央常委李羚同志参加会见。

6 月 14 日　罗豪才主席在中央机关召开致公党第十二届第六十次主席办公会。杜宜瑾常务副主席，吴明熹副主席、杨邦杰副主席出席会议，曹鸿鸣秘书长及参政议政部有关同志列席会议。

6 月 15 日　罗豪才主席，吴明熹副主席在中央机关会见陕西省台办领导同志。

罗豪才主席在中央机关出席出访约旦、叙利亚、土耳其准备会，外交部和中国贸促会有关领导出席会议。

6 月 16 日　杨邦杰副主席在中央机关会见荷兰商会会长胡志光一行。

6 月 16 日—22 日　吴明熹副主席访问菲律宾。

6 月 16 日—25 日　罗豪才主席赴约旦、叙利亚、土耳其访问，并于 6 月 18 日在约旦首都安曼出席中阿合作论坛第二届企业家大会。

6 月 19 日　杜宜瑾常务副主席，杨邦杰副主席在中央统战部出席党外人士通报会，由外交部部长杨洁篪通报当前国际形势与我国外交情况，机关其他局级以上干部参加了会议。

6 月 20 日　杨邦杰副主席在人民大会堂出席第四届世界华侨华人社团联谊大会。

6 月 21 日　致公党中央经济界专家座谈会在中央机关召开。

6 月 22 日　杜宜瑾常务副主席在统战部出席换届工作会议。

6 月 22 日—23 日　杨邦杰副主席赴湖北武汉出席 2007 华侨华人创业发展洽谈会。

6 月 24 日—29 日　杜宜瑾常务副主席在京出席十届全国人大常委会第 28 次会议。

6 月 25 日—26 日　杨邦杰副主席赴昆明出席致公党云南省第五次代表大会。

6 月 26 日　罗豪才主席在中央机关会见并宴请以蔡三义为团长的南美洪门协会代表团。

吴明熹副主席在京出席国家主席胡锦涛为西班牙国王胡安·卡洛斯一世访华举行的欢迎仪式和欢迎晚宴。

6 月 27 日—28 日　杨邦杰副主席赴贵阳出席致公党贵州省第三次代表大会。

6 月 28 日　罗豪才主席在京出席中国华文教育基金会一届三次理事会。

6 月 29 日　罗豪才主席出席中韩友协理事会。

致公党第十二届第六十一次主席办公会在中央机关召开，罗豪才主席，杜宜瑾常务副主席，吴明熹、杨邦杰副主席出席会议，曹鸿鸣秘书长列席。

6 月 29 日　罗豪才主席在中央机关会见并宴请台湾忠义致公党代表团。

吴明熹副主席在中央机关会见并宴请菲律宾洪门致公党宿务支部理事长苏长流率领的全体骨干一行。

7 月 2 日　致公党第十二届第二十一次主席会议在京召开。

7 月 3 日　致公党第十二届中常会第十八次会议在京召开。致公党中央主席罗豪才，常务副主席杜宜瑾，副主席吴明熹、程津培、王钦敏、杨邦杰出席会议，秘书长曹鸿鸣、中央机关局级干部列席会议。

7 月 4 日—7 日　罗豪才主席，吴明熹、杨邦杰副主席在京出席全国政协第十届常委会第十八次会议。

7月4日　罗豪才主席在京接见中国国际广播电台获奖外国听众代表团。

7月7日　罗豪才主席，吴明熹、杨邦杰副主席在京参加全国政协常委会学习讲座。

7月8日　罗豪才主席出席致公党天津市第四次代表大会。

7月16日　罗豪才主席在京会见特立尼达和多巴哥客人。

杜宜瑾常务副主席在京出席全国人大财经委全体会议。

7月17日　罗豪才主席在京会见突尼斯国防部部长。

7月18日　罗豪才主席陪同国家副主席曾庆红欢迎苏丹副总统。

罗豪才主席，杜宜瑾常务副主席，杨邦杰副主席，曹鸿鸣秘书长在中央统战部礼堂出席国防和军队建设情况通报会，机关局级干部参加会议。

7月19日　杨邦杰副主席在中央社会主义学院出席各民主党派省级组织新任主委培训班开班仪式。

7月20日—22日　吴明熹副主席，曹鸿鸣秘书长，联络部有关同志赴重庆出席致公党中央社会服务工作委员会第二次全体会议。

罗豪才主席，杜宜瑾常务副主席，程津培、杨邦杰、万钢副主席赴中央统战部阅读有关文件，参政议政部、宣传部相关同志随行。

7月23日　吴明熹副主席在京出席全国政协“加快广西北部湾经济区开发与建设，推进北部湾区域经济合作与发展”专题协商会。

吴明熹副主席在中央机关会见中华全球洪门联盟总会长刘会进一行。

7月24日　罗豪才主席，吴明熹、杨邦杰副主席，曹鸿鸣秘书长，参政议政部有关同志在京出席全国政协“以文化建设为主要内容的国家软实力建设”专题协商会。

7月25日　罗豪才主席，组织部有关同志在八宝山参加原中共中央统战部副部长童小鹏同志遗体告别仪式。

中共中央在中南海召开党外人士座谈会，征求对经济工作的意见和建议，罗豪才主席，杜宜瑾常务副主席出席座谈会。

7月26日　杜宜瑾常务副主席在中央机关召开部门负责人及十三大报告起草小组成员会议。

7月27日　中共中央在中南海召开党外人士座谈会，征求对中共十七大的意见和建议，罗豪才主席，杜宜瑾常务副主席出席座谈会。

7月27日—29日　罗豪才主席赴长春考察。

7月30日　罗豪才主席在中央机关与省级组织新任主委培训班学员座谈并作总结讲话。

罗豪才主席，杨邦杰副主席，曹鸿鸣秘书长在京出席庆祝中国人民解放军建军80周年文艺晚会。

杨邦杰副主席在中央机关就参政议政工作与省级组织新任主委培训班学员座谈。

7月31日　罗豪才主席在京出席纪念江华同志诞辰100周年活动。

罗豪才主席，杜宜瑾常务副主席，杨邦杰副主席，曹鸿鸣秘书长在京参加党外人士考察北京奥运场馆、国家大剧院活动。

8月1日　罗豪才主席，杜宜瑾常务副主席，杨邦杰副主席在中央统战部出席人事制度改革会议。

罗豪才主席在京会见日本前政要代表团。

8 月 8 日　杜宜瑾常务副主席，致公中央组织部、宣传部有关同志在中央统战部出席楼志豪副部长召开的关于换届工作的会议。

8 月 13 日—20 日　杨邦杰副主席赴黑龙江进行粮食生产的调研。

8 月 14 日　杜宜瑾常务副主席在中央机关召开部门负责人会议，讨论党章修改工作。

8 月 19 日—30 日　吴明熹副主席率领致公党中央演出访问团赴哥斯达黎加、巴拿马演出访问。

8 月 24 日—30 日　杜宜瑾常务副主席在京出席十届全国人大常委会第 29 次会议。

8 月 27 日　罗豪才主席会见意大利“中国之友协会”代表团。

8 月 28 日　罗豪才主席出席中韩知名人士论坛。

8 月 29 日　杨邦杰副主席会见韩国中华总商会访问团。

9 月 3 日　罗豪才主席在京会见挪威人权研究中心对华项目负责人。

致公党第十二届第六十六次主席办公会在中央机关召开。罗豪才主席，杜宜瑾常务副主席，吴明熹、杨邦杰副主席出席会议，曹鸿鸣秘书长，办公厅有关同志列席会议。

杨邦杰副主席在京出席温家宝总理为匈牙利总理访华举行的欢迎仪式和晚宴。

9 月 4 日　罗豪才主席在京会见毛里求斯前总统奥夫曼。

罗豪才主席在京会见海外华裔青年杰出人士华夏行代表。

杨邦杰副主席，组织部有关同志在中央社会主义学院出席秋季开学典礼。

9 月 4 日—12 日　杜宜瑾常务副主席率致公党中央代表团出访挪威、瑞典，联络部、宣传部有关同志随行。

9 月 5 日—8 日　罗豪才主席，程津培副主席赴安徽考察。

9 月 6 日　吴明熹、杨邦杰副主席，曹鸿鸣秘书长在中央统战部出席党外人士通报会，听取国家环保总局局长周生贤介绍环保工作情况，机关局级以上干部参加会议。

9 月 7 日—11 日　杨邦杰副主席赴湖北武汉出席 2007 中国科协年会并到襄樊调研，宣传部有关同志随行。

9 月 7 日—18 日　俞云波副主席率致公党中央代表团出访加拿大、美国，曹鸿鸣秘书长随行。

9 月 17 日—18 日　吴明熹副主席在厦门出席世界越柬寮华人团体联合会第三届会员代表大会。

9 月 18 日　罗豪才主席，杜宜瑾常务副主席，杨邦杰副主席在中共中央统战部礼堂出席由中共中央统战部举办的民主党派中央领导同志中秋联谊活动。

9 月 19 日　罗豪才主席在山东潍坊出席第十三届鲁台经贸洽谈会。

9 月 20 日　吴明熹副主席在中国扶贫开发协会参观中国村落工程样板间，联络部有关同志随行。

9 月 22 日　罗豪才主席在福建出席胡文虎先生诞辰 125 周年纪念大会，曹鸿鸣秘书长随行。

9 月 26 日　吴明熹副主席，曹鸿鸣秘书长在全国政协出席有关科技创新考察活动研讨会。

9 月 27 日—28 日　罗豪才主席在山东曲阜出席孔子文化节，曹鸿鸣秘书长随行。

9 月 28 日　罗豪才主席，杜宜瑾常务副主席，吴明熹副主席在京出席由全国政协办公厅、中共中央统战部、国务院侨办、国务院港澳办、国务院台办联合举办的国庆招待会。

9月29日　罗豪才主席，杨邦杰副主席在人民大会堂金色大厅出席由中国侨联举办的2007年国庆招待会。

杜宜瑾常务副主席赴天津出席致公党天津市委会政治交接学习教育活动动员会，宣传部、组织部相关同志随行。

9月30日　致公党中央在京举行国庆招待会，隆重庆祝中华人民共和国成立58周年。来自美国、意大利、荷兰、奥地利、挪威、巴西、墨西哥、巴拿马、新西兰等国和台湾地区的百余名来宾出席了招待会。致公党中央主席罗豪才，常务副主席杜宜瑾，副主席吴明熹、程津培，秘书长曹鸿鸣出席了国庆招待会。

罗豪才主席，杜宜瑾常务副主席在人民大会堂出席国务院举办的2007年国庆招待会。

10月10日　致公党第十二届第六十七次主席办公会在中央机关召开。

10月15日　罗豪才主席，杜宜瑾常务副主席，吴明熹、程津培、杨邦杰、万钢副主席在人民大会堂列席中共十七大开幕式。

10月16日—19日　吴明熹副主席在重庆出席重庆市扶贫办举办的纪念“国际消除贫困日”活动，并赴重庆酉阳进行扶贫调研。

10月16日—18日　杨邦杰副主席赴上海考察都市农业。

10月17日—20日　杜宜瑾常务副主席代表中华海外联谊会赴澳门参加澳门中华妈祖基金会有关活动。

10月23日　杜宜瑾常务副主席，吴明熹、程津培、杨邦杰副主席，曹鸿鸣秘书长在中共中央统战部礼堂出席中共十七大会议精神通报会。

10月24日　罗豪才主席在河南安阳出席第六届河洛文化国际研讨会。

吴明熹副主席赴合肥与致公党安徽省委座谈海外联谊工作。

10月24日—29日　杜宜瑾常务副主席在京出席全国人大常委会会议。

10月25日　致公党中央理论学习中心组扩大会议在中央机关召开，机关全体干部在会上学习了中共十七大精神，各部门代表同志谈了学习体会。

罗豪才主席，曹鸿鸣秘书长，参政议政部、宣传部、办公厅有关同志在中央机关出席征求十三大工作报告意见座谈会。

10月25日—27日　吴明熹副主席赴广东调研并出席第八届世界伍氏宗亲恳亲大会开幕式。

10月30日—31日　致公党第十二届中常会第十九次会议在京召开。会议的主要议题是：学习贯彻中共十七大精神，研究召开致公党第十三次全国代表大会的有关事项。罗豪才主席出席会议并讲话。致公党中央常务副主席杜宜瑾，副主席吴明熹、俞云波、王珣章、程津培、王钦敏、杨邦杰、万钢等中央常委出席会议，致公党各省级组织负责人及中央机关局级干部列席会议。

11月1日　致公党中央副主席杨邦杰出席在济南举行的致公党中央参政议政工作研讨会暨第二期参政议政干部培训班开幕式。

11月2日　罗豪才主席出席2007北京论坛在北京人民大会堂开幕式。北京论坛是由北京大学、北京市教委和韩国高等教育财团联合主办的国际性学术会议，创办于2004年，每年举办一次，累计有1300余名世界知名学者参会。

11月3日—4日　杨邦杰副主席到山东省日照市调研社会主义新农村建设和现代农业工作。

11月6日　罗豪才主席，杜宜瑾常务副主席，吴明熹、杨邦杰副主席在中共中央统战部礼堂出席刘延东部长召开的各民主党派中央换届工作座谈会。

11月7日　杜宜瑾常务副主席，曹鸿鸣秘书长，组织部李刚在中共中央统战部出席楼志豪副部长召开的各民主党派中央换届工作座谈会。

11月9日　罗豪才主席，杜宜瑾常务副主席，吴明熹、杨邦杰副主席在中央机关召开主席办公会议，曹鸿鸣秘书长列席会议。

11月10日　罗豪才主席，吴明熹副主席在京会见马来西亚留华校友会会长。

11月12日　罗豪才主席在京出席全国政协纪念孙中山先生诞辰141周年仪式。

11月12日—13日　罗豪才主席赴安徽出席“首届侨界精英安徽发展论坛”。

11月13日　杨邦杰副主席在中央机关召开致公党中央经济界专家座谈会，曹鸿鸣秘书长，参政议政部有关同志参加会议。

11月13日—15日　致公中央举办的海外洪门秘书学习研讨班在京举行。

11月14日　罗豪才主席、杜宜瑾常务副主席在统战部参加各民主党派、工商联、无党派人士座谈会。

11月15日　罗豪才主席、吴明熹副主席在中央机关会见我驻多米尼加代表处王伟华代表。

11月15日—21日　罗豪才主席赴福建、广东考察。

11月17日　杜宜瑾常务副主席在京出席全国工商联第十次会员代表大会开幕式。

吴明熹副主席会见并宴请洛杉矶中华会馆主席团一行，曹鸿鸣秘书长参加。

11月19日　杜宜瑾常务副主席在京出席致公党中央留学归国人员教育创业座谈会，曹鸿鸣秘书长参加座谈会。

11月20日　罗豪才主席在广东汕头会见台湾洪门客人，吴明熹副主席，联络部有关同志参加会见。

杜宜瑾常务副主席、杨邦杰副主席、曹鸿鸣秘书长，参政议政部有关同志在中央统战部阅读中央经济工作会议有关文件。

11月22日　吴明熹副主席在云南省德宏州出席希望小学落成剪彩典礼。

11月23日　罗豪才主席、杜宜瑾常务副主席在中南海怀仁堂参加中共中央有关座谈会。

11月24日—25日　罗豪才主席、杨邦杰副主席赴天津出席“中国发展论坛·2007”。

11月26日　罗豪才主席、吴明熹副主席在京出席全国政协反映社情民意信息工作座谈会开幕式。

罗豪才主席在京会见韩国贸易协会会长李熙范一行。

罗豪才主席在北京饭店会见并宴请香港建通集团董事长郑和国一行，吴明熹副主席参加会见。

11月27日　机关中共支部全体党员在统战部参加朱维群常务副部长所作关于学习贯彻中共十七大精神的辅导报告。

吴明熹副主席在京出席台湾民主自治同盟第八次全盟代表大会暨纪念台湾民主自治同盟成立六十周年大会开幕式。

11月29日　吴明熹副主席在京出席中国民主同盟第十次全国代表大会开幕式。

罗豪才主席在中央机关会见并宴请全美萃胜工商总会总理池洪湖一行，吴明熹副主席参加会见。

12月1日　杨邦杰副主席在京出席中国民主促进会第十次全国代表大会开幕式。

12月3日　罗豪才主席在广州出席全

美萃胜工商总会第十三届恳亲大会。

12月4日　罗豪才主席，杜宜瑾常务副主席，吴明熹、杨邦杰副主席在中央机关召开主席办公会，曹鸿鸣秘书长等列席会议。

12月5日　罗豪才主席在京出席全国地方政协工作经验座谈会开幕式。

杨邦杰副主席在京会见美国华裔专家。

12月6日　罗豪才主席，杜宜瑾常务副主席，杨纪珂名誉副主席，吴明熹、程津培、杨邦杰、万钢副主席，曹鸿鸣秘书长在统战部礼堂出席杜青林部长召开的中央经济工作会议精神通报会。

12月6日—7日　杜宜瑾常务副主席在中央社会主义学院出席“三方协调会”。

12月7日　罗豪才主席，吴明熹副主席在京出席全国地方政协工作经验座谈会闭幕式。

12月8日　吴明熹副主席在京出席九三学社第九次全国代表大会开幕式。

12月9日　杨邦杰副主席在京出席中国国民党革命委员会成立六十周年纪念大会暨第十一次全国代表大会开幕式。

12月10日　罗豪才主席在人民大会堂山东厅会见拉美客人。

杜宜瑾常务副主席在机关会见并宴请挪威中国协会会长曹侃一行。

杨邦杰副主席在人民大会堂出席温家宝总理为韩国韩德洙总理访华举行的欢迎仪式和欢迎宴会。

12月11日　罗豪才主席在京出席中国农工民主党第十四次全国代表大会开幕式并代表各民主党派中央和全国工商联致贺词。

12月12日　罗豪才主席在人民大会堂出席探月工程庆功大会。

罗豪才主席在机关会见日本早稻田大学校长白井先生一行。

12月13日—14日　杜宜瑾常务副主席在中央社会主义学院出席“三方协调会”，组织部有关同志参加会议。

12月14日　罗豪才主席，杜宜瑾常务副主席，吴明熹、王钦敏、杨邦杰、万钢副主席在国谊宾馆召开致公党中央换届工作领导小组会议，有关部门负责同志列席会议。

12月15日　罗豪才主席，杜宜瑾常务副主席，吴明熹、俞云波、王珣章、程津培、王钦敏、杨邦杰、万钢副主席在国谊宾馆召开致公党中央十二届二十四次主席会议。

12月16日　杨邦杰副主席在京出席中国民主建国会第九次全国代表大会开幕式。

中国致公党十二届二十次中常会在国谊宾馆召开。

中国致公党十二届六中全会在国谊宾馆召开。罗豪才主席讲话。

12月17日—21日　中国致公党第十三次全国代表大会在北京召开。开幕式由致公党十二届中央常务副主席杜宜瑾主持，中共中央政治局常委、中央书记处书记习近平出席开幕式，并代表中共中央致贺词。民盟中央主席蒋树声代表各民主党派中央和全国工商联致贺词。

周慧　致公党中央宣传部思想教育处处长
郭琪　致公党中央宣传部干部

九三学社

1月1日　全国政协2007年新年茶话会在京举行。九三学社中央主席韩启德，常务副主席陈抗甫，副主席邵鸿，名誉副主席王文元、赵伟之，秘书长徐国权等出席。

1月5日　九三学社中央主席韩启德，常务副主席陈抗甫在中南海出席由国务院总理温家宝主持召开的党外人士座谈会。温家宝就做好新形势下金融工作听取了各民主党派中央、全国工商联领导人和无党派人士的意见和建议。韩启德代表九三学社中央就金融工作作了发言。

1月19日　九三学社中央在机关开展“九三讲堂”活动，邀请国务院新闻办公室原主任赵启正做“建设良好的国际舆论环境”的专题报告。九三学社中央主席韩启德，副主席贺铿、邵鸿，秘书长徐国权等出席。

1月20日　九三学社中央名誉主席吴阶平90华诞庆祝活动在人民大会堂举行。九三学社中央主席韩启德，副主席贺铿、王志珍、邵鸿，名誉副主席王文元、徐采栋、赵伟之、黄其兴，顾问洪绂曾，秘书长徐国权等出席。

1月23日　九三学社中央常务副主席陈抗甫率队到九三学社北京市委就九三学社北京市委换届工作准备和所属区级组织换届情况进行调研。

1月26日　九三学社中央副主席贺铿，秘书长徐国权在中央社会主义学院出席各民主党派中央做台湾人民工作座谈会。

1月30日　九三学社中央副主席邵鸿到教育部就高校负债问题进行专题调研。

2月1日　九三学社中央主席韩启德，常务副主席陈抗甫在中南海出席国务院总理温家宝主持召开的党外人士座谈会。

2月9日—11日　九三学社中央副主席贺铿赴辽宁抚顺就社会服务工作调研。

2月14日　九三学社中央主席韩启德在中南海出席中共中央召开的党外人士迎春座谈会。韩启德代表九三学社中央作了发言。

2月27日　中共中央、国务院在人民大会堂举行国家科学技术奖励大会。九三学社共有49名社员的42项成果荣获2006年度国家科学技术奖励。

3月3日—15日　全国政协十届五次会议在京召开。九三学社以九三学社中央名义提交大会发言7篇，其中口头发言一篇；以九三学社中央名义提交提案31件，以九三学社组名义提交提案18件；九三学社组委员提交大会发言23篇，提交提案111篇。

3月5日—16日　十届全国人大五次会议在京召开。九三学社中央主席韩启德，副主席刘应明、贺铿等参加会议。

3 月 10 日　九三学社十一届十八次常委会在京举行。会议认真学习了十届全国人大五次会议和全国政协十届五次会议精神；审议通过了《关于学习贯彻十届全国人大五次会议和全国政协十届五次会议精神的决议》；强调九三学社在换届工作中要坚持走中国特色社会主义政治发展道路、搞好政治交接。

3 月 16 日—23 日　九三学社中央副主席贺铿率队赴四川广元等地就社会主义新农村建设考察调研。

3 月 18 日—22 日　九三学社中央常务副主席陈抗甫在广西南宁出席中共中央统战部召开的民主党派工作座谈会。

3 月 20 日　九三学社中央在机关召开会议传达学习十届全国人大五次会议和全国政协十届五次会议精神。九三学社中央主席韩启德，副主席邵鸿，秘书长徐国权等出席。

3 月 31 日—4 月 2 日　九三学社重庆市第三次代表大会在重庆举行。九三学社中央主席韩启德出席并致贺词。谢小军当选为九三学社重庆市委主委。

4 月 11 日—12 日　九三学社中央主席韩启德，副主席贺铿，顾问洪绂曾，秘书长徐国权赴海南三亚就南繁基地进行专题考察调研。

4 月 15 日—16 日　九三学社中央政治交接学习教育活动试点单位学习座谈会在广西南宁举行。九三学社中央副主席邵鸿出席会议。

4 月 19 日　九三学社中央在北京万安公墓举行张雪岩先生墓地修复工程竣工暨追思仪式。九三学社中央副主席邵鸿，秘书长徐国权等出席（张雪岩，1901—1951，山东潍坊人，宗教界著名活动家，九三学社创始人之一）。

4 月 19 日—21 日　九三学社上海市第十次代表大会在上海举行。九三学社中央主席韩启德出席并致贺词。赵雯当选为九三学社上海市委主委。

4 月 20 日—23 日　九三学社中央副主席贺铿赴广西就社会服务工作考察调研。

5 月 8 日—10 日　九三学社宁夏回族自治区第四次代表大会在银川举行。九三学社中央副主席邵鸿出席并致贺词。袁汉民当选为九三学社宁夏回族自治区委主委。

5 月 10 日—12 日　九三学社广东省第六次代表大会在广州举行。九三学社中央常务副主席陈抗甫出席并致贺词。姚志彬当选为九三学社广东省委主委。

5 月 10 日—16 日　九三学社中央主席韩启德率队赴吉林就生物能源做专题调研。

5 月 11 日—15 日　九三学社中央副主席邵鸿赴云南丽江出席“方国瑜故居开馆庆典暨方国瑜先生与民族文化学术研讨会”（方国瑜，1903—1983，云南丽江人，著名历史学家，教育家，九三学社社员）。

5 月 15 日—18 日　九三学社浙江省第六次代表大会在杭州举行。九三学社中央常务副主席陈抗甫出席并致贺词。姒健敏当选为九三学社浙江省委主委。

5 月 17 日—18 日　九三学社中央副主席邵鸿赴哈尔滨出席社哈尔滨市委政治交接教育活动启动仪式。

5 月 18 日—19 日　九三学社山东省第五次代表大会在济南举行。九三学社中央常务副主席陈抗甫出席并致贺词。王随莲当选为九三学社山东省委主委。

5 月 19 日　九三学社新疆维吾尔自治区第五次代表大会在乌鲁木齐举行。九三学社中央副主席冯培恩出席并致贺词。贾殿赠当选为九三学社新疆维吾尔自治区委主委。

5 月 20 日—22 日　九三学社云南省第九次代表大会在昆明举行。九三学社中央副主席谢丽娟出席并致贺词。曾华当选为九三学社云南省委主委。

5月21日—23日　九三学社中央副主席邵鸿赴南京出席潘菽教授铜像落成典礼（潘菽，1897—1988，浙江宜兴人，著名心理学家，教育学家，九三学社创始人之一）。

5月22日—25日　九三学社中央副主席贺铿，顾问洪绂曾率队赴湖南省常德、益阳等地就新农村建设过程中的资源与环境问题进行调研。

5月23日—25日　九三学社成都省第六次代表大会在成都举行。九三学社中央常务副主席陈抗甫出席并致贺词。黄润秋当选为九三学社四川省委主委。会后，陈抗甫赴广元市旺苍县就九广合作的有关情况进行了调研。

5月23日—25日　九三学社河北省第六次代表大会在石家庄举行。九三学社中央名誉副主席黄其兴出席并致贺词。丛斌当选为九三学社河北省委主委。

5月25日　王淦昌同志（王淦昌，1907—1998，江苏常熟人，著名核物理学家、中国核科学的奠基人和开拓者之一、历任九三学社常委、中央参议委员会主任、名誉主席）百年诞辰纪念座谈会在九三学社中央机关举行。九三学社中央副主席邵鸿出席。

5月25日—26日　九三学社安徽省第九次代表大会在合肥召开。九三学社中央副主席王志珍出席并致贺词。赵韩当选为九三学社安徽省委主委。

5月29日—30日　九三学社青海省第六次代表大会在西宁举行。九三学社中央副主席冯培恩出席并致贺词。杜德志当选为九三学社青海省委主委。

5月29日—30日　九三学社江苏省第六次代表大会在南京召开。九三学社中央副主席谢丽娟出席并致贺词。张桃林当选为九三学社江苏省委主委。

5月30日—31日　九三学社湖北省第五次代表大会在武汉举行。九三学社中央副主席邵鸿出席并致贺词。郑楚光当选为九三学社湖北省委主委。期间，邵鸿赴中国光谷武汉高科大厦就归国留学人员创业问题进行了调研。

5月31日—6月1日　九三学社黑龙江省第六次代表大会在哈尔滨举行。九三学社中央主席韩启德出席并致贺词。陶夏新当选为九三学社黑龙江省委主委。

5月31日—6月2日　九三学社广西壮族自治区第五次代表大会在南宁举行。九三学社中央副主席谢丽娟出席并致贺词。李彬当选为九三学社广西壮族自治区委主委。

6月8日—10日　九三学社山西省第八次代表大会在太原举行。九三学社中央副主席王志珍出席并致贺词。刘滇生当选为九三学社山西省委主委。

6月13日—14日　九三学社湖南省第六次代表大会在长沙举行。九三学社中央副主席邵鸿出席并致贺词。张大方当选为九三学社湖南省委主委。

6月14日—16日　九三学社北京市第十一次代表大会在京举行。九三学社中央主席韩启德出席并致贺词。马大龙当选为九三学社北京市委主委。

6月15日—16日　九三学社内蒙古自治区第六次代表大会在呼和浩特举行。九三学社中央副主席刘应明出席并致贺词。刘新乐当选为九三学社内蒙古自治区委主委。

6月18日—19日　九三学社贵州省第六次代表大会在贵阳举行。九三学社中央副主席邵鸿出席并致贺词。刘鸿庥当选为九三学社贵州省委主委。

6月19日　九三学社中央主席韩启德，常务副主席陈抗甫，秘书长徐国权等在中央统战部礼堂出席情况通报会，听取外交部部长杨洁篪介绍当前国际形势和中国外交工作。

6月20日—22日　九三学社吉林省第六次代表大会在长春举行。九三学社中央常务副主席陈抗甫出席并致贺词。支建华当选为九三学社吉林省委主委。

6月21日—22日　九三学社辽宁省第六次代表大会在沈阳举行。九三学社中央副主席贺铿出席并致贺词。刘政奎当选为九三学社辽宁省委主委。

6月22日　九三学社中央副主席邵鸿在中共中央统战部出席各民主党派换届工作座谈会。

6月23日—25日　九三学社甘肃省第六次代表大会在兰州举行。九三学社中央副主席冯培恩出席并致贺词。赵俊当选为九三学社甘肃省委主委。

6月26日—27日　九三学社江西省第六次代表大会在南昌举行。九三学社中央副主席邵鸿出席并致贺词。李华栋当选为九三学社江西省委主委。

6月26日—28日　九三学社福建省第六次代表大会在福州举行。九三学社中央常务副主席陈抗甫出席并致贺词。洪捷序当选为九三学社福建省委主委。

6月30日　九三学社中央主席韩启德在社中央机关会见了台北市议员、台湾阳明大学医学院教授潘怀宗和中国工程院院士、阳明大学前校长张心湜为代表的台北地方民意代表参访团一行。九三学社中央副主席贺铿、邵鸿，秘书长徐国权等参加会见。

6月30日—7月2日　九三学社天津市第十次代表大会在天津举行。九三学社中央常务副主席陈抗甫出席并致贺词。陈永川当选为九三学社天津市委主委。

7月5日—7日　九三学社陕西省第九次代表大会在西安举行。九三学社中央常务副主席陈抗甫出席并致贺词。周卫健当选为九三学社陕西省委主委。

7月10日—12日　九三学社十一届十九次常委会在青海省西宁市召开。会议学习了胡锦涛同志在中共中央党校的重要讲话精神，进一步部署了在九三学社开展以坚持走中国特色社会主义政治发展道路为主题的政治交接学习教育活动，总结了九三学社省级组织换届工作，审议并原则通过了《九三学社中央关于加强地方组织领导班子建设的意见》，研究了九三学社第十二届中央委员提名原则。

7月14日—21日　九三学社中央主席韩启德率队前往美国交流访问。

7月17日　九三学社中央副主席邵鸿前往国家开发银行就高校建设负债问题进行调研，并听取了国家开发银行就解决高校贷款问题的考虑、目前采取的措施和存在问题的介绍。

7月19日　九三学社中央副主席邵鸿率队赴美访问并出席“第十届21世纪中国留学人员与构建创新型社会研讨会”。九三学社中央秘书长徐国权随访。

7月25日　九三学社中央主席韩启德，常务副主席陈抗甫在中南海出席由中共中央总书记胡锦涛主持召开的党外人士座谈会。胡锦涛就当前经济形势和经济工作听取了各民主党派中央、全国工商联领导人和无党派人士的意见和建议。韩启德代表九三学社中央就经济工作情况发表了意见。

7月27日　九三学社中央主席韩启德，常务副主席陈抗甫在中南海出席由中共中央总书记胡锦涛主持召开的党外人士座谈会。胡锦涛就中共十七大报告征求意见稿听取了各民主党派中央、全国工商联领导人和无党派人士的意见和建议。韩启德代表九三学社中央就中共十七大报告征求意见稿发表了意见。

7 月 29 日　九三学社中央主席韩启德在机关与参加新任省级组织主委培训班的学员进行座谈。

7 月 30 日　九三学社中央在机关开展"九三讲堂"活动，邀请北京大学教授张光明做"社会主义从西方到东方的演变"的专题报告。九三学社中央主席韩启德，常务副主席陈抗甫，副主席邵鸿，秘书长徐国权等出席。

7 月 30 日　九三学社中央、全国工商联和科技部在九三学社中央机关就设立科技银行问题举行高层会晤。九三学社中央主席韩启德，全国工商联主席黄孟复，中共科技部党组书记、常务副部长李学勇分别就进一步推动设立科技银行问题发表了意见。

8 月 2 日—10 日　九三学社中央主席韩启德赴新疆乌鲁木齐、喀什、阿勒泰和伊犁哈萨克自治州等地考察，并为新疆医科大学师生作《医学与人文》专题报告。

8 月 5 日—6 日　九三学社海南省第五次代表大会在海口举行。九三学社中央常务副主席陈抗甫出席并致贺词。王宇田当选为九三学社海南省委主委。

8 月 6 日　九三学社中央副主席邵鸿在人民大会堂出席"纪念潘菽先生诞辰 110 周年暨《潘菽全集》出版座谈会"。

8 月 8 日—9 日　九三学社河南省第六次代表大会在郑州举行。九三学社中央常务副主席陈抗甫出席并致贺词。张亚忠当选为九三学社河南省委主委。

8 月 14 日—18 日　九三学社中央副主席贺铿赴贵州出席"亮康行动"（"亮康行动"是九三学社中央组织的以免费实施白内障复明手术为主要内容的社会服务活动）启动仪式及"九顺合作"（九三学社与安顺市政府的合作）签字仪式。

8 月 15 日　九三学社中央主席韩启德在京会见了台湾中南部教授交流访问团一行。

8 月 21 日—23 日　九三学社中央主席韩启德，常务副主席陈抗甫，副主席刘应明、谢丽娟、冯培恩、贺铿、王志珍、邵鸿在京出席学习贯彻第 20 次全国统战工作会议精神专题研讨班。贺铿代表九三学社中央发言。

8 月 24 日—25 日　九三学社中央"九地合作"工作座谈会在河南漯河召开。九三学社中央副主席贺铿、顾问洪绂曾出席。

8 月 29 日—9 月 1 日　九三学社中央副主席邵鸿率队赴辽宁营口出席"九三学社辽宁省委政治交接主题学习教育活动阶段总结暨统战理论研讨会"。

9 月 5 日—7 日　九三学社中央举办"九三学社中央学者专家·黄石行"活动。九三学社中央副主席冯培恩、贺铿和九三学社中央顾问洪绂曾率领 26 名院士、专家和学者参加活动。

9 月 14 日　九三学社中央主席韩启德，常务副主席陈抗甫，副主席贺铿、邵鸿在九三学社中央机关会见中央社会主义学院第十八期民主党派干部进修班、民主党派干部培训班和民主党派省级组织新任专职副主委培训班的九三学社社员。

9 月 17 日—21 日　九三学社中央副主席邵鸿赴江西赣州、南昌等地调研并出席九三学社江西省委政治交接活动动员大会。

9 月 18 日—19 日　九三学社中央主席韩启德赴唐山考察。在唐期间，韩启德先后来到南堡油田、曹妃甸工业区、河北理工大学地震遗址和抗震纪念馆参观考察。考察期间，韩启德还会见了九三学社唐山社员并与大家进行了座谈。

9月22日 九三学社中央副主席邵鸿在中国地震局出席“赵九章院士诞辰百年纪念座谈会”（赵九章，1907—1968，河南开封人，著名气象学、地球物理和空间物理学家。1951年加入九三学社。九三学社第三、四、五届中央委员会委员）。

9月24日—25日 九三学社中央副主席冯培恩、邵鸿，秘书长徐国权赴杭州出席“九三杭州历史文化保护与发展论坛”。

9月30日 九三学社中央在机关开展“九三讲堂”活动，邀请中国人民大学教授黄嘉树做“台湾问题的症结与对策”的专题报告。九三学社中央主席韩启德，常务副主席陈抗甫，副主席邵鸿，秘书长徐国权出席。

10月7日 九三学社中央副主席贺铿赴厦门出席九三学社华东六省一市工作会。

10月7日 九三学社中央副主席邵鸿出席杨遵仪院士百岁华诞纪念会并讲话。

10月10日—12日 九三学社中央主席韩启德赴四川广安出席九三学社中央委员会捐建的“九三林”揭碑仪式。九三学社中央秘书长徐国权陪同。

10月11日—12日 九三学社中央副主席邵鸿赴山西太原出席九三学社山西省委政治交接主题学习教育活动。

10月12日—14日 由九三学社中央主办，九三学社沈阳市委承办，以“农村金融与新农村建设”为主题的第二届“九三论坛”在沈阳举行。九三学社中央副主席贺铿、九三学社中央顾问洪绂曾等出席论坛并作报告。

10月16日 九三学社中央在机关召开学苑出版社成立20周年纪念座谈会。

10月19日—24日 九三学社中央副主席贺铿率队赴陕西进行参政议政专题调研。

10月22日 九三学社中央在机关召开学习中共十七大精神座谈会。九三学社中央主席韩启德，常务副主席陈抗甫，副主席邵鸿，秘书长徐国权出席。

10月29日 九三学社中央副主席邵鸿在京出席“赵九章百年诞辰纪念大会”。

10月30日 九三学社中央主席韩启德，常务副主席陈抗甫，副主席贺铿、邵鸿出席全国政协主席贾庆林同志主持召开的各党派中央领导学习中共十七大体会座谈会。

10月30日—11月2日 九三学社中央主席韩启德赴内蒙古自治区考察调研。在内蒙古期间，韩启德参观了自治区成立60周年成就展，考察了内蒙古博物院、昭君博物院等，并与内蒙古自治区九三学社社员进行了座谈。

11月3日—4日 九三学社十一届二十次（扩大）常委会在京召开。会议学习了中共十七大精神并审议通过了《九三学社中央关于学习贯彻中共十七大精神的决议》，决定召开九三学社十一届六中全会，研究了九三学社十一届六中全会及第九次全国代表大会的筹备工作等相关事项。

11月6日 九三学社中央主席韩启德，常务副主席陈抗甫，副主席贺铿、邵鸿在中央统战部礼堂出席各民主党派中央、全国工商联换届工作座谈会。

11月22日 九三学社中央在机关召开学习《中国的政党制度》白皮书座谈会。九三学社中央副主席邵鸿出席并讲话。

11月23日 九三学社中央主席韩启德，常务副主席陈抗甫在中南海出席中共中央总书记胡锦涛主持召开的党外人士座谈会。胡锦涛就当前经济形势和经济工作听取了各民主党派中央、全国工商联领导人和无党派人士的意见和建议。韩启德就当前的经济工作代表九三学社中央作了发言。

11 月 24 日—26 日　九三学社中央主席韩启德赴云南大理考察农村合作医疗与环境保护工作。

12 月 5 日—6 日　九三学社十一届六中全会在京召开。全会原则通过了第十一届中央委员会报告并决定提交第九次全国代表大会；审议通过了九三学社章程修正案（草案）；通过了关于召开第九次全国代表大会的决定；表彰了 2007 年九三学社信息工作先进单位和先进个人。

12 月 8 日—13 日　九三学社第九次全国代表大会在京召开。会议学习了中共十七大精神；审议了第十一届中央委员会报告并通过了相关决议；审议通过了关于《九三学社章程修正案》的决议；选举产生了九三学社第十二届中央委员会。在大会期间召开的九三学社十二届一中全会上，选举产生了九三学社中央新一届领导班子，韩启德当选为九三学社中央主席，陈抗甫、冯培恩、贺铿、王志珍、邵鸿、谢小军、张桃林、赖明、马大龙当选为九三学社中央副主席。在九三学社中央十二届一次常委会上，徐国权被任命为秘书长。

12 月 13 日　中共中央政治局常委、全国政协主席贾庆林在中共中央统战部接见九三学社中央新老领导班子成员，并与大家座谈。九三学社中央主席韩启德，常务副主席陈抗甫，副主席冯培恩、贺铿、王志珍、邵鸿、谢小军、张桃林、赖明、马大龙，原副主席洪绂曾、刘应明、谢丽娟等出席。

12 月 24 日　九三学社中央主席韩启德，常务副主席陈抗甫在中南海出席中共中央领导听取各民主党派全国代表大会召开情况的汇报会。中共中央总书记胡锦涛出席并发表重要讲话。韩启德就九三学社全国代表大会召开情况作了发言。

12 月 29 日　九三学社中央在机关召开会议学习胡锦涛同志 12 月 24 日在同各民主党派中央、全国工商联新老主要领导人座谈会上的重要讲话。九三学社中央主席韩启德，常务副主席陈抗甫，副主席贺铿、邵鸿等出席。

乔发进　九三学社中央研究室干部

台湾民主自治同盟

1月5日　全国台联成立二十五周年招待会在中国铁道大厦举行，台盟中央主席林文漪、副主席刘亦铭、吴国祯、李敏宽等应邀出席。

1月7日—13日　台盟中央主席林文漪率队赴福建省就闽南文化进行调研，调研组先后到厦门、漳州、泉州、福州等地考察。副主席李敏宽等参加考察。

1月8日　台盟中央副主席刘亦铭会见台湾青商总会北京参访团一行。

1月15日　塔吉克斯坦总统拉赫莫诺夫访华。台盟中央副主席吴国祯应邀参加了中共中央总书记、国家主席胡锦涛在人民大会堂北大厅举行的欢迎仪式。

1月21日—25日　应香港台湾商会邀请，台盟中央副主席刘亦铭率团参加“香港台湾商会第九届会董就职典礼暨会员大会”并拜访当地台胞商会和社团。

1月29日　纪念江泽民同志《为促进祖国统一大业的完成而继续奋斗》重要讲话发表12周年座谈会在全国政协机关会议室举行，台盟中央副主席刘亦铭代表台盟中央发言。

1月30日　台盟中央主席林文漪会见台湾中华竞争力研究会参访团一行，参访团与台盟中央就京台两地的环保科技等问题进行了座谈，台盟中央副主席刘亦铭等参加会见。

2月1日　中共中央召开党外人士座谈会，征求各民主党派中央、全国工商联、无党派人士对《政府工作报告（征求意见稿)》的意见和建议，中共中央政治局常委、国务院总理温家宝主持会议。台盟中央主席林文漪在座谈会上发言，副主席李敏宽参加会议。

2月2日　台盟中央召开2007年第一次主席会议。

2月6日　由台盟中央、全国台联共同举办的“2007年在京台胞新春同乐会”在全国政协礼堂举行。台盟中央副主席刘亦铭主持会议，全国台联会长梁国扬致词。全国政协副主席、台盟中央名誉主席张克辉，台盟中央主席林文漪，副主席李敏宽等出席同乐会。

2月7日　2007年在京台胞春节联欢会在全国政协礼堂举行，全国政协副主席、台盟中央名誉主席张克辉，台盟中央主席林文漪等出席。

2月9日　北京市台办、北京市台企协会等单位举办的“2007年在京台胞迎春联谊晚会”在北京饭店举行，台盟中央主席林文漪、副主席刘亦铭等应邀出席。

2月14日　中共中央在中南海召开党外人士迎春座谈会，全国政协副主席、台盟中央名誉主席张克辉参加座谈会，台盟中央主席林文漪发言。

2月16日　中共中央在人民大会堂举行新春团拜会，台盟中央主席林文漪，副主席刘亦铭，名誉副主席田富达、陈仲颐应邀出席。

2月26日　全国政协副主席、台盟中央名誉主席张克辉所著电影文学剧本《啊！谢雪红》新书首发式在北京举行。

2月27日　纪念台湾人民“二·二八”起义六十周年座谈会在人民大会堂隆重举行。全国人大副委员长、民革中央主席何鲁丽，全国政协副主席、中共中央统战部部长刘延东，国务院台湾事务办公室主任陈云林等出席座谈会。

3月1日　中央社会主义学院2007年春季开学典礼举行，台盟中央副主席李敏宽出席并代表各民主党派中央、全国工商联致词。

3月1日　台盟中央2007年第2次主席会议在机关会议室举行。

3月3日　中国人民政治协商会议第十届全国委员会第五次会议在人民大会堂开幕。全国政协副主席、台盟中央名誉主席张克辉，台盟中央主席林文漪，副主席刘亦铭、吴国祯、李敏宽等出席大会开幕式。

3月9日　台盟七届十八次中常会在北京建银大厦举行。会议学习了全国人大十届五次会议和全国政协十届五次会议精神，研究通过2007年台盟中央常委会工作要点。

3月12日　孙中山先生逝世八十二周年纪念仪式在中山堂举行，全国政协副主席、台盟中央名誉主席张克辉、台盟中央副主席刘亦铭应邀参加纪念仪式。

3月19日—21日　中共中央统战部在广西南宁召开民主党派工作座谈会，研究在民主党派中开展以坚持走中国特色社会主义政治发展道路为主题的政治交接学习教育活动。台盟中央副主席李敏宽参加。

3月21日　全国政协副主席、台盟中央名誉主席张克辉，台盟中央主席林文漪会见台湾新光集团董事长一行。台盟中央副主席刘亦铭等陪同会见。

3月27日　台盟中央召开2007年第3次主席会议。会议听取了关于中共中央统战部在广西南宁召开的民主党派工作座谈会情况的汇报，听取了“2007海西文化遗产保护论坛”筹备情况的汇报。

4月2日—3日　台盟重庆市第二次盟员大会召开。台盟中央副主席李敏宽代表台盟中央到会致贺。重庆市第二届工作委员第一次会议选举李钺锋为主任委员，骆亚非、许沛为副主任委员。

4月4日　全国政协副主席、台盟中央名誉主席张克辉，台盟中央副主席刘亦铭会见了全美台湾同乡联谊会访问团一行。当晚，台盟中央主席林文漪举行晚宴招待访问团成员。

4月6日　全国政协副主席、台盟中央名誉主席张克辉，台盟中央副主席刘亦铭、吴国祯在全国政协礼堂会见并宴请台湾高雄中山大学参访团一行。

4月13日—15日　台盟上海市第十次盟员大会召开。台盟中央主席林文漪代表台盟中央到会致贺。台盟上海市十届委员会第一次会议选举杨健为主任委员，王中、高美琴、吴敏为副主任委员。

4月16日　全国台湾同胞投资企业联谊会成立大会在北京举行。台盟中央主席林文漪应邀出席大会。

4月20日　台盟中央主席林文漪拜访全国台联机关，并与全国台联会长梁国扬等就台盟、台联的工作交换了意见。

4月24日—25日　台盟海南省第四次盟员大会在海口市召开。台盟中央主席林文漪到会致贺。台盟海南省第四届委员会一次会议选举连介德为主任委员，吴琼开、符之冠、蔡扬生、庄琼菊为副主任委员。

4月25日—26日　台盟中央和福建省人民政府共同主办的“2007海峡西岸文化遗产保护论坛”在福建省福州市举行。台盟中央主席林文漪、福建省省长黄小晶、国家文物局局长单霁翔出席论坛开幕式并致辞。

4月26日—27日　台盟辽宁省第三次代表大会在辽宁省沈阳市召开。台盟中央副主席刘亦铭代表台盟中央到会致贺。台盟辽宁省第三届委员会一次会议选举王松为主任委员，王光华、胡军为副主任委员。

5月8日—11日　台盟广东省第六次盟员代表大会在广州举行。台盟中央副主席刘亦铭代表台盟中央出席大会并致贺词。台盟广东省第六届委员会一次会议选举陈蔚文为主任委员，孔令人、郭晓青、谢志成、卢馨为副主任委员，任命谢志成为秘书长（兼）。

5月9日—18日　台盟中央接待了台湾地区政治受难人互助会中原文化之旅参访团一行。

5月14日—15日　台盟湖北省第八次盟员大会在武昌召开。台盟中央副主席吴国祯代表台盟中央出席开幕式并致词。台盟湖北省第八届委员会一次会议选举吴秀凤为主任委员，江中联、胡霜红、张天弓为副主任委员，任命张天弓为秘书长（兼）。

5月15日—19日　台盟中央副主席刘亦铭率队赴贵州省毕节地区进行扶贫考察活动。

5月16日　台盟中央主席林文漪应邀拜会了北京台企协会副理事长、香港恒丰集团主席、北京紫玉山庄房地产开发有限公司董事长黄紫玉女士。

5月22日—25日　全国政协副主席、台盟中央名誉主席张克辉在福州会见了台湾中华基金会嘉义县中埔乡农会农业参访团一行。

5月24日　中华海外联谊会成立10周年纪念大会暨“海联论坛”在京召开。台盟中央主席林文漪出席开幕式并作题为《构建和平发展的两岸关系，积极推动祖国统一大业早日实现》的主题发言。

5月24日—27日　台盟中央副主席李敏宽率调研组赴吉林市、长春市对农民专业经济合作组织进行考察。

5月27日—28日　台盟中央副主席刘亦铭应邀出席在福建省莆田市举行的首届莆台妈祖文化活动周活动。

5月30日　台盟中央副主席刘亦铭接待了台湾省台南县医师公会访问团一行。

5月31日　台盟中央召开2007年第3次主席会议。

6月2日　台盟北京市第九次盟员代表大会在北京举行。台盟中央主席林文漪出席大会并致贺词。台盟北京市第九届委员会一次会议选举蔡国雄为主委，陈军、杨晓东、蔡国斌、谢正观、蔡勉为副主委，任命陈军为秘书长（兼）。

6月4日　云南省德宏自治州人民政府召开“台盟中央引资捐资助学暨捐赠图书仪式”。台盟中央副主席李敏宽等出席捐赠仪式。

6月4日—6日　台盟吉林省委召开第七次盟员代表大会。台盟中央副主席刘亦铭出席会议并代表台盟中央致贺词。台盟吉林省第七届委员会一次会议选举王天戈为主委，雷献禾、蔡国铭、蔡胜、郑吉虎为副主委，任命蔡胜为秘书长（兼）。

6月4日　“政治交接学习教育活动”试点单位—台盟吉林省委召开动员大会。台盟中央副主席刘亦铭出席并作动员讲话，强调了开展“政治交接学习教育活动”的指导思想和重大意义。台盟吉林省委主委王天戈在会上就开展活动做了具体部署和安排，表示将努力探索适合台盟自身特点的方法和经验，圆满完成任务。

6月5日—8日　台盟福建省委召开第八次盟员大会。台盟中央副主席吴国祯出席会议并代表台盟中央致贺词。台盟福建省第八届委员会一次会议选举汪毅夫为主委，简少玉、陈宜安、江尔雄、骆沙鸣、陈紫萱为副主委，任命江尔雄为秘书长（兼）。

6月5日—7日　台盟云南省委召开第七届盟员代表大会。台盟中央副主席李敏宽出席会议并代表台盟中央致贺词。七届一次会议选举郑凡为主委，杨晓红、徐岷山为副主委。

6月11日—18日　台盟中央主席林文漪率调研组赴江苏省进行调研。本次考察以“台资高新技术企业在大陆的发展现状及对大陆高新技术产业和科技创新的影响”为主题，在江苏省昆山、苏州、无锡、南京等地与台商进行座谈并实地考察相关企业。台盟中央副主席李敏宽及科技部、国台办、信息产业部、中共中央统战部等有关部门的同志参加。

6月12日　“世界主要语种与常用汉语互动学习平台”启动仪式在人民大会堂举行，台盟中央副主席刘亦铭应邀出席。

6月18日　台盟浙江省第三次盟员大会在杭州举行。台盟中央副主席汪毅夫到会致贺。台盟浙江省第三届委员会一次会议选举张泽熙为主委，胡亚芳、陈清玲为副主委，任命陈清玲为秘书长（兼）。

6月25日—27日　台盟中央副主席刘亦铭应邀赴深圳出席“白云飞瀑——纪念黄君璧诞辰110周年艺术展”开幕式并剪彩。

6月27日—29日　台盟七届十九次中常会在重庆召开。会议学习了中共中央总书记、国家主席胡锦涛25日在中央党校省部级领导干部进修班上发表的重要讲话；交流了以坚持走中国特色社会主义政治发展道路为主题的政治交接教育活动在全盟的开展情况，并对下一阶段的活动安排做出部署，会议还就台盟“八大”报告（初稿）和台盟章程修改稿（初稿）征求各位中常委的意见和建议。

6月27日　台盟天津市第八次盟员大会召开。台盟中央副主席李敏宽出席大会开幕式并代表台盟中央致贺词。台盟天津市第八届委员会一次会议选举叶惠丽为主委，刘朝霞、张肇毅为副主委。

6月27日　台盟中央接待并宴请了台湾功文文教基金会参访团一行。

7月1日—3日　台盟陕西省第四次盟员大会在西安召开。台盟中央副主席汪毅夫代表台盟中央致贺词。台盟陕西省第四届委员会一次会议选举马克宁为主任委员，王二虎、吴志红为副主任委员，任命陈玉玲为秘书长。

7月3日—15日　台盟中央接待台湾原住民社会发展协会访问团一行赴北京、黑龙江、吉林、辽宁等地交流访问。

7月4日　中华思源工程扶贫基金会成立大会在人民大会堂举行。台盟中央副主席刘亦铭应邀出席。

7月6日—8日　由福建省档案局、省台办、省台盟联合举办的《为了永做中国人——抗日烽火中的台湾义勇队》档案图片展在福州画院举行。台盟中央副主席刘亦铭应邀出席开幕式。

7月13日—15日　台盟中央副主席刘亦铭赴上海出席台盟“政治交接学习教育活动”试点单位——上海市徐汇区委的动员大会并作动员讲话。

7月20日—22日　应河北省张家口市台办的邀请，台盟中央、台盟北京市委共同组织部分在京台商赴张家口市参观考察，听取了当地领导就张家口市经济投资环境的介绍。台盟中央副主席李敏宽，台盟北京市委有关领导及部分在京台商参加了此次活动。

7月22日—8月5日　应南美巴西、阿根廷中国和平统一促进会、台湾同胞联谊会等华人华侨社团的邀请，台盟中央副主席刘亦铭率团赴巴西、阿根廷访问。访问期间，刘亦铭一行分别拜会了中国驻巴西、阿根廷大使馆和部分地区的总领馆，会见了当地华人华侨社团组织和侨领。

7月28日—30日　台盟中央副主席李敏宽赴上海出席台盟上海市委参政议政工作会议，并就在沪台资高新技术企业发展情况进行了调研。

7月31日　全国政协副主席、台盟中央名誉主席张克辉，台盟中央副主席吴国祯参加中央统战部组织的党外人士考察奥运场馆和国家大剧院的活动。吴国祯在随后的座谈会上代表台盟中央发言。

7月31日—8月2日　台盟中央副主席李敏宽等赴浙江省台州市就农民专业合作经济组织发展进行调研。

8月1日　台盟中央副主席吴国祯应邀出席在人民大会堂举行的建军80周年纪念大会。

8月1日—2日　台盟中央主席林文漪率队赴贵州毕节地区考察扶贫工作。林文漪一行参加了台盟中央帮扶赫章县扶贫项目座谈会；举行了帮扶海雀村茅草房改造项目签约仪式；参观了由留日台湾省民会乡亲捐资修建的毕节市大新桥办事处天生桥希望小学。

8月3日—12日　台盟中央接待台湾地区政治受难人互助会青年参访团一行，并组织他们赴北京、内蒙古参观交流。

8月7日—16日　应“全球华侨华人共建和谐世界，促进中国和平统一（布达佩斯2007）大会”筹备工作委员会邀请，台盟中央副主席李敏宽赴匈牙利出席大会并代表台盟中央发言。

8月9日—16日　应台盟中央邀请，台湾嘉义大学进修推广部访问团参访深圳、浙江、上海等地，并与复旦大学、浙江大学座谈，就两岸大学的进修推广校务情况等进行交流。

8月16日　台盟中央主席林文漪在北京市人大常委会会见并宴请中国和平统一促进会接待的台湾中南部教授参访团一行。

8月24日　台盟中央主席林文漪主持召开2007年台盟第7次主席会议。会议主要内容是：审阅台盟八大“工作报告”（讨论稿）、“章程”（讨论稿）；研究台盟七届二十次中常会若干事宜等。台盟中央副主席刘亦铭、吴国祯、李敏宽、汪毅夫出席会议。

8月28日—30日　台盟中央在吉林省长春市召开农民专业合作经济组织发展研讨会。台盟中央副主席李敏宽出席开幕式并致辞。会议围绕农民专业合作经济组织发展问题，在总结、交流台盟各级组织多年来调研成果的基础上，对当前农民专业合作经济组织运作、发展中所遇到的问题及对策建议进行了分析、研讨。

9月5日　台盟中央接待了“台湾彰化高级商校校友会访问团”一行。全国政协副主席、台盟中央名誉主席张克辉，台盟中央主席林文漪，副主席刘亦铭、吴国祯、李敏宽等出席。

9月11日　由台盟中央、北京市台办联合举办的京台科技论坛暨科技奥运—环保产业合作与发展论坛在人民大会堂举行开幕式。台盟中央副主席刘亦铭出席开幕式。

9 月 18 日—20 日　由中华妈祖交流协会与山东省长岛县等单位举办的“中华妈祖文化节”在长岛举行。台盟中央副主席刘亦铭应邀出席。

9 月 18 日　中共中央统战部在机关礼堂举办各民主党派中央、全国工商联、无党派人士领导迎中秋、庆国庆联谊活动，全国政协副主席、台盟中央名誉主席张克辉，台盟中央主席林文漪，副主席李敏宽等应邀出席。

9 月 19 日—22 日　台盟南京市委召开“台盟成立 60 周年暨台盟地方组织成立 25 周年纪念大会”，台盟中央副主席李敏宽出席大会并致辞。

9 月 21 日　由台盟中央、全国台联联合举办的“2007 年在京台胞中秋茶话会”在全国政协礼堂三楼大厅举行。

9 月 24 日　全国政协在政协礼堂举办中秋联谊晚会，台盟中央主席林文漪，副主席刘亦铭、李敏宽等应邀出席。

9 月 28 日　全国政协办公厅、中共中央统战部、国务院侨办、国务院港澳办、国务院台办联合举办国庆招待会，台盟中央主席林文漪，副主席刘亦铭、李敏宽等应邀出席。

9 月 29 日　“周本初教授捐赠清华大学‘保钓、统运’文献仪式”在清华大学图书馆举行。全国政协副主席、台盟中央名誉主席张克辉出席捐赠仪式并亲自剪彩。这次捐赠是由台盟中央副主席吴国祯和台盟中央常委林盛中联系协调，美国休斯敦大学周本初教授将保存 30 多年的 12 箱“保钓、统运”珍贵文献资料全部捐赠给清华大学图书馆。

9 月 29 日　台盟中央、全国台联联合举办的 2007 年国庆招待会在铁道大厦举行。全国政协副主席、台盟中央名誉主席张克辉，台盟中央主席林文漪，副主席刘亦铭、吴国祯、李敏宽等出席。

9 月 30 日　中共中央在人民大会堂二楼宴会厅举行 2007 年国庆招待会，国务院总理温家宝致祝酒辞，国务委员兼国务院秘书长华建敏主持招待会。台盟中央主席林文漪，副主席李敏宽应邀参加招待会。

10 月 10 日—13 日　台盟中央妇委会在湖北省武汉市召开工作会议。台盟中央常委、妇委会副主任孙桂芬主持会议，台盟中央常委、妇委会主任王琼瑛作工作报告，总结本届妇委会工作。各地台盟组织妇委会负责同志交流各地台盟组织妇委会工作经验，并提出进一步做好妇女工作的建议和设想。台盟中央副主席李敏宽出席会议并讲话。

10 月 15 日　中国共产党第十七次全国代表大会在京隆重开幕。全国政协副主席、台盟中央名誉主席张克辉，台盟中央主席林文漪应邀列席开幕式并在主席台就座。台盟中央副主席刘亦铭、吴国祯、李敏宽，名誉副主席田富达、陈仲颐应邀列席。

10 月 17 日　台盟中央召开 2007 年第八次主席会议，台盟中央主席林文漪主持会议。会议认真学习了中共十七大会议精神，继续审阅了《台盟八大工作报告》（讨论稿）、《台湾民主自治同盟章程》（修改草案）及“章程”修改情况的说明报告（讨论稿），研究了“纪念台湾光复 62 周年座谈会”和其他若干事宜。台盟中央副主席刘亦铭、吴国祯、李敏宽、汪毅夫出席会议。

10 月 18 日—19 日　台盟中央副主席李敏宽，台盟中央委员、妇委会副主任郭理等赴天津，与台盟天津市委有关同志就制定《台盟中央 2008—2012 年度参政议政工作规划纲要》进行座谈。

10月21日　中国共产党第十七次全国代表大会闭幕式在人民大会堂举行。全国政协副主席、台盟中央名誉主席张克辉，台盟中央主席林文漪，副主席刘亦铭、李敏宽，名誉副主席田富达、陈仲颐应邀列席大会闭幕式。

10月22日—28日　台盟中央调研组赴杭州、上海、南京，与台盟浙江省委、上海市委、南京市委有关同志就制定《台盟中央2008—2012年度参政议政工作规划纲要》进行座谈。

10月25日　由台盟中央、全国台联共同主办的“纪念台湾光复62周年座谈会”在人民大会堂隆重举行。全国政协副主席、台盟中央名誉主席张克辉作题为“让历史见证未来”的讲话，台盟中央主席林文漪主持会议。中央统战部常务副部长朱维群，国台办常务副主任郑立中，全国台联会长梁国扬及部分居住在北京的台胞、台商和台生近150人出席座谈会。

10月25日　全国政协副主席、台盟中央名誉主席张克辉，台盟中央主席林文漪，副主席刘亦铭、李敏宽在京会见中华（台湾）各省市同乡会总会访问团一行。

10月26日　台盟中央召开学习中共十七大精神座谈会，台盟中央主席林文漪出席会议并讲话，台盟中央副主席李敏宽主持会议。

10月27日　中共中央政治局常委、全国政协主席贾庆林在人民大会堂福建厅会见中华（台湾）各省市同乡会总会访问团一行。台盟中央主席林文漪，副主席李敏宽陪同会见。

10月30日—31日　台盟七届二十次中常会在京召开。会议认真学习了中共十七大和第20次全国统战会议精神，审阅了《台盟第八次全盟代表大会工作报告》（讨论稿）、《台湾民主自治同盟章程（修改草案）》，研究了台盟八届中央委员会组成方案等。

10月30日　应国家主席胡锦涛邀请，约旦国王阿卜杜拉二世对我国进行国事访问。台盟中央副主席李敏宽陪同胡锦涛主席出席欢迎仪式和晚宴。

11月1日　台盟中央副主席刘亦铭会见并宴请台湾南部乡亲京沪参访团一行。

11月10日—11日　由台盟中央和安徽省政府等单位联合举办的“2007海峡西岸暨港澳商品交易会”在合肥市举行。台盟中央副主席刘亦铭出席开幕式并致辞。

11月12日—14日　由台盟中央与重庆市人民政府主办的“战时陪都重庆与台湾光复”学术论坛在重庆举行。台盟中央主席林文漪出席开幕式并致辞，台盟中央副主席吴国祯、李敏宽、汪毅夫及中共中央统战部、国台办、海峡两岸的专家学者等百余人参加会议。

11月23日　中共中央在中南海怀仁堂召开党外人士座谈会，征求各民主党派中央、全国工商联、无党派人士对国家经济形势的意见和建议。台盟中央主席林文漪出席座谈会并发言，台盟中央副主席刘亦铭出席座谈会。

11月28日　台湾民主自治同盟第八次全盟代表大会暨纪念台盟成立六十周年大会在京西宾馆开幕。中共中央政治局常委李长春到会祝贺并代表中共中央致贺词。全国人大常委会副委员长、农工党中央主席蒋正华代表各民主党派中央；全国工商联，中华全国台湾同胞联谊会会长梁国扬代表全国台联分别向大会致贺词。大会常务主席林文漪代表第七届中央委员会向大会作了题为《坚持中国特色社会主义政治发展道路，努力开创台盟工作新局面》的报告。开幕式由大会常务主席刘亦铭主持，大会常务主席汪毅夫致开幕词，大会常务主席吴国祯作关于修改《台盟章程》的说明，大会常务主席李敏宽作提请确认届中增补第七届中央委员会委员资格的决定。中共中央政治局委员、中共中央统战部部长刘延东，全国人大常委会副委员长盛华仁，国务委员唐家璇，全国政协副主席李贵鲜，全国政协副主席张克辉及中共中央台办和兄弟民主党派中央、全国工商联负责人等出席开幕式。

11 月 28 日—12 月 3 日　台湾民主自治同盟第八次全盟代表大会在北京举行。会议的主要议程是：学习贯彻中共十七大精神；听取并审议台盟第七届中央委员会工作报告；审议通过《台湾民主自治同盟（修改草案）》；选举台盟第八届中央委员会。12 月 1 日，大会选举产生了由 63 名委员组成的台盟第八届中央委员会。12 月 2 日，台盟八届一中全会选举马克宁等 22 名同志为台盟第八届中央委员会常务委员会委员，选举林文漪为台盟第八届中央委员会主席，汪毅夫、吴国祯、陈蔚文、杨健、黄志贤为台盟第八届中央委员会副主席。

12 月 4 日　中共中央政治局常委、全国政协主席贾庆林及中共中央政治局委员刘延东、中共中央统战部部长杜青林，副部长朱维群、楼志豪、黄跃金等在中共中央统战部礼堂会见台盟新老领导班子成员。台盟第八届中央委员会主席林文漪，常务副主席汪毅夫，副主席吴国祯、陈蔚文、杨健、黄志贤，台盟第七届中央委员会主席、名誉主席张克辉，副主席刘亦铭、李敏宽参加会见。

12 月 5 日　中华全国台湾同胞联谊会第八次台胞代表大会开幕式在全国政协礼堂举行，台盟中央主席林文漪出席并代表台盟中央致贺词。

12 月 9 日　中国国民党革命委员会成立六十周年暨第十一次全国代表大会在人民大会堂举行，台盟中央主席林文漪出席大会开幕式并代表各民主党派中央、全国工商联致贺词。

12 月 20 日　应国家主席胡锦涛的邀请，密克罗尼西亚联邦总统莫里访华，台盟中央副主席黄志贤陪同胡锦涛主席出席欢迎仪式和招待晚宴。

12 月 20 日—23 日　台盟省级组织主委、副主委培训班在福建省厦门市国家会计学院举行。台盟中央副主席杨健致开幕词并作总结讲话。

12 月 24 日　中共中央在中南海怀仁堂召开各民主党派中央、全国工商联新老主要领导人座谈会。会议由中共中央政治局常委、全国政协主席贾庆林主持，中共中央总书记、国家主席胡锦涛发表重要讲话。全国政协副主席张克辉、台盟中央主席林文漪，常务副主席汪毅夫出席座谈会，林文漪介绍了台盟换届的有关情况。

12 月 24 日　台盟八届二次主席会议在北京举行。会议由台盟中央主席林文漪主持。会议传达了中共中央总书记胡锦涛在各民主党派中央、全国工商联新老主要领导人座谈会上的重要讲话精神，审议并原则通过了《台盟中央主席会议制度》，通过了 2007 年台盟中央表彰参政议政先进集体、先进个人名单。台盟中央常务副主席汪毅夫，副主席陈蔚文、杨健、黄志贤出席会议。

12 月 25 日—26 日　台盟中央参政议政工作会议在福建省厦门市举行。会议总结了台盟地方组织 2007 年参政议政工作的经验和成绩，就《台盟 2008—2012 年参政议政工作规划纲要（初稿）》和台盟中央 2008 年调研选题、全国政协大会集体提案进行了讨论，表彰了台盟厦门市委等 12 个 2007 年度参政议政先进集体和王中等

19 名先进个人。台盟中央副主席黄志贤出席并讲话，台盟地方组织 50 余名参政议政工作人员参加会议。

郑世凯　台盟中央联络部副部长
朱　焱　台盟中央研究室综合处副处长
郭　婷　台盟中央研究室综合处干部

附　录

附录一：台湾政党制度研究

2007 年，台湾政党政治的主题分别是“法理台独”问题、特别费和国务机要费问题，以及民意代表和地区领导人选举问题等等。这些主题之间存在直接的因果关系，民进党再一次试图通过制造矛盾、煽动民粹来掩盖执政的无能和贪腐的劣迹，希望能够蒙混过关并继续执政。选举使岛内政治斗争趋于白热化。台湾政治动荡与转折并存。一方面，民进党八年执政走向尾声，它要寻求一切可能的途径和手段延续本党政权，甚至不惜制造和加剧政治混乱；另一方面，台湾的政治生态发生了明显的变化，外部压力骤紧，内部民心思变。台海两岸关于台湾政党制度的研究正是在这样的背景和氛围内展开的。

一、大陆学者的研究

关于台湾政党制度及其发展，大陆学者的关注主要集中在“台独”以及与之关系甚密的“宪改”问题、竞争性选举民主的发展等热点问题，此外就是国民党和民进党各自的组织和路线问题、政党关系和政党政府及其政策等具体问题，以及台湾社会变迁、政治发展、意识形态等涉及政党制度社会生态的宏观问题。综合起来，这些研究都指向同一个确切的结论：台湾政党政治和政党制度酝酿着重大的变化。

（一）对“台独”、“法理台独”及“宪改”问题的研究

“台独”诉求及其努力始终纠缠在台湾政党民主的发展进程之中。这一点不仅没有伴随政党轮替、台湾民主化阶段转向民主巩固阶段而发生变化，反倒由于一个体制内反体制的政党——民进党的执政而不断恶化。近年来，“台独”政党在制造了太多的动荡和不安之余，也为自己没有搞好民生招致怨谤而深感焦虑。在选举年到来之际，失去政权的恐惧使其铤而走险，在加大了“去中国化”步伐的同时，加紧了“公投入联”的节奏，将“台独”战车推向“法理台独”这一危险的边缘。“法理台独”的本质就在于，它要彻底地终结法统、改变法源，切断台湾与祖国大陆之间在领土与主权方面的联结，最终在台湾建立一个独立于中国之外的主权国家。“法理台独”是通过“公投”和“宪改”来操作的，后两者都可能导致台湾政党和政治发展的制度基础发生根本性逆转，因而引起大陆学界高度的重视。2007—2008 年是法理“台独”的高危期。

2007年3月，陈水扁指使台湾部分“御用文人”抛出“中华民国第二共和”“宪法草案”。由于这部“宪法草案”是陈水扁当局试探大陆与美国态度的探测气球，它与台湾“法理独立”尤其是与台湾未来走向之间的关系就非常值得关注。此外，“法理台独”及其相对完整的理念表达——“第二共和”、“宪法草案”，拟对台湾基本政治制度所作变更的考量，也密切关涉到台湾政党制度的发展。

余克礼发表《迈向“法理台独”的告白书——评民进党“正常国家决议文”》一文（《统一论坛》2007年第6期）指出，9月30日，在陈水扁的强势主导下，民进党代表大会通过了所谓的“正常国家决议文”（以下简称“决议文”）。“决议文”维持了陈水扁当局一贯的两岸“一边一国”的论调，继续鼓吹“正名制宪”和“入联公投”，是一纸不折不扣的迈向“法理台独”的告白书。这篇“台独”宣言再次提醒世人，尽管陈水扁当局鼓噪“正名制宪”、“入联公投”的活动屡屡碰壁，但是他们绝没有善罢甘休，仍在一意孤行地推动“法理台独”冒险活动，向国际社会公认的一个中国原则发起挑战。坚决反对和遏制“法理台独”的冒险行径，仍是当前和今后一个时期不可放松的艰巨任务。“决议文”的本质是谋求“法理台独”。将“公投”与“制宪”和“入联”连接在一起，目标就是要“彰显台湾为主权独立国家”。“决议文”是民进党成立20多年来“台独”主张的继续与深化。“决议文”与民进党的“台独”主张一脉相承，而且在强调“公投”上比此前有过之而无不及。“决议文”的字里行间无不显露出民进党积极谋求以“公投制宪”和“入联公投”的方式实现“建立台湾共和国”的“台独”本质。“决议文”的出笼是陈水扁直接插手和施力的结果，是陈水扁当局推动“法理台独”的实际步骤；同时也为巩固陈水扁在深绿阵营的地位，为其下台后继续发挥政治影响力打下基础。陈水扁将“入联公投”纳入“决议文”决不是因应明年大选的“假议题”，而是一出精心策划的谋求“台湾法理独立”的新伎俩。然，陈水扁当局的“入联公投”就是图谋改变大陆和台湾同属一个中国的现状，是为对内推动“台独制宪”、对外谋取国际承认创造条件。“决议文”的出笼，表明陈水扁当局不顾各方反对，执意进行“台独”分裂冒险。随着明年选举的临近，陈水扁通过“入联公投”谋求“台湾法理独立”，已成为台海和平稳定面临的最严重、最危险、最紧迫的问题。

朱松岭的《论“第二共和”及其与台湾未来走向之间的内在关联》（《中央社会主义学院学报》2006年第6期）指出，台湾民进党当局准备“修宪”寻求“第二共和”的关键问题在于“公投”，“公投”的基础在于把台湾人民从中国人民中分割出去。作者认为，台湾所谓“第二共和”定义应该是：在“中华民国”的称谓下，通过改变“制宪”主体，由台湾人制定台湾人的“宪法”，实现台湾“法理独立”。“第二共和”的理论依据是被民进党政客阉割了的审议式民主理论，该理论本意是主张公民应该直接参与立法和决策过程，而不仅仅是透过他们的代表来行使这些权力。从理论上讲，审议式民主的特征有三：理性、共识与公益取向。忽略或是片面强调这三方面中任何的一个方面都会引发民主政治实践中的严重偏失。但在台湾，审议民主中最为显眼的却是制造“共识”。通过“公共讨论”，陈水扁当局成功引导了部分台湾人的个人价值与政策偏好。执政后，民进党通过这种手法塑造台湾“国家认同”，使台湾在文化“台独”方面基本完成了所谓“台湾国”的建构。作者认为，台湾“第二共和”扭曲了审议民主存在的三个要害点：第一，曲解共和制下治权与制宪权的关系。主张“台湾前途必须得到2300万台湾人民的最终同意”，是将国民主权论歪曲运用到走向台湾法理独立的用意。第二，不讨论1971年中华人民共和国恢复在联合国合法席位的问题。它以当时的蒋介石当局和中华人民共和国都不认可的《旧金山条约》作为台湾拥有“独立”权利的国际法依据。按照国际惯例，即便这一条约成立，由一个中国的地方政府（台湾当局）坐占多年，且在国际上并没有异议，台湾在国际法理论上确定、当然是中国领土，台湾人民也确定、当然是中国人民。第三，将台湾人民从全中国人民中切割出去。“第二共和”的实质就是以政体形式变更掩盖国家主权改变的“台湾法理独立”，所谓“中华民国第二共和”首先变更的就是人民这一法源，妄图切断台湾法律与中国人民的法源关系。作者指出，在“法理台独”界定完人民的范围之后，如何操纵人民的投票权就成为从理论走向实践的关键。“第二共和宪法草案”作为民进党当局放出测试大陆和美国态度的“试应手”，是陈水扁当局法理“台独”的重要步骤，和台湾未来政治走向之间有着一定程度的关联。文章最后分析道，以“红衫军”凯道集结为标志，台湾政治似乎正在走向新的中间路线。事件之后的“中华民国第二共和宪法草案”展现“中华民国”与台湾之间的连接，民进党、国民党“总统”候选人的竞选纲领趋向一致的内容渐多，中国国民党把“中华民国就是台湾”的精神写入党章，台湾农民党的建立选择摒弃蓝绿、寻求阶级政党也有着这方面的考虑。这可能给台湾政治走向带来以下影响：宏观上，“台独”势力将利用审议式民主和投票式民主相结合的方式，进一步塑造“台独”意识形态。微观上，“第二共和”将可能是引发一系列议题的母议题。总之，“台独”的意识形态、价值体系问题是一个极其复杂的理论问题，对台湾“法理独立”有着极其重要的影响。先采用审议式民主主导议题，发动民众、凝聚共识，继而采用公投方式触及主权问题，是未来“法理台独”的走向。

钟翰、白纯的《台湾当局“宪政改造”的可能形式及其严重危害》（《世界经济与政治论坛》2007年第3期）认为，民进党上台以来，有计划、有步骤地推行“宪政改造”。2005年6月台湾“任务型国代”正式表决通过“立法院”通过的“宪法修正案”，此标志民进党第一阶段“宪改”完成，目前台湾当局正积极谋求第二阶段“宪改”，以达到“法理台独”的目的。当前，民进党当局“宪政改造”的可能形式包括：第一，强调“宪政改造”，以解决“宪政僵局”矛盾为目的，体现所谓的“合法性”。面对体制内“宪改”空间受到较大挤压的局面，台湾当局必将加大力度渲染当前“宪政僵局”的矛盾所在，在“宪改”的议题设置和程序选择上可能表现出这样特点：“宪改”议题多集中于政治体制；“宪改”程序将保持在现行“宪法”框架内，通过“释宪”与“修宪”达到“制宪”目的。第二，以煽动“民粹”为手段，进行体制外“公投”。其具体做法是：通过鼓吹人权、“正名”、“去中”等多种手段进一步强化“新宪公投”的民意基础；或者，整合民间“宪法”草案，推出“党版宪法”，付诸“公投”。第三，以强调“紧迫性”为动力，妄图将“宪政改造”与2007年民意代表选举、2008年地区领导人选举同步展开。“宪政改造”使得两岸关系面临更加复杂的局面，给台湾政治社会带来极为严重的危害：必将引发台海地区严重危机；定会对岛内民众进行了有形的“台独”教育和“政治洗脑”；还会加剧岛内政局不安的局面，使民众逐渐对当局丧失信心。"宪改"为"法理台独"披上了冠冕堂皇的外衣，在诸如"提高政府效能"、"完善民主宪政"和"实现台湾主体性"等口号下逐渐展开，具有极大的隐蔽性和欺骗性。然而，随着时间的推移，"宪改"给两岸关系和台湾本岛社会经济发展带来的巨大危害将越来越明显地暴露出来，其"法理台独"的险恶用心也将受到大陆人民和台湾泛蓝阵营的坚决反对。

杜力夫的文章《台湾"宪政改革"的政治功能和对两岸关系的影响》（《太平洋学报》2007 年第 11 期）则从另一个角度理解台湾地区"宪政改革"的历程。文章指出，资产阶级民主宪政制度的确立和完善，是台湾地区不断进行"修宪"和"宪改"的内在动因。台湾地区"修宪"和"宪改"的主要政治功能，是"为因应国家统一前之需要"，围绕着确立和巩固资产阶级民主宪政制度，实现政治转型、分配权力、配套制度、提高统治和管理效能。在"和平发展"成为两岸关系的主旨和价值取向的背景下，有必要重新审视台湾地区"宪改"对两岸关系的影响。第一，国民党执政时期开始的台湾地区"宪政改革"的内在动机——不单纯是为了"台独"。宪法是政治权力分配的规则系统，社会上不同政治势力、政治力量此消彼长，必然引起权力分配状况的改变，从而导致规则系统的变化。台湾地区自上世纪 80 年代以来政治环境的改变必然要求"修宪"，以适应岛内政治发展的要求。第二，台湾地区由国民党主导的第一阶段"修宪"和"宪政改革"有其积极的政治功能。"修宪"解决了台湾地区政权的合法性、民主化和本土化问题。同时，"增修条文"自称台湾地区为"自由地区"，并将其与大陆地区相并列，是对台海两岸政治现状的确认，"增修条文"前言中还明定"宪法"增修乃是"为因应国家统一前之需要"。这一规定认定中国尚未统一的政治现实，同时也确认国家统一乃是台湾当局追求的目标，对"台独"形成刚性约束。"修宪"对于优化政府权力配置、提高政府效能、改革政治体制和提高行政效能，具有正面意义。"修宪"后，台湾引入竞争性政党制度、普选制度、议会制度、责任政府和司法独立制度，解决了不少政治难题。此外，"修宪"对于保障人权、关注民生也有正面影响。第三，台湾当局在推动第二阶段"宪改"的过程中，不能正确面对和处理两岸关系，屈从于"台独基本教义派"的选票压力，一再操弄"统独"议题，出尔反尔，坚持"台湾是一个主权独立的国家"的立场，鼓吹两岸是"一边一国"，声称通过"宪改""让台湾成为一个正常、完整、具有竞争力的现代化民主国家"，透过"宪改"谋求"台湾独立"的立场，在大陆业已制定《反分裂国家法》的背景下十分危险，很可能重新引爆内战状态。这不是台湾人民通过"宪政改造工程"所追求的目的。相反，这种企图一旦实现将会把台湾人民带入灾难之中。两岸全体中国人民和两岸的政治现实以及国际环境决不允许这一企图得逞。

程海容、赵洪的《试析台湾当局的"公投"》（《韶关学院学报》2007 年第 8 期）一文，运用相关法理理论阐述台湾当局"公投"的本质，揭示台湾当局企图通过推动"公投"实现"法理台独"的政治野心，分析了"公投"对台湾社会和经济发展所造成的严重影响。文章首先从法理的角度分析，"台独公投"不符合"民族自决原则"等相关国际法准则，是对中国完整主权的恶意破坏，其真正目的是利用"公投"实现"台独"。在台湾，"公投"议题已经成为民进党当局"执政"的主要筹码，并具有以下特点："公投"与"台独"紧密相连；"公投"成为"台独""合法化"的外衣；"公投"沦为选举和政党斗争的工具。作者继而对台湾"核四公投"、加入世界卫生组织（WHO）"公投"、"制宪公投"、"公投制宪"、"防御性公投"等"公投"议题进行了案例分析，得出的结论是：这些"公投"议题在战略上、战术上都直接或间接地与台湾定位有关，本质上都是促使台湾获得"主权国家"的地位。如果"公投"议题得以通过，陈水扁将会使台湾民众相信中国大陆武力威胁台湾的意图，从而采取抗拒统一的行动。与此同时，陈水扁也会利用"民主公投"主张独立这一点，向国际社会提出诉求。

（二）对台湾民主与政党政治发展的研究

民主进程与政党政治发展既是一致的、不可割裂的，又是彼此区别和相互影响的，作为政治过程，它们共同的结果之一就是变革或形成、巩固和发展特定的政党制度。因此，民主与政党政治发展研究就构成大陆学者对台湾政党制度研究的重要方面。

高志虎的《台湾转型正义问题初探》（《台湾研究集刊》2007 年第 4 期）一文，从转型正义的理论与实践出发，对台湾政党政治的历史与现状进行了检视。作者首先界定了转型正义的基本内涵，认为它是新兴民主社会对历史上发生的侵犯人权、大规模暴行或其他严重社会创伤等问题的处理，其目的是创造一个更加民主、公正与和平的未来。作者分析道，转型正义领域的起源可以追溯到二战后的纽伦堡审判和德国的非纳粹化运动。作为一个新兴的并不断扩展的领域，转型正义在实践中面临诸多困境。以如何对待前威权政权的官僚为例（亨廷顿将其称为"虐待者的难题"），不管是法办与惩治还是宽宥与遗忘，每一种做法都会引起不同的社会政治转型，对转型正义问题的处理也呈现出不同的特点。在"二·二八"事件后台湾民众"国家认同"出现严重分歧的大背景之下，台湾的转型过程还具有一些不同于其他社会的特点。台湾的政治转型是一种上下结合、内外结合的渐进过程，在这一进程中，威权统治时期的执政党——国民党仍占主导地位，在很大程度上控制着转型进程。由此而来的结果是：第一，重建历史真相工作受到政治因素的干扰而走入误区；第二，台湾对受害者进行赔偿的工作相对成功；第三，李登辉时期对加害者问题采取了回避的态度；第四，政治运行机制改革取得成效，但又出现了新的严重问题。这就为陈水扁上台后借转型正义之名追求私利提供了条件。民进党执政后，在政党恶斗、选举不断的情况下，双方已很难在如何落实的问题上达成共识，转型正义反而成了蓝、绿对决的另一个战场。绿营在这个议题上处于攻势地位，然而陈水扁对待转型正义的态度具有明显的功利性色彩，他强行将转型正义概念嫁接到自己的政治主张上去，从而导致了转型正义在台湾的变异。而作为威权时期侵犯人权事件的当事者，国民党对转型正义议题基本采取了回避的态度，明显处于守势。可以说，双方对待转型正义的态度均不具有建设性。而作为执政者的陈水扁对造成这种局面自然要负最大的责任，他对转型正义的处理将深刻影响台湾的政局发展。第一，陈水扁热衷炒作转型正义议题的直接目的，是为了帮助绿营及自身脱离困境，这损害了转型正义的正当性。第二，陈水扁力图通过推动"转型正义"帮助民进党赢得 2008 年"大选"，并彻底摧毁国民党，这决定了陈水扁推动的转型正义具有极强的攻击性，只会为台湾政坛的政党恶斗推波助澜。第三，陈水扁将转型正义与“台独”相联结，势必对两岸关系造成严重冲击，并危及亚太地区的稳定。第四，陈水扁的人格特质和他对转型正义问题的处理时机等，决定了他的举动无助于为台湾创造一个更加民主与公正的未来。文章最后指出，处理转型正义问题的效果如何，除了与推动者的动机有关外，也与推动者的品格特质、推动时机和议题范围等因素密切相关。在台湾民众“国家认同”分歧加剧以及政党恶斗不断的情况下，转型正义议题成了政治斗争的工具。台湾的主要政治力量只有真正回归“一个中国”原则，才能为落实转型正义创造必要的前提和良好的环境，从而使台湾社会顺利到达民主的彼岸。

王瑜在《台湾地区政党政治》（《中共石家庄市委党校学报》2007 年第 4 期）一文中，对台湾政党政治及其发展作了一个相对完整的回顾和概括。作者在粗略地介绍了当前台湾的主要政党之后，即转向台湾政党体制变迁的问题。台湾政党政治发展被划分作三个阶段：第一阶段是在 1949—1985 年，这是国民党一党专制时期。第二阶段是 1986—2000 年，此期形成了多党竞争、一党执政的体制。作者认为，台湾地区之所以会由一党专制演变为多党竞争、一党执政的政党体制，主要是内外压力使然。首先，经济发展，中产阶级队伍的壮大；其次，党外人士的组织化程度日益增强；再者，迫于回归常态宪法的压力；最后，就是美国的促变作用。第三阶段是 2000 年至今，是政党轮替、蓝绿对决的阶段。作者对 2000 年国民党失去政权的原因进行了总结，指出：第一，打压宋楚瑜使得国民党一分为二，民进党坐收渔翁之利。第二，国民党的“黑金政治”是台湾民众抛弃国民党的重要原因。第三，国民党自身组织体系的衰落使其失去了选举竞争力。第四，民进党经过多年的选战磨炼，培植了一定的社会基础和竞选人才。作者进而对目前台湾政党政治的主要特点进行了探讨，指出：第一，第三党的发展空间进一步受到挤压，两党政治已逐渐形成。第二，影响选举的焦点问题仍然是“统”“独”之争。第三，台湾恶质的选举文化阻碍了政党政治的健康发展。当前台湾民主政治乱象的直接原因不外乎民粹煽动、负面选举操作和台湾公民社会的缺失三方面原因。由于相当部分选民的选举心态还不成熟，尚未形成独立的选举人格，容易被政党和候选人诱导，这将是台湾政党政治发展必须有所超越的重要领域。

李鹏的《台湾难以实现稳定的政治文化根源》（《社会主义研究》2007 年第 3 期）一文，对台湾政党恶斗和政治乱象背后深藏的政治文化进行了探究。文章认为，从政治文化上讲，台湾政治发展不稳定的原因主要有三个方面。第一，台湾政治体系存在结构的缺陷和失衡。在台湾政治中，“宪政体制”中的权责关系失衡是最明确的体系文化缺陷。台湾目前的政治体制，既不是“总统制”，也不是“内阁制”，也不是真正意义上的“双首长制”。1997 年第四次“修宪”后，台湾地区领导人的权力过度扩张，拥有不经过民意代表机构同意就任命行政首长的权力，其人事任命也无须行政首长副署。在这种情况下，行政首长实际上成了领导人的幕僚长，他的权力来源是领导人，但必须向民意代表机构负责并接受质询。虽然民意机构拥有“倒阁权”和“弹劾权”，但其权力的行使却受到很大的制约。台湾这样的政治体制所产生的问题是地区领导人有权无责，行政首长有责无权，民意机构无法对领导人和政府形成有效的监督和制约。

民进党上台以来，政府控制在民进党手中，民意机构则一直控制在泛蓝阵营的手中，府院之间、民意机构内部不同政党和不同阵营之间的矛盾日益尖锐，政治不稳定由此产生。政治体系结构的不完善并不必然导致政治不稳定。但民进党上台以来，不断以台湾的政治结构、政治制度存在缺陷为由，对已有制度极不尊重，甚至刻意漠视其存在，并利用制度上的缺陷来谋取党派和个人的私利，从而导致政治体系和制度在台湾政治生活中的规范功能降低，政治持续呈现不稳定的状态。第二，台湾“民主政治”发展的恶质化倾向。台湾地区实行的是西方式的“民主政治”，从上个世纪 80 年代就开始了所谓的“民主化”进程，期间形成的政治文化对台湾政治能否实现稳定发展也有着重要影响。民进党上台以来“民主政治”恶质化倾向最典型的表现就是挑起族群对立、激化“统”“独”矛盾、煽动民粹主义，这已成为民进党的执政和选举文化。民进党长期扮演着反对党角色，以“族群仇恨”为基础的选战聚合力，固然有利于民进党迅速发展为强大的反对党，但也加快了台湾民主发展的速度。权威政治下积累的仇恨与恐惧，一旦被民进党利用来作为竞争选票的资本，又反过来促进民主发展的畸变。第三，台湾民众的政治参与存在心理和行为上的偏差。台湾政治文化极端化倾向对民众政治参与和政治稳定的影响表现在两个方面：一方面是蓝绿两大阵营都有两成左右的基本支持者，这些民众的情绪性和非理性色彩浓厚对自身阵营认同度很高，政治参与热情高涨，甚至出现政治参与狂热的情况。他们的政治参与行为容易对某些政党和政治人物的政治行为形成压力，迫使他们作出一些非理性的决策。每当台湾举行选举和进行政治斗争的时候，蓝绿两大阵营都离不开这些基本支持者的坚定支持，特别是在选举动员的过程中，这些基本支持者还可以发挥带动浅蓝或浅绿民众政治参与的功能，使台湾社会被人为割裂为蓝绿两大阵营，带有温和色彩的中间选民的政治空间被大大压缩。在台湾所有的政治势力中，“台独基本教义派”是政治参与热情最高的人群之一，他们的“台独”意识形态根深蒂固，他们往往在民进党需要进行政治动员的时候首先站出来，成为最坚定的支持者；当陈水扁有偏离“台独”主张的迹象时，他们的反响也最为强烈，对民进党当局的施政形成很大牵制；这些人抗争的手段也最为激烈，甚至不惜暴力和流血，从而成为台湾政治不稳定的重要影响因素。政治文化极端化的另一方面表现为，随着台湾社会政治纷争的加剧，台湾的政治冷漠者开始增多，民众对政治不信任感增强，越来越多的民众开始视政治为畏途，消极地适应政治环境，主动地远离政治生活。在台湾的政治参与中，政治动员是非常重要和普遍的手段之一，它会直接影响到民众的政治参与心理和行为。台湾极端化的政治文化和民进党上台以来的民粹主义操弄，导致了民众在动员参与政治活动时的心理和行为出现偏差，政治稳定自然无从谈起。

林贻华在《试论台湾政党体制演变过程中的族群问题》（《法制与社会》2007 年第 4 期）一文中指出，族群是指基于生理特质和文化传袭而形成的“原生性”社会群体。以此为基准，台湾应该只有台湾原住民和汉民族两大族群。而事实上，台湾族群的划分却带有鲜明的政治色彩，这与岛内特殊的历史和社会政治结构有直接联系。族群问题对台湾政党体制演变产生了深刻的影响。在“一党专政的党国体制”阶段，由于历史上台湾本省籍人士长期遭受异族统治，所以蒋氏政权败退台湾时，他们就很容易将外省人统治者视为外来统治者，并抱有强烈抵制情绪。“二·二八”惨案的发生则使得这种抵制情绪更为强烈。另一方面，由于“外省人”多是随蒋迁台的“政治移民”，抵台后仍供职于国民党政权，所以，他们在政府部门供职的比例远远大于“本省人”，几乎垄断了岛内的政治资源。由此岛内形成了具有鲜明“省籍”特征的二元政治结构——“外省人”占据统治地位，“本省人”居于被统治地位。事实上，“本省人”在这个权威政治时代中受到的严重压制，成了日后具有鲜明省籍色彩的族群对立意识产生的最初源泉。在“不完全的两党体制”阶段，台湾的“民主化”运动兴起，尤其是以民进党为代表的台湾本省籍政治势力，对政治权力的公平分配提出了全面诉求。从某种意义上说，这场运动也可以理解为“本省人”打着“民主”的旗号从“外省人”手中争夺政治资源的具有鲜明“本土化”色彩的运动。为顺应岛内形势，蒋经国开始着手统治体制本土化，吸纳了一部分台籍青年政治精英进入权力系统。李登辉更是大力推进国民党本土化，台籍人士逐渐垄断了党政主要职务。在这股“本土化”浪潮中，民进党的出现，标志着台湾本土的政治势力开始以政党的形式聚拢为一体，对以国民党为代表的“外省势力”进行有组织的抗争，从而拉开了后来选举中“国民大战”的序幕。进入“两大联盟对峙凸显的多党制”阶段，各党出于意识形态和选举利益的考虑，相继完成了内部整合，形成了“泛蓝”和“泛绿”两大阵营，从而形成了这一时期颇具特色的政党体制，即“两极多元格局”的多党制。台湾社会被撕裂为“泛蓝”和“泛绿”严重对立的“双峰社会”。民进党不断炒作“统独”议题，将省籍矛盾上升到“爱台”还是“卖台”的高度，导致民众中对立情绪一再高涨。这一时期，岛内存在着一种单从省份认同的情绪出发的非理智认定：本地人选本地人，外省人选外省人。正是在这样一种不理性的选举文化主导下，日常生活中并不彰显的“本省人”与“外省人”之间的隔阂与对立，一到选举就被激扬到极点，无法互容甚至相互伤害。族群问题引发相关政治问题。台湾的族群分化，是围绕着政治利益分配和争夺而形成的，尤其应归结于本省族群在岛内二元政治结构中不断寻求权力地位的结果。正是这样一种政治分化决定了它对岛内的政治结构、政党发展甚至是两岸关系都将产生非同小可的影响力。台湾社会已经感受到了省籍族群被政治撕裂所付出的代价和由此引发的伤痛，也在尝试以民间渠道来推动族群和解。虽然这些尝试未必能从根本上改变现状，但这种和解文化所展示出来的沟通技巧及其背后的哲学，对于两岸交流中所发生的问题具有非常重要的启示意义。

刘景岚、栾雪飞的《台湾“民主政治”的异质化论析》（《理论探讨》2007 年第 1 期）认为，刚刚起步的台湾“民主政治”在某些政治人物的操弄下被严重扭曲而发生异化，“统独争议”转移政治主题，“民粹政治”漠视民意，公平正义迷失，逐步偏离民主政治的正轨，走上了一条危险的发展道路。台湾的政治生态至今仍未完成由族群对立的、社会撕裂的、非理性的“形式民主”和“身份民主”向“共识性民主”的转换，这在相当大程度上给台湾社会带来了人为的切割与损害。至少在很长一段时期内，我们还很难看到台湾发展出健康有序、具有包容性的“协商政治”机制来。台湾“民主政治”起步之初，就伴随着永无休止的“统独”论战和“族群”纷争，人为撕裂社会，分化人群，政治生态因而激情大于理性。不良的生态导致政党竞争变成政治对峙，民主监督成为互相拆台，导致朝野撕咬，选举成为你死我活的零和拼杀，政府当局政策空转、社会乱象丛生也便不可避免。在台湾今后的政治发展中，各政党只有摒弃这种壁垒分明的"统独"立场和族群褊狭，把政党竞争诉诸政策主张而不是民粹，才能逐渐培养出健康的政党政治土壤，台湾社会才有可能走出政治发展的困境。

（三）政党和政党关系研究

张春英的《台湾百年历史变迁与国共两党关系》（《党史研究与教学》2007年第2期）指出，台湾的历史命运与国共两党关系是紧密连结、相互作用的。历史上第一次国共合作，是要共同推动反帝反封建的国民革命。此期虽然还未能具体提出"收复台湾"的口号，但是，由"废除一切不平等条约"发展到"取消中日间一切不平等条约"的主张，矛头直指《马关条约》，为收复台湾奠定了政治和思想基础。第二次国共合作，以国共两党合作为基础形成了抗日民族统一战线，出现了全民族团结抗战的新局面。台湾光复是中国人民坚持八年抗战的伟大成果。同时，国共两党关于收复台湾的共同目标及其一致的努力，是战胜日寇、收复台湾的决定性力量。抗战胜利后，国共分裂导致内战和内争，导致台湾与大陆隔海分离。2005年，国共两党时隔60年后再握手，共同遏制"台独"，两岸和平发展愿景开始走向光明。作者总结历史经验，得出结论：第一，两党合则双赢，共同关注台湾，挽救台湾的历史命运；国共分则两损，台湾也受到损害。第二，国共两党合则国昌，台湾保；分则内耗，台湾受制于人。第三，国共两党合则顺民意，"台独"受遏制。

冷波的《"大选"，国民党心中永远的痛——国民党的两次大分裂》（《世界知识》2007年11期）对国民党的分裂与选举成败关系问题进行了探讨。文章指出，在1996年、2000年台湾地区领导人选举中，国民党因候选人问题两次出现分裂，第一次分裂大大削弱了该党的实力，后一次分裂更是直接导致该党在台湾丧失执政权，让岛内政治生态发生巨大变化。国民党第一次分裂主要源于党内主流派和非主流派的斗争，是李登辉操弄党内权力的结果。历时数年的主流与非主流之争，使林洋港、郝柏村、陈履安等党内重量级人物"出走"，加速了国民党的分裂，大大削弱了党的实力，为其2000年的败选埋下伏笔。2000年，李登辉支持连战参选，刻意打压国民党内的政治明星宋楚瑜，导致连宋分别参选，结果让民进党的陈水扁坐收渔利。2000年国民党的分裂的影响是深远的，让这个"百年老店"在台湾丧失了执政权，实力大为削弱。国民党内当时随宋楚瑜"出走"的"立委"、"中央委员"、"政务官"有六七十人之多，出走的地方大桩脚更在百人以上。选后，宋楚瑜成立亲民党，一些本土派出走成立台联党，加上之前分裂出的新党，国民党一分为四。民进党上台后，不断利用掌握的执政资源提高政党实力。以致2004年"大选"中，虽然连战、宋楚瑜终于合作参选，却终究不敌民进党陈水扁与吕秀莲的组合。虽然选举结果的确受到选前一天"两颗子弹"的影响，但2000年政党轮替后岛内"蓝消绿长"的态势无疑是至关重要的原因。文章结论道：在国民党已在野七年的情况下，如果2008年选举再不获胜，未来要翻身更不可能。若此次"大选"再败，就必须有长期做在野党的心理准备了。因此，2008年的选举对国民党而言是一场输不起的"大选"。毕竟，国民党如今已经没有分裂的本钱，它既没有执政时庞大的行政资源可用来辅选，也没有庞大的党产作选举经费，而民进党的选战向来都是无所不用其极，什么招数都使得出来，2004 年“连宋合”都不能赢，何况国民党再次分裂。国民党两次分裂的历史，值得深入反思。

常家树的《二十世纪五十年代国民党的改造运动》（《党史纵横》2007 年第 6 期）对国民党在台早期的改造运动进行了历史的审视。文章指出，国民党从 1949 年仓皇败退台湾一隅，到逐渐在台湾站稳脚跟并在随后的几十年中取得经济上的成功，根本原因就在于国民党的自身改造运动。文章分作三个部分，即蒋介石伤心：腐败导致国民党失败；蒋介石决心：整治 CC 系为“改造”扫清道路；蒋介石虚心：学习共产党“改造”国民党。文章述及，蒋介石反思在大陆失败的主要原因时认为，症结就在于党的瘫痪，在于党员、党的组织机构和党的领导方式问题重重，“党内不能团结一致，同志之间，派系分歧，利害摩擦，违反党纪，败坏党德，以致整个的党，形成一片散沙，最后共党乘机一击，遂使全盘瓦解，彻底崩溃”。而且，国民党的“官吏不知责任为何物，对于主义政策不知尊重”，“败坏法纪，只知个人私利”、“升官发财。”党内“用人偏重感情与关系”，“论派系不论政策”，“赏罚不明是非不清，以致组织涣散，纲纪荡然，道德沦丧，民心丧尽，党除为从政党员分谤外，不能有任何作用”。蒋介石认为，“我们的党员不能再有败坏纲纪、蔑视组织的行径。我们不能容许过去招致大陆沦亡的一切观念行为和作风用到台湾来”。这些如果在台湾延续下去，“则党必归于毁灭，永无复兴的希望”。蒋介石下决心“对原有党员有腐化贪污的事实，反动投机的倾向，毁法乱纪自私自得者，要严惩整肃”。由于蒋介石认为中国共产党的延安整风对中国共产党的强大起了十分重要的作用，因此他十分重视延安整风的经验，下令翻印了延安整风的有关文献，以之为国民党“改造”的参考学习材料，把研究延安整风作为国民党“改造”的内容之一。国民党的《本党改造纲要》与同一时期的其他文件大量吸收了中国共产党延安整风的基本原则，甚至直接使用了共产党用过的术语。在思想改造方面，蒋介石认为，要通过政治训练，使党员认清国民党的本质属性。在组织再造上，国民党依据列宁主义原则，也学习了中国共产党的经验。关于组织原则，规定“本党采取民主集中制，由选举产生干部，以讨论决定政策，个人服从组织，组织决定一切，少数服从多数，下级服从上级”；关于组织系统，设立中央、省、县（市）、区委会和基层小组。“小组为党的基本组织”，党员必须参加小组，其党籍方能有效。鉴于党内腐败是国民党失败的主要原因之一，蒋介石下决心要在改造中整饬“党籍党德”，淘汰腐恶分子。改造的另一个重要方面，就是制定常务制度，使党的运作走上程序化道路。《本党改造纲要》规定，国民党各级干部要改正侧重于个人领导的习气，实行原则领导、一元化领导和民主领导。要“组织决定政策，以政策领导政治”。“党员应参加组织活动，遵守党的纪律，服从党的命令，执行党的决议。”与此相适应，它还规定党的纪律以及对党员违纪行为的惩处办法。在党政关系上，也制定了相应的制度，规定改变过去“党直接领导政府”的方式，实行以主义制定政策，透过“民意机关在政府服务之党员，依法定程序构成法令与政令”，“党对于政府及民意机关中服务之党员，应从政策上领导，而不得对其法定职权予以干涉”。同时规定，在中央民间机关中建立党团或党部，政策制定前，应由党团讨论，政府决策有关问题，均须提交政治小组讨论，

“以增进党政联系并谋贯彻本党有关政治决策诸问题”。国民党在进行自身改造的同时，还把广泛进行社会调查，开展青、工、农、妇运动作为改造的重要内容，在开展上述诸方面活动时，强调要执行“群众路线”，党员与工、农在生活上一致，要打破“关门作风”，克服“个人主义、官僚主义、帮派关系”，“刻苦勤奋，深入下层”，“团结群众，教育群众，影响群众，信赖群众”，“工作为群众表率”，“应持服务精神”。文章最后指出，国民党“改造”整顿了国民党各级组织，实行了新的措施和制度，加强了党组织对党员的约束力，提拔了一批有才干的官员，促进了领导层的新陈代谢，使国民党的组织状况和工作作风都较大陆时期有一定程度的改善，也确实提高了国民党的执政能力。这些不但对于国民党退台初期的混乱政局起了一定的稳定作用，同时对台湾的经济发展也起到促进作用。从这个意义上说，国民党“改造”运动是国民党发展史上起死回生的重要转折点。

曾润梅的文章《国民党走向岛内本土化》（《世界知识》2007 年第 15 期）对国民党的本土化进程进行了逻辑上的梳理。文章述及，上世纪 50 年代中期后，反攻大陆无望，国民党不得不把注意力放在建设、经营台湾上来，自此开启了该党的本土化之路。这一过程分作四个阶段。第一阶段（1972—1988 年），蒋经国开始大力提拔本省籍菁英，大力拉拢地方势力，以改变外省籍菁英垄断党政大权的现象。但在意识形态上，还是坚持以代表全中国的“中央政府”自居，坚持“一个中国、追求统一”，“建设台湾、再造中华”，“植根台湾、放眼大陆”等理念。第二阶段是李登辉将本土化异化为“台独化”时期（1988—2000 年）。以李为首的本省籍政治菁英逐渐取代外省籍菁英全面掌控党政大权，党员的比例也发生重大变化，本省籍党员占总数的 75%。在意识形态上，国民党开始全面吸纳民进党的“台独”主张，日渐偏离传统的“一个中国”政策，大肆鼓吹“台湾人主体意识”、“建立台湾命运共同体”、“两国论”等理念，并以“台湾优先”为原则制定内外政策，从而将本土化逐渐异化、扭曲为“台独化”，“认同台湾、反抗大陆”。第三阶段是连战全力摒弃“台独化”路线时期（2000—2005 年）。丢失执政权后，李登辉被广大的基层党员赶下台，由连战接任党主席。以连为首的党中央全力摒弃李的“台独化”本土路线，强调国民党应做一个既是台湾人也是中国人的政党。本土化既不是“去中国化”，更不是“台独化”，其核心是“立足台湾、胸怀大陆、放眼世界”。但由于本土的定义权与解释权早已被民进党、李登辉扭曲为“台独化”，国民党“反独”本土路线被其污为“外来政权”、“中共同路人”、“卖台集团”等，在选举中陷入被动境地。2004 年“大选”再度失败后，党内要求强化本土论述、与民进党抢夺本土话语权的呼声日高。以首席副主席萧万长领军的“党内论述小组”提出“中华民国就是台湾”的主张。第四阶段是马英九意图提出新本土论述时期（2005 年至今）。2005 年 7 月马英九当选党主席后意图重新定义本土的内涵，与民进党抢夺本土话语权。他首先推动将“坚定地以台湾为主，对人民有利”的理念写入党章，使国民党建党 100 多年来党章首度出现与台湾紧密结合的重大修正。马英九还强调“中华民国与台湾已是一体，这是政治现实，没有不承认之理”，并称将择机重新宣示“中华民国就是台湾”的论述。其次，为反制民进党所提的带有变相“统独公投”性质的“入联公投”，改变过去反对任何可能涉及“法理台独”的“公投”的一贯立场，推出“返联公投案”。第三，积极拉拢亲绿重量级人物，全面深耕中南部基层。2008年“大选”是国民党能否重返执政地位的关键一役，若再次败选极有可能进一步萎缩，甚至可能沦为“永远的在野党”或亡党。在“胜选第一，否则一切理想都是空谈”的大战略下，马英九一系列向本土靠拢的动作意在回应民进党的挑战和岛内形势的变化。国民党进一步向台湾化、本土化方向蜕变，必将对国民党的路线发展以及两岸关系造成一定的冲击。国民党不但将“以台湾为主、对人民有利”的字眼纳入党章，马英九还明确接受“中华民国就是台湾”的主张，并宣称今后将与台湾民众多数人的情感与意志站在一起。这显示，不管2008年“大选”的结果如何，“认同台湾、拥抱本土”的本土化路线将成为党内主流。如果胜选，国民党为扩大执政基础，争取中南部本土选民的认同，必将深化自身的“新本土论述”以与民进党狭隘、扭曲的“台独化”本土路线相抗衡。若再度败选，该党为了生存的需要，有可能向民进党的本土路线靠拢，彻底转型为以台湾本土为认同对象的区域性政党，对两岸关系的发展带来一定负面影响。

关于民进党的研究，张晓明的《民进党沦落腐弊根源透析》（《统一论坛》2007年第1期）分析了执政七年来民进党“其兴也勃，其衰也忽”政治现象背后的原因。作者认为，民进党由“党外势力”催生，是一群反对国民党的“反对派”的集合。对抗“独裁”、反对“贪腐”是其建党的重要理念，再加上其在野时期所标榜的“民主、改革、清廉”核心价值，构成民进党2000年上台执政的重要原因。但是，执政后不久民进党就背离了这些理念和价值，致使政党体制恶化，出现结构性危机。追根溯源，抛弃建党理念、丧失核心价值，是民进党沦落腐败、走向衰颓的最根本原因。具体来讲，主要体现在三个方面：第一，贪腐独裁，自失了历史合法性。违背民意，执意“台独”，以“民主”之名行“台独”之实，扭曲了民主的真义，是对民主的讽刺和背叛；党内民主败坏，独裁专权，陈水扁“一人独大”模式开始凌驾于“派系共治”权力运作机制之上，最终以一人拖垮了一个党；为了选举，不择手段，使民进党曾经的“民主斗士”、“公正”、“率直”的草根形象荡然无存，“不择手段”、“奸诈”则成为民进党新的标签；挑起族群对立，破坏了社会和谐，加剧了社会动荡，造成了民众价值认同的混乱，诱发了不同族群之间和民众内部的激进抗争行为。民进党的贪腐独裁使台湾社会日益被扭曲成以“统独”对立为主轴的“双峰社会”，只问立场，不论是非，使良好的传统价值观崩解，取而代之的是仇恨、对立、斗争、互不信任等恶性情绪。更恶劣的是，民进党掌权者做了不廉洁、无诚信、缺乏羞耻心的事，却没有受到惩罚，从根本上带坏了整个社会风气。第二，民进党抛弃清廉操守，大搞黑金政治，弊案连连，贿选盛行，腐化堕落。民进党走上“执政”之路只有六年多，但其滑向腐败和堕落的速度实在惊人。上台伊始，该党就致力于建立“黑金”权力体制并迅速“黑金化”。该党热衷于傍“大款”，密切与工商财团的关系，极力笼络非绿营财团，并把某些职务作为与岛内财团进行利益交换、政治酬佣的工具。民进党“在野”时，靠的是农民、劳工选票，但是“主政”后就抛弃他们转向财团。第三，民进党丧失自我，毫无政绩，难逃衰败。道德信用沦丧、权力利益熏心的民进党以是非不分的劣质“选举文化”把政党的施政政纲制定和政府的治理能力提升降置末位，致使政权空转、内耗不断，执政满意度持续下滑。根据 2006 年 10 月台湾民意调查显示，有近 68% 的民众对民进党执政 6 年来的“答卷”十分不满意。6 年间，台湾有 114 万个家庭陷入了贫困，420 万个家庭的收入减少，20% 的家庭没有存款，岛内的每个家庭年平均负债达到 2 万元新台币，民众感受到的是经济的下滑、收入的减少和生活品质的降低。文章最后指出，陈水扁和民进党已经失去了公民社会政治主体最基本的信则：诚实地面对自己，诚实地面对社会，诚实地面对民众。当一个政党连立足于民主法治社会的最起码条件都已丧失时，它的衰败瓦解已为期不远。

陈星的《民进党上台后政商关系的建构及其影响》（《统一论坛》2007 年第 6 期）对民进党政商关系问题作了系统的分析。作者指出，民进党上台前，与商界的关系比较疏远，甚至一度被认为有“反商情结”。但在上世纪 90 年代，民进党的一些重要人物如陈水扁等，已经开始紧锣密鼓地建构自己的政商关系网络。2000 年上台后，民进党利用执政优势，不断扩大政商关系的经营规模，手法也不断多样化，形成了既有以台湾当局行政机关为中心、通过权力资源分配而形成的政商勾结，也有通过个人为中心经营政商关系网络的局面。民进党通过政治资源与金钱交换的方式，建构起了紧密的政商关系网络。民进党政商关系构建的基本途径是，在各种关键位置安插自己的人马，将原有的“非绿”政治势力挤出各种公私营事业权力核心，实现对台湾财经和金融系统及企业界的全面“绿化”；努力对金融系统等事关台湾经济命脉的重要领域进行“民营化”改造，在对金融系统进行“绿化”、图利个别与自己关系密切的大财团的同时，建构于己有利的金融环境；通过各种活动和安排，拉近与企业之间的关系；通过权位与金钱交换完成政商之间的交易；通过派系或个人经营政商关系网络，等等。民进党的“黑金化”及其影响政商关系的快速推展加快了民进党“黑金化”的步伐。“黑金政治”越来越严重的直接后果就是民进党政治操守的集体沉沦。作者最后指出，民进党的“黑金化”同时孵化出了一个与该党高层关系密切的商人集团，这批人与民进党当局官员内外勾结，上下其手，对台湾的社会秩序和经济结构都产生了极具破坏力的影响。

董栓柱的《陈水扁扯下了民进党的“遮羞布”》（《统一论坛》2007 年第 5 期）一文分析了执政后民进党和陈水扁当局欺世盗名、遂己私利和毁弃民主法治精神的真实面目。文章指出，民进党一贯声称要“追求实行美国式的民主自由政治体制”，然而陈水扁七年执政与民主无关却与民粹有缘。随着民进党 2000 年上台，台湾的“民主政治”不仅没有进步，反而遭受严重的挫伤。陈水扁的执政理念不仅体现不出民主政治领导人应有的政治度量，反而表现出法西斯政治“族群至上”、“崇尚暴力”、“制造迷信”和“挑动民粹”四大特点。民进党声称追求建立“以多数人的自由意志、自由决定为基础的法政秩序”，但陈水扁任内却意识形态先行坚持少数执政。民进党上台后，集结在陈水扁周围的一批权贵早已形成了一个利益集合体，“总统府”成为岛内民众眼中的“黑金中心”。为了维护他们的既得利益，早已把起码的“民主、自由、进步”等口号扔到了一边，执政后的民进党长期以“权力分立与制衡、责任政府、依法行政、司法独立”相号召，陈水扁却执意强化个人权力，时时用行政干预司法，成为一个失去制衡的超级独裁者。尽管陈水扁也常常把“民主”挂在嘴边，却不懂得民主的一个重要原则就是讲究权力制衡，失去制衡的民主是不存在的。而当前的台湾岛内权力运作中最缺少的恰恰就是对陈水扁这位超级独裁者权力的制衡机制。一语以蔽之，陈水扁扯下了民进党的“遮羞布”。

（四）选举研究

吴能远在文章《一场两败皆输的选举——台湾北高市长选举评析》（《两岸关系》2007 年第 1 期）中指出，2006 年底的北高市长选举结果对于台湾政党政治的发展产生了深刻的影响。此次北高市长选举确实具有贪腐与清廉决战的性质，倘若民进党大败，将是台湾社会的胜利，是台湾民众反贪腐的胜利，是社会公平与正义的胜利，将对台湾政治未来走向清明将有莫大的影响。对民进党而论，因为输了，党内要求与陈水扁切割、改革保党的力量必将奋起，民进党脱胎换骨，重树核心价值，民进党或可因败选而重生。对国民党而言，因为赢了，蓝营将气势如虹，内部团结问题也易于解决，更标志国民党有能力跨越浊水溪，从此改变北蓝南绿的格局，2007 年的民意代表选举当可占据更大优势，2008 年问鼎台湾领导人或将顺理成章。然而结果却是国民党当胜未胜，仅保住了台北市，却输掉了高雄市，台北市所得选票与上届相比反减少了 18 万票。民进党不但保住了高雄市，台北市谢长延的得票率冲高到了 41%，被说成是“虽败犹荣”。选举结果使在野和民间力量揭弊的正当性大为减弱。由于选举促使陈水扁和“台独基本教义派”更紧密地抱成一团，“深绿”中反扁动能消失，将使得检调单位侦办陈水扁“国务机要费案”失去支持，未来或将产生变数。由于这场选举的胜利，民进党内改革派遭到了打压，原本可进行的改革运动无疾而终。结果，民进党所面临的深层次的、结构性的危机只是暂时缓解，并没有获得解决，甚至毋宁说危机更为加深了。但是，陈水扁贪渎问题仍未解决，社会上的揭弊和倒扁也不会因选举结果而消失，未来如何与陈水扁作一定的切割，仍是民进党必须面对的问题。选举结果也使民进党的权力斗争出现复杂的新形势。新潮流系一方面扩张了实力，另一方面却深受党内其他派系和党外“独”派联手打压。此次选败对国民党也未必是坏事，因为国民党即使赢，也只是赢在民进党太滥，并非是自己有什么长进，却可能造成一种国民党势如破竹的假象，忘乎所以，不思改革，则 2008 年能否夺回政权尚属难言。如今经由此次挫败，暴露出国民党诸多结构性问题，反而会促使国民党去认真面对，也认识到迈向 2008 年并非躺着选即可取胜，却是充满荆棘的凶险之途。北高市长选举结束了，原先人们预期，经由此次选举，台湾的政党政治发展或许会有一个长足的进步，如今选举的结果只是把政治上的混沌状态依然延续了下来，台湾蓝绿对抗、政党恶斗仍在继续加深，台湾政治的动荡不安正在向持续性、结构性的方向发展。因此，台湾社会或许是此次选举最大的输家，因为这次选举又一次证明：台湾意识形态的坚持压倒了社会公平和正义，蓝绿的分裂和对立击败了社会对清廉的追求。

黄俊凌文章《2006 年台湾“一二・九”选举浅析》（《重庆社会主义学院学报》2007 年第 1 期）作出了与吴能远文章相近的结论。文章指出：第一，选举的结果显示台湾“北蓝南绿”的政治格局并没有改变，高雄市“绿色”选民的“台湾主体意识”最终战胜了“唾弃贪腐”的是非观，顾全了民进党所谓“本土政权”的“大局”，这说明“绿营”的民意基本盘有高度的危机意识，也愿意再给民进党一次机会。第二，民进党在高雄的胜选，暂时缓解了“弊案”冲击带来的震荡，但是党内要求改革的呼声亦会因此减弱，权力斗争和利益争夺却会愈加激烈。由于保住了高雄市的执政权，民进党避免了全线溃败，陈水扁也因此稳住了政权和在党内的地位。选前批评陈水扁，要求民进党改革的声音，必然会受到“保扁派”的压制，民进党内基本的政治结构不会发生重大的变化。不过此次选举后，民进党重要政治人物的政治行情会发生一定的变化，吕秀莲、苏贞昌、谢长廷和游锡堃这民进党内的“四大天王”，必将在以后进行更为激烈的“卡位”争夺。第三，台湾两党政治已然成形，小党已经“泡沫化”。执意参选台北市长的亲民党主席宋楚瑜得票率不足5%，失望之下他宣布退出政坛，加上亲民党在两市的议员席位仅剩下6席，未来的空间已经极为有限。至于“台联党”，本想挖掉民进党的几万票，让其“北、高”双输，迫使民进党分裂，趁机收编民进党的部分力量，壮大实力。但由于“弃保效应”的作用，泛绿选民并不买“台联党”的帐，“台联党”不仅市长选举得票低，市议员也总共得到3席，已经是被边缘化了。文章最后指出，2007年的台湾民意代表选举，将实行“单一选区两票制”以及“立委”席次减半，小党的空间更加狭小。因此，未来台湾的政治生态必然是两党政治，而没有小党置喙的余地。

黄建毅论文《透析台湾立法机构新选制》（《两岸关系》2007年第12期）对台湾新近适用的单一选区两票并立制的民代选制进行了介绍，并对它即将发挥的政治影响进行了评估。文章首先说明，台湾民意代表新选制概括起来有以下显著变化：一是民意代表减半，立法部门总席次由原有的225席降为113席。其中，区域民意代表由168席减为73席，但每县市确保至少1人；平地和山地原住民民意代表各由4席减为3席，分设41席和8席的不分区及“侨选”民意代表名单合并，由获得5%以上政党选举票的党依得票比例分配34个总席次，各党名单中，妇女名额不得低于1/2。二是区域民意代表实行“单一选区相对多数决制”。“按应选名额划分同额选举区选出”，即每选区只选出一席，得票最高者当选。作为配套，台湾地区重划为73个小选区。三是“两票并立制”。投票时选民会领到两张选票，一票投区域民意代表，一票投政党。前者经小选区汇总后决出一席区域民意代表，后者经台湾地区汇总后，由得票超过5%的政党分配不分区及侨选民意代表席次。四是民意代表任期由三年改为四年，以与台湾地区领导人任期一致。文章进而分析新选制的影响，指出：第一，新选制可能推动台湾政党政治向两党制发展。单一选区往往是大党对决的战场，小党候选人难有胜出机会。尽管“两票制”的设计本意是弥补单一选区不足，让无法从单一选区突围的小党有机会进入立法部门。但从实务面看，台湾不分区民意代表仅占总席次三成，比例偏低，也不足以动摇立法部门生态。国民党、民进党两党整体实力遥遥领先于其他党，尽管民调显示，有相当比例的台湾民众厌倦了蓝绿争斗，对“第三势力”有所期待，但打着“第三势力”参选的政党众多，路线南辕北辙，成员复杂，各行其是，分薄了选票，5%的得票率成了很难跨越的门槛。因此，台湾民意代表选举还未投票，两党制架构就已呼之欲出。第二，“中间选民定律”恐将失灵，蓝绿对立更形激烈。一般来说，单一选区制下，候选人为赢得多数票，政策立场将偏向政治光谱中间，走偏锋的人不易当选，这就是所谓的“中间选民定律”。但这个规律是否适用于台湾特殊的政治环境，却大有疑问。台湾各党岛内事务政策没有明显区别，而在两岸政策和“国家认同”上存有歧见。“统独争议”成为政治光谱的主要划分标准，台湾政治呈两头大、中间小的 M 型结构，中间选民比例低，对政治冷漠，讷于表态，同时，台湾族群分布不均衡，北蓝南绿，个别选区特定族群占优势，候选人不用争取中间选民支持；台湾政党初选机制特殊，民进党排蓝民调和党员投票初选机制，压制倾向中间路线人士出线。当然，新选制下，个别走极端或小丑型的民意代表若无法得到选区内多数选民认同，也很难在立法部门有立足之地。第三，区域民意代表地方化、长期化特征将更鲜明。单一选区民意代表选区地理范围缩小，有的选区甚至比县市议员选区还小，连任比例较复数选区必会大幅提高。小选区有利于服务扎实的地方型政治人物，不利于形象好、知名度高、各选区实力均衡的人士。第四，单个民意代表影响力大幅提升，金权交易阴影浮现，议事效率未必提高。由于民意代表人数减少到 113 人，立法部门每个常设委员会分配到的民意代表人数相应下降，委员会的审查势必为少数人垄断。特殊利益集团只要掌握少数民意代表，就能主导各委员会对法案的审议。金权交易的成本相对降低，可能会为金权政治的孳生提供温床。但是，按照修改后的“立法院内规”，立法部门内三席民意代表即有机会组党团，发挥关键少数作用。小党、政团仍可左右议事，动辄以拒绝签字制约大党，未来议事效率低的问题仍将困扰立法部门。文章最后提及，许多台湾民众痛感岛内民意机构效率低下、乱象丛生，对民意代表减半和“单一选区两票制”寄予厚望。但“橘逾淮而为枳”，在台湾政治中诸多痼疾得不到彻底根除、恶质选举文化得不到有效改善的情况下，单纯靠选制的改革，恐怕并不能保证台湾政治生态向改善的方向演进。

唐文方之《台湾中间选民的特征及选举行为》（《国际政治科学》2007 年第 3 期）一文通过实证研究和数理分析，对台湾中间选民的政治认同和选举行为作了准确的把握。文章得出以下结论：第一，台湾社会在国家认同上的势力是一支不可忽视的力量，其影响还有增加的趋势。中间选民对竞争激烈的选举有着决定胜负的作用；第二，中间选民并不是因为愚昧而居于中，而是一个教育程度较高的群体，有着良好的政治判断能力；第三，中间选民虽然多数对政党保持中立并对政治持消极批评态度，但他们在选举中更倾向于投票；第四，中间选民的社会地位越高，投蓝票的可能性越高；第五，中间选民有点像机会主义者，他们宁愿把决定留在选举的最后一刻，因此对选前的选势活动和突发事件很敏感，但他们对丑闻的判断有自己的分寸；第六，中间选民机会主义的另一个表现是经济状况对他们投票的直接影响；第七，社会团体与地方派系对中间选民似乎有着特定的影响，使他们更趋向于投蓝。作者基于以上结论对蓝绿双方的选举策略进行了点评并指出，对于双方来说，进一步大规模竞选造势，将会对自己有利。对蓝营来说，通过社会团体和地方系争取中间选民中的年轻人、受教育少的、低收入群体和闽南人，将有助增加选票。对绿营来说，如何维持中间选民中具有“三低”特征的闽南人绿营的继续支持，以及如何避免类似“3·19”枪击案的闹剧，会对中间选民是否投绿票有直接影响。说到底，中间选民是一群意识形态色彩较淡漠的实用主义者，他们喜欢观察事态的发展而在选举的最后一刻决定哪个候选人最能为他们带来好处。文章以作者与台大政治系的一位研究生之间进行的对话作为结束。对话鲜明地刻画了中间选民的机会主义心理以及他们务实的选举行为——问：你支持哪个党？答：哪个都不支持。问：解放军打过来你会怎么办？答：上山打游击！问：假如解放军占领了台湾，让你干科长干不干？答：那当然干了。

李立、陈星在《台湾选举文化初探》（《新视野》2007 年第 4 期）一文中指出，选举文化的形成和发展与民众对选举文化的认同有关。选举文化就是在选举淘汰机制与社会大众文化心理交互影响、互相推展的过程中不断得到更新和发展。在台湾，人际关系网络动员功能的背后，是中国人惯有的人情关系法则在起作用。“讲人情、重关系”的社会文化，已经充分表现在台湾选举的格局中并导致了台湾选举文化的梯次分化。对台湾选民来说，他们的选择是相当现实的：要选出对自己最好、既能照顾自己的面子又能给带来实质利益的候选人。这种以人情为中心来组织选举的情况，在某种程度上与台湾社会所表现出来的“通体社会”的若干特征相符：感情的牵连特别大，而且风俗、习惯以及一家一人的成败对人的拘束力也特别大，于是社会控制对人的效力也特别强。所以，在这种社会里，法律是陌生的东西，逻辑的思考更是缺乏，成规定俗才是统治一切的天经地义。台湾越底层的选举，“通体社会”的特征越明显。情感取向也是台湾选举中政治板块固化的一个重要文化原因。情感取向本身是一种“我者”与“他者”的分类，经过多次选举的锻炼之后，分类被固定下来并凝聚成关系相对紧密的团体。团体形成，团体思维也立即产生，使得“人们在决策及思考问题时会过分追求团体的一致”，从而对个体产生巨大的压力。这种局面压制投票个体的自主性，直接造就了台湾政坛上“信者恒信、不信者恒不信”的现象。关于制度结构，它影响台湾选举文化形成的第一个结构性要素是台湾的选举制度。过去 50 年，台湾“立委”选举中所采取的“单记非让渡制”（single non-transferable vote system：SNTV）对台湾的选举文化造成了相当不良的影响：党内同室操戈大于党际之间的竞争；选举过程中派系取代政党地位；竞选花费偏高，贿选情形严重；欠缺政策辩论，充斥竞选花招；候选人好走偏锋，加剧社会分歧；政党纪律不彰，议事效率低下。选举的弊病“虽然与台湾民主文化的不成熟及候选人的素质较低有关，但 SNTV 选制却起到了助长作用”。选制的改变，将会对台湾的恶质选举文化产生一定冲击。但是，台湾的选举文化在旧有的选举制度下形成且已行之有年，其改变必将是缓慢的。台湾选举文化形成的第二个结构性要素是其自上而下的决策模式及在此基础上形成的资源分配方式。在台湾的政治结构中，民意代表掌握着资源分配的权力，包括重大工程的审议、决策。在这种背景下，民意代表与选民之间形成了利益共生关系。利益取向的结果，往往并不是最理性和最有远见的政治人物当选，而是最能为地方带来利益的人当选，这正是黑道人物能够当选的最直接的原因。黑道人物展现出两副截然不同的面孔：一方面，他们对选民“非常好”，为选民提供很好的服务，“黑道人物对自己的选民亲切和蔼，只有对外人才会粗暴无理”。黑道参政实质上是在人情和利益两个方面影响到了地方选举及选举文化的形成。综上所述，台湾目前的选举文化形成，既有政治制度及其在这个基础上所形成的资源分配模式的影响，这种因素构成了台湾社会选举文化形成之“硬”的一面；也有文化之“软”的因素影响，其形成则是由于传统文化与中国人传统行为方式与思维模式使然。这应该是考察台湾选举文化时的一个根本出发点。台湾社会的选举文化更多展示的是中国传统文化在其中的影响，而不是西方文化。可以说，台湾社会的恶质选举文化所反映的是最深层次的文化冲突问题。同样，台湾的选举文化的进化将是长期的、艰苦的，短期内不应奢望其能达到较高的层次。

2007 年，大陆学者关于台湾政党研究的代表作就是王建民等人合著的《台湾政坛》（九州出版社 2007 年版）一书。该书近 50 万字，分作上下两部。上部为《泛蓝》，由王建民、赵会可、陈险峰合著完成；下部为《泛绿》，由王建民、吴宜、郭艳合作完成。上下两部的体例大致相近，分别从台湾政党政治中蓝、绿两大阵营的构成、政党的组织体系、政党的社会基础、阵营的政治实力、政治与经济主张、阵营与大陆的关系、阵营内部的矛盾与斗争，以及各阵营未来发展的前景等等对台湾政党制度进行了初步的介绍。该书指出，2000 年台湾政党轮替以后，岛内政治生态发生了重大的变化。经过重新分化与组合后，台湾政坛逐步结成泛蓝与泛绿两大阵营。此后，尽管有政治人物企图整合蓝绿之外的政治力量形成第三势力，但均以失败而告终。这显示，蓝绿对抗仍将是未来岛内政治斗争的主流，它势必继续主导和影响未来台湾的政治发展和两岸关系的发展。在详尽分析了泛蓝阵营的整体情形后，《泛蓝》部分最后指出，泛蓝整合是大势所趋，但整合之路维艰，整合过程中难免会出现矛盾与冲突。但是，不论泛蓝有何种矛盾，在与泛绿的斗争中保持自身内部的团结还是可能的，这一点是由台湾的政治结构所决定了的。作者大胆推测：就目前台湾岛内的社会与政经形势来看，只要不出现大的意外，国民党与泛蓝精英重返执政舞台的可能性很大。在全面检视了泛绿阵营的情况后，《泛绿》部分的结论是，民进党对其他泛绿小党存有较强的磁吸作用，泛绿政治势力会逐渐地被吸收统一到民进党中，它们整合为一个政党的可能性是存在的。但是，正是由于吸收统一的关系，民进党也面临来自泛绿友党的抗拒，所以泛绿还是矛盾重重。未来，这一阵营的发展面临最严峻的挑战就是走向团结还是走向分裂。特别是在民进党、陈水扁当局行将把泛绿阵营所持有的政治资源败坏殆尽的情况下，在台湾民心向背即将发生逆转的情况下，这一挑战确定会将民进党、泛绿政治势力印象衰落。

二、台湾学者的研究

台湾学者是岛内政党政治发展的见证者，他们对于台湾政党制度的研究往往与政党政治发展中的具体问题、热点问题紧密衔接。2006 年，台湾岛内发生的一系列政治问题，包括“国务费”和“特别费”案件，“红衫军”上街反腐，国、民两党党内初选等等，以及这些问题背后所蕴含的政治意蕴，都在 2007 年的相关研究和著述中有所反映。总括来看，台湾学者对台湾政党制度的研究主要集中在宪政与司法制度、选举研究、政党研究和政党政府研究等几个方面。

（一）宪政与司法制度研究

陈宏铭、梁元栋的《半总统制的形成和演化——台湾、法国、波兰与芬兰的比较研究》（《台湾民主季刊》2007 年第 4 期）指出，半总统制宪政框架内蕴含新的权力分立特质，存在有别于总统制和议会制的演化能力，它已为许多新兴民主国家采用。文章采用 Shugart 与 Carey 的“总理—总统制”与“总统—议会制”分类作为半总统制次类型概念，分别对作为早期民主国家的法国和芬兰，以及作为新兴民主社会的波兰与台湾地区的半总统制进行了比较研究，探讨了不同国家和地区基本政治制度形成和演化的方向。文章认为，芬兰和波兰在形成半总统制之后的不同变迁阶段中均由“总统—议会制”演化为“总理—总统制”，并逐步趋近议会制精神，尤其是芬兰；法国在第五共和时期也同样经历半总统制不同型态的演化，由第五共和早期的“总统—议会制”（1962—1986 年）演化为 1986 年之后所谓的“换轨制”。文章在最后指出，台湾的体制基本上属于“总统—议会制”，但在 2004 年之后，出现了更明显地向“总统制”倾斜的发展趋势。

周志宏的《司法独立与民主转型》（《台湾民主季刊》2007 年第 3 期）指出，近年来台湾“大法官”人选时常被人们用有色眼镜检视，同时台湾的司法也被质疑是否向来就带有颜色。台湾过去的司法有党派色彩，这是事实。不过，在民主转型之后，一个受终身任职保障的法官，是否能真正不受所属党派的影响独立审判，才是能否取得人民信赖的关键。在台湾民主转型的社会中，许多涉及转型正义的问题，最终都可能会交给司法机关来作最后的裁判。追求转型正义是实现人权和建立宪政民主制度的必要过程。在这个过程中，“大法官”很难不被卷入纷争。但在民主转型时期，更需要有一个稳定的司法防线，来化解宪政争议，捍卫宪政体制。因此，“大法官”人选的特质，更应该强调其是否能勇于坚持民主宪政的理念以及保障人权的信仰，而非其个人的政治立场或党派色彩。对任何转型社会而言，宪法对于大法官的期待，不是就职前的党派颜色，而是任职后的超越党派、忠诚于宪法、捍卫宪法。因此，在台湾，“立法院”审查“大法官人选”时若能不以党派色彩、政治立场、政党利益为唯一的考虑，将是台湾是否能成功实现民主转型以及确保司法独立的重要契机。但是，若各政党仍然以党派色彩作为最重要或唯一的标准，那么台湾的司法要能独立而没有颜色，恐怕还会遥遥无期。

廖元豪在《司法与台湾民主政治——促进、制衡，或背道而驰?》（《台湾民主季刊》2007 年第 3 期）一文中认为，台湾政治生活中司法机关对政治的影响愈来愈明显，岛内政治的争议也往往诉诸司法裁决。然而，政治影响力如此深远的法官（有时也包括检察官）们，却往往以“司法独立”为名推卸政治责任。这样做不符合民主政治的责任原理。作者指出，法律与司法决定程序，并非绝对独立自主。法官、检察官往往享有极大的裁量空间去作出各种重大决定。既然司法决定的本质仍是“选择”与“判断”，那么司法人员就必须对所处理的案件的程序与结果负起政治责任。司法独立与民主并不当然冲突。当前，台湾法官至少应该承担起“强化民主制度之基本结构”的职能，有意识地、积极地保障民主政治的前提条件。

李复甸的《司法正义与民主政治》（《台湾民主季刊》2007 年第 3 期）认为，司法的目的在于停止纷争。司法具有保护权利之功能，在权力分立的理论下，司法权独立存在并独立适用法律，就体现为追求保障人权的努力不受行政机关干涉。因此，司法的本质就在于权利之保护。目前台湾虽一再提倡司法改革，但若不能确立和保护人权的话，民主就会像空中楼阁一样无所立基。文章在依次就释宪机构、审判制度、刑具使用、笔录的改进、辩护制度的改进、陪审制的相关问题、审检分离等提出检讨之后明确指出：严肃面对司法改革，实在是台湾民主政治发展中刻不容缓的重要课题。

（二）政党与政府研究

萧怡靖的《我国立法委员选择常设委员会之研究：以第五届立法委员为例》（《东吴政治学报》2007 年第 3 期）针对第五届“立法委员”对常设委员会选择登记的情形进行了分析，探讨了各常设委员会冷门或热门的程度。文章对“立法委员”选择常设委员会的动机和目的，以及影响“立法委员”选择常设委员会的因素进行了分析。结果发现，“财政”、“经济及能源”与“交通”委员会是最多“立法委员”感兴趣的热门委员会，“预算及决算”委员会则需视该会期有无审查中央政府总预算而定，至于“外交及侨务”、“司法”与“法制”委员会则是登记人数最少的冷门委员会。在“立法委员”的政治目的上，区域“立委”较具有利益导向的认知，以“获取选民认识支持”为主，不分区“立委”则是以“实现政治理想”及“贯彻政党立场”为主。作者通过 logit 模型验证发现，“是否担任党团干部”、“选出方式及选区特性”、“立委资深程度”、“是否担任企业董监事”及其“政治目的”都会对热门委员会的选择产生显著的影响。分析结果也显示，委员会相关理论的探讨，在不同议会制度及选举制度下都有不同的解释与适用性，在台湾“立法委员”对常设委员会的选择上，当委员是由选民直接选出的区域“立委”或担任企业董监事时，他就比较具有利益分配的倾向，倾向于适用分配理论的观点；当委员属于政党提名的部分区“立委”或已担任党团干部的人，容易接受党团的安排与协商，因而更多适用信息理论或多数党优势理论的观点。

林继文在《政府体制、选举制度与政党体系：一个配套论的分析》（《选举研究期刊》2006 年第 2 期）一文中认为，不同的制度之间彼此交错联结，往往难以切割观察。对于此问题，相关研究文献经常以“加总法”来探究与制度相关的课题。但是，采用这一方法可能会忽略制度配套对原有制度性质带来的改变。以中央政府体制和政党体系的关系为例，多党制在内阁制条件下很可能缩短政党政府的寿命，但在总统制条件下却会助长行政部门的优势。作者在根据既有政党制度研究发现的基础上，深入探讨了制度配套和政治效能的关系问题，并指出：两党制可能因政府体制中内阁制或总统制的不同而产生迥异的后果，而行政部门与立法部门的选举日程安排，对于“总统”主导下的府会关系则有关键的影响。作者认为，对于经历 2005 年“修宪”的台湾而言，运用政府制度配套与政治效能关系理论来探讨未来“宪政”运作的可能后果是非常必要的。由于此次“修宪案”设下了极复杂的复决程序和极高的通过门槛，台湾在可见的未来将以半总统制和倾向单一选区制的选举制度为主轴。此种搭配可能因为府院一致政府而享有较高效能，但也可能因为分立政府而导致严重的朝野对抗。作者的结论是：行政与“立法”的改选日程，成为影响未来台湾政局的关键因素。

陈宏铭在其文章《台湾半总统制下“少数政府”的存续：2000—2004》（《东吴政治学报》2007 年第 4 期）中谈到，2000 年政党轮替后，执政当局在台湾“半总统制”

下，形成“少数政府”。此种政府形成后为何能够存活并延续下去？在野党为什么没有能够成功地提出不信任案？是否是因为陈水扁和民进党政府在“立法院”中采取相关作为而实质上赢得了多数的支持？作者针对上述问题进行了深入的实证分析。作者采取新制度论的相关观点，兼顾制度层次和个人层次两个方面，探讨了宪政制度因素以及政治行动者策略选择的作用。政府组成和存续的游戏规则、陈水扁和在野政党的目标、政治计算和策略等等被作为分析的焦点。研究结果表明，在一个动态的政党相对实力变迁和历史情境中，在台湾特有的“半总统制”的制度条件下所形成的行动者选择，是解释少数政府存续的关键所在。制度因素虽无法完全解释少数政府的存续，但确实存在着一项关键的制度条件，即“总统”任命“行政院院长”无需立法院同意的设计；相对的，不信任投票和解散权之间的关系，虽也发挥部分作用，但相对有限。前者使得陈水扁得以独断地任命不同的“行政院院长”，使少数政府不断地延续，而无需考虑反对党的意见；后者则是由于不信任案通过后，“立法院”随之可能遭到解散，因此对反对党的“立法委员”而言，倒阁后亦终结了自己的任期，且要重新投入选举，成本太大，这也是无法倒阁的制度基础。

黄秀端、何嵩婷的《党团协商与国会立法：第五届立法院的分析》（《政治科学论丛》2007 年第 4 期）认为，议会是一个合议制的机构，以多数决的方式来决定事务。在台湾拥有 225 人的“立法院”中，不可能所有的争议或议案都经过每一个“立委”的讨论或同意，在遇到不同意见的时候，往往都是由政党出面协商，党团协商制度因而产生。文章要探讨的问题是：党团协商制度在立法过程中所扮演的角色与地位怎样，什么样的议案比较容易交付党团协商？哪一类的议案交付党团协商后，比较容易完成协商与三读？党团协商是否可以解决立法中的各政治力量间的冲突？作为实证研究的结果，文章以第五届“立法院”一读通过后的 2472 笔提案为分析单位，检验每一笔提案的特色，探究哪些特质的提案较容易送交党团协商，哪些特质的法案较容易完成党团协商以及较容易三读通过，等等。作者指出，第五届“立法院”完成三读的提案约占一读提案的 38%。其中，径付二读的提案、党团提案、政治及两岸类提案、由高度忙碌的委员会审查的提案，以及有对案的提案，送交党团协商的机会比较高；径付二读、有对案、政府提案、政府制度与政府组织类、经济及财政类、政治及两岸类、教育及文化类的提案较容易送交协商，也较容易完成协商。由高度忙碌的委员会审查的提案，虽然容易送交协商但不容易达成协商结果。另外，有对案、政府提案容易完成三读。交付高度忙碌的委员会审查的提案比较不容易完成三读。相较于社会福利及环保类的提案，属于经济及财政与教育及文化类的提案比较不容易完成三读。冲突的解决要求参与协调的政党都必须各退一步，相互妥协方有可能。相对而言，送到党团协商的议案都是冲突较高的法案，其中一部分可以在党团协商中解决，但也有一半的法案无法解决。显然，这是因为仍有较大冲突以致无法达成共识。然而，一旦可以完成协商，三读通过的机会就很高。是故，在讨论“立法院”的议事过程时，党团协商制度是不可忽视的一环。

关于政商关系问题，瞿海源《杜绝不当而恶质的政商关系》（《台湾民主季刊》2007 年第 1 期）一文揭示了台湾政商关系的恶质特征及其缘由。文章指出，台湾一些企业和政客的违法过程，可以从最高层的政商关系、高层的党商关系、“立委”政商两栖、行政政商处理作业等各方面、各层次来进行探讨。其中，政治高层基于自身权利和利益的需要，主导制造了恶质的政商关系。台湾政客与商界的关系是：他们在选举中亟须庞大的财力支持；他们需要大财团表态支持以巩固稳定权力；他们也受制于财团势力，因为财团有力量影响国内的经济；最后，在心理上，在权力高峰者也总是只结交有钱者。文章认为，“立委”是恶质的政商关系代表，甚至本身就是恶质的政商两栖者。“立委”选举花费大而获利更大、容许兼职、掌有质询、预算和立法大权，可以勒索政府。再加上当前台湾民意机构内部严重欠缺规范“立委”行为的法律和内规，“立法委员”一直就是政治权力和商业利益勾连乃至勾结的桥梁，甚至就是勾结主体。

周德宇的《政商关系——企业营运的助力？经济发展的阻力?》（《台湾民主季刊》2007 年第 1 期）则具体探讨了政商关系的形式，并且分析了其可能导致的经济后果。作者认为，政商关系可能具有下列四种形式：任人唯亲（cronyism），贪污腐败（corruption），族阀主义（nepotism）或是深受儒家思想影响的关系（guanxi）脉络。对于这些政商关系形式，人们最为关注的问题是：建构穿梭于政界与商界间的交往关系，是否必然会经由任人唯亲与利益交换而走向贪腐的最终堕落？是否存在着可以认知的伦理界线，从而能对伦理质变的政商关系有所区隔？通过分析，文章得出的结论是：政商关系的存在虽不必然为经济效能发挥的负担，但在整体社会伦理脉络的薄弱支持下，的确具有高度的危险。

王辉煌的《政商关系有什么关系?》（《台湾民主季刊》2007 年第 1 期）则提出与上文相反的论调。作者认为，对国家发展而言，政商关系并不必然是负面的。文章在检视了一些先进资本主义国家发展过程中政商关系的特质后，强调政商关系在系统性、大规模经济发展冒险上扮演了关键角色。在此基础上，文章又结合台湾政商关系模式作了比较研究，结论是：政商关系对政治和经济社会等各方面发展不乏积极意义。

（三）选举和选民研究

蔡佳泓、徐永明和黄琇庭的《两极化政治：解释台湾 2004 总统大选》（《选举研究》2007 年第 1 期）认为，当民意分布处于双峰（bimodal）状态下，政党就会分别站在政治议题光谱的两端，依赖各自选民的支持。根据理性抉择理论，选民事实上不一定有充分的时间收集政治信息，因此在投票前需要一个明确的线索来帮助他们作出投票决定。如果各政党长期以来对于某项议题都具有彼此明确区隔的立场，那么政治的两极化就可能发生；当两极化政治发生时，选民个人的议题立场就会影响其投票决定。为了验证这两个论点，文章探讨了 2004 年台湾地区领导人选举中台湾人民的国家认同以及统独议题究竟是如何转换为公投议题，并且形成两极化政治的问题。研究结果显示，“领或不领公投票”的两极化政治确实发生并进而影响到了领导人选举的投票行为。

赖进贵、叶高华和张智昌的《投票行为之空间观点与空间分析——以台湾 2004 年总统选举为例》（《选举研究》2007 年第 1 期）试图发掘并揭示选举研究中的空间问题。文章的前半部分介绍、探讨了研究的方法论的问题。首先，将所谓的空间效应界定为空间异质性与空间相依性，并论述了它们影响投票行为的过程。其次，介绍了空间自相关与空间回归模式的分析方法，并用它们探索与检验空间效应。文章的后半部分分析了台湾2004年地区领导人选举的实证研究成果，认为它们支持三个假设：(1)选民投票行为具有空间聚集的现象，亦即在距离愈近的村里，投票行为愈为相似；(2)适用传统回归模式的误差具有地域差异，这显示出投票行为中空间异质性的存在；(3)在控制了年龄、教育、行业、所得、族群等经济社会因素之后，邻近村里的投票行为仍然有相关性，这证明空间相依性有着较强的支配力。论文最后的结论是：在台湾的选举活动中，投票者在哪里是必须被重点考虑的问题。

王靖兴、王德育的《台湾民众的政治参与对其政治功效意识之影响：以2004年总统选举为例》(《台湾政治学刊》2007年第1期)指出，台湾学界近年来对政治功效意识作了详尽的研究，但是，这些研究多半是将政治功效意识当做自变量，并以此来检视对政治参与的影响。对于政治参与是否会增进选民的政治功效意识，则少有研究。有鉴于此，作者以2004年台湾地区领导人选举为例，将政治功效意识当做依变量，研究选民的投票行为、助选活动等参与行为会否增进个人的政治功效意识。研究发现，上述两种活动的确会影响到个人的外在功效意识，但是其影响力并不基于投票行为或助选活动本身，而是在“选举活动的参与”以及“选举的结果”两项因素互动下所产生的。也就是说，民众的政治参与行为必须与主观期望的结果相一致时，才会明显地增加他们的政治功效意识。单纯的投票行为或助选活动本身，并不会产生任何相关的影响力。作者还指出，民众的政治参与行为，无论他们所支持的对象是否当选，都对受访者内在的政治功效意识没有什么影响。

郑夙芬在《“深绿选民”之探索》(《问题与研究》2007年第1期)一文中指出，深绿选民的重要性近年来不断凸现，并成为陈水扁在个人危机中或民进党在选战中的主要诉求对象。作者致力于对深绿选民的深入分析及界定，以及他们是否真的是泛绿阵营选票主要来源的问题。作者根据台湾意识、台湾人政权以及政党认同的概念，建构起台湾意识、政党认同等三个不同的指标体系，用以分析及定义深绿选民。三个指标所定义的深绿选民之主要特征是：年纪偏长(50岁以上)、教育程度较低(国初中为主)、本省闽南人、农林渔牧业或蓝领阶级者。分析结果发现：以适用上述指标的表现而言，三个指标各自都有优缺点，但结合TEDS2005M(TEDS：台湾选举与民主化调查)的相关资料，三者中以台湾人政权指标的整体表现较佳。根据上述指标体系所界定的深绿选民，投票给泛绿候选人的比例都有九成左右。其中，根据台湾意识指标及政党认同指标所分别定义的深绿选民比例，都达全体选民的1/5。这显示，深绿选民的确是分量较重的“铁票部队”，构成民进党及其“台独”路线的比较坚实的社会基础。

游清鑫、萧怡靖的《以新选民的政治态度论台湾民主政治的未来》(《台湾民主季刊》2007年第3期)以跨年度调查访问的结果，通过对台湾民众的社会分歧与民主态度进行分析，以民众在1992年时是否取得投票权来作为政治世代划分的时间点，分析“后九二世代”与“前九二世代”在各项政治态度上的差异，进而推论、展望台湾民主政治的未来发展。研究结果发现，在统独议题、族群认同及政党认同等社会分歧问题上，民进党虽在过去较受到新世代民众的支持，但这样的竞争优势在2005年后开始出现变化，这一变化的后续发展仍有待观察。文章指出，民进党所刻意营造的台湾主体意识或“台独”主张，并未反映在新世代的政治态度上，新选民在统独议题以及群族认同的态度上，反而更加倾向于采取维持现状及双重认同的中立意见，这在当前台湾社会统独分歧渐趋衰弱的情形下，将有助于政治系统的持续发展。此外，基于民主满意度、民主信念与民主价值来看，2004 年台湾地区领导人选举后发生的一连串政治风波，虽然导致民众对台湾民主政治实行的满意度大幅下滑，但民众在民主信念及民主价值上并未呈现下滑迹象，甚至出现了上扬的趋势。尤其是，“后九二世代”对民主价值的认知更是高于“前九二世代”。结合前述新选民在统独议题与族群认同态度的分布状况，作者判断：这样的结果将有利于未来台湾民主政治的深入发展。

陈春富、范姜泰基的《政治领袖公共演说之传播策略与效果——陈水扁与马英九“总统罢免案”电视演说个案分析》（《台湾民主季刊》2007 年第 4 期）一文，以 2006 年 6 月“总统罢免案”推动期间，朝野政治领袖陈水扁与马英九所发表的《向人民报告》以及《与人民对话》电视演说为个案，透过文本内容分析与外部反应分析，探讨了公共演说的传播策略与沟通效果。研究发现，两场电视演说均可运用语言艺术学者 Ware 与 Linkugel（1973）提出的“自我辩护策略”模型来加以解构。其中，陈水扁结合“革新性”与“移转性”策略作为其“解释—攻击”努力的基调，而马英九则强调“区隔”与“超越”的策略。其次，由于两人在“罢免案”中政治性、制度性位置以及各自论述角色的不同，他们在演说受众的设定上也表现出相当大的差异。此外，研究还发现，在传播效果方面，扁、马两人的电视演说均未达到各自所预期的政治沟通效果。

（四）政党研究

徐永明、陈鸿章的《党内派系竞争与政党选举命运——以民进党为例》（《政治科学论丛》2007 年第 1 期）认为，民进党自 1986 年创党以来，党内派系势力变迁较大。人们看到，民进党派系势力参与区域“立委”选举，在 90 年代初达到巅峰，且于随后年度中依然维持高度的影响力。除此之外，派系几乎完全瓜分了民进党历年来党中央的权力核心，而党内提名制度的变革也确实深受个别派系势力的影响。至于民进党中央权力结构，80 年代末形成了两极对立的态势，这也使得 80 年代末，民进党于区域“立委”选举时处于低度代表的窘境。而 90 年代之后，民进党中央权力结构转变为多极化，派系间结盟空间浮现，这也使得民进党于 90 年代后摆脱低度代表的窘境。对民进党而言，新兴派系的崛起，促使权力结构多元化，使得两极对立时期全输全赢的对决局面，转变为派系间结盟可能性的出现，以及最大公约数出现的机会增加。多派系引发民进党中央层面的权力竞争，进而造成一个派系共治、权力无法集中的党中央，这对民进党而言并非全然是负面的，它甚至带来了某些积极的影响。

崔晓倩、吴重礼的《政党与未获提名候选人之参选决策分析》（《选举研究》2007 年第 1 期）指出，无论在何种选举中，未获政党提名者都有参选的动机。面对与政党候选人相互较劲的权衡，未获政党提名者或者持续参选到底，或者决定退出选战。文章将研究目的锁定为：在政党进行吓阻的情况下，出于什么样的理由，未获政党提名者将可能选择参选到底，抑或即刻退出选举。作者认为，无论是政党或者是参选人，都是考虑选举“成本”（costs）与“效益”（benefits）后进行“理性抉择”（rational choice）的决策个体。当参与竞选所必须投入的固定成本超过预期的效益时，未获提名者将不会选择参选。有鉴于此，作者利用博弈论“三阶段赛局模型”（three-stage game model），来分析政党在面对未获提名者决定参选时的最佳策略均衡。研究结果显示，在政党无法以吓阻有效劝退未获提名者，它清楚地知道抵抗会比容忍后者参选更为不利，因此，政党不会采取抵抗行为；与此同时，未获提名者也会识破政党的抵抗乃是一种“不可信的威胁”（incredible threat），从而毅然决定参选并形成搅局状况。

姚立明的《“公办初选”与“党办初选”》（《台湾民主季刊》2007 年第 2 期）指出，就公平性而言，台湾民进党、国民党两大政党目前所采取的党内初选方式都受到诸多的质疑。因此，有人建议采用美国公办初选、开门初选的制度。但是，美国的公办初选制度，是美国特定的政治文化产物。尤其需要强调的是，美国政党多属于组织松散的柔性政党，台湾政党则多为组织紧密的刚性政党。因此，将美国初选制度移植到台湾，不见得就能改善目前台湾政党初选中的诸多弊病。作者认为，台湾还是应当由政党来自主办理党内初选，要像欧洲国家政党初选那样，更多的是藉由“政党自律”来赢取选民的认同。如果党内初选产生不良现象，自然会在正式选举中遭受选民唾弃，来自选民的刚性最终约束必然会促使各政党有所反省，进一步改善初选机制，从而产生相对公平的初选结果。

徐永明在《2007 年民进党总统候选人提名初选评析》（《台湾民主季刊》2007 年第 2 期）一文中分别回顾了历年来民进党总统候选人、不分区立委候选人提名制度的变革，进一步观察 2007 年民进党台湾地区领导人候选人及不分区立委的提名之后，指出：就制度发展层面而言，民进党过滤式民调（排蓝民调）的采用，是有意要在制度层面上防堵可能出现的跨党投票的问题。作者分析道，公开且竞争激烈的台湾地区领导人候选人初选，是具有重要的示范作用的。这就要求最终参选的候选人必须接受检验。并且，提名的方式促使或迫使参与初选的角逐者清楚地提出政策主张和表明政治立场，不论是对个别政党或是对民众而言，都是有利的。通过对民进党主要地区领导任候选人在各县市的得票情况与“不分区立委”各派系在各县市得票的比较分析，作者还认为：一般媒体通常所谓的特定派系能够大量操控党员票的说法，事实上也是无法获得支持的。

陈朝建的《民进党总统初选评析》（《台湾民主季刊》2007 年第 2 期）对 2007 年民进党的总统初选活动进行了评析，文中首先介绍：民进党的初选一般分成两个阶段进行。第一个阶段是 1 月至 2 月的党内协调安排，第二阶段则是协调不成之后所进行的“党员投票”与“民调初选”（合称“正式初选”）。作者认为，在第一个阶段，党内协调安排难题在于：首先，应由何人来“乔”（闽南方言：撮合、确定的意思）该党总统候选人？毕竟陈水扁担任初选协调人的正当性在“国务机要费弊案”后已经不足，其他人也很难有这个能量；其次，民进党协调安排总统候选人的标准并不是很明确，“四大天王”及其背后的次级团体也未必能够接受党内协调安排的结果。这就导致民进党的总统初选必须进入第二阶段，即协调不成后进行“正式初选”。文章指出，此次民进党初选问题多多。仅以党员投票来说，诸如“初选资格”、“口袋党员”等问题成了影响民进党总统候选人的胜败关键所在；同时，民进党预定采取的民调初选采取的“排蓝民调”也有违党内民主与党员平等的基本原则。另外，2007 年民进党地区领导人初选的几场辩论会都没有人提出令人感动的执政愿景，这将会导致民进党 2008 年连续执政的力道减弱。文章认为，停办民调初选后的党内整合难题，特别是民进党内政治寡头们之间的矛盾关系问题，将是影响谢长廷能否带领民进党在 2008 年获得选战胜利的关键。

（五）其他相关研究（制度生态研究）

王鼎铭的《成本效益、公民责任与政治参与：2004 年公民投票的分析》（《东吴政治学报》2007 年第 1 期）根据投票计算理论，以 2004 年第一次施行的“公投绑大选”为背景，探究选民的选票机率、效用落差、投票成本及公民责任感等投票计算变项到底对他们的“公投”行为产生多大的影响。根据估算结果，作者最重要的发现是，台湾选民的公民责任意识与民主价值理念并未对参与“公投”产生作用。也就是说，公民责任感强者，并不必然较积极参与“公投”表达意见。特别值得注意的是，教育程度越高的选民，越不会去投票所正式或非正式的表达他们的看法，他们宁愿选择待在家中不去投票。总括来说，作者发现“公民投票”所应代表的直接民主与公民教育的意义，在台湾首次举办的“公投”中并未彰显出来。除了公民责任感与教育程度的影响之外，文章也发现选票机率、效用落差及投票成本等等大致都符合投票计算理论的基本假设。简单来说，选民认为个人选票作用越大者，参与选举的可能性越高；选民投票成本越高的话，特地跑去投票所的可能性越低；投票结果的效用落差越大，越有动机去投票表达意见。此外，该文也认为，选民的政党认同同样会影响到“公投”；认同泛绿政党的选民明显地倾向去投票，如果让他们选择投废票或者不领票，他们会感觉不如不出门投票；认同泛蓝的群众则刚好相反，他们一般不大会去投“公投”票，但若一定要去投票所，则会选择拒领或投废票。显而易见，泛蓝某些团体倡议的拒领“公投”运动在一定程度上还是起到相当大的作用。

蔡佳泓的《民主深化或政党竞争？初探台湾 2004 年公民投票参与》（《台湾政治学刊》2007 年第 1 期）认为，人们在解释投票参与时，经常将投不投票视为利益的取舍以及责任的驱使，亦即假设选民参与投票是为了极大化其利益。而在 2004 年举行的全台湾范围的“公民投票”，虽然是直接民主的实践，却笼罩在强烈的政党之争下，使领不领公民票成为选举的焦点之一。作者认为，有必要从心理层面的角度对影响公民投票领票的因素加以探讨。相关研究的文献发现，台湾民众的政党认同、国家认同与民主价值之间的相互作用甚深。有鉴于此，作者尝试透过路径分析模型探讨台湾民众对“公民投票”的认知，以及民主价值、政治功效感、政治信任感、政党认同、统独立场等因素对于“公民投票”行为的影响。研究发现，民主价值对于台湾“公民投票”的影响力并不如预期明显，选民认为自己可以影响政治的政治效能感以及对于政治体系的信任感不高。相形之下，政党认同及统独立场对于以上的态度及投票均具有高度的影响力。文章指出，2004 年台湾“公民投票”具有相当浓郁的政党色彩。这表明，台湾民主的深化并未完全实现。

吴亲恩的《台湾民众的政治信任差异：政治人物、政府与民主体制三个面向的观察》（《台湾政治学刊》2007 年第 1 期）在实证的研究上，通过对 1998 年第四届“立委”的访问调查数据以及 2003 TEDS 的调查数据的分析，讨论了台湾民众在不同方面的政治信任差异。政治信任差异指的是民众对代表不同政党的政治人物，或对分立政府下的行政与立法部门产生明显信任态度上的落差。政治信任差异的出现，虽然是民主社会的常态，但显著的政治信任差异之所以存在，最主要的原因还是因为民主化后国家认同议题成为台湾政党政治竞争的主轴，这个议题的激化导致了民众倾向信任代表自身群体的政治行为者，却不容易信任代表对立群体的政治行为者。这样，就产生了对政治行为者的政治信任差异。信任差异会进一步影响民众对政府与民主政体的信任：一方面，政府是由政治人物以及政党所组织的，所以对不同政党政治人物的信任会影响到对政府的信任；另一方面，谁执政也会进一步影响到选民对民主体制的评估，甚至对民主价值的支持，因为反对党的选民希望政府的权力受到限制，但执政党的选民却不会这么希望。研究还发现，统独议题强度越高的民众，越表现出明显的对政治人物以及对政府部门的政治信任差异。

林聪吉的《解析台湾的民主政治：以民主支持度与满意度为观察指标》（《选举研究》2007 年第 1 期）一文，试图以民主支持度与满意度两项指标，来了解台湾近年来民主政治发展的内涵。论文提及，调查显示台湾岛上民众民主支持度呈现稳定的分布，民主满意度则较为起伏，且有下滑的趋势。造成这一现象的原因在于：后一现象作为一种对现实状况的评价，容易受到较多政治和策略效果的影响；一些重大政治事件，如 2004 年的地区领导人选举，也明显地左右了社会大众的民主满意度。至于民主支持度，作为一种长期性的政治态度，它较少受到外在因素的影响。不过，无论是台湾大众的支持度或满意度，都仅受政治性因素的影响。相比较而言，经济性因素的影响微乎其微。台湾地区存在的这一现象与各国经验相左。这可能与台湾政治菁英惯于将政治议题设定为公共论坛的主轴有关。在政党认同与所有的人口变项中，仅有教育程度和民主支持度呈现正相关，其他变项皆未达到统计上的显著水准。因此，随着时序的嬗递，因社会分歧所造成的政治分歧，有机会趋于缓和，教育的普及则有利于民主政治文化的提升。这些发展都可能对岛上民主政治的巩固有积极的帮助。

林聪吉的《社会网络、政治讨论与投票参与》（《选举研究》2007 年第 2 期）一文，利用 2004 年立委 TEDS 的实证资料，对下列问题进行了研讨：民众面临重大问题时，他们的咨询对象是谁？社会网络中政治讨论的情形是怎样的？政治讨论是否会影响人们的投票参与？研究的结果是：首先，当人们面对重大问题时，有配偶者与无配偶者寻求咨询和商讨的社会网络有所不同。有配偶者依赖的讨论对象是建立在一个以家庭中最亲近成员为核心，进而逐步向外扩展的网状系络；其咨询对象依次是配偶、直系亲属、旁系亲属，最后才是非亲属关系的朋友、同事等。多数无配偶者的讨论对象分布于两大类：首先是父母，其次是朋友，旁系亲属则落居第三位。其次，社会网络中的政治讨论呈现出几种不同的面貌。第一，有配偶者的政治讨论频率高于无配偶者，这可能与前者年龄较大有关。第二，咨询对象的亲疏程度与意见同意度有高度正相关。第三，大多数民众认为讨论对象对于政治事务是介于有点了解与不太了解之间。关于相关政治讨论效果，作者指出，在无配偶者中，相较于对照组，讨论压力使人对投票却步，讨论所带来的鼓励则让决定投票者较早选择其支持对象。至于有配偶者，讨论压力使人们倾向不去投票，这一状况几近于达到统计上比较显著的水准。

王金寿的《政治市场开放与地方派系的瓦解》（《选举研究》2007 年第 2 期）尝试从政治市场开放（新政党出现及选举席次增加）的观点，来解释台湾地方派系瓦解之现象，并以 Gary Cox（1996）关于 SNTV（复数选区单记不可让渡制选制）的研究来讨论台湾的个案，借以论证如下的事实判断：近年来台湾地方派系的发展情况是，过去金字塔型的组织结构几乎瓦解殆尽。文章指出，在戒严时期台湾地方派系主要的选举竞争场域是省议员和县市长选举。虽然 SNTV 使国民党产生如何统合协调（coordinate）同党候选人竞选关系的问题，但此问题并未发生于地方派系身上。这是因为，地方派系经常只有一位省议员候选人，即使部分县级派系曾推出两位以上候选人，也会因为选举竞争性有限，从而减低甚至是消除了 SNTV 的统合协调问题。但是，新政党的出现却使选举的竞争性大幅度提高。台湾民意代表机构全面改选和“冻省”虽使“立法委员”席次大量增加，也替地方派系带来争夺政治资源的新机会，但地方派系自身却在新的政治市场条件下发生分化，经常有两名以上的候选人相互杀伐，因此而产生新的统合协调问题。在这种情况下，地方派系几乎无法找到一个有效的策略手段来面对新的动员政治的难题。所以，政治市场开放，相应的执政资源的增加一起推动了地方派系内部选举竞争的加剧，从而最终导致地方派系趋于瓦解。

三、学术会议

2007 年台海两岸学界与政党制度及其发展研究相关的学术研讨会主要有：

（一）政治思想、政党与选举行为——纪念谢延庚教授学术研讨会

2007 年 5 月 8 日，由台北大学公共行政暨政策学系主办、单位财团法人英荃学术基金会、“中华民国公共行政学会”、台北大学公共行政暨政策学系系友会协办，“政治思想、政党与选举行为——纪念谢延庚教授学术研讨会”在台北大学召开。研讨会围绕政治自由主义的政治性、台湾政党政治的过去与未来，以及台湾选举制度与选举行为三个主题进行了深入探讨。其间，台北大学公共行政暨政策学系叶仁昌教授、中正大学政治学系叶浩助理教授、东吴大学政治学系吴文程教授、“中研院”人文社会科学研究中心徐永明助理研究员、政治大学政治学系刘义周教授，以及台湾大学政治学系洪永泰教授分别作了题为《政治作为一种艺术——老庄对支配的反动》、《政治自由主义的政治性》、《解严后政党的竞争策略——Downs 理论的再检视》、《派系竞争与民进党发展》、《回顾型投票：桃园县长选举实例分析》和《民意调查与选举》的发言。徐永明考察了派系竞争与民进党发展的关系，认为民进党创党以来，内部派系势力变迁较大。派系势力参与区域“立委”选举，在上世纪 90 年代初达到巅峰。派系几乎完全瓜分了民进党历年来党中央的权力核心，个别派系甚至主导了党内提名制度的变革。

其后，民进党新兴派系的崛起，促使该党权力结构趋向多元化，使两极对立、对决的局面，转变为派系结盟的状况。多派系引发民进党中央层面的权力竞争，形成了一个派系共治、权力无法集中的党中央，这带来了某些积极的影响。洪永泰教授从民意调查的抽样、问卷、执行、解读、与公布等五个方面讨论了选举中民意调查的相关技术问题。他指出，民意调查已经是台湾社会运转机制的一分子，尤其是在选举期间更扮演了相当重要的角色。由于整个民调程序涉及许多步骤，每一个步骤都有可能出现失误，即使不出现失误也会因为理论和实务之间的差距而导致相关决策的调整。因此，民调无论从研究设计到调查结果的解读都需要相当程度的专业训练。总之，以良好设计基础上取得的调查结果作为决策的参考，这是选举中民意调查最基本、也是最强大的功能。事实上，不论是公共政策或是候选人的营销，如果主导者能以科学、严谨的态度来处理民意调查，则不仅会提升决策的质量，还能促进民意调查作用的适当发挥，使其成效与功能得到肯定，从而真正达到民调与决策相辅相成、相得益彰的效果。

（二）2007 年台湾政治学会年会暨学术研讨会

“2007 年台湾政治学会年会暨学术研讨会”于 2007 年 11 月 17 日在政治大学举行，主题是“台湾民主的实践：责任、制度与行为”。会议研讨的内容广泛涉及民主政治与公民社会、民主巩固与政党政治、转型正义与实践制度沿革、选举与政党、中央与地方权责划分、两岸关系现况与展望、美中台三边关系，以及独立国家民主转型的挑战。在年会上提交的学术论文中，与台湾政党制度相关联的主要有：陈尚志（中正大学政治学系助理教授）的《政党轮替与官僚的政治控制：民进党政府中央政务幕僚的执政经验分析》，蔡韵竹（政治大学政治系博士生）的《政治竞争下的政党位移——立法院第三届与第五届记名表决分析》，蔡佳泓（政治大学选举研究中心副研究员）的《政治认同、议题与政党忠诚》，林琼珠（东吴大学政治学系助理教授）的《台湾民众对政党的看法：反政党情绪（anti-party sentiment）现象之初探》，萧怡靖（政治大学政治系博士生）的《台湾政党认同测量问题的探讨：以“台湾选举与民主化调查”为例》，王金寿（成功大学政治学系助理教授）的《台湾司法政治的兴起》，陈陆辉（政治大学选举研究中心副研究员）的《政治支持的分析》，陈宏铭（中原大学通识教育中心助理教授）的《台湾半总统制下执政党党政关系模式之研究》，谢相庆（实践大学博雅学部兼任副教授）的《第 7 届立法委员单一名额选举区界线划分之决定过程与影响因素分析》，林佩婷（政治大学政治研究所所博士生）的《选区规模（district magnitude magnitude）的影响力：以第二届至第六届立委选举为例》，洪敬富（国立成功大学政治系暨政治经济学研究所助理教授）、吴雅玲（国立成功大学教育学研究所硕士生）的《网络政治参与、政治信任感与公共事务参与的实证分析——以台湾经验为例》，蒯光武（中山大学传播管理研究所）、范正益（中山大学传播管理研究所）的《政治人物运用部落格进行选举营销之关键成功因素》等。这些论文分别运用不同的研究方法，针对台湾政党制度的不同问题、领域进行了深入的研讨。

（三）审议式民主：“中华民国第二共和宪法草案”研讨会

此次会议内容涉及台湾政治体制的根基，进而可能从根本上改变台湾政党存续、发展的制度和政治生态，所以引起了台湾政党制度研究领域相关学者的高度重视。会议由财团法人台湾智库、中华亚太精英交流协会主办，由台湾大学“国家发展研究所”、台湾民主基金会协办，于2007年3月18日、25日在台湾大学举行。会议以台湾大学教授陈明通（会后不久即接任台湾当局“陆委会主委”）抛出的所谓“中华民国第二共和宪法草案”为讨论文本，分作八个场次，与“宪草”的八个方面相对应，分别由陈明通、陈慈阳、陈英鈐作主题论述。其中，在内容上与政党制度关系较为密切的分别是第一场次——前言与总纲，第三场次——内阁制“中央政府”：“总统”、“国会”、“国务院”关系，以及第四场次——政治参与权。陈明通认为，台湾现行“宪法”造成两个危机，即“宪政”僵局及认同危机。无论修改“宪法”总纲与“中央政府”体制的幅度多大，最重要的就是要人民来复决，让人民选择政府体制及重新界定台湾的现状，以解决僵局与认同问题，“让台湾迈向正常国家”。罗正方指出，民进党内原本就有“宪改”策略的讨论，陈水扁提出“第二共和宪法”，就是呼应了延续民进党“台湾前途决议文”精神的策略，目的就是在国际对现状的界定下，最大程度地凝聚朝野对第八次“修宪”的共识，让“宪改”能顺利完成。周奕成表示，现行“修宪”门槛过高，若错过2007年“立委”选举前的最佳时机，未来“修宪”机会不再。此次“修宪”除了拥有高度民意基础外，朝野也应藉此机会修正过高的“修宪”门坎，让未来的“宪政”发展回到常轨。汪平云指出，“第二共和宪法”的讨论，其实就是要面对“是否继续使用1947年宪法与1991年增修条文所制定的体制，意义为何”此一重要课题。他认为，此次“修宪”是国民党“连结台湾”的关键问题。曾建元认为，“第二共和”就是修改“宪法”文本，尤其是要依照实际状况重新界定“宪法”的效力范围，透过“公投”来确立“宪法”的正当性来源就是台澎金马。他建议，由政党或学界来担任沟通平台，以利共识的凝聚。主持人徐永明最后总结到，“第二共和宪法”的提出，是具有对“宪改”工程的延续性及与过去“宪政”失常的断裂性，而要让此次重大的“修宪”工程成真，必须正视人民对于“宪政”僵局，以及“国会”对于席次分布的不满，抓紧利用朝野与社会对“修宪”共识的关注，尽速推动，使台湾尽早迈向“宪政”运作与“正常国家的新共和”。此次会议研讨的相关问题，固然与当前台湾民主发展寻求有良好的基本法律和体制设计有关，但也应看到，此次会议更是在民进党当局授意下，打着审议民主和自下而上“制宪”的招牌，以解决台湾民主化后所浮现的“国家认同问题”和政府治理问题，以及以积极处理两岸问题等为由头，企图暗度陈仓，行“法理台独”之实的一次意识形态动员活动。

（四）第二届“北京台研论坛”

此次论坛得到国台办、北京市台办的指导，由北京联合大学台湾研究院主办，四川省四川同胞联谊会、台湾夏朝基金会协办。论坛以“台湾政局发展与两岸关系”为主题，汇集了来自内地、港、澳、台的80余位学者参与研讨。论坛共发表论文40余篇，其中涉及台湾政党制度的主要有：郑海麟（香港中文大学亚太研究所研究员）的《台湾“法理台独”的界定及其演进程序》，林劲（厦门大学台湾研究院教授）、陈言（厦门大学台湾研究院硕士研究生）的《台湾政治转型中的“台独”运动演变》，朱松岭

（北京联合大学台湾研究院）的《“第二共和”及其与台湾未来走向之间的内在关联》，刘红（中国社科院台湾研究所研究员）的《关于台湾政治多元化的几个问题》，郑又平（台北大学公共行政暨政策学系副教授）的《民进党选举策略中“本土牌”运用之政治分析》，李炳南（台湾大学国家发展研究所教授）、李其芃（台湾大学国家发展研究所硕士研究生）的《国会定位的确立（2005 年）——台湾地区修宪历程的研究》，杨立宪（全国台湾研究会副秘书长，研究员）的《浅析台湾“政治民主化”——兼论“政治民主化”与“台独”的关系》，侯汉君（台北大学公共行政暨政策学系副教授）的《民进党推动“正名”的前景与影响》，陈一新（淡江大学美国研究所教授）的《马谢问鼎　鹿死谁手》，周继祥（台湾大学国家发展研究所教授）的《民进党〈正常国家决议文〉研究》，纪欣（台湾中国统一同盟副主席）的《民进党通过〈正常国家决议文〉始末及其影响》，以及苏嘉宏（辅英科技大学（高雄）教授）、黄志呈（中山大学（高雄）政治学研究所博士）的《南台湾“立委”“潜力票盘”评估》等文章。其中，刘红研究员的论文指出，台湾政治多元化的演变经历了“前 20 年”的“一党专制时期”，“后 20 年”的“专制调整时期”后，推进至“现 20 年”的“多元发展时期”。台湾政治多元化涵括了“组党自主化”和“低效化”并存、“选举制度化”和“黑金化”并存、“朝野白热化”和“政治化”并存、“言论自由化”和“极端化”并存的特质，产生了如下的政治影响：“宪政改革”成为政治多元化的主要途径、“民主观念”成为政治多元化的主要共识、“台独”嚣张成为政治多元化的主要危害、“蓝绿对立”成为政治多元化的主要表现、“选风不良”成为政治多元化的主要倾向、“民主拒统”成为政治多元化的主要意图。李炳南、李其芃的文章认为，制度形成后会产生附着其上的制度利益，使制度本身成为独立的行为者，从而脱离传统行为者——如政党或其他政治团体及其压力与制约。文章采用新制度论的研究方法，在分析了 1991 年第一次“修宪”以来台湾政党势力消长的基础上，指出：台湾第六、七次“修宪”使台湾地区完成了“宪政”体系中“从准单一议会”至“单一议会”的形塑和确立过程，这既是国民党、民进党皆以软硬兼施方式迫使“国大”代表依政党党团意志行事的结果，又是政党利益实现及国、民两党政治利益高度结合基础上政治合作的产物。台湾“修宪”后新的“议会”定位的确立，以及由此而来的“立委”席次减半、“单一选区两票制”等制度安排，都是国、民两党理性的趋向利益最大化的选择的结果，将在特定的时空与制度脉络下有利于特定的党派及其“修宪”行为者。

四、研究机构

（一）中国社会科学院台湾研究所

该所是经中共中央书记处批准，于 1984 年 9 月正式成立的一个全面研究台湾政治、经济、社会、文化、对外关系以及两岸问题的综合性学术机构。台湾研究所成立以来，作为国家级对台学术研究机构，始终本着“求真务实”的精神，紧紧围绕为中央对台工作服务、为促进祖国统一大业服务的宗旨，密切追踪和分析台湾局势及两岸关系出现的新问题、新情况，深入研究和掌握岛内的社情民意，加强对涉台重大现实问题进行“理论性、综合性、基础性、战略性”研究，取得了丰硕成果，成为享誉海内外的对台研究重镇。台湾研究所的主要任务及研究活动包括：按照中国社会科学院的统一规划部署，展开涉台重大科研课题及基础课题研究；承担中央和有关部门涉台委托研究课题，提供研究报告和政策咨询服务；开展两岸学术交流，举办各类学术研讨会，邀请并接受海内外学者专家来访，派遣研究人员赴台或其他国家、地区从事研究、考察、访问等学术活动；建立涉台图书资料和信息网络及对台学术研究资源库；参与祖国大陆涉台学术研究专门人才的培养与教育，等等。目前该所共有科研人员、科研辅助人员及行政人员60余人，其中副高级以上职称研究人员25人，他们大多担任全国一些重要对台涉台部门、研究机构、重点大学的客座教授、研究生导师、特约研究员、兼职理事、顾问等职务。中国社会科学院台湾研究所成立以来，承担完成了中央和有关部门委托的大量重要研究课题，并提供了大量有参考价值的综合分析报告，参与了《台湾问题与中国统一》（白皮书）、《一个中国的原则与台湾问题》（白皮书）以及有关重要对台文件、领导人讲话的起草，承担了多项国家社科基金、国家自然科学基金等委托的重大研究课题或特别项目。台湾研究所编辑出版了《中国国民党全书》、《答台湾同胞问》、《台湾知识问答》等工具书和台湾问题知识读物，完成了《海峡两岸关系概论》、《一国两制与台湾前途》、《台湾问题的由来与发展》、《民进党执政状况研究》、《民进党政商关系研究》、《民进党大陆政策研究》等学术著作，参与编撰的《中国台湾问题》等涉台教材。台湾研究所编辑出版了《台湾研究》（双月刊）、《台湾周刊》，并不定期地编辑台湾问题有关的专题资料。

（二）厦门大学台湾研究院

厦门大学台湾研究院的前身为厦门大学台湾研究所，成立于1980年7月9日，是全国最早成立的台湾研究学术机构，是教育部与福建省共建单位，下设政治、经济、历史、文学、两岸关系五个研究所和院办公室、文献数据中心、《台湾研究集刊》编委会。2004年2月19日经厦门大学批准，厦门大学台湾研究所改制为厦门大学台湾研究院，现有编制43名，其中教授9人，副教授10人。20多年来，台湾研究院以“历史地、全面地、实事求是地认识台湾、促进海峡两岸学术交流，为祖国统一大业服务”为宗旨，致力于台湾政治、社会、经济、历史、文学、法律、文化教育以及两岸关系等方面的研究。该院主办的《台湾研究集刊》（1983年创刊），是全国最早创办的专门研究台湾问题的学术季刊，被海内外学术界誉为在台湾研究领域具有重大影响的权威刊物。在影响因子方面，排在港澳台问题类刊物的第一位。厦门大学台湾研究院在进行系统的基础研究和理论研究的同时，注重开展现实问题的研究。不仅承担和完成国家和省部级的大量科研课题，还完成了各级对台工作部门委托的大量调研课题。台湾研究院重视对外学术交流，与海内外学术文化界建立了广泛的学术交流与合作关系。研究院每年除接待大量的台、港、澳以及外国的专家、学者和其他人士外，还经常选派科研人员及研究生赴境外进行学术交流。台湾研究院现有中国近现代史（台湾史研究方向）、区域经济学（台湾经济和两岸经贸关系方向）两个博士点，以及中外政治制度、区域经济学、专门史、中国现当代文学等四个硕士点。厦门大学台湾研究院于1997年和1999年先后被列为国家“211工程”的重点建设学科和福建省重点学科。以台湾研究院为母体组建的厦门大学台湾研究中心，会集了全国研究台湾的精英，入选为“教育部人文社会科学百所重点研究基地”。

五、学者、专家

胡　佛　台湾大学法律学系法学士（1955），美国爱摩瑞大学政治学硕士（1960），美国耶鲁大学访问学者（1969—1970），美国芝加哥大学访问学者（1987—1988），美国哥伦比亚大学访问学者（1987—1988），主要研究领域为政治学、宪法学。历任“中国政治学会”政治行为委员会主席（1983—1985）、台湾大学首位连震东法政讲座教授（1991—1992）、中国社会科学院名誉高级研究员（1997）、台湾大学首位校聘讲座教授（1998—1999）、台湾“中央研究院”院士（1998）、“国家讲座”教授（1999—2002）。曾获“国家科学委员会”第一届杰出研究奖（1985）、美国加州中国民主教育基金会杰出民主人士奖（1997）、“国家科学委员会”杰出研究奖（1999）、斐陶斐荣誉学会杰出成就奖（2001），现为国立台湾大学人文社会高等研究院特约研究员、台湾大学政治学系名誉教授。

陈孔立　教授，博士生导师。1930年2月出生于福建省福州市。1948年，考入南京中央大学历史系，后因战乱，转入厦门大学历史系，1952年毕业。1955年，于中国人民大学马列主义研究班毕业。1958年，任厦门大学马列室讲师；“文革”后在历史系任教；1981年后，先后任副教授、教授。现为全国台湾研究会常务理事、中国社会科学院台湾史研究中心副理事长、中共中央外宣办“台湾问题对外宣传专家咨询组”成员、国台办“海峡两岸关系研究中心”特约研究员。曾任厦门大学台湾研究所所长（1987—1994），海峡两岸关系协会理事（1991—1998），厦门大学校友总会理事长（1992－2000）。陈孔立长期从事台湾历史、台湾政治、两岸关系的研究，是大陆最早研究民进党的学者之一。他自称研究台湾政治是从研究民进党开始的。1988年他开始写作《民进党：过去、现在、未来》，他发表的第一篇台湾政治的论文是《民进党与1989年选举：预测与解释》。陈孔立教授主要著作有《台湾研究十年》（主编，1990年）、《清代台湾移民社会研究》（1990年，2003年增订本）、《台湾历史纲要》（主编，1996年）、《简明台湾史》（1998年），《台湾历史与两岸关系》（1999年）、《观察台湾》（2003年）。《清代台湾移民社会研究》获国家教委人文社会科学研究优秀成果二等奖、福建省社会科学优秀成果一等奖，《台湾历史纲要》获福建省社会科学优秀成果一等奖。《台湾研究十年》、《台湾历史纲要》都在台湾出版繁体字本。

李义虎　法学博士，北京大学台港澳与世界事务研究所所长，北京大学国际关系学院国际政治系主任、博士生导师，全国高校国际政治研究会秘书长，全国台湾研究会理事。主要研究方向为国际战略、台湾问题。长期讲授世界政治经济与国际关系、台湾概论、台湾政治概论（通选课）、军备控制与裁军、一国两制理论与实践、台湾政治经济专题、国际政治理论专题（博士生课程）等课程。出版专著有《均势演变与核时代》（浙江人民出版社1989年版）、《世界的裂变与弥合》（湖南出版社1992年版）、《台湾十大政治案件》（主编，黑龙江人民出版社1993年版）、《世界政治经济与国际关系》（合著，高等教育出版社1993年版）、《超级智者基辛格》（学苑出版社1996年版）、《政治赌博中的台湾》（主编，中国友谊出版公司1999年版）、《海峡季风——多棱境下两岸关系透视》（文化艺术出版社1996年版）、《香港模式与台湾前途》（副主编，中国国际广播出版社2004年版）、《国际格局论》（北京出版社2004年版，获全国高校人文社会科学优秀成果奖）、《国际政治与两岸关系新思维》（香港中国评论出版社2005年版）、《全球化与和谐世界》（主编，世界知识出版社2007年版）、《地缘政治学：二分论及其超越》（北京大学出版社2007年版）。

陈文寿　北京大学历史学学士（1987年）、硕士（1990年）、博士（2002年），研究员。学术专长为世界史（东北亚史）、台湾研究，华侨华人研究。曾任中国华侨华人历史研究所编辑室副主任、研究室主任。现任北京联合大学台湾研究院院长助理、两岸关系研究所常务副所长；兼任北京大学韩国学研究中心兼职教授、东北亚研究所特约研究员，中国朝鲜史研究会常务理事、副秘书长，中国华侨历史学会常务理事，中国日本史学会理事，东南亚研究丛书编委会常务编委、编辑副主任等职。曾作为日本教育国际交流协会外国人研究员和韩国国际交流财团访问学者赴日本和韩国从事中日韩关系研究，多次赴美国、日本、韩国、新加坡等国参加国际学术会议及其他学术交流活动。2006年主要学术著作有《台湾政党政治发展的回顾与前瞻》（北京台研论坛第一辑，执行主编，香港社会科学出版社有限公司2006年版）、《两岸关系大事记（1979—2005）》（主编，台海出版社2006年版）、译著有《真相：日本殖民地时代之台湾与朝鲜》（［美］安·约·格拉德著，香港社会科学出版社有限公司2006年版）。

徐　锋　中央社会主义学院中国政党制度研究中心讲师

附录二：国外政党制度研究

随着全球化进程的深入发展，2007 年世界政党格局和政党体制发生了深刻的变化，世界各国政党、政党制度和政党政治出现了许多新特点、新趋势。政党数量迅速增加，代表不同意识形态和社会阶级利益的各类政党，在各国政治和国际政治社会中占有重要地位并发挥着独特作用。传统政党力量下降，政党体制日趋多样化，政党活动环境更加宽松平稳，世界政党政治进入了一个新的多样化的发展时期。2007 年中国学者对国外政党及政党制度进行了广泛深入的研究，主要有国外政党执政经验教训研究、中外政党及政党制度比较研究、世界政党政治和政党制度现状及发展趋势研究。

一、国外政党执政经验教训研究

周淑真主编的《世界执政党兴衰成败借鉴研究》（北京出版社 2007 年版）一书，对世界典型政党的典型事例进行了比较深入的分析研究，总结了世界政党执政的经验与教训。首先，分析了苏联共产党的兴衰成败。作者认为苏联共产党衰亡的原因有：第一，苏联共产党随着权力的取得和执政地位的巩固，它对国家政治权力实行了高度垄断，在体制上缺乏制约和监督；苏共脱离群众，在政治上逐渐蜕变为一个特权阶层，瓦解了其赖以生存的社会基础。一个背弃人民的执政党最终为广大人民群众所抛弃，这是苏共衰亡在政治上的深层次原因。第二，苏共固守落后的经济发展模式和高度集中的计划经济体制。第三，苏共思想文化上的专制主义也是其衰亡的重要原因。其次，分析了西欧社会党的执政成败与变革。西欧社会党处于不断的变革之中，其执政方式寻求从“统治”到“治理”的转变，其社会经济政策寻求公平与效率之间的动态平衡，在党建方面增强党的社会基础和改善党的工作机制。其中最重要的一点启示在于思想理论的与时俱进。再次，分析了绿党崛起的启示。作者认为，对于一个新兴政党来说，政党既要有自己的理想和目标，又要面向实际。绿党的崛起说明，即使在所谓的西方民主国家，政党竞争也不是完全开放、公平和自由的。一个国家采取何种政党制度和选举制度是受本国国情限制的，是在本国历史发展中形成的，政党产生和发展的政治生态先于政党，尤其是在经济基础较为落后的发展中国家，不能指望通过简单的多党竞争就能使各种社会矛盾得到解决。另外，分析了英美国家的老牌资本主义政党的兴衰成败和利弊得失。英国保守党的成功经验主要有：一是保守党具有超强的适应能力。

在意识形态、阶级基础、组织制度和方针政策上，它都能够适应时代发展的需要，及时作出调整，以适应变化了的外部环境。二是保守党注重以政策为中心加强政治动员。三是保守党注意加强制度的组织和制度建设。最后，还分析了新加坡人民行动党、印度国大党和墨西哥革命制度党的执政规律。作者认为新加坡人民行动党得以长期执政的原因很多，如灵活务实的意识形态、持续发展的国民经济、成功处理种族问题等，但其中该党所实行的特殊的组织机制和组织制度，对许多国家的政党特别是执政党都有借鉴意义。

姜崇辉、吴成撰写的《试析20世纪后期世界政党发展危机的深层原因》（《哈尔滨市委党校学报》2007年第1期）一文，分析了苏联共产党、印度国大党、墨西哥革命制度党、日本自民党等政党出现危机的深层次原因。文章认为，这些政党的发展危机主要体现在政党合法性流失、政党权威动摇、政党无组织力量生长、政党治理效果递减、政党制度化变异等等方面。从更深层次考察，这种政党发展危机一定程度上是全球化、公民社会兴起的某种必然结果。

郑永朝撰写的《国外政党执政失败的教训浅析》（《理论与改革》2007年第1期）一文，从另一角度分析了苏联、日本、墨西哥和印度等国一些长期单独连续执政的大党、老党纷纷失去政权的原因。文章认为世界上这些大党、老党执政失败的教训很值得我们深思，归纳起来大致有以下几个方面：第一，未能与时俱进，适时提出代表最广大人民群众利益的纲领主张，失去了对民众的感召力和凝聚力；第二，给反对党以发展空间，为执政党的下台培育了掘墓人；第三，为顺应“民主潮”而改变政党制度，结果在竞选中落马；第四，政治经济社会的腐败侵蚀了党的根基，失掉了民心，使执政党一蹶不振；第五，新自由主义经济政策产生的负面效应，加剧了社会的两极分化，使执政党丧失了社会的支持基础；第六，民族和宗教问题处理不当，这是引发事端和执政党倒台的直接诱因；第七，面对经济发展中的问题，提不出自己的发展战略，经济上不去，从而使民众对执政党产生认同危机。文章认为，随着经济体制改革的不断深入和社会主义市场经济体制的逐步建立，党的建设面临着越来越多的新课题。这就需要我们总结和借鉴世界上一些大党、老党衰败的教训，用改革的精神加强党的建设，提高党的自身素质，使我们党立于不败之地。

王志连撰写的《东欧社会民主主义政党执政的若干经验教训》（《科学社会主义》2007年第3期）一文，考察了波兰社会民主党/民主左派联盟党、匈牙利社会党、捷克社会民主党、斯洛伐克争取民主斯洛伐克运动、罗马尼亚社会民主党、保加利亚社会党等东欧社会民主主义政党的执政经历。文章认为其中有许多值得汲取的经验教训：积极适应新社会制度要求，遵循议会斗争的游戏规则，是赢得和维持执政地位的前提条件；提高驾驭经济和推动发展的能力，是赢得和维持执政地位的根本条件；制定积极的社会政策，合理调节利益关系，是赢得和维持执政地位的关键因素；妥善处理与其他左翼政党的相互关系，是赢得和维持执政地位的重要条件；不断加强执政党建设，努力塑造良好社会形象，是赢得和维持执政地位的基本保障。

杨玲玲撰写的《福利、平等和合作：瑞典社会民主党60年执政经验》（《科学社会主义》2007年第5期）一文，分析了瑞典社会民主党长期执政的经验和失败的原因。

文章认为，瑞典社会民主党长期执政的经验构建起了平等、福利和合作的三大社会体制。第一，建立起了适时的、可调整的福利政策模式；第二，追求以“社会公平”为价值取向的社会政策目标；第三，推进“合作协商”的决策体制的形成。2006 年 9 月，瑞典社民党在累计执政了 65 年之后在大选中落败。失败的原因主要有三：一是社会政策失去了弹性，特别是坚持高税收的政策引起了选民的抱怨；二是官僚化严重损坏了社民党的形象；三是失业率增加。正反两方面的经验教训对中国共产党都有重要的借鉴意义。

刘晓根撰写的《海滩占位博弈与西方政党意识形态中间化》（《甘肃理论学刊》2007 年第 3 期）一文，利用博弈论中的海滩占位博弈模型，分析西方发达国家出现的政党意识形态中间化趋势及其对我们党的意识形态建设的启示。二战后，西方发达国家政党意识形态竞争基本上是按照博弈模型展开的。意识形态也出现了类似于超市“相依为邻”的现象，即政党之间的意识形态相互影响、相互靠拢。意识形态向中间靠拢的政党，在取得民众支持方面就会占有优势，而且谁转变得快，谁就占有先机。西方发达国家实行的竞争性政党体制，而我们国家实行的是中国共产党领导的多党合作制（即非政党竞争性政党体制），但西方政党意识形态中间化趋势，能为我们执政党的意识形态建设提供一些有益的启示。启示之一，我们党的意识形态必须自觉地始终紧跟时代步伐，始终保持与时俱进。启示之二，我们党必须自觉地整合社会意识，建设主流意识形态，以调控和引导社会。启示之三，我们党必须自觉地扩大意识形态的包容性、宽容多样性，形成一种充满创造活力的文化氛围。

李沛武、范天森撰写的《国外执政党意识形态的困境与启示》（《理论与改革》2007 年第 6 期）一文，以政治合法性理论作为分析框架，对国外执政党意识形态面临的困境进行深入分析。文章认为意识形态是执政党合法性的重要纬度。国外执政党意识形态的困境主要表现在：第一，把执政合法性寄托在政绩资源，呈现出弱化自身意识形态建设的趋势。第二，在信息全球化的冲击下，执政党通过意识形态策略运作来维护合法性的空间受到挤压。第三，阶级结构的重大变化，削弱了执政党意识形态合法性的阶级基础。第四，意识形态“刚性”使执政党面临理论与社会变革之间相互冲突的尴尬境地。第五，执政党意识形态“中间化”导致民众和党员对执政党的信任度和忠诚度下降。文章认为，虽然中国共产党与国外尤其是资产阶级政党的意识形态有着本质性区别，但也同样面临着意识形态合法性的考验。从国外执政党意识形态的困境中解析出意识形态发展的一般规律给中国共产党的启示主要有：第一，定位好意识形态在合法性资源中的功能和作用。第二，把握好意识形态与其他合法性资源之间的关系。第三，掌控好各种现代信息传媒来主导意识形态领域。第四，处理好意识形态的阶级性与包容性之间的平衡问题。

靳晓光撰写的《西方政党党权制约机制及其借鉴意义》（《前沿》2007 年第 12 期）一文，分析了西方政党的党权制约机制及其借鉴意义。西方政党的党权制约机制主要包括党内制约机制和党外制约机制两个方面。党内权力制约机制包括纪律制约、监督机构的监督制约和督导员的监督制约。党外制约机制较为完善，主要包括宪法和法律制约、反对党的制约、大众媒介的制约和社会制约。西方政党的党权制约机制对我国党权制约机制的构建和完善有重要的借鉴意义。第一，构建和完善我国政党权力制约的法纪体系。第二，切实发挥各民主党派的作用，加强党际制约。第三，加强社会制约，构建大众制约的制度平台。

张光平撰写的《外国政党密切联系群众的新举措》（《当代世界》2007 年第 8 期）一文，分析了英国、法国、俄罗斯、日本、古巴、匈牙利等国政党联系群众的新举措。国外一些政党从扩大自身民众基础和巩固政治地位的高度出发，开展联系群众工作。外国政党加强和创新群众工作的具体措施有：第一，设计出形式灵活多样、富有亲和力的群众工作方式，不断适应信息社会发展的要求。第二，政党精英利用自身影响和威望，带头密切联系民众，树立党的亲民形象。第三，努力适应媒体社会、积极运用网络信息技术提高党群工作效率和效能。第四，加强与各种群众性外围组织的联系，借助非政府组织和社会团体力量开展党群工作。

陶文昭撰写的《世界政党执政的基本方略》（《社会科学研究》2007 年第 2 期）一文，探讨了世界上一些政党争取和保持执政的基本方略。文章总结了以下几点：第一，争取民意是政党执政的根本；第二，发展经济是执政政绩的关键；第三，科学执政是政党成熟的标志；第四，为政清廉是执政党的基本操守。

二、中外政党制度比较研究

中外政党及政党制度比较研究一直是我国学者的研究重点。研究政党执政规律，从共性与差异性的分析中找出普遍性规律与特殊性规律，既有助于我们党拓宽执政视野，把握世界政党动态，也有利于我们党研究和借鉴世界政党治国理政的有益做法，从而提高执政能力，巩固执政地位。2007 年此方面的研究成果颇丰。

朱昔群撰写的《政党发展的比较研究》（载《全球化与世界政党变革》，史志钦主编，中共中央党校出版社 2007 年版）一文，分析比较了中西政党发展理论。文章认为，西方政党发展理论的一些重要理念已经成为西方政党在政治运作中必须遵守的共识。第一，政党是民主政治的工具。第二，政党有寡头统治倾向。第三，政党体制与政治体系效率的相关性理论。第四，政党与政治发展关系理论。第五，政党和政党制度的现代化理论。第六，政党衰落理论。在近代中国的政党发展过程中，有关政党发展的思想具有两大特点：改造和发展了传统的党派观念，引进和改造了西方政党的发展理论。中国共产党在推进执政党发展的同时，发展了马克思主义的执政党发展理论，主要表现在：党的建设的指导思想更科学、更求实，确立了判断执政党建设和执政党发展水平的科学标准——党的执政效率和执政的合法性；确立了“三个代表”的政党发展目标，提出“三个代表”的本质是立党为公、执政为民；强调了执政党的社会整合功能；强调了制度建设在党的建设和发展中的重要地位；重新阐释了中国共产党领导的多党合作的政治协商制度；开展对世界上一些长期执政的大党老党衰败的经验教训研究，深化了对一党执政条件下的执政党的建设和发展规律的认识。

徐锋、朱昔群撰写的《国外政党基层组织比较研究》（《马克思主义与现实》2007 年第 4 期）一文，分析了国外政党基层组织的活动及其特点、面临的问题及革新的尝试。由于政治文化环境与政治发展阶段的不同，世界上存在不同类型的政党。但是，不论什么样的政党，党员和基层组织活动都是其自身发展的重要方面，它们是政党政治功能得以实现的载体，是政党存续的根基所在。国外政党基层组织运作有其制度背景。国外政党可以分为适应性政党、动员性政党和过渡性政党，根据政党组织特征可以分为集权与分权组织。文章从以下几个方面分析了国外政党的异同。第一，国外政党党员的招募、权利和作用。国外政党招募党员的标准和要求宽严不一。适应性政党和过渡性政党大多不设太过严格的准入门槛，动员性政党对党员要求较高，入党的程序也较复杂。第二，国外政党基层组织设置与组织结构。在存在竞争性选举的多数国家和地区，政党设置基层组织的目的就是确保本党能获得尽可能多的民众支持。因此，政党基层组织活动的地域与选区是基本一致的。第三，国外政党基层组织的职能定位、活动内容和活动方式。在存在竞争性选举的多数国家和地区，不同政党对待选举也存在策略上的不同：适应性政党更多地通过争取选民认同来赢得权力，动员性政党则更多地通过操纵选举来赢得权力。文章还分析了国外政党基层组织面临的问题及革新的尝试。在许多西方国家乃至一些发展中国家，普遍面临政党的危机与组织萎缩的问题。世界范围内的“政党危机”引发世界范围内政党的改革和转型。发达国家政党为与时代同步，正在进一步深化自己的适应性，在组织上强调自己的草根性和直接民主性，它们的改革包括向基层倾斜的“市场化”导向，抬升党员在组织和决策中的地位，采用新技术手段武装党的组织与行为等。

田广清撰写的《西方政党的执政方式及党政关系》（《中共南京市委党校南京市行政学院学报》2007 年第 3 期）一文，分析了西方执政党与政权机关的关系，西方执政党的领导与我们党的领导的差异及其对我党的启示。文章认为，西方执政党通过掌握和运作议会来主导国家的大政方针，通过掌握和运作政府来管理国家，通过影响司法和保障司法独立来依法治国，通过与立法、行政机关的协调来总揽全局。西方执政党对国家和社会的领导主要体现在：一是以执掌公共权力的方式在政权体制内进行领导。二是执政党通过政权内外的党组织和担任政府职务的党员个人（总统、首相、各部门各地区长官），对国家和社会发挥领导作用。三是政权外面的各级党组织对社会进行思想政治方面的引导和领导。我们党的领导与西方国家执政党的领导存在着以下显著差异：第一，西方执政党的领导主要通过执政来体现，而不是执政党通过领导来体现。第二，西方执政党主要在政权体制内领导，通过在国家政权内部主导政权来领导国家和社会。第三，西方执政党对国家和社会的领导是“超脱型”的领导，而不是事必躬亲型的领导。第四，多数西方执政党在政权机关内的党组织和担任政务的党员有一定的自主性。第五，西方执政党对政权和社会的领导主要体现在中央这个层次，地方党组织对本地政权机关和社会事务不起领导作用。第六，西方执政党不是国家权力中心。第七，西方国家重视为政党立法，用法律来规范政党的执政行为，将政党活动纳入法治的轨道，使执政活动基本上实现了规范化、制度化、法律化。第八，西方执政党一般只在议会中设有本党的组织（议会党团），而在政府、司法、军队、社会团体、企业中一般都不设党的组织，中下级党组织也多是业余的。西方政党的执政方式和党政关系模式对我们党的启示与借鉴在于：从以执政党为权力中心转变为以国家政权机关为权力中心，从主要通过领导来执政，转变为主要通过执政来领导；从在政权体制之外、之上领导和执政，转变为主要在政权体制内领导和执政；党组织要从一定程度的行政型组织转变为政治型组织，从事必躬亲型转变为超脱型，使进入政权机关的党组织和担任政务的党员，有依法履行职责的一定程度的自主性；要实现以上转变，必须通过立法，将科学执政、民主执政、依法执政具体化、制度化、法律化，将党政关系规范化。

吴桂韩撰写的《论政党政治兴起与发展的原因——兼论中西现代政党政治的差异》（《天津市社会主义学院学报》2007 年第 2 期）一文，从国家的本质和政党的功能考察了政党政治产生的可能性，从政党在政治中的独特优势分析了政党政治产生的必然性。同时从政党产生的背景、功能和作用的角度分析中西现代政党政治的差异。文章认为，西方的政党属于原生型政党，政党产生于国家之后；中国政党属于次生型政党，政党产生于国家之前。

赵旺龙撰写的《比较视野中的政党与代议机构的关系——浅谈中西政党与代议机构关系的差异》（《人大研究》2007 年第 2 期）一文，分析了中西政党和代议机构关系的差异。文章认为，中西政党与代议机构的初始关系不同，中西政党在代议机构中的地位、地位的稳定性以及确立这种地位的方式不同，中西政党在代议机构中设立组织的普遍性和组织的作用不同，中西政党在代议机构立法过程中发挥的作用和干预方式不同。

费凡撰写的《对世界执政党运行成本共性与差异性的分析》（《探索》2007 年第 4 期）一文，分析了世界政党执政成本的共性与差异性。文章认为，世界政党的执政活动都是围绕其执政的宗旨和目标展开的，都是为了巩固、发展、提高其执政地位，有一些共同的基本规律：政治成本贯穿始终、经济成本决定乾坤、意识形态成本主导兴衰、信息成本引领进退、环境成本关系安危、机会成本源于取舍。政党执政的成本运行中的差异性表现在：宗教影响执政效果的力度大小不同、政党经费来源的渠道明暗不同、政党界限区分的程度不同、政党取得执政地位的方式不同、党政体制关系不同。

三、国外政党政治及政党制度发展研究

在全球化背景下，世界各国政党在不断变革和创新，政党政治也在不断发展变化。2007 年我国学者对世界政党政治发展变化的趋势和特点进行了深入的研究，特别是对欧洲社会民主党的发展变化研究成果颇丰。

（一）国外政党发展现状研究

史志钦撰写的《全球化与欧洲社会民主党的转型》（中央编译出版社 2007 年版）一书，介绍了社会民主党转型的历史环境及其特点，研究了战后社会民主主义理论和实践，结合全球化及其特征分析了全球化与社会民主主义的互动关系，介绍了新社会民主党及第三条道路的产生、特点、内容和实质，重点分析了欧盟四个大国英、法、德、意各自第三条道路的政策趋同和民族国家差异以及各自面临的问题。该书还研究

了欧洲社会民主党的组织和阶级基础的变化，以及由此而引发的政治风格和党的政治特性的变化，分析了社会民主党从工人阶级左翼政党到以中间阶层为主的政党中间化趋势。作者认为，社会主义是作为资本主义伴生物而出现的，它的使命就是要纠正由资本主义造成的弊端，解决社会问题，但是在漫长的探索过程中它始终没有摆脱理想与现实之间的矛盾困境。在全球化和资本主义发生巨大变化的情况下，社会民主主义虽然仍宣称坚持其基本价值，但其内涵已经发生了很大的变化，它实质上已经放弃了反资本主义的言辞，这标志着其政治历史发展轨迹的一个重大历史突破，所谓的“第三条道路”、“中间道路”等无疑都是摆脱这种困境的努力。由于各党之间和各党内部尚未完全取得共识，因此，短期内社会民主党的危机并没有解决，其漫长的转型之路还未完成。

20 世纪 90 年代中后期，西欧社会民主党经历了一次气势磅礴的“选举政治复兴”，使西欧政治一度呈现为一片绚丽的“粉红色”。我们应该如何解读这一难得一现的政治图画背后的意识形态意蕴？西欧社民党自 20 世纪 70 年代末以来的这次政治复苏是否以及在何种意义上可以持续下去？郇庆治撰写的《当代欧洲政党政治——选举向度下的西欧社会民主党研究》（山东大学出版社 2007 年版）一书，对西欧国家特别是英国、法国和德国 2001—2002 年间大选的个案进行了深入分析。作者认为，重新执政后的西欧社民党的确试图赋予传统的民主社会主义模式以新的含义，但它们在选举政治中的成败更多的是取决于任期内的执政表现，尤其是经济管治成效和特定政治机会环境下的选举智略共同作用的结果，因而并不存在二者之间的直接关联。作者对选举向度下的西欧“社会民主主义”或西欧社民党的近期前景作出了基本判断：在北欧和西欧国家，已经较为成功地吸纳了经济“新自由主义”与“新右翼政治议题”的英国工党和瑞典社民党很可能将延续它们在选举领域中的胜利，而德国社民党对经济“新自由主义”、荷兰工党和丹麦社民党对“新右翼政治议题”的进一步回应将会解读其随后大选中的选举表现；在南欧国家，尽管基于各不相同的原因，法国社会党、意大利左翼民主党和葡萄牙社会党由于在对上述两方面意识形态挑战回应上的步履维艰，似乎正在进入一个选举政治的困难时期。

李兴耕撰写的《俄罗斯社会民主主义政党的新变化及其发展趋势》（《当代世界与社会主义》2007 年第 4 期）一文，介绍了 2006 年以来俄罗斯社会民主主义政党的新变化及其发展趋势。文章首先介绍了“公正俄罗斯”党的发展现状。“公正俄罗斯”党是当今俄罗斯最大的社会民主主义政党，其指导思想是“新社会主义——21 世纪社会主义”，公正思想是其政治纲领基础。“公正俄罗斯”党支持普京总统的方针政策，但反对“统一俄罗斯”党的“政治垄断”，呼吁俄罗斯左翼力量实行联合，表示愿与俄共建立联盟，并且已经与社会党国际建立联系，争取正式加入社会党国际。文章还介绍了其他社会民主主义和中左政党的演变和重新组合：“俄罗斯社会民主党”被解散，“俄罗斯联合工业党”、“人民党”、“社会主义统一党”先后加入“公正俄罗斯”党；俄罗斯“复兴党”改名为“爱国力量争取祖国”党，“人民意志”党改名为“人民联盟”党；原“祖国党”部分成员拒绝加入“公正俄罗斯”党，组建“伟大俄罗斯”党；“俄罗斯爱国者”党宣布准备参加杜马选举。此外，文章还分析了俄罗斯社会民主主义政党的发展前景。“公正俄罗斯”党拥有雄厚的财政资源和行政资源，在国家杜马、联邦委员会以及各联邦主体的立法会议中拥有不少席位。由于“公正俄罗斯”党是由多个政党合并而成的，因此它的各个组成部分和各种思想倾向之间存在不少差异和矛盾之处。“公正俄罗斯”党不会威胁和替代“统一俄罗斯”党的第一大党地位，而将与该党保持既竞争又合作的关系，甚至是互补的关系，以贯彻普京总统的方针、政策。“公正俄罗斯”党虽然宣称以“新社会主义——21 世纪社会主义”为指导，但迄今没有对此作出明确清晰的阐述。总的看来，俄罗斯社会民主主义政党的发展前景充满变数。

高歌撰写的《2006 年匈牙利、捷克、斯洛伐克议会选举与左翼政党的发展》（《当代世界社会主义问题》2007 年第 2 期）一文，分析了 2006 年匈牙利、捷克、斯洛伐克议会选举后政党格局的变化和左翼政党的发展轨迹及其原因。通过 2006 年匈牙利、捷克和斯洛伐克的议会选举可以看出三国左翼政党格局的不同。在匈牙利是由 1989 年前执政的社会主义工人党改建的社会党占据优势；在捷克是 1989 年重建的社会民主党为主，以从捷克斯洛伐克共产党发展而来的捷克和摩拉维亚共产党为辅；在斯洛伐克，左翼政党的主体则是由民主左派党（由斯洛伐克共产党改建而成）的部分党员组建，合并了社会民主党（二战前存在的老党）等政党的方向—社会民主党。通过 2006 年匈牙利、捷克和斯洛伐克的议会选举可以看出三国左翼政党不同的起落轨迹，匈牙利社会党经历了下野——上台——再下野——再上台，直至连续执政的两落两起；捷克社会民主党度过了由起到落的过程，从力量逐步壮大到赢得执政地位再到连续执政，最终选举失利；捷克和摩拉维亚共产党稳稳地保持了议会第三大党的地位；而斯洛伐克方向—社会民主党的上台则是在斯洛伐克独立 13 年后，左翼政党首次成为议会第一大党、组建并领导联合政府时。文章还分析了左翼政党起落与经济形势、政党制度的发展、加入欧盟的进程及其自我完善的能力密切相关。文章认为，2006 年大选后，三国左翼政党面临不同的国内形势。匈牙利社会党的执政地位正受到极大威胁，捷克社会民主党虽失掉了选举，但与捷克和摩拉维亚共产党合作，仍可在政治舞台上发挥举足轻重的作用；斯洛伐克方向—社会民主党初次登台，表现尚可。三国左翼政党虽地位和处境各异，但可以断定的是，经过剧变后近 20 年的发展，它们已经羽翼丰满，成长为各自国内与右翼势力相抗衡的政治力量。

孙敬亭撰写的《德国民社党（左翼党）的困境与选择》（《当代世界社会主义》2007 年第 3 期）一文，通过对德国民主社会主义党（简称民社党）的发展历史、选民和党员基础、在德国政党体系中的地位及其意识形态发展进行分析，揭示了该党所处的困境及其力图摆脱这些困境而作出的选择。民主社会主义党的前身是在德意志民主共和国（东德）执政长达 40 余年的统一社会党，1989 年 9 月 9 日柏林墙倒塌摧毁了该党的执政基础。经过不断调整与发展，该党在德国政坛上扮演着越来越重要的角色。它在前东德地区一直保持广泛的支持，在多个州成为最主要的党，并参与执政；在前西德各州其支持率也在上升，成为德国一支重要的政治力量。在发展过程中，民社党和其他转轨国家的所谓“继承党”一样面临着意识形态困境。该党处于力图割断历史而又要依赖历史遗留的组织基础的困境中，这导致其意识形态混乱。该党通过合并借助外部力量推动党的意识形态修正，希望成为一个全国范围的左翼政党。但新政党如何诠释社会主义，在新的时代背景下发展为何种类型的政党，仍有待观察。

杨勇撰写的《冷战后西欧社会民主党的困惑与发展》（《求是学刊》2007 年第 34 卷第 4 期）一文，分析了西欧主要社会民主党在 20 世纪 80 年代和 90 年代初陷入困境的原因，并分析了其复兴的措施与影响。文章认为，社会民主党在那个时代的颓势不能简单地归结为政权“钟摆”式的更迭，社会民主党确实面临着一时难以摆脱的深刻危机。西欧社会民主党的失势有其深刻的经济、社会、政治原因。西欧社会民主党能客观正视危机，并积极地探索摆脱危机的出路，开辟了新的“第三条道路”。其措施主要有：第一，坚持社会主义核心的价值观念，确立了现代性维度的理念和伦理诉求。第二，调整经济纲领，提出了新的经济政策。第三，建立积极的福利体制。第四，进一步明确党的性质，扩大党内民主。第五，重视与其他左派政党的协调与合作。第六，全球社会化的伦理与新的和平观和安全观。第七，面临新保守主义推行单边主义，降低联合国作用，利用强权的力量左右人类未来的挑战，社会党国际“主张建立一个有效的多边治理体系”。西欧社会民主党的衰落不是全面的衰落，衰落没有呈现出不可逆转之势。在调整中，社会民主党在坚守基本理念的同时，又不断地融入一些现代性的价值观念。当社会民主党的政策与各种新社会运动相协调时，社会民主党就对未来更具有感召力了。

鲍伯丰、王同起撰写的《变革中的欧洲绿党》（《当代世界》2007 年第 2 期）一文，分析了冷战结束后西方绿党发生的重大变化。文章认为，西方绿党的变革主要体现在以下几个方面：第一，组织形态变化。绿党组织数量增加，国际化程度提高。第二，政策主张变化。从“深绿”退到“浅绿”，从环境到社会，向多层次关注人类未来的非单向性政党转型。第三，斗争策略变化。绿党逐渐改变了对传统政党的看法，以求扩大自身的政治和社会影响以及获得欧洲主流社会的认同。

王瑜撰写的《西方政党选举环境的变迁及其应对措施》（《中共石家庄市委党校学报》2007 年第 9 卷第 8 期）一文，分析了西方政党所面临的选举环境的重大变化及其应对措施。文章认为，随着全球化进程的加速，西方社会经济的不断发展，西方政党的选举环境发生了重大变化，给各国的左右翼主流政党带来了严重的挑战。主要表现在：第一，社会基础发生分化，传统阶级不断萎缩。第二，人们的价值观念越来越个性化、多元化和分散化。第三，大众传媒的政治作用增强。第四，新的竞争者挤占了政党的选举空间。选举环境的变化迫使西方政党自身不断进行变革，以期应对面临的各种问题和挑战。首先，淡化阶级色彩，寻求跨阶级支持。其次，大幅度调整社会经济政策，努力追求社会公正。再次，构建多渠道的沟通机制，加强与选民的交流。另外，学会在信息社会的条件下求生存、谋发展。最后，扩大党内民主与严明党的纪律并举，以增强党的吸引力和凝聚力。

方金英撰写的《东南亚伊斯兰政党的形成与发展前景》（《亚非纵横》2007 年第 2 期）一文，介绍了东南亚地区伊斯兰政党的形成过程并分析了其发展前景。文章认为，伊斯兰政党在东南亚的形成和发展可划分为两个历史阶段。第一阶段是从立国到 1997 年亚洲发生金融危机。这一时期，印尼、马来西亚政府都强调国家及政治的非宗教性质，在印尼，伊斯兰势力在主流政治中被边缘化，受压制；而在马来西亚，民众对伊斯兰势力的支持逐步上升。第二个阶段是1997年亚洲发生金融危机迄今。这一时期，一方面，印尼、马来西亚从强人政治向民主政治过渡。以参政为主要目标的穆斯林政治行动主义复活，伊斯兰势力开始摆脱边缘化命运，逐渐向权力中心走近。另一方面，在穆斯林为少数民族的国家里穆斯林参政议政境况得到不少改善。文章认为，东南亚伊斯兰政党今后还将继续发展壮大。不论是穆斯林为主体民族的国家，还是穆斯林为少数民族的国家，随着整个地区社会伊斯兰化进程的加剧以及穆斯林中产阶级的崛起，现有伊斯兰政党自身执政或参政议政经验的积累，争取民众支持举措的出台，新的伊斯兰政党还会不断崛起。东南亚有关国家的社会伊斯兰化不一定意味着有大量民众支持伊斯兰政党，伊斯兰政党的议程必须与时俱进，才能在议会民主制道路上顺利实现参政议政目标。

陶文昭撰写的《韩国民主劳动党的兴起》（《当代世界与社会主义》2007年第4期）一文，介绍了韩国民主劳动党的发展历程，并分析了其发展趋势。韩国民主劳动党通过选举成为议会第三大党，这是韩国政治生活的重要变化，也是韩国社会主义力量兴起的标志。权永吉等是民主劳动党的创建者，他们是一群富有个性的领导人。民主劳动党主张在政治上建立以劳动者和民众为主体的民主政治，在经济上建立民主的经济体制，通过和平方式实现南北朝鲜自主统一，对外建立自主、互惠、平等的关系。民主劳动党的崛起有着深厚的社会基础，属于左翼民主社会主义政党。韩国民主劳动党的未来将经受更多的考验。一方面，韩国的政党生态非常复杂，民主劳动党必须为长期生存而奋斗。另一方面，在议会斗争的新形势下，民主劳动党必须为保持党的性质而奋斗。

朱艳圣撰写的《日本社会主义政党的发展困境》（《科学社会主义》2007年第2期）一文，分析了日本社会主义政党发展中的困境。文章认为，经过战后60年的发展历程，日本社会主义政党与其他社会主义政党一样陷入了困境。这主要表现在变与不变、权力与原则、选民与党员、社会主义政党与工人阶级的关系等四个方面。这种困境是在历史发展中随着时代的变化、社会的发展而产生的。国际共产主义运动的低潮则进一步凸显了这种发展困境。从某种意义上讲，发展中的困境成为日本社会主义政党乃至世界其他社会主义政党今后亟须解决的重要课题。要走出这种困境，必须要深刻领会马克思主义的发展精髓，把握时代的主题，坚持与时俱进。

杨保筠撰写的《柬埔寨政党政治的发展及其特点》（《当代亚太》2007年第1期）一文，通过回顾柬埔寨政党政治的发展历程，探讨了柬埔寨的政治局势及其所面临的问题。文章认为，从目前的情况看，虽然柬埔寨政党众多，但人民党的一党独大已成定局，两党联合执政的格局已名存实亡。虽然柬埔寨各政党间仍存在斗争，但在经历三次大选之后，政治斗争的方式和手段已趋于理性，国王和王族的影响被削弱，已基本丧失干政能力，民主政治已经被柬埔寨普通民众所接受，柬埔寨的政治发展依然受到外部因素的影响。尽管柬埔寨多党民主制的基本框架已形成，但柬埔寨多党民主今后发展的道路仍将是漫长和不平坦的。由于柬埔寨缺乏民主的传统和经验，缺乏实行多党民主制所必需的稳固经济基础和群众基础，再加上诸如审判“红色高棉”等历史遗留的问题至今依然悬而未决，因此柬埔寨在巩固、健全和完善多党议会民主制度，有效发挥民主和法制在社会转型过程中的作用，以及在和平环境下迅速恢复和发展经济方面，仍有许多工作亟待完成。尽管存在各种矛盾和斗争，柬埔寨的各派政治势力仍将在谋求完善和巩固符合国情的政党政治的道路上继续走下去。

陈彬撰写的《泰国泰爱泰党缘何大起大落》（《当代世界》2007 年第 1 期）一文，分析了泰国泰爱泰党在短期内大起大落的原因。文章认为，他信领导的泰爱泰党能迅速崛起的原因主要在于：第一，特殊历史环境成为泰爱泰党成长的肥沃土壤。第二，泰爱泰党自身条件犹如一粒高质量的种子。泰爱泰党的领导层十分出色，皆是各界精英，更不乏资深政客，而且泰爱泰党在竞选中提出了明智的纲领。第三，他信政府上台后，全方位巩固泰爱泰党的强势地位，坚决将党的政策转变为国家意志，兑现对民众的承诺。经济上，泰爱泰党提出国内国际市场并重的“双向型”经济发展战略以打破经济困境。外交上，泰爱泰党以“进取型”外交政策促进泰国国际地位提升和国内经济发展。泰爱泰党衰落的主要原因有：第一，泰爱泰党的强势打破了泰国政坛固有格局，威胁到反对党的生存。第二，他信大胆触动军方利益，破坏了军人幕后参与政治的潜规则。第三，泰爱泰党在自身建设上存在着致命不足，在面临危机时毫无自救能力。

王新刚撰写的《试论宗教政党在以色列的政治地位》（《高等教育与学术研究》2007 年第 1 期）一文，分析了以色列主要宗教政党的特点，总结了宗教政党在以色列社会生活中的重要作用。文章认为以色列宗教政党的特点有：第一，宗教政党是以色列政坛上一支相对稳定的政治力量，其组织形式、议会席位和政治纲领都相对稳定。第二，宗教政党其政策更倾向于右翼政党，并且与利库德集团关系密切。第三，宗教政党主要关注国家与宗教的关系，而与宗教无关的问题一般较少顾及。作为宗教势力政治代表的宗教政党，在以色列的政治生活中发挥着重要的作用。这主要体现在：第一，宗教政党频繁发难，导致以色列政府比较脆弱。第二，在社会生活中，宗教政党拥有宗教特权。第三，宗教政党在以色列政坛发挥了重要作用，但仍不足以与世俗政治势力相抗衡。

范建中撰写的《俄罗斯“政权党”能否成为执政党》（《江苏行政学院学报》2007 年第 1 期）一文，从制度环境和政情发展的角度分析了俄罗斯“政权党”的发展前景。文章认为，俄罗斯的第一个“政权党”“我们的家园—俄罗斯”是不完全的“政权党”。1998 年切尔诺梅尔金政府下台以后，“我们的家园—俄罗斯”的领导人已处于国家权力结构之外，该组织便不再发挥“政权党”的作用。自普京当选总统后，俄罗斯国内情况发生了质的变化。俄罗斯保持了国家的统一，走上了经济增长的道路，开始了正常发展的时期。在这样的政治环境中，俄罗斯“政权党”的发展具备了比叶利钦时期更为有利的条件，新的“政权党”——“统一俄罗斯”党崛起。文章认为，俄罗斯“政权党”在国家政治生活中的作用与制度环境和政情发展密切相关。其中，政治制度设置与规则是外在的条件，内在的决定性因素还是政情的发展。“统一俄罗斯”党由“政权党”上升为执政党，必然要涉及宪政制度的变更，但归根结底仍然取决于俄罗斯的政情。从目前俄罗斯的国情看，构建以政党为中心的新的政治体制，从而使“统一俄罗斯”党成为执政党的条件并没有成熟。

蒋莉撰写的《普京重新构建俄政党体制格局》(《国际资料信息》2007年第12期)一文，分析了普京改革政党体制的举措和当前俄罗斯政党格局的特点和发展前景。为确保未来权力交接时政局稳定和延续现有方针政策，普京对政治体制进行了大刀阔斧的改革：推出新《政党法》，规范政党发展走向，为形成两党制或三党制奠定基础；巩固“政权党”地位，使其在新一届国家杜马（议会下院）选举中成为最大赢家，并成为当局可靠的政治支柱；改革议会选举办法，以法律形式规范政党制度的发展，确保政局长治久安。文章认为，当前俄政党格局特点有：第一，“政权党”力量日益增强，是选举中最大赢家。第二，中左派政党实现联合，成为实力强大的新生力量。第三，俄共调整策略，试图借选举摆脱困境。第四，边缘反对派加紧反政府活动，旨在引起选民关注。文章也分析了俄政党格局的发展前景：政党在俄政治生活中的作用将明显提高，新议会选举为俄未来实现两党制或三党制政体奠定基础，由议会多数派组阁执政的可能性增大。

张凡撰写的《巴西劳工党制度建设和组织发展述评》(《拉丁美洲研究》2007年第29卷第5期)一文，分析了巴西劳工党制度建设和组织发展的过程并进行了评论。文章认为，巴西劳工党成立后，确立了党内两阶段代表会议制度和核心小组组织结构。为了加强团结和凝聚各种政治力量，劳工党在党内采取了比例代表制和派别活动制度化的原则。随着国内经济、社会结构的变化以及面对政党政治的新形势，特别是随着大批劳工党人出任各级立法机构议员和地方、联邦政府官员，劳工党又通过设立新的机构和修改章程，对党的内外运作机制作出了相应的调整。文章认为，劳工党的发展壮大与其政治上和组织上的不断变革、调整密切相关。第一，劳工党的组织和制度演进既有一个成功政党适应环境、与时俱进的特点，也是根据自身状况作出的特殊安排。第二，劳工党自成立之日起，就一直存在着有关党的目标、任务和战略的激烈争论。党的生存与发展有赖于将各种争论纳入制度化的轨道。劳工党的历史表明，党内各种政治力量尚能达成某种相对而脆弱的平衡，使党能够一路走来并逐步发展。第三，劳工党的组织建设中还存在若干长期难以解决的问题。

郭存海撰写的《阿根廷政党治理危机及其原因探析》(《拉丁美洲研究》2007年第29卷第5期)一文，从政党内部治理的角度解析了阿根廷政党治理内部结构的缺陷，分析了阿根廷陷入政党治理困境的原因。文章认为，阿根廷历史上的危机，归结到政党层面上，实质上就是政党治理危机。阿根廷政党治理危机的原因有：阿根廷传统政党的运动主义倾向、政党组织独立性差、缺乏党内共识、政治支持基础薄弱和联邦制的不利影响。阿根廷传统政党内部的治理缺陷不仅使执政党无法进行有效的政治统治，而且也造成其外部治理即在同公民社会形成良好的关系方面产生了极大困难。政党内部治理能力的低下，促使而不是阻止了阿根廷危机的爆发，这也正是阿根廷资源丰富、但政治动荡的根源之一。

（二）国外政党制度研究

李文主编的《东亚：政党政治与政治参与》(世界知识出版社2007年版)一书，分析了韩国、日本、泰国、越南、柬埔寨、菲律宾、印尼、巴基斯坦等国政党格局的变化与调整以及成就与问题。作者认为，东亚国家的政党以及政党制度是东西方政治文明碰撞的结晶，是东亚特定政治社会环境下的产物。东亚政党发展模式有其显著特点：从政党产生的基础来看，东亚政党与欧美政党有明显的不同；从政党产生的方式来看，东亚国家的政党与西方政党不同；从政党发展的过程来看，政党在欧美等国的发展轨迹基本上是一种线型模式，而在东亚则经历了渐进的、曲折的发展历程。东亚政党政治转型中存在的问题主要有：第一，政党分化组合频繁，缺乏稳定性；第二，政党一般缺乏清晰连贯的政策，“选举机器”的色彩浓厚；第三，政党发展具有浓重的个人化色彩，兴衰存亡依赖强人；第四，政党选举问题多，合法性面临挑战；第五，政党竞争激烈无序，影响政局稳定。

卢冠霖撰写的《俄罗斯低效政党体系的成因及其发展趋势：一种前社会主义国家的比较研究》（《俄罗斯研究》2007 年第 2 期）一文，分析了俄罗斯低效政党体系的形成原因及其发展趋势。文章认为，与同样处于转型期的中东欧国家稳定的政党体系相比，俄政党体制显然没有中东欧后共产主义国家来得稳定和有效。俄罗斯民主制度也因缺乏有效的政党制度作支撑而显得苍白无力。俄罗斯出现这种低效的政党体制的主要原因有：政体选择因素、政治文化因素、意识形态因素、制度因素和社会认同因素。俄罗斯政党体制的发展主要呈现出以下几个趋势：第一，俄罗斯政党逐渐趋于正规化、制度化。第二，俄罗斯政党的作用将进一步得到强化。第三，俄罗斯政党将从意识形态党向利益党转变。第四，俄罗斯政党政治将更加成熟，特别是进入国家杜马的政党力量配置格局愈趋合理。

西方特别是西欧，是世界最早出现政党的地区，是世界政党制度的发源地。西方近代政党制度的产生，以及由此逐步形成的政党政治，使西方国家的上层建筑实现了革命性飞跃，对本国政治、经济、社会文化的发展产生了深远的影响，也对世界大多数国家的政治演进带来了重要影响。章德彪撰写的《西方国家政党政治与政党制度》（《当代世界》2007 年第 12 期）一文，分析了西方政党政治和政党制度的发展及其特点。文章认为，政党的产生和发展同西方国家资本主义的发展水平密切相关，从某种程度上说是资产阶级工业革命的伴生物或催化物。二战前，早期的西方政党制度相对松散，政党发展还未完全成熟，政党在国家政治生活中的作用不如战后。从整个西方情况看，这一时期主要还是处于政党的建立和政党制度的初步形成阶段，政党的组织制度还不稳定，多数政党谈不上有严密的各级组织机构，也没有庞大的党员群体，党员人数占整个国家总人口的比例极少。二战后，西方政党活动及政党制度发展的主要特点是：第一，大多数国家进入现代政党的重建与恢复时期，政党的作用大大增强。第二，政党体制比较集中，后来导致西方不少政党特别是执政党的腐败现象严重。第三，因受冷战的国际大气候影响，政党政治中的意识形态因素相当凸显。第四，在少数国家，由于特殊原因，政党活动在一段时期里仍受到限制，两党或多党轮流执政的制度在战后较长时期中未能建立。冷战结束后西方政党制度与格局变化情况和特点是：第一，传统的“多元化”政党力量布局正逐渐向中左、中右两极对垒的方向演进，这在西欧尤为明显。第二，由多党制向两极化的政党新格局演变。第三，传统的左右翼政党力量对比经历了一个此消彼长的过程，轮替周期有所缩短。第四，某些边缘和极端势力上升，打破了一些国家原有政治力量的平衡和传统政党格局的框架，有些国家的政治格局出现新的重组。第五，政党的分化重组频繁，改革改组盛行，政党体制更趋多样化。

庄德水撰写的《西方政党的执政方式及其特点》（《中共天津市委党校学报》2007年第3期）一文，分析了西方政党执政的执政方式、执政机制、执政手段及其特点。文章认为，西方政党执政方式可分为全面型、松散型和介入型。西方政党执政机制的基础在于“三权分立”的政治体制，执政党利用执政机制对立法机关、行政机关和司法机关实行权力控制。西方政党的执政手段包括竞选纲领、意识形态、亲民活动和金钱政治，执政特点主要表现在党政职能分开、遵守法律框架、实行文官制度和制约执政权力等方面。

张文红撰写的《德国政党制度的发展与宪政建设》（《当代世界与社会主义》2007年第4期）一文，分析了德国政党制度的发展及其对于国家稳定的意义。文章首先介绍了1990年10月两德统一之后进入议会的六个政党，它们是：德国社会民主党、基督教民主联盟、基督教社会联盟、自由民主党、联盟90/绿党以及民主社会主义党。德国实行多党制，其政党体制在二战后经历了独具特色的从“两大一小”、“两大两小”到“两大三小”的发展。联盟党（基民盟/基社盟）和社民党这两个大党轮流执政，自民党（后来还有绿党）这样的小党则是大党不可或缺的执政伙伴。大党难以单独执政，必须与小党结盟组成联合政府。“一大一小”两党联合执政构成了德国二战后民主政治的常态。文章认为，联邦德国政党制度迄今为止的发展证明，基本法为稳定的民主秩序和国家制度奠定了有承受力、面向未来的基础。从理论上说，在宪政制度下，德国各个政党都有可能通过选举进入议会，成为国家政治体制结构的重要组成部分，成为执政党。而执政党必须依法运作国家制度，领导国家生活。执政党的活动必须遵守《基本法》和《政党法》的规定，遵循体制内的规则，在议会内必须通过立法程序才能使执政党的政策主张变为国家的法律，然后通过国家政权机关贯彻自己的政策。行政机关也始终严格依法办事、依法行政，从而实现治国理政。

徐万胜撰写的《政治资金与日本政党体制转型》（《日本学刊》2007年第1期）一文，从政治资金的视角概述了“1955年体制”形成与崩溃的原因，并着重对冷战后日本政治资金制度的改革及其影响进行了分析。“1955年体制”，是指从1955年11月至1993年8月，日本自民党一党执政长达38年之久的政党体制，即自民党一党优位制。文章认为，在新的制度框架下，政治捐款的减少与政党交付金的导入，是90年代中期以来日本政治资金收入结构最显著的变化；同时，在冷战后日本政党体制的转型过程中，现存的政治资金制度仍是有利于执政的自民党的，但政治资金制度的问题以及由此引发的非法行为，必然导致朝野政党间的抗争不时加剧。“1955年体制”崩溃后日本所进行的政治资金制度改革，并未改变执政党与垄断资本之间的利益互换结构，仍是有利于执政的自民党的，且涉嫌违反相关法律规定的金权政治丑闻更是时有发生。随着朝野政党斗争的激化和政党体制转型的发展，政治资金制度的改革也必将不断持续下去。

李莹撰写的《试论日本政党体制的转型》（《日本学刊》2007年第1期）一文，分析了日本政党的“1955年体制”崩溃的原因及目前日本政党体制的转型过程。文章认为，日本政党的“1955年体制”于1993年崩溃后，现处在转型过程中，促使转型产生的主要原因是原有体制的“制度疲劳”和自民党统合能力的下降。20世纪80年代后期，“1955年体制”已经表现出严重的“制度疲劳”，难以适应国内外政治、经济形势的变化。首先，政治腐败成为一种结构性问题，并在80年代末至90年代中期呈现日益严重之势。其次，冷战的终结给日本的对外政策带来了变革的压力。再次，泡沫经济的破灭以及同一时期美国经济的复苏与中国在亚洲的崛起，对日本社会心理产生了深刻的影响，日本的国家发展模式和存在方式受到了前所未有的冲击。在国内外政治、经济环境的变化及选举制度改革的背景下，日本的政党体制正处于转型过程中，出现了新的自民党“一党优位”体制。其一，政党的“同质性”与政界总保守化。其二，在政治改革的过程中，自民党作为大企业和跨国公司利益代表的政党性质日益明显。其三，新的“一党优位”体制形成。

廖小健撰写的《马来西亚民族政党联盟的构建与影响》（《世界民族》2007年第6期）一文，以第二次世界大战后马来西亚的独立建国进程、英国对马来西亚殖民政策的动机及其效果为切入点，通过深入解读马来西亚民族政党联盟产生的特殊背景，分析马来西亚的政党制度的特点，以及它与马来西亚的“政局稳定”、“民族和谐”的关系。文章认为，马来西亚的民族政党联盟制度，是二战后英国对马来西亚殖民政策与马来西亚的多元民族构成在马来西亚独立建国进程中相结合的特殊产物。马来西亚的政党政治有一个非常明显的特点，以巫统为首的民族政党联盟连续执政，至今已经整整半个世纪。一方面，该国的政治斗争、民族矛盾随处可见，且发生过种族流血冲突和严峻的政治危机；另一方面，它又以政局稳定和经济持续发展著称，被国际社会推崇为伊斯兰国家中“民族和谐”的典范。由于拥有民族政党联盟，拥有广泛的社会基础和多民族政治协商机制，马来西亚政府可以比其他多民族国家更有效地协调各种民族利益，缓和各种民族矛盾，从而能在一定程度上保持和促进政治稳定与民族和谐，促进社会经济的持续发展。就这个意义而言，20世纪50年代随着独立建国构建的民族政党联盟，实际上已为马来西亚推进政治稳定与民族和谐提供了非常重要的政治基础。

王磊撰写的《伊朗政党制度与政治现代化》（《商洛学院学报》2007年第21卷第1期）一文，探讨了伊朗的政党与政党制度的发展演变与特点，以及它同该国政治现代化的关系。文章认为，伊朗政党与政党制度的发展可以分为几个阶段：恺加王朝时期（1792—1925年）是伊朗政治现代化的起步阶段。在这一时期，伊朗受西方现代化的刺激，在内忧外患的形势下，为了追求国家独立、民族的生存与发展而启动了自己的现代化进程。而伊朗政党的雏形就产生于20世纪初的恺加王朝末期。巴列维王朝时期，伴随着现代化的脚步，众多的政党或类似政党的组织相继成立，糅合了资本主义、社会主义、民族主义、伊斯兰主义多种意识形态，政治主张各异。巴列维国王在20世纪50年代末效仿西方多党制建立两党制，两个官方承认的政党是国民党和民族党，后来又建立新伊朗党和国民党一起组成两党制。在“白色革命”期间又改两党制为一党制，亲自组建了代表官方的唯一合法政党——复兴党。伊斯兰共和国时期，伊斯兰革命的胜利和伊斯兰共和国的建立，宣告了伊朗封建君主专制的结束，同时伊朗开始了政教合一的政治现代化的实验期。这一时期，伊朗政党和政党制度的发展经历了极其曲折复杂的过程。从开放党禁到一党制再到无党制，到现代伊斯兰主义独揽大权，此后伊朗经历了长期的党禁。回顾整个20世纪的伊朗历史，政党或准政党性质的组织基本上在自觉或不自觉地进行着一种实践，即推动伊朗政治向一个世俗的、民主的、法治的、理性的、争取大众参与和支持的，从而也是向符合政治现代化要求的方向发展，尽管他们的努力遭到了来自传统的、封建的、宗教的势力的强力压制。

汪波撰写的《伊拉克战后重建中的政党政治发展》（《西亚非洲》2007年第4期）一文，分析了伊拉克战后重建中的政党政治的特点、存在的问题和发展前景。文章认为，伊拉克战后重建中的政党政治发展的基本特点主要体现为伊拉克不同种族和宗派政治势力的扩大与冲突，是一场种族和宗派政治势力代理人之间的零和游戏。为适应战后所谓“民主化政治重建”的需要，各种族和宗派势力都积极建立政党，通过参与选举来扩大自己的政治权力。但面对战后现实的政治环境，各政党须靠建立民兵武装维护和扩大势力范围。同时，政党还发挥一定的社会功能，通过提供就业机会和其他物质利益吸引支持者。在伊拉克战后的政党政治发展中，政党不过是一种委托者构成的体系，而未能发挥政治发展推动者的作用。伊拉克政党政治的畸形发展还意味着，伊拉克未来举行的各种公开选举，将不可避免地导致各种政治势力按照种族和宗派的界线重新组合。这种集政治、军事和经济为一体的政党政治发展，会进一步加深伊拉克种族和宗派势力之间的分化，削弱国家的中央权力，对伊拉克未来的国家建立和政治发展产生严重的负面影响。

王庆兵撰写的《从制度变迁看委内瑞拉政党制度的发展动因》（《平原大学学报》2007年第24卷第2期）一文，用新制度主义的基本方法考察了委内瑞拉在20世纪后半期政党制度的发展，试图从制度角度对影响委内瑞拉选举行为的结构要素提供一个解释性框架。文章认为委内瑞拉政党制度的变迁既是路径依赖的结果，同时也是其制度环境尤其是选举制度安排的产物。委内瑞拉的事实表明，在制度背景比较稳定的情况下，政党制度易从一种分散化状况向一种集中化状况运转。而在制度背景比较动荡的情况下，政党制度则容易从集中化转向分散化。同样，委内瑞拉的事实也证明，在一个采用单轮简单多数总统选举制并同时决定了议会选举的国家，投票集中的趋势是很强烈的，并且相关政党的数量少，非常有利于形成两党制。制度确实影响着权力的分配、偏好的分配以及手段的调节，影响政治稳定和政治变迁。

李庄撰写的《关于非洲国家政党制度演变的几点思考》（《中共四川省委党校学报》2007年第1期）一文，介绍了非洲国家政党制度的演变历程及其对此进行的思考。文章认为，非洲国家自独立以来，多数国家的政党制度处在不断的演变之中，在短短的几十年内政党制度就出现了三次大的浪潮，即经历了“多党制——一党制——多党制”的马鞍形发展道路。每一次浪潮虽部分解决了当时最为迫切的问题，但同时也带来了社会的大动荡和经济的大衰退。文章对于非洲政党制度演变的几点思考是：第一，非洲国家政党制度必须适合非洲的国情，不能照搬西方的模式。第二，非洲国家政党制度其功能的发挥有待于时间的考验和实践的检验。第三，非洲国家执政党首要的任务是发展经济，提高人民生活水平，同时要坚决反对腐败。第四，非洲国家政治体制改革要有秩序而稳妥地进行，要探索出一种最佳方案和途径。

哈全安撰写的《埃及现代政党政治的演变》（《南开学报·哲学社会科学版》2007年第4期）一文，结合特定的经济社会背景，分析了埃及现代政党政治的演变历程，进而考察了埃及现代化进程中政治领域的深刻历史变革。文章认为，埃及现代政党政治缘起于20世纪初，历经宪政时代、纳赛尔时代和后纳赛尔时代三个阶段。从宪政时代的多党政治到纳赛尔时代的一党政治和后纳赛尔时代政党政治的多元化进程，构成埃及现代政党政治演变的明显轨迹。民族主义政党与民主主义政党的此消彼长、世俗政党与宗教政党的错综交织、议会政党与非议会政党的激烈角逐，集中体现了埃及现代化进程中政治层面的历史运动。

（三）世界政党政治发展现状与趋势研究

随着经济全球化和世界多极化的快速发展，世界各国政党、政党制度和政党政治出现了许多新特点和新趋势。周淑真撰写的《当代世界主要政党的变革与发展研究》（载《全球化与世界政党变革》，史志钦主编，中共中央党校出版社2007年版）一文，分析了世界政党格局的新变化及面临的挑战。文章认为世界政党格局的变化主要表现在以下几个方面：第一，世界政党数量增加，原苏东地区国家政党由一变多后，持续变化。第二，形态各异的新的类型政党不断出现。第三，传统政党加剧分化，“单一问题党”、“抗议党”和极右翼党不断涌现。第四，民主主义政党和宗教性政党力量有所增强。同时，政党制度模式出现多样化趋势：政党体制由一变多，多党竞争、多党联合执政；在多党竞争体制中，传统的左右两大政党都在逐渐向中间靠拢。在社会机构日益多元化和复杂化的背景下，政党的社会政治基础和功能作用面临严峻挑战。第一，阶级、阶层和利益群体重新分化组合。第二，人们的价值观念也发生了深刻变化。第三，大量涌现的“非政治党派”和非政府组织对传统政党产生冲击。第四，跨国公司对政治的影响。第五，大众传播媒介的政治作用增强。第六，传统政治逐渐向“全民化”发展。第七，政党政治呈现地区化、国际化趋势。

徐锋撰写的《当代西方政党组织形态变化研究》（载《全球化与世界政党变革》，史志钦主编，中共中央党校出版社2007年版）一文，分析了当代西方政党组织形态变化的过程和特点。文章认为，西方政党的产生和发展一直与工业化进程紧密关联。18世纪70—80年代政党首次出现于工业化的故乡——英国。工业化初期的政党基本上都是出于议会斗争的需要，内生于议会政治活动当中。这些党由政见相近的议员联合而成，所以称为核心党，也称作权贵党。19世纪中后期以来，工业化在欧美的全面铺开摧毁了将政党政治控制在社会上层的努力，大众型政党发展起来。二战后随着西方工业化走向尾声，传统核心型政党和大众型政党纷纷转向全方位党。后工业社会初期的西方政党出现了比较明显的趋同倾向：一是大众型政党越来越向全方位党靠近。二是几乎所有政党都越来越倾向于直接诉诸选民，诉诸大众。20世纪90年代以来，互联网络在世界范围内都有了飞速发展，信息化对政党产生了全面、深刻的影响。政党与互联网络发生关系基本上经历了如下三个阶段：第一阶段，互联网络对政党来说不过是分发通讯、党刊、会议备忘录等政党信息的常规手段。第二阶段，选举逐渐延伸到网络空间，政党开始有意识、专门地为互联网络加工、生产合适的信息内容。第三阶段，进入21世纪，互联网络开始称为西方政党选举活动不可或缺的重要部分。另外，政党组织形态与交往方式、社会资本的变化也是密不可分的。

钟廉言撰写的《当前国外政党形势的一些新情况新趋势》（《人民日报》2007年9月28日第7版）一文，分析了国外政党政治发展的特点。文章认为当前国外政党形势的特点有：第一，政党政治变化频率加快，力量对比的演进更具复杂性。第二，政党的传统功能遭逢多重挑战，但政党政治的自我调节机制也在持续发挥作用。第三，经济全球化增加了执政的难度，政党的社会治理功能广受关注。第四，各类政党在国内加快分化、组合，在国际上注重合作与交流、树立良好影响。第五，政党政治中的意识形态之争，在国内层面趋于淡化，在国际层面趋于加强。第六，少数国家继续向全球推销自己的政党模式，政党制度在各国呈现出不同的发展趋势。第七，政党政治对国际关系的影响更加突出，内、外两个大局的互动增强成为世界范围内的普遍现象。文章认为，国外政党政治的未来发展将呈现以下一些特点：一是经济全球化引发的各种复杂矛盾和问题，将进一步加剧政党执政的难度，并成为引发世界政党政治变动的主要诱因。二是主流政党在创新、调整传统政治理念的同时，仍力图保持其生机与活力，预示着主流政治力量将有一番新的较量。三是发展中国家追求秩序与稳定、发达国家中产阶级政治意识的不确定性，决定了各国政党格局和体制将继续处于变动、调整之中，并将因经济社会差异、政党的革新自觉程度而更具多样性。四是各类政党将更加重视执政能力建设和理论创新、组织建设工作，努力适应经济全球化时代的要求。五是交流治国理政经验，共同应对全球性问题，将在政党国际交往中占据越来越重要的位置。

魏伟撰写的《政党政治：稳中有变　新潮暗涌》（《当代世界》2007年第1期）一文，分析了世界政党形势的新变化与新特点以及对此的看法。文章认为，2006年，世界政党政治趋于活跃，政党格局变化加快，政党形势总体上稳定，但也出现了一些新变化。第一，多国大选的选情胶着，引发政局动荡。第二，左翼力量在一些地区和国家影响上升，但没有改变全球范围内右翼占优的政治格局。第三，社会主义国家执政党着力加强政权建设，维护执政安全。第四，中国周边部分国家政坛出现较大变动，但未引发大规模内乱。第五，中东伊斯兰激进势力走上政治前台，地区形势扑朔迷离。第六，具有共同价值取向和利益的政党加强交流与合作。作者对世界政党形势发展变化的几点看法是：第一，全球化严重冲击一国的国内政党政治，也给国际关系带来复杂变化。第二，政党政治成为各种国际政治思潮竞争、不同文化与文明争夺的重要舞台。第三，政党政治领域中的意识形态因素依然突出，并牵动国际关系发生变化。第四，一国的内政与外交界限日益模糊，两者联动加强。

肖铁肩、刘亚军撰写的《全球化时代世界政党政治新变化及对我们的启示》（《胜利油田党校学报》2007年第20卷第1期）一文，分析了世界政党政治的新变化及对我们的启示。文章认为，世界政党政治的新变化体现在以下几个方面：第一，世界政党数量增加，世界范围内政党政治方兴未艾。第二，政党格局从传统的比较单一化向多元化转变。第三，大力发展经济，解决社会公共问题，加强执政能力建设已经是各国政党尤其是执政党的首要任务。第四，政党交流和合作成为当代国际关系及地区关系中的热点。第五，政党阶级基础及群众基础的中间化、全民化倾向加强。第六，政党和有“第四权力”称谓的大众传媒的联系加强，努力改善与媒体的关系，政党传统运作方式和组织方式逐步改变。第七，意识形态在政党交流和合作中的分量日益下降。政党政治新变化对我们的启示有：第一，增强执政意识，革新执政理念，与时俱进，保持中国共产党的先进性。第二，整合新生社会阶层，积极稳妥地发展中国的民主政治。第三，加强执政能力建设，保持执政先进性是中国共产党需要不断探索的课题。第四，加强中国共产党以及民主党派和世界各国政党之间的交流和良性互动关系，切实搞好政党外交，保护好、实现好国家利益。第五，加强中国共产党与民主党派的互相监督，充分发挥民主党派的参政议政作用，健全民主党派的议政机制。

唐海军撰写的《世界宗教主义政党与组织的演进情况及发展前景》（《中共石家庄市委党校学报》2007 年第 9 卷第 5 期）一文，介绍了世界宗教主义政党组织的历史演进、力量分布，分析了其发展前景。文章认为，近几十年来，宗教政党组织在一些国家和地区呈现明显上升势头，宗教政党组织的作用与影响日益增大。当今国外宗教主义政党及组织的类型很多，主要有伊斯兰教、印度教、基督教、佛教、犹太教、天主教以及一些地区的土著宗教等。各类宗教主义政党的基本政策在不断地调整，其趋势体现在：第一，多数宗教政党改变传统的斗争策略，以涉入政权作为工作重点之一。第二，加大教派主义与民族主义的结合力度，对世俗化、现代化采取较前开放和宽容的态度。第三，更加关注和致力于解决民生问题，以此同世俗政党争夺民众。第四，在对外政策上总体趋于务实、理性，尽量避免与西方强手正面较量。世界宗教主义政党的演进趋势和影响主要有：第一，宗教政党政治只会是一种在部分地区、国家存在和发展的政治现象，其发展前景总体是可预见的，影响也将是有限的，它不可能发展成为同世俗政党相抗衡的政治力量。第二，当今有影响的宗教主义政党组织大多在朝世俗化方向演进，这是其要长久立足政坛的一种现实选择。第三，绝大多数激进与极端宗教政党的发展空间很有限，内外面临诸多的制约因素，但它在特定的时期也可能成为牵动国际关系演进的重要变量之一。总体上讲，宗教主义政党还是属于世界政党政治发展中的一种支流现象，不可能撼动世俗政党的主流政党地位。

唐海军撰写的《世界社会党形势大盘点》（《当代世界》2007 年第 3 期）一文，总结了世界社会党在过去一年中的新变化和面临的困难与挑战。文章认为，社会党总体形势趋于好转。社会党在 2006 年的各类选举中虽输赢并存，但得多于失，一些党重返政治前台，部分国家政坛天平出现“左倾”势头。许多社会党在推动政策调整与改革进程，谋划未来的发展方略，向传统价值观回摆势头凸显。社会党国际及地区性政党组织极力谋求在国际事务中发挥作用，但影响力下降。社会党在发展进程中面临不少问题和挑战。这些问题和挑战主要体现在：其一，一些党内部的权力争斗突出，影响了党的行动能力。其二，各种丑闻矮化了一些党的形象，党为之付出沉重代价。其三，一些社会党包括原来轮流执政的主流政党较长时期在野，在国内面临空心化乃至边缘化的危险。其四，多数社会党仍未找到有效应对全球化的现实方案，普遍面临思想理念如何转化为现实的难题。以目前的发展态势看来，社会党要想在未来几年在欧洲政坛上重现一片“粉红色”，在发展中国家实现大量执政参政仍有相当难度，社会党的振兴将需要一个较长的过程。

朱昔群　中央编译局政党研究中心秘书长
金　彪　中国人民大学国际关系学院博士研究生

附录三：政党制度研究文献目录

本目录共收录论文1860篇，分为政党制度、执政党建设、参政党建设、国外政党研究和比较研究四部分。收录图书130种。

一、论 文

1. 政党制度研究

俞可平. 新观念推动我国民主政治进步. 领导科学,2007,(19).

王长江. 多党制是不是民主发展的必然结果. 资料通讯,2007,(6).

许耀桐. 中国民主发展模式的“五大”特色. 人民论坛,2007,(08).

王邦佐. 在政治文明建设进程做出更加辉煌的成绩. 政治与法律,2007,(5).

许耀桐. 政党与社会主义发展论纲. 新视野,2007,(4).

陈喜庆. 当代中国党际领导关系研究. 管理世界,2007,(4).

庄聪生. 论中国特色社会主义政治发展道路. 前进论坛,2007,(6).

秦德君. 中国政治发展中的政制安排——论中国特色社会主义政治发展道路. 学习与实践,2007,(12).

陈红太. 回应三大挑战探索社会主义民主政治建设的中国道路. 中国特色社会主义研究,2007,(1).

曹伟丽. 政治文化:分析党内参与的新视角. 理论导刊,2007,(4).

景跃进. 代表理论与中国政治——一个比较视野下的考察. 社会科学研究,2007,(3).

李景治. 当代中国政治发展中的制度创新. 社会科学研究,2007,(3).

项宏志. 论公民政治参与制度化建设的基本方向. 中国市场,2007,(Z1).

柴宝勇,朱其剑. 历史必然与价值内涵:合作性政党制度是民主政治的一种实现形式. 理论与改革,2007,(3).

虞花荣. 论社会主义和谐社会构建中新阶层的政治参与. 中州学刊,2007,(3).

路红亚. 论政治全球化对当代中国政治文明建设的双重效应. 求实,2007,(6).

杭元祥. 努力把多党合作搞得更好更富有成效——学习胡锦涛总书记关于多党合作的重要论述. 中国统一战线,2007,(11).

梁丽萍. 政治协商制度与社会主义和谐社会的构建. 政治学研究，2007，(2).

铁锴，王振亚. 论协商民主的政治基础及社会条件——兼论中国协商民主的进路. 河南大学学报，2007，(6).

吴光芸. 协商民主：和谐社会政治稳定与政治发展的重要途径. 长白学刊，2007，(1).

金安平，姚传明. "协商民主"：在中国的误读、偶合以及创造性转换的可能. 新视野，2007，(5).

李树桥. 公民表达权：政治体制改革的前提. 中国改革，2007，(12).

陈纯柱. 论中国社会主义宪政实现的层次性. 社会科学研究，2007，(6).

李年锦，姚华平. 社会主义民主：政党、国家与社会的良性互动. 社会主义研究，2007，(4).

王中汝. 政治体制改革的评价标准. 中国特色社会主义研究，2007，(6).

陈博. 中国语境下的政治参与及功能分析. 社科纵横（新理论版），2007，(2).

陈秀峰，李莉. 中国政治发展进程中互益性社团的成长及整合机制. 社会主义研究，2007，(6).

高放. 中国不是多党制?. 中国新闻周刊，2007，(22).

陈红太. 从共识性出发　积极稳妥地推进社会主义民主政治建设. 社会科学，2007，(12).

黄润秋. 坚定不移地走中国特色政治发展道路. 四川统一战线，2007，(11).

吴正德. 坚持中国民主政治发展道路不动摇. 四川统一战线，2007，(11).

庄聪生. 中国特色社会主义政治发展道路的理论思考. 四川统一战线，2007，(6).

徐春萍. 协商政治：中国民主政治建设的主导性战略选择. 武汉学刊，2007，(1).

浦兴祖. "协商民主"若干问题初探　上海工会管理干部学院学报，2007，(4).

林尚立. 民间组织的政治意义：社会建构方式转型与执政逻辑调整. 云南行政学院学报，2007，(1).

林尚立. 公民协商与中国基层民主发展. 学术月刊，2007，(9).

陈惠丰. 论我国多党合作和政治协商制度的内涵、特点、文化渊源及中国民主政治的发展走向. 中国人民政协理论研究会会刊，2007，(2).

李羚. 中国特色社会主义政党制度对世界政治文明的贡献. 中国政协理论研究，2007，(3).

丁青. 政党关系的和谐是构建和谐社会的重要保证. 中国人民政协理论研究会会刊，2007，(2).

陈家刚. 从协商民主看政治协商. 中国政协理论研究，2007，(2).

金安平，姚传明. "协商民主"不应误读. 中国政协理论研究，2007，(3).

张献生，吴茜. 坚持、完善和发展我国社会主义协商民主. 中国政协理论研究，2007，(3).

李瑗. 马克思主义中国化的重大理论成果：人民政协理论的创新和发展. 中国政协理论研究，2007，(3).

何志武. 和谐社会视野中的人民政协制度功能刍议. 中国政协理论研究，2007，(3).

虞崇胜，王洪树. 协商民主在中国的理论创新与实践探索. 中国政协理论研究，2007，(2).

牛旭光. 协商民主与人民政协. 中国政协理论研究，2007，(2).

王洪树. 协商民主的复兴：民主政治的现代反思. 求实，2007，(3).

施翔，陈作玲. 人民政协中的协商民主及协商制度完善. 黑龙江社会科学，2007，(2).

王学军. 论协商民主与政协制度建设. 广东省社会主义学院学报，2007，(2).

熊水龙. 完善协商民主　促进科学民主决策. 团结，2007，(5).

杨绍德. 协商民主与人民政协. 贵州社会主义学院学报，2007，(4).

许奕锋. 试论协商民主的“七化”——中国特色的民主形式研究. 贵州社会主义学院学报，2007，(1).

施翔. 论人民政协中的协商民主及协商制度. 学习与实践，2007，(1).

黄列，侯福同. 丰富民主形式　扩大政治参与——从协商民主的视角看人民政协的作用. 团结，2007，(5).

孙淑义. 坚持和完善人民政协的民主协商. 求是，2007，(5).

王继宣. 协商民主精神与政治协商制度. 重庆社会主义学院学报，2007，(2).

邓国雄. 人民政协在构建和谐社会中的独特作用. 文史博览，2007，(12).

黄福寿. 人民政协制度与当代中国的政治发展. 当代世界与社会主义，2007，(6).

于秋兰. 试论政协制度在我国政治制度框架中的地位——以政协制度与政党制度的关系为分析重点. 社会科学家，2007，(S11).

颜佳华，胡慧. 毛泽东民主政治观与当代中国民主行政建设. 湘潭大学学报，2007，(5).

陈晓辉. 中国民主政治发展价值取向的探微. 学术交流，2007，(9).

秦位强. 论邓小平的民主监督思想. 中南民族大学学报，2007，(5).

徐小明. 论当代中国统一战线的战略地位——兼论统一战线的社会整合功能. 浙江社会科学，2007，(5).

王邦佐，罗峰. 人民政协民主监督的理论支撑、现实意义和制度设计. 政治与法律，2007，(5).

李蒙. 试论人民政协的民主监督问题. 中央社会主义学院学报，2007，(2).

贾绘泽. 邓小平对当代中国政治整合的探求. 求实，2007，(10).

高轩. 论人民政协制度的法治化完善. 学术研究，2007，(6).

王桂芬，周圣亮. 论和谐社会视野下的民主化进程. 江海学刊，2007，(4).

黄海霞. 党外人士参政新信号. 瞭望，2007，(22).

任宝祥. 民主监督三题. 中央社会主义学院学报，2007，(1).

阮黄南. 略论在“多党合作制”框架下的党际监督. 中国党政干部论坛，2007，(3).

张素云. 中国特色社会主义政党理论的创新与发展. 科学社会主义，2007，(1).

肖素娟. 中国共产党对“党派”认识的三次飞跃. 河北学刊，2007，(1).

李仁质. 中国共产党社会主义民主理论的发展. 中央社会主义学院学报，2007，(6).

李金凤. 从和谐社会的构建看中国特色政党制度的合理性. 甘肃社会科学，2007，(1).

王建. 论和谐视野中的党际关系. 学术论坛,2007,(10).

柴尚金. 在建设和谐世界理念指导下推进党际交往与创新. 当代世界,2007,(10).

齐卫平. 制度界面的协商民主形式:多党合作和政治协商. 上海市社会主义学院学报,2007,(5).

张卫东. 浅论改革开放后多党合作制度的机制创新. 内蒙古农业大学学报,2007,(4).

李旻. 新时期党际交往理论的转折与创新. 江汉论坛,2007,(10).

王鸿斌. 从政治协商看我国参政党与公共政策. 湖北省社会主义学院学报,2007,(5).

石有健. 新世纪新阶段党外干部培养选拔工作机制初探——以广西壮族自治区为例. 学术论坛,2007,(8).

闫团结,戴晓芹. 试论新形势下党对无党派代表人士的工作机制. 湖北省社会主义学院学报,2007,(5).

杨成龙,呼家财. 浅论政治协商在民主执政中的重要作用. 福建省社会主义学院学报,2007,(1).

熊必军. 我国多党合作制度结构的制度分析. 天津市社会主义学院学报,2007,(3).

廖继红. 充分发挥参政党作用　构建和谐的党政关系. 天津市社会主义学院学报,2007,(3).

朱新现. 以党际关系和谐推动社会和谐. 山西社会主义学院学报,2007,(3).

董力. 论中国共产党领导下的多党合作制度. 求索,2007,(9).

张献生. 共产党领导的多党合作:世界政党制度中一种独特的类型. 政治学研究,2007,(2).

张献生. 切实推进多党合作和政治协商的程序化建设. 中央社会主义学院学报,2007,(4).

孙拥军. 共产党领导的多党合作、政治协商的政党制度的确立和发展. 时代文学(理论学术版),2007,(1).

杜怀亮. 浅谈中国特色的政党制度. 贵州社会主义学院学报,2007,(4).

陈克炜. 多党合作制度实践的成功范例——从“毕节试验区”的发展看我国政党制度的特点和优势. 贵州社会主义学院学报,2007,(4).

王国麟. 以党的十七大精神为指导　进一步促进政党关系的和谐. 贵州社会主义学院学报,2007,(4).

胡洪彬. 政党关系和谐与中国共产党执政合法性基础的拓展. 湖北省社会主义学院学报,2007,(6).

任杨文. 试论邓小平关于政党外交的思想. 经济与社会发展,2007,(12).

郭明利. 论以“政党和谐”促进“社会和谐”. 乌蒙论坛,2007,(5).

谢克昌. 历史国情的必然选择　和谐发展的坚强保证——学习《中国的政党制度》白皮书的几点体会. 团结,2007,(6).

张彦玲,丁文. 发挥我国政党制度在促进社会和谐中的优势. 中国特色社会主义研究,2007,(6).

民进内蒙古区委.浅谈中国特色政治发展道路上多党合作的文化根源和历史必然性.内蒙古统战理论研究,2007,(4).

杨爱珍,顾文浩.民主政治视野下的党际关系和谐.科学社会主义,2007,(4).

张美娥.两种形式的民主与两种性质的监督——兼论延安时期党的民主建设经验.理论导刊,2007,(8).

黄梅.坚持多党合作制度　走中国特色社会主义政治发展道路.江苏省社会主义学院学报,2007,(4).

徐映奇.论党际民主的程序价值.中央社会主义学院学报,2007,(3).

马利.中国特色政党制度中的党际和谐.中国青年政治学院学报,2007,(4).

戴安林.民主革命时期毛泽东的多党合作思想论析.湖南社会科学,2007,(1).

戴安林.中国共产党在民主革命时期的多党合作理论与实践及启示.湖南省社会主义学院学报,2007,(3).

尹汉华.我国的多党合作和政治协商制度的历史形成及特征.齐齐哈尔师范高等专科学校学报,2007,(3).

刘蓉宝.论社会主义和谐党际关系的构建——发挥统一战线在构建和谐党际关系中的优势.湖南行政学院学报,2007,(4).

姚静芬.抗日战争时期毛泽东多党合作思想及其当代价值.湖北省社会主义学院学报,2007,(2).

吕忠梅.论多党合作制度建设中的程序先行——关于多党合作制度化、规范化、程序化的新思考.湖北省社会主义学院学报,2007,(2).

沈艳.在互动中完善中国特色的政党制度——谈和谐党际关系的构建.中央社会主义学院学报,2007,(1).

刘晓峰.关于政党和谐与科学执政的思考.四川省社会主义学院学报,2007,(4).

尉英.建国头七年多党合作与中国共产党执政能力建设的关系.党史文苑,2007,(14).

何顺.多党合作与中国共产党执政能力建设研究综述.大连干部学刊,2007,(8).

编辑部.中国民主发展模式五大特色:中国共产党一党执政.吉林省社会主义学院学报,2007,(2).

高贤芳.试论多党合作中"互相监督"的效能.贵州社会主义学院学报,2007,(2).

厉有国.多党合作制度化建设与社会主义政治文明.信阳师范学院学报,2007,(3).

袁廷华."中国共产党领导的多党合作和政治协商制度"含义辨析.重庆社会主义学院学报,2007,(2).

王琪.加强党的执政能力建设与完善我国政党制度.山西科技,2007,(3).

张津凤,岳臻.中国政党制度是中国特色社会主义政治发展道路的重要实现方式.天津市社会主义学院学报,2007,(4).

单联民,李星.论坚持中国共产党的领导是多党合作的最高原则.中央社会主义学院学报,2007,(2).

佟言实.关于“中国共产党领导的多党合作和政治协商制度”完整提法的形成过程.中国统一战线,2007,(9).

李建国.共同努力坚持和完善多党合作和政治协商制度.中国统一战线,2007,(7).

龙立军,刘旭华.论当代中国政治沟通的现代性变迁.云南行政学院学报,2007,(6).

王微音,叶青华.加强多党合作制度的理论建设.丽水学院学报,2007,(1).

王珏.浅谈多党合作制度与和谐社会建设.贵州社会主义学院学报,2007,(1).

侯福同.执政党和参政党关系的准确概括.江苏政协,2007,(3).

胡照洲.多党合作的一面旗帜——记第五、六届民建中央副主席李崇淮教授.武汉文史资料,2007,(1).

李传兵.多党合作的发展与完善.湖北省社会主义学院学报,2007,(1).

贾小明.多党合作提升国家软实力.宁夏社会主义学院学报,2007,(3).

霍慰铭,陈红娟.多党合作——社会主义政治文明建设的题中应有之义.江苏省社会主义学院学报,2007,(1).

范前锋.从台湾国、亲、新三党来访论政党合作的新机制及统战工作思考.江苏省社会主义学院学报,2007,(1).

李俊.党际和谐:构建社会主义和谐社会的题中之义.湖北行政学院学报,2007,(1).

习近平.协助民主党派实现政治交接　巩固发展上海的多党合作事业.中国统一战线,2007,(9).

孟建柱.促进政党关系和谐　推动多党合作事业.中国统一战线,2007,(8).

马利.多党合作制度与党际民主.中央社会主义学院学报,2007,(5).

朱新现.在和谐语境下以党际关系和谐推动社会和谐.福建省社会主义学院学报,2007,(4).

靳晓光.马克思主义经典作家和党的三代领导人关于党权制约的基本思想分析.黑河学刊,2007,(5).

孙坤,赵丽霞.多党合作视野下的党的合法性资源建设.湖北省社会主义学院学报,2007,(4).

贾小明.互相促进:执政党建设与参政党建设关系思想的继承和创新.广州社会主义学院学报,2007,(4).

中共呼和浩特市委员会.总结经验　开拓创新　不断推进多党合作的制度化规范化建设.内蒙古统战理论研究,2007,(1).

顾文浩.略论我国的党际关系和谐.广东省社会主义学院学报,2007,(2).

熊必军.我国多党合作制度适应性的制度分析.广东省社会主义学院学报,2007,(2).

何虹.坚持走中国特色社会主义政治发展道路——中国共产党领导的多党合作和政治协商制度的历史必然性、伟大独创性和巨大优越性.陕西社会主义学院学报,2007,(4).

汤玉权.协商政治中的中国民主党派的价值再挖掘.武汉理工大学学报,2007,(4).

童庆平.当代中国政党协商民主政治价值论.上海市社会主义学院学报,2007,(4).

林娜，孙宇鹏. 多党合作和政治协商制度与软法规范. 重庆社会主义学院学报，2007，(1).

农工党中央研究室. 加强党史研究　反映社情民意　抒写多党合作时代新篇章. 前进论坛，2007，(12).

范前锋. 浅议我国“多党合作立法”的几个问题. 江苏省社会主义学院学报，2007，(6).

任世红. 当代中国多党合作的旗帜. 江苏省社会主义学院学报，2007，(6).

李建明. 论党的历代领导对多党合作理论的贡献. 广西社会主义学院学报，2007，(4).

蒋于彪. 新时期坚持与完善多党合作和政治协商制度的思考. 中共桂林市委党校学报，2007，(4).

苏宁. 加强多党合作的制度化、规范化、程序化建设. 重庆社会主义学院学报，2007，(4).

王彦飞. 论多党合作制度中的参政机制建设. 重庆社会主义学院学报，2007，(4).

李良栋. 论一党领导、多党合作条件下的民主问题. 中共中央党校学报，2007，(6).

杨葳，文婕. 多党合作事业扎实推进　参政党作用显著发挥. 民主，2007，(10).

彭济生. 执政党、参政党与多党合作制度. 云南社会主义学院学报，2007，(2).

王树臣. 我国多党合作制内部的政党和谐关系. 中共中央党校学报，2007，(4).

石六山. 论党的第二代中央领导集体与多党合作制度. 读与写（教育教学刊），2007，(7).

孙彩虹. 多党合作制是具有中国特色的政党制度. 南阳师范学院学报，2007，(5).

石媛. 我国多党合作制度中的几个基本关系探讨. 河北省社会主义学院学报，2007，(3).

张衍霞. 多党合作在构建社会主义和谐社会中的积极作用. 山东电大学报，2007，(1).

邓正康. 发展多党合作事业　促进和谐社会建设. 中央社会主义学院学报，2007，(2).

李建中. 论中国共产党的现代化与多党合作制建设. 上海市社会主义学院学报，2007，(2).

孟彩云. 构建社会主义和谐社会与多党合作. 平顶山学院学报，2007，(1).

管仕福. 由完善党内民主到完善全民民主的最佳过渡点——完善中国共产党领导下的多党合作制. 衡阳师范学院学报，2007，(2).

肖建忠. 中共三代领导集体对多党合作理论的传承和发展. 常熟理工学院学报，2007，(3).

李燕奇. 和谐的政党关系与坚持和发展多党合作制度. 中国党政干部论坛，2007，(3).

李燕奇. 党的先进性建设与多党合作制度的巩固和发展. 北京行政学院学报，2007，(1).

李燕奇. 和谐的政党关系与社会主义和谐社会——兼论政党关系和谐是多党合作制度的本质属性. 新视野,2007,(1).

钱晓云. 多党合作:和谐社会机制的重要政治基石. 上饶师范学院学报,2007,(1).

韩官却加. 建立健全民主监督机制　进一步发展我国的多党合作制度. 攀登,2007,(1).

孙照红. 和谐:多党合作党际关系的本质特征. 江苏省社会主义学院学报,2007,(1).

熊芳. 多党合作制度的利益整合功能与和谐社会构建. 十堰职业技术学院学报,2007,(5).

何大进. 和谐社会与多党合作. 广东省社会主义学院学报,2007,(1).

丁俊萍,赵光元. 我国政党制度的和谐特征及其在构建和谐社会中的作用. 学术论坛,2007,(12).

赵理富. 社会生态环境变迁与政党文化创新. 科学社会主义,2007,(5).

孙大美. 中国政党制度的特色. 湖北省社会主义学院学报,2007,(6).

李志平. 试论中国参政党的基本特性及其主要作用. 学习与探索,2007,(6).

周勤勤. 公仆意识是马克思主义政党才有的意识. 中国社会科学院研究生院学报,2007,(6).

韩永. 中国高调宣示政党制度. 中国新闻周刊,2007,(43).

蒋正华. 学习贯彻全国统战工作会议精神　努力构建和谐政党关系——在学习贯彻第20次全国统战工作会议精神专题研讨班上的发言. 前进论坛,2007,(10).

来朋珍. 中国共产党的创新力与当代中国政党制度. 社科纵横,2007,(2).

袁廷华. 中国特色政党制度与国体的适应性研究. 社会主义研究,2007,(6).

王家瑞. 以党的十七大精神为指导　开创中国特色政党外交新局面. 求是,2007,(23).

张国栋. 论政党关系的和谐与海峡西岸经济区建设. 莆田学院学报,2007,(6).

刘宁宁. 中国特色政党制度及其理论建设问题研究. 马克思主义与现实,2007,(6).

陈升东. 论中国政党制度的可持续发展. 岭南学刊,2007,(6).

刘宁宁,白艳立. 中国特色政党制度是社会主义政治文明的重大创新. 科学社会主义,2007,(6).

赵友良. 试论现代政党执政的合法性来源. 江东论坛,2007,(3).

薛江,柳长柏,魏雪梅. 论政党意识与民主党派基层组织建设. 三峡大学学报,2007,(S2).

姚尚建. 政党政府的结构与功能. 重庆社会科学,2007,(12).

刘保明. 关于和谐政党关系若干问题研究综述. 重庆社会主义学院学报,2007,(4).

孙志明. 我国当前关于政党民主化的一些相关观点的介绍与评析. 理论参考,2007,(9).

李玉霞. 和谐社会构建与我国政党制度之探微. 中共云南省委党校学报,2007,(5).

宋一. 现代政党的利益整合机制与启示. 中共云南省委党校学报,2007,(5).

祝灵君. 社会资本与政党领导——兼论社会主义和谐社会的社会资本含义. 中共中央

党校学报,2007,(6).

张迁.中国政党制度生机勃勃.瞭望,2007,(47).

梁丽萍.论我国政党制度的和谐结构与和谐功能.理论探索,2007,(6).

龙志贵.论我国社会主义政党制度的现实基础.湖湘论坛,2007,(6).

李金河.民族性与现代性的统一——中国政党制度发展的价值取向.中央社会主义学院学报,2007,(3).

李金河.当代中国政党关系和民主政治的新发展.观察与思考,2007,(21).

李金河.中国特色政党制度基本功能探析.上海致公,2007,(3).

李金河.中国特色政党制度的文化内涵.北京社会主义学院学报,2007,(1).

李金河.发展社会主义民主政治,扩大公民有序政治参与.山西社会主义学院学报,2007,(3).

魏武,李亚杰,卫敏丽.《中国的政党制度》白皮书五大亮点.共产党员,2007,(23).

沈贞伟.论当代中国政党制度理论发展的特点与面临的挑战.福建省社会主义学院学报,2007,(4).

华南,蔡之国.构建中国特色的和谐政党关系.福建省社会主义学院学报,2007,(4).

黄艳.对我国政党制度法制化的思考.财经界(下旬刊),2007,(9).

李克胜.关于腐败根源的多重思考——以无产阶级政党为视角.中共郑州市委党校学报,2007,(4).

王彩玲.论政党和谐及其实现途径.中国人民大学学报,2007,(6).

徐勇."政党下乡":现代国家对乡土的整合.学术月刊,2007,(8).

马利.近年来我国政党法制化研究综述.思想战线,2007,(6).

胡本良.论在我国政党制度下推进公民有限政治参与.四川行政学院学报,2007,(5).

刘秀珍.中国特色政党制度确立的必然性.山西高等学校社会科学学报,2007,(11).

虞崇胜,郭小安.作为部分的政党还是作为整体的政党——对政党执政基础的再认识.中共福建省委党校学报,2007,(11).

王利平.社会危机与政党转型——基于法治的视角.中共福建省委党校学报,2007,(10).

刘红凛.当代中国政党制度的三个基本问题.探索,2007,(5).

唐展风.多党合作与社会主义政治文明建设.党政干部论坛,2007,(3).

刘保明.论和谐政党关系与构建社会主义和谐社会.前进论坛,2007,(11).

高新民.党内和谐:马克思主义政党的新课题.理论学刊,2007,(10).

洪向华.政党内生权威形成的两个基本条件.理论前沿,2007,(21).

董青.论中国特色政党制度在构建社会主义和谐社会中的作用.科教文汇,2007,(11).

卢文华.政党权力的内涵与制约因素.江西行政学院学报,2007,(4).

赵珊.中国共产党的特色政党外交新格局.决策与信息,2007,(11).

李程程.中国特色政治文化与政党制度.湖北省社会主义学院学报,2007,(5).

宗保严. 中国共产党与世界400多个政党建立新型党际关系. 共产党员,2007,(21).

赵宬斐. 中国特色政党制度中主体间调适性问题探析. 云南行政学院学报,2007,(5).

王凌松,王震,李广武. 政党关系和谐是构建和谐社会的重要内容. 行政与法,2007,(9).

余科杰. 论政党意识形态结构特征及其功能作用. 新视野,2007,(5).

胡兵. 探索民间组织最佳的生存环境——政党组织对民间组织的影响. 学会,2007,(9).

徐红明,张津凤. 和谐文化——政党关系和谐的文化基础. 天津市社会主义学院学报,2007,(3).

潘啸. 政党推动是政治体制改革的发力点. 中国特色社会主义研究,2007,(5).

刘红凛. 论政党意识形态. 山东师范大学学报,2007,(5).

李美玲. 试比较政党意识形态与国家意识形态. 内蒙古师范大学学报,2007,(5).

张永红. 对建设学习型政党的思考. 毛泽东思想研究,2007,(5).

柴宝勇. 合作性政党制度是民主政治的一种实现形式. 马克思主义与现实,2007,(5).

朱昔群. 政党政治市场与政党制度的发展. 马克思主义与现实,2007,(5).

金勇兴. 社会分层变迁中群体利益表达与政党制度创新. 江苏省社会主义学院学报,2007,(5).

岳阳花. 对非洲政党外交大有可为——中联部副部长李进军率中共友好代表团访问非洲三国. 当代世界,2007,(10).

王家瑞. 积极探索中国特色政党外交新格局的五年——十六大以来中国共产党的对外交往. 当代世界,2007,(10).

郭业洲. 新时期政党外交之"中国特色". 当代世界,2007,(10).

李瑞华. 论我国政党制度与构建社会主义和谐社会的关系. 和田师范专科学校学报,2007,(5).

崔利宏,秦瑞芳. 和谐社会视域中的政党关系研究. 河北学刊,2007,(5).

杨绪盟. 中国特色政党制度的民主表达. 湖北省社会主义学院学报,2007,(4).

曹小平. 对我国政党制度历史与现实的思考. 贵州社会主义学院学报,2007,(3).

刘赞,刘青锋. 我国建设和谐社会的政治支撑逻辑研究——以我国特色的政党制度为着力点分析. 消费导刊,2007,(10).

卢先福. 加强执政能力建设 促进政党关系和谐. 前线,2007,(3).

姚尚建. 突破责任政府研究之藩篱——一种责任政党政府的理论视角. 攀登,2007,(1).

郑娟,张洪峰. 浅析利益分化与政党的社会整合. 宁夏党校学报,2007,(1).

王韶兴. 服务型政府视阈中的政党治理. 理论探讨,2007,(2).

韩康. 建立学习型政党和改革创新. 国家行政学院学报,2007,(1).

徐东辉. 我国社会主义政党政治进一步发展的基础. 科学社会主义,2007,(1).

郭大良. 正确认识和处理政党关系　积极推进多党合作事业发展. 江苏省社会主义学院学报,2007,(1).

李宏. 现代传媒是政党生存和发展的重要条件. 当代世界,2007,(4).

崔英楠. 政党政治的法治化探析. 河北职业技术学院学报,2007,(1).

徐新力. 我国政党法律制度研究现状述评. 湖北行政学院学报,2007,(1).

邹谨. 小康社会的政治生态变化与当代中国政党制度的功能优化. 西南大学学报,2007,(1).

吴东华. 论毛泽东对马克思主义政党纲领理论的重要贡献. 理论月刊,2007,(2).

秦前红. 政党主治的宪政之维——基于制度主义立场的研究. 岭南学刊,2007,(1).

付杰,付明喜. 政党政治进化与政府绩效. 河北学刊,2007,(1).

蔡永飞. 论中国特色政党关系的现实意义和发展趋势. 广州社会主义学院学报,2007,(1).

杨绪盟. 中国特色政党制度的双重价值内容. 广州社会主义学院学报,2007,(1).

邵宇. 试论会党与中国早期政党. 重庆社会科学,2007,(1).

孔凡义,郭坚刚. 政党的功能及其决定因素. 浙江师范大学学报,2007,(4).

洪向华. 试论政党权威的生成. 中共青岛市委党校学报,2007,(4).

徐开金. 先进性:政党执政的宝贵资源. 扬州教育学院学报,2007,(2).

王庆兵. 协商民主与政党制度. 学术探索,2007,(3).

赵理富. 党内民主制度的政党文化基础. 学习月刊,2007,(17).

童庆平. 当代中国政党协商民主要素论析. 学习与实践,2007,(8).

曹丰平. 中国特色政党制度是历史发展的必然. 团结,2007,(4).

李金河. 中国政党制度的历史探索. 团结,2007,(4).

郭沛霖. 正确认识中国特色的政党制度. 山西高等学校社会科学学报,2007,(9).

杜柏仁,周进军. 我国政党影响立法的作用机制的实证分析. 成都理工大学学报,2007,(3).

柴宝勇. 政党认同研究在中国:综述与评价. 社会主义研究,2007,(4).

王远启. 我国政党制度在构建社会主义和谐社会中的重要作用. 湖南省社会主义学院学报,2007,(4).

刘红梅. 我国社会主义政党制度契合我国的文化传统. 前进论坛,2007,(9).

李程程. 发展“同”、包容“异”:我国政党关系和谐发展的重要原则策略. 江汉论坛,2007,(8).

王静. 政党的合法性问题探讨. 湖北行政学院学报,2007,(S1).

姚尚建. 领域的分离与当代中国政府重建——一种责任政党政府的理论视角. 淮海工学院学报,2007,(3).

王锋,高兆明. 伦理视野中的政党. 河南社会科学,2007,(5).

张本意. 也谈宪法对政党的监督. 哈尔滨学院学报,2007,(8).

吴成九. 浅议政党制度的选择必须适合本国国情. 传承,2007,(7).

吴国栋. 关于政党价值追求的思考——政党政治战略与其代表性关系初探. 党政干部

论坛,2007,(9).

刘中元,魏双锋. 从结构功能角度分析中国政党制度与和谐社会的构建. 党史文苑,2007,(14).

丁俊萍,程铁军. 中国特色政党制度视野中的党际和谐. 党的文献,2007,(4).

廖继红. 试论中国政党关系和谐性的提升. 重庆社会主义学院学报,2007,(3).

许奕锋. 促进政党和谐的运行机制探究. 重庆社会主义学院学报,2007,(3).

梁修才,梁艳丽. 我国社会阶层结构的变化对政党制度的挑战及策略. 重庆社会主义学院学报,2007,(3).

齐春雷. 和谐社会构建中的中国政党关系. 重庆社会主义学院学报,2007,(3).

张冠生. 中国政党制度的社会整合效应. 中央社会主义学院学报,2007,(4).

叶国文. 执政的逻辑:政党现代化与手段性回归. 中共浙江省委党校学报,2007,(4).

杨爱珍,顾文浩. 当代中国政党互动模式研究. 新视野,2007,(4).

张月群. 无产阶级政党的先进性与马克思主义本国化. 毛泽东思想研究,2007,(4).

王东勤. 走中国特色的政治发展道路与我国的政党制度. 天津市社会主义学院学报,2007,(2).

袁廷华. 论民主党派政治参与的双重功能. 中央社会主义学院学报,2007,(6).

李超. 略论我国"政党关系和谐"的科学内涵. 天府新论,2007,(S1).

王建明. 坚持协商民主实现中国社会主义政党关系和谐. 社科纵横,2007,(6).

孙照红. 选举民主和协商民主:中国特色的双轨民主模式. 唯实,2007,(7).

虞崇胜,何志武. 选举民主与协商民主的互动效应分析. 学习与实践,2007,(1).

沈艳. 不断完善中国特色的政党制度　推进社会主义政治文明进程. 四川省社会主义学院学报,2007,(2).

王淑梅,祁刚利. 政党组织结构对政党民主的根本性影响. 求实,2007,(8).

刘晓峰. 关于政党和谐的几点思考. 前进论坛,2007,(7).

谭鹏. 构建和谐政党重在形成良性的党内利益机制. 攀登,2007,(3).

齐卫平,姚晔. 试论中国特色社会主义制度下政党资源的整合. 理论学刊,2007,(7).

顾文浩. 政治文化建设与我国政党制度的巩固. 湖北省社会主义学院学报,2007,(3).

肖纯柏. 重视对政党执政的一般规律研究. 党政论坛,2007,(6).

姚桓,肖纯柏. 掌握科学方式方法推动党建理论创新. 党建,2007,(7).

孙杰. 新形势下加强大学生价值观与政党认同教育的思考. 四川文理学院学报,2007,(4).

甄小英. 增强我国政党制度的包容力　实现多党合作制度可持续发展. 马克思主义与现实,2007,(4).

汪伟全. 论公共决策中的政党因素. 理论探讨,2007,(4).

刘红凛. 政党关系和谐的基本内涵与当代要求. 理论探讨,2007,(4).

王亚林. 论邓小平对马克思主义政党领袖理论的贡献. 理论前沿,2007,(16).

刘雪岩. 充分发挥政党制度优势　构建社会主义和谐社会. 江苏省社会主义学院学

报,2007,(4).

张兵,张宝宗,赵海涛.试论当代中国政党权威与社会转型.衡水学院学报,2007,(3).

周新华.毛泽东党建思想述论——加强马克思主义革命政党建设的思想.贵州民族学院学报,2007,(3).

万军.意识形态与政党关系刍议.中共云南省委党校学报,2007,(2).

刘红凛.政党关系和谐与当代中国政党制度建设.当代世界与社会主义,2007,(3).

陶庆.马克思主义政党人民主权的理论原则与政治意义.当代世界与社会主义,2007,(3).

蒲国良.社会主义政党制度争论述评.中共宁波市委党校学报,2007,(2).

喻中.在宪法与政党之间.现代法学,2007,(2).

伍玉功,于邦志.政党制度与现代宪政.湘潭师范学院学报,2007,(3).

虞花荣,周志平.论我国政党制度与社会主义和谐社会构建.社会科学论坛,2007,(4).

周翰.马克思主义政党先进性的主要表现.实践,2007,(4).

王清.论政党模式与政府创新的限度——一种比较分析的视角.上海交通大学学报,2007,(3).

王宝林,张荣华.政党政治的合法性探析.山东省青年管理干部学院学报,2007,(3).

尹晓徽.政党执政文化合理性内涵及研究意义探究.中共乐山市委党校学报,2007,(2).

刘宗洪.发挥政党功能是构建社会主义和谐社会的关键.岭南学刊,2007,(3).

柴宝勇,王刚.政党政治学:概念、框架与方法——建构具有中国特色的政党政治学.理论探讨,2007,(3).

李统书.构建和谐的政党关系.理论前沿,2007,(11).

齐春雷.略论当代中国政党制度下的政党关系.江苏省社会主义学院学报,2007,(3).

王继宣.合作型政党制度中和谐政党关系构建.江苏省社会主义学院学报,2007,(3).

孙天华.关于大学政治功能的经济成本研究——兼论我国当前公私立大学政党政治成本支付状态.经济经纬,2007,(3).

王淑华.搞好政治交接.坚持和完善中国特色的政党制度.河北省社会主义学院学报,2007,(2).

曹先磊.政党伦理的内涵及基本范畴分析.北京工业大学学报,2007,(3).

顾思茂,谭莉.我国政党"互相监督"存在的不足及对策研究.中央社会主义学院学报,2007,(2).

贾小明.怎样认识和促进政党关系和谐.中央社会主义学院学报,2007,(2).

高旺.中国特色政党制度的适应性与和谐社会的构建.中国青年政治学院学报,2007,(3).

孙如新. 建设和谐政党是建设和谐社会的关键. 学习月刊,2007,(7).

王淑华. 牢固树立科学发展观　充分发挥我国政党制度的优势. 陕西社会主义学院学报,2007,(2).

李建刚. 政党意识形态与文化的发展和选择. 学校党建与思想教育,2007,(5).

王彩玲. 构建和谐社会与中国政党制度创新. 天津社会科学,2007,(2).

胡小君,朱昔群. 构建和谐的政党关系. 上海市社会主义学院学报,2007,(2).

杨绪盟. 中国特色政党制度的示范性价值. 上海市社会主义学院学报,2007,(2).

洪向华. 试论政党权威的特征和功能. 科学社会主义,2007,(2).

沈艳. 制度化建设是完善我国政党制度的重要途径. 江苏省社会主义学院学报,2007,(2).

任世红. 我国政党制度的协商机制及其价值偏好. 江苏省社会主义学院学报,2007,(2).

付飞飞. 浅析政党政治影响国际关系的途径. 今日湖北(理论版),2007,(2).

邱尚琪. 中国政党制度在构建和谐社会中的独特作用. 晋中学院学报,2007,(2).

朱益飞. 中国政党制度与构建社会主义和谐社会. 湖北省社会主义学院学报,2007,(2).

顾文浩. 中国政党制度合法性与安全性考察. 广州社会主义学院学报,2007,(2).

宋效峰,刘勇. 政党社会性对我国执政党建设之启示. 广州社会主义学院学报,2007,(2).

徐宗俦. 试论以"政党和谐"促进"社会和谐". 贵州社会主义学院学报,2007,(1).

杨雪燕. 中国政党制度的"和合"的传统文化与构建社会主义和谐社会. 福建省社会主义学院学报,2007,(1).

欧振宝. 论中国参政党的历史地位. 蚌埠党校学报,2007,(2).

楼志豪. 关于构建我国和谐政党关系若干问题的思考. 福建省社会主义学院学报,2007,(1).

吴桂韩. 论政党政治兴起与发展的原因. 中共成都市委党校学报,2007,(2).

曹先磊. 政党伦理的内涵及基本范畴. 长春理工大学学报,2007,(1).

构建和谐社会中的当代中国政党问题课题组. 加强政党制度建设　促进政党关系和谐. 新视野,2007,(2).

李效东,陈占安. 论政党的社会责任与执政规律. 唯实,2007,(4).

胡士平,李兆凯. 当代中国政党制度与动态有序的政治稳定——基于二者关系的学理分析. 天津市社会主义学院学报,2007,(1).

贾小明. 关于促进政党关系和谐的几点思考. 天津市社会主义学院学报,2007,(1).

任存孝,郝燕. "三个代表"重要思想是坚持和完善我国政党制度的指导思想. 山西社会主义学院学报,2007,(1).

桑玉成. 政治发展与我国政党关系的长期和谐. 上海市社会主义学院学报,2007,(1).

陶文昭. 世界政党执政的基本方略. 社会科学研究,2007,(2).

龚志宏. 竞争性　垄断性　合作性——中国政党制度的百年回顾与展望. 理论导刊,

2007,(2).

杨积少. 先进性:马克思主义政党执政合法性的内在源泉. 世纪桥,2007,(3).

姚茂华,刘爱芝. 现代政党整体功能的发挥与精英作用的结合——社区党组织先进性建设的思考. 四川理工学院学报,2007,(1).

石作斌. 毛泽东政党伦理思想的基本内涵及其当代解读. 中共南京市委党校南京市行政学院学报,2007,(1).

王庆兵. 利益整合:政党制度发展的首要功能. 天津社会科学,2007,(1).

缪桂兰. 政党与一般政治团体的区别和联系. 思想政治课教学,2007,(3).

程媛. 政党制度与现代宪政. 市场周刊,2007,(2).

于小英,杨进. 加强我国政党制度建设的几点思考. 四川省社会主义学院学报,2007,(1).

王小鸿. 论统一战线结构与功能的辩证关系. 湖北省社会主义学院学报,2007,(6).

畅艳. 试论统一战线在推进社会主义政治文明建设中的作用. 山东省青年管理干部学院学报,2007,(5).

王汝锋. 统一战线与社会主义和谐社会构建. 兰州大学学报,2007,(5).

刘伟. 从政治包容的角度看我国的统一战线建设. 黑龙江省社会主义学院学报,2007,(3).

陈念平. 试论统一战线与构建和谐社会. 黑龙江省社会主义学院学报,2007,(3).

刘菊香. 和谐社会视域下统一战线利益整合功能问题探析. 湖北省社会主义学院学报,2007,(5).

向朝虎. 统一战线与构建和谐社会. 重庆行政,2007,(4).

王小鸿. 论统一战线的结构与功能. 北京师范大学学报,2007,(5).

蒋国华,张瑞芳. 新的社会阶层与统一战线建设. 民主,2007,(4).

齐春雷. 统一战线与中国共产党的执政能力. 广东省社会主义学院学报,2007,(1).

张爱军,宋瑞聪. 社会阶层变化对统一战线的影响及其对策. 辽宁师范大学学报,2007,(1).

王小鸿. 我国政治生活中统一战线民主监督的特点. 中国特色社会主义研究,2007,(6).

朱同广. 加强政协工作　发展民主政治. 群众,2007,(12).

王东. 马克思的国家观与中国政治体制改革的新道路. 河北学刊,2007,(1).

徐艳玲. 走出我国政治体制改革的观念误区. 科学社会主义,2007,(1).

周旭霞,尚漪. 构建社会主义和谐社会与统一战线. 安徽工业大学学报,2007,(5).

罗振建. 论统一战线学的学科体系. 天津市社会主义学院学报,2007,(3).

孙宝林. 党对统一战线领导体制问题研究. 山西社会主义学院学报,2007,(3).

刘建. 统一战线与构建社会主义和谐社会. 山西社会主义学院学报,2007,(3).

徐小明. 试论转型期统一战线的战略地位. 社会主义研究,2007,(5).

张嘉选. 为无党派人士搭筑参政议政平台. 中国统一战线,2007,(3).

郝秋阳. 冷战后中国共产党的外交政治. 中国党政干部论坛,2007,(7).

李国安,张国镛.新世纪党对政治文明理论与实践的发展和创新.学校党建与思想教育,2007,(7).

李俊,蔡宇宏.统一战线制度在现有政治资源中的功能分析.马克思主义与现实,2007,(4).

陶富源,王平.协商民主:中国民主政治的一大特色.高校理论战线,2007,(7).

杨雪燕.论中国特色社会主义政治发展道路的基本内涵.中央社会主义学院学报,2007,(4).

胡连生.政治参与:现代民主政治的基石.云南社会科学,2007,(4).

刘晓文.新的社会阶层政治参与问题探析.学术交流,2007,(6).

任中平.四川省基层民主政治建设制度创新的实践与思考.社会主义研究,2007,(4).

姚桓.民主也是一种文化——中国社会主义民主政治建设的新视角.中国党政干部论坛,2007,(9).

燕继荣.民主之困局与出路——对中国政治改革经验的反思.学习与探索,2007,(2).

吉力.推进社会主义民主政治的三大着力点.领导科学,2007,(20).

邹吉忠.政治起飞与政治文明建设:关于中国发展的政治哲学思考.中国特色社会主义研究,2007,(5).

杨雪冬.政治文明、现代国家与宪政建设.社会科学,2007,(9).

魏星河.我国公民有序政治参与的涵义、特点及价值.政治学研究,2007,(2).

杨小冬.坚定不移发展社会主义民主政治　继续深化推进我国政治体制改革.中共福建省委党校学报,2007,(11).

林尚立.协商政治:中国特色民主政治的基本形态.毛泽东邓小平理论研究,2007,(9).

周志华.论借鉴人类政治文明的有益成果.中央社会主义学院学报,2007,(1).

何俊志.混合选举制的兴起与当代选举制度的新发展.经济社会体制比较,2007,(6).

李少莉.促进政党关系和谐　构建社会主义和谐社会.工会论坛,2007,(5).

缪新亚."构建"政党和谐的几点思考.上海市社会主义学院学报,2007,(6).

季建林.效率与公平——执政党抉择的难题.江海纵横,2007,(3).

谢姝玮.中国政治文明建设的核心——论完善人大与中国共产党的关系.理论界,2007,(2).

陈朋.毛泽东多党合作思想的系统化分析.学习与实践,2007,(11).

恽来.为什么不搞多党制.北京观察,2007,(3).

尚红娟.民初政党政治与民主思想.兰州学刊,2007,(1).

张振国.胡适与张君劢的宪政思想比较.西北政法学院学报,2007,(5).

王建华.民初宪政对国民党早期政治发展的影响.学海,2007,(4).

熊秋良.变异的政党竞选——以民国第二届国会选举为例.江苏社会科学,2007,(1).

杜君. 论国民党改组后的性质和联俄容共政策的实质. 理论学刊,2007,(1).

田湘波,黄毅. 中国国民党党政体制研究的价值、主要内容及研究方法. 上饶师范学院学报,2007,(2).

王建华:共和精神的缺失——民初政党失败再思考. 人文杂志,2007,(1).

张永. 民初第一次国会选举竞选活动研究. 安徽史学,2007,(4).

谢红军. 1949 年前国共两党思想政治工作比较研究. 学术论坛,2007,(10).

李月军,侯尤玲. 南京国民政府以军驭党的政治模式对国家建设之影响. 军事历史,2007,(2).

李默海. 国民党"以党治国"实践失败的原因分析. 中国石油大学学报,2007,(4).

陈长峰. 孙中山借鉴苏俄"以党治国"经验的原因探析. 传承,2007,(8).

文佳亮,黄纪泽. 明清之际党社运动对中西科技会通之影响. 湖南第一师范学报,2007,(3).

赵炎才. 清末民初党际伦理基本特征透视. 求索,2007,(1).

陈宇翔. 民元以前梁启超的党会活动与政党主张述论. 湖南师范大学社会科学学报,2007,(6).

王中新. 20 世纪 40 年代国民党新疆省党部活动述论. 中国边疆史地研究,2007,(4).

王英维. 战前国民党河北省地方党部抗日及其组织活动述析. 河北北方学院学报,2007,(6).

刘建华. 伪满协和党研究. 辽宁大学学报,2007,(2).

杨德山. 孙中山"党—国"理论分析. 教学与研究,2007,(3).

赵书刚. 近代中国政党与政府和谐运作的一种模式——孙中山的政治文化观. 中国青年政治学院学报,2007,(1).

肖铁肩,谭先龙. 孙中山为何视同盟会为革命党而非政党. 中南大学学报,2007,(1).

陈先初. "以理想之政党改造中国"——浅议张君劢的政党观. 安徽史学,2007,(2).

杨天宏. 政党建置与民初政制走向——从"革命军起. 革命党消"口号的提出论起. 近代史研究,2007,(2).

徐树英. 民国时期政党意识形态的主导地位解析. 社会科学辑刊,2007,(2).

周柏林. 从政党角度看内阁制在民初受挫. 成都大学学报,2007,(1).

张勇濂,刘士才. 试论李大钊的政党思想与中国政治的变迁. 湖北社会科学,2007,(5).

吴学文. 论民国帮会走向社团化、政党化的原因. 西南交通大学学报,2007,(1).

马义平. 国民党山西省党部组织演变考察. 山西师大学报,2007,(3).

汤黎. 民初议会政治和政党内阁——以《民立报》上宋教仁、章士钊的言论为中心. 华中师范大学研究生学报,2007,(2).

岑树海. 危机与近代中国议会内政党的创生. 云南行政学院学报,2007,(3).

郝启秋. 制度移植与民初悲剧性政党实践. 河南师范大学学报,2007,(2).

常泓. 民初政党离合对孙中山政党政治思想影响新探——兼论对政党道德观的影响. 高等函授学报,2007,(2).

张富良. 论民国初期政党林立及其历史影响. 黑龙江教育学院学报,2007,(10).

王建华. 民初政党经费来源研究——以共和(统一)、国民(同盟会)两党为个案. 民国档案,2007,(1).

李默海. 从政党政治到以党建国:孙中山政党观变化的原因分析. 兰州学刊,2007,(8).

王凤青,张西林. 论抗战时期黄炎培调解国共争端的努力:以国民参政会为中心. 牡丹江师范学院学报,2007,(5).

朱秀春,刘利民. 戴季陶早年政党政治思想论析. 广播电视大学学报,2007,(3).

王本存,李亚楼. 立宪的"药方"——张君劢的清末宪政想象. 政法论丛,2007,(6).

巴杰. 试论中国国民党"政党领军"模式的确立及其发展演变. 唐山师范学院学报,2007,(6).

罗振建. 抗战时期党对中间党派的统战工作及其历史启示. 重庆社会主义学院学报,2007,(2).

王书英. 浅谈民国初年议会政党政治失败的原因. 科学大众,2007,(12).

任宝祥. 毛泽东与九三学社的创立. 春秋,2007,(3).

魏晓冬. 我国民主党派接受共产党领导的心路历程. 甘肃理论学刊,2007.(8).

农工党黑龙江委员会. 马迭尔宾馆——我国多党合作的重要历史见证地. 前进论坛,2007,(1).

韦玉凤. 多党合作的光辉起点——从中共与农工民主党早期关系看多党合作的必然性和基本经验. 黑龙江省社会主义学院学报,2007,(1).

郭溪土. 新中国初期民主联合政府的几个问题. 中共福建省委党校学报,2007,(9).

王德志,梁亚男. 中国民主同盟人权思想探析. 山东大学学报,2007,(6).

黄红发. "一国两制"伟大构想与港澳政治发展. 社会主义研究,2007,(2).

范前锋. 香港政党的特点及其政治影响力浅析——写在香港回归十周年. 湖北省社会主义学院学报,2007,(3).

孙晓晖. 香港政党政治的发展现状及其政治影响. 桂海论丛,2007,(6).

马进保,朱孔武. "一国两制"下的香港政党制度. 广州社会主义学院学报,2007,(3).

马进保,朱孔武.《基本法》框架下的香港政党制度. 学术研究,2007,(10).

徐锋. 2000 年以来国民党改革综述. 台湾周刊,2007,(9).

吴春来. 后扁时代台湾主要政党的品牌危机与转型. 台湾研究集刊,2007,(2).

高斌. 台湾政党体制的历史沿革及发展趋势. 时代人物,2007,(11).

王瑜. 台湾地区政党政治. 中共石家庄市委党校学报,2007,(7).

赵正平. "第三势力"崛起岛内. 世界知识,2007,(24).

林贻华. 试论台湾政党体制演变过程中的族群问题. 法制与社会,2007,(4).

亢霖. 民进党会分裂吗. 中国新闻周刊,2007,(19).

刘芳彬. 从 2006 年"台北、高雄市长选举"结果看台湾政党态势. 湖南省社会主义学院学报,2007,(3).

杜力夫. 台湾地区"宪政改革"的政治功能和对两岸关系的影响. 台湾法研究,2007,(3).

吴春来,段晖. 台湾地区政治转型的研究途径. 中国青年政治学院学报,2007,(6).

李鹏. 台湾难以实现政治稳定的政治文化根源. 社会主义研究,2007,(3).

亢霖. 台湾民进党的2008考量. 中国新闻周刊,2007,(8).

朱松岭. 从民意代表初选看民进党的堕落. 观察与思考,2007,(12).

刘英昌,吴国祯. 我的台湾地下党经历. 新远见,2007,(3).

陈键兴. 中国国民党和亲民党正式签署政党联盟协议. 人民日报,2007/01/23(004).

马康庄. 民进党还不够令人绝望吗. 人民日报海外版,2007/05/31(003).

杨中旭. 民进党重新布局. 中国新闻周刊,2007,(17).

王艳. 民进党:推出谢长廷. 中国新闻周刊,2007,(16).

王平. 台湾民进党人有两面性. 台声,2007,(6).

刘红. 民进党的权力重组开始了. 台声,2007,(6).

汪守军,田洪强. 略论民进党的"台独党纲"及其"绞索效应". 重庆社会主义学院学报,2007,(3).

王治国. 谢长廷出线冲击民进党的政治生态. 统一论坛,2007,(3).

王茹. 台湾南部的社会政治环境与民进党的政治版图——兼对"南方政治"定义的探讨. 台湾研究集刊,2007,(2).

王茹. 台湾地下电台与民进党的选举关系. 两岸关系,2007,(9).

蔡永飞. 民进党的"入联公投"是在玩火. 统一论坛,2007,(4).

党朝胜. 民进党:玩弄"入联公投"欲何为. 世界知识,2007,(19).

党朝胜. 民进党:到底谁说了算. 世界知识,2007,(21).

褚静涛. 国民党台湾省党部与"二二八"事件. 南京社会科学,2007,(2).

张晓明. 民进党沦落腐弊根源透析. 统一论坛,2007,(1).

晓沙,安东. 吕游被诉引发民进党权力重组. 台声,2007,(11).

鲁力. 被民进党"掏空"的台湾. 台声,2007,(11).

董栓柱. 陈水扁扯下了民进党的"遮羞布". 统一论坛,2007,(5).

游洛屏. 浅议民主监督理论. 学习时报,2007/11/19(C04).

袁廷华. 多党合作发展的新步伐. 学习时报,2007/05/21(003).

袁廷华. 与国体相适应的政党制度. 学习时报,2007/11/19(004).

甄小英. 大力培养选拔党外干部. 学习时报,2007/01/08(003).

李金河. 我国的多党合作制度是历史的必然选择. 人民政协报,2007/11/21(C04).

郑宪. 民主党派在国家政治生活中的作用. 学习时报,2007/11/19(004).

孙信. 中国多党合作制度体现了社会主义民主的本质要求. 人民政协报,2007/12/04(C04).

李小宁. 坚持中国特色政治发展道路是我国多党合作制度建设的发展方向. 人民政协报,2007/12/04(C04).

王小鸿. 十六大以来多党合作制度的理论创新. 人民政协报,2007/12/18(C04).

朱世海. 民主选举与民主协商相结合是社会主义民主的重要特色. 人民政协报,2007/12/18(C04).

陈廷友. 参政议政贵在主动重在务实. 人民政协报,2007/10/08(C04).

姚和松. 发挥人民政协重要作用构建和谐政党关系. 人民政协报,2007/9/25(C04).

王小鸿. 民主党派在抗日战争中的作用和贡献浅谈. 人民政协报,2007/07/17.

李钺烽. 做好党派工作促进政党和谐. 人民政协报,2007/07/17.

张新民. 关于协商式民主原则与实践的思考. 人民政协报,2007/03/26.

周铁农. 协商式民主的"天然"主渠道. 人民政协报,2007/03/07.

黄福寿. 民主理论的演变与当代中国协商政治实践. 人民政协报,2007/02/05.

马晔. 对创新协商议政形式的探索与思考. 人民政协报,2007/01/15.

虞爱华. 民主监督的"四原则". 人民政协报,2007/11/19.

胡彪. 发挥人民政协在发展社会主义民主政治中的重要作用. 人民政协报,2007/11/12.

郭敬阳. 多措并举推进政协民主监督工作. 人民政协报,2007/10/15.

新华社. 非中共人士在中国政治舞台上扮演重要角色. 人民政协报,2007/01/24.

张卿祥. 构建和谐社会发挥政协民主监督作用. 人民政协报,2007/09/11.

韩永. 我国政党制度凸显民主协商. 中国改革报,2007/12/17(004).

苏永通. 政党制度白皮书非政策调整信号. 南方周末,2007/11/22(B10).

王全宝. 多党合作是行得通的. 党史信息报,2007/12/19(A01).

鲁宁. 中国政党制度发展标定新方向. 东方早报,2007/11/16(A14).

田成有. 浅议共产党领导下的多党合作. 云南政协报,2007/10/10(003).

刘军. 在改善民生中实现党的先进性. 新乡日报,2007/11/19(002).

魏武,李亚杰,卫敏丽. 多党合作:民主实现方式"中国创新". 新华每日电讯,2007/11/16(003).

朱世海. 政党制度必须符合本国国情. 团结报. 2007/12/22(008).

李易霖. 坚定不移走中国特色社会主义道路就是当代中国共产党人的理想信念. 中国社会报,2007/12/14(002).

毛翠香. 围绕中国特色社会主义这个主题谋划发展统一战线. 青海日报,2007/12/16(002).

王善明. 我国多党合作政党制度的特点和优势. 工商导报,2007/12/25(003).

王彩玲. 党际和谐:中国特色政党制度的显著特点. 人民政协报,2007/11/21(C04).

新华社记者田雨. 坚持和完善中国特色社会主义政党制度. 南方日报,2007/11/16(A02).

朱培康. 中国特色政党制度是好的政党制度. 学习时报,2007/03/12(005).

马志伟. 坚持中国共产党的领导　推动和谐政党关系建设. 团结报,2007/03/17(008).

王长江. 辨析关于民主问题的几个疑虑. 北京日报,2007/05/21(018).

王占阳. 渐进民主化具有历史合理性. 社会科学报,2007/03/08(002).

朱培康. 中国特色政党制度符合社会规律. 光明日报,2007/03/29(010).

时习之. 略论人民政协与我国政党制度的关系. 友报,2007/02/16(003).

蔡永飞. 试论中国特色政党关系的和谐. 团结报,2007/02/03(008).

康民.我国政党制度建设服务和谐社会的着力点.人民政协报,2007/02/13(C04).

木佳.推动统一战线和多党合作取得新进展.中华工商时报,2007/12/27(001).

九三学社中央主席韩启德.巩固多党合作和政治协商的政治基础.人民日报,2007/11/30(015).

张梅颖.多党合作:只要“有所为”就要“有作为”.团结报,2007/11/27(004).

韩启德.坚持走中国特色社会主义政治发展道路.团结报,2007/12/06(008).

中共中央统战部副部长陈喜庆.谈我国的多党合作制度体现为“四个崭新”.团结报,2007/10/13(001).

本报评论员.重大而又深刻的现实意义——一谈坚持走中国特色社会主义政治发展道路.团结报,2007/08/21(001).

郑宪.民主党派在我国政治生活中的地位.团结报,2007/12/01(008).

刘保明.试论和谐政党关系与构建社会主义和谐社会.团结报,2007/08/18(008).

毛增华.试论多党合作中的求同存异.团结报,2007/03/31(008).

张倩.以十七大精神为指导推动多党合作事业取得新发展.甘肃日报,2007/11/10(002).

周淑真.怎样看待政党关系和谐.学习时报,2007/09/24(005).

耿联.多党合作,为“两个率先”凝心聚力.新华日报,2007/10/14(A02).

蒋正华:努力构建和谐政党关系.团结报,2007/10/13(008).

励小捷.多党合作制度的新境界.光明日报,2007/10/15(004).

马立.中国特色政党制度视野中的党际和谐.党史信息报,2007/10/10(A02).

张淑君.以发展为目标构建和谐政党关系.人民政协报,2007/01/27(A03).

周淑真,刘红凛.构建和谐的政党关系.中国教育报,2007/01/22(004).

曹蓉.实现我国政党关系长期和谐的根本路径.团结报,2007/01/06(008).

王善明.互相监督是多党合作必然要求.工商导报,2007/06/26(003).

麦康森.多党合作是构建和谐社会的政治保障.团结报,2007/03/03(008).

2.执政党建设研究

王长江.以改革创新精神全面推进党的建设新的伟大工程.中国特色社会主义研究,2007,(6).

王长江.增强规避执政风险的能力.中国党政干部论坛,2007,(5).

王长江.执政意识与执政党意识.中共福建省委党校学报,2007,(11).

王长江.推进党管干部的科学化进程.北京支部生活,2007,(4).

王贵秀.“党的一元化领导”探析.中国党政干部论坛,2007,(7).

鄢小莉.“三个成为”与执政党的形象建设.哈尔滨市委党校学报,2007,(3).

李坚.“绝不允许形成(党内)既得利益集团”问题的历史与现实分析.理论探讨,2007,(3).

王守光.“网上纳谏”——民主执政新途径.中国党政干部论坛,2007,(8).

许志功.以贯彻科学发展观的实践　加强党的先进性建设.前线,2007,(1).

郑科扬. 党内民主的发展趋势及必须坚持的原则. 政治学研究,2007,(3).

蔡霞. 关于发展党内民主的实践与思考. 学习月刊,2007,(7).

张树军. 构建社会主义和谐社会关键在党. 中共党史研究,2007,(1).

张晓燕. 从十七大党代表选举看党内民主进程. 共产党员,2007,(2).

陈训廷. 试论党内和谐建设. 党建研究,2007,(2).

章百家. 构建和谐社会与党的传统和中国特色社会主义的模式. 中共党史研究,2007,(1).

张峰. 科学发展观是对“三个代表”重要思想的坚持和发展. 宁夏社会主义学院学报,2007,(1).

陈小林. 构建21世纪中国共产党执政学. 当代世界与社会主义,2007,(3).

张存生. 保持党的先进性　加强共产党员党性修养. 内蒙古电大学刊,2007,(2).

邵明昭. 整合多元利益主体——新时期加强党的执政能力建设的一个现实课题. 辽宁行政学院学报,2007,(2).

林尚立. 制度整合发展:中国共产党建设的使命与战略. 毛泽东邓小平理论研究,2007,(4).

蔡长水. 执政党建设必须牢牢把握一条主线. 理论前沿,2007,(21).

张洪修. 党的建设总体布局中的执政能力建设. 理论学刊,2007,(6).

闫明,唐雁. 建立长效机制是巩固先进性教育成果　加强党的先进性建设的根本途径. 辽宁行政学院学报,2007,(1).

崔东杰,梁占方. 加强党的执政能力建设研究. 廊坊师范学院学报,2007,(1).

冯孝宝,黎见春. 浅论和谐社会视域下党的执政能力的增强与利益整合机制的建构. 甘肃理论学刊,2007,(1).

于昆,胡献忠. 科学发展观与党的执政基础. 党政论坛,2007,(1).

陈晓悫. 评估1949—2005年党的执政能力:一种量化途径. 哈尔滨市委党校学报,2007,(1).

王秀琴. 建立社会管理新格局　提高党领导社会建设的能力. 哈尔滨市委党校学报,2007,(1).

高喜平,莫岳云. 统一战线与加强党的执政能力建设. 学习论坛,2007,(1).

罗建文. 论党执政权威道德支持的主要原则. 湖南科技大学学报,2007,(1).

高波. 党的反腐败工作的创新思维. 马克思主义研究,2007,(1).

王炳林,于昆. 毛泽东对扩大党的群众基础的杰出贡献. 马克思主义研究,2007,(1).

郑科扬. 党的先进性是构建社会主义和谐社会的根本保证. 思想政治工作研究,2007,(1).

邹继业. 在构建社会主义和谐社会中大力加强党的理论工作. 经济与社会发展,2007,(1).

任映红. 非公企业党建评价体系的探索与构建. 江汉论坛,2007,(1).

黄苇町. 作风三问——弘扬军魂、党魂、国魂. 决策与信息,2007,(2).

董学生. 浅议党的作风建设中的几个问题. 中国监察,2007,(2).

袁准,冷福榜.论推进党的自身改革与保持党的先进性.湖湘论坛,2007,(1).

阳恩良.解放战争时期党的思想政治教育的主体自身建设.贵州师范大学学报,2007,(1).

王红芳.新民主主义革命时期党对农民思想政治教育思想的“三性”阐析.甘肃联合大学学报,2007,(1).

何毅亭.党建理论上的新发展——回顾十六大以来党的建设理论创新的主要成果.共产党员,2007,(1).

王智.“党——政府——社会”三元结构:构建和谐社会的新视角.党政干部论坛,2007,(1).

黄楚平.党的先进性建设对基层党组织职能和功能的新要求.党政干部论坛,2007,(1).

陆仁权,李鉴修.学习党的三代中央领导集体关于党员权利的理论.中共石家庄市委党校学报,2007,(2).

苏文慧.在比较、借鉴中探索党的执政规律——访中共中央党校党建部主任王长江教授.上海党史与党建,2007,(2).

宋福范.完整准确地把握党的第三代中央领导集体的执政思想——学习《江泽民文选》.山东师范大学学报,2007,(1).

欧阳淞.切实加强和改进党的组织工作.人民论坛,2007,(4).

黄明哲.关于以党内民主促进党内和谐的思考.唯实,2007,(4).

刘娅.重视解决党的权力运行中的不和谐因素.理论动态,2007,(8).

马仲良,姚桓,徐文天.社区党建创新的新尝试——酒仙桥街道党建工作调查.前线,2007,(2).

王国生.积极探索农村社区党建工作新模式.求是,2007,(1).

中共中央组织部党建研究所.构建社会主义和谐社会关键在党.求是,2007,(1).

侯德泉.新世纪新阶段党的统一战线理论的新发展.求实,2007,(1).

陈文胜.十六大以来党的思想理论工作.前沿,2007,(1).

樊文娥.用科学发展观推进党的先进性建设.毛泽东思想研究,2007,(1).

杨俊辉,王沛栋.从廉政角度谈朱德的党建思想.毛泽东思想研究,2007,(1).

史艺军,马桂萍.和谐视域中社区党建工作的关键问题与着力点.岭南学刊,2007,(1).

张国宏,汪博武.中共八大对党的执政规律的探索.理论探讨,2007,(1).

王风斌.加强民营企业党建工作思考.理论探索,2007,(1).

祝福恩,祝桂英.从党的先进性建设看苏共垮台的教训.理论探索,2007,(1).

李庄.党政关系建设的核心.理顺党与人大的关系.理论视野,2007,(1).

刘伟.增强干部素质　提高领导能力——学习胡锦涛总书记在党的十六届六中全会上的有关重要论述.理论学刊,2007,(1).

杨永茂.浅谈加强国有企业党的基层组织先进性建设.理论界,2007,(2).

王邦佐.构建和谐社会执政党面临的挑战问题.江苏警官学院学报,2007,(2).

凌石德,刘荣华.论胡锦涛对党的人才理论的创新与发展.理论界,2007,(2).

王西冀.开创农村党建工作新局面.当代广西,2007,(2).

张素云,肖聪.新世纪新阶段加强党的统一战线建设研究.重庆社会主义学院学报,2007,(1).

吴苗,段小平.政治发展进程中的执政党政策因素分析.理论与改革,2007,(2).

程珂,张本效,雷家军.七届二中全会前后党对执政合法性基础的构建.长白学刊,2007,(1).

王继元.保持党的先进性的长效机制建设探析.长白学刊,2007,(1).

白雪秋,李顺荣.统筹城乡发展与党驾驭经济的能力.长白学刊,2007,(1).

朱峻峰.坚持以党章为依据,推进党的先进性建设——学习胡锦涛同志在中纪委第六次全体会议上的讲话.北京联合大学学报,2007,(1).

张吉明.用延安精神加强党的建设.中华魂,2007,(2).

左吉祥.以胡锦涛为总书记的党中央对党建理论的丰富与发展.学习论坛,2007,(2).

韩强.改革党的执政体制的四个着力点.学习论坛,2007,(2).

尹书博,叶春涛.从“斗争哲学”到构建“和谐社会”.中共执政理念的新飞跃.党史文苑,2007,(6).

杨松菊.抗日战争时期党的作风建设及其对党的发展的影响.湘潭大学学报,2007,(1).

杨俊英.简述以人为本与党的执政理念创新.武汉大学学报,2007,(1).

刘永哲.马克思主义党建理论的新发展.唯实,2007,(1).

孙恩恩.党的先进性建设与企业管理模式的借鉴.中共山西省委党校省直分校学报,2007,(1).

陈慧刚.作风建设是党的先进性建设的重要内容.中共山西省委党校省直分校学报,2007,(1).

王莉.党群关系三大基本要素变化带来的新问题思考.中共石家庄市委党校学报,2007,(2).

古连智.在加强作风建设中保持党的先进性.法制与社会,2007,(1).

杨叶忠.从“党的性质”和“入党标准”的演变看党建思想的发展.法制与社会,2007,(1).

张书林.近年来民主执政问题研究综述.人大研究,2007,(12).

温敬元.论健全中国共产党的执政体制——以政党政治的基本架构为视角.中共福建省委党校学报,2007,(11).

唐颖.提高党的执政能力与公务员队伍建设.党政论坛,2007,(3).

朱新现.以党内和谐推动党的建设.党政干部论坛,2007,(2).

刘翔辉.完善党的执政方式 提高党的执政水平.党史文苑,2007,(2).

匡显桢.加强理想信念教育是党的先进性建设的根本.党史文苑,2007,(2).

刘晓根.试析党的建设新的伟大工程——学习胡锦涛同志在庆祝建党85周年大会上

的重要讲话. 党史文苑,2007,(2).

史晓辉. 加强党的先进性建设重大战略思想的实践意义. 理论界,2007,(12).

孔朝霞. 中国共产党的思想建党理论与党的先进性建设. 大连海事大学学报,2007,(5).

黄美琼. 党的先进性. 推进社会主义新农村建设的关键. 中共云南省委党校学报,2007,(5).

张体魄. 执政党权威与政治稳定. 云南社会科学,2007,(1).

韩敬瑜,付云燕. 十六大以来新一代党中央领导集体的党建理论创新. 中共云南省委党校学报,2007,(5).

吴传鹏. 以改革创新精神全面加强党的建设. 中共云南省委党校学报,2007,(5).

杨绍安,洪昊. 推进党的制度创新提高执政能力. 西华师范大学学报,2007,(6).

王习贤. 论网络时代提高党的舆论引导能力的必要性与途径. 湖南行政学院学报,2007,(6).

唐伟. 加强党的依法执政能力建设是时代的选择. 理论学习,2007,(11).

张舒平. 领导科学发展能力是党执政能力建设的根本. 理论学习,2007,(11).

刘春鹏. 以改革创新精神全面推进党的建设新的伟大工程. 理论学习,2007,(11).

刘乃刚. 发展党内民主是党的先进性建设的力量源泉. 中共铜仁地委党校学报,2007,(4).

崔德富. 加强党的作风建设之我见. 中共铜仁地委党校学报,2007,(3).

毕力夫. 完善党政领导干部政绩考核体系的几点思考. 中国党政干部论坛,2007,(1).

孙海波,相清平. 试论邓小平重塑党执政合法性基础的思想. 胜利油田党校学报,2007,(6).

赵素兰. 加强党的执政能力　努力构建和谐社会. 社科纵横,2007,(11).

梁妍慧. 以改革创新精神全面推进党的建设新的伟大工程. 中共石家庄市委党校学报,2007,(11).

贺林. 十六大以来党的理论创新. 四川统一战线,2007,(10).

张克非. 香港回归与党的统一战线工作新探. 四川统一战线,2007,(7).

张孝廷. 统一战线与党的执政能力建设的关联性分析. 四川统一战线,2007,(2).

钟家霖. 全面落实科学发展观与提高党的领导水平. 四川统一战线,2007,(1).

周明. 在反腐败斗争中加强党的先进性建设. 求实,2007,(11).

于延晓. 论中国共产党执政的合法性——以权力与权利的关系为进路. 学习与探索,2007,(6).

沈其新. 清廉:马克思主义执政党的典型品质. 马克思主义研究,2007,(10).

檀雪菲. 关于新社会组织党建研究的若干问题. 当代世界与社会主义,2007,(1).

李烈满. 深刻认识科学发展观对党的建设提出的新要求. 红旗文稿,2007,(4).

张桂香. 论加强党的执政能力建设的伦理底蕴. 河南广播电视大学学报,2007,(1).

常光民,唐晓清. 健全执政党拒腐防变机制的思考. 政治学研究,2007,(1).

邱观建,周新群. 江泽民关于改善党的领导的路径探析. 黄冈师范学院学报,2007,(1).

胡正燕. 党风廉政建设与党的先进性. 湖北大学成人教育学院学报,2007,(1).

王向前. 延安时期陈云党建思想及其深远意义. 河北软件职业技术学院学报,2007,(1).

贺泉源,赵芝瑞. 试论基层党务工作和新时期党的建设. 湖北经济学院学报,2007,(2).

张海燕,吴向军. 保持党的先进性重在实践. 理论前沿,2007,(5).

龚先庆. "党的利益"问题研究综述. 理论导刊,2007,(3).

赵静,韩华. 党的执政伦理建设与和谐社会的构建. 理论导刊,2007,(3).

郭永红. 构建社会主义和谐社会与党的执政能力建设. 辽宁大学学报,2007,(2).

苏星鸿. 马克思主义中国化和党的先进性建设. 江西行政学院学报,2007,(1).

饶燕,吴若兰. 共产党员必须严格遵守党的政治纪律. 江西青年职业学院学报,2007,(1).

任世红. "三个代表"与党的三大作风. 江苏省社会主义学院学报,2007,(1).

周育平. 弘扬长征精神. 加强党的执政道德建设. 湖湘论坛,2007,(2).

刘宗洪. 开发党的执政资源　提高党的执政能力. 广西社会科学,2007,(3).

詹学德. 论中国共产党农村党群关系理论的形成和发展. 社会主义研究,2007,(6).

徐水林,詹祥胜. 用科学发展观指导党的规模建设. 前沿,2007,(12).

靳连芳. 执政党建设若干前沿问题述评. 新视野,2007,(4).

李俊. 中国共产党现代化研究述评. 中共山西省委党校学报,2007,(3).

蔡霞. 党内制度建设的几个重大问题. 理论动态,2007,(3).

任铁缨. 关于党内制度的衔接. 理论动态,2007,(3).

李萃英,高民,张晓兵. 邓小平党建理论中的"民本"特质. 前沿,2007,(12).

徐信华. 全面把握科学发展观的科学内涵和精神实质——试论科学发展观在十六大以来党的各项理论创新中的统领作用. 理论学习与探索,2007,(5).

李先伦. 党的执政能力建设思想探索历程和启示. 广西社会科学,2007,(12).

黄飞剑. 论新时期党的执政能力建设. 湖南第一师范学报,2007,(4).

张家芳. 学习贯彻新党章　关键是以科学发展观指导和推进党的建设. 中共南京市委党校学报,2007,(6).

韦有多. "以人为本"是新一代中央领导集体执政理念的创新. 马克思主义与现实,2007,(6).

邵建光. 党章修改:彰显改革创新的党建新思维. 中共南京市委党校南京市行政学院学报,2007,(6).

王伟光. 旗帜和道路问题关系党和国家前途命运——关于党的十七大的主题和精神. 中国监察,2007,(22).

孟海艳. 邓小平和谐社会思想对党的建设的现实启示. 世纪桥,2007,(12).

王世波. 党的执政理念的核心思想发展研究. 世纪桥,2007,(12).

李琳. 试论党的先进性长效机制建设的有效途径. 世纪桥,2007,(12).

贾淑萍,王宝中. 保持党的先进性是一个带根本性的重大课题. 理论观察,2007,(5).

蒋政. 论党建目标具体化. 理论观察,2007,(5).

汤耀阳. 以科学发展观将党的先进性建设向前推进. 和田师范专科学校学报,2007,(6).

江大伟,钟天娥. 党对毛泽东思想认识研究述评. 高校社科动态,2007,(3).

黄育安. 关于党的执政方式转型问题的探讨. 桂海论丛,2007,(6).

董欢. 增强忧患意识:提高党的执政能力的内推力. 重庆工学院学报,2007,(9).

王断元,于桂英,王文波,李维丽,李佰军,康莉,李显芬,林澍,刘继学,郑立敏,董诚义,李延军. 党的先进性建设的内涵及其实现路径. 长春市委党校学报,2007,(5).

邢家强. 论江泽民全面加强党的建设思想. 蚌埠党校学报,2007,(3).

卜振友. 中国共产党从革命党到执政党角色转变探析. 鞍山师范学院学报,2007,(5).

张哲,杨绍安. 毛泽东执政为民思想对加强党的执政能力建设的作用. 郑州航空工业管理学院学报,2007,(5).

肖光荣. 加强党的执政能力建设研究必须深化的几个理论问题. 中国特色社会主义研究,2007,(6).

江金权. 创新完成执政使命. 中国特色社会主义研究,2007,(6).

杨绍华,唐晓清. 按照"三执政"的要求健全科学的党内领导体制和工作机制. 中国特色社会主义研究,2007,(6).

董江爱. "两票制"、"两推一选"与"一肩挑"的创新性——农村基层党组织执政能力建设的机制创新. 社会主义研究,2007,(6).

李智. 论新时期进一步提高执政党的领导水平和执政能力. 社会主义研究,2007,(6).

汪永清. 把治国理念转化为制度、体制和机制. 求是,2007,(24).

杨雪冬. 改革是最可宝贵的执政资源. 社会科学,2007,(12).

秦德君. 中共十大执政经验. 四川统一战线,2007,(12).

秦培贞. 六个必须坚持". 中共执政的主要经验. 四川统一战线,2007,(9).

张明霞. 从抗日民族统一战线看中国共产党执政资源的获取. 四川统一战线,2007,(3).

孙金根. 中共七大确立毛泽东思想为党的指导思想的原由. 遵义师范学院学报,2007,(5).

梁妍慧. 党的建设理论的重大创新. 中共珠海市委党校学报,2007,(5).

何毅亭. 以改革创新精神全面推进党的建设新的伟大工程. 中国党政干部论坛,2007,(11).

刘涛. 论党在科学发展观视野中的社会整合功能. 延安大学学报,2007,(5).

王丽华. 民间组织崛起与党的执政基础的巩固. 学习月刊,2007,(18).

杨健. 科学发展观视野下的党的宣传工作执行力. 宜春学院学报,2007,(5).

李升涛. 党执政合法性的辩证思考. 云南财贸学院学报,2007,(3).

李美琴. 新时期加强党的思想领导能力建设的途径. 武汉科技学院学报,2007,(7).

阚和庆. 论党在增强阶级基础方面的历史经验和教训. 天中学刊,2007,(4).

陆仁权. 对朱德在党的八大创见的解读. 中共天津市委党校学报,2007,(4).

李安林,邵海军. "共建共享"和谐社会与党的执政合法性建设. 苏州大学学报,2007,(5).

陈纯仁,王令娟. 论提高党的执政能力的制度途径. 邵阳学院学报,2007,(6).

韩凤春. 加强"四种能力"建设　增强党的执政能力. 中共福建省委党校学报,2007,(11).

游龙波. 以改革创新精神推进党的自身建设. 中共福建省委党校学报,2007,(11).

梁道刚,李灵均. 关于党的执政能力的几个基础理论问题. 探索,2007,(5).

张世飞. 十六大以来党中央对党建理论的重要贡献. 探索,2007,(5).

陈松友,刘辉. 论陈云关于执政条件下党的建设思想. 胜利油田党校学报,2007,(5).

刘宗洪. 党的现代化及其路径选择. 上海党史与党建,2007,(11).

陈华林. 领导者的党性修养是党的先进性建设的首要条件. 湖南省社会主义学院学报,2007,(5).

卢先福,甄小英. 党的建设部分新亮点点评. 人民论坛,2007,(Z1).

欧阳淞. 努力开创基层党的建设新局面. 求是,2007,(22).

王建平. 中国历史上两个执政党执政方式之比较. 商业经济,2007,(9).

黄娜. 加强党的执政能力建设必须增强党的亲和力. 濮阳职业技术学院学报,2007,(4).

李得珠. 论执政条件下的党群关系. 攀登,2007,(5).

左吉祥,李珞山,高波. 学习胡锦涛关于加强党的作风建设理论的几点认识. 攀登,2007,(5).

刘勉钰. 八一起义与党的统一战线. 南昌大学学报,2007,(5).

陆仁权. 党的第一代领导集体"党建伟大工程"的历史考察. 毛泽东邓小平理论研究,2007,(9).

崔献刚. 整合党的执政资源　永葆党的先进性. 重庆社会主义学院学报,2007,(4).

吴向伟. 科学技术与党的执政能力建设. 沧桑,2007,(6).

王福彪. 科学发展观是党执政理念的新飞跃. 沧桑,2007,(6).

张伟. 在贯彻科学发展观中整合、优化党执政的绩效资源. 沧桑,2007,(6).

温顺生,王中华. 执政合法性与和谐社会的构建. 长白学刊,2007,(6).

任培秦,周娴丽. 从现代化的角度看中国共产党执政合法性的获取与维护. 安康学院学报,2007,(6).

阮李全,刘洪波. 论加强党的执政能力建设与科学发展观. 阿坝师范高等专科学校学报,2007,(4).

于文发. 中国共产党的执政思路与实践探索. 中共云南省委党校学报,2007,(5).

陆传照. 从执政风险视角看社会主义核心价值体系建设. 中共云南省委党校学报,

2007,(5).

陶国相. 以人为本:我党执政理念的新飞跃. 云南社会科学,2007,(6).

马慧吉. 中国共产党科学执政研究的回顾与思考. 宜宾学院学报,2007,(9).

尹杰钦. 论发展是党执政兴国的第一要务. 湖南科技大学学报,2007,(6).

贾玉英. 中国共产党构建和谐社会执政理念的形成和发展. 西南民族大学学报,2007,(11).

万斌,唐美云. 中国共产党执政思维方式的文化解读. 学术界,2007,(6).

纪淑云,阎瑞桃. 党的先进性建设理论的新发展. 兰州学刊,2007,(10).

陈志强. 开展党建工作的新思路. 洛阳大学学报,2007,(1).

姚晓娜. 论爱国主义精神作为党执政合法性资源的培育. 辽宁行政学院学报,2007,(12).

张静莉,张玉萍. 加强党的执政能力建设的路径选择. 理论探讨,2007,(6).

刁熙军. 关于加强党的先进性建设若干问题的探析. 鲁东大学学报,2007,(4).

施雪华,孔凡义. 民主、集中与执政党的建设. 社会科学,2007,(12).

芮鸿岩. 制度文明与党的先进性建设. 苏州大学学报,2007,(6).

孙艺兵,周国平,孙志明. 党的先进性建设科学命题的深层解读. 苏州科技学院学报,2007,(4).

郭国祥,郭曙岩. 全球化视野下中国共产党政治权威的转型与发展. 理论探讨,2007,(3).

林伟京. 强化党的组织整合与政治动员. 理论前沿,2007,(13).

白岩. 党的执政方式应与经济社会的发展相适应. 理论界,2007,(11).

吴晓敏. 论邓小平对党的执政理论建设的历史性贡献——政治经济学语境下的描述及探析. 江西行政学院学报,2007,(4).

赵永忠. 科学发展观丰富了党的先进性建设的指导思想. 广西社会科学,2007,(11).

邓文. 胡锦涛关于党的先进性建设思想的时代内涵与基本特征. 广西社会科学,2007,(10).

徐根义. 密切联系群众与党的先进性建设. 黑龙江省社会主义学院学报,2007,(3).

郝勇,李安增. 和谐社会构建视野中党的执政能力建设. 黑河学刊,2007,(6).

刘文初,袁小鹏. 党的执政方式与社会主义政治文明建设. 湖北广播电视大学学报,2007,(11).

杨艳. 十六大以来党的建设成就及经验. 传承,2007,(9).

叶小华. 新时期加强党的思想政治建设探析. 党史文苑,2007,(18).

吴家骥. 继续推进党的建设新的伟大工程. 中共云南省委党校学报,2007,(4).

王庆兵. 从政党认同的变迁规律看加强执政党建设的路径. 中州大学学报,2007,(3).

卢先福. 关键是要抓好党的自身建设. 中国党政干部论坛,2007,(10).

牛飞,汤文治. 关于非公有制经济中党建工作的认识与思考. 学术探索,2007,(4).

江云岷. 科学发展观与党的执政安全. 云南民族大学学报,2007,(5).

贺全胜. 邓小平党的执政安全思想探微. 湖南行政学院学报,2007,(5).

祝福恩. 党的先进性建设与积累执政的合法性资源. 学习论坛,2007,(10).

王世谊. 党的先进性建设在“两新”组织中的时代特征和实现方式. 新视野,2007,(5).

张霞. 政治合法性视角下党的先进性建设. 乌鲁木齐职业大学学报,2007,(3).

李军林. 浅论党的执政作风与和谐社会的构建. 唯实,2007,(10).

姜影. 加强党的执政能力建设关键在于科学执政. 沈阳干部学刊,2007,(5).

吴玉香. 邓小平关于党的制度建设思想. 山东省农业管理干部学院学报,2007,(5).

岳奎. 党的先进性建设的政治生态学思考. 云南行政学院学报,2007,(2).

杨凤城. 从“正确处理人民内部矛盾”到“构建社会主义和谐社会”——党的执政理念的演进. 中共福建省委党校学报,2007,(9).

王桂芳. 论反腐倡廉与加强党的执政能力建设. 中共山西省委党校学报,2007,(5).

赵秀琴. 关于加强党的执政能力建设的思考. 中共山西省委党校学报,2007,(5).

韩强. 政治建设是党的建设的重要组成部分. 马克思主义研究,2007,(9).

裴蓓. 建立党的先进性建设长效机制. 思想政治工作研究,2007,(10).

曹小平. 党的执政理念的升华:科学发展与社会和谐. 中国特色社会主义研究,2007,(5).

张向鸿. 十六大以来党的理论创新——访中共中央党校副校长、博士生导师李君如研究员. 中共石家庄市委党校学报,2007,(10).

祝福恩. 科学发展观是我们党指导思想的创新与发展. 中共石家庄市委党校学报,2007,(9).

张晓莉. 在理论与实践结合中加强党的自身建设. 实践,2007,(10).

杨绍安,兰世惠. 为巩固党的执政地位全面开发执政资源. 社会主义研究,2007,(5).

陈自才. 试论江泽民的党的思想建设首位论. 社会主义研究,2007,(5).

柳宽阔,刘永红. 政治现代化视角下党的执政能力建设. 社会科学家,2007,(5).

张国新,朱志浩. 论毛泽东与提高党的执政能力和水平. 重庆三峡学院学报,2007,(5).

刘世华. 中国共产党的民主诉求与政治使命. 理论学刊,2007,(6).

左宪民. 党代会. 党的理论不断创新的标志. 人民论坛,2007,(19).

周明生. 科学发展观是党的重大理论创新. 群众,2007,(10).

徐根义. 公仆意识与党的先进性. 求实,2007,(10).

刘明,朱毅蓉. 关于加强党对社会中介组织领导的思考. 求实,2007,(9).

林霞. 行政伦理与党的执政能力探讨. 前沿,2007,(10).

汪俊玲,高静. 现代化进程中党的政治权威的变迁与转型——总结党的建设历史经验的一个视角. 前沿,2007,(9).

黄祐. 江泽民党的执政忧患意识观及现实意义. 中共南宁市委党校学报,2007,(4).

李明. 群众利益与党群关系和谐化——兼论党的执政能力建设. 毛泽东思想研究,2007,(5).

李娜.论政治文明视域下党的执政能力建设.理论与现代化,2007,(5).

杨凤林,王东华.论新时期党建目标的变化.中共乐山市委党校学报,2007,(4).

顾坚,张西立.论以人为本作为党的执政理念的主要政策取向.岭南学刊,2007,(5).

张国安.论列宁的从严治党思想及其时代价值.理论与改革,2007,(5).

易丽.深化和发展党内民主　加强党的执政能力建设.理论与当代,2007,(9).

王虹.恩格斯晚年关于保持党的先进性的思想及其当代意义.辽宁大学学报,2007,(5).

邵广军.经济主体多元化与党的执政能力建设.长江大学学报,2007,(S1).

范铁中,赵连章.政治文明语境下党的执政能力建设.江西师范大学学报,2007,(4).

罗奇清,彭玉梅.加强统战工作　提高党的执政能力.江西金融职工大学学报,2007,(5).

朱忠孝.党的两个先锋队性质与"三个代表"重要思想一致性.江苏工业学院学报,2007,(3).

程浩.基于政治认同的党的执政能力建设.深圳大学学报,2007,(2).

蒋霞.探析新时期党的先进性建设面临的机遇和挑战.江苏工业学院学报,2007,(3).

郭华茹.以党的先进性引领和谐社会构建.江苏工业学院学报,2007,(3).

曾成贵,谢芳.中共五大与党的建设述论.湖北行政学院学报,2007,(5).

朱前星.论党的基层组织资源整合能力.湖南师范大学社会科学学报,2007,(5).

王红光,刘涛.政治合法性视野下党的执政能力建设探析.赣南师范学院学报,2007,(5).

谭献民,文斌.白色恐怖下党加强自身建设的新指向——试论"八七"会议的历史地位.甘肃理论学刊,2007,(5).

李朝阳,孙静怡.坚持群众路线.党长期执政的"传家宝".中共桂林市委党校学报,2007,(3).

徐晨光.十六大以来党的建设新举措.湖南社会科学,2007,(5).

韩华.党的建设与全面建设小康社会.当代世界与社会主义,2007,(5).

张小华.民族精神与党的先进性.党的建设,2007,(9).

郭志龙.在依法治国进程中加强和改善党的领导.党的建设,2007,(9).

刘永哲.党的建设新的伟大工程的新境界.党的建设,2007,(9).

徐新彦.2006年中国共产党加强党的自身建设重大举措述评.哈尔滨市委党校学报,2007,(5).

阚和庆.和谐社会视阈中"增强党的阶级基础"的内涵分析.哈尔滨市委党校学报,2007,(5).

刘振江.从构建和谐社会视角看党的先进性建设.安阳师范学院学报,2007,(4).

李居忠.在改革实践中巩固党的先进性.理论学习,2007,(8).

陈位志.现代政治文明与党的领导新理念.唯实,2007,(Z1).

徐晓玲.积极应对市民社会的兴起对党的政治权威的挑战.山西师大学报,2007,(S1).

刘锡桓. 论党的执政理念的合规律性维度与合目的性维度的统一. 中共福建省委党校学报,2007,(8).

李新生. 从新的历史起点出发准确把握党的建设总体布局. 中共福建省委党校学报,2007,(8).

孙宝林. 统一战线领域党的领导体制建设的几个着力点. 上海市社会主义学院学报,2007,(4).

朱德建. 试论党构建和谐社会的能力. 山东社会科学,2007,(8).

任鹏. 构建和谐社会——党执政合法性的新举措. 西南农业大学学报,2007,(4).

徐光春. 切实增强"三种意识"永远保持党同人民群众的血肉联系. 求是,2007,(18).

辛鸣. "四个坚定不移"对保持党和国家事业顺利发展大局至关重要. 求是,2007,(18).

费雅君,秦学勤. 十六大以来党的建设的理论创新. 攀登,2007,(4).

庞元正. 以科学发展观为统领推进党的指导思想与时俱进. 毛泽东邓小平理论研究,2007,(7).

杨雪芹. 古田会议精神对新时期党的基层组织建设的启示. 龙岩学院学报,2007,(4).

王高贺,卢诚. 党的执政理念的界定深究. 中共乐山市委党校学报,2007,(3).

刘子平. 构建和谐社会与加强党的执政能力关系探析. 辽宁行政学院学报,2007,(9).

张艳菊. 浅析加强党的执政能力建设的重大意义. 辽宁行政学院学报,2007,(8).

叶梧西. 江泽民同志对党的民主集中制理论的丰富和发展. 理论探讨,2007,(5).

商红日. 完善和发展社会主义民主制度是巩固、扩大党的执政基础的根本途径——基于社会结构转型与执政内涵的分析. 理论探讨,2007,(5).

吴敏. 保障党员权利:党的先进性建设的基础工程. 理论探索,2007,(5).

张恒山. 略论民主、法治与党的领导. 理论学刊,2007,(8).

陈高,汪紫俊,许冬梅. 新时期加强"两新"组织党建工作的调查与思考——从上海嘉定区"两新"组织党建实践看"两新"组织党建工作创新与发展. 理论前沿,2007,(18).

罗英姬. 新时期党的先进性建设面临的形势与特征初探. 理论界,2007,(9).

张毅翔. 论党的思想领导能力建设. 理论与改革,2007,(4).

李朝阳. 增强党章意识:党实现长期执政的重要保证. 理论与改革,2007,(4).

李小萍. 论党的领导权与执政权——基于宪政的视角. 黑龙江社会科学,2007,(4).

江明生. 浅谈关于党的监督的几点想法——从法学视角分析. 世纪桥,2007,(9).

李慎明. 科学发展观也是指导党的建设的理论. 今日浙江,2007,(16).

陈延秋. 对党在农村执政基础的思考. 吉林工程技术师范学院学报,2007,(8).

尚绪芝. 全球化背景下党的执政能力评价标准探讨. 吉林工程技术师范学院学报,2007,(8).

张书林. 党的十六大以来胡锦涛党建思想的创新点. 中共济南市委党校学报,2007,(3).

谢金辉. 党的先进性建设与马克思主义中国化. 湖北行政学院学报,2007,(S1).

邹金堂. 论加强党的执政能力建设. 湖北行政学院学报,2007,(S1).

袁翠红. 制度建设与党的先进性. 湖北行政学院学报,2007,(S1).

王传发. 增强党的执政合法性必须加强执政能力建设. 湖北行政学院学报,2007,(S1).

牛余庆. 试论中国共产党执政合法性资源中心的转换. 岭南学刊,2007,(3).

何新明. 健全科学民主决策机制　提高党的执政能力. 广西社会科学,2007,(9).

于昆. 试析中国共产党政治资源的开发与保护. 攀登,2007,(1).

兰丽影,栗守廉. 密切党同人民群众的关系　加强党的执政能力建设. 黑龙江省社会主义学院学报,2007,(2).

张瑞敏. 党对新社会阶层政策演变的历史考察及定位. 河南师范大学学报,2007,(4).

袁贵礼. 忧患意识与党的自身发展规律. 淮海工学院学报,2007,(3).

方蒙. 论构建社会主义和谐社会与党的执政能力建设的关系. 河南教育,2007,(8).

连晓畅. 切实抓好党的自身建设这个关键. 贵阳市委党校学报,2007,(4).

顾土东. 党的三代领导人对于科学发展观的理论探索. 法制与社会,2007,(7).

邓艳梅. 对加强党内和谐与党际和谐的若干思考. 党政干部论坛,2007,(S1).

丁晓宇. 新时期党执政理念的政治美学解读. 党政干部论坛,2007,(S1).

曲春杰. 理想信念建设是保持和发展党的先进性的根本. 党史文苑,2007,(14).

柳云. 党在延安时期民主政治建设的经验及启示. 党史博采,2007,(8).

肖光荣. 加强党的执政能力建设的道德支持研究论纲. 当代世界与社会主义,2007,(4).

谢撼澜. 中共五大在党的建设上的成就. 党的文献,2007,(5).

赵学琳,陆静. 加强党的建设必须准确把握时代脉搏. 中共成都市委党校学报,2007,(4).

方世南,伍军. 在阶级性与先进性的辩证统一中加强党的建设. 长春市委党校学报,2007,(4).

闫玉. 基层党组织建设是党的先进性建设的基础工程. 长白学刊,2007,(4).

黄永久,侯英杰. 马克思主义党建理论发展与党的执政方式创新. 长白学刊,2007,(4).

田道敏. 论党的执政能力建设与高校执教兴校能力提高的关系. 安阳师范学院学报,2007,(3).

王哲. 中共八大对加强党的执政能力建设的探索与实践. 新乡师范高等专科学校学报,2007,(3).

陈一容,江茂森. 朱德党建思想浅探. 学校党建与思想教育,2007,(6).

张万杰,王向华. 列宁关于党的组织原则的五个提法论析. 聊城大学学报,2007,(2).

李放. 新时期工会的战略转型与党的执政基础. 中共福建省委党校学报,2007,(7).

马新岚,游龙波,陈和水,刘明,许敏,李烈满. 科学发展观与党的建设的调查思考——以福建省为例. 中共福建省委党校学报,2007,(7).

刘振强. 论党的先进性建设思想的理论来源. 社科纵横,2007,(6).

耿相魁. 执政党建设理论是江泽民对马克思党建学说的重大贡献. 中共贵州省委党校学报,2007,(2).

阿庆喜,冯德军. 本质与具体的统一:认识党的先进性的重要视角. 绥化学院学报,2007,(3).

张琦. 构建和谐社会与党的执政能力建设. 山东电大学报,2007,(2).

饶发玖,龚美德,杨红. 党的领导是构建社会主义和谐社会的政治保证. 西南农业大学学报,2007,(2).

邱世绪,杜葵娟. 论当代中国阶级阶层分化与党的执政基础. 西南农业大学学报,2007,(2).

陈睿. 党的执政能力建设理论综述. 前线,2007,(7).

詹永杰. 用科学发展观指导党的建设. 求是,2007,(14).

虞云耀. 十六大以来党的建设的重大进展. 求是,2007,(13).

吴晓敏. 论毛泽东对党的执政理论建设的历史性贡献. 求实,2007,(7).

范毅. 依法执政与党的执政方式的法治化. 求索,2007,(6).

赵江丽. 论加强党的执政能力与科学发展观. 齐齐哈尔师范高等专科学校学报,2007,(2).

保广文. 科学发展观与党的先进性. 攀登,2007,(3).

任杨文,薛站升. 论在构建和谐社会中加强党的执政能力建设. 中共郑州市委党校学报,2007,(3).

韩振峰,纪淑云. 试论党的作风建设的历史经验. 中共郑州市委党校学报,2007,(3).

兰梓龙. 加强干部教育工作与提高党的执政能力. 中共云南省委党校学报,2007,(3).

吴传鹏,罗剑英,张德寿. 新时期党的领导方式方法创新研究. 中共云南省委党校学报,2007,(3).

郭亚丁. 略论恩格斯晚年的党建思想. 中共浙江省委党校学报,2007,(4).

赵胜基. 坚持党的先进性对构建社会主义和谐社会的理论和实践意义. 雁北师范学院学报,2007,(3).

范勋成. 推进党的作风建设应当把握的几个重点问题. 新视野,2007,(4).

生键红. 从马克思"人的全面发展"理论到党的执政能力建设的首要目标. 探索与争鸣,2007,(8).

马乙玉. "第三社区"中党的执政方式论析. 中共山西省委党校学报,2007,(4).

王炳林,王春玺. 实现公平正义与巩固党的执政基础. 中国特色社会主义研究,2007,(4).

房宁. 社会主义和谐社会理论,一道优美的红线. 鞍山社会科学,2007,(3).

周新城. 党的先进性建设关键是坚持马克思主义的党建路线——对苏联共产党惨遭解散的沉痛教训的思考. 中共石家庄市委党校学报,2007,(8).

刘长泽. 党的执政方式前沿问题研究——访中共中央党校党建教研部副主任张志明教授. 中共石家庄市委党校学报,2007,(8).

陆仁权. 学习党的建设历史经验　指导新的实践. 中共石家庄市委党校学报,2007,(7).

冯明文. 农村基层党建工作与社会主义新农村建设. 中共贵州省委党校学报,2007,(4).

罗祥辉,张兴毅. 完善党内民主　永葆党的先进性. 中共贵州省委党校学报,2007,(3).

杜晓蓉. 改善党的领导体制是政治现代化的必然要求. 南方论刊,2007,(7).

王光华. 加强党的执政理论建设是一项系统工程. 毛泽东思想研究,2007,(4).

李平. 按照“三个代表”重要思想的要求从严治党. 毛泽东思想研究,2007,(4).

李妍. 试述党的十一届三中全会前后邓小平关于利用外资的思想. 毛泽东思想研究,2007,(4).

夏建文. 论党的领导和人民当家作主的关系. 马克思主义与现实,2007,(4).

熊辉. 党的先进性的社会资本功能分析. 马克思主义与现实,2007,(4).

王天林. 经济全球化背景下的党的执政能力建设. 宁夏社会科学,2007,(4).

丁玉才. 构建社会主义和谐社会关键在党. 理论研究,2007,(3).

王启军,严娟娟. 和谐社会的构建与党的执政资源建设——以系统分析为视角. 理论探讨,2007,(4).

燕芳敏. 江泽民论党的基层组织建设. 理论视野,2007,(8).

李清芳. 社会转型与党的建设创新. 理论视野,2007,(8).

张鹏翔. 十六大以来党的建设理论创新成果和基本经验. 理论前沿,2007,(16).

张国良,鲁雷. 党执政合法性基础的时代诉求:构建社会主义和谐社会. 理论界,2007,(8).

张建荣. 党的三代领导集体与实事求是理论. 理论界,2007,(8).

卢先福. 着力增进党内和谐,以党内和谐促进社会和谐,提高领导和谐社会建设的本领. 江南论坛,2007,(7).

张荣臣. 关键是要抓好党的自身建设——十六大以来党的建设的理论创新. 中共珠海市委党校学报,2007,(4).

刘贵丰. 党的历史方位的改变与党的领导方式和执政方式的更新. 江西师范大学学报,2007,(3).

魏崇辉. 论党的执政能力建设与法律权威维护之关系. 江苏省社会主义学院学报,2007,(4).

鲁雁飞. 落实科学发展观是加强党的先进性建设的必然要求. 湖湘论坛,2007,(4).

张婷. 网络党建的交互性研究. 广西社会科学,2007,(8).

刘晓苏. 论党员领导干部素质与党的执政能力建设. 广西社会科学,2007,(8).

赵永忠. 新经济、社会组织:党的先进性建设的重要领域. 广西社会科学,2007,(7).

邸春玲,万忠德. 邓小平对党的执政合法性的维护及其启示. 广西社会科学,2007,(7).

汪璇. 党的领导集体的阶级阶层观与统一战线建设. 合肥学院学报,2007,(4).

王晓玲. 论新形势下党的作风建设. 湖北财经高等专科学校学报,2007,(3).

韩振峰. 党的三代领导核心对马克思主义中国化的历史贡献. 河北大学学报,2007,(4).

吴磊,卓福宝. 井冈山斗争时期党的先进性建设及其现实启示. 党史文苑,2007,(12).

蔡清伟. 三代中央领导集体关于加强党的先进性建设思想的不同着力点. 党史文苑,2007,(12).

王闯. 论党的第一代领导集体的科学立宪理念及其当代价值. 东北师大学报,2007,(4).

李永胜. 党的先进性建设是构建社会主义和谐社会的根本保障. 辽东学院学报,2007,(4).

王正明. 党的先进性建设与马克思主义中国化. 安徽教育学院学报,2007,(4).

袁树平. 谈新世纪统一战线"法宝"作用的发挥——加强党的执政能力建设与统一战线. 中央社会主义学院学报,2007,(3).

王丽华. 党的执政能力建设结构要素分析. 中共云南省委党校学报,2007,(2).

王康,陈湘舸. 邓小平坚持党的领导的理论与实践. 中共云南省委党校学报,2007,(2).

蔡清伟. 四代中央领导核心的党的先进性建设思想. 宁夏党校学报,2007,(4).

胡松,刘锋. 和谐社会视野中加强党对统一战线领导的路径探索. 南昌大学学报,2007,(3).

董卫华. 加强党的先进性研究工作. 理论视野,2007,(6).

刘晓钟. 党的建设理论创新特点论析. 理论学刊,2007,(6).

商志晓. 党的建设形成新的体系与布局. 理论学刊,2007,(6).

魏宏,王川. 在发展党内民主中加强和改进党的组织建设. 马克思主义与现实,2007,(1).

商志晓. 科学把握党的建设新的体系. 理论前沿,2007,(13).

冯丽芝. 加强党的执政能力建设关键在于科学执政. 理论前沿,2007,(12).

沈艳秋. 论党的先进性建设的重要性、紧迫性和艰巨性. 理论界,2007,(7).

刘怡. 浅议新时期党的执政方式的科学化. 理论与当代,2007,(6).

林伟京. 转型时期党的政治动员实效下降的原因分析. 科学社会主义,2007,(3).

张宏辉,汪涵. 试论延安时期刘少奇对党的建设理论的杰出贡献. 江西行政学院学报,2007,(3).

姜玮,管家芬,黎康. 党的十六大以来反腐倡廉理论的最新成果. 江西社会科学学报,2007,(6).

金圣石. 江泽民党的执政能力建设思想探析. 佳木斯大学社会科学学报,2007,(3).

任世红. 邓小平党建理论走向成熟的历史契机. 吉林省社会主义学院学报,2007,(2).

杨清. 中共执政方式的转变与公民权利的发展. 政治学研究,2007,(1).

刘明珍. 执政党要善于运用民主制度实现党的领导. 党建研究,2007,(7).

张喜红,薛立波. 中国共产党党内民主建设路径探析. 西南民族大学学报,2007,(4).

本刊评论员. 努力推进党的理论创新和实践创新. 江南论坛,2007,(7).

唐小芹,王飚. 党员思想政治素质与党的执政能力建设. 湖南财经高等专科学校学报,2007,(3).

尹汉华. 用制度文明建设推进党的先进性建设. 湖北经济学院学报,2007,(6).

胡茄. 牢牢抓住党的建设这一法宝. 贵阳市委党校学报,2007,(3).

薛锋. 建立永葆党的先进性长效机制——党的制度建设的新突破. 贵阳市委党校学报,2007,(3).

阳国亮. 建立党内民主参与制度　保持党的先进性. 广西大学学报,2007,(3).

王春玺. 试论邓小平新时期党的组织建设思想的主要特点. 福建党史月刊,2007,(5).

张世军. “三个代表”重要思想与党的制度化. 广东工业大学学报,2007,(2).

任大立. 科学发展观:开拓党的创新理论新境界. 创新,2007,(3).

郭金玲. 党内民主的结构论析. 河南师范大学学报,2007,(5).

苏伟. 民主的共性与党内民主及其发展关键. 理论探索,2007,(4).

吴其良. 中国共产党党内民主发展的难点辨析. 探索与争鸣,2007,(7).

黄国华. 党的基层组织领导班子成员直接选举的实践与思考. 中共成都市委党校学报,2007,(3).

郎小兵. 构建社会主义和谐社会与加强党的执政能力建设. 哈尔滨市委党校学报,2007,(3).

王新建. 简论党的执政为民理念与群众史观. 安徽农业大学学报,2007,(3).

王金平. 略论党的先进性的内涵. 希望月报,2007,(1).

杨秋凤. 关于党执政体制的理论与现实思考. 郑州航空工业管理学院学报,2007,(3).

王建敏. 以社会主义荣辱观推动党的建设的伟大工程. 中共郑州市委党校学报,2007,(1).

商志晓. 党的建设深化发展的几个问题. 中国党政干部论坛,2007,(6).

戴焰军. 关于执政党建设若干重大问题. 中共石家庄市委党校学报,2007,(7).

张书林. 论党内巡视制度. 宁夏党校学报,2007,(6).

靳连芳. “公款消费”居高不下的潜规则分析. 中国党政干部论坛,2007,(7).

张劲松,纳麒. 从历史与逻辑统一看党的执政方式转型的必然性. 云南社会科学,2007,(3).

薛锋. 党的三大优良作风和“三个代表”的内在联系. 中共伊犁州委党校学报,2007,(2).

程伟礼,李元. 以先进价值理念改进党的作风建设. 学习月刊,2007,(9).

谭和熙. 加强领导干部作风建设是抓好党建的重要保证. 学习月刊,2007,(8).

胡希旷.必须从党的执政地位思考拒腐防变——江泽民反腐败思想的鲜明特点.湖南行政学院学报,2007,(3).

葛光胜.不断总结历史经验　以改革的精神加强和改进党的建设.湖南行政学院学报,2007,(3).

杨德山.关于目前党建理论研究中存在的一些问题的思考.新视野,2007,(3).

陈飞虎.新时期加强企业党建工作要把握的几个重要问题.理论前沿,2007,(1).

周放.创新党的基层组织建设,构建城乡统筹的基层党建新格局.探索,2007,(6).

叶朝.论保持党的先进性是加强党的执政能力建设的根本.襄樊职业技术学院学报,2007,(3).

韩振峰,纪淑云.试论党的作风建设的历史经验及当代价值.上海党史与党建,2007,(5).

徐治彬.以德执政应当成为党的执政方式的一个基本要素.求实,2007,(5).

陆传照.执政风险和党群关系.求实,2007,(4).

刘红凛.党的执政理论的历史发展与当代建构.求实,2007,(4).

仇光淑.试论经济全球化形势下党的作风建设.宁夏党校学报,2007,(3).

黄明哲,赖路成.胡锦涛党的先进性建设思想论纲.宁夏党校学报,2007,(3).

陈小林.科学发展观与党的执政能力建设.南昌大学学报,2007,(2).

钱立洁.保持党员先进性必须加强党的建设坚持全面创新.马克思主义与现实,2007,(2).

李颖,蔚鲁静.党的先进性建设与构建社会主义和谐社会.牡丹江大学学报,2007,(2).

杜永吉.构建和谐社会与党的意识形态创新.南京政治学院学报,2007,(2).

李锋.关于加强新的社会阶层党建工作的思考.内蒙古统战理论研究,2007,(2).

王向军.加强党的先进性建设必须正确处理好“五个关系”.理论学习与探索,2007,(2).

徐建康,李青凤.论党的执政理念的政治情感基础.理论探索,2007,(3).

朱国立.论新时期党的凝聚力.理论建设,2007,(2).

贺传胜.构建社会主义和谐社会关键在党.理论界,2007,(5).

金晓钟.江泽民党的建设理论创新的时代背景与基本特征.理论界,2007,(5).

杨雁.构建和谐社会关键在党.理论与当代,2007,(2).

刘振强.论党的先进性建设思想是一个完整的科学体系.世纪桥,2007,(2).

郭兆才.试论邓小平关于党的制度建设思想.济宁师范专科学校学报,2007,(2).

郝永伟.浅析毛泽东党建思想的初步形成.济宁师范专科学校学报,2007,(2).

文洪朝,马兆明.党的执政方式创新的基本思路初探.济南大学学报,2007,(2).

章飚.邓小平关于党的建设理论新探.湖北省社会主义学院学报,2007,(2).

蔡晏平.在构建社会主义和谐社会中推进党的先进性建设.中共太原市委党校学报,2007,(3).

贾锡萍,张惠娣.马克思主义党的建设理论的重大创新——新一届中央领导集体关于党的先进性建设理论. 中共天津市委党校学报,2007,(2).

徐新彦. 党的思想理论建设与党的先进性建设. 理论研究,2007,(1).

刘政权,扈兵. 中介组织党建工作调查与思考——以湖南郴州市为例. 岭南学刊,2007,(2).

于幼军. "三个代表"对马克思主义党建学说的新发展新贡献. 理论前沿,2007,(6).

聂皖辉. 中国共产党总结历史经验与党的执政能力建设的关系. 理论建设,2007,(1).

蒋国海,粟仁良. 论建国初期党加强执政能力建设的历史经验. 湖南人文科技学院学报,2007,(1).

姜志强,曲文忠. 关于党的三代领导核心民主发展框架的思路. 江西教育学院学报,2007,(1).

王守光. 制度化视野下构建保持党的先进性长效机制的对策研究. 中共济南市委党校学报,2007,(1).

陈元中. 论统一战线在党的执政文化建设中的特殊作用. 湖北行政学院学报,2007,(2).

彭芳. 增强党内民主的程序性,加强执政党的执政能力建设. 法制与社会,2007,(6).

叶顺煌. 充分发挥人民团体的作用,努力增强党的执政能力. 学会,2007,(5).

陈元中. 加强执政文化建设,提高党的执政竞争力. 传承,2007,(6).

刘晓根. "党的生命"命题的历史考察与评析. 湖北行政学院学报,2007,(2).

陈宗良,康彦新. 从革命党到执政党:论西柏坡时期党建思想的创新与发展. 河北省社会主义学院学报,2007,(1).

郭玉明,余育国. 人民政协的政治协商与党的执政能力建设. 河北省社会主义学院学报,2007,(1).

肖光荣. 加强党的执政能力建设研究的回顾与思考. 湖南师范大学社会科学学报,2007,(2).

马霞. 新民主主义革命时期党的思想政治教育若干问题研究. 甘肃联合大学学报,2007,(2).

张广纯,陈健. 哲学视角下的党的执政资源的特征. 中共桂林市委党校学报,2007,(1).

马娜. 论邓小平对党的执政能力建设的贡献. 湖南社会科学,2007,(2).

尤云龙. 加强基层执行力建设　巩固党的执政地位. 中共成都市委党校学报,2007,(1).

刘建成. 思想理论创新是提高党的执政能力建设的前提. 中共成都市委党校学报,2007,(1).

赵静,韩华. 党的执政伦理建设与社会主义和谐社会的构建. 中共成都市委党校学报,2007,(1).

李永玲. 开放建党. 保持党的先进性的重要途径. 哈尔滨市委党校学报,2007,(2).

张书林. 党内民主. 保持党的先进性的基础工程. 哈尔滨市委党校学报,2007,(2).

谢军. 论邓小平对党的执政权力资源的维护和开发. 中央社会主义学院学报,2007,(1).

李延平. 建设社会主义新农村与党的执政能力. 中国社会科学院研究生院学报,2007,(2).

杨继荣,李仁贵. 论农村开放式党建模式的构建——以四川省农村基层党内民主发展为背景. 中共四川省委党校学报,2007,(1).

尹德慈. 民间组织党建工作问题研究. 以广州为例. 探求,2007,(3).

周丰. 论江泽民的治党方略. 陕西行政学院学报,2007,(2).

刘晓农,谢才寿. 井冈山时期党对先进性建设的创新. 井冈山学院学报,2007,(5).

许文卓. 科学发展观与党的先进性. 湖湘论坛,2007,(3).

孙太红. 关于从严治党的几点思考. 和田师范专科学校学报,2007,(3).

邵能. 提高党的执政能力的几点思考. 黑河学刊,2007,(3).

祝慧. 行政伦理与党的执政能力. 桂海论丛,2007,(3).

黄明哲. 构建社会主义和谐社会关键在党. 福州党校学报,2007,(2).

左群,卓福宝. 井冈山革命时期党的先进性建设及其现实启示. 大连干部学刊,2007,(6).

翟晓兰. 加强党的执政能力建设浅论. 池州师专学报,2007,(2).

操基栋. 新世纪党建工作的战略制高点. 安徽工业大学学报,2007,(2).

石国亮. 由治党及治国的理论——"三个代表"重要思想的显著特点. 安徽师范大学学报,2007,(3).

魏法谱. 十六大以来加强党自身建设的新探索. 中共珠海市委党校珠海市行政学院学报,2007,(2).

韩振峰. 毛泽东对党的执政能力建设的理论贡献. 中共珠海市委党校珠海市行政学院学报,2007,(2).

方莉. 加强党的执政能力建设　深化政治体制改革. 学习月刊,2007,(6).

黄明哲. 构建社会主义和谐社会与加强党的凝聚力建设探讨. 学习与实践,2007,(2).

刘在华. 重视发挥人民政协的三项职能作用　加强党的执政能力建设. 陕西社会主义学院学报,2007,(1).

田家泉. "两个前所未有"的新形势与党的先进性建设. 理论学习,2007,(4).

吴存远. 论大力加强党的执政能力建设的现实意义. 新疆社科论坛,2007,(1).

蔡永飞. 中国共产党需要从"群众党"向"干部党"转变. 太平洋学报,2007,(2).

李先伦. 论宪政建设与党的执政能力建设的关系. 中共山西省委党校省直分校学报,2007,(2).

张俊国. 意识形态建设与党的执政能力建设. 中共福建省委党校学报,2007,(5).

王映武. 党的先进性建设与构建社会主义和谐社会. 探索,2007,(2).

陆传照. 论执政风险与党群关系. 探索,2007,(2).

杨得坡. 论加强党的执政能力建设的实践价值. 商丘师范学院学报,2007,(5).

姚桓，王素芳. 实现和谐：党群关系建设的新思路. 中国特色社会主义研究，2007，(3).

徐舟，陈正志，果宇. 切实加强党的执政能力建设和先进性建设. 前线，2007，(6).

兰东，匡显桢. 和谐的党群关系是构建和谐社会的根本保证. 求实，2007，(6).

郑敏. 邓小平党建理论的特色述略. 前沿，2007，(6).

李美玲. 党的意识形态现代化的原因论析. 内蒙古社会科学，2007，(3).

陈来生. 党的先进性建设与构建和谐社会. 民族论坛，2007，(6).

马桂萍，曾宁. 经济全球化视野下党的执政资源论析. 毛泽东思想研究，2007，(3).

张毅翔. 新时期应加强党的思想领导. 毛泽东邓小平理论研究，2007，(4).

徐玉生. 贯彻落实科学发展观与党建方式转型. 理论探讨，2007，(3).

王毅. 党的先进性建设的历史经验及当代启示. 理论前沿，2007，(11).

张素芝. 党是构建社会主义和谐社会的领导核心. 理论界，2007，(6).

刘晓根. 关于"党的利益"的几个理论问题. 理论与改革，2007，(3).

张梅. 对整合党的执政资源的分析与思考. 世纪桥，2007，(6).

汪晓红. 论党的先进性建设. 广东社会科学，2007，(3).

李秀芸. 浅谈第三代中央领导集体对党的制度建设的探索与创新. 党史文苑，2007，(6).

闻学良. 构建社会主义和谐社会与保持党的先进性. 党建研究，2007，(3).

雷鸣. 以人为本与党的执政能力建设. 当代世界与社会主义，2007，(2).

彭富明. "以人为本"视野下保持党的先进性问题. 宝鸡文理学院学报，2007，(2).

陈选华. 在构建和谐社会中加强党的先进性建设. 安徽工业大学学报，2007，(1).

刘林元，李春生. 毛泽东改造"主观世界"命题对党的建设的指导意义. 信阳师范学院学报，2007，(1).

秦立海. 论毛泽东关于党的先进性建设思想. 湖南科技大学学报，2007，(2).

仝华. 朱德关于党的思想建设的若干思想——毛泽东党建思想的重要组成部分. 湘潭大学学报(哲学社会科学版)，2007，(2).

王维国. 论党的执政理论的三个维度. 新视野，2007，(2).

张连春. 关于加强党的执政能力建设的思考. 唯实，2007，(3).

孙宝林. 统一战线领域党的执政能力建设的基本思路和主要任务. 天津市社会主义学院学报，2007，(1).

程浩. 中国协商式民主实证研究. 中共中央党校学报，2007，(3).

刘彩霞. 协商式民主是中国特色社会主义民主的重要形式. 理论学习，2007，(9).

别业超. 发展协商民主. 政策，2007，(5).

裴泽庆. 以整合思维加强和改善党对构建社会主义和谐社会的领导. 中共福建省委党校学报，2007，(3).

王素芳，安平. 北京郊区县基层党建工作创新情况的调查与思考. 中国特色社会主义研究，2007，(2).

吴桂韩. 论党政分开与党的执政能力的提高. 南方论刊，2007，(3).

陈安丽. 中国共产党党建理论的发展. 毛泽东思想研究,2007,(2).

周新华. 毛泽东党建思想的逻辑体系及创新探析. 毛泽东思想研究,2007,(2).

袁校柠. 党建社会化的实践与思考. 中共南京市委党校南京市行政学院学报,2007,(1).

王学宏,黄从庆. 胡耀邦党建思想探析. 中共宁波市委党校学报,2007,(1).

尹德慈. 社会阶层分化与党的先进性的实证研究:以广州为例. 中共宁波市委党校学报,2007,(1).

范明. 论先进文化与党的先进性建设. 扬州大学学报,2007,(1).

夏建文,苏丽君. 论党的领导能力和党的执政能力的关系. 湖南城市学院学报,2007,(1).

宋述泉. 建国初期党的执政合法性与意识形态资源的开发. 中共伊犁州委党校学报,2007,(1).

戴安林. 党的先进性建设与构建社会主义和谐社会. 湖南行政学院学报,2007,(2).

王峰. 构建社会主义和谐社会与执政党要处理好五个关系的思考. 南华大学学报,2007,(5).

张霄峰. 加强党的执政能力建设必须注重执政成本研究. 信阳农业高等专科学校学报,2007,(1).

孙坤,陈志军. 试论党的现代化建设. 邢台学院学报,2007,(1).

熊辉. 邓小平党建理论的社会资本分析. 新视野,2007,(1).

郭万超. 人的主体性视角下党的先进性建设. 新视野,2007,(1).

韩亚光. 新时期党和国家对邓小平历史地位的确认. 新视野,2007,(1).

杜德印. 构建和谐社会与加强党的自身建设. 新视野,2007,(1).

毛玉美,贾春荣. 论新一届中央领导集体的学习观和党的执政能力建设. 聊城大学学报,2007,(1).

刘琳. 再论党的先进性建设. 特区实践与理论,2007,(1).

宋培基. 论江泽民党建思想的新发展. 绍兴文理学院学报(哲学社会科学版),2007,(1).

杨立荣. 构建和谐社会与提高党的执政能力. 山西高等学校社会科学学报,2007,(2).

裴德海. 论非权力因素在改进党的领导方式中的地位. 马克思主义研究,2007,(3).

周三胜. 先进文化与党的先进性. 实事求是,2007,(1).

徐建. 执政兴国:党的先进性和社会主义制度优越性的统一. 胜利油田党校学报,2007,(2).

居兴波. 构建社会主义和谐社会关键在于加强党的执政能力建设. 胜利油田党校学报,2007,(1).

吴艳东,林庭芳. 论毛泽东对党的先进性建设的开创性贡献. 胜利油田党校学报,2007,(1).

张荣臣. 认真学习江泽民同志党的建设思想. 中共石家庄市委党校学报,2007,(3).

陈宗良，周艳芝，康彦新. 西柏坡时期党对执政问题的思考与探索. 石家庄职业技术学院学报，2007，(1).

张有恒. 入世与党的执政能力建设. 四川省社会主义学院学报，2007，(1).

严书翰. 科学发展观对党的执政能力提出了新的更高的要求. 前线，2007，(3).

朱国立. 论从严治党. 求实，2007，(2).

孙志友. 不断加强党的先进性建设建立保持党的先进性的长效机制. 前沿，2007，(3).

南荣素，卫刘华. 江泽民党建思想研究：回顾与展望. 宁夏党校学报，2007，(2).

林怀艺. 理论的先进性是党先进性的一面精神旗帜——以改革开放以来党对社会主义本质认识的深化为视角. 西北农林科技大学学报，2007，(2).

曹大. 略论党的执政风险能力地位的互动关系. 南方论刊，2007，(2).

汪天文. 党执政能力建设的走向马克思主义执政理念的新发展. 理论探讨，2007，(2).

朱海风，景中强. 以人为本与党的执政理念重构. 理论探讨，2007，(2).

赵科天. 论党的建设在和谐社会建设中的核心地位. 理论探讨，2007，(2).

陶良虎. 党的执政能力建设的经济学视角. 理论视野，2007，(3).

陈冬生. 坚持和健全民主集中制与党的先进性. 理论视野，2007，(2).

魏茂明. 完善制度、体制和机制与加强党的先进性建设. 理论学刊，2007，(2).

王蔚. 构建社会主义和谐社会进程中党的执政能力建设. 科学社会主义，2007，(5).

郑宪. 中国共产党党建理论的三大亮点——学习党的十七大关于党的建设理论的体会. 山西社会主义学院学报，2007，(4).

张丹荣. 毛泽东对经济理论探讨与共产党的执政. 山西经济管理干部学院学报，2007，(4).

王清荣. 开发执政资源　巩固党的执政基础. 传承，2007，(11).

杨莉，王进. 实现党的现代化必须遵循执政规律. 天府新论，2007，(S2).

柯金山，王培. 浅析当代中国执政体系的合法性基础. 天府新论，2007，(S2).

李晓健，江艳中. 在构建社会主义和谐社会中加强党的执政能力建设. 南京政治学院学报，2007，(S1).

王立新. 党代会常任制实施的困顿分析及对策建议. 理论学刊，2007，(11).

王树春. 党内监督领导体制与权力架构研究. 黑龙江社会科学，2007，(1).

郭永东. 党员主体地位实现过程中的若干问题. 理论动态，2007，(12).

徐彬. 党内和谐促社会和谐的逻辑、困点及路径选择. 贵州工业大学学报，2007，(4).

耿洪彬. 以党内和谐促进社会和谐. 长白学刊，2007(3).

金银焕. 把领导干部作风建设摆在更加突出的位置. 理论探索，2007，(2).

刘益飞. 领导干部作风建设有赖于政治体制改革的推进. 理论动态，2007，(3).

赵建春. 构建干部作风建设的长效机制. 中共郑州市委党校学报，2007，(2).

方卿. 现代政治文明与党的现代化. 岭南学刊，2007，(6).

丁晓宇，张奇. 当前执政党理论建设发展趋势分析. 中共南昌市委党校学报，2007，(4).

樊欣.论邓小平的执政党先进性建设思想.黑龙江社会科学,2007,(5).

李昌荣.马克思主义政党保持先进性的主要实践活动与历史经验启迪.市场论坛,2007,(9).

陈永南.马克思主义政党保持先进性的现实思考.市场论坛,2007,(9).

李君如.新的伟大工程.执政党建设.人民日报,2007/11/06(013).

李君如.十七大的历史地位和理论贡献.天津日报,2007/12/10(001).

甄小英.修改党章体现与时俱进.香港大公报,2007/10/21).

李君如.关于当代中国政治走向.学习时报,2007/11/19(003).

李君如.中国特色社会主义和十六大以来党的理论创新.学习时报,2007/07/16(001).

李君如.谈谈党的建设总体布局理论的意义.学习时报,2007/04/16(001).

张峰.社会和谐是我们党不懈奋斗的目标.人民日报,2007/01/05(013).

张峰.重要指导方针　重大战略思想——学习中共十七大报告关于科学发展观的论述.团结报,2007/10/27(008).

沈宝祥.以改革创新精神搞好党的自身建设.学习时报,2007/10/15(001).

王长江.对党的执政能力建设要加强贯通性研究.北京日报,2007/10/22(018).

王长江.提出党的执政能力建设问题源于思维方法的转变.北京日报,2007/08/27(017).

陈登才等.马克思主义政党执政理论新探索.南方日报,2007/05/08(A08).

甄小英,王政堂.与时俱进的中国共产党党章.北京日报,2007/09/17(018).

高新民.科学发展观对党建的新要求.学习时报,2007/07/09(005).

高新民.党代表任期制蕴含的制度空间.学习时报,2007/12/24(005).

祝灵君.用协商民主的方法进一步改善党群关系.学习时报,2007/12/24(005).

孙应帅.执政党建设的思想推力.党史信息报,2007/11/21(A01).

刘吉.加强执政党能力建设的几个问题.中华新闻报,2007/07/13(B02).

辛薇.加强党的执政能力建设的思考.杭州日报,2007/12/27(026).

周敬青.执政党建设目标的新规划.文汇报,2007/11/19(010).

吴美华.《中国共产党章程》折射理论创新进程.温州日报,2007/10/14(004).

张恒山.科学发展、执政理念转型与依法执政.人民法院报,2007/11/14(005).

周知民.建设新的伟大工程的新境界.吉林日报,2007/11/01(005).

李国军.夺取马克思主义执政党建设的新胜利.重庆日报,2007/11/30(003).

宋福范.十六大以来党建理论的创新.宁波日报,2007/10/15(B01).

秦利,张文海.15 次党章修改.记录党的历史进程.解放军报,2007/10/30(008).

梁妍慧.党的建设总体布局的形成.学习时报,2007/08/20(005).

沈国明.依法执政是党执政的基本方式.文汇报,2007/01/22(010).

3.参政党建设研究

何鲁丽.坚持中国特色政治发展道路　搞好政治交接.团结,2007,(1).

张晓蕾,周铁农. 中国的参政党不是“花瓶”. 党史纵横,2007,(1).

赵德金. 从政治文化视角论参政党建设. 重庆社会主义学院学报,2007,(1).

王相红. 湖北省参政党理论研究专业委员会第一届年会观点综述. 湖北省社会主义学院学报,2007,(1).

陈奇文. 关于我国政治体制中确定各民主党派为“参政党”的若干思考. 湖北省社会主义学院学报,2007,(1).

刘新成. 以推进政治交接为主线　不断加强新时期参政党自身建设. 民主,2007,(10).

胡乐涛. 参政党的“为”与“位”. 江苏省社会主义学院学报,2007,(1).

赵德华. 坚持爱国主义　建设符合新世纪要求的参政党. 江苏省社会主义学院学报,2007,(1).

黄天柱. 参政党的利益代表功能与和谐社会构建. 江苏省社会主义学院学报,2007,(1).

王江燕. 中国参政党建设理论研讨会综述. 中央社会主义学院学报,2007,(6).

贾小明. 坚持“互相促进”提高参政党建设水平. 中央社会主义学院学报,2007,(6).

杨玲. 参政党履行民主监督职能浅论. 江苏省社会主义学院学报,2007,(5).

薛康. 帮助民主党派向高素质参政党目标迈进. 四川统一战线,2007,(11).

刘晓峰. 学习十七大精神　加强参政党建设. 四川统一战线,2007,(11).

钮小明. 略论加强参政党自身建设的着力点. 四川统一战线,2007,(8).

周金中. 切实做好参政党领导干部人才工作. 理论前沿,2007,(22).

张惠康,黄天柱. 参政党能力建设动力机制研究. 中央社会主义学院学报,2007,(5).

张颖,杨爱珍. 民主党派在促进党际关系和谐中的作用. 中央社会主义学院学报,2007,(5).

游洛屏. 参政党在中国特色社会主义建设中的政治责任. 中央社会主义学院学报,2007,(5).

张梅颖. 要重视研究参政党的历史与文化. 群言,2007,(10).

钮小明. 从实践层面探索参政党自身建设问题——略论加强参政党自身建设的六个着力点. 四川省社会主义学院学报,2007,(3).

曹蓉. 参政党履行职能的运行模式和特点. 四川省社会主义学院学报,2007,(3).

周罗轩. 指导新世纪新阶段参政党建设的纲领性文献. 民主,2007,(9).

杨雪燕. 强化参政党意识是新时期参政党自身建设的首要任务. 贵州社会主义学院学报,2007,(3).

赵蕙兰. 参政党意识建设路径初探. 福建省社会主义学院学报,2007,(3).

何鲁丽. 参政党要为构建和谐的政党关系作贡献. 团结,2007,(4).

王喆. 加强参政党理论建设的现实意义. 中国统一战线,2007,(5).

杜英慧. 90 年代以来参政党建设研究综述. 重庆社会主义学院学报,2007,(3).

韦玉凤. 我国民主党派自身建设与共产党党建比较研究. 哈尔滨学院学报,2007,(8).

王继宣. 参政党建设理论的新探索. 中央社会主义学院学报,2007,(4).

吴秀凤. 切实履行参政党职能　促进湖北又好又快发展和鄂台民间交流交往. 世纪行,2007,(6).

周洪宇. 创新工作思路　全面履行参政党职能. 世纪行,2007,(6).

郭生练. 弘扬传统　开拓创新　建设高素质参政党. 世纪行,2007,(6).

张献生. 新起点上的新拓展——《中国参政党建设新论》读后. 团结,2007,(3).

申亚力. 关于参政党政党文化构建的思考. 中央社会主义学院学报,2007,(3).

周豪. 当好一名参政党成员之我见. 广西社会主义学院学报,2007,(2).

田晓玉. 我国参政党的价值审视. 大连干部学刊,2007,(7).

林芳. 从政治生态学的视角看构建和谐社会与参政党建设. 攀登,2007,(3).

刘先华. 参政党制度建设存在的问题和对策研究. 湖北省社会主义学院学报,2007,(3).

任世红. 参政党在和谐社会建设中的角色定位. 河北省社会主义学院学报,2007,(2).

鲁平,管红霞,耿联巧,穆庆明. 落实科学发展观　发挥参政党作用. 河北省社会主义学院学报,2007,(2).

李自力. 帮助民主党派加强参政党能力建设　夯实社会主义民主政治建设的基础. 上海市社会主义学院学报,2007,(2).

张大方. 加强参政党的监督作用. 人民论坛,2007,(6).

严隽琪. 提高参政党素质　不断增强统一战线的凝聚力. 民主,2007,(9).

储建增. 如何成为新时期参政党的合格成员. 河北省社会主义学院学报,2007,(1).

贺蕊玲. 中共中央领导集体对参政党建设的贡献. 中央社会主义学院学报,2007,(1).

刘晓峰. 在人民政协舞台上积极发挥参政党的作用. 中央社会主义学院学报,2007,(1).

游洛屏. 和谐参政是新阶段参政党建设的重要内容. 中央社会主义学院学报,2007,(1).

黄天柱. "构建和谐社会与参政党建设"理论研讨会综述. 中央社会主义学院学报,2007,(1).

李俊. 论中国参政党的功能性价值与和谐社会构建. 上海市社会主义学院学报,2007,(2).

李爱平,聂阿山. 切实加强参政党建设　坚持和完善我国多党合作和政治协商制度. 中央社会主义学院学报,2007,(2).

姜刚杰. 我国参政党建设目标及路径研究. 贵州社会主义学院学报,2007,(1).

陈飞,蔡干豪. 构建和谐社会对参政党建设提出了时代要求. 福建省社会主义学院学报,2007,(1).

贾小明. 加强参政党建设　促进政党关系长期和谐. 福建省社会主义学院学报,2007,(1).

九三学社山西省委宣传部. 认真履行参政议政职能　努力建设新时期高素质参政党. 山西社会主义学院学报,2007,(1).

徐文杰. 和谐社会视角下的参政党建设. 江苏省社会主义学院学报,2007,(3).

谢浩. 在统一战线新阶段加强参政党建设的探讨. 广东工业大学学报,2007,(1).

王功安. 论民主党派政治交接的长期性和重要性. 湖北省社会主义学院学报,2007,(6).

王汝锋. 高校民主党派实施民主监督职能作用探讨. 甘肃高师学报,2007,(6).

赵菲,赵镇. 新形势下加强高校民主党派自身建设理论与实践初探. 黑龙江省社会主义学院学报,2007,(3).

张焕金. 民主党派在构建社会主义和谐社会中的角色定位及重要作用. 黑龙江省社会主义学院学报,2007,(3).

许奕锋. 民主党派人才建设的制度体系分析. 广东省社会主义学院学报,2007,(4).

包松娅. 民主党派. 只要能"有所为"就要"有作为". 共产党员,2007,(21).

孙国治. 协商民主是民主党派履行职能的主要形式. 江苏政协,2007,(10).

姚宪华,吕继贤. 要进一步加强民主党派自身建设. 山西社会主义学院学报,2007,(3).

吴正德. 坚持走中国特色政治发展道路应是民主党派的政治承诺. 群言,2007,(10).

介健美,罗大玉. 关于做好高校民主党派成员思想政治工作的探索与思考. 西南科技大学学报,2007,(5).

李文辉. 高等院校中共党组织在民主党派工作中的作用. 江苏省社会主义学院学报,2007,(5).

王芹萼. 构建社会主义和谐社会是中国民主党派最现实、最直接的价值追求. 河北省社会主义学院学报,2007,(4).

周金中. 努力做好新世纪新阶段参政党领导干部人才工作——关于陕西、河北民主党派领导干部人才工作有关情况的调查与思考. 河北省社会主义学院学报,2007,(4).

罗振建. 论新世纪新阶段民主党派的代表性——再论民主党派是"三者代表". 湖北省社会主义学院学报,2007,(4).

张瑞琨. 民主党派代表性问题研究. 广州社会主义学院学报,2007,(4).

徐宗俦. 向中国共产党学习建设一支高素质的民主党派干部队伍. 贵州社会主义学院学报,2007,(3).

李启先. 新时期民主党派领导班子要进一步加强五种能力建设. 贵州社会主义学院学报,2007,(3).

梁桂宝. 在全省民主党派成员培训班开班典礼上的讲话. 贵州社会主义学院学报,2007,(3).

魏晓东. 我国民主党派接受共产党领导的心路历程及其历史启迪. 甘肃理论学刊,2007,(5).

文晓璋. 协商政治中的中国民主党派价值的再挖掘. 法制与社会,2007,(9).

赵向华,陈巧,万姗,林文. 深刻认识"八字方针"的政治价值　提高民主党派民主监督的实效性. 福建省社会主义学院学报,2007,(3).

恽来. 民主党派在政协的作用. 北京观察,2007,(10).

杨爱珍. 民主党派民主监督与构建和谐社会. 云南行政学院学报,2007,(4).

俞鸿. 论积极的社会和谐及民主党派与社会的和谐契合. 云南社会主义学院学报,2007,(2).

张景林. 民主党派思想工作刍议. 协商论坛,2007,(7).

叶智英. 谈谈民主党派的坚定性和自觉性. 团结,2007,(4).

朱颖原. 略论民主党派在构建和谐社会中的作用. 山西高等学校社会科学学报,2007,(9).

陈昌福. 关于民主党派在人民政协政治协商问题的思考. 上海市社会主义学院学报,2007,(4).

浦兴祖. 现有政治实体与新生社会阶层的"对接"——关于民主党派社会基础的一点思考. 上海市社会主义学院学报,2007,(3).

魏国琳. 加强民主党派基层支部建设　进一步扩大党派成员有序的政治参与. 上海市社会主义学院学报,2007,(3).

王贤禹. 构建社会主义和谐社会的重要元素——倾听民主党派组织及成员的意见与建议. 上海市社会主义学院学报,2007,(3).

王小鸿. 论中国民主党派与社会和谐. 上海市社会主义学院学报,2007,(3).

张革成. 关于民主党派话语权的几点思考. 四川省社会主义学院学报,2007,(3).

沈建乐. 民主党派监督的现实考量. 宁夏党校学报,2007,(5).

蔡达峰. 当前民主党派领导班子建设任务的思考. 民主,2007,(8).

徐伟. 和谐社会构建过程中民主党派思想政治建设应把握的几点原则. 世纪桥,2007,(7).

李俊. 论民主党派的政党认同及其治理方略. 科学社会主义,2007,(4).

崔会敏. 略论构建和谐社会进程中民主党派的民主监督作用. 重庆社会主义学院学报,2007,(3).

戴秀英. 加强民主党派建设　提高合作共事能力. 共产党人,2007,(16).

左定超. 加强民主党派自身建设　提高参政议政能力. 当代贵州,2007,(13).

杨红艳. 民主党派——构建社会主义和谐社会的重要力量. 长春市委党校学报,2007,(3).

单联民,涂晓群. 支持高校民主党派基层组织加强自身建设的几点思考. 中央社会主义学院学报,2007,(3).

王原生. 浅谈民主党派工作评价机制建设. 团结,2007,(3).

范政华. 积极构建和谐的民主党派机关. 天津市社会主义学院学报,2007,(2).

王瑜. 发挥民主党派作用　围绕政协两大主题履职尽责. 四川省社会主义学院学报,2007,(2).

童若春,曹荣. 坚定不移走中国特色政治发展道路——民主党派组织工作应突出的时代主题. 四川省社会主义学院学报,2007,(2).

刘蓉宝. 新民主主义革命时期民主党派中间立场的形成及转变. 湖南省社会主义学院学报,2007,(3).

王培宏. 浅议新世纪新阶段高校民主党派成员的自身建设. 河北省社会主义学院学报,2007,(3).

王向华. 社会转型期民主党派的利益整合. 湖北省社会主义学院学报,2007,(3).

许立坤,刘琼芳. 发挥联合党校作用　服务民主党派政治交接. 广西社会主义学院学报,2007,(2).

张书燕. 试论我国民主党派民主监督职能. 法制与社会,2007,(5).

蔡碧玉. 论新时期民主党派参政能力建设. 湖南省社会主义学院学报,2007,(2).

蔡剑文. 做好新时期民主党派思想政治工作的思考. 湖南省社会主义学院学报,2007,(2).

郭艳久. 谈如何发挥医疗卫生界民主党派在构建和谐医患关系中的作用. 河北省社会主义学院学报,2007,(2).

顾思茂,谭莉. 参政党组织发展必须保持各民主党派的特色. 河北省社会主义学院学报,2007,(2).

顾金喜,林奇凯. 民主党派利益代表机制研究. 福建省社会主义学院学报,2007,(2).

梅志罡. 对创新民主党派干部培养机制的思考. 党史文苑,2007,(8).

王善明. 谈民主党派的指导思想. 陕西社会主义学院学报,2007,(1).

宫高芹,袁景华. 加强民主党派参政议政能力建设. 理论学习,2007,(4).

程映雪. 为社区建设服务是发挥民主党派作用的有效途径. 上海市社会主义学院学报,2007,(2).

高晓生. 新时期基层民主党派的新特点及问题思考. 上海市社会主义学院学报,2007,(2).

王玉敏. 浅谈民主党派的政党建设. 河北省社会主义学院学报,2007,(3).

沈志义. 关于高校民主党派基层组织制度建设的若干思考. 上海市社会主义学院学报,2007,(2).

姚小远. 略论民主党派增强参与政治活动的主动性. 上海市社会主义学院学报,2007,(2).

林洪平. 略论中国共产党与民主党派的互相监督. 上海市社会主义学院学报,2007,(2).

徐方瞿. 共产党的执政能力和民主党派的参政能力. 上海市社会主义学院学报,2007,(2).

杨健. 对新时期基层民主党派参政议政工作的思考. 江苏省社会主义学院学报,2007,(2).

张献生. 我国民主党派理论建设之我见. 黑龙江省社会主义学院学报,2007,(1).

张存生. 浅谈我国民主党派的参政能力建设. 湖北省社会主义学院学报,2007,(2).

胡照洲. 提高民主党派领导成员的四个能力——论民主党派加强自身建设的方向和任务. 湖北省社会主义学院学报,2007,(2).

龙长启. 开拓民主党派参政议政和社会服务工作相结合的新思路. 贵州社会主义学院学报,2007,(1).

张永红,叶颖萍,沈华. 健全和完善民主党派民主监督的思考. 东方企业文化,2007,(5).

杜宜瑾. 关于正确履行民主党派民主监督职能的几个问题. 中国统一战线,2007,(2).

芮彭年. 民主党派是建设社会主义和谐社会的重要力量. 上海市社会主义学院学报,2007,(1).

胡颖群,余轩宇. 论1947—1949年中共对民主党派及人士的政策与历史意义. 景德镇高专学报,2007,(1).

黄望朝. 参政议政是民主党派基层组织的一项重要任务. 河北省社会主义学院学报,2007,(1).

赵树钊. 近年来申请加入民主党派者的动机分析. 河北省社会主义学院学报,2007,(1).

徐国宾. 关于新世纪新阶段民主党派成员思想态势的思考. 河北省社会主义学院学报,2007,(1).

田牧. 民主党派在筹建新中国中的历史贡献. 湖北广播电视大学学报,2007,(3).

姜裕富. 协商民主:民主党派参与构建和谐社会的进路. 广西社会主义学院学报,2007,(1).

郑浩. 对新时期民主党派政工干部如何进一步做好思想政治工作的思考. 广西社会主义学院学报,2007,(1).

梁经成,刘菊香,冯贻杰. 保持民主党派进步性探析. 广西社会主义学院学报,2007,(1).

王唯众. 有效地开展好民主党派政治交接主题教育活动. 共产党员,2007,(7).

但彦铮. 论民主党派的政治参与功能与自身建设. 中央社会主义学院学报,2007,(1).

夏庆华. 民主党派基层组织建设中的新情况新问题及对策. 重庆社会主义学院学报,2007,(1).

蔡碧玉,黄国雄. 民主党派参政能力建设思考. 重庆社会主义学院学报,2007,(1).

刘洁. 论民主党派监督与中国执政党建设. 长白学刊,2007,(2).

黄济福. 广州市民主党派成员的新变化及其影响. 广州社会主义学院学报,2007,(1).

张韶华. 论新时期民主党派进一步加强自身建设的政治性需求与保证. 广东省社会主义学院学报,2007,(1).

马东升. 发挥民主党派在构建和谐社会中的独特作用. 广东省社会主义学院学报,2007,(1).

郭丽冰. 民主党派在构建社会主义和谐社会中的作用. 探求,2007,(1).

孙宝席. 我国各民主党派在构建社会主义和谐社会民主政治中的作用. 上海党史与

党建,2007,(3).

何一立.民主党派与构建和谐社会.四川省社会主义学院学报,2007,(1).

吴正德.新时期民主党派的社会责任.四川省社会主义学院学报,2007,(1).

刘韵清,张峰林.关于高校民主党派干部队伍建设的思考.湖南省社会主义学院学报,2007,(1).

曾仁端,郭河棠.围绕一个中心、四个保证开展民主党派工作.湖北省社会主义学院学报,2007,(1).

袁树平.新世纪民主党派参政能力建设的新思路.湖北省社会主义学院学报,2007,(1).

周秀泉.关于民主党派优良传统及传统特质的探讨.天津市社会主义学院学报,2007,(1).

史书林,解彦炯.发挥民主党派的作用　为构建和谐社会积极服务.内蒙古民族大学学报,2007,(6).

于小英.关于民主党派新一代代表人士的政治引导问题.四川省社会主义学院学报,2007,(4).

刘吉元.论"君子"人格与民主党派代表人物的修养.南华大学学报,2007,(6).

黄海霞,胡文鹏.民主党派"旗帜性人物"接棒.瞭望,2007,(51).

王家松.发挥民主党派监督作用.瞭望,2007,(51).

章明.试论当前民主党派民主监督存在的问题及改进对策.江苏省社会主义学院学报,2007,(6).

孙照红.民主党派的性质、地位和作用辨异——"雷同论"、"非党论"、"西化论"和"摆设论"错误剖析.江苏省社会主义学院学报,2007,(6).

蔡颖强,朱观明.完善调研工作机制　提高参政议政能力——关于马鞍山市民主党派调查研究工作情况的调研报告.江东论坛,2007,(3).

冯昉,薛站升.试论民主党派在构建和谐社会中的作用.黑龙江教育学院学报,2007,(11).

梁春旺.民主党派提高集体提案质量浅议.广西社会主义学院学报,2007,(4).

高智生.关于民主党派在构建和谐社会中基本功能的思考.云南社会主义学院学报,2007,(3).

王军英.试论用科学发展观引领民主党派自身建设的战略意义.云南社会主义学院学报,2007,(3).

杨静.加强民主党派思想建设　确保政治交接顺利完成.内蒙古统战理论研究,2007,(5).

张守乐.民主党派在构建社会主义和谐社会中大有作为.内蒙古统战理论研究,2007,(5).

肖黎声.转换角色　提升能力　努力做好新形势下参政党工作.团结,2007,(5).

任协.民主党派监督的主要内容和形式.共产党员,2007,(23).

杨志霞.加强民主党派自身建设　充分发挥民主党派监督作用.福建省社会主义学

院学报,2007,(4).

许锦云.发挥民主党派优势　构建社会主义和谐社会.中共郑州市委党校学报,2007,(4).

李桂树.论民主党派的民主监督与和谐社会的构建.赤峰学院学报(汉文哲学社会科学版),2007,(5).

范前锋,胡继堂.论民主集中制在民主党派领导班子建设中的重要意义和作用.陕西社会主义学院学报,2007,(4).

文军.论新时期民主党派加强和改进自身建设的必要性.新西部,2007,(9).

赵洪勋.民主党派的优良传统.团结,2007,(5).

林芳.关于民主党派开展新的社会阶层人士工作的思考.上海市社会主义学院学报,2007,(5).

黄根喜.简论加强和完善民主党派监督机制.市场周刊(理论研究),2007,(10).

段桂生.发挥民主党派职能作用　促进和谐社会建设.湖南省社会主义学院学报,2007,(5).

靳萱.社会主义民主道路越走越宽广　民主党派履行职能越来越务实.民主,2007,(10).

编辑部.中山精神与民革特色.团结,2007,(4).

郑心穗.做好民革工作的设想与展望.世纪行,2007,(6).

周丽萍.民革十年来参政议政实绩及其启示.团结,2007,(1).

黄展.论民盟在维护第二次国共合作中的重要贡献.湛江师范学院学报,2007,(4).

韦玉凤.对民盟总部被迫宣布"自动解散"事件的辨析.中央社会主义学院学报,2007,(4).

付云燕.民盟与第二次民主宪政运动.沧桑,2007,(4).

张雪梅.中国共产党对民盟西北支部的舆论报道及影响.延安大学学报,2007,(3).

阎金明.坚定不移走中国特色政治发展道路　全力做好专职副主委工作.天津市社会主义学院学报,2007,(4).

苏文金.牢记"五点要求"搞好政治交接.中国统一战线,2007,(8).

刘则永,何鲁丽.学习贯彻中共十七大精神.坚定不移走中国特色社会主义政治发展道路——民革第十一次全国代表大会综述.团结,2007,(6).

董玉梅.切实搞好民主党派政治交接学习教育活动.四川统一战线,2007,(10).

朱云,唐普一.坚持走中国特色社会主义政治发展道路——四川民主党派领导干部政治交接学习研讨班纪实.四川统一战线,2007,(8).

张焰刚.政治交接中体现党派特色的思考.四川省社会主义学院学报,2007,(4).

田继万.开展政治交接学习教育活动是民主党派的内在需要.四川省社会主义学院学报,2007,(4).

张玲.要建立和完善参政党参政议政的新机制.天津市社会主义学院学报,2007,(4).

许立坤,祝远娟.关于加强民主党派参政能力建设的探索.中央社会主义学院学报,

2007,(2).

李超.关于参政党功能的辩证思考.中共成都市委党校学报,2007,(6).

李永达.一个参政党的“三农”情结.中国统一战线,2007,(7).

陈杰.以十七大精神为指导推进参政党建设.四川统一战线,2007,(11).

唐华生.参政党社会服务的价值探讨和机制构建.四川省社会主义学院学报,2007,(4).

窦铮.全面提升参政议政能力的思考.四川省社会主义学院学报,2007,(4).

何从新.如何认识和加强参政党能力建设.四川省社会主义学院学报,2007,(4).

何虹.树立正确的参政理念不断提高自身素质和理论水平.吉林省社会主义学院学报,2007,(4).

吉秀华.论参政党的参政议政能力建设.广西社会主义学院学报,2007,(4).

肖黎声.坚持正确的政治方向　做好新形势下的参政党工作.内蒙古统战理论研究,2007,(5).

宋良金.加强参政党参政能力建设的基本路径浅论.中共济南市委党校学报,2007,(4).

孙萍.关于参政党参政议政工作机制建设的思考.中央社会主义学院学报,2007,(5).

周珉.以增强素质和提高能力为核心,加强党外代表人士队伍建设.江苏省社会主义学院学报,2007,(3).

卞玉生.履行参政职能要注重实效.协商论坛,2007,(10).

吴幼英.搞好政治交接,坚持走中国特色社会主义政治发展道路.上海市社会主义学院学报,2007,(5).

郑巍宁.关于加强参政党参政议政能力建设的思考.湖北省社会主义学院学报,2007,(5).

赵德金.论参政党参政能力的提高——以理顺政治体系的关系为视角.湖北省社会主义学院学报,2007,(5).

王付荣.强化协调沟通服务　充分发挥民主党派参政议政独特作用.江苏政协,2007,(10).

朱兆良.发挥专业优势　履行参政议政职能.前进论坛,2007,(10).

王树臣.影响参政党参政能力提高的维度分析.河北省社会主义学院学报,2007,(4).

陈芸芸.建立人才培养机制　提高参政议政能力——以民建南宁市为例.广西社会主义学院学报,2007,(3).

王江燕.参政党组织建设的理论与实践.广州社会主义学院学报,2007,(4).

民盟广西区委会.参政党建设与中国特色社会主义民主政治建设.广西社会主义学院学报,2007,(3).

童川军.社院培训使我的参政议政水平不断提高.四川省社会主义学院学报,2007,(3).

谢东华，陈国生.如何提高基层盟员的参政议政能力.考试周刊，2007，(36).

梁旺礼.关于参政党参政议政机制建设的研究与思考.山西社会主义学院学报，2007，(2).

魏晓文，丁堃，葛丽君.系统论视角下的参政党参政能力建设研究.中央社会主义学院学报，2007，(3).

刘桂荣，刘波.提升参政党参政能力与推进“海西”建设.中共福建省委党校学报，2007，(6).

胡怀敏.关于加强参政党参政能力建设的研究.湖北省社会主义学院学报，2007，(3).

周家德.试论民主党派如何加强“四种能力”建设提高参政议政水平.贵州社会主义学院学报，2007，(2).

禾刀.走出“精英化”是提高参政能力的重要途径.乡音，2007，(5).

张焰刚.民盟四川省委积极履职参政议政举措新、亮点多、工作实.四川省社会主义学院学报，2007，(1).

汪向阳.对参政党基层组织党员政治思想及价值观念的分析与思考.湖北省社会主义学院学报，2007，(1).

张培德.正确认识参政议政与民主监督的关系　切实履行好民主监督职能.内蒙古统战理论研究，2007，(3).

柳晓森.参政党的责任.人民日报，2007/04/06(013).

郭乃硕.加强参政党自身建设　坚持中国特色政治发展道路.团结报，2007/10/30(004).

陈维新.参政党政党意识的内涵.团结报，2007/01/20(008).

何一立，李玮颖.浅议参政党与构建和谐政党关系.团结报，2007/04/14(008).

游洛屏.关于政治交接的几个问题.人民政协报，2007/10/23(C04).

罗豪才.以发展为参政议政第一要务.人民日报，2007/11/30(015).

蒋树声.履行好参政议政、民主监督的职能.团结报，2007/11/03(002).

黄列.正确认识民主监督的性质.团结报，2007/01/20(008).

张慰全.探索民主监督的途径和方法.团结报，2007/01/20(008).

蔡达峰.关于民主党派领导班子建设的思考.团结报，2007/12/21(008).

周洪宇.民主党派领导干部应具备精神感召能力.团结报，2007/09/01(008).

本报评论员.大力推进以坚持走中国特色社会主义政治发展道路为主题的“政治交接学习教育活动”.团结报，2007/07/26(001).

本报评论员.筑牢多党合作事业可持续发展的根基——一论推进民主党派政治交接.团结报，2007/08/02(001).

本报评论员.深刻认识政治交接的政治内涵——二论推进民主党派政治交接.团结报，2007/08/04(001).

本报评论员.正确把握政治交接学习教育活动的基本原则——三论推进民主党派政治交接.团结报，2007/08/07(001).

本报评论员. 正确处理政治交接学习教育活动的几个关系——四论推进民主党派政治交接. 团结报,2007/08/09(001).

侯福同,黄列. 深化对我国民主监督性质的认识. 团结报,2007/01/06(008).

陈宗兴. 参政党理论建设的实践与思考. 人民政协报,2007/09/10.

常敬佚. 切实履行参政党职能. 北方时报,2007/10/30(001).

赫曦滢. 我国参政党民主监督机制分析. 协商新报,2007/09/04(00B).

严隽琪. 如何进一步提高参政党机关工作的质量和水平. 团结报,2007/08/04(008).

王琳. 浅谈民主党派政治交接. 团结报,2007/05/12(008).

朱观明. 提高民主党派的政治把握力. 工商导报,2007/04/24(003).

张慧虹. 对新形势下民主党派自身建设的几点思考. 协商新报,2007/01/02(00B).

王建康. 进一步加强民主党派思想建设. 团结报,2007/11/10(008).

宋村珠. 对民建全国工作会议的认识与思考. 团结报,2007/11/10(008).

徐涛. 加强领导班子自身建设推动政治交接. 团结报,2007/10/30(008).

王槐. 新形势下参政党思想建设的思考. 团结报,2007/09/29(008).

沈艳. 对民主党派代表性的思考. 团结报,2007/08/18(008).

宋村珠. 关于进一步保持参政党特色的认识与思考. 团结报,2007/06/19(008).

安冠英. 民主监督之我见. 团结报,2007/05/26(008).

刘保明. 农工民主党近年理论研究主要成果综述. 团结报,2007/04/28(008).

杜宜瑾. 如何正确履行民主党派的民主监督职能. 团结报,2007/02/03(008).

朱馥英. 加强参政党建设推进社会主义政治文明. 团结报,2007/01/20(008).

储亚平. 努力推动新形势下参政党工作不断向前发展. 团结报,2007/12/08(008).

宋村珠. 新时期新阶段参政党社会服务工作刍议. 团结报,2007/10/13(008).

钟晓渝. 参政党素质建设须重视. 团结报,2007/04/28(008).

4. 国外政党研究和比较研究

赵春丽. 经济全球化背景下的西方民主:冲击与回应. 长白学刊,2007,(3).

俞可平. 西方政治理论前沿八大热点扫描. 经济管理文摘,2007,(20).

张文红. 德国政党制度的发展与宪政建设. 当代世界与社会主义,2007,(4).

陶文昭. 韩国民主劳动党的兴起. 当代世界与社会主义,2007,(4).

王建强. 西方代议制民主的困境. 当代世界,2007,(6).

郑宪. 世界政党制度的发展趋势. 安徽统战,2007,(3).

田广清. 西方政党的执政方式及党政关系. 中共南京市委党校南京市行政学院学报,2007,(3).

柴宝勇. 西方政党政府的分析性、经验性、规范性难题及其解答——来自让・布隆代尔的启示. 中共天津市委党校学报,2007,(2).

吴克峰. 中西方视域中的政党概念. 理论学刊,2007,(5).

本刊记者. 法国大选与法国民主制度——李其庆教授访谈. 国外理论动态,2007,(8).

刘金东. 西方社会民主党的执政历程及主要经验. 哈尔滨市委党校学报,2007,(6).

杨玲玲. 福利、平等和合作:瑞典社会民主党60年执政经验. 科学社会主义,2007,(5).

魏磊. 试析英国工党近几年执政的显著特征. 理论学习,2007,(12).

刘金东. 如何认识发达国家社会民主党的执政经验. 求实,2007,(12).

苗光新,丁祖星. 印度国大党重新执政的原因探析. 廊坊师范学院学报,2007,(6).

王全珍. 缅甸军政府长期执政之原因探析. 东南亚之窗,2007,(2).

崔桂田,王韶兴. 越南共产党巩固执政地位的战略举措. 当代世界与社会主义,2007,(6).

徐世澄. 古巴共产党巩固执政地位的战略举措. 当代世界与社会主义,2007,(6).

王维国. 印共(马)独具特色的地方执政. 新东方,2007,(10).

林德山. 瑞典社会民主党的执政经验. 刊授党校,2007,(10).

李韶鉴. 新加坡人民行动党执政方式的可借鉴性分析. 河南师范大学学报,2007,(6).

中联部研究室. 国外政党是如何联系群众的(四)日本政党:以选举为轴心顺应民意. 时事报告,2007,(12).

卓英子. 中国与法国司法审判中的政党政治因素比较研究. 政法论丛,2007,(5).

姚尚建. 美国责任政党政府理论的历史与现状. 学术论坛,2007,(11).

王建勤. 选民、政党与议会:微观视角的新政治经济学. 世界经济,2007,(9).

中联部研究室. 国外政党是如何联系群众的(三)古共:身教胜于言教. 时事报告,2007,(11).

吴浩. 新中产阶级的兴起与当代欧美政党政治的变化. 南京社会科学,2007,(12).

苏瑞浓,颜华. 转型时期俄罗斯政党政治与民主政治关系探讨. 世纪桥,2007,(11).

杨显斌. 国外政党对党员进行教育和培养的基本方式. 党的建设,2007,(12).

谌爽. 中西政党在政治生活中的作用和地位比较. 法制与社会,2007,(11).

马利. 近年来国外政党法制化研究述评. 浙江师范大学学报,2007,(5).

柴宝勇. 政党认同研究在西方:综述与评价. 浙江工商大学学报,2007,(5).

王瑜. 西方政党如何利用互联网. 冶金企业文化,2007,(5).

杨敏. 试论西欧绿色运动政党化转变的条件. 凯里学院学报,2007,(5).

郑洁. 外国政党动态(9月16日—10月15日). 当代世界,2007,(11).

陈金英. 印度地方政党及其政治影响. 南亚研究季刊,2007,(3).

于滨. 借鉴国外政党执政经验教训　加强党的建设——以党内和谐促进社会和谐. 广东省社会主义学院学报,2007,(4).

郑继永. 试析地域分裂对韩国政党体系变迁的影响. 当代韩国,2007,(3).

王军. 英国的政党财政改革及其对新工党的影响. 当代世界社会主义问题,2007,(2).

高歌. 2006年匈牙利、捷克、斯洛伐克议会选举与左翼政党的发展. 当代世界社会主义问题,2007,(2).

窦峰. 苏联共产党执政史鉴——从苏联共产党垮台和解体看加强政党执政能力建设的必要性. 郑州航空工业管理学院学报,2007,(3).

王冕. 从苏共丧失执政地位看中国共产党的执政理论创新. 理论导刊,2007,(12).

陈嘉陵. 斯大林违背列宁关于苏维埃政权高于一切政党原理的历史教训. 江汉论坛,2007,(11).

叶艳华. 俄国早期政党产生的历史条件. 历史教学(高校版),2007,(5).

张世轶. 阿根廷的政党竞争与政治体制的转变. 拉丁美洲研究,2007,(3).

章德彪. 西方国家政党政治与政党制度. 当代世界,2007,(12).

王克宁. 从选举制度看当代资本主义国家政党格局的两极化. 中共南宁市委党校学报,2007,(5).

甘峰. 日本养老金危机与政党走势——以2003—2007年国会选举为视角. 东北亚论坛,2007,(6).

林基民. 世界政党的类型. 四川统一战线,2007,(9).

靳晓光. 西方政党党权制约机制及其借鉴意义. 前沿,2007,(12).

陈建荣. 泰国民主的前景:军权、法制、金钱与政党. 东南亚研究,2007,(6).

李宜春. 日本、印度、新加坡、墨西哥等国国家党政体制述论. 山东行政学院学报,2007,(2).

宋腊梅. 麦迪逊的政党思想与实践. 中央社会主义学院学报,2007,(6).

赵宬斐. 当代西方政党谋求发展的向度分析——以拓展党内民主功能为视角. 内蒙古民族大学学报,2007,(4).

洪伟. 俄罗斯政党制度的特点及其成因. 云南行政学院学报,2007,(6).

廖小健. 马来西亚民族政党联盟的构建与影响. 世界民族,2007,(6).

史歌. 和谐视阈下的苏联政党制度. 社科纵横(新理论版),2007,(2).

卢正涛. 新加坡人民行动党执政经验的契机. 河南师范大学学报,2007,(6).

赵丽江. 英国工党连续执政的深层解读. 学习月刊,2007,(17).

顾红基. 部分国家党的执政方式和廉政建设研究. 上海党史与党建,2007,(9).

孔志坚. 他信执政时期对泰南马来穆斯林的政策及其影响. 东南亚纵横,2007.

史哲. 瑞典社民党如何进行"社会主义"改造　执政六十余年提倡平等、福利、合作. 领导文萃,2007,(9).

戚兴元. 当代西方国家政党政治变化分析. 商丘师范学院学报,2007,(11).

薛磊. 浅析美国政治文化对美国外交的影响. 绥化学院学报,2007,(6).

周洪祥. 陶片放逐法与雅典民主政治. 绥化学院学报,2007,(5).

李雨飞. 外国一些执政党以改革谋求执政安全的经验教训. 当代世界,2007,(9).

尹德慈. 一党长期执政的动力分析. 以新加坡为例. 广州社会主义学院学报,2007,(3).

黄叶微. 浅析"亚洲价值观"影响下人民行动党的执政理念. 法制与社会,2007,(8).

张书林. 中外政党执政理念的比较与测评. 湖北社会科学,2007,(9).

刘晓根. 海滩占位博弈与西方政党意识形态中间化. 甘肃理论学刊,2007,(3).

方金英. 东南亚伊斯兰政党的形成与发展前景. 亚非纵横,2007,(2).

王庆兵. 从制度变迁看委内瑞拉政党制度的发展动因. 平原大学学报,2007,(2).

朱艳圣. 日本社会主义政党的发展困境. 科学社会主义,2007,(2).

宋国华. 西方政党党内民主发展趋势及其经验启示. 科学社会主义,2007,(2).

方章东. 论罗莎·卢森堡的政党建设思想. 科学社会主义,2007,(2).

王士录. 从奉辛比克党的分裂看当前柬埔寨政党政治的发展. 东南亚,2007,(1).

赵海英,刘艳房. 当代加拿大政党政治格局演变及其原因分析. 山西广播电视大学学报,2007,(3).

唐海军. 世界宗教主义政党与组织的演进情况及发展前景. 中共石家庄市委党校学报,2007,(5).

关学贵. 西方政治学的方法对我国政党政治研究的启示——读美国学者阿兰·艾萨克著《政治学的视野与方法》之感悟. 湖北省社会主义学院学报,2007,(2).

李兴耕. 俄罗斯现在到底有多少政党?. 国外理论动态,2007,(5).

李莹. 试论日本政党体制的转型. 当代亚太,2007,(5).

丁艳雅. 美国联邦最高法院大法官任命过程中的政党因素. 学术研究,2007,(2).

王新刚. 试论宗教政党在以色列的政治地位. 高等教育与学术研究,2007,(1).

岑树海. 从制度论、危机论到发展论——论西方政党创生理论的变化. 兰州学刊,2007,(3).

刘金霞.《英国政党政治的新起点》评析. 世界历史,2007,(2).

黄登学. 一党制还是多党制——俄罗斯政党制度简析. 当代世界社会主义问题,2007,(1).

王娟. 日本近代政党政治与其大陆政策. 安徽文学(下半月),2007,(1).

李庄. 关于非洲国家政党制度演变的几点思考. 中共四川省委党校学报,2007,(1).

肖铁肩,刘亚军. 全球化时代世界政党政治新变化及对我们的启示. 胜利油田党校学报,2007,(1).

王磊. 伊朗政党制度与政治现代化. 商洛学院学报,2007,(1).

张光平. 西方发达国家政党运用互联网推进电子党务. 当代世界,2007,(5).

关学贵. 西方政治学的方法对我国政党政治研究的启示——读美国学者阿兰·艾萨克著《政治学的方法与视野》之感悟. 天津市社会主义学院学报,2007,(1).

吴桂韩. 试析中西方现代政党制度对政治参与的影响. 厦门特区党校学报,2007,(1).

徐万胜. 政治资金与日本政党体制转型. 日本学刊,2007,(1).

赵旺龙. 比较视野中的政党与代议机构的关系——浅谈中西政党与代议机构关系的差异. 人大研究,2007,(2).

阚和庆,胡克文. 当代资本主义国家政党在社会基础方面的经验和教训. 兰州学刊,2007,(2).

洪向华. 西方政党对政府运作的影响. 理论视野,2007,(2).

郑永朝. 国外政党执政失败的教训浅析. 理论与改革,2007,(1).

蔺志强，刘文立. 政党政治对英国早期香港政策的影响(1841—1860). 广东社会科学,2007,(2).

周南蓝. 墨西哥民主化转型过程中的政党角色分析. 法制与社会,2007,(1).

崔英楠. 德国宪制中的政党民主. 法学,2007,(2).

谢丽辉. 英国政党的执政经验及启示. 黑河学刊,2007,(1).

田晓玉. 国外政党兴衰成败的经验教训及启示. 大连干部学刊,2007,(2).

郑继永. 韩国政党与政党体系变迁动因初探. 当代亚太,2007,(2).

金英君. 20 世纪 60 年代以来西方政党运行环境的变化. 当代世界与社会主义,2007,(1).

陈崎. 从党员人数变化看当代西方政党的发展趋势. 当代世界与社会主义,2007,(1).

张莺远. 论美国总统选举人团制度与其政党制度的互塑. 保定师范专科学校学报,2007,(1).

杨保筠. 柬埔寨政党政治的发展及其特点. 当代亚太,2007,(1).

姜崇辉，吴成. 试析 20 世纪后期世界政党发展危机的深层原因. 哈尔滨市委党校学报,2007,(1).

王芝茂. 从新社会运动到政党. 德国绿党兴起的原因和结果. 理论界,2007,(1).

吴琳. 求同存异，共同发展——不断发展中的亚洲政党国际会议. 当代世界,2007,(1).

魏伟. 政党政治. 稳中有变　新潮暗涌. 当代世界,2007,(1).

回顾 2006 年世界政党政治形势——中共中央对外联络部副部长马文普答本刊记者问. 党建,2007,(1).

庄德水. 西方政党的执政方式及其特点. 中共天津市委党校学报,2007,(3).

张发贵. 西方多党制与我国多党合作制度比较浅析. 河北省社会主义学院学报,2007,(4).

中共中央对外联络部研究室课题组. 社会主义国家执政党在科学执政方面的实践比较研究. 中共天津市委党校学报,2007,(3).

张伟. 萨利纳斯执政时期(1988—1994)选举制度改革原因探析. 拉丁美洲研究,2007,(4).

官进胜. 印共(马)在西孟加拉邦的执政经验. 刊授党校. 学习特刊,2007,(8).

魏磊. 当代英国工党执政方式的突出特征与启示. 湖北行政学院学报,2007,(4).

班秀萍. 瑞典社会民主党执政经验研究. 内蒙古大学学报,2007,(3).

王志连. 东欧社会民主主义政党执政的若干经验教训. 科学社会主义,2007,(3).

张万杰. 印共(马)独特的地方执政实践. 当代世界,2007,(7).

徐鹏堂. 保加利亚共产党丧失执政地位的原因与教训——访中国原驻保加利亚大使李凤林. 中共党史研究,2007,(3).

刘建民，晏海涛. 从苏共垮台的教训看提高党的执政能力和永葆党的先进性的重大意义. 求实,2007,(5).

祝彦. 印度共产党(马)在地方长期执政的经验. 科学社会主义,2007,(2).

潘慧春. 世界政党制度的特点及启示. 广西社会主义学院学报,2007,(3).

李兴耕. 俄罗斯社会民主主义政党的新变化及其发展趋势. 当代世界与社会主义,2007,(4).

朱艳圣. 冷战后日本工会与社会主义政党关系的发展与新变化. 当代世界与社会主义,2007,(4).

叶艳华. 评俄国政党在1905年革命中的作用. 东北亚论坛,2007,(4).

金国熙. 论韩国政党政治的法律化. 长春教育学院学报,2007,(1).

崔英楠. 全球化与国外政党政治的发展. 中国社会科学院研究生院学报,2007,(4).

柴宝勇. 西方"政党政府"理论的新解读——含义、运转、理论困境与发展趋势. 探索,2007,(4).

陈宪良. 普京的政党政策解读. 西伯利亚研究,2007,(3).

中联部研究室. 国外政党是如何联系群众的(一)越共:"听民说,说民懂,做民信". 时事报告,2007,(9).

陈金英. 印度"悬浮议会"下的地方政党. 社会主义研究,2007,(4).

钟廉言. 国外政党的民众路线. 瞭望,2007,(40).

赵玉英. 普京的国内政党政策解读. 黑龙江教育学院学报,2007,(7).

靳晓光. 当代西方政党党内民主机制建设及启示探析. 理论界,2007,(9).

王瑜. 西方政党选举环境的变迁及其应对措施. 中共石家庄市委党校学报,2007,(8).

徐锋,朱昔群. 国外政党基层组织比较研究. 马克思主义与现实,2007,(4).

哈全安. 埃及现代政党政治的演变. 南开学报,2007,(4).

陈澜. 政党政治——现代西方宪政的灵魂. 湖湘论坛,2007,(4).

齐先朴. 西方政党的"电子党务". 红旗文稿,2007,(16).

沃尔夫冈·麦克尔、殷叙彝. 德国和西欧社会民主主义政党的改革问题. 国外理论动态,2007,(6).

张陟遥,周尚文. 一部全面评述当代俄罗斯政党的力作. 俄罗斯研究,2007,(2).

李兴耕. 第五届国家杜马选举前的俄罗斯政党基本态势. 俄罗斯研究,2007,(2).

卢冠霖. 俄罗斯低效政党体系的成因及其发展趋势. 一种前社会主义国家的比较研究. 俄罗斯研究,2007,(2).

张田雨. 一幅色彩斑斓的政党画卷——评《当代俄罗斯政党》. 俄罗斯中亚东欧研究,2007,(4).

柴宝勇,王刚. 政党"吞噬"民主与民主"抛弃"政党——一项关于西方政党与民主博弈关系的考察论纲. 太原理工大学学报,2007,(2).

郭凌燕. 西方的议会与政党. 天津市社会主义学院学报,2007,(2).

吴桂韩. 论政党政治兴起与发展的原因——兼论中西现代政党政治的差异. 天津市社会主义学院学报,2007,(2).

丁荣树. 西方政党政治与政治文明发展的几点启示. 四川省社会主义学院学报,

2007,(2).

马得汶. 印度地方性政党角色缺失与阿萨姆邦的民族问题. 南亚研究季刊,2007,(2).

张红霞,张金永. 当代西欧社会民主主义政党变革的主要趋向——以英国工党修改党章第四条为视角. 理论界,2007,(7).

崔英楠. 政党的宪法地位和实际角色——德国“政党国家”的批评及启示. 科学社会主义,2007,(3).

李闽. 外国政党动态. 当代世界,2007,(8).

张光平. 外国政党密切联系群众的新举措. 当代世界,2007,(8).

李闽. 外国政党动态. 当代世界,2007,(7).

苏祖辉. 加强政党交往. 进一步充实战略协作伙伴关系——记中俄政党论坛. 当代世界,2007,(7).

付宇,安文兵,王长江. 开创世界政党比较研究之先河. 决策与信息,2007,(7).

姚尚建. 政党政府的批判与重建——基于谢茨施耐德《政党政府》文本的分析. 湖州师范学院学报,2007,(4).

刘枫耘. 瑞典社会民主工人党的执政特点. 北京教育学院学报,2007,(1).

董少鹏,倪济明,刘洪刚. 从亨廷顿政党适应性理论看新时期我们党的执政能力建设. 中共山西省委党校学报,2007,(2).

梁念琼. 统一战线与中国共产党执政合法性基础的建构. 深圳大学学报,2007,(2).

牛月翰. 苏联共产党执政能力下降的原因分析. 商丘师范学院学报,2007,(1).

张春阳,吕元礼. 新加坡人民行动党构建和谐社会的执政理念. 中共中央党校学报,2007,(1).

郝华. 当代政治视野下英国工党的执政方式. 中共伊犁州委党校学报,2007,(1).

李世源、王启亮. 国外执政党开发执政资源的做法及启示. 天中学刊,2007,(1).

高歌. 中东欧国家社会民主党执政的经验教训. 中共石家庄市委党校学报,2007,(3).

傅涛,巫春庚. 从苏东剧变看加强党的执政能力建设的重要性. 四川省社会主义学院学报,2007,(1).

齐先朴. 新加坡人民行动党是怎样巩固执政基础的. 中共石家庄市委党校学报,2007,(2).

李雨文. 意大利中右翼执政联盟下台的原因. 共产党员,2007,(1).

翟新. 日本自民党执政初期的对华政策(1955—1957). 河北学刊,2007,(1).

陈洪江,梁晓理. 老挝人民革命党对社会主义道路的新探索. 科学社会主义,2007,(5).

姚桂梅. 非洲国家多党民主之经济影响评析. 西亚非洲,2007,(10).

赖海榕. 我国执政党建设面临的挑战与机遇——柏林“政党转型的机遇与挑战”国际会议综述. 经济社会体制比较,2007,(4).

中共中央对外联络部课题组. 老挝人民革命党的宗教政策. 党建,2007,(2).

孟军. 国内外亨廷顿政治发展理论的研究综述. 中南大学学报,2007,(6).

李长军,韦成功. 东亚区域一体化的区域政治生态问题探讨与中国的对策. 广西大学学报,2007,(S2).

庞大鹏. 俄罗斯的政治转轨. 欧洲研究,2007,(5).

刘景岚,栾雪飞. 台湾“民主政治”的异质化论析. 理论探讨,2007,(1).

施雪琴. 印尼伊斯兰教育中的政治因素. 当代亚太,2007,(1).

张洁. 印尼亚齐问题政治和解的原因探析. 当代亚太,2007,(1).

Б. П. 古谢列托夫,张晓东. 苏联 80 年代末的政治改革和当代俄罗斯左翼力量的演化. 国外理论动态,2007,(2).

伊曼纽尔·沃勒斯坦、路爱国. 美国中期选举后的政治走向. 国外理论动态,2007,(1).

谢郁. 15 年来两岸政治关系的回顾与思考. 当代中国史研究,2007,(1).

魏新龙. 俄罗斯政治转型与演变. 党政论坛,2007,(3).

唐昊,陈乔之. 从泰国军人干政看发展中国家政治制度危机. 东南亚研究,2007,(1).

王子昌. 泰爱泰党与泰国的政治发展. 东南亚研究,2007,(1).

徐向梅. 普京的政治治理和俄罗斯政治走势分析. 当代世界与社会主义,2007,(1).

许涛. 中亚. 走向成熟的地缘政治板块. 瞭望,2007,(7).

秀武. 记纪神话中的日本政治意识初探. 日本学刊,2007,(1).

袁东振. 拉美政治. 稳定之中有变化. 拉丁美洲研究,2007,(1).

В·И·舍甫琴科,尚伟. 俄罗斯联邦的国家性质和政治思想基础. 国外理论动态,2007,(4).

陶文钊. 中期选举改变美国政治生态. 国际问题研究,2007,(1).

黄云静. 伊斯兰教与当代文莱政治发展. 当代亚太,2007,(4).

范若兰. 后苏哈托时代伊斯兰教与印尼政治民主化. 当代亚太,2007,(4).

阎学通. 世界政治趋势. 现代国际关系,2007,(1).

王子昌. 华人移民与马来西亚的政治发展. 世界民族,2007,(1).

姚大学,慈志刚. 中东政治民主化的内在机制与外部压力. 西亚非洲,2007,(4).

王华. 政治民主与经济绩效——印度发展模式考察. 华东师范大学学报,2007,(2).

汪波. 伊拉克战后重建中的政党政治发展. 西亚非洲,2007,(4).

任晓伟. 论苏共理论资源的枯竭及其政治生命. 社会主义研究,2007,(1).

孟广林. 中古英国政治史研究的路径选择与中西比较——与牛津大学 J. R. 马蒂科特院士的学术对话录. 清华大学学报,2007,(3).

沈强. 东亚地缘政治的变化趋势. 和平与发展,2007,(1).

孙景峰. 人民行动党与新加坡政治——新加坡前国会议员白振华访谈录. 河南师范大学学报,2007,(2).

亚历山大·弗拉基米罗维奇·布兹加林、彭晓宇. 地区选举改变了俄罗斯的政治版图. 国外理论动态,2007,(5).

张树华. 苏联演变的政治教训——兼论叶利钦“人民资本主义”的失败. 马克思主义

研究,2007,(5).

张树华.苏共失败的政治教训——兼析戈尔巴乔夫民主社会主义的破产.政治学研究,2007,(1).

张文喜,郭春玲.西欧各左翼政党纷纷走上第三条道路的探析及反思.理论观察,2007,(3).

赖静萍.新加坡的威权政治及其历史走向——基于政治生态系统的分析.南京师大学报,2007,(3).

李云霞,汪继福.印度政治制度的特点及对中国的启示.河北学刊,2007,(3).

库泽科,季塔连科,庞大鹏.俄罗斯学者对中国政治的权威主义与民主问题的认识与思考.当代世界社会主义问题,2007,(2).

陈明凡.越南政治革新的主要绩效和基本经验.新视野,2007,(3).

张文木.欧美地缘政治力量的消长规律及其对中国崛起的启示.世界经济与政治,2007,(7).

许和隆.西方政治发展理论的内在矛盾与转型社会政治发展的图式转换.江苏社会科学,2007,(4).

于宏源.美国在东南亚的反恐地缘政治.当代亚太,2007,(7).

周方治.泰国非暴力群众运动与政治转型.当代亚太,2007,(7).

林勋建.西方政党政治的历史与发展——《西方政党政治译丛》简介.当代世界与社会主义,2007,(4).

李艳,王凤鸣,王军.美国保守主义思想库的演变以及主导美国政治的原因.当代世界与社会主义,2007,(4).

孙丽慧.推动意大利政治力量重组的两个重要党代会.当代世界,2007,(7).

金熙德.日本政治大国战略的内涵与走势.当代世界,2007,(7).

陈晓枫,苏艾平.英国封建政治的特质与宪政的生成.法学评论,2007,(5).

李素华.日本民主党兴起的政治社会基础.当代亚太,2007,(10).

章德彪.近期世界政党形势几大看点.中共石家庄市委党校学报,2007,(9).

中联部研究室.国外政党是如何联系群众的(二)印共(马):联系群众有三大法宝.时事报告,2007,(10).

盖玉强,郇庆治.2007年大选后的法国政党格局及其欧盟政策.山东大学学报,2007,(5).

马平.国外政党对政府的影响.新东方,2007,(8).

钟廉言.国外政党的国家发展观一瞥.瞭望,2007,(43).

郭存海.阿根廷政党治理危机及其原因探析.拉丁美洲研究,2007,(5).

韩献栋.南南冲突:2000年以来韩国的政治版图分析.当代亚太,2007,(9).

黄晓云.从绿党派别斗争看绿色政治前景.江汉论坛,2007,(9).

童伟.俄罗斯预算制度改革的政治影响分析.当代世界社会主义问题,2007,(3).

廖小健.华人政治地位与马来西亚的政治分层.东南亚研究,2007,(5).

喻常森.转型时期泰国政治力量的结构分析.东南亚研究,2007,(5).

张千帆. 行政权力的政治监督——以美国行政法为视角. 当代法学,2007,(5).

朱可辛. 普京的执政理念与俄罗斯的政治改革. 中共中央党校学报,2007,(5).

宋效峰,张立华. 试析马来西亚的一党优势制——政治稳定的视角. 理论导刊,2007,(11).

李路曲. 新加坡政治发展路径探析. 河南师范大学学报,2007,(6).

张树华,康晏如. 俄罗斯学者眼中的世界政治版图. 国外社会科学,2007,(6).

孙景峰. 试论新加坡一党独大的政治体制. 国际问题研究,2007,(5).

杨鲁慧. 论当代东亚国家政治合法性转型. 当代亚太,2007,(11).

冯基华. 以色列政治发展学科研究综述. 西亚非洲,2007,(11).

陆瑾. 伊朗石油工业的历史与现状——兼论石油与政治的关系. 西亚非洲,2007,(11).

肖宏宇. 加纳政治民主化实践及其启示. 西亚非洲,2007,(11).

史泽华. 帕蒂尔. 温和印度的政治选择. 领导科学,2007,(21).

韩景云. 当今日本政治右倾化评析. 湖南师范大学社会科学学报,2007,(6).

刘荣,刘光顺. 前苏联、前南斯拉夫族际政治治理对中国的启示. 云南社会科学,2007,(6).

陈彬. 泰国泰爱泰党缘何大起大落. 当代世界,2007,(1).

本刊记者. 纵论执政理念　畅谈中韩友谊——专访韩国大国家党前党首朴槿惠. 当代世界,2007,(1).

吴克峰. 论美国的党争与分权制衡背后之支配力量——以马伯里诉麦迪逊案为例. 长春师范学院学报,2007,(1).

徐莉. “我为何在60年后打破沉默”——一个德国式的青年时代:君特 · 格拉斯首度谈论其回忆录及其曾为纳粹党卫队效力的历史. 译林,2007,(1).

解国良. 俄国社会革命党对土地问题的探索. 石家庄学院学报,2007,(1).

范建中. 俄罗斯“政权党”能否成为执政党——基于制度环境和政情发展的分析. 江苏行政学院学报,2007,(1).

李冠乾,林少锋. 苏东党丧失民心和政权的历史教训探析. 广东省社会主义学院学报,2007,(1).

杨积少. 苏共亡党源于先进性的丧失. 经济与社会发展,2007,(1).

李慎明. 居安思危——苏共亡党的历史教训. 党建,2007,(3).

刘艳. 澳大利亚自由党. 前进论坛,2007,(2).

丁浩. 浅析近代印度国大党的教派主义倾向及其影响. 重庆科技学院学报,2007,(1).

王泽壮. 伊朗左翼(社会主义)运动的产生和发展(上)——从“正义党”到“八一九”政变. 西亚非洲,2007,(2).

罗重一,吴艳芳. 关于列宁改革党的监察委员会的有关思想——学习《我们怎样改组工农检查院》有感. 武汉大学学报,2007,(1).

姜卫平. 新加坡人民行动党是如何构建和谐社会的. 唯实,2007,(2).

于英红. 泰爱泰党的改革悖论. 南方人物周刊,2007,(14).

周荣美.在艰难中不断探索的德国左翼党—民社党.党建,2007,(2).

李兴耕.以“主权民主”为基础的发展战略——“统一俄罗斯”党第七次代表大会综述.国外理论动态,2007,(2).

王芝茂.试析当前德国绿党的教育和科学研究理念.继续教育,2007,(3).

鲍伯丰,王同起.变革中的欧洲绿党.当代世界,2007,(2).

苏婉儿.美国宪法的无冕之父——反联邦党人在美国宪制中的地位考.时代文学(理论学术版),2007,(6).

宋薇,何科君.从“职团体系”视角解析墨西哥革命制度党的兴衰.上海党史与党建,2007,(12).

殷叙彝.德国左翼党的问题和前景.国外理论动态,2007,(11).

李兴耕.“统一俄罗斯”党第八次代表大会综述.国外理论动态,2007,(11).

邢广程.革命的根本问题就是政权问题——十月革命前后布尔什维克党在政权问题上的实践和思考.俄罗斯中亚东欧研究,2007,(6).

王秀良.苏共民主化改革失败的体制性原因探析——兼论保持党的先进性及其实现路径.长春市委党校学报,2007,(5).

王超.统一俄罗斯党与“主权民主”.西伯利亚研究,2007,(2).

任秋凌.真主党战争博物馆先睹为快.环球军事,2007,(20).

杨沐.人民行动党与新加坡的动态管治.河南师范大学学报,2007,(6).

樊欣.从党的和谐建设视野探寻苏共丧失执政地位的原因.黑河学刊,2007,(6).

崔凤梅.从党的先进性看苏联共产党的衰亡与启示.淮北煤炭师范学院学报,2007,(4).

何龙群,陶红.苏东剧变后老挝人民革命党的理论探索和政策调整.国外理论动态,2007,(10).

姜卫平.浅析新加坡人民行动党对社会的掌控.大连干部学刊,2007,(10).

何历宇.大国治理的探索——《联邦党人文集》中的国家治理理论.浙江学刊,2007,(5).

张志成.人民行动党的得失观.新乡师范高等专科学校学报,2007,(6).

彭凯,郭达喜.略论纳粹党夺取政权的民意因素.黔南民族师范学院学报,2007,(4).

和静钧.用政治自由享受政治民主——加拿大华人组党启示录.南风窗,2007,(16).

李路曲.新加坡人民行动党执政方式的转变与宪政建设.马克思主义与现实,2007,(5).

胡小君.发展中国家一党支配体制的延续性分析.马克思主义与现实,2007,(5).

张凡.巴西劳工党制度建设和组织发展述评.拉丁美洲研究,2007,(5).

李兴耕.“公正俄罗斯”党的崛起及其“新社会主义”.当代世界,2007,(10).

舒新.论如何正确借鉴西方社会民主党的治党治国经验.江汉大学学报,2007,(3).

刘晓玲.从“两个先锋队”视角看苏共亡党的教训.湖湘论坛,2007,(5).

祁刚利.新型组织结构.绿党崛起的组织分析及其启示.河南师范大学学报,2007,(5).

吴成林,陈元中. 新加坡人民行动党执政文化论略. 东南亚纵横,2007,(8).

高锋. 从党纲的八次修改看瑞典社民党的理论创新与调整. 当代世界与社会主义,2007,(5).

高玉宽. 从理想到现实. 欧洲绿党的政治转向. 时代文学(理论学术版),2007,(1).

耿仁胜. 墨西哥革命制度党兴衰探源及对我党的启示. 湖北行政学院学报,2007,(S1).

张经建. 日本自民党的派系问题. 广西社会科学,2007,(9).

张晶晶. 探寻社会治理主体的平衡——由《联邦党人文集》引发的思考. 法制与社会,2007,(7).

李林涛. 甘地和国大党的博弈. 社会科学论坛(学术研究卷),2007,(8).

于时语. 共和党的“白宫保卫战”. 南风窗,2007,(12).

丁孝文. 美国议员不听党的话. 党建,2007,(8).

姜长斌,左凤荣. 应该科学地总结苏共亡党的历史教训. 科学社会主义,2007,(3).

左凤荣,姜长斌. 电视政论片《居安思危——苏共亡党的历史教训》史实质疑. 当代世界社会主义问题,2007,(2).

祝沛章. 民主建设与苏共亡党苏联解体. 今日湖北,2007,(1).

高锋. 瑞典社民党的理论与实践述评. 当代世界与社会主义,2007,(3).

孙敬亭. 德国民社党(左翼党)的困境与选择. 当代世界与社会主义,2007,(3).

李永辉. 伊拉克战争对美新保守主义、共和党的影响. 现代国际关系,2007,(5).

齐先朴. 浅析西方政党的网上党建. 唯实,2007,(6).

本刊特约记者. “党际关系是叙中关系全面稳定发展的基础”——专访叙利亚阿拉伯复兴社会党民族领导副总书记艾哈迈尔. 当代世界,2007,(6).

熊炜. “欧洲左翼党”与欧盟政治社会体系的变化. 国际政治研究,2007,(2).

黄大慧. 日本公明党与中日邦交正常化. 东北亚论坛,2007,(3).

顾奕. 利伯曼及其领导的以色列家园党. 西亚非洲,2007,(5).

苏婉儿. 他们如何说“不”——关于反联邦党人异见的思考. 中国图书评论,2007,(5).

董卫华. 世界绿党的发展与理论政策调整及其前景. 中共石家庄市委党校学报,2007,(4).

张学兵. 浅析新加坡人民行动党长期执政的原因. 上海党史与党建,2007,(5).

刘艳. 统一俄罗斯党. 前进论坛,2007,(4).

吴恩远. 苏共执政地位的丧失与党的先锋作用. 中国社会科学院研究生院学报,2007,(1).

吕耀东. 自民党干事长中川秀直　一边促发展　一边搞破坏. 环球人物,2007,(8).

庄晓华. 联邦党人对现代民主的理论贡献. 广州社会主义学院学报,2007,(2).

张学兵. 政坛长青树——新加坡人民行动党长期执政的经验. 传承,2007,(1).

孙景峰. 论新加坡人民行动党群众基础的构建. 深圳大学学报,2007,(2).

陈元中,蔡泉水. 从执政权力运行机制看新加坡人民行动党的长期执政. 当代世界与社会主义,2007,(2).

孟钟捷，邓白桦. 纳粹党的企业代表会政策与德国经济民主的消亡. 武汉大学学报（人文科学版），2007，(2).

林华生. 后安倍时代的日本党争. 南风窗，2007，(6).

王锐. 近年来学术界对墨西哥革命制度党研究述评. 乐山师范学院学报，2007，(3).

刘景文.《大国崛起》与俄十二月党人. 民主，2007，(2).

林德山. 西欧社民党社会公正观的转型与借鉴. 领导之友，2007，(2).

解国良. 1918 年俄国立宪会议解散动机分析. 广西师范大学学报，2007，(4).

金雁. 历史教学中的十月革命问题（四）——重新认识"孟什维克". 历史教学（中学版），2007，(12).

秦俊峰. 德国极右势力抬头及对在德中国公民的影响. 德国研究，2007，(4).

才华. 试论美国大选中的第三党. 燕山大学学报，2007，(4).

李小虎. 布莱尔时期英国工党改革研究. 社科纵横，2007，(12).

刘龙，杨铂. 在俄罗斯谁能撼动普京. 世界知识，2007，(23).

聂运麟. 资本主义国家共产党组织形态的历史性转型. 社会主义研究，2007，(6).

苗光新. 印共（马）未来发展的有利因素. 新东方，2007，(11).

万成才. 老党新议会延续普京路线. 瞭望，2007，(50).

韩冰. 印度共产党（毛）的历史发展与现状. 当代世界与社会主义，2007，(6).

刘金东. 当代发达国家执政党维护党纪的基本特征. 中国党政干部论坛，2007，(12).

曹天禄. 二十世纪日本共产党理论与实践的基本经验. 深圳大学学报，2007，(6).

朱佳木. 古巴的社会主义政权为什么能够长期存在——访问古巴后的思考. 马克思主义研究，2007，(11).

曹静，柳朴方. 英国式政治发展的经验：渐进与务实. 科技经济市场，2007，(10).

张海波. 2007 波兰议会大选分析. 当代世界，2007，(12).

彭江. 世界选举制度的两种主要模式. 吉林人大工作，2007，(11).

弗兰茨·瓦尔特，张文红. 德国社会民主党转型后面临的挑战. 国外理论动态，2007，(11).

李沛武，范天森. 国外执政党意识形态的困境与启示——基于政治合法性视角的分析. 湖北社会科学，2007，(11).

杨正才. 俄罗斯共产党. 何去何从?. 西伯利亚研究，2007，(2).

王涛. 中以两国宪政特点比较. 太平洋学报，2007，(10).

李和颖. 论当代资本主义国家共产党的发展途径——以日本共产党为研究视角. 中共天津市委党校学报，2007，(4).

吴新叶. 包容与沟通：执政党与非政府组织的互动关系——一个比较视角的检视与思考. 南京社会科学，2007，(11).

秦宣，颜杰峰. 党内民主建设与党的团结统一——"国外共产党分裂的历史考察"小结. 毛泽东邓小平理论研究，2007，(10).

刘建军. "国高党低"与政党国家化. 对新加坡模式的解读. 河南师范大学学报，2007，(6).

姜列青.浅谈北欧社会发展模式与工会.工会理论研究(上海工会管理干部学院学报),2007,(5).

孔寒冰,项佐涛.保加利亚社会党欧洲议会议员选举失利的原因和影响.中国特色社会主义研究,2007,(5).

李默.选举人团与美国政治.社科纵横(新理论版),2007,(1).

张文喜,于艳秋,曹隽.马尔库塞与吉登斯第三条道路思想比较研究.齐齐哈尔大学学报,2007,(5).

刘迪.如何看待民主党获胜后的日本政局.党政论坛(干部文摘),2007,(10).

费凡.对世界执政党运行成本共性与差异性的分析.探索,2007,(4).

赵玉峰.1945 年英国大选工党胜出的原因探析.南昌大学学报,2007,(4).

陈嘉.泰国新宪通过公投还政于民稳步推进.当代世界,2007,(9).

吴兴唐."瑞典模式"——可资借鉴,但不要神化和照搬.当代世界,2007,(9).

颜杰峰,祖金玉.西班牙共产党分裂的历史考察.毛泽东邓小平理论研究,2007,(6).

李勇慧.俄罗斯四个主要政党的政治主张.中国社会科学院院报,2007/12/18(003).

魏磊.英国政党的现代传媒策略.社会科学报,2007/10/25(007).

王瑜.国外政党处理党政关系的几种模式.学习时报,2007/06/11(005).

魏磊.后布莱尔时代英国政党的政治走向.社会科学报,2007/05/24(007).

聂运麟.西方国家共产党的新变化、新特征.北京日报,2007/06/04(018).

谢峰.西方政党与公众的政治沟通.学习时报,2007/04/30(005).

王瑜.电脑化政党——网络时代的西方政党组织形态.学习时报,2007/04/02(005).

王瑜.西方国家对政党经费的规制.学习时报,2007/02/05(005).

刘畅.日本两大政党异少同多.人民日报,2007/02/11(003).

张敏.多视角研究欧洲各国政党的执政经验.中国社会科学院院报,2007/01/02(002).

二、著　作

中央社会主义学院中国政党制度研究中心.中国政党制度年鉴.2006.中央编译出版社,2007.

上海社会科学院当代中国政治研究中心.中国政治发展进程 2007 年.时事出版社,2007.

在中国特色社会主义政治发展道路上.北京社会主义学院科研成果论文集.北京社会主义学院.中央编译出版社,2007.

坚持走中国特色社会主义政治发展道路研究.中央社会主义学院,北京社会主义学院.中央编译出版社,2007.

钮汉章.台湾地区政治发展与对外政策.世界知识出版社,2007.

许和隆.冲突与互动:转型社会政治发展中的制度与文化.中山大学出版社,2007.

吴宁,孙宝林,龚玉玺.参政议证案例选(北京卷).中央编译出版社,2007.

甄贞.参政议政　合作共事.中央编译出版社,2007.

李金河主编.多党合作的历史与现实.中央编译出版社,2007.

李小宁.统一战线新论.中央编译出版社,2007.

王小鸿.多党合作思想史.中共中央党校出版社,2007.

殷叙彝.民主社会主义论.中央编译出版社,2007.

房宁.民主政治十论:中国特色社会主义民主理论与实践的若干重大问题.中国社会科学出版社,2007.

张卫江主编.中国特色社会主义政党制度.中央编译出版社,2007.

毛寿龙.政治社会学——民主制度的政治社会基础.吉林出版集团有限责任公司,2007.

谈火生.民主审议与政治合法性.法律出版社,2007.

中国统一战线理论研究会政党理论北京研究基地编著.当代政党制度与中国特色政治发展道路.华文出版社,2007.

张作祖.中国特色社会主义政党制度概论.新疆人民出版社,2007.

涂用凯.社会民主主义的全球治理研究.中国社会科学出版社,2007.

周淑真.政党和政党制度比较研究.人民出版社,2007.

杨绪盟.中国特色政党制度的结构与价值.中共中央党校出版社,2007.

史志钦主编.全球化与世界政党变革.中共中央党校出版社,2007.

周淑真,刘先传.当代政党制度与中国特色政治发展道路,2007.

谢彬.民国政党史　政党与民初政治.中华书局,2007.

李金河.中国政党政治研究:1905—1949.中央编译出版社,2007.

郝在今.协商共和(1948—1949)——中国党派政治日志.中国华侨出版社,2007.

杨天石.国民党人与前期中华民国——杨天石近代史文存.中国人民大学出版社,2007.

崔之清.国民党政治与社会结构之演变(1905—1949)(共三册).社会科学文献出版社,2007.

石田浩.台湾民主化与中台经济关系.政治内向化与经济的外向化.稻乡出版社,2007.

中共中央宣传部舆情信息局编.全面贯彻落实科学发展观.学习出版社,2007.

中共中央宣传部舆情信息局编.加强党的先进性建设和执政能力建设.学习出版社,2007.

本书编写组编著.基层党建工作责任制手册.党建读物出版社,2007.

郑绍保编著.党的基层组织工作热点　疑点　要点500问.中共党史出版社,2007.

奚洁人主编.党的先进性建设研究.人民出版社,2007.

本书编写组编.党的创新理论学习读本.中共中央党校出版社,2007.

俞可平主编.依法治国与依法治党.中央编译出版社,2007.

中共上海市委宣传部理论处编.党的创新理论研究论丛:第1辑.上海人民出版社,2007.

石磊主编. 党的执政能力建设和先进性建设. 宁夏人民出版社,2007.

中共中央党校政法部编. 党的执政与和谐社会构建. 法律出版社,2007.

魏芙蓉. 执政党与民主政治. 吉林大学出版社,2007.

红旗出版社编辑部编. 党的创新理论:十六大以来党中央提出的一系列重大战略思想和理论观点. 红旗出版社,2007.

郑志飚主编. 党的执政规律研究. 中共中央党校出版社,2007.

李永清等. 从革命思维到执政思维. 党的历史方位的改革与理论思维的更新. 中共中央党校出版社,2007.

本社编. 十六大以来党中央提出的一系列重大战略思想十六讲. 中共党史出版社,2007.

章传家. 在更加开放的环境中建设中国特色社会主义文化——十六大以来党的创新理论研究. 中国人民解放军国防大学出版社,2007.

吴杰明. 加强党的先进性建设——十六大以来党的创新理论研究. 中国人民解放军国防大学出版社,2007.

于连坤. 推动经济又好又快发展——十六大以来党的创新理论研究. 中国人民解放军国防大学出版社,2007.

本社编. 建设创新型国家——党的十六大以来重大战略思想学习丛书. 学习出版社,2007.

本社编. 农村基层党风廉政建设研究与实践. 中国方正出版社,2007.

卢文华. 中国共产党民主执政研究. 人民出版社,2007.

陈蔡志. 中国共产党执政能力建设新论——基于执政理论的整体性思考. 中共中央党校出版社,2007.

朱有志,贺培育等. 当代中国共产党人的行动哲学. 红旗出版社,2007.

本社编. 全面贯彻落实科学发展观　努力构建社会主义和谐社会　迎接党的十七大召开. 中国方正出版社,2007.

周红云. 党内民主制度创新——一个基层党班子公推直选的案例研究——中国民主治理研究丛书. 中央编译出版社,2007.

本社编. 2006 年全国党建暨思想政治工作优秀成果汇编. 中国大地出版社,2007.

蒋和平. 社会主义新农村建设的理论与实践——十六大以来党的理论创新研究. 人民出版社,2007.

卢先福. 十六大以来党的建设理论创新——十六大以来党的理论创新研究丛书. 人民出版社,2007.

杨信礼. 科学发展观研究——十六大以来党的理论创新研究丛书. 人民出版社,2007.

韩震. 社会主义核心价值体系研究——十六大以来党的理论创新研究丛书. 人民出版社,2007.

郭亚丁. 全球视野下的共产党. 中国经济出版社,2007.

庞仁芝. 科学发展观——中国共产党人不懈探索的结晶——科学发展观研究丛书. 人民出版社,2007.

李君如."三个代表"重要思想与党的选进性建设.人民出版社,2007.

李君如.中国共产党历次全国代表大会研究.东方出版中心,2007.

雷厚礼.中国共产党执政学.人民出版社,2007.

张志明.中国共产党与中国民主政治.五洲传播出版社,2007.

韦勇.中国共产党执政新思维研究.武汉大学出版社,2007.

王向明.中国共产党历史方位与"三个代表"重要思想.中国人民大学出版社,2007.

王长江主编.党内民主制度创新——一个基层党班子公推直选的案例研究.中央编译出版社,2007.

王邦佐等.执政党与社会整合——中国共产党与新中国社会整合实例分析.上海人民出版社,2007.

杨德山.江泽民执政党建设思想研究.上海人民出版社,2007.

李东光.中央民族大学加强党的先进性建设理论研究文集.中央民族大学出版社,2007.

杜建国.论党德.中共中央党校出版社,2007.

吴美华.马克思主义党的学说和党的建设.中国人民大学出版社,2007.

牛玉峰等著.中国共产党治国思想研究.中共党史出版社,2007.

李曙新.中国共产党理论探索成果研究(1949—1978).中共党史出版社,2007.

关海庭.执政兴国之路——中国共产党执政面临的挑战.华文出版社,2007.

肖昌进.新时期党的作风建设理论与实践创新研究.上海交通大学出版社,2007.

肖铁肩.中国化马克思主义党建理论与实践专题研究.中南大学出版社,2007.

王云武著.学思录——一个党务工作者的理论思考.人民出版社,2007.

周鹤龄.再思录——本世纪初党建若干问题研究.上海交通大学出版社,2007.

黄锦奎.论长期执政——中国共产党长期执政的政党政治学与执政政治学研究.广东人民出版社,2007.

孙艺兵,孙志明等,党的先进性建设理论体系研究.人民出版社,2007.

阎颖.中国共产党领导体制的历史演变.中共党史出版社,2007.

李琪,陈熙春,王建国.社会转型中的和谐社会构建.上海市党校系统"构建社会主义和谐社会"理论研讨会论文集.上海人民出版社,2007.

中共中央党史研究室科研管理部编.纪念中国共产党成立85周年学术研讨会论文集.中共党史出版社,2007.

傅治平.理论强党　思想富国:学习胡锦涛十六大以来重要论述.人民出版社,2007.

郑师渠.中国共产党文化思想史研究.中共中央党校出版社,2007.

王长江,张晓燕,张荣臣著,党代会常任制理论与实践探索.中共中央党校出版社,2007.

任水才.邓小平党内民主思想研究.中国社会科学出版社,2007.

马国钧.中国共产党现代化建设论要.中共中央党校出版社,2007.

赵中源,中国共产党执政资源论.湖南人民出版社,2007.

孙应帅.中国共产党党内民主理论研究.合肥工业大学出版社,2007.

全国"三个代表"重要思想研究会."三个代表"重要思想与党的先进性建设.人民出版社,2007.

王正宁.共产党员先进性研究.中共中央党校出版社,2007.

郭淑敏.高等学校党的先进性建设研究.中央民族大学出版社,2007.

沈其新.和谐之魂:中华廉洁文化与中国共产党先进性建设.湖南大学出版社,2007.

贾贺林.当代中国政治发展的伟大纲领.党在社会主义初级阶段的基本政治纲领研究.中共中央党校出版社,2007.

张荣臣.中国共产党的组织与机制.五洲传播出版社,2007.

刘霆昭.北京市哲学社会科学研究基地报告·2007:北京党建研究报告.同心出版社,2007.

罗学渭,肖长春.井冈山革命根据地党的建设史.江西人民出版社,2007.

江金权.伟大工程谱新篇:胡锦涛总书记抓党建重要活动纪略.人民出版社,2007.

赵明富.执政党建设理论与权力运行机制研究.重庆大学出版社,2007.

吴怀友.全球化与中国共产党执政能力建设研究.中共中央党校出版社,2007.

夏洪跃.系统工程:和谐社会视野中的执政能力建设——以深圳市盐田区为个案.中央党校出版社,2007.

刘宗洪.执政党建设的新视野.上海三联书店,2007.

高新民,邹庆国.党内民主研究——兼谈民主执政.青岛出版社,2007.

高新民.以党内和谐促进社会和谐.湖南人民出版社,2007.

王佐书.论中国民主党派的政治交接.人民出版社,2007.

浙江省社会主义学院参政党建设研究中心编.参政党与构建和谐社会.中共中央党校出版社,2007.

孙瑞华.中国参政党建设的理论与实践.中央编译出版社,2007.

中共中央统战部等编.天路行——各民主党派中央、全国工商联和无党派人士青藏铁路沿线考察纪实.文物出版社,2007.

李文主编.东亚:政党政治与政治参与.世界知识出版社,2007.

郇庆治.当代欧洲政党政治——选举向度下的西欧社会民主党研究.山东大学出版社,2007.

陈元中.中西方政党执政比较初探.中共中央党校出版社,2007.

中组部党建研究所课题组编.国外政党专题研究报告(第一卷)国外政党处理社会矛盾问题研究.党建读物出版社,2007.

王庆兵.发展中国家政党认同比较研究.中国经济出版社,2007.

王明进著.欧洲联合背景下的跨国政党.当代世界出版社,2007.

吕元礼,黄锐波,邱全东,黄薇.鱼尾狮的政治学——新加坡执政党的治国之道.江西人民出版社,2007.

史志钦.全球化与欧洲社会民主党的转型.中央编译出版社,2007.

本社编.全球和地区视野中的中俄关系——中俄政党论坛文集.当代世界出版社,2007.

彭有祥. 西方主要国家政治制度与经济模式. 云南大学出版社,2007.

聂运麟. 当代资本主义国家共产党:低潮中的奋进、变革与转型. 社会科学文献出版社,2007.

朱新民. 西方后现代哲学:西方民主理论批判. 上海世纪出版集团,2007.

张宏明. 多维视野中的非洲政治发展. 社会科学文献出版社,2007.

[丹]诺格德. 经济制度与民主改革:原苏东国家的转型比较分析. 上海世纪出版集团,2007.

[加]伍德. 民主反对资本主义:重建历史唯物主义. 重庆出版集团,2007.

[意]阿尔贝托·麦克里尼. 非洲的民主与发展面临的挑战(尼日利亚总统奥卢塞贡·奥巴桑乔访谈录). 中国人民大学出版社,2007.

[美]希. 卡思. 伊丽莎白. 鸡窝里的狐狸:私有化是怎样威胁民主的. 中国社会科学出版社,2007.

[美]罗伯特·A. 达尔. 美国宪法的民主批判. 东方出版社,2007.

[日]宗方小太郎. 辛壬日记——一九一二年中国之政党结社. 中华书局,2007.

王江燕　中央社会主义学院中国政党制度研究中心博士

图书在版编目(CIP)数据

中国政党制度年鉴. 2007/中央社会主义学院中国政党制度研究中心编.
—北京:中央编译出版社,2008. 11
ISBN 978 - 7 - 80211 - 793 - 8
Ⅰ. 中…
Ⅱ. 中…
Ⅲ. 政党 - 政治制度 - 中国 - 2007 - 年鉴
Ⅳ. D665 - 54
中国版本图书馆 CIP 数据核字(2008)第 177101 号

中国政党制度年鉴. 2007

出 版 人 和 龑
责任编辑 朱 虹
特约编辑 翟民刚 贾向云
责任校对 李小燕 林 立
责任印制 尹 珺
出版发行 中央编译出版社
地 址 北京西单西斜街 36 号(100032)
电 话 (010)66509236 66509360(总编室) (010)66509350(编辑室)
(010)66509364(发行部) (010)66509618(读者服务部)
网 址 www. cctpbook. com
经 销 全国新华书店
印 刷 北京新丰印刷厂
开 本 787 × 1092 毫米 1/16
字 数 1370 千字
印 张 61. 5
版 次 2008 年 12 月第 1 版第 1 次印刷
定 价 290. 00 元

本社常年法律顾问:北京建元律师事务所首席顾问律师 鲁哈达
凡有印装质量问题,本社负责调换。电话:(010)66509618